Vygen/Joussen/Lang/Rasch

Bauverzögerung und Leistungsänderung

Rechtliche und
baubetriebliche Probleme
und ihre Lösungen

Bauverzögerung und Leistungsänderung

Rechtliche und baubetriebliche Probleme und ihre Lösungen

von

Prof. Dr. Klaus Vygen †

Vors. Richter am OLG Düsseldorf a. D.
Honorarprofessor TU Darmstadt

Dr. Edgar Joussen

Rechtsanwalt, Berlin
Lehrbeauftragter an der Philipps-Universität Marburg

Prof. Dr.-Ing. Andreas Lang

Hochschule Darmstadt, Fachbereich Bauingenieurwesen,
Studienschwerpunkt Bauwirtschaft
LHR GmbH & Co. KG, Heppenheim
Ingenieure und Sachverständige
für Baubetrieb und Bauwirtschaft

Dipl.-Ing. Dirk Rasch

Geschäftsführender Gesellschafter
LHR GmbH & Co. KG, Heppenheim
Ingenieure und Sachverständige
für Baubetrieb und Bauwirtschaft

7. Auflage 2015

Werner Verlag 2015

Bibliografische Information Der Deutschen Nationalbibliothek

Die Deutsche Nationalbibliothek verzeichnet diese Publikation in der Deutschen Nationalbibliografie; detaillierte bibliografische Daten sind im Internet über http://dnb.d-nb.de abrufbar.

ISBN 978-3-8041-3885-8

Zitiervorschlag:
Bearbeiter in: Vygen/Joussen//Lang/Rasch, Bauverzögerung, 7. Aufl., Teil A Rn. 1

www.wolterskluwer.de
www.werner-verlag.de

Umschlagkonzeption: Martina Busch, Grafikdesign, Homburg Kirrberg
Satz: Satz-Offizin Hümmer GmbH, Waldbüttelbrunn
Druck und Weiterverarbeitung: Williams Lea & tag GmbH, München

Gedruckt auf säurefreiem, alterungsbeständigem und chlorfreiem Papier.

Vorwort

Nach ca. vier Jahren war es notwendig, das vorliegende Standardwerk zu Bauverzögerungen und Leistungsänderungen einer erneuten Aktualisierung zu unterziehen. Zahlreiche wichtige Entscheidungen aus der Rechtsprechung sowohl des Bundesgerichtshofs etwa zur Preisfortschreibung als auch vor allem der Instanzgerichte konnten danach genauso eingearbeitet werden wie wichtige Beiträge in der Fachliteratur. Weiterhin verfolgt dieses Buch in bewährter Struktur das Ziel, von all dem eine solide Auswahl zu treffen, den Leser auf den neuesten Stand zu bringen und die zum Teil komplexen Sachverhalte anhand vieler Beispiele verständlich zu erläutern. Zugleich wurde durch zahlreiche Querverweise die übergeordnete Klammer mit einer engen Verzahnung von juristischer und baubetrieblicher Sichtweise ausgebaut. Dabei liegt mit dieser 7. Auflage erneut ein Werk vor, das von Praktikern für Praktiker auf der Grundlage der zahlreichen Erfahrungen aus der täglichen Arbeit der Autoren geschrieben wurde.

Inhaltlich wurden neben notwendigen Aktualisierungen z. T. Schwerpunkte neu gesetzt und daher einzelne Kapitel verändert. Im rechtlichen Teil A wurde den in der Praxis immer wichtiger werdenden bauzeitlichen Anordnungen mit Bezügen zur Beschleunigung ein eigenes Unterkapitel gewidmet. Sodann gewinnt gerade bei Leistungsänderungen an Bedeutung, dass dazu nur dann eine verlässliche Einschätzung möglich ist, wenn man zuvor die nach dem Hauptvertrag vom Auftragnehmer geschuldete Leistung präzise bestimmt. Das hängt nicht zuletzt von der Auslegung der vertraglichen Vereinbarung ab. Genau dieser Punkt wird in der Baupraxis bis heute viel zu sehr vernachlässigt, obwohl damit zahlreiche Probleme gelöst werden können. Allein aus diesem Grund wurde dazu im Teil A ein neues Kapitel hinzugenommen. In einen engen Zusammenhang damit gehören weiter vertiefend behandelte Ansprüche auf Schadensersatz, wenn die Leistungen nicht präzise beschrieben wurden. Wesentliche Überarbeitungen finden sich außerdem u. a. zu den Themen Mehrkosten aus Baugrundrisiken, Anforderungen an Nachtragsangebote und Entschädigungsansprüche nach § 642 BGB.

Erhebliche Neuerungen finden sich ebenso im Teil B: So wurden die baubetrieblichen Grundlagen für die Terminplanung und zugehörige Störungsmodifizierung sowie für die Kostenplanung (hier hauptsächlich Kalkulation) und zugehörige Mehrkostenermittlung umfassend und systematisch dargestellt. Dem durch die Rechtsprechung immer wichtiger werdenden Thema Leistungsfähigkeit und Leistungsbereitschaft wurde ein eigenes Unterkapitel gewidmet, um die baubetrieblichen Erfordernisse aufzuzeigen. Wesentlich ist auch die stärkere Differenzierung der Abarbeitung von Störungen und deren bauzeitlichen Folgen einerseits aus dem Bereich des Auftraggebers (BAST) und andererseits des Auftragnehmers (ANST), um so den Forderungen neuster Rechtsprechung nach ganzheitlicher und vollständiger Darstellung des gestörten Bauablaufs Rechnung tragen zu können. Da die Bedeutung der Dokumentation von gestörten und/oder geänderten Leistungen stetig steigt, wurden hier die Ausführungen auf Grund neuer technischer Möglichkeiten aktualisiert. Zum Thema Entschädigungsberechnung nach § 642 BGB wurden die teilweise kontroversen Diskussionen aus der Fachwelt aufgegriffen und ein baubetrieblich sinnvoller Berechnungsvorschlag für die Umsetzungen der rechtlichen Anforderungen dargestellt.

Auf Grund der erheblichen Neuerungen konnten bedauerlicherweise weder im Teil A noch im Teil B die Randnummern gegenüber der Vorauflage unverändert bleiben. Eine Gegenüberstellung der alten und neuen Randnummern findet sich am Ende des Buches.

Abschließend sei angemerkt, dass nach Begründung und langjähriger Autorenschaft Herr Prof. Dr.-Ing. Schubert seine Mitwirkung an der Erstellung und Herausgabe dieses Buchs aus Altersgründen beendet hat. An seine Stelle ist Herr Dipl.-Ing. Rasch getreten, der gemeinsam mit Herrn Prof. Dr.-Ing. Lang den Teil B bearbeitet hat. Wir danken Herrn Prof. Dr.-Ing. Schubert für seine lange Mitwirkung und hoffen, dass dieses Werk auch zukünftig in seinem Sinne fortgeführt wird.

Berlin/Heppenheim, im März 2015 — Die Verfasser

Inhaltsverzeichnis

Seite

Seite

Seite

Seite

Seite

Seite

Seite

Seite

Seite

Abkürzungsverzeichnis

a. A.	anderer Ansicht
a. a. O.	am angegebenen Ort
Abs.	Absatz
a. F.	alte Fassung
AGB	Allgemeine Geschäftsbedingungen
AGB-Gesetz	Gesetz zur Regelung des Rechts der Allgemeinen Geschäftsbedingungen
Anh.	Anhang
Anm.	Anmerkung
Art.	Artikel
ATV	Allgemeine Technische Vertragsbedingungen für Bauleistungen
Aufl.	Auflage
BauR	Baurecht, Zeitschrift für das gesamte öffentliche und private Baurecht, 1970 ff., Werner Verlag, Köln
BB	Der Betriebsberater, Zeitschrift 1950 ff., Verlag Recht und Wirtschaft, Frankfurt a. M.
Betrieb	Der Betrieb, Zeitschrift 1948 ff., Verlag Handelsblatt, Düsseldorf
BGB	Bürgerliches Gesetzbuch
BGH	Bundesgerichtshof
BGHZ	Entscheidungssammlung des Bundesgerichtshofes in Zivilsachen, Carl Heymanns-Verlag, Köln
bzw.	beziehungsweise
ca.	circa
EG	Europäische Gemeinschaft
Einl.	Einleitung
ErlZ	Erläuterungsziffer
EU	Europäische Union
EWiR	Entscheidungen zum Wirtschaftsrecht, Zeitschrift, RWS-Verlag, Köln
ggf.	gegebenenfalls
GWB	Gesetz gegen Wettbewerbsbeschränkungen
GZS	Großer Senat für Zivilsachen des BGH
HGB	Handelsgesetzbuch
HOAI	Verordnung über die Honorare für Leistungen der Architekten und Ingenieure
IBR	Immobilien- & Baurecht, Zeitschrift, id-Verlags GmbH, Mannheim, 1990 ff.

JZ	Juristenzeitung, Zeitschrift
KG	Kammergericht Berlin
Komm.	Kommentar
L	Leitsatz
LG	Landgericht
LM	Lindenmayer/Möhring, Nachschlagwerk des Bundesgerichtshofes
MDR	Monatsschrift für Deutsches Recht, Zeitschrift
MünchKomm	Münchener Kommentar zum BGB, Verlag C. H. Beck, München
m. w. N.	mit weiteren Nachweisen
n. F.	neue Fassung
NJW	Neue Juristische Wochenschrift, Verlag C. H. Beck, München
NJW-RR	NJW-Rechtsprechungs-Report, Verlag C. H. Beck, München
Nr.	Nummer
NZBau	Neue Zeitschrift für Bau- und Vergaberecht, 2000 ff., Verlag C. H. Beck, München
OLG	Oberlandesgericht
Rdn.	Randnummer (innerhalb dieses Werkes)
RGRK	Kommentar der Reichsgerichtsräte zum BGB
Rn.	Randnummer
RWS	Recht, Wirtschaft, Steuern, RWS-Verlag, Köln
s.	siehe
S.	Seite
Sch.-F.	Schäfer/Finnern, Rechtsprechung der Bauausführung, Loseblattsammlung, Werner Verlag
S-F-H	Schäfer/Finnern/Hochstein, Rechtsprechung zum privaten Baurecht, Loseblattsammlung, Werner Verlag, Düsseldorf
Urt.	Urteil
u. U.	unter Umständen
UVV	Unfallverhütungsvorschriften
VDI	Verein Deutscher Ingenieure
VergR	Vergaberecht, Zeitschrift, Werner Verlag 2001 ff.
VgV	Vergabe-Verordnung
VersR	Versicherungsrecht, Zeitschrift
VHB	Vergabehandbuch für die Durchführung von Bauaufgaben des Bundes im Zuständigkeitsbereich der Finanzbauverwaltung, Deutscher Bundes-Verlag, Bonn (http://www.fib-bund.de/Inhalt/Vergabe/VHB/)
VOB	Vergabe- und Vertragsordnung für Bauleistungen
VOB/A	Allgemeine Bestimmungen für die Vergabe von Bauleistungen

VOB/B	Allgemeine Vertragsbedingungen für die Ausführung von Bauleistungen
VOB/C	Allgemeine Technische Vertragsbedingungen für Bauleistungen (ATV)
WM	Wertpapiermitteilungen, Zeitschrift
ZfBR	Zeitschrift für deutsches und internationales Baurecht, 1978 ff., Bauverlag, Wiesbaden
Ziff.	Ziffer
ZPO	Zivilprozessordnung

Literaturverzeichnis

Acker/Roquette, Detaillierter versus funktionaler Leistungserfolg, BauR 2010, 293

Ágk-Ackermann/Kuen, EDV-gestütztes Beweisverfahren zur Darlegung von Änderungsfolgen im Bauvertrag, Werner-Verlag, 1996

Althaus, Preisfortschreibung von Baustellengemeinkosten bei Kalkulation mit vorbestimmten Zuschlägen, BauR 2012, 1841

Althaus/Heindl, Der öffentliche Bauauftrag, IBR/Verlag C. H. Beck, 2. Aufl. 2013

Bamberger/Roth, Komm. z. BGB, 3. Aufl., Verlag C. H. Beck, München, 2012

Bartsch, Die rechtlichen Auswirkungen der Gestaltung ergänzender Vertragsbedingungen auf die VOB Teil B, ZfBR 1984, 1

Bauer, Mehrkosten bei Bauverzögerungen aus Behinderungen oder Leistungsänderungen, Seminar Bauverzögerung (Rechtliche und baubetriebliche Probleme in Einzelbeiträgen), Wiesbaden, Berlin 1987

Bauer, Störungen im Bauablauf: Ursachen – Folgen – Schadensermittlung, Bauwirtschaft 1987, 334

Beckscher VOB-Kommentar zur VOB/B, 3. Aufl., Verlag C. H. Beck, München, 2013

Berger, Vertragsstrafen auf Zwischenfristen – wirkungslos wenn AGB-wirksam?, Jahrbuch BauR 2012, 77

Boldt, Bauverzögerungen aus dem Verantwortungsbereich des Auftraggebers: Ist § 6 Nr. 6 VOB/B bedeutungslos?, BauR 2006, 185

Bolz, Führen andere Baugrundverhältnisse zu einer Störung der Geschäftsgrundlage?, ZfBR 2014, 419

Breyer, Bauzeitliche Folgen aus geänderten und zusätzlichen Leistungen gemäß §§ 2 Abs. 5 und 2 Abs. 6 VOB/B, BauR 2013, 1924

Bruns, Bauzeit als Rechtsproblem, ZfIR 2006,153 und 253

Bruns, Schluss mit einseitigen Änderungen des Bauentwurfs nach § 1 Nr. 3 VOB/B?, ZfBR 2005, 525

Bschorr/Zanner, Die Vertragsstrafe im Bauwesen, Verlag C. H. Beck, München 2003

Büchner/Gralla/Kattenbusch/Sundermeier, Alternativmodelle zur Nachtragspreisermittlung aus der Vertragskalkulation, BauR 2010, 688

Clemm, Erstattung der Mehrkosten des Auftragnehmers bei Planlieferverzug des Auftraggebers nach der VOB/B, Der Betrieb 1985, 2599

Dähne, Gerätevorhaltung und Schadensersatz nach § 6 Nr. 6 VOB/B – ein Vorschlag zur Berechnung, BauR 1978, 429

Dähne, Haftung des Vorunternehmers für Stillstandskosten des Nachfolgeunternehmers?, BauR 1994, 518

Dähne/Schelle, VOB von A-Z, Verlag C. H. Beck

Daub/Piel/Soergel/Steffani, Kommentar zur VOB Teil B, Bauverlag, Wiesbaden 1976

Diederichs/Streckel, Beurteilung gestörter Bauabläufe – Anteile der Verursachung durch Auftraggeber und Auftragnehmer, NZBau 2009, 1

Diehr, Gesetzliche Entschädigung nach § 642 BGB im VOB-Vertrag unter besonderer Berücksichtigung der Schlechtwetterproblematik, ZfBR 2011, 627

Dobmann, Zum Vertragsinhalt und zu einem Mehrvergütungsanspruch bei durch Nachprüfungsverfahren verzögerten Zuschlagserteilungen, VergabeR 2009, 602

Drittler, Nachträge und Nachtragsprüfung, 2. Aufl. Werner Verlag, Köln 2013

Drittler, Zuschlagsverzögerung, Anpassung von Ausführungszeit und Preis: Anspruchsausfüllende Nachweise der Kausalität und der Höhe, BauR 2010, 143

Duve/Richer, Kausalitätsfragen bezüglich eines gestörten Bauablaufes, BauR 2006, 608

Enders, VOB/B und BGB-Bauvertrag im Rechtsvergleich, Band 7 der Baurechtlichen Schriften, Werner Verlag, Köln 1986

Englert, Das Baugrundrisiko – ein normierungsbedürftiger Rechtsbegriff?, BauR 1991, 537

Englert/Fuchs, Die neue Baugrundbeschreibung nach DIN EN 1997-2, BauR 2011, 1725

Englert/Grauvogl/Maurer, Handbuch des Baugrund- und Tiefbaurechts, 4. Aufl., Werner Verlag, Köln 2010

Erman, Kommentar zum BGB, 13. Aufl., Verlag Dr. Otto Schmidt, Köln 2011

Eschenbruch, Klaus/von Rintelen, Claus, Bauablaufstörungen und Terminfortschreibung nach der VOB/B, NZBau 2010, 401

Franke/Kemper/Zanner/Grünhagen, Kommentar zur VOB, 5. Aufl., Werner Verlag, Köln 2013

Franz/Kues, Guter Preis bleibt guter Preis – Rechtfertigt die Faustformel Korbions ein Vertragspreisniveau?, BauR 2010, 678

Freiboth A., Dissertation, TU Braunschweig, 2006

Fuchs, Der Dreiklang aus Werkerfolg, Leistungsbeschreibung und Mehrvergütungsanspruch, BauR 2009, 404

Fuchs/Schottke, Wem „gehört" der Puffer? – Die richtige Berücksichtigung eines ex-ante-Puffer bei der Terminfortschreibung infolge von Bauablaufsstörungen, Jahrbuch BauR 2011, S. 63 ff.

Ganten, Architektenpflichten bei Vertragsstrafenvorbehalt, NJW 1979, 2513

Gartz, Obliegenheitsverletzungen des Bauherrn nach dem „Glasfassadenurteil" des Bundesgerichtshofs, BauR 2010, 703

Glöckner, § 642 BGB – Tatbestand und Rechtsfolgen im System des Leistungsstörungsrechts, BauR 2014, 368

Glöckner, Anordnung von Änderungen der Bauausführung und deren Vergütung, BauR 2008, 152

Grieger, Endlich ein Urteil, das zu der Art und Weise der Schadensberechnung nach § 6 Nr. 6 VOB/B Stellung nimmt, BauR 1985, 524

Gutsche, BBW 1984, 346

Gutsche, Behinderung der Bauausführung und Vergütungsansprüche bei nicht rechtzeitiger Übergabe von Ausführungsunterlagen, Bauwirtschaft 1984, 1123

Hager, Ein Verfahren zur Berechnung von Gerätestillstands- und Geräteüberstundenkosten, BauR 1991, 284

Halfmeier/Leupertz, bauvertragsrechtOnline, Komm. z. §§ 631 ff., Werner-Verlag, Stand: II/2012, in Einzelfällen auch Stand: I/2012

Havers, Bauzeitnachträge: Produktivitätsverluste aus rechtlicher Sicht, Jahrbuch Baurecht 2011, 21

Heiermann, Die Spezialregelung des § 6 VOB/B bei Behinderungen und Unterbrechungen der Ausführung von Bauleistungen, BB 1981, 876

Heiermann, VOB-Praxis, Bauwirtschaft 1986, 1095

Heiermann/Riedl/Rusam, VOB-Kommentar, 12. Aufl., Vieweg+Teubner, Wiesbaden 2011

Ingenstau/Korbion, Kommentar zur VOB Teile A und B, 18. Aufl., Werner Verlag, Köln 2013

Jaeger, Neuerungen zur Rügeobliegenheit (§ 107 III GWB) durch das Vergaberechtsmodernisierungsgesetz, NZBau 2009, 558

Jahn/Klein, Nachtragsbearbeitungskosten als Direkte Kosten beim VOB/B-Vertrag, NZBau 2013, 473

Jebe, Preisermittlung für Bauleistungen, Werner Verlag, Köln 1974

Joussen, Die Fälligkeit des Werklohnanspruchs nach der Abnahme – Ein weiterhin ungelöstes Problem?, Festschrift Koeble S. 15

Joussen, Mängelansprüche vor der Abnahme, BauR 2009, 319

Joussen, Mehrvergütungsansprüche bei geänderten Baugrundverhältnissen – Zum Vorrang der Auslegung, NZBau 2013, 465

Joussen, Schadensersatzansprüche bei unklaren Leistungsbeschreibungen, BauR 2013, 1583

Joussen, Schiedsgutachtenvereinbarung zu Nachträgen – eine kostengünstige Lösung von Streitfällen, BauR 2010, 518

Joussen/Vygen, Der Subunternehmervertrag, Werner Verlag 2011

Kaiser, Adressat für Anzeigen des Auftragnehmers nach §§ 4, 6 VOB/B, NJW 1974, 447

Kapellmann, „In sich abgeschlossene Teile der Leistung" gemäß VOB/B, Festschrift Thode, S. 29

Kapellmann, Baugrundrisiko und „Systemrisiko" – Baugrundsystematik, Bausoll, Beschaffenheitssoll, Bauverfahrenssoll, Jahrbuch BauR 1999, 1

Kapellmann, Baumarkt 1996, 41

Kapellmann, Beschleunigungen, NZBau 2009, 538

Kapellmann, Der Verjährungsbeginn beim (vergütungsgleichen) Ersatzanspruch des Auftragnehmers aus § 6 Nr. 6 VOB Teil B und aus § 642 BGB, BauR 1985, 123

Kapellmann, Die erforderliche Mitwirkung nach § 642 BGB, § 6 VI VOB/B – Vertragspflichten und keine Obliegenheiten, NZBau 2011, 193

Kapellmann, Die Geltung von Nachlässen auf die Vertragssumme für die Vergütung von Nachträgen, NZBau 2000, 57

Kapellmann, Die Notwendigkeit einer prognostizierbaren Auslegung der VOB/B, NJW 2008, 257

Kapellmann, In sich abgeschlossene Teile der Leistung gemäß VOB/B, Festschrift Thode 2005, 29

Kapellmann, Sittenwidrige Höhe einzelner Nachtragspositionen, NJW 2009, 1380

Kapellmann, Vertragsinhalt oder Geschäftsgrundlage, NZBau 2012, 275

Kapellmann/Messerschmidt, Kommentar zur VOB, Teile A und B, 4. Aufl., Verlag C. H. Beck, München 2013

Kapellmann/Schiffers, Die Ermittlung der Ersatzansprüche des Auftragnehmers aus vom Bauherrn zu vertretender Behinderung (§ 6 Nr. 6 VOB/B), BauR 1986, 615

Kapellmann/Schiffers, Vergütung, Nachträge und Behinderungsfolgen
- Band 1, Einheitspreisvertrag. 6. Aufl. 2011
- Band 2, Pauschalvertrag einschließlich Schlüsselfertigbau, 5. Aufl., Werner Verlag, Köln 2011

Kaufmann, Die Unwirksamkeit der Nachtragsklauseln der VOB/B nach §§ 305 ff. BGB, Jahrbuch Baurecht 2006, 35

Keldungs, Basis für die Nachtragsvergütung: Vertragspreis oder Marktpreis?, Jahrbuch BauR 2012, 59

Keldungs, Basis für die Preisfortschreibung bei Nachträgen: Urkalkulation oder angemessener Preis, Darmstädter Baubetriebsseminar 2010/11

Keldungs, Beschleunigungsvereinbarungen, Beschleunigungsanordnungen – Rechtsfolgen, BauR 2013, 1917

Keldungs, Die Bedeutung von Produktivitätsverlusten im Zusammenhang mit Bauzeitnachträgen, Jahrbuch Baurecht 2011, 1

Keldungs/Brück, Der VOB-Vertrag, 9. Aufl., Werner Verlag, Köln 2008

Kemper, Nachträge und ihre mittelbaren Bauzeitauswirkungen, NZBau 2001, 238

Kimmich, Beschleunigung von Bauabläufen und Anspruchsgrundlagen: Ist die Forderung nach Einhaltung der Vertragsfristen eine konkludente Beschleunigungsanordnung, BauR 2008, 263

Kimmich, Leistungsverweigerungsrecht des Auftragnehmers bei streitigen Nachträgen, BauR 2009, 1494

Kleine-Müller/Merl, Handbuch des privaten Baurechts, 5. Aufl., Verlag C. H. Beck, München 2014

Knacke, Die Vertragsstrafe im Baurecht, Band 14 der Baurechtlichen Schriften, Werner Verlag, Köln 1988

Knacke, Verschiebung des Baubeginns: Mehrvergütungsanspruch des Auftragnehmers? BauR 1996, 119

Kniffka, Bauvertragsrecht, Komm. z. §§ 631 ff., Beck-Verlag 2012

Kniffka, Das Baugrundrisiko in der Rechtsprechung des Bundesgerichtshofs, CBTR Jahresband 2002, 21

Kniffka, Komm. z. BGB, ibr-online-Komm., Stand: 26.5.2009 sowie z. T. auch weitergehend mit Nennung der Autoren in der fortgeführten Version

Kniffka, Ist die VOB/B eine sichere Grundlage für Nachträge?, BauR 2012, 411

Kniffka/Koeble, Kompendium des Baurechts, 4. Aufl., Verlag C. H. Beck 2014

Koeble, Abnahmesurrogate, BauR 2012, 1153

Köhler, Graffiti-Schmierereien – höhere Gewalt oder unabwendbares Ereignis?, BauR 2002, 27

Korbion/Locher/Sienz, AGB-Gesetz und Bauerrichtungsverträge, 4. Aufl., Werner Verlag, Köln 2006

Kraus, Ansprüche des Auftragnehmers bei einem durch Vorunternehmer verursachten Baustillstand, BauR 1986, 17

Kraus, Die VOB/B – ein nachbesserungsbedürftiges Werk BauR 1997, Beil. zu Heft 4, S. 12

Kraus/Vygen/Oppler, Ergänzungsentwurf Kraus/Vygen/Oppler zum Entwurf eines Gesetzes zur Beschleunigung fälliger Zahlungen der Fraktion der SPD und Bündnis 90/Die Grünen, BauR 1999, 964

Kues, Die Behandlung von Allgemeinen Geschäftskosten bei gestörten Bauabläufen, BauR 2012, 1847

Kues/Kaminsky, Druck auf den Auftraggeber: Leistungsverweigerungsrechte des Auftragnehmers bei Streitigkeiten im Zusammenhang mit Nachträgen, BauR 2008, 1368

Kues/Steffen, Nachtragsvereinbarung dem Grund und der Höhe nach beim VOB/B-Vertrag – rechtliche Einordnung und praktische Bedeutung, BauR 2010, 10

Kuffer, Baugrundrisiko und Systemrisiko NZBau 2006, 1

Kuffer, Leistungsverweigerungsrecht bei verweigerten Nachtragsverhandlungen, ZfBR 2004, 110

Kumlehn F., Freiboth, A., Schriftenreihe Institut für Baubetrieb und Bauwirtschaft, TU Braunschweig, Heft 41

Lang, Die Teilkündigung, BauR 2006, 1956

Lang, Die Wahrheit über Pufferzeiten bei Bauverzögerungen aus baubetrieblicher Sicht, Jahrbuch Baurecht 2011, S. 41

Lang, Ein Verfahren zur Bewertung von Bauablaufstörungen und zur Projektsteuerung. Fortschrittsberichte, Reihe 4, Nr. 85, VDI Verlag, Düsseldorf

Lange, Zur Bedeutung des Anspruchs aus culpa in contrahendo bei unvollständigen, unklaren oder fehlerhaften Leistungsbeschreibungen, z. B. bei unzureichend beschriebenem Baugrund, Festschrift von Craushaar 1997, 271 ff.

Langen, Mehrfachkausalität bei Mängeln und Bauzeitverzögerungen, BauR 2011, 381

Leinemann, Die Ermittlung und Berechnung von Ansprüchen aus gestörtem Bauablauf, NZBau 2009, 624

Leinemann, Die neue Rechtsprechung des BGH zum Vergabeverfahrensrisiko, NJW 2010, 471

Leinemann, Kommentar zur VOB/B, 5. Aufl., Carl Heymanns Verlag, Köln 2013

Leineweber, Der Prognoserücktritt gem. § 323 Abs. 4 BGB, Festschrift Koeble, S. 125

Leitzke, Neuer Preis nach § 2 Abs. 5 VOB/B und Vertragskalkulation – Ein notwendiger Zusammenhang, Festschrift Koeble 2010, 37

Leupertz, Der Anspruch des Unternehmers auf Bezahlung unbestellter Bauleistungen beim BGB-Bauvertrag, BauR 2005, 775

Leupertz, Der verpreiste Leistungsumfang und der geschuldete Leistungserfolg, BauR 2010, 273

Leupertz, Die Beschaffenheit des Baugrundes als Rechtsproblem bei der Abwicklung von Bauverträgen, Jahrbuch Baurecht 2013, 1

Leupertz, Mitwirkung und Obliegenheit im Bauvertragsrecht, BauR 2010, 1999

Leuperz, § 642 BGB – Tatbestand und dogmatische Grundlagen, BauR 2014, 381

Locher, H., Das private Baurecht, 8. Aufl., Verlag C. H. Beck, München 2011

Luz, „Guter Preis bleibt guter Preis, schlechter Preis bleibt schlechter Preis" – gilt dieser Grundsatz immer? – Antithese, BauR 2008, 196

Marbach, Vergütungsansprüche aus Nachträgen – ihre Geltendmachung und Abwehr, ZfBR 1989, 5

Markus, Ansprüche des Auftragnehmers nach wirksamer Zuschlagserteilung bei „unklarer Leistungsbeschreibung" des Auftraggebers, BauR 2004, 180

Markus, Zur Ermittlung der Mehrvergütung bei verzögerter Vergabe, NZBau 2012, 414

Markus/Kaiser/Kapellmann, AGB-Handbuch Bauvertragsklauseln, 3. Aufl., Werner Verlag, Köln 2011

Mayr, Welche Termine können in AGB des Bestellers noch wirksam vertragsstrafenbewehrt werden und wenn ja, wie?, BauR 2013, 1192

Merkens, Nachtragsbearbeitungskosten: „Dauerbrenner" in der Baupraxis, NZBau. 2012, 529

Messerschmidt/Voit, Privates Baurecht, Komm. z. §§ 631 ff. BGB, 2. Aufl. Verlag C. H. Beck, 2012

Mugdan, Bd. 2, Recht der Schuldverhältnisse, 1899, Motive II, S. 496 zu E § 575

Münchener Kommentar zum Bürgerlichen Gesetzbuch,
- Band 4, 6. Aufl. Verlag C. H. Beck, München 2012
- Band 2, 6. Aufl., C. H. Beck Verlag, München 2012
- Band 1, 1. Halbband, 6. Aufl., C. H. Beck Verlag, München 2012

Nicklisch, Empfiehlt sich eine Neukonzeption des Werkvertragsrechts unter besonderer Berücksichtigung komplexer Langzeitverträge? JZ 1984, 757

Nicklisch/Weick, VOB Teil B-Kommentar, 3. Aufl., Verlag C. H. Beck, München 2001

Noosten, Die Unterdeckung Allgemeiner Geschäftskosten bei Bauablaufstörungen, Druckerei und Verlagshaus Mainz, 2005

Oberhauser, Preisfortschreibung als „Vergütungsmodell" für geänderte und zusätzliche Leistungen – sieht das die VOB/B wirklich vor?, BauR 2011, 1547

Oberhauser, Störungen des Leistungsgefüges – durch Einwirkung der Vertragsparteien und durch sonstiges Baugeschehen, BauR 2010, 308

Oberhauser, Vertragsstrafe und ihre Durchsetzung, Carl Heymanns Verlag, München, 2003

Olshausen, Planung und Steuerung als Grundlage für einen zusätzlichen Vergütungsanspruch bei gestörtem Bauablauf, Festschrift für Korbion, S. 323

Palandt, Kommentar zum Bürgerlichen Gesetzbuch, 74. Aufl., Verlag C. H. Beck, München 2015

Pauly, Entschädigungsansprüche des Werkunternehmers im Falle des Auftretens witterungsbedingter Stillliegezeiten?, BauR 2014, 1213

Pauly, Zum Leistungsverweigerungsrecht des Werkunternehmers im Falle des Scheiterns von Nachtragsverhandlungen, BauR 2012, 851

Piel, Zur Abgrenzung zwischen Leistungsänderung (§§ 1 Nr. 3, 2 Nr. 5 VOB/B) und Behinderung (§ 6 VOB/B), Festschrift Korbion 1986, 349

Quack, Theorien zur Rechtsnatur von 1 Nr. 3 und 4 VOB/B und ihre Auswirkungen auf die Nachtragsproblematik, ZfBR 2004, 107

Quack, Über die Verpflichtung des Auftraggebers zur Formulierung der Leistungsbeschreibung nach den Vorgaben von § 9 VOB/A, BauR 1998, 381

Reichelt/Keinert, Die unendliche Geschichte von Vertragsstrafen in Bauverträgen, ZfIR 2013, 231

Reister, Nachträge beim Bauvertrag 3. Aufl., Werner-Verlag Köln, 2014

Rohrmüller, Gelten Preisnachlässe auch für die Vergütung von Nachträgen wegen geänderter oder zusätzlich notwendiger Leistungen?, BauR 2008, 9

Roquette/Fußy, Orientierung im Ursachendschungel, BauR 2009, 1506

Roquette/Schweiger, Die Mär vom Vorbehalt, BauR 2008, 734

Roquette/Viering/Leupertz, Handbuch Bauzeit, 2. Aufl. Werner Verlag, Köln 2013

Schelle/Erkelenz, VOB/A, Alltagsfragen und Problemfälle zu Ausschreibung und Vergabe von Bauleistungen, Bauverlag, Wiesbaden 1983

Schilder, H., Der Anspruch aus § 642 BGB – Grundlagen und Berechnung der zusätzlichen Vergütung

Schottke, Vergütungsanspruch und Nachtragskalkulation gemäß §§ 1 und 2 VOB/B, Semina-Verlag, 2009

Schubert, Das Problem des Nachweises von Leistungsstörungen bei der Bauabwicklung, Festschrift 40 Jahre Inst. f. Baubetrieb u. Baubetriebswirtschaft TU Graz 2009

Schubert, Feststellen und Dokumentieren von Bauzeitverzögerungen aus Behinderungen und Leistungsänderungen, Seminar Bauzeitverzögerung, 77

Schubert, Kalkulationsrisiken, bau aktuell Heft 5, Linde-Verlag 2010

Schubert, Produktivitätsverluste bei Leistungsstörungen, Festschrift für Prof. Iwan TU Hannover 2009

Schubert/Heck, Die bauwirtschaftlichen Anforderungen an den adäquat-kausalen Verzögerungsnachweis, Seminar TU Graz, 2011

Schubert/Lang, Verursachungsgerechte Erfassung und kostengerechte Bewertung von Verzögerungen, Bauwirtschaft 1985, 1011 ff.

Schwenker, Auswirkungen von Änderungsanordnungen auf Fristen, Vertragsstrafen und Sicherheiten, BauR 2008, 175

Sienz, Die Anwendung des § 642 BGB in der Praxis, BauR 2014, 390

Soergel, Kommentar zum BGB, Band 5/2, Schuldrecht III/2, § 320 bis 327, 13. Aufl., Verlag Kohlhammer, Stuttgart 2005

Staudinger, Kommentar zum BGB mit Einführungsgesetz und Nebengesetzen, hier 2. Buch, Recht der Schuldverhältnisse, §§ 631 bis 651, Neubearbeitung 2014, Verlag De Gruyter, Berlin

Steffen/Hofmann, Vertragsgegenstand vs. Geschäftsgrundlage – Preisanpassungsanspruch bei unerwarteten Umständen, BauR 2012, 1

Stemmer, „Guter Preis bleibt guter Preis, schlechter Preis bleibt schlechter Preis" – gilt dieser Grundsatz immer?, BauR 2008, 182

Stemmer, Mischkalkulationen sind unzulässig, sind spekulative Preisgestaltungen passe?, VergabeR 2004, 549

Stemmer, Vergabegewinn und Vergabeverlust: Ungewöhnliche Begriffe, aber ein richtiges Ergebnis, BauR 2007, 458

Thode, Änderungsbefugnis des Bauherren in § 1 Nr. 3 VOB/B, BauR 2008, 155

Thode, Nachträge wegen gestörten Bauablaufs im VOB/B-Vertrag, ZfBR 2004, 214

Tomic, Beschleunigung zwischen Theorie und Praxis, BauR 2011, 1234

Tomic, Recht des Auftraggebers auf Bauzeitänderung?, ZfBR 2010, 315

Tomic, Vergütungsneutraler Zuschlag mit veränderter Bauzeit, BauR 2010, 845

Ulmer/Brandner/Hensen, AGB-Recht-Kommentar, 11. Aufl., Verlag Dr. Otto Schmidt KG, Köln 2011

Vergabehandbuch des Bundes – VHB, abrufbar im Internet auf der Seite der „Fachinformation Bundesbau" – http://www.fib-bund.de/Inhalt/Vergabe/VHB/; zurzeit vorliegend in der Fassung 2008, Stand August 2014

Voit, Die Rechte des Bestellers bei Mängeln vor der Abnahme, BauR 2011, 1063

Von Craushaar, Abgrenzungsprobleme im Vergütungsrecht der VOB/B bei Vereinbarung von Einheitspreisen, BauR 1984, 311

Von Craushaar, Der Vorunternehmer als Erfüllungsgehilfe des Auftraggebers, Festschrift Vygen, S. 154

Von Craushaar, Die Rechtsprechung zu Problemen des Baugrundes, Festschrift Locher, S. 9

Vygen, Bauablaufstörungen: Sachnachträge – Zeitnachträge, BauR 2006, 166

Vygen, Behinderung des Auftragnehmers durch verspätete oder mangelhafte Vorunternehmerleistungen, BauR 1989, 387

Vygen, Behinderungen des Auftragnehmers und ihre Auswirkungen auf die vereinbarte Bauzeit, BauR 1983, 210

Vygen, Behinderungen des Bauablaufs und ihre Auswirkungen auf den Vergütungsanspruch des Unternehmers, BauR 1983, 414

Vygen, Der Pauschalvertrag – Abgrenzungsfragen zu anderen Vertragstypen im Baugewerbe, ZfBR 1979, 133

Vygen, Der Vergütungsanspruch beim Pauschalvertrag, BauR 1979, 375

Vygen, Der Vergütungsanspruch des Unternehmers für Projektierungsarbeiten und Ingenieurleistungen im Rahmen der Angebotsabgabe, Festschrift Korbion 1986, 439

Vygen, Die funktionale Leistungsbeschreibung, Festschrift Mantscheff, 2000, 459

Vygen, In memoriam: Zum 80. Geburtstag von Hermann Korbion, BauR 2006, 894

Vygen, Leistungsänderungen und Zusatzleistungen beim Pauschalvertrag, Festschrift Locher, S. 263

Vygen, Leistungsverweigerungsrecht des Auftragnehmers bei Änderungen des Bauentwurfs gemäß § 1 Nr. 3 VOB/B oder Anordnung von zusätzlichen Leistungen gemäß § 1 Nr. 4 VOB/B?, BauR 2005, 431

Vygen, Nachträge bei lückenhaften und/oder unklaren Leistungsbeschreibungen des Auftraggebers, Festschrift Soegel, S. 277

Vygen, Nachträge bei verändertem Baugrund – Rechtliche Grundlagen und Anforderungen, Jahrbuch BauR 1999, 46

Vygen, Rechtliche Beratungs- und Hinweispflichten des Architekten und Bauingenieurs beim Abschluss von Bauverträgen und bei der Vertragsabwicklung unter besonderer Berücksichtigung einer Vertragsstrafenvereinbarung im Bauvertrag, BauR 1984, 245

Vygen, Rechtliche Probleme bei Ausschreibung, Vergabe und Abrechnung von Alternativ- und Eventualpositionen, BauR 1992, 135

Vygen/Joussen, Bauvertragsrecht nach VOB und BGB, 5. Aufl., Werner Verlag, Köln 2013

Werner/Pastor, Der Bauprozess, 15. Aufl., Werner Verlag, Köln 2015

Wilhelm/Götze, Bauzeit- und kostenrechtliche Behandlung von außergewöhnlichen Witterungseinflüssen, NZBau 2010, 721

Wolf/Horn/Lindacher, AGB-Recht, 6. Aufl., Verlag C. H. Beck, München 2013

Wolfenberger/Langhain, Die Anwendung von § 11 Nr. 1 VOB/B auf Vollkaufleute, BauR 1982, 20

Zanner/Keller, Das einseitige Anordnungsrecht des Auftraggebers zu Bauzeit und Bauablauf und seine Vergütungsfolgen, NZBau 2004, 353

Zeitler, Abnahme ohne Annahme? Vertragsstrafenvorbehalt der werkvertraglichen Abnahmefiktion, ZfBR 2007, 216

Zmunda/Bschorr, Auslegungsgrundsätze bei unklarem Bau- und Vergütungssoll in einem Bauvertrag i. S. des § 7 Abs. 9 VOB/A, BauR 2014, 10

TEIL A

Die rechtlichen Probleme bei Bauverzögerungen und Leistungsänderungen und deren Lösungen

I Die rechtlichen Grundlagen der Bauzeit und die Vertragsgestaltung

1 Die Bedeutung der Bauzeit

Der rechtzeitigen, d. h. termingerechten Erfüllung der Leistungspflicht des Unternehmers kommt bei nahezu jedem Bauvorhaben eine besondere Bedeutung zu. So wird ein Bauherr, der sich mit der Durchführung eines bestimmten Bauwerks befasst, meist konkrete Vorstellungen hinsichtlich der Zeit der Bauausführung entwickeln. Dabei lässt er sich im Allgemeinen von einem frühesten Termin für den Baubeginn und einem Fertigstellungstermin, zu dem er das Bauwerk nutzen will, leiten. Aber auch für den Bieter und Auftragnehmer spielt die Bauzeit eine erhebliche Rolle, da Jahreszeit und Länge der Bauzeit wesentliche Kalkulationsfaktoren sind. 1

1.1 Die rechtliche Bedeutung der Bauzeit

Die zeitlichen Vorgaben des Bauherrn zur Bauzeit werden häufig von seinem fachkundigen Berater, dem Architekten, Ingenieur oder Projektsteuerer, im Rahmen der Planung präzisiert oder auch korrigiert. Berücksichtigt werden (sollten) dabei neben zeitlichen Vorgaben des Bauherrn auch die notwendigen Bauvorbereitungsfristen, insbesondere die Planungszeit, die Dauer des Baugenehmigungsverfahrens und des Ausschreibungs- und Vergabeverfahrens sowie nicht zuletzt eines etwaigen Vergabe-Nachprüfungsverfahren nach §§ 98 ff. GWB. Daraus ergibt sich zunächst ein grober Terminplan. Er wird im Laufe der Planung ständig weiterentwickelt und bildet schließlich die Grundlage für die Ausschreibung. Er findet oder sollte zunächst Eingang in die in den Vergabeunterlagen angegebenen **Ausführungsfristen und Termine** finden (vgl. § 8 Abs. 6 Nr. 1 lit. d und § 9 Abs. 1–3 VOB/A). 2

Mit der Ausschreibung werden die Bieter zumeist aufgefordert, diese Angaben zum zeitlichen Ablauf des Bauvorhabens bzw. des jeweiligen Gewerks ausdrücklich anzuerkennen bzw. einen entsprechenden Baufristen- oder **Bauzeitenplan** einzureichen; dieser wird in der Regel auch Bestandteil des abzuschließenden Bauvertrages. Es sollte jedenfalls das Ziel beider Vertragspartner bei den Vertragsverhandlungen sein, einen für beide Seiten tragbaren Bauzeitenplan zum Vertragsinhalt zu machen.

Der Unternehmer schuldet dann dem Auftraggeber auf Grund dieses Bauvertrages nicht nur die mangelfreie Herstellung des Bauwerks oder seiner Bauleistung, sondern gleichrangig daneben deren fristgerechte Fertigstellung. 3

Diesen beiden gleichrangigen Leistungsverpflichtungen des Unternehmers steht als Gegenleistung die Verpflichtung des Auftraggebers gegenüber, die vertragsgemäß erbrachte Bauleistung abzunehmen und die dafür vereinbarte Vergütung zu zahlen.

Diese **Gleichrangigkeit von mangelfreier und fristgerechter Leistungserfüllung** ist im Werkvertragsrecht seit jeher unbestritten. Sie zeigte sich noch umso anschaulicher in der Altfassung des BGB vor der Schuldrechtsmodernisierung. Hier verwies § 636 BGB a. F. als Sonderregelung für die verspätete Leistungserbringung auf das damalige Recht der Wandelung in § 634 BGB a. F., das auch bei mangelhaften Bauleistungen zur Anwendung kam. Die Vorschrift des § 636 BGB gibt es zwar heute nicht mehr. Gleichwohl ist nicht erkennbar, dass sich an dieser eigentlich selbstverständlichen gleichrangigen werkvertraglichen Leistungsverpflichtung eines Unternehmers in technischer und zeitlicher Hinsicht etwas geändert hat. Man sieht dies heute auch sehr deutlich in § 632 a Abs. 3 BGB: Mit dieser Regelung hat ein Unternehmer bei Verbraucherverträgen dem Besteller bei der Anforderung von Abschlagszahlungen eine „Sicherheit für die rechtzeitige Herstellung des Werkes ohne wesentliche Mängel" zu gewähren. Diese Sicherheit dient eindeutig der Absicherung der Vertragserfüllung, die im Gesetz gleichrangig mit der Erfüllung des Bauvertrages in technischer und zeitlicher Hinsicht beschrieben wird (s. dazu auch die Gesetzesbegründung zur Einführung des § 632 a Abs. 3 BGB: BT-Ds. 16/511, S. 15). Dass dieses Verständnis der Gleichrangigkeit der Leistungsverpflichtung in technischer und zeitlicher Hinsicht auch dem allgemeinen Verständnis der Praxis entspricht, dürfte ohnehin unbestritten sein. Obwohl rechtlich nicht maßgeblich, zeigt sich dies etwa deutlich z. B. an den Regelungen der VOB/B, die die Sanktion bei Mängeln und Zeitverzögerungen über § 4 Abs. 7 und § 5 Abs. 4 VOB/B in gleicher Weise über die Einräumung eines Kündigungsrechts gemäß § 8 Abs. 3 VOB/B regelt.

1.2 Die baubetriebliche Bedeutung der Bauzeit

4 Ausgehend von vorstehenden einführenden rechtlichen Erläuterungen ist die Einhaltung der Bauzeit aber auch aus baubetrieblichen Gründen von erheblicher Bedeutung. Bei Bauleistungen handelt es sich durchweg um Einzelanfertigungen (Unikate). Deren Leistungsumfang einschließlich der zu verwendenden Baustoffe und der Baustoffmengen ergeben sich aus der Planung und deren Randbedingungen der Herstellung; sie hängen ebenfalls ab von den Standortverhältnissen der Baustelle und den meist vom Auftraggeber gestellten Vertragsbedingungen. All das ist vom Unternehmer nicht oder kaum beeinflussbar, weshalb Einzelheiten dazu vom Auftraggeber in der Leistungsbeschreibung auch anzugeben sind (vgl. § 7 Abs. 1 Nr. 3 und Nr. 6 VOB/A).

Die Dispositionsfreiheit und damit auch der finanzielle Spielraum des Unternehmers liegen deshalb allein oder doch vorwiegend in der Wahl eines bis ins letzte Detail überlegten, auf die jeweils zu erbringende Bauleistung an diesem Standort zugeschnittenen Fertigungsverfahrens und im optimalen Einsatz des dafür erforderlichen Potenzials an Geräten, Maschinen, Produktionsverfahren, Arbeitskräften und Betriebsmitteln. Der verschärfte Wettbewerb auf dem Baumarkt zwingt die Bauunternehmen zu ständiger Rationalisierung des Bauablaufs. Dabei kann diese Rationalisierung nicht mehr nur im Einsatz noch leistungsfähigerer Geräte und Maschinen bestehen, sondern erfordert auch die Anwendung besserer Planungs- und Bauverfahren und verfeinerter Organisationsformen. Dem dient eine genaue Arbeitsvorbereitung in Form einer **optimalen Bauablaufplanung**, wozu vor allem die verfeinerte **Netzplantechnik** einen wesentlichen Beitrag leistet.

Das dazu erforderliche, aus Arbeitskräften verschiedener Qualifikation, Ma- 5
schinen, Geräten und weiteren Hilfsmitteln zur rationellen Fertigung (z. B. Schalung und Rüstung im Stahl- und Spannbetonbau) sowie dem entsprechenden Führungspersonal und dessen Erfahrungen bestehende Potenzial eines Bauunternehmens verursacht aber auch bei optimalem, weitgehend störungsfreiem Einsatz hohe laufende **zeitabhängige Kosten**. Deshalb kann es nicht kurzfristig und vor allem nicht kostenneutral an eine – aus welchem Grunde auch immer – gegenüber dem vorgeplanten Bauablauf veränderte Arbeitsgeschwindigkeit angepasst oder bei Behinderungen gar stillgelegt werden. Folglich werden **jede Behinderung** und **Bauzeitverlängerung zwangsläufig zu Mehrkosten** führen. Teure Arbeitskräfte und Maschinen können deshalb gerade bei knappen Preisen ihre Kosten nur erwirtschaften, wenn sie weitgehend ungestört eingesetzt werden und damit produzieren können.

Dies zeigt die baubetriebliche Bedeutung der Bauzeit.

1.3 Die Bedeutung der Bauzeit für den Auftraggeber

Der Einhaltung der Bauzeit kommt aus den vorgenannten Gründen zunächst 6
für den Auftraggeber eine entscheidende Bedeutung zu. Dies liegt z. B. bei Olympiabauten, beim Messebau, bei der Errichtung von Einkaufszentren und vielen gewerblichen Bauobjekten auf der Hand, da diese meist zu bestimmten Zeitpunkten fertig sein müssen. Häufig hat sich auch der Auftraggeber verpflichtet, das Bauwerk schlüsselfertig bis zu einem festgelegten Fertigstellungstermin zu übergeben, wie dies z. B. bei Bauträgern und Generalunternehmern die Regel ist. In diesen Fällen erlangen die Bauzeit und deren Einhaltung nicht nur für den Bauherrn, sondern auch für den Generalunternehmer oder den Bauträger zentrale Bedeutung. Dies gilt umso mehr, als Letzteren meist hohe **Vertragsstrafen** oder **Schadensersatzansprüche** drohen, wenn

das Bauwerk nicht in der vertraglich vereinbarten Bauzeit fertig gestellt wird. Die Bauzeit kann des Weiteren ein entscheidender Faktor für die gesamte Finanzierung des Objekts durch einen Investor sein.

Schließlich kann der Einhaltung der Bauzeit eine besondere Bedeutung zukommen, wenn der Bauherr und Auftraggeber aus haushaltsrechtlichen oder steuerlichen Gründen das zu erstellende Bauwerk noch vor Jahresende beziehen bzw. dieses bezugsfertig erstellt sein muss.

1.4 Die Bedeutung der Bauzeit für den Auftragnehmer

7 Die Bauzeit spielt jedoch nicht nur für den Auftraggeber, sondern auch für den Unternehmer eine ausschlaggebende Rolle. Denn davon hängen maßgeblich seine **Kalkulation** und seine wirtschaftlichen Dispositionen, nicht zuletzt hinsichtlich der Beschaffung entsprechender **Anschlussaufträge**, ab. Die meist vom Bauherrn bzw. seinem Architekten vorgegebene Bauzeit wird vom Unternehmer im Allgemeinen als wesentlicher Faktor in die Kalkulation einbezogen. Dies wird schon daraus ohne Weiteres deutlich, dass die Einsatzzeiten für Baumaschinen und Geräte in die Einheitspreise der einzelnen zugehörigen Leistungspositionen einkalkuliert werden und es sich dabei – wie auch bei anderen Kosten – um **zeitabhängige Kosten** handelt. Eine Verlängerung der Bauzeit schlägt somit unmittelbar auf die Kosten durch; außerdem erfordert die Kalkulation der Angebotspreise als Ausgangspunkt und Grundlage eine bestimmte Bauzeit, sei es eine vom Auftraggeber in der Ausschreibung vorgegebene, sei es eine vom Bieter angenommene Bauzeit. Die Bauzeit ist in gleicher Weise auch für die Kosten der **Baustellenvorhaltung**, des **Bauleitungspersonals**, der Vorhaltung von Schalung und Rüstung und natürlich auch für die Lohnkosten von ausschlaggebender Bedeutung.

1.5 Schlussfolgerung: Aufstellung eines Bauzeitenplanes

8 Wegen dieser großen Bedeutung für Auftraggeber und Bieter/Auftragnehmer sollte der Bauzeit schon bei der Ausschreibung von Bauleistungen gebührend Rechnung getragen werden. So bestimmen § 7 Abs. 1 Nr. 1 und 3 VOB/A, dass die Bauleistung eindeutig und erschöpfend zu beschreiben ist, damit alle Bewerber ihre Preise sicher und ohne umfangreiche Vorarbeiten berechnen können. Den Auftragnehmern soll kein ungewöhnliches Wagnis aufgebürdet werden für Umstände und Ereignisse, auf die sie keinen Einfluss haben und deren Einwirkung auf die Preise und Fristen sie nicht im Voraus schätzen können. Dem tragen auch die Richtlinien zur VOB/A im **Vergabe- und Vertragshandbuch für die Baumaßnahmen des Bundes (VHB)** Rechnung (abrufbar

im Internet auf der Seite der „Fachinformation Bundesbau" – http://www.fib-bund.de/Inhalt/Vergabe/VHB/; zurzeit vorliegend in der Fassung 2008, Stand August 2014). Denn diese regeln im Einzelnen etwa in den Richtlinien zu Formblatt Nr. 214 (dort Nr. 1) die Festlegung der **Ausführungsfristen** und deren Bemessung, da dies für die Kalkulation der zeitabhängigen Kosten wichtig ist.

Um diese zeitabhängigen Kosten einer Baustelle möglichst gering zu halten 9
und damit Bauleistungen möglichst kostengünstig anbieten und durchführen zu können, bedarf es einer genauen Festlegung und Koordination der zeitlichen Abfolge der einzelnen Teilleistungen der Gesamtbauleistung auf Unternehmerseite. Denn nur ein **rationeller** und damit **kostengünstiger Bauablauf** ermöglicht es, die immer umfangreicher und komplizierter gewordenen Bauvorhaben in immer kürzeren Bauzeiten durchzuführen und dabei angesichts des verschärften Wettbewerbs auf dem Baumarkt und der nicht immer auskömmlichen Preise auch noch die erforderlichen Gewinne zu erwirtschaften. Damit wird letztlich den wohl verstandenen Interessen beider Vertragspartner Rechnung getragen. Zu keinem Zeitpunkt war deshalb eine ins Einzelne gehende Bauablaufplanung so wichtig wie heute. Eine solche **exakte Bauablaufplanung** erfordert die Aufstellung eines Bauzeitenplanes in verschiedenen Stufen und damit auch in unterschiedlichen Graden der Verfeinerung. Im Angebotsverfahren bedarf es meist nur einer groben Ablaufplanung zur Kalkulation der Preise im Rahmen der vorgegebenen Bauzeit. Im Stadium der Arbeitsvorbereitung wird dann ein möglichst präziser und umfassender **Bauzeitenplan** erforderlich. Ein solcher Terminplan kann nun je nach Umfang und Schwierigkeitsgrad des Bauvorhabens in Form eines (vernetzten) **Balkenplanes**, eines **Netzplanes** und etwa bei Linienbaustellen auch in Gestalt eines **Zeit-Wege-Diagrammes** erstellt werden. Dabei ist zur Ermittlung des günstigsten Bauablaufs und zur Festlegung der Abhängigkeiten und Verknüpfungen der verschiedenen Teilleistungen dem **Netzplan** sicherlich der Vorzug zu geben, dem allerdings wegen der besseren Übersichtlichkeit ein Balkenplan zugeordnet sein sollte (s. dazu mit Beispielen Teil B Rdn. 31 ff.).

Nur mit einer solch sorgfältigen Terminplanung wird der Bauunternehmer 10
der Bedeutung der Einhaltung der vorgegebenen oder vereinbarten Bauzeit in seinem eigenen wirtschaftlichen Interesse, aber auch im Interesse seines Auftraggebers gerecht. Gleichzeitig schafft er damit die Voraussetzungen für die Erfüllung seiner Leistungspflicht zur fristgerechten Fertigstellung der Bauleistung und minimiert damit das Risiko gegen ihn gerichteter Vertragsstrafen- und/oder Schadensersatzansprüche. Eine sorgfältige Terminplanung ist Voraussetzung dafür, im Fall von Behinderungen durch Maßnahmen oder Unterlassungen des Auftraggebers den **Nachweis für dadurch eingetretene Bauverzögerungen** und dadurch bedingte **Mehrkosten** führen zu können.

Dies alles zeigt die herausragende Bedeutung der Bauzeit neben der Verpflichtung zu mangelfreier Erstellung der Bauleistung auf. Probleme und Streitigkeiten im Zusammenhang mit Bauverzögerungen nehmen gerade in den letzten Jahren in Folge eines verschärften Wettbewerbs und des hohen Rationalisierungsgrades jedoch stark zu, sodass beide Vertragspartner diesen Fragen der **Bauzeit schon bei der Ausschreibung und Kalkulation**, vor allem aber beim **Vertragsabschluss** und natürlich bei der Ausführung der Bauleistung und der Vertragsabwicklung ihr besonderes Augenmerk widmen sollten.

2 Bauzeitregelungen in BGB und VOB im Überblick

11 Das Problem der Bauzeit ist in BGB und VOB höchstunterschiedlich geregelt. Hier soll zunächst ein Blick auf das Werkvertragsrecht des BGB und anschließend auf das der VOB geworfen werden. Dabei ist festzustellen, dass einzelne in der VOB geregelte Grundsätze auch im BGB-Werkvertragsrecht zur Anwendung kommen. Eine Detailbefassung unter dem Gesichtspunkt etwaiger Ansprüche u. a. findet sich nachfolgend zu Ziff. III (Teil A Rdn. 238 ff.).

2.1 Die Bauzeitregelung im BGB

12 Der herausragenden Bedeutung der Bauzeit wird das Gesetz mit dem BGB und hier insbesondere das Werkvertragsrecht der §§ 631 ff. BGB in keiner Weise gerecht. Die einzige Bestimmung, die sich substanziell mit der Bauzeit überhaupt befasste, war bis zur Neufassung des BGB im Zuge der Schuldrechtsmodernisierung der in der Bauvertragspraxis eher untaugliche § 636 BGB a. F. Danach konnte der Besteller vom Vertrag zurückzutreten, wenn der Unternehmer das Werk ganz oder teilweise (verschuldensunabhängig) nicht rechtzeitig herstellte. Diese Vorschrift ist heute mehr oder weniger in dem allgemeinen Rücktrittsrecht des § 323 BGB aufgegangen. Tauglicher ist diese Regelung dadurch nicht geworden. Wenn man ansonsten bei einem **BGB-Werkvertrag** mit Bauzeitenfragen zu tun hat, wird man nach jetziger Rechtslage zunächst feststellen, dass sich spezielle Regelungen dazu **dort gar nicht finden**. Stattdessen muss man sich die ggf. einschlägigen Vorschriften an verschiedenen Stellen zusammensuchen. Sodann mag man bei diesem Überblick unterscheiden zwischen den Rechten des Auftraggebers und des Auftragnehmers.

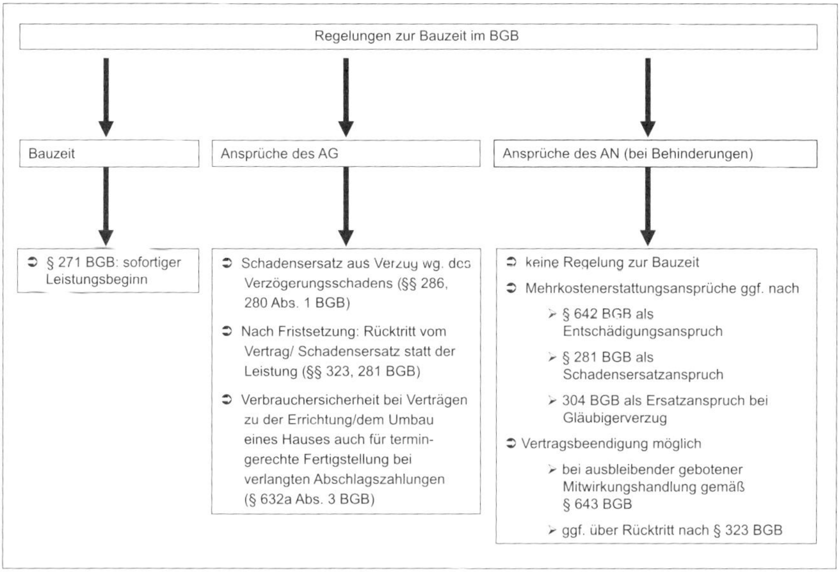

2.1.1 Fälligkeit der Leistungsverpflichtung

Zu der Bauzeit selbst ist im BGB nichts weiter geregelt. In Folge dessen kommt hier § 271 BGB uneingeschränkt zur Anwendung, d. h.: Der Auftraggeber kann die Leistungsausführung **sofort verlangen** (s. dazu näher auch Teil A Rdn. 44 f.). 13

2.1.2 Rechte des Auftraggebers

Stellt der Auftragnehmer die Bauleistung wegen eines von ihm zu vertretenden Umstandes nicht rechtzeitig her, regelt das BGB vor allem zwei Sanktionen: 14

- Zum einen kann der Auftragnehmer bei einem eigenen Verschulden mit der Herstellung der Leistung in Verzug geraten, wenn der Auftraggeber ihn zuvor gemahnt hat (§ 286 Abs. 1 BGB). Einer solchen Mahnung bedarf es für den Verzugseintritt nicht, wenn für die Fertigstellung ein bestimmter Termin vereinbart ist bzw. sich dieser errechnen lässt oder der Auftragnehmer die Leistungsausführung ernsthaft oder endgültig verweigert (§ 286 Abs. 2 BGB; s. dazu im Einzelnen Teil A Rdn. 62 ff.). Ist der Auftragnehmer in Verzug, hat er alle deswegen entstehenden Schäden zu ersetzen (§ 280 Abs. 1 BGB – s. dazu unten Teil A Rdn. 174 f.). Dies führt vor allem zu Schadensersatzansprüchen (§§ 280 Abs. 1 und 2, 286 BGB – s. dazu unten Teil A Rdn. 174 sowie gesondert zum Verzug Teil A Rdn. 61 ff.).

- Zum anderen kann der Auftraggeber ebenfalls in der Regel nach einer Fristsetzung vom Vertrag zurücktreten (§ 323 BGB – s. dazu unten Teil A Rdn. 240 ff.) und Schadensersatz statt der Leistung verlangen (§ 281 BGB – s. dazu unten Teil A Rdn. 250 ff.). Dabei kann eine hier erforderliche Fristsetzung im Wesentlichen aus denselben Gründen entfallen wie beim Verzug (§§ 323 Abs. 2, 281 Abs. 2 BGB).

15 Bemerkenswert ist bei den vorstehenden Rechten sowohl des Verzugs als auch des Rücktritts, dass diese immer von einer **fälligen Leistungsverpflichtung** ausgehen. Fällig wird die Verpflichtung zur Herstellung einer (mangelfreien) Bauleistung beim BGB-Werkvertrag aber immer erst zum **Zeitpunkt der Abnahme**. Dies steht zwar nicht im Gesetz, ergibt sich jedoch aus der Systematik der werkvertraglichen Vorschriften: Denn die Werkleistung ist auf die Herstellung, d. h. auf den Zustand gerichtet, der zu dem Zeitpunkt der Abnahme erreicht werden soll. Auf diesen Zeitpunkt hin hat der Auftragnehmer zu leisten. Daher hat der Auftraggeber abgesehen von krassen Ausreißern **während der Baudurchführung** nach dem **BGB-Werkvertragsrecht praktisch keine Möglichkeit**, seine vorstehend beschriebenen Rechte geltend zu machen. Allenfalls bezüglich des Beginns der Bauleistung könnte man noch vertreten, dass diese geregelt ist, nämlich in § 271 Abs. 1 BGB, wonach der Auftragnehmer sofort anzufangen hat. Ansonsten aber könnte der Auftragnehmer stets einwenden, dass er die Herstellung der Bauleistung in der vereinbarten Zeit – ggf. noch mit erhöhtem Personal- oder Materialeinsatz – schafft. Nur dann, wenn dies **völlig aussichtslos** ist, bestände nach § 323 Abs. 4 BGB zumindest das **Rücktrittsrecht und vermutlich in analoger Anwendung auch ein Schadensersatzanspruch schon vor dem Zeitpunkt der fälligen Leistungserbringung**, d. h. der Abnahme – wobei hier das Risiko der richtigen Einschätzung allein zulasten des Auftraggebers geht. Insoweit genügt nicht einmal die Glaubhaftmachung der Voraussetzungen für die Geltendmachung dieses vorzeitigen Rücktrittsrechts: Vielmehr muss für diesen vorzeitigen Rücktritt aus Sicht eines objektiven Betrachters **mit an Sicherheit grenzender Wahrscheinlichkeit** feststehen, dass die Voraussetzungen für einen Rücktritt vorliegen werden (s. dazu näher unten Teil A Rdn. 245 f.).

16 **Anzumerken ist immerhin, dass abgesehen von den hohen Voraussetzungen ein Rücktritt des Bestellers während der Bauphase im Zweifel auch keine angemessene Rechtsfolge für Bauverzögerungen** durch den Unternehmer darstellt. Denn eine Rückabwicklung von Bauleistungen ist meist nicht möglich, ohne wirtschaftliche Werte zu zerstören. Die Ursache für diese unbefriedigende Regelung liegt darin, dass das Werkvertragsrecht des BGB auf einfach gelagerte punktuelle Austauschverträge (z. B. Herstellung eines Anzugs

durch den Schneider, Autoreparatur usw.) ausgerichtet ist und nicht auf **komplexe Langzeitverträge** (Nicklisch JZ 1984, 757 ff.) wie den Bauvertrag.

Neben diesen klassischen auf Rücktritt und Schadensersatz gerichteten Rechten des Auftraggebers bei Verzögerungen des Bauvorhabens aus dem allgemeinen Schuldrecht des BGB gibt es in § 632 a Abs. 3 BGB noch eine gesonderte Absicherungsregelung, die allerdings allein zugunsten von **Verbrauchern** gilt: Fordert hier nämlich ein Auftragnehmer bei Bauverträgen, deren Gegenstand die Errichtung oder der Umbau eines Hauses oder eines vergleichbaren Bauwerks ist, Abschlagszahlungen, hat dieser dem Besteller im Gegenzug eine **Vertragserfüllungssicherheit in Höhe von 5%** des Vergütungsanspruchs zur **Absicherung der rechtzeitigen und mangelfreien Herstellung** zu übergeben. Dabei ist diese Sicherheit anzupassen, wenn sich der Vergütungsanspruch um mehr als 10% ändert. Diese Regelung gilt auch bei Bauträgerverträgen (vgl. § 1 S. 3 VO über Abschlagszahlungen bei Bauträgerverträgen). Bis zur Stellung dieser Sicherheit kann ein Verbraucher Abschlagszahlungen verweigern; er kann sie aber auch zunächst leisten und die Sicherheit später fordern. Hat der Verbraucher eine solche Sicherheit in Händen, werden von ihr alle Mängel- und Verzugsansprüche einschließlich Ansprüche aus einer bei Verzug verwirkten Vertragsstrafe abgedeckt (s. dazu näher Vygen/Joussen, Bauvertragsrecht, Rn. 2566 f.). Diese Absicherungsregelung soll in diesem Buch allerdings nicht weiter vertieft werden, weil es sich dabei weniger um eine Regelung zur Bauzeit als vielmehr um ein (hier zugunsten von Verbrauchern gesetzlich verankertes) Sicherungsmittel handelt, das auch sonst im Bauvertragsgeschehen etwa in Form von üblichen Vertragserfüllungsbürgschaften u. a. vereinbart werden könnte (vgl. dazu auch Vygen/Joussen, a. a. O.). 17

2.1.3 Rechte des Auftragnehmers bei Behinderungen

Vorstehende Regelungen betreffen nur die **Rechte des Auftraggebers** bei verspäteter Herstellung. Daneben stehen die Rechte des Unternehmers bei einer Behinderung der Bauausführung. Diese kann aus verschiedenen tatsächlichen oder rechtlichen Gründen auftreten; sie mündet schlimmstenfalls in einer Unterbrechung oder sogar endgültigen Beendigung des Bauvorhabens. Sie kann auf ein Fehlverhalten des Auftraggebers zurückgehen, muss es aber nicht. 18

▶ **Beispiel:**

An einer Hanglage soll ein Haus gebaut werden. Es kommt – ohne dass dies absehbar war – zu einem Erdrutsch; das Bauvorhaben kann deswegen nicht fortgeführt werden. Ebenso kann es zu Bauverzögerungen kommen, weil der Auftraggeber dem Auftragnehmer nicht die erforderlichen Planunterlagen zur Verfügung stellt.

Hier ist bei den gesetzlichen Regelungen zu unterscheiden (vgl. dazu auch Übersicht oben Rdn. 12):

- **Behinderungssachverhalt**

19 Eine Behinderung führt in zahlreichen Fällen zu einem gestörten Bauablauf mit der Folge, dass ein vereinbarter Bauzeitenplan nicht eingehalten werden kann. Das BGB regelt dazu gar nichts. Stattdessen behilft man sich immerhin teilweise mit einem Rückgriff auf allgemeine Rechtsgrundsätze, die auch in der VOB geregelt sind (s. sogleich Teil A Rdn. 37 ff., 352 ff.).

- **Mehrkostenansprüche**

20 Entsprechend knapp sieht es bei etwaigen Ersatzansprüchen für Kosten aus, die dem Auftragnehmer entstehen können. Zu nennen ist zunächst der verschuldensunabhängige **Entschädigungsanspruch nach § 642 BGB**. Er setzt voraus, dass der Auftragnehmer zur Bauausführung berechtigt und imstande ist, er seine Leistungsbereitschaft unter Aufforderung des Auftraggebers zur Mitwirkung anbietet und dass der Besteller eine ihm obliegende Mitwirkungshandlung nicht erfüllt (vgl. dazu ausführlich Teil A Rdn. 826 ff.). Als zweiter Rechtsbehelf zugunsten des Auftragnehmers ist an einen **Schadensersatzanspruch aus Verzug** zu denken (§§ 280 Abs. 1, Abs. 2, 286 BGB). Das Kernproblem dieses Anspruchs besteht jedoch darin, dass die meisten Mitwirkungshandlungen des Auftraggebers, die für die Werkherstellung erforderlich sind, gerade **keine Nebenpflichten darstellen**, sondern **nur reine Obliegenheiten** (s. zu der Unterscheidung im Einzelnen, Vygen/Joussen, Bauvertragsrecht, Rn. 1072 ff.).

▶ **Beispiel:**

Das Abstecken der Hauptachse durch den Auftraggeber ist für die Baudurchführung erforderlich, stellt aber beim BGB-Vertrag für sich genommen keine Nebenpflicht dar.

Schadensersatzansprüche scheiden somit mangels Pflichtverletzung aus. Daher ist der Anwendungsbereich dieser Vorschrift bei Baubehinderungen nur begrenzt (s. dazu im Einzelnen nachfolgend Teil A Rdn. 871 f.).

21 Schließlich gibt es noch den Mehrkostenerstattungsanspruch gemäß § 304 BGB. Er greift, wenn sich der Auftraggeber allgemein im Annahmeverzug befindet und dem Auftragnehmer deswegen Kosten für ein erfolgloses Angebot sowie für die Aufbewahrung und Erhaltung des geschuldeten Gegenstandes entstehen. Da die bei Bauverträgen zu erbringenden Leistungen aber in der Regel auf der Baustelle erbracht werden und zumeist vorher bekannt ist, dass eine Leistung ggf. zurzeit nicht ausführbar ist, hat dieser Anspruch in der

Praxis kaum eine Bedeutung. Denn der speziellere Entschädigungsanspruch aus § 642 BGB in Anlehnung an die vereinbarte Vergütung geht in der Summe zumeist über den reinen Aufwendungsersatzanspruch nach § 304 BGB hinaus (s. unten Teil A Rdn. 873).

Auf Einzelheiten der vorgenannten Rechte soll nachfolgend im Teil A unter 22
Rdn. 869 ff. eingegangen werden. Im Überblick setzen sie jedoch alle zumindest voraus, dass die **Baubehinderung dem Einflussbereich des Auftraggebers** zuzurechnen ist. Damit ist gleichzeitig mit der in der Praxis immer wieder behaupteten These aufzuräumen, dass dem Auftragnehmer für jede Baubehinderung (zwingend) ein Ausgleichsanspruch zustehe. Dies ist mitnichten der Fall und gesetzlich schon gar nicht vorgesehen. Einen solchen **allgemeinen Ausgleichsanspruch gibt es nicht**. Ansprüche bestehen vielmehr nur dann, wenn die dazu erforderlichen Voraussetzungen vorliegen.

- **Beendigung des Vorhabens**

Baubehinderungen können auch aus Sicht des Auftragnehmers dazu führen, 23
dass er das Vorhaben gerne beenden möchte. Dazu gibt es im BGB nur rudimentäre Möglichkeiten. Sie orientieren sich in etwa an vorstehenden Rechten zu den Mehrkosten. Unterbleibt z. B. eine gebotene Mitwirkungshandlung des Auftraggebers nachhaltig, kann der Auftragnehmer den **Vertrag nach § 643 BGB** kündigen. In diesem Fall muss er dem Auftraggeber eine abschließende angemessene Frist zur Erfüllung der gebotenen Mitwirkungshandlung setzen. Diese Fristsetzung muss mit der Erklärung verbunden werden, dass er nach fruchtlosem Fristablauf den Vertrag kündigen werde. Nach Fristablauf muss der Auftragnehmer dann allerdings keine Kündigung mehr aussprechen. Vielmehr **„gilt" der Vertrag nach § 643 S. 2 BGB nunmehr als aufgehoben**. Dem Auftragnehmer steht sodann für die Zeit bis zur Kündigung ein Anspruch auf angemessene Entschädigung nach § 642 BGB zu. Mit Wirksamwerden der Kündigung kann er darüber hinaus gemäß §§ 645 Abs. 1, 643 BGB einen der geleisteten Arbeit entsprechenden Teil seiner Vergütung und Ersatz der in der Vergütung nicht enthaltenen Auslagen verlangen. Weitergehende Ansprüche des Auftragnehmers sind nicht ausgeschlossen (§ 645 Abs. 2 BGB – s. dazu im Einzelnen Vygen/Joussen, Bauvertragsrecht, Rn. 2804 ff.).

Neben dem vorgenannten Kündigungsrecht besteht bei einer unterbleiben- 24
den Mitwirkung des Auftraggebers ggf. noch ein zweiter Weg, sich vom Vertrag zu lösen. So wäre es durchaus denkbar, dass es sich bei der (unterbleibenden) Mitwirkungshandlung des Auftraggebers um eine **Nebenpflicht zum Vertrag** handelt (z. B. eine fehlende Planübergabe). Dann stände dem Auftragnehmer bei deren Ausbleiben nicht nur ein Schadensersatzanspruch zu (s. Teil A Rdn. 871); vielmehr könnte er nach entsprechender Fristsetzung auch vom Vertrag zurücktreten (§ 323 BGB). Insoweit würde dann nichts an-

deres gelten als im umgekehrten Verhältnis – nur dass diesmal der Auftragnehmer derjenige wäre, der ein Rücktrittsrecht ausübt (s. dazu Vygen/Joussen, Bauvertragsrecht, Rn. 2786 ff.).

25 Mit vorstehenden vorwiegend aus dem allgemeinen Schuldrecht zusammengesuchten Regelungen sind die Vorschriften über die Bauzeit und die Folgen von Bauverzögerungen im BGB-Werkvertragsrecht erschöpft. Trotz dieser nur wenigen Bestimmungen ist aber auch für das BGB-Werkvertragsrecht davon auszugehen, dass durch den Werkvertrag der Unternehmer zur Herstellung des versprochenen Werkes (§ 631 Abs. 1 BGB), d. h. zur mangelfreien Herstellung und fristgemäßen Fertigstellung verpflichtet wird und diese beiden Verpflichtungen des Unternehmers in ihrer Bedeutung gleichrangig sind. Sie stehen dann in einem Gegenseitigkeits- und Äquivalenzverhältnis zu der Verpflichtung des Bestellers in Bezug auf die Bezahlung der Vergütung. Hierbei handelt es sich deshalb auch um **Hauptpflichten** aus dem Werkvertrag, deren Verletzung jeweils Schadensersatzansprüche des anderen Vertragspartners auslösen kann.

2.2 Die Bauzeitregelung in der VOB Teil A und B

26 Während das BGB der Bauzeit – wie vorstehend gezeigt – im Werkvertragsrecht überhaupt keine Vorschrift widmet, enthält die VOB dazu verschiedene Sonderregelungen.

§ 9 Abs. 1 bis 4 VOB/A	Vorgaben zur Vereinbarung von Vertragsfristen
§ 5 VOB/B	Regelungen zur Einhaltung von Vertragsfristen und Folgen bei deren Nichteinhaltung
§ 6 VOB/B	Umgang mit Behinderungen im Bauablauf einschließlich Unterbrechung und die sich daraus ergebenden Rechtsfolgen
§ 8 Abs. 3 Nr. 1 und 2 VOB/B	Kündigung des Bauvertrages bei nicht fristgerechter Leistung und Regelung der diesbezüglichen Folgen
§ 11 VOB/B	Regelungen zur Vertragsstrafe (insoweit auch in Verbindung mit § 9 Abs. 5 VOB/A)

2.2.1 Ausführungsfristen im Vergabeverfahren (§ 9 Abs. 1 bis 4 VOB/A)

27 Ausgangspunkt vieler Diskussionen bei Bauzeiten ist die Bestimmung der richtigen Bauzeit. Gerade bei Großprojekten, aber auch mehr und mehr bei klei-

neren Bauvorhaben, spielen die dazu vereinbarten **Ausführungsfristen** eine besondere Rolle. Deshalb bestimmt schon Teil A der VOB, also die Allgemeinen Bestimmungen für die Vergabe von Bauleistungen, in § 9 Abs. 1 Nr. 1, dass die Ausführungsfristen unter Berücksichtigung von Jahreszeit, Arbeitsverhältnissen und etwaigen besonderen Schwierigkeiten des Bauvorhabens **ausreichend zu bemessen** sind; außergewöhnlich kurze Fristen sind demgegenüber nur bei besonderer Dringlichkeit vorzusehen (§ 9 Abs. 1 Nr. 2 VOB/A). Dabei soll dem Auftragnehmer auch für die Bauvorbereitung genügend Zeit gewährt werden. Darüber hinaus enthält § 9 VOB/A ins Einzelne gehende Regelungen für die Festlegung des Ausführungsbeginns (§ 9 Abs. 1 Nr. 3 VOB/A) und die Bestimmung von **Einzelfristen für in sich abgeschlossene Teile der Leistung. Solche sollen** nur dann **verbindlich festgelegt** werden, wenn es ein **erhebliches Interesse** des Auftraggebers erfordert (§ 9 Abs. 2 Nr. 1 VOB/A).

In der Praxis des Baugeschehens wird häufig ein **Bauzeitenplan** aufgestellt **28**
und zum Vertragsinhalt gemacht. Vor diesem Hintergrund bestimmt § 9 Abs. 2 Nr. 2 VOB/A, dass nur die für den Fortgang der Gesamtarbeiten und das sichere Ineinandergreifen der Leistungen aller Unternehmer besonders wichtigen **Einzelfristen** als vertraglich verbindliche Fristen (Vertragsfristen) bezeichnet werden sollen. Diese Vorgabe ist nicht selbstverständlich, weil ein Bauzeitenplan zahlreiche Terminvorgaben enthält, die somit aber vielfach nur von informatorischer Bedeutung sind.

▶ **Beispiel:**

> Der Fertigstellungstermin wird in der Regel zu einem verbindlichen Vertragstermin bestimmt werden, weil es hier dem Auftraggeber um die Möglichkeit der Ingebrauchnahme der Bauleistung geht. Bei Zwischenterminen ist dies nicht selbstverständlich. So mag es aus Sicht aller Parteien unbeachtlich sein, wann etwa der Generalunternehmer genau mit den Erdarbeiten fertig wird und mit dem Rohbau beginnt. Auch Zwischentermine können jedoch als verbindliche Fristen vorgesehen werden. Grund dafür kann z. B. sein, dass sie auf dem kritischen Weg liegen, d. h., dass Anschlussgewerke wie etwa der Innenausbau folgen und dieser ebenfalls eine feste Bauzeit benötigt, ohne die das Bauvorhaben nicht fertig wird.

Schließlich trägt § 9 Abs. 3 VOB/A der Erkenntnis Rechnung, dass für die Durchführung eines Bauvorhabens und die Einhaltung von Ausführungsfristen häufig die Übergabe von Zeichnungen und anderer Unterlagen wichtig ist. Deshalb soll hierfür ebenfalls eine Frist festgelegt werden, was zweckmäßigerweise in **Planlieferlisten** geschieht (s. dazu Teil B Rdn. 25 sowie weiter mit Beispielen auch Teil B Rdn. 204 ff.).

Anzumerken ist, dass vorstehende Regelungen des § 9 VOB/A in erster Linie **29**
und insoweit auch verbindlich **nur für das Vergabeverfahren des öffentlichen**

Auftraggebers gelten. Für den privaten Auftraggeber ergeben sich daraus nur Folgen, wenn dieser seine Ausschreibung ausnahmsweise nach der VOB/A durchführt (s. dazu Vygen/Joussen, Bauvertragsrecht, Rn. 419 ff.), was er keinesfalls muss. Was danach allerdings die Bestimmung des Leistungsumfangs angeht, ergeben sich keine großen Unterschiede zwischen privaten und öffentlichen Auftraggebern: Denn auch bei einem öffentlichen Auftraggeber enden die Vorgaben der VOB/A als Bestimmungen für die Vergabe von Bauleistungen im Zeitpunkt des Vertragsabschlusses. Bei der Vertragsabwicklung kommt es demzufolge allein auf die vertraglichen Regelungen an, nicht auf die der VOB/A. Aus diesem Grund kann sich ein Auftragnehmer auch eines öffentlichen Auftraggebers **nach Abschluss des Vertrages in der Regel nicht darauf berufen**, dass die im Vertrag festgelegten Fristen mit § 9 VOB/A nicht in Einklang stehen (s. zu der vergleichbaren Vorgabe für die Einführung von Vertragsstrafen: BGH, Urt. v. 30.3.2006 – VII ZR 44/05, BGHZ 167, 75, 81 = BauR 2006, 1128, 1130 = NJW 2006, 2555, 2556). Denn grundsätzlich geben die Vorschriften des Teiles A der VOB im Nachhinein (nach Vertragsabschluss) **keinen durchsetzbaren**, d. h. nötigenfalls einklagbaren **Anspruch** auf deren Beachtung und Einhaltung, zumal es sich teilweise sogar nur um **Soll-Vorschriften** handelt. Dies gilt trotz der Tatsache, dass etwa für den öffentlichen Auftraggeber die Einhaltung der VOB/A verbindlich ist, wie sich insbesondere dem Vergabe- und Vertragshandbuch des Bundes für die öffentliche Bauverwaltung (VHB) entnehmen lässt. Gleichwohl muss hier streng zwischen der Vorgabe für die Durchführung eines Vergabeverfahrens und den späteren vertraglichen Regelungen unterschieden werden.

30 Scheidet danach bei Vergaben nach der VOB/A nach Vertragsschluss ein späterer unmittelbarer Rückgriff auf die dortigen Vorschriften aus, ist ein Auftragnehmer aber nicht schutzlos. Denn es ist durchaus denkbar, dass ihm in diesen Fällen zumindest ein **Schadensersatzanspruch** nach § 280 Abs. 1 i. V. m. §§ 311 Abs. 2, 241 Abs. 2 BGB zusteht, wenn ihm durch die Verletzung der Vorgaben der VOB/A ein Schaden entstanden ist. Dies hatte der BGH zwar früher ausgeschossen, weil ein Auftragnehmer in Kenntnis der Ausschreibungsbedingungen nicht auf die Einhaltung der VOB/A vertraut hat oder berechtigterweise darauf vertrauen durfte (BGH, Urt. v. 30.3.2006, a. a. O.). Diese Rechtsprechung ist aber überholt, da es heute auf ein solches Vertrauen als Tatbestandsvoraussetzung eines solchen Schadensersatzanspruchs nicht mehr ankommt (grundlegend BGH, Urt. v. 9.6.2011 – X ZR 143/10, BGHZ 190, 89, 94 = BauR 2011, 1813, 1815 = NZBau 2011, 498, 500, ebenso BGH, Urt. v. 11.11.2014 – XZR 17/97, BauR 2015, 479, 480; s. auch Vygen/Joussen, Bauvertragsrecht, Rn. 332 ff., 334 sowie Joussen, BauR 2013, 1583 bei Schadensersatzansprüchen des Auftragnehmers bei unklaren Leistungsbeschreibungen). Erleidet demnach der Auftragnehmer einen Schaden deshalb, weil der Auftraggeber sich bei der Bestimmung der Ausführungsfristen nicht an § 9 Abs. 1 ff. VOB/A gehalten hat, dürfte ihm ein Schadensersatzanspruch dem Grunde nach zustehen. Allerdings wäre dieser aller Voraussicht nach gemäß § 254 BGB wegen eines Mitverschuldens zu kürzen, wenn der Auftragnehmer diesen Pflichtverstoß gesehen oder zumindest im Rahmen pflichtgemäßer Prüfung hätte erkennen können und ihn daraufhin nicht bei der Vergabestelle gerügt hat (Joussen, BauR 2013, 1583, 1591). Denn es dürfte davon auszugehen sein, dass sich eine Vergabestelle einer solchen Rüge aufgeschlossen gegenüber gezeigt und die Vorgaben der VOB/A ggf. doch noch eingehalten hätte.

2.2.2 Ausführungsfristen während der Bauphase (§ 5 VOB/B)

Ganz anders verhält es sich dagegen mit Teil B der VOB, hier insbesondere mit **31** § 5 VOB/B. Die darin vorgesehenen Regelungen werden mit Vereinbarung der **VOB/B** als Vertragsgrundlage **Vertragsbestandteil des Bauvertrages** und können daher im Fall der Nichtbeachtung bedeutsame Rechtsfolgen nach sich ziehen.

Während § 9 Abs. 1 ff. VOB/A den am Vergabeverfahren Beteiligten Auskunft **32** darüber gibt, ob, unter welchen Voraussetzungen und in welcher Art und Weise der Auftraggeber mit dem Auftragnehmer Ausführungsfristen vereinbaren soll, regelt § 5 VOB/B die **Rechte und Pflichten der Vertragspartner im Hinblick auf die vereinbarte Bauzeit** auf der Grundlage des abgeschlossenen Bauvertrages. § 5 VOB/B setzt also eine konkrete Vereinbarung über die Bauzeit (Ausführungsbeginn, Einzelfristen und/oder Ausführungsfrist/Fertigstellungstermin) voraus. Beide Bestimmungen sind unabhängig voneinander; allerdings sind sie so aufeinander abgestimmt, dass sie sich gegenseitig ergänzen und in ihrer Verbindung unter Einbeziehung des § 6 VOB/B das Problem der Bauzeit so erschöpfend und ausgewogen wie möglich regeln. Deshalb erscheint es auch geboten, die Hinweise des § 9 Abs. 1–4 VOB/A zur vertraglichen Gestaltung der Bauzeit bei der Auslegung der tatsächlich getroffenen Vereinbarungen im Bauvertrag und bei der Frage heranzuziehen, ob diese der allgemeinen Inhaltskontrolle nach § 242 BGB und der **Inhaltskontrolle** nach den §§ 305 ff. BGB standhalten (vgl. Bartsch ZfBR 1984, 1 ff.; s. auch allgemein zur Bedeutung der Regelungen der VOB/A für einen geschlossenen Bauvertrag und eine AGB-Inhaltskontrolle: Vygen/Joussen, Bauvertragsrecht, Rn. 488 ff.).

§ 5 enthält verschiedene Einzelregelungen, die hier im Überblick wie folgt be- **33** schrieben werden:

- In § 5 Abs. 1 S. 1 VOB/B findet sich zunächst die Grundregel, dass die Ausführung der geschuldeten Leistung nach den verbindlichen Fristen (Vertragsfristen) zu beginnen, angemessen zu fördern und zu vollenden ist. Dabei gelten die in einem Bauzeitenplan enthaltenen **Einzelfristen** aber nur dann als Vertragsfristen, wenn dies im Vertrag ausdrücklich vereinbart ist (S. 2). Mit diesem Grundsatz geht die VOB/B gleichsam als selbstverständlich davon aus, dass im Bauvertrag eine **Ausführungsfrist** vereinbart worden ist, aus der sich dann meist auch der Zeitpunkt für den Beginn der Ausführung ergeben wird.

- § 5 Abs. 2 VOB/B legt genau fest, wann der Unternehmer mit der Ausführung seiner Bauleistungen zu beginnen hat, wenn dazu im Vertrag nichts vereinbart worden ist. In diesem Fall muss der Unternehmer innerhalb von 12 Werktagen nach Aufforderung mit der Ausführung beginnen. Er kann aber vorher vom Auftraggeber Auskunft über den voraussichtlichen Baubeginn verlangen, wovon in der Praxis viel zu wenig Gebrauch gemacht wird (vgl. dazu unten Teil A Rdn. 52 ff.).
- § 5 Abs. 3 VOB/B befasst sich mit dem zügigen Baufortschritt. Er verpflichtet den Unternehmer, wenn Arbeitskräfte, Geräte, Gerüste, Stoffe und Bauteile so unzureichend sind, dass die festgelegten Ausführungsfristen offenbar nicht eingehalten werden können, auf Verlangen des Auftraggebers zur unverzüglichen Abhilfe.
- Kommt der Auftragnehmer seinen in § 5 Abs. 1–3 VOB/B genannten Pflichten zum rechtzeitigen Baubeginn, zur angemessenen Förderung der Bauarbeiten oder zur termingerechten Fertigstellung des Werkes nicht nach, so kann der Auftraggeber nach § 5 Abs. 4 VOB/B bei Aufrechterhaltung des Vertrages Schadensersatz gemäß § 6 Abs. 6 VOB/B verlangen. Außerdem kann er dem Auftragnehmer eine angemessene Frist zur Vertragserfüllung setzen und erklären, dass er ihm nach fruchtlosem Ablauf der Frist den Auftrag gemäß § 8 Abs. 3 VOB/B entziehen werde.

2.2.3 Behinderung und Unterbrechung der Bauleistung (§ 6 VOB/B)

34 Die gesamte Regelung des § 5 VOB/B kann als eine auf die speziellen Bedürfnisse des Bauablaufs ausgerichtete Fortentwicklung der allgemein gehaltenen Bestimmungen im BGB-Werkvertragsrecht angesehen werden. Dagegen enthält § 6 VOB/B ins Einzelne **gehende Rechte und Pflichten der Bauvertragspartner für den Fall von Behinderungen und Unterbrechungen** bei der Ausführung. Diese Vorschrift trägt vor allem dem Umstand Rechnung, dass es vielfach bei der Bauabwicklung zu Störungen im Bauablauf kommen kann, die bei Vertragsschluss weder bekannt noch vorhersehbar waren. Sie ist ohne Vorbild im gesetzlichen Werkvertragsrecht, obwohl sie für die Erbringung einer fristgerechten Bauleistung wegen des komplexen Langzeitcharakters der Bauverträge unverzichtbar sind. Die Regelungen entsprechen insoweit auch der Konzeption der VOB, für die einzelnen Phasen im zeitlichen Ablauf der Ver-

tragsdurchführung den Parteien spezielle Regelungen zur Verfügung zu stellen (Nicklisch in: Nicklisch/Weick, VOB/B § 6 Rn. 1).

In diesem Sinne stellen die Einzelregelungen des § 6 VOB/B eine notwendige und ausgewogene Ergänzung zu § 5 VOB/B dar. Sie sollen dazu beitragen, vorrangig das Ziel der fristgerechten Fertigstellung des Bauwerks zu erreichen. Hilfsweise geht es um einen angemessenen Ausgleich für die im Fall einer Bauverzögerung auftretenden Nachteile des einen oder anderen Vertragspartners. Dies geschieht durch **35**

- Ansprüche des Unternehmers auf Fristverlängerung (§ 6 Abs. 2 VOB/B – s. Teil A Rdn. 352 ff.) und
- ggf. auf Schadensersatz (§ 6 Abs. 6 VOB/B), wenn die Bauverzögerung vom Auftraggeber zu vertreten ist (s. Teil A Rdn. 710 ff.), oder
- durch einen Schadensersatzanspruch des Auftraggebers, wenn die Verzögerung vom Unternehmer zu vertreten ist (§ 6 Abs. 6 VOB/B – s. Teil A Rdn. 261 ff.).

Ergänzt wird § 6 Abs. 6 VOB/B durch den **Entschädigungsanspruch** des Auftragnehmers gemäß § 642 BGB (vgl. dazu Teil A Rdn. 826 ff.), der neben dem Schadensersatzanspruch anwendbar ist (vgl. § 6 Abs. 6 S. 2 VOB/B).

2.2.4 Vertragsstrafe (§ 9 Abs. 5 VOB/A/§ 11 VOB/B)/Beschleunigungsvergütung

Der Erreichung des Ziels einer termingerechten Fertigstellung der jeweils geschuldeten Bauleistung dient zudem die Vereinbarung von **Vertragsstrafen** und **Beschleunigungsvergütungen**. Dazu stellt § 9 Abs. 5 VOB/A für das Vergabeverfahren öffentlicher Auftraggeber bestimmte Richtlinien auf: Vertragsstrafen für die Überschreitung von Vertragsfristen sollen nur ausbedungen werden, wenn die Überschreitung **erhebliche Nachteile** verursachen kann, wobei die **Strafe in angemessenen Grenzen** zu halten ist (§ 9 Abs. 5 VOB/A). Weitere Einschränkungen ergeben sich insbesondere aus §§ 305 ff. BGB (vgl. dazu eingehend unten Teil A Rdn. 111 ff.). Beschleunigungsvergütungen (Prämien) sollen nur vorgesehen werden, wenn die Fertigstellung vor Ablauf der Vertragsfristen erhebliche Vorteile bringt (§ 9 Abs. 5 S. 3 VOB/A). **36**

Diese Empfehlungen für die Vertragsgestaltung finden ihre notwendige Ergänzung für die Vertragsdurchführung in § 11 VOB/B. Dort ist geregelt, ob und unter welchen Voraussetzungen eine vereinbarte Vertragsstrafe vom Auftraggeber geltend gemacht werden kann (vgl. dazu allgemein Vygen/Joussen, Bauvertragsrecht Rn. 572 ff. und 719 ff. sowie nachfolgend Teil A Rdn. 111 ff.).

2.3 Die Anwendbarkeit der VOB-Regelungen auf den BGB-Werkvertrag

37 Erläutert wurde schon, dass gerade die Regelung zum Entschädigungsanspruch des Auftragnehmers nach § 642 BGB bei einer ausbleibenden Mitwirkungshandlung des Auftraggebers ebenso bei einem VOB-Vertrag gilt (vgl. § 6 Abs. 6 S. 2 VOB/B sowie grundlegend zuvor schon BGH, Urt. v. 21.10.1999 – VII ZR 185/98, BGHZ 143, 32, 38 f. = BauR 2000, 722, 725 = NJW 2000, 1336, 1337 f.). Die umgekehrte Übertragung von Regelungen der VOB/B in das BGB-Werkvertragsrecht ist dagegen dogmatisch zunächst nicht zu begründen: Denn bei der VOB/B handelt es sich zwar um eine sehr verbreitete Vertragsordnung; rechtlich stellt sie jedoch – wie ihr Titel schon sagt – (lediglich) privatrechtlich vom Deutschen Vergabe- und Vertragsausschuss (DVA) herausgegebene Allgemeine Vertragsbedingungen für die Ausführung von Bauleistungen dar (s. dazu im Einzelnen und zu deren Charakter Vygen/Joussen, Bauvertragsrecht, Rn. 426 ff, 463 ff.). Die dort enthaltenen Einzelregelungen können somit schon von ihrer rechtlichen Einordnung her **nicht analog auf BGB-Werkverträge angewandt** werden, selbst wenn das Gesetz bzgl. der Bauzeit anerkanntermaßen lückenhaft ist. Denn für die Ausfüllung von gesetzlichen Regelungslücken kann schlechterdings auf überhaupt erst zu vereinbarende Allgemeine Geschäftsbedingungen zurückgegriffen werden.

38 Gleichwohl bleibt es bei dem Befund: Das BGB-Werkvertragsrecht enthält praktisch keine Regelungen zur Bauzeit und den Rechtsfolgen von Bauverzögerungen, während die VOB eine ausgewogene, detaillierte und den besonderen Bedürfnissen des Baugeschehens Rechnung tragende Gesamtkonzeption zur Verfügung stellt. Scheidet jedoch eine Analogie aus, wird nicht selten die Frage aufgeworfen, ob die VOB-Vorschriften nicht wenigstens als allgemeine Grundsätze für einen nach Treu und Glauben (§ 242 BGB) vorzunehmenden Leistungsaustausch oder im Wege der ergänzenden Vertragsauslegung nach §§ 133, 157 BGB auch beim **BGB-Werkvertrag**, also ohne ausdrückliche Vereinbarung der VOB/B, angewandt werden können. Dies wird man bezüglich der allgemeinen Grundsätze durchaus bejahen können.

▶ **Beispiel:**

Ein Bauunternehmer wird vom Auftraggeber wegen Überschreitung der vertraglich vereinbarten Ausführungsfrist auf Zahlung einer vereinbarten Vertragsstrafe oder auf Schadensersatz in Anspruch genommen. Er beruft sich darauf, dass die Vorleistung nicht rechtzeitig fertig war.

39 Bei einem VOB-Bauvertrag kann sich der Auftragnehmer unter bestimmten Voraussetzungen (vgl. § 6 Abs. 2 Nr. 1 VOB/B) auf eine Behinderung und einen sich daraus ergebenden **Anspruch auf Bauzeitverlängerung** berufen;

dies gilt u. a. wie in vorstehendem Beispielfall bei Behinderungen, die wegen nicht fertiger Vorleistungen in den Risikobereich des Auftraggebers fallen (vgl. § 6 Abs. 1 und Abs. 2 Nr. 1 lit. a) VOB/B). Im BGB-Werkvertragsrecht ist ein solcher Anspruch auf Bauzeitverlängerung nicht ausdrücklich geregelt. Trotzdem kann sich auch der Unternehmer eines BGB-Vertrages darauf berufen. Dies ergibt sich schon daraus, dass sowohl der Schadensersatz- als auch der Vertragsstrafenanspruch des Auftraggebers einen Verzug des Unternehmers und dessen Verschulden voraussetzen (§§ 286 Abs. 4 BGB und §§ 339, 341 BGB), und ein solches Verschulden des Unternehmers in den in § 6 Abs. 2 Nr. 1 lit. a)–c) VOB/B genannten Fällen der Bauzeitverlängerung regelmäßig nicht vorliegen wird.

Diese Überlegungen zeigen, dass eine Anwendung der Grundsätze der VOB/B 40
im Einzelfall auch bei Werkverträgen nach dem BGB in Betracht zu ziehen ist. Dies gilt aber nicht uneingeschränkt für alle Bestimmungen der VOB/B. So finden in Bezug auf die Bauzeit VOB-Regelungen insbesondere bei BGB-Verträgen **keine Anwendung**,

- die den Vertragspartnern besondere Rechte gewähren,

  ▸ **Beispiel:**

  Nicht anwendbar bei einem BGB-Vertrag ist z. B. § 5 Abs. 2 S. 2 VOB/B, wonach der Auftraggeber den Baubeginn innerhalb von 12 Werktagen nach Aufforderung verlangen kann.

- die bestimmte Fristen vorsehen,

  ▸ **Beispiel:**

  Nicht anwendbar ist § 5 Abs. 2 S. 2 VOB/B mit der Pflicht des Auftragnehmers, mit den Arbeiten zwölf Werktage nach Aufforderung zu beginnen.

- ihnen besondere Pflichten auferlegen oder

  ▸ **Beispiel:**

  Nicht anwendbar ist im Zusammenhang mit Behinderungen § 6 Abs. 1 BGB mit der dort vorgesehenen schriftlichen Anzeigepflicht der Behinderungen und den Folgen ihrer Unterlassung.

- die Ansprüche abweichend vom BGB einschränken.

  ▸ **Beispiel:**

  Nicht anwendbar ist § 6 Abs. 6 VOB/B, der den Schadensersatzanspruch bei Bauzeitverzögerungen auf entgangenen Gewinn bei leichter und mittlerer Fahrlässigkeit ausschließt.

41 Mit diesen Einschränkungen wird man aber die **Regelungen der VOB/B zur Bauzeit und zu den Folgen einer Bauverzögerung** durchweg als **allgemeine Grundsätze des Bauvertragsrechts** ansehen und damit ihre Anwendung oder zumindest ihre Heranziehung bei der Festlegung der beiderseitigen Rechte und Pflichten aus dem Bauvertrag **auch im Rahmen des BGB-Werkvertragsrechts** bejahen können (Keldungs/Brück, VOB-Vertrag, Rn. 41; Roquette/Viering/Leupertz, Teil 1 Rn. 192 ff.; BGH, Urt. v. 24.2.1954 – II ZR 74/53, Schäfer/Finnern/Hochstein Z 2.0 Bl. 3). Aus diesem Grunde soll die VOB/B im Nachfolgenden auch im Mittelpunkt der weiteren Überlegungen stehen.

3 Die Vereinbarung von Ausführungsfristen als verbindliche Vertragsfrist

42 Die VOB geht in § 9 Abs. 1–4 VOB/A und in § 5 VOB/B als selbstverständlich davon aus, dass die Partner eines Bauvertrages die für die Ausführung der jeweils geschuldeten Bauleistung erforderliche oder zur Verfügung stehende Bauzeit vereinbaren und in Ausführungsfristen festlegen. Folgerichtig schreibt § 8 Abs. 6 Nr. 1 lit. d) VOB/A vor, dass in den **Zusätzlichen oder Besonderen Vertragsbedingungen** u. a. Ausführungsfristen geregelt werden sollen, soweit dies erforderlich ist. Zwar ist es bei Abschluss der Bauverträge häufig schwierig, die Bauausführung auf bestimmte Termine festzulegen; es wird aber doch im Allgemeinen möglich sein, die für die Bauausführung erforderliche Zeitspanne als **Ausführungsfrist** vorzugeben oder sich darauf zu verständigen. Trotzdem bleiben Fälle, in denen die Festlegung einer Ausführungsfrist bei Abschluss des Bauvertrages noch nicht möglich ist und deshalb unterbleibt oder aus anderen Gründen eine Ausführungsfrist nicht vereinbart wird.

3.1 Die Bauausführung bei fehlender Vereinbarung von Ausführungsfristen

43 Ist keine Frist vereinbart, ist der Unternehmer **in der zeitlichen Gestaltung der Bauwerkserrichtung keineswegs völlig frei**. Es bereitet lediglich größere Schwierigkeiten, den Termin für eine rechtzeitige Erbringung der Bauleistung zu bestimmen. Sowohl beim VOB- als auch beim BGB-Werkvertrag ist die Zeitspanne, innerhalb derer der Unternehmer mit der Ausführung beginnen und die geschuldete Bauleistung fertig stellen muss, dann wie folgt zu ermitteln:

- **Allgemeiner Grundsatz**

44 Allgemeine Grundlage für die Bestimmung der Bauzeit ist zunächst § 271 Abs. 1 BGB. Danach kann der Gläubiger – hier also der Auftraggeber – in den Fällen, in denen eine Zeit weder vertraglich bestimmt noch aus den Um-

ständen zu entnehmen ist, die Leistung **sofort verlangen**, während Schuldner – hier also der Unternehmer – sie **sofort bewirken muss**. Aus diesem Grund ist zunächst zu fragen, ob sich aus den Umständen entnehmen lässt, wann mit der Ausführung zu beginnen und wann die Bauleistung fertig zu stellen ist. Ergeben sich dazu keine Anhaltspunkte, so hat der Unternehmer **unverzüglich nach Vertragsabschluss** (BGH, Urt. v. 8.3.2001 – VII ZR 470/99, BauR 2001, 946 = NJW-RR 2001, 806) – jedoch unter Berücksichtigung einer gewissen Vorbereitungszeit – mit der Ausführung anzufangen und die Arbeiten zügig in angemessener Zeit bis zur Vollendung und Abnahme des Werkes durchzuführen. Als vereinbarte Bauzeit gilt dann der Zeitraum, der für die „zügige Herstellung der Bauleistung" notwendig ist (BGH, Urt. v. 10.11.1977 – VII ZR 252/75, BauR 1978, 139, 141 f.; BGH, Urt. v. 8.3.2001 – VII ZR 470/99, BauR 2001, 946 = NJW-RR 2001, 806; BGH, Urt. v. 21.10.2003 – X ZR 218/01, BauR 2004, 331, 332 f. = NJW-RR 2004, 209, 210).

▶ **Beispiel:**

Im Bauvertrag ist keine Frist vereinbart; für die Herstellung ist jedoch bei einer ordnungsgemäßen und zügigen Bauweise eine Zeit von drei Monaten erforderlich. Dieses ist dann die vertragsgemäße Bauzeit, die allerdings – bezogen auf den Vertragszeitpunkt – um eine angemessene Bauvorbereitungszeit zu verlängern ist.

Hält der Unternehmer sich nicht an die so berechnete Bauzeit, so kann er **auch ohne Vereinbarung einer bestimmten Bauzeit** mit der Erbringung seiner Leistung in **Verzug** geraten, wenn der Auftraggeber den Unternehmer anschließend in Verzug setzt, also mahnt oder ihm eine Nachfrist setzt und diese ergebnislos abgelaufen ist (BGH, Urt. v. 8.3.2001 – VII ZR 470/99, BauR 2001, 946 f. = NJW-RR 2001, 806; Vygen, BauR 1983, 211).

Ist streitig, welche **„richtige" Bauzeit** sich aus § 271 BGB ergibt, ist es nicht der **45**
Auftraggeber, sondern **allein der Auftragnehmer, der dazu etwas vortragen** muss. Dies beruht auf der Systematik des § 271 BGB: Denn eigentlich muss der Auftragnehmer als Schuldner sofort leisten. Diese sofortige Leistungspflicht wird im Werkvertragsrecht an die Umstände des Vertrages angepasst mit der Maßgabe, dass eine für die Herstellung des Werks angemessene Zeit als vereinbart gilt. Dies aber heißt nichts anderes, als dass der Auftraggeber als Gläubiger die Fälligkeit der herzustellenden Werkleistung nicht besonders zu begründen hat. Es ist vielmehr Sache des Schuldners (Auftragnehmers) darzulegen, warum die sofortige Leistungspflicht überhaupt und dann um welchen Zeitraum nach hinten verschoben ist (BGH, Urt. v. 21.10.2003 – X ZR 218/01, BauR 2004, 331, 332 f. = NJW-RR 2004, 209, 210).

- **Vereinbarung der VOB/B**

46 Bei der Vereinbarung der VOB/B lässt sich auch ohne Festlegung der Bauzeit deren Beginn und damit die erforderliche **Frist zur Arbeitsvorbereitung** aus § 5 Abs. 2 S. 2 VOB/B entnehmen. Danach hat der Unternehmer **binnen 12 Werktagen** nach Aufforderung durch den Auftraggeber mit den Arbeiten zu beginnen. Diese Regelung wird man – auch wenn dies bestritten ist – als branchenübliche und damit als Treu und Glauben entsprechend **angemessene Frist zum Baubeginn** ansehen können. Dies gilt somit auch, wenn die VOB/B nicht vereinbart ist, sodass ein BGB-Werkvertrag vorliegt. Bereitet dem Auftragnehmer ein solcher Ausführungsbeginn innerhalb von 12 Werktagen Schwierigkeiten, ist er gut beraten, dies bereits bei Abschluss des Bauvertrages durch eine anderweitige Festlegung des Ausführungsbeginns abzuändern. Zumindest sollte er nach Vertragsabschluss von seinem **Auskunftsanspruch über den voraussichtlichen Baubeginn** gemäß § 5 Abs. 2 S. 1 VOB/B Gebrauch machen.

47 Von diesem Baubeginn an hat dann der Unternehmer die Ausführung dauerhaft angemessen zu fördern und zügig zu vollenden, wozu er insbesondere auch und vor allem Arbeitskräfte, Geräte, Gerüste, Stoffe und Bauteile in angemessenem Umfang vorhalten und einsetzen muss (vgl. § 5 Abs. 1 VOB/B). Für die Bestimmung der Bauzeit selbst gelten wiederum – mangels anderer Vereinbarung – die vorstehend zu § 271 BGB erläuterten Grundsätze (s. oben Rdn. 44 f.).

3.2 Die Vereinbarung verbindlicher Vertragsfristen im Sinne des § 5 Abs. 1 VOB/B

48 Da die VOB/B die wesentlich detailliertere Regelung für Bauverzögerungen vorsieht und ihre Grundzüge häufig über § 242 BGB auch für das BGB-Werkvertragsrecht gelten, sollen Ausführungen dazu im Mittelpunkt der weiteren Überlegungen stehen. Liegt danach ein VOB-Vertrag vor, so greift zunächst die Grundregel in § 5 Abs. 1 VOB/B. Danach ist die Ausführung der Bauleistung nach den verbindlichen Fristen, den sog. **Vertragsfristen**, zu beginnen, angemessen zu fördern und zu vollenden. **Verbindliche Fristen** sind hiernach nur diejenigen Fristen, die im Vertrag ausdrücklich als solche vereinbart sind oder deren Verbindlichkeit sich im Wege der Vertragsauslegung zweifelsfrei ermitteln lässt.

▶ **Beispiele für verbindliche Vertragsfristen sind etwa folgende Klauseln**

- „Ausführungszeitraum ab 10. Juni bis 15. Dezember" (OLG Koblenz, Urt. v. 18.3.1988–8 U 345/87, NJW-RR 1988, 851).

- „Die Ausführungsfrist beträgt 20 Tage beginnend ab dem 20. Mai" (OLG Koblenz, Urt. v. 8.12.1988–5 U 705/88, BauR 1989, 729 = NJW-RR 1989, 1503).
- „Die Bauzeit beträgt drei Monate nach dem Fertigstellungstermin beginnend vom 1.11.2002" (OLG Köln, Urt. v. 12.4.1995–19 U 169/94, BauR 1995, 708, 709; ähnlich OLG Hamm, Urt. v. 30.7.2013–21 U 84/12, BauR 2014, 585, 588 = = NJW 2014, 78, 81 = NZBau 2014, 104, 107).
- „Baubeginn ist spätestens 21 Werktage nach Erteilung der Baugenehmigung" (KG, Urt. v. 15.7.2008–21 U 40/07, IBR 2009, 317).

Nicht ausreichend für die Annahme verbindlicher Vertragsfristen sind **ca.-Angaben** oder Ergänzungen der Fertigstellungsdaten mit „etwa" oder „voraussichtlich". Dasselbe gilt für materielle Zusätze, die eine feste Terminvorgabe ausschließen. 49

▶ **Beispiel (nach OLG Düsseldorf, Urt. v. 7.3.1997–22 U 213/96, BauR 1997, 851 = NJW-RR 1998, 89)**

Im Bauvertrag ist geregelt, dass die Bauleistung zu erbringen ist vom 30.11.2013 bis 24.2.2014 – abhängig von der Witterung.

Legt also der Auftraggeber Wert auf eine Fertigstellung des Bauwerkes zu einem bestimmten Zeitpunkt, so ist beim Vertragsabschluss auf die Festlegung von **Vertrags-** oder **Ausführungsfristen** besonders zu achten. Dabei sollte dies wegen der Auswirkung auf die Kalkulation schon in den **Verdingungsunterlagen** geschehen, deren Abfassung und Zusammenstellung Sache des planenden Architekten oder Ingenieurs ist (vgl. § 34 Abs. 3 Nr. 6, Abs. 4 i. V. m. Anl. 10, Ziff. 10.1 HOAI und § 8 Abs. 6 Nr. 1 lit. d) VOB/A). Dem Auftraggeber bzw. seinem Planer obliegt nämlich auch gemäß § 4 Abs. 1 VOB/B die sog. **Koordinierungspflicht**, also die Pflicht, das Zusammenwirken der verschiedenen Unternehmer zu regeln, was im Allgemeinen durch **Aufstellen und Überwachen eines Bauzeitenplans** geschieht (vgl. § 34 Abs. 3 Nr. 8, Abs. 4 i. V. m. Anl. 10, Ziff. 10.1 HOAI). 50

Soweit es um die **Vereinbarung einer Bauzeit** unmittelbar geht, bestimmt § 9 Abs. 1 Nr. 1 VOB/A, dass die Ausführungsfristen ausreichend zu bemessen sind; Jahreszeit, Arbeitsverhältnisse und etwaige besondere Schwierigkeiten des Bauvorhabens sind dabei zu berücksichtigen. Mit dieser allgemeinen Regelung ist jedoch noch nicht gesagt, bei welcher Frist denn tatsächlich eine verbindliche Vertragsfrist im Sinne des § 5 Abs. 1 VOB/B vorliegt (so auch Roquette/Viering/Leupertz, Teil 1, Rn. 227). Hierzu lässt sich – vorbehaltlich einer anderweitigen Formulierung im Bauvertrag – zunächst klarstellen, dass schon nach § 5 Abs. 1 VOB/B nicht jeder Einzeltermin zu einer verbindlichen Vertragsfrist führt. Vielmehr erfordert die ausdrückliche **Vereinbarung von verbindlichen Vertragsfristen** zunächst eine Klärung der Frage, welche Fristen 51 dazu überhaupt in Betracht kommen. Die VOB/B unterscheidet dazu in § 5 VOB/B für die Durchführung eines Bauvorhabens.

- die Frist für den **Ausführungsbeginn**;
- die in einem **Bauzeitenplan** enthaltenen **Einzelfristen**;
- die **Fertigstellungsfrist** oder auch Ausführungsfrist oder Bauzeit.

3.2.1 Der Ausführungsbeginn

52 Ist im Bauvertrag ein Zeitpunkt für den **Baubeginn** genannt, so gilt dieser und zwar in der Regel sogar **als verbindliche Vertragsfrist**. Meist ist jedoch ein solcher Anfangstermin nicht oder jedenfalls nicht genau und verbindlich festgelegt, sondern nur von den Vertragsparteien in Aussicht genommen worden. Denn häufig fehlt es bei Vertragsabschluss noch an der für den Baubeginn erforderlichen Baugenehmigung oder sonstigen Voraussetzungen, insbesondere der Fertigstellung notwendiger **Vorunternehmerleistungen** (vgl. dazu im Einzelnen unten Teil A Rdn. 388 ff. und 739 ff.) oder auch der erforderlichen Ausführungspläne.

Dies kann für den Auftragnehmer bei großen Objekten sehr gefährlich werden. Denn für diesen Fall schreibt die VOB/B in § 5 Abs. 2 auf der einen Seite zwar vor, dass der Auftraggeber dem Auftragnehmer auf Verlangen **Auskunft über den voraussichtlichen Beginn** zu erteilen hat; auf der anderen Seite hat der Auftragnehmer dann aber innerhalb von 12 Werktagen nach Aufforderung zu beginnen, so dass nunmehr auch die Frist für die vereinbarte Bauzeit zu laufen beginnt (s. zu den Folgen der schuldhaften Versäumung dieser 12-Werktage-Frist unten Teil A Rdn. 217 und einer möglichen Vertragskündigung: Rdn. 287 ff. sowie Vygen/Joussen, Bauvertragsrecht, Rn. 2916 ff.; Ingenstau/Korbion, VOB/B § 8 Abs. 3 Rn. 35 ff.).

53 Haben die Parteien dagegen im Vertrag einen Termin für den Ausführungsbeginn vereinbart, wird regelmäßig zu prüfen und ggf. der Vertrag auszulegen sein, was sie genau darunter verstanden haben. Ergibt sich nichts anderes, bedeutet Ausführungs- bzw. Baubeginn, dass es mit dem **Bauarbeiten** wirklich **„los geht“** (s. dazu unten Teil A Rdn. 215 ff., 224 f.). Hiermit verbunden sind vielfach zwei Problemfälle, die gesondert zu diskutieren sind:

- Nicht selten ist dem eigentlichen Baubeginn eine notwendige Bauvorbereitungszeit vorgeschaltet. Diese stellt noch keinen Baubeginn dar (vgl. auch § 9 Abs. 1 Nr. 1 S. 2 VOB/A sowie unten Teil A Rdn. 224).
- Sodann können sich für den Unternehmer insbesondere auch bei dem nach § 5 Abs. 2 S. 3 VOB/B geforderten Baubeginn binnen 12 Werktagen nach Abruf Schwierigkeiten ergeben, wenn er neben der eigentlichen Bauleistung zugleich in größerem Umfang Planungsleistungen schuldet, insbeson-

dere die vollständige **Ausführungsplanung** und diese dann noch vor dem Baubeginn vom Auftraggeber und evtl. noch von Dritten freigegeben werden muss.

▶ **Beispiel:**

Die Planung muss vor Baubeginn noch vom Prüfstatiker oder bei der DB Netz AG vom Eisenbahnbundesamt (EBA) freigegeben werden.

Diese Vorgaben verlangen eine **längere Vorlaufzeit als 12 Werktage. Folglich bedarf es hier im Vertrag unbedingt** einer abweichenden Vereinbarung von § 5 Abs. 2 VOB/B. Dadurch entfällt allerdings nicht die **Privilegierung der VOB/B** als Ganzes (s. dazu Vygen/Joussen, Bauvertragsrecht, Rn. 481 ff.), weswegen auch dann eine **isolierte Inhaltskontrolle** unterbleibt (vgl. dazu Vygen, Festschrift für Ganten 2007).

In der Baupraxis kommt daneben bei der „richtigen Bestimmung" des Ausführungsbeginns ein weiteres Problem hinzu. Es beruht darauf, dass nicht selten **Ausführungsfristen an den Zuschlagstermin geknüpft** sind. 54

▶ **Beispiel:**

In einem vorgeschalteten Vergabeverfahren ist eine Zuschlags- und Bindefrist bis zum 31. März 2014 vorgesehen. Weiter heißt es, dass der Auftragnehmer unverzüglich nach Auftragserteilung zu beginnen hat; es ist eine Bauzeit von fünf Monaten angegeben. Der Zuschlag wird nach Verzögerungen im Vergabeverfahren am 31. Oktober 2014 erteilt.

Diese Klauseln werfen diverse Folgeprobleme auf (s. dazu Teil A Rdn. 391 ff., 591 ff.). Für die Bestimmung der „richtigen" Bauzeit stellt sich immerhin eine vorgelagerte Frage: Unklar ist nämlich, **wann diese genau beginnt**. Vorstellbar wäre es, sie tatsächlich an die Auftragserteilung zu knüpfen. Dies kann jedoch vor allem dann, wenn es um die richtige Auslegung der abgegebenen Erklärungen nach einem vorgeschalteten formalisierten Vergabeverfahren und einem danach vorrangig relevanten objektiven Bieterhorizont geht (s. dazu ausführlich Vygen/Joussen, Bauvertragsrecht, Rn. 912), nicht richtig sein. Denn nach § 7 Abs. 1 Nr. 3 VOB/A darf einem Bieter **kein ungewöhnliches Wagnis** für Umstände und Ereignisse aufgebürdet werden, auf die er keinen Einfluss hat und deren Einwirkung auf die Preise und Fristen er nicht im Voraus einschätzen kann. Ein solches ungewöhnliches Wagnis würde ihm aber abverlangt, wenn ihm nicht sämtliche zur Preiskalkulation erforderlichen Informationen vollständig und richtig zur Verfügung gestellt würden, er sich die notwendigen Kenntnisse nicht selbst verschaffen könnte und er damit nicht in der Lage wäre, verlässliche Vorstellungen zur Preisbildung zu entwickeln. All diese Risiken beständen, wenn die vertraglich an den Zuschlag gekoppelte Ausführungszeit über den vorgesehenen Zuschlagstermin hinaus völlig offenbliebe. Denn mangels sicherer Kenntnis über den Zuschlagstermin könnte ein Auftragnehmer überhaupt nicht abschätzen, wann und in welchem Zeitraum die eigentlich vorgesehene vertragliche Bauzeit liegen wird. Folglich könnte er seine Preiskalkulation nicht mehr auf eine vom Auftraggeber zu stellende, den Anforderungen des § 7 Abs. 1 Nr. 1 VOB/A gerecht werdende, d.h. für alle Bieter eindeutige und erschöpfende Leistungsbeschreibung stützen. Stattdessen könnten die Bieter nur mutmaßen, wann im Hinblick auf ein eventuelles Vergabenachprüfungsverfahren oder wegen sonstiger verzögernder Umstände ein Zuschlag erfolgen werde, und auf Grund dieser Mutmaßungen ein Preisangebot erstellen. Eine solche Auslegung kommt nach einem richtigen VOB/A-konformen Verständnis der Ausschreibungsbedingungen nicht in Betracht. Stattdessen kann eine solche Regelung in den Ausschreibungsbedingungen mit der Anknüpfung des Ausführungsbeginns an den Zuschlagstermin nur mit der Maßgabe aufrechterhalten werden, dass die **vertraglich vereinbarte Bauzeit** zunächst **mit Ablauf der im Zeitpunkt der Angebotsabgabe bekannt gemachten Zuschlagsfrist bereits beginnt** (BGH, Urt. v. 10.9.2009 – VII ZR 152/08, BauR 2009, 1901, 1904 = NJW 2010, 522, 524 = NZBau 2009, 771, 772 f.). Dass diese wegen etwaiger Verzögerungen im Vergabeverfahren im Nachhinein, d. h. nach Vertragsschluss, ggf. neu festzulegen und anzupassen ist (s. dazu Teil A Rdn. 391 ff.) bzw. sich auch Mehrkostenansprüche des Auftragnehmers anschließen können (Teil A Rdn. 591 ff.), ist eine Folgefrage; sie setzt voraus, dass die Bauzeit sowie der vertraglich vorgesehene Baubeginn zuvor eindeutig bestimmt wurden.

55 Die vorstehenden Anmerkungen gelten selbst dann, wenn der Bauvertrag **nicht nach einem Vergabeverfahren unter Geltung der VOB/A geschlossen** wurde: Liegen Allgemeine Geschäftsbedingungen vor, ergibt sich dies bereits wegen der Unklarheit dieser Regelung aus einer kundenfreundlichen Auslegung nach § 305 c Abs. 2 BGB. Sie würde in gleicher Weise zu dem Ergebnis führen, dass mit der Formulierung „nach Beauftragung" nicht der Zeitpunkt der verzögerten Zuschlagserteilung, sondern der Ablauf der den Bietern mitgeteilten Zuschlagsfrist gemeint war. Nichts anderes würde aus einer Auslegung folgen, wenn diese Regelung ggf. individualvertraglich vereinbart worden wäre (OLG Düsseldorf, Urt. v. 20.7.2011 – VI-U (Kart) 11/11, BauR 2011, 1969, 1971 = NZBau 2011, 674, 677). Nicht verwechselt werden darf die Anknüpfung der Ausführungsfristen an die Zuschlagserteilung dagegen mit Vertragsgestaltungen, bei denen die **Bauzeit vollständig offen** bleibt. Hierzu zählt auch die Leistung nach Abruf gemäß § 5 Abs. 2 VOB/B. Dagegen ist rechtlich nichts einzuwenden, zumal der Auftragnehmer auch ein Auskunftsrecht zu dem voraussichtlichen Baubeginn hat (s. auch OLG Frankfurt, Urt. v. 12.06.2012–11 U 102/10, Nichzul.-Beschw. zurückgew., BGH, Beschl. v. 13.11.2014 – VII ZR 175/12, ebenso zu der AGB-rechtlichen Zulässigkeit, noch nicht veröffentl.; s. auch Rdn. 219).

3.2.2 Die Einzelfristen

Bei den im Vertrag vorgesehenen Einzelfristen handelt es sich **keineswegs** immer um **wirklich verbindliche Vertragsfristen**, auch wenn sie im Vertrag oder einem **Bauzeitenplan**, der meist Bestandteil des Bauvertrages ist, aufgeführt sind. 56

▶ **Beispiel:**

In einem Bauzeitenplan oder Netzplan ist für die Ausführung der Elektroarbeiten ein bestimmter Ausführungszeitraum vom 12. bis zum 25. Februar vorgesehen.

Derartige Ausführungsfristen für Einzelgewerke gelten im Allgemeinen nicht als Vertragsfristen (vgl. § 5 Abs. 1 S. 2 VOB/B); sie dienen vielmehr in erster Linie der **Terminüberwachung**, um sicherzustellen, dass die echten Vertragsfristen und vertraglich festgelegten Termine eingehalten werden. Sie engen aber den Auftragnehmer in seiner **Dispositionsfreiheit** innerhalb der übergreifenden Ausführungsfrist nicht ein. Deshalb kann der Umfang, wie groß eine Bauzeitverzögerung im Einzelfall wirklich ist, zweifelsfrei erst nach Beendigung des gesamten Projekts festgestellt werden. Denn es können durchaus einzelne Teilabschnitte schneller oder langsamer abgewickelt werden (z. B. als Folge der zunächst erforderlichen Einarbeitungszeit bei sich wiederholenden gleichartigen Arbeiten), als es die Planung oder der Bauzeitenplan vorsah. Außerdem können evtl. **eingebaute Reserven (Pufferzeiten)** erst nach Überschreitung bestimmter Einzelfristen des Bauzeitenplanes sichtbar werden oder doch noch zur insgesamt rechtzeitigen Fertigstellung des Bauwerkes führen (Vygen, BauR 1983, 211; s. dazu auch Teil B Rdn. 126).

Sind die Einzelfristen nach alledem im Allgemeinen nur als zeitliche Richtlinien zur Kontrolle ohne nachteilige Rechtsfolgen bei ihrer Nichteinhaltung anzusehen, so kann die Sachlage aber auch anders sein. So können z. B. selbst Einzelfristen ausnahmsweise rechtlich **als echte verbindliche Vertragsfristen (Zwischenfristen)** gelten mit allen sich daraus ergebenden rechtlichen Konsequenzen (vgl. § 5 Abs. 1 S. 2 VOB/B), wenn dies im Bauvertrag **ausdrücklich so vorgesehen** ist (BGH, Urt. v. 14.1.1999 – VII ZR 73/98, BauR 1999, 645, 646 = NJW 1999, 1108 f.). Es wäre nicht einmal ausgeschlossen, dass sämtliche Einzelfristen gleichzeitig als echte Vertragsfristen vereinbart werden (vgl. auch BGH, a. a. O.; ähnlich OLG Düsseldorf, Urt. v. 9.5.2008 – I-22 U 191/07, BauR 2009, 1445, 1446). 57

▶ **Beispiel:**

Die Besonderen Vertragsbedingungen enthalten unter der Überschrift „Ausführungsfristen/bindende Vertragsfristen" verschiedene Fristbestimmungen, so zunächst zum Ausführungsbeginn, sodann zur Fertigstellung und sowie schließlich zu Einzelfristen, die jeweils als Vertragsfristen beschrieben werden. In Bezug genommen wird ein Bauzeitenplan mit insgesamt 11 Einzelfristen für Teile des Gesamtgewerkes. Mit dieser Regelung werden auch die Einzelfristen zu Vertragsfristen.

Ob eine solche Beschränkung der Dispositionsfreiheit des Auftragnehmers baubetrieblich sinnvoll ist, ist eine andere Frage.

58 Unbeschadet dieser vorrangigen vertraglichen Regelung stellt § 9 VOB/A für die Vereinbarung verbindlicher Einzelfristen gewisse **Grundsätze** auf. Danach sind etwa gemäß § 9 Abs. 2 Nr. 1 VOB/A **Einzelfristen für in sich abgeschlossene Teile der Leistung** zu bestimmen, wenn es ein **erhebliches Interesse des Auftraggebers** erfordert. Damit sieht zumindest die VOB/A eine Einschränkung für die Vereinbarung solcher Einzelfristen als Vertragsfristen insoweit vor, als der Begriff der in sich abgeschlossenen Leistungsteile in der VOB/B an verschiedenen Stellen auftaucht (§ 8 Abs. 3 Nr. 1 S. 2 VOB/B, § 12 Abs. 2 VOB/B und § 16 Abs. 4 VOB/B) und durchweg eng ausgelegt wird. § 9 Abs. 2 Nr. 1 VOB/A eröffnet darüber hinaus die Möglichkeit, einen **Bauzeitenplan** aufzustellen. Dieser verfolgt den Zweck, dass die Leistungen aller Unternehmer sicher ineinandergreifen. Gerade hierin können dann selbstverständlich auch die **für den Fortgang der Gesamtbauleistung besonders wichtigen Einzelfristen** als **verbindliche Vertragsfristen** festgelegt werden, ohne dass diese sich auf in sich abgeschlossene Teile der Leistung beziehen müssen.

59 Die Regelungen in § 9 VOB/A haben zunächst nur **Empfehlungscharakter**. Sie können also auch vom öffentlichen Auftraggeber im Vertrag anderweitig vereinbart werden, d. h.: Wenn der öffentliche Auftraggeber eine Einzelfrist als Vertragsfrist bezeichnet, ist diese Vorgabe wirksam, selbst wenn damit gegen § 9 VOB/A verstoßen wird. Auch hier zeigt sich einmal mehr, dass es Verstöße gegen die VOB/A als Regelwerk zur Gestaltung von Vergabeverfahren nicht vermögen, die Wirksamkeit davon abweichend getroffener Vereinbarungen zu verhindern (s. dazu auch Vygen/Joussen, Bauvertragsrecht Rn. 573). Losgelöst davon bleibt es aber bei der weiteren Regelung gemäß § 5 Abs. 1 VOB/B, dass es gerade im Hinblick auf die allgemeine Vorschrift in § 9 VOB/A einer klaren ausdrücklichen Vereinbarung bedarf, wenn Einzelfristen davon abweichend **verbindliche Vertragsfristen** sein sollen. Dabei sind an den Nachweis einer solchen Vereinbarung strenge Anforderungen zu stellen.

60 Fehlt es an einer entsprechenden Vereinbarung, handelt es sich bei den Einzelfristen in einem Vertrag nur um sog. **Kontrollfristen** (so Beck'scher VOB-Komm./Althaus, B § 5 Abs. 1 Rn. 29; Roquette/Viering/Leupertz, Teil 1 Rn. 205). Sie dienen vor allem der Überprüfung, ob sich der Auftragnehmer mit seiner Bauleistung im Zeitrahmen hält oder ob er gegen seine **Baustellenförde-**

rungspflicht gemäß § 5 Abs. 3 VOB/B verstößt, sodass der Auftraggeber unverzügliche Abhilfe verlangen kann (vgl. auch § 323 Abs. 4 BGB).

Die ausdrückliche – nicht nur konkludente – Vereinbarung von Einzelfristen 61
als verbindliche Vertragsfristen kann individuell, sie kann aber auch in **Allgemeinen Geschäftsbedingungen** des Auftraggebers getroffen werden. Voraussetzung dafür ist lediglich, dass dies hinreichend klar im Vertrag zum Ausdruck kommt (Korbion/Locher/Sienz, III Rn. 31).

3.2.3 Die Ausführungsfrist oder Bauzeit

Auch die bei Großbauprojekten üblicherweise festgelegte Ausführungsfrist 62
oder Gesamtbauzeit bedarf stets einer klaren vertraglichen Vereinbarung, um sie als **echte Vertragsfrist** im Sinne des § 5 Abs. 1 VOB/B ansehen zu können.

▸ **Beispiel:**

Für die Annahme einer Vertragsfrist genügt es nicht, wenn bei den Vertragsverhandlungen auf die Frage des Auftraggebers nach der Dauer der Bauzeit zu einem Einfamilienhaus vom Auftragnehmer eine bestimmte Dauer von z. B. 9 Monaten genannt wird.

Etwas anderes gilt, wenn die Vertragsfrist im Vertrag eindeutig festgelegt ist.

▸ **Beispiel:**

In den Vorbemerkungen zum Leistungsverzeichnis oder an einer anderen Stelle in den Verdingungsunterlagen ist eine Gesamtbauzeit von 30 Monaten festgelegt. Unter dem Stichwort ‚Ausführungsfristen' ist geregelt: ‚Die angegebene Gesamtbauzeit darf nicht überschritten werden'. Hierin liegt die Festschreibung einer Ausführungsfrist als echte Vertragsfrist im Sinne des § 5 Abs. 1 VOB/B.

Wie schon bei den Einzelterminen wird man den Sachverhalt aber vielfach anders zu beurteilen haben, wenn nur die **Gesamtbauzeit** von 30 Monaten angegeben wird ohne den Zusatz, dass diese nicht überschritten werden darf. Dasselbe gilt, wenn die angegebene Bauzeit mit Zusätzen wie ‚ca.', ‚etwa' oder ‚je nach Witterung' versehen wird (s. o. Rdn. 48 ff.). Zweckmäßigerweise sollte im Vertrag stets eindeutig festgelegt sein, ob es sich bei der vorgesehenen Bauzeit um eine Vertragsfrist im Sinne des § 5 Abs. 1 VOB/B handelt oder nicht.

Ist danach eine Ausführungsfrist hinreichend beschrieben, ist aber darüber hi- 63
naus wegen der unterschiedlichen Rechtsfolgen und **insbesondere unter-**

schiedlichen Voraussetzungen für einen Verzugseintritt auf **drei Varianten** bezüglich der zu vereinbarenden Bauzeit hinzuweisen:

- Zunächst kann eine Ausführungsfrist oder eine Bauzeit nach Jahren, Monaten, Wochen oder Tagen (Werk-, Arbeits- oder Kalendertagen) festgelegt werden (Variante 1).
- Des Weiteren kann ein fester Termin z. B. für die Fertigstellung vereinbart sein (Variante 2).
- Schließlich ist eine Kombination aus beidem denkbar, indem z. B. eine Ausführungsfrist (z. B. 3 Monate) vorgesehen wird, deren Dauer sich dann durch eine Bezugnahme auf ein festes Ereignis (z. B. den Baubeginn, Erteilung der Baugenehmigung u. a.) kalendermäßig berechnen lässt (Variante 3).

Diese Unterschiedlichkeit der Bemessung von Ausführungsfristen findet ihren Niederschlag auch im Vergabe- und Vertragshandbuch des Bundes – VHB, dort in den Richtlinien zu Formblatt 214:

▶ **Auszug aus den Richtlinien zu Formblatt Nr. 214 des VHB, dort Ziff. 1.2 – Bemessung der Ausführungsfristen [Ausgabe 2008 – Stand August 2014]:**

Ausführungsfristen können durch Angabe eines Anfangs- oder Endpunktes (Datum) oder nach Zeiteinheiten (Werktage/Wochen) bemessen werden. Werktage sind alle Tage mit Ausnahme von Sonn- und Feiertagen.

Die Fristbestimmung durch Datumsangabe soll nur dann gewählt werden, wenn der Auftraggeber den Beginn der Ausführung verbindlich festlegen kann und ein bestimmter Endtermin eingehalten werden muss. Auch bei Fristbemessung nach Zeiteinheiten ist der Beginn der Ausführung möglichst genau zu nennen.

Bei Bemessung der Ausführungsfristen ist zu berücksichtigen:

- zeitliche Abhängigkeiten von vorausgehenden und nachfolgenden Leistungen,
- Zeitpunkt der Verfügbarkeit von Ausführungsunterlagen,
- Anzahl arbeitsfreier Tage (Samstage, Sonn- und Feiertage),
- wahrscheinliche Ausfalltage durch Witterungseinflüsse.

Ist im Einzelfall eine bestimmte Frist für den Beginn der Ausführung nicht von vornherein festlegbar, ist in Nr. 1.1 durch Ankreuzen zu vereinbaren, dass mit der Ausführung innerhalb von 12 Werktagen nach Zugang der Aufforderung durch den Auftraggeber zu beginnen ist (§ 5 Abs. 2 Satz 2 VOB/B). Dabei ist vom Auftraggeber eine zumutbare Frist, innerhalb derer diese Aufforderung an den Auftragnehmer ergeht, mit anzugeben.

64 Die vorgenannten Möglichkeiten der Festlegung von Ausführungsfristen unterscheiden sich bzgl. des Verzugseintritts ganz erheblich in ihrer rechtlichen

Bedeutung. Denn ein **nach dem Kalender bestimmter oder abhängig von einem bestimmten Ereignis nach dem Kalender eindeutig bestimmbarer Fertigstellungstermin** (Varianten 2 und 3) haben zur Folge, dass der Unternehmer ohne Weiteres in Verzug gerät, wenn er seine Leistungen an diesem Termin nicht vollendet hat. Der Verzug erfordert also **keine zusätzliche Mahnung** seitens des Auftraggebers (§ 286 Abs. 2 Nr. 1 und 2 BGB).

▸ **Beispiele:**

- Vereinbart ist eine Fertigstellung der Bauleistung zum 1. Dezember 2014. Hier gerät der Auftragnehmer bereits ohne Mahnung in Verzug, wenn er diesen Termin nicht hält (§ 286 Abs. 2 Nr. 1 BGB).
- Dasselbe gilt, wenn die Terminvorgabe lautet: 3 Monate ab Baubeginn und als Baubeginn fix der 1. September 2014 vorgesehen ist. Hier ist festes Ereignis vereinbart (Baubeginn), von dem ausgehend sich nach dem Kalender ein fester Fertigstellungstermin berechnen lässt. Auch das führt dazu, dass ein Auftragnehmer ohne Mahnung bei Überschreitung dieses Termins automatisch in Verzug gerät (§ 286 Abs. 2 Nr. 2 BGB).

Ganz anders ist die Situation, wenn die Parteien lediglich eine **Ausführungszeit** oder eine **Bauzeit** von z. B. 30 Monaten ohne weitere Angaben festgelegt haben (Variante 1). In diesem Fall ist für den Verzugseintritt zu unterscheiden, ob ein VOB- oder BGB-Werkvertrag vorliegt:

- Beim **BGB-Werkvertrag** liegt jetzt **keine nach dem Kalender bestimmte oder bestimmbare Zeit** vor. Denn der sich aus der Zeitangabe im Bauvertrag ergebende Fertigstellungstermin ist abhängig vom Beginn der Ausführung, der nicht feststeht. Daher ist es auch unbeachtlich, dass der Auftraggeber den Auftragnehmer auffordert, an einem bestimmten Tag zu beginnen; denn für eine solche taggenaue Leistungsaufforderung gibt es keine vertragliche Grundlage. Dies gilt auch für alle anderen einseitigen Leistungsaufforderungen etwa des Auftraggebers, Architekten o. ä. – es sei denn, der Auftragnehmer hat sich damit im Nachhinein einverstanden erklärt. Dann wiederum stände der Ereignistermin (Baubeginn) als Grundlage für die kalendermäßige Bestimmung der Fertigstellung der Bauleistung fest, wobei es einerlei ist, ob dieser Ereignistermin bereits im Vertrag festgelegt wird oder sich die Parteien erst später darauf verständigen (BGH, Urt. v. 13.12.2001 – VII ZR 432/00, BGHZ 149, 283, 286 = BauR 2002, 782, 783 = NJW 2002, 1274, 1275). In beiden Fällen bedürfte es bei Überschreitung des sich danach berechneten Termins keiner Mahnung mehr, um in Verzug zu geraten (§ 286 Abs. 2 Nr. 2 BGB). Liegt ein solches Einvernehmen nicht vor, heißt das dagegen, dass der Auftragnehmer nach Ablauf einer danach vereinbarten Bauzeit nicht automatisch in Verzug gerät; vielmehr bedarf es dafür jetzt noch einer Mahnung (§ 286 Abs. 1 BGB). 65

- Anders ist dies beim VOB-Vertrag: Hier hat der Auftragnehmer mit seiner Leistung nach § 5 Abs. 2 S. 2 VOB/B binnen zwölf Werktagen nach Leistungsabruf zu beginnen. Spätestens von da an läuft die 30-Monatsfrist, sodass sich mit diesem Ereignis der Endtermin wieder eindeutig nach dem Kalender berechnen lässt. Einer Mahnung bedürfte es nunmehr für den Verzugseintritt bei Überschreitung dieses so berechtigten Fertigstellungstermins nicht (§ 286 Abs. 2 Nr. 2 BGB). Folglich gerät der Auftragnehmer spätestens mit Ablauf der 30 Monate zzgl. 12 Werktage nach Leistungsabruf in Verzug. Fängt der Auftragnehmer nach Leistungsabruf vorher an, gilt zumindest theoretisch nichts anderes: Der Ereignistermin ist dann der Starttermin der Bauleistungen, den der Auftragnehmer gemäß § 5 Abs. 2 S. 3 VOB/B dem Auftraggeber anzuzeigen hat (ähnlich Roquette/Viering/Leupertz, Teil 1 Rn. 209f). Dies ergibt sich in gleicher Weise aus dem Vergabe- und Vertragshandbuch des Bundes (VHB) für die öffentliche Bauverwaltung.

▸ **Auszug aus dem VHB**, Allgemeine Richtlinien zur Baudurchführung 400, dort zu Ziff. 4.3 [Ausgabe 2008, Stand August 2014]

> 4.3 Überschreitung von Vertragsfristen
>
> Sind Vertragsfristen nach Kalenderdatum (als Endtermin) bestimmt, gerät der Auftragnehmer bei Terminüberschreitung ohne Mahnung in Verzug.
>
> Ist kein Datum für einen Anfangs- und Endtermin bestimmt, tritt Verzug ein, wenn im Vertrag ein Zeitraum (z. B. nach Tagen, Wochen oder Monaten) bestimmt ist und die Leistung in diesem Zeitraum nach Aufforderung durch den Auftraggeber nicht erbracht wurde.

66 Das Erfordernis der **Mahnung** als Voraussetzung für den Eintritt des Verzuges kann nicht durch vorformulierte **Allgemeine Geschäftsbedingungen** über den Rahmen des § 286 Abs. 2 Nr. 1–4 BGB hinaus abbedungen werden. Denn eine solche vertragliche Regelung verstößt gegen § 309 Nr. 4 BGB. Danach ist eine Klausel unwirksam, durch die der Verwender von der gesetzlichen Obliegenheit freigestellt wird, den anderen Vertragsteil zu mahnen oder ihm eine Nachfrist zu setzen. Dies gilt gemäß § 307 BGB auch gegenüber einem Kaufmann, da eine solche Regelung mit wesentlichen Grundgedanken des Schadensersatzrechtes und des Verzuges nicht zu vereinbaren ist (vgl. OLG Düsseldorf, Urt. v. 22.2.1983–23 U 157/82; Vygen, BauR 1983, 210, 212; s. auch Vygen/Joussen, Bauvertragsrecht, Rn. 707 ff.).

67 Aus allem folgt für den Auftraggeber, dass es in der Regel zweckmäßig sein wird, bereits im Vertrag oder aber nachher für die Fertigstellung der Bauleistung **eine Zeit nach dem Kalender zu vereinbaren** (vgl. § 286 Abs. 2 Nr. 1 BGB). Dies ist jedoch bei einem Vertragsabschluss nicht immer möglich, wenn z. B. die Baugenehmigung noch nicht vorliegt, weshalb der Baubeginn

ebenfalls noch nicht feststeht. In solchen Fällen ist es vorstellbar, in Besonderen Vertragsbedingungen festzulegen, dass der Auftraggeber sich bei Vereinbarung bloßer Ausführungsfristen nach Werktagen, Wochen oder Monaten die datumsmäßige Festlegung des Fertigstellungstermins im Auftragsschreiben (so auch das VHB in Ziffer 1.2, s. vorstehend Rdn. 63 und Ziffer 6.4 der BVB des Bauvertragsmusters der Bundesarchitektenkammer) oder in dem Aufforderungsschreiben an den Auftragnehmer, mit der Ausführung seiner Leistung zu beginnen, vorbehält. Eine solche datumsmäßige Festlegung im Sinne des § 286 Abs. 2 Nr. 1 BGB kann auch schon dann bejaht werden, wenn ein **bestimmter Tag für den Ausführungsbeginn und eine Ausführungsfrist** oder wenn für die Ausführung oder für die Fertigstellung eine **bestimmte Kalenderwoche oder ein Monat** vorgesehen ist.

▸ **Beispiel:**

Im Vertrag ist eine Bauzeit von 12 Wochen vorgesehen. Der Auftraggeber hat sich im Vertrag das Recht zum Abruf der Leistungen zu einem noch festzulegenden Termin nach Erteilung der Baugenehmigung vorbehalten. In Folge dessen fordert er den Auftragnehmer rechtzeitig auf, die Arbeiten in der 10. Woche nach Erteilung der Baugenehmigung aufzunehmen. Hier gilt dann als Fertigstellungstermin der Samstag in der 22. Kalenderwoche, nach dessen fruchtlosen Verstreichen der Auftragnehmer nach § 286 Abs. 2 Nr. 2 BGB in Verzug gerät.

Liegt nach vorstehendem eine Fristüberschreitung vor, kommt der Auftrag- **68** nehmer allerdings nicht in Verzug, solange die Leistung in Folge eines Umstandes unterbleibt, den er **nicht zu vertreten** (verschuldet) hat (§ 286 Abs. 4 BGB). Die **Beweislast** für ein etwaiges fehlendes Verschulden trifft allein den **Auftragnehmer** – wobei ein solcher Entlastungsbeweis auch in der Baupraxis keinesfalls ausgeschlossen ist (so z. B. in Fällen höherer Gewalt etwa bei einem nicht absehbaren Hochwasser – s. dazu näher Teil A Rdn. 263 ff.).

3.3 Die Festlegung und Berechnung der Ausführungsfristen

Ist eine Ausführungsfrist als verbindliche Vertragsfrist vereinbart, berechnet **69** sich der Lauf dieser Frist nach §§ 187 ff. BGB. Dabei ist von erheblicher Bedeutung, dass bei allen Fristen, die nach **Werktagen** (nicht Arbeitstagen) bemessen sind, grundsätzlich der **Samstag** und ebenso die **Schlechtwettertage** als Werktage zählen, es sei denn, im Vertrag ist etwas anderes ausdrücklich vereinbart worden.

Ansonsten bestehen bei der Ermittlung festgelegter Bauzeiten keine Beson- **70** derheiten.

▸ **Beispiel:**

Im Vertrag heißt es: „Es gilt eine Bauzeit von 30 Monaten".

In Fällen wie diesem ist die Berechnung unproblematisch, sobald der **Beginn der Bauleistungen** durch Aufnahme der Arbeiten feststeht. Ist als Bauzeit kein Endtermin oder eben nur eine Bauzeit als verbindliche Vertragsfrist vereinbart worden, so hängt die Frage nach dem Fertigstellungstermin und seine Berechnung zunächst vom Beginn der Ausführung der Bauleistung ab; denn erst von diesem Zeitpunkt an, und nicht etwa vom Zeitpunkt des Vertragsabschlusses, berechnet sich die Ausführungsfrist von 30 Monaten. Als Beginn der Ausführung gilt dabei schon die Einrichtung der Baustelle oder die Herstellung von Fertigteilen oder ganzen Bauteilen im Werk des Auftragnehmers (vgl. Teil A Rdn. 225 f.). Dieser Beginn ist dem Auftraggeber anzuzeigen (§ 5 Abs. 2 S. 3 VOB/B), wodurch er für die spätere Berechnung feststeht.

71 Schwieriger wird die Berechnung, wenn neben einer bestimmten Ausführungsfrist oder einem Fertigstellungstermin im Bauvertrag entgegen der Regelung des § 6 Abs. 2 Nr. 2 VOB/B vereinbart worden ist, dass sich die vereinbarte Bauzeit um die vom Arbeitsamt anerkannten oder durch das Wetteramt bestätigten **Schlechtwettertage** verlängert. Diese Verlängerung greift auch dann ein, wenn der Bauunternehmer trotzdem weiterarbeitet, um sich einen **Puffer für Unvorhergesehenes** oder Bauablaufstörungen aus seinem Verantwortungsbereich zu schaffen (s. dazu auch Teil B Rdn. 130). Bei all solchen Verlängerungen verliert ein vereinbarter **Fertigstellungstermin** aber seine Bestimmbarkeit nach dem Kalender i. S. des § 286 Abs. 2 BGB. Dies ist insbesondere für einen Verzug von Bedeutung, so dass es dann doch wieder der **Mahnung** für die Inverzugsetzung bedarf (s. o. Rdn. 63 ff.).

3.4 Änderung und Verschiebung von Vertragsfristen

72 In der Baupraxis kommt es immer wieder vor, dass die im Bauvertrag zunächst vereinbarten Vertragsfristen, insbesondere wenn diese terminlich nach dem Kalender bestimmt sind, nicht eingehalten werden können.

▸ **Beispiel:**

Notwendige aber nicht rechtzeitig fertig gestellte oder erbrachte Vorleistungen des Auftraggebers (rechtzeitige Beschaffung der Baugenehmigung und anderer Genehmigungen, rechtzeitige und mangelfreie Planlieferung usw.) oder anderer Unternehmer machen eine Verschiebung der Bauzeit erforderlich.

Derartige Verschiebungen sind in ganz besonderem Maße beim **Schlüsselfertigbau** im Verhältnis des Generalunternehmers zu seinen **Subunternehmern anzutreffen**. In diesen Fällen ist grundsätzlich zu beachten, dass die **vereinbarten Ausführungsfristen ohne eine Änderung des Vertrages zunächst nur einvernehmlich angepasst und neu festgelegt werden können** (so auch Ingenstau/Korbion/Döring, VOB/B § 5 Abs. 1–3 Rn. 26). Dabei ist der Architekt oder Ingenieur ohne besondere Vollmacht nicht befugt, für den Auftraggeber eine solche Verschiebung der Bauzeit oder deren Verlängerung zu vereinbaren, da es sich dabei um eine Vertragsänderung handelt (s. zur Vollmacht des Architekten bei Vertragsänderungen etwa Vygen/Joussen, Bauvertragsrecht, Rn. 202 ff.). Etwas anderes gilt nur bei auf eine **Änderung der Bauzeit abzielenden Anordnungen** des Auftraggebers nach § 1 Abs. 3 VOB/B (s. sogleich Rdn. 75). Diese können zwar abweichend von Vorstehendem einseitig erteilt werden; der dem Auftragnehmer damit entstehende Mehraufwand ist ihm dann aber auch nach § 2 Abs. 5 VOB/B zu vergüten. Außerhalb dieser Leistungsänderungsanordnungen sind dagegen **einseitige Änderungen** und Verschiebungen von Vertragsfristen rechtlich wirkungslos, da sie nicht von dem Überwachungs- und Leitungs- oder dem Koordinierungsrecht des Auftraggebers nach § 4 Abs. 1 Nr. 1–3 VOB/B abgedeckt werden. Daher bedarf es also für die Verschiebung der Vertragsfristen stets der – später auch nachweisbaren – Zustimmung des Auftragnehmers zu einer neuen Vertragsfrist. Daher sollten vor allem neue Bauzeitenpläne von den betroffenen Auftragnehmern und insbesondere den Subunternehmer unterschrieben oder sonst ausdrücklich z. B. in einem unterzeichneten **Baustellenbesprechungsprotokoll** gebilligt werden.

Allerdings sollte an dieser Stelle nicht verkannt werden, dass veränderte Bau- **73**
zeiten auch ohne ausdrückliche Absprache vereinbart werden können.

- **Beispiel:** (nach BGH, Urt. v. 27.1.2011 – VII ZR 186/09, BGHZ 188, 128, 133 = BauR 2011, 669, 671)

  Der Auftragnehmer schickt zu einer Baubesprechung seinen nicht vertretungsbefugten Polier P. P „vereinbart" mit dem Auftraggebervertreter veränderte Bauzeiten. Diese werden in einem Baubesprechungsprotokoll festgehalten, allseits unterschrieben und an die Vertragsparteien versandt. Später beruft sich der Auftragnehmer darauf, dass diese geänderten Bauzeiten mangels seiner Zustimmung bzw. der fehlenden Vertretungsmacht seines Poliers nicht verbindlich wären.

Hiermit dringt er nicht durch. Zwar würde an sich die fehlende Vertretungsmacht des entsandten Poliers eine wirksame Änderungsvereinbarung zu den zunächst geltenden Bauzeiten ausschließen. Durch das nachträglich versandte Protokoll gilt jedoch etwas anderes; denn diesem kommt die **Eigenschaft eines kaufmännischen Bestätigungsschreibens** zu. Dessen Grundsätze gelten zwar nicht unmittelbar, wohl aber entsprechend mit der Folge, dass der Auftragnehmer nunmehr diesem ihm überlassenen und von seinem entsandten Mitarbeiter unterschriebenen Protokoll hätte widersprechen müssen (BGH, Urt. v. 27.1.2011 – VII ZR 186/09, BauR 2011, 669, 671 = NZBau 2011, 303, 304; ausführlich auch Vygen/Joussen, Bauvertragsrecht, Rn. 185).

74 Abgesehen von vorgenannten Sonderfällen gilt jedoch: **Einseitige Änderungen** und Verschiebungen von Vertragsfristen **ohne eine vertragsändernde Anordnung** sind rechtlich wirkungslos, da sie nicht von dem Überwachungs- und Leitungsrecht oder dem Koordinierungsrecht des Auftraggebers gemäß § 4 Abs. 1 Nr. 1–3 VOB/B abgedeckt werden.

3.4.1 Einseitiges zeitliches Anordnungsrecht nach § 1 Abs. 3 VOB/B

75 Mit vorgenannter Feststellung, dass Vertragsfristen einseitig ohne eine vertragsändernde Anordnung nicht geändert werden können, ist zugleich der weitere Themenbereich angesprochen, den es zu untersuchen gilt. Denn zu unterscheiden von einer Anordnung neuer Bauzeiten ohne geänderten Vertrag sind Änderungsanordnungen nach § 1 Abs. 3 VOB/B. Hiernach ist ein Auftraggeber im Rahmen eines einseitigen Leistungsbestimmungsrechts berechtigt, den **Bauentwurf zu ändern** und dadurch eine Leistungsänderung bezüglich der vom Auftragnehmer zu erbringenden Leistung zu bewirken (s. dazu BGH, Urt. v. 18.12.2008 – VII ZR 201/06, BauR 2009, 491, 492 = BGHZ 2009, 213, 216 = NJW 2009, 835; zuvor schon BGH, Urt. v. 27.11.2003 – VII ZR 346/01, BauR 2004, 495, 497 = NJW-RR 2004, 449, 451 betreffend das vergleichbare Anordnungsrecht gemäß § 1 Abs. 4 S. 1 VOB/B; s. dazu auch Quack, ZfBR 2004, 107 ff.). Der Auftragnehmer ist sodann verpflichtet, den Forderungen des Auftraggebers nachzukommen und seine Bauleistung anzupassen. Dieses Leistungsänderungsrecht nach der VOB/B erfasst unstreitig Änderungen der Leistungsbeschreibung in technischer Hinsicht. Zweifelhaft und bestritten ist hingegen, ob hierunter ebenso Anordnungen fallen, die nicht die unmittelbare Bauleistung betreffen, sondern nur die äußeren Umstände. Besonders deutlich zeigt sich dies bei **Anordnungen zur Bauzeit** (s. dazu ausführlich mit einer Darstellung des Meinungsstandes: Tomic, ZfBR 2010, 315; ders. BauR 2011, 1234).

▸ **Beispiel:**

1. Baubeginn für die Errichtung eines Mehrfamilienhauses soll im April sein. Die Verträge sind geschlossen; der Auftragnehmer will beginnen. Jetzt verhängt auf einen Hinweis von Umweltschutzverbänden die Naturschutzbehörde einen Baustopp für die Dauer der Brutzeit bestimmter Vögel. Der Auftraggeber möchte das Vorhaben zeitlich ver-

setzt ausführen lassen, nachdem der Baustopp aufgehoben wurde. Diese zeitliche Verschiebung will er nach § 1 Abs. 3 VOB/B anordnen.

2. Bei einem Bauvorhaben war zunächst ein Flachdach geplant. Der Bauherr ändert nach § 1 Abs. 3 VOB/B (zulässig) die Ausführung in ein Pultdach mit Gauben. Der Generalunternehmer kann die dadurch anfallenden Kosten nach § 2 Abs. 5 VOB/B selbstverständlich ersetzt verlangen. Ungeachtet dessen benötigt er für diese geänderte Ausführung aber auch eine zusätzliche Bauzeit mit der Folge, dass z. B. die Ausbaugewerke erst später anfangen können. Er stellt sich die Frage, ob er gegenüber seinen dafür gebundenen Subunternehmern nach § 1 Abs. 3 VOB/B einen verspäteten Baubeginn anordnen kann.

Die Diskussion, ob derartige Anordnungen zur Bauzeit von § 1 Abs. 3 VOB/B 76
erfasst werden, ist vielschichtig (dagegen ausführlich Thode, ZfBR 2004, 214, 215; ders. BauR 2008, 155; Kapellmann/Messerschmidt/von Rintelen, VOB/B, § 1 Rn. 57 ff.; Leinemann/Leinemann, § 1 Rn. 51 ff.; Beck'scher VOB-Komm./Althaus, § 5 Abs. 1 Rn. 89; Kapellmann, NJW 2008, 257, 258; Oberhauser, BauR 2010, 308, 311 ff.; vermittelnd Tomic ZfBR 2010, 315, 319, der in Anlehnung an § 649 BGB als Minus wenigstens bauzeitverlängernde Anordnungen zulassen will). Sie ist allerdings zunächst **keinesfalls identisch mit der Frage**, ob für eine einmal angeordnete zeitlich geänderte Ausführung auch ein **Mehrvergütungsanspruch nach § 2 Abs. 5 VOB/B** besteht (s. dazu unten Teil A Rdn. 444 ff.). Denn bei § 1 Abs. 3 VOB/B geht es allein darum, ob ein Auftragnehmer (im vorgenannten Beispiel etwa der Subunternehmer) im Rahmen eines einseitig ausübbaren Leistungsbestimmungsrechts des Auftraggebers verpflichtet ist, ein Bauvorhaben mit einer geänderten (verschobenen) Bauzeit auszuführen (oder ob er dies verweigern kann). Davon zu trennen sind Fallgestaltungen, in denen er – obwohl nicht dazu verpflichtet zu sein – einer solchen Anordnung gleichwohl Folge leistet. In diesem Fall ließe sich bei der Bestimmung einer ggf. dafür zu zahlenden Mehrvergütung immerhin vertreten, dass es sich dabei gerade um eine „andere (eine Mehrvergütung auslösende) Anordnung" im Sinne des § 2 Abs. 5 VOB/B handelt, ohne dass zugleich eine (befolgungspflichtige) „Anordnung des Bauentwurfs" nach § 1 Abs. 3 VOB/B vorläge (in diesem Sinne zu verstehen: Kapellmann/Messerschmidt/von Rintelen, VOB/B 1 Rn. 57c; ausführlich auch OLG Hamm, Urt. v. 12.4.2011–24 U 29/09, BauR 2013, 956, 957; wohl ebenso KG, Urt. v. 12.2.2008–21 U 155/06, BauR 2009, 650, 653, das die Sache aber nicht entscheidet und sich im Übrigen auch nicht vertiefend mit der Rechtsprechung und Literatur auseinandersetzt).

Trotz sicherlich bestehender Bedenken gegen eine zu weite Auslegung des in 77
§ 1 Abs. 3 VOB/B vorgesehenen Anordnungsrechts des Auftraggebers erscheint dessen **Beschränkung auf einen Bauentwurf im engeren Sinne**, d. h.

auf die technische Bauausführung ohne Berücksichtigung der Bauzeit **nicht angezeigt**. Eine solche Beschränkung ergibt sich schon **nicht aus dem Wortlaut** dieser Regelung: Denn wenn § 1 Abs. 3 VOB/B von dem „Bauentwurf" spricht, zu dem der Auftraggeber Änderungen anordnen darf, ist zunächst nicht ersichtlich, wieso sich dieser Entwurf nur auf die technische Ausführung beschränken sollte. Dafür gibt es keinen Anhaltspunkt; jedenfalls lässt sich dies der VOB/B nicht entnehmen. Ohnehin hat es schon manchmal den Eindruck, dass dazu doch die ein oder andere eher künstliche Diskussion jenseits der Realitäten des praktischen Baugeschehens geführt wird. Denn Fälle, in denen ein Auftragnehmer zunächst eine erteilte Anordnung des Auftraggebers zur Bauzeit wirklich ablehnt, d. h. eine Baufortführung zu den geänderten Terminen verweigert, dürften doch verhältnismäßig selten sein. Vielmehr wird in aller Regel (im Nachhinein) über die Vergütung gestritten, die sich dann aber wie gezeigt nach ganz überwiegender Auffassung auch losgelöst von der Anwendung des § 1 Abs. 3 VOB/B nach § 2 Abs. 5 VOB/B richtet. Wie auch immer dürfte jedoch auch in der Sache eine Beschränkung des in § 1 Abs. 3 VOB/B vorgesehenen Anordnungsrechts auf die technische Ausführung kaum überzeugen. Sie dürfte im Sinne der beteiligten Bauvertragsparteien, die möglichst störungsfrei ein Bauvorhaben errichten wollen, **nicht einmal interessengerecht** sein. Denn das Anordnungsrecht nach § 1 Abs. 3 VOB/B verfolgt seinem Grundgedanken nach den Zweck, **dem Bauherrn die planerische und gestalterische Freiheit für die Durchführung des Bauvorhabens zu erhalten** (OLG Düsseldorf, Urt. v. 8.7.1987–19 U 89/86, BauR 1988, 485, 486 = NJW-RR 1988, 278). Dies vorausgeschickt ist es aber häufig nicht möglich, ein Bauvorhaben umfassend und abschließend im Vorhinein zu planen. Das zeigt sich in vielfacher Hinsicht:

78 - So gibt es immer wieder **Störungen aus öffentlich-rechtlichen Gründen**. Zu nennen sind etwa Anordnungen von Baugenehmigungs- oder anderen öffentlich-rechtlichen Behörden dahingehend, dass eine Baumaßnahme in zeitlicher Hinsicht nicht so abgewickelt werden kann, wie vorgesehen. Dies gilt bis hin zu einem zeitweise verhängten Baustopp, ohne dass dieser von einer Seite zu vertreten ist. Das vorgenannte Beispiel (Rdn. 75) zu der zeitlichen Verzögerung wegen des Schutzes von Vögeln macht das deutlich. Hier liegt auf der Hand, dass ein Auftraggeber, der die Verantwortung für das Bauvorhaben trägt, über eine Steuerungsmöglichkeit verfügen sollte und muss, wie er vertragsgemäß darauf reagieren kann. Dies geht nur mit einem zeitlichen Anordnungsrecht etwa zur Verschiebung einer Baumaßnahme, zu deren Streckung u.a, wie es in § 1 Abs. 3 VOB/B vorgesehen ist. Die Einbeziehung einer solchen Reaktionsmöglichkeit des Auftraggebers auf derartige immer wieder auftretende nicht plan- und absehbare Störungsfälle in eine vertragliche Abwicklung ist aus Sicht der Parteien in jedem Fall vorzugswürdiger als die Verlagerung etwaiger Folgeansprüche

in Behinderungs- und damit letztlich verbunden ggf. sogar Schadensersatzsachverhalte. Dies gilt umso mehr, als die VOB/B für den Auftragnehmer auf der anderen Seite mit § 2 Abs. 5 VOB/B auch eine probate und für ihn berechenbare Vergütungsregelung bereithält.

Nicht zu verkennen ist weiter, dass ein bauzeitliches Anordnungsrecht, wie es in § 1 Abs. 3 VOB/B als Bestandteil des Bauentwurfs vorgesehen ist, zugleich ein **notwendiges Instrument der Bauablaufplanung** darstellt, die dem Auftraggeber obliegt. Dies gilt vor allem bei einer gewerkeweisen Ausführung mit der Pflicht des Auftraggebers, das Zusammenwirken verschiedener Unternehmen auf einer Baustelle im Rahmen eines sinnvollen Ablaufs zu organisieren – was umso mehr an Bedeutung gewinnt, wenn die Gewerke aufeinander aufbauen. Würde man hier das bauzeitliche Anordnungsrecht im Rahmen der in der VOB/B vorgesehenen Anordnungsbefugnis zum Bauentwurf im Sinne des § 1 Abs. 3 VOB/B negieren, erschiene die Wahrnehmung einer solchen Regelungskompetenz und -aufgabe für den Auftraggeber kaum vorstellbar. Denn deren unabdingbarer Bestandteil ist es ja gerade, dass der Besteller auch im Rahmen eines später fortschreitenden Bauablaufs jeweils vorgeben kann, wann ein Auftragnehmer mit seinen Arbeiten wie und wo mit welchem Inhalt zu beginnen oder seine Arbeiten fortzusetzen hat. Diese Organisationsverpflichtung wirkt sich also sowohl in zeitlicher als auch in technischer Hinsicht aus. Der Auftraggeber muss dabei ebenso die Möglichkeit besitzen, für die Aufrechterhaltung des geordneten Bauablaufs jederzeit auf aktuelle Entwicklungen durch geeignete Anordnungen auch in zeitlicher Hinsicht reagieren zu können. 79

Die gesamten vorstehenden Probleme verschärfen sich bei **Subunternehmern** (s. dazu Beispiel oben Rdn. 75). Ganz offensichtlich zeigt sich dies bei Sachverhalten, bei denen es im Verhältnis Bauherr/Auftragnehmer in der ersten Ebene zu zulässigen technischen Umplanungen kommt, die sich auf der zweiten Stufe allein zeitlich auswirken, nämlich in Form einer Verschiebung der Bauzeit. Wie sollte hier ein Generalunternehmer ein Bauvorhaben durchführen, wenn er einerseits gegenüber seinem Bauherrn verpflichtet ist, (technische) Bauentwurfsänderungen gemäß § 1 Abs. 3 VOB/B zu befolgen, und diese zwangsläufig aus technisch unabweisbaren Gründen Verschiebungen für Nachfolgegewerke begründen, er aber andererseits diese Termine der Subunternehmer gar nicht einseitig ändern kann, sondern auf deren Einverständnis angewiesen ist? Letztlich würde dem Generalunternehmer bei deren fehlendem Einverständnis oder bei einem solchen nur mit hohen finanziellen Forderungen keine andere Wahl bleiben, als den Subunternehmervertrag zu kündigen. Damit würde er aber viel stärker einseitig in das Vertragsverhältnis gegenüber seinem Subunternehmer eingreifen als mit der einseitigen Verschiebung der Bauzeit und einem 80

Mehrvergütungsanspruch desselben aus § 2 Abs. 5 VOB/B. Denn Letzteren könnte der Generalunternehmer wiederum von seinem Auftraggeber als dem eigentlichen Verursacher der Bauzeitverschiebung auf Grund seiner Bauentwurfsänderung ersetzt verlangen.

81 Bestehen vorgenannte Notwendigkeiten für ein zeitliches Anordnungsrecht, wurde gleichfalls oben schon angemerkt, dass sich eine Beschränkung des Anordnungsrechts des Auftraggebers nur auf technische Anordnungen allein aus der Verwendung des Begriffs „Bauentwurf" in § 1 Abs. 3 VOB/B nicht ergibt. Dieser Befund ist deshalb erheblich, weil auch das **BGB seit jeher die mangelfreie** (d. h. die einwandfreie Ausführung in technischer Hinsicht) und **fristgerechte Fertigstellung** (also die Einhaltung der zeitlichen Vorgaben) als **gleichwertige Bestandteile** der vom Auftragnehmer nach dem Werkvertrag geschuldeten Leistungsverpflichtung ansieht (s. o. schon Rdn. 3). **Beide Leistungspflichten** (Mangelfreiheit und Bauzeit) sind aber gerade auch **gleichrangiger Bestandteil einer einheitlichen Bauplanung**. Wenn also § 1 Abs. 3 VOB/B von einem Bauentwurf spricht, den es ansonsten vom Wortlaut her nicht einschränkt, überzeugt es auch schon wegen dieser Gleichrangigkeit der vertraglich vom Auftragnehmer übernommenen Leistungspflichten nicht, bei einem dazu in § 1 Abs. 3 VOB/B verankerten Anordnungsrecht nunmehr nur einen Teil daraus, nämlich die technische Seite isoliert zu betrachten. Dafür gibt es gerade wegen der gesetzlichen Gleichrangigkeit der Leistungspflichten des Auftragnehmers in technischer und zeitlicher Hinsicht, durch die der Bauentwurf des Auftraggebers geprägt wird, keinerlei Anhaltspunkt. Für das in § 1 Abs. 3 VOB/B vorgesehene Anordnungsrecht heißt das aber weiter: Genauso wie sich Unzulänglichkeiten in der technischen Planung ergeben können, zu denen der Auftraggeber ein Änderungsrecht ausüben können soll (und im Anwendungsbereich des § 1 Abs. 3 VOB/B nach ganz herrschender Meinung auch ausüben kann), kann dies natürlich auch aus zeitlicher Sicht gelten. Dies kann sogar aus zeitlicher Sicht umso mehr geboten sein, wenn der Auftraggeber auf Grund äußerer von ihm nicht beeinflussbarer verzögernder Umstände eine Bauzeitverschiebung anordnen muss (s. o. die Beispiele zur Anordnung der Baubehörde oder bei der Beteiligung von Subunternehmern – Rdn. 75).

82 Dies vorausgeschickt wird diese Definition eines einheitlichen Bauentwurfs im Sinne des § 1 Abs. 3 VOB/B aber auch noch durch eine andere Erkenntnis geprägt, die vielfach von Kritikern einer Einbeziehung von zeitlichen Anordnungsrechten in den Anwendungsbereich des § 1 Abs. 3 VOB/B verkannt wird. So ist nämlich schon die Vorstellung nahezu lebensfremd, man könne im Bauvertragsgeschehen immer **technische und zeitliche Anordnungen überhaupt trennen**. Im Gegenteil ist es eine Tatsache, dass es in vielfacher Hinsicht **gar nicht nur isolierte bauzeitliche Anordnungen** gibt. Stattdessen verhält es sich häufig so, dass eine Anordnung sowohl die technische Ausfüh-

rung betrifft als auch sich damit verbunden zeitlich auswirkt – verbunden mit dem Befund, dass sich je nach Inhalt der Anordnung deren Schwerpunkt eher auf die technische Ausführung oder auf die zeitliche Komponente verschieben kann (anschaulich dazu etwa OLG Naumburg, Urt. v. 16.5.2013–2 U 161/12, NZBau 2013, 635 636). Es gibt sogar technische Anordnungen für die Gestaltung des Bauablaufs, die allein deswegen getroffen werden, um im Rahmen einer Planoptimierung einen zeitlichen Vorteil zu erzielen.

▸ **Beispiel:**

Nach den Planungen zu einem Straßenbauvorhaben sind Kabelkanäle auf der linken Seite vorgesehen. Zur Aufholung schon verloren gegangener Zeit aus anderen Störungen ordnet der Auftraggeber an, dass vorübergehend jetzt auf der rechten Seite Kabelkanäle zu verlegen sind, damit für Kanalbaumaßnahmen auf der linken Seite Baufreiheit herrscht. Diese wird vorübergehend benötigt, weil dort nicht erwartete Hindernisse im Boden angetroffen worden waren. Der Kanal auf der rechten Seite soll später wieder zugunsten des Kanals auf der linken Seite zurückgebaut werden.

Es dürfte unstreitig sein, dass ein Unternehmer, dem gegenüber ein solcher provisorischer Baubehelf (zusätzlicher Kabelkanal auf der rechten Seite) angeordnet wird, dafür eine zusätzliche Vergütung erhält. Es ist aber dann zu fragen, welcher Unterschied nunmehr bestehen soll, wenn man einerseits einem Besteller ein Anordnungsrecht zu solchen technischen Bauprovisorien einräumt, die allein der Zeitersparnis dienen, ihm aber andererseits über dieselbe Regelung des § 1 Abs. 3 VOB/B das Recht versagen will, eine reine Zeitoptimierung anzuordnen mit der Maßgabe, dass nunmehr der Unternehmer von sich aus zur Erledigung dieser allein zeitlichen Anordnung genau denselben Baubehelf ausführt, den man im Rahmen einer technischen Anordnung zulassen würde. Gesagt werden soll damit, dass eine rein zeitliche Anordnung in der Praxis ohnehin eher selten ist; stattdessen wird vielfach über Sachverhalte diskutiert, bei denen sich zeitliche und technische Anordnungen gar nicht ohne Weiteres trennen lassen – eine Erkenntnis im Übrigen, die das BGB wie schon erläutert als selbstverständlich ansieht.

Zusammengefasst erscheint es somit auch aus dem wohl erwogenen Ver- **83**
ständnis der VOB als **Grundlage für eine vernünftige Abwicklung von Bauverträgen** fernliegend, dem Auftraggeber Anordnungsrechte zur Bauzeit aus grundsätzlichen Erwägungen heraus zu versagen. Dies würde völlig **ungerechtfertigte Abhängigkeiten des Auftraggebers** vom Goodwill des Auftragnehmers bis hin zu ggf. sogar völlig überzogenen Vergütungsforderungen mit nicht einmal auszuschließenden Erpressungssituationen schaffen, obwohl die VOB/B nach ihrer Gesamtstruktur genau für solche Fälle mit der sich anschließenden Vergütungsfolge in § 2 Abs. 5 VOB/B eine passende Regelung

bereit hält. Im Gegenteil werden die meisten Auftragnehmer sogar gar nichts gegen eine zeitliche Anordnung einzuwenden haben, wenn sie nur vernünftig bezahlt wird und sie gerne (wie es im Übrigen bei allen anderen Leistungsänderungsanordnungen des § 1 Abs. 3 VOB/B gemäß § 2 Abs. 5 VOB/B auch vorgesehen ist) vorher eine Vereinbarung zu einer ihnen dann zustehenden Mehrvergütung geschlossen haben. Nach alldem hat man also im Ergebnis richtigerweise davon auszugehen, dass § 1 Abs. 3 VOB/B dem Auftraggeber ein **Anordnungsrecht auch zur Bauzeit zugesteht** (wie hier Ingenstau/Korbion/Keldungs, VOB/B, § 1 Abs. 3 Rn. 3 ff; Kniffka/Koeble 5. Teil Rn. 111 f.; Roquette/Viering/Leupertz, Teil 2 Rn. 682 ff., 691; Kniffka, ibr-online-Komm., Stand: 26.5.2009, § 631 Rn. 443 ff.; Beck'scher-VOB/B-Komm./Jansen, § 1 Abs. 3 Rn. 26 ff.; ders. § 2 Abs. 5 Rn. 14 ff.; Zanner/Keller, NZBau 2004, 353; Wirth/Würfele, Jahrbuch BauR 2006, 119, 148; wohl auch KG, Urt. v. 17.4.2012–7 U 149/10, Nichtzul.-Beschw. nicht angen., BGH, Beschl. v. 8.5.2014 – VII ZR 141/12, IBR 2014, 466; i. E. ebenso OLG Naumburg, Urt. v. 16.5.2013–2 U 161/12, NZBau 2013, 635, 636, wobei es diese Rechtsfrage aber offen ließ – und OLG Hamm, Urt. v. 19.6.2012–21 U 85/11, Nichtzul.-Beschw. zurückgew., BGH, Beschl. v. 26.6.2014 – VII ZR 232/12, noch nicht veröffentl., das darüber aber nicht abschließend entscheiden musste; wohl auch Heiermann/Riedl/Rusam/Kuffer, § 1 Rn. 106; Bruns, ZfIR, 2006, 153, 156, wobei dieser allerdings Beschleunigungsmaßnahmen ausnimmt; s. dazu auch das obiter dictum bei BGH, Urt. v. 21.3.1968 – VII ZR 84/67, BGHZ 50, 25, 30 = NJW 1968, 1235, der sich zwar vorrangig und insoweit auch nur hilfsweise mit einer Vergütungsanpassung nach einer Bauzeitanordnung gemäß § 2 Abs. 5 VOB/B befasste, ganz offensichtlich dabei aber von einer Leistungsänderungsanordnung nach § 1 Abs. 3 VOB/B ausging; ähnlich BGH, Urt. v. 27.6.1985 – VII ZR 23/84, BGHZ 95, 128, 135 = BauR 1985, 561, 564 = NJW 1985, 2475, 2476).

84 Soweit man nach Vorstehendem dem Grundsatz nach Änderungsanordnungen nach § 1 Abs. 3 VOB/B zur Bauzeit zulässt, gilt aber wie sonst aus dem Gesichtspunkt von Treu und Glauben (§ 242 BGB) sowie im Besonderen von § 315 Abs. 1 BGB, dass die Anordnung für den Auftragnehmer zumutbar sein muss (ebenso Beck'scher VOB-Komm./Jansen, § 1 Abs. 3 Rn. 37; Ingenstau/Korbion/Keldungs, B § 1 Abs. 3 Rn. 11; Roquette/Viering/Leupertz, Teil 2 Rn. 682 ff., 691; Wirth/Würfele, Jahrbuch BauR 2006, 119, 156). Die **Zumutbarkeitsschwelle** dürfte überschritten sein, wenn die Anordnung des Auftraggebers in einer Weise in den Vertrag eingreift, dass etwa die danach geltende Bauzeit praktisch nicht mehr zu schaffen ist oder zu einer Umgestaltung des Vertrages führt, auf Grund dessen die bisherigen Kalkulationsgrundlagen entfallen. Demzufolge dürfte unbestritten sein, dass geringfügige Verschiebungen in der Regel an der Zumutbarkeitsschranke nicht scheitern werden.

Beispiel:

Bei einem auf drei Jahre ausgerichteten Infrastrukturvorhaben muss der Bauherr wegen fehlender Genehmigungen den Baubeginn um vier Tage verschieben.

Je mehr sich diese Verschiebung jedoch auswirkt, um so drängender wird sich die Frage der Zumutbarkeit stellen – wobei abhängig vom Einzelfall aber auch Verschiebungen von ein bis zwei Monaten unproblematisch sein können, aber natürlich nicht sein müssen (Ingenstau/Korbion/Keldungs, B § 1 Abs. 3 Rn. 14; kritisch eher Beck'scher VOB/B-Komm./Jansen, § 1 Abs. 3 Rn. 38). Bedeutsam ist diese Diskussion dabei jedoch weniger bei angeordneten Bauzeitverschiebungen als bei **Verkürzungen der Bauzeit und Beschleunigungsanordnungen** (s. dazu sogleich Rdn. 88). Für die genaue Bestimmung der Zumutbarkeitsschwelle mag immerhin auf den schon aus § 1 Abs. 4 VOB/B bekannten Maßstab zurückgegriffen werden. Dabei ist allerdings auch Vorsicht walten zu lassen, allzu frühzeitig eine Anordnung zur Bauzeit an einer fehlenden Zumutbarkeit scheitern zu lassen. Denn in jedem Fall steht dem Auftragnehmer mit § 2 Abs. 5 VOB/B ja ein umfassender finanzieller Ausgleichsanspruch zu, der ihn – bis zu der Grenze von Treu und Glauben (§ 242 BGB) – weitgehend vor negativen finanziellen Folgen bewahrt. Daher ist z. B. dann von einer zumeist zulässigen Bauzeitanordnung auszugehen, wenn der Auftragnehmer ausreichend Zeit hat, den Baustellenablauf dieser geänderten Anordnung anzupassen.

Mit diesen Zumutbarkeitserwägungen bestehen auch keine Bedenken gegen **85**
§ 1 Abs. 3 VOB/B unter AGB-rechtlichen Gesichtspunkten; stattdessen hält § 1 Abs. 3 VOB/B mit vorgenanntem Verständnis einer isolierten **AGB-Inhaltskontrolle** stand (dagegen Kaufmann, Jahrbuch Baurecht 2006, 35, 55; Bruns, ZfBR 2005, 525; Markus/Kaiser/Kapellmann, Rn. 69; Oberhauser, BauR 2010, 308, 313). Bedeutung gewinnt diese Frage zunächst ohnehin nur, wenn die VOB/B auf Vorschlag des Auftraggebers in den Vertrag einbezogen wurde. Denn nur dann käme es mit der Maßgabe, dass ein hier so verstandenes umfassendes Anordnungsrecht unter Einschluss auch eines zeitlichen Anordnungsrechts einen Auftragnehmer unangemessen belastet, darauf überhaupt an. Andernfalls, d. h. bei einer Einbeziehung der VOB/B durch den Auftragnehmer selbst, wäre das unbeachtlich, weil eine AGB-Kontrolle mit § 1 Abs. 3 VOB/B zu seinen Gunsten als Klauselverwender nicht stattfände (s. zu diesem Grundsatz nur BGH, Urt. v. 4.12.1986 – VII ZR 354/85, BGHZ 99, 160, 161 = BauR 1987, 205, 207 = NJW 1987, 837, 838; BGH, Urt. v. 2.4.1998 – IX ZR 79/97, BauR 1998, 634, 635 = NJW 1998, 2280, 2281; Vygen/Joussen, Bauvertragsrecht, Rn. 644).

86 Wurde dagegen die **VOB/B auf Vorschlag des Auftraggebers in den Vertrag einbezogen**, wäre weiter entscheidend, ob wie in der Praxis üblich im Übrigen von der VOB/B im Vertrag mit sonstigen Klauseln abgewichen wurde. Denn nur dann wäre die VOB/B mit ihren Einzelregelungen einer AGB-Inhaltskontrolle unterworfen (§ 310 Abs. 1 S. 3 BGB, s. dazu Vygen/Joussen, a. a. O., Rn. 481 ff.). Wenn davon einmal ausgegangen wird und eine AGB-Kontrolle der Einzelregelungen der VOB/B stattfindet, wäre Maßstab einer solcher Kontrolle jedoch nicht § 308 Nr. 4 BGB, dessen Einhaltung in der Tat fraglich sein könnte. Auf diese Vorschrift kommt es aber schon deshalb nicht an, weil es ja um ein Leistungsbestimmungsrecht des Auftraggebers gegenüber einem (Bau-)Unternehmer geht, sodass § 308 BGB nicht anwendbar ist (§ 310 Abs. 1 S. 1 BGB). Zu prüfen ist stattdessen allein eine Vereinbarkeit mit § 307 BGB, d. h. ob mit dem einseitigen Leistungsänderungsanordnungsrecht des Auftraggebers der Auftragnehmer unzumutbar belastet wird. Hiervon dürfte aber mit denselben Erwägungen wie vorstehend schon erläutert nicht auszugehen sein: Zwar ist das Leistungsänderungsrecht nach § 1 Abs. 3 VOB/B anders als etwa das weitergehende Anordnungsrecht nach § 1 Abs. 4 VOB/B nicht mit einer Zumutbarkeitsschwelle versehen. Selbstverständlich wird jedoch wie soeben gezeigt jede Leistungsänderungsanordnung auch im Sinne des § 1 Abs. 3 VOB/B dann keine verpflichtende Wirkung mehr für den Auftragnehmer nach sich ziehen, wenn die Anordnung unzumutbar ist (vgl. dazu nur OLG Hamm, Urt. v. 15.5.2001–21 U 4/00, BauR 2001, 1594). Ansonsten ist diese Regelung aber durchaus interessengerecht, weil damit dem **Bauherrn die planerische und gestalterische Freiheit für die Durchführung des Bauvorhabens erhalten** werden soll (s. o. Rdn. 76). Dieser Grundgedanke entspricht somit von seiner Zielrichtung her vollständig dem vergleichbaren Anordnungsrecht des § 1 Abs. 4 VOB/B, bei dem ebenfalls keine AGB-rechtlichen Bedenken bestehen (BGH, Urt. v. 25.1.1996 – VII ZR 233/94, BGHZ 131, 392, 398 f. = BauR 1996, 378 = NJW 1996, 1346). Daher ist es insbesondere bei der Realisierung von größeren Bauvorhaben nur sachgerecht, dem Bauherrn hier eine gewisse Flexibilität mitzugeben. Dem Auftragnehmer entsteht dadurch – abgesehen von Grenzen der Unzumutbarkeit – auch keinerlei Nachteil, weil er wie erläutert seine Mehraufwendungen nach § 2 Abs. 5 VOB/B in vollem Umfang bezahlt bekommt (s. o. Rdn. 83 – vgl. in diesem Sinne auch Ingenstau/Korbion/Keldungs, VOB/B, § 1 Abs. 3 Rn. 15 f.; Roquette/Viering/Leupertz, Teil 2 Rn. 691; ebenso Kapellmann/Messerschmidt/von Rintelen, VOB/B, § 1 Rn. 101, der allerdings Anordnungen zur Bauzeit gerade aus dem Anwendungsbereich des § 1 Abs. 3 VOB/B u. a. auch aus AGB-rechtlichen Erwägungen ausnimmt; Heiermann/Riedl/Rusam/Kuffer, § 1 Rn. 108; unentschieden Bruns, ZfIR 2006, 153, 160 f.).

87 Vor diesem Hintergrund ist es zu begrüßen, dass sich die Erkenntnis zur Notwendigkeit eines Anordnungsrechts des Auftraggebers in zeitlicher Hinsicht

auch in den Diskussionen der beim Bundesministerium der Justiz eingesetzten **Arbeitsgruppe zur erstmaligen rechtlichen Verankerung eines eigenen gesetzlichen Bauvertragsrechts** durchgesetzt hat. Danach nämlich wurde die Empfehlung ausgesprochen, Anordnungen des Bestellers betreffend die Bauzeit in einem zukünftigen gesetzlichen Bauvertragsrecht zuzulassen, wenn schwerwiegende Gründe dafür vorliegen und bei der Abwägung der beiderseitigen Interessen die des Bestellers an der Anordnung deutlich überwiegen (Abschlussbericht vom 13. Juni 2013, Az. 3430/25-11 - 470/2003, S. 21 zu Ziff. 6). Ob es dieser Interessenabwägung in der dargestellten Form neben der ebenfalls vorgesehenen Zumutbarkeit wirklich bedarf, mag zwar noch zu diskutieren sein; aber die grundsätzliche Empfehlung für eine solche sogar gesetzliche Verankerung eines zeitlichen Anordnungsrechts zeigt doch deutlich, dass sich diese Arbeitsgruppe den tatsächlichen Notwendigkeiten in der Baurechtspraxis vor Ort nicht verschließen wollte (anders allerdings die doch mehrheitliche Auffassung auf dem 5. Baugerichtstag 2014 in Hamm, abrufbar unter www.baugerichtstag.de).

3.4.2 Beschleunigungsanordnungen u. a.

Gesondert behandelt werden soll an dieser Stelle immerhin eine Sonderform 88
der zeitlichen Anordnung, nämlich die zur Beschleunigung einer Baumaßnahme. Sind schon Anordnungen in zeitlicher Hinsicht generell bestritten, gilt dies erst recht für diese Art der Anordnungen. Dabei geht es natürlich nicht um solche Anordnungen des Auftraggebers, mit denen der Auftragnehmer angewiesen wird, eine selbst **verschuldete Verzögerung** wieder herauszuholen. Diese haben mit der hier diskutierten Frage nichts zu tun. Denn damit weist der Auftraggeber den Auftragnehmer nur im Rahmen der ohnehin bestehenden Leistungspflichten an, diese auch in zeitlicher Hinsicht einzuhalten. Kritisch sind dagegen Fälle, in denen der Auftraggeber abweichend von dem geschlossenen Vertrag eine **kürzere Bauzeit** anordnet. Es stellt sich die Frage, ob sich der Auftraggeber auch dazu auf § 1 Abs. 3 VOB/B berufen kann. Das wird z. T. kategorisch abgelehnt (vgl. etwa Kapellmann/Messerschmidt/van Rintelen, § 1 Rn. 57 e; Kapellmann, NZBau 2009, 538, 539). Warum das generell der Fall sein soll, erschließt sich jedoch nicht. Denn wenn § 1 Abs. 3 VOB/B Anordnungen zum Bauentwurf zulässt und man darunter nach Vorstehendem auch bauzeitliche Anordnungen fasst, ist zunächst vom Grundsatz her nicht erkennbar, warum dies nicht auch für Beschleunigungsanordnungen (Anordnungen zu einer Bauzeitverkürzung) gelten soll. Das richtige Korrektiv bildet stattdessen erneut die Zumutbarkeit der Anordnung, die im Zweifel hier sehr viel größere Relevanz besitzt als bei einer bloßen Bauzeitverschiebung (ebenso Beck'scher VOB/B-Komm./Jansen, § 1 Abs. 3 Rn. 39). So dürfte die **Zumutbarkeitsschwelle** z. B. überschritten sein,

wenn die Anordnung des Auftraggebers zu einer Beschleunigung in einer Weise in den Vertrag eingreift, dass die danach geltende Bauzeit praktisch nicht mehr zu schaffen ist oder zu einer Umgestaltung eines Vertrages führt, auf Grund dessen die bisherigen Kalkulationsgrundlagen entfallen.

▶ **Beispiel:**

Die Bauzeit für ein Großbauvorhaben beträgt anderthalb Jahre. Diese Zeitdauer will der Auftraggeber auf vier Monate verkürzen. Hier wird die Zumutbarkeitsschwelle überschritten sein.

89 Doch wird man dies auch umgekehrt nicht allgemein für jede Art von Beschleunigungsanordnung sagen können. Denn es gibt natürlich Sachverhalte, bei denen eine Beschleunigung den Auftragnehmer überhaupt nicht belastet, er mit einer Mehrvergütung einen angemessenen Ausgleich dafür erhält und es auf der anderen Seite überragende Interessen des Auftraggebers an der Beschleunigung gibt. Zu nennen sind hier vor allem die **Bauleistungen**, die durch bestimmte **zeitliche Fixpunkte geprägt** sind.

▶ **Beispiel:**

Zur Fußballweltmeisterschaft soll der Umbau eines Stadions abgeschlossen sein.

Auch hier kann es zu Störungen kommen, die weder der Besteller noch der Unternehmer zu vertreten hat. Wenn nunmehr der Unternehmer aber schon bei Vertragsschluss diesen zeitlich erheblichen Fixpunkt kennt, dürfte eine anzustellende Interessenabwägung umso mehr zugunsten des Bestellers ein zeitliches Anordnungsrecht rechtfertigen, als mit dessen Hilfe dieser zeitliche Fixpunkt eingehalten werden soll. Dies ist hier gerade auch unter Zumutbarkeitserwägungen deshalb von großer Bedeutung, weil der Auftragnehmer den Bauvertrag ja auch wissentlich in Kenntnis eines solchen Fixpunktes geschlossen hat. Ist dann eine zeitliche Anordnung zur Aufholung von Verzögerungen, die der Auftragnehmer nicht verursacht hat, geboten, um den wichtigen Endpunkt der Baumaßnahme zu halten, dürfte nichts gegen eine solche Beschleunigungsanordnung sprechen, wenn der Auftragnehmer diese Beschleunigung aufholen kann und er dafür nach § 2 Abs. 5 VOB/B eine auskömmliche Vergütung erhält. Aber all das stellt keinen Automatismus dar, sondern muss **wie bei allen Zumutbarkeitsprüfungen im Einzelfall untersucht** werden. Daher kommt es auch nur bedingt darauf an, ob der Auftraggeber mit einer Beschleunigungsanordnung lediglich versucht, den ursprünglich wegen Störungen im Bauablauf längst nicht mehr aktuellen Termin zu halten (so aber offenbar Beck'scher VOB/B-Komm./Jansen, § 1 Abs. 3 Rn. 39; wohl auch Wirth/Würfele, Jahrbuch BauR 2006, 119, 160 f.): Natürlich ist hier zu berücksichtigen, inwieweit sich ein Auftragnehmer ohnehin auf diesen ursprünglich geltenden Termin stets eingerichtet hatte, so dass es ihm ggf.

eher zumutbar sein kann, jetzt auch gegen Entgelt vermehrte Anstrengungen zu unternehmen, schneller zu bauen, um diesen Ursprungstermin doch noch zu schaffen. Aber auch die Einhaltung eines Ursprungstermins kann unzumutbar werden, wenn er für den Auftragnehmer nach einer Vielzahl von Störungen im Bauablauf nicht mehr zu erreichen ist.

Wenn man sich eine solche Zulässigkeit von Anordnungen zur Verkürzung der Bauzeit im Rahmen der Zumutbarkeit vor Augen hält, dürfen jedoch wenige Eckpunkte dazu ergänzend nicht übersehen werden: 90

- Zunächst ist zu prüfen, ob überhaupt eine entsprechende bauzeitliche Anordnung des Auftraggebers auf Verkürzung der Bauzeit vorliegt. Wenn sie ausdrücklich erteilt wird, werden dazu keine Probleme auftauchen. Zweifelhaft könnte dagegen sein, wenn der Auftraggeber seinen Willen dazu nicht klar zum Ausdruck bringt. 91

Beispiel: (ähnlich OLG Koblenz, Urt. v. 12.1.2007–10 U 423/06, BauR 2007, 763 = NJW 2007, 2925, 2927 = NZBau 2007, 517, 519)

Es kommt zu Behinderungen in Folge von nicht rechtzeitigen Vorunternehmerleistungen, die der Auftragnehmer auch anzeigt. Der Auftraggeber bestreitet (zu Unrecht) eine Bauzeitverlängerung und fordert den Auftragnehmer auf, die Vertragstermine zu halten.

Das OLG Koblenz verneinte einen Mehrvergütungsanspruch nach § 2 Abs. 5 VOB/B mit der Begründung, dass sich aus der Äußerung des Auftraggebers nicht eindeutig eine solche **(konkludente) Anordnung zur Beschleunigung** ergeben habe (ähnlich, wenn auch nicht entscheidungsrelevant: OLG Schleswig, Urt. v. 31.10.2006–3 U 28/05, BauR 2007, 1879, 1884). Ob das ein zwingender Begründungsansatz ist, mag jedoch zweifelhaft sein: Verständlich wäre dies wohl nur, wenn sich die Erklärungen des Auftraggebers dazu vorrangig auf eine Zurückweisung von aus seiner Sicht unberechtigten Behinderungsanzeigen (dann auch ggf. in Verbindung mit der Aufforderung zur Einhaltung des Vertragstermins) erschöpfen (so wohl auch OLG Hamm, Urt. v. 19.6.2012–21 U 85/11, Nichtzul.-Beschw. zurückgew., BGH, Beschl. v. 26.6.2014 – VII ZR 232/12, noch nicht veröffentl. zu einer Auseinandersetzung über eine ausreichende Besetzung der Baustelle, bei der der Auftraggeber zugleich auf die Einhaltung des Endtermins drängte). Wenn der Auftraggeber dagegen vorrangig zu erkennen gibt, dass der Vertragstermin (in jedem Fall) einzuhalten sei (z. B. mit der Anweisung: „Werde fertig – koste was es wolle“), und sich die Bauzeit unstreitig verlängert hatte (was bei dem der Entscheidung des OLG Koblenz zugrunde liegenden Sachverhalt allerdings nicht eindeutig der Fall war), kann eine solche Erklärung des Auftraggebers nach einem objektiven Empfängerhorizont der Vertragsgegenseite vom Auftragnehmer dann nur als

Beschleunigungsanordnung verstanden werden (ähnlich Kapellmann, NZBau 2009, 538; kritisch eher Keldungs, BauR 2013, 1917, 1921). Zwar mag der Auftraggeber die Situation möglicherweise rechtlich nicht vollständig überblickt haben dahingehend, dass die Bauzeit ja verlängert war und er mit seiner Anordnung auf Einhaltung der ursprünglichen Bauzeit nunmehr eine geänderte Leistung „anordnet". Er mag sogar im „guten Glauben" gewesen sein, mit seiner Anordnung nur eine vertragsgemäße (termingerechte) Leistung verlangt zu haben. Aber all das ändert nichts daran, dass der Auftraggeber nunmehr ausgehend von einer verlängerten Bauzeit eine Beschleunigung anordnet bzw. angeordnet hat. Seine Fehlvorstellung, mit seiner Anordnung keinen Mehrvergütungsanspruch auslösen zu wollen, stellt dagegen nur einen Irrtum über das tatsächlich Gewollte und seine Folgen dar; sie ändert aber an der Tatsache, eine Beschleunigung gegenüber den inzwischen verschobenen Terminen angeordnet zu haben, nichts. Wenn somit in diesen Fällen von einer Beschleunigungsanordnung auszugehen ist, darf auf der anderen Seite nicht verkannt werden, dass ein Auftragnehmer gut beraten ist, nicht aus allen Äußerungen des Auftraggebers gleich eine Beschleunigungsanordnung herauszulesen. Denn in der Praxis zeigt sich, dass es doch sehr schwierig ist, sich mit nicht ausdrücklich erteilten Beschleunigungsanordnungen durchzusetzen. Das allerdings beruht weniger auf rechtlichen Erwägungen als vielmehr darauf, dass erstens die Sachverhalte vielfach sowohl in Bezug auf die Erklärungen des Auftraggebers als auch in Bezug auf die Terminlage nicht so eindeutig sind wie sie häufig erscheinen und zweitens der Auftragnehmer für hier geltend gemachte Mehrvergütungsansprüche die volle Beweislast trägt (insoweit zu Recht auch sehr zurückhaltend: Keldungs, a. a. O.).

92 Wenn sodann eine Beschleunigungsmaßnahme angeordnet wird, ist weiter zu fragen, was genau **Gegenstand der nunmehr geänderten Leistungspflicht** ist. Hier wird zu unterscheiden sein: Zum einen kann ein **neuer verkürzter Termin angeordnet** worden sein: Dann gilt dieser Termin als neuer angeordneter Fertigstellungstermin in Ersetzung des alten Termins. Dabei wird der Auftragnehmer aber erheblich zu prüfen haben, ob ihm dieser geänderte (verkürzte) Termin zumutbar, d. h. dieser gegenüber ihm verbindlich ist (s. o. Rdn. 88). Zum anderen kann der Auftraggeber sich aber auch darauf beschränken, nur eine **Beschleunigungsmaßnahme anzuordnen**.

▸ **Beispiel:**

Der Auftraggeber ordnet zur Beschleunigung an, einen zweiten Kran aufzustellen.

In einem solchen Fall hat der Auftragnehmer zwar ebenfalls diese Maßnahme auszuführen. Er schuldet aber allein deshalb keinen gesonderten Beschleunigungserfolg: Wenn sich also terminlich der zweite Kran als sinnlos herausstellen sollte, muss der Auftraggeber diesen später trotzdem bezahlen (Keldungs, BauR 2013, 1917, 1921).

Sodann darf – das wirkt sich nicht zuletzt auch auf der Seite der Vergütung aus – ein weiterer wichtiger Gesichtspunkt nicht verkannt werden: Bei allen zeitlichen Anordnungen greift der Auftraggeber in die zeitliche Planung des Auftragnehmer und dessen darauf gerichtete Dispositionsbefugnis ein. Mit einer vertragsändernden Anordnung ist ihm das zwar erlaubt; aber es ist auch bei der Beurteilung der Zulässigkeit von Anordnungen und deren Reichweite darauf zu achten, dass der Auftragnehmer durch diesen Eingriff keinen Nachteil indirekter Art erleidet, den er ohne diese Anordnung nicht gehabt hätte. Dies gilt vor allem für etwaige zeitliche Puffer, die ein vorsichtiger Auftragnehmer im Rahmen seiner Ablaufplanung für die Durchführung der Baumaßnahme vorsieht. Kommt es zu Verzögerungen, die nicht vom Auftragnehmer verschuldet wurden, und ordnet der Auftraggeber jetzt eine sich auf die Bauzeit auswirkende Änderung an, ist bei jeder fortgeschriebenen Zeitplanung darauf zu achten, dass diese Puffer vertragsrechtlich immer dem Auftragnehmer zustehen (OLG Düsseldorf, Urt. v. 20.7.2011 – VI U (Kart) 11/11, BauR 2011, 1969, 1974 = NJW 2012, 85, 88 = NZBau 2011, 674, 680; Keldungs, BauR 2013, 1917, 1920 – s. unten Teil A Rdn. 411 sowie ausführlich mit praktischen Berechnungen in Teil B Rdn. 126 ff.). Diese dürfen dem Auftragnehmer durch eine Beschleunigungsanordnung nicht genommen werden, was ohne Weiteres durch die Einrichtung sog. Pufferkonten nachvollzogen werden kann (Teil B Rdn. 147 ff.). 93

3.4.3 Weitere Folgen bauzeitlicher Anordnungen

Lässt man danach Anordnungsrechte zur Bauzeit nach § 1 Abs. 3 VOB/B zu, wird man schließlich auf der **Rechtsfolgenseite** zu prüfen haben, ob ggf. sonstige Regeln im Vertrag noch zu der dann geänderten Bauzeit passen. 94

▶ **Beispiel:**

Im Vertrag ist eine Bauzeit vom 1. März bis zum 31. Oktober 2014 vereinbart. Gleichzeitig ist eine Vertragsstrafe vorgesehen. Nunmehr ordnet der Auftraggeber eine Verschiebung von vier Monaten an.

In Fällen wie diesen kann fraglich sein, wie mit dem **Vertragsstrafeversprechen** umzugehen ist, wenn der Auftragnehmer einwendet, dass er etwa für eine jetzt bestehende Winterbauzeit keine Vertragsstrafe zugesagt hätte. Letztlich ist dies aber kein spezielles Problem einer Anordnung zur Bauzeit. Denn auch in anderen Fällen ist anerkannt, dass ein Vertragsstrafeversprechen entfallen kann, wenn die Bauausführung durch vom Auftraggeber zu vertretende Umstände so erheblich verzögert oder gestört wird, dass der ganze Zeitplan des Auftragnehmers umgeworfen und er zu einer durchgreifenden Neuordnung gezwungen wird (BGH, Urt. v. 14.1.1993 – VII ZR 185/91, BauR 1993, 600, 601 = NJW 1993, 2674 = Sch.-F.-H. Nr. 6 zu § 6 Nr. 6 VOB/B 1973 – s. dazu auch Teil A Rdn. 419 ff.). Diese Rechtsprechung kann hier ohne Weiteres herangezogen werden mit dem Ergebnis, dass in diesen Fällen einer veränderten Bauzeit in Folge einer erteilten Anordnung im Sinne des § 1 Abs. 3 VOB/B eine (ja für einen ursprünglich anderen Termin freiwillig versprochene) Vertragsstrafe grundsätzlich entfällt, wenn nicht ausdrücklich etwas anderes vereinbart wurde (vgl. auch OLG Zweibrücken, Beschl. v. 24.7.2007–1 U 50/07, BauR 2008, 996 zu einer einvernehmlich verkürzten Bauzeit). Nichts anderes gilt für eine zur Absicherung eines ursprünglichen Termins übergebene **Vertragserfüllungsbürgschaft**: Auch hier wird der Bürge frei, wenn der zunächst vorgesehene Termin keinen Bestand mehr hat (s. unten Teil A Rdn. 422; Leinemann/Jansen, § 5 Rn. 18).

3.4.4 Zeitliches Anordnungsrecht bei BGB-Verträgen

95 Wurde die VOB/B nicht vereinbart, richtet sich der Bauvertrag allein nach dem BGB. Dieses kennt keine einseitigen Anordnungsrechte des Auftraggebers entsprechend § 1 Abs. 3 und 4 VOB/B. Daher gibt es hier abgesehen allenfalls von einer Pflicht zur Vertragsanpassung nach Treu und Glauben (§ 242 BGB), die sich auf absolut seltene Ausnahmefälle beschränken dürfte, für den Auftraggeber keine (vertragliche) Möglichkeit, selbst im Fall von Störungen des Bauablaufs in zeitlicher Hinsicht einmal vertraglich vereinbarte Vertragstermine einseitig zu ändern. Es gibt auch keine dazu korrespondierende Preisregelung des § 2 Abs. 5 VOB/B. Stattdessen müssen sich die Vertragsparteien dann mit den doch unzureichenden gesetzlichen Regelungen auseinandersetzen. Vorstellbar wären natürlich Vereinbarungen in Anlehnung an die VOB/B; dann aber wäre es wohl ratsamer, gleich die VOB/B insgesamt zu vereinbaren, bei der die Leistungsanordnungsrechte des § 1 Abs. 3 und 4 VOB/B für den Auftraggeber ja gerade eine der großen Vorzüge bietet.

3.5 Nachträgliche Bestimmung der Bauzeit/Aufstellung eines Bauzeitenplans

96 Nicht selten legen die Vertragspartner zunächst keine Ausführungsfrist im Vertrag fest oder verschieben deren Vereinbarung auf später.

▶ **Beispiel:**

Im Bauvertrag ist geregelt, dass der Unternehmer (oder der Auftraggeber) berechtigt oder verpflichtet wird, nach Vertragsabschluss einen Bauzeitenplan aufzustellen, und dieser von beiden Vertragspartnern dann als verbindlich anerkannt wird.

Im Sinne der Vermeidung von Streitigkeiten und der schon geschilderten Bedeutung der Bauzeit ist eine solche Vorgehensweise sicher nicht zu empfehlen, je nach Planungsstand allerdings nicht immer zu vermeiden. Teilweise werden losgelöst von einem Bauzeitenplan im Vertrag aber wenigstens Einzelfristen für den Baubeginn, wichtige Zwischentermine (z. B. auf dem kritischen Weg) oder die Fertigstellung als echte Vertragsfristen vorgesehen; für diese gelten nunmehr die vorstehenden Ausführungen. Sind nicht einmal diese vereinbart, würde dies den Abschluss eines Bauvertrages jedoch nicht hindern. Denn dann wäre – wie schon zum BGB-Vertrag erläutert – die Bauzeit nach § 271 BGB zu bestimmen (s. o. Rdn. 44 f.).

Ungeachtet dessen wird in einem Vertrag häufig ergänzend vorgesehen, dass 97
erst im **Nachhinein ein Bauzeitenplan** aufzustellen ist. **Stammt dieser vom Auftraggeber** bzw. dessen Planer, ist zweifelhaft, inwieweit er für den Auftragnehmer verbindlich wird, wenn der Auftragnehmer diesen nicht akzeptiert. Zwar gehört es nach § 4 Abs. 1 Nr. 1 S. 1 VOB/B einerseits zu den Pflichten (und Rechten) des Auftraggebers, das Baugeschehen zu koordinieren (s. dazu Ingenstau/Korbion/Oppler, VOB/B § 4 Abs. 1 Rn. 13). Dies schließt die Aufstellung eines Bauzeitenplans mit ein, was durchaus auch nach Vertragsschluss erfolgen kann. Andererseits steht dem die eigenverantwortliche Leistungsausführung des Auftragnehmers nach § 4 Abs. 2 VOB/B gegenüber. Dies schließt die Entscheidung ein, wann er welche Produktionsfaktoren in welchem Umfang auf der Baustelle einsetzt, um damit das vereinbarte Leistungsziel zu erreichen. Gerade die zeitliche Bestimmung bei der Disposition seiner Leistungen ist hier ein ganz wesentlicher Faktor. Daher ist ein Auftragnehmer im Rahmen der ihm gesetzten Termine frei, seine Ablaufplanung unabhängig von sonstigen Vorgaben des Auftraggebers zu gestalten und z. B. nach seinem Belieben für vorgesehene Teilleistungen gesonderte Pufferzeiten einzuplanen u. a. Dies gilt im VOB- und BGB-Vertrag in gleicher Weise. Soll demnach ein erst nach Vertragsschluss vom Auftraggeber aufgestellter Bauzeitenplan (mit oder ohne verbindliche Vertragsfristen) auch für den Auftragnehmer verbindlich werden, geht dies in der Regel nur mit dessen Zustimmung.

Etwas anderes gilt nur dann, wenn dem Auftraggeber im Vertrag in Bezug auf 98
die Bauzeit ausdrücklich ein (nachträgliches) darauf gerichtetes Leistungsbestimmungsrecht eingeräumt wurde. Dies ist möglich, und zwar auch in seinen Allgemeinen Geschäftsbedingungen. Voraussetzung dafür ist allerdings,

dass dieses Leistungsbestimmungsrecht zur nachträglichen Festlegung der **Bauzeit ausdrücklich nur nach einem billigen Ermessen nach § 315 BGB ausgeübt** werden kann und die Bauzeit dann auch nach diesem Maßstab festgelegt wird (§ 315 Abs. 1 und 3 BGB). Entspricht deren Festlegung nicht der Billigkeit, ist die Bauzeit notfalls durch das Gericht zu bestimmen (§ 315 Abs. 3 S. 2 BGB). Soll hingegen der Auftraggeber unabhängig davon in seinem Belieben (z. B. durch nachträgliches Einführen von Bauzeitenplänen) die Bauzeit bestimmen können, ggf. sogar mit der Maßgabe, dass dort enthaltene Termine echte Vertragsfristen sein sollen, hätte eine darauf gerichtete Klausel nach § 307 Abs. 1 S. 2 und Abs. 2 Nr. 1 BGB keinen Bestand (OLG Frankfurt, Urt. v. 3.6.2002–1 U 26/01, BauR 2003, 269, 272; Leinemann/Jansen, § 5 Rn. 32; s. allerdings hier auch die Möglichkeit für den Auftraggeber, im Nachhinein geänderte Leistungen aus zeitlicher Sicht nach § 1 Abs. 3 VOB/B anzuordnen, die er dann aber auch bezahlen muss: oben Rdn. 74 ff.). Nichts anderes gilt selbstverständlich für AGB-Klauseln des Auftraggebers, dass (nachträglich) mitgeteilte Termine für den Auftragnehmer verbindlich werden, wenn dieser nicht binnen einer vorgesehenen Frist widerspricht (OLG Hamm, Urt. v. 21.3.1996–17 U 93/95, BauR 1997, 661, 662 = NJW-RR 1997, 1042, 1043).

99 Doch es gibt auch den umgekehrten Fall, nämlich dass nach dem Vertrag nicht der Auftraggeber, sondern der **Auftragnehmer binnen einer zu setzenden Frist einen detaillierten (verbindlichen) Bauzeitenplan nachzureichen/aufzustellen** hat. Hier ist wie folgt zu unterscheiden:

100 - Reicht der Auftragnehmer nachträglich einen Bauzeitenplan ein, gilt in gleicher Weise, dass die dort vorgesehenen Einzeltermine zunächst **keine Vertragsfristen** sind. Vielmehr dienen sie – auch wenn dieser Plan verbindlich wird – lediglich wie bei einem schon vertraglich vereinbarten Bauzeitenplan dazu, dass der Auftraggeber überprüfen kann, dass der Auftragnehmer die Bauleistung in dem darin vorgesehenen Rahmen angemessen fördert (s. o. Rdn. 60). Lediglich in diesem Umfang wird der Plan somit – wenn sich der Auftraggeber damit einverstanden erklärt – verbindlich, was auch konkludent geschehen kann.

▶ **Beispiel:**

Der Auftragnehmer reicht wie vereinbart vier Wochen nach Vertragsschluss einen Bauzeitenplan ein. Der Auftraggeber nimmt ihn widerspruchslos zur Kenntnis; er wird im Folgenden auch in den Baubesprechungen u. a. zur Grundlage genommen. Dieser Bauzeitenplan ist dann konkludent (stillschweigend) von beiden Parteien vereinbart worden.

Will der Auftraggeber hingegen die in dem nach Vertragsschluss vom Auftragnehmer aufgestellten Bauzeitenplan enthaltenen Fristen zu **echten Vertragsfristen** machen, muss er dies konkret mit dem Auftragnehmer **vereinbaren** (s. o. Rdn. 48 ff.). Dies ist jederzeit möglich, muss jedoch genauso ausdrücklich erfolgen bzw. klar zum Ausdruck kommen wie beim Vertragsschluss selbst. Andernfalls verbleibt es bei gewöhnlichen nicht verbindlichen Kontrollfristen. 101

Besondere Probleme bestehen, wenn der Auftragnehmer **entgegen seiner vertraglichen Pflicht den Bauzeitenplan nicht oder in nicht geeigneter Form aufstellt** oder einreicht. In diesem Fall könnte der Auftraggeber die Aufstellung eines solchen Plans zwar **einklagen**. Dies ist jedoch im Baugeschehen untauglich. Denkbar sind immerhin **Vergütungseinbehalte** wegen einer teilweise nicht erbrachten Leistung; doch wird auch dieses Gegenrecht kaum geeignet sein, einen säumigen Auftragnehmer zur Einreichung eines (tauglichen) Bauzeitenplans anzuhalten. Es verbliebe somit – bei einem VOB-Vertrag – allenfalls eine **außerordentliche Kündigung** nach § 8 Abs. 3 VOB/B. Die Voraussetzungen dafür dürften aber zumeist nicht vorliegen: Denn weder geht es um eine mangelhafte Bauleistung (§ 4 Abs. 7 VOB/B) noch wird – in Bezug auf ggf. vereinbarte Vertragsfristen – die Bauleistung verspätet ausgeführt (§ 5 Abs. 4 VOB/B). Allenfalls im BGB-Werkvertragsrecht könnte wegen dieser Nebenpflichtverletzung an einen Rücktritt nach § 323 BGB gedacht werden, wenn dies angemessen erscheint. Im Ergebnis dürfte daher dieses Fehlverhalten des Auftragnehmers in Bezug auf einen nicht eingereichten Bauzeitenplan praktisch nicht sinnvoll sanktioniert werden können (zweifelnd auch Roquette/Viering/Leupertz, Teil 1 Rn. 252 ff.). Zwar könnten natürlich für den Fall einer nicht erfolgten Übergabe eines Bauzeitenplans gesondert zu vereinbarende Kündigungsrechte oder Vertragsstrafen vorgesehen werden. Doch letzten Endes ist die Kündigung immer nur ultima ratio eines Bauvertrages, die bei einer bloßen Nicht-Übergabe eines Bauzeitenplans mit ohnehin nicht verbindlichen Vertragsfristen nicht sinnvoll erscheint. Das Kernproblem aller dazu vereinbarten Sanktionen besteht ohnehin darin, dass sie es nicht verhindern, dass der Auftragnehmer zwar einen **Bauzeitenplan** vorlegt, dieser jedoch **inhaltlich untauglich** ist. Selbst die konkrete Vorgabe der Struktur eines Bauzeitenplans (so etwa Roquette/Viering/Leupertz, Teil 1 Rn. 254) vermag es kaum, einen unwilligen Auftragnehmer zu veranlassen, einen einem Bauvorhaben gerecht werdenden Bauzeitenplan aufzustellen. All das sollte ein Auftraggeber beachten, wenn er sich auf das „Wagnis" eines erst später einzureichenden Bauzeitenplans einlässt. 102

Die Vertragspartner können schließlich vereinbaren, dass die **Bauzeit durch einen Dritten**, also z. B. durch den bauleitenden Architekten, ein Ingenieurbüro, einen Bausachverständigen oder ggf. durch einen **Schlichter nach** 103

der SOBau festgelegt wird (vgl. dazu Vygen/Joussen, Bauvertragsrecht Rn. 3351 ff.). Auch dieser Dritte hat die Bauzeit nunmehr im Zweifel nach billigem Ermessen zu bestimmen. Dessen Bestimmung ist unwirksam, wenn sie offenbar unbillig ist (§§ 317–319 BGB). In diesem letzteren Fall erfolgt die Festlegung wiederum durch Urteil, wobei aber an die offenbare Unbilligkeit höhere Anforderungen als an die bloße Unangemessenheit zu stellen sind. Die Unrichtigkeit oder Unbilligkeit der so festgelegten Bauzeit muss sich dem sachkundigen und unbefangenen Beobachter, wenn auch möglicherweise erst nach gründlicher Prüfung, aufdrängen (BGH, Urt. v. 9.6.1983 – IX ZR 41/82, NJW 1983, 2244, 2245). Insoweit gelten die Grundsätze über die Anfechtung eines Schiedsgutachtens entsprechend (vgl. BGH, Urt. v. 16.11.1987 – II ZR 111/87, NJW-RR 1988, 506).

4 Die Vereinbarung von Vertragsstrafen

104 In einer Vielzahl von Bauverträgen wird neben einer bestimmten Bauzeit oder einem genauen Fertigstellungstermin auch noch eine Vertragsstrafe für den Fall des Verzuges des Unternehmers mit der rechtzeitigen Erbringung seiner Leistung vereinbart. Damit soll ein Druck auf den Auftragnehmer ausgeübt werden, den vereinbarten Termin wirklich einzuhalten (vgl. dazu im Einzelnen: Knacke, Die Vertragsstrafe im Baurecht; Oberhauser, Vertragsstrafe – ihre Durchsetzung und Abwehr, sowie Bschorr/Zanner, Die Vertragsstrafe im Bauwesen).

105 Die VOB/B eröffnet in § 11 Abs. 1 VOB/B die Möglichkeit für die Vereinbarung solcher Vertragsstrafen, die auch in §§ 339 ff. BGB ihren Niederschlag gefunden haben. Flankierend sieht § 9 Abs. 5 S. 1 VOB/A bei Auftragsvergaben der öffentlichen Hand vor, dass Vertragsstrafen für die Überschreitung von Vertragsfristen nur auszubedingen sind, wenn die **Überschreitung erhebliche Nachteile** verursachen kann; dabei ist dann allerdings die **Vertragsstrafe noch in angemessenen Grenzen** zu halten. Umgekehrt sollen **Beschleunigungsvergütungen** (Prämien) nur vorgesehen werden, wenn die Fertigstellung vor Ablauf der Vertragsfristen erhebliche Vorteile bringt (§ 9 Abs. 5 S. 2 VOB/A).

106 Für den öffentlichen Auftraggeber enthält darüber hinaus das **Vergabehandbuch** des Bundes (VHB) in der **Richtlinie zu Formblatt 214, Nr. 2 betreffend die Vertragstrafen (Ausgabe 2008 – Stand August 2014)** noch weitere durchaus sinnvolle und unter fairen Vertragspartnern auch angemessene Einschränkungen.

▶ **Auszug aus dem VHB** (RiLi zu 214) zu Vertragsstrafen

„Bei der Bemessung von Vertragsstrafen ist zu berücksichtigen, dass der Bieter die damit verbundene Erhöhung des Wagnisses in den Angebotspreis einkalkulieren kann.

Anhaltspunkt für die Bemessung kann das Ausmaß der Nachteile sein, die bei verzögerter Fertigstellung voraussichtlich eintreten werden.

Sind Vertragsstrafen für Einzelfristen zu vereinbaren, so ist nur die Überschreitung solcher Einzelfristen für in sich abgeschlossene Teile der Leistung unter Strafe zu stellen, von denen der Baufortschritt entscheidend abhängt.

Die Höhe der Vertragsstrafe ist zu begrenzen. Sie soll 0,1 v. H. je Werktag, insgesamt jedoch 5 v. H. der Auftragssumme nicht überschreiten."

Anzumerken ist, dass die Vorgaben der VOB/A nur das Vergabeverfahren be- **107**
treffen (Vygen/Joussen, Bauvertragsrecht, Rn. 342). Konkret heißt das: Ein Verstoß gegen die vergaberechtliche Regelung des § 9 Abs. 5 VOB/A allein führt **nicht** schon zu der **Unwirksamkeit einer gleichwohl vereinbarten Vertragsstrafenklausel**. Denn § 9 Abs. 5 VOB/A besitzt selbst keine Rechtssatzqualität. Daher ist zumindest bei Vergaben unterhalb der Schwellenwerte eine Vertragsstrafenklausel nicht schon deshalb unwirksam, weil feststeht, dass keine erheblichen Nachteile zu befürchten sind (BGH, Urt. v. 30.3.2006 – VII ZR 44/05, BGHZ 167, 75, 81 = BauR 2006, 1128, 1130 = NJW 2006, 2555, 2556). Erst recht gilt dies natürlich für die soeben zitierten Regelungen des Vergabehandbuchs, bei dem es sich nur um eine interne Dienstanweisung ohne Außenwirkung handelt, obwohl es doch vom öffentlichen Auftraggeber zu beachten ist.

Wenn demzufolge der Verstoß gegen die Vorgaben der VOB/A nicht zu einer **108**
Unwirksamkeit einer darauf gerichteten Vertragsstrafenklausel führt, kann dem Auftragnehmer in diesen Fällen aber gleichwohl ein **Schadensersatzanspruch** aus § 280 Abs. 1 i. V. m. §§ 311 Abs. 2, 241 Abs. 2 BGB zustehen. Dies hatte die Rechtsprechung zunächst abgelehnt mit dem Argument, dass der Auftragnehmer, der in Kenntnis einer ggf. zu Unrecht geforderten Vertragsstrafe ein Angebot abgegeben habe, nicht in seinem schutzwürdigen Vertrauen auf die Einhaltung des § 9 Abs. 5 VOB/A enttäuscht worden sein könne (BGH, Urt. v. 30.3.2006 – VII ZR 44/05, BGHZ 167, 75, 81 = BauR 2006, 1128, 1130 = NJW 2006, 2555, 2556). Dieses Argument ist zwischenzeitlich überholt. Denn danach kommt es für die Schadensersatzhaftung nach § 280 Abs. 1 BGB vor allem bei Verstößen gegen die VOB/A nicht mehr auf ein solches enttäuschtes Vertrauen an; es genügt vielmehr die Pflichtverletzung als solche (grundlegend dazu BGH, Urt. v. 9.6.2011 – X ZR 143/10, BGHZ 190, 89,

94 = BauR 2011, 1813, 1815 = NZBau 2011, 498, 500; ebenso BGH, Urt. v. 11.11.2014 – X ZR 32/14, BauR 2015, 479, 480, s. dazu auch schon oben Rdn. 30 sowie ausführlich Vygen/Joussen, Bauvertragsrecht, Rn. 332 ff., 334). Das aber heißt, dass ein Schadensersatzanspruch des Auftragnehmers hier darauf gerichtet sein dürfte, von der insoweit wirksam, aber eben pflichtwidrig begründeten Vertragsstrafenverpflichtung befreit zu werden. **Fragen des Mitverschuldens** stellen sich in aller Regel anders als bei sonstigen Verstößen gegen die VOB/A nicht. Denn ein Auftragnehmer wird während eines Vergabeverfahrens kaum realistisch ersehen können, dass dem Auftraggeber bei einer Terminüberschreitung negativ kein erheblicher Schaden droht. Allerdings ist es natürlich nicht ausgeschlossen, dass es sich anders verhält. Dann wäre ihm möglicherweise nach § 254 BGB tatsächlich ein eigener Mitverursachungsanteil anzulasten (s. dazu auch Vygen/Joussen, a. a. O., Rn. 342 f.)

▶ **Beispiel:**

Der Auftraggeber fordert eine Vertragsstrafe, obwohl offensichtlich erkennbar eine Terminüberschreitung keinerlei Nachteile auslöst, also die Voraussetzungen nach § 9 Abs. 5 S. 1 VOB/A nicht vorliegen. Der Zuschlag wird erteilt. Hier ist die Vertragsstrafenvereinbarung zunächst wirksam, weil es vertragsrechtlich auf Verstöße gegen die Vergaberegelungen der VOB/A nicht ankommt. Allerdings kann dem Auftragnehmer nunmehr eben wegen dieses Verstoßes gegen die VOB/A mit einer Forderung einer Vertragsstrafe ein dagegenstehender Schadensersatzanspruch zustehen, d. h.: Hat der Auftragnehmer bei einer Fristüberschreitung z. B. eine Vertragsstrafe von 25.000 € verwirkt, stellt dies seinen Schaden dar. Wäre dem Auftragnehmer kein Mitverschulden anzulasten, könnte er vom Auftraggeber verlangen, jetzt so gestellt zu werden, als wenn die Vertragsstrafenvereinbarung bei einem pflichtgemäßen Verhalten unter Einhaltung der Vorgaben der VOB/A unterblieben wäre. Dies würde zu einer vollständigen Beseitigung seiner eigentlich verwirkten Vertragsstrafe führen. Etwas anderes gilt, wenn der Auftragnehmer die fehlende Berechtigung der Vertragsstrafenforderung positiv erkannt und er den Auftraggeber nicht auf diese VOB/A-widrige Forderung aufmerksam gemacht hatte mit dem Ziel, dass eine Vertragsstrafenforderung im Vertrag vollkommen unterblieben wäre. Folglich wäre sein Schadensersatzanspruch gegen den Auftraggeber (Befreiung von der verwirkten Vertragsstrafe) um seinen eigenen Mitverursachungsanteil zu kürzen.

Was das konkret heißt, muss jeweils im Einzelfall entschieden werden: Wenn etwa feststeht, dass der Auftraggeber von seiner Vertragsstrafenforderung trotz eines Hinweises gar nicht abgesehen hätte, käme eine Anspruchskürzung in Folge eines Mitverschulden wiederum nicht in Betracht, weil hier die **Pflichtverletzung des Auftragnehmers** gar **nicht kausal** geworden wäre.

Losgelöst von dieser besonderen vergaberechtlichen Fragestellung ist bezüglich der Wirksamkeit von Vertragsstrafeklauseln sodann zu unterscheiden. 109

4.1 Vertragsstrafenklauseln in Individualvereinbarungen

Vertragsstrafen können zunächst in Individualvereinbarungen vorgesehen werden. Hinsichtlich deren Wirksamkeit ergeben sich vor allem folgende **Grenzen**: 110

- Zu nennen sind zunächst die **allgemeinen Schranken** gemäß § 138 BGB (Verstoß gegen die guten Sitten) oder aus § 242 BGB (Verstoß gegen Treu und Glauben). Hier gelten keine Besonderheiten.
- Ein Rückgriff auf die vorstehenden allgemeinen Schranken wird sich in der Regel aber nicht anbieten. Denn gerade dafür genügt eine überhöhte Vertragsstrafe für sich genommen nicht; vielmehr müssen dazu noch gesonderte Umstände hinzutreten, wie etwa Knebelungsverträge, Ausnutzung einer Notlage u. a. Gegen die reine Überhöhung kann sich der Auftragnehmer hingegen mit dem gesetzlich zwingenden § 343 BGB zur Wehr setzen. Danach kann eine verwirkte (und noch nicht bezahlte) **überhöhte Vertragsstrafe durch das Gericht herabgesetzt** werden. Diese Vorschrift findet zwar nach § 348 BGB bei beiderseitigen Handelsgeschäften keine Anwendung. Soweit es allerdings um eine individualvertraglich vereinbarte Vertragsstrafe bei einem VOB-Vertrag geht, greift diese Ausschlussregelung nicht: Denn § 348 HGB ist dispositiv mit der Maßgabe, dass § 11 Abs. 1 VOB/B § 343 BGB ausdrücklich für anwendbar erklärt (Daub/Piel/Soergel/Steffani, ErlZ B 11.7; Wolfenberger/Langhain BauR 1982, 20 ff; a. A. wohl die überwiegende Auffassung: etwa Wolff, Beck'scher VOB/B-Komm. § 11 Abs. 1 Rn. 65 f. m. w. N. ähnlich Ingenstau/Korbion/Sienz, VOB/A, § 9 Rn. 46). Dies gilt erst recht, wenn der Auftragnehmer neben der individuell vereinbarten Vertragsstrafe die VOB/B in den Vertrag eingeführt hat, weil dann nämlich etwaige Zweifel bei der Auslegung zu seinen Lasten gehen (§ 305 c Abs. 2 BGB).

4.2 Vertragsstrafen in Allgemeinen Geschäftsbedingungen

Eine Vertragsstrafenklausel in Individualvereinbarungen ist zwar anzutreffen. 111
Verbreiteter ist aber die Vertragsstrafenvereinbarung in Allgemeinen Geschäftsbedingungen des Auftraggebers. Auf Grund dieser Verbreitung wird man daher **schlechterdings behaupten können**, dass eine darauf gerichtete Klausel in Besonderen oder Zusätzlichen Vertragsbedingungen des Auftraggebers **überraschend** wäre. § 305 c Abs. 1 BGB ist daher üblicherweise keine

Hürde (vgl. auch BGH, Urt. v. 18.11.1982 – VII ZR 305/81, BGHZ 85, 305, 307 = BauR 1983, 80, 81 = NJW 1983, 385, 386).

112 Etwas anderes gilt für deren inhaltliche Ausgestaltung. Hier müssen diese Klauseln einer **AGB-Inhaltskontrolle** standhalten (vgl. dazu im Einzelnen auch Vygen/Joussen, Bauvertragsrecht, Rn. 572 ff., 719 ff., und zwar ebenso zu verschiedenen Musterklauseln mit Erläuterungen zu deren Zulässigkeit bzw. Unzulässigkeit). Unwirksam sind danach vor allem

- Klauseln, durch die der Verwender von der gesetzlichen Obliegenheit freigestellt wird, den anderen Vertragsteil zu mahnen oder ihm eine Nachfrist zu setzen (§ 309 Nr. 4 BGB) sowie
- Klauseln, die den Vertragspartner des Verwenders entgegen den Geboten von Treu und Glauben unangemessen benachteiligen, weil sie mit wesentlichen Grundgedanken der gesetzlichen Regelung, von der abgewichen wird, nicht zu vereinbaren sind. Dasselbe gilt, wenn wesentliche Rechte oder Pflichten, die sich aus der Natur des Vertrages ergeben, so eingeschränkt werden, dass die Erreichung des Vertragszwecks gefährdet ist (§ 307 Abs. 1 BGB).

113 **Eckpunkte für wirksame Vertragsstrafenklauseln bei Bauzeitverzögerungen in AGB**

- Verwirkung der Vertragsstrafe nur bei verschuldeter Bauzeitverzögerung
- Maximaler Tagessatz bei prozentualer Bemessung der Vertragsstrafe von ca. 0,2 bis 0,3% je Werktag bezogen auf die (Brutto- oder Netto-) Auftragssumme
- Festlegung einer Obergrenze bei der insgesamt verwirkten Vertragsstrafe auf 5% der zugrunde liegenden Brutto-Auftragssumme.

114 Daneben muss eine Vertragsstrafenklausel wie jede andere AGB-Regelung dem allgemeinen **Transparenzgebot** des § 307 Abs. 1 S. 2 BGB genügen; anderenfalls ist sie allein deshalb unwirksam. Voraussetzung ist demnach vor allem, dass zum einen die sich ergebenden Rechte und Pflichten aus einer AGB-Klausel möglichst klar und durchschaubar dargestellt werden; zum anderen müssen stets deren tatbestandlichen Voraussetzungen und Rechtsfolgen so genau beschrieben werden, dass sich für den Klauselverwender keine ungerechtfertigten Bewertungsspielräume ergeben. Diesem Gebot trägt der Verwender nur Rechnung, wenn er die Rechte und Pflichten seines Vertragspartners so klar und präzise wie möglich umschreibt (BGH, Urt. v. 6.12.2007 – VII ZR 28/07, BauR 2008, 508, 509 = NJW-RR 2008, 615, 616).

▶ **Beispiel:** (nach KG, Urt. v. 25.3.2014–27 U 99/13, BauR 2014, 1489)

Die Deutsche Bahn verwendete für ihre Bauverträge längere Zeit folgende Regelung: „Die Vertragsstrafe beträgt für jeden Kalendertag der schuldhaften Überschreitung (...) bei Endterminen 0,1 v. H. der Auftragssumme oder 0,00 €." Hier liegt auf der Hand, dass eine solche Klausel am Transparenzgebot scheitert, weil nicht klar ist, was denn nun gelten soll.

Neben diesen klaren Fällen gewinnt für Vertragsstrafenregelungen das Transparenzgebot aber ansonsten vor allem in folgender Hinsicht an Bedeutung:

- So entstehen vielfach durch in den Vertragsstrafenklauseln vorgesehene **115** Bezugnahmen Unklarheiten, die allein deswegen – losgelöst von ihren Inhalten – zu deren Unwirksamkeit führen.

  ▶ **Beispiel:** (nach BGH, Urt. v. 6.12.2007, a. a. O.)

  In den AGB des Auftraggebers heißt es, dass der Auftragnehmer je Werktag des Verzuges eine Vertragsstrafe von 0,3% der Auftragssumme schuldet. Hier bleibt unklar, ob mit Auftragssumme der Auftragswert bei Vertragsschluss oder nach Durchführung der Arbeiten (= Schlussrechnungssumme) gemeint ist. Allein daran scheiterte die Vertragsstrafenklausel im konkreten Fall.

- Keine Probleme dürften dagegen unter Transparenzgesichtspunkten be- **116** stehen, wenn bei der prozentual bemessenen Vertragsstrafe auf die **Schlussrechnungssumme als Bemessungsgrundlage** Bezug genommen wird. Dabei ist allerdings wie folgt zu unterscheiden:
  - Außerhalb des Anwendungsbereichs des § 13 b UStG wird man – da die Vergütung des Auftragnehmers in der Regel einschließlich oder zuzüglich Mehrwertsteuer vereinbart wird – für die Berechnung der Sicherheitsleistung auf den **Bruttobetrag mit Mehrwertsteuer** abstellen müssen (siehe zum Begriff der Auftragssumme als Bruttosumme: BGH Urt. v. 11.5.2001 – V ZR 492/99 NJW 2001, 2464; BGH, Urt. v. 28.2.2002 – I ZR 318/99, NJW 2002, 2312).
  - Geht es dagegen um Auftragsverhältnisse, die wie vor allem bei der Beteiligung von Subunternehmern unter § 13 b UStG fallen, wird in diesen Fällen die Schlussrechnung nur auf Netto-Basis ausgestellt. Folglich ist auch hier die Bezugsgrundlage „Schlussrechnung" eindeutig: Sie ist dahingehend zu verstehen, dass sich die Vertragsstrafe dann nur auf diese **niedrigere Netto-Vergütung** bezieht (so auch OLG Köln, Urt. v. 23.12.2011–19 U 24/11, IBR 2013, 14). Eine entsprechende Vorgabe sieht heute auch das Vergabehandbuch des Bundes (VHB – Ausgabe 2008, Stand August 2014 – Formblatt 214 – BVB, Nr. 2 zu Vertragsstrafen sowie Ziff. 10.1 der Allgemeinen Richtlinien zur Baudurchführung 400) vor.

117 - Prinzipielle Bedenken wegen eines Verstoßes gegen das Transparenzgebot werden des Weiteren gegen Vertragsstrafenklauseln geäußert, mit denen Termine sanktioniert werden sollen, die im Vertrag noch nicht vereinbart sind oder vom Auftraggeber erst im Nachhinein bestimmt werden können (sog. **Vorratsklauseln** – s. dazu Kapellmann/Messerschmidt/Langen, B § 11 Rn. 57; Leinemann/Hafkesbrink, § 11 Rn. 23). Diese Bedenken werden nicht geteilt – natürlich mit der Maßgabe, dass die Vertragsstrafenklausel ansonsten hinreichend klar formuliert ist (also klar erkennen lässt, welcher noch festzulegende Termin erfasst werden soll) und auch im Übrigen die vor allem von der Rechtsprechung entwickelten Anforderungen einhält. In diesem Fall gibt es **kein Transparenzproblem**: Denn eine solche Vertragsstrafenklausel sieht dann eindeutig und bestimmt genug eine Sanktion für die Überschreitung eines bei Vertragsschluss nur noch nicht feststehenden Termins vor; dagegen ist nichts einzuwenden. Allenfalls könnte zu fragen sein, ob und wenn ja in welchem Umfang dieses dem Auftraggeber eingeräumte Bestimmungsrecht zu der nachträglichen Festlegung eines Vertragstermins, an den sich die Vertragsstrafe anschließt, rechtlich zulässig ist (s. dazu oben Rdn. 96 ff.). Mit der Zulässigkeit einer Vertragsstrafenklausel an sich, die ja einen ausreichenden Schutz vor allem über die Begrenzung der Höhe vorsieht bzw. für deren Wirksamkeit vorsehen muss, hat das nichts zu tun – selbst wenn der Auftragnehmer diese Regelung ggf. nicht ernst genug nimmt (wie hier ebenso: Messerschmidt/Voit/Wolff, M Rn. 253).

118 Neben dem allgemeinen Transparenzgrundsatz gelten sodann zu den inhaltlichen Anforderungen an die Wirksamkeit einer Vertragsstrafenregelung in Allgemeinen Geschäftsbedingungen des Auftragsgebers folgende Grenzen.

4.2.1 Verzugs(un)abhängige Vertragsstrafe

119 AGB-rechtlich keinen Bestand hat eine häufig anzutreffende verzugsunabhängige Vertragsstrafenvereinbarung etwa des Inhalts, dass die Vertragsstrafe schon **bei bloßer Überschreitung vereinbarter Vertragsfristen** oder bei Verspätung fällig wird.

Beispiele:

- ‚Bei Überschreitung der Ausführungsfrist gerät der Auftragnehmer ohne Mahnung in Verzug'.
- ‚Die Vertragsstrafe wird bei bloßer Verspätung oder Überschreitung der Ausführungsfrist fällig'.

Derartige Vertragsbedingungen mögen ausnahmsweise in **Individualvereinbarungen** zulässig und wirksam sein (so Beck'scher VOB-Komm./Wolf, B § 11 Abs. 1 Rn. 5 f.; Knacke a. a. O., S. 31). In Allgemeinen Geschäftsbedingungen wie ZVB oder BVB dagegen verstoßen sie gegen § 309 Nr. 4 BGB. Danach sind Klauseln unwirksam, durch die der Verwender von der gesetzlichen Obliegenheit freigestellt wird, den anderen Vertragsteil zu mahnen oder ihm eine Nachfrist zu setzen. Diese Klauseln haben auch nach § 307 Abs. 1 BGB keinen Bestand, sind also ebenso gegenüber Kaufleuten **unwirksam** (vgl. § 310 Abs. 1 BGB). Denn nach § 339 S. 1 BGB (vgl. ebenso § 11 Abs. 2 VOB/B) gilt ganz allgemein, dass eine Vertragsstrafe nur bei Verzug des Unternehmers verwirkt wird. Dies ist ein **Grundgedanke mit Leitbildfunktion** der gesetzlichen Regelung. Dessen Abbedingung stellt somit eine **unangemessene Benachteiligung des Auftragnehmers** dar (OLG Düsseldorf, Urt. v. 25.10.1983–23 U 61/83, BauR 1985, 327, 329; OLG Düsseldorf, Urt. v. 14.2.1992–22 U 155/91, BauR 1992, 677; Knacke a. a. O., S. 31). Dadurch soll nämlich im Ergebnis die Ausnahmebestimmung des § 286 Abs. 2 Nr. 1–4 BGB mit einem Verzugseintritt ohne Mahnung zur Regel erhoben werden, ohne dass die dort genannten Voraussetzungen für die Ausnahme vorliegen. Damit erhält die Vertragsstrafe eine faktisch **garantieähnliche Funktion** – was AGB-rechtlich in der Regel so nicht vereinbart werden kann (BGH, Urt. v. 11.3.1971 – VII ZR 112/69, BauR 1971, 122 = NJW 1971, 883). Die gleichen Grundsätze gelten demzufolge auch für das Erfordernis des **Verschuldens** als Voraussetzung für einen Vertragsstrafenanspruch; auch dieses kann in AGB nicht abbedungen werden, soweit dafür nicht in ganz wenigen Ausnahmefällen gewichtige Gründe vorliegen, die im Baurecht aber kaum anzutreffen sein dürften (vgl. dazu sowie zu einem Ausnahmefall im Seefrachtrecht BGH, Urt. v. 28.9.1978 – II ZR 10/77, BGHZ 72, 174, 179 = NJW 1979, 105, 106; wie hier Beck'scher VOB/B-Komm/Wolff, § 11 Abs. 1, Rn. 5 f.; Heiermann/Riedl/Rusam/Kuffer, § 11 Rn. 45).

Anzumerken ist, dass teilweise zwar vom Wortlaut her das Verschuldenserfor- **120**
dernis erhalten bleibt, dieses im Hinblick auf die Fristenbestimmung aber faktisch dann doch abbedungen wird.

▶ **Beispiel:**

> Im Zusammenhang mit einer verschuldensabhängigen Vertragsstrafenregelung heißt es zu dem der Vertragsstrafe zugrunde liegenden Fertigstellungstermin: „Die Frist gilt als verbindlich und verlängert sich auch nicht durch witterungsbedingte Beeinträchtigungen".

Mit einer solchen Klausel wird das Verschuldenserfordernis beseitigt: Denn wäre die Vertragsstrafenregelung wirksam, könnte eine Vertragsstrafe verwirkt sein, selbst wenn der Auftragnehmer die Fristenüberschreitung auf Grund von witterungsbedingten Beeinträchtigungen nicht zu vertreten hat. Folglich haben auch solche Klauseln keinen Bestand (BGH, Urt. v. 6.12.2007 – VII ZR 28/07, BauR 2008, 508, 509 = NZBau 2008, 376).

121 Teilweise wird immerhin in einer Vertragsstrafenklausel – sei es in der Überschrift, sei es in sonstiger Weise – auf § 11 VOB/B Bezug genommen. Gegebenenfalls kann sich auch sonst im Wege der Vertragsauslegung ergeben, dass der Verzug nicht abbedungen werden sollte, weil die VOB/B ergänzend vereinbart ist (so BGH, Urt. v. 13.12.2001 – VII ZR 432/00, BGHZ 149, 283, 287 = BauR 2002, 782, 783 = NJW 2002, 1274, 1275; kritisch Leinemann/Hafkesbrink § 11 Rn. 29). In all diesen Fällen verstößt eine solche Klausel nicht gegen §§ 307, 309 Nr. 4 BGB, weil dadurch der **Verzug** als Tatbestandsvoraussetzung erhalten bleibt (BGH, Urt. v. 25.9.1986 – VII ZR 276/84, BauR 1987, 92, 93 = NJW 1987, 380).

4.2.2 Höhe der Vertragsstrafe

122 Zu klären ist, in welcher bzw. bis zu welcher Höhe vorformulierte Vertragsstrafenklauseln einer AGB-Inhaltskontrolle standhalten. Diese Frage ist deshalb von herausragender Bedeutung, weil die Rechtsprechung des BGH ganz allgemein AGB-rechtlich eine so genannte **geltungserhaltende Reduktion** bzw. die **geltungserhaltende Auslegung unzulässiger Klauseln** ablehnt. Daher ist eine vereinbarte Vertragsstrafe, die **der Höhe nach den zulässigen Rahmen überschreitet**, insgesamt unwirksam. Folglich erhält der Auftraggeber in diesen Fällen auch nicht die Vertragsstrafe in der gerade noch zulässigen geringeren Höhe, sondern geht leer aus (BGH, Urt. v. 18.11.1982 – VII ZR 305/81, BGHZ 85, 305, 314 = BauR 1983, 80, 83 = NJW 1983, 385, 387; Knacke a. a. O., S. 52, 53). Selbst § 343 BGB hilft hier nicht weiter. Denn diese Regelung ist allein auf Individualvereinbarungen zugeschnitten (s. o. Rdn. 110) und betrifft ohnehin nicht die im Rahmen einer AGB-Kontrolle vorrangig interessierende Frage der Beurteilung der Wirksamkeit der zugrunde liegenden Vereinbarung. Stattdessen geht es allein um die Befugnis des Gerichts, eine bereits bewirkte Vertragsstrafe herabzusetzen, soweit dies nach einem Antrag des Schuldens die Umstände des Einzelfalls gebieten (BGH, Urt. v. 18.11.1982 – VII ZR 305/81, BGHZ 85, 305, 313 = BauR 1983, 80, 83 = NJW 1983, 385, 387; a. A. Beck'scher VOB-Komm./Wolff, B § 11 Abs. 1 Rn. 64). Dieser strengen AGB-Rechtsprechung entgeht der Auftraggeber ebenso wenig, wenn er zunächst die Höhe der Vertragsstrafe je Tag und/oder auch die Obergrenze in einer vorformulierten Klausel offen lässt, diese dann aber später vor oder bei Vertragsabschluss, also etwa in einer **Vergabeverhandlung** einsetzt, ohne diese wirklich mit dem Auftragnehmer im Einzelnen auszuhandeln, also insbesondere auch die Bereitschaft zu erklären, sie geringer anzusetzen (so vor allem Korbion/Locher/Sienz, A Rn. 23, die zu Recht verlangen, dass der Auftraggeber in der Verhandlung die Höhe inhaltlich zur Disposition stellen muss; s. auch Vygen/Joussen, Bauvertragsrecht, Rn. 638).

Dies vorausgeschickt ist bei Vertragsstrafenvereinbarungen in **ZVB** oder **BVB**, also in vorformulierten Vertragsbedingungen nach der inzwischen dazu ergangenen Rechtsprechung bzgl. der Höhe auf zweierlei zu achten: 123

- Zum einen halten Vertragsstrafen, die in Bezug auf einen Tagessatz nach prozentualen Anteilen der Auftrags- bzw. Abrechnungssumme bemessen werden, nur in einem sehr begrenzten Rahmen von max. 0,3% je Werktag einer AGB-Inhaltskontrolle stand (BGH, Urt. v. 6.12.2007 – VII ZR 28/07, BauR 2008, 508, 509 = NZBau 2008, 376). Gegebenenfalls erscheint auch noch ein Satz von maximal **0,3% je Arbeitstag** denkbar (BGH, Urt. v. 20.1.2000 – VII ZR 46/98, BauR 2000, 1049, 1050 = NJW 2000, 2106, 2107; BGH, Urt. v. 18.11.1982 – VII ZR 305/81, BGHZ 85, 305, 313 = BauR 1983, 80, 83 = NJW 1983, 385, 387; BGH, Urt. v. 1.4.1976 – VII ZR 122/74, BauR 1976, 279). Unwirksam sind hingegen Vertragsstrafenklauseln mit 0,5% der Auftragssumme oder ein entsprechender Betrag in Euro pro Arbeitstag und insbesondere Kalendertag (0,5% × 7 Tage = 3,5% pro Woche = 0,7% pro Arbeitstag, BGH, Urt. v. 20.1.2000 – VII ZR 46/98, BauR 2000, 1049, 1050 = NJW 2000, 2106, 2107; BGH, Urt. v. 18.11.1982 – VII ZR 305/81, BGHZ 85, 305, 313 = BauR 1983, 80, 83 = NJW 1983, 385, 387 und BGH, Urt. v. 17.1.2002 – VII ZR 198/00, BauR 2002, 790, 792 = NJW-RR 2002, 806, 807). 124

- Zum anderen muss für die insgesamt verwirkte Vertragsstrafe eine **Obergrenze** festgelegt sein. Andernfalls ist die Vertragsstrafenvereinbarung unwirksam, selbst wenn sie bei der Fertigstellung nur in einer geringen Höhe tatsächlich angefallen ist. Die danach unbedingt festzulegende Obergrenze darf einen Betrag **von maximal 5% der Auftragssumme** nicht überschreiten (vgl. BGH, Urt. v. 20.1.2000 – VII ZR 46/98, BauR 2000, 1049 = NJW 2000, 2106, 2107; BGH, Urt. v. 23.1.2003 – VII ZR 210/01, BGHZ 153, 311, 324 ff. = BauR 2003, 870, 875 f. = NJW 2003, 1805, 1808 f. sowie Oberhauser a. a. O., Rn. 246 ff.), auch wenn die Vertragsstrafe selbst verhältnismäßig gering ist (z. B. 0,15% je Werktag). Dabei muss allerdings klar geregelt sein, welche Bezugsgröße gelten soll. Andernfalls scheitert die Vertragsstrafe am allgemeinen Transparenzgebot (s. zuvor Rdn. 114 sowie gesondert BGH, Urt. v. 6.12.2007 – VII ZR 28/07, BauR 2008, 508, 509 = NZBau 2008, 376). Dass ansonsten selbst eine 5%ige Obergrenze gerade bei großen Bausummen schon eine ganz erhebliche Größenordnung erreichen kann, führt dagegen nicht zu einer unangemessenen Belastung des Auftragnehmers. So ist die 5%-Obergrenze in der Rechtsprechung nicht nur anerkannt; vielmehr ist gerade auch bei großen Bausummen zu berücksichtigen, dass in diesem Fall sowohl die Umsatz- und Gewinnerwartung des Auftragnehmers als auch der Druckmittelbedarf und ein möglicher Schaden des Auftraggebers bei Verzögerungen besonders groß sind, so dass am Ende eine Verhältnismäßigkeit gewahrt bleibt (ebenso OLG Köln, Urt. v. 23.12.2011 – 19 U 24/11, IBR 2013,14). 125

Wird nur gegen einen der beiden vorgenannten Punkte verstoßen, ist die Vertragsstrafenklausel insgesamt unwirksam. Dies gilt auch dann, wenn etwa nur hinsichtlich eines Teils der Klausel tatsächlich Verhandlungen geführt wurden, sodass insoweit keine AGB vorlägen.

▶ **Beispiel:** (ähnlich OLG Bremen, Urt. v. 30.12.2010–1 U 51/08, Nichtzul.-Beschw. zurückgew., BGH, Beschl. v. 12.4.2012 – VII ZR 28/11)

In einem Bauvertrag wird vom Auftraggeber eine Vertragsstrafenklausel „gestellt", die für jeden Tag der schuldhaften Fristüberschreitung eine Vertragsstrafe von 0,7% vorsieht, aber keine Begrenzung nach oben. Verhandelt wird nur dieser Tagessatz auf 0,5%, nicht dagegen die fehlende Obergrenze.

Die hiernach gestellte Klausel bleibt unwirksam: Zwar liegt hinsichtlich des ausgehandelten Tagessatzes keine AGB vor, sodass dessen Höhe mit 0,5% AGB-rechtlich nicht zu prüfen ist. Nicht verhandelt wurde dagegen die Vertragsstrafenregelung insoweit, als es um die ebenfalls notwendige Festlegung der Obergrenze geht.

126 Unbeschadet dieser festen Obergrenzen besteht aber auch die Möglichkeit, statt der starren Anbindung an die Auftragssumme einen bestimmten Geldbetrag von z. B. 1.000 € je Arbeitstag oder 2.000 € je Monat der Verzögerung festzulegen. Dabei sollte allerdings dieser Betrag in einem erkennbaren Zusammenhang zu den Verzugsauswirkungen, also z. B. zu einem **Mietausfallschaden** des Auftraggebers, stehen. Darüber hinaus kann eine Erhöhung der Schwelle, bei deren Überschreitung die **Inhaltskontrolle** zur Unwirksamkeit der Vertragsstrafenvereinbarung führt, in geeigneten Fällen auch dadurch erreicht werden, dass man in der entsprechenden Klausel nicht nur eine Vertragsstrafe, sondern in gleicher Höhe eine **Beschleunigungsvergütung** vorsieht (vgl. dazu auch Vygen, BauR 1983, 245). Dazu liegen allerdings bisher keine Gerichtsentscheidungen vor.

4.2.3 Vertragsstrafe bei Zwischenterminen

127 Besondere Vorsicht ist bei der Vereinbarung von Vertragsstrafen im Fall der Überschreitung von Zwischenfristen geboten.

▶ **Beispiel:**

Im Bauvertrag wird gegenüber dem Generalunternehmer eine Fertigstellungsfrist für die Gesamtmaßnahme zum 31. Oktober 2014 vereinbart. Damit der Innenausbau rechtzeitig beginnen kann, wird als Frist für die Fertigstellung des Rohbaus der 31. Mai 2014 vorgesehen. Im Fall des schuldhaften Überschreitens des einen oder anderen Termins wird eine Vertragsstrafe von 0,3% je Werktag vereinbart, begrenzt auf maximal 5%.

Es ist anerkannt, dass auch **Zwischenfristen als echte Vertragsfristen** im Sinne des § 5 Abs. 1 Nr. 1 VOB/B vorgesehen werden können (ebenso Berger, Jahrbuch BauR 2012, 77). Dies ist sogar – dies zeigt das Beispiel – sachgerecht, wenn deren Einhaltung für den Fortgang der Baustelle (z. B. weil der Zwischentermin auf dem kritischen Weg für Nachfolgegewerke liegt) von großer Bedeutung ist. Daher bestehen auch keine prinzipiellen Bedenken dagegen, wenn solche Zwischentermine zum Schutz des Auftraggebers zugleich mit Vertragsstrafen belegt werden (s. dazu grundsätzlich BGH, Urt. v. 6.12.2012 – VII ZR 133/11, NJW 2013, 1362, 1363 = NZBau 2013, 222, 223; Reichelt/Keinert, ZfIR 2013, 231, 234; Mayr, BauR 2013, 1192). Allerdings sind hier folgende Grenzen zu beachten:

- In jedem Fall muss eine für die Einhaltung von Zwischenterminen vorgese- 128
hene Vertragsstrafe in ihrer Höhe niedriger bemessen werden als eine für die Überschreitung des Endtermins ausbedungene Vertragsstrafe. Denn auch hier gilt, das jede vereinbarte Vertragsstrafe zwar eine Druck- und Kompensationsfunktion aufweisen soll und kann; sie muss aber zugleich in einem angemessenen Verhältnis zu dem Werklohn stehen, den der Auftragnehmer durch seine Leistung, die er zu einem bestimmten mit einer Vertragsstrafe sanktionierten Termin schuldet, verdienen will. Dies gilt für die Sanktionierung eines Gesamtfertigstellungs- und eines Zwischentermins in gleicher Weise (BGH, Urt. v. 6.12.2012 – VII ZR 133/11, NJW 2013, 1362, 1363 = NZBau 2013, 222, 223; s. dazu auch Roquette/Viering/Leupertz, Teil 2, Rn. 1070). Für **prozentual bemessene Vertragsstrafen bedeutet das somit, dass sich diese keinesfalls auf die Höhe der Endabrechnung** beziehen dürfen, sondern nur auf den jeweils anteiligen mit der Vertragsfrist belegten Wert der bis dahin zu erbringenden Bauleistung – und zwar sowohl bezogen auf den einzelnen Tagessatz als auch in Bezug auf die Obergrenze der 5 %. Denn nur darauf bezogen soll mit der Vertragsstrafe eine Druckfunktion aufgebaut werden; dagegen soll der Auftraggeber über eine solche auf Zwischentermine bezogene Vertragsstrafenklausel nicht davon profitieren können, dass der Auftragnehmer noch weitere Leistungen später zu erbringen hat. Die Klausel ist demnach so zu fassen, als wenn der Auftragnehmer allein mit den Leistungen bis zu dem Zwischentermin beauftragt worden wäre. In diesem Fall wäre der Zwischentermin ein Endtermin und die prozentualen Höchstsätze einer Vertragsstrafe müssten sich an der (bis dahin veranschlagten) Auftragssumme orientieren (BGH, Urt. v. 6.12.2012 – VII ZR 133/11, NJW 2013, 1362, 1363 = NZBau 2013, 222, 223; a. A. immerhin Berger, Jahrbuch BauR 2012, 77, 84, 89).

129 Konkret bedeutet diese Rechtsprechung in der Praxis, dass man bei der **Formulierung von Vertragsstrafenklauseln zu Zwischenterminen** große Sorgfalt anwenden muss. Dies gilt vor allem deshalb, um hier hinreichend dem **Transparenzgebot** nach § 307 Abs. 1 S. 2 BGB genüge zu tun. Bezug genommen werden könnte demzufolge etwa als Bezugsgrundlage bei Zwischenterminen auf eine bestimmte in Euro ausgewiesene Bausumme zu den Leistungen, die zu diesem Termin ausgeführt sein müssen. Alternativ bzw. in Fällen, in denen dieser Wert etwa bei **Einheitspreisverträgen** noch nicht bekannt ist, könnte man als Bezugsgrundlage entsprechend der Vorgehensweise bei Schlussrechnungen (für die Gesamtleistung) bei Zwischenterminen das Abrechnungsvolumen der Titelposition zu den Leistungen heranziehen, zu denen ein vertragsstrafenbewehrter Termin vereinbart wurde. Dagegen wird man bei **Pauschalverträgen**, bei denen sich einzelne Leistungen wertmäßig aus der Auftragssumme in der Regel nicht ergeben, nicht umhin kommen, als diese finanziell zu bewerten, damit eine Vertragsstrafe für sanktionierte Zwischentermine nicht an einer nicht hinreichend klaren Bezugsgrundlage scheitert. Denn welche Formulierung im Vertrag dazu auch gewählt wird: Entscheidend ist, dass die für die Berechnung der Vertragsstrafe zu Zwischenterminen heranzuziehende Bezugsgrundlage durch Bestimmung der richtigen vertragsstrafenbewehrten Leistungen sowie deren finanzielle Bewertung im Vertrag klar geregelt ist und dazu keine für den Auftraggeber im Nachhinein frei bestimmbaren Bewertungsspielräume entstehen (ähnlich auch Mayr, BauR 2013,1192, 1193).

130 Eine ganz andere Frage bei der Vereinbarung von Zwischenterminen stellt sich bei der in der Praxis nicht seltenen Vertragsgestaltung, dass auch ein **Anfangstermin als Vertragstermin** vorgesehen und darauf eine Vertragsstrafe bezogen wird. Dafür kann es durchaus gute Gründe geben.

▶ **Beispiel:**

Für ein Bauvorhaben wurde eine Baugenehmigung erteilt. Diese verliert ihre Gültigkeit, wenn mit dem Bauvorhaben nicht binnen einer nach der jeweils geltenden Bauordnung vorgesehenen Frist (nach § 72 Abs. 1 BauO Berlin z. B. nach drei Jahren) begonnen wird. Deswegen legt der Bauherr in dem Vertrag mit dem Bauunternehmer einen spätesten Baubeginn fest und sanktioniert ihn mit einer Vertragsstrafe.

So sehr dieses Bedürfnis für die Vereinbarung von Vertragsstrafen auch in Bezug auf Anfangstermine im Einzelfall anzuerkennen ist, wird dies nach der vorstehend genannten Rechtsprechung des BGH (Urt. v. 6.12.2012 – VII ZR 133/11, NJW 2013, 1362 = NZBau 2013, 222) **nicht mehr in Betracht kommen**. Dies beruht auf dem Zweck der Vertragsstrafe, mit der zum einen eine Druckfunktion für die Einhaltung eines Termins und zum anderen eine Kompensationsfunktion für die vereinfachte Schadloshaltung ohne konkreten Schadensnachweis in Bezug auf einen schon verdienten Werklohn geschaffen werden soll (BGH, a. a. O.; vorher auch schon BGH, Urt. v. 23.1.2003 – VII ZR 210/01, BGHZ 153, 311, 324 ff. = BauR 2003, 870, 875 f. = NJW 2003, 1805, 1808 f.). Wie schon soeben allgemein zu den Zwischenterminen erläutert muss diese so vorgesehene Druck- und Kompensationsfunktion aber in einem angemessenen Verhältnis zu dem Werklohn stehen, den der Auftragnehmer bis zu dem vertragsstrafenbewehrten Termin mit seinen bis dahin zu erbringenden Leistungen verdienen will. Dann aber kann dieses Instrument im Rahmen einer bei einer AGB-Kontrolle generalisierenden Betrachtungsweise seinen Zweck nicht erfüllen, wenn es bei der bloßen Überschreitung des Anfangstermins noch gar keinen verdienten Werklohn gibt, von dem etwas abzuziehen (zu kompensieren) sein könnte. Stattdessen verbleibt dem Auftraggeber in diesen Fällen tatsächlich nur ein geltend zu machender Schadensersatz oder die immer mögliche individuelle Vereinbarung einer Vertragsstrafe (ähnlich Mayr BauR 2013, 1192, 1195; eher großzügiger Reichelt/Keinert, ZfIR 2013, 231, 234).

Lässt man vorstehendes Sonderproblem betreffend die Anfangstermine 131
außer Betracht, ist bei der Vereinbarung von Vertragsstrafen zu Zwischenterminen weiter zwingend darauf zu achten, dass es zu **keiner unzulässigen Kumulierung** von Vertragsstrafen (für die Überschreitung von Zwischen- und Endterminen) kommt (so auch zu verstehen BGH, Urt. v. 14.1.1999 – VII ZR 73/98, BauR 1999, 645, 646 = NJW 1999, 1108 f.; BGH, Urt. v. 18.1.2001 – VII ZR 238/00, BauR 2001, 791, 792 = NZBau 2001, 257, 258, obwohl der BGH dies abschließend nicht entschieden hat; ebenso wie hier Roquette/Viering/Leupertz, Teil 2 Rn. 1071f,; Beck'scher VOB/B-Komm/Wolff, § 11 Abs. 1 Rn. 59; Reichelt/Keinert; ZfIR 2013, 231, 235; s. dazu auch sogleich Rdn. 139), d. h.: Selbst wenn der Vertragsstrafensatz zur Absicherung des Endtermins in Höhe von z. B. 0,3% bezogen auf die Nettoauftragssumme AGB-rechtlich unbedenklich ist (s. o. Rdn. 124), wird eine darauf gerichtete Klausel unwirksam, wenn zugleich ohne Anrechnung eine weitere Vertragsstrafe für einen verschuldet nicht eingehaltenen Zwischentermin verwirkt sein soll (i. E. ebenso OLG Nürnberg, Beschl. v. 24.3.2010–13 U 201/10 = BauR 2010, 1591, 1592 f. = NZBau 2010, 566, 567 zu einer Vertragsstrafe von 0,2% für jeden Werktag bei Verzug mit Beginn der Fertigstellung).

Schließlich ist es dem Grunde nach unzulässig, eine Vertragsstrafe bei Über- 132
schreitung von Zwischenfristen vorzusehen, wenn gleichzeitig der Endtermin eingehalten wird (BGH, Urt. v. 18.1.2001 – VII ZR 238/00, BauR 2001, 791, 792 = NJW-RR 2001, 738; OLG Hamm, Urt. v. 10.2.2000–21 U 85/98, BauR 2000, 1202, 1203 f.). Etwas anderes gilt nur dann, wenn wie in vorstehendem Beispielfall wegen unmittelbar ansetzender Folgegewerke zu wei-

teren Teilleistungen es zwingend auf die Einhaltung eines Zwischentermins ankommt.

4.2.4 Regelungen zum Vorbehalt der Vertragsstrafe

133 Bei der Abfassung von Vertragsstrafenvereinbarungen in vorformulierten Bauvertragsklauseln ist ferner zu bedenken, ob es zweckmäßig und inwieweit es zulässig ist, den grundsätzlich erforderlichen **Vorbehalt der Vertragsstrafe bei der Abnahme** auszuschließen. Hintergrund dieses Vorbehalts ist die Regelung des § 11 Abs. 4 VOB/B bzw. des § 341 Abs. 3 BGB. Danach entfällt ein Vertragsstrafenanspruch des Auftraggebers, wenn dieser sich die Vertragsstrafe nicht **bei der Abnahme** vorbehalten hat (s. dazu Vygen/Joussen, Bauvertragsrecht, Rn. 1206 ff.). In Folge dieser klaren Regelungen wird heute von vielen Auftraggebern zwar einerseits fast standardmäßig bei Abnahmen ein entsprechender Vorbehalt aufgenommen. Dies gilt selbst dann, wenn noch gar nicht feststeht, ob dem Auftragnehmer eine Überschreitung der Vertragsfristen anzulasten ist (s. dazu auch die entsprechende Empfehlung im Vergabehandbuch des Bundes – VHB, Ausgabe 2008, Stand August 2014, Ziff. 10.3 der Allgemeinen Richtlinien zur Baudurchführung 400). Andererseits wird von Auftraggeberseite immer wieder versucht, das **Erfordernis des Vorbehalts der Vertragsstrafe entweder ganz abzubedingen oder aber zumindest den Zeitpunkt bis zur Schlusszahlung** hinauszuschieben. Dadurch lassen sich vor allem die Schwierigkeiten für den **Vorbehalt bei der fiktiven Abnahme** gemäß § 12 Abs. 5 Nr. 1 und 2 VOB/B vermeiden: Denn in diesen Fällen muss der Vorbehalt innerhalb der Fristen von 12 bzw. 6 Werktagen nach **Fertigstellungsanzeige** bzw. **Inbenutzungnahme** der Leistung erhoben werden (vgl. § 12 Abs. 5 Nr. 3 VOB/B). Etwas anderes gilt hingegen bei dem nach § 640 Abs. 1 S. 3 BGB vorgesehenen Eintritt der Abnahmefolgen: Hier ist ein Vorbehalt der Vertragsstrafe zum angenommenen Zeitpunkt des Eintritts der Abnahmefolgen, also bei Fristablauf, entbehrlich. Das wiederum beruht darauf, dass § 341 Abs. 3 BGB für den Verlust einer an sich verwirkten Vertragsstrafe gerade die Leistungsannahme als Erfüllung voraussetzt. Gemeint ist damit nach ganz herrschender Meinung die rechtsgeschäftliche Abnahme (BGH, Urt. v. 3.11.1960 – VII ZR 150/59, BGHZ 33, 236, 237 m. w. N.), an der es bei § 640 Abs. 1 S. 3 BGB – wenn auch sonst verschiedene Abnahmefolgen eintreten mögen – fehlt (wie hier: Palandt/Sprau, § 640 Rn. 11; Münch. Komm./Gottwald, § 341 Rn. 15; a. A. Kniffka/Pause/Vogel, § 640 Rn. 63; Zeitler, ZfBR 2007, 216; s. dazu auch näher Vygen/Joussen, Bauvertragsrecht, Rn. 1172).

134 Wenn aber ansonsten gleichfalls in der Regel der Vorbehalt einer Vertragsstrafe bei der Abnahme erforderlich ist, hat an dessen weitgehender Abbedingung neben dem Auftraggeber auch dessen Architekt ein besonderes

Interesse. Dieser macht sich nämlich gegenüber seinem Bauherrn schadensersatzpflichtig, wenn er ihn nicht eindringlich darauf hinweist und dafür Sorge trägt, dass der **Bauherr diesen Vertragsstrafenvorbehalt auch tatsächlich bei der Abnahme geltend macht** (so BGH, Urt. v. 26.4.1979 – VII ZR 190/78, BGHZ 74, 235, 238 f. = BauR 1979, 345, 346 = NJW 1979, 1499 f.; kritisch: Ganten, NJW 1979, 2513; vgl. dazu auch Vygen, BauR 1984, 245 ff., 255). Die Regelungen des § 341 Abs. 3 BGB und des § 11 Abs. 4 VOB/B verlangen im Übrigen eine enge Auslegung, sodass vorherige und insbesondere nachträgliche Vorbehaltserklärungen nicht ausreichen, um den Anspruchsverlust zu verhindern (BGH, Urt. v. 20.2.1997 – VII ZR 288/94, BauR 1997, 640 = NJW 1997, 1982, 1983; OLG Düsseldorf, Urt. v. 8.9.2000–22 U 34/00, BauR 2001, 112, 114 = NJW-RR 2000, 1688, 1689 sowie Oberhauser a. a. O. Rn. 149). Dies kann nur dann anders zu beurteilen sein, wenn dieser Zeitpunkt für den Vorbehalt im Vertrag abweichend vom Gesetz und der VOB/B geregelt ist (vgl. dazu Oberhauser a. a. O. Rn. 267 ff.).

Zu den vorstehend diskutierten Fragen der **Abbedingung des Vertragsstrafenvorbehaltes** oder der Hinausschiebung des Zeitpunkts für den Vorbehalt 135
in AGB hat der BGH bereits Stellung genommen. Er hat zu Recht das **vollständige Abbedingen des Vertragsstrafenvorbehalts** für unwirksam erklärt, weil sich eine solche Regelung allzu sehr vom Leitbild des § 341 Abs. 3 BGB entfernt (BGH, Urt. v. 18.11.1982 – VII ZR 305/81, BGHZ 85, 305, 310 = BauR 1983, 80, 82 = NJW 1983, 385, 386). Zulässig ist hingegen eine Klausel, wonach der Auftraggeber sich die Vertragsstrafe nicht bei der Abnahme vorzubehalten braucht, sondern den Vorbehalt noch bis zur **Schlusszahlung** hinauszögern kann, ohne dass diese Rechtsauffassung vom BGH überzeugend begründet wird (vgl. BGH, Urt. v. 13.7.2000 – VII ZR 249/99, BauR 2000, 1758 = NJW-RR 2000, 1468). Dies mag allenfalls dann angemessen sein, wenn man mit dem Begriff ‚bis zur Schlusszahlung' den Zeitpunkt der **‚Fälligkeit der Schlusszahlung'** bzw. der Verweigerung der Schlusszahlung meint (so auch Ingenstau/Korbion/Döring, VOB/B § 11 Abs. 1 Rn. 15; KG, Urt. v. 23.3.1999–4 U 1635/97, BauR 2000, 575, 578; Oberhauser a. a. O., Rn. 269; kritisch dazu Beck'scher VOB/B-Komm./Wolff, § 11 Abs. 1 Rn. 13). Deshalb erscheint bei der Abfassung einer solchen Klausel in AGB Vorsicht geboten; denn nach der Begründung der vorgenannten Entscheidung des BGH (Urt. v. 13.7.2000 – VII ZR 249/99, BauR 2000, 1758 = NJW-RR 2000, 1468) bestehen doch Zweifel, ob ein solches **Hinausschieben des Vertragsstrafenvorbehalts bis zur Schlusszahlung in AGB** wirklich zulässig ist (so aber wohl die h. M., z. B. Heiermann/Riedl/Rusam/Kuffer VOB/B § 11 Rn. 78; Roquette/Viering/Leupertz, Teil 2 Rn. 1075; Beck'scher VOB/B-Komm./Wolff, § 11 Abs. 4 Rn. 13; a. A. aber zutreffend: Ingenstau/Korbion/Döring, VOB/B § 11 Abs. 1 Rn. 15; Knacke S. 70; Oberhauser a. a. O., Rn. 269). Wann die Schlusszahlung geleistet wird, hat nämlich allein der Auftraggeber in der Hand. Kommt es z. B. we-

gen der Schlusszahlung zum Rechtsstreit, so kann der Auftraggeber u. U. noch nach Jahren in diesem Prozess den **Vorbehalt der Vertragsstrafe** erklären und dann die Vertragsstrafe der Schlusszahlungsforderung des Auftragnehmers entgegenhalten und mit dieser die Aufrechnung erklären. Damit ergibt sich aber für den Auftragnehmer nahezu die gleiche Situation, wie sie **bei völliger Abbedingung** des an sich notwendigen Vorbehalts der Vertragsstrafe gegeben ist und die den BGH gerade veranlasst hat, diese in AGB für unwirksam zu erklären.

136 Aus diesen Gründen sollte der Zeitpunkt für den **Vorbehalt der Vertragsstrafe in AGB**, wenn man sicher gehen will, **nicht bis zur Schlusszahlung**, sondern, wenn überhaupt (vgl. dazu Knacke a. a. O., S. 70), dann allenfalls bis zur **Fälligkeit der Schlusszahlung** beim VOB-Vertrag (i. d. R. 30 Tage nach Zugang der Schlussrechnung) hinausgeschoben werden. Mit einer solchen Klausel wird den Interessen beider Vertragspartner angemessen Rechnung getragen (so insbesondere auch Ingenstau/Korbion/Döring, VOB/B § 11 Abs. 1 Rn. 15; vgl. dazu ebenfalls Vygen, BauR 1984, 245).

4.2.5 Vereinbarungen zur kumulativen Geltendmachung von Vertragsstrafen

137 In Bauverträgen sind häufig Vereinbarungen zu finden, nach denen Vertragsstrafen- und Schadensersatzansprüche nebeneinander und kumulativ vom Auftraggeber geltend gemacht werden können. Eine solche Vertragsbestimmung steht im Widerspruch zu § 340 Abs. 2 BGB, der eine **Anrechnungsregel** folgenden Wortlauts vorsieht: ‚Steht dem Gläubiger (hier also dem Auftraggeber) ein Anspruch auf Schadensersatz wegen Nichterfüllung zu, so kann er die verwirkte (Vertrags-)Strafe als Mindestbetrag des Schadens verlangen. Die Geltendmachung eines weiteren Schadens ist nicht ausgeschlossen'. Das bedeutet, dass sich der Auftraggeber die **Vertragsstrafe stets auf seinen Schadenersatzanspruch anrechnen** lassen muss. Eine **Addition von Vertragsstrafe einerseits und Schadenersatz andererseits** ist dagegen ausgeschlossen. Diese Regelung im Gesetz gilt gemäß § 11 Abs. 1 VOB/B auch bei Vereinbarung der VOB/B; sie ist allerdings nicht zwingendes Recht. Sie kann also in Individualvereinbarungen abgeändert werden, nicht jedoch in **Allgemeinen Geschäftsbedingungen** wie **ZVB** und **BVB** (BGH, Urt. v. 11.5.1989 – VII ZR 305/87, BauR 1989, 459, 460 = NJW-RR 1989, 916; OLG Düsseldorf, Urt. v. 22.3.2002 – 5 U 85/01, BauR 2003, 94, 95; Ingenstau/Korbion/Döring, VOB/B § 11 Abs. 1 Rn. 10; Roquette/Viering/Leupertz, Teil 2 Rn. 1063).

138 Zu beachten immerhin ist, dass die Anrechnung der Vertragsstrafe auf einen parallel verwirkten Schadensersatzanspruch nur dann zu erfolgen hat, wenn sie auf dasselbe Interesse gerichtet ist. Andernfalls können beide Ansprüche

auch nebeneinander geltend gemacht werden (BGH, Urt. v. 8.5.2008 – I ZR 88/06, BauR 2008, 1620, 1621 = NJW 2008, 2849).

▶ **Beispiel:**

Der Auftragnehmer hat wegen einer Bauverzögerung eine Vertragsstrafe verwirkt, die dieser nicht zahlt. Der Auftraggeber beauftragt einen Anwalt mit der Beitreibung, wodurch weitere Kosten entstehen. Hierbei handelt es sich um übliche Verzugskosten, die als Schadensersatz vom Auftragnehmer zu tragen sind. Sie sind – da hier Schadensersatz und Vertragsstrafe nicht auf dasselbe Interesse (= Entschädigung für Verzögerungszeitraum) gerichtet sind – ohne Anrechnungsmöglichkeit zu zahlen.

4.2.6 Rechtsfolge unwirksamer Vertragsstrafenklauseln

Hält eine Vertragsstrafenklausel nach vorstehenden Erläuterungen einer 139
AGB-Inhaltskontrolle gemäß § 307 BGB nicht stand, ist sie unwirksam. In der Regel wird von deren Unwirksamkeit die **gesamte Regelung** umfasst; eine geltungserhaltende Reduktion findet wie üblich bei unwirksamen AGB-Klauseln nicht statt, d. h.: Ist der Tagessatz zu hoch, kann gar keine Vertragsstrafe verlangt werden; die Klausel wird nicht auf den gerade noch zulässigen Satz reduziert (s. o. Rdn. 122). Ein Sonderfall stellt immerhin der Sachverhalt dar, dass eine Vertragsstrafenklausel nur **teilweise AGB-widrig** ist. Hier beschränkt sich die Unwirksamkeit allein auf den AGB-widrigen Teil, wenn die Klausel an sich teilbar ist und der verbleibende Rest als eigenständige verständliche Regelung verbleibt (BGH, Urt. v. 14.1.1999 – VII ZR 73/98, BauR 1999, 645, 646 = NJW 1999, 1108 f.; BGH, Urt. v. 18.1.2001 – VII ZR 238/00, BauR 2001, 791, 792 = NZBau 2001, 257, 258; BGH, Beschl. v. 27.11.2013 – VII ZR 371/12, BauR 2014, 550 = NJW 2014, 456 = NZBau 2014, 100, 101).

▶ **Beispiel:** (nach BGH, Urt. v. 14.1.1999, a. a. O.)

Die Vertragsbedingungen enthalten unter der Ziff. 6 in jeweils eigenständigen Unterziffern 6.1 ff. verschiedene Fristbestimmungen, so zunächst zum Ausführungsbeginn, sodann zur Fertigstellung und sowie schließlich zu Einzelfristen, die jeweils als Vertragsfristen beschrieben werden. In Ziff. 11 wird unter Bezugnahme auf die Vertragsfristen eine verschuldensabhängige Vertragsstrafe von max. 0,3% je Tag, max. 5% der Auftragssumme verlangt.

Wie schon vorstehend erwähnt, entspricht es herrschender Meinung, dass sich Vertragsstrafen zu Zwischenfristen nicht ohne Weiteres auf die gesamte Auftragshöhe beziehen dürfen, sondern nur auf den jeweils anteiligen mit der Vertragsfrist belegten Wert der bis dahin zu erbringenden Bauleistung (BGH, Urt. v. 6.12.2012 – VII ZR 133/11, NJW 2013, 1362, 1363 = NZBau 2013, 222, 223;

s. oben Rdn. 128); auch darf es nicht zu einer unzulässigen Kumulierung von Vertragsstrafen kommen, wenn bereits ein früherer Termin nicht eingehalten werden konnte. Vor diesem Hintergrund dürfte die vorstehende auf sämtliche Einzelfristen bezogene Vertragsstrafenklausel AGB-rechtlich keinen Bestand gehabt haben. Dies deutete der BGH in seinem dazu veröffentlichten Urteil v. 14.1.1999 (a. a. O.) auch an; er ließ diese Frage dann aber offen, weil es darauf in der genannten Entscheidung nicht ankam (ebenso: BGH, Urt. v. 18.1.2001 – VII ZR 238/00, BauR 2001, 791, 792 = NZBau 2001, 257, 258). Der Auftraggeber machte nämlich gegenüber seinem Auftragnehmer nur eine Vertragsstrafe in Bezug auf den Endtermin geltend. Bei der darauf gerichteten Vertragsstrafenklausel handelte es sich um eine trennbare, aus sich heraus verständliche Regelung, die auch eigenständig einer AGB-Kontrolle unterzogen werden könne und dieser standhalte (BGH, a. a. O.).

140 Der BGH hat später seine diesbezügliche Rechtsprechung bekräftigt (Urt. v. 18.1.2001 – VII ZR 238/00, BauR 2001, 791, 792 = NZBau 2001, 257, 258; BGH, Beschl. v. 27.11.2013 – VII ZR 371/12, BauR 2014, 550 = NJW 2014, 456 = NZBau 2014, 100, 101). Ob das allerdings in dieser Allgemeinheit überzeugt, ist mehr als fraglich. Dabei geht es weniger um eine an sich ggf. sogar AGB-rechtskonforme Vertragsstrafenklausel in Bezug auf den Endtermin, die – wenn sie allein vereinbart worden wäre – einer AGB-Kontrolle standhalten würde. Tatsache ist jedoch, dass sie auch in vorgenannter Entscheidung nicht alleine vereinbart worden war, sondern gemeinsam mit einer weiteren Vertragsstrafe zu Einzelterminen. Dabei soll weiter unterstellt werden, dass selbst diese auf die weiteren Einzeltermine vorgesehene Vertragsstrafen(teil)klausel für sich genommen ggf. wirksam gewesen wäre (was der BGH in den genannten Entscheidungen vom 14.1999, a. a. O. und vom 18.1.2001, a. a. O., jeweils in Zweifel gezogen hatte). Doch selbst in diesem Fall würde dies nichts daran ändern, dass mit einer solchen Vertragsgestaltung die **Gefahr einer unzulässigen Kumulierung** der Vertragsstrafen aus einer Überschreitung der Einzelfristen und des Endtermins bestanden hat (was der BGH sogar in beiden Entscheidungen andeutete; s. dazu auch Reichelt/Keinert, ZfIR 2013, 231, 235). Wenn das aber der Fall war, ist in ständiger Rechtsprechung des BGH AGB-rechtlich ebenso anerkannt, dass die belastende Wirkung einer für sich allein gesehen noch hinnehmbaren Klausel (hier zur Vertragsstrafe in Bezug auf den Endtermin) durch eine oder mehrere weitere Vertragsbestimmungen derart verstärkt werden kann, dass der Vertragspartner des Verwenders (hier der Auftragnehmer) gerade erst dadurch im Ergebnis unangemessen benachteiligt wird. Ergibt sich die unangemessene Benachteiligung des Auftragnehmers also erst aus der **Gesamtwirkung zweier, jeweils für sich genommen nicht zu beanstandender Klauseln**, sind **beide Klauseln unwirksam**. Denn es ist nicht Sache des Gerichts auszusuchen, welche der beiden Klauseln bestehen bleiben soll (st. Rspr., vgl. nur BGH, Urt. v. 5.5.2011 – VII ZR 179/10, BauR

2011, 1324, 1328 = NJW 2011, 2195, 2197 = NZBau 2011, 410, 413 zu diesem Grundsatz, den er bei unwirksamen Vertragsklauseln mit kumulierenden Sicherheiten anwandte; zuletzt etwa BGH, Urt. v. 01.10.2014 – VI ZR 164/12, BauR 2015, 114, 118 = NJW 2014, 3642, 3644 = NZBau 2014, 759, 763). Das gilt natürlich erst recht unter den genannten Voraussetzungen für den Fall, dass die weitere Klausel – hier die Vertragsstrafenregelung zu den Einzelterminen – für sich genommen bereits unwirksam ist. Wenn man sich dies vor Augen hält, hätte die o. g. Vertragsstrafenklausel auch in Bezug auf den Endtermin keinen Bestand haben können. Denn selbst wenn der Auftraggeber tatsächlich nur eine Vertragsstrafe bezogen auf den Endtermin geltend machte, war vorgesehen, auch Vertragsstrafen mit einer Kumulierung schon bei der Überschreitung früherer Einzeltermine zusätzlich zu ziehen und sie parallel mit einer Vertragsstrafe zu dem Endtermin zu berechnen. Das allein ist AGB-rechtlich entscheidend, weswegen derart gefasste Vertragsstrafenklauseln unwirksam sind.

Dass der BGH seine Rechtsprechung später bekräftigte, ändert daran nichts – 141
wobei die später darauf Bezug nehmenden Entscheidungen (Urt. v. 18.1.2001 – VII 238/00, BauR 2001, 791, 792 = NZBau 2001, 257, 258; Beschl. v. 27.11.2013 – VII ZR 371/12, BauR 2014, 550 = NJW 2014, 456 = NZBau 2014, 100, 101) im Sachverhalt in Bezug auf die zu beurteilende Klausel jeweils einen erheblichen Unterschied aufwiesen, den der BGH elegant überging: Denn in den Folgeentscheidungen war in Bezug auf die Vertragsstrafe zu dem Endtermin die dazu vorgesehene Klausel nicht nur eigenständig formuliert sowie inhaltlich, optisch und sprachlich getrennt gefasst worden. Vielmehr war dort auch eindeutig festgelegt worden, dass es bei einer mehrfachen Überschreitung gerade zu keiner Kumulierung kommen sollte. Insoweit bestehen dann tatsächlich keine AGB-rechtlichen Bedenken mehr. Denn jenseits der textlichen Fassung der Klausel wurde damit ja auch die inhaltliche Verknüpfung mit einer drohenden Kumulierung von Vertragsstrafen in Bezug auf den Endtermin und die ebenfalls sanktionierten Einzeltermine, die auf Grund der dann drohenden Summierungseffekte zu einer übermäßigen Belastung des Auftragnehmers hätte führen können, ausgeschlossen.

4.2.7 Entfall von Vertragsstrafen wegen äußerer Umstände

Wurde eine Vertragsstrafe wirksam vereinbart, kann eine darauf gerichtete 142
Vereinbarung aber auch wegen äußerer nach Vertragsschluss eintretender Umstände gegenstandslos werden. Dies gilt vor allem in folgenden Fällen:

- Der Auftraggeber hat wegen dieser Verzögerungen (oder aus anderen Gründen) nach § 1 Abs. 3 VOB/B eine veränderte Bauzeit angeordnet. Dazu ist er zwar berechtigt (s. o. Rdn. 75 ff.); aber das hat zugleich zur Folge, dass eine für einen danach nicht mehr gültigen Termin (freiwillig) versprochene Vertragsstrafe nicht mehr gilt, wenn der Auftragnehmer einer Aufrechterhaltung der Vertragsstrafenzusage auch für den neuen Termin nicht ausdrücklich zugestimmt hat (s. dazu oben Rdn. 94).

- Es liegen derart viele nachhaltige Behinderungen oder sonstige Störungen im Bauablauf vor, dass dadurch zugleich der **gesamte Zeitplan des Unternehmers umgeworfen** und eine **durchgreifende Neuordnung der Bauablaufplanung** notwendig wird (BGH, Urt. v. 13.1.1966 – VII ZR 262/63, NJW 1966, 971; BGH, Urt. v. 29.11.1973 – VII ZR 205/71, BauR 1974, 206, 207; BGH, Urt. v. 14.1.1993 – VII ZR 185/91, BauR 1993, 600, 601 = NJW 1993, 2674, s. dazu unten Teil A Rdn. 419 f.).
- Die Parteien haben einverständlich neue Vertragstermine vereinbart. Hier gilt die ursprüngliche Vertragsstrafenzusage nur dann, wenn dies auch so vereinbart ist oder sich sonst aus den Umständen im Einzelfall ergibt. Dies kann auch davon abhängen, inwieweit eine **terminsneutrale Vertragsstrafenvereinbarung** vorliegt (BGH, Urt. v. 30.3.2006 – VII ZR 44/05, BGHZ 167, 75, 79 = BauR 2006, 1128, 1129 = NJW 2006, 2555, 2556; s. auch OLG Köln, Urteil vom 30.8.2000–11 U 25/99, BauR 2001, 1105, 1107, wonach trotz nachträglich verändert vereinbarter Termine ansonsten alle Vereinbarungen aufrecht erhalten bleiben sollten). Je gewichtiger die Terminverschiebung jedoch ist, umso weniger ist davon auszugehen, dass die frühere Vereinbarung zu einer Vertragsstrafe noch Bestand hat (OLG Düsseldorf, Urt. v. 19.4.2012–23 U 1508/11, BauR 2012, 1421, 1422 f. – s. dazu näher unten Teil A Rdn. 422).

5 Bauzeit und Bauleistung im gegenseitigen Abhängigkeitsverhältnis

5.1 Allgemeine Grundlagen

143 Nachdem zunächst die einzelnen Regelungen der Bauzeit im BGB und in der VOB dargestellt und die möglichen und empfehlenswerten Vereinbarungen zur Bauzeit im Bauvertrag angesprochen worden sind, ist das Augenmerk noch auf ein besonderes Problem zu richten: **Jede vereinbarte Bauzeit steht grundsätzlich in einem Abhängigkeitsverhältnis zur jeweils geschuldeten und deshalb in der vereinbarten Bauzeit auszuführenden Bauleistung**. Daraus folgt: Verändert sich die Bauleistung, so wird – wenn auch nicht immer, so doch häufig – nicht nur die Vergütung, sondern auch die Bauzeit entsprechend anzupassen sein. Diese eigentlich als Selbstverständlichkeit anzusehende Tatsache wird in der Baupraxis häufig nicht hinreichend beachtet. Deshalb bedarf es bei der Festlegung einer vertraglich verbindlichen Bauzeit

vorab oder zugleich auch der **Bestimmung der geschuldeten Leistung**, die in dieser Bauzeit vom Auftragnehmer zu erbringen ist. Denn nur darin kann dieser seinen **Bauablaufplan** auf diese Leistung ausrichten und die meist noch durch eine Vertragsstrafe sanktionierte Bauzeit berechnen und ihre Einhaltung verbindlich zusagen. Das aber erfordert eine **klare und eindeutige Leistungsbeschreibung**. Nach der VOB/B und damit letztlich dem gesamten Bauvertragsrecht als Grundmodell zugrunde gelegten Aufgabenverteilung obliegt die Erstellung als Bestandteil der Planung dem Auftraggeber, der damit im Allgemeinen einen Architekten oder Ingenieur beauftragt (vgl. § 34 Abs. 4 HOAI i.V.m. Ziff. 10.1 der Anl. 10 Leistungsphase 5–7), während die Ausführung dieser so vom Auftraggeber beschriebenen Bauleistung Aufgabe des Auftragnehmers ist (so zutreffend Beck'scher VOB-Komm./Hartung, VOB/B Vor § 3 Rn. 13). Auch wenn diese Grundkonzeption in der Baupraxis in den letzten Jahren immer mehr durchbrochen wird, so ändert dies nichts daran, dass die VOB sowohl im Teil A (vgl. § 7 VOB/A) als auch im Teil B darauf beruht und ihre Regelungen im Einzelnen darauf aufbauen. Dies ist auch sachgerecht, da der Bauherr, der auf seinem Grundstück ein Bauwerk errichten will, bestimmen kann, im Allgemeinen bestimmen will und auch bestimmen muss, wie dieses Bauwerk im Einzelnen aussehen und wie es ausgestattet sein soll (Unikat). Nur wenn dem Auftragnehmer dies vorgegeben wird, kann er seinen Baupreis und vor allem die dazu erforderliche Bauzeit kalkulieren.

5.2 Die Leistungsbeschreibung als Grundlage für die Festlegung des Bau-Solls

Die Forderung nach einer **eindeutigen und vollständigen Beschreibung der vom Auftragnehmer zu erbringenden Leistungen** gilt nicht nur für den **Einheitspreisvertrag**, sondern in gleichem oder sogar noch stärkerem Maße für den **Pauschalvertrag**. Vor allem **Baubeschreibungen** von **Bauträgern** und **Baubetreuern** lassen allzu häufig viele Fragen offen und geben dadurch Anlass zu unerfreulichen Streitigkeiten, weil die Erwerber eine andere Leistung erwarten und dann meist auch fordern als sie die Bauträger zu erbringen bereit sind. Deshalb muss für alle Baubeteiligten bei Abschluss ihrer Verträge der Grundsatz gelten, dass die vom Auftragnehmer – sei er nun Bauunternehmer, Generalunternehmer, Architekt, Baubetreuer oder Bauträger – zu erbringende Leistung so vollständig und so eindeutig beschrieben werden soll, wie dies bei Vertragsabschluss überhaupt möglich ist. Nur so lassen sich spätere **Streitigkeiten über Art und Umfang der geschuldeten Leistung** und über die häufig daraus resultierenden zusätzlichen Vergütungsansprüche des Auftragnehmers und die Bauzeiteinhaltung vermeiden (vgl. auch Vygen/Joussen, Bauvertragsrecht, Rn. 822 ff.). 144

145 Diesem dringenden Bedürfnis trägt die VOB in § 7 VOB/A Rechnung. Diese Regelung enthält wesentliche Anforderungen an den Aufbau und die Struktur einer Leistungsbeschreibung (vgl. BGH, Urt. v. 24.1.1966 – VII ZR 8/64, Schäfer/Finnern, Z 3.01 Bl. 353 ff.; BGH, Urt. v. 11.11.1993 – VII ZR 47/93, BGHZ 124, 64, 67 f. = BauR 1994, 236, 237 f. = NJW 1994, 850; OLG Düsseldorf, Urt. v. 6.7.1993–23 U 207/92, BauR 1994, 762, 764 = NJW–RR 1995, 82, 83 f. sowie Vygen, Festschrift für Soergel, S. 277 ff. und Lange, Festschrift für von Craushaar, S. 271 ff.). Sie richten sich wie üblich zunächst allein an den öffentlichen Bauauftraggeber. Man kann jedoch feststellen, dass sich diese Grundzüge in der Praxis auch bei privaten Auftraggebern bewährt haben und tatsächlich ebenso in deren Verhältnis für die rechtliche Beurteilung von Streitfällen zumeist als Grundlage herangezogen werden.

146 Zusammengefasst formuliert § 7 Abs. 1–8 VOB/A **verschiedene Grundsätze**, die in der Regel der Auftraggeber bei der Aufstellung eines Leistungsverzeichnisses zu beachten hat oder haben sollte:

- Die Leistungsbeschreibung soll eindeutig und erschöpfend das konkrete Vorhaben beschreiben. Dieser Grundsatz verfolgt das Ziel, dass alle Bewerber eine Ausschreibung im gleichen Sinne verstehen und ihre Preise sicher und ohne umfangreiche Vorarbeiten berechnen können.
- Dem Auftragnehmer darf kein ungewöhnliches Wagnis für Umstände und Ereignisse aufgebürdet werden, auf die er keinen Einfluss hat und deren Einwirkung auf die Preise und Fristen er nicht im Voraus abschätzen kann.
- Die Leistungsbeschreibung soll so vollständig wie möglich aufgestellt sein.
- Grundsätzlich sollen in der Leistungsbeschreibung keine bestimmten Erzeugnisse oder Verfahren vorgegeben, sondern Ausführungsvarianten zugelassen werden.

147 Vor diesem Hintergrund dient eine **eindeutige und erschöpfende Leistungsbeschreibung** sicherlich in erster Linie dem Schutze der Bieter und des zukünftigen Auftragnehmers. Sie liegt aber ebenso im wohlverstandenen Interesse des Auftraggebers; denn zusätzliche **Wagnisse** des Auftragnehmers wirken sich regelmäßig in einem höheren Baupreis wegen der einkalkulierten Risikozuschläge aus. Obendrein gehen **Unklarheiten in der Vertragsformulierung und damit in der Beschreibung des Leistungsumfangs** vielfach nicht nur bei Allgemeinen Geschäftsbedingungen (vgl. § 305 c Abs. 2 BGB), sondern in der Regel auch sonst zulasten desjenigen, der die Vertragsklausel oder Formulierung entworfen hat. Dies ist bei der Leistungsbeschreibung durchweg der Auftraggeber bzw. sein Architekt (vgl. Vygen, Festschrift für Locher S. 263 ff., 281; Vygen, Festschrift für Soergel, S. 277 ff.). Außerdem führen **lückenhafte und/oder unklare Leistungsbeschreibungen** wegen daraus resultierender Nachforderungen der Unternehmer zu nachträglichen Preiserhöhungen und häufig zu Bauzeitverlängerungen oder zumindest zu Meinungsverschieden-

heiten oder Streit über die Bauzeit und die Folgen ihrer Überschreitung. Schließlich wird die **Korruption** und die Abgabe von sog. **Spekulationsangeboten** der Bewerber gefördert (Schelle/Erkelenz, VOB/A S. 99). Dies gilt vor allem, wenn sie bei der **Kalkulation** ihrer Einheitspreise oder eines Pauschalpreises für unklar oder unvollständig beschriebene Leistungen spätere Nachtragsmöglichkeiten erkennen und sich darauf schon bei der Kalkulation einstellen können. Dies ist rechtlich nicht zu beanstanden, da die Ursache dafür durchweg in der unzureichenden Ausschreibung des Auftraggebers zu sehen ist. Für den Auftraggeber hat dies zudem die weitere negative Wirkung, dass die abgegebenen Angebote wegen unterschiedlicher Auslegung des unklaren **Bau-Solls** durch die verschiedenen **Bieter** nicht vergleichbar sind und deshalb oft nicht einmal ordnungsgemäß gewertet werden können

Unter Berücksichtigung vorstehender Erläuterungen ist **der Leistungsbeschreibung besondere Aufmerksamkeit zu widmen**. Sie ist das **Kernstück der Vergabe- und Verdingungsunterlagen** und zugleich die entscheidende Grundlage für die Berechnung und **Kalkulation** der vom Auftragnehmer zu fordernden Vergütung. Wenn dies aber so herausgearbeitet ist, stellt sich bei Streitigkeiten regelmäßig die Frage, wie mit **Lücken und Unklarheiten einer Leistungsbeschreibung** umzugehen ist. Hierauf soll wegen der großen Bedeutung gesondert in Kapitel II eingegangen werden (Rdn. 175 ff.). **148**

5.3 Arten der Leistungsbeschreibung

Um das Ziel einer **vollständigen und eindeutigen Leistungsbeschreibung**, wie sie von § 7 VOB/A gefordert wird, zu erreichen, kann und sollte man sich verschiedener Hilfsmittel bedienen. Zunächst stellt die VOB/A selbst, insbesondere in § 7 VOB/A, einige Grundsätze auf, indem sie die Beschreibung der Leistungen in der Form einer allgemeinen Darstellung der Bauaufgabe (Baubeschreibung) und eines Leistungsverzeichnisses empfiehlt (§ 7 Abs. 9–12 VOB/A). Daneben ist eine **Leistungsbeschreibung mit Leistungsprogramm** vorgesehen (§ 7 Abs. 13–15 VOB/A). Für beide Arten der Ausschreibung gelten die soeben skizzierten allgemeinen Grundsätze des § 7 Abs. 1 und 2 VOB/A (Rdn. 146) bzw. die gesonderten Regelungen zu den technischen Spezifikationen in § 7 Abs. 3–8 VOB/A, was gerade bei der **funktionalen Leistungsbeschreibung** gemäß § 7 Abs. 13–15 VOB/A immer wieder übersehen wird. Hinzu kommen die gesamten Hilfsvorschriften in Abschnitt 0 der Allgemeinen Technischen Vertragsbedingungen für Bauleistungen, d. h. der DIN 18299 ff., die jeweils Hinweise zu der Aufstellung von Leistungsbeschreibungen enthalten und insoweit dann auch zu beachten sind (§ 7 Abs. 1 Nr. 7 VOB/A). **149**

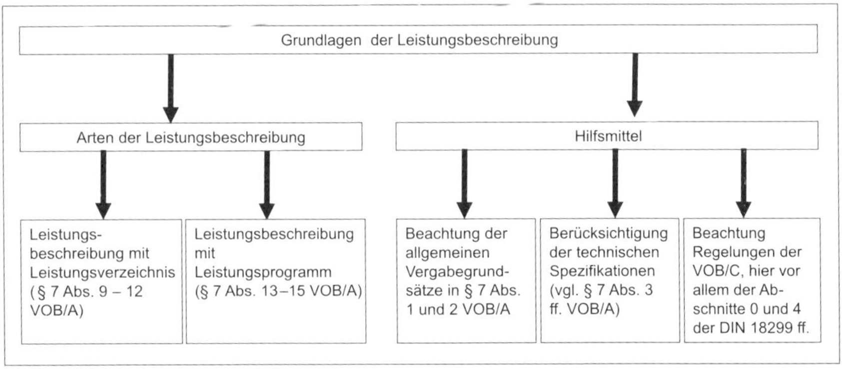

5.3.1 Die Leistungsbeschreibung mit Leistungsverzeichnis

150 Die Leistungsbeschreibung auf der Grundlage eines detaillierten Leistungsverzeichnisses findet insbesondere bei einem **Einheitspreis- und Detail-Pauschalvertrag** Anwendung. Gemäß § 7 Abs. 9–12 VOB/A soll die Leistungsbeschreibung bestehen aus

- einer allgemeinen Darstellung der Bauaufgabe (Baubeschreibung) und einer Beschreibung der örtlichen Verhältnisse der Baustelle,
- der Beschreibung der auszuführenden Bauleistung sowie schließlich
- den Ausführungsunterlagen und den Zusätzlichen Technischen Vertragsbedingungen. Dabei sind vor allem auch die Boden- und Wasserverhältnisse so zu beschreiben, dass der Bewerber den Baugrund und seine Tragfähigkeit, die Grundwasserverhältnisse und die Einflüsse benachbarter Gewässer auf die bauliche Anlage und die Bauausführung hinreichend beurteilen kann (vgl. § 7 Abs. 1 Nr. 6 VOB/A).

Dieser allgemeinen Darstellung der Bauaufgabe schließt sich dann das eigentliche **Leistungsverzeichnis** an, das in Teilleistungen (Positionen oder Ordnungszahlen) gegliedert werden soll. Um eine einwandfreie Preisermittlung zu gewährleisten, soll die jeweilige Leistung derart aufgegliedert werden, dass unter einer Position nur solche Leistungen aufgenommen werden, die nach ihrer technischen Beschaffenheit und im Hinblick auf die Preisbildung als in sich gleichartig anzusehen sind. Unterschiedliche Teilleistungen sollen nicht unter einer Position **(Sammelposition)** zusammengefasst werden (vgl. § 7 Abs. 12 VOB/A).

▸ **Beispiel:**

Ausgeschrieben werden Tiefbauarbeiten. Hier müsste beim Erdaushub für jede verschiedene Bodenklasse eine eigene Position gebildet werden. Keinesfalls dürfte dagegen die Bodenklasse 6 oder 7 (Fels u. a.) als Bestandteil einer Sammelposition „Bodenklasse 3 – 6" ausgeschrieben werden.

Das vorstehende Gebot zur Gliederung des Leistungsverzeichnisses ist allgemein vor dem Hintergrund zu sehen, dass die VOB/A auch ansonsten klare Vorgaben zum Aufbau und der Struktur gerade in Bezug auf die technische Beschreibung der Bauaufgabe enthält. Wesentlicher Anknüpfungspunkt ist hier § 7 Abs. 1 Nr. 7 VOB/A, wonach der Auftraggeber bei der Aufstellung des Leistungsverzeichnisses die **„Hinweise für das Aufstellen der Leistungsbeschreibung"** in Abschnitt 0 der Allgemeinen Technischen Vertragsbedingungen für Bauleistungen (VOB/C), d. h. der DIN 18299 ff. zu beachten hat. Dieser Vorgabe ist sinnvollerweise Folge zu leisten. Denn die meisten der dort vorgesehenen Regelungen haben auf Grund ihrer Praxisdurchdringung eine hohe Verkehrsgeltung und stellen ein taugliches Hilfsmittel dar, eine Leistung erschöpfend zu beschreiben. Dabei ist im Einzelnen in der DIN 18299 zunächst allgemein sowie sodann in den jeweils einschlägigen fachspezifischen DIN 18300 ff. erläutert, welche Angaben zu der geforderten Ausführung in der Leistungsbeschreibung enthalten sein sollten. **151**

▶ **Beispiel:**

Nach Abschnitt 0.2.4 der DIN 18299 sollen in der Leistungsbeschreibung die besonderen Anforderungen an die Baustelleneinrichtung und Entsorgungseinrichtungen näher bezeichnet werden.

Richtigerweise wird man bei der Aufstellung der Leistungsbeschreibung und der Leistungsverzeichnisses weitergehend ebenso die **Erläuterungen des jeweiligen Abschnittes 4** der VOB/C zu berücksichtigen haben (vgl. auch Abschnitt 0.4 der DIN 18299). Dort finden sich zwar keine Hinweise zu der Aufstellung der Leistungsbeschreibung unmittelbar, wohl aber eine Abgrenzung zwischen von der Vergütung bereits erfassten Nebenleistungen einerseits (vgl. den Katalog in Abschnitt 4.1 der jeweiligen DIN) und nur gegen Vergütung zu erbringenden Zusatzleistungen andererseits (siehe die Leistungen in Abschnitt 4.2 der jeweiligen DIN sowie unten näher Teil A Rdn. 194 ff.). **152**

▶ **Beispiel:**

Das Einrichten und Räumen der Baustelle und die Baustellenvorhaltung sind in allen Fällen eine von der Vergütung mitumfasste Nebenleistung (vgl. Abschnitt 4.1.1 der DIN 18299), wenn nicht ausnahmsweise eine gesonderte Position dafür ausgeschrieben worden ist, was in Einzelfällen durchaus zu empfehlen sein kann. Insbesondere eine gesonderte Position für die Baustellenvorhaltung je Woche oder Monat ermöglicht es, im Fall einer später eintretenden Bauzeitverlängerung, die vom Auftraggeber zu vertreten ist, die dadurch entstandenen Mehrkosten als Schaden zu berechnen oder zumindest gemäß § 287 ZPO zu schätzen und für den Auftraggeber nachvollziehbar zu belegen (vgl. Vygen, BauR 1983, 210 ff. und 414 ff. und unten Teil A Rdn. 606 ff., 674 und 805 ff.).

153 Hieraus folgt: Die bereits von der Vergütung erfassten Nebenleistungen müssen nachvollziehbarerweise in der Leistungsbeschreibung keinen gesonderten Niederschlag finden, weil es sich dabei um bereits von der Vergütung erfasste Leistungen handelt. Etwas anderes gilt hingegen gemäß Ziffer 0.4.2 der DIN 18299 für **Besondere Leistungen**, die der Auftraggeber vom Auftragnehmer verlangt. Diese sind in der Leistungsbeschreibung im Einzelnen aufzuführen. Denn sie unterliegen nach dem jeweiligen Abschnitt 4.2 der einschlägigen ATV einer gesonderten Vergütungspflicht. Folglich gilt zu diesen Leistungen nur dann etwas anderes, wenn dazu im Bauvertrag eine anderweitige Regelung getroffen wird. Ggf. sind sogar gesonderte Positionsnummern vorzusehen.

▶ **Beispiel:**

Zu den Besonderen (vergütungspflichtigen) und deswegen in der Leistungsbeschreibung auch aufzunehmenden Leistungen gehören etwa (vgl. dazu im Einzelnen Abschnitt 4.2.1 bis 4.2.18 der DIN 18299)

- die Beaufsichtigung der Leistungen anderer Unternehmer durch den Auftragnehmer, also eine Art Bauleitung,
- Sicherungsmaßnahmen zur Unfallverhütung für Leistungen anderer Unternehmer,
- besondere Schutzmaßnahmen gegen Witterungsschäden, Hochwasser und Grundwasser,
- die Beseitigung von Eis und Schnee,
- der Abschluss von besonderen Versicherungen zugunsten des Auftraggebers,
- die besondere Prüfung von Stoffen und Bauteilen, die der Auftraggeber liefert,
- besondere Maßnahmen aus Gründen des Umweltschutzes,
- das Entsorgen von Sonderabfall aus dem Bereich des Auftraggebers
- das Sichern von Leitungen, Kabeln, Dränen, Kanälen, Grenzsteinen, Bäumen, Pflanzen und dergleichen.

154 Schließlich kann es insbesondere z. B. bei noch nicht hinreichend geklärten Bauumständen in der Praxis ratsam sein, denkbare Varianten in der Bauausführung in sog. **Bedarfs- oder Alternativpositionen** auszuschreiben.

Beispiel:

Die Bodenverhältnisse sind nicht geklärt. Hier können die verschiedenen Bodenklassen ggf. auch über Bedarfs- oder Alternativpositionen ausgeschrieben werden.

In diesem Fall liegt immerhin bei einem späteren Anfall der verschiedenen Bodenklassen eine klare Preisvereinbarung vor, sodass die Bauvertragsparteien nicht auf die Berechnung nach § 2 Abs. 5 oder 6 VOB/B angewiesen sind. Dies gilt auch für evtl. anfallende Stundenlohnarbeiten oder noch nicht endgültig vom Auftraggeber festgelegte Ausstattungswünsche. Dabei sollte allerdings bei einem teilweise heute sehr großzügigen Rückgriff auf Bedarfs- oder Alternativpositionen nicht verkannt werden, dass die eigentliche Ursache dafür oft weniger in tatsächlich nicht aufklärbaren Unsicherheiten als vielmehr in einer nicht gegebenen Planreife liegt. Dies ist natürlich keine sinnvolle Ausgangsvoraussetzung für die Realisierung eines Bauvorhabens. Denn nach aller Erfahrung führen nicht ordnungsgemäß geplante Vorhaben für alle Beteiligten zu z. T. erheblichen Mehrkosten, nicht zuletzt durch eine verlängerte Bauzeit. Gerade dieser Punkt ist es wohl auch gewesen, warum bei Vergaben der öffentlichen Hand nach § 7 Abs. 1 Nr. 4 VOB/A Bedarfspositionen (Eventualpositionen) grundsätzlich nicht mehr in die Leistungsbeschreibung aufgenommen werden dürfen (s. allerdings zu ggf. doch denkbaren Ausnahmen Ingenstau/Korbion/Kratzenberg, A § 7 Rn. 45 sowie unten Teil A Rdn. 550 ff.).

Zusammengefasst immerhin gilt: Ein Auftraggeber ist zur Vermeidung eines lückenhaften Leistungsverzeichnisses gut beraten, sich bei dessen Aufstellung sehr eng an den Abschnitten 0 (Hinweise für das Aufstellen der Leistungsbeschreibung) und 4 (Nebenleistungen) der jeweils einschlägigen **Allgemeinen Technischen Vertragsbedingungen** für Bauleistungen (ATV) der VOB/C zu orientieren. Denn hierin sind Konkretisierungen zu § 7 VOB/A enthalten, die in der DIN 18299 allgemein für alle Gewerke und in den übrigen DIN 18300 ff. auf das gerade auszuschreibende Gewerk bezogen sind. Zur weiteren Erleichterung der Aufstellung eines unmissverständlichen und vollständigen Leistungsverzeichnisses kann außerdem auf die **Allgemeinen Richtlinien zum Vergabeverfahren 100 im Vergabehandbuch (VHB)** Ausgabe 2008, Stand August 2014, dort Teilkapitel Ziff. 4 Vorbereitung der Ausschreibung zurückgegriffen werden (abrufbar im Internet auf der Seite der Fachinformation Bundesbau – http://www.fib-bund.de/Inhalt/Vergabe/VHB/). Ebenso hilfreich sind standardisierte Leistungsbeschreibungen, wie etwa das **Standardleistungsbuch** (StLB) des Gemeinsamen Ausschusses „Elektronik im Bauwesen", der inzwischen von der Forschungsgesellschaft für Straßen- und Verkehrswesen herausgegebene **Standardleistungskatalog (StLK)** für den Straßen- und Brückenbau sowie die Leistungsbeschreibung für die Ausführung von Straßen- und Brückenbau (LB StB). All diese Unterlagen können einerseits 155 dem Auftraggeber als Checkliste dienen, andererseits aber auch dem Auftragnehmer die Kalkulation erleichtern (s. dazu auch die weitere Checkliste bei Vygen/Joussen, Bauvertragsrecht, Rn. 854).

5.3.2 Die funktionale Leistungsbeschreibung oder Leistungsbeschreibung mit Leistungsprogramm

156 Neben der Leistungsbeschreibung mit Leistungsverzeichnis (§ 7 Abs. 9–12 VOB/A) sieht die VOB in § 7 Abs. 13–15 VOB/A auch die Möglichkeit der **Leistungsbeschreibung mit Leistungsprogramm** vor. Sie stellt eine besondere Form der Leistungsbeschreibung dar und wird häufig als **funktionale Leistungsbeschreibung** bezeichnet. Sie ist vor dem Hintergrund zu sehen, dass die Planung des Auftraggebers bzw. seines Architekten mit Vorentwurf und Leistungsprogramm nebst Beschreibung der Bauaufgabe endet. Sodann wird die Entwurfs- und Ausführungsplanung mit dem damit verbundenen Haftungsrisiko auf den Auftragnehmer verlagert. Die Leistungsbeschreibung des Auftraggebers gibt somit nur noch ein mehr oder weniger **konkret beschriebenes Bauziel, d. h. einen Rahmenentwurf** ohne konstruktive Vorgaben, vor. Eine solche Vorgabe kann z. B. den angestrebten Nutzungszweck betreffen. Denkbar ist aber auch nur eine Festlegung von planerischen Eckpunkten (Anzahl und Größe der Räume, Tragfähigkeit, Schall- und Wärmedämmung, Belichtung, Dachform usw.) oder von Mindestanforderungen (z. B. Bewehrungsstärke für Sanierungsarbeiten an eine Schleuse: BGH, Urt. v. 27.6.1996 – VII ZR 59/95, BauR 1997, 126 = NJW 1997,61), während der Auftraggeber im Übrigen die technische, wirtschaftliche, gestalterische und funktionsgerechte Lösung der Bauaufgabe sowie die bestmögliche Optimierung des Ergebnisses den Bietern und damit dem Wettbewerb und den technischen Notwendigkeiten, z. B. nach der vom Auftragnehmer zu erstellenden Statik (BGH, Urt. v. 27.6.1996, a. a. O.) überlässt. Dabei müssen dann die Bewerber selbst den ausführungsreifen Entwurf bzw. die Ausführungspläne und -unterlagen erarbeiten, also **Planungsleistungen** erbringen und die erforderlichen Einzelheiten der Leistungen nach ihrer Vorstellung berücksichtigen. Auf dieser Grundlage erstellen sie dann ein Leistungsverzeichnis, berechnen die Mengen und reichen ein darauf basierendes Angebot meist auf der Basis eines Pauschalpreises in Form des sog. **Globalpauschalvertrages** ein. Anschließend hat der Auftragnehmer hiernach ein funktionstaugliches mangelfreies Gebäude zu errichten.

157 Die Einzelheiten dieser Leistungsbeschreibung mit Leistungsprogramm sind in § 7 Abs. 13–15 VOB/A beschrieben. Trotz dieser Regelungen bleiben die Vorgaben unvollkommen, was der großen Bedeutung dieser Ausschreibungsart nicht hinreichend Rechnung trägt. Die Ursache dafür ist aber in dem Umstand zu suchen, dass es auf Grund der Eigenart dieser Ausschreibung zu

einem Wechsel der Planungsverantwortung für das Vorhaben in einem noch nicht ausgereiften Zustand kommt. In ihrem Gesamtgefüge der VOB/A sind die dortigen Vorgaben auch nicht ganz widerspruchsfrei. Denn gerade die Leistungsbeschreibung mit Leistungsprogramm wird üblicherweise bei Pauschalverträgen verwendet. Nach § 4 Abs. 1 Nr. 2 VOB/A sollen Pauschalverträge aber nur geschlossen werden, wenn die Leistung nach Ausführungsart und Umfang genau bestimmt ist und mit einer Änderung bei der Ausführung nicht zu rechnen ist. Gerade an der ersten Voraussetzung wird es bei funktionalen Leistungsbeschreibungen jedoch fehlen – was ja umgekehrt Sinn der Sache ist: Denn wenn die Leistung bereits nach Ausführungsart und Umfang genau beschrieben wäre, bräuchte man keine funktionale Vergabe mehr. Gemeint ist hier aber etwas anderes: Wenn § 7 Abs. 13 ff. VOB/A eine Leistungsbeschreibung mit Leistungsprogramm zulässt, soll damit klargestellt werden, dass die Bauaufgabe auch schon in einem Zwischenplanungsstadium übertragen werden kann verbunden mit Maßgabe, dass der Auftragnehmer ab diesem Stadium die Planungsverantwortung trägt. Zuvor allerdings gelten die Vorgaben des § 4 Abs. 1 Nr. 2 VOB/A, d. h.: Bis dahin hat der Auftraggeber mit dieser konkreten **Schnittstelle der Leistungs- und Planungsübertragung die Bauaufgabe so genau und präzise** wie möglich zu beschreiben wie er kann. Umgekehrt darf der Auftraggeber also einen Pauschalvertrag selbst auf der Basis einer funktionalen Vergabe nicht dazu missbrauchen, eigene Versäumnisse in der Planung allein mit der Wahl der Vertragsart, nämlich der eines Pauschalvertrages, auf den Auftragnehmer überzuwälzen. Allzu große Bedeutung kommt dieser Vorgabe in der Praxis jedoch nicht zu. Denn letztlich geht es hier um nichts anderes als die allgemeinen Anforderungen an die Inhalte einer Leistungsbeschreibung nach § 7 Abs. 1 und 2 VOB/A, so insbesondere etwa das Gebot der klaren und erschöpfenden Leistungsbeschreibung. Mit einem Pauschalvertrag auf der Grundlage einer funktionalen Vergabe ist dies in der Praxis häufig nicht zu erreichen, weil gerade die **Ermittlung des geschuldeten und mit dem Pauschalpreis abgegoltenen Bau-Solls** große Probleme bereitet. Deshalb soll diese Art der Leistungsbeschreibung nach dem Grundverständnis der VOB/A folgerichtig – wie schon allgemein der Pauschalvertrag – nur in Ausnahmefällen zur Anwendung kommen, wie dem Wortlaut des § 7 Abs. 13 VOB/A im Verhältnis zu § 7 Abs. 9 VOB/A zu entnehmen ist.

Dieser zurückhaltenden Sichtweise trägt auch das Vergabehandbuch des Bundes (VHB) Rechnung. Die dort festgehaltenen Grundsätze sind zwar im Außenverhältnis nicht verbindlich; deren Beachtung ist aber nicht nur für öffentliche Auftraggeber dringend zu empfehlen, da sie in besonderem Maße streitvermeidend wirken können, weshalb hier deren weiterführende Lektüre durchaus hilfreich erscheint. **158**

159 ▶ Auszug aus dem VHB – Allgemeine Richtlinien zum Vergabeverfahren 100, Ziff. 4.4 (Ausgabe 2008 – Stand August 2014) – Leistungsbeschreibung mit Leistungsprogramm

4.4.1 Die Leistungsbeschreibung mit Leistungsprogramm kann sich auf das gesamte Bauwerk oder auf Teile davon erstrecken.

4.4.1.1 Eine Leistungsbeschreibung mit Leistungsprogramm kann zweckmäßig sein,

- wenn sie wegen der fertigungsgerechten Planung in Fällen notwendig ist, in denen es beispielsweise bei Fertigteilbauten wegen der Verschiedenartigkeit von Systemen den Bietern freigestellt sein muss, die Gesamtleistung so anzubieten, wie es ihrem System entspricht,
- wenn mehrere technische Lösungen möglich sind, die nicht im Einzelnen neutral beschrieben werden können, und der Auftraggeber seine Entscheidung unter dem Gesichtspunkt der Wirtschaftlichkeit und Funktionsgerechtigkeit erst auf Grund der Angebote treffen will.

4.4.1.2 Dabei ist sorgfältig zu prüfen, ob die durch die Übertragung von Planungsaufgaben auf die Bieter entstehenden Kosten in angemessenem Verhältnis zum Nutzen stehen, und ob für die Ausarbeitung der Pläne und Angebote leistungsfähige Unternehmer in so großer Zahl vorhanden sind, dass ein wirksamer Wettbewerb gewährleistet ist.

4.4.1.3 Eilbedürftigkeit oder Erleichterungen in der Organisation, Leitung der Baudurchführung und Vertragsabwicklung sowie Gewährleistung sind für sich keine Gründe für die Wahl dieser Beschreibungsart.

4.4.1.4 Bevor das Leistungsprogramm erstellt werden darf, ist sicherzustellen, dass die Grundlagen der Ausschreibung nicht mehr geändert werden. Die Beschreibung muss alle für die Entwurfsbearbeitung und Angebotserstellung erforderlichen Angaben eindeutig und vollständig enthalten und gewährleisten, dass die zu erwartenden Angebote vergleichbar sind.

160 Losgelöst von diesen Grundsätzen ist festzustellen, dass die funktionale Leistungsbeschreibung auch viele **Vorteile** bietet; sie bestehen nicht zuletzt in einem häufig eintretenden Innovationsgewinn, weil die Auftragnehmer ihrerseits sich eigenständig Gedanken über die Planung machen müssen. Gleichwohl sollten auch die **Risiken** nicht übersehen werden (s. zu den Vor- und Nachteilen weitergehend Acker/Roquette, BauR 2010, 293):

- Für den Auftragnehmer besteht vor allem ein erhebliches **Kalkulationsrisiko**, besonders wenn ein Globalpauschalvertrag geschlossen wurde: Denn in jedem Fall hat er sämtliche auch nicht kalkulierten Leistungen, die für die funktionstaugliche mangelfreie Errichtung des Vorhabens erforderlich sind, zu dem vereinbarten Pauschalfestpreis mit zu erbringen.

- Doch auch ein Auftraggeber sollte die Risiken nicht übersehen: Zunächst begibt er sich bei der Abwicklung des Vorhabens der Gestaltungsfreiheit in der Weise, dass der Auftragnehmer bei Spielräumen in der funktionalen Leistungsbeschreibung die jeweils günstigste, d. h. aber auch **billigste Ausführungsvariante** wählen kann. Sodann setzt sich der Auftraggeber teilweise bei einer funktionalen Leistungsbeschreibung einem **nicht unerheblichen Nachtragsrisiko** aus, wenn die in der Leistungsbeschreibung gemachten Vorgaben nicht stimmen. Gerade unter Baubeteiligten entspricht es einem zuweilen **folgenschweren Irrtum** zu glauben, dass ein Unternehmer allein auf Grund einer funktionalen Leistungsbeschreibung immer „alles" schulde, ohne Nachträge geltend machen zu dürfen (s. dazu sehr anschaulich OLG Düsseldorf, Urt. v. 19.7.2011–21 U 76/09, NZBau 2011, 692, 694, sowie weiter gehend Teil A Rdn. 180 ff.). Des Weiteren verliert der Auftraggeber die **Planungshoheit** über das Vorhaben an den Auftragnehmer, der als einziger das vom Auftraggeber beauftragte Vorhaben versteht und kennt. Schließlich sollte nicht übersehen werden, dass funktionale Leistungsbeschreibungen in der Regel zu **Mehrkosten** deswegen führen können, weil schon im Rahmen der Ausschreibung ein und dasselbe Vorhaben von mehreren Bietern geplant werden muss mit Kosten, die üblicherweise in spätere Vergaben mit eingerechnet werden. Diese Mehrfachplanungen werden sich über kurz oder lang in dem Baupreis der Bieter widerspiegeln müssen, zumal die in § 8 Abs. 8 Nr. 1 VOB/A für diese Fälle vorgesehene Entschädigung in der Regel nicht bezahlt wird (siehe dazu im Vygen/Joussen, Bauvertragsrecht, Rn. 176 ff.).

Unter Berücksichtigung all dessen kann eine **Leistungsbeschreibung mit Leistungsprogramm** nur dann wirklich empfohlen werden, wenn auf Grund der 161
Spezialisierung und des vermuteten „Know-how" des angesprochenen oder anzusprechenden engen Bieterkreises zu erwarten ist, dass dieser technisch oder wirtschaftlich bessere Planungen zu erstellen vermag als der ausschreibende Auftraggeber oder ein von diesem beauftragtes Planungsbüro. Liegen diese Voraussetzungen vor, so werden die damit verbundenen **Nachteile der höheren Angebotsbearbeitungskosten, der schwierigeren Wertung solcher Angebote, der Begünstigung großer Bauunternehmen mit eigenen Planungsbüros** und der Benachteiligung mittelständischer Bauunternehmen mehr oder weniger ausgeglichen. Häufig wird es in diesen Fällen aber auch genügen, eine herkömmliche Leistungsbeschreibung mit Leistungsverzeichnis zu erstellen und dann ausdrücklich **Änderungsvorschläge und Nebenangebote** zuzulassen, sodass ein Bieter z. B. statt der ausgeschriebenen konventionellen Bauweise die Ausführung in Fertigbauweise anbieten und den Auftrag erhalten kann.

162 Ob eine Leistungsbeschreibung mit Leistungsverzeichnis oder ausnahmsweise eine solche mit Leistungsprogramm zweckmäßig und zulässig ist, muss dabei ohnehin nicht für das gesamte geplante Bauobjekt einheitlich entschieden werden. Denn gibt es **keinen Numerus clausus bestimmter Vergabeformen**; stattdessen ist es in der Praxis gar nicht selten und im Rahmen der Vertragsfreiheit auch ohne Weiteres zulässig, dass nur Teilleistungen oder einzelne Positionen funktional ausgeschrieben werden, während für andere Positionen ein detailliertes Leistungsverzeichnis aufgestellt wird. Dies ist durchaus auch bei größeren Bauvorhaben des Ingenieurbaus anzutreffen.

▶ **Beispiel:** (nach BGH, Urt. v. 9.4.1992 – VII ZR 129/91, BauR 1992, 759 = NJW-RR 1992, 1046 – Wasserhaltung)

Gegenstand des zu einem Pauschalpreis geschlossenen Bauvertrages ist der Bau einer Schleuse. Das Leistungsverzeichnis war an sich detailliert gefasst, lediglich die für die Errichtung notwendige Wasserhaltung war „pauschal" ausgeschrieben, d. h. eine Form oder Planvorgaben waren dafür nicht gemacht worden. Die Wasserhaltung stellt sich später als deutlich aufwendiger heraus als zunächst angenommen. Das damit verbundene Risiko hatte der Auftragnehmer nach Ansicht des BGH in Folge der lediglich funktionalen Leistungsbeschreibung übernommen.

Doch gilt dies in gleicher Weise bei dem üblichen Hausbau, so etwa im Bereich der Heizungs-, Klima- und Lüftungstechnik sowie der Elektroanlagen.

▶ **Beispiel:**

Für eine zu errichtende Elektroanlage werden nur die Anzahl der Schalter und Steckdosen oder bei der Klimaanlage nur die angestrebte Nutzung des Raumes oder bei der Heizungsanlage die gewünschten Temperaturen und die Art der Heizung angegeben. Alles andere wird den Bietern überlassen, die dann die Anlage projektieren und ein Leistungsverzeichnis erstellen müssen.

163 Wie auch immer haben die funktionale Ausschreibung (Leistungsbeschreibung mit Leistungsprogramm) und Vergabe auf der anderen Seite aber auch **haftungsrechtliche Konsequenzen**. Die Bieter und damit der spätere Auftragnehmer übernehmen nämlich nunmehr zwangsläufig Planungsaufgaben, die an sich dem Auftraggeber allein obliegen (z. B. die **Entwurfs- und Ausführungsplanung, das Ermitteln der Mengen** und das **Aufstellen von Leistungsverzeichnissen** oder die Ausarbeitung wesentlicher Teile der Angebotsunterlagen). Dadurch tritt eine **entscheidende Verschiebung der Verantwortungsbereiche vom Auftraggeber zulasten des Auftragnehmers** ein. Denn dieser muss für die von ihm übernommene und ausgeführte Planung auch die Verantwortung tragen und ist demgemäß bei Fehlern haftbar und schadensersatzpflichtig. Dies gilt nicht nur, wenn der Bieter und spätere

Auftragnehmer die für die ordnungsgemäße Angebotsabgabe erforderlichen Einzelheiten durch eine eigene Planungsabteilung erarbeiten lässt, sondern auch dann, wenn er damit ein selbstständiges Planungsbüro beauftragt. In diesem Fall nämlich sind die Mitarbeiter des Planungsbüros ebenso Erfüllungsgehilfen des Auftragnehmers bei der von ihm zu erstellenden Planung wie der Architekt bei der üblichen Ausschreibung mit Leistungsverzeichnis Erfüllungsgehilfe des Auftraggebers ist, da in diesem Fall der Auftragnehmer anstelle des Auftraggebers die Planung einschließlich Leistungsverzeichnis zu fertigen hat (Ingenstau/Korbion/Kratzenberg, VOB/A § 7 Rn. 121; vgl. dazu auch Vygen, Festschrift für Korbion S. 439 ff.).

5.4 Das Recht des Auftraggebers zur Anordnung von Leistungsänderungen und Zusatzleistungen

Die dargestellte Grundverpflichtung des Auftragnehmers zur Erbringung der 164
vertraglich geschuldeten Bauleistung wird durch eine Reihe von weiteren Vorschriften in der VOB/B ergänzt. Dazu gehört insbesondere die Möglichkeit des Auftraggebers und Bauherrn, auch nach Abschluss des Bauvertrages den **Bauentwurf zu ändern** und dadurch eine **Leistungsänderung** bezüglich der vom Auftragnehmer zu erbringenden Leistung zu bewirken.

5.4.1 Leistungsänderungsanordnung nach § 1 Abs. 3 VOB/B

Gemäß § 1 Abs. 3 VOB/B ist der Auftraggeber berechtigt, Änderungen des 165
Bauentwurfs anzuordnen. Der Auftragnehmer ist in einem solchen Falle verpflichtet, den Forderungen des Auftraggebers nachzukommen und seine Bauleistung entsprechend anzupassen. Während bei einem **BGB-Werkvertrag** eine derartige Leistungsänderung nur in Form einer **Vertragsänderung**, also einverständlich, d. h. mit Zustimmung des Auftragnehmers, erfolgen kann, enthält die VOB/B ein einseitiges Leistungsbestimmungsrecht des Auftraggebers; dieses modifiziert mit dessen Zugang das ursprüngliche Leistungssoll (BGH, Urt. v. 18.12.2008 – VII ZR 201/06, BauR 2009, 491, 492 = BGHZ 2009, 213, 216 = NJW 2009, 835; zuvor schon BGH, Urt. v. 27.11.2003 – VII ZR 346/01, BauR 2004, 495, 497 = NJW-RR 2004, 449, 451 zu dem vergleichbaren Anordnungsrecht nach § 1 Abs. 4 S. 1 VOB/B). Eine einseitige Änderung des Bauentwurfes, wie sie § 1 Abs. 3 VOB/B ermöglicht, ist gegeben, wenn die dem Bauvertrag zugrunde gelegten Pläne, Zeichnungen (auch Ausführungszeichnungen gegenüber Vertragsplänen) oder sonstige Entwurfsbestandteile nachträglich, also nach Abschluss des Bauvertrages, umgestaltet werden. Die Grenze einer nach § 1 Abs. 3 VOB/B zugelassenen Änderungsanordnung ist allerdings dann erreicht, wenn sich daraus ein **völlig neuer Bauentwurf** und damit

eine völlig neuartige Leistung oder eine so erhebliche Umgestaltung der vereinbarten Bauleistung ergeben würde, dass sie nach Treu und Glauben dem Auftragnehmer nicht mehr zugemutet werden kann (s. dazu Vygen/Joussen, Bauvertragsrecht, Rn. 919 ff.). Erfasst werden von diesem Anordnungsrecht aber auch Änderungen zur vertraglich vorgesehenen Bauzeit, was teilweise bestritten ist (s. o. Teil A Rdn. 74 ff.). Abzugrenzen von Änderungsanordnungen nach § 1 Abs. 3 VOB/B zur geschuldeten Leistung sind dagegen **reine Preisvereinbarungen**, die die geschuldete Leistung unverändert lassen (BGH, Urt. v. 22.01.2015 – VII ZR 353/12, noch nicht veröffentl. – s. dazu näher Rdn. 450).

166 Überschreitet der Auftraggeber sein Änderungsrecht, so kann der Auftragnehmer die Erbringung der so geänderten Leistung verweigern. Liegt die Änderung des Bauentwurfs dagegen im Rahmen des nach § 1 Abs. 3 VOB/B Zulässigen, so ist der Auftragnehmer **zur Erbringung der geänderten Leistung verpflichtet**. Er kann die Ausführung der vom Auftraggeber geänderten Leistungen nicht verweigern. Ebenso wenig kann er den Bauvertrag kündigen (BGH, Urt. v. 21.11.1996 – VII ZR 101/95, BauR 1997, 300 = NJW-RR 1997, 403, 404), selbst wenn die Änderungen ein erhebliches Ausmaß annehmen (im Fall des BGH-Urteils: 60 Korrekturen des Auftraggebers in den vom Auftragnehmer gefertigten Werkplänen). Es ergeben sich aber für den Auftragnehmer aus den entsprechenden Anordnungen des Auftraggebers **zusätzliche Vergütungsansprüche** gemäß § 2 Abs. 5 oder 6 VOB/B unter den dort geregelten Voraussetzungen (s. unten Teil A Rdn. 444 ff.).

5.4.2 Anordnung zusätzlicher Leistungen (§ 1 Abs. 4 VOB/B)

167 Gemäß § 1 Abs. 4 S. 1 VOB/B hat der Auftragnehmer nicht vereinbarte Leistungen, die zur Ausführung der vertraglichen Leistung erforderlich werden, auf Verlangen des Auftraggebers mit auszuführen, es sei denn, sein Betrieb ist auf derartige Leistungen nicht eingerichtet.

Auch durch diese Bestimmung werden die allgemeinen Grundsätze des Vertragsrechts durchbrochen, da dem Auftraggeber im Rahmen eines einseitigen Leistungsbestimmungsrechts (BGH, Urt. v. 27.11.2003 – VII ZR 346/01, BauR 2004, 495, 497 = NJW-RR 2004, 449, 451) die Befugnis zugesprochen wird, den **Leistungsumfang einseitig zu erweitern**. Diese Regelung gilt ebenso nur für den VOB-Bauvertrag. Dagegen ist beim **BGB-Werkvertrag** für jede **Vertragsänderung** oder -ergänzung wie schon soeben zu § 1 Abs. 3 VOB/B erläutert eine Einigung der Vertragspartner unerlässlich, sofern sich ein solches Recht des Auftraggebers nicht ausnahmsweise aus Treu und Glauben gemäß § 242 BGB herleiten lässt. Auch diese Anordnung von **Zusatzleistungen** rechtfertigt kein **Leistungsverweigerungs- oder Kündigungsrecht** des Auftragnehmers (vgl. BGH, Urt. v. 21.11.1996 – VII ZR 101/95, BauR 1997, 300 = NJW-RR 1997, 403, 404 zu der vergleichbaren Regelung des § 1 Abs. 3 VOB/B). Voraussetzung für die Anwendung des § 1 Abs. 4 S. 1 VOB/B ist aber stets, dass es sich um **Leistungen zusätzlicher Art** handelt, also daneben die ursprünglich vorgesehene Leistung unverändert bestehen bleibt. Außerdem müssen die **Leistungen zusätzlicher Art zur Erreichung des Vertragszwecks erforderlich** sein; sie dürfen nicht schon zu den ohnehin – z. B. als **Nebenleistungen** im Unterschied zu den **Besonderen Leistungen** – geschuldeten Leistungsverpflichtungen des Unternehmers gehören (Vygen/Joussen, Bauvertragsrecht, Rn. 929 ff). Im Gegenzug zu diesem einseitigen Anordnungsrecht des Auftraggebers sieht die VOB/B dann wiederum auch für die danach zu erbringenden **Zusatzleistungen** in § 2 Abs. 6 auf der Vergütungsseite einen entsprechenden Ausgleich vor (Vygen/Joussen, Bauvertragsrecht, Rn. 2286 ff.).

Ausgehend von diesen allgemeinen Vorbemerkungen ist die **Verpflichtung des Auftragnehmers zur Erbringung solcher zusätzlicher Leistungen nach § 1 Abs. 4 S. 1 VOB/B an drei Voraussetzungen geknüpft:** 168

- Der Auftraggeber muss eine Leistung ausdrücklich oder doch zumindest konkludent (stillschweigend) **verlangen** oder anordnen, die bisher **nicht Vertragsgegenstand** war und bei der es sich vor allem nicht um eine nach der DIN bestehende, vom Vertrag bereits abgedeckte Nebenleistung handelt (s. dazu oben Rdn. 152). Im Übrigen muss die bisherige Leistung unverändert bestehen bleiben.
- Die zusätzliche Leistung muss **zur Ausführung der Vertragsleistung erforderlich** sein; das ist sie nur, wenn anderenfalls die Vertragsleistung nicht ordnungsgemäß erbracht, also der Leistungserfolg nicht erzielt werden kann. Diese Voraussetzung bedarf allerdings einer ergänzenden Erläuterung: Denn der Auftragnehmer schuldet bereits ohne die Regelung des § 1 Abs. 4 VOB/B in der Regel einen Leistungserfolg und demzufolge alle dafür notwendigen Teilleistungen – und zwar unabhängig davon, ob diese Leistungen im Vertrag beschrieben sind oder nicht (Vygen/Joussen, Bauvertragsrecht, Rn. 869 f.). Dafür bedürfte es also des in § 1 Abs. 4 S. 1 VOB/B verankerten Anordnungsrechts nicht. Mit dieser Maßgabe liegt dessen wesentliche Bedeutung stattdessen darin, dass erstens dem Auftraggeber bei im Leistungsverzeichnis fehlenden notwendigen Leistungen die Auswahlmöglichkeit zugestanden werden soll, mit welchem Weg er sein Bauziel erreichen will, das er zunächst nicht vollständig in der Leistungsbeschreibung angegeben hatte. Umgekehrt heißt das zweitens aus Sicht des Auftragnehmers, dass bei einem richtigen Verständnis des § 1 Abs. 4 S. 1 VOB/B mit den nicht vereinbarten Leistungen nur die Teilleistungen gemeint sein können, die in der Ausschreibung nicht genannt waren, gleichwohl aber für den geschuldeten Leistungserfolg erforderlich sind (i. E. Leupertz, BauR 2010, 273, 282 f.; ders. Jahrbuch BauR 2013, 1, 9 ff.; ähnlich Fuchs,

BauR 2009, 404, 414). Diese soll der Auftraggeber jetzt noch im Nachhinein anordnen können – mit der Folge, dass der Auftragnehmer sie zu erbringen und der Auftraggeber sie dann auch nach § 2 Abs. 6 VOB/B später zu vergüten hat.

- Der Betrieb des Auftragnehmers muss schließlich auf derartige Leistungen eingerichtet sein. Das ist z. B. nicht der Fall, wenn ihm das fachliche Können für diese zusätzlichen Leistungen oder die erforderlichen Geräte und Maschinen fehlen.

169 Abzugrenzen ist das einseitige Recht des Auftraggebers zur Anordnung **notwendiger Zusatzleistungen** im Sinne des § 1 Abs. 4 S. 1 VOB/B von folgenden weiteren Sachverhalten:

- Nicht unter § 1 Abs. 4 S. 1 VOB/B fallen grundsätzlich Leistungen, die nach Teil C der VOB ohnehin als **Nebenleistungen** (vgl. den jeweiligen Abschnitt 4.1) zu den geschuldeten Vertragspflichten gehören (s. dazu Vygen/Joussen, Bauvertragsrecht, Rn. 893 ff.). Diese brauchen nicht mehr gesondert angeordnet zu werden. Etwas anderes gilt nur für die dort geregelten Besonderen Leistungen, bei denen es sich abhängig vom Einzelfall zumeist um für die Vertragsausführung notwendige Zusatzleistungen handelt (vgl. den jeweiligen Abschnitt 4.2).
- Andere Leistungen, die nicht zur Ausführung der vertraglichen Leistung erforderlich sind, fallen gleichfalls nicht unter § 1 Abs. 4 S. 1 VOB/B. Deren Ausführung kann folglich nicht vom Auftraggeber einseitig verlangt werden (Vygen/Joussen, Bauvertragsrecht, Rn. 932 und Vygen, Festschrift für Locher S. 263 ff., 278 f.). Dies folgt zwingend aus § 1 Abs. 4 S. 2 VOB/B: Diese Regelung setzt für die **nicht notwendigen Zusatzleistungen die Zustimmung des Auftragnehmers** voraus, die dieser dann aber auch von einer vorherigen angemessenen Vergütungsvereinbarung abhängig machen, d. h. die er sich „gut" bezahlen lassen kann (vgl. dazu auch den Leitfaden zur Vergütung bei Nachtragsvereinbarungen im Vergabehandbuch des Bundes, VHB [Ausgabe 2008, Stand August 2014], 510, Ziff. 1.4.2: Dort ist zu Recht von Anschlussaufträgen die Rede, für die die Preise unabhängig von der Preisermittlung des Hauptauftrages vereinbart werden können; s. dazu auch OLG Düsseldorf, Urt. v. 22.9.1992–23 U 224/91, BauR 1993, 479).
- Ferner sind Zusatzleistungen abzugrenzen, die **anstelle der ursprünglichen Leistung** treten. Diese haben mit § 1 Abs. 4 VOB/B überhaupt nichts zu tun.

5.4.3 Keine Veränderung des Leistungssolls durch Dritte

170 Die vorstehenden Leistungsänderungsrechte des Auftraggebers nach § 1 Abs. 3 und Abs. 4 VOB/B setzen stets eine **Anordnung des Auftraggebers** vo-

raus. Diese kann selbstverständlich konkludent (stillschweigend) erteilt werden. Fehlt eine solche, kann der Auftragnehmer nicht davon ausgehen, dass das Leistungssoll erweitert wird – egal, wie notwendig ihm die vermeintliche Zusatz- oder geänderte Leistung erscheint. Auf der Vergütungsseite heißt das umgekehrt, dass ihm definitiv keine Mehrvergütungsansprüche nach § 2 Abs. 5 oder Abs. 6 VOB/B zustehen. In Betracht kommen dann vertragliche Mehrvergütungsansprüche allenfalls nach § 2 Abs. 8 VOB/B, soweit z. B. der Auftraggeber diese Mehrleistungen später anerkennt (Vygen/Joussen, Bauvertragsrecht, Rn. 2376 ff.).

Ausgehend von vorstehenden Grundsätzen müssen Änderungen des Bauent- 171
wurfs und dadurch bedingte Leistungsänderungen oder das Verlangen von Zusatzleistungen allerdings nicht unbedingt der Initiative des Auftraggebers entspringen; sie können ihre Ursache auch in **Umständen außerhalb der Sphäre des Auftraggebers** haben. Dies gilt insbesondere nach zwingenden Vorgaben öffentlicher Behörden (z. B. der Bauordnungsbehörde), des Prüfstatikers, aber ebenso nach der Änderung geltender anerkannter Regeln der Technik oder sonstiger verbindlicher gesetzlicher Vorgaben während der Bauphase (z. B. Inkrafttreten einer neuen Wärmeschutzverordnung). Hier stellt sich vermehrt die Frage, ob solche Umstände vor allem dann, wenn sie zu unabwendbaren Zusatzleistungen führen, nicht eine Anordnung des Auftraggebers ersetzen. Dies ist eindeutig nicht der Fall (s. dazu im Einzelnen Vygen/Joussen, Bauvertragsrecht, Rn. 934 ff.). Ob diese Leistungen gleichwohl nach § 2 Abs. 5 ff. VOB/B zu vergüten sind, soll später geklärt werden (Teil A Rdn. 452 ff., 536 ff.).

5.4.4 Zusätzliche Vergütung für geänderte oder zusätzliche Leistungen unter Berücksichtigung der Bauzeit

Alle vorgenannten Leistungsänderungen oder Zusatzleistungen können 172
Mehr- oder Minderkosten auslösen. In Folge dessen sieht § 2 Abs. 5 und 6 VOB/B dafür entsprechende Preisanpassungsregelungen vor. Zu beachten ist, dass die Mehrkosten vor allem auch darauf beruhen können, dass sich die angeordneten Leistungsänderungen oder Zusatzleistungen auf die Bauzeit auswirken. Dies wird von den Bauvertragspartnern häufig nicht hinreichend beachtet, obwohl dies eigentlich auf der Hand liegt. Wäre nämlich die gegenständliche Leistungsänderung oder Zusatzleistung bereits vor Vertragsabschluss oder Angebotsabgabe dem Auftragnehmer bekannt gewesen, so hätte er sowohl die **leistungsbezogenen** als auch die **zeitabhängigen Mehrkosten** in seiner Kalkulation der Angebotspreise oder bei Vereinbarung der Vertragspreise berücksichtigt, zumal ja jede Preiskalkulation entscheidend auch durch Zeitfaktoren bestimmt wird (vgl. Piel in Festschrift für Korbion, S. 352). Da dem Unternehmer dies aber nicht möglich war, erfolgt der

Ausgleich nunmehr über die vorgesehene Preisanpassung gemäß § 2 Abs. 5 und 6 VOB/B. Dabei kann sich sogar ergeben, dass eine Leistungsänderung in bauzeitlicher Hinsicht nicht nur Auswirkungen auf die jeweils betroffene Leistungsposition, sondern ebenso auf andere Positionen oder auf den gesamten Bauablauf hat.

▶ **Beispiel:**

Bei einer durch Leistungsänderungen verursachten Bauzeitverlängerung können sich ohne Weiteres Zusatzkosten wegen einer verlängerten Baustellenvorhaltung und/oder Gerätevorhaltung ergeben, wenn diese z. B. in einer gesonderten Position ‚Baustelleneinrichtung' enthalten sind.

173 Auch diese Mehrkosten sind durch die Leistungsänderung verursachte Mehrkosten. Sie sind deshalb bei der Bildung des neuen Preises gemäß § 2 Abs. 5 VOB/B zu berücksichtigen (s. dazu unten im Einzelnen Teil A Rdn. 672 ff.), was zumeist gesonderte Bauzeitennachträge ausschließt. Zumindest dürften sie – trotz ihrer teilweisen Verbreitung in der Praxis (s. dazu sogar mit Formulierungsvorschlägen zu entsprechenden Vorbehaltsklauseln Bruns, ZfBR 2006, 153, 163) – kaum mit hinreichender Schlüssigkeit erstellt werden können (BGH, Urt. v. 20.8.2009 – VII ZR 205/07, BGHZ 182, 158, 176 = BauR 2009, 1724, 1731 = NJW 2010, 227, 231; Vygen BauR 2006, 166, 167).

174 Abschließend sei immerhin angemerkt, dass diese einheitliche Betrachtungsweise der **Erfassung aller Nachtragskosten** (auch in zeitlicher Hinsicht) ebenso in dem für die öffentliche Bauverwaltung verbindlichen Vergabehandbuch des Bundes – VHB (dort im „Leitfaden zur Vergütung von Nachträgen" – 510, Ziff. 3.2.4) zum Ausdruck kommt.

▶ **Auszug aus dem VHB**, Ziff. 3.2.4 – Ausgabe 2008, Stand August 2014

In den Fällen der (...) angeordneten bzw. geforderten Leistungsänderungen (...) ist in der Regel davon auszugehen, dass Änderungsanordnungen und Verlangen von erforderlichen Zusatzleistungen zu einer Nachtragsvereinbarung zur Vergütungsanpassung führen.

Erforderliche Änderungen von Vertragsfristen bzw. Einzelfristen sind in der vorgenannten Nachtragsvereinbarung festzulegen (...).

Dem ist nichts hinzuzufügen – mit Ausnahme allenfalls der Anmerkung, dass dann, wenn bereits die geänderten Fristen neu in der Nachtragsvereinbarung festzulegen sind, sich daraus zugleich ergibt, dass auch die insoweit entstehenden (Mehr)kosten in der Nachtragsvereinbarung berücksichtigt sein müssen.

II. Vertragsauslegung als wesentliches Kriterium der Bestimmung der Leistungsverpflichtung des Auftragnehmers

175 Bereits oben wurde erläutert, dass der Aufstellung der Leistungsbeschreibung besondere Aufmerksamkeit zu widmen ist (Rdn. 143 ff.). Sie ist das Kernstück der Vergabe- und Verdingungsunterlagen und zugleich die entscheidende Grundlage für die Kalkulation der vom Auftragnehmer zu fordernden Vergütung und seiner dieser zugrunde liegenden zeitlichen Planungen. Wenn dies aber so ist, stellt sich bei nahezu allen Streitigkeiten im Bauvertragsgeschehen gerade auch im Zusammenhang mit einer sich verlängernden Bauzeit die Frage, wie mit Lücken und Unklarheiten einer Leistungsbeschreibung umzugehen ist. Denn diese sind nicht selten die eigentliche Ursache für dazu aufkommende Streitigkeit. Die Tatsache allein, dass wie gezeigt der Auftraggeber die Vergabeunterlagen erstellt (was auch der Grundkonzeption der VOB/A entspricht) und er etwa für ein diesbezügliches Fehlverhalten seiner Planer nach § 278 BGB einzustehen hat, kann zwar dazu führen, dass solche **Lücken und Unklarheiten zu seinen Lasten** gehen (BGH, Urt. v. 11.11.1993 – VII ZR 47/93, BGHZ 124, 64, 67 f. = BauR 1994, 236, 237 f. = NJW 1994, 850). Denn nur er kann schließlich wissen, welche Bauaufgabe er überhaupt realisieren wollte. Weiß er es nicht oder drückte er sich unklar aus, muss er dann auch die Folgen dafür tragen (vgl. anschaulich BGH, Urt. v. 13.3.2008 – VII ZR 194/06, BGHZ 176, 23, 27 = BauR 2008, 1131, 1134 = NJW 2008, 2106, 2108 = NZBau 2008, 437, 438; i. E. ebenso: Kapellmann/Messerschmidt/Kapellmann, VOB/B § 2 Rn. 111: Werner/Pastor Rn. 1424; Markus, BauR 2004, 180, 183). So klar dieser Grundsatz auf den ersten Blick erscheint, kann vor dessen **Verallgemeinerung aber nur gewarnt** werden. Denn vor einer einseitigen Belastung des Auftraggebers mit den Folgen einer lückenhaften Leistungsbeschreibung ist der Vertrag hinsichtlich der gegenseitigen Rechte und Pflichten **zwingend auszulegen** (§§ 133, 157 BGB). Dies entspricht der ganz herrschenden Rechtsprechung (vgl. dazu etwa BGH, Urt. v. 13.3.2008 – VII ZR 194/06, a. a. O.; ebenfalls sehr deutlich: BGH, Beschl. v. 20.12.2011 – VII ZR 77/10, BauR 2011, 530 = NJW-RR 2011, 378 = NZBau 2011, 160; s. auch anschaulich Zmuda/Bschorr, BauR 2014, 10, 14) und ist zunächst allein der Maßstab der Bestimmung des geschuldeten Leistungsumfangs. Ergibt sich danach nämlich z. B., dass eine Leistung, für die der Auftragnehmer später eine Mehrvergütung insbesondere auch aus einer verlängerten Bauzeit verlangt, bereits Gegenstand der ursprünglich mit dem Vertrag übernommenen und von der vereinbarten Vergütung abgedeckten Leistungsverpflichtung war, ist ein dazu geltend gemachter Mehrvergütungsanspruch selbst bei einer ggf.

unklaren Formulierung im Vertrag unbegründet (BGH, a. a. O.; BGH, Urt. v. 22.4.1993 – VII ZR 118/92, BauR 1993, 595, 596 = NJW-RR 1993, 1109; BGH, Urt. v. 23.6.1994 – VII ZR 163/93, BauR 1994, 625, 626 = NJW-RR 1994, 1108, 1109; BGH, Urt. v. 5.12.2002 – VII ZR 342/01, BauR 2003, 388 = NJW 2003, 743). Dies gilt einheitlich für BGB- und VOB-Vertrag.

176 Die hiernach vorzunehmende Auslegung stößt in der Praxis auf zahlreiche Schwierigkeiten (s. dazu ausführlich Vygen/Joussen, Bauvertragsrecht, Rn. 873 ff.). Dabei versteht es sich zunächst von selbst, dass man in eine solche Auslegung alle Elemente eines Vertrages, d. h. das **vollständige Vertragswerk mit all seinen Anlagen** und Begleitumständen des Zustandekommens, die gesetzlichen Vorschriften, technischen Regelwerke einschließlich der anerkannten Regeln der Technik, Angebotsschreiben u. a. einzubeziehen hat. Ausgangspunkt einer danach vorzunehmenden Auslegung sind sodann die folgenden Eckpunkte:

1 Wortlaut der Leistungsbeschreibung/objektive Empfängersicht

177 Zentraler Anknüpfungspunkt für die Auslegung unklarer bauvertraglicher Verpflichtungen ist in allererster Linie der **Wortlaut der dem Bauvertrag zugrunde liegenden Leistungsbeschreibung** (BGH, Urt. v. 5.12.2002 – VII ZR 342/01, BauR 2003, 388 = NJW 2003, 743). Dieser spricht zunächst einmal dafür, dass die Leistung darin richtig und vollständig beschrieben ist. Dies gilt natürlich nur insoweit, als im Vertrag oder Leistungsverzeichnis überhaupt etwas konkret dazu angegeben wurde.

▸ **Beispiel:** (nach BGH, Urt. v. 22.12.2011 – VII ZR 67/11, BauR 2012, 490 = NJW 2012, 518)

Im Leistungsverzeichnis fehlt ein Hinweis auf Kontaminationen. Hieraus kann nicht der negative Schluss gezogen werden, dass es solche Kontaminationen nicht gibt.

Ansonsten aber gilt: Wer einen von einem positiv beschriebenen Wortlaut abweichenden Leistungsinhalt behauptet, muss dies beweisen (BGH, Urt. v. 13.3.2008 – VII ZR 194/06, BGHZ 176, 23, 27 = BauR 2008, 1131, 1134 = NJW 2008, 2106, 2108 = NZBau 2008, 437, 438). Allerdings ist auch ein danach ermittelter Wortlaut nicht allein entscheidend. Das ist schon deshalb der Fall, weil textliche Beschreibungen gerade im Leistungsverzeichnis vielfach nicht abschließend sind oder sein können. So kommt es vor allem bei Bauträgerverträgen immer wieder vor, dass viele Ausführungsdetails in den oft **nur rudimentär gefassten Baubeschreibungen** nicht erwähnt sind. Daraus kann nicht einfach geschlossen werden, dass ein solches Detail nicht geschuldet sei. Vielmehr muss nunmehr unter Berücksichtigung der ganzen Umstände des Vertrages geprüft werden, ob dann eine bestimmte Qualität der Ausführung stillschweigend geschuldet ist. Entsprechende Qualitätsanforderungen können sich somit nicht nur aus dem Vertragstext, sondern auch aus sonstigen vertragsbegleitenden Umständen, den konkreten Verhältnissen des Bauwerks und seines Umfeldes, dem qualitativen Zuschnitt, dem architektonischen Anspruch und der Zweckbestimmung des Gebäudes ergeben (BGH, Urt. v. 21.11.2013 – VII ZR 275/12, BauR 2014, 547, 548 = NZBau 2014, 160; ähnlich OLG Brandenburg, Urt. v. 26.9.2013–12 U 115/12, BauR 2014, 1005, 1007).

▸ **Beispiel:** (nach BGH, a. a. O.)

Bei einem Bauträgerobjekt ist in einer Baubeschreibung bei einer Hof- und Zugangsfläche kein Gefälle angegeben. Das aber besagt wenig, ob nicht im Hinblick auf den dem Gesamtvorhaben zugrunde gelegten Qualitäts- und Komfortstandard doch ein solches Gefälle geschuldet ist.

Dies vorausgeschickt kommt es allerdings für das Verständnis des Wortlauts einer Leistungsbeschreibung zunächst nicht auf Meinungen von dazu befragten Sachverständigen an. Stattdessen ist zu ermitteln, welcher Sinn sich aus den Erklärungen im Leistungsverzeichnis für einen verständigen Empfänger unter der Berücksichtigung von Verkehrssitte und Treu und Glauben ergibt (**objektive Empfängersicht** – BGH, Urt. v. 9.2.1995 – VII ZR 143/93, BauR 1995, 538, 539 = NJW-RR 1995, 914, 915; ähnlich: BGH, Urt. v. 20.8.2009 – VII ZR 205/07, BGHZ 182, 158, 181 = BauR 2009, 1724, 1733 = NJW 2010, 227, 232 = NZBau 2009, 707, 713). Losgelöst von dazu ergänzenden Grundsätzen bei einer öffentlichen Ausschreibung nach der VOB/A, auf die noch gesondert eingegangen wird (s. sogleich Rdn. 201 ff.), ist dabei ganz konkret zu ermitteln, wie die Leistungsbeschreibung von der Vertragsgegenseite verstanden werden musste. **178**

▸ **Beispiel:** (nach OLG Saarbrücken, Urt. v. 31.5.2012–1 U 376/10, BauR 2012, 1440 [Ls.])

Im Bauvertrag ist für die Leistung „Stabparkett – fix und fertig" ein Preis von 62 €/m² vereinbart. Später entsteht Streit darüber, ob von diesem Preis auch Nebenleistungen wie das Abfräsen, die Reprofilierung u. a. erfasst sind. Dies ist eindeutig der Fall. Dann nach dem objektiven Empfängerhorizont kommt es auf die maßgebliche Sicht des betroffenen Kunden an. Dieser will bei Annahme eines Angebots zu Bauleistungen mit der Beschreibung „fix und fertig" wissen, welche Kosten auf ihn im Zusammenhang mit der Parkettverlegung zukommen. Dies schließt z. B. auch eine Untergrundbehandlung mit ein.

▶ **Beispiel:** (nach BGH, Urt. v. 20.8.2009 – VII ZR 205/07, BGHZ 182, 158 = BauR 2009, 1724 = NJW 2010, 227)

Gegenstand des Bauvertrages sind funktional übertragene Gründungsarbeiten an einem Grundstück. Der vom Auftraggeber erstellten Ausschreibung war ein Bodengutachten beigefügt worden, auf deren Grundlage der Auftragnehmer sein Angebot abgegeben hatte und der Vertrag geschlossen worden war. Später zeigten sich abweichende Bodenverhältnisse. Hier ergibt eine Auslegung des Vertrages, dass der jetzt entstehende Mehraufwand nicht von der ursprünglich vereinbarten Leistung erfasst war. Denn ganz offensichtlich konkretisierten die im Bodengutachten beschriebenen Bodenverhältnisse den Inhalt der vom Auftragnehmer übernommenen Leistung.

179 Auf vorstehender Grundlage wird allerdings weiter zu beachten sein, dass je nach Einzelfall bestimmte Werte oder Vorgaben in einem Leistungsverzeichnis von der **Vertragsgegenseite durchaus unterschiedlich verstanden** werden. Dabei kann auch zu berücksichtigen sein, inwieweit als Auftragnehmer z. B. ein Fachunternehmer tätig ist.

▶ **Beispiel:** (nach BGH, Urt. v. 9.2.1995 – VII ZR 143/93, BauR 1995, 538, 539 = NJW-RR 1995, 914, 915)

Der Auftraggeber beauftragt einen Fachunternehmer mit dem Einbau von Türen in eine Arztpraxis. Im Leistungsverzeichnis ist ein Schalldämmwert von 42 dB angegeben. Der Auftragnehmer versteht diese Regelung als Labor-Schalldämmwert, während der Auftraggeber 42 dB im eingebauten Zustand fordert. Hier hat der Auftraggeber Recht. Denn es kommt weniger auf sachverständig mögliche Auslegungen eines Leistungsverzeichnisses oder sonst denkbare theoretische Werte an. Stattdessen ist entscheidend, dass für den Auftragnehmer erkennbar Türen für ein Praxisgebäude verlangt waren, bei denen der Schallschutz sich nur konkret auf diesen Zweck (d. h. auf den eingebauten Zustand) beziehen konnte.

Ähnlich verhält es sich, wenn in der Leistungsbeschreibung ca.-Maße angegeben sind.

▶ **Beispiel:** (ähnlich OLG Oldenburg, Urt. v. 16.2.2010–12 U 18/07, Revision vom BGH zurückgew., Beschl. v. 19.5.2011 – VII ZR 36/10, BauR 2012, 500)

Der Auftragnehmer soll 160 Fenster herstellen und einbauen. In der Leistungsbeschreibung sind vier Fenstergrößen mit ca.-Maßen angegeben. Später stellt sich heraus, dass die Größen der Rohbaumaße deutlich häufiger von den Angaben im Leistungsverzeichnis abweichen. Auch hier gehören die dann teilweise mit verschiedenen Maßen herzustellenden Fenster zu der vom Auftragnehmer zu erbringenden und mit der Ursprungsvergütung abgedeckten Leistung. Denn abgesehen davon, dass die Werte ohnehin nur in ca.-Maßen angegeben waren, kann ein Fachunternehmer nicht erwarten, dass entsprechend dem Leistungsverzeichnis exakt nur vier Größenangaben anzutreffen sind. Stattdessen gehört die individuelle Anpassung an ein vorher genommenes Aufmaß im Rahmen bestimmter Toleranzen zu den von einem Fensterbauer zu erbringenden Leistung (ähnlich OLG Dresden, Urt. v. 20.3.2012–5 U 765/11, IBR 2012, 500 zu ca.-Maßen bei Pfahllängen).

Wenn vor diesem Hintergrund unklar bleibt, was in einschlägigen Fachkreisen unter bestimmten Formulierungen verstanden wird, mag allein dazu eine weitere Aufklärung unter Beiziehung von Sachverständigen o. ä. erfolgen (BGH, Urt. v. 9.2.1995 – VII ZR 143/93, BauR 1995, 538, 539 = NJW-RR 1995, 914, 915; BGH, Urt. v. 17.6.2004 – VII ZR 75/03, BauR 2004, 1438, 1440 = NJW-RR 2004, 1248, 1249 = NZBau 2004, 500, 501).

1.1 Bedeutung der funktionsgerechten Herstellung der Bauleistung

Bei der Ermittlung der objektiven Empfängersicht darf nicht isoliert nur auf das Verständnis des Texts der Ausschreibung etwa in Fachkreisen geachtet werden. Vielmehr sind auch immer die Funktion und der Zweck der vom Auftragnehmer übernommenen geschuldeten Leistung insgesamt einzubeziehen verbunden mit der Frage, welche konkrete Leistungspflicht der Auftragnehmer für die ihm zugesagte Vergütung übernommen hat. 180

- **Beispiel:** (nach BGH, Urt. v. 28.2.2002 – VII ZR 376/00, BauR 2002, 935 = NJW 2002, 1954 – Konsoltraggerüst)

  Der Auftragnehmer (AN) wurde auf der Grundlage der VOB mit der Herstellung neuer Brückenkappen einer Autobahn beauftragt. Die Herstellung des überhängenden Teils der Kappen erforderte ein zusätzliches Konsoltraggerüst, das im Gegensatz zu weiteren Traggerüsten vergleichbarer Art nicht mit ausgeschrieben war. Der AN verlangt für das Gerüst einen Nachtrag. Er beruft sich darauf, dass die vom AG stammende Ausschreibung insoweit unklar gewesen sei. Diese Unklarheiten gingen zu dessen Lasten. Zu Unrecht! Denn hier war die Leistungsbeschreibung gar nicht unklar. Vielmehr ergab sich bereits aus der Ausschreibung, dass vom AN zur Ausführung der vertraglichen Brückenkopfarbeiten ein Konsoltraggerüst zu stellen war.

Ähnlich verhält es sich, wenn etwa in einer vom Auftragnehmer stammenden Leistungsbeschreibung zur funktionsgerechten Herstellung konkret beschriebene Eigenleistungen des Bauherrn einerseits sowie daneben weitere Leistun- 181 gen des Auftragnehmers andererseits benannt sind. Fehlen jetzt Leistungen, die für die im Vertrag vorgesehene Funktionstüchtigkeit und Genehmigungsfähigkeit der Gesamtleistung erforderlich sind, hat der Auftragnehmer diese ohne gesonderte Berechnung oder auch einen Anspruch auf Verlängerung der Bauzeit zu erbringen, obwohl sie bei dem Katalog der vom Auftragnehmer zu erbringenden Vertragsleistungen nicht enthalten sind (OLG Düsseldorf, Urt. v. 14.1.2011–22 U 198/07, NJW 2011, 1081, 1084).

182 Allerdings ist es selbst bei einer funktional komplett übernommenen Leistung denkbar, dass es umgekehrt Leistungen gibt, die nicht zum übernommenen Leistungsinhalt bzw. zu der von der Vergütung abgedeckten Leistung gehören. Insoweit stellt es einen **weitverbreiteten zuweilen folgenschweren Irrtum** dar, wenn zu lesen ist, dass ein Auftragnehmer auf Grund einer **Pauschalpreisabsprache** verbunden mit einer funktionalen Leistungsbeschreibung innerhalb der vereinbarten Bauzeit immer „alles" schulde, ohne Nachträge geltend machen zu können (sehr anschaulich dazu OLG Düsseldorf, Urt. v. 19.7.2011–21 U 76/09, BauR 2012, 244 = NJW-RR 2011, 1530, 1531 = NZBau 2011, 692, 694). Vielmehr wäre auch das erst Ergebnis einer Auslegung, was folgender Grenzfall zeigt (vgl. dazu BGH, Urt. v. 30.6.2011 – VII ZR 13/10, BauR 2011, 1646, 1647 = NJW 2011, 3287 = NZBau 2011, 553; OLG Düsseldorf, a. a. O. sowie OLG Düsseldorf, Urt. v. 26.3.2013–23 U 87/12, BauR 2013, 1889 [insoweit dort aber nicht abgedruckt]).

▶ **Beispiel:** (nach BGH, Urt. v. 30.06.2011, a. a. O.; ähnlich OLG Düsseldorf, Urt. v. 26.3.2013, a. a. O.)

Der Auftragnehmer wird im Rahmen einer funktionalen Vergabe mit Abbrucharbeiten beauftragt. Die Vergütung setzt sich zusammen aus verschiedenen Pauschalen für die einzelnen Bauteile sowie aus gesonderten ebenfalls pauschalen Zulagepositionen. In diesen wird die Estrichstärke als Schätzgrundlage mit 3 cm angegeben, während später Mehrstärken von 4 cm und mehr (d. h. gesamt über 7 cm) angetroffen werden. Der Auftragnehmer macht dafür einen Mehrvergütungsanspruch geltend. Dieser Anspruch wäre berechtigt, wenn nach dem objektiven Empfängerhorizont die Angabe der Estrichstärke so zu verstehen gewesen wäre, dass sie bereits den Inhalt der vom Auftragnehmer zu erbringenden Leistung bzw. den Umfang der für die vereinbarte Leistung zu zahlenden Pauschalvergütung beschränkt (so das OLG Düsseldorf, a. a. O.). Der BGH hielt dies dagegen in der von ihm getroffenen Entscheidung für möglich, nahm es aber letzten Endes doch nicht an. Stattdessen räumte er aus dem Gesamtzusammenhang des Vertrages dem damit verfolgten Zweck (insgesamt beauftragter Abriss zu einem abschließend vereinbarten Preis) einen Vorrang ein, sodass der Estrichstärke allein eine „Information" des Auftraggebers beigemessen wurde, ohne dass diese Vertragsinhalt wurde (wobei er dann eine Lösung über eine Störung der Geschäftsgrundlage verfolgte).

Die Funktionalität der übernommenen Leistungen schließt somit immer nur dann eine Nachtragsvergütung aus, wenn der Auftragnehmer im Vertrag auch tatsächlich einen entsprechenden funktionalen Leistungserfolg (vollständig oder z. T.) übernommen hat (BGH, Urt. v. 23.01.1997 – VII ZR 65/96, BauR 1997, 464, 465 = NJW 1997, 1772, 1773). Wenn es dafür etwa bei einem gewöhnlichen Einheitspreisvertrag keinen gesonderten Anhaltspunkt gibt, darf der dann trotzdem geschuldete funktionale Leistungserfolg nicht verwechselt werden mit der Frage, ob die dafür erforderlicherweise zu erbringenden Leistungen bereits von der vertraglich vereinbarten Vergütung abgedeckt sind. Ergibt sich in diesen Fällen nichts aus dem Leistungsverzeichnis oder sonst aus dem Bauvertrag und werden nunmehr zur Erzielung eines konkreten Leistungserfolgs noch weitere, nicht in der Leistungsbeschreibung enthaltene Leistungen erforderlich, kann der Auftragnehmer dafür eine Mehrvergütung verlangen.

1.2 Umfang der Risikoübernahme

Im Rahmen der Auslegung von Verträgen ist dagegen unbeachtlich, ob ein Auftragnehmer ein unverhältnismäßig großes Risiko übernommen hat. Zwar findet man unter Rückgriff auf § 7 Abs. 1 Nr. 3 VOB/A immer wieder den Hinweis, dass dem Auftragnehmer kein unabsehbares Wagnis auferlegt werden dürfe. Dies mag allenfalls insoweit richtig sein, als bei einer öffentlichen Ausschreibung mit § 7 VOB/A eine Ordnungsvorschrift zulasten des Auftraggebers besteht und ggf. Bedeutung hat, soweit zu entscheiden ist, wie eine unklare Leistungsbeschreibung zu verstehen ist (vgl. dazu nachfolgend Rdn. 201 ff.). Ein **allzu großer Umfang der Wagnisübernahme** als solche ist aber ansonsten **kein Kriterium der Auslegung**, was nachhaltig der dazu bekannt gewordene sog. Kammerschleusenfall des BGH zeigt (BGH, Urt. v. 27.6.1996 – VII ZR 59/95, BauR 1997, 126 ff. = NJW 1997, 61 f.). 183

▸ **Beispiel:** (nach BGH a. a. O.)

Der Auftragnehmer übernimmt im Rahmen einer funktionalen Ausschreibung die Sanierung einer Schleuse. Die Statik war noch nicht erstellt, weswegen der Auftragnehmer die Stahlmengen nur abschätzen konnte. Es kommt zu ganz erheblichen Mehrmengen.

Dies ist unbeachtlich: Wenn sich aus der Ausschreibung ergibt, dass der Auftragnehmer dieses Mengenrisiko übernommen hat, obwohl noch keine abschließenden Planunterlagen vorlagen, hat er auch die damit verbundenen

Mehrkosten zu tragen. Gleichfalls entfällt ein Anspruch auf Bauzeitverlängerung. Veranschaulichen lässt sich dies ebenso anhand des bekannt gewordenen Falls zur Sanierung des Berliner Olympiastadions (KG, Urt. v. 14.2.2006–21 U 5/03, BauR 2006, 836 = NZBau 2006, 241).

▸ **Beispiel:** (nach KG a. a. O.)

In der funktionalen Leistungsbeschreibung zur Ausschreibung des Olympiastadions heißt es, dass die frei bewitterten Gehflächen auf den Tribünen derzeit eine Beschichtung haben, die abzutragen ist. Später wird eine kontaminierte Beschichtung angetroffen, die zu einem erheblichen Aufwand bei deren Abtrag führt. Die Auslegung ergibt hier, dass der Auftragnehmer das volle Risiko für alle erforderlichen Maßnahmen übernommen hat, die – welche auch immer – zur Beseitigung der Beschichtung zu ergreifen sind. Die Kontamination hat darauf keinen Einfluss. Auch § 7 VOB/A (§ 9 VOB/A a. F.) ändert daran nichts. Zwar verlangt diese Regelung vom Ausschreibenden eine eindeutige Risikobeschreibung. Richtig ist auch, dass es § 7 Abs. 1 Nr. 3 VOB/A (9 Nr. 2 a. F.) verbietet, in der Ausschreibung dem Auftragnehmer unbekannte Risiken zu übertragen. Doch selbst diese Regelung der VOB/A verhindert nicht, dass der Auftragnehmer abweichend davon umfassende Risiken übernimmt.

184 Dass möglicherweise bei danach übernommenen Mengenrisiken es in Ausnahmefällen doch zu einem groben Missverhältnis zwischen Leistung und Gegenleistung (Vergütung) kommen kann, ändert an dieser vorrangig anzustellenden Vertragsauslegung zur Bestimmung der geschuldeten Leistung nichts. Dieses Missverhältnis kann aber eine Grundlage dafür sein, dass allein deswegen in Ausnahmefällen eine Störung der Geschäftsgrundlage vorliegt, in Folge der jetzt aber nur aus diesem Grund eine Vergütung anzupassen sein kann (s. dazu Teil A Rdn. 632 ff.).

185 In Bezug auf eine Risikoübernahme würde im Übrigen erst recht nichts anderes gelten, wenn das **Risiko im Vertrag sogar hinreichend gekennzeichnet** ist und der Vertrag auf dieser Grundlage geschlossen wird.

▸ **Beispiele:**

1. Dem Bauvertrag liegt ein Kabelplan zugrunde; zugleich wird darauf hingewiesen, dass trotz des übergebenen Plans die Lage der Kabel unsicher sei und sich der Auftragnehmer danach erkundigen müsse (OLG München, Urt. v. 14.4.2011–9 U 2907/10, BauR 2011, 1215 [Ls.]).

2. Dem Bauvertrag liegt ein Baugrundgutachten mit punktuellen Aufschlüssen zugrunde. Im Bauvertrag wird ergänzend auf nicht absehbare Erschwernisse durch höhere Wasserstände hingewiesen (OLG München,

Urt. v. 10.6.2008–9 U 2192/10, Nichtzul.-Beschw. zurückgew., BGH, Beschl. v. 12.2.2009 – VII ZR 145/08, BauR 2009, 1156, 1157)

Dieselben Grundsätze gelten bei der Verpflichtung, dass der Auftragnehmer Mehrkosten für erst nach Vertragsabschluss ergehende Auflagen und Nebenbestimmungen zur Baugenehmigung übernimmt (OLG Düsseldorf, Urt. v. 6.7.2006 – I-5 U 89/05, BauR 2006, 1887, 1889 f.). Es könnte sogar vereinbart werden, dass sich der Auftragnehmer ohne einen Anspruch auf zusätzliche Vergütung zur Ausführung solcher Mehrleistungen (ggf. auch wegen einer verlängerten Bauzeit) verpflichtet, die dadurch entstehen, dass der Auftraggeber nachträglich die Planung ändert. Eine solche Verpflichtung wäre zwar zugegebenermaßen ganz und gar ungewöhnlich und bedürfte wohl einer ganz eindeutigen Formulierung im Vertrag; Wirksamkeitsbedenken dagegen beständen jedoch bis zu der sonst auch geltenden Grenze der §§ 138, 242 BGB (Sittenwidrigkeit, Treu und Glauben) nicht (BGH, Urt. v. 13.3.2008 – VII ZR 194/06 BGH, Urt. v. 13.3.2008 – VII ZR 194/06, BGHZ 176, 23, 29 = BauR 2008, 1131, 1135 = NJW 2008, 2106, 2108 = NZBau 2008, 437, 439).

1.3 Stillschweigende Risikoübernahme

Liegen lückenhafte oder unvollständige Leistungsverzeichnisse vor, kann sich aus objektiver Empfängersicht (Rdn. 178) ferner ergeben, dass der Auftragnehmer danach bestimmte **Ausführungsrisiken auch stillschweigend übernimmt**. Anknüpfungspunkt ist hier sein Schweigen bzw. seine Untätigkeit bei Vertragsabschluss. Dies betrifft vor allem die Fälle, in denen im Leistungsverzeichnis wichtige für die Kalkulation notwendige Angaben fehlen (BGH, Urt. v. 23.1.1997 – VII ZR 65/96, BauR 1997, 464, 465 = NJW 1997, 1772, 1773; BGH, Urt. v. 27.6.1996 – VII ZR 59/95, BauR 1997, 126, 128 = NJW 1997, 61; BGH, Urt. v. 13.3.2008 – VII ZR 194/06, BGHZ 176, 23, 31 = BauR 2008, 1131, 1136 = NJW 2008, 2106, 2109 = NZBau 2008, 437, 439). 186

- **Beispiel 1:** (nach BGH, Urt. v. 25.6.1987 – VII ZR 107/86, BauR 1987, 683 = NJW-RR 1987, 1306)

  Schon nach den Angebotsunterlagen hätten dem Auftragnehmer Zweifel an dem Einsatz einer Großflächenschalung kommen müssen. Wenn er diese gleichwohl (ggf. ohne Rückfragen beim Auftraggeber) kalkuliert, kann er etwaige Mehrkosten wegen des nicht möglichen Einsatzes einer solchen Schalung beim Auftraggeber als Mehrvergütungsanspruch nach § 2 Abs. 5 VOB/B nicht geltend machen.

▶ **Beispiel 2:** (nach OLG Brandenburg, Urt. v. 17.10.2007–4 U 48/07, Nichtzul.-Beschw. zurückgew., BGH, Beschl. v. 9.10.2008 – VII ZR 200/07, BauR 2009, 821)

Nach den Ausschreibungsbedingungen heißt es, dass die Wahl der Transportwege (tatsächlich gibt es mehrere) dem AN obliegt. Später wird von der Gemeinde eine direkte Zufahrtsstraße gesperrt, weswegen erhebliche Umwegfahrten erforderlich werden. Hier ergibt sich nach der Auslegung des Vertrags, dass dieses Risiko bzw. der damit anfallende Mehraufwand von dem Auftragnehmer mit übernommen wurde.

▶ **Beispiel 3:** (nach OLG Jena, Urt. v. 19.12.2001–7 U 614/98, BauR 2003, 714)

Im Leistungsverzeichnis ist die Art des Verbaus nicht ausgeschrieben. Nunmehr kommt es zu Erschwernissen aus dem Baugrund, weswegen ein aufwendigerer Verbau notwendig wird, als er sich eigentlich aus den Angaben im Leistungsverzeichnis ableiten ließ. Der hier anfallende Mehraufwand gehört noch zur Vertragsleistung, da für den Auftragnehmer als Fachunternehmer erkennbar das Leistungsverzeichnis falsch aufgestellt war und sich daraus dann auch ein Mehraufwand ergeben konnte (ähnlich: OLG Köln, Urt. v. 3.3.2000–11 U 46/98, IBR 2002, 347; OLG München, Urt. v. 10.6.2008 – 9 U 2192/07, Nichtzul.-Beschw. zurückgew., BGH, Beschl. v. 12.2.2009 – VII ZR 145/08, BauR 2009, 1156, 1157; sehr weitgehend ebenso OLG Brandenburg, Urt. v. 16.7.2008 – 4 U 187/07, BauR 2008, 1938 [Ls.] = NZBau 2009, 181, 182; s. zu etwaigen Mehrkostenansprüchen im Fall des Baugrundrisikos auch unter Teil A Rdn. 494 ff.)

187 All diese nach Vertragsschluss eintretenden Umstände haben mit einer Änderung der geschuldeten Leistung nichts zu tun. Stattdessen geht der Auftragnehmer in diesen Fällen das Risiko einer Unterkalkulation ein, das er nicht nachträglich auf den Auftraggeber abwälzen kann (BGH, Urt. v. 25.6.1987 – VII ZR 107/86, BauR 1987, 683, 684 = NJW-RR 1987, 1306, 1307; zuvor schon grundlegend: BGH, Urt. v. 22.11.1965 – VII ZR 191/63, NJW 1966, 498, 499). Insoweit darf ein Auftragnehmer nämlich ein **erkennbar lückenhaftes Leistungsverzeichnis** nicht einfach hinnehmen, sondern muss sich daraus ergebende Zweifelsfragen vorher klären. Ähnliches gilt, wenn sich für ihn aus dem Leistungsverzeichnis und den ihm überlassenen Unterlagen die Bauausführung in bestimmter Weise nicht mit hinreichender Klarheit ergibt, er darauf bei seiner Kalkulation aber abstellen will (BGH, Urt. v. 25.6.1987 – VII ZR 107/86, a. a. O.). Sieht er in solchen Fällen von einer weiter gehenden Klärung ab, geht dies zu seinen Lasten mit der Folge, dass dann diese Ausführung unter Einschluss der damit verbundenen Risiken (auch in zeitlicher Hinsicht) zur geschuldeten (und von der Vergütung abgedeckten) Leistung gehört. Folglich kann der Auftragnehmer nicht später eine Korrektur seiner für ihn nachteiligen Vertragsentscheidung erwarten (BGH, Urt. v. 13.3.2008 – VII ZR 194/06, BGHZ 176, 23, 31 = BauR 2008, 1131, 1134 = NJW 2008, 2106, 2109 = NZBau 2008, 437, 439; s. allerdings auch zu der hier immer noch möglichen Preisanpassung bei Störung der Geschäftsgrundlage unten Teil A Rdn. 632 ff.).

Kein anderes Ergebnis zeigt sich bei Sachverhalten, in denen der Auftragnehmer das **Leistungsverzeichnis** mit seinen dort enthaltenen Risiken ggf. nur **falsch verstanden** hat (Vygen, Jahrbuch Baurecht 1999, S. 53; s. auch OLG Düsseldorf, Urt. v. 18.11.2003 – 23 U 27/03, BauR 2004, 504, 505). Hier liegt ohnehin auf der Hand, dass ein sich aus diesem falschen Verständnis vermeintlich ergebender Mehraufwand bereits zu der ursprünglichen übernommenen und von der Vergütung abgedeckten Leistung gehört. Dies schließt einen Mehraufwand aus einer verlängerten oder modifizierten Bauzeit ein. 188

- **Beispiel:** (ähnlich BGH, Urt. v. 22.12.2011 – VII ZR 67/11, BauR 2012, 490, 492 = NJW 2012, 518, 520 = NZBau 2012, 102, 103)

  Bei einem beauftragten Straßenaufbruch ist üblicherweise unterhalb der Deckschicht mit kontaminierten Böden zu rechnen. In dem zu einem Pauschalpreis geschlossenen Bauvertrag war dazu nichts konkret beschrieben. In diesem Fall besteht kein Grund für die Annahme des Auftragnehmers, solcher Boden würde hier nicht anfallen. Mit der fehlenden Angabe im Leistungsverzeichnis hat das nichts zu tun; vielmehr geht es auch insoweit allein um das Ergebnis einer dazu erfolgten Auslegung.

1.4 Nachfragemöglichkeit/Aufklärungsobliegenheit des Auftragnehmers/Bieters vor Vertragsschluss

Die Bestimmung der geschuldeten Leistung zulasten des Auftragnehmers bei der Inkaufnahme erkannter bzw. erkennbarer Risiken nach vorstehenden Erläuterungen darf allerdings nicht darüber hinwegtäuschen, dass eine Aufklärungsobliegenheit immer erst und nur dann besteht, wenn es dafür einen Anlass gibt. Eine darauf gerichtete Prüfung ist aber ebenfalls bereits das Ergebnis einer Auslegung der Leistungsbeschreibung mit der Folge, dass es keinen Automatismus gibt – und zwar weder in der Hinsicht, dass unklare Leistungsbeschreibungen zulasten des Auftraggebers als dessen Ersteller gehen, noch dahingehend, dass eine deswegen nicht betriebene Aufklärung zulasten des Auftragnehmers geht. Denn es gibt **keine Auslegungsregel**, wonach ein Vertrag mit einer unklaren Leistungsbeschreibung allein deshalb zulasten des Auftragnehmers auszulegen ist, weil er **keine Aufklärung betrieben** hat (BGH, Urt. v. 12.9.2013 – VII ZR 227/11, BauR 2013, 2017, 2019 = NJW 2013, 3511, 3512 = NZBau 2013, 695, 697; BGH, Urt. v. 13.3.2008 – VII ZR 194/06, BGH, Urt. v. 13.3.2008 – VII ZR 194/06, BGHZ 176, 23, 31 = BauR 2008, 1131, 189

1136 = NJW 2008, 2106, 2109 = NZBau 2008, 437, 439). Stattdessen kommt es auf eine weitergehende Aufklärung durch den Auftragnehmer erst an, wenn sich nach der Auslegung ergibt oder jedenfalls für den Auftragnehmer auf der Grundlage eines objektiven Bieterhorizonts erkennbar war, dass die Leistungsbeschreibung unklar ist. Allein in diesen Fällen darf ein Auftragnehmer nicht einfach eine ihm günstige Annahme treffen, sondern muss diesen Sachverhalt klären, wenn er deswegen keine Nachteile erleiden will.

190 Diese fehlende Aufklärungsobliegenheit bringt für die Art und Weise einer anzustellenden Auslegung zugleich eine weitere wichtige Aussage mit sich. Denn es kommt für die Auslegung ebenso wenig darauf an, dass ein Bieter vor Abgabe seines Angebots die Vergabeunterlagen umfassend und fachtechnisch prüft, um überhaupt damit Widersprüche und Lücken erkennen zu können, über die er dann den Auftraggeber vor Vertragsschluss informieren oder dazu nachfragen könnte. Eine solche **Prüfpflicht** zu etwaigen Fehlern im Leistungsverzeichnis oder Planungsfehlern im Allgemeinen trifft **einen Auftragnehmer nicht**. Sie wäre allenfalls anzunehmen, wenn sich ein Fehler des Leistungsverzeichnisses geradezu aufdrängen würde. Ansonsten nimmt ein Auftragnehmer eine Prüfung der Verdingungsunterlagen in der Regel nur unter kalkulatorischen Gesichtspunkten vor (OLG Koblenz, Urt. v. 31.3.2010–1 U 415/08, Nichtzul.-Beschw. zurückgew., BGH, Beschl. v. 28.06.2012 – VII ZR 59/10, NZBau 2010, 562, 565). Genau diese Aufgabenteilung entspricht wiederum dem Wesen einer Ausschreibung, wonach nur der Auftraggeber seine Bauaufgabe bestimmen kann und ihm dafür im Übrigen eine beliebig lange Vorbereitungszeit zur Verfügung steht, während umgekehrt gerade bei einer öffentlichen Ausschreibung ein Auftragnehmer auf der Grundlage zumeist umfangsreichster Verdingungsunterlagen das Angebotsblankett innerhalb einer sehr kurzen Frist bearbeiten muss, die ihm allenfalls eine wenn überhaupt grobe Plausibilitätsprüfung ermöglicht (s. dazu auch weiter zu der vergleichbaren Frage bei der öffentlichen Ausschreibung unten Teil A Rdn. 210).

1.5 Vereinbarte Risikoübernahme durch den Auftragnehmer

191 Lücken gehen erst recht zulasten des Auftragnehmers, wenn offen gebliebene Risiken (wie vielfach bei der funktionalen Ausschreibung) ausdrücklich von ihm übernommen wurden. In diesen Fällen sind z. B. Mehrvergütungsansprüche oder auch ein Anspruch auf Bauzeitverlängerung ausgeschlossen, wenn sich diese Risiken verwirklichen. Dies gilt umso mehr, wenn der Vertrag eine sog. **Komplettheitsklausel** enthält (OLG Düsseldorf, Urt. v. 30.9.2003 – 23 U 204/02, I-23 U 204/02, BauR 2004, 506, 507 ff.; OLG Koblenz, Urt. v. 31.1.2010 – 1 U 415/08, NZBau 2010, 562, 564 f.; s. dazu Acker/Roquette, BauR 2010, 293, 303 f.; Vygen/Joussen, Bauvertragsrecht, Rn. 666); sie indizieren zumeist eine umfassende Pauschalierung der Vergütung zu der vertraglich übernommenen Leistung (BGH, Urt. v. 30.6.2011 – VII ZR 13/10, BauR 2011, 1646, 1651 = NJW 2011, 3287, 3290 = NZBau 2011, 553, 556). Dabei ist allerdings stets ergänzend zu prüfen, ob eine solche Komplettheitsklausel auch tatsächlich in dem Sinne einer weitgehenden Risikoübernahme verstanden werden kann. Dies ist natürlich denkbar, was schon vorstehend erläutert wurde (Rdn. 183 f.). Je mehr jedoch eine Risikoübernahme gänzlich unbekannte vom Auftragnehmer nicht beeinflussbare Faktoren einbeziehen soll, sind an die Klarheit einer solchen Risikoübernahmeklausel umso höhere Anforderungen zu stellen (BGH, Urt. v. 20.8.2009 – VII ZR 205/07, BGHZ 182, 158, 182 = BauR 2009, 1724, 1734 = NJW 2010, 227, 233 = NZBau 2009, 707, 714).

▶ **Beispiel:** (nach OLG Düsseldorf, Urt. v. 19.7.2011 – 21 U 76/09, BauR 2012, 244, 245 = NJW-RR 2011, 1530, 1531)

In einem Bauvertrag heißt es:

„Soweit Teilleistungen, die für die mangelfreie, schlüsselfertige Erstellung des Bauvorhabens erforderlich sind, in den Anlagen zu diesem Vertrag nicht exakt beschrieben sind, verpflichtet sich der Auftragnehmer, diese in einer in diesem Bauvorhaben entsprechenden Qualität zu erbringen. Forderungen aus Preisänderungen hieraus werden nicht erhoben." Eine solche Regelung mag zwar ggf. unklar beschriebene Leistungen einbeziehen, sicherlich aber nicht Leistungen, die bisher gar nicht im Leistungsverzeichnis enthalten sind oder gar nach Änderungen der Ausführungsplanung hinzukommen (ähnlich: OLG Dresden, Urt. v. 22.9.2009 – 10 U 980/08, Nichtzul.-Beschw. zurückgew., BGH, Beschl. v. 10.11.2011 – VII ZR 177/09, BauR 2012, 544).

Ähnliches gilt in Fällen, in denen die Komplettheitsklausel zwar die Einbeziehung aller auch nicht ausgeschriebener oder sonst fehlender Leistungen in den vertraglichen Leistungsumfang des Auftragnehmers vorsieht, sich eine Beschränkung desselben dann aber aus anderen Regelungen der Leistungsbeschreibung ergibt.

▶ **Beispiel:** (nach BGH, Urt. v. 20.6.2013 – VII ZR 103/12, BauR 2013, 1718 = NZBau 2013, 565)

Nach einer im Bauvertrag vorgesehenen Klausel hatte der Auftragnehmer auf seine Kosten auch all solche Leistungen auszuführen, die in den Vertragsgrundlagen fehlten oder dort fehlerhaft beschrieben, die gleichwohl aber erforderlich waren, um die Planung und Errichtung des Objektes gemäß den Bestimmungen des Vertrages vollständig fertig, funktions- und betriebsfähig und für die vereinbarungsgemäß vorgesehene Nutzung uneingeschränkt herzustellen. An anderer Stelle im Vertrag war eine Bauausführung zu der Gründung in einer bestimmten Art und Weise vorgesehen.

Wenn nunmehr andere Leistungen zu erbringen sind, die nicht von dieser so vorgesehenen Gründung erfasst werden, weil z. B. eine andere Gründung notwendig wird, dürfte die Komplettheitsklausel diese weiteren Leistungen wegen der anderweitig erfolgten Festlegung des Leistungsgegenstandes nicht erfassen. Nichts anderes dürfte für insoweit ebenfalls notwendige Planungsleistungen gelten, wenn sich deren Erfordernis gar nicht erkennbar aus den Planungsvorgaben des Vertrages ergeben hat.

192 Ähnlich wie bei einer Komplettheitsklausel gehen Lücken im Leistungsverzeichnis ebenfalls zulasten des Unternehmers, wenn dieser im Vertrag mit dem Auftraggeber oder vorvertraglich **bestimmte Leistungsbereiche selbst projektiert** hat (ähnlich Acker/Roquette, BauR 2010, 293, 305). Dies kommt in der Praxis besonders häufig bei Heizungsinstallationsarbeiten und bei der Haus- und Klimatechnik sowie bei Verträgen mit General- oder Totalunternehmern vor. In diesen Fällen übernimmt der Unternehmer entweder die gesamte Planung des Bauobjekts (Totalunternehmer) oder aber Teile davon der Planung, wobei er dann auch zumeist das Leistungsverzeichnis erstellt. Damit verlagert sich aber abweichend von dem oben geschilderten Normalfall, in dem die Leistungsbeschreibung vom Auftraggeber stammt, die Verantwortung für die Eindeutigkeit und Vollständigkeit der Leistungsbeschreibung nebst Leistungsverzeichnis vom Auftraggeber auf den Auftragnehmer. Allein damit sind für den Auftragnehmer zugleich **erhebliche Haftungsrisiken** bei z. B. unzureichender Wärmebedarfsberechnung und darauf beruhender zu geringer Auslegung der Heizungsanlage oder bei zu geringer Kapazität der vom Unternehmer selbst geplanten Klimaanlage verbunden (OLG Düsseldorf, Urt. v. 20.7.1994 – 21 U 47/94, BauR 1994, 762, 763; ähnlich OLG Karlsruhe, Urt. v. 6.4.2010 – 4 U 129/08, NJW-RR 2010, 1609, 1610 = NZBau 2011, 31, 32 zu Erdarbeiten). Dies schließt alle Folgekosten z. B. auch im Zusammenhang mit einer deswegen verlängerten Bauzeit mit ein.

193 Diese Grundsätze gelten in gleicher Weise bei der **Abgabe von Änderungsvorschlägen** und Nebenangeboten durch einen Bieter im Rahmen der Ausschreibung (vgl. § 8 Abs. 2 Nr. 3 VOB/A), wenn er anschließend den Auftrag erhält. Denn auch in diesem Fall erstellt der Unternehmer die Planung und das Leistungsverzeichnis für diesen Änderungsvorschlag bzw. das Nebenangebot (vgl. dazu Kapellmann/Schiffers, Bd. 2, Rn. 840 und 913), sodass er auch für deren Richtigkeit einzustehen hat (Vygen, Festschrift Locher, S. 281).

2 Bestimmung der geschuldeten Leistung unter Einbeziehung der VOB/C (ATV/DIN)

Grundlage für eine häufig notwendige Auslegung von Bauverträgen sind des Weiteren die Allgemeinen Technischen Vertragsbedingungen für Bauleistungen (ATV/VOB/C). Hierbei handelt es sich um eine Vielzahl von **DIN-Normen,** die nach einzelnen Handwerkszweigen bzw. technischen Tätigkeitsbereichen im Rahmen der Bauausführung aufgegliedert sind. Sie sind mit der Vereinbarung der VOB/B nach § 1 Abs. 1 S. 2 VOB/B automatisch Vertragsbestandteil. Aus den einzelnen DIN lassen sich mannigfaltige Anhaltspunkte zur Bestimmung der geschuldeten Bauleistung entnehmen. Daher überrascht es, dass diese in der Praxis viel zu wenig beachtet werden. Dies gilt in besonderem Maße für die **DIN 18299**, in der allgemeine Regelungen für Bauarbeiten jeder Art, also für alle Gewerke, enthalten sind. So werden dort zunächst Hinweise für das **Aufstellen der Leistungsbeschreibung** gegeben, sowie gleichzeitig der Geltungsbereich abgesteckt. Ebenso finden sich dort Anforderungen an **Stoffe und Bauteile** sowie an die **Ausführung**. Schließlich werden die Voraussetzungen für (vergütungspflichtige) **Besondere Leistungen** und (unentgeltliche) **Nebenleistungen** und die Vorschriften für die **Abrechnung** beschrieben. Nach demselben Aufbauschema enthält jede Allgemeine Technische Vorschrift (ATV) des Teils C der VOB für die verschiedenen Gewerke **Hinweise für die Leistungsbeschreibung**, und zwar dazu, was darin nach Lage des Einzelfalles anzugeben ist. Dies ist als wichtiger Hinweis für den Ausschreibenden gedacht und sollte von ihm unbedingt beachtet werden (s. o. schon Rdn. 151 ff.). Für den Kalkulierenden und Bieter sollten diese Angaben als eine Art Checkliste angesehen werden, mit der er die Vollständigkeit der Ausschreibungsunterlagen überprüfen kann, um von vornherein Unklarheiten auszuräumen. Neben diesen Allgemeinhinweisen finden sich in jeder DIN sodann aber auch konkrete Regelungen, die abhängig von ihrem Inhalt das Leistungssoll eines Bauvertrages bestimmen: 194

- **Geschuldete Normvariante**

In den DIN-Normen, und zwar dort in dem jeweiligen **Abschnitt 3**, ist vielfach ausgeführt und beschrieben, was allgemein als richtige und mangels spezieller Regelungen als übliche Leistung oder als Leistung von mittlerer Art und Güte (§ 243 BGB) gilt. Allein deswegen kann ein Rückgriff somit weiteren Aufschluss darüber geben, was überhaupt eine **normgerechte Bauleistung** ist. 195

▶ **Beispiel:**

> Nach Abschnitt 3.13.3 der DIN 18334 (Zimmer- und Holzbauarbeiten) muss die Holzfeuchte beim Einbau 9% +/- 3% betragen.

Die ATV oder DIN-Normen setzen also grundsätzlich den Maßstab für die Normalausführung einer Bauleistung. Sie prägen vielfach die zu erbringende (geschuldete) Bauleistung, soweit in dem Bauvertrag keine abweichende Regelung, d. h. weiter gehende oder geringere Anforderungen an die zu erbringende Leistung, vorgesehen ist. Prägen bedeutet, dass ohne weiter gehende Regelung oder eine dagegen stehende anerkannte Regel der Technik eine Vermutung dafür besteht, dass die in der DIN niedergelegte Leistungsanforderung der vertraglich vereinbarten Beschaffenheit entspricht und somit auch zur geschuldeten Leistung gehört (vgl. dazu näher Vygen/Joussen, Bauvertragsrecht, Rn. 1247 ff.).

- **Abgrenzung Nebenleistung/Besondere Leistung**

196 Weitergehend gewinnt sodann vor allem der jeweilige Abschnitt 4 der Allgemeinen Technischen Vertragsbestimmungen (VOB/C) bei der Auslegung der geschuldeten Leistung an Bedeutung. Denn dieser unterscheidet wie schon bei den Ausführungen zu der Aufstellung einer Leistungsbeschreibung erläutert (Rdn. 151 ff.) die sog. **Nebenleistungen** von den sog. **Besonderen Leistungen**. Bei Nebenleistungen handelt es sich nach jeweiligem Abschnitt 4.1 einer DIN – stets vorbehaltlich einer anderweitigen Vereinbarung – bereits um vertragliche Leistungen; sie sind deshalb auch von der vertraglichen Vergütung abgedeckt, selbst wenn sie im Vertrag nicht weiter erwähnt werden, d. h.: Der Auftragnehmer hat sie ohne gesonderten Vergütungsanspruch mit zu erbringen. Dies ergibt sich aus § 2 Abs. 1 VOB/B: Danach sind **durch die vereinbarten Preise alle Leistungen abgegolten**, die nach der Leistungsbeschreibung, den Besonderen Vertragsbedingungen, den Zusätzlichen Vertragsbedingungen, den Zusätzlichen Technischen Vertragsbedingungen, den Allgemeinen Technischen Vertragsbedingungen für Bauleistungen und der gewerblichen Verkehrssitte zur vertraglichen Leistung des Unternehmers gehören. Der Abschnitt 4.1 der jeweiligen Technischen Vertragsbedingung kennzeichnet diese Nebenleistung als bereits von der vereinbarten Vergütung abgedeckt. Daneben stehen die Besonderen Leistungen: Diese gehören im Gegensatz zu den Nebenleistungen nach dem jeweiligen Abschnitt 4.2 der Allgemeinen Technischen Vertragsbedingungen (VOB/C) gerade nicht zu der geschuldeten vertraglichen Leistung; sie sind daher nur auf gesondertes Verlangen des Auftraggebers auszuführen und – insoweit allerdings nur unter den weiteren Voraussetzungen des § 2 Abs. 6 VOB/B oder § 2 Abs. 8 VOB/B – zusätzlich zu vergüten.

▶ **Beispiel:**

Der Auftraggeber eines VOB-Vertrages „beauftragt" den Auftragnehmer, seine Arbeiten gegen Regen zu schützen. Obwohl ein „Auftrag" vorliegt, schuldet der Auftraggeber dafür keine zusätzliche Vergütung (soweit sich aus den Vertragserklärungen nichts anderes ergibt). Denn das Sichern der eigenen Arbeiten gegen Niederschlagswasser stellt eine Nebenleistung dar, die nach Abschnitt 4.1.10 der DIN 18299 bereits ohne Erwähnung im Vertrag zur vertraglichen Hauptleistung gehört. Folglich stellt ein solcher „Auftrag" zum Regenwasserschutz nichts anderes als eine Anordnung des Auftraggebers zu einer Leistung dar, die zur vertragsgemäßen Ausführung der Leistung notwendig ist (§ 4 Abs. 1 Nr. 3 S. 1 VOB/B). Etwas anderes würde hingegen für eine Anordnung gelten, gesonderte Schutzmaßnahmen gegen Witterungsschäden, Hochwasser oder Grundwasser zu ergreifen, soweit diese über das übliche Niederschlagswasser hinausgehen. Derartige Leistungen wären als „Besondere Leistungen" nach Abschnitt 4.2.6 der DIN 18299 gesondert vergütungspflichtig.

Die vorstehende Unterteilung in Neben- und Besondere Leistungen hat allerdings nicht nur eine Bedeutung für die Frage der Vergütung, sondern mittelbar auch für die **Bestimmung der Bauzeit**. Diese ändert sich nämlich nicht, soweit es (nur) um die Ausführung von Nebenleistungen geht, die nach dem jeweiligen Abschnitt 4.1 einer DIN (ATV/VOB/C) ohnehin zur vertraglichen Leistung gehören. Etwas anderes gilt dagegen für die Besonderen Leistungen, die nach dem jeweiligen Abschnitt 4.2 ohne gesonderte Vereinbarung keine Vertragsleistung darstellen. Werden diese notwendig, hat der Auftragnehmer sie auf Verlangen (§ 1 Abs. 4 S. 1 VOB/B) mit auszuführen; sie sind dann aber auch gesondert zu vergüten und können sich zugleich in zeitlicher Hinsicht auswirken.

Vorstehende Systematik mit einem Rückgriff auf die unterschiedliche Kenn- 197
zeichnung entsprechend den jeweiligen Abschnitten 4.1 und 4.2 einer Allgemeinen Technischen Vertragsbedingung (DIN/VOB/C) als Vertrags- bzw. Nichtvertragsleistung greift natürlich so nicht, wenn der Ausschreibende z. B. eine **Nebenleistung** nach Abschnitt 4.1 abweichend von der jeweiligen DIN in einer **besonderen Position als auszuführende Leistung** ausschreibt: Dann bleibt diese „Nebenleistung" zwar Vertragsleistung, ist aber nunmehr bei der Abrechnung der Bauleistungen auf Grund der so gefassten Ausschreibung trotzdem eigenständig zu vergüten. Bauzeitlich wirkt sich dies aber nicht aus, weil es sich dabei trotz der im Vertrag vorgesehenen von der jeweiligen DIN abweichenden Vergütungsregelung weiterhin um eine Vertragsleistung handelt.

▶ **Beispiel:**

Im Leistungsverzeichnis wird für das Einrichten und Räumen der Baustelle eine gesonderte LV-Position vorgesehen, zu der der Auftragnehmer einen Preis angegeben hat. Hiermit wird die Baustelleneinrichtung bei Vertragsschluss – obwohl sonst nach Abschnitt 4.1.1 der DIN 18299 von der Vergütung abgedeckte Nebenleistung – zu einer Vertragsleistung, die gesondert zu bezahlen ist.

Im Ergebnis zeigt sich aber immerhin anschaulich, dass der ausführende Unternehmer den Umfang dieser Nebenleistungen der jeweiligen Gewerke in allen Einzelheiten kennen sollte. Dies gilt insbesondere für den Abschnitt über die Leistungen, die keine Nebenleistungen sind. Nur dann weiß er, welche Leistungen, die im Leistungsverzeichnis nicht aufgeführt sind, nicht zur vertraglich geschuldeten Leistung gehören; für diese kann er dann bei deren Anfall unter Einhaltung der weiteren Voraussetzungen des § 2 Abs. 6 VOB/B eine gesonderte oder zusätzliche Vergütung verlangen – und zwar auch insoweit, als sich ein Mehraufwand aus einer veränderten oder anzupassenden Bauzeit ergeben. Die Bedeutung dieser Vorschriften über Besondere Leistungen und Nebenleistungen soll an zwei weiteren Beispielen erläutert werden:

▸ **Beispiele:**

1. Gemäß den DIN-Normen gehört bei allen Gewerken die Beseitigung der Verunreinigungen, also der Abfälle und des Bauschutts, die von den Arbeiten des Auftragnehmers herrühren, zu den nichtvergütungspflichtigen Nebenleistungen; dies gilt in gleicher Weise für den Schutz der ausgeführten Leistungen und der für die Ausführung übergebenen Gegenstände vor Beschädigung und Diebstahl bis zur Abnahme und für die Einhaltung der Schutz- und Sicherungsmaßnahmen nach den Unfallverhütungsvorschriften und nach den behördlichen Bestimmungen (DIN 18299 Ziffern 4.1.4, 4.1.11 und 4.1.12). Dagegen gehört gemäß Ziffer 4.2.13 das Entsorgen von Sonderabfall aus dem Bereich des Auftraggebers zu den Besonderen Leistungen, die somit zusätzlich zu vergüten sind und sich auch bauzeitlich auswirken können.
2. Einem Unternehmer werden nachträglich Heizungsinstallationsarbeiten in Auftrag gegeben. Bei deren Ausführung stellt sich heraus, dass die Heizkörper nur mithilfe eines Autokrans in die einzelnen Räume gebracht werden können, wofür im Leistungsverzeichnis und im Vertrag keine besondere Vergütung vorgesehen ist. Gemäß Ziffer 4.1.9 der allgemeinen DIN 18299 gehört das Befördern der Stoffe und Bauteile zu den Verwendungsstellen zu den nicht gesondert vergütungspflichtigen Nebenleistungen, sodass der Unternehmer dafür keine zusätzliche Vergütung verlangen kann.

198 Bestehen vorstehende Grundsätze, kann jedoch auch eine DIN mit ihrer Abgrenzung zwischen einer bereits vertraglich geschuldeten und von der Vergütung abgedeckten Nebenleistung gemäß dem jeweiligen Abschnitt 4.1 bzw. vergütungspflichtigen Besonderen Leistungen in Abschnitt 4.2 eine Auslegung mit der Ermittlung eines ggf. **vorrangigen Parteiwillens** nicht ersetzen (BGH, Urt. v. 28.2.2002 – VII ZR 376/00, BauR 2002, 935, 936 f. = NJW 2002, 1954, 1955; OLG Rostock, Urt. v. 21.4.2011–3 U 74/08, IBR 2013, 522).

Beispiel: (nach BGH, Urt. v. 28.2.2002, a. a. O.)

Der Auftragnehmer (AN) wurde auf der Grundlage der VOB mit der Herstellung neuer Brückenkappen beauftragt. Die Herstellung des überhängenden Teils der Kappen erforderte ein zusätzliches Konsoltraggerüst, das im Gegensatz zu weiteren Traggerüsten vergleichbarer Art nicht mit ausgeschrieben war. Der AN verlangt für das Gerüst einen Nachtrag. Er beruft sich darauf, dass die vom AG stammende Ausschreibung insoweit unklar sei, weswegen diese Unklarheiten zu seinen Lasten gingen. Zu Unrecht! Denn hier war die Leistungsbeschreibung gar nicht unklar. Vielmehr ergab sich bereits aus der Ausschreibung, dass vom AN auch bei dem weiteren Brückenkopf ein Konsoltraggerüst zu stellen war und zur vertraglichen Leistung gehörte. Dass die einschlägige DIN in ihrem Abschnitt 4.2 gesondert zu erstellende Traggerüste als vergütungspflichtig ansieht, ändert an diesem Auslegungsergebnis nichts (in diesem Sinne ähnlich KG, Urt. v. 14.2.2006 – 21 U 5/03, BauR 2006, 836, 837 = NZBau 2006, 241, 242 – Olympiastadion Berlin).

Das Ergebnis ist klar, sollte aber nicht umgekehrt zu Missverständnissen verleiten: Denn selbstverständlich sind die Regelungen der VOB/C mit der Abgrenzung in dem jeweiligen **Abschnitt 4 bei einem VOB-Vertrag Vertragsbestandteil**. Daher ist ein Rückgriff darauf nur versperrt, wenn sich tatsächlich ein vorrangig abweichender Vertragswille ergibt oder dies sogar ausdrücklich vereinbart ist (vgl. etwa BGH, Beschluss vom 10.04.2014, Az.: VII ZR 144/12, BauR 2014, 1150, 1151 = NJW-RR 2014, 714, 715 = NZBau 2014, 427, 428). Andernfalls ist bei der Auslegung natürlich das **gesamte Vertragswerk** einzubeziehen. Hierbei ist dann durchaus auch auf die einschlägigen DIN-Vorschriften zurückzugreifen, die nach den dem Vertrag zugrunde liegenden Willenserklärungen ebenfalls zur Vertragsgrundlage gemacht wurden. Dazu gehört also gleichfalls die Unterscheidung von bereits zur Vertragsleistung gehörenden und von der Vergütung erfassten Nebenleistungen gemäß dem jeweiligen Abschnitt 4.1 einer DIN und von gesondert vergütungspflichtigen Zusatzleistungen gemäß dem jeweiligen Abschnitt 4.2, die erst durch ein gesondertes Verlangen des Auftraggebers zur Vertragsleistung werden (BGH, Urt. v. 27.7.2006 – VII ZR 202/04, BauR 2006, 2040, 2042 = NJW 2006, 3413, 3414; BGH, Beschl. v. 10.4.2014, a. a. O.). 199

- **Bedeutung der Abrechnungsvorschriften der DIN**

Zu beachten ist, dass sich in den DIN teilweise auch noch in dem jeweiligen Abschnitt 5 Regelungen finden, die die geschuldete Leistung bestimmen können. Dies ist allerdings nicht ganz zweifelsfrei, da es sich bei dem Abschnitt 5 eigentlich um Vorschriften zur Abrechnung handelt. 200

▶ **Beispiel:** (nach KG, Urt. v. 5.8.2009 – 11 U 64/08, BauR 2011, 566 [Ls.] = IBR 2010, 673)

Der Auftraggeber meldete nach Ablauf der Grundstandzeit am 9. August 2011 (Dienstag) per 11. August 2011 (Donnerstag) ein Gerüst frei. An diesem Tag (11.8.) wird ein Baukran gestohlen. Der Gerüstbauer nimmt dafür den Bauherrn in Anspruch. Das Kammergericht lehnte eine Haftung ab. Mit Ablauf der Freigabefrist ende die Gebrauchsüberlassung. Eine stillschweigende Verlängerung nach der Grundstandzeit sei gemäß § 545 S. 1 BGB nach dem rechtzeitigen Widerspruch nicht erfolgt. Abschnitt 5.11.2 der DIN 18451 ändere daran nichts: Zwar ende danach die Gebrauchsüberlassung frühestens drei Werktage nach Zugang der Freigabemitteilung. Hierbei handele es sich aber nur um eine Abrechnungsvorschrift, die nicht die Abgrenzung zwischen werkvertraglicher Verantwortung des Auftragnehmers für Auf- und Abbau bzw. mietvertraglicher Phase betreffe.

Ob das Ergebnis bei der Abgrenzung der vertraglichen Vorschriften richtig ist, mag allerdings zweifelhaft sein. Zwar ist richtig, dass die DIN in ihrem jeweiligen Abschnitt 5 vorrangig Regelungen zur Abrechnung enthält. Wenn dann aber dort vorgesehen ist, dass eine Gebrauchsüberlassung eben erst drei Tage nach Zugang einer Freigabemitteilung endet, liegt darin zugleich eine vertragliche Bestimmung der gegenseitigen Rechte und Pflichten der Vertragsparteien. Anders dürfte eine solche Regelung wohl auch kaum von den Vertragsparteien verstanden werden.

3 Bestimmung des Leistungssolls bei öffentlicher Ausschreibung/unter Einbeziehung der VOB/A

201 Bei Bauverträgen, denen insbesondere nach einer öffentlichen Ausschreibung die VOB/A zugrunde gelegen hat, gelten dieselben Grundsätze wie vorstehend beschrieben. Auch hier folgt die Bestimmung der geschuldeten Leistung zunächst aus der Leistungsbeschreibung, den dazu gehörigen Unterlagen sowie aus den zum Vertragsinhalt gemachten Vertragsbedingungen und den Technischen Bestimmungen. Bestehen Unklarheiten, ist der Vertrag ebenso auszulegen (§§ 133, 157 BGB). Dabei sind in gleicher Weise der Inhalt und der Umfang der geschuldeten Leistung vorrangig in der Weise zu ermitteln, wie sie sich für einen verständigen Empfänger der Erklärungen aus dem Vertrag bzw. dem Leistungsverzeichnis unter Berücksichtigung von Verkehrssitte und Treu und Glauben ergeben (**objektive Empfängersicht** – BGH, Urt. v. 9.2.1995 – VII ZR 143/93, BauR 1995, 538, 539 = NJW-RR 1995, 914, 915; BGH, Urt. v. 22.12.2011 – VII ZR 67/11, BauR 2012, 490, 491 = NJW 2012, 518, 519 = NZBau 2012, 102; BGH, Urt. v. 21.3.2013 – VII ZR 122/11, BauR 2013, 1126, 1128

= NZBau 2013, 428, 429 = NJW 2013, 1957; Vygen, Festschrift Locher, S. 281 f.). Die Ermittlung der objektiven Empfängersicht gewinnt allerdings gerade bei der öffentlichen Ausschreibung um so größere Bedeutung, als sich der Auftraggeber mit einem von ihm erstellten Leistungsverzeichnis an einen zunächst unbekannten Bieterkreis richtet, der letztlich ohne Nachfragemöglichkeit die Ausschreibung so aufnehmen und verstehen kann und muss, wie sie sich objektiv für ihn darstellt. Dabei darf ein solcher Bieter eine Ausschreibung auf der Grundlage der VOB/A auch so verstehen, dass diese den Anforderungen der VOB/A entspricht. Dies heißt konkret:

- Gerade wegen der fehlenden Nachfragemöglichkeit kommt vor allem bei der öffentlichen Ausschreibung zunächst dem **Wortlaut der Ausschreibung** eine große Bedeutung zu. Objektiver Empfängerhorizont heißt hier die beteiligten Fachkreise, deren Fachkenntnis ggf. durch Sachverständige zu ermitteln ist (OLG Koblenz, Urt. v. 19.5.2006 – 8 U 69/05, BauR 2006, 1797 = OLGR Koblenz 2006, 941, 942, s. oben Rdn. 178 f.). 202
- § 7 Abs. 1 Nr. 1 VOB/A verlangt vom Ausschreibenden eine eindeutige Risikobeschreibung; § 7 Abs. 1 Nr. 3 VOB/A verbietet es, in der Ausschreibung dem Auftragnehmer unbekannte Risiken zu übertragen. Das bedeutet allerdings nicht, dass diese „Verbotsregelung" nunmehr eine unmittelbare vertragsgestaltende Wirkung erlangt – etwa dahin gehend, dass die Leistungsverpflichtung des Auftragnehmers im Sinne des § 7 VOB/A z. B. mit dem Verbot einer unzulässigen Wagnisübernahme vertragsrechtlich beschränkt würde. Für eine solche Rechtsfolge gibt § 7 VOB/A als Vorgabe für die Gestaltung öffentlicher Vergabeverfahren nichts her (s. BGH, Urt. v. 21.11.1991 – VII ZR 203/90, BGHZ 116, 149, 151 = BauR 1992, 221 = NJW 1992, 827; BGH, Urt. v. 27.6.1996 – VII ZR 59/95, BauR 1997, 126, 128 = NJW 1997, 61).

Auch wenn § 7 VOB/A keine unmittelbare vertragsgestaltende Geltung zukommt, wirkt sich diese Regelung trotzdem unabhängig davon auf die Bestimmung des Leistungsumfangs aus. Denn ein Auftragnehmer darf bei der Auslegung einer Ausschreibung darauf vertrauen, dass die für den öffentlichen Auftraggeber dort verbindlichen Vorgaben eingehalten sind (BGH, a. a. O.; BGH, Urt. v. 21.3.2013 – VII ZR 122/11, BauR 2013, 1126, 1128 = NZBau 2013, 428, 429 = NJW 2013, 1957; BGH, Urt. v. 23.6.1994 – VII ZR 163/93, BauR 1994, 625, 626 = NJW-RR 1994, 1108, 1109; BGH, Urt. v. 11.11.1993 – VII ZR 47/93, BGHZ 124, 64, 69 f. = BauR 1994, 236, 238 = NJW 1994, 850, 851; BGH, Urt. v. 22.4.1993 – VII ZR 118/92, BauR 1993, 595, 596 = NJW-RR 1993, 1109, 1110; s. dazu auch Zmuda/Bschorr, BauR 2014, 10, 14). 203

▶ **Beispiel:** (nach BGH, Urt. v. 11.11.1993 – VII ZR 47/93, a. a. O. – „Wasserhaltung II")

Nach einer öffentlichen Ausschreibung wird der Auftragnehmer beauftragt, im Zuge der Verlegung einer Kanalisation die Kanalbaugrube durch Wasserhaltungsmaßnahmen nach seiner Wahl trocken zu halten. Er ist der Auffassung, die Bodenverhältnisse seien nicht ausreichend beschrieben gewesen. Daher sei ihm wegen von ihm nicht erwarteter erschwerter Bodenverhältnisse ein erhöhter Aufwand zu vergüten. Der Auftraggeber bestreitet dies und verweist darauf, dass der Auftragnehmer sich die Bodenverhältnisse vorher hätte ansehen können.

204 Eine Pauschallösung ist in Fällen wie diesen nicht möglich und hängt von der Auslegung des Vertrages ab. Dem Auftragnehmer steht eine zusätzliche Vergütung aber zu, wenn mit dem dazu notwendigen (Mehr)aufwand (auch in zeitlicher Hinsicht) bzw. der Leistung nach einem objektivierten Verständnis der Ausschreibung als ungewöhnliches Wagnis nicht zu rechnen war (BGH, a. a. O.; ähnlich: BGH, Urt. v. 9.1.1997 – VII ZR 259/95, BGHZ 134, 245, 248 = BauR 1997, 466, 467 = NJW 1997, 1577, 1578; BGH, Urt. v. 22.12.2011 – VII ZR 67/11, BauR 2012, 490, 491 = NJW 2012, 518, 519 = NZBau 2012, 102, 103; BGH, Urt. v. 21.3.2013 – VII ZR 122/11, BauR 2013, 1126, 1128 = NZBau 2013, 428, 429 = NJW 2013, 1957). Ob das so ist, kann immer nur im Einzelfall entschieden werden:

205 • So ist zunächst vorstellbar, dass der Auftraggeber im Rahmen der Vertragsverhandlungen ein **Risiko offen legt** und zu erkennen gibt, dass er dieses Risiko auf den Auftragnehmer übertragen will. Findet sich jetzt dazu keine eindeutige Beschreibung in den Auftragsunterlagen, so kann gleichwohl ein berechtigtes Vertrauen des Auftragnehmers auf eine vollständige Leistungsbeschreibung nicht begründet sein, weil er zumindest dieses offengelegte Risiko bei Vertragsabschluss kannte. Folglich hat er es in Folge seiner unbedingten Angebotsabgabe und der darauf erfolgten Zuschlagserteilung mit übernommen. § 7 VOB/A ändert daran nichts (vgl. dazu KG, Urt. v. 14.2.2006 – 21 U 5/03, BauR 2006, 836, 839 = NZBau 2006, 241, 243 – Olympiastadion sowie die Erläuterungen oben Rdn. 183 ff.).

206 • Nichts anderes gilt, wenn eine solche klarstellende Angabe in den Verhandlungen oder anderweitig nicht erfolgt, sich aber sonst aus den Umständen hinreichend deutlich ergibt, dass mit einem besonderen Risiko zu rechnen ist (BGH, Urt. v. 22.12.2011 – VII ZR 67/11, BauR 2012, 490, 491 = NJW 2012, 518, 519 = NZBau 2012, 102, 103).

▶ **Beispiel:** (nach BGH, Urt. v. 21.12.2011, a. a. O.)

Bei einem Straßenaufbruch ist üblicherweise unterhalb der Deckschicht mit kontaminierten Böden zu rechnen. In dem zu einem Pauschalpreis geschlossenen Bauvertrag war dazu nichts konkret beschrieben. Ein Mehrvergütungsanspruch für nunmehr auftretende kontaminierte Böden ist danach trotzdem nicht gegeben; auch wird kein ungebührliches Wagnis übertragen. Denn wenn sich aus den tatsächlichen Umständen klar ergibt, dass solche Leistungen anfallen werden, kann der Auftragnehmer später nicht einwenden, dass diese nicht zur übernommenen Leistung gehörten.

Gibt es dagegen **keine weiteren Anhaltspunkte für ein ggf. bestehendes Risiko**, das in der Ausschreibung entgegen vor allem den Vorgaben der DIN u. a. nicht weiter beschrieben war und mit dessen Eintritt der Auftragnehmer auch sonst nicht rechnen musste, gehört ein damit verbundener Mehraufwand im Fall seines Eintritts nicht mehr zur Vertragsleistung des Auftragnehmers (anschaulich BGH, Urt. v. 21.3.2013 – VII ZR 122/11, BauR 2013, 1126, 1128 = NZBau 2013, 428, 429 = NJW 2013, 1957; s. dazu auch Joussen, NZBau 2013, 465, 469), d. h.: Bestehen abschließend Unklarheiten, weil z. B. einzelne wichtige die die Leistungsverpflichtung eines Auftragnehmers prägende Umstände nicht oder nicht vollständig oder abschließend beschrieben sind, darf bei einer interessengerechten und an den Vorgaben der VOB/A orientierten Auslegung ein Auftragnehmer davon ausgehen, dass diese Umstände in seinem Sinne die von ihm zu erbringende Leistung auch nicht nachteilig prägen. Denn nach dem vorbeschriebenen Verständnis der VOB/A wäre es allein Aufgabe des Auftraggebers als Ersteller der Vergabeunterlagen, in diesem Fall die Ausschreibung präziser zu gestalten, und zwar in der Weise, dass ein Bewerber etwaige nachteilhafte Umstände sicher und ohne gesonderte Wagnisse beurteilen kann (BGH, Urt. v. 12.9.2013 – VII ZR 227/11, BauR 2013, 2017, 2019 = NJW 2013, 3511, 3512 = NZBau 2013, 695, 697). Konkret würde dies in Fortschreibung des vorgenannten Beispielfalls bedeuten, dass ein Bieter jedenfalls dem Grundsatz nach zunächst einmal darauf vertrauen darf, dass die Bodenverhältnisse dort richtig und vollständig mit einer Anlehnung an die einschlägig geltenden DIN-Regelungen beschrieben sind (BGH, a. a. O.; BGH, Urt. v. 21.11.1991 – VII ZR 203/90, BGHZ 116, 149, 151 = BauR 1992, 221 = NJW 1992, 827; BGH, Urt. v. 27.6.1996 – VII ZR 59/95, BauR 1997, 126, 128 = NJW 1997, 61; BGH, Urt. v. 23.6.1994 – VII ZR 163/93, BauR 1994, 625, 626 = NJW-RR 1994, 1108, 1109; BGH, Urt. v. 11.11.1993 – VII ZR 47/93, BGHZ 124, 64, 69 f. = BauR 1994, 236, 238 = NJW 1994, 850, 851; BGH, Urt. v. 22.4.1993 – VII ZR 118/92, BauR 1993, 595, 596 = NJW-RR 1993, 1109, 1110; ausführlich auch Zmuda/Bschorr, BauR 2014, 10, 14). Er darf also weiter un- 207 terstellen, dass je nach Bedarf und Angaben im Einzelfall etwa die nach der einschlägigen DIN 4020 bzw. DIN EN 1997-2 vorgesehenen Baugrunduntersuchungen sogar stattgefunden haben, wo sie notwendig sind. Umgekehrt kann er berechtigt davon ausgehen, dass etwaige Mehrleistungen auf Grund des Eintritts eines Risikos, das in Folge der fehlenden, nach der VOB/A aber gebotenen Angaben im Leistungsverzeichnis nicht beschrieben war, auch nicht zu der geschuldeten Vertragsleistung gehört.

208 Nichts anderes gilt in anderen **Fällen fehlender Angaben**, die ein redlicher Bieter bei der Aufstellung eines Leistungsverzeichnisses erwarten darf, weil sie für die Ausführung der Leistung und eine einwandfreie Preisermittlung des Bieters bei der Aufstellung seines Angebots (vgl. § 7 Abs. 1 Nr. 2 und Nr. 6 VOB/A) erheblich sind (BGH, Urt. v. 12.9.2013 – VII ZR 227/11, BauR 2013, 2017, 2019 = NJW 2013, 3511, 3512 = NZBau 2013, 695, 697).

▶ **Beispiel (BGH, a. a. O.)**

In einer Ausschreibung ist angegeben, dass eine für den verkehrsüblichen Einsatz eines Kranes hinderliche Hochspannungsleitung vom Auftraggeber wegen der zu Beginn der Baumaßnahme vorgesehenen Bohrpfahlarbeiten abgebaut wird. Nach deren Abschluss wird die Hochspannungsleitung wieder angebracht, was in der Leistungsbeschreibung aber nicht angegeben war. Der nunmehr deswegen für die Fortsetzung der Baumaßnahmen entstehende Mehraufwand ist nicht mehr Gegenstand der ursprünglichen Leistungsverpflichtung. Denn mangels klarer Angabe in der Leistungsbeschreibung durfte der Auftragnehmer davon ausgehen, dass die Hochspannungsleitung für die ganze Zeit der Bauausführung nicht angebracht ist.

209 Dass ein Bieter in solchen Fällen **keine weitere Aufklärung** betreibt, indem er etwa nachgefragt hat, ist dagegen unerheblich. Denn wie schon an anderer Stelle erläutert (oben Rdn. 189) gibt es **keine Auslegungsregel**, wonach ein Vertrag mit einer unklaren Leistungsbeschreibung allein deshalb zu Lasten des Auftragnehmers auszulegen ist, weil dieser die Unklarheiten vor der Abgabe seines Angebots nicht aufgeklärt hat (BGH, Urt. v. 12.9.2013 – VII ZR 227/11, BauR 2013, 2017, 2019 = NJW 2013, 3511, 3512 = NZBau 2013, 695, 697; BGH, Urt. v. 13.3.2008 – VII ZR 194/06, BGH, Urt v. 13.3.2008 – VII ZR 194/06, BGHZ 176, 23, 31 = BauR 2008, 1131, 1136 = NJW 2008, 2106, 2109 = NZBau 2008, 437, 439).

210 Soweit vorstehend darauf hingewiesen wurde, dass eine fehlende Aufklärung keine Bedeutung für ein zu erzielendes Auslegungsergebnis hat, ist dies aber gerade auch bei öffentlichen Ausschreibungen mit den hier bestehenden meist sehr kurzen Angebotsfristen noch in einem weiteren Zusammenhang von Bedeutung: Denn eine Aufklärung von Widersprüchen und

eine Nachfrage vor Angebotsabgabe würden zumeist erfordern, dass ein Bieter die Vergabeunterlagen vor Angebotsabgabe überprüft. Doch nicht einmal das spielt für eine anzustellende Auslegung von Vergabeunterlagen im Rahmen einer Ausschreibung nach der VOB/A eine Rolle. Im Gegenteil: Wie schon oben allgemein beschrieben treffen auch bei öffentlichen Vergabeverfahren einen Auftragnehmer im **Angebotsstadium keine solchen Prüfungspflichten zu etwaigen Planungsfehlern** oder Fehlern im Leistungsverzeichnis. Denn ein Bieter nimmt zu diesem Zeitpunkt eine Prüfung dieser Unterlagen nur unter kalkulatorischen Gesichtspunkten vor. Eine Prüfungsobliegenheit bestände allenfalls dann aus Treu und Glauben, wenn sich Fehler des Leitungsverzeichnis geradezu aufdrängen würden (OLG Koblenz, Urt. v. 31.3.2010–1 U 415/08, NZBau 2010, 562, 565; s. o. schon Teil A Rdn. 190), worum es in den allermeisten Fällen aber nicht geht. Auch diese fehlende Prüfobliegenheit beruht auf der Systematik der VOB/A: So ist wie erläutert nach § 7 Abs. 1 Nr. 1 VOB/A eine Leistung so eindeutig und so erschöpfend zu beschreiben, dass ein Bieter seine Preise auf dieser Grundlage sicher und ohne umfangreiche Vorarbeiten berechnen kann. § 7 Abs. 1 Nr. 2 VOB/A verlangt weiter, dass alle für eine einwandfreie Preisermittlung erforderlichen Umstände festzustellen und in den Verdingungsunterlagen anzugeben sind. Konkret zu den Böden sieht § 7 Abs. 1 Nr. 6 VOB/A außerdem vor, dass die wesentlichen Verhältnisse so zu beschreiben sind, das ein Bewerber deren Auswirkungen unter anderem auf die Bauausführung sicher beurteilen kann. Im Ergebnis müssen die Angebotsunterlagen also so gefasst sein, dass ein Bewerber sein **Angebot sicher und ohne wesentliche Vorarbeiten** erstellen und seine Preise berechnen kann (§ 7 Abs. 1 Nr. 1 VOB/A).

Mit diesen Grundsätzen ist die unterschiedliche Rollenverteilung präzise be- **211**
schrieben: Denn nach dem Verständnis der VOB/A obliegt die Erstellung einer sachgerechten, **widerspruchsfreien und vollständigen Ausschreibung allein dem Auftraggeber**. Diese Pflichtenstellung nach der VOB/A ist wiederum vor dem Hintergrund zu sehen, dass nur er seine Bauaufgabe bestimmen kann und ihm dafür im Übrigen eine beliebig lange Vorbereitungszeit zur Verfügung steht. Umgekehrt muss ein Auftragnehmer auf der Grundlage zumeist umfangsreichster Vergabeunterlagen ein Angebotsblankett innerhalb einer sehr kurzen Frist bearbeiten, die ihm **allenfalls eine Plausibilitätsprüfung** ermöglicht. Diese Plausibilitätsprüfung muss sich dann aber auf das beschränken, was sich an notwendigen Erkenntnissen für die Abgabe eines Preisangebotes gemäß § 7 Abs. 1 Nr. 1 VOB/A sicher und ohne wesentliche Vorarbeiten aus dem Leistungsverzeichnis entnehmen lässt – und zwar in der Regel sogar nur insoweit, als auf Seiten eines Auftragnehmer Personen damit befasst sind, die für die Preiskalkulation zuständig sind. Das sind in der Regel Kalkulatoren und keine Fachplaner oder Bauingenieure; deswegen kann es bei der Beurteilung einer Prüfungspflicht – soweit es für eine solche

Prüfung nach der Ausschreibung überhaupt belastbare Anhaltspunkte gibt – auch nur darauf ankommen, ob für die **preiskalkulatorische Bearbeitung** des Angebots eine weitere **Prüfung geboten** war oder sich ggf. Unklarheiten in dieser Hinsicht ergaben. Dagegen ist es gerade nicht Aufgabe der Bieter in diesem Stadium, die kompletten Angebotsunterlagen auch in technischer Hinsicht unter Hinzuziehung z. B. von Fachleuten (nochmals) darauf zu überprüfen, ob in den einzelnen LV-Positionen wirklich alles enthalten ist oder sonst Lücken vorhanden sind – wobei es natürlich insoweit wie immer auf die Sichtweise eines durchschnittlichen Bieters ankommt. Dass die ausgeschriebene Bauaufgabe dagegen schwierig oder umfangreich ist, ist ohne Bedeutung und löst keine gesteigerte Prüfpflicht aus. Auch das wiederum beruht darauf, dass die Planungsverantwortung allein beim Auftraggeber liegt und er auf dieser Grundlage und ggf. dann auch in Kenntnis der **Schwierigkeit und den Umfang der Baumaßnahme** das Leistungsverzeichnis zu erstellen hat. Wenn er mit dieser Kenntnis nicht einmal selbst bei einer sorgfältigen Ausschreibung solche Fehler und Lücken erkennt und sie daraufhin in der Ausschreibung angibt, kann dieser Umstand nicht zulasten des Auftragnehmers gehen.

4 Kein eindeutiges Auslegungsergebnis/Schadensersatzansprüche des Auftragnehmers

212 Führen alle vorstehend beschriebenen Auslegungskriterien nicht zu einer Ermittlung der geschuldeten Soll-Leistung, so steht dem Auftragnehmer letztlich ein Wahlrecht zwischen mehreren Leistungsvarianten innerhalb des Leistungsbeschriebs zu. Allein insoweit gehen dann tatsächlich Widersprüche und Unklarheiten **zulasten desjenigen, der die unklaren Leistungsvorgaben gemacht hat, d. h. hier des Ausschreibenden**, also im Regelfall des Auftraggebers (vgl. OLG Düsseldorf, Urt. v. 6.7.1993 – 23 U 207/92, BauR 1994, 764, 766 = NJW-RR 1995, 82, 83 f.). Davon zu unterscheiden bleibt dagegen die Fallgestaltung, dass selbst nach Auslegung vom Sachverhalt her streitig bleibt, ob bei unklaren oder widersprüchlich aufgestellten Leistungsverzeichnissen eine bestimmte Leistung noch von insbesondere etwa einer vereinbarten pauschalen Vergütung abgedeckt ist – oder nicht. Dies ist eine Frage der Darlegungs- und Beweislast. Darauf soll in diesem Buch erst später im Zusammenhang mit der Geltendmachung von Mehrvergütungsansprüchen eingegangen werden (s. Teil A Rdn. 472 ff.; s. dazu auch weitergehend Vygen/Joussen, Bauvertragsrecht, Rn. 2351 ff.)

213 Kommt man dagegen nach einer Auslegung eines vom Auftraggeber erstellten Leistungsverzeichnisses zu dem Ergebnis, dass der Auftragnehmer eine darin unklar beschriebene Leistung mit auszuführen hat, d. h. für seinen inso-

weit entstehenden (Mehr)aufwand auch in zeitlicher Hinsicht keine Vergütung erhält, ist es immerhin denkbar, dass ihm dann dazu wenigstens **flankierend ein Schadensersatzanspruch** aus §§ 280 Abs. 1, 311 Abs. 2 Nr. 1, 241 Abs. 2 BGB zusteht (ehemals culpa in contrahendo). Dies ist in aller Regel anzunehmen, weil die ordnungsgemäße Aufstellung eines Leistungsverzeichnisses Bestandteil der vorvertraglichen Rücksichtnahmepflichten des Erstellers des Leistungsverzeichnisses ist (s. dazu ausführlich Joussen, BauR 2013, 1583; dem zustimmend dem Grunde nach auch Kniffka/Koeble 5. Teil Rn. 87). Diese Pflicht wird insbesondere wegen der für den Auftraggeber erkennbaren Bedeutung der von ihm verfassten Ausschreibungsunterlagen für seinen Vertragspartner und dessen Kalkulation etwa bei unklaren oder unvollständigen Leistungsverzeichnissen verletzt – was bei einem Verstoß gegen die Vorgaben des § 7 Abs. 1 und 2 VOB/A im Rahmen einer öffentlichen Ausschreibung im besonderen Maße anzunehmen ist (Joussen, BauR 2013, 1583, 1588). Nichts anderes gilt für die Voraussetzungen des § 4 Abs. 1 VOB/A, wonach ja überhaupt nur ein Pauschalvertrag geschlossen werden soll, wenn die Leistung nach Ausführungsart und Umfang genau bestimmt und mit einer Änderung bei der Ausführung nicht zu rechnen ist (§ 4 Abs. 1 Nr. 2 VOB/A). Diese Regelung schließt zwar Vergaben mit funktionaler Leistungsbeschreibung (§ 7 Abs. 13 ff.) nicht aus, dessen Eigenart ja gerade darin besteht, dass Planungsleistungen in Verbindung mit der erbringenden Bauleistung auf den Auftragnehmer übertragen werden (s. dazu Rdn. 156 ff.); doch darf hier ein Auftraggeber einen **Pauschalvertrag nicht dazu missbrauchen, eigene Versäumnisse in der Planung** allein mit der Wahl der Vertragsart, nämlich der eines Pauschalvertrages, auf den Auftragnehmer überzuwälzen. Allzu große Bedeutung dürfte diesem isolierten Verstoß gegen die richtige Vertragsart aber in der Praxis nicht zukommen: Denn entweder wird dem Auftragnehmer bei Streitigkeiten (zumeist geht es um Mehrvergütungsansprüche wegen vermeintlich vom Vertrag nicht erfasster oder zumindest nicht ohne Weiteres erkennbarer Mehrmengen) schon über eine sachgerechte Auslegung geholfen werden können (s. o. Rdn. 175 ff.). Oder es liegt zugleich schon ein Verstoß gegen die Grundsätze der Vergabe des § 7 Abs. 1 und 2 VOB/A vor, so insbesondere etwa das Gebot der klaren und erschöpfenden Leistungsbeschreibung, woraus sich allein bereits entsprechende Schadensersatzansprüche ergeben. § 4 Abs. 1 Nr. 2 VOB/A verfolgt hier dem Grunde kein anderes Ziel.

Anzumerken immerhin ist, dass es entgegen früherer Rechtsprechung für einen diesbezüglichen Schadensersatzanspruch **nicht** mehr darauf ankommt, dass der Auftragnehmer auf die **Ordnungsgemäßheit der Ausschreibung** vertraut hat (grundlegend dazu BGH, Urt. v. 9.6.2011 – X ZR 143/10, BGHZ 190, 89, 94 = BauR 2011, 1813, 1815 = NZBau 2011, 498, 500, ebenso BGH, Urt. v. 11.11.2014 – X ZR 32/14, BauR 2015, 479, 480). Hierbei handelte es sich um einen Umstand, mit dem früher solche Schadensersatzansprüche gerade bei Erkennbarkeit der Unklarheiten oder Fehler in den Leistungsverzeichnissen in aller Regel abgelehnt wurden. Dies schließt heute einen Schadensersatzanspruch nicht mehr aus, kann ihn aber natürlich wegen eines **Mitverschuldens nach § 254 BGB** reduzieren (ebenso Kniffka/Koeble, 5. Teil Rn. 87). Gerade die danach mögliche Verteilung zwischen Planungsverantwortung auf der einen und Mitverschulden wegen unterbliebener Prüfung, Hinweise u. a. auf der anderen Seite führt in der Praxis zu durchaus sachgerechten Ergebnissen (Joussen, BauR 2013, 1583). Einzelheiten dazu sollen allerdings erst später im Zusammenhang mit der Behandlung etwaiger Mehrvergütungsansprüche des Auftragnehmers erläutert werden (Teil A Rdn. 486 ff.)

III Die Bauausführung und die Bauzeit

1 Ausführung der Leistungen zu den angegebenen Terminen

Ist die Bauzeit geregelt, ist damit noch nicht geklärt, wie die Bauleistungen unter Berücksichtigung der vereinbarten Termine genau auszuführen sind. Dabei ist vor allem offen, wann eine Überschreitung von Ausführungsfristen bzw. sonst ein Verzug vorliegen. Anknüpfungspunkt ist erneut § 5 Abs. 1 VOB/B. Danach hat der Auftragnehmer die Ausführung der Bauleistungen nach den verbindlichen Fristen zu beginnen, angemessen zu fördern und zu vollenden. 214

1.1 Rechtzeitiger Beginn der Bauausführung

Haben die Vertragspartner im Bauvertrag oder in dem zum Vertragsbestandteil erklärten **Bauzeitenplan** den Ausführungsbeginn zeitlich durch einen nach dem Kalender bestimmten Termin (vgl. oben Rdn. 48 ff.) festgelegt (sog. **Kalenderfrist**), so bedarf es keiner Aufforderung durch den Auftraggeber mehr. Der Unternehmer hat vielmehr an dem festgelegten Datum mit der Ausführung seiner Bauleistung zu beginnen, wenn er nicht schon mit dem Beginn der Ausführung in **Verzug** geraten will (s. o. Rdn. 52 ff.) 215

▸ **Beispiel:**

Im Bauvertrag ist als Ausführungsbeginn der 1. August 2013, der August 2013 oder die 11. Kalenderwoche festgelegt. Hier hat der Auftragnehmer an diesen Daten bzw. in dem festgelegten Zeitraum die Arbeiten aufzunehmen.

Nichts anderes gilt, wenn der **Ausführungsbeginn** nicht mit einem Datum festgelegt ist, sondern sich (nur) durch eine Frist nach einem bestimmten feststehenden Ereignis bestimmen lässt (**Ereignisfrist**). Auch hier führt das Verstreichenlassen dieser nach dem Kalender berechenbaren Frist automatisch zum Verzug des Unternehmers (§ 286 Abs. 2 Nr. 2 BGB). 216

▸ **Beispiel:**

Im Vertrag ist als Baubeginn eine Frist von einem Monat nach Vertragsabschluss oder nach Vorlage der Baugenehmigung vorgesehen. Hier gerät der Auftragnehmer automatisch in Verzug, wenn er nicht binnen dieser Frist die Arbeiten aufnimmt.

217 Ist dagegen der **Ausführungsbeginn** im Vertrag überhaupt nicht verbindlich festgelegt, ist zwischen BGB- und VOB-Vertrag zu unterscheiden:

- Bei einem **BGB-Vertrag** hat der Auftragnehmer gemäß § 271 BGB mit der Ausführung grundsätzlich **unverzüglich zu beginnen**. Er gerät nach einer Mahnung unmittelbar in Verzug (vgl. BGH, Urt. v. 8.3.2001 – VII ZR 470/99, BauR 2001, 946 f. = NJW-RR 2001, 806).
- Bei einem **VOB-Vertrag** bedarf es demgegenüber zunächst des **Abrufs der Leistung**. Der Auftragnehmer hat nunmehr gemäß § 5 Abs. S. 2 VOB/B **binnen 12 Werktagen** mit der Ausführung der Bauleistung zu beginnen. Dabei stellt dieser Abruf seinerseits ein Ereignis im Sinne des § 286 Abs. 2 Nr. 2 BGB dar, sodass der Auftragnehmer bei Verstreichenlassen der dann laufenden 12 Werktage-Frist automatisch in Verzug gerät.

218 Anzumerken ist, dass diesem Abrufrecht des Auftraggebers ein Auskunftsanspruch des Unternehmers und eine Auskunftspflicht des Auftraggebers vorgeschaltet sind. Danach hat Letzterer bei einem entsprechenden Verlangen dem Unternehmer **Auskunft über den voraussichtlichen Baubeginn** zu erteilen. Diese Verpflichtung gehört zu den **Mitwirkungspflichten des Auftraggebers**. Deren Verletzung kann dazu führen, dass der Unternehmer auch bei Überschreitung der 12-Werktage-Frist nicht in Verzug gerät, wenn er schuldlos nicht in der Lage war, sich auf den rechtzeitigen Ausführungsbeginn einzurichten. Gleichzeitig kann hierin bereits ein eigenständiger Grund im Sinne des § 6 Abs. 2 Nr. 1 lit. a VOB/B für die Verlängerung der Bauzeit liegen, soweit der Auftragnehmer die Behinderung ordnungsgemäß angezeigt hat (s. dazu unten Teil A Rdn. 352 ff.; Ingenstau/Korbion/Döring, VOB/B § 5 Abs. 1–3 Rn. 10 f.).

219 Neben dieser Verpflichtung zur Auskunftserteilung über den voraussichtlichen Baubeginn obliegt dem Auftraggeber allerdings umgekehrt auch eine **Abrufpflicht**, d. h.: Er ist innerhalb einer vertraglich vorgesehenen oder aber einer nach Treu und Glauben zu bemessenden angemessenen Frist **zum Abruf der Vertragsleistung verpflichtet** (OLG Düsseldorf, Urt. v. 6.9.2006 – I-23 U 35/06, BauR 2006, 1908, 1911). Dies gilt für BGB- und VOB-Vertrag in gleicher Weise. Anhaltspunkte für die Dauer dieser angemessenen Frist ergeben sich häufig aber erst, wenn der Auftragnehmer zuvor von dem Auftraggeber Auskunft über den voraussichtlichen Baubeginn verlangt und erhalten hat. Schon deshalb ist dem Auftragnehmer dringend anzuraten, von diesem Auskunftsanspruch gemäß § 5 Abs. 2 VOB/B alsbald nach Vertragsabschluss Gebrauch zu machen. Daraus folgt die Pflicht des Auftraggebers, die Leistung zeitnah zu diesem von ihm genannten Baubeginn abzurufen. Die Verletzung dieser vertraglichen **Nebenpflicht** (so auch Ingenstau/Korbion/Döring § 5 Abs. 1–3, Rn. 13; BGH, Urt. v. 30.9.1971 – VII ZR 20/70, NJW 1972, 99 f.; OLG Düsseldorf, a. a. O.: OLG Düsseldorf, Urt. v. 29.10.2000–22 U 135/08, Nichtzul.-

Beschw. zurückgew., BGH, Beschl. v. 8.3.2012 – VII ZR 185/10, BauR 2012, 1286 [Ls.]; vgl. dazu aber auch Beck'scher VOB-Komm./Hartung, VOB/B Vor § 3 Rn. 25 ff.) kann zu verschiedenen Ansprüchen des Auftragnehmers führen (s. dazu vor allem OLG Düsseldorf, a. a. O.): Diese gestalten sich allerdings bei Verträgen auf der Grundlage des BGB und der VOB/B unterschiedlich. Liegt ein BGB-Vertrag vor, lassen sich diese wie folgt beschreiben:

- Der Auftragnehmer kann den **Leistungsabruf selbstständig einklagen**. Dabei wird ohne eine Vereinbarung hierzu von der Fälligkeit der Leistung auszugehen sein, wenn eine nach Treu und Glauben zu bestimmende Frist für den Leistungsabruf abgelaufen ist. Welche Frist angemessen ist, ist zwar Sache des Einzelfalls. In der Regel wird jedoch ein Auftragnehmer ohne gesonderte Fristvereinbarung davon ausgehen können, dass die Leistungen innerhalb von ca. **vier Wochen nach Vertragsschluss** abgerufen werden. 220
- Kommt der Auftraggeber mit dem **Leistungsabruf** trotz Fälligkeit und Mahnung **schuldhaft in Verzug**, kann der Auftragnehmer neben seinem Vergütungsanspruch Ersatz der ihm durch die Verzögerung entstehenden Schäden verlangen (§§ 280 Abs. 1, 2 i. V. m. 286 BGB). Abgedeckt werden hiervon vor allem zwischenzeitlich eintretende Lohn- und Materialpreiserhöhungen, die den Unternehmergewinn verringern.
- Des Weiteren kann der Auftragnehmer dem Auftraggeber zu dem Abruf der Leistung eine Frist setzen und nach deren fruchtlosem Ablauf **vom Vertrag zurücktreten** (§ 323 Abs. 1 BGB). Von der Frist kann in den bekannten Fällen, insbesondere bei einer Erfüllungsverweigerung des Auftraggebers, abgesehen werden (§ 323 Abs. 2 BGB). Gleichzeitig kann der Auftragnehmer nach einem Rücktritt **Schadensersatz statt der Leistung** verlangen (§ 281 BGB).
- Schließlich kann der Auftragnehmer sämtliche Rechte aus §§ 642, 643 BGB geltend machen (so wohl auch OLG Frankfurt, Urt. v. 12.06.2012 – 11 U 102/10, Nichtzul.-Beschw. zurückgew., BGH, Beschl. v. 13.11.2014 – VII ZR 175/12, noch nicht veröffentl. vgl. auch oben Rdn. 23). Somit erhält er – neben seinem Vergütungsanspruch – schon unter den geringeren Voraussetzungen des Gläubigerverzugs (§§ 293 ff. BGB), d. h. vor allem auch **ohne Verschulden des Auftraggebers** als Gegenleistung für die Vorhaltung seiner Werkleistung eine **angemessene Entschädigung** (§ 642 BGB). Daneben kann er den **Werkvertrag** unter den weiteren Voraussetzungen des § 643 BGB **beenden** (MünchKomm./Busche § 642 Rn. 19). Die Vergütung richtet sich in diesem Fall nach § 645 BGB (vgl. § 645 Abs. 1 S. 2 BGB), d. h.: Zunächst steht dem Auftragnehmer neben einem Entschädigungsanspruch zusätzlich ein der geleisteten Arbeit entsprechender Teil seiner Vergütung und Ersatz der in der Vergütung nicht enthaltenen Auslagen zu. Da auch bei dieser Fallgestaltung der nicht die Leistung abrufende Auftraggeber nicht besser gestellt sein darf als bei einer ansonsten gebotenen freien Kün-

digung des Bauvertrages, steht dem Auftragnehmer zusätzlich über § 326 Abs. 2 BGB der volle Vergütungsanspruch abzüglich ersparter Aufwendungen zu.

221 Bei einem **VOB-Vertrag** gelten im Wesentlichen dieselben Rechte, d. h., auch hier kann der Auftragnehmer den Leistungsabruf einklagen. Sodann gilt dazu gesondert:

222
- Bei einer schuldhaften Verzögerung des Leistungsabrufs steht dem Auftragnehmer ein **Schadensersatzanspruch** unter gleichzeitiger Verlängerung der Ausführungsfrist zu (§ 6 Abs. 6, § 6 Abs. 1 und Abs. 2 Nr. 1 lit. a) VOB/B). Des Weiteren kommt ein **Kündigungsrecht nach § 6 Abs. 7 VOB/B** in Betracht, da der dort geregelte Fall der Leistungsunterbrechung von mehr als drei Monaten dem fehlenden Beginn der Arbeiten nach dem hierfür festgelegten (eindeutigen) Zeitpunkt gleichgestellt wird (BGH, Urt. v. 13.5.2004 – VII ZR 363/02 = BGHZ 159, 161, 164 = BauR 2004, 1285, 1286 = NJW 2004, 2373, 2374; Ingenstau/Korbion/Döring, VOB/B, § 6 Abs. 7 Rn. 3).

223
- Außerdem kann der Auftragnehmer den Vertrag unter Einhaltung der weiteren Voraussetzungen des § 9 VOB/B **kündigen** (so auch ausdrücklich: OLG Düsseldorf, Urt. v. 25.4.1995–21 U 192/94, BauR 1995, 706, 707 = NJW 1995, 3323; ebenso OLG Düsseldorf, Urt. v. 29.10.2010–22 U 135/08, Nichtzul.-Beschw. Zurückgew., BGH, Beschl. v. 08.03.2012 – VII ZR 185/10, BauR 2012, 1286 [Ls.]). Anschließend ist das Vorhaben abzurechnen. Zusätzlich erhält der Auftragnehmer eine angemessene Entschädigung – wobei diese ggf. zu kürzen ist, wenn der Auftragnehmer wusste, dass die Leistungsausführung nicht sicher ist (OLG Celle, Urt. v. 1.4.2003–16 U 129/02, OLGR 2003, 343, 344 f. mit einer Kürzung der Vergütung in einem solchen Fall auf 50%)

224 Haben die Vertragspartner nach allem im Bauvertrag einen festen Termin als Baubeginn vereinbart oder hat der Auftraggeber später dem Auftragnehmer gemäß § 5 Abs. 2 S. 1 VOB/B einen solchen Termin oder auch nur einen ungefähren Zeitpunkt für den Baubeginn mitgeteilt, so ist es nicht selten anzutreffen, dass der Auftraggeber diesen Termin noch einmal verschiebt. Eine solche **Verschiebung des Baubeginns** durch den Auftraggeber kann gemäß § 2 Abs. 5 VOB/B zu einem **Mehrvergütungsanspruch** des Auftragnehmers führen, da es sich dabei um eine **Bauentwurfsänderung** im Sinne des § 1 Abs. 3 VOB/B handelt (s. dazu oben Rdn. 75 ff.). Denn zur Planung eines Bauvorhabens gehört auch eine **Terminplanung**; jedenfalls handelt es sich um eine andere Anordnung im Sinne des § 2 Abs. 5 VOB/B (s. dazu unten Teil A Rdn. 528 ff.). Zweifelhaft mag allenfalls sein, ob der Auftraggeber überhaupt zu einer solchen einseitigen Verschiebung des Baubeginns berechtigt ist (so Vygen, BauR 2006, 166 ff.) oder ob er dazu der Einwilligung des Auftragneh-

mers bedarf, der dann seine Zustimmung von einer freien Vergütungsanpassung abhängig machen kann (s. dazu im Einzelnen oben Rdn. 75 ff.).

Zeigen die vorstehenden Erläuterungen die Bedeutung des Baubeginns auf, bleibt zu klären, was eigentlich unter einem Baubeginn zu verstehen ist. Tatsächlich geht es dabei um den Sachverhalt, dass es „mit den Bauarbeiten losgeht". Schwierigkeiten kann es in der Praxis aber immerhin geben, eine ggf. erforderliche **Bauvorbereitungszeit** von dem tatsächlichen Baubeginn abzugrenzen. Im Ausgangspunkt ist dazu zunächst festzustellen, dass Bauvorbereitungsmaßnahmen im Sinne von § 9 Abs. 1 Nr. 1 S. 2 VOB/A noch nicht als **Baubeginn** anzusehen sind. Diese sind vielmehr gerade innerhalb der dem Auftragnehmer in § 5 Abs. 2 S. 2 VOB/B zugebilligten Frist von 12 Werktagen zu treffen (Beck'scher VOB-Komm./Althaus, B § 5 Abs. 1 Rn. 15; Roquette/Viering/Leupertz, Teil 1 Rn. 212). 225

▸ **Beispiel:**

Die Aufstellung eines Bauzauns, eines Baucontainers oder der Antransport eines ausgedienten Baggers zählen noch nicht zum Baubeginn. Vielmehr wird man insbesondere die Baustelleneinrichtung nur dann als baubeginnende Maßnahme ansehen können, wenn im unmittelbaren Anschluss daran auch die tatsächlichen Arbeiten ausgeführt werden.

Selbst wenn auf der Baustelle noch nichts zu sehen ist, können bestimmte Arbeiten dagegen durchaus schon als **Baubeginn** anzusehen sein. 226

▸ **Beispiel:**

Der Auftragnehmer beginnt in seinem Werk mit der Herstellung von Fertigteilen, Betonfertigelementen, von Maßtüren und -fenstern, von Treppen, Dachgauben oder eines Dachstuhls oder Brückenteilen usw.

In diesen Fällen kann man deshalb von einem Baubeginn i. S. des § 5 Abs. 2 S. 2 VOB/B sprechen, weil der Auftraggeber bereits sein **Überwachungsrecht** gemäß § 4 Abs. 1 Nr. 2 VOB/B ausüben und die Leistungen koordinieren kann. Dies kann nämlich auch schon im Betrieb des Auftragnehmers erfolgen (so insbesondere Beck'scher VOB-Komm./Althaus, B § 5 Abs. 1 Rn. 15). Allerdings kann es auch zu erheblichen Abgrenzungsproblemen bei der Beurteilung kommen, ob bestimmte Arbeiten noch der Bauvorbereitung oder schon der Bauausführung zuzurechnen sind. Allein deswegen ist den Vertragspartnern dringend anzuraten, im Einzelnen festzulegen, ob unter Baubeginn der **Beginn der Fertigung im Werk des Auftragnehmers oder der Beginn der Montage auf der Baustelle** zu verstehen ist (so auch Althaus, a. a. O., Rn. 16). Die Bestellung von Bauteilen bei Baustofflieferanten oder Subunternehmern und dabei auftretende Lieferfristen (z. B. Lieferung von Marmorplatten und deren Herstellung durch den Lieferanten) sind dagegen stets Bauvorbereitungsmaßnahmen, sodass sie rechtzeitig vor Baubeginn vorzunehmen sind.

227 Kommt der Auftragnehmer seiner Pflicht zur Aufnahme der Arbeiten nicht nach, kann er bereits mit dem Baubeginn in **Verzug** geraten, wie sich schon aus § 5 Abs. 4 VOB/B ergibt. Allein dies kann dann die schwerwiegenden Folgen der **Kündigung** des Bauvertrages, eines Schadensersatzanspruchs und evtl. auch einer **Vertragsstrafe** auslösen (vgl. dazu oben Rdn. 104 ff.). Folgerichtig kann aber dann auch der Auftragnehmer schon bezüglich des Ausführungsbeginns behindert sein oder der Auftraggeber in Annahmeverzug geraten. Hierzu kann es kommen, wenn z. B. die **Baugenehmigung** oder die erforderlichen **Ausführungszeichnungen** oder **Bewehrungspläne** nicht rechtzeitig vor dem vorgesehenen Baubeginn vorliegen. In diesen Fällen kann der Unternehmer somit bereits zu diesem frühen Zeitpunkt eine Verlängerung der Ausführungsfrist bzw. eine Verschiebung des Termins für den Ausführungsbeginn und auch des Fertigstellungstermins gemäß § 6 Abs. 2 VOB/B sowie Schadensersatz oder Entschädigung verlangen, sofern er die Behinderung angezeigt hat. Insgesamt greifen also bei nicht rechtzeitigem Beginn mit der Bauausführung grundsätzlich dieselben Rechtsfolgen wie bei verspäteter Fertigstellung ein (s. dazu unten Teil A Rdn. 238 ff.).

228 Hat der Auftragnehmer mit seinen Arbeiten begonnen, ist er gleichzeitig **verpflichtet**, dem Auftraggeber den **Beginn der Bauausführung anzuzeigen** (§ 5 Abs. 2 S. 3 VOB/B).

1.2 Baufortschritt und dessen angemessen Förderung

229 Die Verpflichtung des Auftragnehmers, die von ihm geschuldete Bauleistung nach den verbindlichen Vertragsfristen zu vollenden, schließt grundsätzlich die Verpflichtung ein, die Bauausführung angemessen zu fördern. Diese selbstverständliche Pflicht des Unternehmers wird in § 5 Abs. 1 VOB/B ausdrücklich hervorgehoben. Darüber hinaus legt § 5 Abs. 3 VOB/B fest, dass der **Einsatz von Arbeitskräften, Geräten, Gerüsten, Baustoffen und Bauteilen** in ausreichendem Maße zu erfolgen hat. Unzureichend ist dieser Einsatz immer dann, wenn die vereinbarte Ausführungsfrist offenbar nicht eingehalten werden kann. In diesem Fall gewährt § 5 Abs. 3 VOB/B dem Auftraggeber schon bei Gefahr der nicht rechtzeitigen Fertigstellung ein **Eingriffsrecht**. Dieses steht in deutlichem Gegensatz zu dem sonst herrschenden Grundsatz der Eigenverantwortlichkeit des Unternehmers für die Erbringung der Bauleistung. Mit diesem Eingriffsrecht kann der Auftraggeber eine unverzügliche Abhilfe verlangen, also insbesondere einen nachhaltigeren und **verstärkten Arbeits- und/oder Geräteeinsatz**. Voraussetzung dafür ist allerdings stets, dass der Baustelleneinsatz des Auftragnehmers **offenbar unzureichend** ist;

Bedenken, dass die Ausführungsfristen nicht eingehalten werden könnten, reichen dazu nicht aus. Es muss sich vielmehr bei Beurteilung des derzeitigen Baustelleneinsatzes und der bereits verstrichenen bzw. der restlichen Ausführungszeit ein solches Missverhältnis zwischen Leistung und Zeit ergeben, dass nach allgemeiner Erfahrung eines Sachkundigen mit hoher Wahrscheinlichkeit die rechtzeitige Gesamtfertigstellung der Leistung innerhalb der noch verbleibenden Zeitspanne nicht zu erwarten ist (vgl. auch § 323 Abs. 4 BGB).

▶ **Beispiel:** (nach BGH, Urt. v. 4.5.2000 – VII ZR 53/99, BGHZ 144, 242 = BauR 2000, 1182 = NJW 2000, 2988)

Im Vertrag ist eine Bauzeit von angemessenen 13 Monaten vorgesehen. Der Auftragnehmer übergibt dazu im Oktober nach Vertragsabschluss einen Bauzeitenplan. Im März teilt er ohne Gründe mit, dass er den Termin voraussichtlich nicht halten wird und übergibt einen aktualisierten Plan. In einem solchen Fall ist eine Kündigung des Vertrages bereits möglich, weil absehbar ist, dass das Vorhaben nicht rechtzeitig fertig wird.

Die Beurteilung mag im Einzelfall schwierig sein. Hilfreich ist daher z. B. eine **230** vertragliche Vereinbarung über die **vom Auftragnehmer vorzuhaltende Personaleinsatzstärke je Arbeitstag**, die meist als Mindestmannschaftsstärke vorgesehen wird. In diesem Fall hat der Auftraggeber eine klare Handhabe, wenn die Anzahl der eingesetzten Arbeitskräfte geringer ist als vereinbart und deshalb die Einhaltung von Zwischenterminen oder gar des Endtermins gefährdet wird. Das Recht des Auftraggebers beschränkt sich ansonsten auf das Abhilfeverlangen, ohne die Dispositionsfreiheit des Auftragnehmers, wie er dem nachkommt, einzuschränken. Das Verlangen kann der bauleitende Architekt für den Bauherrn aussprechen.

Bei der Beurteilung, ob die Voraussetzungen des § 5 Abs. 3 VOB/B vorliegen, **231** ist allerdings immer zu prüfen, ob es überhaupt um eine ungenügende Förderung der Baustelle vor dem Hintergrund geht, dass eine im Vertrag vereinbarte Ausführungsfrist (s. dazu oben Rdn. 48 ff.) nicht eingehalten wird. Ist eine solche Frist nicht vorgesehen, hat § 5 Abs. 3 VOB/B keine eigenständige Bedeutung. Dies wird zwar teilweise anders vertreten. So heißt es etwa, dass § 5 Abs. 3 VOB/B einen allgemeinen Charakter aufweise. Er komme entgegen seinem Wortlaut auch dann zur Anwendung, wenn für die Ausführung der Leistung keine Frist vereinbart sei, so dass diese dann nach allgemeinen Grundsätzen (§§ 271, 242 BGB) zu bestimmen sei (so etwa OLG Hamm, Urt. v. 11.11.2009–12 U 49/09, BauR 2011, 1169, 1172; ebenso Ingenstau/Korbion/Döring, VOB/B § 5 Abs. 1–3 Rn. 22). Dies trifft aber nicht zu: Denn der Wortlaut von § 5 Abs. 3 VOB/B ist eindeutig. Er spricht klar nur den Schutz von Ausführungsfristen an. Für eine vermeintliche Auslegung entgegen dem Wortlaut zumal bei einer AGB-Regelung gibt es keinen Anlass. Ebenso wenig kommt eine entsprechende oder analoge Anwendung in Betracht. Klauseln der VOB sind keine gesetzlichen Regelungen, sondern Vertragsklauseln, die im Fall von Gesetzeslücken nicht entsprechend oder analog angewendet werden können (s. o. auch oben Rdn. 37 sowie Vygen/Joussen, Bauvertragsrecht, Rn. 426 ff.). Vor diesem Hintergrund können auch sonst nicht in einem Bauzeitenplan aufgeführte Einzelfristen für die verschiedenen Teilleistungen automatisch zur Beurteilung der in § 5 Abs. 3 VOB/B vorgesehenen Bauförderungspflicht herangezogen werden. Denn dies würde die Unterscheidung zwischen verbindlicher Vertragsfrist und unverbindlicher Einzelfrist zum Nachteil der jenseits der Vertragsfristen bestehenden Dispositionsfreiheit des Auftragnehmers nach § 4 Abs. 2 VOB/B verwischen (ähnlich Ingenstau/Korbion/Döring, VOB/B § 5 Abs. 1–3 Rn. 15). Wenn § 5 Abs. 3 VOB/B demzufolge bei bloßen (unverbindlichen) Einzelfristen nicht anwendbar ist, geben diese gleichwohl wichtige Anhaltspunkte dafür, welcher Leistungsstand zu bestimmten Zeitpunkten erreicht sein soll, wenn die Gesamtleistung oder bestimmte Teile von ihr innerhalb der verbindlichen Vertragsfrist fertiggestellt sein sollen. Dies gilt in besonderem Maße für die Teilleistungen, die sich in einem **Bauablaufplan** auf dem so genannten **kritischen Weg** befinden. Hierbei geht es um Teilleistungen, deren Verzögerung in jedem Fall auch den Endtermin verzögern wird (s. dazu näher Teil B Rdn. 38). Dabei ist allerdings auch zu beachten, dass bestimmte, sich mehrfach in gleicher Weise wiederholende Bauleistungen nicht stets die gleiche Zeitspanne erfordern, sondern auf Grund des **Einarbeitungseffekts** immer schneller ausgeführt werden können, obwohl in einem Bauzeitenplan dafür häufig gleiche Fristen vorgesehen sind. Eine ansonsten offenbar unzureichende Förderung der Bauausführung durch **ungenügenden Baustelleneinsatz** lässt sich insoweit am ehesten anhand eines SOLL-IST-Vergleichs in einem Balken- oder Netzplan ermitteln, wobei aber auch die vom Unternehmer möglicherweise eingebauten **Pufferzeiten** zu berücksichtigen sind. Zudem muss die Ursache für die zu erwartende Verzögerung im unzureichenden Baustelleneinsatz und nicht im Verantwortungsbereich des Auftraggebers liegen.

232 Kommt der Unternehmer einem berechtigten Abhilfeverlangen des Auftraggebers nach verstärktem Arbeits- und Geräteeinsatz nicht nach, so verstößt er gegen seine Vertragspflichten und eröffnet dem Auftraggeber den Weg zu Schadensersatzansprüchen und Kündigungsrechten, wie sich aus § 5 Abs. 4 VOB/B ergibt (vgl. dazu unten Teil A Rdn. 258 ff.). Deshalb muss der Auftraggeber mit der außerordentlichen **Kündigung aus wichtigem Grunde** nicht warten, bis der Auftragnehmer eine Vertragsfrist tatsächlich und endgültig versäumt hat bzw. sie zu versäumen droht.

1.3 Termingerechte Fertigstellung der Bauleistung

Von entscheidender Bedeutung für beide Vertragspartner ist sodann die rechtzeitige Fertigstellung der geschuldeten Bauleistung. Beim Ablauf der für die Gesamtleistung vereinbarten Ausführungsfrist muss die bauliche Anlage erstellt sein. Ebenso müssen bei Ablauf der für Teile der Leistung als Vertragsfristen vereinbarten Einzelfristen diese Teilleistungen erbracht sein. Dies gilt gleichfalls für **vertraglich vereinbarte verbindliche Zwischentermine** (s. o. Rdn. 28, 56 f.), soweit es sich dabei – ggf. nach Rückgriff auf einen Bauzeitenplan – um echte Vertragsfristen handelt. Auch diese fallen unter § 5 Abs. 1 VOB/B und sind eigenständig zu beachten, d. h.: Insbesondere für etwaige Sanktionen (z. B. eine Vertragskündigung) nach § 5 Abs. 4 VOB/B spielt es bei Verzug mit einem verbindlichen Zwischentermin als Kündigungsgrund keine Rolle mehr, ob ggf. später der vertragliche Endtermin doch noch gehalten werden kann (OLG Düsseldorf, Urt. v. 9.5.2008–22 U 191/07, BauR 2009, 1445, 1446). Der Ablauf der jeweiligen Frist kennzeichnet dabei den Zeitpunkt der Fälligkeit der geschuldeten Leistung. 233

Ergibt sich nun aus diesen Grundsätzen für die Fertigstellung der Bauleistung ein bestimmter Endtermin, sei es als im Vertrag festgelegter, nach dem Kalender bestimmter **Fertigstellungstermin**, sei es als Endtermin auf Grund einer verbindlichen **Ausführungsfrist** nach erfolgtem Baubeginn, so ist zu klären, was zur Fertigstellung der Bauleistung gehört. Richtigerweise zählen dazu nicht die völlig mangelfreie und in jeder Beziehung erfolgende Fertigstellung und insbesondere die **Räumung der Baustelle**. Vielmehr genügt es, dass die **Leistung abnahmereif** ist. Die Baustelle selbst muss also noch nicht beräumt sein; allerdings muss die Räumung unmittelbar im Anschluss an die Vollendung der Ausführung stattfinden (Ingenstau/Korbion/Döring, VOB/B § 5 Abs. 1–3 Rn. 23; Heiermann/Riedl/Rusam, § 5 VOB/B Rn. 7; Nicklisch/Weick, VOB/B § 5 Rn. 15). Die Anknüpfung an die abnahmereife Leistung hängt mit der Erfüllung der Leistungsverpflichtung des Auftragnehmers zusammen. Diese tritt im Werkvertragsrecht mit der Abnahme ein (§ 640 BGB – s. dazu Vygen/Joussen, Bauvertragsrecht, Rn. 1086 ff., 1193 ff.), weswegen man bzgl. der sich anschließenden Mängelrechte auch von der „Nacherfüllung" spricht. Demzufolge kann es für die Einhaltung der Vertragsfristen aus Sicht des Auftragnehmers ebenfalls nur auf eine solche Abnahmereife ankommen. Denn zu diesem Zeitpunkt hat der Auftragnehmer alles getan, was zu seiner Leistungspflicht gehört. Dies bedeutet auch, dass für die Einhaltung der Bauzeit die Leistung nicht einmal in allen Einzelheiten fertig gestellt sein muss. Der tatsächlichen Durchführung der Abnahme selbst bedarf es dagegen für die Fertigstellung nicht. Dies beruht schon darauf, dass die Abnahme häufig erst wesentlich später stattfindet, weil der Auftraggeber sie bewusst hinauszögert oder gar verweigert. Insoweit muss die Abnahme für die Einhaltung 234 der Vertragsfrist nicht einmal verlangt oder die Fertigstellung der Leistung angezeigt worden sein (BGH, Urt. v. 14.1.1999 – VII ZR 73/98, BauR 1999, 645, 648 = NJW 1999, 1108, 1110).

235 Die Frage der vollständigen Fertigstellung der Bauleistung zur Einhaltung der Vertragsfristen gewinnt vor allem im **Schlüsselfertigbau** an Bedeutung. Hier gilt jedoch nichts anderes als vorstehend beschrieben.

▶ **Beispiel:**

Der Auftragnehmer sagt bis zum 31. März die schlüsselfertige Errichtung eines Wohnhauses zu. An diesem Datum ist das Haus bezugsfertig; allerdings sind noch Mängel vorhanden.

Konkret bedeutet das: Auch im Schlüsselfertigbau kommt es auf die Bezugsfertigkeit an (Abnahmereife) mit der Maßgabe der ungehinderten Nutzungsmöglichkeit. Es ist also ebenfalls nicht entscheidend, dass keine Mängel mehr vorhanden sind (Beck'scher VOB/B-Komm/Althaus, § 5 Abs. 1 Rn. 18). Denn da es in der Praxis keine Baumaßnahme ohne Mängel gibt, könnte ein Auftragnehmer andernfalls eine Vertragsfrist nie einhalten (KG, Urt. v. 28.5.2002 – 15 U 4/01, BauR 2003, 1568, 1569 f.).

236 Ansonsten steht es den Parteien natürlich frei zu **vereinbaren**, was sie unter einer Fertigstellung im Sinne eines Fertigstellungstermins verstehen (z. B. mit oder ohne Räumung der Baustelle). Dies ist teilweise sogar sinnvoll, weil bei einzelnen Gewerken, vor allem bei Zwischenterminen eine genaue Bestimmung der bis dahin ggf. zu erbringenden Leistung nicht immer einfach ist.

▶ **Beispiel:**

Bei einem Rohbauunternehmer ist oft nicht klar, was mit der Fertigstellung seiner Leistung gemeint ist. So kann er in der Regel das Bauwerk zunächst nicht fertig erstellen und kann/muss erst später nach verschiedenen Ausbauarbeiten Dritter noch Restarbeiten, wie Putzarbeiten, Schließen von Schlitzen usw., ausführen. Hier wäre eine Vereinbarung mehr als geboten, was unter der Fertigstellung der Leistungen des Rohbauunternehmers zu verstehen ist.

Dabei ist anzumerken, dass sich entsprechende Vereinbarungen auch ohne Weiteres aus Bauzeitenplänen ergeben können. So ist es nicht selten, dass insbesondere der letzte Balken in einem Balkenplan die Baustellenräumung betrifft.

237 Nachdem damit die grundlegenden Voraussetzungen für die Feststellung des Ausführungsbeginns, der Ausführungsfrist als echte Vertragsfrist und der Einzelfristen als meist unverbindliche zeitliche Richtlinien herausgearbeitet sind,

lässt sich für den jeweiligen konkreten Einzelfall feststellen, ob eine **Bauzeitverzögerung**, also eine nicht rechtzeitige Leistungserfüllung seitens des Auftragnehmers vorliegt oder nicht. Ergibt sich danach eine Überschreitung der verbindlich vereinbarten Vertragsfrist, insbesondere des Fertigstellungstermins, so stellt sich auf der einen Seite für den Auftraggeber die Frage, welche Ansprüche er daraus herleiten kann (Kündigungsrecht, Schadensersatz- und/oder Vertragsstrafenansprüche), und auf der anderen Seite für den Auftragnehmer die Frage, ob er nicht zur Vermeidung dieser Rechtsfolgen einen Anspruch auf Verlängerung der vereinbarten Ausführungsfrist oder des Fertigstellungstermins und möglicherweise sogar weitere Ansprüche auf Erstattung von Mehrkosten in Folge der verlängerten Bauzeit hat. Dabei sei an dieser Stelle der Vollständigkeit halber darauf hingewiesen, dass baubetrieblich der hier verwendete Begriff der Bauzeitverzögerung noch weiter unterteilt wird, nämlich in die Unterkategorien Bauzeitverlängerung, Bauzeitverzögerung und Gesamtverzögerung (Teil B Rdn. 59). Rechtlich soll diese Differenzierung an dieser Stelle dahinstehen, weil es darauf hier nicht ankommt, sondern allein die Terminüberschreitung im Vordergrund steht.

2 Ansprüche des Auftraggebers bei verzögerter Bauausführung

Wird der vereinbarte, der sich aus § 5 Abs. 2 Satz 2 VOB/B ergebende, der gemäß § 271 BGB unverzügliche Ausführungsbeginn, eine als Vertragsfrist verbindlich vereinbarte Einzelfrist (Zwischentermin), die vereinbarte Ausführungsfrist oder die angemessene Leistungszeit vom Auftragnehmer nicht eingehalten, so ist auf der Rechtsfolgenseite bei den sich dann ergebenden Ansprüchen des Auftraggebers zwischen dem gesetzlichen Werkvertragsrecht und dem VOB-Vertragsrecht zu unterscheiden. 238

2.1 Ansprüche des Bestellers nach der gesetzlichen Regelung des BGB-Werkvertragsrechts

Eine spezielle Vorschrift zu Terminüberschreitungen fehlt im BGB. Stattdessen ist bei der nicht rechtzeitigen Herstellung der Werkleistung auf die Regelungen des allgemeinen Schuldrechts zurückzugreifen. 239

Überblick über die Rechte des Auftraggebers bei einem BGB-Werkvertrag

- Schadensersatzanspruch aus Verzug (§§ 280 Abs. 1 und 2, 286 BGB)
- Rücktritt oder Schadensersatz (§§ 281 ff., § 323 Abs. 1 BGB)
- Vertragsstrafe

2.1.1 Schadensersatzanspruch aus Verzug

240 In erster Linie steht dem Auftraggeber wegen der **schuldhaften Überschreitung eines Fertigstellungstermins** (oder eines sonst fest vereinbarten Termins) ein Schadensersatzanspruch aus Verzug zu. Verzug liegt vor, wenn der Auftragnehmer trotz Mahnung die fällige Bauleistung nicht erbringt oder fertig stellt (§ 286 Abs. 1 BGB). Einer Mahnung bedarf es nicht, wenn hierfür, insbesondere für die Fertigstellung der Leistung ein fester Termin vereinbart ist oder sich dieser auf der Grundlage eines festen Ereignisses anhand einer vereinbarten Frist berechnen lässt (§ 286 Abs. 2 BGB – s. dazu oben Rdn. 63 ff., 215 ff.).

▶ **Beispiel:**

Die Parteien vereinbaren eine Fertigstellungsfrist von drei Monaten nach Zugang der Baugenehmigung. Hier gerät der Auftragnehmer mit Ablauf der drei Monate nach Zugang der Baugenehmigung ohne Weiteres in Verzug, ohne dass es noch einer Mahnung bedarf.

Ebenso bedarf es **keiner Mahnung**, wenn der Auftragnehmer **die Erfüllung der Leistung ernsthaft und endgültig verweigert** (§ 286 Abs. 2 Nr. 3 BGB). In all diesen Fällen setzt der Verzug des Auftragnehmers jedoch immer noch dessen Verschulden voraus (s. dazu sogleich mehr Rdn. 262 ff.). Fehlt es daran, scheidet ein Verzug aus (§ 286 Abs. 4 BGB). Allerdings ist der Auftragnehmer bzgl. eines fehlenden Verschuldens darlegungs- und beweisbelastet.

241 Befindet sich der Auftragnehmer in Verzug, kann der Auftraggeber nach §§ 280 Abs. 1 und 2, 286 BGB den gesamten **Verzögerungsschaden** geltend machen. Eine Beschränkung bei einem **entgangenen Gewinn** findet nicht statt. § 6 Abs. 6 VOB/B, der eine solche Beschränkung enthält, findet bei einem BGB-Werkvertrag keine Anwendung.

2.1.2 Rücktritt vom Vertrag

242 Der Auftraggeber kann bei verzögerter Fertigstellung oder bei der Nichteinhaltung von (Zwischen)Terminen neben der Geltendmachung eines Verzögerungsschadens nach § 323 Abs. 1 BGB ggf. auch vom Vertrag zurücktreten (s. dazu oben Rdn. 12 ff.; Vygen/Joussen, Bauvertragsrecht, Rn. 2784 ff.). Dieses dem Besteller eingeräumte **Rücktrittsrecht** ist **verschuldensunabhängig** (so schon zum alten Recht: BGH, Urt. v. 5.5.1992 – X ZR 115/90, NJW-RR 1992, 1141, 1143). Allerdings müssen hierfür folgende Voraussetzungen vorliegen:

243 - Der Auftragnehmer hat einen vereinbarten Termin nicht eingehalten. Dazu gehört auch, dass er nicht unverzüglich im Sinne des § 271 Abs. 1

BGB mit seiner Leistung begonnen hat. Hierin liegt dann jeweils eine nicht-vertragsgemäße Leistung im Sinne des § 323 Abs. 1 BGB.

- Der Auftraggeber muss dem Auftragnehmer eine **Nachfrist** gesetzt haben. 244
Eine solche Nachfristsetzung setzt allerdings zunächst eine **fällige Leistungsverpflichtung** voraus, d. h.: Bezogen auf die Gesamtfertigstellung kann grundsätzlich eine Nachfrist zur Vorbereitung eines Rücktritts erst **nach dem fruchtlosen Verstreichen** des vertraglich vereinbarten Fertigstellungszeitpunktes gesetzt werden; vorherige Fristsetzungen genügen nicht (vgl. nur BGH, Urt. v. 14.6.2012 – VII ZR 148/10 m. zahlr. Nachw., BGHZ 193, 315 = BauR 2012, 1386, 1388 = NJW 2012, 3714, 3715 = NZBau 2012, 638 – vgl. aber auch sogleich Rdn. 245). Sodann muss die Frist angemessen sein. **Angemessen** bedeutet, dass sie dem Auftragnehmer noch eine **letzte Gelegenheit zur Vertragserfüllung** eröffnet. Die Frist muss also nicht in der Weise bemessen werden, dass der Schuldner jetzt überhaupt erst mit der geschuldeten Leistung beginnt. Sie soll dem Auftragnehmer nur die Gelegenheit zur Vollendung geben (st. Rspr., vgl. nur BGH, Urt. v. 10.2.1982 – VIII ZR 27/81, NJW 1982, 1279, 1280; BGH, Urt. v. 6.12.1984 – VII ZR 227/83, BauR 1985, 192, 194 = NJW 1985, 855, 857; BGH, Urt. v. 23.2.2006 – VII ZR 84/05, BauR 2006, 979, 983 = NJW 2006, 2254, 2257 = NZBau 2006, 371, 374) – und zwar auch unter Berücksichtigung der Tatsache, dass von ihm nach dem bereits versäumten vertraglichen Fertigstellungstermin nunmehr außerordentliche Anstrengungen erwartet werden können. Ausflüchte, er sei selbst von Lieferanten o. ä. im Stich gelassen worden, zählen dagegen nicht (anschaulich: OLG Hamburg, Urt. v. 29.10.2009 – 6 U 253/08 – Nichtzul.-Beschw. zurückgew., BGH, Beschl. v. 9.9.2011 – VII ZR 180/09 – BauR 2012, 300 [Ls.]; Münch.Komm./Ernst, § 323 Rn. 71 f.). Die Nachfrist ist immerhin entbehrlich, wenn der Auftragnehmer die Leistungsfortführung ohnehin ernsthaft und endgültig verweigert hat oder sonst besondere Umstände im Sinne des § 323 Abs. 2 BGB vorliegen (s. dazu näher Vygen/Joussen, Bauvertragsrecht, Rn. 2971). Insoweit reicht es aber nicht aus, dass der Auftragnehmer lediglich erklärt, er werde zum Fälligkeitszeitpunkt nicht leisten können. Denn hier bliebe gerade offen, ob er dann wenigstens in einer angemessenen Nachfrist leisten wird (BGH, Urt. v. 14.6.2012 – VII ZR 148/10, BauR 2012, 1386, 1389 = NJW 2012, 3714 = NZBau 2012, 638).

- In vorgenannten Fällen kann der Auftraggeber dann **nach fruchtlosem Ablauf der Nachfrist zurücktreten**. Dabei ist ausnahmsweise ein Rücktritt 245
schon vor dem an sich vereinbarten Fälligkeitszeitpunkt für die Leistung möglich, wenn offensichtlich ist, dass die Voraussetzungen des Rücktritts eintreten werden (§ 323 Abs. 4 BGB). Diese Möglichkeit des Rücktritts im Falle einer **Erfüllungsgefährdung** betrifft vor allem Sachverhalte, bei denen es zu einer vom Auftragnehmer zu vertretenden ganz beträchtlichen Verzögerung des Bauvorhabens (schon) gekommen ist und es dem Auftrag-

geber insgesamt nicht zugemutet werden kann, (nach Fälligkeit) eine weitere Nachfristsetzung aussprechen zu müssen bzw. eine solche Nachfristsetzung von vornherein keine Aussicht auf Erfolg hat (BGH, Urt. v. 8.3.2012 – VII ZR 118/10, BauR 2012, 949, 951 = NJW-RR 2012, 596, 598 = NZBau 2012, 357, 358). Dabei geht das Risiko der richtigen Einschätzung allein zulasten des Auftraggebers. Insoweit genügt hier nicht einmal die Glaubhaftmachung der Voraussetzungen für die Geltendmachung dieses vorzeitigen Rücktrittsrechts: Vielmehr muss für diesen vorzeitigen Rücktritt aus Sicht eines objektiven Betrachters **mit an Sicherheit grenzender Wahrscheinlichkeit** feststehen, dass die Voraussetzungen für einen Rücktritt zum späteren Fälligkeitszeitpunkt vorliegen werden (OLG Köln, Urt. v. 28.2.2006 – 11 U 48/04, BauR 2008, 1145, 1146) – eine Hürde, die praktisch relevant nur selten zu nehmen sein wird und z. B. auch von diversen Einzelheiten der Baumaßnahme und des Auftragnehmers (Betriebsgröße, Leistungsfähigkeit) abhängen kann (s. dazu auch Leineweber, Festschrift Koeble, S. 125, 131). Dabei beruht diese Regelung vor allem auf dem Gedanken, dass es einem Auftraggeber in der Regel nicht zuzumuten ist, eine sicher eintretende Vertragsverletzung abzuwarten, um dann erst die rechtlichen Konsequenzen daraus zu ziehen (BGH, Beschl. v. 8.5.2008 – VII ZR 201/07, NJW-RR 2008, 1052 = NZBau 2008, 576 sowie ebenso BGH, Urt. v. 4.5.2000 – VII ZR 53/99, BauR 2000, 1182, 1185 = NJW 2000, 2988, 2990 = NZBau 2000, 375, 376; BGH, Urt. v. 28.1.2003 – X ZR 151/00, NJW 2003, 1600, 1601 = NZBau 2003, 274, 275 jeweils zu der vergleichbaren Frage einer Kündigung aus wichtigem Grund; s. dazu auch Vygen/Joussen, Bauvertragsrecht Rn. 2980 ff.).

▶ **Beispiel:**

Der Auftragnehmer soll eine Lagerhalle bauen. Als Bauzeit sind realistische fünf Monate vereinbart. Nach zwei Monaten hat der Auftragnehmer trotz mehrerer Mahnungen zwar angefangen, die Baustelle aber noch nicht substanziell gefördert. Der Auftragnehmer erläutert regelmäßig, dass er die Errichtung schon schaffe; er wolle aber zunächst eine andere Baustelle abschließen, um dann mit mehr Personal auf der Baustelle zu erscheinen. Dies wäre ein wohl zulässiger Einwand – solange der Auftragnehmer seriöserweise es theoretisch noch schaffen kann, die Halle in der verbleibenden Zeit zu errichten. Der Auftraggeber kann in einem solchen Fall tatsächlich nur abwarten – bis es vielleicht zu spät ist.

246 Die vorstehende sehr restriktive Rechtsprechung zu § 323 Abs. 4 BGB ist zwar vom Auftraggeber zu beachten; allerdings dürfen auch seine schützenswerten Interessen gerade dann nicht unbeachtet bleiben, wenn auf der anderen Seite tatsächlich **berechtigte Zweifel an der Leistungsfähigkeit und Leistungswilligkeit des Auftragnehmers** bestehen. Dies betrifft vor allem Sachverhalte, bei denen die rechtzeitige Erfüllung durch Hinder-

nisse ernsthaft in Frage gestellt ist, die im Verantwortungsbereich des Auftragnehmers liegen, und dem Auftraggeber ein weiteres Zuwarten nicht zumutbar ist. Hier wird man auch zur Unterlegung eines Rücktrittsrechts vor Fälligkeit dem Auftraggeber das Recht zugestehen müssen, bereits zu diesem frühen Zeitpunkt vom Auftragnehmer eine **Erklärung zur eigenen Leistungsbereitschaft** und zum Nachweis der fristgerechten Erfüllung des Vertrages zu verlangen und ihm dafür eine Frist zu setzen. Läuft diese fruchtlos ab, kann der Auftraggeber dann ebenfalls schon vor Fälligkeit der Leistungsverpflichtung des Auftragnehmers zurücktreten (dies ebenso andeutend: BGH, Urt. v. 14.6.2012 – VII ZR 148/10, BGHZ 193, 315, 321 = BauR 2012, 1386, 1388 = NJW 2012, 3714, 3715 = NZBau 2012, 638, 639). Diese Anforderung einer Erklärung während der Ausführungsphase betrifft jedoch nur Sachverhalte, bei denen wirklich schon zu diesem frühen Zeitpunkt diese ernsthaften und berechtigten Zweifel bestehen; eine bloße unsichere Prognose, ob es der Auftragnehmer „noch schaffen wird", reicht dagegen erneut nicht. Das aber heißt weiter, dass ein Auftraggeber eben nicht allgemein vor Fälligkeit sozusagen auf Vorrat schon einmal eine Nachfrist setzen kann; denn diese kann wie oben erläutert wirklich erst nach Ablauf der Fälligkeit gesetzt werden. Stattdessen muss er in der Regel zunächst den Fertigstellungstermin abwarten. Erst recht gilt dies natürlich für den Zeitraum **nach Eintritt der Fälligkeit**: Hier ist ein **Rücktritt nach § 323 Abs. 4 BGB wegen ernsthafter Erfüllungsfährdung schon deshalb ausgeschlossen.** Denn zu diesem Zeitpunkt geht es nicht mehr um eine Erfüllungsgefährdung; vielmehr hat sich nunmehr die Pflichtverletzung erwiesen. Folglich kommt nur noch ein Rücktritt nach § 323 Abs. 1 BGB in Betracht, der zuvor eine Fristsetzung erfordert. Diese kann nur in den bekannten Fällen des § 323 Abs. 2 BGB entfallen, so insbesondere wenn feststeht, dass der Schuldner (Auftragnehmer) eine ihm gesetzte Frist ohnehin nicht einhalten wird (BGH, Urt. v. 14.6.2012 – VII ZR 148/10, BGHZ 193, 315, 319 = BauR 2012, 1386, 1388 ff. = NJW 2012, 3714, 3715 = NZBau 2012, 638, 639).

Die Wirkung des **Rücktritts vom Vertrag** geht zumindest theoretisch dahin, 247
dass der Vertrag nicht wie bei der **Kündigung** für die Zukunft aufgelöst, sondern das Vertragsverhältnis rückwirkend aufgehoben und so umgestaltet wird, dass beide Vertragspartner zur **Rückgewähr der bereits empfangenen Leistungen** verpflichtet werden (s. dazu näher Vygen/Joussen, Bauvertragsrecht, Rn. 2972 ff.). Beim Bauvertrag ist diese Rechtsfolge unpraktikabel und häufig überhaupt nicht durchführbar. Daher kommt der Rücktritt nur selten zum Zuge. Ist nämlich im Zeitpunkt der Fälligkeit der geschuldeten Bauleistung das Bauwerk schon teilweise errichtet, so kommt nach § 323 Abs. 5 BGB ein Rücktritt vom gesamten Vertrag nur noch in Betracht, wenn der Auftraggeber auch an der schon erbrachten Bauleistung kein Interesse hat. Hiervon wird man bei reinen Bauzeitverzögerungen in der Regel nicht ausgehen

können (s. auch zu der vergleichbaren Rechtslage beim Schadensersatzanspruch: OLG Celle, Urt. v. 16.11.2006–6 U 71/06, BauR 2007, 729, 730).

▶ **Beispiel:**

Der Tiefbauunternehmer soll bis zum 15. März eine Grube ausschachten. Er hat damit begonnen, ist aber selbst nach abgelaufener Nachfrist bis zum 25. März nur zu zwei Drittel fertig. Hier wird sich ein Rücktritt nur auf die restliche Vertragsleistung erstrecken können. Denn der Auftraggeber wird kaum einwenden können, dass er an der schon erbrachten Bauleistung kein Interesse mehr hat – abgesehen einmal von dem ungewöhnlichen Fall, dass er die Verzögerungen nunmehr zum Anlass nähme, vom Bauvorhaben insgesamt Abstand zu nehmen.

248 Allein wegen § 323 Abs. 5 BGB wird daher praktisch das Rücktrittsrecht auch bei einem BGB-Vertrag in vielen Fällen gerade nach einer Bauverzögerung letztlich **in den Auswirkungen einer Kündigung**, also der Beendigung des Vertrages vom Zeitpunkt des Wirksamwerdens der Kündigung (Zugang der Kündigung) an für die Zukunft, gleichstehen. Deshalb bleibt der Vertrag trotz des Rücktritts bezüglich des erfüllten Teils der geschuldeten Bauleistung bestehen; insoweit ist das teilweise fertig gestellte Werk auch vom Besteller abzunehmen und zu vergüten (s. zu der vergleichbaren Rechtsfolge nach einer Kündigung: BGH, Urt. v. 19.12.2002 – VII ZR 103/00, BGHZ 153, 244, 250 = BauR 2003, 689, 691 f. = NJW 2003, 1450, 1452; BGH, Urt. v. 11.5.2006 – VII ZR 146/04, BGHZ 167, 345, 349 f. = BauR 2006, 1294, 1295 f. = NJW 2006, 2475, 2476). Bezüglich dieses ausgeführten Leistungsteils bleiben darüber hinaus auch die **Gewährleistungsansprüche des Bestellers** (Mängelansprüche) und das Nacherfüllungsrecht des Unternehmers erhalten (BGH, Urt. v. 25.6.1987 – VII ZR 251/86, BauR 1987, 689, 690 = NJW 1988, 140, 141).

249 Das Rücktrittsrecht ist immerhin **ausgeschlossen**, wenn neben den Bauverzögerungen des Auftragnehmers die Terminverzögerungen zu einem überwiegenden Anteil auch vom Auftraggeber verursacht wurden (§ 323 Abs. 6 BGB).

2.1.3 Schadensersatzanspruch statt der Leistung

250 Neben dem **Rücktritts- bzw. Kündigungsrecht** gewährt die gesetzliche Regelung dem Besteller bei nicht rechtzeitiger Fertigstellung des Werkes auch noch Schadensersatzansprüche. Erwähnt wurde schon der Ersatzanspruch bezüglich des Verzögerungsschadens gemäß §§ 280 Abs. 1 und 2, 286 BGB. Dieser besteht unabhängig davon, ob der Vertrag aufrechterhalten und damit der Erfüllungsanspruch daneben bestehen bleibt oder ob der Vertrag durch Rücktritt oder Kündigung beendet wird. Ergänzend kann der Auftraggeber gem. § 281 Abs. 1 bei Terminüberschreitungen auch Schadensersatz statt der Leistung verlangen (s. dazu auch Rdn. 14ff. sowie Vygen/Joussen, Bauvertragsrecht Rn. 2977 ff.).

Dieser Schadensersatzanspruch, der **neben dem Rücktritt geltend** gemacht werden kann (§ 325 BGB), steht unter folgenden Voraussetzungen: 251

- Der Auftragnehmer erbringt die fällige Leistung nicht termingerecht (§ 281 Abs. 1 BGB).
- Der Auftraggeber hat dem Auftragnehmer eine angemessene Nachfrist gesetzt, d. h.: Der bloße Verzugseintritt, der etwa bei Überschreitung eines kalendarisch vereinbarten Termins eintritt, genügt hier nicht.
- Der Auftragnehmer hat die Terminverzögerung verschuldet, wobei der Auftragnehmer zu beweisen hat, dass ihn ggf. kein Verschulden trifft (vgl. § 280 Abs. 1 S. 2 BGB). Insoweit wird ihm allerdings das Verschulden der von ihm zur Leistungserfüllung eingesetzten Gehilfen, vor allem demnach von Subunternehmern, zugerechnet (§ 278 BGB).

Zu beachten ist, dass die vorstehend angesprochene Nachfristsetzung wie schon beim Rücktritt in der Regel die **Fälligkeit der Leistungsverpflichtung**, d. h. die Überschreitung des vereinbarten Fertigstellungszeitpunkt, voraussetzt (Münch.Komm./Ernst, § 281 Rn. 27). Eine vorherige Fristsetzung ist also rechtlich bedeutungslos. Wiederum kann wie beim Rücktritt eine Nachfristsetzung vor allem entfallen, wenn der Auftragnehmer die Leistungserfüllung ohnehin ernsthaft und endgültig verweigert hat (§ 281 Abs. 2 BGB). Ferner kann – anders als noch in der Vorauflage vertreten – entsprechend dem Rechtsgedanken des § 323 Abs. 4 BGB eine Fristsetzung entfallen und ein Schadenersatz statt der Leistung sofort gefordert werden, wenn **offensichtlich** ist, dass **zum Fälligkeitszeitpunkt die Voraussetzungen für einen Schadensersatzanspruch vorliegen** werden. Allerdings fehlt im Schadensersatzrecht erstaunlicherweise eine § 323 Abs. 4 BGB vergleichbare Regelung. Dies überrascht in Anbetracht der Tatsache, dass nach § 325 BGB Rücktritt und Schadensersatz nebeneinander verfolgt werden können. Lässt § 323 Abs. 4 BGB aber bereits einen Rücktritt vor Fälligkeit zu, wenn der Auftragnehmer den Fälligkeitstermin sowieso nicht mehr halten wird, wäre wenig verständlich, wieso nicht Vergleichbares im Schadensersatzrecht gelten sollte. Denn auch der Schadensersatzanspruch statt der Leistung verlangt die Verletzung einer fälligen Pflicht. Wenn der Auftraggeber aber nach einer sogar gesteigerten Pflichtverletzung des Auftragnehmers von seinem berechtigten vorzeitigen Rücktrittsrecht nach § 323 Abs. 4 BGB Gebrauch macht, gibt es jetzt diesen vertraglich vereinbarten Fälligkeitszeitpunkt gar nicht mehr. Selbst Fristsetzungen o. ä. würden daran nichts ändern, weil der Auftraggeber ja schon zurück getreten ist und damit das Vertragsverhältnis mit seinen Erfüllungspflichten beendet hat. Folglich würde nach dem Gesetzeswort- 252 laut in diesen Fällen ein Schadensersatzanspruch entgegen § 325 BGB stets ausscheiden (s. etwa Leineweber, Festschrift Koeble, S. 125, 136). Ein solcher Ausschluss wäre jedoch unverständlich zumal gegenüber Auftragnehmern, die sich ganz offensichtlich noch pflichtwidriger verhalten als in den normalen Fällen, in denen zunächst der Fälligkeitszeitpunkt abgewartet werden muss und bei dem dann Rücktrittsrecht und Schadensersatzanspruch nach § 325 BGB parallel bestehen. Dieser Widerspruch lässt sich nur auflösen, wenn man die Regelung des **§ 323 Abs. 4 BGB bei Schadensersatzansprüchen analog** anwendet, d. h.: Auch Schadensersatzansprüche statt der Leistung gemäß § 281 Abs. 1 BGB können schon vor dem vertraglich vereinbarten Fälligkeitszeitpunkt geltend gemacht werden, wenn mit an Sicherheit grenzender Wahrscheinlichkeit feststeht, dass zum Fälligkeitszeitpunkt die Voraussetzungen dafür bestehen werden (Palandt/Grüneberg, § 281 Rn. 8 a; Voit, BauR 2011, 1063, 1068; Jaensch, NJW 2003, 3613, 3614 f., Soergel/Gsell, § 323 Rn. 131; unentschieden dazu: BGH, Beschl. v. 8.5.2008 – VII ZR 201/07, NZBau 2008, 576 = NJW-RR 2008, 1052, der dieses Problem aber nicht weiter anspricht). Dabei wird man parallel aber ggf. auch zu prüfen haben, ob nicht gesondert ein **allgemeiner Schadensersatzanspruch wegen der Verletzung der allgemeinen Vertragsförderungspflicht** (schwerwiegende Gefährdung oder Störung des Vertragszwecks) in Betracht kommt (s. dazu Vygen/Joussen, Bauvertragsrecht, Rn. 2980 ff.).

253 Liegen dagegen die Voraussetzungen des Schadensersatzanspruchs statt der Leistung vor und entscheidet sich der Auftraggeber dafür, liegt hierin gleichzeitig die **Ausübung einer entsprechenden Gestaltungserklärung**, d. h. vor allem:

- Der **Anspruch auf Vertragserfüllung erlischt**. Der Auftraggeber kann nicht mehr Erfüllung verlangen (§ 281 Abs. 4 BGB).
- Etwaige schon gewährte Leistungen hat der Auftraggeber auf Verlangen nach den Regelungen des Rücktritts nach den §§ 346–348 BGB herauszugeben.

254 Bei der Höhe eines danach bestehenden Schadensersatzanspruchs statt der Leistung ist § 281 Abs. 1 S. 2 BGB zu beachten: Denn ähnlich wie beim Rücktrittsrecht kann der Auftraggeber **Schadensersatz** statt der Leistung auch **hinsichtlich der schon bewirkten Teilleistung** nur verlangen, wenn er an dieser kein Interesse mehr hat. Bei reinen Terminüberschreitungen wird es demzufolge einen großen Schadensersatzanspruch mit einer Rückgabe der schon bewirkten Teilleistung Zug um Zug gegen Ersatz sämtlicher Schäden kaum geben (im Erg. ebenso OLG Celle, Urt. v. 16.11.2006–6 U 71/06, BauR 2007, 729, 730; s. schon oben zu dem vergleichbaren Fall des Rücktritts Rdn. 247 f.) bzw. allenfalls in Ausnahmefällen (z. B. bei absoluten Fixgeschäften) in Betracht kommen.

▶ **Beispiel:**

Gegenstand des Bauvertrages ist die Errichtung eines Messestandes. Wird dieser nicht rechtzeitig fertig gestellt, könnte auf der Hand liegen, dass dieser teilfertig gestellte Bau nach Abschluss der Messe für den Auftraggeber nicht mehr von Interesse ist.

Dies heißt aber nichts anderes, als dass sich ein Schadensersatzanspruch statt der Leistung in aller Regel auf einen reinen **Ersatzanspruch zur Erstattung etwaiger Mehrkosten zur Fertigstellung der Bauleistung** beschränkt. 255

Anzumerken ist, dass bei dem Schadensersatzanspruch in § 281 BGB eine **Mitverschuldensregelung** fehlt. Dies ist unbeachtlich, d. h.: Beruht die Terminverzögerung neben Pflichtverletzungen des Auftragnehmers gleichzeitig auf einem (überwiegenden) Verschulden des Auftragnehmers, ist damit ein Schadensersatzanspruch des Auftragnehmers nicht ausgeschlossen. Vielmehr besteht dieser, ist aber nach § 254 BGB um den Mitverschuldensanteil des Auftraggebers zu kürzen. 256

2.1.4 Anspruch auf Vertragsstrafe

Bei Bauverzögerungen steht dem Auftraggeber schließlich – soweit wirksam vereinbart (s. o. Rdn. 104 ff.) – ein Anspruch auf Vertragsstrafe zu. Hierzu wird auf die einheitlichen Erläuterungen unten zu Teil A Rdn. 345 ff. verwiesen. 257

2.2 Ansprüche des Auftraggebers nach der VOB/B

Nach § 5 Abs. 4 VOB/B kann der Auftraggeber, wenn der Unternehmer den Beginn der Ausführung verzögert, er mit der Vollendung in Verzug gerät oder seiner Verpflichtung zur angemessenen Förderung des Baufortschritts gemäß § 5 Abs. 3 VOB/B nicht nachkommt, wahlweise entweder unter Aufrechterhaltung des Vertrages **Schadensersatz nach § 6 Abs. 6 VOB/B** verlangen oder dem Unternehmer eine angemessene Frist zur Vertragserfüllung setzen und erklären, dass er ihm nach fruchtlosem Ablauf der Frist den Auftrag entziehen werde (§ 8 Abs. 3 VOB/B). Darüber hinaus kann sich bei entsprechender Vereinbarung im Bauvertrag zugunsten des Auftraggebers **ein Vertragsstrafenanspruch gemäß § 11 VOB/B** ergeben. 258

Rechte des AG bei Terminverzögerungen (VOB/B)	
Verzögerungstatbestände: (§ 5 Abs. 4 VOB/B)	➲ Verzögerter Ausführungsbeginn ➲ Verzug mit Vollendung ➲ Verletzung der Abhilfepflicht
Folgen	➲ Schadensersatz gem. § 6 Abs. 6 VOB/B (Verschulden!) ➲ A.o. Kündigung (§ 8 Abs. 3 VOB/B) => Fertigstellung durch Ersatzunternehmer ➲ Verwirkung einer Vertragsstrafe ➲ bei Erfüllungsverweigerung: Rücktritt/SchE aus allgemeinen Regelungen (§§ 281, 323, 324 BGB) – ehemals pVV

259 Alle diese Rechtsfolgen zulasten des Unternehmers setzen voraus, dass die objektiv eingetretene **Bauverzögerung** durch den Unternehmer herbeigeführt worden ist, also ihre Ursache in dem von ihm zu verantwortenden Leistungsbereich hat. Auszuschalten sind daher von vornherein diejenigen Fälle, in denen z. B. der Ausführungsbeginn durch Umstände verzögert worden ist, die dem Aufgabenbereich des Auftraggebers zuzuordnen sind. Dazu zählen u. a. das Fehlen der Baugenehmigung oder der notwendigen Pläne oder deren Freigabe, die Verletzung sonstiger **Mitwirkungspflichten** des Auftraggebers oder die nicht rechtzeitige Fertigstellung notwendiger Vorarbeiten anderer Unternehmer (Ausschachtung der Baugrube für Rohbau, Fertigstellung des Rohbaus für Ausbaugewerke usw.). Denn in all diesen Fällen der **Behinderung** des Auftragnehmers kann diesem gemäß § 6 Abs. 2 Nr. 1 lit. a)–c) ein Anspruch auf Verlängerung der vereinbarten Vertragsfristen zustehen (vgl. dazu im Einzelnen Teil A Rdn. 352 ff.). Werden aber danach die Ausführungsfristen verlängert, scheiden schon deswegen den Auftragnehmer belastende Rechtsfolgen wegen der Überschreitung des ursprünglichen Vertragstermins aus.

260 Die Rechte zulasten des Unternehmers können aber auch dann vom Auftraggeber **nicht mit Erfolg geltend** gemacht werden, wenn der Unternehmer

- gemäß § 9 Abs. 1 VOB/B zur **Kündigung** des Bauvertrages oder
- gemäß § 16 Abs. 5 Nr. 4 VOB/B zur Einstellung der Arbeiten wegen **Zahlungsverzugs** des Auftraggebers (vgl. BGH, Urt. v. 5.5.1992 – X ZR 115/90, NJW-RR 1992, 1141, 1143) oder
- gemäß **§ 648 a Abs. 5 BGB** zur **Einstellung der Arbeiten** wegen einer verlangten, aber nicht zur Verfügung gestellten Sicherheit für seinen Vergütungsanspruch

berechtigt ist. In den aufgeführten Fällen erscheint es nach **Treu und Glauben** nicht gerechtfertigt, dem Auftraggeber die Rechte aus § 5 Abs. 4 VOB/B zu gewähren, da er sich seinerseits nicht vertragstreu verhalten hat und der Unternehmer deshalb nicht in Verzug geraten ist (vgl. auch OLG Düsseldorf, Urt. v. 25.4.1995 – 21 U 192/94, BauR 1995, 706, 707 = NJW 1995, 3323 f.; OLG Düsseldorf, Urt. v. 7.11.1995 – 21 U 12/95, NJW-RR 1996, 1419, 1420 und OLG Düsseldorf, Urt. v. 27.6.1995 – 21 U 219/94, BauR 1996, 115, 116 = NJW-RR 1996, 730, 731). Dies kann unter besonderen Umständen auch bei nur **geringfügiger Fristüberschreitung** und der Bereitschaft des Unternehmers, zügig weiterzuarbeiten, gelten. Anzunehmen ist das vor allem bei Sachverhalten, in denen die geringfügigen Überschreitungen sich nicht nachteilhaft für den Auftraggeber auswirken oder sonst der Verzug nur unbedeutend ist.

▸ **Beispiel:**

Bei einem Straßenbauvorhaben ist die Lieferung und Montage einer Leitplanke nach angemessener abgelaufener Nachfrist von zwei Wochen per 31. März fest für den 4. April zugesagt. Hier wäre eine außerordentliche Kündigung trotz Fristablaufs – bei unterstellter Leistungsbereitschaft des Auftragnehmers – unverhältnismäßig.

Auf dieser Grundlage gilt im Einzelnen:

2.2.1 Der Schadensersatzanspruch des Auftraggebers nach §§ 5 Abs. 4, 6 Abs. 6 VOB/B

Als erstes und am häufigsten genutztes Recht bei Leistungsverzug des Auftrag- 261
nehmers kann der Auftraggeber am Vertrag festhalten und vom Unternehmer nach § 6 Abs. 6 VOB/B Schadensersatz verlangen. Diese Möglichkeit wird er wählen, wenn es nach einer theoretisch auch möglichen Kündigung auf Grund des Verzugs schwierig wäre, für die noch ausstehenden Restarbeiten einen geeigneten anderen Unternehmer zu finden, der die Arbeiten letztlich schneller fertigstellt. Auch bieten sich vorrangig Schadensersatzansprüche an, wenn schon ein Großteil der Leistungen erbracht ist. Gerät der Auftragnehmer dagegen bereits mit dem Beginn der Arbeiten in Verzug, so wird der Auftraggeber häufiger von seinem Kündigungsrecht Gebrauch machen.

2.2.1.1 Voraussetzungen, besonders: Verschulden des Auftragnehmers

Für einen Schadensersatzanspruch des Auftraggebers wegen Terminüber- 262
schreitungen müssen sowohl die Voraussetzungen des § 5 Abs. 4 VOB/B als auch die des § 6 Abs. 6 VOB/B vorliegen, d. h.: Der Unternehmer muss sich zunächst in Verzug befinden. Dies erfordert

- Fälligkeit der jeweiligen Leistung,
- Mahnung nach Fälligkeit, soweit kein fester Termin vereinbart ist und
- Verschulden des Auftragnehmers.

263 Zu den ersten beiden Voraussetzungen wurde oben schon ausführlich Stellung genommen (Rdn. 149 ff.). Ergänzend bedarf es für einen Verzugseintritt des Auftragnehmers als Voraussetzung eines Schadensersatzanspruchs für alle drei Varianten nicht rechtzeitiger Vertragserfüllung gemäß § 5 Abs. 1 und 4 VOB/B eines **Verschuldens**, d. h.: Schadensersatzansprüche bestehen nur dann, wenn der Auftragnehmer den verzögerten Beginn der Ausführung, das Unterlassen unverzüglicher Abhilfe hinsichtlich des gerügten unzureichenden Baustelleneinsatzes oder die verspätete Vollendung der Leistung zu vertreten hat. Für ein fehlendes Verschulden trägt er die Beweislast, wobei ein solcher Beweis durchaus erfolgreich sein kann.

▶ **Beispiel:** (nach BGH, Urt. v. 10.5.2007 – VII ZR 226/05, BauR 2007, 1404, 1407 = NJW-RR 2007, 1317, 1318)

Der Auftraggeber verlangt von dem Auftragnehmer die Errichtung eines Bauvorhabens, dessen Ausführung ordnungswidrig ist. Verzögert nunmehr der Auftragnehmer den Ausführungsbeginn, weil berechtigte Zweifel hinsichtlich der Zulässigkeit der Ausführung nicht geklärt sind, entfällt dessen Verschulden.

Ähnliches gilt, wenn die Verzögerungen auf zuvor nicht bekannte Baugrundrisiken zurückgehen. Losgelöst von der Frage, wer die damit verbundenen Mehrkosten zu tragen hat, beruhen deswegen eintretende Bauverzögerungen sicherlich nicht auf einem Verschulden des Auftragnehmers (BGH, Beschl. v. 15.10.2009 – VII ZR 237/08, IBR 2010, 242, dort allerdings nur verkürzt dargestellt).

▶ **Beispiel:** (ähnlich BGH, a. a. O.)

In einem Bauvertrag war ein mit einer Vertragsstrafe belegter Fertigstellungstermin vorgesehen. Wegen Bodenkontaminationen verzögert sich die Maßnahme. Diese Verzögerungen haben mit einem Verschulden des Auftragnehmers nichts zu tun.

264 Auf das umfassende Verschuldenserfordernis ist deshalb hinzuweisen, weil § 5 Abs. 4 VOB/B selbst nur bezüglich der Vollendung der Bauleistung ein Verschulden erwähnt, nicht aber bezüglich des Beginns der Ausführung und der Abhilfe bei unzureichendem Baustelleneinsatz. Gleichwohl bestehen auch hier nur Schadensersatzansprüche, wenn dem Auftragnehmer ein Verschulden anzulasten ist (Ingenstau/Korbion/Döring, VOB/B § 5 Abs. 4 Rn. 6 ff.).

Beispiel:

Als Termin für die Aufnahme der Bauleistungen ist der 1. März vorgesehen. Mit Überschreitung dieses Termins wäre bereits der Verzögerungstatbestand des § 5 Abs. 4 VOB/B erfüllt. Nach dessen Wortlaut würde dies theoretisch ebenso für einen Schadensersatzanspruch genügen. Dem ist jedoch nicht so, weil zusätzlich noch die Voraussetzungen des § 6 Abs. 6 VOB/B vorliegen müssen, d. h.: Der Schadensersatzanspruch besteht nur, wenn der Auftragnehmer den verzögerten Beginn auch zu vertreten hat.

Unbeachtlich ist, ob der Unternehmer selbst schuldhaft gehandelt oder er für das Verschulden seiner **Erfüllungsgehilfen** (z. B. Subunternehmer) gem. § 278 BGB einzustehen hat. 265

Zu beachten ist, dass der Auftraggeber nicht auf den Schadensersatzanspruch nach § 6 Abs. 6 VOB/B beschränkt ist, wenn zugleich die Voraussetzungen eines Schadensersatzanspruches nach § 4 Abs. 7 S. 2 VOB/B vorliegen. Hierbei geht es um Fälle, in denen die **Bauverzögerung auf einer mangelhaften Bauausführung** und der deshalb notwendig gewordenen Mängelbeseitigung beruht (vgl. BGH, Urt. v. 29.6.1961 – VII ZR 174/60, Schäfer/Finnern, Z 2.414 Bl. 92; BGH, Urt. v. 11.12.1975 – VII ZR 37/74, BGHZ 65, 372, 375 f. = BauR 1976, 126, 127 = NJW 1976, 517, 518). Dies ist von Bedeutung, weil bei dem Schadensersatzanspruch nach § 4 Abs. 7 S. 2 VOB/B auch der **entgangene Gewinn** zu ersetzen ist (BGH, Urt. v. 1.12.2001 – VII ZR 201/99, BauR 2001, 1577, 1578). Dagegen besteht ein solcher Anspruch im Rahmen des § 6 Abs. 6 VOB/B nur bei Vorsatz oder grober Fahrlässigkeit. Liegen demnach die tatbestandlichen Voraussetzungen sowohl von § 4 Abs. 7 S. 2 als auch von § 6 Abs. 6 VOB/B parallel vor, kann der Auftraggeber wählen, welche Rechte er geltend macht (Vygen/Joussen, Bauvertragsrecht, Rn. 996). 266

Beispiel:

Der Auftragnehmer gerät mit der Fertigstellung in Verzug, weil die Bauleistung mangelhaft ist. Vorsätzliches Handeln ist ihm nicht nachzuweisen. Einen Mietausfallschaden würde der Auftraggeber somit über den Verzugsschadensersatzanspruch nach § 6 Abs. 6 VOB/B nicht ohne Weiteres ersetzt bekommen (s. dazu sogleich Rdn. 276 ff.), weil ein entgangener Gewinn nur bei Vorsatz oder grober Fahrlässigkeit abgedeckt ist. Da die Verzögerung aber gleichzeitig auf einer mangelhaften Bauleistung beruht, wird der Mietausfallschaden hier jedenfalls von § 4 Abs. 7 S. 2 BGB erfasst.

2.2.1.2 Umfang des Schadensersatzanspruchs

Der Schadensersatzanspruch gemäß §§ 5 Abs. 4, 6 Nr. 6 VOB/B richtet sich auf 267
Ersatz des dem Auftraggeber nachweislich entstandenen Schadens, bei Vor-

satz oder grober Fahrlässigkeit des Unternehmers einschließlich des entgangenen Gewinns.

Abzugrenzen von diesem nach § 6 Abs. 6 VOB/B ersatzfähigen Verzögerungsschaden sind dagegen die **Schäden wegen Nichterfüllung**.

▶ **Beispiel:** (ähnlich OLG Schleswig, Urt. v. 29.6.2010 – 3 U 92/09, BauR 2010, 1937, 1942)

Der Auftragnehmer verzögert die Arbeiten schuldhaft. Der Auftraggeber mahnt ihn mehrfach fruchtlos. Um den knappen Bautermin einzuhalten, setzt der Auftraggeber nunmehr zur Unterstützung für Teile der Bauleistung einen anderen Unternehmer ein. Die deswegen entstehenden Mehrkosten verlangt er vom Auftragnehmer.

Hiermit hat er keinen Erfolg. Zwar beruhen diese Mehrkosten auf der Verzögerung des Auftragnehmers. Anspruch auf einen diesbezüglichen Schadensersatz hat ein Auftraggeber aber nur **nach einer Kündigung** des Vertragsverhältnisses gemäß § 5 Abs. 4 VOB/B. Diese Regelung verweist ausdrücklich auf § 8 Abs. 3 VOB/B. In dessen zweiten Absatz findet sich das Recht des Auftraggebers, nach einer Kündigung (nicht vorher) den noch nicht vollendeten Teil der Leistung zulasten des Auftragnehmers durch einen Dritten ausführen zu lassen (s. dazu sogleich Rdn. 287 ff.). Geht es also bei § 6 Abs. 6 VOB/B nicht um den echten Erfüllungsschaden, zählen zu den von § 6 Abs. 6 VOB/B erfassten Schäden **allein** die **durch die Bauverzögerung entstandenen Vermögensschäden.**

▶ **Beispiele für Vermögensschäden des Auftraggebers**

- Aufwendungen für eine länger in Anspruch genommene Mietwohnung
- längere Gerüstvorhaltekosten bei bauseits gestellten Gerüsten
- Aufwendungen für eine anderweitige Unterbringung im Hotel
- Kosten für die Anmietung anderer Räume zur vorübergehenden Lagerung von Gegenständen wie z. B. Möbeln oder Waren, für verlängerte Zwischenfinanzierungen oder Bereitstellungszinsen
- entgangene Fördermittel oder Steuervergünstigungen wie z. B. Sonderabschreibungen für Baumaßnahmen usw.

268 Neben diesen allgemeinen Erläuterungen sollen wenige **wichtige Schadenspositionen** gesondert betrachtet werden, die ebenfalls von dem Schadensersatzanspruch nach § 6 Abs. 6 VOB/B erfasst werden:

269 • **Architektenleistungen u. a.**

Der Schadensersatzanspruch nach § 6 Abs. 6 VOB/B erfasst u. a. Mehrkosten für **Architekten- und Ingenieurleistungen** bei verlängerter Bauzeit und damit verlängerter Objektüberwachung gemäß Leistungsphase 8 des § 34 Abs. 3 HOAI (vgl. auch § 7 Abs. 4 HOAI). Ein darauf gerichteter Schadensersatzanspruch dürfte aber oft daran scheitern, dass einem Auftraggeber bei einer reinen Bauzeitverlängerung kein Schaden entsteht, weil auch dem Architekt aus diesem Grund allein vielfach kein zusätzlicher Honoraranspruch zusteht. Eher unproblematisch ersatzfähig sind dagegen Aufwendungen für einen **Sachverständigen**, um den Leistungsverzug des Auftragnehmers und seine Auswirkungen feststellen zu lassen (BGH, Urt. v. 22.10.1970 – VII ZR 71/69, BGHZ 54, 352 b, 358 f. = BauR 1971, 51, 52 f. = NJW 1971, 99, 100 f.; ebenso Ingenstau/Korbion/Döring VOB/B § 6 Abs. 6 Rn. 41 mit Verweis auf BGH, BauR 1986, 347, wobei dieser Verweis in der Sache allerdings nicht zutrifft).

- **Vertragsstrafe als Schadensersatz** 270

Ebenso erfasst werden von § 6 Abs. 6 VOB/B Schadensersatzansprüche des General- bzw. Hauptunternehmers, soweit dieser wegen einer Bauzeitverzögerung des Subunternehmers seinerseits eine **Vertragsstrafe in seinem Verhältnis zum Bauherrn** verwirkt (s. dazu auch Joussen/Vygen, Subunternehmervertrag, Rn. 295 ff.).

▶ **Beispiel:**

> Der Bauherr beauftragt den Generalunternehmer mit der Errichtung eines Seniorenstifts. Das Auftragsvolumen beläuft sich auf 8 Mio. €. Zur Absicherung der Vertragstermine wird eine Vertragsstrafe vorgesehen, die auf 5% der Auftragssumme (400.000 €) beschränkt wird. Der Generalunternehmer vergibt die Gründungsarbeiten an ein Tiefbauunternehmen. Dessen Auftragsvolumen beläuft sich auf 500.000 €. Auch in diesem Verhältnis wird eine Vertragsstrafe vereinbart, wiederum beschränkt der Höhe nach auf 5% (25.000 €). Wegen schuldhafter Verzögerungen des Tiefbauunternehmens kann dieses zunächst seinen eigenen Termin gegenüber dem Generalunternehmer und in Folge dessen der Generalunternehmer seinen Termin nicht gegenüber dem Bauherrn einhalten. Der Bauherr zieht berechtigterweise in voller Höhe die Vertragsstrafe von 400.000 €. Der Generalunternehmer seinerseits macht gegen den Subunternehmer die Vertragsstrafe von 25.000 € geltend. Darüber hinausgehend verlangt er Schadensersatz wegen der in seinem Verhältnis zum Bauherrn weiter gehend verwirkten Vertragsstrafe von 375.000 €.

Diese weitergehenden Schadensersatzansprüche bestehen. Zwar bedarf eine Vertragsstrafenvereinbarungen in AGB zu ihrer Wirksamkeit einer Obergrenze von 5% bezogen auf die jeweilige Auftragssumme (vgl. Rdn. 104 ff.; Vygen/Joussen, Bauvertragsrecht, Rn. 572 ff.). Hierauf kommt es im vorliegenden Beispielfall jedoch nicht an. Denn unabhängig von der deutlichen höheren Vertragsstrafe im Verhältnis zum Bauherrn kann der Generalunternehmer die im dortigen Verhältnis verwirkte Vertragsstrafe im Wege des Schadensersatzes nach § 6 Abs. 6 VOB/B vom Subunternehmer ersetzt verlangen – wobei dafür allerdings noch zwei Voraussetzungen zu beachten sind:

271 – Zunächst kommt es darauf an, dass der Generalunternehmer den Subunternehmer (naheliegenderweise in dem Subunternehmervertrag) auf dieses erhöhte Vertragsstrafeversprechen **in seinem eigenen Auftragsverhältnis hingewiesen** hat (BGH, Urt. v. 18.12.1997 – VII ZR 342/96, BauR 1998, 330, 332 = NJW 1998, 1493, 1494; s. dazu auch Formulierung bei Joussen/Vygen, Subunternehmervertrag, Rn. 299). Erfolgt dieser Hinweis nicht oder war er nicht hinreichend klar gefasst, schließt dies die Belastung des Subunternehmers mit der den Generalunternehmer betreffenden höheren Vertragsstrafe nicht aus; in diesem Fall allerdings ist der Schadensersatzanspruch auf Grund des fehlenden oder nicht ausreichenden Hinweises auf die wirtschaftlichen Risiken vor Vertragsabschluss oder bei Durchführung der Arbeiten wegen mitwirkenden Verschuldens des Generalunternehmers (§ 254 BGB) zu mindern (BGH, Urt. v. 25.1.2000 – X ZR 197/97, BauR 2000, 1050, 1052 = NJW-RR 2000, 684, 685).

272 – Ebenso ist es notwendig, dass der Generalunternehmer im Rechtsstreit mit dem Subunternehmer ggf. darlegen und beweisen muss, dass er die **Vertragsstrafe an seinen Auftraggeber zu Recht gezahlt** hat, also zahlen musste. Dies setzt voraus, dass der Generalunternehmer sich bezüglich des Verzugs selbst belastet und die **wirksame Vertragsstrafenvereinbarung** gegenüber seinem Auftraggeber nachweist, jedenfalls aber für die Zahlung ein rechtfertigender Anlass bestand (vgl. BGH, Urt. v. 7.3.2002 – VII ZR 41/01, BauR 2002, 1086, 1088 = NJW 2002, 2322, 2323). Dies ist an sich nichts Besonderes und entspricht nur der üblichen Schadensminderungspflicht.

273 Liegen diese Voraussetzungen vor, kann der Auftraggeber gegen den Subunternehmer eine in seinem Verhältnis zum Bauherrn verwirkte Vertragsstrafe dem Grunde nach als Schadensersatz weiterreichen. Allerdings muss er dafür natürlich noch zusätzlich die Kausalität der Verzögerung der Werkleistungen des Subunternehmers für die im Oberverhältnis verwirkte Vertragsstrafe darlegen und ggf. beweisen. Hierzu gehört auch eine diesbezügliche Darlegung der Identität der Werkleistungen der beiden Vertragsverhältnisse sowie der etwaigen Behinderungstatbestände. Dabei wäre auch zu belegen, inwieweit ggf. berechtigte Behinderungen im Subunternehmerverhältnis nicht auch zu berechtigten Behinderungen im Oberverhältnis geführt haben (OLG Düsseldorf, Urt. v. 19.4.2012–23 U 150/11, BauR 2012, 1421, 1425).

- **Entgangener Gewinn**

274 Wie schon erläutert (oben Rdn. 266) wird nach § 6 Abs. 6 VOB/B ein entgangener Gewinn **nur bei Vorsatz und grober Fahrlässigkeit** abgedeckt. In der Praxis immerhin dürfte vorsätzliches Handeln und grobe Fahrlässigkeit aber die Ausnahme sein. Dies liegt für den Vorsatz auf der Hand; doch auch der **Ausnahmefall der groben Fahrlässigkeit** ist kaum anzutreffen. Er setzt voraus, dass der Auftragnehmer die im Verkehr erforderliche Sorgfalt in besonders

schwerem Maße verletzt hat. Dabei geht es zumeist um eine objektiv schlechterdings unvertretbare und subjektiv unentschuldbare Fehleinschätzung – eine Situation, die zumindest bei der Abwicklung von Bauvorhaben nur äußerst selten anzutreffen sein wird.

- **Beispiel:** (nach OLG Schleswig, Urt. v. 31.3.2006–1 U 162/03, BauR 2007, 598)

  Der Auftragnehmer kalkuliert seinen Personaleinsatz um bis zu 50% zu niedrig bzw. verlegt sogar noch trotz Abhilfeverlangens Personal an eine andere Baustelle. Dies muss mit Vorsatz oder grober Fahrlässigkeit nichts zu tun haben, sondern kann darauf beruhen, dass der Auftragnehmer den Arbeitsanfall (lediglich fahrlässig) falsch eingeschätzt hat.

Die Beschränkung des Schadensersatzes mit **Ausschluss des entgangenen Gewinns** greift nicht ein, wenn der Unternehmer ernsthaft und endgültig die Erfüllung des Bauvertrages verweigert, ohne hierzu berechtigt zu sein. Dabei handelt es sich um eine **positive Vertragsverletzung**, die eine Beschränkung des Schadensersatzanspruchs des Auftraggebers nach Treu und Glauben nicht rechtfertigt (vgl. BGH, Urt. v. 11.12.1975 – VII ZR 37/74, BGHZ 65, 372, 376 f. = BauR 1976, 126, 127 f. = NJW 1976, 517; BGH, Urt. v. 12.6.1980 – VII ZR 198/79, BauR 1980, 465, 466). Diese Rechtsfolge ergibt sich auch schon daraus, dass dem Unternehmer in einem solchen Falle der zu Unrecht erfolgten Erfüllungsverweigerung meist bedingter Vorsatz oder jedenfalls grobe Fahrlässigkeit bezüglich der Verzögerung anzulasten sein wird und deshalb die Beschränkung des Schadensersatzanspruchs und der Ausschluss des entgangenen Gewinns entfällt. 275

- **Mietausfallschaden** 276

Gerade wegen des Ausschlusses des entgangenen Gewinns bei leichter und mittlerer Fahrlässigkeit stellt sich vielfach die Frage, ob zum **entgangenen Gewinn** auch der **Mietausfall** des Auftraggebers wegen verspäteter Fertigstellung gehört.

- **Beispiel:**

  Der Auftraggeber lässt ein Einfamilienhaus bauen, das er später vermieten will. Das Haus wird nicht fertig. Hierdurch entgeht ihm eine monatliche Nettomiete von 2.400 € bzw. unter Berücksichtigung der Nebenkosten eine Bruttomiete von 3.500 €. Gleichzeitig hat er Finanzierungskosten von 2.600 €.

In Fällen wie diesen ist hinsichtlich des Umfangs des Schadensersatzanspruchs nach § 6 Abs. 6 VOB/B zu unterscheiden (vgl. BGH, Urt. v. 29.3.1990 – VII ZR 324/88, BauR 1990, 464, 465 = NJW-RR 1990, 980 f.; BGH, Urt. v. 14.1.1993 – VII ZR 185/91, BGHZ 121, 210, 213 f. = BauR 1993, 600, 603 = NJW 1993, 2674,

2675 f.; BGH, Urt. v. 4.5.2000 – VII ZR 203/98, BauR 2000, 1188 = NJW-RR 2000, 1186):

277 – Der Auftraggeber kann über § 6 Abs. 6 VOB/B zum einen die **regelmäßigen Finanzierungskosten** in Gestalt des auf die Verzugszeit entfallenden gesamten Zinsaufwands ersetzt verlangen. Diese sind allerdings nur höchstens bis zum Betrag der entgangenen Nettomiete ersatzfähig (d. h. im Beispielfall maximal 2.400 €). Entgangener Gewinn ist demzufolge nur das, was vom Rohmietertrag nach Abzug der Kosten der Regelfinanzierung sowie weiterer Kosten verbleibt. Die in der Zeit des Verzugs anfallenden Finanzierungskosten sind demnach kein entgangener Gewinn. Diese im Rahmen des § 286 Abs. 1 BGB entwickelten Grundsätze gelten bei § 6 Abs. 6 VOB/B entsprechend. Im vorstehenden Beispielfall fällt demzufolge kein entgangener Gewinn an; die Kosten können somit als Schadensersatz verlangt werden. Ein (teilweise) entgangener Gewinn läge immerhin vor, wenn die Nettomiete die Finanzierungskosten übersteigen würde, wobei dann der entgangene Gewinn sich auf die Differenz zwischen Nettomiete und niedrigeren Finanzierungskosten beliefe.

278 – Zum anderen könnte der Auftraggeber seinen Schaden nach dem **reinen Mietausfallschaden** berechnen. Dies wäre dann der echte **entgangene Gewinn**, der allerdings über § 6 Abs. 6 VOB/B nur eingeschränkt, nämlich bei Vorsatz und grober Fahrlässigkeit, zu ersetzen wäre. Soweit sich der Auftraggeber darauf stützt, ist allerdings auch hier nur von der Nettomiete auszugehen. Berechnet der Gläubiger seinen Schaden in dieser Weise, kann er daneben den regelmäßigen Finanzierungsaufwand nicht ersetzt verlangen. Denn diesen Aufwand hätte er bei Vermietung des Gebäudes aus den Mieterträgen decken müssen; sein „Gewinn" aus den Mieteinnahmen wäre folglich um die Kosten der Regelfinanzierung vermindert. Auf der Grundlage einer Abrechnung mit für die Verzugszeit entgangenen Mieteinnahmen sind die zugehörigen Finanzierungskosten somit nicht verzugsbedingt (BGH, Urt. v. 29.3.1990 – VII ZR 324/88, BauR 1990, 464, 465 = NJW-RR 1990, 980, 981).

279 • **Vorteilsanrechnung/Steuerersparnisse**

In jedem Fall aber muss sich der Auftraggeber im Rahmen eines Schadensersatzanspruches auch die **Vorteile anrechnen** lassen, die sich aus der verspäteten Fertigstellung ergeben.

▶ **Beispiel:** (ähnlich BGH, Urt. v. 15.4.1983 – V ZR 152/82, BauR 1983, 465 = NJW 1983, 2137)

Erspart der Auftraggeber wegen des Leistungsverzugs und der deswegen nur verzögerten Vergütungszahlung Kreditzinsen, handelt es sich bei diesen ersparten Finanzierungskosten um ersparte Vorteile, die schadensmindernd anzurechnen sind.

Eingeschränkt gilt vorstehender Grundsatz bei **Steuerersparnissen**, die in Folge einer verspäteten Fertigstellung eintreten (zu weitgehend Beck'scher VOB/B-Komm/Motzke/Berger, § 6 Abs. 6 Rn. 85). Hier entfällt dann eine Anrechnung, wenn der Auftraggeber einen Ertrag nur zu einem späteren Zeitpunkt versteuern muss (BGH, Urt. v. 25.2.1988 – VII ZR 152/87, BauR 1988, 347, 348 = NJW-RR 1988, 788, 789). Dies betrifft die meisten Fälle der reinen Verzögerungsschäden. Doch selbst wenn der Auftraggeber über einen Schadensersatzanspruch für eine schon geltend gemachte Abschreibung später eine Ersatzleistung erhält, wäre im Zweifel diese steuerpflichtig. Eine Anrechnung wird daher allenfalls in Betracht kommen, wenn selbst nach einer solchen Anrechnung und entsprechenden Darlegungen des Schädigers (Auftragnehmers) sich besonders hohe Steuervorteile abzeichnen würden (BGH, Urt. v. 19.6.2008 – VII ZR 215/06, BauR 2008, 1450, 1451 = NJW 2008, 2773, 2774). Hierfür müssen aber konkrete Anhaltspunkte bestehen; eine bloße Ermäßigung der Steuersätze genügt dafür nicht (BGH, Urt. v. 15.7.2010 – III ZR 336/08, BGHZ 186, 205 = BauR 2010, 2111, 2115; BGH, Urt. v. 1.3.2011 – XI ZR 96/09, BauR 2011, 1164, 1165).

- **Nutzungsausfall** 280

Im Zusammenhang mit dem entgangenen Gewinn stellt sich weiter die Frage, ob der Auftraggeber auch einen **Nutzungsausfall oder entgangene Gebrauchsvorteile als Vermögensschaden** ersetzt verlangen kann. Ein solcher Nutzungsausfall kann beim Auftraggeber als Eigentümer eines selbst genutzten oder nach Fertigstellung zur Eigennutzung vorgesehenen Bauwerks eintreten, wenn dieses Bauwerk wegen Überschreitung der vereinbarten Ausführungsfrist vorübergehend nicht genutzt werden kann. Dies ist seit der Entscheidung des Großen Senats des BGH vom 9. Juli 1986 (GSZ 1/86, BGHZ 98, 212 = BauR 1987, 314 = NJW 1987, 50) anerkannt, soweit der Eigentümer eine von ihm selbst genutzte Sache, jedenfalls ein von ihm selbst bewohntes Haus, in Folge eines deliktischen Eingriffs in das Eigentum vorübergehend nicht benutzen kann, ohne dass ihm dadurch zusätzliche Kosten entstehen oder Einnahmen entgehen. Nichts anderes gilt bei einer **Gebrauchsentziehung, deren Ursprung in einer vertraglichen Grundlage** liegt (BGH, Urt. v. 10.10.1985 – VII ZR 292/84, BGHZ 96, 124, 127 = BauR 1986, 105, 106 = NJW 1986, 427, 428; BGH, Urt. v. 16.9.1987 – IVb ZR 27/86, BGHZ 101, 325, 330 = BauR 1988, 251 [Ls.] = NJW 1988, 251, 252 = NJW-RR 1988, 150). Dies ist auch dann anzunehmen, wenn es nicht um die bloße Gebrauchsentziehung nach einer schon einmal erfolgten Überlassung einer Wohnung oder eines Hauses geht, sondern um die **verspätete erstmalige Fertigstellung einer zum Eigengebrauch vorgesehenen Wohnung**

(BGH, Urt. v. 20.2.2014 – VII ZR 172/13, BauR 2014, 989, 990 = NJW 2014, 1374 = NZBau 2014, 280). Dies betrifft vor allem eine verspätet fertig gestellte Wohnung im Bauträgergeschäft.

▶ **Beispiel:** (nach BGH, Urt. v. 20.2.2014, a. a. O.)

Der Erwerber hat von einem Bauträger für sich und seine Familie mit drei Kindern eine zu sanierende Altbauwohnung mit einer Größe von 136,4 m^2 gekauft, in die er von der zunächst noch genutzten kleineren Wohnung mit 72,6 m^2 umziehen wollte. Die Bauträgerwohnung wird zwei Jahre zu spät fertig, was der Bauträger zu vertreten hat.

In Fällen wie diesen liegt unter Schadensgesichtspunkten eine Nutzungsausfallentschädigung auf der Hand. Denn aus Sicht des Betroffenen macht es keinen Unterschied, ob er die Wohnung, auf deren Nutzung er gebaut hat, schon einmal im Besitz hatte – oder ob es um deren erstmalige Überlassung geht. Denn jeweils besteht die berechtigte Erwartung, zu einem festen Termin mit dazu in der Regel schon getroffenen Dispositionen eine größere Wohnung nutzen zu können; dagegen würde der Betroffene völlig schutzlos gestellt, wenn die Nutzungsausfallentschädigung davon abhängig gemacht würde, dass er die Wohnung schon zuvor bewohnt haben muss.

281 Ausgehend von diesen Rahmendaten einer Gebrauchsentziehung oder verspäteten Übergabe wird mit der Nutzungsausfallentschädigung aber jeweils nur ein **Ersatz von Gebrauchsverlusten** bei Sachen gewährt, die für die **private Lebensführung** von zentraler Bedeutung sind, was bei der verspäteten Fertigstellung von Bauvorhaben gerade in Betracht zu ziehen ist. Bei gewerblich genutzten Vorhaben scheidet dagegen ein darauf gerichteter Anspruch aus: Hier wäre der Auftraggeber vielmehr gehalten, seinen tatsächlichen Schaden zu berechnen (OLG Celle, Urt. v. 25.9.2013–7 U 86/12, Nichtzul.-Beschw. zurückgew., BGH, Beschl. v. 14.8.2014 – VII ZR 279/13, BauR 2015, 521). Entscheidend ist sodann jeweils eine **fühlbare und damit vermögenswerte Beeinträchtigung**; kurzfristige und durch zumutbare Umdispositionen auffangbare Nachteile des Gebrauchs genügen somit anders als die vollständige Unbewohnbarkeit nicht (BGH, Urt. v. 5.3.1993 – V ZR 87/91, NJW 1993, 1793, 1794; BGH, Urt. v. 20.2.2014 – VII ZR 172/13, BauR 2014, 989, 991 = NJW 2014, 1374, 1375 = NZBau 2014, 280, 281). Dementsprechend wurde eine Nutzungsausfallentschädigung etwa bei der vorübergehenden Nichtbenutzbarkeit eines Hobbyraumes (vgl. LG München, Urt. v. 5.2.1993 – 18 O 19526/92, IBR 1993, 329 = BauR 1993, 640), von Kellerräumen, die ohnehin nur als Abstellräume genutzt werden sollten (OLG Celle, Urt. v. 25.9.2013–7 U 86/12, Nichtzul.-Beschw. zurückgew., BGH, Beschl. v. 14.8.2014 – VII ZR 279/13, BauR 2015, 521) oder eines Ferienhauses abgelehnt (OLG Frankfurt, Urt. v. 6.4.2009 – 25 U 78/06, Nichtzul.-Beschw. zurückgew., BGH, Beschl. v. 14.1.2010 – VII ZR 91/09, IBR 2010, 319). Ebenfalls soll eine Nutzungsausfallent-

schädigung ausscheiden, wenn dem Geschädigten für die Zeitdauer der Bauverzögerung gleich aus welchem Grund ein **angemessener (Ersatz)wohnraum** zur Verfügung stand, sodass er auf die ständige Verfügbarkeit der verzögert hergestellten Neubauwohnung nicht angewiesen war (OLG Stuttgart, Urt. v. 30.3.2010 – 10 U 87/09, BauR 2010, 1240, 1241). Diese Sichtweise überzeugt jedoch nicht und verkennt die Bedeutung der Nutzungsausfallentschädigung. Denn diese stellt ja gerade einen Ausgleich für die entgangene eigenwirtschaftliche Nutzungsmöglichkeit der eigenen Wohnung, die der Bauherr ab einem zugesagten Termin nutzen wollte, dar. Mit welchem Aufwand er wegen der fehlenden Fertigstellung wo auch sonst wohnt, spielt dafür keine Rolle, wenn die bisher genutzte oder alternativ nutzbare Wohnung deutlich kleiner ist (so jetzt auch ausdrücklich BGH, Urt. v. 20.2.2014 – VII ZR 172/13, BauR 2014, 989, 991 = NJW 2014, 1374, 1375 = NZBau 2014, 280, 281 zu o. g. Beispielfall; BGH, Urt. v. 8.5.2014 – VII ZR 199/13, BauR 2014, 1300, 1302 = NJW-RR 2014, 979, 981). Zu unterscheiden davon sind aber **tatsächliche Ersatzansprüche**: Sie sind relevant, wenn der Bauherr eine zuvor genutzte Wohnung wegen der Bauverzögerung länger nutzen und dann dafür Miete zahlen muss. Dies ist ein echter Schaden, der vom Auftragnehmer ggf. unter weiterer Berücksichtigung der Nutzungsausfallentschädigung zu zahlen ist. Abhängig vom Einzelfall ist er aber aufeinander anzurechnen; denn in Folge der Verzögerung darf der Geschädigte nicht besser stehen, als wenn die Wohnung oder das Haus rechtzeitig fertiggestellt worden wäre (BGH, a. a. O.).

Offengelassen wurde in dem vorstehend beschriebenen Beschluss des Großen Senats für Zivilsachen vom 9. Juli 1986 (Rdn. 280) die für die Praxis bedeutsame Frage, wie ein solcher **Schaden zu berechnen** ist. Denn zu entschädigen ist nur der Gebrauchsverlust für eine eigenwirtschaftliche Verwendungsplanung; nicht erstattungsfähig ist hingegen der **entgangene Gewinn** aus einer möglichen entgeltlichen Gebrauchsüberlassung an einen Dritten, die der Eigentümer gar nicht beabsichtigt hatte. Ebenso wenig kann die Erstattung abstrakter Kosten einer Ersatzanmietung verlangt werden, die der Eigentümer nicht vorgenommen hat. Fiktive Ersatzanmietkosten kämen als Berechnungsgrundlage nur in Betracht, wenn diese um die spezifisch die erwerbswirtschaftliche Nutzung betreffenden Wertfaktoren (Gewinnanteile u. a.) zuverlässig bereinigt würden. Alternativ wäre denkbar, die anteiligen Vorhaltekosten für den entzogenen Gebrauch (angemessene Verzinsung des für die Beschaffung der Sache eingesetzten Kapitals, weiterlaufende Aufwendungen für die Einsatzfähigkeit der Sache, Alterungsminderwert für die gebrauchsunabhängige Entwertung der Sache in der Zeit ihres Ausfalls) heranzuziehen. Gemeint sind damit vor allem die weiter laufenden einen Geschädigten anteilig treffenden Erwerbs- und Bewirtschaftungskosten (Kapitaldienst u. a.) sowie die gleichzeitig anfallende Wertminderung in Anlehnung etwa an die lineare Abschreibung (BGH, Urt. v. 9.7.1986 – GSZ 1/86, BGHZ 98, 212, 225 = BauR 1986, 282

732 [Ls.] = NJW 1987, 50, 53). In der Sache wird all das auf eine **Schätzung nach § 287 ZPO** unter Zugrundelegung aller objektiven Bewertungsmaßstäbe hinauslaufen. Dabei wird die Bewertung sicherlich auch durch den erzielbaren **Mietzins** oder den **Mietwert einer vergleichbaren Wohnung** oder eines vergleichbaren Hauses mitbestimmt (BGH, Urt. v. 10.10.1985 – VII ZR 292/84, BGHZ 96, 124, 129 = BauR 1986, 105, 106 f. = NJW 1986, 427, 428).

283 • **Umsatzsteuer**

Umsatzsteuer kann der Auftraggeber auf den Schadensersatz nach § 6 Abs. 6 VOB/B **nicht verlangen**, weil den abgerechneten Kosten keine umsatzsteuerpflichtige Mehrleistung zugrunde liegt. Vielmehr handelt es sich dabei nur um den Gegenwert für einen in Folge einer zu vertretenden Bauverzögerung eingetretenen Schaden. Ansonsten bleiben anders als etwa im Fall des § 2 Abs. 5 VOB/B die Pflichten des Auftragnehmers und damit die Vergütung als Bemessungsgrundlage für die Umsatzsteuer unverändert (so auch BGH, Urt. v. 24.1.2008 – VII ZR 280/05, BGHZ 175, 118, 122 = BauR 2008, 821, 822 = NJW 2008, 1523,1524).

2.2.1.3 Darlegungs- und Beweislast

284 In Schadensersatzprozessen wegen Verzugs des Auftragnehmers ist meist streitig, ob Letzterer mit dem **Beginn der Ausführung**, mit seiner **Förderungspflicht** gemäß § 5 Abs. 3 VOB/B oder auch mit der **Vollendung** tatsächlich in **Verzug** geraten ist. Deswegen hängt der Ausgang solcher Streitigkeiten nicht selten von der Frage ab, wem die **Darlegungs- und Beweislast** obliegt. Grundsätzlich ist der Anspruchsteller – hier also der Auftraggeber – für die anspruchsbegründenden Tatsachen darlegungs- und beweispflichtig. Daher hat er auch darzulegen und im Streitfall zu beweisen, wann der Auftragnehmer mit der Ausführung zu beginnen und wann er die geschuldete Bauleistung zu vollenden hatte. Dasselbe gilt für die Frage einer **Baustellenförderungspflicht**, also z. B. welcher Personal- oder Geräteeinsatz vertraglich vereinbart oder als erforderlich und deshalb geschuldet anzusehen war. Im Anschluss daran obliegt es dem Auftragnehmer, darzulegen und zu beweisen, dass er seinen vertraglichen Erfüllungspflichten auch in Bezug auf die vereinbarte Bauzeit nachgekommen ist, so etwa dahin gehend, dass er die Baustelle ordnungsgemäß besetzt hat.

285 Soweit dann allerdings der Auftraggeber seinerseits weiter gehende Ansprüche wegen entgangenen Gewinns verlangt und es hierfür eines **vorsätzlichen oder grob fahrlässigen Handelns** des Auftragnehmers bedarf, ist dafür wiederum der **Auftraggeber darlegungs- und beweisbelastet**. Die zugunsten des Auftraggebers bestehende Verschuldensvermutung greift hier nicht, weil es um eine Haftungsverschärfung gegenüber dem sonst einfachen Verschulden geht (OLG Düsseldorf, Urt. v. 18.2.2000–22 U 140/99, BauR 2001,

812, 813 = NJW-RR 2001, 1028; Ingenstau/Korbion/Döring, VOB/B, § 6 Abs. 6 Rn. 22, 28).

2.2.1.4 Verjährung

Der Schadensersatzanspruch des Auftraggebers aus § 6 Abs. 6 VOB/B verjährt bis zur Abnahme in der Regelfrist von 3 Jahren ab Entstehung und Kenntnis gemäß §§ 195, 199 BGB. **Nach Abnahme** gilt für ihn die auch für Gewährleistungsansprüche geltende Verjährungsfrist von 4 Jahren gemäß § 13 Abs. 4 VOB/B oder eine im Vertrag an deren Stelle vereinbarte längere Gewährleistungsfrist. Ist diese z. B. aus AGB-rechtlichen Gründen (vgl. §§ 307, 309 Nr. 8 lit. b) BGB) unwirksam, gilt nach § 634 a Abs. 1 Nr. 2 BGB eine Frist von fünf Jahren. Die Anlehnung an die Mängelgewährleistungsfrist nach Abnahme beruht darauf, dass auch der Schadensersatzanspruch nach § 6 Abs. 6 VOB/B einen Ausgleich für die nicht rechtzeitige Erfüllung der Leistung schaffen soll (Nicklisch/Weick, VOB/B § 6 Rn. 68; Ingenstau/Korbion/Döring, VOB/B § 6 Abs. 6 Rn. 50; Heiermann/Riedl/Rusam/Kuffer, § 6 Rn. 81; a. A. Beck'scher VOB-Komm./Berger, B § 6 Abs. 6 Rn. 110). Somit macht es nach Abnahme keinen Unterschied, ob die fehlende Vertragsgemäßheit (nur) auf vorhandenen Mängeln oder darauf beruht, dass lediglich einzelne Arbeiten nicht rechtzeitig fertig gestellt bzw. Mängel beseitigt sind. 286

2.2.2 Das Kündigungsrecht des Auftraggebers nach §§ 5 Abs. 4, 8 Abs. 3 VOB/B

Die Vorschrift des § 5 Abs. 4 VOB/B gewährt dem Auftraggeber wahlweise neben dem Anspruch auf Schadensersatz ein Kündigungsrecht. Dessen Voraussetzungen sind jedoch nicht mit denen des Schadensersatzanspruches bei Aufrechterhaltung des Vertrages identisch. Zwar greift das **Kündigungsrecht auch bei allen drei Varianten des § 5 Abs. 4 VOB/B** ein, also bei verzögertem Beginn mit der Ausführung, bei Verzug mit der Vollendung der Bauleistung und bei nicht erfolgter Abhilfe des unzureichenden Baustelleneinsatzes; ein Verschulden ist aber nur bei verspäteter Fertigstellung erforderlich. Dies wiederum beruht darauf, dass nur bei dieser Kündigungsvoraussetzung von Verzug die Rede ist und dieser **Verzug** stets **Verschulden** erfordert (vgl. § 286 Abs. 4 BGB). Demgegenüber ist das Kündigungsrecht bei den beiden anderen Varianten **verschuldensunabhängig**. Es reicht demzufolge die Nichtbeachtung der Nachfrist mit Kündigungsandrohung (vgl. auch Ingenstau/Korbion/Döring, B § 5 Abs. 4 Rn. 4; Heiermann/Riedl/Rusam, VOB/B § 5 Rn. 20; Leinemann/Jansen, § 5 Rn. 92). Dazu gilt: 287

2.2.2.1 Voraussetzungen

288 Das Kündigungsrecht besteht wie der Schadensersatzanspruch nur unter Einhaltung verschiedener Voraussetzungen:

289 • **Zunächst** muss der Auftragnehmer **einen der drei** Verzögerungstatbestände des § 5 Abs. 4 VOB/B erfüllen, d. h.:
  - Die erste Variante setzt eine Überschreitung des vertraglich festgelegten Beginns der Ausführungsfrist voraus. Diese Regelung ist allerdings nicht mehr anwendbar, wenn der Auftragnehmer bereits mit der Ausführung der ihm übertragenen Bauarbeiten begonnen hat (OLG Dresden, Urt. v. 2.4.2003 – 11 U 452/02, OLGR 2003, 342, 343; OLG Celle, Beschl. v. 22.5.2009 – 14 U 45/09, IBR 2009, 132).
  - Nach der zweiten Variante kann der Auftraggeber den Vertrag außerordentlich kündigen, wenn der Auftragnehmer mit der Ausführung des Gesamtwerks in Verzug ist. Nicht hierunter fällt die Nichteinhaltung einer Einzelfrist (s. o. Rdn. 56 ff.).
  - Die dritte Variante sieht eine außerordentliche Kündigung im Fall eines unzureichenden Arbeitskräfteeinsatzes u. a. vor. Dieser allein genügt allerdings nicht. Vielmehr ist dieser mit § 5 Abs. 3 VOB/B zu lesen. Danach muss zu befürchten sein, dass in Folge dessen die Ausführungsfristen offenbar nicht eingehalten werden können.

Umgekehrt gilt natürlich, dass der Auftragnehmer nicht seinerseits berechtigt war, die Leistungen zurückzuhalten oder einzustellen.

▶ **Beispiel:** (ähnlich OLG Dresden, Urt. v. 27.3.2008 – 4 U 1478/09, Nichtzul.Beschw. zurückgew., BGH, Beschl. v. 10.9.2009 – VII ZR 93/08, BauR 2001, 96)

Der Auftraggeber kürzt zu Unrecht Abschlagszahlungen. Trotz Nachfrist bleiben weitere Zahlungen aus. Soweit der Auftragnehmer jetzt zu Recht nach § 16 Abs. 5 Nr. 4 VOB/B die Arbeiten einstellt, kommt er natürlich nicht damit in Verzug. Dies schließt umgekehrt ein Kündigungsrecht des Auftraggebers nach §§ 5 Abs. 4, 8 Abs. 3 VOB/B aus.

290 • Wegen des Verzugs der Fertigstellung gilt § 286 BGB. Dabei kann Verzug auch ohne Mahnung eintreten, wenn für die Fertigstellung vor allem ein nach dem Kalender bestimmter oder sich abhängig von einem Ereignis nach dem Kalender berechenbarer Termin bestimmen lässt (s. dazu oben schon Rdn. 62 ff., 214 ff.). In jedem Fall bedarf es wie vorstehend erläutert (Rdn. 287) bei diesem Kündigungsgrund eines Verschuldens des Auftragnehmers (vgl. § 286 Abs. 4 BGB), auf das es bei den weiteren alternativen Kündigungsgründen des § 5 As. 4 VOB/B nicht ankommt.

- Der Auftraggeber muss dem Unternehmer sodann eine **angemessene Frist zur Vertragserfüllung** setzen. Bei der Fristsetzung muss die ausstehende Leistung des Unternehmers so genau bezeichnet werden, dass dieser zweifelsfrei ersehen kann, was im Einzelnen beanstandet und welche Leistung von ihm in der gesetzten Frist verlangt wird (OLG Köln, Urt. v. 21.9.1981 – 12 U 7/81, Schäfer/Finnern/Hochstein, Nr. 4 zu § 8 VOB/B). **291**

Angemessene **Frist** bedeutet, dass die Frist so bemessen sein muss, dass ein zuverlässiger Unternehmer innerhalb dieser Frist die noch offene Leistung fertigstellen kann. Bezieht sich die Frist auf den Leistungsbeginn oder die Verstärkung des Baustelleneinsatzes, kann sie äußerst kurz bemessen sein. Denn dabei geht es (nur) um Abhilfemaßnahmen, die vom Auftragnehmer sofort erwartet werden können. Insoweit muss nicht einmal eine kalendarische Frist gesetzt werden; vielmehr genügt es, wenn eine „unverzügliche" Abhilfe verlangt wird (BGH, Urt. v. 13.12.2001 – VII ZR 432/00, BGHZ 149, 283, 286 = BauR 2002, 782, 783 = NJW 2002, 1274, 1275). **292**

Eine **zu kurze Frist** setzt wie üblich eine angemessene Frist in Gang (BGH, Urt. v. 21.6.1985 – V ZR 134/84, BauR 1985, 688, 689 = NJW 1985, 2640) – es sei denn, diese wurde nur **„zum Schein gesetzt"**. Dies ist vor allem dann der Fall, wenn die Frist so kurz ist, dass der Auftragnehmer offensichtlich keine realistische Chance hat, die ausstehenden Leistungen in dieser Frist zu schaffen. Dasselbe gilt, wenn der Auftraggeber trotz Fristsetzung zu erkennen gibt, dass er die Leistung ohnehin nicht annehmen werde, selbst wenn sie innerhalb einer angemessenen Frist erbracht wird. Solche Fristsetzungen sind rechtlich wirkungslos (OLG Hamm, Urt. v. 31.5.2007–24 U 150/04, BauR 2007, 1737, 1738 = NZBau 2007, 709). Ansonsten aber verbleibt es dabei, dass eine **zu kurze Frist** eine **angemessene Frist in Gang setzt** – wobei dies dem Auftraggeber im Fall des Leistungsverzugs oft nicht hilft. Denn das außerordentliche Kündigungsrecht entsteht überhaupt erst mit Ablauf der angemessenen Frist. War demnach die Frist zu kurz und läuft eine angemessene Frist, wäre eine nach Ablauf der zu kurzen Frist ausgesprochene Kündigung verfrüht bzw. nicht berechtigt (vgl. auch OLG Köln, Urt. v. 10.11.2006–20 U 18/06, BauR 2008, 129, 132) – was fatale Folgen für den Auftraggeber haben kann: Denn zumindest in der Regel wird eine unberechtigte Kündigung in der Weise zu verstehen sein, dass hilfsweise eine freie Kündigung gewollt ist, was dann aus Sicht des Auftraggebers die negative Vergütungsfolge des § 649 BGB, § 8 Abs. 1 VOB/B auslöst (s. allerdings auch die Fälle der einvernehmlichen Vertragsaufhebung Rdn. 305 ff. sowie ausführlich Vygen/Joussen, Bauvertragsrecht, Rn. 2705 ff.) **293**

▶ **Beispiel:**

Der Auftraggeber setzt eine (zu kurze) Frist von acht Tagen. Angemessen wären 20 Tage. Jetzt läuft zwar mit der ersten Fristsetzung automatisch die 20-Tage-Frist. Kündigt der Auftraggeber aber in Unkenntnis der fehlenden Angemessenheit der Frist schon am 9. Tag und setzt sogleich einen Ersatzunternehmer ein, ist diese Kündigung mangels Ablauf einer angemessenen Frist unberechtigt, was auch für die Beauftragung der Ersatzunternehmer gilt. Allein deswegen dürfte ihm kein Anspruch auf Kostenersatz zustehen. Umgekehrt würde man eine solche Kündigung ggf. als freie Kündigung zu verstehen haben, weswegen er sogar jetzt die volle Vergütung abzüglich ersparter Aufwendungen schuldet.

294 Im Übrigen kann die Frist aber auf das **absolut erforderliche Maß beschränkt** werden, wenn sich der Auftragnehmer bereits in Verzug befand. Denn es ist dem Auftragnehmer durchaus zuzumuten, die Fertigstellung der Leistung unter größtmöglicher Anstrengung in Angriff zu nehmen (OLG Hamm, Urt. v. 31.5.2007–24 U 150/04, BauR 2007, 1737, 1740 f. = NZBau 2007, 709, 712).

▶ **Beispiel:**

Befindet sich der Auftragnehmer bereits in Verzug, wäre es durchaus angemessen, dass bei der Bemessung der Frist auch die Möglichkeit der Sonntagsarbeit einbezogen wird.

Größtmögliche Anstrengung bedeutet für den Auftragnehmer neben Personalerhöhung, Sonntagsarbeit u. a. auch eine erhöhte Koordination des Bauablaufs, um das Bauvorhaben fertigzustellen. Dies kann die Pflicht mit sich bringen, dass der Auftragnehmer unter dem Druck der Fristsetzung einen detaillierten angepassten Bauzeitenplan erstellt und diesen unverzüglich umsetzt. Insoweit kann sich aus diesem Bauzeitenplan auch ergeben, dass die Frist zu kurz ist. Dann allerdings ist der Auftragnehmer seinerseits aus der ihn treffenden **Kooperationspflicht** heraus verpflichtet, den Auftraggeber unverzüglich über eine angemessene Frist zu informieren, indem er ihm den Bauzeitenplan mit einer nachvollziehbaren substantiierten Erläuterung vorlegt. Versäumt er das, kann er sich später – jedenfalls gegenüber einem nicht fachkundigen Auftraggeber – nicht mehr darauf berufen, dass die Frist zu kurz gewesen sei. Verhält sich der Auftragnehmer allerdings so, muss sich nunmehr der Auftraggeber seinerseits unverzüglich erklären, ob er mit der aus dem Bauzeitenplan ersichtlichen Frist einverstanden ist (OLG Hamm, Urt. v. 31.5.2007–24 U 150/04, BauR 2007, 1737, 1740 = NZBau 2007, 709, 711).

- Der Auftraggeber muss dem Auftragnehmer für den Fall des fruchtlosen Fristablaufs schließlich die **Kündigung des Bauvertrages androhen**. Dabei muss die Fristsetzung mit der Kündigungsandrohung verbunden werden. Andernfalls entfällt das Kündigungsrecht und der Auftragnehmer gerät nur in Verzug. Dadurch wird nur der Schadensersatzanspruch gemäß § 6 Abs. 6 VOB/B, nicht aber das Kündigungsrecht eröffnet (BGH, Urt. v. 29.2.1968 – VII ZR 154/65, Schäfer/Finnern, Z 2.510 Bl. 29). 295

Liegen die vorstehenden Voraussetzungen nicht vor, so ist eine gleichwohl ausgesprochene Kündigung zumindest in der Regel als **grundlose Kündigung** gemäß § 8 Abs. 1 VOB/B anzusehen. Dies führt dann zu weitreichenden Folgen: Denn nunmehr stünde dem Unternehmer nach § 8 Abs. 1 Nr. 2 VOB/B die vereinbarte Vergütung abzüglich ersparter Aufwendungen für die in Folge der Kündigung nicht mehr erbrachten Leistungen zu (h. M., vgl. BGH, Versäumnisurt. v. 24.7.2003 – VII ZR 218/02, BGHZ 156, 82, 86 f. = BauR 2003, 1889, 1890 = NJW 2003, 3474; BGH, Urt. v. 26.7.2001 – X ZR 162/99, NZBau 2001, 621, 622; Ingenstau/Korbion, VOB/B § 8 Abs. 1 Rn. 13; – s. dazu auch Vygen/Joussen, Bauvertragsrecht, Rn. 2816). Dies zeigt mit aller Deutlichkeit, dass gerade bei der Auftragsentziehung besondere Vorsicht geboten ist und die Anforderungen für eine wirksame und berechtigte Kündigung nach §§ 5 Abs. 4, 8 Abs. 3 VOB/B unbedingt eingehalten werden müssen. 296

2.2.2.2 Ausnahme: Entbehrlichkeit der Fristsetzung

Wie aus vorstehenden Erläuterungen ersichtlich wirft bei der Einhaltung der Voraussetzungen der Kündigung in der Praxis vor allem die Notwendigkeit der Fristsetzung größere Probleme auf. Hier sind zwei Sonderfälle zu beachten: 297

- Teilweise ist die **Bestimmung einer angemessenen Frist nicht einfach**. Dies kann wie vorstehend schon erläutert bei einer ausgesprochenen außerordentlichen Kündigung dramatisch sein, weil das Kündigungsrecht nach § 5 Abs. 4 VOB/B eben erst mit Fristablauf überhaupt entsteht (s. o. Rdn. 291 f.). Die Tatsache allein, dass bei einer zu kurzen Frist hilfsweise eine angemessene Frist läuft, hilft wie ebenfalls dargestellt nicht weiter, wenn diese angemessene Frist noch nicht abgelaufen ist. Ausnahmsweise genügt immerhin eine **gestaffelte Fristsetzung**, wenn der Auftraggeber eine Frist zum Ausführungsbeginn, zur Fertigstellung und zusätzlich eine Frist gesetzt hat, vorab per Telefax, per Mail etc. seine Bereitschaft zur ordnungsgemäßen Leistungserbringung verbindlich zu bestätigen oder sonst die Erfüllbarkeit des Bauvertrages nachzuweisen. In einem solchen Fall ist die Kündigung aus wichtigem Grund schon nach fruchtlosem Ablauf der Erklärungsfrist zur termingerechten Leistungsbereitschaft gerechtfertigt, 298 wenn das vorangegangene Verhalten des Auftragnehmers ernsthafte Zweifel an seiner Leistungsbereitschaft hat aufkommen lassen (so wohl zu verstehen: BGH Urt. v. 26.6.1969 VII ZR 91/67 Schäfer/Finnern Z 2.414 Bl. 224; ebenso: OLG Stuttgart, Urt. v. 23.11.2006–13 U 53/06, BauR 2007, 1417, 1418 zu einem Sachverhalt, in dem der Auftraggeber selbst vertraglich zur termingerechten Leistungserbringung gegenüber seinem Auftraggeber verpflichtet war; ähnlich OLG Hamburg, Urt. v. 29.10.2009–6 U 253/08, Nichtzul.-Beschw. zurückgewiesen, BGH, Beschl. v. 8.9.2011 – VII ZR 180/09, IBR 2011, 691 = BauR 2012, 300 [Ls.]). Ähnliches kann gelten, wenn die **rechtzeitige Erfüllung** des Bauvertrages durch Hindernisse **ernsthaft in Frage gestellt** ist, die allein im Verantwortungsbereich des Auftragnehmers liegen (BGH Urt. v. 21.10.1982 – VII ZR 51/82, BauR 1983, 73, 75 f. = NJW 1983, 989, 990; ebenso OLG Stuttgart, a. a. O.). Diese Möglichkeit der gestaffelten Fristsetzung besteht mit dem heutigen § 323 Abs. 4 BGB in verstärktem Maße, da der Gläubiger danach bereits vor dem Eintritt der Fälligkeit der Leistung zurücktreten kann, wenn offensichtlich ist, dass die Voraussetzungen des Rücktritts eintreten werden (s. dazu oben Rdn. 245 f.). Damit hat sich das BGB stark an die Regelung in § 5 Abs. 3 VOB/B angelehnt. Vor diesem Hintergrund ist es auch gerechtfertigt, bei erheblichen Bedenken bezüglich der Termineinhaltung vom Auftragnehmer zu verlangen, dass er die Einhaltung des vereinbarten Termins trotz erheblicher Verzögerungen nachweist, um einen Rücktritt nach dem BGB oder eine Kündigung gemäß § 5 Abs. 3 und 4, § 8 Abs. 3 VOB/B zu vermeiden.

299 Fristsetzung und Kündigungsandrohung sind ausnahmsweise entbehrlich, wenn der Unternehmer **ernsthaft und endgültig die weitere Vertragserfüllung verweigert** oder dem Auftraggeber angesichts der Schlechterfüllung durch den Unternehmer ein Festhalten am Vertrage nicht mehr zuzumuten ist (OLG Düsseldorf, Urt. v. 28.7.1993–22 U 38/93, BauR 1993, 775, 776 = NJW-RR 1994, 149 f.), so dass die Nachfristsetzung ohnehin nur eine Förmelei wäre (BGH, Urt. v. 21.3.1974 – VII ZR 139/71 BauR 1974, 274, 275 = NJW 1974, 1080; BGH, Urt. v. 10.6.1974 – VII ZR 30/73, BauR 1975, 136 = NJW 1974, 1467 [für eine Auftragnehmerkündigung bei ausbleibender Zahlung]; BGH, Urt. v. 25.3.1993 – X ZR 17/92, BauR 1993, 469, 471 = NJW 1993, 1972, 1973; BGH, Urt. v. 23.5.1996 – VII ZR 140/95, BauR 1995, 704, 705 = NJW-RR 1995, 1108 f; vgl. auch § 286 Abs. 2 Nr. 3 und 4 BGB). Dasselbe gilt, wenn der Auftragnehmer seine Leistungen zwischenzeitlich offensichtlich eingestellt hat (BGH, Urt. v. 23.6.2005 – VII ZR 197/03, BGHZ 163, 274, 277 = BauR 2005, 1477, 1478 = NJW 2005, 2771, 2772). Insoweit kann auf die zum Rücktritt in § 323 Abs. 2 BGB geregelten Ausnahmefälle zurückgegriffen werden (vgl. dazu noch die Rechtsprechung zum früheren § 326 Abs. 2 BGB: BGH, Urt. v. 12.12.1991 – IX ZR 178/91, BGHZ 116, 319, 331 = NJW 1992, 967, 971; BGH, Urt. v. 6.5.1968 – VII ZR 33/66, BGHZ 50, 160,

166 f.; Ingenstau/Korbion/Döring, VOB/B § 5 Abs. 4 Rn. 19, 20; Beck'scher VOB-Komm./Althaus, B § 5 Abs. 4 Rn. 43f). Ergänzend ist ein weiteres Mal auf § 323 Abs. 4 BGB zu verweisen, wonach der Auftraggeber (Gläubiger) bereits vor dem Eintritt der Fälligkeit der Leistung zurücktreten kann, wenn offensichtlich ist, dass die Voraussetzungen des Rücktritts eintreten werden (s. o. Rdn. 245 f.). Diese Grundsätze des BGB gelten gleichermaßen für den VOB-Bauvertrag zur Rechtfertigung einer **Kündigung ohne vorherige Fristsetzung** (so auch BGH, Urt. v. 4.5.2000 – VII ZR 53/99, BauR 2000, 1182, 1185 = NJW 2000, 2988, 2990; BGH, Urt. v. 23.5.1996 – VII ZR 140/95, BauR 1996, 704, 705 = NJW-RR 1996, 1108; ebenso mit Bezugnahme auf § 323 Abs. 4 BGB: BGH, Urt. v. 8.3.2012 – VII ZR 118/10, BauR 2012, 949, 951 = NJW 2012, 596, 598 = NZBau 2012, 357, 358 f.). Dabei hat allerdings der Auftraggeber diesen **Ausnahmetatbestand** zu beweisen (BGH, Urt. v. 25.3.1993 – X ZR 17/92, BauR 1993, 469, 471 = NJW 1993, 1972, 1973 = ZfBR 1993, 189, 190).

2.2.2.3 Kündigungserklärung

Liegen die Voraussetzungen dafür vor, kann der Auftraggeber den Vertrag kündigen. Auch hierzu gelten Besonderheiten: 300

- Die Kündigung nach § 5 Abs. 4 VOB/B i. V. m. § 8 Abs. 3 VOB/B muss ausdrücklich erklärt werden und bedarf der **Schriftform** (§ 8 Abs. 5 VOB/B); auch dies hat eine Warnfunktion im Sinne des Auftraggebers, der diesen Schritt nur gut überlegt gehen soll. Die Schriftform bei der Kündigung eines VOB-Vertrages ist im Gegensatz zum BGB-Werkvertrag selbst dann einzuhalten, wenn der Unternehmer die weitere Erfüllung des Bauvertrages bereits ernsthaft und endgültig verweigert hat (OLG Celle, Urt. v. 4.10.1972–13 U 14/72, BauR 1973, 49, 50). Dabei ist die **Schriftform Wirksamkeitsvoraussetzung für die Kündigung** (OLG Köln, Urt. v. 21.9.1981 – 12 U 7/81, Schäfer/Finnern/Hochstein, Nr. 4 zu § 8 VOB/B). Demgegenüber gewährt allerdings der BGH entgegen § 8 Abs. 3 VOB/B in inzwischen ständiger Rechtsprechung dem Auftraggeber z. B. einen Mehrkostenanspruch auch ohne vorherige Kündigung, wenn der Auftragnehmer zuvor die **vertragsgemäße Fertigstellung endgültig verweigert** hat (BGH, Urt. v. 20.4.2000 – VII ZR 164/99, BauR 2000, 1479, 1480 f. = NJW 2000, 2997, 2998; BGH, Urt. v. 5.7.2001 – VII ZR 201/99, BauR 2001, 1577 = NZBau 2001, 623, 624; BGH, Urt. v. 9.10.2008 – VII ZR 80/07, BauR 2009, 99, 100 = NJW 2009, 354, 355). Überzeugend ist diese Rechtsprechung nicht, weil die Kündigungserklärung eine Gestaltungserklärung ist und das Vertragsverhältnis erst dadurch beendet wird (vgl. auch zu dem Folgeproblem bei der Anspruchsverjährung unten Rdn. 341). 301

302 Die Tatsache, dass die Kündigung erst nach Ablauf der angemessenen Fristsetzung ausgesprochen werden kann, führt dazu, dass die Auftragsentziehung nicht schon – bedingt – mit der Fristsetzung verbunden werden kann. Vielmehr muss sie tatsächlich erst **nach fruchtlosem Fristablauf ausgesprochen** werden (BGH, Urt. v. 4.6.1973 – VII ZR 113/71, BauR 1973, 319, 320 = NJW 1973, 1463; Keldungs/Brück, VOB-Vertrag, Rn. 221).

303 Die Kündigung kann auf einen abtrennbaren Teil des Bauvertrages beschränkt werden (sog. Teilkündigung). Danach findet nur der gekündigte Teil des Bauvertrages sein vorzeitiges Ende, während der Bauvertrag im Übrigen unverändert fortgesetzt wird (vgl. BGH, Urt. v. 6.2.1975 – VII ZR 244/73, BauR 1975, 280, 281 = NJW 1975, 825, 826 und BGH, Urt. v. 15.5.1986 – VII ZR 176/85, BauR 1986, 573, 574 f. = NJW-RR 1986, 1148, 1149). Eine solche **Teilkündigung** setzt allerdings voraus, dass sie sich **auf einen in sich abgeschlossenen Teil der nach dem Vertrag geschuldeten Gesamtleistung** bezieht, wie dies in § 8 Abs. 3 Nr. 1 S. 2 VOB/B ausdrücklich bestimmt ist. Damit wird das Ziel verfolgt, eine klare Trennung der beiden Leistungsbereiche zwischen gekündigtem und nicht gekündigtem Teil, insbesondere auch für mögliche spätere Gewährleistungsansprüche und deren Verjährungsbeginn, sicherzustellen. Folgerichtig wird man bei der Frage, ob eine in sich funktional abgeschlossene Teilleistung vorliegt und deshalb eine darauf beschränkte Kündigung zulässig ist, auf die für die **Zulässigkeit der Teilabnahme** gemäß § 12 Abs. 2 VOB/B entwickelten Grundsätze (s. dazu Vygen/Joussen, Bauvertragsrecht, Rn. 1151 ff.) zurückgreifen können und müssen (BGH, Urt. v. 20.8.2009 – VII ZR 212/07, BauR 2009, 1736, 1737 = NJW 2009, 3717, 3718; a. A. Kapellmann, Festschrift Thode S. 29, 37 ff.; Lang, BauR 2006, 1956 ff.).

▶ **Beispiel:**

Eine Teilabnahme und damit eine Teilkündigung sind z. B. möglich, wenn ein Auftragnehmer sowohl die Heizungs- als auch die Sanitärinstallationsarbeiten übernommen hat und nur die Heizungs- oder nur die Sanitärinstallationsarbeiten gekündigt werden. Dagegen scheidet eine Teilkündigung bezüglich der Heizungsarbeiten lediglich in einem bestimmten Stockwerk oder bei übernommenen Wärmedämmarbeiten in Bezug auf einzelne Fassadenteile eines einheitlichen Bauwerks aus, selbst wenn die Fassaden in verschiedene Bauabschnitte unterteilt waren (OLG Düsseldorf, Urt. v. 13.3.1990–23 U 162/89, Sch.-F.-H. Nr. 14 zu § 12 VOB/B; BGH, Urt. v. 10.7.1975 – VII ZR 64/73, BauR 1975, 423 f.; BGH, Urt. v. 20.8.2009, a. a. O.).

Bei einer Neufassung der VOB/B wäre allerdings in Bezug auf eine Teilkündigung immerhin zu überlegen, eine solche bereits dann zu ermöglichen, wenn der gekündigte Teil abgrenzbar festgestellt werden kann. Notwendig wäre dann aber wohl eine andere Formulierung als in § 12 Abs. 2 VOB/B (vgl. dazu auch Lang, BauR 2006, 1956 ff.).

Zu beachten ist, dass der Auftraggeber sein **Kündigungsrecht verliert bzw. verwirkt**, wenn er die Kündigung zwar ordnungsgemäß angedroht, dann aber trotz fruchtlosen Fristablaufs eine gewisse Zeit lang nicht ausgesprochen hat, sondern den Unternehmer hat weiterarbeiten lassen (BGH, Urt. v. 28.10.2004 – VII ZR 18/03, BauR 2005, 425, 426). Hierauf ist deshalb besonders hinzuweisen, weil etwa im Anwendungsbereich des § 323 BGB etwas anderes gilt: Ist dort einmal nach Fristsetzung ein Rücktrittsrecht entstanden, geht dieses nicht deshalb unter, weil der Auftraggeber nunmehr zeitweise doch noch Erfüllung verlangt (BGH, Urt. v. 20.1.2006 – V ZR 124/05, BauR 2006, 1134, 1136 = NJW 2006, 1198). Allerdings kommt ein hiernach denkbarer Verlust des Kündigungsrechts nicht in Betracht, wenn die Voraussetzungen einmal vorgelegen haben und z. B. ein Verzug des Auftragnehmers erst anschließend wegen anderer Umstände endet. Hier bleibt es dem Auftraggeber unbenommen, noch eine Kündigung auszusprechen. 304

▸ **Beispiel:** (in Anlehnung an BGH, Urt. v. 8.3.2012 – VII ZR 118/10, BauR 2012, 949, 950 = NJW-RR 2012, 596, 598)

Der Auftragnehmer war in Verzug; der Auftraggeber hatte wirksam eine Nachfrist gesetzt und die Kündigung angedroht. Nach Fristablauf kommt es zu schlechtem Wetter, in der keine weiteren Arbeiten möglich sind. Dies schließt jetzt eine Kündigung nicht aus.

Liegt eine wirksame Kündigung des Bauvertrages z. B. mangels Einhaltung der nach § 8 Abs. 5 VOB/B geforderten Schriftform nicht vor, so kann es doch zu einer vorzeitigen Vertragsbeendigung auch durch eine **einverständliche Vertragsaufhebung** kommen (OLG Köln, Urt. v. 28.5.2003–11 U 150/01, BauR 2003, 1578). 305

▸ **Beispiel:** (vgl. OLG Karlsruhe, Urt. v. 16.1.1992–9 U 209/90, BauR 1994, 116 = NJW-RR 1993, 1368)

Eine wirksame Kündigung liegt mangels Voraussetzungen nicht vor. Gleichwohl haben sich die Vertragspartner übereinstimmend auf eine Vertragsbeendigung eingestellt, also der Auftragnehmer seine Arbeiten eingestellt und die Baustelle geräumt und der Auftraggeber einen Ersatzunternehmer beauftragt.

Gerade in kritischen Fällen, in denen nicht klar ist, ob eine Kündigung wirksam ist, ist wenn möglich stets eine einvernehmliche Regelung zu empfehlen, etwa in dem Sinne, dass der Unternehmer die bis zur Vertragsbeendigung erbrachten Bauleistungen bezahlt erhält, beiderseits aber keine weiter gehenden Ansprüche geltend gemacht werden. Die einvernehmliche Vertrags- 306 aufhebung ist an keine Form gebunden; sie kann und wird häufig **durch schlüssiges Verhalten der Vertragspartner erfolgen**. Allerdings führt dies meist zu Beweisschwierigkeiten, da derjenige, der daraus Rechte herleiten will, die einverständliche Vertragsbeendigung und ggf. auch die Gründe, die dazu geführt haben, beweisen muss (OLG Celle, Urt. v. 4.10.1972–13 U 14/72, BauR 1973, 49, 50). Fehlt es an einer Vereinbarung über die **Folgen der einvernehmlichen Vertragsbeendigung**, so wird in Rechtsprechung und Schrifttum letztlich doch wieder auf die Kündigungsfolgenregelungen in §§ 8, 9 VOB/B bzw. – soweit die Voraussetzungen dafür vorliegen – auf § 645 BGB zurückgegriffen (vgl. BGH, Urt. v. 4.6.1973 – VII ZR 113/71, BauR 1973, 319, 320 = NJW 1973, 1463; OLG Karlsruhe, Urt. v. 16.1.1992 – 9 U 209/90, BauR 1994, 116, 118 = NJW-RR 1993, 1368, 1369 sowie Ingenstau/Korbion, VOB/B Vor §§ 8, 9 Rn. 41). So kann sich auch in einem solchen Fall ergeben, dass dem Auftraggeber Ersatzansprüche nach §§ 5 Abs. 4, 8 Abs. 3 Nr. 2 VOB/B zustehen, wenn sich der Auftragnehmer im Verzug der Fertigstellung befand (s. dazu auch OLG Köln, Urt. v. 28.5.2003–11 U 150/01, BauR 2003, 1578, 1579). Ebenso ist es denkbar, dass die Aufhebungsvereinbarung darauf zurückzuführen ist, dass die Ausführung der Werkleistung auf einem von dem Besteller gelieferten Stoff beruht und deswegen unmöglich geworden ist, sodass sich in diesem Fall die Vergütung des Auftragnehmers mangels anderweitiger Vereinbarung nach § 645 BGB richtet (BGH, Urt. v. 16.12.2004 – VII ZR 16/03, BauR 2005, 735, 736 = NJW-RR 2005, 669, 670; s. dazu auch Vygen/Joussen, Bauvertragsrecht, Rn. 2110 ff.).

2.2.2.4 Rechtsfolgen der Kündigung

307 Die Rechtsfolgen einer außerordentliche Kündigung des Auftraggebers richten sich nach § 8 Abs. 3 ff. VOB/B. Danach ist der Auftraggeber nach Entziehung des Auftrags berechtigt, den noch nicht **vollendeten Teil der Leistung zulasten des gekündigten Auftragnehmers durch einen Dritten ausführen** zu lassen und Ersatz eines zeitgleich entstehenden weiteren Schadens zu verlangen (s. dazu sogleich Rdn. 309 ff.). Alternativ kann er nach § 8 Abs. 3 Nr. 2 S. 2 VOB/B die bisher erbrachte Vertragsleistung des Auftragnehmers ablehnen und zugleich einen **Schadensersatzanspruch wegen Nichterfüllung** geltend machen. Dieser so geregelte **große Schadensersatzanspruch** kommt nach dem klaren Wortlaut der VOB/B aber nur zum Zuge, wenn die die außerordentliche Kündigung rechtfertigenden Umstände (z. B. Bauverzögerung) sowohl zur Kündigung des Bauvertrages als auch zum Wegfall des Interesses an der Bauausführung geführt haben, d. h.: Entscheidend ist vor allem, dass die die Kündigung auslösende Vertragspflichtverletzung des Auftragnehmers den Interessenwegfall verursacht hat. Bei diesem Schadensersatzanspruch geht es demzufolge nicht nur um einen Interessenwegfall in Bezug auf die weitere Leistungsausführung durch den Auftragnehmer; dieser wird

in der Regel sogar ohne Weiteres anzunehmen sein, weswegen der Auftragnehmer ja gekündigt wird. Erforderlich ist vielmehr, dass das **Interesse an der Ausführung der Bauleistung insgesamt entfallen** sein muss (OLG Celle, Urt. v. 16.11.2006–6 U 71/06, BauR 2007, 729, 730). Dies wird etwa allein deswegen, weil man einen Unternehmer in Folge aufgetretener Baumängel (§ 4 Abs. 7 S. 3 i. V. m. § 8 Abs. 3 VOB/B) austauscht, kaum der Fall sein (s. dazu auch mit weiteren Fällen Vygen/Joussen, Bauvertragsrecht, Rn. 2896). Etwas anderes dürfte hingegen für eine hier vor allem interessierende **Kündigung wegen Bauzeitverzögerungen** gelten. Auch dabei geht es aber weniger um die Verletzung der Abhilfepflicht nach § 5 Abs. 3 VOB/B wegen ungenügender Besetzung der Baustelle als vielmehr um Kündigungen wegen Überschreitung des Fertigstellungstermins. Denn gerade in diesen Fällen ist z. B. durchaus ein Fixgeschäft vorstellbar, wenn es um ein Bauvorhaben für bestimmte zeitgebundene Ereignisse geht.

▶ **Beispiel:**

Der Auftragnehmer soll einen fest mit dem Boden verbundenen Pavillon für einen Weihnachtsmarkt errichten. Der Auftraggeber kündigt das Vorhaben nach Ablauf gesetzter Fristen am 8. Dezember.

Entsprechendes gilt für vergleichbare Bauwerke wie etwa Messebauten, Bauwerke für bestimmte Sportereignisse, Behelfsbauten u. a. (i. E. ebenso: OLG Celle, Urt. v. 16.11.2006–6 U 71/06, BauR 2007, 729, 730)

Liegt ausnahmsweise ein Interessenfortfall vor, kann der Auftraggeber tat- **308**
sächlich die **gesamte Bauleistung zurückweisen** und Schadensersatz wegen Nichterfüllung verlangen. Dass damit wirtschaftliche Werte zerstört werden, ist zwar nicht wünschenswert, aber eine logische Folge des großen Schadensersatzanspruchs (vgl. dazu BGH, Urt. v. 29.6.2006 – VII ZR 86/05, BauR 2006, 1736, 1738 = NJW 2006, 2912, 2914). Der Schaden berechnet sich dann nach dem positiven Interesse. Einzige Grenze ist § 251 Abs. 2 BGB, wonach die **erforderlichen Aufwendungen nicht unverhältnismäßig** sein dürfen. Abgesehen davon führt der danach bestehende Schadensersatzanspruch somit zu

- dem Wegfall des Vergütungsanspruches des Unternehmers insgesamt einschließlich bereits gezahlter Abschlagszahlungen,
- dem Anspruch des Auftraggebers auf Ersatz der ihm durch die Nichterfüllung entstandenen Schäden und eines ggf. weiter gehenden Schadens.

Im Ergebnis muss der Auftraggeber so gestellt werden, wie er stehen würde, wenn der Auftragnehmer vertragsgemäß, d. h. mangelfrei und fristgemäß erfüllt hätte (so Nicklisch in Nicklisch/Weick, VOB/B § 8 Rn. 44; Ingenstau/Korbion, VOB/B § 8 Abs. 3 Rn. 60 ff.).

309 In der Praxis immerhin dürfte wegen des fortdauernden Interesses der Schadensersatzanspruch wegen Nichterfüllung eher die Ausnahme sein. Wird somit in der Regel das **Vorhaben weiter geführt**, ergeben sich die Rechtsfolgen einer Kündigung aber ebenfalls aus § 8 Abs. 3 ff. VOB/B. Zusammengefasst hat der Auftragnehmer danach **seine bisher erbrachten Leistungen prüfbar** abzurechnen. Denn für die bis zur Kündigung erbrachten Leistungen steht ihm der vertragliche Vergütungsanspruch zu. Das wiederum beruht darauf, dass die Kündigung das Vertragsverhältnis nur für die Zukunft beendet; bis zur Kündigung wird der Vertrag dagegen ohne Einschränkung abgewickelt, was auch für den Vergütungsanspruch gilt. Ein solcher wäre dagegen vor allem nach einer berechtigten außerordentlichen Kündigung durch den Auftraggeber nur ausgeschlossen, wenn die bis zur Kündigung erbrachte Leistung in Folge einer vom Auftragnehmer zu vertretenden Kündigung für ihn ohne Wert ist (vgl. BGH, Urt. v. 25.3.1993 – X ZR 17/92; BauR 1993, 469, 491 = NJW 1993, 1972, 1973). Dasselbe gilt, wenn die Leistung in Folge der Kündigung (vollständig) unbrauchbar (vgl. BGH, Urt. v. 6.2.1975 – VII ZR 244/73, BauR 1975, 280, 281 = NJW 1975, 825, 826) oder deren Verwertung – unter Berücksichtigung aller Umstände, vor allem der Gründe der außerordentlichen Kündigung – dem Auftraggeber nicht zumutbar ist (vgl. BGH, Urt. v. 5.6.1997 – VII ZR 124/96, BGHZ 136, 33, 39 = BauR 1997, 1060, 1062 = NJW 1997, 3017, 3018). Doch erscheint ein solcher Fall – wie schon soeben erläutert – bei Baumaßnahmen, die fortgeführt werden, in der Regel ausgeschlossen. Wenn also der Vergütungsanspruch fortbesteht, ist zu dessen Ermittlung sinnvollerweise ein gemeinsames Aufmaß zu erstellen. Gleichzeitig hat – soweit die Voraussetzungen dafür vorliegen – der Auftragnehmer einen **Anspruch auf Abnahme** seiner teilfertig gestellten Leistungen. Der Auftraggeber kann seinerseits die Leistungen auf Kosten des gekündigten Unternehmers durch einen Ersatzunternehmer fertigstellen. Hierzu gilt im Einzelnen:

(1) Erstellung eines Aufmaßes

310 Liegt ein Einheitspreisvertrag vor, ist die Leistung des Auftragnehmers trotz der Kündigung aufzumessen. Dieses Aufmaß ist später Grundlage der von dem Auftragnehmer einzureichenden prüfbaren Abrechnung. Sinnvoll ist hier gerade in Fällen der außerordentlichen Kündigung ein **gemeinsames Aufmaß**. Dies gilt zum Zwecke der Streitvermeidung sowohl für den Auftragnehmer, der ggf. auf dieser Basis seine Rechnung zu stellen hat, als auch für den Auftraggeber. Denn dieser benötigt Klarheit zu den schon ausgeführten Leistungen, um mit dieser Leistungsabgrenzung eine klare und vom Auftragnehmer bereits anerkannte Grundlage bei der Beauftragung eines Ersatzunternehmers zu haben.

311 Ein gemeinsames Aufmaß ist in jedem Fall bei einem **Einheitspreisvertrag** geboten. Ausnahmsweise ist es allerdings auch bei einem **Pauschalvertrag emp-**

fehlenswert, da andernfalls die Leistungen später kaum ermittelt und abgegrenzt werden können (Vygen/Joussen, Bauvertragsrecht, Rn. 2837 ff.). Abgerechnet wird der Pauschalpreisvertrag sodann aber wie üblich bei einer vorzeitigen Beendigung, d. h.: Die Höhe der Vergütung für die bis zur Kündigung erbrachte Leistung ist in ein Verhältnis zu der nach dem Pauschalvertrag geschuldeten Gesamtleistung zu setzen (s. o. u. a. BGH, Urt. v. 29.6.1995 – VII ZR 184/94, BauR 1995, 691, 692 = NJW 1995, 2712, 2713; s. sogleich auch Rdn. 317 f.). Verbleiben hier nach Vorlage einer prüfbaren Abrechnung Zweifel an der berechtigten Höhe der Vergütung, kann diese notfalls nach § 287 ZPO geschätzt werden (BGH, Versäumnisurt. v. 13.7.2006 – VII ZR 68/08, BauR 2006, 1753, 1754 = NJW-RR 2006, 1455, 1456). Allerdings darf bei einer solchen Schätzung nicht übersehen werden, dass es dafür konkreter Anküpfungstatsachen bedarf (h. M., vgl. nur BGH, Urt. v. 8.5.2012 – VI ZR 37/11, NJW 2012, 2267, 2268 m. w. N.). Das setzt eine einigermaßen verlässliche Erhebung des Bautenstandes im Zeitpunkt der Kündigung voraus. Der Auftragnehmer sollte das auch nicht geringschätzen. Denn jedes Versäumnis dazu wird ihm vielfach abschließend die Möglichkeit nehmen, solche Feststellungen später nachzuholen. Für eine kaum mögliche Nachholung eines Aufmaßes liegt dies auf der Hand. Doch auch sonst entspricht es der Erfahrung, dass sich ein Bautenstand im Zeitpunkt der Kündigung rückwirkend in aller Regel nicht mehr verlässlich feststellen lässt, und zwar auch nicht durch **Einholung eines Sachverständigengutachtens** zum Beweis für die Richtigkeit der in einer Rechnung eingestellten Mengen. Denn dabei handelt es sich um ein **untaugliches Beweismittel**, wenn das Bauvorhaben vom Auftraggeber fortgeführt worden ist und sich kaum noch ermitteln lässt, welche genauen Mengen der einzelnen Positionen vom gekündigten Auftragnehmer ausgeführt worden sind. Das alles führt dazu, dass ohne weitergehende Feststellungen über die erbrachten Leistungen zum Kündigungszeitpunkt ein Auftragnehmer zumeist mit der Geltendmachung weiterer Vergütungsforderungen endgültig ausfallen wird (ähnlich OLG München, Urt. v. 24.11.2011–9 U 3990/10, Nichtzul.-Beschw. zurückgew., BGH, Beschl. v. 14.3.2013 – VII ZR 131/11, BauR 2013, 1159 [Ls.]).

Nicht selten **verweigert der Auftraggeber die Mitwirkung an einem gemeinsamen Aufmaß**. 312 Dies kommt vor allem in der Hitze des Gefechts nach einer außerordentlichen Kündigung, die zumeist eine Vorgeschichte hat, vor.

▸ **Beispiel:**

> Der Auftraggeber kündigt den Auftragnehmer nach zahlreichen Mahnungen wegen Terminsverzug und erteilt ihm Baustellenverbot. Er verbietet ihm zugleich das Betreten der Baustelle, um ein Aufmaß zu nehmen.

Wenn wie soeben erläutert eine rückwirkende Feststellung der bis zur Kündigung erbrachten Leistungen in der Regel ausscheidet, sollte allerdings auch der Auftraggeber nicht verkennen, dass § 8 Abs. 6 Hs. 1 VOB/B dem Auftragnehmer einen Anspruch auf ein Aufmaß gibt („kann verlangen"). Gemeint ist damit grundsätzlich ein **gemeinsames Aufmaß**. Kommt der Auftraggeber einem darauf gerichteten Verlangen des gekündigten Auftragnehmers nicht nach, muss er ihm jedenfalls ein einseitiges Aufmaß ermöglichen, damit dieser seine in § 8 Abs. 6 Hs. 2 VOB/B festgelegte Pflicht zur Vorlage einer prüfbaren Rechnung erfüllen kann. Verletzt der Auftraggeber diese ihm insoweit obliegende Pflicht, können dem Auftragnehmer nach § 280 Abs. 1 BGB **Schadensersatzansprüche** entstehen. Auch kann der Auftragnehmer den Auftraggeber damit in Verzug setzen. Doch werden diese Schadensersatzansprüche u. a. dem Auftragnehmer für sich genommen vielfach nicht weiterhelfen, weil damit das Problem des später nicht mehr rekonstruierbaren Bautenstandes zum Zeitpunkt der Kündigung nicht behoben werden kann. Die Pflichtverletzung des Auftraggebers im Zusammenhang mit der Aufmaßerstellung bleibt für ihn gleichwohl nicht folgenlos: Denn verweigert dieser trotz Verlangens dem Auftragnehmer den Zutritt zur Baustelle oder nimmt er an einem gemeinsamen Aufmaß nicht teil mit der Folge, dass etwaige gemeinsame Feststellungen wegen des Weiterbaus später nicht mehr nachgeholt werden können, kann zwar der Auftragnehmer ein (gemeinsames) Aufmaß bei einer drohenden Fortführung der Baumaßnahme nicht per einstweiliger Verfügung durchsetzen (OLG Düsseldorf, Beschl. v. 05.06.2001 – 22 W 29/01, BauR 2001, 1270 f.). Allerdings geht dann die Darlegungs- und Beweislast zu der Richtigkeit der Massen auf den Auftraggeber über (BGH, Urt. v. 22.05.2003 – VII ZR 143/02, BauR 2003, 1207, 1208 f. = NJW 2003, 2678; OLG Celle, Urt. v. 14.02.2007 – 7 U 165/06, BauR 2008, 103, 106), d. h.: Nunmehr hat der **Auftraggeber seinerseits darzulegen und zu beweisen**, welche Massen des Auftragnehmers ggf. unrichtig sind.

313 Vereitelt der Auftraggeber durch Fortsetzung der Baumaßnahme das Erstellen eines Aufmaßes überhaupt, genügt der Auftragnehmer seiner Verpflichtung zur prüfbaren Abrechnung, wenn er alle ihm zur Verfügung stehenden Umstände mitteilt, die Rückschlüsse auf den Stand der erbrachten Leistungen zum Kündigungszeitpunkt ermöglichen (BGH, Urt. v. 17.06.2004 – VII ZR 337/02, BauR 2004, 1443, 1444 = NJW-RR 2004, 1384, 1385). Insoweit reicht vor allem auch eine einseitig vom Auftragnehmer erstellte Dokumentation (OLG Celle, a. a. O.). Sodann trägt der Auftraggeber die **Darlegungs- und Beweislast** dafür, wenn er später geringere oder abweichende Mengen geltend macht (OLG Celle, Urt. v. 28.08.2002 – 22 U 159/01, BauR 2002, 1863, 1864 f. = NJW-RR 2002, 1675, 1676). Etwas anderes gilt natürlich, wenn der Auftragnehmer es nur versäumt hat, rechtzeitige Feststellungen zu erheben.

▶ **Beispiel:** (ähnlich OLG Stuttgart, Urt. v. 30.12.2009 – 9 U 18/09, Nichtzul.-Beschw. zurückgew., BGH, Beschl. v. 9.2.2012 – VII ZR 15/10, IBR 2012, 251)

Ein Dachdecker leistet mangelhaft. Nach seiner Kündigung leitet der Auftraggeber zu bestehenden Mängeln ein Beweisverfahren ein. Diese werden festgestellt und anschließend vom Auftraggeber saniert. Kann jetzt der Dachdecker wegen der inzwischen erfolgten Sanierung mit einer teilweisen Veränderung der Ursprungsleistung den Umfang seiner eigenen Leistungen nicht mehr nachweisen, geht dies zu seinen Lasten. Denn dies wäre ihm ohne Weiteres durch ein noch nach Kündigung genommenes Aufmaß oder aber auch durch einen Ergänzungsantrag im ohnehin laufenden selbstständigen Beweisverfahren möglich gewesen.

Anstelle eines **gemeinsamen Aufmaßes** kann (alternativ) ggf. auch einem 314
vom Auftraggeber oder vom Unternehmer einzuleitenden **selbstständigen Beweisverfahren** gemäß §§ 485 ff. ZPO entscheidende Bedeutung zukommen, um den Leistungsstand im Zeitpunkt der Kündigung möglichst genau festzuhalten. Die Einleitung eines selbstständigen Beweisverfahrens mit einer sachverständigen Begutachtung ist beiden Vertragspartnern im Fall einer Kündigung oder sonstigen vorzeitigen Beendigung des Bauvertrages zur **Feststellung des genauen Bautenstandes** im Zweifel ohnehin dringend zu empfehlen. Dauert ein solches Beweisverfahren trotz der Eilbedürftigkeit wegen des beabsichtigten Weiterbaus zu lange, so kann auch ein privates **Beweissicherungsgutachten** eines vom Auftragnehmer und/oder Auftraggeber – möglichst als **Schiedsgutachten** gemäß §§ 315 ff. BGB (vgl. dazu: Vygen/Joussen, Bauvertragsrecht, Rn. 3327 ff.) – beauftragten Sachverständigen wertvolle Hilfe leisten. Äußerstenfalls mag auf ein reines **Privatgutachten** ausgewichen werden, weil dann immerhin noch der Gutachter später in einem Rechtsstreit **als sachverständiger Zeuge** zur Verfügung steht.

(2) Anspruch auf Abnahme

Der Auftragnehmer hat sodann nach einer Kündigung des Weiteren einen 315
Anspruch auf Abnahme seiner gekündigten Leistung (§ 8 Abs. 6 VOB/B – BGH, Urt. v. 19.12.2002 – VII ZR 103/00, BGHZ 153, 244, 251 = BauR 2003, 689, 692 = NJW 2003, 1450, 1452). Dies ist keine Formalie. Denn **ohne Abnahme** wird wie sonst seine **Vergütung dem Grunde nach nicht fällig** (BGH, Urt. v. 11.5.2006 – VII ZR 146/04, BGHZ 167, 345, 349 = BauR 2006, 1294, 1295 = NJW 2006, 2475, 2476). In der Sache soll bei dieser Abnahme – so der BGH (a. a. O.) – allein die Leistung zu beurteilen sein, die zum Zeitpunkt der Kündigung insgesamt (ggf. als Teilleistung) zu erbringen war. Die nach dem Vertrag geschuldete Leistung soll sich dabei auf diesen Leistungsteil reduzieren, der in diesem Umfang abnahmefähig sei (BGH a. a. O., s. auch schon BGH, Urt. v. 19.12.2002 – VII ZR 103/00, BGHZ 153, 244, 250 = BauR 2003, 689,

691 f. = NJW 2003, 1450, 1452). Sodann könne auf die Abnahme als Fälligkeitsvoraussetzung für die Vergütung wie sonst verzichtet werden, wenn der Auftraggeber nicht mehr Erfüllung des Vertrags, sondern Minderung, Schadensersatz verlangt oder die Abnahme des Werkes ernsthaft und endgültig verweigert (BGH a. a. O.). Dabei geht es bei der letzten Ausnahmevariante nachvollziehbarerweise nur um die unberechtigte Abnahmeverweigerung (BGH, Urt. v. 8.11.2007 – VII ZR 183/05, BGHZ 174, 110, 124 = BauR 2008, 344, 349 f. = NJW 2008, 511, 514 f.): Denn kommt es nach der Rechtsprechung auf die Abnahme als Fälligkeitsvoraussetzung an, kann die berechtigte Verweigerung etwa wegen schwerer Mängel nicht dann trotzdem zu einem fälligen Vergütungsanspruch führen (vgl. allerdings im Detail zu den damit verbundenen Folgen: Joussen, Festschrift Koeble, S. 15 ff.).

(3) Prüfbare Abrechnung

316 Der Auftragnehmer hat anschließend seine erbrachten Teilleistungen prüfbar abzurechnen. Ohne Vorlage einer solchen prüfbaren Abrechnung wird seine Vergütung **nicht fällig**. Dies gilt auch nach einer Vertragskündigung (BGH, Urt. v. 4.5.2000 – VII ZR 394/97, BauR 2000, 1191, 1192 = ZfBR 2000, 471). Grundlage dieser prüfbaren Abrechnung sind wie sonst die in § 14 VOB/B geregelten Voraussetzungen (Vygen/Joussen, Bauvertragsrecht, Rn. 2475 ff.). Dem Grunde nach gilt hier nichts anderes als zu der Abrechnung der erbrachten Teilleistungen nach einer freien Kündigung (s. dazu auch ausführlich Vygen/Joussen, a. a. O., ausführlich Rn. 2829 ff.), d. h.: Beim **Einheitspreisvertrag** bereitet die Erstellung der prüfbaren Rechnung keine weiteren Schwierigkeiten. Die durch Aufmaß festgestellten Mengen aller Positionen sind mit den vereinbarten Einheitspreisen – ggf. unter **Berücksichtigung eines vereinbarten Nachlasses** auf diese Einheitspreise – zu multiplizieren und die so ermittelten Positionspreise zu addieren. Sie ergeben dann den Vergütungsanspruch des Auftragnehmers für die bis zur Kündigung erbrachten Leistungen.

317 Vorstehende Grundsätze gelten in etwa auch beim sog. **Detail-Pauschalvertrag**, also bei einem Pauschalvertrag, der auf der Grundlage eines nach Leistungspositionen und Einheitspreisen aufgeschlüsselten Angebots des Unternehmers unter Abrundung zum Pauschalpreis bei unverändertem Bau-Soll zustande gekommen ist. Allerdings ist hier das Aufmaß nicht die alleinige Abrechnungsgrundlage, sondern nur Hilfsmittel, um anteilig den Wert der erbrachten Leistungen feststellen zu können (vgl. auch BGH, Versäumnisurteil v. 13.7.2006 – VII ZR 68/05, BauR 2006, 1753, 1754 = NJW-RR 2006, 1455, 1456; BGH, Urt. v. 17.6.2004 – VII ZR 337/02, BauR 2004, 1443, 1444 = NJW-RR 2004, 1384 f.; BGH, Urt. v. 22.5.2003 – VII ZR 143/02, BauR 2003, 1207, 1208 = NJW 2003, 2678 – s. auch Vygen/Joussen, Bauvertragsrecht, Rn. 2837 ff.). Dabei erscheint es allerdings auch nicht ausgeschlossen, einen solchen Detailpauschalvertrag nach einer Kündigung ebenfalls nach Einheitspreisen abzurech-

nen und einen im Wege der Abrundung gewährten Nachlass mangels anderer Anhaltspunkte auf alle erbrachten Leistungen gleichmäßig zu verteilen (sehr weitgehend BGH, Beschl. v. 21.3.2013 – VII ZR 58/12, BauR 2013, 1146, 1147 = NJW-RR 2013, 655, 656 = NZBau 2013, 433, 434). Diese Abrechnungsweise setzt allerdings voraus, dass sich gegenüber den ausgeschriebenen Massen, auf deren Grundlage der Pauschalpreis gebildet wurde, keine bedeutenden Abweichungen ergeben. Andernfalls käme man für die Ermittlung der Vergütung für die bis zur Kündigung erbrachten und ggf. anhand eines Aufmaßes zu ermittelnden Leistungen nicht umhin, den Wert dieser Leistungen in ein Verhältnis zum Wert der nach dem Pauschalvertrag geschuldeten Gesamtleistungen zu setzen und danach prozentual die Vergütung zu ermitteln (s. dazu näher Ingenstau/Korbion, § 8 Abs. 1 Rn. 41 m. w. N.).

Ebenso ist dem Grunde nach beim **Globalpauschalvertrag** zu verfahren, d. h.: 318
Auch hier ist der Wert der erbrachten Leistungen in ein Verhältnis zur Gesamtpauschale zu setzen (vgl. dazu den Sachverhalt bei BGH, Urt. v. 17.6.2004 – VII ZR 337/02, BauR 2004, 1443 = NJW-RR 2004, 1384). Dagegen ist ein Rückgriff auf einen vereinbarten **Zahlungsplan** nach Baufortschritt, geleistete **Abschlagszahlungen** oder beim Bauträgervertrag auf der Grundlage des § 3 Abs. 2 MaBV vereinbarte Ratenzahlungen als geeigneter Maßstab für die abschließende Berechnung der erbrachten Leistungen untauglich (so auch schon BGH, Urt. v. 14.2.1980 – VII ZR 229/78, BauR 1980, 356, 357 = ZfBR 1980, 139, 140 und BGH, Urt. v. 29.6.1995 – VII ZR 184/94, BauR 1995, 691, 692 = NJW 1995, 2712, 2713; i. E. ebenso BGH, Urt. v. 27.1.2011 – VII ZR 133/10, NJW 2011, 915, 917). Die Höhe der dem gekündigten Unternehmer zustehenden Vergütung für die bis zur Kündigung erbrachten Bauleistungen lässt sich vielmehr nur nach dem Verhältnis des Werts der erbrachten Teilleistungen zum Wert der nach dem Pauschalvertrag geschuldeten Gesamtleistung errechnen (BGH, Urt. v. 14.2.1980 – VII ZR 229/78, BauR 1980, 356, 357 = ZfBR 1980, 139, 140). Das aber erfordert meist das **nachträgliche Aufstellen eines kompletten Leistungsverzeichnisses** mit – dem Pauschalpreis entsprechend angepassten – **Einheitspreisen und ein Aufmaß** der davon bis zur Kündigung erbrachten Teilleistungen, die abgerechnet werden können. Fehlt es daran, so ist dies im späteren Rechtsstreit meist nicht mehr nachholbar. Daher bleibt dann nur die Möglichkeit, den Wert der erbrachten im Verhältnis zu den nach dem Pauschalvertrag geschuldeten Leistungen **gemäß § 287 ZPO zu schätzen** (so BGH, Versäumnisurteil v. 13.7.2006 – VII ZR 68/05, BauR 2006, 1753, 1754 = NJW-RR 2006, 1455, 1456), was aber ebenfalls eine zumindest schlüssige Darlegung des Leistungsstandes zur Kündigung und der zu erbringenden (geschuldeten) Gesamtleistung voraussetzt.

Bei der Ermittlung des Vergütungsanspruchs für die erbrachten Leistungen ist 319
darauf zu achten, dass vom Unternehmer **bereits an die Baustelle angelieferte, aber noch nicht eingebaute Bauteile** nicht als erbrachte Leistungen anzu-

sehen sind, wie sich aus § 8 Abs. 3 Nr. 3 VOB/B ersehen lässt (BGH, Urt. v. 9.3.1995 – VIII ZR 23/93, BauR 1995, 545, 546 = NJW 1995, 1837, 1838; BGH, Urt. v. 7.1.2003 – X ZR 16/01, BauR 2003, 877, 878 f. = NJW-RR 2003, 738, 739).

320 Hat nach Vorstehendem der Auftragnehmer prüfbar abzurechnen und sich insoweit an den Vorgaben des § 14 VOB/B zu orientieren, kommen ihm immerhin **Erleichterungen** zugute, wenn er objektiv gesehen die sonst geltenden Anforderungen einer prüfbaren Abrechnung nach § 14 VOB/B nicht einhalten kann. Hingewiesen wurde schon auf die Fälle, dass der **Auftraggeber es vereitelt** hat, dass der Auftragnehmer ein Aufmaß erstellen konnte (s. o. Rdn. 312 f.). In solchen Fällen genügt es für eine prüfbare Abrechnung, wenn der Auftragnehmer alle ihm sonst zur Verfügung stehenden Umstände mitteilt, die Rückschlüsse auf den Stand der erbrachten Leistungen ermöglichen (BGH, Urt. v. 17.6.2004 – VII ZR 337/02, BauR 2004, 1443, 1444 = NJW-RR 2004, 1384, 1385). Ähnliche Erleichterungen kommen Insolvenzverwaltern über das Vermögen von Auftragnehmern zugute, wenn wegen der **Insolvenz des Auftragnehmers** und wegen des Zeitablaufs die Erstellung einer prüfbaren Schlussrechnung nicht mehr möglich ist. Hier können ebenfalls die Leistungen ggf. anderweitig nachgewiesen werden, so dass eine Vergütung auf deren Grundlage notfalls nach § 287 ZPO zu schätzen ist (BGH, Urt. v. 23.9.2004 – VII ZR 173/03, BauR 2004, 1937, 1939 = NJW-RR 2005, 167, 168).

(4) Fertigstellung der Bauleistung auf Kosten des Auftragnehmers

321 Parallel zu der Abrechnung des Auftragnehmers kann der Auftraggeber nach der Kündigung seinerseits das Bauvorhaben auf Kosten des Auftragnehmers fertigstellen lassen. Diese klare Vorschrift in der VOB beruht auf der Überlegung, dass unklare Verhältnisse durch ein Nebeneinander von Auftragnehmer und Drittunternehmer, die nur zu Streitigkeiten auf der Baustelle führen können, ausgeschlossen sein sollen. Mit dieser Überlegung ist umgekehrt jedoch – wenn auch ansonsten Bedenken gegen diese Rechtsprechung bestehen – verständlich, dass ganz ausnahmsweise dem Auftraggeber bereits dann Ersatzunternehmerkosten zur Fertigstellung der Baustelle zustehen, wenn der Auftragnehmer zuvor die **vertragsgemäße Fertigstellung endgültig verweigert** hatte. Dadurch nämlich verliert er sein Recht, die vertragsgemäße Herstellung selbst vorzunehmen, sodass hier diese zu vermeidenden Unklarheiten u. a. gar nicht auftreten können (BGH, Urt. v. 20.4.2000 – VII ZR 164/99, BauR 2000, 1479, 1481 = NJW 2000, 2997, 2998; BGH, Urt. v. 13.9.2001 – VII ZR 113/00, BauR 2001, 1897, 1900 = NJW-RR 2002, 160, 162; BGH, Urt. v. 9.10.2008 – VII ZR 80/07, BauR 2009, 99, 100 = NJW 2009, 354, 355 = NZBau 2009, 173, 174).

Bei dem Anspruch auf Kostenerstattung zur Fertigstellung der Bauleistung selbst handelt es sich – neben dem in § 8 Abs. 3 Nr. 2 VOB/B ebenso vorgesehenen Vorbehalt auf Ersatz weiterer Schäden – um einen **verschuldensunabhängigen Ersatzanspruch**; er tritt nach der Kündigung an die Stelle des Erfüllungsanspruchs aus dem ursprünglichen Bauvertrag (Ingenstau/Korbion, VOB/B § 8 Abs. 3 Rn. 41). Der Höhe nach besteht dieser Ersatzanspruch in der Differenz zwischen den vom Auftraggeber tatsächlich zur Durchführung des Bauvorhabens aufgewendeten Kosten (Summe aus der Vergütung für die von dem gekündigten Erstunternehmer erbrachten Werkleistungen und den Kosten, die an das Nachfolgeunternehmen gezahlt wurden, das die Arbeiten fertig stellte) und dem Betrag, den der Auftraggeber bei unverändertem Leistungssoll und einer vollständigen Durchführung des Bauvertrages mit dem gekündigten Erstunternehmer nach den dort geltenden Vertragspreisen (Einheits- oder Pauschalpreis) hätte zahlen müssen. Allerdings kommen häufig diverse weitere Kosten hinzu, die bei einer Kündigung zu berücksichtigen sind. 322

▶ **Beispiel:**

Der Auftragnehmer beseitigt während der Baumaßnahme festgestellte Mängel nicht. Der Auftraggeber fordert ihn dazu auf, setzt eine Frist und droht die Kündigung an. Die Frist verläuft fruchtlos, der Auftraggeber kündigt. Er beauftragt – da ihm die Fachkenntnis fehlt – wegen der aufgetretenen Mängel für 3.000 € einen Gutachter. Anschließend beauftragt er einen Ersatzunternehmer, der die Vertragsleistung fertigstellt und zwischenzeitlich neu aufgetretene Mängel beseitigt. Es entstehen Mehrkosten gegenüber dem gekündigten Erstunternehmer von 15 000 €.

Bei der Ersatzvornahme in diesen in der Praxis ganz häufig auftretenden Fällen sind verschiedene Punkte auseinanderzuhalten: 323

Prüfpunkte bei Mehrkosten nach Ersatzunternehmerbeauftragung

- Beauftragung eines Ersatzunternehmers
- Abrechnung der Mehrkosten
- Nutzung der Bauinfrastruktur u. a.
- Weiterer Schadensersatz
- Beseitigung von Baumängeln
- Endabrechnung und Vorschussanspruch
- Verjährung der Ansprüche

- **Beauftragung eines Ersatzunternehmers** 324

Der Auftraggeber kann nur dann einen Mehrkostenerstattungsanspruch nach § 8 Abs. 3 Nr. 2 VOB/B geltend machen, wenn ihm auch entsprechende Mehrkosten entstehen. Hiervon wird vielfach auszugehen sein, wenn er mit der Fertigstellung der Leistung zumeist kurzfristig einen Ersatzunternehmer einsetzt. Dessen **Beauftragung** darf schon **vor der Kündigung erfolgen**. Seine

Tätigkeit hingegen darf der Ersatzunternehmer erst nach der Kündigung aufnehmen (BGH, Urt. v. 30.6.1977 – VII ZR 205/75, BauR 1977, 422, 423 = NJW 1977, 1922, 1923).

325 Im Zusammenhang mit der Ersatzvornahme gewinnt die Verpflichtung eines jeden Geschädigten, den Schaden so gering wie möglich zu halten, besondere Bedeutung. Die aus § 254 BGB zu entnehmende **Schadensminderungspflicht** des Auftraggebers gebietet es, die Kosten der Ersatzvornahme auf das notwendige Maß zu beschränken. Allerdings entspricht es der Erfahrung, dass eine Ersatzvornahme regelmäßig teurer ist als die Ursprungsleistung. Dies gilt umso mehr, als es dem Auftraggeber nicht zugemutet werden kann, im Interesse des zum Schadensersatz verpflichteten Auftragnehmers zeitraubende Vergabeverfahren und Vertragsverhandlungen durchzuführen. Stattdessen kann er auch einen Unternehmer seines Vertrauens auswählen, sofern dieser nicht umgekehrt überhöhte Preise verlangt (vgl. etwa OLG Schleswig, Urt. v. 10.9.2010–14 U 184/06, BauR 2010, 2164 [Ls.] zu der Auswahl eines im ursprünglichen Vergabeverfahrens auf dem 10. Platz lag). Ohnehin wird der Baupreis für die Ersatzvornahmeleistungen nicht zuletzt durch die Zwangslage des Auftraggebers beeinflusst, der unter Zeitdruck eine begonnene, aber nicht zu Ende geführte Bauleistung fertiggestellt haben will. Hinzu kommt die für den Ersatzunternehmer oft unangenehme Fortführung von Arbeiten eines anderen Unternehmers mit einer meist **schwer abgrenzbaren Gewährleistungspflicht**. Mit dieser Maßgabe muss der Auftraggeber seine eigenen Interessen an zügiger Fertigstellung des Bauvorhabens nicht hinter die Interessen des Auftragnehmers an möglichst niedrigen Kosten der Ersatzvornahme zurückstellen. Allerdings darf der Auftraggeber dem Drittunternehmer keine unangemessenen Preiszugeständnisse machen, die zulasten des ersatzpflichtigen Auftragnehmers gehen.

326 Aus der **Schadensminderungspflicht** kann sich auch die Verpflichtung des Auftraggebers ergeben, für die Weiterführung der Arbeiten die Geräte, Gerüste, die sonstigen auf der Baustelle vorhandenen **Einrichtungen sowie Stoffe und Bauteile des Auftragnehmers gegen angemessene Vergütung in Anspruch zu nehmen** (§ 8 Abs. 3 Nr. 3 VOB/B; vgl. dazu auch BGH, Urt. v. 9.3.1995 – VIII ZR 23/93, BauR 1995, 545, 546 = NJW 1995, 1837, 1838 und Ingenstau/Korbion, VOB/B § 8 Abs. 3 Rn. 51 – s. sogleich Rdn. 334 f.).

327 • **Abrechnung der Mehrkosten**

Soweit dem Auftraggeber durch den zulässigen Einsatz von Ersatzunternehmern Mehrkosten entstehen, kann er diese ersetzt verlangen. Hierfür hat er spätestens binnen 12 Werktagen nach Abrechnung mit dem Dritten gegenüber dem gekündigten Erstunternehmer eine Rechnung zu erstellen (§ 8 Abs. 3 Nr. 4 VOB/B). Dabei ist diese 12-Werktage-Frist **keine Ausschlussfrist** (BGH, Urt. v. 25.11.1999 – VII ZR 468/98, BauR 2000, 571 f. = NJW 2000, 1116).

Vielmehr geht es allein um eine **Nebenpflicht**. Sie ist selbstständig einklagbar (BGH, Urt. v. 18.4.2002 – VII ZR 260/01, BauR 2002, 1253, 1254 f. = NJW 2002, 2952, 2953), aus deren Verletzung Schadensersatzansprüche hergeleitet werden können (vgl. §§ 241 Abs. 2, 280 BGB). Sie beginnt nicht schon mit Einreichung der Schlussrechnung des Ersatzunternehmers, sondern erst nach deren Prüfung (OLG Frankfurt, Urt. v. 28.7.2003–16 U 79/02, IBR 2003, 668).

Für etwaige Mehrkosten eines Ersatzunternehmereinsatzes trägt der Auftrag- 328
geber die alleinige **Darlegungs- und Beweislast**. Allerdings gelten hier nicht die Prüfbarkeitsanforderungen des § 14 VOB/B (BGH, a. a. O.), wenn auch der Auftraggeber die Forderung schlüssig darlegen muss. Dies erfordert zumindest eine nachvollziehbare Vergleichsrechnung. Ausgangspunkt ist in der Regel die Vergütung, die der gekündigte Auftragnehmer bei Fortführung seiner Arbeiten nach dem Bauvertrag bis zum Ende hätte berechnen können. Dieser sind die Kosten gegenüberzustellen, die dem Auftraggeber durch die Kündigung und die dadurch notwendige Beauftragung eines oder mehrerer Ersatzunternehmer entstehen, und zwar **bei unveränderter Bauausführung**, also entsprechend dem vom gekündigten Auftragnehmer geschuldeten Bau-Soll. Diese Vergleichsrechnung muss so detailliert aufgestellt sein, dass daraus hervorgeht, welche konkreten Arbeiten und welchen Aufwand der Auftraggeber geltend macht. In Folge dessen muss der Auftragnehmer in die Lage versetzt sein, die Berechtigung der Forderung auf der Grundlage des Vertrages zu überprüfen (OLG Celle, Urt. v. 4.11.2004–6 U 87/04, BauR 2006, 535; OLG Koblenz, Beschl. v. 23.07.2012 – 5 U 497/12, NJW-RR 2012, 138, 139 = NZBau 2012, 37, 38). Allein hierfür bedarf es daher bei der meist hoch streitigen und schwierigen Abrechnung eines aus wichtigem Grunde gekündigten Bauvertrages einer **Trennung der beiderseitigen Ansprüche**, nämlich

- einerseits des Vergütungsanspruchs des gekündigten Auftragnehmers für die bis zur Kündigung von ihm erbrachten (Teil-) Bauleistungen und
- andererseits des Mehrkostenerstattungsanspruchs des Auftraggebers bezüglich des durch die Kündigung von dem Auftragnehmer nicht mehr ausgeführten Teils der von ihm nach dem Vertrag geschuldeten Gesamtbauleistung.

Aus dieser Gegenüberstellung der gegenseitigen Ansprüche ergibt sich an- 329
schaulich, dass die Abgrenzung zwischen erbrachten und nicht erbrachten Leistungen zum Zeitpunkt der Kündigung nicht nur im Interesse des Auftragnehmers liegt, weil dieser eine prüfbare Abrechnung zu erstellen hat. Sie liegt mindestens genauso im Interesse des Auftraggebers, damit dieser später eine Abrechnung der Mehrkosten aufstellen kann, die diese Leistungsabgrenzung gleichfalls voraussetzt (vgl. auch BGH, Urt. v. 18.4.2002 – VII ZR 260/01, BauR 2002, 1253, 1254 = NJW 2002, 2952, 2953). Eine solche Vergleichsrechnung erfolgt am besten auf der Grundlage eines gemeinsamen Aufmaßes,

hilfsweise durch ein von beiden Vertragspartnern in Auftrag gegebenes und für beide dann **verbindliches Schiedsgutachten** gemäß §§ 315 ff. BGB oder die Durchführung **eines selbstständigen Beweisverfahrens** gemäß §§ 485 ff. ZPO (s. o. Rdn. 314). Notfalls mag auf die privaten Beweissicherungsgutachten zurückgegriffen werden. Nur so lässt sich eine prüfbare Rechnung über die erbrachten Leistungen einerseits in Abgrenzung zu etwaigen Mehrkosten andererseits erstellen. Dagegen lässt sich später genauso wenig für den Auftraggeber wie für den Auftragnehmer der Bautenstand im Zeitpunkt der Kündigung rückwirkend feststellen. Nicht einmal **Sachverständigengutachten** sind hier zum Beweis für die Richtigkeit der in die Rechnung eingestellten Mengen geeignet. Denn dabei handelt es sich um ein **untaugliches Beweismittel**, wenn das Bauvorhaben vom Auftraggeber fortgeführt worden ist und sich anschließend kaum noch ermitteln lässt, welche genauen Mengen der einzelnen Positionen vom gekündigten Auftragnehmer ausgeführt worden sind.

330 Erstattungsfähig über den Mehrkostenanspruch sind immer nur die zusätzlichen Aufwendungen zur Fertigstellung des Bauvorhabens **bei unveränderter Bauausführung**, also entsprechend dem vom gekündigten Auftragnehmer geschuldeten Bau-Soll. Kommt es hingegen – wie in der Praxis meist der Fall – nach der Kündigung zu Mehrmengen, **Planungsänderungen oder Zusatzleistungen**, so sind die dadurch verursachten **Mehrkosten als Ohnehin- oder Sowieso-Kosten vom Auftraggeber zu tragen** (s. dazu Vygen/Joussen, Bauvertragsrecht, Rn. 1545 ff.) – es sei denn, der Auftraggeber kann auch diese Kosten z. B. über einen Schadensersatzanspruch ersetzt verlangen (s. sogleich Rdn. 336). Dasselbe gilt für reine Mehrmengen. Denn diese sind nicht durch die Kündigung verursacht worden und hätte auch der gekündigte Auftragnehmer – ggf. als Nachtrag – bezahlt verlangen können.

▸ **Beispiel:**

Im Zuge der Ersatzmaßnahme stellt sich heraus, dass die geplante und an den Erstunternehmer beauftragte Ausführung technisch nicht möglich gewesen wäre. Deswegen wird eine aufwendigere Ersatzvornahme durchgeführt. Diese damit verbundenen Mehrkosten kann der Auftraggeber nicht ersetzt verlangen, weil sie auch beim Erstunternehmer – eine richtige Planung unterstellt – angefallen wären.

331 Zu beachten ist allerdings, dass dem Auftraggeber auch bei solchen geänderten oder zusätzlichen Leistungen Mehrkosten entstehen können, wenn diese zwar gegenüber dem gekündigten Auftragnehmer (noch) nicht beauftragt oder angeordnet waren, aber bei der weiteren Ausführung vom Auftraggeber einseitig gemäß § 1 Abs. 3 und 4 S. 1 VOB/B hätten verlangt werden können und diese Leistungen jetzt vom Ersatzunternehmer auf der Grundlage seiner – höheren – Kalkulation zu höheren Preisen ausgeführt werden. Auch dabei handelt es sich dann um **kündigungsbedingte und somit dem Er-**

stattungsanspruch unterliegende Mehrkosten (so mit Recht BGH, Urt. v. 25.11.1999 – VII ZR 468/98, BauR 2000, 571, 573 = NJW 2000, 1116, 1117).

▶ **Beispiel:**

Ist in vorgenanntem Beispiel die geänderte Ausführung beim Ersatzunternehmer teurer als sie beim Erstunternehmer nach dessen Kalkulation gewesen wäre, kann der Auftraggeber die diesbezüglichen Mehrkosten ebenso ersetzt verlangen.

Formal empfiehlt es sich unbedingt, sich bei der Beauftragung eines Ersatz- 332 unternehmers an den **Ansätzen des Ursprungsleistungsverzeichnisses des gekündigten Auftragnehmers zu orientieren**. Sodann sollte wenn möglich auch der Vertragstyp beibehalten werden, ohne das Bau-Soll oder Leistungsziel zu ändern (EP-Vertag, Pauschalvertrag u. a.). Dies ist zwar nicht zwingend (vgl. so etwa OLG Nürnberg, Urt. v. 4.10.2000–4 U 1049/00, BauR 2001, 415, 418 f.: Der Ursprungsauftrag wurde durch EP-Vertrag vergeben, während der Ersatzunternehmer pauschal beauftragt wurde); es erleichtert jedoch in einem ganz erheblichen Maße die prozessuale Darlegung eines Erstattungsanspruchs. Denn in jedem Fall muss der Auftragnehmer nachvollziehen können, ob Mehrmengen, geänderte oder zusätzliche Leistungen oder Mängelbeseitigungsarbeiten ausgeführt wurden (OLG Celle, Urt. v. 4.11.2004–6 U 87/04, BauR 2006, 535; OLG Koblenz, Beschl. v. 23.07.2012 – 5 U 497/12, NJW-RR 2012, 138, 139 = NZBau 2012, 37, 38). Hierbei nämlich würde es sich dann wieder um **Ohnehin-Kosten** handeln, die keine erstattungsfähigen Mehrkosten darstellen. Deswegen sollte der Ersatzunternehmer mit der Fortführung der Arbeiten und der **Fertigstellung der Restarbeiten keinesfalls im Stundenlohn** beauftragt werden. Dadurch wird nämlich eine schlüssige und prüfbare Abrechnung der Mehrkosten fast immer scheitern. Lässt sich dies ausnahmsweise nicht vermeiden, müssen (sollten) die Stundenlohnzettel aber in jedem Fall die erbrachten Arbeiten exakt und ausführlich beschreiben (OLG Celle, a. a. O.).

Genügt nach Vorstehendem eine Mehrkostenabrechnung nicht diesen Anfor- 333 derungen, wäre die Mehrkostenforderung des Auftraggebers nicht fällig bzw. im Prozess als derzeit unbegründet abzuweisen (OLG Celle, a. a. O.).

Nutzung der Bauinfrastruktur 334

Führt der Auftraggeber die Arbeiten weiter, kann er nach § 8 Abs. 3 Nr. 3 VOB/B Geräte, Gerüste, auf der Baustelle **vorhandene andere Einrichtungen** (z. B. Baucontainer – s. OLG Dresden, Urt. v. 29.9.1999–6 U 1480/99, BauR 2000, 271 f. = NZBau 2000, 133) und angelieferte Stoffe und Bauteile **gegen angemessene Vergütung in Anspruch** nehmen. Die Inanspruchnahme selbst setzt zuvor eine empfangsbedürftige Erklärung voraus. Dabei begründet § 8 Abs. 3 Nr. 3 VOB/B allerdings **kein Selbsthilferecht des Auftraggebers**, falls der Auftragnehmer Geräte und Materialien räumt oder räumen will; vielmehr muss der **Anspruch dann notfalls gerichtlich durchgesetzt** werden (OLG Düsseldorf, Urt. v. 28.11.2007 – 11 U 19/07, BauR 2008, 998 ff.; *Vygen/Joussen* Rn. 2928). Dagegen wird zwar teilweise unter Berufung auf die Entscheidung des BGH vom 28.09.2000 (VII ZR 372/99, BGHZ 145, 245, 252 = BauR 2001, 245, 247 = NJW 2001, 367, 368) vertreten, dass bei Ausübung dieser Befugnis des Auftraggebers eine Zustimmung des Auftragnehmers nicht mehr erforderlich sei, sondern bereits eine mit Vertragsschluss aufschiebend bedingte Besitzeinräumung vorliege (OLG Hamm, Urt. v. 18.11.2014 – 24 U 106/11, noch nicht veröffentl.; Kapellmann/Messerschmidt/Lederer, VOB/B § 8 Rn. 104; Beck'scher VOB-Komm./Althaus, VOB/B § 8 Abs. 3 Nr. 72). Das dürfte jedoch nicht richtig sein: Denn auch nach der Entscheidung des BGH heißt es (nur), dass mit der einseitigen Inanspruchnahme ein Nutzungsverhältnis entstehe, das den Auftragnehmer „verpflichte", die Inanspruchnahme zu dulden. Das aber besagt nichts anderes, als dass es sich dabei um einen rein **schuldrechtlichen Anspruch** auf die Inanspruchnahme handelt. Dies ergibt sich im Übrigen auch schon aus dem Wortlaut des § 8 Abs. 3 Nr. 3 VOB/B selbst, wonach der Auftraggeber Geräte und bereits angelieferte Materialien gegen angemessene Vergütung „in Anspruch nehmen" kann. Diese Formulierung besagt eindeutig, dass § 8 Abs. 3 Nr. 3 VOB/B dem Auftraggeber lediglich ein – ggf. gerichtlich durchsetzbares – Recht verschafft, vom Auftragnehmer die Überlassung bestimmter Geräte und Materialien zu verlangen, was nichts anderes als einen „Anspruch" im Sinne der Legaldefinition in § 194 Abs. 1 BGB kennzeichnet (ebenso OLG Düsseldorf, a. a. O.; ebenso: Heiermann/Riedl/Rusam/Kuffer, VOB/B § 8 Rn. 107). Verstößt er dagegen, kann sich der Auftragnehmer insoweit auch schadensersatzpflichtig machen. Die abweichend davon ohne Zustimmung des Auftragnehmer erfolgende Nutzung der auf der Baustelle lagernden Geräte und Materialien würde umgekehrt sogar eine **verbotene Eigenmacht** darstellen, was der Auftragnehmer schlimmstenfalls mit einer einstweiligen Verfügung untersagen lassen könnte (OLG Düsseldorf, Urt. v. 28.11.2007 – 11 U 19/07, BauR 2008, 568; ähnlich OLG Stuttgart, Beschl. v. 22.11.2011 – 10 W 47/11, BauR 2012, 665, 666 = NJW 2012, 625, 626 = NZBau 2012, 161, 162). Dagegen könnte allenfalls der Einwand von Treu und Glauben (§ 242 BGB) stehen, wenn der Auftragnehmer durch eine Verweigerung seiner Zustimmung lediglich beabsichtigt, unzumutbar überhöhte Übernahmepreise durchzusetzen (OLG Stuttgart, a. a. O.). In diesem Fall könnte dann der Auftraggeber seinerseits dem Auftragnehmer die Wegnahme, d. h. Abholung der Baumaterialien durch eine einstweilige Verfügung untersagen lassen (OLG Stuttgart, Urt. v. 20.12.011 – 10 U 141/11, BauR 2012, 669). Für die **Vergütung** der Übernahme der Geräte u. a. wird teilweise vertreten, dass sich diese bei mangelnder Vereinbarung nach § 632 Abs. 2 BGB richte (Franke/Kemper/Zanner/Grünhagen, VOB/B § 8 Rn. 75). Dies erscheint fragwürdig. Denn bei diesem Nutzungsverhältnis geht es nicht um einen eigenständigen Vertrag bzw. einen selbstständigen Vergütungsanspruch, sondern weiter um das ursprüngliche Auftragsverhältnis. Daher dürfte wohl richtigerweise auf die **Kalkulationsansätze des Ursprungsvertrages** zurückzugreifen sein (Ingenstau/Korbion, VOB/B, § 8 Abs. 3 Rn. 67). Die sich daraus ergebende Vergütung ist dann in die Gesamtabrechnung nach § 8 Abs. 6 VOB/B einzustellen (OLG Dresden, Urt. v. 29.9.1999 – 6 U 1480/99, BauR 2000, 271, 272 = NZBau 2000, 133; i. E. ebenso Heiermann/Riedl/Rusam/Kuffer, B § 8 Rn. 107).

▶ **Beispiel:**

Der Auftraggeber will die Baucontainer weiter nutzen. Diese waren im Bauvertrag als Bestandteil der Baustelleneinrichtung günstig mit 500 €/Monat kalkuliert. Ein angemessener Marktpreis bei Neuanmietung läge hingegen bei 1.300 €. Hier kann der Auftraggeber die Beibehaltung der Vertragspreise verlangen.

Hervorzuheben ist, dass es sich bei der Nutzungsregelung des § 8 Abs. 3 **335**
Nr. 3 VOB/B, der an sich einer isolierten AGB-Kontrolle standhält (OLG Stuttgart, Urt. v. 22.11.2011–10 W 47/11, BauR 2012, 665, 669 = NZBau 2012, 161, 164), nur um eine Kann-Vorschrift zugunsten des Auftraggebers handelt. Sie beruht letztlich auf wirtschaftlichen Erwägungen. Hieraus folgt aber umgekehrt im Allgemeinen **keine Verpflichtung des Auftraggebers, die Materialien u.a tatsächlich zu nutzen**. Dennoch kann er im Einzelfall ausnahmsweise nach Treu und Glauben, insbesondere aus Gründen der **Schadensminderungspflicht** gehalten sein, bereits hergestellte Bauteile zu übernehmen und angemessen zu vergüten (BGH, Urt. v. 9.3.1995 – VIII ZR 23/93, BauR 1995, 545, 546 = NJW 1995, 1837, 1838; Ingenstau/Korbion, VOB/B § 8 Abs. 3 Rn. 70 ff., 75). Dies gilt vor allem dann, wenn der Unternehmer keine eigene Verwendungsmöglichkeit für bereits hergestellte Bauteile hat, diese für die Weiterführung des Bauvorhabens uneingeschränkt tauglich sind und ihre Verwendung dem Auftraggeber unter Berücksichtigung aller Umstände auch der Gründe für die Kündigung zumutbar ist (BGH, Urt. v. 7.1.2003 – X ZR 16/01, BauR 2003, 877, 879 = NJW-RR 2003, 738, 739).

▶ **Beispiel:** (nach BGH, Urt. v. 9.3.1995 – VIII ZR 23/93, BauR 1995, 545 = NJW 1995, 1837)

Der Auftragnehmer wird u. a. mit der Anfertigung größerer Spezialfenster für eine Halle beauftragt, die er bereits mangelfrei angefertigt hat. Wegen anderer Leistungen wird er gekündigt. Der Auftraggeber beauftragt einen Ersatzunternehmer. Hier kann eine Übernahmepflicht bestehen, wenn diese speziell angefertigten Fenster ohne Weiteres für die Halle weiter verwendet werden können.

336 **Weiterer Schadensersatz**

Neben dem Mehrkostenerstattungsanspruch wegen des Einsatzes eines Ersatzunternehmers steht dem Auftraggeber nach § 8 Abs. 3 Nr. 2 S. 1 Hs. 2 VOB/B noch ein Ersatzanspruch wegen weiterer Schäden zu. Hierbei handelt es **nicht um einen eigenen Schadensersatzanspruch**. Vielmehr soll damit nur klargestellt werden, dass damit die Schadensersatzansprüche, die dem Auftraggeber ggf. im Zusammenhang mit der Kündigung (oder auch sonst schon) entstanden sind bzw. noch entstehen, erhalten bleiben und ebenfalls abgerechnet werden können (BGH, Urt. v. 17.1.1974 – VII ZR 146/72, BauR 1974, 208, 209). Gemeint sind damit vor allem Ersatzansprüche nach §§ 4 Abs. 7 S. 2 und § 6 Abs. 6 VOB/B.

▶ **Beispiel:**

Wegen der Mängel, die den Auftraggeber später zur Kündigung veranlasst haben, sind ihm schon erhebliche Mietausfälle nach Mietminderung entstanden. Dies sind unmittelbare Mangelfolgeschäden, für die dem Auftraggeber ein Ersatzanspruch nach § 4 Abs. 7 S. 2 VOB/B zusteht.

Nichts anderes gilt für Zusatzleistungen, die allein deswegen anfallen, um z. B. einen entsprechenden Termin zu halten.

▶ **Beispiel:** (in Anlehnung an OLG Koblenz, Urt. v. 15.2.2012 – 5 U 816/11, BauR 2012, 841 [Ls.])

Als Termin für die Fertigstellung der Leistung war der 15.12.2014 vereinbart. Nach Terminverzug kündigt der Auftraggeber den Auftragnehmer zu Recht. Er beauftragt jetzt einen Ersatzunternehmer und bittet diesen, zur Aufholung der schon verloren gegangenen Zeit einen Estrichbeschleuniger einzusetzen.

Etwaige Mehrkosten für den Ersatzunternehmer erhält der Auftraggeber über den verschuldensunabhängigen Erstattungsanspruch nach § 8 Abs. 3 Nr. 1 S. 1 Hs. 1 VOB/B. Nicht hierunter fällt dagegen der Estrichbeschleuniger, da dieser nicht Bestandteil der Ursprungsleistung war (s. o. Rdn. 330). Ersetzt verlangen kann er diesen stattdessen nur über einen hier noch verbleibenden Schadensersatzanspruch, wozu er dann allerdings auch entsprechendes vortragen muss (im vorliegenden Sachverhalt etwa aus § 6 Abs. 6 VOB/B).

337 **Beseitigung von Baumängeln**

Scharf zu trennen von der Fortführung der restlichen Arbeiten durch einen Ersatzunternehmer sind evtl. **notwendig werdende Mangelbeseitigungsarbeiten**. Hierauf ist deshalb hinzuweisen, weil bezüglich der Mängel an den bis zur Kündigung erbrachten Bauleistungen auch dem gekündigten Auftragnehmer trotz Kündigung weiterhin ein **Nacherfüllungsrecht** zusteht. Dies gilt nur für die Mängel nicht, deretwegen ihm gerade der Auftrag gemäß §§ 4 Abs. 7 S. 3, 8 Abs. 3 Nr. 1 VOB/B entzogen wurde (Ingenstau/Korbion, § 8 Abs. 3 Rn. 54; Kniffka/Koeble, Kompendium des Baurechts, 9. Teil Rn. 44; OLG Naumburg, Urt. v. 12.09.2013 – 2 U 183/12, BauR 2014, 599 [Ls.]; OLG Düsseldorf, Urt. v. 26.03.2013 – 23 U 102/12, BauR 2013, 1698, 1704; OLG Düsseldorf, Urt. v. 20.11.2012 – 23 U 132/11, BauR 2013, 776, 786; ähnlich auch OLG Dresden, Beschl. v. 1.3.2000, Az. 11 U 2968/98, BauR 2001, 809, 811). Lässt man diese Mängel außer Betracht, sind die Rechtsgrundlagen für die fortbestehenden Mängelansprüche ansonsten zunächst nur eindeutig, wenn das Vorhaben zwischenzeitlich abgenommen wurde. Dann ergeben sich die Rechte einheitlich aus § 13 Abs. 5 ff. VOB/B, in die sich zuvor schon entstandene Rechte nach § 4 Abs. 7 VOB/B mit der Abnahme umwandeln (BGH, Urt. v. 19.12.2002 – VII ZR 103/00, BGHZ 153, 244, 249 = BauR 2003, 689, 691 = NJW 2003, 1450, 1451; s. Vygen/Joussen. Bauvertragsrecht, Rn. 1196 ff.). Problematisch ist die Situation dagegen, wenn es wie in Kündigungsfällen häufig zu keiner Abnahme oder abnahmegleichen Handlung kommt. § 13 Abs. 5 ff. VOB/B sind dann nicht anwendbar (a.A. scheinbar OLG Hamm, Urt. v. 19.08.2014 – 24 U 41/14, noch nicht veröffentl., das auch schon in Fällen einer endgültigen Abnahmeverweigerung die Mängelrechte nach § 13 VOB/B anwendet). Es verbleibt also bei den Ansprüchen aus § 4 Abs. 7 VOB/B. Diese Regelung enthält jedoch lediglich in seinem Satz 2 einen Schadensersatzanspruch, der allein auf Erstattung von Mangelbegleitkosten ausgerichtet ist (BGH, Urt. v. 20.4.2000 – VII ZR 164/99 BauR 2000, 1479, 1480 = NJW 2000, 2997, 2998 = NZBau 2000, 421).

▶ **Beispiel:** (nach OLG Düsseldorf, Urt. v. 28.5.2009 – 5 U 92/07, BauR 2010, 232, 234

Nach der Kündigung, aber vor Abnahme beauftragt der bauunerfahrene Bauherr einen Sachverständigen mit der Mangelfeststellung. Diese Kosten erhält er als typische Mangelfolgeschäden über § 4 Abs. 7 S. 2 VOB/B ersetzt (so auch schon BGH, Urt. v. 3.3.1998 – X ZR 4/95, NJW-RR 1998, 1027).

Die Mängelkosten unmittelbar fallen dagegen nicht hierunter (BGH, a. a. O.; zuletzt: BGH, Urt. v. 12.1.2012 – VII ZR 76/11, BauR 2012, 643, 644 = NJW 2012, 1137, 1138 = NZBau 2012, 157). Stattdessen regelt dazu allein § 4 Abs. 7 S. 1 VOB/B einen Anspruch auf Beseitigung der Mängel und sieht sodann eine Kündigungsmöglichkeit vor. Das aber bedeutet, dass ein Auftraggeber auch im Kündigungsfall zur Durchsetzung etwaiger Mängelrechte betreffend die Mängel, die nicht Anlass zur Kündigung waren, ebenfalls auf diesen Weg des §§ 4 Abs. 7, § 8 Abs. 3 VOB/B verwiesen zu sein scheint, d. h.: Er muss also dem Auftragnehmer in Bezug auf **diese weiteren Mängel** nach § 4 Abs. 7 S. 1 VOB/B erneut eine **Frist setzen** und für den Fall des fruchtlosen Ablaufs die Auftragsentziehung insoweit androhen. Bleibt jetzt die Mangelbeseitigung aus, muss er dann auch **dazu den Auftrag entziehen**. Erst anschließend kann er etwaige Mangelbeseitigungskosten wie die anderen Fertigstellungskosten über § 8 Abs. 3 Nr. 2 S. 1 VOB/B abrechnen (so etwa auch zu verstehen OLG Brandenburg, Urt. v. 5.2.2014–4 U 167/08, NZBau 2014, 429, 432 = NJW-RR 2014, 797, 801).

Beispiel:

Wegen Verzugs wird der Auftragnehmer zu Recht gekündigt. Eine Abnahme ist nicht erfolgt. Nach der Kündigung zeigen sich eigenständige Mängel bei der Heizung im Dach. Um zu Letzteren die Ersatzvornahmekosten zu erhalten, muss der Bauherr nunmehr den Auftragnehmer auch insoweit zur Mangelbeseitigung auffordern, eine Frist setzen, die Auftragsentziehung androhen und im Fall des fruchtlosen Fristablaufs den Auftrag kündigen. Erst dann steht im nach §§ 4 Abs. 7 Abs. 3 i. V. m. § 8 Abs. 3 Nr. 2 VOB/B ein Anspruch auf Kostenersatz zu: Hätte er das Vorhaben inzwischen abgenommen, könnte er seine Kostenerstattungsansprüche dagegen unmittelbar nach § 13 Abs. 5 ff. VOB/B nach einfacher Fristsetzung durchsetzen.

338 Ob diese **„doppelte" Kündigung** wirklich vonnöten ist, mag man aber diskutieren. Denn in der Tat ist zweifelhaft, warum ein einmal schon gekündigter Vertrag nunmehr nur wegen neu auftretender Mängel erneut gekündigt werden sollte. Insoweit müsste es – um dem Interesse des Auftragnehmers genüge zu tun – eigentlich ausreichen, ihm für diese Neumängel wenigstens eine Gelegenheit zu deren Beseitigung zu geben, ihn also zur **Mangelbeseitigung aufzufordern**. Die Rechtslage wäre dann der Vorgehensweise nach der Abnahme vergleichbar. So sinnvoll und überzeugend dies klingt, wird jeder Auftraggeber bis zu einer eindeutigen Klärung dieser Frage durch den Bundesgerichtshof schon aus Vorsichtsgründen aber gut beraten sein, vor einer Mangelbeseitigung den **Weg der notwendigen zweiten Kündigung** zu gehen, der sich jedenfalls so aus der VOB/B ergibt. Auf diese nachträgliche Fristsetzung könnte allenfalls verzichtet werden, wenn es sich dabei ohnehin nur um eine reine **Förmelei** handelt, weil der Auftragnehmer nach einer Kündigung die Beseitigung etwaiger weiterer Mängel endgültig abgelehnt hat (BGH, Urt. v. 9.10.2008 – VII ZR 80/07 BauR 2009, 99, 100 = NJW 2009, 354, 355 = NZBau 2009, 173, 174; BGH, Urt. v. 12.1.2012 – VII ZR 76/11, BauR 2012, 643, 644 = NJW 2012, 1137, 1138 = NZBau 2012, 157). Dasselbe gilt, wenn sich der Auftragnehmer als derart unzuverlässig gezeigt hatte, dass dem Auftraggeber eine Fortsetzung der Zusammenarbeit im Zusammenhang mit der Beseitigung dieser weiteren Mängel, die nicht Anlass der Kündigung waren, unter keinem denkbaren Gesichtspunkt mehr zuzumuten ist; dann muss er natürlich den Auftragnehmer auch keine Neumängel mehr beseitigen lassen. Diese Zumutbarkeitserwägungen sind es ja auch, die den Auftraggeber etwa berechtigen, den gekündigten Auftragnehmer gerade nicht nochmals mit

der Beseitigung der Mängel befassen zu müssen, die Anlass der Kündigung waren.

- **Endabrechnung/Vorschussanspruch** 339

Soweit dem Auftraggeber ein Mehrkostenanspruch wegen des Einsatzes eines Ersatzunternehmers und ggf. Anspruch wegen Mangelbeseitigung zusteht, kann er mit diesem Anspruch gegen dagegen stehende Vergütungsansprüche des Auftragnehmers (einschließlich der des § 8 Abs. 3 Nr. 3 VOB/B) aufrechnen (BGH, Urt. v. 23.6.2005 – VII ZR 197/03, BGHZ 163, 274, 277 ff. = BauR 2005, 1477, 1478 f. = NJW 2005, 2771, 2772). Eine solche **Aufrechnung** ist auch dann noch möglich, wenn die Vertragskündigung vor Eröffnung des Insolvenzverfahrens über das Vermögen des gekündigten Unternehmens erfolgte und der Ersatzunternehmer erst danach beauftragt wurde. Dies ändert nichts daran, dass der Ersatzanspruch gleichwohl schon mit Kündigung entstanden ist (BGH a. a. O.). Unbeschadet dessen sind die Ansprüche des Auftraggebers ggf. noch um weitere vor Kündigung entstandene Schadensersatzansprüche nach § 4 Abs. 7 S. 2 VOB/B oder Mängelansprüche zu erhöhen.

Übersteigen die Erstattungsansprüche die dagegen stehenden Ansprüche des 340
Auftragnehmers, kann der Auftraggeber dafür einen **Vorschuss** verlangen. Dessen Höhe orientiert sich an den voraussichtlich zu erwartenden Mehrkosten, die auf Grund von Prüfungen eines Sachverständigen oder nach konkret vorliegenden Angeboten von Ersatzunternehmern gemäß § 287 ZPO geschätzt werden können (so KG , Urt. v. 22.2.1984 – 24 U 5685/83, BauR 1984, 527, 528; BGH, Urt. v. 20.4.1989 – VII ZR 80/88, BauR 1989, 462, 465 = NJW-RR 1989, 849, 850). Nach Durchführung der Arbeiten hat der Auftraggeber dann dem Auftragnehmer eine **prüfbare Abrechnung über die Verwendung des Vorschusses** zu erteilen. Hier gilt nichts anderes als sonst zu der Abrechnung von Vorschussansprüchen (s. Vygen/Joussen, Bauvertragsrecht, Rn. 1386 ff.).

- **Verjährung des Mehrkostenanspruchs** 341

Der Mehrkostenanspruch des Auftragnehmers nach § 8 Abs. 3 Nr. 2 VOB/B unterliegt gemäß §§ 195, 199 Abs. 1 BGB der **allgemeinen Verjährungsfrist von 3 Jahren**, beginnend mit Entstehung und Kenntniserlangung. Die entscheidende Frage lautet allerdings dahin, wann diese Ansprüche entstehen. Maßgebend dafür ist richtigerweise der **Zeitpunkt der außerordentlichen Kündigung des Auftragnehmers** (OLG Düsseldorf, Urt. v. 14.11.2008 – 22 U 69/08, Nichtzul.-Beschw. zurückgew., BGH, Beschl. v. 10.9.2009 – VII ZR 253/08, BauR 2010, 88, 90). Denn bereits dann ist die wesentliche Grundlage für diesen Ersatzanspruch, nämlich die Notwendigkeit der Beauftragung eines Ersatzunternehmers, entstanden. Dies genügt für die Anspruchsverjährung (BGH, Urt. v. 23.6.2005 – VII ZR 197/03, BGHZ 163, 274, 279 = BauR 2005, 1477, 1479 = NJW 2005, 2771, 2772; OLG Düsseldorf, Urt. v. 20.11.2012–23 U 132/11,

BauR 2013, 776, 790 zu der vergleichbaren Frage der Fälligkeit eines darauf gerichteten Schadensersatzanspruchs) – zumal schon der Auftraggeber durchaus zu diesem frühen Zeitpunkt eine darauf gerichtete Feststellungsklage erheben könnte (zweifelhaft hier OLG Frankfurt, Urt. v. 21.9.2011 – 1 U 154/10, BauR 2012, 262, 265 = NJW-RR 2011, 1655, 1657 = NZBau 2012, 110, 112, das für den Verjährungsbeginn auf die Abrechenbarkeit der Ersatzvornahmekosten abstellen will, was wohl nicht zutreffen dürfte). Entsprechendes gilt, wenn nach der allerdings hier bestrittenen Rechtsprechung des BGH (Urt. v. 20.4.2000 – VII ZR 164/99, BauR 2000, 1479, 1480 f. = NJW 2000, 2997, 2998; Urt. v. 5.7.2001 – VII ZR 201/99, BauR 2001, 1577 = NZBau 2001, 623, 624; BGH, Urt. v. 9.10.2008 – VII ZR 80/07, BauR 2009, 99, 100 = NJW 2009, 354, 355) für die Entstehung der Mehrkostenerstattungsansprüche nach einer **endgültigen Erfüllungsverweigerung durch den Auftragnehmer** auf eine Kündigung verzichtet werden kann (s. dazu oben Rdn. 301); in diesem Fall entstehen die Mehrkostenerstattungsansprüche bereits dann, wenn der Auftraggeber Kenntnis von dieser Erfüllungsverweigerung erlangt (OLG Stuttgart, Urt. v. 22.9.2009 – 12 U 93/09, BauR, 2010, 122 = NJW-RR 2010, 895, 896 = NZBau 2010, 761, 762). Letzteres ist zwar misslich, weil dem Auftraggeber häufig das Bewusstsein für diese Rechtslage fehlen wird; sie ist aber nur die Konsequenz der Rechtsprechung mit der Annahme der Entstehung von Ersatzansprüchen ohne Kündigung. Dabei mag allenfalls in Rechnung zu stellen sein, dass der Auftraggeber mit der Kündigung bzw. Kenntniserlangung der Erfüllungsverweigerung des Auftragnehmers noch nicht weiß, dass die Fertigstellung der Leistung teurer wird. Dies ist ein für die Verjährung relevanter Umstand. Von dieser Kenntnis ist aber auszugehen, wenn er im weiteren Verlauf einen Ersatzunternehmer beauftragt und nunmehr die Kosten dafür kennt (ähnlich OLG Stuttgart, a. a. O.).

342 Besonderheiten bei der Verjährung bestehen dagegen, soweit die **Mehrkosten auf die Beseitigung von Mängeln des gekündigten Erstunternehmers** zurückgehen. Hier stellt sich die entscheidende Frage, ob und wenn ja ab welchem Zeitpunkt dem Auftraggeber welche Rechte zustehen. Bedeutung gewinnt dazu die Rechtsprechung des BGH, dass sich die Mängelansprüche bis zur Abnahme aus § 4 Abs. 7 VOB/B ergeben, die sich erst nach der Abnahme in einen Mangelanspruch nach § 13 Abs. 5 ff VOB/B umwandeln (BGH, Urt. v. 19.12.2002 – VII ZR 103/00, BGHZ 153, 244, 249 = BauR 2003, 689, 691 = NJW 2003, 1450, 1451; s. dazu Vygen/Joussen, Bauvertragsrecht, Rn. 1196 f.). Verjährungsrechtlich ergeben sich somit keine Probleme, wenn **nach der Kündigung eine Abnahme erfolgt** ist. Dann beginnt die Verjährung wie sonst nach § 13 Abs. 4 VOB/B. Dies gilt in gleicher Weise, wenn zwar eine Abnahme unterblieben ist, es aber sonst zu einem Abnahmesurrogat gekommen ist (s. dazu Koeble, BauR 2012, 1153). Dies gilt ganz allgemein, wenn nach den äußeren Umständen feststeht, dass der Vertrag nicht mehr erfüllt werden soll, so z. B. bei einer Abnahmeverweigerung, Geltendmachung von Mängelrechten

u. a. (s. dazu BGH, Urt. v. 24.2.2011 – VII ZR 61/10 BauR 2011, 1032, 1033 = NJW 2011, 1224, 1225 = NZBau 2011, 310, 311; BGH; Urt. v. 8.7.2010 – VII ZR 171/08 BauR 2010, 1778, 1781 = NJW 2010, 3573, 3574 = NZBau 2010, 768, 770).

Schwieriger ist die Rechtslage hingegen bei einer in Kündigungsfällen **unterbliebenen Abnahme**. Denn hier richtet sich der Mangelbeseitigungsanspruch nach § 4 Abs. 7 S. 1 VOB/B; etwaige Ersatzunternehmerkosten ergeben sich allein aus § 4 Abs. 7 S. 3 VOB/B i. V. m. § 8 Abs. 3 Nr. 2 S. 1 VOB/B (s. oben Rdn. 337 f.). Mangelbegleitkosten sind nach § 4 Abs. 7 S. 2 VOB/B zu ersetzen. Gerade zu Letzteren hatte der BGH immerhin vor längerer Zeit entschieden, dass für diese allein die regelmäßige Verjährung gilt (BGH, Urt. v. 13.1.1972 – VII ZR 46/70, MDR 1972, 410). Diese Entscheidung fiel nicht schwer, weil die regelmäßige Verjährung damals noch 30 Jahre betrug. Folglich kam es zum Nachteil des Auftraggebers darauf an, ob Mängelansprüche vor der Abnahme ggf. nach § 13 Abs. 4 VOB/B einer kürzeren Verjährung zu unterwerfen sind. Dies lehnte der BGH ab. Heute jedoch ist die Rechtslage mit einer zwischenzeitlich deutlich verkürzten Regelverjährung von drei Jahren eine völlig andere. Nunmehr könnte es für den betroffenen Auftraggeber umgekehrt sogar darauf ankommen, für seine im Ausführungsstadium entstandenen Mängelansprüche in den „Genuss" der jetzt verlängerten und vor allem überhaupt erst mit der Abnahme bzw. einem Abnahmesurrogat (s. o.) beginnenden Verjährungsfrist zu gelangen. Dies nimmt die Rechtsprechung zwischenzeitlich zu Recht an (BGH, Urt. v. 12.1.2012 – VII ZR 76/11, BauR 2012, 643, 645 = NJW 2012, 1137, 1138 m. Anm. Schwenker = NZBau 2012, 157, 158). Warum das notwendig ist, zeigt folgendes Beispiel. 343

▶ **Beispiel:**

Bei einem lang laufenden Bauvorhaben zu einem VOB-Vertrag zeigen sich im Oktober 2011 Mängel. Der Auftraggeber kündigt den Vertrag wirksam im März 2012. Im Februar 2015 macht er zu diesen Mängeln Schadensersatzansprüche geltend. Vor Abnahme ergäben sich diese aus § 4 Abs. 7 S. 2 VOB/B; sie wären nach der Regelverjährung somit zum 31. Dezember 2014 verjährt. Nimmt der Auftraggeber aber in der Folgezeit das Vorhaben ab, könnte er – käme es jetzt allein auf die Abnahme an – Ersatzansprüche auf § 13 Abs. 7 VOB/B stützen, für die nunmehr (neu?) eine fünfjährige Verjährung erst ab dem Zeitpunkt der Abnahme läuft.

Würde man die Mängelrechte vor und nach der Abnahme verjährungsrechtlich unterschiedlich behandeln, könnte der Auftraggeber also je nach Bestimmung des Abnahmezeitpunktes den Verjährungsbeginn zumindest theoretisch beliebig hinauszögern. Oder um es negativ auszudrücken: Ggf. wäre er sogar gehalten, allein zur „Umgehung" einer schon eingetretenen Verjährung von Mängelansprüchen die Abnahme einer gekündigten und ggf. gar nicht abnahmefähigen Werkleistung zu erklären, um jetzt erneut eine Verjährung für einen bereits verjährten Mängelanspruch in Gang zu setzen. Überzeugend ist das nicht. Eine solche Situation ist mit der Rechtsprechung zu Recht auch vermeidbar, wenn man davon ausgeht, dass die **Verjährung für alle Mängelansprüche** einheitlich überhaupt erst mit der Abnahme bzw. einem Abnahmesurrogat beginnt.

344 Neben dem vorstehend beschriebenen Sonderfall lässt sich diese Rechtsprechung aber auch überzeugend in das System der Mängelrechte einordnen. So mögen zwar die Mängelansprüche des Auftraggebers eines VOB-Vertrages vor und nach der Abnahme unterschiedlich geregelt sein. Gleichwohl geht es doch jeweils um **denselben Anspruch**, der sich wie anderer Stelle gezeigt (Rdn. 337 f.) als Mangelanspruch vor der Abnahme nach § 4 Abs. 7 VOB/B mit der Abnahme nur in einen solchen nach § 13 Abs. 5 ff. VOB/B umwandelt (BGH, Urt. v. 19.12.2002 – VII ZR 103/00, BGHZ 153, 244, 249 = BauR 2003, 689, 691 = NJW 2003, 1450, 1451; s. dazu Vygen/Joussen, Bauvertragsrecht, Rn. 1196 f.). Geht es somit jeweils um denselben Anspruch, der lediglich mit modifizierter Anspruchsgrundlage vor Abnahme schon eigenständig geltend gemacht werden kann, ist die Rechtslage bei einem VOB-Vertrag unter Verjährungsgesichtspunkten mit der damals geltenden Rechtslage bis zur Schuldrechtsmodernisierung gemäß § 638 BGB a. F. vergleichbar. Hierzu hatte die Rechtsprechung bereits seit Längerem anerkannt, dass trotz der Tatsache, dass die Gewährleistungsrechte vor der Abnahme geltend gemacht werden konnten, die Verjährung einheitlich erst mit der Abnahme beginne. Die Anwendbarkeit der kurzen Verjährung des § 638 BGB hänge also nicht davon ab, zu welchem Zeitpunkt diese Rechte entstanden sind. Vielmehr erfasste diese Regelung sowohl die vor als auch nach Abnahme entstandenen und geltend gemachten Rechte (BGH, Urt. v. 24.2.2011 – VII ZR 61/10 BauR 2011, 1032, 1033 = NJW 2011, 1224, 1225 = NZBau 2011, 310, 311; BGH; Urt. v. 8.7.2010 – VII ZR 171/08, BauR 2010, 1778, 1779 = NJW 2010, 3573 = NZBau 2010, 768, 769). Nichts anderes gilt für einen VOB-Vertrag: Zwar sind hier anders als nach dem früheren BGB die Ansprüche in unterschiedlichen Vorschriften geregelt. Doch ändert dies an ihrem **einheitlichen Charakter nichts**. Vielmehr lässt sich analog dem früheren Verständnis der alten BGB-Verjährungsregelung des § 638 BGB, unter dessen Eindruck der heutige § 13 Abs. 4 VOB/B entstanden ist, annehmen, dass die Verjährung für sämtliche Mängelansprüche unabhängig von ihrem Entstehenszeitpunkt einheitlich erst mit der Abnahme beginnt (BGH; Urt. 12.1.2012 – VII ZR 76/11, BauR 2012, 643, 645 = NJW 2012, 1137, 1138 m. Anm. Schwenker = NZBau 2012, 157, 158).

2.2.3 Der Vertragsstrafenanspruch des Auftraggebers nach § 11 VOB/B

345 Neben dem Schadensersatzanspruch und dem Kündigungsrecht kann dem Auftraggeber bei nicht fristgerechter Fertigstellung der Bauleistung auch noch ein **Vertragsstrafenanspruch** zustehen, wenn die Parteien für den Fall der Überschreitung der verbindlichen Ausführungsfrist und des Verzuges eine Vertragsstrafe vereinbart haben. Erforderlich ist also zunächst eine ausdrückliche Vereinbarung von **Grund und Höhe der Vertragsstrafe in Besonderen oder Zusätzlichen Vertragsbedingungen** (vgl. dazu oben Rdn. 104 ff.). Verwirkt ist die Vertragsstrafe wegen nicht gehöriger Erfüllung gemäß § 11 Abs. 2 VOB/B im Fall des Verzuges des Unternehmers, der neben der Fälligkeit der Leistung gemäß § 286 Abs. 1 BGB in der Regel auch noch eine Mahnung und vor allem Verschulden (§ 286 Abs. 4 BGB) voraussetzt (s. zum Verschuldenserfordernis oben Rdn. 263 ff). Die Mahnung kann gemäß § 286 Abs. 2 BGB u. a. bei Überschreitung eines nach dem Kalender bestimmten Fertigstellungstermins im Bauvertrag ausnahmsweise entbehrlich sein (vgl. auch die sonstigen Fälle der Entbehrlichkeit der Mahnung oben Rdn. 64 ff.).

346 Die Berechnung der Vertragsstrafe erfolgt je nach Regelung des Vertrages nach **Arbeitstagen, Werktagen, Kalendertagen oder Wochen**, wobei bei den Werktagen stets die Samstage mitzurechnen sind (BGH, Urt. v. 25.9.1978 – VII ZR 263/77, BauR 1987, 485 = NJW 1978, 2594). Im Fall der Kündigung des Bauvertrages endet die Berechnung der Vertragsstrafe am Tage der **Kündigung** (§ 8 Abs. 7 VOB/B), also des Zugangs des Kündigungsschreibens.

347 Bei der Berechnung einer vor allem nach Tagen bemessenen Vertragsstrafe ist sodann allerdings regelmäßig vorrangig zu prüfen, ob sich die vereinbarte Ausführungszeit nicht ggf. wegen Behinderungen verschoben hat. Dabei käme eine solche Verschiebung – soweit nicht der Vertragstermin auf Grund einer völligen Neuordnung des Bauablaufs ohnehin entfallen ist (s. dazu Rdn. 419 ff., 422) – bei einem VOB-Vertrag nur in Betracht, wenn der Auftragnehmer die Behinderung angezeigt hat (§ 6 Abs. 1 VOB/B); eine solche Anzeige kann nur bei offensichtlichen Behinderungssachverhalten entbehrlich sein (Rdn. 397 ff., 403). Doch selbst wenn eine Behinderung nicht angezeigt wurde und der alte Vertragstermin noch gültig ist, ist auch unabhängig von einer Verschiebung des Vertragstermins natürlich immer zu fragen, ob nicht der (nicht angezeigte) Behinderungssachverhalt **gleichzeitig das Verschulden des Auftragnehmers** an der Terminüberschreitung beseitigt. Das wiederum könnte er nämlich auch ohne Behinderungsanzeige gegen eine Vertragsstrafenforderung des Auftraggebers einwenden.

▶ **Beispiel:** (ähnlich OLG Brandenburg, Urt. v. 19.6.2013–4 U 158/11, BauR 2013, 1734 [Ls.], – insoweit dort aber nicht veröffentl.)

Vereinbarter Fertigstellungstermin ist der 14. Februar 2013, den der Auftragnehmer nicht einhält. Grund dafür ist u. a. eine nicht rechtzeitig vom Auftraggeber fertig gestellte Baustraße, was der Auftragnehmer auch nachweisen kann.

In diesem Fall käme eine Vertragsstrafe mangels Verschulden des Auftragnehmers an der Terminüberschreitung nicht in Betracht (OLG Brandenburg, a. a. O.; so auch schon BGH, Urt. v. 14.1.1999 – VII ZR 73/98, BauR 1999, 645, 648 = NJW 1999, 1108, 1109; a. A. OLG Rostock, Urt. v. 29.12.2004–3 U 19/04, BauR 2006, 577 [Ls.], das diese Problematik scheinbar gar nicht erkennt), so dass eine in der Regel verschuldensabhängig vereinbarte Vertragsstrafe (§ 11 Abs. 2 VOB/B) nicht verwirkt wäre (s. zu der vergleichbaren Rechtsfrage bei Schadensersatzansprüchen: Rdn. 405). Vernünftigerweise wird sich ein Auftragnehmer auf solche Diskussionen natürlich nicht einlassen, sondern bereits zum Zwecke der Terminverlängerung unverzüglich Behinderung anzeigen. Denn dadurch kann er die Ausführungsfrist verlängern und schon dadurch eine Terminüberschreitung verhindern.

348 Schließlich ist bei der Vertragsstrafe § 11 Abs. 4 VOB/B bzw. § 341 Abs. 3 BGB zu beachten, dass der Auftraggeber die Vertragsstrafe nur verlangen kann, wenn er sich diese **bei der Abnahme ausdrücklich vorbehalten** hat. Dies gehört auch zum schlüssigen Sachvortrag bei der Geltendmachung einer Vertragsstrafe im Prozess (BGH Urt. v. 10.2.1977 – VII ZR 17/75, BauR 1977, 280 = NJW 1977, 897, 898). Bei **förmlicher Abnahme** muss der **Vorbehalt** in das **Abnahmeprotokoll** aufgenommen werden (vgl. § 12 Abs. 4 Nr. 1 Satz 3 VOB/B). Bei fiktiver Abnahme gemäß § 12 Abs. 5 VOB/B muss der Vorbehalt innerhalb der dort für die Abnahme vorgesehenen Fristen gemäß § 12 Abs. 5 Nr. 3 VOB/B erklärt werden (Vygen/Joussen, Bauvertragsrecht Rn. 1206 ff.; s. auch zu der Möglichkeit diesen notwendigen Vorbehalt abzubedingen, oben Rdn. 133 ff.). Etwas anderes gilt dagegen bei Eintritt der Abnahmewirkungen nach § 640 Abs. 1 S. 3 BGB: Hier sind etwaige Vorbehaltsklauseln ausnahmsweise entbehrlich (Vygen/Joussen, Bauvertragsrecht, Rn. 1172).

349 Der bauleitende **Architekt** ist ggf. verpflichtet, den Bauherrn auf die Notwendigkeit des Vorbehalts bei der Abnahme hinzuweisen; dies gilt jedenfalls dann, wenn der Architekt im Rahmen seiner **Mitwirkung bei der Vergabe** die Vertragsstrafenvereinbarung getroffen hat oder sie ihm bekannt ist oder sein muss (so jedenfalls BGH, Urt. v. 26.4.1979 – VII ZR 190/78 = BGHZ 74, 235, 238 f. = BauR 1979, 345, 346 = NJW 1979, 1499 f.). Dagegen dürfte es nicht genügen, wenn ihm die Vertragsstrafenvereinbarung lediglich hätte bekannt sein müssen (Vygen BauR 1984, 245 ff.), was der BGH allerdings als ausreichend angesehen hat (BGH, a. a. O.; so wohl auch Knacke, Vertragsstrafe im Baurecht, S. 59 ff., 61).

Vertragsstrafe und Schadensersatz können grundsätzlich nicht nebeneinander, d. h. kumulativ geltend gemacht werden (§§ 341, 340 Abs. 2 BGB), soweit sie dasselbe Leistungsinteresse betreffen, also etwa beides im Zusammenhang mit der Überschreitung der Bauzeit geltend gemacht wird (zu Ausnahmen s. o. Rdn. 138). Denn in der Sache dienen sie demselben Schadensausgleichsinteresse des Auftraggebers bei Bauverzögerungen. Die Vertragsstrafe hat dabei gegenüber dem Schadensersatzanspruch für den Auftraggeber lediglich den großen Vorteil, dass es hier eines **Schadensnachweises** nicht bedarf. Die **Vertragsstrafe kann somit auch ohne jeden Schaden** geltend gemacht werden. Die Grenze kann allenfalls der Grundsatz von Treu und Glauben (§ 242 BGB) sein. Hat danach der Auftraggeber einerseits einen Vertragsstrafenanspruch, andererseits aber durch den Verzug des Auftragnehmers auch einen Schaden erlitten, so ist er nicht gehindert, neben der Vertragsstrafe noch seinen darüber hinausgehenden Schaden im Wege des Schadensersatzanspruchs ersetzt zu verlangen, sofern er **einen die Vertragsstrafe übersteigenden Schaden nachweisen** kann. Dieser Fall tritt in der Baupraxis besonders häufig auf, wenn ein Generalunternehmer mit der Gesamtfertigstellung des Bauwerks in Folge des **Verzugs eines Subunternehmers** in Verzug gerät, der Bauherr dem Generalunternehmer deshalb die vereinbarte Vertragsstrafe in Höhe der vereinbarten Obergrenze von maximal 5% des vereinbarten Pauschalpreises von der Schlussrechnung abzieht und der Generalunternehmer mit dem Subunternehmer in gleicher Weise verfährt. Im Ergebnis ist dann die Vertragsstrafe des Generalunternehmers in der Regel deutlich höher als die des Subunternehmers, da dessen Vertragspreis als Bezugsgrundlage für die prozentual bemessene Vertragsstrafe erheblich niedriger ist. Als Folge davon decken sich die Vertragsstrafen nicht. Somit verbleibt bei dem **Generalunternehmer über die vom Subunternehmer geschuldete Vertragsstrafe hinaus noch ein erheblicher Schaden in Höhe der übersteigenden Vertragsstrafe**. Diesen Differenzbetrag kann er vom Subunternehmer gemäß §§ 5 Abs. 4, 6 Abs. 6 VOB/B als Schadensersatz geltend machen (s. dazu oben Rdn. 270 ff.). 350

Die vereinbarte Vertragsstrafe wird zumeist **als Prozentsatz der Gesamtauftrags- oder der Gesamtabrechnungssumme von dem Brutto- oder von dem Nettobetrag** vereinbart. In Einzelfällen kann es jedoch gerechtfertigt sein, die Vertragsstrafe nur von dem Vergütungsteil, der der nicht rechtzeitig fertiggestellten Teilleistung entspricht, zu berechnen und dadurch zu begrenzen. Dies kann aber nur in Betracht kommen, wenn der Auftragnehmer **eine in sich abgeschlossene Teilleistung** (vgl. dazu § 12 Abs. 2 VOB/B für die **Teilabnahme**) rechtzeitig fertiggestellt hat und diese in Funktion gehen, also in Benutzung genommen werden konnte, ohne dass auch die übrige in sich abgeschlossene Teilleistung rechtzeitig fertig war und sein musste. 351

▸ **Beispiel:**

Ein Einfamilienhaus ist zwar rechtzeitig bezugsfertig, nicht jedoch die ebenso geschuldete Garage oder die Außenanlagen.

In diesen Fällen erscheint es angezeigt, die Vertragsstrafe mit dem vereinbarten Prozentsatz nur vom Vergütungsanteil der ausstehenden verzögerten Teilleistung, der notfalls gemäß § 287 ZPO zu schätzen ist, zu berechnen (so auch OLG München, Urt. v. 17.9.1973 – 21 U 1241/72, Sch.-F. Z 2.411 Bl. 59).

3 Ansprüche des Auftragnehmers auf Bauzeitverlängerung in Folge von Behinderungen gemäß § 6 Abs. 2 VOB/B

352 Wegen der schwerwiegenden Folgen einer verspäteten Fertigstellung der Bauleistung für den Unternehmer gewinnt häufig die Frage nach den Voraussetzungen für eine Bauzeitverlängerung besondere Bedeutung. Eine solche ist oft unvermeidbar. Dieser Problematik trägt § 6 Abs. 2 VOB/B Rechnung. Danach werden Ausführungsfristen verlängert, soweit die Behinderung neben deren ordnungsgemäßen Anzeige verursacht ist

- durch einen Umstand aus dem Risikobereich des Auftraggebers,
- durch Streik, Aussperrung u. a., oder
- durch höhere Gewalt oder andere für den Auftragnehmer unabwendbare Umstände.

Witterungseinflüsse zählen jedoch nur dann zu den unabwendbaren Umständen, wenn mit ihnen bei Abgabe des Angebotes nicht gerechnet werden konnte.

353 Liegt eine dieser Voraussetzungen vor, kann der Auftragnehmer eine sich daraus ergebende Verlängerung der Bauzeit verlangen. Er muss allerdings eine etwaige Behinderung, mit der er die Verlängerung der Bauzeit begründet, zuvor angezeigt haben, es sei denn, dass diese offenkundig war (§ 6 Abs. 1 VOB/B).

354 Die Regelung in § 6 Abs. 2 VOB/B in Verbindung mit § 6 Abs. 1 VOB/B besagt nichts anderes, als dass die Bauvertragsparteien schon im Bauvertrag nunmehr unter Einhaltung der dort genannten Voraussetzungen ausdrücklich eine Bauzeitverlängerung für diese drei vorgenannten Fälle verbindlich vereinbart haben. Im Zweifel bedürfte es aber nicht einmal einer solchen Vereinbarung. Denn bei einem richtigen Verständnis der einem Bauvertrag zugrunde liegenden Willenserklärungen wird man im Normalfall – vorbehaltlich anderer ausdrücklicher Regelung – davon auszugehen haben, dass die

Parteien eine **Fristverlängerung** aus diesen in der VOB/B ersichtlichen Gründen auch **konkludent** zum Gegenstand ihrer dem Vertrag zugrunde liegenden **Willenserklärungen** gemacht haben. Dies aber hat zur Folge, dass damit auch bei einem **BGB-Werkvertrag** im Rahmen einer ergänzenden Vertragsauslegung (§§ 133, 157 BGB) zumindest in aller Regel diese in § 6 Abs. 2 VOB/B vorgesehenen Fallgruppen **zu einer Bauzeitverlängerung** führen. Wie gesagt dürfte sich dieses Ergebnis richtigerweise schon aus einer Auslegung der einem Bauvertrag zugrunde liegenden Willenserklärung ergeben. Selbst wenn diese Auslegung so nicht möglich sein sollte, ergäbe sich bei den drei in der VOB/B vorgesehenen Verlängerungstatbeständen nichts anderes, wenn stattdessen auf § 313 BGB (Störung der Geschäftsgrundlage) oder notfalls sogar auf § 242 BGB zurückgegriffen wird (in diesem Sinne wohl zu verstehen BGH, Urt. v. 24.2.1954 – II ZR 74/53, SFH Z 2.0 Bl. 3). So ist nämlich anerkannt, dass unter die eine Vertragsanpassung fallenden schwerwiegenden Umstände auch nachträglich auftretende bei Vertragsabschluss nicht absehbare Leistungserschwerungen fallen. Hierzu zählen aus Sicht des Auftragnehmers sicherlich die in § 6 Abs. 2 VOB/B genannten Umstände, was bei Fällen von Streik oder höherer Gewalt auf der Hand liegt. Anschaulich gilt dies auch für Witterungseinflüsse, zumal gerade hier die Witterungseinflüsse außen vor bleiben, mit denen bei Vertragsabschluss gerechnet werden konnte (vgl. § 6 Abs. 2 Nr. 2 VOB/B).

Gelten somit die Grundsätze zur Bauzeitverlängerung im Wesentlichen auch bei BGB-Werkverträgen (i. E. auch Roquette/Viering/Leupertz, Teil 2 Rn. 493), ist auf zwei Punkte hinzuweisen: 355

- Liegen eine Bauzeitverlängerung rechtfertigende Umstände vor, schließen diese gleichzeitig in jedem Fall einen **Verzug des Auftragnehmers für die Dauer der Bauzeitverlängerung** mangels Verschulden **aus** (vgl. § 286 Abs. 4 BGB). Damit entfallen zugleich Schadensersatzansprüche, die nur bei Verzug bestehen. Dasselbe gilt für eine in der Regel verschuldensabhängig vereinbarte Vertragsstrafe (anschaulich auch OLG Düsseldorf, Urt. v. 28.02.2014 – 22 U 112/14, BauR 2015, 548 [Ls.], insoweit dort aber nicht veröffentl.).
- Die Übernahme des Rechtsgedankens aus § 6 VOB/B in das BGB-Werkvertragsrecht gilt nur insoweit, als durch Behinderungen Fristen verlängert werden. **Nicht entsprechend anwendbar** sind die weiteren Regelungen der VOB/B, mit denen **einer Partei besondere Pflichten** auferlegt werden (z. B. Anzeigepflicht in Bezug auf die Behinderung – s. dazu auch schon Rdn. 37 ff., 40). Hier ist vielmehr zu unterscheiden: Auch den Auftragnehmer eines BGB-Werkvertrages kann zwar aus Treu und Glauben die **Nebenpflicht** treffen, **eine Behinderung unverzüglich anzuzeigen**. Verstößt er hiergegen, kann er Schadensersatzansprüchen des Auftraggebers aus § 280 Abs. 1 BGB ausgesetzt sein (Mai, in: Handbuch des privaten Bau-

rechts, § 16 Rn. 426). Die Verletzung einer solchen Nebenpflicht kann jedoch nicht dazu führen, dass der Auftragnehmer sein Recht auf Bauzeitverlängerung verliert (Staudinger/Peters/Jacoby, § 642 Rn. 49).

356 Ausgehend von diesen allgemeinen Vorbemerkungen gilt sodann zu den einzelnen Verlängerungstatbeständen sowie zu den Anforderungen an eine Behinderungsanzeige. Dargestellt werden sollen auch die weiteren Folgen einer Behinderung.

3.1 Behinderung durch Streik oder Aussperrung

357 Gemäß § 6 Abs. 2 Nr. 1 lit. b) VOB/B werden Ausführungsfristen verlängert, soweit eine Behinderung des Unternehmers durch Streik oder eine von der Berufsvertretung der Arbeitgeber angeordnete Aussperrung im Betrieb des Auftragnehmers oder in einem unmittelbar für ihn arbeitenden Betrieb verursacht ist. Grund für die in diesen Fällen zu gewährende Fristverlängerung ist letztlich das Rechtsinstitut der **Störung der Geschäftsgrundlage** ohne Zuordnung zum Verantwortungsbereich eines der beiden Vertragspartner.

358 Bei dem Streik kommt es nicht darauf an, ob dieser rechtmäßig oder rechtswidrig ist, während es bei der Aussperrung einer Anordnung des Arbeitgeberverbandes bedarf. Ausreichend ist auch ein Streik oder eine **Aussperrung bei einem Subunternehmer** des Auftragnehmers. Dies setzt allerdings voraus, dass es sich um einen zulässigen Subunternehmereinsatz seitens des Auftragnehmers handelt. Gemäß § 4 Abs. 8 VOB/B hat nämlich der Bauunternehmer die geschuldete Bauleistung grundsätzlich im eigenen Betrieb zu erbringen (Joussen/Vygen, Subunternehmervertrag, Rn. 171 ff.). Daher kann er durch einen Streik oder eine Aussperrung in einem anderen Betrieb nicht behindert sein (zu weitgehend Roquette/Viering/Leupertz Teil 2 Rn. 504, die jeden Streik beim Subunternehmer ausreichen lassen wollen, ohne auf die Frage der Zulässigkeit des Subunternehmereinsatzes einzugehen). Der Einsatz von Subunternehmern ist gemäß § 4 Abs. 8 VOB/B erst dann zulässig, wenn der Auftraggeber dazu seine schriftliche Zustimmung erteilt hat bzw. eine solche Zustimmung entbehrlich ist, weil der Betrieb des Auftragnehmers nicht auf die aufzuführende Arbeit ausgerichtet ist. Eine Ausnahme davon mag allenfalls für **Generalunternehmer** gelten, soweit man bei deren Beauftragung allgemein damit zu rechnen hat, dass ein meist erheblicher Teil der Bauleistungen, insbesondere die Ausbau-Gewerke, von Subunternehmern ausgeführt wird (s. dazu Joussen/Vygen, Subunternehmervertrag, Rn 189).

359 Ob auch ein Streik oder eine Aussperrung bei einem **Zuliefererbetrieb** als **Behinderung** des Unternehmers mit der Folge der Fristverlängerung angesehen werden kann, erscheint zweifelhaft und ist heftig umstritten (verneinend:

Nicklisch/Weick, § 6 Rn. 27 mit der Begründung, dass der Unternehmer für die Materialbeschaffung eine Art Garantiestellung einnehme; teilweise bejahend Ingenstau/Korbion/Döring, VOB/B, § 6 Abs. 2 Rn. 13). Man wird dem Unternehmer aber auch hier in bestimmten Fällen eine Fristverlängerung nicht versagen können (Joussen/Vygen, Subunternehmervertrag, Rn. 408 ff.; Heiermann/Riedl/Rusam/Kuffer, VOB/B § 6 Rn. 13). Denn letztlich ist der Zuliefererbetrieb ein für den Auftragnehmer arbeitender Betrieb, wenn er die notwendigen **Baustoffe** oder Einbauteile herzustellen hat. Dies gilt jedenfalls dann, wenn der Auftraggeber ein **bestimmtes Material** einer bestimmten Firma oder **Bezugsquelle vorgeschrieben** hatte und dieser Betrieb bestreikt wird. Dasselbe gilt, wenn der bestreikte Zulieferant ein Monopolbetrieb ist, sodass der Auftragnehmer keine Ausweichmöglichkeiten hat und die anderweitige Beschaffung seiner Disposition entzogen ist. Ähnliche Probleme können sich bei einem Streik in einer vom Auftraggeber vorgeschriebenen **Deponie** oder in den notwendigen Transportbetrieben ergeben, wenn dem Auftragnehmer keine zumutbaren Ausweichmöglichkeiten zur Verfügung stehen.

▶ **Beispiel:**

Es kommt zum Streik im Transportgewerbe, sodass der Auftragnehmer nicht die geplanten Lkw einsetzen kann.

Keinesfalls entlastet es dagegen den Auftragnehmer, wenn vor Vertragsschluss schon absehbar ist, dass die Materialbeschaffung schwierig wird und der Auftragnehmer dann den Vertrag trotzdem ohne einen entsprechenden Vorbehalt geschlossen hat (so zu Recht OLG Koblenz, Urt. v. 15.2.2012 – 5 U 816/11, BauR 2012, 841 [Ls.]).

3.2 Behinderung durch höhere Gewalt oder andere unabwendbare Umstände

Die Begriffe der höheren Gewalt und des unabwendbaren Umstandes lehnen sich eng an die Regelung des § 7 Abs. 1 VOB/B und insbesondere der §§ 1 ff. Haftpflichtgesetz an, sodass deren Auslegungskriterien herangezogen werden können. Danach **schließt jedes**, auch das geringste **Verschulden** des Auftragnehmers die **Annahme höherer Gewalt** oder eines unabwendbaren Umstandes **aus**. 360

Höhere Gewalt ist in diesem Sinne ein ‚betriebsfremdes, von außen durch elementare Naturkräfte oder durch Handlungen dritter Personen herbeigeführtes Ereignis, das nach menschlicher Einsicht und Erfahrung unvorhersehbar ist, mit wirtschaftlich vertretbaren Mitteln auch durch die äußerste, nach der Sachlage vernünftigerweise zu erwartende Sorgfalt nicht verhütet oder 361 unschädlich gemacht werden kann und auch nicht wegen seiner Häufigkeit vom Betriebsunternehmer in Kauf zu nehmen ist' (so BGH, Urt. v. 23.10.1952 – III ZR 364/51, BGHZ 7, 338, 339).

▶ **Beispiele:**

Unter höhere Gewalt fallen Behinderungen im Bauablauf durch Erdbeben, Blitzeinschlag, orkanartige Stürme, ganz außergewöhnliche Hochwasser- und Überschwemmungssituationen wie etwa im Oderbruch 1997. Auch politische Unruhen können höhere Gewalt darstellen (BGH, Urt. v. 11.3.1982 – VII ZR 357/80, BGHZ 83, 197, 200 f. = BauR 1982, 273, 274 f. = NJW 1982, 1458 f.).

362 **Unabwendbare Umstände** sind demgegenüber Ereignisse, die zwar nicht als höhere Gewalt eingestuft werden können, die aber ‚nach menschlicher Einsicht und Erfahrung in dem Sinne unvorhersehbar sind, dass ihr Eintritt und ihre Folgen unter Einsatz wirtschaftlich vertretbarer Mittel auch bei äußerster Sorgfalt nicht verhindert oder ihre Wirkungen bis auf ein erträgliches Maß unschädlich gemacht werden können' (so BGH, Urt. v. 12.7.1973 – VII ZR 196/72, BGHZ 61, 144, 145 = BauR 1973, 317, 318 = NJW 1973, 1698; BGH, Urt. v. 21.8.1997 – VII ZR 17/96, BGHZ 136, 303, 305 f. = BauR 1997, 1019, 1020 = NJW 1997, 3018).

▶ **Beispiel:**

Ganz außerordentliche Hochwasser können für einen Auftragnehmer unabwendbare Umstände darstellen, wenn sie bei objektiver Sichtweise nicht vorhersehbar waren und der Auftragnehmer auch ansonsten kein Verschulden hinsichtlich etwa fehlender Schutzmaßnahmen vorzuwerfen ist.

363 Die Hürde für unabwendbare Umstände liegt im Ergebnis sehr hoch. Dies beruht vor allem darauf, dass es nach der Rechtsprechung nicht auf die subjektive Sichtweise des betroffenen Auftragnehmers ankommt. Entscheidend ist vielmehr, dass das **Ereignis objektiv unabhängig von der konkreten Situation des betroffenen Auftragnehmers unvorhersehbar und unvermeidbar war** (BGH, Urt. v. 21.8.1997 – VII ZR 17/96, BGHZ 136, 303, 306 = BauR 1997, 1019, 1020 = NJW 1997, 3018 und BGH, Urt. v. 16.10.1997 – VII ZR 64/96, BGHZ 137, 35, 38 = BauR 1997, 1021, 1023 = NJW 1998, 456, 457 betreffend die Fälle zum Kölner Rheinhochwasser/Schürmannbau) – eine Anforderung, die in der Praxis kaum vorliegen dürfte und ihren Niederschlag heute auch in der allgemeinen Gefahrtragungsregelung in § 7 Abs. 1 VOB/B findet. Ob dieser vom BGH vorgezeichnete Weg besonders „glücklich" ist, mag hingegen bezweifelt werden (kritisch auch Leinemann/Leinemann/Kues, § 6 Rn. 43). Denn insbesondere in dem entschiedenen Fall zum Rheinhochwasser musste er schließlich doch eine Lösung finden, um ein allein tragbares und Recht und

Billigkeit entsprechendes Ergebnis zu erreichen, indem er dem Unternehmer schließlich einen (Teil)vergütungsanspruch zuerkannte. Hierzu griff der BGH (a. a. O.) auf § 645 Abs. 1 BGB (analog) zurück, eine äußerst gekünstelt wirkende und wenig nachzuvollziehende Lösung. Im Rahmen der Fristverlängerung wird sich damit aber letztlich kein anderes Ergebnis zeigen: Denn mit der Anwendung von § 645 Abs. 1 BGB in diesen Grenzbereichen scheidet zwar möglicherweise eine Fristverlängerung nach § 6 Abs. 2 Nr. 1 lit. c VOB/B aus; es kommt nunmehr aber eine solche nach § 6 Abs. 2 a VOB/B in Betracht, weil der **Risikobereich des Auftraggebers** betroffen ist, wie die Heranziehung des § 645 Abs. 1 BGB durch den BGH zeigt (vgl. dazu auch unten Rdn. 379 ff.).

Im Zusammenhang mit etwaigen unabwendbaren Umständen werden ferner Fälle des **Diebstahls** und der **Beschädigung von Teilen der Bauleistung** des Auftragnehmers **vor der Abnahme** diskutiert. **364**

▶ **Beispiel:**

Am Wochenende werden Heizkörper gestohlen, nachdem diese zum Zwecke des Anstriches abgenommen wurden. Während der Baumaßnahme werden von Unbekannten Fensterscheiben zerstört oder die Fassade mit Graffiti besprüht.

In diesen Fällen bleibt der Unternehmer zur Neuherstellung verpflichtet (vgl. zu den Graffiti-Fällen: Köhler, BauR 2002, 27, der diese Sachverhalte aber zu Unrecht als ein unabwendbares Ereignis einstufen will, was wohl – da solche Fälle ohne Weiteres vorhersehbar sind – kaum zutreffen dürfte). Denn er trägt die Gefahr des Untergangs und der Beschädigung der Bauleistung bis zur Abnahme und ist gemäß § 4 Abs. 5 VOB/B und den Regelungen in den einschlägigen DIN-Vorschriften verpflichtet, seine Bauleistungen **bis zur Abnahme vor Diebstahl und Beschädigung zu schützen** (Vygen/Joussen, Bauvertragsrecht, Rn. 953). Diese in § 4 Abs. 5 VOB/B ausdrücklich festgehaltene **Schutzpflicht** wird durch die DIN 18299 z. B. in Ziffern 4.2.6 und 4.2.16 näher umrissen. Sie wird dort gleichzeitig insofern eingeschränkt, als danach bestimmte **Schutzmaßnahmen als Besondere Leistungen** aufgeführt sind mit der Folge, dass sie vom Auftragnehmer nur geschuldet sind, wenn sie ihm vertraglich übertragen wurden (s. zu den Besonderen Leistungen Vygen/Joussen, Bauvertragsrecht Rn. 893). Doch auch dies ist kein Freibrief für den Auftragnehmer: Denn selbst wenn eine Beauftragung mit solchen besonderen Schutzmaßnahmen (z. B. Schutz vor Winterschäden und Grundwasser, Beseitigung von Eis und Schnee) nicht erfolgt ist, liegt nur dann für den Auftragnehmer ein unabwendbarer Umstand vor, wenn er zuvor auf deren Notwendigkeit unter Hervorhebung der bestehenden Gefahren hingewiesen hat (§ 4 Abs. 3 VOB/B). Dagegen gehört der Schutz gegen Niederschlagswasser im normalen Rahmen zu den **Nebenleistungen** gemäß DIN 18299 Ziffer 4.1.10. Deshalb stellen selbst wolkenbruchartige Regenfälle bei einem Aushub von

Gräben für den Rohrleitungsbau im offenen Gelände noch keinen unabwendbaren Umstand dar. Die **Schutzpflicht** des Auftragnehmers vor Diebstahl und Beschädigung der Bauleistung gemäß § 4 Abs. 5 VOB/B erfasst sodann allerdings nur **zumutbare Schutzmaßnahmen**, nicht aber den Schutz gegen gewaltsame Anschläge (Beck'scher VOB-Komm./Berger B § 6 Abs. 2 Rn. 79; Kapellmann/Schiffers, Bd. 1, Rn. 1247). Deshalb kann ein vorhersehbarer oder vermeidbarer Diebstahl oder eine solche Beschädigung im Allgemeinen nicht als höhere Gewalt oder unabwendbarer Umstand im Sinne des § 7 VOB/B (OLG Düsseldorf, Urt. v. 22.10.1985 – 23 U 61/85, BauR 1985, 728; BGH, Urt. v. 24.6.1968 – VII ZR 43/66, MDR 1968, 833) oder auch im Sinne des § 6 Abs. 2 Nr. 1 lit. c) VOB/B angesehen werden. Folglich steht dem Unternehmer in diesen Fällen auch kein Anspruch auf Bewilligung einer Fristverlängerung gemäß § 6 Abs. 2 VOB/B zu. Dies kann aber im Einzelfall anders sein, da man von dem Unternehmer keine unzumutbaren Schutzmaßnahmen mit nicht mehr tragbarem wirtschaftlichen Aufwand verlangen kann (Heiermann/Riedl/Rusam/Kuffer, VOB/B, § 6 Rn. 14).

3.3 Behinderung durch Witterungsverhältnisse

365 Einer besonderen Behandlung bedürfen die Witterungseinflüsse. Denn auch sie können unter bestimmten Voraussetzungen zu einer Verlängerung der Ausführungszeit wegen höherer Gewalt oder unabwendbarer Umstände führen. Dazu bestimmt § 6 Abs. 2 Nr. 2 VOB/B allerdings: ‚Witterungseinflüsse während der Ausführungszeit, mit denen bei Abgabe des Angebotes normalerweise gerechnet werden musste, gelten nicht als Behinderung'.

Aus dieser Regelung folgt: **Außergewöhnliche Witterungsverhältnisse** können im Einzelfall ausnahmsweise unter dem Gesichtspunkt der höheren Gewalt oder der unabwendbaren Umstände eine **Verlängerung der Ausführungsfrist** bewirken. Dagegen folgt aus § 6 Abs. 2 Nr. 2 VOB/B, dass Witterungseinflüsse, mit denen bei Abgabe des Angebotes gerechnet werden musste, nicht als Behinderung gelten. Denn diese kann und muss der Auftragnehmer vorhersehen und damit einkalkulieren. Ohne besondere vertragliche Vereinbarung gibt es deshalb wegen **Schlechtwettertagen** grundsätzlich keine **Bauzeitverlängerung**, solange es sich nicht um ganz außergewöhnliche Witterungsverhältnisse handelt.

▶ **Beispiel:**

Wer eine Bauleistung in der Zeit vom 10. Januar bis zum 10. März anbietet, muss in Rechnung stellen, dass es in dieser Zeit eine durchschnittliche hohe Anzahl von Frosttagen gibt. Treten diese tatsächlich auf, kann sich der Auftragnehmer auf die schlechte Witterung nicht berufen. Etwas anderes gilt für eine Bauzeit vom 10. Mai bis 31. Mai. Kommt es hier zu ungewöhnlichen Frostphasen, wird dies eine Bauzeitverlängerung rechtfertigen.

Entscheidend sind dabei allein die Witterungseinflüsse, die unmittelbar auf 366
das Grundstück der Bauausführung einwirken (BGH, Urt. v. 12.7.1973 – VII ZR 196/72, BGHZ 61, 144, 145 = BauR 1973, 317, 318 = NJW 1973, 1698; Ingenstau/Korbion/Döring VOB/B § 6 Abs. 2 Rn. 22 f.). Zu den außergewöhnlichen Witterungsverhältnissen können gerechnet werden, z. B. eine lang anhaltende, ungewöhnliche Kältewelle, wie im Winter 1978/79 in Norddeutschland und im Winter 1995/96 mit fast 3-monatigem Dauerfrost, aber auch u. U. ein wolkenbruchartiger Regen, der so stark und so selten ist, dass damit an der Baustelle im Durchschnitt nur alle zwanzig Jahre einmal zu rechnen ist (OLG Koblenz, Urt. v. 14.6.1978 – 1 U 830/77, Schäfer/Finnern/Hochstein, Nr. 1 zu § 6 Nr. 2 VOB/B).

Bei **Unklarheiten** in solchen Fällen empfiehlt es sich, die Erkenntnisse des Wet- 367
terdienstes zu Rate zu ziehen und sich insbesondere die Mittelwerte der vergangenen 20 oder 30 Jahre für die jeweilige Baustelle geben zu lassen (s. auch Teil B Rdn. 72). Bei größeren Bauvorhaben und besonders von Witterungseinflüssen abhängigen Arbeiten (z. B. auch bei Arbeiten an Gewässern, die vom jeweiligen **Wasserstand** des Flusses beeinflusst oder bei bestimmten hohen Wasserständen gar unmöglich werden) ist den Vertragspartnern anzuraten, je nach Lage der Baustelle und deren Anfälligkeit gegen bestimmte Witterungseinflüsse besondere **Regelungen für Ausfalltage** in den Besonderen Vertragsbedingungen zu treffen. Dabei kann in vielen Fällen der (heute leider ersatzlos weggefallene) Vorschlag der Bundesanstalt für Gewässerkunde vom 6. Oktober 1951 als Anhaltspunkt dienen (vgl. dazu: Ingenstau/Korbion/Döring, VOB/B, § 6 Abs. 2 Rn. 27). Ebenso sind Regelungen zu Wetterkenndaten (z.B. Temperaturen) denkbar, bei denen von einer ungewöhnlichen Witterung auszugehen ist (s. auch Teil B Rdn. 29).

Bei der Beurteilung der Frage, ob bestimmte Witterungseinflüsse zu einer 368
Verlängerung der Ausführungsfrist führen, kommt es häufig aber auf den konkreten Einzelfall und dabei auch auf die **Art der auszuführenden Bauarbeiten** an.

▶ **Beispiel:**

Einem Bauunternehmer ist eine genau bestimmte, vertraglich bindend festgelegte Frist zur Ausführung einer Baumaßnahme vom 10. bis 20. August gesetzt worden, die nach den einschlägigen DIN-Vorschriften nur bei trockenem Wetter ausgeführt werden kann (z. B. Dachabdichtungen). Nunmehr regnet es an diesen Tagen ununterbrochen.

In Fällen wie diesen wird man dem Unternehmer eine Verlängerung der Ausführungsfrist zubilligen müssen. Zwar ist ein solcher Dauerregen im August nicht außergewöhnlich (vgl. Ingenstau/Korbion/Döring, VOB/B, § 6 Abs. 2 Rn. 26, Leinemann/Leinemann/Kues, § 6 Rn. 49); gleichwohl handelt es sich für den Unternehmer und letztlich auch für die konkreten Arbeiten um einen objektiv **unabwendbaren Umstand**, der jedenfalls ein Verschulden des Unternehmers und damit Schadensersatz- und Vertragsstrafenansprüche ausschließt.

3.4 Behinderung durch Umstände aus dem Risikobereich des Auftraggebers

369 Außer den in § 6 Abs. 2 Nr. 1 lit. b) und c) VOB/B geregelten, meist klaren Behinderungsfällen kommt für eine Bauzeitverlängerung vor allem die erste Variante gem. § 6 Abs. 2 Nr. 1 lit. a) VOB/B in Betracht. Denn für eine Bauablaufstörung sind in der Praxis meist nicht Streik oder Aussperrung oder höhere Gewalt, sondern ganz andere Ursachen ausschlaggebend: So wirken sich während der Bauausführung vor allem **Änderungen der Planung und/oder des zu erbringenden Leistungsumfanges** und die **Verletzung oder verzögerliche Erfüllung von Mitwirkungspflichten** durch den Auftraggeber auf die Einhaltung der verbindlich festgelegten Bauzeit aus. Dabei lässt sich der zweite Fall, also die verzögerte Erfüllung der Mitwirkungspflichten durch den Auftraggeber, meist unschwer unter § 6 Abs. 2 Nr. 1 lit. a) VOB/B subsumieren mit der Folge, dass diese jedenfalls bei **Verschulden des Auftraggebers** zur Verlängerung der Bauzeit führt. Auf ein solches Verschulden kommt es in § 6 Abs. 2 Nr. 1 lit. a) VOB/B aber nicht einmal an. Vielmehr wird die Bauzeit zugunsten des Unternehmers schon dann verlängert, wenn der die Bauzeit verlängernde Umstand aus dem **Risikobereich des Auftraggebers**, d. h. aus dessen Einflussbereich oder noch allgemeiner aus dessen Sphäre stammt (s. zu den Folgen, wenn gleichzeitig eine Störung beim Auftragnehmer vorlag, unten Teil A Rdn. 417).

370 In Anbetracht dieser Regelung in der VOB/B zur Bauzeitverlängerung ist es somit **erforderlich**, die **beiderseitigen Risikobereiche von Auftraggeber und Auftragnehmer gegeneinander abzugrenzen**. Richtigerweise kann man dazu weitgehend auf die Regelungen in §§ 3 und 4 VOB/B (s. dazu auch Vygen/Joussen, Bauvertragsrecht, Rn. 940 ff.), aber auch in anderen Bestimmungen der VOB in Teil A und B sowie in dem konkreten Bauvertrag der Parteien und den DIN-Normen, vor allem der DIN 18299 zurückgreifen. Diese Abgrenzung führt dazu, dass z. B. folgende Behinderungen des Unternehmers in den **Risiko- oder Einflussbereich des Auftraggebers** fallen und deshalb einen An-

spruch des Auftragnehmers auf Verlängerung vereinbarter Ausführungsfristen rechtfertigen bzw. zur **Verlängerung der Ausführungsfristen führen**:

- Verspätete Bereitstellung der **Baugenehmigung** oder anderer öffentlich-rechtlicher Genehmigungen und Erlaubnisse gemäß § 4 Abs. 1 Nr. 1 S. 2 VOB/B (OLG Düsseldorf, Urt. v. 28.02.2014 – 22 U 112/13, BauR 2015, 548 [Ls.]), **371**
- Verspätete oder jedenfalls nicht rechtzeitige Übergabe der für die Ausführung der Bauleistungen nötigen Unterlagen, also **Pläne, Ausführungszeichnungen, Statik, Schal- und Bewehrungspläne** usw. gemäß § 3 Abs. 1 VOB/B,
- Verspätete **Bereitstellung des baureifen Grundstückes** einschließlich des Absteckens der Hauptachsen der baulichen Anlagen, der Grenzen des Geländes, des Schaffens der notwendigen Höhenfestpunkte und der Überlassung der notwendigen Lager- und Arbeitsplätze gemäß § 3 Abs. 2 VOB/B und § 4 Abs. 4 VOB/B,
- Unzureichende **Aufrechterhaltung der allgemeinen Ordnung auf der Baustelle** oder mangelhafte oder unterlassene Regelung des Zusammenwirkens der verschiedenen Unternehmer gemäß § 4 Abs. 1 Nr. 1 S. 1 VOB/B,
- Von einem **Nachbarn erwirkter Baustopp** (Kapellmann/Schiffers Bd. 1 Rn. 1348),
- Unvorhersehbare Schließung einer öffentlichen **Zufahrtsstraße** mit Folgen für die Abfuhr (vgl. OLG Düsseldorf, Urt. v. 9.5.1990 – 19 U 16/89, BauR 1991, 337, 339 f.),
- **Verspätete Entscheidungen** nach Bemusterungen, nach **Hinweisen gemäß § 4 Abs. 3 VOB/B**, über Alternativen oder verspätete Anordnung zur Ausführung von Bedarfspositionen (Beachtung von Lieferfristen),
- Verspätete **Anlieferung bauseits zu stellender Baustoffe**, Baumaterialien oder auch verspätete Bereitstellung von Gerüsten, einer Baustraße, eines Baustromanschlusses (s. dazu etwa OLG Brandenburg, Urt. v. 19.6.2013–4 U 158/11, BauR 2013, 1734 [Ls.]) oder notwendigen Vor- wie **Eigenleistungen**, etwa eines Kellers oder Fundamente für ein Fertighaus.

Neben diesen allgemeinen Erwägungen zu der Abgrenzung der Risikobereiche von Auftraggeber und Auftragnehmer sollen nachfolgend einzelne im Baugeschehen besonders bedeutende Sachverhalte betrachtet werden, die ganz typischerweise zu Bauablaufstörungen führen. Gerade bei diesen fällt es oft schwer zu entscheiden, ob die damit verbundenen Störungsursachen dem Risikobereich des Auftraggebers zuzuordnen sind. Nur dann würden sie nämlich gem. § 6 Abs. 2 Nr. 1 lit. a) VOB/B zu einer Bauzeitverlängerung führen. **372**

3.4.1 Bauzeitverlängerung bei Verkehrsbehinderungen

373 Diskutiert wird immer wieder, inwieweit Verkehrsbehinderungen zu dem Risikobereich des Auftraggebers gehören, die zu einer Bauzeitverlängerung führen.

▶ **Beispiel:**

Bei einer größeren Baustelle müssen erhebliche Massen transportiert werden. Im Bauvertrag ist zu den Wegen nichts weiter vorgesehen. Der Auftragnehmer plant eine Route auf öffentlichen Straßen durch eine nahe gelegene Gemeinde. Diese verbietet nach den ersten Transporten die Durchfahrt, weswegen jetzt erhebliche Umwegfahrten notwendig werden.

Soweit im Bauvertrag zu den zu benutzenden Wegen nichts weiter geregelt ist, ist **nicht ersichtlich**, dass eine solche **Verkehrsbeeinträchtigung „in den Risikobereich des Auftraggebers" fällt**. Denn der Auftraggeber steht dieser nicht näher als der Auftragnehmer, wobei Letzterer sogar im Zweifel eher beurteilen kann, welche Route sinnvollerweise für Massentransporte zu nutzen ist (ähnlich Kapellmann/Messerschmidt/Kapellmann, § 6 Rn. 19, der auch nur dann eine Behinderung aus dem Risikobereich des Auftraggebers anerkennen will, wenn dies entsprechend im Bauvertrag geregelt ist, was aber die Ausnahme sein dürfte; vgl. auch OLG Brandenburg, Urt. v. 17.10.2007 – 4 U 48/07, BauR 2009, 821, 822, das eine solche Verkehrsbehinderung sogar ausschließlich dem Risikobereich des Auftragnehmers zuordnet). Hieran ändert § 4 Abs. 1 Nr. 1 S. 3 VOB/B nichts (in diesem Sinne aber wohl zu verstehen: OLG Zweibrücken, Urt. v. 15.2.2002 – 2 U 30/01, BauR 2002, 972, 973; Ingenstau/Korbion/Oppler, § 4 Abs. 1 Rn. 7): Zwar ist danach der Auftraggeber für die Einholung der erforderlichen öffentlichen Genehmigungen verantwortlich. Hierbei geht es jedoch richtigerweise nur um Genehmigungen betreffend die Baumaßnahme selber, nicht um Genehmigungen für die Tätigkeit des Auftragnehmers außerhalb der Baustelle. Zu überlegen wäre in diesen Fällen allenfalls, ob bei Verkehrsbehinderungen ggf. ersatzweise ein für einen Auftragnehmer unabwendbarer Umstand vorliegt, der aber allein aus diesem Gesichtspunkt heraus eine Bauzeitverlängerung nach § 6 Abs. 2 Nr. 1 lit. c) VOB/B rechtfertigen könnte. Dies gilt richtigerweise ebenso, wenn es um Verkehrsbehinderungen durch **Bürgerinitiativen** und **Demonstrationen** geht.

374 Abzugrenzen sind von den Verkehrsbeschränkungen außerhalb der Baustelle Störungen im Bauablauf durch eine **Behinderung der unmittelbaren Zuwegung im Baustellenbereich**: Diese fällt unstreitig in den **Risikobereich des Auftraggebers**. Dies wiederum beruht darauf, dass der Auftraggeber im Rahmen seiner bauvertraglichen Mitwirkungspflichten gehalten ist, dem Unterneh-

mer ein baureifes Grundstück zur Verfügung zu stellen (s. dazu ausführlich Vygen/Joussen, Bauvertragsrecht, Rn. 1080; aus der Rspr. s. etwa BGH, Urt. v. 19.12.2002 – VII ZR 440/01, BauR 2003, 531 = NJW 2003, 1601 = NZBau 2003, 325; OLG München, Urt. v. 9.11.1990–23 U 4090/90, BauR 1992, 74, 75 = NJW-RR 1992, 438) und für die Aufrechterhaltung der allgemeinen Ordnung auf der Baustelle zu sorgen. Hierzu gehört es auch, dem Unternehmer im Baustellenbereich die vorhandenen Zufahrtswege zur Benutzung zu überlassen.

3.4.2 Bauzeitverlängerung durch zusätzliche/geänderte Leistungen

Viel diskutiert ist ebenfalls die Frage, ob eine **nachträgliche Änderung des** 375
Bauentwurfs und/oder des Leistungsumfanges zu einer Verlängerung der vereinbarten Ausführungsfrist führen kann. Gerade dies ist für die Praxis von erheblicher Bedeutung, da bei nahezu jedem Bauvorhaben während der Bauausführung **Leistungsänderungen und zusätzliche Leistungen** notwendig oder angeordnet werden. Dabei können die Ursachen für solche Änderungen des vom Unternehmer zu erbringenden Leistungsumfanges durchaus unterschiedlich sein (s. dazu auch die Darstellung eines Beispielfalls mit einer konkreten Berechnung Teil B Rdn. 182 ff.).

▸ **Beispiele:**

- Die Baugrundverhältnisse werden abweichend angetroffen, als dies von den Vertragspartnern ursprünglich angenommen oder vom Auftraggeber ausgeschrieben worden war. Dies macht oft den Einsatz von zusätzlichen und/oder anderen Geräten und Maschinen und auch eine Umstellung der Bauablaufplanung für die Erdarbeiten unausweichlich.
- Der Auftraggeber hatte in den Ausschreibungsunterlagen Angaben über die Bodenverhältnisse und den Wasserandrang gemacht und der Unternehmer darauf aufbauend die Wasserhaltungsanlage bemessen und eingerichtet. Im Zuge der Bauausführung stellt sich heraus, dass der Wasserandrang und die zu pumpende Wassermenge erheblich höher sind als nach den Vorgaben des Auftraggebers zu erwarten war. Auch dies führt in aller Regel zu erheblichen Verzögerungen bei der Bauausführung.
- Der Unternehmer hat gemäß der Ausschreibung für einen U-Bahn-Bau Teile des Verbaues als Berliner Verbau und Teile als Bohrpfahl-Wand angeboten; der Auftraggeber ordnet im Zuge der Bauausführung als dritte Verbauart für Teilbereiche das Schlitzwandverfahren an. Erneut kann es dadurch zu einer Veränderung der vorgesehenen Bauablaufplanung und damit zu Terminverschiebungen kommen.

376 In allen diesen Fällen wird teilweise vertreten, dass die **Auswirkungen auf die vereinbarte Ausführungsfrist** auch über § 2 Abs. 5 und 6 VOB/B abgedeckt werden (s. Breyer, BauR 2013, 1924, 1932; ebenso noch Leinemann/Leinemann, § 6 Rn. 34 in der 4. Aufl. 2010, wovon er aber in der 5. Aufl. 2013 doch Abstand zu nehmen scheint). Das ist jedoch falsch, da § 2 Abs. 5 und 6 VOB/B nur die Ermittlung der Vergütung – ggf. unter Einbeziehung bauzeitabhängiger Kosten – regelt, nicht aber die Bauzeit selbst (Ingenstau/Korbion/Döring VOB/B § 6 Abs. 2 Rn. 8). Richtigerweise wird man stattdessen davon auszugehen haben, dass sich die Ausführungsfrist nur auf den im Bauvertrag vorgesehenen Leistungsumfang beziehen kann (vgl. dazu oben Rdn. 1 ff.). Daraus aber wird deutlich, dass veränderte oder zusätzliche Leistungen eine Verzögerung des Bauablaufs und dann auch eine Verlängerung der vorgesehenen Bauzeit zur Folge haben können (nicht müssen). Denn gerade hier zeigt sich, dass die Bauzeitverlängerung im Sinne des § 6 Abs. 2 Nr. 1 lit. a) VOB/B nicht irgendein Unwerturteil o. ä. über das Handeln des Auftraggebers mit sich bringt, sondern allein verlangt, dass der **bauzeitverlängernde Umstand „aus dem Risikobereich des Auftraggebers stammt"**. Dies ist bei angeordneten Zusatzleistungen oder Leistungsänderungen unproblematisch und versteht sich im Übrigen von selbst (Vygen BauR 1983, 210, 218). Denn nachvollziehbarerweise kann der Auftraggeber, der berechtigt nach § 1 Abs. 3 oder 4 VOB/B zusätzliche oder geänderte Leistungen mit einer z. B. angenommenen Erhöhung des Leistungsvolumens von 100% anordnen darf, nicht erwarten, dass – losgelöst von einem dafür anfallenden Mehrvergütungsanspruch des Auftragnehmers – diese vermehrte Leistung in derselben Leistungszeit erbracht wird (ebenso: Beck'scher VOB/B-Komm./Berger, § 6 Abs. 2 Rn. 51) – es sei denn, die Parteien haben dazu etwas anderes vereinbart. Dies ist jedoch genau zu prüfen.

▸ **Beispiel:** (in Anlehnung an BGH, Beschl. v. 15.10.2009 – VII ZR 237/08, nicht veröffentl.)

Der Auftraggeber diskutiert mit dem Auftragnehmer bei Vertragsabschluss über ggf. später vorzunehmende Umplanungen, die er nach Vertragsschluss auch anordnet. Dies kann einen Bauzeitverlängerungsanspruch begründen. Denn der Auftragnehmer konnte bei seinem Zeitplan diesen bei Vertragsschluss nicht einmal feststehenden Änderungswunsch nicht berücksichtigen.

377 Zusammengefasst gilt danach, dass ein Auftragnehmer bei einem VOB-Bauvertrag auf Grund späterer Leistungsänderungen durchaus eine Verlängerung der Bauzeit verlangen kann, wenn er dafür die weiteren Voraussetzungen (vgl. vor allem § 6 Abs. 1 VOB/B) einhält und die geänderte oder zusätzliche Leistung überhaupt zu einer verlängerten Bauzeit führt (ebenso OLG Stuttgart, Urt. v. 29.11.2011–10 U 58/11, IBR 2013, 465; in diesem Sinne wohl auch schon

zu verstehen BGH, Urt. v. 21.12.1989 – VII ZR 132/88, BauR 1990, 210, 211 = NJW-RR 1990, 403; ebenso Ingenstau/Korbion/Döring, B § 6 Abs. 2 Rn. 8; Heiermann/Riedl/Rusam/Kuffer, B § 6 Rn. 12; sehr kritisch dagegen Breyer, BauR 2013, 1924). Letzteres ist selbstverständlich. Denn genauso gut kann eine angeordnete Leistungsänderung die Bauzeit verkürzen oder diese unverändert lassen. Dann kann der Auftragnehmer daraus auch keinen Anspruch ableiten.

Bei einem **BGB-Werkvertrag** gilt nichts anderes, wobei sich die Fragen hier 378
nicht so stellen. Denn verlangt der Besteller eines Bauvorhabens bei einem BGB-Vertrag eine zusätzliche oder geänderte Leistung, ist der Unternehmer mangels vergleichbarer Regelungen in § 1 Abs. 3 oder Nr. 4 VOB/B zunächst nicht verpflichtet, diese zu erbringen. Er schuldet sie demzufolge nur, wenn Besteller und Unternehmer eine Zusatzvereinbarung zu dieser gesonderten Leistung schließen (s. auch Vygen BauR 1983, 210, 217). Dann aber kann der Unternehmer seine **Zustimmung zu dieser Zusatzvereinbarung** nicht nur von einer zusätzlichen Vergütung abhängig machen, sondern auch **von einer** angepassten Bauzeit.

3.4.3 Bauzeitverlängerung durch Mehrmengen und Baugrundrisiko

Schwierigkeiten bereiten des Weiteren die Fälle, in denen sich bei der Bauaus- 379
führung **höhere Mengen** gegenüber den Vordersätzen des Leistungsverzeichnisses ergeben. Dasselbe gilt bei veränderten oder zusätzlichen Leistungen in Folge anders als erwartet angetroffener Boden- oder Wasserverhältnisse ohne besondere Anordnungen des Auftraggebers.

▸ **Beispiel:**

Im vom Auftraggeber aufgestellten Leistungsverzeichnis ist ein Austausch von 2.000 m^3 ungeeigneten Bodens vorgesehen. Bei den Arbeiten stellt sich heraus, dass tatsächlich 12.000 m^3 auszutauschen sind.

Eine Bauzeitverlängerung versteht sich hier zunächst nicht von selbst, weil sich das **Vertragssoll,** d. h. der Umfang der vertraglich geschuldeten Leistung **nicht geändert** hat; nur sind anders als im Leistungsverzeichnis angegeben mehr Mengen auszuführen, um das identisch gebliebene Vertragssoll zu erreichen. Gleichwohl kann in diesen Fällen ohne Weiteres begrifflich von einer **Behinderung des Unternehmers** ausgegangen werden. Fraglich ist aber auf Grund der Identität der vertraglichen Verpflichtung, ob diese Fälle auch in den Risikobereich des Auftraggebers fallen und deshalb gemäß § 6 Abs. 2 Nr. 1 a) VOB/B eine **Verlängerung der Bauzeit** rechtfertigen. Dies wird letztlich zu bejahen sein. Denn nach dem Gesamtsystem der VOB trägt der Auftraggeber die Verantwortung und das Risiko einer fehlerfreien, den tatsächlichen Verhältnissen entsprechenden Leistungsbeschreibung. Dies folgt in erster Linie aus § 7 VOB/A, der im Einzelnen festlegt, dass der Auftraggeber die geforderte Leistung eindeutig und erschöpfend zu beschreiben hat. Dasselbe folgt aus § 7 Abs. 1 Nr. 3 VOB/A, wonach dem Bieter und Auftragnehmer kein ungewöhnliches Wagnis aufgebürdet werden darf.

380 Gesondert hinzuweisen ist sodann auf § 7 Abs. 1 Nr. 6 VOB/A: Danach sind auch die **Boden- und Wasserverhältnisse** so zu beschreiben, dass der Bewerber den Baugrund, seine Tragfähigkeit und die Grundwasserverhältnisse hinreichend beurteilen kann. Weiter sind nach § 7 Abs. 1 Nr. 7 VOB/A für das Aufstellen der Leistungsbeschreibung die Hinweise aus dem jeweiligen Abschnitt 0 der Allgemeinen Technischen Vertragsbedingungen zu beachten. Für den Baugrund heißt das im Besonderen, dass ein Auftraggeber die insoweit einschlägigen DIN 4020 bzw. DIN EN 1997-2 zu berücksichtigen hat. Er hat also die Verhältnisse so genau und erschöpfend zu beschreiben, wie er dazu nach den jeweiligen Umständen in der Lage und ihm das zumutbar ist (BGH, Urt. v. 22.12.2011 – VII ZR 67/11, BauR 2012, 490, 492 = NZBau 2012, 102, 103 = NJW 2012, 518, 520; BGH, Urt. v. 21.3.2013 – VII ZR 122/11, BauR 2013, 1126, 1128 = = NZBau 2013, 428, 429 = NJW 2013, 1957). Gerade diese Regelungen zeigen mit aller Deutlichkeit, dass die VOB im Rahmen der Risikoverteilung auch beim **Baugrundrisiko** grundsätzlich dem **Auftraggeber** die **Verantwortung für die zutreffende Ermittlung der Mengen im Leistungsverzeichnis** zuweist (BGH, Urt. v. 30.10.1975 – VII ZR 239/73, Schäfer/Finnern, Z 2.414.0 Bl. 8; Ingenstau/Korbion/Keldungs, VOB/B § 2 Abs. 5 Rn. 14 ff. Ingenstau/Korbion/Döring § 6 Abs. 2 Rn. 8 sowie Ingenstau/Korbion/Kratzenberg VOB/A § 7 Rn. 54 ff.; Heiermann/Riedl/Rusam, VOB/A § 7 Rn. 20; ebenso vor allem auch Englert/Grauvogl/Maurer, Rn. 2022 ff., 2144 ff., die sich sehr eingehend mit der Gesamtproblematik des Baugrundrisikos befassen) – eine Risikoverteilung, die sich in der Regel aber auch schon aus einer Auslegung der einem Bauvertrag zugrunde liegenden Willenserklärungen ergeben wird (Joussen NZBau 2013, 465). Sie beruht letztlich darauf, dass der Boden zumeist Eigentum des Auftraggebers, zumindest aber von ihm als **Baustoff** i. S. des § 645 BGB dem Unternehmer zur Bearbeitung zur Verfügung zu stellen ist (so die ganz herrschende Meinung: BGH, Urt. v. 16.12.2004 – VII ZR 16/03, BauR 2005, 735, 737 = NJW-RR 2005, 669, 670 = NZBau 2005, 285; Bamberger/Roth/Voit, § 645 Rn. 5; Münch.Komm./Busche, § 645 Rn. 6; Halfmeier/Leupertz, Komm. z. BGB, bauvertragsrechtOnline, Stand IV/2012, § 645 A8; Kapellmann im Jahrbuch Baurecht 1999, S. 7 ff.). Deshalb hat auch der Auftraggeber in erster Linie die Möglichkeit, den Baugrund zu erforschen und zu beschreiben; dies gehört grundsätzlich wie die Erstellung des Leistungsverzeichnisses und damit die Ermittlung der Mengen in den Bereich der **Planung.** Letztere obliegt dem Auftraggeber und ist dem Unternehmer zu überlassen. Dies gilt entsprechend für **Sanierungsobjekte**, die ebenfalls vom Auftraggeber dem Auftragnehmer zur Bearbeitung zur Verfügung zu stellen sind und deshalb so be-

schrieben werden müssen, dass der Auftragnehmer die dazu erforderliche Bauzeit und den erforderlichen Bauablauf kalkulieren kann.

▶ **Beispiel:**

Bei der Bauausführung stellt sich heraus, dass die Betonqualität eines Sanierungsobjekts nicht C 20/25 wie ausgeschrieben, sondern nur C 50/60 ist. Dies rechtfertigt einen Anspruch auf Bauzeitverlängerung gemäß § 6 Abs. 2 Nr. 1 lit. a VOB/B, wenn sich dadurch die geplante Ausführungsdauer verlängert oder verschiebt.

Aus Vorstehendem folgt gleichzeitig, dass auch gegenüber der Ausschrei- 381
bung verändert angetroffene **Boden- oder Wasserverhältnisse und Mehrmengen** bei den auszuführenden Leistungen in den **Einfluss- und Risikobereich des Auftraggebers** fallen und deshalb gemäß § 6 Abs. 2 Nr. 1 lit. a) VOB/B zu einer Verlängerung der vereinbarten Bauzeit führen können (Ingenstau/Korbion/Döring, VOB/B § 6 Abs. 2 Rn. 8).

Allerdings kann vor Verallgemeinerungen dieser Grundsätze auf der anderen 382
Seite nur gewarnt werden. So führen nämlich etwa **Mehrmengen** nicht zu einem Anspruch auf Fristverlängerung, wenn im Einzelfall ein damit **verbundenes Risiko vom Auftragnehmer übernommen** wurde. Dies kann ausdrücklich geschehen (vgl. dazu im Einzelnen und mit Vorschlägen für entsprechende Individualvereinbarungen: Englert/Grauvogl/Maurer, Rn. 2223 f.), aber auch konkludent, was vorrangig anhand einer Auslegung der dem Vertrag zugrunde liegenden Willenserklärungen zu ermitteln ist (s. dazu allgemein Rdn. 175 ff.). Dies kann unter Berücksichtigung der oben aufgestellten Kriterien letztlich nur im Einzelfall entschieden werden. Losgelöst von dieser stets vorrangig durchzuführenden Auslegung des Vertrages gibt es aber gerade im Bereich reiner Mehrmengen bei VOB-Verträgen über den dann anwendbaren § 2 Abs. 3 VOB/B wenige typische Fallgruppen, die entweder in die eine oder andere Richtung Ansprüche auf Bauzeitverlängerung mit sich bringen oder ausschließen:

- Treten Mehrmengen auf, kann nach § 2 Abs. 3 VOB/B eine Änderung des 383
  vereinbarten Einheitspreises nur verlangt werden, wenn die tatsächlich ausgeführte Menge einer bestimmten Leistungsposition um mehr als **10% von der ausgeschriebenen Menge** abweicht. Bis zu 10% muss daher der Unternehmer Mehr- und Mindermengen einkalkulieren, ohne einen neuen Einheitspreis verlangen zu können. Dies wird man **auf die Frage einer Verlängerung der Ausführungsfrist übertragen** müssen. Denn solche verhältnismäßig geringen Mengenabweichungen sind üblich und vorhersehbar und kommen nahezu bei jedem Bauvorhaben vor; deshalb sind sie auch bezüglich der zeitabhängigen Kosten einzukalkulieren (so auch Kapellmann/Schiffers, Bd. 1 Rn. 566 f. und 1202; Beck'scher VOB-Komm./

Berger, B § 6 Abs. 2 Rn. 51). Nichts anderes gilt für die Bauzeit selbst. Eine Ausnahme wird man nur dann zu machen haben, wenn die zu niedrigen Mengenangaben auf **Fahrlässigkeit des Auftraggebers oder seines Erfüllungsgehilfen** beruhen, zumal dem Unternehmer dann auch ein Schadensersatzanspruch aus Verschulden bei Vertragsabschluss (§§ 311 Abs. 2, 241 Abs. 2, 280 BGB) zustehen kann.

384 Eine Verlängerung der Ausführungsfrist kommt ebenso wenig infrage, wenn der Unternehmer zwar über 10% hinausgehende Mehrmengen bei einzelnen Positionen erbringen muss, er aber durch Mindermengen bei anderen Positionen einen **entsprechenden Ausgleich auch in zeitlicher Hinsicht** erhält und dadurch letztlich eine Behinderung des Bauablaufs nicht festgestellt werden kann (vgl. § 2 Abs. 3 Nr. 2 VOB/B; so auch Kapellmann/Schiffers a. a. O.).

385 Des Weiteren entfällt ein Anspruch des Unternehmers auf Fristverlängerung wegen erheblicher Mehrmengen, wenn die **Planung bzw. das Leistungsverzeichnis von ihm** selbst stammt.

▶ **Beispiel:**

Eine Sanitärfirma soll eine neue Heizung einbauen. Sie hat dafür im Leistungsverzeichnis 50 Kernbohrungen vorgesehen. Erforderlich sind 150. Hier steht ihr zwar – weil ein Einheitspreisvertrag vorliegt – eine Vergütung für die 150 Kernbohrungen zu. Demgegenüber verlängert sich allein dadurch die Bauzeit nicht, weil das Leistungsverzeichnis mit den zu niedrigen Mengenangaben, die ursächlich für die Bauzeitverlängerung sein sollen, gerade nicht aus dem Risikobereich des Auftraggebers stammt.

Aus denselben Gründen scheidet eine Bauzeitverlängerung bei Mehrmengen aus, wenn dem Auftragnehmer der Auftrag als Pauschalvertrag oder auf Grund eines **Nebenangebotes** oder eines **Sondervorschlags** erteilt worden ist oder er aus anderen Gründen das Leistungsverzeichnis selbst aufgestellt und damit die Mengen selbst ermittelt hat. In diesen Fällen liegt das **Mengenrisiko** auch im Rahmen seiner Verpflichtung zur Einhaltung der vereinbarten Bauzeit allein beim Auftragnehmer.

386 Zu beachten ist aber stets, dass unter § 2 Abs. 3 VOB/B nur solche Mehrmengen fallen, deren Ursache allein in einer ungenauen Mengenermittlung bei der Aufstellung des Leistungsverzeichnisses liegt. Beruht dagegen die Mengenmehrung auf **Planungsänderungen oder anderen Anordnungen des Auftraggebers**, so kommt § 2 Abs. 3 VOB/B weder für die Bestimmung der Vergütung noch für die Bauzeitverlängerung zur Anwendung (so auch Kapellmann/Schiffers, Bd. 1, Rn. 505 ff.). Stattdessen kann es dann durchaus zu einer berücksichtigungsfähigen Bauzeitverlängerung kommen (s. vorstehend Rdn. 375 ff.).

▶ **Beispiel:**

Beruhen die Mehrmengen der Kernbohrungen in vorgenanntem Beispielfall auf einer Umplanung des Auftraggebers, liegt kein Fall des § 2 Abs. 3 VOB/B vor, weil sich das Leistungssoll geändert hat. Vielmehr gehen dann die Mehrmengen auf eine Leistungsänderungsanordnung nach § 1 Abs. 3 VOB/B zurück, sodass jetzt die bauzeitverlängernden Umstände unproblematisch aus dem Risikobereich des Auftraggebers stammen.

Diese vorbeschriebenen Grundsätze gelten in allen Fällen, in denen die VOB/B **387** zur Vertragsgrundlage gemacht worden ist und der konkrete Bauvertrag der Parteien keine andere **Risikoverteilung** erkennen lässt, die mit §§ 307 ff. BGB bzw. dem Grundsatz von Treu und Glauben vereinbar sein muss. Besonders bedeutend ist dies bei der Abwälzung des Baugrundrisikos auf den Unternehmer, die in der Regel einer AGB-Inhaltskontrolle nicht standhält (vgl. zu der Möglichkeit von Individualvereinbarungen: Englert/Grauvogl/Maurer, Rn. 2223 ff.).

3.4.4 Bauzeitverlängerung durch verspätete oder mangelhafte Fertigstellung von Vorunternehmerleistungen

Eine besondere Problematik für die Einhaltung einer fest vereinbarten Bau- **388** zeit ergibt sich für den Unternehmer in den sog. Vorunternehmerfällen. Hierbei geht es um Sachverhalte, in denen der Unternehmer mit seiner Bauleistung nicht zu dem vorgesehenen Termin beginnen kann, weil Vorunternehmer nicht rechtzeitig fertig geworden oder deren Leistungen mängelbehaftet sind und zunächst nachgebessert werden müssen.

▶ **Beispiel:** (nach BGH, Urt. v. 27.6.1985 – VII ZR 23/84, BGHZ 95, 128 = BauR 1985, 561 = NJW 1985, 2475)

Der Bauherr hatte einen Vorunternehmer mit Gründungsarbeiten und eine ARGE mit den anschließenden Rohbauarbeiten beauftragt. Jeweils waren feste Ausführungsfristen vereinbart. Die Gründungsarbeiten waren zwar von dem Vorunternehmer rechtzeitig fertiggestellt und von dem Bauherrn abgenommen worden. Als die ARGE mit ihren Rohbauarbeiten beginnen wollte, stellte sie bei ihrer Überprüfung der Gründungsarbeiten (vgl. § 4 Abs. 3 VOB/B) aber deren Mangelhaftigkeit fest und teilte dies dem Bauherrn mit. Dieser verlangte von dem Vorunternehmer die Nachbesserung. Das wiederum führte zu einer mehrmonatigen Verschiebung des Baubeginns der ARGE, der dadurch ein Schaden in Folge von eingetretenen Lohnerhöhungen usw. entstand.

Bei Fällen wie diesen wird man streng die Frage zu trennen haben, ob dem Folgeunternehmer ein Anspruch auf Ersatz der Mehrkosten zusteht (s. dazu Rdn. 739 ff.) und es ggf. unabhängig davon zu einer Bauzeitverlängerung kommt. An Letzterem kann ernstlich kein Zweifel bestehen. Denn die ARGE als Nachfolgeunternehmer war unstreitig in der ordnungsgemäßen Ausführung ihrer Bauleistung behindert; diese Behinderung beruhte ebenso unstreitig auf einem Umstand, der in den Risikobereich des Auftraggebers fällt. Dies versteht sich dem Grunde nach von selbst, ergibt sich aber auch daraus, dass der Auftraggeber den **Ausführungsbeginn** festlegt und den **Fertigstellungstermin** bestimmt. Dies gehört zu seiner – auch nach § 4 Abs. 1 VOB/B dem Auftraggeber obliegenden – **Koordinierungspflicht. Diese wiederum überträgt** er im Allgemeinen im Architektenvertrag seinem Architekten (Bauleitung), da dieser gemäß § 34 Abs. 3 Nr. 8, Abs. 4 HOAI i. V. m. Ziff. 10.1 der Anlage 10 zur HOAI dazu im Rahmen der von ihm zu erbringenden Objektüberwachung auch das Aufstellen und Überwachen eines Zeitplanes für die Bauausführung schuldet. Damit hat allein der Auftraggeber die Möglichkeit, für den Fall möglicher von ihm zu vertretender bzw. verursachter Bauablaufstörungen Pufferzeiten oder Reserven im Bauablaufplan einzuplanen. Wenn er dies unterlässt, so ist dies letztlich sein Risiko; denn die rechtzeitige Erbringung der notwendigen **Vorunternehmerleistungen gehört zu den bauseits zu erbringenden Leistungen des Auftraggebers**, wie dies auch bei dem bauseits zu stellenden Fundament für ein Fertighaus oder bauseits beizustellenden Materialien der Fall ist (vgl. oben Rdn. 370 f. sowie ausführlich auch zu der Begründung ggf. eines Mehrkostenanspruchs des Auftragnehmers unten Teil A Rdn. 739 ff.).

389 Aus allem ist somit seit jeher unbestritten, dass **Bauzeitverzögerungen in Folge mangelhafter bzw. nicht fertig gestellter Vorunternehmerleistungen** bei dem Nachfolgeunternehmer einen **Anspruch auf Bauzeitverlängerung** begründen. Dabei ist völlig unbeachtlich, ob diese Verzögerungen vom Auftraggeber oder dem Vorunternehmer verschuldet waren oder nicht (BGH, Urt. v. 21.12.1989 – VII ZR 132/88, BauR 1990, 210, 211 = NJW-RR 1990, 403; anschaulich auch etwa OLG Hamm, Urt. v. 30.7.2013–21 U 84/12, BauR 2014, 585, 588 = NJW 2014, 78, 80 = NZBau 2014, 104, 106; Ingenstau/Korbion/Döring, VOB/B § 6 Abs. 2 Rn. 9; Kapellmann/Messerschmidt/Kapellmann, VOB/B, § 6 Rn. 18).

390 Ohnehin ist zu berücksichtigen, dass der Auftraggeber hier nicht einmal schutzbedürftig ist. Denn im Fall mangelhafter oder verspäteter Fertigstellung von Vorleistungen dürften ihm in der Regel seinerseits entsprechende **Schadensersatzansprüche gegen den Vorunternehmer** aus § 4 Abs. 7 S. 2 oder § 13 Abs. 7 Nr. 1 und 2 VOB/B bzw. auch § 6 Abs. 6 VOB/B zustehen.

3.4.5 Bauzeitverlängerung durch verzögerte Zuschlagserteilung in Vergabeverfahren

Bis zu diversen Grundsatzentscheidungen des BGH viel diskutiert war die Frage, inwieweit Bauverzögerungen aus der Zeit zwischen Angebotsabgabe und Zuschlagserteilung eine Bauzeitverlängerung rechtfertigen. Diese Frage stellt sich vor allem bei Vergabeverfahren der öffentlichen Hand, soweit dort ein Nachprüfungsverfahren durchgeführt wird. Denn dieses verhindert nach § 115 Abs. 1 GWB für die Dauer des Verfahrens die Zuschlagserteilung; die aufschiebende Wirkung bleibt selbst über einen Zeitraum von zwei Wochen hinaus im Beschwerdeverfahren erhalten, soweit das Beschwerdegericht das auf Antrag des unterlegenen Bieters nach § 118 Abs. 1. S. 3, Abs. 2 GWB gesondert verfügt (s. dazu im Einzelnen Vygen/Joussen, Bauvertragsrecht, Rn. 371 f.). Wird später ein Nachprüfungsantrag des vermeintlich unterlegenen Bieters zurückgewiesen und will die Vergabestelle jetzt dem zunächst auf Platz 1 gelegenen Bewerber den Zuschlag erteilen, können schnell bereits sämtliche im Vertrag vorgesehenen Termine überholt sein. 391

▸ **Beispiel:**

Die Vergabestelle schreibt im Februar im Rahmen eines offenen Verfahrens (öffentlichen Ausschreibung) eine Bauleistung aus. Als Bauzeit sind die Monate Juli bis September vorgesehen. Ein unterlegener Bieter reicht einen Nachprüfungsantrag ein. Anfang September wird der Nachprüfungsantrag bzw. die dagegen eingelegte Beschwerde zurückgewiesen.

In Fällen wie diesen, die aber durchaus auch für andere den Zuschlag einstweilen verhindernde Sachverhalte zutreffen können (z. B. eine verzögerte Planfeststellung – BGH, Urt. v. 25.11.2010 – VII ZR 201/08; BauR 2011, 503 = NZBau 2011, 97), sind in der Regel zwei Punkte zu klären: Zum einen will der Auftragnehmer, der jetzt den Zuschlag erhält (wobei dies durchaus auch der Zweitplatzierte sein kann, wenn er sich mit seiner Beschwerde durchsetzt), ggf. eine Mehrvergütung, weil sich die Ausführung der Bauleistung z. B. in eine ungünstigere Jahreszeit verschiebt. Hierauf soll später eingegangen werden (Teil A Rdn. 591 ff.). Zum anderen wird der Auftragnehmer eine **Bauzeitverlängerung** fordern. Die Frage danach stellt sich umso dringlicher, wenn eine in der Ausschreibung vorgesehene Bauzeit auf Grund der Verfahrensdauer schon teilweise (oder sogar ganz) verbraucht ist. Entsprechendes gilt, wenn die Bauzeit auf Grund der Verschiebung in eine ungünstigere Jahreszeit nicht mehr zu halten ist. 392

In all diesen Fällen wäre immerhin daran zu denken, dass ein Bieter im Vergabeverfahren einen **entsprechenden Vorbehalt** zur Bauzeit erklärt. Empfehlenswert ist dies jedoch nicht; denn rechtlich ist ein solcher Vorbehalt überhaupt nur möglich, wenn dieser außerhalb der Bindefrist erklärt wird. 393

Auch wäre insbesondere bei einer öffentlichen Ausschreibung bzw. einem offenen Verfahren ein Bieter nicht gut beraten, im Nachhinein sein Angebot mit irgendwelchen Vorbehalten zu versehen. Denn solche Vorbehalte würden auf unzulässige Nachverhandlungen im Sinne des § 15 Abs. 3 VOB/A hinauslaufen mit der Folge, dass derartige Angebote zwingend auszuschließen wären (§ 16 Abs. 1 Nr. 1 lit. b VOB/A). In Folge dessen scheidet dieser Weg als Grundlage für eine Bauzeitverlängerung in aller Regel aus. Das heißt aber weiter, dass im Fall einer Zuschlagserteilung der **Vertrag zunächst mit den in der Ausschreibung vorgesehenen** (ggf. schon abgelaufenen) **Terminen zustande** kommt. Entsprechendes gilt, wenn in der Ausschreibung keine festen Termine angegeben waren, sondern die vertraglich vorgesehene Bauzeit sich an den Zuschlag anschließen sollte. Dies bedeutet nach einem richtigen Verständnis der wechselseitig vorliegenden Willenserklärungen, dass richtiger Anknüpfungspunkt für den Beginn der Bauzeit nicht der tatsächlich (wegen Verzögerungen verspätet erteilte) Zuschlag ist, sondern der sich aus den Ausschreibungsunterlagen ergebende späteste Zuschlagstermin (s. dazu oben Rdn. 54; so ausdrücklich BGH, Urt. v. 10.9.2009 – VII ZR 152/08, BauR 2009, 1901, 1904 = NJW 2010, 522, 524 = NZBau 2009, 771, 772 f.; OLG Düsseldorf, Urt. v. 20.7.2011 – VI-U(Kart) 11/11, BauR 2011, 1969, 1971 = NZBau 2011, 674, 677).

394 Mit diesem Zwischenergebnis liegt aber auf der Hand, dass eine **Bauzeitverlängerung gleichwohl unabdingbar** sein kann. Dies hat weniger damit zu tun, einer Vertragspartei einseitig das Risiko einer Zuschlagsverzögerung im Vergabeverfahren zuzuweisen (BGH, Beschl. v. 23.9.2010 – VII ZR 213/08, NZBau 2010, 748), als vielmehr mit der Tatsache, dass das, was vereinbart wurde, im Zweifel gegenstandslos geworden ist. Dies führt allerdings nicht dazu, dass jetzt gar keine Fristen mehr gelten würden; denn dies dürfte wohl kaum dem Willen der Parteien entsprechen (BGH, Urt. v. 11.5.2009 – VII ZR 11/08, BGHZ 181, 47, 56 = BauR 2009, 1131, 1135 = NJW 2009, 2443, 2445). Auch wird man nicht auf eine Bauzeitverlängerung nach § 6 Abs. 2 VOB/B zurückgreifen können. Denn diese Regelung setzt eine schon vereinbarte Bauzeit voraus, die dann mit der vertraglichen Regelung des § 6 Abs. 2 VOB/B als Bestandteil der VOB/B verlängert wird. Hier jedoch geht es um **Verzögerungen aus der Zeit vor Vertragsabschluss**, in der die VOB/B noch nicht gilt. Bedeutung dürfte somit stattdessen richtigerweise den schon eingangs erläuterten Grundsätzen zukommen, wonach die in § 6 Abs. 2 VOB/B niedergelegten Umstände auch bei einem BGB-Werkvertrag gelten, und zwar vorrangig über die **Grundsätze der ergänzenden Vertragsauslegung**, hilfsweise über § 242 BGB (s. o. Rdn. 354 ff.). Mit deren Anwendung kommt man zu durchaus zufrieden stellenden Ergebnissen. Denn in aller Regel kann man berechtigt davon ausgehen, dass die Parteien mit der Zuschlagserteilung zwar einen verbindlichen Vertrag schließen, über neue, dem Zeitablauf Rechnung tragende Fristen im

Nachhinein aber noch eine abschließende Einigung herbeiführen wollen, wobei dann für die Berechnung wiederum auf die Grundsätze des § 6 Abs. 3 und 4 VOB/B zurückgegriffen werden kann (BGH, Urt. v. 11.5.2009 – VII ZR 11/08, BGHZ 181, 47, 56 = BauR 2009, 1131, 1135 f. = NJW 2009, 2443, 2445; BGH, Urt. v. 26.11.2009 – VII ZR 131/08, BauR 2010, 455, 456 = NZBau 2010, 102, 103).

Vorstehendes soll selbst dann gelten, wenn der Auftraggeber im **Zuschlags-** 395
schreiben von sich aus eine neue (angepasste) Bauzeit angibt. Aus dem Sinn und Zweck eines öffentlichen Vergabeverfahrens, das auf den Abschluss eines Vertrages gerichtet sei, werde man nämlich – so der BGH – selbst ein derart gefasstes Zuschlagsschreiben in der Regel so verstehen müssen, dass der Bauvertrag zunächst gleichwohl unbedingt nur zu den in den Ausschreibungsbedingungen genannten (ggf. schon überholten) Terminen zustande kommen solle. Eine solche Auslegung in seinem Sinne sei schon deshalb geboten, weil nicht davon ausgegangen werden könne, dass der Auftraggeber tatsächlich durch die veränderte Angabe von Fristen von sich aus gegen das auch für ihn geltende Nachverhandlungsgebot gemäß § 15 Abs. 3 VOB/A verstoßen wolle. Vielmehr werde zumindest in der Regel selbst in diesen Fällen ein unbedingter Vertragsabschluss gewollt sein verbunden mit der weiteren Vorgabe, dass über die tatsächlich offen gebliebenen Termine noch eine abschließende Einigung (im o. g. Sinne) zu erzielen sei (BGH, Urt. v. 22.7.2010 – VII ZR 129/09, BauR 2010, 1929, 1931 = NJW 2010, 3436, 3437 = NZBau 2010, 628, 629 = ZfBR 2010, 810, 811; ähnlich: BGH, Urt. v. 22.7.2010 – VII ZR 213/08, BauR 2010, 1921, 1924 = NZBau 2010, 622, 624, insoweit auch zur europarechtlichen Zulässigkeit dieser Vorgehensweise; BGH, Urt. v. 25.11.2010 – VII ZR 201/08, BauR 2011, 503, 505 = NZBau 2011, 97, 98).

▶ **Beispiel:** (nach BGH, Urt. v. 22.7.2010 – VII ZR 129/09, a. a. O.)

Bei einer Ausschreibung war als Bauzeit der 1. April bis 31. Oktober angegeben. Nach entsprechenden Bindefristverlängerungen erhielt der AN im November den Zuschlag. Im Zuschlagsschreiben heißt es, dass dem AN auf Grund seines Angebotes hiermit der Auftrag ... zu den in dem Angebot ... aufgeführten Einheitspreisen und Bedingungen erteilt werde. Sodann wird im Zuschlagsschreiben eine neue Bauzeit angegeben.

Trotz dieser neuen Bauzeit im Zuschlagsschreiben ließ der BGH diese unberücksichtigt. Denn der Auftraggeber habe mit seiner Formulierung, dass „hiermit" der Auftrag erteilt werde, hinreichend zum Ausdruck gebracht, dass er den Vertrag unabhängig von der neuen Bauzeit zu den alten Bedingungen, d. h. auch zu der alten Bauzeit schließen wollte. Das ergebe sich nicht zuletzt daraus, dass er in den genannten Fällen nicht eine Auftragsbestätigung, sondern eine unverzügliche Annahmeerklärung erbat (BGH, Urt. v. 22.7.2010, VII ZR 213/08 und VII ZR 129/09, a. a. O.).

396 Ob diese Auffassung so zutrifft und eine solche Auslegung entgegen dem klaren Wortlaut des Zuschlagsschreibens in Betracht kommt, ist aber doch zu bezweifeln. Denn die Annahme, der Auftraggeber habe die im Zuschlagsschreiben genannte neue Bauzeit gar nicht so gemeint, sondern sei davon ausgegangen, er würde trotz verändert angegebener Bauzeit noch einen Vertrag zu der alten (überholten) Bauzeit schließen, erscheint gekünstelt. Das gilt auch insoweit, als der BGH die Auffassung vertritt, dass der Auftraggeber seinen davon abweichenden Willen in Bezug auf einen Vertragsabschluss zu der alten Bauzeit hinreichend kundgetan habe: Wäre das so, hätte er im Zuschlagsschreiben wohl kaum eine neue Bauzeit vorgegeben, selbst wenn er formuliert, dass er „hiermit" den Zuschlag erteilt. Wenn er mit einer solchen Erklärung wirklich noch einen Vertrag zu der alten Bauzeit hätte schließen wollen, hätte er das jedenfalls so nicht getan und ggf. über den **Inhalt seiner abgegebenen Erklärung geirrt**. Das ändert aber nichts daran, dass seine mit veränderten Bauzeiten erteilte Annahmeerklärung von dem Angebot, das noch auf der alten Bauzeit beruhte, abwich. In dem **Zuschlagsschreiben läge dann nach § 150 Abs. 2 BGB** rechtlich ein neues Angebot zu dem Abschluss des Bauvertrages mit den veränderten Terminen, das nunmehr der Auftragnehmer annehmen kann. Erfreulicherweise hat dies jetzt auch der BGH in einer Folgeentscheidung klargestellt. Er verwies darauf, dass das dort versandte Zuschlagsschreiben mit den neuen Terminen vermeintlich keinen Interpretationsspielraum dahingehend ließ, dass der Auftraggeber trotzdem noch den Vertrag zu den alten Terminen schließen wollte (BGH, Urt. v. 6.9.2012 – VII ZR 193/10, BGHZ 194, 301, 306 = BauR 2012, 1941, 1943 = NJW 2012, 3505, 3506 = NZBau 2012, 694, 695). Vergaberechtlich mag dieses Verständnis ggf. erhebliche Folgeprobleme aufwerfen (z. B. wegen der dann möglicherweise notwendigen erneuten Beteiligung anderer Bieter); diese jedoch sind nicht geeignet, die Anwendung des hier einschlägigen allgemeinen Vertragsrechts des BGB zu verhindern. Dass diese Rechtsprechung für den Auftragnehmer nicht einmal günstig sein muss, steht ohnehin auf einem anderen Blatt: Denn wenn der Zuschlag mit den modifizierten Terminen rechtlich ein neues Angebot zum Abschluss eines Bauvertrages darstellt und sich der Auftragnehmer jetzt nicht rührt, sondern einfach anfängt oder sogar zunächst einmal den Auftrag so bestätigt, stellt dies die Annahme des so modifizierten Angebots mit den neuen Terminen dar. Daran ist dann auch der Auftragnehmer gebunden, so dass er vor allem wegen der veränderten Terminschiene nunmehr seinerseits später keine Zusatzansprüche geltend machen kann (BGH, a. a. O. – s. dazu unten Teil A Rdn. 591 ff.). All diese Probleme können aber wie gezeigt vermieden werden, wenn der Auftraggeber von solchen modifizierten Zuschlagsschreiben absieht.

3.5 Die Behinderungsanzeige oder Offenkundigkeit der Behinderung (§ 6 Abs. 1 VOB/B)/Behinderungsanmeldung

Voraussetzung für einen Anspruch des Auftragnehmers auf eine Bauzeitverlängerung nach § 6 Abs. 2 VOB/B ist – neben den vorgenannten Voraussetzungen – stets, dass der Unternehmer die Behinderung **unverzüglich schriftlich angezeigt** hat oder dem Auftraggeber offenkundig die hindernden Umstände und deren hindernde Wirkung bekannt waren (§ 6 Abs. 1 VOB/B). Gerade an einer Behinderungsanzeige scheitern viele Auftragnehmer mit ihren Ansprüchen, die sie später zu Bauzeitverlängerungen geltend machen. Dies gilt sowohl hinsichtlich ihres Inhalts als auch in Bezug auf die Form (s. Muster dazu bei Vygen/Joussen, Bauvertragsrecht, Rn. 1796): 397

- Zweck der Behinderungsanzeige ist es, den Auftraggeber in die Lage zu versetzen, bzgl. etwaiger behindernder Umstände unverzüglich Abhilfe schaffen zu können. Insoweit kommt der Behinderungsanzeige eine **Informations-, Warn- und Schutzfunktion zugunsten des Auftraggebers** zu (BGH, Urt. v. 21.3.2002 – VII ZR 224/00, BauR 2002, 1249, 1252 = NJW 2002, 2716, 2717). Um diese erfüllen zu können, hat der Auftragnehmer anzugeben, ob, wann und warum seine Arbeiten, die nach dem Bauablauf nunmehr ausgeführt werden müssten, nicht oder nicht wie vorgesehen ausgeführt werden können (BGH, Urt. v. 21.10.1999 – VII ZR 185/98, BGHZ 143, 32, 35 = BauR 2000, 722, 723 = NJW 2000, 1336, 1337). Ferner hat die Behinderungsanzeige alle Tatsachen zu enthalten, aus denen sich für den Auftraggeber mit hinreichender Klarheit und erschöpfend die Hinderungsgründe ergeben, wobei in der Regel eine konkrete bauablaufbezogene Darstellung erforderlich ist. Dagegen gehört es nicht zu deren notwendigen Inhalt, bereits den **Umfang der Bauzeitverlängerung** gemäß § 6 Abs. 2 VOB/B oder gar die Höhe möglicher **Mehrkosten** anzugeben (BGH, Urt. v. 21.12.1989 – VII ZR 132/88, BauR 1990, 210, 212 = NJW-RR 1990, 403; Beck'scher VOB-Komm./Berger, B § 6 Abs. 1 Rn. 40 ff.; s. auch Teil B Rdn. 215). 398
- § 6 Abs. 1 VOB/B verlangt für die Behinderungsanzeige die **Einhaltung der Schriftform**. Diese Vorgabe dient jedoch nur zu Beweiszwecken und ist für sich kein Wirksamkeitserfordernis (OLG Köln, Urt. v. 1.12.1980 – 22 U 73/80, BauR 1981, 472, 474; OLG Koblenz, Urt. v. 18.3.1988 – 8 U 345/87, NJW-RR 1988, 851, 852; Ingenstau/Korbion/Döring, B § 6 Abs. 1 Rn. 5; a. A. Kapellmann/Messerschmidt/Kapellmann, B § 6 Rn. 7). Allzu große Bedeutung dürfte diesem Streit nicht zukommen: Denn auch eine mündliche Behinderungsanzeige müsste im Detail die vorstehend beschriebenen Einzelelemente (Rdn. 312) enthalten, was im Zweifel nicht der Fall, zumindest aber nach Jahren einer Auseinandersetzung kaum verlässlich nachweisbar ist (ebenso Bruns, ZfIR 2006, 153, 171) – es sei denn, es geht um Fälle der 399

Offenkundigkeit, in denen aber eine Anzeige ohnehin unterbleiben kann (s. sogleich Rdn. 315). Die Bedeutung einer mündlichen Anzeige erscheint daher in der Praxis gering, weswegen hier dem Auftragnehmer schon aus eigenem Interesse heraus die Einhaltung der Schriftform dringend empfohlen ist.

400 Neben der Einhaltung der Schriftform verlangt § 6 Abs. 1 VOB/B, dass eine Behinderung **unverzüglich nach deren Eintritt** anzuzeigen ist. Unverzüglich bedeutet ohne schuldhaftes Zögern (§ 121 BGB). Der Zweck dieses Unverzüglichkeitsgebots liegt auf der Hand: Denn wenn einer Behinderungsanzeige zugunsten des Auftraggebers eine Informations-, Warn- und Schutzfunktion zukommen soll, kann sie das nur, wenn sie unmittelbar nach Auftreten der hindernden Umstände übergeben wird.

401 Die Behinderungsanzeige selbst ist an den **Vertragspartner, also den Auftraggeber**, zu richten. Nur in Ausnahmefällen wird eine **Anzeige an den bauleitenden Architekten** genügen (vgl. dazu: Ingenstau/Korbion/Döring, VOB/B § 6 Abs. 1 Rn. 8 f.; Heiermann/Riedl/Rusam, B § 6 Rn. 8; OLG Köln, Urt. v. 1.12.1980 – 22 U 73/80, BauR 1981, 472). In diesem Fall sollte aber stets zumindest eine Kopie an den Auftraggeber gehen. Denn nur dieser ist der richtige Adressat, wenn die Ursache der **Behinderung im Planungs- und/oder Koordinierungsbereich** des bauleitenden Architekten oder Ingenieurs liegt. Dies gilt erst recht, wenn sich Letzterer den Gründen der Behinderungsanzeige verschließt und diese nicht an den Auftraggeber weiterleitet (so auch Beck'scher VOB-Komm./Berger, B § 6 Abs. 1 Rn. 47 ff.). Vielfach wird man es auch ausreichen lassen können, dass die **Behinderungen in das Baubesprechungsprotokoll** oder in **Bautagesberichte** aufgenommen und diese dem Vertragspartner zugeleitet bzw. von ihm unterschrieben werden. Dem steht gleich die Aufnahme der Behinderung in das Bautagebuch, wenn der Bauherr die Kenntnisnahme durch seine Unterschrift bestätigt.

402 Hat der Unternehmer die **schriftliche Anzeige unterlassen** oder nicht an den richtigen Adressaten gesandt, so stellt sich die Frage nach den Rechtsfolgen. Hier ist zu unterscheiden:

403 In erster Linie ist zu prüfen, ob nicht ausnahmsweise eine Behinderungsanzeige entbehrlich ist. Das ist der Fall, wenn dem Auftraggeber der Behinderungssachverhalt und dessen **hindernde Wirkung offenkundig** bekannt waren (§ 6 Abs. 1 S. 2 VOB/B). Lag eine solche Offenkundigkeit vor, kann sich der Auftragnehmer auf die hindernden Umstände auch dann berufen, wenn er keine Behinderungsanzeige übergeben hat (§ 6 Abs. 1 S. 2 VOB/B). An die Offenkundigkeit sind jedoch strenge Anforderungen zu stellen (vgl. OLG Düsseldorf, Urt. v. 26.1.1962 – 5 U 9/58, Schäfer/Finnern, Z 2.300 Bl. 14; OLG Düsseldorf, Urt. v. 23.6.1981 – 23 U 31/81, Schäfer/Finnern/Hochstein, Nr. 2 zu § 6 Nr. 1 VOB/B; OLG Köln, Urt. v. 1.12.1980 –

22 U 73/80, BauR 1981, 472 = Schäfer/Finnern/Hochstein, Nr. 1 zu § 6 Nr. 1 VOB/B). Die Voraussetzungen dafür ergeben sich aus dem vorstehend schon beschriebenen Zweck der an sich regelmäßig erforderlichen Behinderungsanzeige, die dem **Schutz des Auftraggebers** dient, insbesondere seiner **Information über die Störung**. Der Auftraggeber soll mit ihr gewarnt und ihm soll die Möglichkeit eröffnet werden, Behinderungen abzustellen. Er soll zugleich vor unberechtigten Behinderungsansprüchen geschützt werden. Die rechtzeitige und korrekte Behinderungsanzeige erlaubt ihm nämlich, Beweise für eine in Wahrheit nicht oder nicht im geltend gemachten Umfang bestehende Behinderung zu sichern. Nur wenn die **Informations-, Warn- und Schutzfunktion im Einzelfall keine Anzeige erfordert**, weil der Auftraggeber auch ohne sie die vorstehend beschriebenen Tätigkeiten kraft seines schon bekannten Wissens ergreifen kann, ist die **Behinderungsanzeige wegen Offenkundigkeit** entbehrlich (BGH, Urt. v. 21.10.1999 – VII ZR 185/98, BGHZ 143, 32, 35 f. = BauR 2000, 722, 723 = NJW 2000, 1336, 1337).

▶ **Beispiel:**

Der Auftragnehmer verlangt unter Fristsetzung zu Recht eine Sicherheitsleistung nach § 648 a BGB. Der Auftraggeber lässt die Frist verstreichen. Nunmehr macht der Auftragnehmer von seinem Leistungsverweigerungsrecht Gebrauch (§ 648 a Abs. 5 S. 1 BGB). Hierdurch verlängern sich selbstverständlich auch ohne gesonderte Behinderungsanzeige die Fristen. Denn diese Bauverzögerung ist für den Auftraggeber in Folge seines ganz offenbar pflichtwidrigen Verhaltens offenkundig.

Immerhin kann es genügen, dass der bauleitende Architekt die hindernden Umstände und deren hindernde Wirkung erkannt hat. Denn dessen Kenntnis ist bei entsprechender Vollmacht im Rahmen der Objektüberwachung, solange wegen Selbstverursachung kein Interessenkonflikt vorliegt, dem Auftraggeber gemäß § 166 BGB zuzurechnen (vgl. Keldungs/Brück, VOB-Vertrag, Rn. 233; OLG Köln, Urt. v. 1.12.1980 – 22 U 73/80, BauR 1981, 472 = Schäfer/Finnern/Hochstein, Nr. 1 zu § 6 Nr. 1 VOB/B; a. A. Beck'scher VOB-Komm./Berger, B § 6 Abs. 1 Rn. 64 f.; Kaiser, NJW 1974, 445, 447).

Unterbleibt zunächst eine erforderliche Behinderungsanzeige, ist diese **404**
später nachholbar. Allerdings ist eine solche Nachholung **nur mit Wirkung für die Zukunft** möglich, d. h.: Erst ab dem verspäteten Eingang der Behinderungsanzeige beim Auftraggeber kann sich jetzt der Auftragnehmer auf die hindernden Umstände berufen. Voraussetzung dafür wäre aber wohl weiter, dass zu diesem Zeitpunkt die Behinderung noch andauert und der Auftraggeber in der Lage wäre einzugreifen bzw. darauf zu reagieren (OLG Köln, Urt. v 1.12.1980–22 U 73/80, BauR 1981, 472, 474; OLG Stuttgart, Urt. v. 29.11.2011–10 U 58/11, Nichtzul.-Beschw. zurückgew., BGH, Beschl. v.

16.5.2013 – VII ZR 256/11, IBR 2013, 465; Heiermann/Riedl/Rusam/Kuffer, B § 6 Rn. 7). Deren Nichtberücksichtigung wäre dagegen kaum mit Treu und Glauben und dem Zweck der Regelung des § 6 Abs. 1 VOB/B vereinbar. Denn das würde nichts anderes heißen, als dass es dem Auftraggeber erlaubt wäre, nach einer „verspäteten" Behinderungsanzeige untätig zu bleiben und alle Folgen, für die er eigentlich einzustehen hat, auf den Auftragnehmer auf diese Weise abzuwälzen. Dabei ist jedoch ergänzend zu berücksichtigen, dass § 6 Abs. 1 VOB/B die unverzügliche Übergabe einer Behinderungsanzeige auch als **Vertragspflicht** ausgestaltet („hat unverzüglich anzuzeigen"). Eine nicht unverzügliche Übergabe stellt daher gleichfalls eine **Vertragspflichtverletzung** dar. Wenn also der Auftragnehmer eine Behinderung verspätet anzeigt, kann er sich nicht nur erst zeitverzögert ab dem verspäteten Eingang der Anzeige beim Auftraggeber auf die Behinderung berufen. Vielmehr kann umgekehrt der Auftraggeber in dem Fall, in dem ihm wegen einer verspäteten Anzeige Schäden entstehen, die er bei einer rechtzeitigen Anzeige hätte vermeiden können, den Auftragnehmer auf **Schadensersatz** in Anspruch nehmen (Ingenstau/Korbion/Döring, B § 6 Abs. 1 Rn. 7; Kapellmann/Messerschmidt/Kapellmann, § 6 Rn. 8).

405 Hat der Auftragnehmer sodann nach Vorstehendem keine ausreichende Behinderungsanzeige gestellt, verliert er zwar sein Recht auf Bauzeitverlängerung oder bei Verschulden des Auftraggebers auf Schadensersatz. Er verliert bei einem VOB-Vertrag ferner sein Recht auf Entschädigungsleistung gemäß § 642 BGB (§ 6 Abs. 6 S. 2 VOB/B), wenn der Auftraggeber mit einer für die Herstellung des Bauwerkes erforderlichen Mitwirkungshandlung in Verzug gerät (BGH, Urt. v. 21.10.1999 – VII ZR 185/98, BGHZ 143, 32, 41 = BauR 2000, 722, 725 = NJW 2000, 1336, 1338; Heiermann/Riedl/Rusam, B § 6 Rn. 66; Koeble/Kniffka, 8. Teil, Rn. 33; sehr kritisch dazu Kapellmann/Messerschmidt/Kapellmann, § 6 Rn. 10) – es sei denn, die Behinderungsanzeige ist in diesem Fall wegen Offenkundigkeit etwa auf Grund der Tatsache, dass der Auftragnehmer seine Mitarbeiter auf der Baustelle zur Verfügung hält und zu erkennen gibt, dass er bereit und in der Lage ist, seine Leistung zu erbringen, entbehrlich (BGH, Urt. v. 19.12.2002 – VII ZR 440/01, BauR 2003, 531, 532 = NJW 2003, 1601, 1602; Ingenstau/Korbion/Döring, § 6 Abs. 6 Rn. 3 ff., 57; Koeble/Kniffka, 8. Teil, Rn. 33). Umgekehrt ist es dem Auftragnehmer bei einer **unterbliebenen Behinderungsanzeige** aber nicht verwehrt, etwa bei Schadensersatzansprüchen des Auftraggebers wegen Nichteinhaltung von Terminen (§§ 5 Abs. 4, 6 Abs. 6 VOB/B) vorzutragen, dass er die **Behinderung nicht zu vertreten** habe (BGH, Urt. v. 14.1.1999 – VII ZR 73/98, BauR 1999, 645, 648 = NJW 1999, 1108, 1109; OLG Saarbrücken, Urt. v. 31.3.1998 – 4 U 1014/96–211, 4 U 1014/96, BauR 1998, 1010, 1011 = NJW-RR 1999, 460,

461; ebenso Ingenstau/Korbion/Döring, B § 6 Abs. 1 Rn. 2). Dasselbe gilt für die **Abwehr** einer bei Terminüberschreitung sonst verwirkten in der Regel verschuldensabhängig vereinbarten **Vertragsstrafe** (OLG Brandenburg, Urt. v. 19.6.2013–4 U 158/11, BauR 2013, 1734 [Ls.] – insoweit dort aber nicht veröffentl.; auch schon BGH, Urt. v. 14.1.1999 – VII ZR 73/98, BauR 1999, 645, 648 = NJW 1999, 1108, 1109; a. A. OLG Rostock, Urt. v. 29.12.2004–3 U 19/04, BauR 2006, 577 [Ls.], das diese Problematik scheinbar gar nicht erkennt; s. auch oben Rdn. 347).

Vorstehendes Recht, sich zur Abwehr von Schadens- und Vertragsstrafenansprüchen bei unterbliebenen Behinderungsanzeigen trotzdem auf ein fehlendes Verschulden berufen zu können, gewinnt vor allem in den Fällen an Bedeutung, in denen selbst bei einer rechtzeitigen Behinderungsanzeige der Auftraggeber eine vorhandene Behinderung des Auftragnehmers nicht beseitigt hätte oder gar nicht hätte beseitigen können. **406**

▸ **Beispiel:** (nach OLG Stuttgart, Urt. v. 29.11.2011–10 U 58/11, Nichtzul.-Beschw. zurückgew., BGH, Beschl. v. 16.5.2013 – VII ZR 256/11, IBR 2013, 465)

Der Auftragnehmer macht eine Woche verspätet eine Behinderung wegen einer fehlenden bauseitigen Lieferung von Material geltend. Es ist nachweisbar, dass der Auftraggeber selbst bei einer rechtzeitigen Anzeige den Bauablaufplan nicht geändert und auch sonst keine Möglichkeit gehabt hätte, die Behinderung zu vermeiden, d. h. hier das Material früher zu liefern. Der Auftragnehmer verlangt auch für diese Woche angefallene Stillstandskosten.

Das OLG Stuttgart vertritt hier die Auffassung, dass sich der Auftragnehmer bereits von Beginn an auf die Behinderung hätte berufen können, weil die unterbliebene **Behinderungsanzeige nicht kausal** geworden wäre, also ein etwaiger Stillstand mit damit verbundenen Kosten ohnehin nicht hätte vermieden werden können. Das überzeugt nicht: Denn § 6 Abs. 1 VOB/B enthält eine klare vertragliche Regelung (s. auch schon oben Rdn. 354): Ein Auftragnehmer kann sich nur dann auf die Berücksichtigung der hindernden Umstände berufen, wenn er diese – bei nicht gegebener Offenkundigkeit – unverzüglich schriftlich angezeigt hat. Hat er es nicht, hat er sein diesbezügliches Recht verloren. Mit den vom OLG Stuttgart angestellten Kausalitätserwägungen hat das auf Grund der vorrangigen anderweitigen Vereinbarung gemäß der Regelung in der VOB/B nichts zu tun. Ein Auftragnehmer wird also in diesen Fällen für diese nicht angezeigten Zeiträume weder eine Bauzeitverlängerung noch Kostenansprüche geltend machen können. Soweit es dagegen um die Abwehr von Ansprüchen des Auftraggebers geht, dürfte in diesen Fällen eine zunächst unterbliebene Anzeige zumeist unerheblich sein: Denn wenn eine rechtzeitige Anzeige die Behinderung gar nicht verhindert hätte oder hätte verhindern können, wird den Auftragnehmer in aller Regel auch **kein Verschulden** an einer Verzögerung treffen. Es bleibt dann zwar bei der alten Bauzeit; etwaigen belastenden Schadensersatz- oder Vertragsstrafenansprüchen wird der Auftragnehmer aber mangels Verschulden entgehen können.

407 Wurde die Behinderung im vorstehenden Sinne ordnungsgemäß angezeigt oder war sie offenkundig, sind damit die rechtlichen Voraussetzungen für die Berücksichtigung der hindernden Umstände für eine Bauzeitverlängerung erfüllt. Mehr verlangt die VOB/B nicht. In der Praxis allerdings wird die **bloße Anzeige einer Behinderung in aller Regel nicht ausreichen**. Das wiederum beruht darauf, dass ein Auftragnehmer aus der Behinderung selbst und der sich daraus ergebenden Verlängerung ja im Zweifel vor allem geldwerte Ansprüche auf Schadensersatz (§ 6 Abs. 6 VOB/B) und/oder Entschädigung (§ 642 BGB) geltend machen will (s. dazu unten Teil A Rdn. 710 ff.). Für beide Ansprüche muss er jeweils umfänglich die Behinderungssachverhalte darlegen. Dazu gehört ein Vortrag dahingehend, wie lange eine Behinderung genau gedauert hat, auf die er jetzt seine Ansprüche stützt (s. dazu im Einzelnen unten Teil A Rdn. 722 ff. und 764 ff.). Dieser Vortrag korrespondiert zugleich mit seiner Pflicht gemäß § 6 Abs. 3 VOB/B: Danach hat ein Auftragnehmer im Fall von Behinderungen erstens alles zu tun, was ihm billigerweise zugemutet werden kann, um die Weiterführung der Arbeiten zu ermöglichen. Zweitens hat er darüber hinaus ohne weiteres und unverzüglich die Arbeiten wieder aufzunehmen, sobald die hindernden Umstände weggefallen sind – wovon er drittens den Auftraggeber zu benachrichtigen hat (s. dazu sogleich Rdn. 423 ff.). Bei dieser Benachrichtigungspflicht handelt es sich zwar nur um eine Nebenpflicht; sie betrifft auch nur die Wiederaufnahme der Arbeiten nach einer Behinderung. Ein Auftragnehmer sollte dies aber nicht geringschätzen und selbst darauf achten, nicht nur die Wiederaufnahme der Arbeiten nach einer Behinderung, sondern vor allem auch den **Wegfall der Behinderung** selbst **dem Auftraggeber unverzüglich anzuzeigen**. Denn nur mit einer solchen **Behinderungsabmeldung** wird er später im Einzelnen die genaue Dauer einer Behinderung dokumentieren können, was ohne eine schriftliche Unterlage nach Jahren einer abgewickelten Baustelle sonst kaum mehr verlässlich möglich ist. In dieser Behinderungsabmeldung sollte der Auftragnehmer auch angeben, wann genau auf Grund welcher Maßnahme die Behinderung entfallen ist. Noch besser wäre es, darin gleichzeitig anzugeben, wie lange er nun genau mit welchen Arbeiten behindert war. Mit diesen eine Einzelbehinderung betreffenden Informationen wird es dann baubetrieblichen Sachverständigen möglich sein, eine für Ersatzansprüche erforderliche Begutachtung der Bauabläufe auch noch im Nachhinein anzufertigen (s. dazu auch im Teil B Rdn. 215 sowie allgemein zu einer ausreichenden Dokumentation Rdn. 193 ff.).

3.6 Automatische Fristverlängerung und deren Berechnung gemäß § 6 Abs. 4 VOB/B

Steht eine Behinderung des Unternehmers fest und liegt die Behinderungsanzeige oder Offenkundigkeit vor, so werden die **Ausführungsfristen** nach dem Wortlaut des § 6 Abs. 2 VOB/B unmittelbar, also **automatisch kraft Vereinbarung der VOB/B als Vertragsgrundlage verlängert** (so zutreffend im Grundsatz Beck'scher VOB-Kommentar/Berger, B § 6 Abs. 2 Rn. 13 ff.). Es bedarf also **keiner Vereinbarung** über die Verlängerung der Ausführungsfristen und deshalb nicht zwingend der Geltendmachung eines entsprechenden Anspruchs. Dennoch sollte und wird in der Praxis der Auftragnehmer eine Verlängerung der fest vereinbarten Ausführungsfrist gemäß § 6 Abs. 2 VOB/B verlangen. Nach allgemeinen Grundsätzen ist allerdings der Unternehmer auch verpflichtet zu prüfen, ob er nicht durch geeignete und ihm **zumutbare Umplanungen** die Auswirkungen der Behinderungen auf den Bauablauf ausräumen und dadurch eine Bauverzögerung vermeiden kann (s. dazu auch Teil B Rdn. 110 ff.). Dies ist besonders häufig in den Fällen möglich, in denen bestimmte **Ausführungspläne** nicht rechtzeitig bereitgestellt werden, der Unternehmer aber stattdessen eine andere Bauleistung vorziehen kann. Dazu ist er schon wegen der ihm obliegenden **Schadensminderungspflicht** gemäß §§ 242, 254 BGB verpflichtet (vgl. auch § 6 Abs. 3 VOB/B). 408

▶ **Beispiel:**

> Der Auftragnehmer hat drei Stadthäuser zu errichten. Bei den Fundamentarbeiten eines Stadthauses werden Bodendenkmäler gefunden, weswegen sich die Ausschachtungsarbeiten dort um vier Wochen verzögern. Hier wäre der Auftragnehmer allein unter dem Gesichtspunkt einer Bauzeitverlängerung gehalten zu prüfen, ob er deswegen frei werdende Kapazitäten zunächst bei der Errichtung der anderen beiden Stadthäuser einsetzen kann, um dort einen zeitlichen Vorsprung zu erreichen. Nur dann, wenn selbst nach solchen Umplanungen eine Behinderung verbleibt, kommt eine Bauzeitverlängerung in Betracht.

Steht nach alledem dem Unternehmer aber auf Grund der aufgetretenen Behinderungen ein Anspruch auf Verlängerung der vereinbarten Ausführungsfristen gemäß § 6 Abs. 2 VOB/B zu, so berechnet sich gemäß § 6 Abs. 4 VOB/B die Fristverlängerung nach der Dauer der Behinderung mit einem Zuschlag für die Wiederaufnahme der Arbeiten und eine etwaige Verschiebung in eine ungünstigere Jahreszeit (ausführlich zur Verzögerungsberechnung Teil B Rdn. 373 ff.). Zu unterscheiden bei der danach anzustellenden Berechnung sind zunächst die Dauer der eigentlichen Behinderung als Primärverzögerung und die Zuschläge für sog. Sekundärverzögerungen (vgl. Beck'scher VOB-Kommentar/Berger, B § 6 Abs. 4 Rn. 17 ff., 20 ff.): 409

410 • **Primärverzögerung**
Verhältnismäßig einfach nachzuvollziehen ist die Dauer der Behinderung als Primärverzögerung bei **Unterbrechungen des Bauablaufs**, also Stillstand der Baustelle, oder behinderungsbedingter Verschiebung des Baubeginns (z. B. wegen fehlender Baugenehmigung). Die Dauer einer Behinderung bei reinen Verzögerungen (z. B. mit der Folge einer verlangsamten Bauausführung) ist demgegenüber wesentlich schwieriger zu berechnen (Teil B Rdn. 80 ff.). Dies gilt umso mehr, wenn sogar mehrere Behinderungen gleichzeitig anfallen. Erst recht verkompliziert sich die Situation, wenn **verschiedene Behinderungen** teilweise in den Risiko- oder Einflussbereich des Auftraggebers und teilweise in den des Unternehmers fallen (s. dazu sogleich Rdn. 417).

411 Ein besonderes Problem bei der Berechnung von Behinderungen werfen sog. **Pufferzeiten** auf. Hierbei handelt es sich tatsächlich um vom Auftragnehmer vorsorglich eingebaute **Reserven im Bauablauf** (s. ausführlich dazu Teil B Rdn. 126 ff.). Zu diesen wäre es sicherlich verfehlt, ganz allgemein zu sagen, dass sie bei der Berechnung der Primärverzögerung außen vor zu bleiben hätten. Dies würde schon § 6 Abs. 3 VOB/B sowie ganz allgemein den Grundsätzen des Schadensminderungsrechts widersprechen, wonach der Auftragnehmer verpflichtet ist, alles zu tun, um die Weiterführung der Arbeiten zu ermöglichen. Dazu gehört im Einzelfall auch die Umstellung des Bauablaufs (s. dazu sogleich auch Rdn. 424; ähnlich Roquette/Viering/Leupertz, Rn. 655; Kniffka/Koeble, 8. Teil Rn. 65). Allerdings ändert diese grundsätzliche Betrachtung nichts daran, dass es sich bei diesen Reserven um solche des Auftragnehmers handelt, d. h.: Er ist nicht verpflichtet, einen Bauablauf so umzustellen, um dadurch alle „ihm gehörenden Puffer" zu verbrauchen mit der Folge, dass er sich dann sogar selbst bei weiteren Verzögerungen Ansprüchen wegen Nichteinhaltung der Bauzeit ausgesetzt sähe. Folglich ist ein Auftragnehmer im Fall von Behinderungen zunächst allein über von ihm vorgesehene Pufferzeiten verfügungsberechtigt und hat ein **Recht** darauf, sich diese bei einer ggf. **notwendigen Umgestaltung des Bauablaufs zu erhalten** (OLG Düsseldorf, Urt. v. 20.7.2011 – VI U (Kart) 11/11, BauR 2011, 1969, 1974 = NJW 2012, 85, 88 = NZBau 2011, 674, 680). Etwas anderes gilt nur – und im Folgenden sind sie dann auch bei der Berechnung einer Bauzeitverzögerung zu berücksichtigen –, wenn die Pufferzeiten entweder zweckgebunden für bestimmte Fälle vorgesehen waren, ein Puffer sonst ungenutzt verfiele (z. B. im Fall eines Dispositionsfehlers), sie sich im Bauablauf aus tatsächlichen Gründen neu ergeben (z. B. bei Mindermengen) oder sich der Auftragnehmer ohnehin am Ende der Bauzeit bewegt, sodass ein Zugriff darauf für ihn nicht von Nachteil ist (so überzeugend Lang, Jahrbuch BauR 2011, S. 41, 54 ff. sowie ausführlich im Teil B Rdn. 131 ff.; ähnlich Fuchs/Schottke, Jahrbuch BauR 2011, S. 63, 74 ff.; Kapellmann/Schiffers, Bd. 1, Rn. 1483 f.; Drittler,

Rn. 816 ff., 830; s. weitgehend in diesem Sinne auch OLG Köln, Urt. v. 28.1.2014–24 U 199/12, BauR 2014, 1309, 1312).

- **Sekundärverzögerung** 412

Neben der Dauer der Unterbrechung oder Behinderung als Primärverzögerung sind bei der Berechnung der dem Auftragnehmer zuzubilligenden Verlängerung der Ausführungsfristen sog. **Sekundärverzögerungen** zu beachten (s. ausführlich Teil B Rdn. 107 ff.). Sie führen gem. § 6 Abs. 4 VOB/B zu einem **Zuschlag bei der Berechnung der neuen verlängerten Ausführungsfrist** (ebenso OLG Düsseldorf, Urt. v. 28.02.2014 – 22 U 112/13, BauR 2015, 348 [Ls.], insoweit dort aber nicht veröffentl.). Dazu gehören vor allem zwei Sachverhalte:

- Zum einen geht es um einen **Zuschlag für die Wiederaufnahme** der Arbeiten, der in erster Linie nach einer Unterbrechung des Bauablaufs in Betracht kommt. Dieser Zuschlag hat seine Ursache in baubetrieblichen Erkenntnissen; er dient der Berücksichtigung von sog. **Einarbeitungsverlusten** nach einer Unterbrechung durch den sog. **Wiedereinarbeitungseffekt** (Teil B Rdn. 84, 107). Dieser führt sowohl bei dem eingesetzten Personal als auch bei Geräten erfahrungsgemäß zu nicht unerheblichen Minderleistungen in der Anfangsphase einer Baustelle und vergleichbar in der Wiedereinarbeitungsphase. Diese **Minderleistungen** lassen sich baubetrieblich anhand von Kennzahlen erfassen und bewerten (vgl. dazu Teil B Rdn. 383, 419). Dieser Zuschlag wird zwar vorrangig nach einer Unterbrechung des Bauablaufs in Betracht kommen; er ist aber auch bei bloßen behinderungsbedingten Verzögerungen nicht von vornherein ausgeschlossen. Denn eine Baustelle kann auch nur teilweise zum Stillstand kommen, während ein anderer Teil fortgeführt werden kann. 413

  ▶ **Beispiel:**

  Es fehlen nur für einen bestimmten Teilbereich notwendige vom Auftraggeber zu stellende Pläne, weswegen die Baustelle auch nur für diesen Bereich still steht.

  Kommt es in diesen Fällen zum Abzug einer bestimmten Baukolonne, so kann sich bei ihrem späteren Wiedereinsatz durchaus ein negativer Wiedereinarbeitungseffekt ergeben, der einen Zuschlag gemäß § 6 Abs. 4 VOB/B rechtfertigt.

- Zum anderen kann ein Zuschlag bei der Berechnung der Fristverlängerung in Betracht kommen, wenn die Behinderung oder Unterbrechung zu einer **Verschiebung der Bauzeit in eine ungünstigere Jahreszeit** führt. Dies liegt auf der Hand, soweit darunter die Arbeitsproduktivität leidet, wie sich im Einzelnen aus entsprechenden baubetrieblichen Erfahrungswerten mit prozentualen Minderleistungskennzahlen ersehen lässt (vgl. dazu die aus- 414 führlichen Erläuterungen in Teil B Rdn. 376 ff. und Beck'scher VOB-Kommentar/Berger, B § 6 Abs. 4 Rn. 22).

415 In der Praxis bereitet es häufig schon Schwierigkeiten, die genaue Dauer der Behinderung zu ermitteln und nachzuweisen. Dies ist erheblich. Denn gerade bei einer hier anzustellenden Berechnung von Verlängerungszeiträumen muss natürlich ausgeschlossen werden, dass dabei Sachverhalte berücksichtigt werden, die mit der Behinderung an sich gar nichts zu tun haben. Dies gilt vor allem insoweit, als einerseits sicherzustellen ist, dass einem Auftragnehmer im **Behinderungsfall seine zeitlichen Puffer erhalten** bleiben (s. o. Rdn. 411 sowie Teil B Rdn. 126 ff.); andererseits kann eine Behinderung mit der Berechnung einer verlängerten Ausführungszeit nicht dazu dienen, eine vom Auftragnehmer zunächst **unauskömmlich kalkulierte Bauzeit** jetzt auskömmlich zu gestalten – und zwar weder in preislicher noch in zeitlich Hinsicht.

▸ **Beispiel:**

Ein Trockenbauer sollte einfache Gipskartondecken einbauen. Dafür hatte er im Hinblick auf den Auftragsumfang unauskömmliche drei Monate vorgesehen (einen Monat Lieferzeit/zwei Monate Einbau). Gleichzeitig hatte er eine Vertragsstrafe zugesagt. Realistisch wäre eine Einbauzeit von vier Monaten zzgl. einer Lieferzeit von einem Monat gewesen. Jetzt ordnet der Auftraggeber in Teilbereichen den Einbau einer Akustikdecke an. Die Lieferzeit beträgt dafür acht Wochen, der Einbau würde fünf Monate dauern.

Bei einem solchen Beispielfall ist zunächst davon auszugehen, dass vom Auftraggeber angeordnete Leistungsänderungen nach § 6 Abs. 2 Nr. 1 lit. a VOB/B die Bauzeit verlängern (s. o. Rdn. 375 ff.). Dies vorausgeschickt wäre nunmehr aber darauf zu achten, dass die Umplanung durch den Auftraggeber nicht dazu führen darf, dass der Auftragnehmer seine Fehleinschätzung zu der Ursprungsleistung mit einem zeitlichen Defizit von minus zwei Monaten Einbauzeit jetzt zu seinen Gunsten korrigieren kann. Denn Grundlage für den zu ermittelnden Behinderungszeitraum ist der geplante Produktionsablauf des Auftragnehmers, mit dem jetzt der Störungssachverhalt im Ist verglichen wird (Kapellmann/Messerschmidt/Kapellmann, B § 6 Rn. 37; Ingenstau/Korbion/Döring, B § 6 Abs. 4 Rn. 3; Heiermann/Riedl/Rusam/Kuffer, B § 6 Rn. 23). Im vorstehenden Beispielfall würde das – ohne die Berücksichtigung weiterer Einflussfaktoren (Umstellung des Bauablaufs, Sekundärverzögerung u. a.) – heißen, dass der Auftragnehmer aus der angeordneten Umplanung nur die verlängerte Lieferzeit (vier Wochen) und die verlängerte Einbauzeit gegenüber der kalkulierten Zeit (einen Monat) geltend machen könnte (a. A. Breyer, BauR 2013, 1924, der diese Sachverhalte ausschließlich über § 2 Abs. 5 und 6 VOB/B lösen will, wobei Breyer allerdings schon Leistungsänderungsanordnungen entgegen der herrschenden Meinung gar nicht als Behinderungssachverhalt ansieht).

Die genaue Ermittlung der Verlängerungszeiträume und deren Nachweis unter Einschluss aller Nebenfaktoren, internen baubezogenen Abhängigkeiten u. a. setzt ansonsten nahezu zwingend eine präzise **Dokumentation auf der Baustelle voraus** (s. dazu ausführlich Teil B Rdn. 193 ff.). 416

▶ **Beispiel:**

In einer solchen Dokumentation sollte etwa festgehalten werden, wann welche Pläne vom Auftraggeber zur Verfügung gestellt werden mussten (vgl. dazu auch § 9 Abs. 3 VOB/A), wann dies dem Auftraggeber mitgeteilt worden ist (meist in Form einer Planlieferliste mit Sollterminen, s. dazu auch Teil B, Rdn. 204), wann diese Pläne tatsächlich auf der Baustelle eingegangen sind und welche konkreten Arbeiten durch die Verspätung nicht, warum nicht und wie lange nicht ausgeführt werden konnten bzw. welche Arbeiten stattdessen ausgeführt wurden.

Um eine solche gebotene Dokumentation zu erstellen, müssen vor allem Bautagebuch und Baustellenbericht sorgfältig geführt werden (vgl. dazu im Einzelnen Teil B Rdn. 210 ff.; Schubert/Lang, Bauwirtschaft, 1985, 1011 ff. und 1045 f.; Olshausen in Festschrift für Korbion, S. 323 ff.).

Gesondert zu betrachten sind abschließend Sachverhalte, in denen **während des Behinderungszeitraums der Auftragnehmer selbst verhindert war, also gar nicht leisten** könnte (s. dazu auch Teil B Rdn. 92). 417

▶ **Beispiel:**

Es ist eine Bauzeit vom 1. Juni bis 31. Oktober vereinbart. Wegen offener Planungsfragen gelingt es dem Auftraggeber, erst am 1. September die Baugenehmigung beizubringen. In dieser Zeit hätte der Auftragnehmer aber wegen eigener Lieferprobleme ohnehin nicht anfangen können.

In diesen Fällen wird vielfach vertreten, dass sich die Bauzeit gleichwohl um zwei Monate verlängere. Dass der Auftragnehmer ebenfalls nicht leistungsfähig war, ändere an den tatbestandlichen Voraussetzungen des § 6 Abs. 2 Nr. 1 lit. a VOB/B nichts (Beck'scher VOB-Komm./Berger, VOB/B § 6 Abs. 2 Rn. 28; Duve/Richter, BauR 2006, 608, 618; Kapellmann/Schiffers, Bd. 1, Rn. 1357; Roquette/Viering/Leupertz, Rn. 649 f.). Dies erscheint nicht richtig. Zwar trägt der Auftraggeber auch in anderen Fällen fehlender Leistungsmöglichkeit das Risiko der Verlängerung einer Bauzeit (Vygen, BauR 1983, 210, 214 f.); nur kann dies dann nicht gelten, wenn es um eine Bauzeitverlängerung für einen Zeitraum geht, in dem der Auftragnehmer ohnehin nicht hätte leisten können, sodass er schon tatsächlich gar nicht behindert ist. Dieser Fall wird auch nicht von § 6 Abs. 2 Nr. 1 lit. a VOB/B geregelt, der nur die Ausführungsfristverlängerung bei Umständen aus dem Risikobereich des Auftragnehmers anspricht. Überzeugender ist stattdessen, dass die Doppelverursachung der Störung wie bei dem Ausgleich finanzieller Schäden (s. dazu Teil A Rdn. 738) entsprechend dem Rechtsgedanken des § 254 BGB beiden Parteien zuzurechnen ist, sodass die Folgen zu quoteln sind (s. auch Teil B, Rdn. 119; dagegen aber Langen, BauR 2011, 381, 389, der jeglichen Fristverlängerungsanspruch ausschließt). Dasselbe gilt unbestritten, wenn eine Bauzeitverzögerung erst durch das Zusammenwirken von Umständen verursacht wird, die Auftraggeber und Auftragnehmer gemeinschaftlich anzulasten sind (Planungsfehler des AG, Verletzung der Prüf- und Hinweispflicht des AN – s. dazu auch Teil B Rdn. 123). Hier wird man unstreitig je nach Verursachungsanteilen die Dauer einer Bauzeitverlängerung unter Heranziehung der Grundsätze des § 254 BGB und ggf. einer Schätzung nach § 287 ZPO aufzuteilen haben (i. E. ähnlich Heiermann/Riedl/Rusam/Kuffer, B § 6 Rn. 12; Vygen, BauR 1983, 210, 219; Roquette/Fußy, BauR 2009, 1506, 1509, s. mit Beispielen dazu: Diederichs/Streckel, NZBau 2009, 1).

3.7 Weitere Folgen der Bauzeitverlängerung

418 Wegen der aufgezeigten Schwierigkeiten sollte die Verlängerung der Ausführungszeit unter den Beteiligten einvernehmlich festgelegt und die **neue Ausführungsfrist vereinbart** werden, um spätere Streitigkeiten über die Dauer der Verlängerung zu vermeiden. Nicht selten wird nämlich in der Praxis vor allem bei Großbauvorhaben eine nachträgliche Berechnung der Fristverlängerung durch das Gericht, insbesondere bei mehreren Behinderungen im Verlauf der Bauausführung, nur schwer oder gar nicht möglich sein. Ungeachtet dessen ist bei einer ggf. vorliegenden Behinderung noch auf zwei weitere Folgen gesondert hinzuweisen.

3.7.1 Wegfall eines Vertragstermins/Vertragsstrafenanspruchs

419 Liegen eine oder sogar mehrere nachhaltige Behinderungen vor, ist nicht selten festzustellen, dass dadurch zugleich der **gesamte Zeitplan des Unternehmers umgeworfen** und eine **durchgreifende Neuordnung der Bauablaufplanung** notwendig wurde. In diesen Fällen hat die Rechtsprechung vor allem auch deswegen eine ggf. vorliegende **Vertragsstrafenvereinbarung für hinfällig erklärt** (BGH, Urt. v. 13.1.1966 – VII ZR 262/63, NJW 1966, 971; BGH, Urt. v. 29.11.1973 – VII ZR 205/71, BauR 1974, 206, 207; BGH, Urt. v. 14.1.1993 – VII ZR 185/91, BauR 1993, 600, 601 = NJW 1993, 2674, s. dazu auch Schwenker BauR 2008, 175, 177; anschaulich auch OLG Düsseldorf, Urt. v. 28.02.2014 –

22 U 112/14, BauR 2015, 548 [Ls.], insoweit dort aber nicht veröffentl.; eher kritisch dazu Beck'scher VOB/B-Komm./Wolff, § 11 Abs. 1 Rn. 30).

▶ **Beispiel:**

Es ist ein fester Endtermin für die Fertigstellung der Leistungen vorgesehen; für den Fall der schuldhaften Terminüberschreitung ist eine Vertragsstrafe vereinbart. Zunächst kommt es zu einem verzögerten Beginn wegen einer verspätet erteilten Baugenehmigung. Sodann ordnet der Auftraggeber diverse Planänderungen und Zusatzaufträge an. Der Auftragnehmer zeigt jeweils Behinderung an. Durch solche vielschichtig aus dem Einflussbereich des Auftraggebers stammende Behinderungen liegt auf der Hand, dass der ursprünglich vereinbarte Endtermin nicht mehr realistisch und eine vollständige Neuordnung der Vertragstermine erforderlich ist. Hierdurch entfällt gleichzeitig die Vertragsstrafenregelung.

Vorstehendes gilt natürlich erst recht, wenn der Auftraggeber wegen dieser **420**
Verzögerungen (oder aus anderen Gründen) nach § 1 Abs. 3 VOB/B eine veränderte Bauzeit anordnet. Dazu ist er zwar berechtigt (s. o. Rdn. 75 ff.); aber das hat zugleich zur Folge, dass eine für einen bestimmten Termin (freiwillig) versprochene Vertragsstrafe nicht mehr gilt, wenn der Auftragnehmer einer Fortgeltung nicht ausdrücklich zugestimmt hat.

▶ **Beispiel:**

Im Vertrag ist eine Bauzeit vom 1. März bis zum 31. Oktober 2013 vereinbart. Gleichzeitig ist eine Vertragsstrafe vorgesehen. Nunmehr ordnet der Auftraggeber eine Verschiebung von vier Monaten an. Dass hier die Vertragsstrafe, die zunächst für eine Sommerbaustelle gelten sollte, jetzt nicht auch im Winter gelten kann, liegt auf der Hand.

Eine Vertragsstrafenvereinbarung entfällt nicht nur bei Behinderungen z. B. **421**
in Folge von verzögerten Mitwirkungshandlungen des Auftraggebers oder angeordneten Bauzeitverschiebungen. Vielmehr ist das auch anzunehmen, wenn in Folge äußerer Umstände und hier vor allem von Behinderungen die Parteien **einverständlich neue Vertragstermine vereinbaren**. Für diese neuen Vertragstermine gilt die ursprüngliche Vertragsstrafenzusage nur dann, wenn dies so vereinbart ist oder sich sonst aus den Umständen im Einzelfall ergibt. Dies kann auch davon abhängen, inwieweit eine terminsneutrale Vertragsstrafenvereinbarung vorlag (BGH, Urt. v. 30.3.2006 – VII ZR 44/05, BGHZ 167, 75, 79 = BauR 2006, 1128, 1129 = NJW 2006, 2555, 2556; s. auch OLG Köln, Urteil vom 30.8.2000–11 U 25/99, BauR 2001, 1105, 1107, wonach bei verändert vereinbarten Terminen ansonsten alle Vereinbarungen aufrecht erhalten bleiben sollten). Je gewichtiger die Terminverschiebung jedoch ist, umso weniger ist davon auszugehen, dass die frühere Vereinbarung der Vertragsstrafe noch Bestand hat (OLG Düsseldorf, Urt. v. 19.4.2012–23 U

1508/11, BauR 2012, 1421, 1422 f.; wohl ebenso schon OLG Celle, Urt. v. 13.7.2005–7 U 17/05, BauR 2005, 1780; OLG Celle, Urt. v. 21.9.2004–16 U 111/04, Nichtzul.-Beschw. zurückgew., BGH, Beschl. v. 23.2.2006 – VII ZR 250/04, BauR 2006, 1780). Wenn dagegen die Verschiebung des Fertigstellungstermins klar vereinbart wurde, eine Neuordnung des Bauablaufs nicht geboten war und allen Beteiligten die Bedeutung der Einhaltung des neuen Fertigstellungstermins klar vor Augen war, mag eine Fortgeltung der Vertragsstrafenvereinbarung auch für den neuen Termin anzunehmen sein (sehr weitgehend allerdings OLG Naumburg bei einer Verschiebung von 3–6 Monaten, Urt. v. 14.3.2013–2 U 44/12, NZBau 2013, 580, 581 = NJW-RR 2013, 971; sehr viel großzügiger dagegen Beck'scher VOB/B-Komm./Wolff, § 11 Abs. 1 Rn. 29, der negativ nur konkrete Anhaltspunkte dafür verlangt, dass die Vertragsstrafe für die neuen Termine nicht gelten soll).

422 Eine **umfassende Änderung des Zeitplanes** wird ansonsten aber richtigerweise nicht nur unmittelbar zum Fortfall der Vertragsstrafenzusage, sondern auch zum **Fortfall der vereinbarten Ausführungsfrist** als verbindliche Vertragsfrist insgesamt führen müssen. Denn die gesamte vom Unternehmer vorgesehene Bauablaufplanung ist grundlegend gestört. Daher kann im Zweifel davon ausgegangen werden, dass dieser sich unter diesen Umständen und bei entsprechender Kenntnis zur Einhaltung einer festen Ausführungsfrist überhaupt nicht verpflichtet hätte (vgl. Vygen, BauR 1983, 210, 219). Dies hat zur weiteren Rechtsfolge, dass damit zugleich ein etwaiger fest vereinbarter **Fertigstellungstermin** entfällt (in diesem Sinne wohl zu verstehen BGH, Versäumnisurteil v. 22.5.2003 – VII ZR 469/01, BauR 2003, 1215, 1216 = NJW-RR 2003, 1238, 1239; ebenso OLG Düsseldorf, Urt. v. 28.02.2014 – 22 U 112/13, BauR 2015, 548 [Ls.]). In jedem Fall ist aber bei Behinderungen mit einer sich daraus ergebenden Bauzeitverlängerung zu beachten, dass der Unternehmer bei Überschreitung des zunächst vorgesehenen Termins nicht mehr automatisch nach § 286 Abs. 2 Nr. 1 und 2 BGB in Verzug gerät (vgl. oben Rdn. 62 ff., 215 ff.), da die Bauzeit nicht mehr allein nach dem Kalender bestimmt ist. Es bedarf jetzt vielmehr einer **Mahnung oder Inverzugsetzung** seitens des Auftraggebers nach Ablauf der verlängerten Ausführungsfrist, um den Verzug des Unternehmers auszulösen (BGH, a. a. O.; ebenso OLG Hamm, Urt. v. 30.7.2013–21 U 84/12, BauR 2014, 585, 588 = NJW 2014, 78, 80 = NZBau 2014, 104, 106; OLG Düsseldorf, Urt. v. 28.02.2014, a.a.O.; OLG Brandenburg, Urt. v. 19.6.2013–4 U 158/11, BauR 2013, 1734 [Ls.], dort aber nicht veröffentl.). Dies gilt nur dann nicht, wenn die Vertragspartner einvernehmlich einen neuen nach dem Kalender bestimmten Fertigstellungstermin vereinbart haben. Ist danach in Folge von Behinderungen ein fester Fertigstellungstermin entfallen, entlastet dies zugleich einen Bürgen, der den ursprünglich vereinbarten Vertragstermin mit einer **Vertragserfüllungsbürgschaft** abgesichert

hatte. Denn mangels jetzt noch geltendem Vertragstermin wird dieser insoweit von seiner Haftung frei (so auch Leinemann/Jansen, § 5 Rn. 14).

3.7.2 Pflichten des Auftragnehmers bei Behinderung

Liegt eine Behinderung vor, die auf der einen Seite zugunsten des Auftragnehmers zu einer Bauzeitverlängerung führt, treffen ihn auf der anderen Seite aber auch Pflichten, und zwar: **423**

- Der Auftragnehmer hat alles zu tun, was ihm billigerweise zugemutet werden kann, um die Weiterführung der Arbeiten zu ermöglichen (§ 6 Abs. 3 VOB/B). **424**

  ▶ **Beispiel:**

  Für die Dauer der Behinderung muss der Auftragnehmer die Baustelle in Ordnung halten, damit die Arbeiten nach der Behinderung zügig fortgesetzt werden können.

  Eingegangen wurde oben auch schon darauf, dass er ggf. sogar verpflichtet ist, den Bauablauf an die vorhandene Behinderung anzupassen und zu optimieren (s. auch Teil B Rdn. 110 ff.). So ist er etwa im Rahmen des vertraglichen Leistungsumfangs (wenn auch abweichend von einem zunächst geplanten Bauablauf) verpflichtet, Personal oder Geräte umzusetzen oder den Arbeitstakt zu ändern (s. o. Rdn. 408). Dies folgt ebenfalls aus § 6 Abs. 3 VOB/B bzw. dem allgemeinen Gesichtspunkt der Schadensminderung nach §§ 254, 242 BGB (s. dazu Ingenstau/Korbion/Döring, § 6 Abs. 3 Rn. 6; Beck'scher VOB-Komm./Berger, B § 6 Abs. 3 Rn. 32; Leinemann/Leinemann/Kues, § 6 Rn. 69 f.). Der Auftragnehmer hat also keinen Anspruch darauf, bei jeder Behinderung seine Arbeiten einzustellen, solange die Fortführung der geschuldeten und vertraglich übernommenen Leistung möglich ist (Heiermann/Riedl/Rusam, § 6 Rn. 16). Zusätzliche Leistungen über das vereinbarte Leistungssoll hinaus (Personalverstärkung, zusätzlicher Einsatz von Subunternehmern u. a.) muss er hingegen bei nicht von ihm verschuldeten Bauverzögerungen ohne eine Anordnung des Auftraggebers nicht erbringen (s. auch Tomic, BauR 2011, 1234, 1237). Erst recht darf/sollte er die Arbeiten nicht von sich aus beschleunigen verbunden dem Irrglauben, ihm stände dafür ein zusätzlicher Vergütungsanspruch zu (OLG Düsseldorf, Urt. v. 20.7.2011 – VII U Kat 11/11, BauR 2011, 1969, 1974; s. dazu Teil A Rdn. 463). **Pufferzeiten** hingegen muss er bei der Anpassung des Bauablaufs nur ganz ausnahmsweise berücksichtigen (s. dazu oben Rdn. 411). Ob ihm bei einer Anpassung des Bauablaufs Kosten entstehen und ihm deswegen ein Ersatzanspruch zusteht, ist eine von § 6 Abs. 3 VOB/B zu trennende Frage und gesondert zu prüfen (s. dazu sogleich Rdn. 426 ff.).

425 • Entfällt die Behinderung oder kommt der Auftraggeber nach einer Behinderungsanzeige z. B. seiner Mitwirkungspflicht ordnungsgemäß nach (und übergibt etwa fehlende Baupläne), hat der Auftragnehmer die Arbeiten **unverzüglich wieder aufzunehmen** und dem Auftraggeber die Wiederaufnahme anzuzeigen (§ 6 Abs. 3 S. 2 VOB/B; s. zur Abmeldung der Behinderung oben Rdn. 407). Unverzügliche Wiederaufnahme der Tätigkeit bedeutet ohne schuldhaftes Zögern. Dabei ist dem Auftragnehmer allerdings abhängig vom Einzelfall eine angemessene Frist einzuräumen, um unter Berücksichtigung weiterer Aufträge die Fortführung und Erledigung seiner Arbeiten einzuplanen (OLG Köln, Urt. v. 6.6.2003 – 19 U 217/02, BauR 2003, 1613 = BauR 2004, 135 = NJW-RR 2004, 18, 19).

4 Rechte/Mehrkostenansprüche des Auftragnehmers bei Behinderungen – Überblick

426 Zahlreiche auf baubetrieblicher Ebene durchgeführte vergleichende Untersuchungen haben gezeigt, dass in der **Störung des Bauablaufs** die **bedeutsamste Verlustquelle** für Bauunternehmen bei der Ausführung von Bauleistungen liegt, wobei Mehrkosten nicht selten eine Größenordnung von 30 bis 50% der geplanten kalkulierten Kosten (Soll-Vorgabe) erreichen oder sogar überschreiten (vgl. Olshausen in Festschrift für Korbion, S. 323). Die Ursache derartiger Kostenexplosionen liegt häufig darin, dass teure Geräte und Maschinen wegen Änderungen des Leistungsumfanges oder geänderter örtlicher Einsatzbedingungen stunden- oder gar tageweise untätig herumstehen oder eine hochwertige Taktschalung wegen nachträglicher Konstruktionsänderungen nicht in der vorgesehenen Folge gemäß dem geplanten Bauablauf eingesetzt werden kann. Gerade dieser planmäßige Einsatz aller Produktionsfaktoren auf der Baustelle ist aber oberstes Gebot und Voraussetzung für ein wirtschaftliches Ergebnis, das der Kalkulation entspricht (Olshausen a. a. O.).

427 Diese Feststellung wirft die Frage auf, ob und unter welchen Voraussetzungen der Auftragnehmer im Fall von Behinderungen oder Bauablaufstörungen **zusätzliche Vergütungs-, Entschädigungs- oder Schadensersatzansprüche** geltend machen kann. Diese Frage ist für ihn deshalb von so großer Bedeutung, weil nahezu mit jeder Bauzeitverlängerung erhebliche **Mehrkosten** verbunden sind. Aber auch bei Wiederaufholung der durch die Behinderungen verlorenen Zeit ist dies meist nur durch den Einsatz zusätzlicher Arbeitskräfte oder zusätzlicher Maschinen und Geräte (**Beschleunigungsmaßnahmen**) möglich, und auch dadurch entstehen durchweg Mehrkosten.

4.1 Unterscheidung zwischen inner- und außerbetrieblich verursachter Bauablaufstörungen

Die Durchsetzbarkeit eines **Mehrkostenanspruchs** hängt ebenso wie die Verlängerung der vereinbarten Ausführungsfrist von den **Ursachen der Bauablaufstörung** ab (s. dazu auch Teil B Rdn. 3). 428

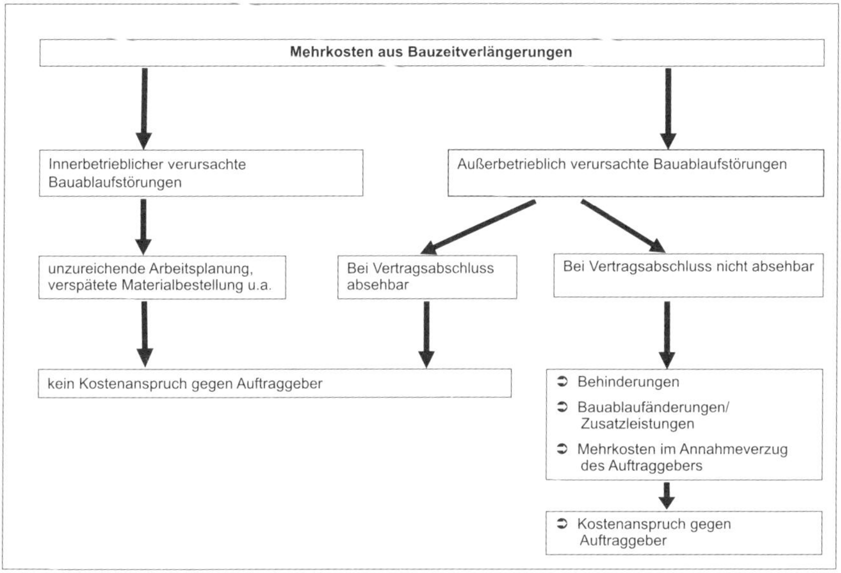

Ein **gestörter Bauablauf** ist im Ausgangspunkt zunächst ein innerbetriebliches Problem des Unternehmers; er liegt deshalb grundsätzlich im Bereich des Unternehmerrisikos. Er kann aber zu einem außerbetrieblichen Problem werden, wenn die Behinderung nicht vom Betrieb des Auftragnehmers ausgeht, sondern vom Auftraggeber oder Dritten verursacht worden und möglicherweise sogar zu vertreten ist.

Bei den Ursachen, die zu Behinderungen und damit zu Verzögerungen oder gar Unterbrechungen im Bauablauf führen, müssen deshalb auf der einen Seite **innerbetrieblich im Risikobereich des Auftragnehmers** verursachte Störungen und äußere Einflüsse, die bei Vertragsabschluss bekannt sind und deshalb einkalkuliert werden konnten und mussten, auf der anderen Seite von **äußeren Einflüssen**, die erst nach Baubeginn erkennbar werden, unterschieden werden. Je nachdem, welcher Gruppe die Ursachen zuzurechnen sind, ergeben sich **Anspruchsgrundlagen für die Erstattung von Mehrkosten** des Auftragnehmers (bzw. umgekehrt für Schadensersatzansprüche des Auftrag- 429 gebers). Hierauf wurde oben schon eingegangen (Rdn. 189 ff.). Sodann gilt im Überblick:

430 • **Innerbetrieblich verursachte Bauablaufstörungen**, die sich aus der unzureichenden Organisation des Baubetriebs ergeben, liegen im Bereich des Unternehmerrisikos. Sie können bei dadurch bedingten Bauverzögerungen in finanzieller Hinsicht gegebenenfalls einen Schadensersatzanspruch des Auftraggebers gemäß § 5 Abs. 4 VOB/B in Verbindung mit § 6 Abs. 6 VOB/B auslösen (s. o. Rdn. 261 ff.).

▶ **Beispiele für innerbetriebliche Bauablaufstörungen**

- fehlendes, zu spät angeliefertes oder ungeeignetes Gerät
- unzureichende Arbeitsvorbereitung und Ablaufplanung
- unzureichende Personalplanung
- verspätete Materiallieferungen, Transportprobleme usw.

431 • Zu unterscheiden von vorgenannter Gruppe sind **außerbetrieblich verursachte Bauablaufstörungen**, die **zum Zeitpunkt des Vertragsabschlusses** bekannt oder für den Auftragnehmer zumindest unschwer erkennbar waren.

▶ **Beispiele:**

- Ausführung von Umbauarbeiten bei fortlaufendem Geschäftsbetrieb einer Bank oder eines Geschäfts
- normale Witterungseinflüsse
- Standortbedingungen einer Baustelle.

432 Informationen hierüber – wie z. B. Aufzeichnungen der Wetterämter über Niederschlagsmengen und -häufigkeiten, Wasserstände an Wasserläufen und Grundwasserbeobachtungen – müssen vom Unternehmer bei der Planung des Bauablaufs durch ausreichende **Zeitreserven (Puffer** – s. dazu auch oben Rdn. 411 sowie Teil B Rdn. 126 ff.) oder andere Maßnahmen berücksichtigt werden. Geschieht dies nicht und werden hierdurch Störungen herbeigeführt, ist hierfür im Allgemeinen der Auftragnehmer verantwortlich. Denkbar ist aber auch, dass im Vertrag eine Regelung darüber getroffen wird, wer bestimmte Risiken zu tragen hat.

▶ **Beispiele:**

- Das Kontaminationsrisiko des Baugrundes oder des zu sanierenden Baubestandes wird einer Vertragspartei zugeschieden.
- Der Auftragnehmer übernimmt das Risiko des erforderlichen Umfangs der Bewehrungsstärke einer zu sanierenden Schleusenwand nach statischen Anforderungen (BGH, Urt. v. 27.6.1996 – VII ZR 59/95, BauR 1997, 126, 128 = NJW 1997, 61 f.)

- Im Vertrag wird das Risiko von Hochwasser verteilt. Hier empfiehlt sich häufig eine Regelung in dem Sinne, dass der Auftragnehmer das Risiko bis zu einem bestimmten Wasserstand übernimmt, während es bei höherem Wasserstand vom Auftraggeber getragen wird. Dabei wird als Grenze häufig der Wasserstand gewählt, der zur Unterbrechung der Bauarbeiten führt. In diesem Fall sollte zur Streitvermeidung auch zugleich die Vergütung für etwaige Stillstandszeiten vereinbart werden (s. auch zu möglichen weiteren Regelungen bzgl. etwaiger Wetterkenndaten Teil B Rdn. 29).

- **Außerbetrieblich** verursachte **Bauablaufstörungen**, die **erst nach Vertrags-** **433**
abschluss bzw. nach Baubeginn **auftreten** oder zu erkennen sind, sind in der Preisermittlung des Auftragnehmers und bei der Festlegung der Ausführungsfrist nicht berücksichtigt und konnten es auch nicht; sie waren somit insgesamt der Dispositionsmöglichkeit und damit der Kalkulation des Unternehmers entzogen.

▶ **Beispiele für nach Vertragsabschluss auftretende außerbetrieblich verursachte Bauablaufstörungen**

- Abweichungen vom Vertrag durch fehlerhafte oder unvollständige Leistungsbeschreibungen
- Nicht termingemäße Freigabe der Baustelle nebst Arbeits- und Lagerplätzen
- Verspätet erteilte Baugenehmigungen oder sonstige Genehmigungen oder Erlaubnisse
- Mengenänderungen, die über die vereinbarte Toleranzgrenze von 10% (vgl. auch § 2 Abs. 3 VOB/B) hinausgehen
- Planungsänderungen bzw. Umplanungen während des Bauablaufs
- Verspätete Planbeistellung
- Veränderte Baugrundverhältnisse, die von den Angaben der Ausschreibung ungünstig abweichen
- Vom Auftraggeber geforderte Zusatzleistungen und Sonderwünsche.

Nur diese letzte Gruppe der Ursachen von Bauablaufstörungen kommt als **434**
Grundlage für berechtigte **Nachforderungen des Unternehmers** in Betracht. Dabei stellt sich aber die Frage, auf welche Bestimmung ein solcher Anspruch des Unternehmers auf Erstattung der Mehrkosten in Folge von Behinderungen aus der Sphäre oder dem Einflussbereich des Auftraggebers gestützt werden kann. BGB und VOB/B regeln dies z. T. sehr unterschiedlich. Dem soll hier in einer getrennten Darstellung Rechnung getragen werden.

4.2 Allgemeine Grundlagen eines Mehrkostenanspruchs des Auftragnehmers bei Behinderungen in einem VOB-Vertrag

435 Im Nachfolgenden sollen zunächst Ansprüche des Auftragnehmers auf Ersatz von Mehrkosten in Folge von Bauablaufstörungen in einem VOB-Vertrag betrachtet werden. Hierzu bedarf es vorab der Klärung einiger Grundlagen, bevor anschließend auf die Ansprüche im Einzelnen eingegangen wird.

436 Der Auftragnehmer kann die ihm in Folge einer Behinderung des Auftraggebers entstehenden Mehrkosten (insbesondere Stillstands- und Beschleunigungskosten) als Schadensersatz nach § 6 Abs. 6 VOB/B ersetzt verlangen. Auch Mehrkostenerstattungsansprüche aus § 2 Abs. 5 und 6 VOB/B sowie ein Entschädigungsanspruch aus § 642 BGB sind nicht ausgeschlossen (vgl. dazu auch die sehr ausführlich begründete Entscheidung des OLG Braunschweig, Urt. v. 2.11.2000 – 8 U 201/99, BauR 2001, 1739 ff., die sich in einem Überblick anschaulich mit den verschiedenen Zielrichtungen dieser parallel bestehenden Ansprüche befasst).

437

Rechtsgrundlage	§ 6 Abs. 6 VOB/B
Voraussetzungen	(1) Behinderung aus dem Risikobereich des Auftraggebers (2) Ordnungsgemäße Behinderungsanzeige (3) Auf der Behinderung beruhender Schaden (4) Konkrete Berechnung des Schadens (5) Verschulden des Auftraggebers an der Behinderung
Inhalt und Umfang des Anspruchs	• Alle dem Auftragnehmer entstandene Schäden • Entgangener Gewinn jedoch nur bei Vorsatz und grober Fahrlässigkeit des Auftraggebers Notwendig: prüfbare Abrechnung nach § 14 Abs. 1 VOB/B
Weitere Ansprüche	(1) Mehrvergütungsanspruch nach § 2 Abs. 5 VOB/B (bei einem Pauschalvertrag anwendbar nach § 2 Abs. 7 Nr. 2 VOB/B), wenn durch die Behinderung verursachte Mehrkosten auf Anordnung des Auftraggebers beruhen, ggf. hilfsweise Rückgriff auf § 2 Abs. 8 Nr. 2 und 3 VOB/B. (2) Entschädigungsanspruch nach § 642 BGB: gilt vor allem, wenn Auftraggeber an der Behinderung kein Verschulden trifft

Auf welche Ansprüche der Auftragnehmer auch immer zurückgreift: In jedem Einzelfall ist genau zu prüfen, inwieweit die jeweilige Anspruchsgrundlage passt: 438

- In Betracht kommt zunächst ein **Mehrkostenanspruch nach § 2 Abs. 5 VOB/B**. Hierbei handelt es sich um einen echten **Vergütungsanspruch**. Er ist Ausfluss der in der VOB/B bestehenden Möglichkeit des Auftraggebers, Änderungen des Bauentwurfs anzuordnen (vgl. vor allem § 1 Abs. 3 VOB/B – s. dazu oben Rdn. 165 ff.). Solche Anordnungen können sich in einer veränderten Bauzeit niederschlagen, weswegen die damit verbundenen Kosten stets in einen Vergütungsanspruch einzurechnen sind. Geprägt wird dieser Mehrkostenanspruch somit gerade dadurch, dass er auf einem **vertragsgemäß ausgeübten Recht des Auftraggebers** beruht, das zu Mehrkosten aufseiten des Auftragnehmers führt. Es bedarf hierfür dann aber eben auch einer entsprechenden positiven Anordnung des Auftraggebers als Grundlage des Mehrvergütungsanspruchs (s. dazu sogleich ausführlich Rdn. 452 ff.). Fehlt es daran, kann in Ausnahmefällen allenfalls auf die Vergütungsregelungen in § 2 Abs. 8 Nr. 2 und 3 VOB/B, dort ggf. in Verbindung mit Ansprüchen aus einer Geschäftsführung ohne Auftrag zurückgegriffen werden (Teil A Rdn. 463 ff.). 439
- Zu unterscheiden von einem Vergütungsanspruch ist der **Schadensersatzanspruch** des Auftragnehmers nach § 6 Abs. 6 VOB/B (s. dazu unten Teil A Rdn. 710 ff.). Wie jeder sonstige Schadensersatzanspruch setzt er neben einem **pflichtwidrigen Verhalten** ein **Verschulden des Auftraggebers** voraus. Dieser Schadensersatzanspruch wird somit im Gegensatz zum Mehrvergütungsanspruch des Auftragnehmers durch diese pflichtwidrige Handlung geprägt. Allenfalls mag hilfsweise auf Ansprüche nach § 642 BGB zurückgegriffen werden, soweit sich der Auftraggeber möglicherweise nicht pflichtwidrig verhält, aber jedenfalls im Annahmeverzug befindet (s. dazu unten Teil A Rdn. 826 ff.). 440

Die vorstehende Grobgliederung macht deutlich: Der Mehrvergütungsanspruch des Auftragnehmers auf der einen Seite ist Folge einer nach dem Vertrag erlaubten und dort auch vorgesehenen Anordnung des Auftraggebers. Dagegen beruht auf der anderen Seite der Schadensersatzanspruch auf einer Pflichtwidrigkeit des Auftraggebers (s. dazu grundlegend Thode, ZfBR 2004, 214, 218 ff). Das eine Verhalten (Anordnung im Rahmen des vertragsrechtlich Zulässigen) schließt das andere (Pflichtwidrigkeit) aus. Daher müssen bei der Frage, auf welche Rechtsgrundlage sich ein Auftragnehmer bei Mehrkosten im Zusammenhang mit Behinderungen stützt, **diese Anspruchsgrundlagen in jedem Fall streng auseinandergehalten** werden (so zu Recht OLG Hamm, Urt. v. 14.4.2005 – 21 U 133/04, BauR 2005, 1480, 1481 ff.; OLG Düsseldorf, Urt. v. 25.10.2013–22 U 21/13; im Ergebnis ebenso: 441

OLG Brandenburg, Urt. v. 17.10.2007 – 4 U 48/07, BauR 2009, 821; OLG Düsseldorf, Urt. v. 21.11.2014 – 22 U 37/14, BauR 2015, 494, 497; wohl auch KG, Beschl. v. 13.02.2009–7 U 86/08, BauR 2011, 1202, 1204 f.; Werner/Pastor, Rn. 2339; Thode, ZfBR 2005, 214 ff.). Keinesfalls sind diese Anspruchsgrundlagen austauschbar mit dem Inhalt, dass das eine ein Auffangtatbestand des anderen wäre oder umgekehrt. Dies zeigt sich schon daran, dass bei den Mehrvergütungsansprüchen etwa Umsatzsteuer anfällt, was bei Schadensersatzansprüchen in der Regel nicht der Fall ist (BGH, Urt. v. 24.1.2008 – VII ZR 280/05, BGHZ 175,188 = BauR 2008, 821 = NJW 2008, 1523) – oder dass sich Mehrvergütungs- und Entschädigungsanspruch an der Höhe der kalkulierten Vergütung (bei Letzterem allerdings ohne Anteile für Wagnis und Gewinn) errechnen (s. dazu Teil A Rdn. 843 ff.). Demgegenüber wird der Schadensersatzanspruch nach § 6 VOB/B aus tatsächlich entstandenen Mehrkosten ermittelt (s. dazu Rdn. 768 ff.).

442 Allenfalls ist vorstellbar, dass sich die jeweils einen Schadensersatzanspruch einerseits bzw. einen Mehrvergütungsanspruch andererseits **auslösenden Sachverhalte überschneiden**.

▸ **Beispiel:**

Die Baubehörde verfügt wegen einer mangelhaften Planung des Auftraggebers einen Baustopp. Der Auftragnehmer fragt an, ob es bald weitergehe oder ob er bis auf Weiteres seine Maschinen abziehen könne. Daraufhin „ordnet" der Auftraggeber an, dass diese einstweilen auf der Baustelle verbleiben sollen, damit sie bei Wiederaufnahme der Arbeiten sofort zur Verfügung stehen.

Solche Gemengelagen sind typisch. Doch bleibt es auch hier dabei, dass die Ursachen für einen Anspruch des Auftragnehmers nicht austauschbar sind, obwohl es natürlich Wechselwirkungen gibt: Geht es im vorgenannten Beispiel etwa um die Folgen des Baustopps, kann dem Auftragnehmer neben einem Entschädigungsanspruch nach § 642 BGB bei einem Verschulden des Auftraggebers wegen der mangelhaften Planung ein Schadensersatzanspruch nach § 6 Abs. 6 VOB/B zustehen. Zu dem danach ersatzfähigen Schaden gehört z. B. ein Mehraufwand für die verlängerte Maschinenvorhaltung. Erfasst werden aber auch Mietkosten für eine Ersatzmaschine, soweit der Auftragnehmer seine eigene Maschine nach der vereinbarten Bauzeit nicht an einer anderen Baustelle einsetzen konnte. Mit der nach dem Vertrag zulässigen Anordnung des Auftraggebers, die Maschine länger auf der Baustelle zu lassen, hat das zunächst nichts zu tun. Diese Anordnung löst aber nunmehr ihrerseits einen Mehrvergütungsanspruch des Auftragnehmers nach § 2 Abs. 5 VOB/B aus. Dieser erfasst ab dem Zeitpunkt der Anordnung auf der Basis seiner Kalkulation eine Vergütung für die Dauer der angeordneten verlängerten Vorhaltung. Soweit dem Auftragnehmer nunmehr ein solcher Mehrvergütungsanspruch zusteht, scheidet nachvollziehbarerweise ein paralleler Schadensersatzanspruch aus. Denn wenn er eine Vergütung für die Vorhaltung erhält, entfällt in diesem Umfang ein Schaden. Etwas anderes gilt für eine mögliche Differenz zwischen seiner ihm nach der Anordnung zustehenden Vergütung für die verlängerte Vorhaltung und den ggf. höheren Anmietkosten der Ersatzmaschine. Diese könnte er allein über den weiter bestehenden Schadensersatzanspruch ersetzt verlangen. Auch diese Fälle zeigen aber anschaulich, dass trotz der sich überschneidenden Sachverhalte **die Ursachen für den Anspruchsgrund** (verhängter Baustopp in Folge mangelhafter Planung als Pflichtverletzung und Grundlage für den Schadenersatzanspruch sowie vertragsgemäße Anordnung als Grundlage für den Mehrvergütungsanspruch) **streng auseinandergehalten** werden können (und müssen). Dies gilt im Übrigen auch im umgekehrten Fall, in dem ggf. – trotz Behinderung – überhaupt kein Anspruch besteht.

- **Beispiel:** (nach OLG Brandenburg, Urt. v. 17.10.2007 – 4 U 48/07, BauR 2009, 821)

  Der Auftragnehmer möchte für Baustellentransporte eine bestimmte Straße benutzen. Diese wird gesperrt, weswegen der Auftragnehmer längere Fahrstrecken zurücklegen muss. Hierin liegt eine Behinderung. Ein pflichtwidriges Verhalten des Auftraggebers steht jedoch nicht zur Diskussion; folglich scheiden Schadensersatzansprüche aus. Ein Mehrvergütungsanspruch stände dem Auftragnehmer nunmehr nur zu, wenn der Auftraggeber daraufhin seinerseits eine bestimmte neue Fahrtroute anordnet, die der Auftragnehmer nutzen soll. Unterbleibt diese Anordnung und ist auch ansonsten nichts geregelt, entfällt ein Anspruch auf Mehrvergütung.

Beispiele wie vorstehendes mögen zunächst befremden. Dieses Befremden beruht aber letztlich nur auf der irrtümlichen Annahme, dass bei jedem Risiko auf einer Baustelle auf eine einschlägige Mehrkostenregelung zurückgegriffen werden kann. Dem ist nicht so. Stattdessen gibt es eben auch Sachverhalte, die unter finanziellen Gesichtspunkten nicht ausgleichspflichtig sind, sodass sie dann wie vorstehend z. B. in das Risiko des Auftragnehmers fallen.

Mit dieser Maßgabe ist abschließend darauf hinzuweisen, dass insbesondere 443
in zahlreichen baubetrieblichen Gutachten diese grundsätzliche Weichenstellung nicht oder nicht genügend beachtet wird. Stattdessen werden Ansprüche des Auftragnehmers ohne Unterscheidung nach § 2 Abs. 5 (oder ersatzweise § 2 Abs. 8 Nr. 2 und 3) bzw. § 6 Abs. 6 VOB/B, am besten sogar noch in einem gemeinsamen Obersatz geprüft. Dies ist nicht nur falsch, sondern macht eine darauf gerichtete Klage sogar richtigerweise unschlüssig. Denn es ist Aufgabe des Auftragnehmers, die Voraussetzungen seines Klagebegehrens – ggf. auch in Abgrenzung zu anderen Ansprüchen – darzulegen

(OLG Hamm, Urt. v. 14.4.2005 – 21 U 133/04, BauR 2005, 1480, 1481 f., KG, Beschl. v. 13.2.2009 – 7 U 86/08, BauR 2011, 1202, 1204 f.).

Hat man vorstehenden Grundsatz verinnerlicht, mag man sich im Folgenden den einzelnen Anspruchsgrundlagen zuwenden.

5 Ansprüche des Auftragnehmers auf Vergütungsanpassung bei Bauverzögerungen in Folge von Leistungsänderungen (§ 2 Abs. 5 VOB/B)

444 Im Unterschied zum BGB-Werkvertragsrecht enthält § 2 VOB/B eine umfassende Regelung der Vergütungsansprüche des Unternehmers. § 2 VOB/B sieht insbesondere verschiedene Möglichkeiten vor, nachträglich unter bestimmten Voraussetzungen eine Anpassung des oder der vereinbarten Preise (Pauschalpreis bzw. Einheitspreise) zu verlangen. Darin liegt einer der ganz großen Vorteile des VOB/B-Bauvertrages gegenüber dem BGB-Werkvertrag. Dadurch wird zugleich eine wesentlich größere Transparenz geschaffen und das Gleichgewicht von Leistung auf der einen und Vergütung auf der anderen Seite bei Leistungsänderungen wieder hergestellt wird.

445 Das allgemeine **Vertragsrecht des BGB** benötigt diese Preisanpassungsregelungen allerdings auch nicht. Denn das Werkvertragsrecht der §§ 631 ff. BGB geht davon aus, dass der übereinstimmend im Bauvertrag festgelegte Leistungsinhalt einseitig nicht abgeändert werden kann, wenn man von zwingenden Ausnahmen nach Treu und Glauben absieht (vgl. Ingenstau/Korbion/Keldungs, VOB/B § 1 Abs. 3 Rn. 1 ff., der ein Recht zur einseitigen Änderung des Bau-Solls in den Grenzen des § 1 Abs. 4 Satz 1 VOB/B, also weiter gehend bejaht; zu weit gehend dagegen Enders, VOB/B und BGB-Bauvertrag im Rechtsvergleich, S. 48). Als Folge davon bedarf es beim BGB-Werkvertrag nach dem Grundsatz des Vertragsrechts (pacta sunt servanda = Vertragsänderungen erfordern die Zustimmung beider Vertragspartner) in der Regel einer entsprechenden Vereinbarung der Bauvertragspartner über die Leistungsänderung. Folglich hat es der Auftragnehmer in der Hand, seine Zustimmung von einer Einigung über eine geänderte Vergütung abhängig zu machen, die dann auch **seine durch die Leistungsänderung verursachten behinderungsbedingten zeitabhängigen Mehrkosten** abdecken kann und wird. Fehlt es trotz Einverständnisses mit der Leistungsänderung an einer entsprechenden Vergütungsvereinbarung, so regelt sich diese nach § 632 Abs. 2 BGB. Dem Unternehmer stände danach dann im Zweifel die **übliche (Mehr-)Vergütung** zu.

446 Ganz anders geht die VOB/B an das Problem der Leistungsänderungen heran. Sie gewährt dem Auftraggeber auch noch nach Vertragsschluss ein **einseitiges Recht, den Bauentwurf zu ändern** (§ 1 Abs. 3 VOB/B), wodurch sich in al-

ler Regel die vom Auftragnehmer nach dem Vertrag geschuldete Leistung nach Art und/oder Umfang ändert (s. o. Rdn. 165). Dieser dem Auftraggeber durch die Vereinbarung der VOB/B als Vertragsgrundlage zugestandene **einseitige Änderungsvorbehalt** entspricht den Bedürfnissen der Praxis und gewährleistet die beim Bauen notwendige Flexibilität der Planung und sollte auch Eingang ins BGB finden (vgl. dazu: Kraus/Vygen/Oppler, BauR 1999, 964 und Sonderheft zu BauR 4/2001 sowie BauR 2006, 258 ff.). Er stellt ein in der VOB/B seit mehr als 100 Jahren verankertes Privileg dar, das gar nicht hoch genug veranschlagt werden kann.

Macht also der Auftraggeber von seinem in § 1 Abs. 3 VOB/B geregelten Recht Gebrauch, den Bauentwurf noch nach Vertragsabschluss einseitig zu ändern, führt dies gemäß § 2 Abs. 5 VOB/B dazu, dass auf Verlangen die vereinbarte Vergütung anzupassen ist, und zwar durch **Vereinbarung eines neuen Preises unter Berücksichtigung der Mehr- und/oder Minderkosten**. Die Regelungen der Vergütungsanpassung des § 2 Abs. 4–6 VOB/B gelten nach § 2 Abs. 7 Nr. 2 VOB/B uneingeschränkt auch für den Pauschalpreisvertrag (Ingenstau/Korbion/Keldungs, VOB/B § 2 Abs. 7 Rn. 21 ff.; ebenso BGH, Beschl. v. 12.9.2002 – VII ZR 81/01, BauR 2002, 1847 = NJW-RR 2003, 14), sofern sich die Grundlagen des Preises (Einheitspreis oder eben Pauschalpreis) geändert haben (s. auch Vygen/Joussen, Bauvertragsrecht, Rn. 2332 ff.) 447

Soweit also die Abdeckung von Mehrkosten einer Bauablaufstörung über einen Mehrvergütungsanspruch nach § 2 Abs. 5 VOB/B in Betracht kommen soll, ist jeweils sorgfältig zu prüfen, ob die dafür erforderlichen **Voraussetzungen** vorliegen. Dies sind im Wesentlichen zweierlei: So bedarf es zunächst einer Änderung der Grundlagen des Preises, die sodann auf einer Änderung oder anderen Anordnung des Auftraggebers zurückgehen muss. 448

5.1 Änderung der Grundlagen des Preises

§ 2 Abs. 5 VOB/B setzt in erster Linie eine **Änderung der Grundlagen des Preises** für eine im Vertrag vorgesehene Leistung voraus. Dies wird in der Regel einfach zu prüfen sein (vgl. allerdings zu Sonderfällen sogleich Rdn. 470 ff.). Denn durch Leistungsänderungen seitens des Auftraggebers verursachte, bei Vertragsabschluss unbekannte Behinderungen oder Bauablaufstörungen führen in aller Regel zu erheblichen Mehrkosten des Unternehmers. Dadurch werden seine **Kalkulation** und somit die **Grundlagen des Preises** berührt. Probleme bestehen sodann aber sicher im tatsächlichen Bereich, d. h. bei der Frage, ob es dem Auftragnehmer gelingt, seine Mehrkosten plausibel darzulegen, zumal er insoweit an seine bisherige Kalkulation gebunden ist (s. dazu Teil A Rdn. 606 ff., 652 ff.). 449

Bevor im Zusammenhang mit der Bauzeit auf verschiedene Hauptfallgruppen einzugehen ist (Rdn. 373 ff.), soll hervorgehoben werden, dass nicht jede Anordnung des Auftraggebers automatisch eine für § 2 Abs. 5 VOB/B vorausgesetzte Änderung der Grundlagen des Preises begründet:

450 - Keinesfalls unter § 2 Abs. 5 VOB/B fallen **Anordnungen des Auftraggebers,** die sich darauf beschränken, den Auftragnehmer zur Erbringung der vertraglich geschuldeten Leistung oder zur Einhaltung von – z. B. technischen – Vorschriften, die in den Vertrag einbezogen worden sind, anzuhalten. Dasselbe gilt für „Anordnungen" zur Einhaltung der vertraglich vereinbarten Fälligkeitstermine (s. dazu im Einzelnen Rdn. 418) oder auch **zur Konkretisierung der Leistungspflichten** nach § 4 Abs. 1 Nr. 3 und 4 VOB/B. All diese Anordnungen beziehen sich allein auf das bestehende Vertragssoll und ändern nicht die Grundlagen des Preises. Der Auftragnehmer hat demzufolge diese Anordnung zwar zu befolgen. Hierbei geht es jedoch nicht um eine geänderte Leistungspflicht, sondern um die schon geschuldete (BGH, Urt. v. 9.4.1992 – VII ZR 129/91, BauR 1992, 759 = NJW-RR 1992, 1046; Nicklisch/Weick, § 2 Rn. 61).

  ▸ **Beispiel:** (nach BGH, a. a. O. – Wasserhaltung)

  Gegenstand des zu einem Pauschalpreis geschlossenen Bauvertrages ist der Bau einer Schleuse. Nach dem Leistungsverzeichnis ist eine Wasserhaltung vereinbart, ohne dass dazu nähere Angaben gemacht werden. Auf Anordnung des Auftraggebers wird im Laufe der Baumaßnahme eine externe Wasserhaltung „angeordnet", die sich im Wesentlichen als einzig technisch vertretbare Maßnahme herausstellt. Dagegen ist die zunächst vom Auftragnehmer geplante interne (preiswertere) Wasserhaltung nicht praktikabel. Eine solche Anordnung stellt keine Anordnung zu einer Leistungsänderung dar, weil mit ihr nur das angeordnet wird, was der Auftragnehmer ohnehin schuldete. Folglich handelt es sich um eine Anordnung nach § 4 Abs. 1 Nr. 3 VOB/B.

- Ebenso liegt keine Anordnung zu einer Leistungsänderung vor, wenn die Parteien **lediglich zu einer Teilleistung einen neuen Preis** vereinbaren, ohne die Leistungsverpflichtung des Auftragnehmers an sich zu ändern (BGH, Urt. v. 22.01.2015 – VII ZR 353/12, noch nicht veröffentl.).

  ▸ **Beispiel:** (nach BGH, a. a. O.)

  Der AG schreibt ein Brückenbauwerk aus. Das LV sah dazu eine sukzessive Montage der Brückenteile vor. Allerdings überließ der AG dem AN die Auswahl der Montageart. Später legt der AN ein Montagekonzept mit einer Montage in einem Arbeitsschritt vor. Der AG stimmte dem Konzept zu, soweit es keine Auswirkungen auf die Bauzeit und die Baukosten hat. Im Jahr 2008 schlossen die Parteien wegen Verzögerungen eine umfassende Vereinbarung mit deutlich erhöhten Preisen von 12 Mio. € und angepassten Terminen. Diese Vereinbarung nahm unter anderem Bezug auf ein Nachtragsangebot eines Subunternehmers, das für die Montage der Brücke in einem Arbeitsschritt Kosten von 932 T€ vorsah. Der AN meint, dass durch diese Bezugnahme zugleich die Montageart auf eine solche in einem Arbeitsschritt geändert worden sei. Das trifft nicht zu: Denn tatsächlich hatten die Parteien mit dieser Nachtragsvereinbarung nur einen neuen Preis vereinbart. Die vom Auftragnehmer ansonsten funktional geschuldete Leistung blieb dagegen unverändert, d. h.: Das Risiko der Geeignetheit der Montageart („Montage in einem Schritt") einschließlich sämtlicher sich daraus ergebenden Mehrkosten verblieb beim AN.

Ebenfalls keine die Preisgrundlagen ändernde Anordnung nach § 2 Abs. 5 VOB/B liegt vor, wenn der Auftraggeber von einem ihm im Vertrag eingeräumten **Wahlrecht** Gebrauch macht (i. E. auch Ingenstau/Korbion/Keldungs, B § 2 Abs. 5 Rn. 28). **451**

▶ **Beispiel:** (nach BGH, Urt. v. 22.4.1993 – VII ZR 118/92, BauR 1993, 595, 596 = NJW-RR 1993, 1109, 1110)

Im Bauvertrag ist dem Bauherrn das Recht eingeräumt worden, den Farbtyp zu wählen zwischen einer Standard- und einer teureren Sonderfarbe. Der Bauherr entscheidet sich für die teurere Sonderfarbe. Hierbei handelt es sich weiterhin um eine Entscheidung im Rahmen der übernommenen Leistungsverpflichtung (wobei das OLG Köln, Urt. v. 15.9.1995 – 20 U 259/90, BauR 1998, 1096, das Leistungsverzeichnis später doch anders auslegte und meinte, die Sonderfarben seien nicht geschuldet gewesen, worauf es hier aber nicht ankommt).

Nichts anderes gilt für Anordnungen des Auftraggebers mit dem Inhalt, wonach eine im Leistungsverzeichnis und Angebot des Auftragnehmers ausdrücklich vorgesehene **Alternativ- oder Eventualposition** zur Ausführung kommen soll (vgl. dazu näher unter Rdn. 542). Allerdings muss der Auftraggeber diese Entscheidung rechtzeitig vor der Ausführung treffen. Anderenfalls kann eine Anordnung, zu der der Auftraggeber gemäß § 3 Abs. 1 VOB/B verpflichtet ist, im Fall ihrer verspäteten Erteilung zu einer Behinderung des Auftragnehmers und damit zu einem Schadensersatzanspruch gemäß § 6 Abs. 6 VOB/B oder einem **Entschädigungsanspruch** gemäß § 642 BGB führen.

5.2 Anordnung des Auftraggebers im Sinne des § 2 Abs. 5 VOB/B

452 § 2 Abs. 5 VOB/B setzt als weitere Tatbestandsvoraussetzung voraus, dass sich die Grundlagen des Preises für die im Vertrag schon vorgesehene Leistung durch **Änderung des Bauentwurfs oder andere Anordnungen des Auftraggebers** geändert haben müssen. Soweit Behinderungskosten über einen Mehrvergütungsanspruch abgedeckt werden sollen, ist dies rechtlich oft die entscheidende Hürde, die der Auftragnehmer nehmen muss. Dabei sei an dieser Stelle nochmals erläutert: Bei der Abdeckung von Behinderungskosten geht es um Mehrkosten des Auftragnehmers, die allein deshalb entstehen, weil dieser nicht so bauen konnte, wie er dies zunächst geplant hatte. Die Entstehung dieser Mehrkosten mag unstreitig sein. Im Anwendungsbereich des § 2 Abs. 5 VOB/B ist jedoch unabhängig davon zu prüfen, ob dessen Voraussetzungen vorliegen. Folglich geht es hier **nicht um eine Bewertung oder Zuscheidung von Risiken**, ob allgemein Bauablaufstörungen von der einen oder anderen Seite oder ob der Auftraggeber sogar etwaige Mehrkosten pflichtwidrig verursacht hat. Im Vordergrund steht stattdessen allein die Frage, ob bauablaufbedingte Mehrkosten auf eine Änderung des Bauentwurfs oder andere Anordnungen **des Auftraggebers** zurückgehen. Voraussetzung ist also eine von dem Auftraggeber stammende darauf gerichtete **rechtsgeschäftliche Erklärung** (anschaulich OLG Düsseldorf, Urt. v. 30.8.2012–23 U 162/11, BauR 2013, 84; OLG Düsseldorf, Urt. v. 25.10.2013–22 U 21/13, BauR 2014, 700, 701; OLG Düsseldorf, Urt. v. 21.11.2014 – 22 U 37/14, BauR 2015, 494, 496 sowie grundsätzlich auch BGH, Urt. v. 27.11.2003 – VII ZR 346/01, BauR 2004, 495, 497 = NJW-RR 2004, 449, 451 = NZBau 2004, 207, 208). Nur dies ist für einen Mehrvergütungsanspruch nach § 2 Abs. 5 VOB/B von Interesse und somit eindeutig von allen anderen ebenfalls denkbaren Störungsursachen und Anspruchsgrundlagen abzugrenzen (s. o. Rdn. 435 ff.). In Folge dessen ist bei allen bauablaufbedingten Mehrkosten vorrangig zu untersuchen, ob sich diese auf **eine solche Anordnung des Auftraggebers** bzw. ein eindeutig seinem Willen entstammendes zurechenbares Verhalten **zurückführen** lassen. Es geht also stets um eine **Handlung oder sonst einseitige Maßnahme des Auftraggebers**. Dabei stehen sich die Alternativen des § 2 Abs. 5 VOB/B mit „Änderung des Bauentwurfs" und „andere Anordnungen des Auftraggebers" nicht isoliert gegenüber etwa mit der Folge, dass es bei der Änderung des Bauentwurfs nicht auf ein Handeln des Auftraggebers ankäme. Dies ist falsch: Denn gerade der Verweis auf „andere" Anordnungen des Auftraggebers verdeutlicht, dass auch die Änderung des Bauentwurfs vom Auftraggeber veranlasst sein muss (so auch Heiermann/Riedl/Rusam/Kuffer, § 2 Rn. 159; Ingenstau/Korbion/Keldungs, § 2 Abs. 5 Rn. 11; ebenso OLG Hamm, Urt. v. 12.4.2011–24 U 29/09, BauR 2013, 956, 958; OLG Köln, Beschl. v. 28.11.2011–17 U 141/10, BauR 2013, 508 [Ls.], insoweit dort aber nicht veröffentl.; OLG Düsseldorf, Urt. v. 30.8.2012–23 U 162/11, BauR 2013, 84, 85; da-

gegen nicht überzeugend OLG Celle, Urt. v. 22.7.2009 – 14 U 166/08, BauR 2009, 1591, 1593 und KG, Urt. v. 17.4.2012–7 U 149/10, Nichtzul.-Beschw. Zurückgew., BGH, Beschl. v. 8.5.2014 – VII ZR 141/12, IBR 2014, 466, das bereits eine aus dem Risikobereich des AG stammende Behinderung als Anordnung des AG ansehen will, was eindeutig § 2 Abs. 5 VOB/B widerspricht).

Inhalt dieser danach zu prüfenden einseitigen Maßnahme ist entweder die **Vorgabe zur Änderung des Bauentwurfs** oder eben sonst eine die eindeutige Befolgung durch den Auftragnehmer heischende Aufforderung des Auftraggebers, eine Baumaßnahme in bestimmter Weise auszuführen (OLG Düsseldorf, Urt. v. 27.6.1995 – 21 U 219/94, BauR 1996, 115, 116 = NJW-RR 1996, 730, 731). Der Auftraggeber muss klar zum Ausdruck bringen, dass es sich dabei um eine verpflichtende Vertragserklärung handelt (BGH, Urt. v. 9.4.1992 – VII ZR 129/91, BauR 1992, 759 = NJW-RR 1992, 1046; OLG Düsseldorf, Urt. v. 30.8.2012–23 U 162/11, BauR 2013, 84; OLG Düsseldorf, Urt. v. 25.10.2013–22 U 21/13, BauR 2014, 700, 701; OLG Düsseldorf, Urt. v. 21.11.2014 – 22 U 37/14, BauR 2015, 494, 496; Ingenstau/Korbion/Keldungs, VOB/B § 2 Abs. 5 Rn. 26). In Folge dessen geht es jeweils um klar und deutlich verständliche – unter Umständen auch konkludente (stillschweigende) – Weisungen. Abzugrenzen sind davon reine **Wünsche des Auftraggebers**, deren Befolgung durch den Auftragnehmer nicht zwingend erwartet wird oder diesen lediglich zu einer Überprüfung seiner Verfahrensweise veranlassen sollen (BGH a. a. O.). Sie sind ebenso von weiteren Erklärungen des Auftraggebers abzugrenzen, die mit einer Anordnung nichts zu tun haben. 453

▸ **Beispiel:** (in Anlehnung an OLG Dresden, Urt. v. 31.08.2011 – 1 U 1682/10, IBR 2012, 9)

Der Auftragnehmer erstellt eine Ausführungsplanung. Diese weicht in Teilen von den Planvorgaben des Vertrages ab. Der Auftragnehmer reicht diese beim Auftraggeber zur Freigabe ein mit dem Vermerk, dass Nachtragsangebote nachgereicht würden, falls sich im Plan Änderungen befinden. Nachtragsangebote werden jedoch zunächst nicht eingereicht. Eine daraufhin erteilte Freigabe stellt nunmehr keine Anordnung dar. Denn es fehlt insoweit an dem Bewusstsein, mit der Freigabe zugleich eine kostenpflichtige Leistungsänderung beauftragt zu haben.

Dieser einschränkenden Auslegung des Begriffs der Anordnung bedarf es insbesondere deshalb, weil § 2 Abs. 5 VOB/B für den Anspruch auf Vergütungsänderung neben dieser Anordnung nach bisher herrschender Auffassung (Beck'scher VOB/B-Komm./Jansen, § 2 Abs. 5 Rn. 118; s. dazu allerdings auch Teil A unten Rdn. 604) weder eine vorherige Ankündigung dieses Anspruchs (wie etwa in § 2 Abs. 6 VOB/B) noch eine Behinderungsanzeige oder gar ein Verschulden des Auftraggebers (wie in § 6 Abs. 1 und Abs. 6

VOB/B) verlangt, obwohl die Folgen einer solchen Anordnung im Sinne des § 2 Abs. 5 VOB/B ähnlich weitreichend sind.

454 Hat man vorstehende Erläuterungen verinnerlicht, sollen zum besseren Verständnis einer Anordnung im Sinne des § 2 Abs. 5 VOB/B noch wenige Eckpunkte erläutert werden:

455 - Von einer leistungsbestimmenden Anordnung des Auftraggebers im vorgenannten Sinne kann nur ausgegangen werden, wenn wie soeben erläutert (Rdn. 452) ein **rechtsgeschäftlicher Wille des Auftraggebers** feststellbar ist, die vertraglichen Grundlagen zu ändern. Davon ist nicht auszugehen, wenn der Vertrag auf Grund allein von vom Auftragnehmer verursachten Leistungsstörungen notwendigerweise anders ausgeführt werden muss und der Auftraggeber dies jetzt so „anordnet" (BGH, Urt. v. 27.06.1985 – VII ZR 23/84, BGHZ 95, 128, 135 = BauR 1985, 561, 564 = NJW 1985, 2475, 2476). Entscheidend ist bei jedem einzelnen Eingriff in den Bauablauf daher für einen Mehrvergütungsanspruch nach § 2 Abs. 5 VOB/B die Feststellung, inwieweit ein Wille des Auftraggebers besteht, in Folge geänderter Umstände Änderungen im zeitlichen Ablauf zum neuen Gegenstand der vertraglichen Leistung zu machen.

  ▶ **Beispiel:**

  Der Auftragnehmer hält seine Termine nicht ein, legt deswegen neue Bauzeitenpläne mit geänderten Terminen vor, die wiederum der Auftraggeber „akzeptiert" oder zur Ausführung freigibt. Das sind keine Anordnungen des Auftraggebers zur Änderung der geschuldeten Leistung.

  An einer solchen Anordnung fehlt es erst recht, wenn erst gar keine rechtsgeschäftliche Erklärung des Auftraggebers vorliegt (OLG Düsseldorf, Urt. v. 21.11.2014 – 22 U 37/14, BauR 2015, 494, 496). Daher genügt es für einen Mehrvergütungsanspruch in keinem Fall, dass z. B. eine Bauzeitverlängerung entsprechend § 6 Abs. 2 Nr. 1 lit. a VOB/B lediglich auf seinen Risikobereich zurückgeht (ebenso OLG Düsseldorf, Urt. v. 25.10.2013 – 22 U 21/13, BauR 2014, 700, 701; dies verkennt etwa OLG Celle, Urt. v. v. 22.7.2009 – 14 U 166/08, BauR 2009, 1591, 1593; ähnlich KG, Urt. v. 17.4.2012 – 7 U 149/10, Nichtzul.-Besch. zurückgew., BGH, Beschl. v. 8.5.2014 – VII ZR 141/12, IBR 2014,466). Vielmehr ist entscheidend, dass erstens überhaupt eine Anordnung vorliegt und diese zweitens unmittelbar vom Auftraggeber bzw. einem seiner Vertreter ausgeht. **Anordnungen Dritter** (z. B. von Behörden, Prüfstatiker u. a.) scheiden für sich genommen danach als Anspruchsvoraussetzung im Anwendungsbereich des § 2 Abs. 5 VOB/B aus (s. dazu unten Teil A Rdn. 536 ff.).

456 - Wenn nach Vorstehendem für eine Anordnung des Auftraggebers im Sinne des § 2 Abs. 5 VOB/B nicht ausreicht, dass die Leistungsänderung ohne wei-

tergehende rechtsgeschäftliche Erklärung allein auf dessen Risikobereich zurückgeht, stellt sich allerdings bei Mehrvergütungsansprüchen nach § 2 Abs. 5 VOB/B im Zusammenhang mit Behinderungen noch eine weitergehende Frage: Denn unklar ist, ob neben einer rechtsgeschäftlichen Erklärung des Auftraggebers zusätzlich zu fordern ist, dass die Ursache für die **Leistungsänderung positiv in dessen Verantwortungsbereich** fällt.

▸ **Beispiel:**

Ein Vorunternehmer wird nicht rechtzeitig fertig. Daraufhin ordnet der Auftraggeber gegenüber dem Nachfolgeunternehmer eine Verschiebung der Bauzeit an.

Hier wird allseits und großzügig angenommen, dass bereits keine „leistungsbestimmende Anordnung" des Auftraggebers vorliege. Denn davon könne anknüpfend an vorgenannte Überlegungen nur ausgegangen werden, wenn ein entsprechender rechtsgeschäftlicher Wille des Auftraggebers feststellbar sei, die vertraglichen Grundlagen zu ändern. Das sei aber nicht der Fall, wenn der Vertrag auf Grund von Leistungsstörungen Dritter notwendigerweise anders ausgeführt werden müsse (OLG Hamm, Urt. v. 12.4.2011 – 24 U 29/09, BauR 2013, 956, 958; dies auch andeutend OLG Düsseldorf, Urt. v. 21.11.2014 – 22 U 37/14, BauR 2015, 494, 496). Zurück geht diese Sichtweise auf die schon länger zurückliegende sog. Vorunternehmerentscheidung des BGH vom 27.6.1985 (VII ZR 23/84, BGHZ 95, 128, 135 = BauR 1985, 561, 564 = NJW 1985, 2475, 2476). Dort hatte der BGH in der Tat ähnlich vorgenanntem Beispielfall eine Anordnung des Auftraggebers verneint. So fehlte es in der genannten Entscheidung zwar schon insgesamt an einer Anordnung. Doch sprach der BGH hilfsweise auch eine stillschweigende Anordnung an, soweit sich die Parteien auf den durch den Vorunternehmer verursachten Baustopp „eingestellt" hätten. Diese lehnte er ab, weil es für die Annahme einer Anordnung geboten sei, dass die notwendige Änderung der Ausführung durch Umstände ausgelöst worden sei, die zum **Verantwortungsbereich des Auftraggebers** gehörten, ihm also zuzurechnen seien. Und genau das sei bei einer verspäteten Vorunternehmerleistung nicht der Fall.

Schon Letzteres ist mehr als zweifelhaft (s. dazu oben Rdn. 388 ff.). Im An- **457**
wendungsbereich des § 2 Abs. 5 VOB/B bedarf es jedoch einer differenzierenden Betrachtung: Denn in allen Vorunternehmerentscheidungen kam es allein darauf an, ob dem Auftraggeber ein Verschulden des Vorunternehmers zuzurechnen ist. Diese Frage hat im Anwendungsbereich des § 2 Abs. 5 VOB/B keine Bedeutung; hier geht es stattdessen darum, ob der Auftraggeber eine rechtsgeschäftliche Anordnung zur Leistungsänderung erteilt hat. Vor diesem Hintergrund kommt es trotz entsprechender Begleithinweise weniger auf die vor allem genannte Entscheidung des BGH an,

in der ja tatsächlich mangels Anordnung keine darauf gerichtete Willenserklärung des Auftraggebers vorlag. Nicht überzeugend ist ebenso die insoweit in Anlehnung an diese Entscheidung vom BGH weiter entwickelte allgemeine These etwa des OLG Hamm (Urt. v. 12.4.2011, a. a. O.; ebenso Kniffka/Koeble, 5. Teil, Rn. 116 f.), dass eine Anordnung des Auftraggebers im Sinne des § 2 Abs. 5 VOB/B generell ausscheide, wenn sie ihren Ausgangspunkt nicht im Verantwortungsbereich des Auftraggebers habe (in diesem Sinne auch Ingenstau/Korbion/Keldungs, § 2 Abs. 5 Rn. 27). Denn wenn weder Auftragnehmer noch Auftraggeber auf die störenden Umstände einen Einfluss haben (z. B. bei Störungen durch Dritte) und der Auftraggeber nunmehr (trotzdem) eine Änderung der Leistung eines Auftragnehmers anordnet, um auf eine Drittstörung zu reagieren, erwartet er doch zwingend deren Befolgung. Dann aber handelt es sich auch um eine rechtsgeschäftliche Erklärung in Sinne einer **„Anordnung"**, und zwar um eine solche **gerichtet auf die Leistungsänderung** im Sinne des § 1 Abs. 3 VOB/B mit der sich daran anschließenden Vergütungspflicht des § 2 Abs. 5 VOB/B. Wieso es in diesen Fällen an einer rechtsgeschäftlichen Erklärung mit dem Inhalt einer Anordnung fehlen soll, ist unverständlich. Denn im Verhältnis zwischen Auftraggeber und Auftragnehmer ist es einerlei, ob der Auftraggeber eine Leistungsänderung anordnet, weil es regnet, weil der Vorunternehmer nicht fertig wird oder weil ein späterer Nutzer eine geänderte Ausführung wünscht. Entscheidend ist allein, dass der Auftraggeber selbst in die Leistungsbeziehungen zwischen ihm und dem Auftraggeber eingreift und diese einseitig ändert. Mit den Fällen, ob eine Störung aus dem Bereich der Vorunternehmer ihm zuzurechnen ist, hat das nichts zu tun.

458 Ebenfalls abzugrenzen und kein Fall einer Anordnung sind Sachverhalte, in denen der Auftraggeber (lediglich) **seinen Mitwirkungspflichten** (vgl. § 3 und 4 VOB/B) **nicht nachkommt.**

▶ **Beispiel:**

Der Auftraggeber übergibt nicht die für die Baurealisierung notwendigen Ausführungspläne. Der Auftragnehmer kann deswegen nicht beginnen. Dies ist keine Anordnung, sondern allein Folge des pflichtwidrigen Verhaltens des Auftraggebers, das sich nach § 6 VOB/B bemisst.

Dasselbe gilt, wenn der Auftraggeber die notwendige Baugenehmigung (zeitweise) nicht beibringt oder es zu Verzögerungen in Folge eines Nachbarwiderspruchs kommt. All dies sind **keine Anordnungen des Auftraggebers**. Dies wäre allerdings anders, wenn der Auftraggeber die vorstehenden Ereignisse zum Anlass nähme, nunmehr gesonderte Anordnungen gegenüber dem Bauunternehmer zum weiteren Bauablauf zu erteilen.

Entsprechendes gilt für Fälle, in denen der Auftraggeber eine Anordnung hätte erteilen müssen, dies aber nicht getan hat und es dadurch zu Behinderungen und damit verbundenen Mehrkosten kommt (s. dazu auch sogleich Rdn. 461). 459

▶ **Beispiel:**

Der Auftragnehmer verweist darauf, dass die geplante Bauweise nicht durchführbar ist. Der Auftraggeber reagiert nicht, weswegen die Baustelle still steht.

Auch dies sind ausschließlich **Fälle der Behinderung** und somit des § 6 VOB/B (Ingenstau/Korbion/Keldungs, VOB/B, § 2 Abs. 5 Rn. 28) oder des § 642 BGB, nicht aber des § 2 Abs. 5 VOB/B, da es hier an einer Anordnung fehlt (so auch Clemm DB 1985, 2597, a. A. Daub/Piel/Soergel/Steffani, VOB/B, ErlZB 2.104).

Demgegenüber ist von einer Anordnung im Sinne des § 2 Abs. 5 VOB/B auszugehen, selbst wenn diese „**einvernehmlich**" mit dem **Auftragnehmer abgestimmt** wurde. 460

▶ **Beispiel:**

In einem vertraglichen Bauzeitenplan sind verschiedene Bautermine vorgegeben. Auf Grund von Verzögerungen übergibt der Auftraggeber dem Auftragnehmer einen neuen Bauzeitenplan, den er in einer Baubesprechung mit dem Auftragnehmer „abspricht".

Eine solche Abstimmung schließt nicht für sich genommen eine Anordnung der Geltung im Sinne des § 2 Abs. 5 VOB/B aus. Vielmehr ist im Einzelfall zu prüfen, inwieweit darin zugleich eine einseitige Vorgabe des Auftraggebers liegt. Dies muss nicht automatisch der Fall sein (so aber sehr weitgehend KG, Urt. v. 12.12.2008 – 21 U 155/05, BauR 2009, 650, 653). Umgekehrt ist jedoch zu beachten, dass der Auftragnehmer nicht nur deshalb – um eine Anordnung zu dokumentieren – gehalten wäre, jede dem Bauablauf geschuldete vom Auftraggeber vorgegebene Anpassung der Planung zunächst abzulehnen, damit dieser eine solche im Anschluss daran ausdrücklich anordnet. Dies würde nicht nur gegen das im Baurecht geltende Kooperationsgebot verstoßen (vgl. BGH, Urt. v. 28.10.1999 – VII ZR 393/98, BGHZ 143, 89, 93 = BauR 2000, 409, 410 = NJW 2000, 807, 808; Vygen/Joussen, Bauvertragsrecht, Rn. 1067), sondern erschiene auch als überflüssige Förmelei, nur um hier eine Anordnung anzunehmen (so zumindest i. E. zu Recht, KG, a. a. O.; s. allerdings dagegen wenig verständlich OLG Karlsruhe, Urt. v. 13.7.2010 – 19 U 109/09, Nichtzul.-Beschw. zurückgew., BGH, Beschl. v. 26.1.2012 – VII ZR 124/10, BauR 2012, 992 [Ls.], das im Fall einer einvernehmlichen Abstimmung einer geänderten Leistung stets den Anwendungsbereich des § 2 Abs. 5 VOB/B ausschließt).

461 Der vorstehende Katalog macht deutlich, dass Mehrkostenansprüche des Auftragnehmers wegen bauablaufbedingter Störungen immer eine **Anordnung aus dem Verantwortungsbereich des Auftraggebers** voraussetzen. Dies wäre nicht einmal schwer zu beurteilen, wenn in der Praxis der Begriff der Anordnung nicht in einer Weise weit ausgelegt würde, wie dies nur noch mit Mühe vertretbar ist (s. auch sogleich Teil A Rdn. 536 ff.). Wurde demnach aber abgegrenzt, dass es um ein echtes positives Einwirken des Auftraggebers auf den Vertrag gehen muss, folgt hieraus im Umkehrschluss: Ein rein **passives Verhalten ersetzt in der Regel keine Anordnung** (ähnlich OLG Düsseldorf, Urt. v. 25.10.2013 – 22 U 21/13, BauR 2014, 700, 701; OLG Düsseldorf, Urt. v. 21.11.2014 – 22 U 37/14, BauR 2015, 494, 496), selbst wenn ggf. sogar eine Pflicht zum Handeln bestände. Das Argument, dass der pflichtwidrig handelnde Auftraggeber, der eine gebotene Anordnung unterlässt, nicht besser stehen dürfe als derjenige, der eine solche Anordnung erteilt (so etwa Nicklisch/Weick, Einl. §§ 4–13 Rn. 51 f.), ist zwar nachvollziehbar, ersetzt aber nicht die Anspruchsvoraussetzung, dass es für einen Mehrvergütungsanspruch nun einmal einer solchen Anordnung bedarf (vgl. auch OLG Düsseldorf, Urt. v. 20.1.2009 – 23 U 47/08, IBR 2009, 255). Aus vorstehendem Argument folgt vielmehr, dass in einer pflichtwidrig unterbleibenden Anordnung richtigerweise eine Behinderung liegen könnte, die ggf. zu Schadensersatzansprüchen nach § 6 Abs. 6 VOB/B führt (ebenso Kapellmann/Messerschmidt/Kapellmann, VOB/B, § 2 Rn. 197).

462 Abzugrenzen von den Fällen der unterbleibenden Anordnung sind jedoch die sog. **konkludenten (stillschweigenden) Anordnungen**. Denn wie bei allen anderen Willenserklärungen muss natürlich eine Anordnung nicht ausdrücklich erteilt werden, sondern kann ebenso konkludent erfolgen. Entscheidend ist allein, dass sie – neben ihrer Existenz – dann auch nachweisbar ist und zu einer Änderung der Preisgrundlage geführt hat. So können (stillschweigende) Anordnungen des Auftraggebers zum Bauentwurf mit einem Anspruch auf Vergütungsanpassung etwa darin liegen, dass der Auftraggeber nach Vertragsabschluss **geänderte Pläne** übergibt, auf deren Grundlage nun gebaut werden soll. Das allerdings ist noch nichts Besonderes, weil hier immer noch eine im Zweifel sogar ausdrückliche Anordnung vorliegt. Ausgehend davon kann aber eine Anordnung gleichfalls angenommen werden, wenn sich die Vertragspartner nach übergebenen Plänen stillschweigend auf eine tatsächlich veränderte Situation einstellen (BGH, Urt. v. 27.6.1985 – VII ZR 23/84, BGHZ 95, 128, 135 f. = BauR 1985, 561, 564 = NJW 1985, 2475, 2476 f.), wie dies bei technisch notwendig gewordenen Änderungen in der Praxis häufig der Fall ist (vgl. auch BGH, Urt. v. 11.3.1999 – VII ZR 179/98, BauR 1999, 897, 899 = NJW 1999, 2432, 2433 f.; ebenfalls für die Möglichkeit einer stillschweigen-

den Anordnung: Ingenstau/Korbion/Keldungs, B § 2 Abs. 5 Rn. 26; Nicklisch/ Weick, § 2 Rn. 61). Die stillschweigende Anordnung kann also durchaus auch das Ergebnis einer Abstimmung der Vertragspartner bei einem Baustellengespräch sein (OLG Düsseldorf, Urt. v. 25.10.2013 – 22 U 21/13, BauR 2014, 700, 701; Piel, Festschrift Korbion S. 357).

▶ **Beispiel:**

Die Baustellensicherung gehört zur Aufgabe des Auftraggebers. Dieser erhält die Auflage der Behörde, eine Baustellenampel aufzustellen. In Kenntnis dieser Auflage stellt der Auftragnehmer diese Ampel auf, was der Auftraggeber weiß und worauf unwidersprochen etwa in Baubesprechungen hingewiesen wurde.

5.3 Auffangtatbestand des § 2 Abs. 8 Nr. 2 und 3 VOB/B bei fehlender Anordnung, vor allem für Beschleunigungsmaßnahmen

Fehlt es nach Vorstehendem an einer Anordnung, ist in der Praxis selbstverständlich nicht zu verkennen, dass der Auftragnehmer ggf. auch ohne eine solche Anordnung im Zusammenhang mit Bauablaufstörungen eine Zusatzleistung erbringt. Das beruht nicht zuletzt auf der Überlegung, dass er dadurch ggf. seinen Kapazitätseinsatz für diese Baustelle reduzieren will (Teil B Rdn. 112 ff.). Ein Vergütungsanspruch nach § 2 Abs. 5 VOB/B scheidet dann allerdings aus. Ebenso liegen vielfach die Voraussetzungen des § 6 Abs. 6 VOB/B nicht vor, weil der Auftragnehmer letztlich (nur) eine Vergütung verlangt. Gerade dies ist herauszustreichen, weil auch der Rückgriff auf § 2 Abs. 8 VOB/B stets auf der Ausgangsunterscheidung beruht, nämlich dass der Auftragnehmer allein (Vergütungs)ansprüche für die Erbringung einer vertraglich zunächst nicht geschuldeten Mehrleistung geltend macht (s. dazu ausführlich Vygen/Joussen, Bauvertragsrecht, Rn. 2368 ff.). Dies soll folgender Beispielfall veranschaulichen. 463

▶ **Beispiel:**

Der Auftragnehmer soll die Bauleistung bis zum 31. Juli erbringen. Wegen verspäteter Planübergabe kommt es zu einer Behinderung von einem Monat. Der Auftragnehmer beschleunigt nunmehr die Arbeiten und schafft den Termin zum 31. Juli. Für diese Beschleunigungsmaßnahmen, die der Auftraggeber nicht angeordnet hatte, verlangt er eine Mehrvergütung.

Bei Fällen wie diesen ist zu unterscheiden:

- Zunächst liegt eine Behinderung vor. Diese führt dazu, dass sich die Bauzeit – soweit die Behinderung angezeigt wurde – nach § 6 Abs. 2 Nr. 1 lit. a) VOB/B um einen Monat (automatisch) verlängert (s. o. Rdn. 408 ff.). Wäre der Fall jetzt zu Ende, hätte der Auftragnehmer ggf. für die verlängerte 464

Bauzeit nach § 6 Abs. 6 VOB/B einen Schadensersatzanspruch geltend machen können. Dieser wäre wohl auch begründet gewesen, soweit der Auftraggeber die Bauzeitverlängerung wegen der verspäteten Planübergabe zu vertreten hatte.

465 Nun macht der Auftragnehmer aber keinen Behinderungsschaden, sondern **Kosten für die Baubeschleunigung** geltend. Zu dieser ist er vertraglich nicht verpflichtet, weil sie nach der bereits eingetretenen Bauzeitverlängerung nicht zu der vertraglich übernommenen Leistung gehört. Die Anpassungspflicht zu den eigenen Leistungen aus § 6 Abs. 3 VOB/B ändert daran nichts, weil die dort geforderten Maßnahmen nur im Rahmen der übernommenen Vertragsleistungen stattzufinden haben (s. o. Rdn. 424; Roquette/Viering/Leupertz, Teil 2 Rn. 831; Kapellmann/Messerschmidt/Kapellmann § 6 Rn. 30; Beck'scher VOB-Komm./Berger, § 6 Abs. 3 Rn. 30), d. h. jetzt innerhalb der verlängerten Ausführungsfrist. Mit dieser Maßgabe entfällt dann aber ein **Mehrvergütungsanspruch für diese (eigenmächtig) ausgeführten Beschleunigungsmaßnahmen** zur Einhaltung des alten (nicht mehr gültigen) Vertragstermins nach § 2 Abs. 5 VOB/B, weil diese Beschleunigung unstreitig nicht angeordnet wurde. Jetzt bleibt jedoch die Frage, ob der Auftragnehmer gleichwohl diese Kosten ersetzt verlangen kann. Vertreten wird hier teilweise, dass es sich bei diesen Kosten dann doch um einen Behinderungsschaden handele, der kausal auf die Pflichtverletzung des Auftraggebers bzgl. seiner Mitwirkungspflichten zurückgehe (so vor allem Ingenstau/Korbion/Döring, VOB/B, § 6 Abs. 6 Rn. 41; in diesem Sinne wohl auch OLG Koblenz, Urt. v. 12.1.2007 – 10 U 423/06, NJW 2007, 2925, 2927 f.; dies ebenfalls prüfend, obwohl es dann diese Ansprüche mangels Darlegung ablehnt: ebenso: Kniffka/Koeble, 8. Teil Rn. 55; scheinbar auch Leinemann/Leinemann, § 6 Rn. 184). Überzeugend ist dies nicht, weil ja die Beschleunigung erst durch einen neuen Kausalverlauf in Gang gesetzt wurde, an dem der Auftraggeber überhaupt nicht beteiligt war. Richtigerweise nämlich war die Bauzeit wegen der Baubehinderung um einen Monat verlängert (s. o.). Dies stellte somit das modifizierte (neue) Vertragssoll dar, von dem zur Beurteilung der gegenseitigen Rechte und Pflichten auszugehen ist. Die Tatsache nunmehr, dass der Auftragnehmer beschleunigt, lässt rechtlich diese neue vertragliche Ausgangslage unverändert. Hieraus folgt aber: Ergreift der Auftragnehmer auf Basis dieser neuen verlängerten Frist Beschleunigungsmaßnahmen, um die alte aber nicht mehr vertraglich geltende Bauzeit einzuhalten, geht es nicht mehr um Behinderungsschäden. Stattdessen ist zu prüfen, ob ihm auf der Basis der verlängerten Bauzeit in Folge einer nicht angeordneten Beschleunigung eine Zusatzvergütung zusteht. Da § 2 Abs. 5 VOB/B mangels Anordnung ausscheidet, kommt dafür allenfalls noch ein Vergütungsanspruch nach § 2 Abs. 8 Nr. 2 oder 3 VOB/B in Betracht (ähnlich wie hier: Ingenstau/Korbion/Döring, B § 6

Abs. 3 Rn. 6; Kapellmann/Messerschmidt/Kapellmann, B § 6 Rn. 33; Roquette/Viering/Leupertz, Teil 2 Rn. 852 ff.).

In Fällen von solchen eigenmächtig ergriffenen Zusatzleistungen, die nur noch mittelbar auf Behinderungen zurückgehen, ist es deshalb nicht ausgeschlossen, dass dem Auftragnehmer selbst ohne Anordnung des Auftraggebers eine Vergütung zusteht (s. zu den dann allerdings notwendigen Anforderungen einer Dokumentation: Teil B Rdn. 112 ff., 193). Nur beruht dieser **Vergütungsanspruch** – dies ist mit aller Deutlichkeit hervorzuheben – eben **nicht mehr unmittelbar auf einer bauablaufbedingten Verzögerung**, die dem Auftraggeber zuzurechnen ist. Vielmehr geht es jetzt um einen Anspruch nach einem **dazu gefassten neuen kausalen Entschluss des Auftragnehmers**, ggf. ausgehend von einer Verzögerung ohne Abstimmung mit dem Auftraggeber Zusatzleistungen zu erbringen. Diese erhält er vergütet wie in allen anderen Fällen des § 2 Abs. 8 Nr. 2 und 3 VOB/B (s. dazu auch Vygen/Joussen, Bauvertragsrecht Rn. 2376 ff.), d. h.: 466

- Ihm steht ein Vergütungsanspruch (insoweit auch in Anlehnung an § 2 Abs. 5 VOB/B) zu, wenn der Auftraggeber die **Zusatzleistung** (wie im o. g. Beispielfall die Beschleunigungsmaßnahme) **anerkennt** (§ 2 Abs. 8 Nr. 2 S. 1 VOB/B). 467
- Eine Vergütungspflicht besteht ebenfalls, wenn die ergriffenen Maßnahmen des Auftragnehmers **für die Erfüllung des Vertrages notwendig** waren, dem mutmaßlichen Willen des Auftraggebers entsprachen und ihm unverzüglich angezeigt wurden (§ 2 Abs. 8 Nr. 2 S. 2 VOB/B) – sämtlichst Voraussetzungen, an denen hier ein Vergütungsanspruch scheitern könnte und dürfte: Denn gerade (eigenmächtig) ergriffene Beschleunigungsmaßnahmen werden dem Auftraggeber zumeist (zunächst) nicht angezeigt (s. allerdings zu der AGB-Widrigkeit dieser Regelung, wenn die VOB/B nicht ohne Abweichungen vereinbart wurde: Vygen/Joussen, Bauvertragsrecht, Rn. 2383). Auch dürften viele Auftraggeber einwenden, dass sie mit einer verlängerten Bauzeit deutlich besser hätten leben können als mit einer Beschleunigung (ähnlich Kapellmann, NZBau 2009, 538, 540; dagegen zu weitgehend Kimmich, BauR 2008, 263, 270, der davon ausgeht, dass die Beschleunigung im Interesse des Auftraggebers gelegen hat). 468
- In Folge dessen bleibt es schließlich bei einem Anspruch des Auftragnehmers nach § 2 Abs. 8 Nr. 3 VOB/B in Verbindung mit den **Grundsätzen der Geschäftsführung ohne Auftrag**. Dabei könnte auch hier zweifelhaft sein, ob der Auftragnehmer im Interesse und entsprechend dem mutmaßlichen Willen des Auftraggebers gehandelt hat (Vygen/Joussen Bauvertragsrecht, Rn. 2388 ff.; s. auch Leupertz, BauR 2005, 775). Vorstellbar wäre dies immerhin mit der Argumentation, dass bei einer unterbliebenen Beschleunigung den Auftraggeber dann wegen der Stillstandskosten u. a. 469

Schadensersatzansprüche nach § 6 Abs. 6 VOB/B getroffen hätten und dass die eigenmächtig ergriffene Beschleunigung für ihn günstiger war. Eine solches Ergebnis erscheint sachgerecht, wäre aber vom Auftragnehmer schlüssig darzulegen und zu beweisen (s. zu den damit verbundenen Beweisschwierigkeiten bei einem Schadensersatzanspruch nach § 6 Abs. 6 VOB/B nachfolgend Teil A Rdn. 764 ff.). In jedem Fall führt dieses Ergebnis aber **zwingend** dazu, dass der **Anspruch des Auftragnehmers wegen der Beschleunigungskosten** unter keinem Gesichtspunkt **über einen den jetzt fiktiv** zu berechnenden **Schadensersatzanspruch nach § 6 Abs. 6 VOB/B hinausgehen** kann. Das aber heißt weiter: Lagen erst gar nicht die Voraussetzungen für einen Schadensersatzanspruch nach § 6 Abs. 6 VOB/B vor (z. B. weil eine Behinderungsanzeige unterblieben war), könnte selbst dieser Weg über die Geschäftsführung ohne Auftrag verbaut sein. Denkbarerweise könnte ein Auftragnehmer dann leer ausgehen – was aber an sich nichts Besonderes ist, wenn er eigenmächtig Leistungen erbringt (i. E. ähnlich; Kapellmann/Messerschmidt/Kapellmann B § 6 Rn. 33).

5.4 Wichtige Fallgruppen

470 Bedarf es für einen Vergütungsanspruch nach § 2 Abs. 5 VOB/B somit stets einer leistungsändernden Anordnung des Auftraggebers, sollen nachfolgend verschiedene Fallgruppen erläutert werden, bei denen es im Zusammenhang mit Bauablaufverzögerungen zu Mehrkosten kommen kann.

Überblick zu wichtigen Fallgruppen zu § 2 Abs. 5 VOB/B

- Anspruch bei unklarer/unvollständiger Leistungsbeschreibung i. V. m. flankierenden Schadensersatzansprüchen (Rdn. 472 ff.)
- Leistungsänderungen wegen Erschwernissen, vor allem Baugrundrisiko (Rdn. 494 ff.)
- Leistungsänderungen in Folge „anderer Anordnungen des Auftraggebers", vor allem Änderungen zur Bauzeit (Rdn. 528 ff.)
- Leistungsänderungen in Folge Anordnungen Dritter (Rdn. 536 ff.)
- Alternativ- und Eventualpositionen als Ursache von Bauablaufstörungen und Grundlage für eine Vergütungsanpassung nach § 2 Abs. 5 VOB/B (Rdn. 542 ff.)
- Leistungsänderungen vor Vertragsschluss (Rdn. 591 ff.)

5.4.1 Anspruch bei unklaren/unvollständigen Leistungsbeschreibungen

471 Einer der Hauptstreitpunkte bei Mehrvergütungsansprüchen nach § 2 Abs. 5 VOB/B beruht auf unklaren oder unvollständigen Leistungsverzeichnissen. Hier ist wie folgt zu differenzieren, wobei gerade bei solchen Sachverhalten

noch ergänzend flankierend bestehende Schadensersatzansprüche nicht aus dem Auge verloren werden dürfen (Teil A Rdn. 482 ff.).

5.4.1.1 Mehrvergütungsanspruch bei unklarer/unvollständiger Leistungsbeschreibung

Ob im Einzelfall eine Änderung des Leistungsbeschriebs als Bestandteil des Bauentwurfs oder eine sonstige **leistungsändernde Anordnung** des Auftraggebers vorliegt, ist häufig nur schwer festzustellen, wenn der **Leistungsbeschrieb im Leistungsverzeichnis unklar und/oder unvollständig** ist (vgl. dazu im Einzelnen: Vygen, Festschrift Soergel 1993, S. 277 ff., 284 ff.) 472

▶ **Beispiel:**

Ein Generalunternehmer schreibt eine Dacheindeckung in mehreren Positionen detailliert aus. Er fügt im Leistungsverzeichnis sogar eine Skizze über die auszuführenden Randanschlüsse bei, wobei er ein bestimmtes Fabrikat eines bekannten Herstellers vorschreibt. Aus dessen Hersteller- und Verarbeitungsrichtlinien ergibt sich zwingend die Anbringung von Verbundblechen und die Ausbildung der vorgesehenen Klemmschienen als Winkelbleche. Dies allerdings war nicht ausgeschrieben und vom Bieter auch nicht mit in die Einheitspreise einkalkuliert worden. Daraus leitet der Subunternehmer Nachtragsforderungen her, nachdem der Generalunternehmer auf einen entsprechenden Hinweis des Subunternehmers die Ausführung nach den allgemein anerkannten Regeln der Technik und damit zwangsläufig nach den Hersteller-Richtlinien angeordnet hatte. Er war allerdings der Ansicht, dies sei die ohnehin vom Subunternehmer geschuldete vertragsgemäße Ausführung, also das von vornherein geschuldete Bausoll (vgl. dazu eingehend: Kapellmann/Schiffers, Bd. 1, Rn. 159 ff. und Bd. 2, Rn. 200 ff. und Rn. 400 ff. mit zahllosen Beispielen aus der Praxis).

Dieser Streit der Bauvertragspartner erfordert zunächst die **Klärung des nach dem Vertrag vom Auftragnehmer geschuldeten und mit den vereinbarten Preisen abgegoltenen Leistungsumfangs**. Dieser ist bei unklaren Leistungsbeschreibungen soweit möglich durch Auslegung zu ermitteln (s. o. Rdn. 175 ff.). Nachtragsforderungen können dem Auftragnehmer aus § 2 Abs. 5 VOB/B oder aus § 2 Abs. 6 VOB/B nämlich nur zustehen, wenn die **Ermittlung des nach dem Vertrag geschuldeten Leistungsumfangs** zu der Feststellung führt, dass die später vom Auftraggeber oder seinem Architekten oder Ingenieur verlangte bzw. angeordnete Leistung nicht der geschuldeten Leistung als dem **mit dem Vertragspreis (Einheits- oder Pauschalpreis) abgegoltenen Bau-Soll** (vgl. § 2 Abs. 2 VOB/B) entspricht. In diesem Fall läge nämlich trotz Anordnung weder eine Bauentwurfsänderung noch eine andere leistungsändernde Anordnung des Auftraggebers im Sinne des § 2 Abs. 5 VOB/B 473 vor; vielmehr ginge es allein um eine Anordnung im Sinne des § 4 Abs. 1 Nr. 3 S. 1 VOB/B, sodass dem Auftragnehmer auch kein Mehrvergütungsanspruch zusteht (BGH, Urt. v. 9.4.1992 – VII ZR 129/91, BauR 1992, 759 = NJW-RR 1992, 1046; anschaulich auch OLG Naumburg, Urt. v. 16.5.2013 – 2 U 161/12, 635, 636). Ob dagegen eine geänderte Leistung verlangt wird, lässt sich nur feststellen, wenn zuvor in Abgrenzung dazu nach objektiven Kriterien der geschuldete Leistungsumfang ermittelt wurde, wobei die Sicht eines objektiven Bieters als des Erklärungsempfängers des Leistungsverzeichnisses oder aller möglichen Bieter maßgebend sein muss (s. zu dieser objektiven Empfängersicht oben Rdn. 178). Unklarheiten, die aus objektiver Sicht auch **unter Berücksichtigung aller zur Verfügung stehenden Unterlagen wie Pläne und Zeichnungen** im Wege der Auslegung gemäß §§ 133, 157 BGB nicht zu beheben sind, werden danach jedenfalls zumeist zulasten des ausschreibenden Auftraggebers gehen (vgl. oben Rdn. 175 ff. sowie Vygen/Joussen, Bauvertragsrecht, Rn. 916). Die **Darlegungs- und Beweislast für einen bestimmten Leistungsumfang** obliegt dabei jeweils dem, der sich auf diesen Leistungsumfang beruft (vgl. Vygen, Festschrift für Locher Seite 263 ff., 281 ff.).

474 Ergeben diese Ermittlungen somit einen bestimmten Leistungsumfang als vom Auftragnehmer geschuldet, so ist damit zugleich entschieden, ob die später tatsächlich verlangte oder angeordnete Ausführung davon abweicht und mithin als **Bauentwurfsänderung oder andere leistungsändernde Anordnung im Sinne des § 2 Abs. 5 VOB/B,** als **Zusatzleistung** im Sinne des § 2 Abs. 6 VOB/B oder aber nur als Anordnung zur Ausführung der vertragsgemäßen Leistung gemäß § 4 Abs. 1 Nr. 3 S. 1 VOB/B anzusehen ist (BGH BauR 1992, 759 = NJW-RR 1992, 1046 – „Wasserhaltung 1") mit der Folge, dass eine Vergütungsänderung nicht in Betracht kommt.

475 Ergibt dagegen die Feststellung des Bau-Solls, dass das später angeordnete und so auch ausgeführte Bau-Ist davon abweicht, so ist bei dadurch bedingten Mehrkosten ein Mehrvergütungsanspruch des Auftragnehmers dem Grunde nach gerechtfertigt. Dies vorausgeschickt kann es in Folge von Anordnungen des Auftraggebers vor allem dann zu einer Änderung der Preisgrundlagen im Sinne des § 2 Abs. 5 VOB/B kommen, wenn die Leistungsbeschreibung unklar oder sogar unvollständig war und jetzt **erstmals mit der Anordnung konkretisiert** wird (s. dazu auch Teil B Rdn. 200).

▶ **Beispiel:**

Im Leistungsverzeichnis ist keine bestimmte Vorgabe zu Sanitärarmaturen festgelegt. Hier schuldet der Auftragnehmer einen „üblichen Standard". Im Nachhinein legt der Auftraggeber einen bestimmten Typ fest. Dies ist eine Anordnung, die auch die Grundlagen des Preises nach dem vorgesehenen Vertrag ändern kann, der bisher keine Festlegung auf eine bestimmte Armatur üblichen Standards vorsah. In Folge dessen schuldet der Auftraggeber eine Mehrvergütung, wenn der Auftraggeber Armaturen mit einem höherwertigen Standard verlangt. Doch auch die Festlegung auf eine bestimmte Armatur üblichen Standards kann Mehrvergütungsansprüche auslösen, wenn der Auftragnehmer etwa einwendet, dass er einen anderen Typ üblichen Standards einbauen wollte, den er z. B. besonders günstig einkaufen konnte.

Entsprechendes gilt, wenn der Auftraggeber im Leistungsverzeichnis ein bestimmtes Produkt vorgegeben hat verbunden mit dem Zusatz „oder gleichwertig". „Ordnet" er jetzt die Verwendung des in der Ausschreibung genannten Produktes an, obwohl der Auftragnehmer eigentlich ein „gleichwertiges" einbauen wollte, liegt in dieser Konkretisierung ebenfalls eine Anordnung im Sinne des § 2 Abs. 5 VOB/B (OLG Dresden, Urt. v. 06.12.2005 – 14 U 1523/05, BauR 2008, 364, 365 f.). **476**

Noch deutlicher wird dies bei Pauschalverträgen auf der Grundlage einer funktionalen Vergabe.

▶ **Beispiel:** (in Anlehnung an BGH, Urt. v. 13.3.2008 – VII ZR 194/06, BGHZ 176, 23 = BauR 2008, 1131)

Nach einer schon vorliegenden Bauwerksplanung zu der Errichtung eines Bistros fordert der Auftraggeber vom Auftragnehmer ein funktionales Angebot unter anderem mit dem Zusatz „Lieferung und Einbau einer Lüftungsanlage je nach Erfordernis für Bistro und Bistroküche". Daraufhin wird der Vertrag geschlossen. Im Nachhinein ändert der Auftraggeber die Bauwerksplanung für das Bistro, sodass nunmehr die Lüftungsanlage deutlich aufwendiger herzustellen ist. Hierfür verlangt der Auftragnehmer eine Mehrvergütung.

Ein Anspruch ist unproblematisch gegeben. An einer Anordnung kann kein Zweifel bestehen. Doch auch die Leistungsänderung gegenüber der vertraglichen übernommenen Leistung ist eindeutig: Ermittelt man nämlich die geschuldete Leistung anhand der vorliegenden Vertragsunterlagen unter Auslegung der vorliegenden Erklärungen, hatte der Auftragnehmer zwar pauschal die Herstellung einer Lüftungsanlage übernommen, aber natürlich nur insoweit, als diese zum Zeitpunkt des Vertragsschlusses auf der Grundlage der vorhandenen Planung zu errichten war. Wurde diese Grundlagenplanung geändert, bedingte dies hier verändert zu erbringende Folgeleistungen. Dies ist ein Anwendungsfall des § 2 Abs. 5 VOB/B; mit der funktional übernommenen Leistung hat dies nichts zu tun (BGH, Urt. v. 13.3.2008 – VII ZR 194/06, BGHZ 176, 23, 28 = BauR 2008, 1131, 1135 = NJW 2008, 2106, 2108 = NZBau 2008, 437, 439).

477 Doch nicht nur die Konkretisierung einer unvollständigen bzw. offenen, sondern auch die nach Vertragsabschluss vorgenommene **Verfeinerung einer Planung** kann zu einer Leistungsänderung im Sinne des § 2 Abs. 5 VOB/B führen. Dies ist etwa der Fall, wenn sich im Übergangsstadium von der Entwurfsplanung (1:100) zur **Ausführungs- und/oder Detailplanung** (1:50, 1:10 usw.) Änderungen seitens des Auftraggebers ergeben.

▶ **Beispiel:**

Die vom Auftraggeber oder seinem Architekten erstellte Entwurfsplanung 1:100 und dementsprechend die Ausschreibung, die der Auftragnehmer seiner Kalkulation zugrunde legt, sehen einheitlich 50 Stützen oder Pfeiler gleicher Größe (Umfang und Höhe) vor. Folgerichtig hat der Auftragnehmer seinen Angebotspreis einheitlich unter Berücksichtigung der Mehrfachverwendung derselben Schalung kalkuliert. Nach Vertragsabschluss wird dem Auftragnehmer die Detailplanung nebst Bewehrungsplänen für die Stützen und Pfeiler zugeleitet. Diese sieht (aus statischen oder gestalterischen Gründen) insgesamt 20 verschiedene Typen mit völlig unterschiedlichen Formen und Maßen vor.

Eine solche **Abweichung in der Detailplanung** und damit in der vom Auftragnehmer auszuführenden Leistung bewirkt zwar keine Änderung des Leistungsbeschriebs. Denn dort waren nur Stützen einer bestimmten Länge, einer bestimmten Betongüte und Bewehrung und eines bestimmten Volumens, die unverändert blieben, angegeben. Zweifellos führt diese Änderung aber zu einer **Änderung der Preisgrundlagen** des vereinbarten Einheitspreises oder auch eines Pauschalpreises (Mehrkosten durch zusätzliche Schalungen). Zugleich kann sie insbesondere eine **Verlängerung der vorgesehenen Bauzeit** verursachen, jedenfalls aber eine **Störung des Bauablaufes**. Auch dieser Fall berechtigt den Auftragnehmer somit, eine Preisanpassung gemäß § 2 Abs. 5 VOB/B zu verlangen. Denn Grundlage der Kalkulation und damit vertraglich geschuldetes Bau-Soll waren 50 gleiche Stützen, wie sich aus dem Leistungsverzeichnis und der zunächst vorhandenen Entwurfsplanung 1:100 ergab, sodass die Vorlage der geänderten Ausführungsplanung eine Änderung des Bauentwurfs darstellt. Um derartige Änderungen aber überhaupt und rechtzeitig erkennen zu können, sollte an der Baustelle stets der der Angebotsbearbeitung zugrunde liegende Plan vorhanden sein.

478 Die gleichen Grundsätze wie vorstehend müssen gelten, wenn sich sonst Angaben in der Planung ändern, die Auswirkungen auf den Bauentwurf entfalten.

- **Beispiel:** (OLG Düsseldorf, Urt. v. 13.11.2007 – 21 U 256/06, BauR 2008, 1902, 1903)

  In der Ausschreibung bzw. den beigefügten (oder in zumutbarer Weise einsehbaren) Planungsunterlagen (Statik, Detailplanung) war dem Bieter die Möglichkeit eröffnet worden, seine Preise auf der Grundlage des Einsatzes von Großflächenschalungen zu kalkulieren. Nach Vertragsschluss entfällt diese Möglichkeit, weil die Detailplanung oder insbesondere die Bewehrungspläne deren Einsatz ausschließen oder in anderer Hinsicht zum Nachteil des Auftragnehmers einschränken.

Auch in diesem Fall wird man in der Regel von einer **Änderung des Bauentwurfs** ausgehen können, sodass es nicht einmal einer weitergehenden entsprechenden Anordnung des Auftraggebers bedarf (vgl. dazu aber BGH, Urt. v. 25.6.1987 – VII ZR 107/86, BauR 1987, 683 = NJW-RR 1987,1306, der einen Mehrvergütungsanspruch allerdings ablehnte, weil nach seiner Auffassung die Lücken im Leistungsverzeichnis ggf. erkennbar waren).

Von vorstehenden Sachverhalten zu unterscheiden sind dagegen **nachträgliche Korrekturen der Entwurfsplanung oder sonstige Lücken**, mit denen der Auftragnehmer noch rechnen musste, die er bei einer gewissenhaften Prüfung hätte feststellen können oder die sogar vorbehalten waren. 479

- **Beispiel:** (ähnlich OLG Oldenburg, Urt. v. 16.02.2010 – 12 U 18/07, Nichtzul.-Beschw. zurückgew., BGH, Beschl. v. 19.05.2011 – VII ZR 36/10, BauR 2012, 500)

  Der Auftragnehmer soll 160 Fenster herstellen und einbauen. In der Leistungsbeschreibung sind vier Fenstergrößen mit ca.-Maßen angegeben. Später stellt sich heraus, dass die Größen der Rohbaumaße deutlich häufiger von den Angaben im Leistungsverzeichnis abweichen. Eine Leistungsänderung liegt hier gleichwohl nicht vor. Denn abgesehen davon, dass die Werte ohnehin nur mit ca.-Maßen angegeben waren, kann ein Fachunternehmer gewerkespezifisch gerade nicht erwarten, dass entsprechend dem Leistungsverzeichnis exakt nur vier Größenangaben anzutreffen sind. Stattdessen gehört die individuelle Anpassung an ein vorher genommenes Aufmaß im Rahmen bestimmter Toleranzen zu der von einem Fensterbauer zu erbringenden Leistung (ähnlich OLG Dresden, Urt. v. 20.03.2012 – 5 U 765/11, IBR 2012, 500 zu ca.-Maßen bei Pfahllängen).

Ähnliches gilt, wenn in der Ausschreibung für die Kalkulation notwendige Angaben fehlen.

▶ **Beispiel:**

Schon nach den Angebotsunterlagen hätten dem Auftragnehmer Zweifel an dem Einsatz einer Großflächenschalung kommen müssen. Wenn er diese gleichwohl (ggf. ohne Rückfrage beim Auftraggeber) kalkuliert, kann er etwaige Mehrkosten wegen des nicht möglichen Einsatzes einer solchen Schalung beim Auftraggeber als Mehrvergütungsanspruch nach § 2 Abs. 5 VOB/B nicht geltend machen.

Diese aus Sicht des Auftragnehmers „veränderte" Ausführung hat mit einer Änderung des Leistungssolls nichts zu tun. Denn in diesem Fall geht der Auftragnehmer bewusst das **Risiko einer Unterkalkulation** ein, das er nicht nachträglich auf den Auftraggeber abwälzen kann (BGH, Urt. v. 25.6.1987 – VII ZR 107/86, a. a. O.). Insoweit darf ein Auftragnehmer auch ein **erkennbar lückenhaftes Leistungsverzeichnis** nicht einfach hinnehmen, sondern muss sich daraus ergebende Zweifelsfragen vorher klären. Sieht er davon ab, geht dies zu seinen Lasten (s. oben näher Rdn. 186 ff.).

480 Eine danach ggf. erfolgende Risikoübernahme darf aber wiederum **nicht** mit einer unabhängig davon **notwendigen Auslegung des Vertrages mit einer ggf. unklaren Leistungsbeschreibung verwechselt** werden (s. oben Rdn. 175 ff. sowie u. a. BGH, Urt. v. 13.3.2008 – VII ZR 194/06, BGHZ 176, 23, 31 BauR 2008, 1131, 1136 = NJW 2008, 2106, 2109 = NZBau 2008, 437, 440 = ZfBR 2008, 464, 468; BGH, Beschl. v. 20.12.2010 – VII ZR 77/10, BauR 2011, 530, umfassend auch Vygen/Joussen, Bauvertragsrecht, Rn. 873 ff.), d. h.: Zuerst ist immer anhand einer am **objektiven Empfängerhorizont orientierten Auslegung** festzustellen, ob es die vorgenannten Lücken überhaupt gibt. Dabei ist auch zu berücksichtigen, dass der Auftraggeber zumindest dem Grunde nach für die eindeutige und erschöpfende Leistungsbeschreibung verantwortlich ist (§ 7 Abs. 1 VOB/A) und dem Auftragnehmer kein ungewöhnliches Wagnis aufgebürdet werden darf. Der Auftragnehmer darf also grundsätzlich von einer erschöpfenden Ausschreibung der von ihm zu erbringenden Leistung ausgehen, wobei dem Wortlaut der jeweiligen Ausschreibung eine erhebliche Bedeutung zukommt (BGH, Urt. v. 9.1.1997 – VII ZR 259/95, BGHZ 134, 245, 247 = BauR 1997, 466 = NJW 1997, 1577). Ist danach die Leistungsbeschreibung z. B. in Folge einer Bezugnahme auf eine konkrete Planung nicht lückenhaft, ist nunmehr jede Änderung dieser Planung mehrvergütungspflichtig (§ 2 Abs. 5 VOB/B). Ergibt dagegen die Auslegung, dass die Leistungsbeschreibung lückenhaft war, wäre in einem zweiten Schritt zu fragen, ob der Auftragnehmer die damit verbundenen Risiken einer ggf. anschließend notwendigen Leistungskonkretisierung mit übernommen hat. Hat er dies nicht, käme auch insoweit ein Mehrvergütungsanspruch in Betracht.

Ergänzend dazu wird immerhin teilweise vertreten, dass einem Auftragnehmer wenigstens dann, wenn er fahrlässig die Unklarheit des Leistungsverzeichnisses nicht erkannt habe, ihm allenfalls anzulasten sein könnte, dass er auf diese **Unklarheit hätte zuvor hinweisen** müssen. Dies hätte dazu geführt, dass der Auftraggeber dann das Bausoll ggf. mit der Anordnung einer mehrvergütungspflichtigen Leistung klargestellt hätte. Wenigstens diese **Mehrkosten** könne der Auftragnehmer nach § 2 Abs. 5 VOB/B nunmehr als **„Sowiesokosten"** verlangen (OLG Koblenz, Urt. v. 27.1.1999 – 1 U 420/96, BauR 2001, 1442, 1444 f. = NJW-RR 2001, 1671, 1672; Kapellmann/Messerschmidt/Kapellmann, § 2 Rn. 127). Diese Sichtweise überzeugt nicht – und verkennt bereits die Grundsätze der Vertragsauslegung: Denn was zum vom Auftragnehmer zu erbringenden Vertragssoll gehört, ist allein durch Auslegung zu ermitteln (so auch BGH, Beschl. v. 20.12.2010 – VII ZR 77/140, BauR 2011, 530). Bestehen danach Unklarheiten, kann eine Auslegung wie dargelegt ergeben, dass der Auftragnehmer den damit verbundenen Mehraufwand übernommen hat. Das Auslegungsergebnis selbst wird dagegen durch die Unklarheit nicht beeinflusst (BGH, Urt. v. 13.3.2008 – VII ZR 194/06, BGHZ 176, 23, 29 = BauR 2008, 1131, 1135 = NJW 2008, 2106, 2108). Daher muss ein Auftragnehmer – will er insoweit Rechtsnachteile vermeiden – auch **keine Aufklärung betreiben**. Denn eine unterbliebene Aufklärung kann nicht das Ergebnis einer Aufklärung beeinflussen. Diese richtet sich stattdessen allein nach dem Verständnis der Willenserklärung aus Sicht des objektiven Empfängerhorizonts. Insoweit gibt es auch keine Auslegungsregel, wonach ein Vertrag mit einer unklaren Leistungsbeschreibung allein deshalb zulasten eines Auftragnehmers auszulegen wäre, weil dieser die Unklarheit vor der Abgabe seines Angebots nicht aufgeklärt hat (BGH, a. a. O.; BGH, Urt. v. 12.9.2013 – VII ZR 227/11, BauR 2013, 2017, 2019 = NJW 2013, 3511, 3512 = NZBau 2013, 695, 697; s. dazu näher oben Rdn. 189). Steht demzufolge das Ergebnis der Auslegung in die eine oder andere Richtung fest, ergibt sich daraus zugleich die Antwort, ob ein Mehrvergütungsanspruch besteht. Andernfalls gibt es eben keinen Anspruch. 481

5.4.1.2 Schadensersatzanspruch des Auftraggebers bei unklarer Leistungsbeschreibung

Eine der Hauptursachen von Diskussionen zu Mehrvergütungsansprüchen bei Störungen im Bauablauf geht – dies zeigen schon die vorangegangenen Erläuterungen der soeben dargestellten ersten Fallgruppe – auf unklar gefasste Leistungsbeschreibungen zurück. Je nach **Auslegung des dazu geschlossenen Vertrages** kann sich danach ergeben, dass eine vom Auftraggeber geforderte Leistung bereits zu der vom Auftragnehmer vertraglich geschuldeten und von der Vergütung abgedeckten Leistung gehört: Dann liegt dem dazu anfallenden Aufwand keine Leistungsänderung zugrunde; ein Mehrvergütungs- 482 anspruch nach § 2 Abs. 5 VOB/B entfällt. Genauso gut kann sich aus der Auslegung aber das Gegenteil ergeben, d. h.: Der Auftragnehmer hatte die geforderte Leistung nach dem Vertrag noch nicht zu erbringen bzw. diese Leistung war von der vertraglich vereinbarten Vergütung nicht abgedeckt, sodass jetzt die Leistung geändert wird und Mehrvergütungsansprüche bestehen (s. ausführlich zu der Bedeutung und Vorgehensweise bei der Auslegung oben Rdn. 175 ff.). Doch damit ist die rechtliche Prüfung von Ansprüchen bei Störungen im Bauablauf infolge unklar gefasster Leistungsbeschreibungen nicht erschöpft. In Betracht kommen nämlich parallel dazu bestehende Schadensersatzansprüche jeweils der Partei, die in Folge der Unklarheiten einen Nachteil erleidet (s. ausführlich Joussen BauR 2013, 1583).

483 Zu nennen sind zunächst Sachverhalte, bei denen wie üblich die Leistungsbeschreibung vom Auftraggeber stammt. Angenommen werden soll, dass diese unklar gefasst ist. Sodann kann sich nach einer Auslegung im Einzelfall ergeben, dass der Auftragnehmer sich daraus ergebende Risiken nicht übernommen hat. Folglich wäre nunmehr ein Mehrvergütungsanspruch möglich.

▸ **Beispiel:**

Der Auftraggeber will ein asbestbelastetes Gebäude sanieren. Hierzu hat er zuvor ein Schadstoffgutachten erstellen lassen. Auf dieser Grundlage wird der Auftrag erteilt und die Vergütung pauschaliert. Später stellt sich heraus, dass die Annahmen des Gutachters, dem auf Grund knapper Finanzen auch nur ein beschränkter Auftrag erteilt worden war, falsch waren. Dies hätte der Auftragnehmer bei einer gewissenhaften Prüfung, die er aber bei Vertragsschluss unterlassen hatte, erkennen können. Ungeachtet dessen kann eine Auslegung des Vertrages ergeben, dass der mit dem Vertrag übernommene Leistungsumfang des Auftragnehmers durch dieses Gutachten konkretisiert und beschränkt wurde (s. dazu auch nachfolgend Teil A Rdn. 508). Folglich wäre ein später für die Sanierung zu betreibender Mehraufwand nicht mehr von der zunächst übernommenen Leistungspflicht und der dazu vereinbarten Vergütung umfasst. Eine darauf gerichtete Anordnung würde somit eine Leistungsänderung darstellen und Mehrvergütungsansprüche auslösen.

484 Dagegen kann dem Auftraggeber nunmehr seinerseits abhängig von der Fallgestaltung ein **aufrechenbarer Schadensersatzanspruch** aus §§ 311 Abs. 2 Nr. 1, 241 Abs. 2, 280 BGB zustehen (Joussen BauR 2013, 1583, 1586). Hierbei handelt es sich um einen Anspruch, der früher aus der sog. culpa in contrahendo/Verschulden bei den Vertragshandlungen oder bei Vertragsabschluss hergeleitet wurde. Zwar stammt der Ausschreibungsfehler (Ungenauigkeit der Ausschreibung als Grundlage des Mehrvergütungsanspruchs) von ihm selbst oder seinem Architekten oder Ingenieur. Allerdings hätte der Bieter als Fachunternehmer diesen erkennen können und müssen, weil die Leistungsbeschreibung (im Beispielfall auf der Grundlage des Gutachtens) unvollständig, unrichtig oder unklar war. Insoweit hätte er den Auftraggeber bei einem pflichtgemäßen Handeln auch darauf hinweisen und um Klarstellung bitten (vgl. § 12 Abs. 7 VOB/A) oder dies im Angebotsschreiben klarstellen müssen (vgl. Vygen, Festschrift Soergel 1993, S. 286). Die **Darlegungs- und Beweislast** für die tatbestandlichen Voraussetzungen eines solchen Schadensersatzanspruches liegen bei dem Auftraggeber. Dessen Schaden kann darin liegen,

- dass er diese Unklarheit bei entsprechendem Hinweis des Bieters noch vor der Vergabe ohne oder mit geringerem Mehrpreis hätte klären können.
- dass er bei Kenntnis der Unklarheit oder Unvollständigkeit die Ausschreibung wegen wesentlicher Änderung der Grundlagen gemäß § 17 VOB/A sogar ganz aufgehoben hätte (vgl. BGH, Urt. v. 25.11.1992 – VIII ZR 170/91, BGHZ 120, 281, 286 f. = BauR 1993, 214, 216 = NJW 1993, 520, 521). Ebenso kann sich der Auftraggeber ggf. darauf berufen, dass er den Zuschlag einem anderen Bieter erteilt hätte, der die entsprechende Leistungsposition niedriger angeboten hatte, weil die Preisermittlungsgrundlagen bei der Nachtragskalkulation erhalten bleiben müssen.

Ein danach bestehender Schadensersatzanspruch des Auftraggebers kann **485** aber keinesfalls den gesamten Mehrvergütungsanspruch des Auftragnehmers gemäß § 2 Abs. 5 oder 6 VOB/B zu Fall bringen. Denn dem Auftraggeber ist **wegen seiner fehlerhaften Ausschreibung stets** ein **erhebliches Mitverschulden** oder sogar die entscheidende **Mitverursachung** anzulasten, sodass sich meist eine **Quotelung** ergeben wird (vgl. § 254 BGB). Diese Möglichkeit der Kürzung des Mehrvergütungsanspruchs des Auftragnehmers durch einen dagegen stehenden **Schadensersatzanspruch des Auftraggebers aus Verschulden bei den Vertragsverhandlungen** gemäß §§ 311 Abs. 2 Nr. 1, 241 Abs. 2 BGB unter Anwendung der Grundsätze des Mitverschuldens und des Ausgleichs bei beiderseitiger Verursachung (§ 254 BGB) führt gerade bei **Nachträgen auf Grund von erkennbar unrichtigen, unvollständigen oder unklaren Leistungsbeschreibungen** zu sachgerechten Ergebnissen. Dieses für beide Bauvertragspartner bestehende Risiko kann auch dazu beitragen, dass Auftraggeber eine noch größere Sorgfalt bei der Abfassung von Leistungsbeschreibungen aufwenden und Bieter bei dennoch vorkommenden Unklarheiten darauf hinweisen und so beide ihre **vorvertraglichen Kooperationspflichten** mit dem Ziel fairer Bauverträge erfüllen.

5.4.1.3 Schadensersatzanspruch des Auftragnehmers bei unklarer Leistungsbeschreibung

Rechtlich schwieriger ist der umgekehrte Fall: So kann nämlich die **Ermittlung** **486** **des geschuldeten Leistungsumfangs** bei erkennbar unvollständigen, unrichtigen oder unklaren Leistungsverzeichnissen genauso gut ergeben, dass die nachträglich vom Auftraggeber oder seinem Architekten geforderte oder **angeordnete Leistung vom Auftragnehmer schon nach dem Vertrag geschuldet** war. In diesem Fall liegt selbst bei einem darauf gerichteten Leistungsverlangen des Auftraggebers weder eine Bauentwurfsänderung noch eine andere leistungsändernde Anordnung des Auftraggebers im Sinne des § 2 Abs. 5 VOB/B vor. Vielmehr geht es dann wie schon eingangs erläutert allein um eine **Anordnung im Sinne des § 4 Abs. 1 Nr. 3 S. 1 VOB/B**, sodass dem Auftragnehmer auch kein Mehrvergütungsanspruch nach § 2 Abs. 5 VOB/B zustehen kann (vgl. den Fall des BGH, Urt. v. 09.04.1992 – VII ZR 129/91, BauR 1992, 759 = NJW-RR 1992, 1046)

▶ **Beispiel:**

Ein öffentlicher Auftraggeber beschreibt bei einem Tiefbauvorhaben die Bodenverhältnisse unter Verstoß gegen § 7 Abs. 1 Nr. 6 VOB/B für einen Fachunternehmer erkennbar unzureichend. Zugleich ist vorgesehen, dass der Auftragnehmer alle erforderlichen Arbeiten zu der vorgesehenen Pauschale zu übernehmen hat und dafür keine Mehrkosten geltend machen kann. Fällt jetzt doch ein aufwendigerer Boden an, sodass der Auftragnehmer z. B. schwereres Gerät einsetzen muss als von beiden Parteien angenommen, kann sich in Folge der erkennbaren Unklarheit im Leistungsverzeichnis nach der Auslegung gleichwohl ergeben, dass der Auftragnehmer dieses Risiko übernommen hat. Ein Mehrvergütungsanspruch wäre dann ausgeschlossen (s. dazu auch näher Rdn. 512).

487 In diesen Fällen kann aber nunmehr dem Bieter und Auftragnehmer seinerseits anstatt eines Mehrvergütungsanspruchs aus § 2 VOB/B ggf. ein **Schadensersatzanspruch** zustehen (Joussen, BauR 2013, 1583, 1588; zustimmend Kniffka/Koeble 5. Teil Rn. 87). Anspruchsgrundlage ist zunächst wiederum §§ 280 Abs. 1, 311 Abs. 2, § 241 Abs. 2 BGB. Denkbar wäre auch ein Schadensersatzanspruch nach § 823 Abs. 2 BGB in Verbindung mit § 7 VOB/A, wenn den Vorschriften der VOB/A bei Vergaben oberhalb der Schwellenwerte im Anwendungsbereich des GWB und der Vergabeverordnung der **Rang eines Schutzgesetzes** zukommt. Hiervon dürfte wohl heute auszugehen sein (so etwa KG, Urteil v. 27.11.2003 – 2 U 174/02 –, BauR 2004, 1504 [Ls.] = VergabeR 2004, 490, 491; OLG Karlsruhe, Beschl. v. 17.04.2008 – 8 U 228/06 –, VergabeR 2009, 108, 109; offen gelassen dagegen in: KG, Urteil v. 17.01.2011 – 2 U 4/06 –, BauR 2011, 1508, 1519 = NZBau 2012, 56, 58; KG, Urteil v. 08.12.2011 – 2 U 11/11 –, VergabeR 2012,208, 211 = NZBau 2012, 389, 391; ebenso für den Rang eines Schutzgesetzes: Vygen, Jahrbuch BauR 1999, 46, 48; Dreher, NZBau 2002, 419, 426), sodass allein die Verletzung dieser Regelungen des § 7 VOB/A einen solchen bieterschützenden Schadensersatzanspruch auslösen kann.

Lässt man diesen Sonderfall der Vergaben oberhalb der Schwellenwerte aber einmal außer Betracht, wird man zu fragen haben, inwieweit daneben eine **allgemeine Pflicht des Auftraggebers** besteht, **Leistungsverzeichnisse klar und eindeutig aufzustellen**, sodass es zu den vorgenannten negativen Folgen für einen Auftragnehmer gar nicht erst kommt. Anzunehmen ist dies in jedem Fall bei Vergaben der öffentlichen Hand nach der VOB/A auch unterhalb der Schwellenwerte (und sonstiger privater Auftraggeber, die ihren Vergaben die VOB/A freiwillig zugrunde gelegt haben): Denn wenn man sich selbst im Vorfeld eines Vertragsverhältnisses zu dessen Anbahnung auf die VOB/A (freiwillig oder kraft interner Verwaltungsanweisung unfreiwillig) stützt, muss man sich daran halten (s. dazu ausführlich Vygen/Joussen, Bauvertragsrecht, Rn. 213 ff., 332 ff.; s. grundsätzlich auch BGH, Urteil v. 21.02.2006 – X ZR 39/03, BauR 2006, 1140, 1141 = NJW-RR 2006, 963, 964 = VergabeR 2006, 889, 890; anschaulich ebenso OLG Stuttgart, Urt. v. 09.02.2010 – 10 U 76/09, VergabeR 2011, 144, 151 zu dem umgekehrten Fall mit einer Haftung des Auftragnehmers). Dies schließt die Beschreibungspflichten zu den zu erbringenden Leistungen gemäß § 7 Abs. 1 und 2 VOB/A ein. Dazu gehören u. a. die dortigen Teilpflichten zur eindeutigen und erschöpfenden Leistungsbeschreibung mit dem Verbot der Übertragung eines ungebührlichen Wagnisses sowie dem Gebot der genauen Beschreibung der Bodenverhältnisse ggf. mit der dafür erforderlichen Einholung von Baugrundgutachten u. a. (BGH, Urteil v. 22.11.2011 – VII ZR 67/11, BauR 2012, 490, 491 = NJW 2012, 518, 519 = NZBau 2012, 102, 103; BGH, Urteil v. 21.03.2013 – VII ZR 122/11 –, BauR 2013, 1126, 1128 = NZBau 2013, 428, 429; Vygen/Joussen, Bauvertragsrecht, Rn. 912 f.; OLG Schleswig, Urteil v. 25.09.2009 – 1 U 42/08, ZfBR 2010, 597, 599; von Craushaar, Festschrift Locher, S. 9 f.; dagegen allerdings sehr kritisch Quack, BauR 1998, 381). Angaben haben dazu in einer öffentlichen Ausschreibung zu erfolgen, soweit der Auftraggeber zu einer solchen Beschreibung in der Lage und diese zumutbar ist (BGH, Urt. v. 21.12.2011 – VII ZR 67/11, BauR 2012, 490, 492 = NJW 2012, 518, 520 = NZBau 2012, 102, 103; ebenso BGH, Urteil v. 21.03.2013 – VII ZR 122/11, BauR 2013, 1126, 1128 = NZBau 2013, 428, 429). Doch kommt es nicht einmal darauf an (s. dazu schon Vygen, Jahrbuch BauR 1999, 46, 50): Denn bei Unklarheiten bei der Aufstellung von Leistungsverzeichnissen geht es weniger um eine Beschreibungspflicht des Auftraggebers, die er verletzt haben könnte. Im Vordergrund steht vielmehr die Tatsache, dass derjenige, der vorvertraglich die Leistung beschrieben hat und weiß, wie wichtig diese Leistungsbeschreibung für sein Gegenüber (Auftragnehmer) als Grundlage seines Angebots und seine Kalkulation ist, verpflichtet ist, diese – **ggf. freiwillig von ihm übernommene – Aufgabe der Leistungsbeschreibung auch ordnungsgemäß, d. h. vollständig, richtig und eindeutig zu erfüllen**. Verletzt er diese vorvertragliche Pflicht schuldhaft (ggf. auch nur fahrlässig) und erleidet der Auftragnehmer in Folge dessen Nachteile (etwa weil er eine wegen einer unklaren Leistungsbeschreibung von ihm tatsächlich 488 nicht erkannte Leistung auszuführen hat, obwohl er die dafür erforderlichen und geschuldeten Leistungen oder Kosten nicht einkalkuliert hat), kann dies bereits für sich genommen einen damit korrespondierenden Schadensersatzanspruch aus der Verletzung einer vorvertraglichen Rücksichtnahmepflicht nach §§ 311 Abs. 2 Nr. 1, 241 Abs. 2, 280 Abs. 1 BGB auslösen (OLG Stuttgart, Urt. v. 9.3.1992 – 5 U 164/91, BauR 1992, 639 f. = IBR 1992, 487 mit Anmerkung Vygen; Joussen BauR 2013, 1583, 1586).

489 Nichts anderes gilt bei **sonstigen Ausschreibungsfehlern**, ggf. auch **außerhalb der VOB/A**. Macht ein privater Auftraggeber konkrete Angaben im Leistungsverzeichnis, können diese zwar einerseits die Leistungspflichten des Auftragnehmers bestimmen und demzufolge Mehrvergütungsansprüche ausschließen. Gleichwohl können diese Angaben falsch oder unzureichend erhoben worden sein. Hierfür kann der Auftraggeber dann – etwa wenn es um ein Planungsverschulden seines Architekten geht – ebenso haften (Joussen, BauR 2013, 1583, 1589). Denn es versteht sich von selbst, dass die Angaben zur Anbahnung eines Vertragsverhältnisses auch außerhalb der VOB/A richtig und vollständig sein müssen. Sind sie es nicht und hat der Auftraggeber dies zu vertreten (wobei ihm ein Verschulden seiner Planer nach § 278 BGB zuzurechnen ist), kann auch das eine Schadensersatzhaftung nach §§ 311 Abs. 2 Nr. 1, 241 Abs. 2, 280 Abs. 1 BGB wegen Verletzung einer vorvertraglichen Pflicht begründen, wenn der Auftragnehmer deswegen einen Schaden erleidet.

490 Klarzustellen ist an dieser Stelle, dass die Rechtsprechung des BGH solche Schadensersatzansprüche dem Grunde nach schon seit Langem – vor allem sehr deutlich in seinen Urteilen zur Wasserhaltung I (BGH, Urt. v. 09.04.1992 – VII ZR 129/91, BauR 1992, 759, 760 = NJW-RR 1992, 1046) und Doppelschleuse (BGH, Urt. v. 27.06.1996 – VII ZR 59/95, BauR 1997, 126, 128 = NJW 1997, 61, 62) – anerkannt hat (zuvor schon BGH, Urt. v. 21.11.1991 – VII ZR 203/90, BGHZ 116, 149, 152 = BauR 1992, 221, 222 = NJW 1992, 827), sie dann aber doch jeweils ablehnte. Dies galt vor allem bei einer Verletzung der Ausschreibungsgrundsätze des § 7 VOB/A bzw. ehemals § 9 VOB/A a. F. (s. ausführlich dazu von Craushaar, Festschrift Locher, S. 9, 14): Dies wiederum beruhte darauf, dass die frühere Haftungsgrundlage gesetzlich nicht kodifiziert war, sondern sich aus dem gewohnheitsrechtlichen Institut der sog. culpa in contrahendo (Verschulden bei Vertragsschluss) ergab. Hierbei handelte es sich um eine reine **Vertrauenshaftung**: Derjenige, der Schadensersatz verlangte, musste berechtigt auf die Ordnungsgemäßheit des Vergabeverfahrens vertraut haben. Diese Enttäuschung des schutzwürdigen Vertrauens war nach altem Rechtsverständnis nicht erst im Rahmen eines gegenseitigen Mitverschuldens gemäß § 254 BGB zu berücksichtigen; vielmehr handelte es sich um eine echte Tatbestandsvoraussetzung. Fehlte dieses berechtigte Vertrauen, schied somit ein Schadensersatzanspruch hier des Auftragnehmers schon dem Grunde nach aus (BGH, a. a. O.; ausdrücklich dazu sodann BGH, Urt. v.

11.11.1993 – VII ZR 47/93 – Wasserhaltung II, BGHZ 124, 64, 69 = BauR 1994, 236, 238 = NJW 1994, 850, 851, s. dazu auch OLG Jena, Urt. v. 19.12.2001 – 7 U 614/98, BauR 2003, 714, 716; anschaulich ebenso OLG Bamberg, Urt. v. 03.03.2010, Urt. v. 03.03.2010 – 3 U 230/08, IBR 2011, 4 = BauR 2011, 562 [Ls.], was sich allerdings nicht aus dem nur veröffentl. Leitsatz ergibt). Damit war aber dieser eigentlich bestehende Schadensersatzanspruch in der Praxis ohne Wert (ähnlich Kapellmann, Jahrbuch BauR 1999, 1, 37): Denn eine Schadensersatzhaftung wurde ja überhaupt nur relevant, wenn die Lückenhaftigkeit der Ausschreibung, d. h. der Verstoß gegen die Vorgaben des § 7 VOB/A für den Auftragnehmer erkennbar war – mit der Folge, dass er ja deswegen das hier erkennbare Risiko mit übernommen und etwaige Mehrleistungen ohne Zusatzvergütung auszuführen hatte. Hierin bestand gerade sein Schaden, den es wegen der fehlerhaften Ausschreibung zu ersetzen galt. Wenn diese Erkennbarkeit aber zugleich automatisch sein schutzwürdiges Vertrauen auf die Ordnungsgemäßheit der Ausschreibung ausschloss, konnte es für die Schadensersatzhaftung keinen praktischen Anwendungsbereich geben (weswegen eine Schadensersatzhaftung von dem BGH – a. a. O. – mit diesem Argument stets abgelehnt wurde).

Diese Rechtsprechung dürfte jedoch überholt sein. Denn anders als früher ist **491** die vorvertragliche Schadensersatzhaftung nach der gesetzlichen Aufnahme in das BGB **nicht mehr als reine Vertrauenshaftung** ausgestaltet. Stattdessen folgt sie jetzt einer sich aus dem (vorvertraglichen) Schuldverhältnis ergebenden **Rücksichtnahmepflicht** (so ausdrücklich entschieden für die Verletzung vergaberechtlicher Vorschriften: BGH, Urt. v. 09.06.2011 – X ZR 143/10, BGHZ 190, 89, 92= BauR 2011, 1813, 1815 = NZBau 2011, 498, 500; BGH, Urt. v. 11.11.2014 – XZR 32/14, BauR 2015, 479, 480; ebenso wohl Kniffka/Koeble, 5. Teil Rn. 87). Das aber heißt, dass damit nach heutigem Recht **jeder Verstoß** gegen die einen öffentlichen Auftraggeber bindenden vergaberechtlichen Vorgaben, denen er sich – sei es bei Vergaben oberhalb der Schwellenwerte von Gesetzes wegen, sei es sonst aus haushaltsrechtlichen Gründen – unterwirft, Schadensersatzansprüche des späteren Auftragnehmers auslösen kann, wenn ihm wegen dieses Verstoßes ein Schaden entstanden ist. All dies gilt umso mehr, als die Rechtsprechung heute solche Schadensersatzansprüche auch dann anerkennt, wenn der betreffende Bieter in einem fehlerhaften Vergabeverfahren den Zuschlag erhalten hat, ihm aber gleichwohl durch die Verletzung der VOB/A ein Schaden entstanden ist (BGH, Urt. v. 26.01.2010 – X ZR 86/08, NZBau 2010, 387, 388). Folglich liegt gerade darin eine taugliche Grundlage für Schadensersatzansprüche bei unklar gebliebenen Ausschreibungen, bei denen der Auftraggeber schuldhaft gegen die Vorgaben der VOB/A verstoßen hat und der Auftragnehmer diese Verstöße seinerseits zwar hätte erkennen können, jedoch nicht erkannt hat. Dasselbe gilt aber wie gesagt auch bei Vergaben außerhalb der VOB/A, soweit im Vorfeld dazu gegenüber dem Auftraggeber in der Leistungsbeschreibung vorwerfbar falsche oder unvollständige Angaben gemacht wurden. Festzustellen ist danach lediglich, dass die Ausschreibung wirklich z. B. mit einem Verstoß gegen § 7 VOB/A gefasst war. Ob dies der Fall ist, kann ebenfalls nur im Einzelfall entschieden werden.

▶ **Beispiel:** (nach BGH, Urt. v. 21.12.2011 – VII ZR 67/11, BauR 2012, 490, 493 = NJW 2012, 518, 521)

Bei einem beauftragten Straßenaufbruch ist üblicherweise unterhalb der Deckschicht mit kontaminierten Böden zu rechnen, was auch jeder Fachunternehmer weiß. In dem zu einem Pauschalpreis geschlossenen Bauvertrag war dazu nichts konkret beschrieben. Ein Mehrvergütungsanspruch ist danach trotzdem nicht gegeben: Denn wenn sich aus den tatsächlichen Umständen klar ergibt, dass solche Leistungen anfallen werden, kann der Auftragnehmer später nicht einwenden, dass diese nicht zur übernommenen Leistung gehörten. Auch ein Schadensersatzanspruch aus § 280 Abs. 1 BGB entfällt hier, weil das Leistungsverzeichnis trotz des fehlenden Hinweises auf Kontaminationen wegen des insoweit üblichen Aufbaus einer Straße nicht unklar gefasst war.

492 Für den Schadensersatzanspruch selbst muss dann natürlich als weitere Voraussetzung beim Auftragnehmer wegen dieses Ausschreibungsfehlers ein **Schaden** entstanden sein. Dieser besteht nach Vorstehendem in dem **Mehraufwand**, den er in Folge der unklar beschriebenen Leistung betreiben musste, ohne dafür einen finanziellen Ausgleich zu erhalten. Allerdings kann insoweit ein Schaden auch entfallen, wenn ein Ausgleich dafür aus anderen Gründen erfolgt, so z. B. durch eine doch nachträgliche Anpassung der Vergütung – trotz übernommener Vertragsleistung – etwa nach den Grundsätzen des Wegfalls der Geschäftsgrundlage (s. dazu etwa BGH, Urteil v. 30.06.2011 – VII ZR 13/10, BauR 2011, 1646, 1647 = NJW 2011, 3287 = NZBau 2011, 553 sowie unten Teil A Rdn. 632 ff.). Dies ist dann jeweils im Einzelfall zu prüfen. Jedenfalls muss ein solcher Schadenersatzanspruch im Bedarfsfall auch geltend gemacht werden (BGH, Beschl. v. 22.12.2010 – VII ZR 77/10, BauR 2011, 530 = NJW-RR 2011, 378 = NZBau 2011, 160). Sodann obliegt dem Auftragnehmer dafür die **Darlegungs- und Beweislast**. Diesem Schadensersatzanspruch kann indes wiederum der Auftraggeber ein **Mitverschulden** oder eine **Mitverursachung** des Auftragnehmers entgegenhalten (§ 254 BGB) mit der Begründung, dass dieser die **Unklarheit oder Unvollständigkeit des Leistungsverzeichnisses** habe erkennen können und diese dementsprechend klarstellen oder darauf hinweisen müssen. Folglich wird auch bei solchen Sachverhalten eine Quotelung ermöglicht (Vygen, Festschrift Soergel S. 287; ebenso Kniffka/Koeble 5. Teil Rn. 87).

Diese Möglichkeit des Schadensersatzanspruches aus §§ 280 Abs. 1, 241 Abs. 2, 311 Abs. 2 BGB oder aus § 823 Abs. 2 BGB i. V. m. § 7 VOB/A für den Auftragnehmer unter Berücksichtigung des Mitverschuldens gemäß § 254 BGB führt mithin auch in diesen Fällen zu sachgerechten Ergebnissen.

Diese insgesamt vorstehend aufgezeigten Lösungsansätze stellen einen tragbaren Interessenausgleich für beide Bauvertragspartner dar. Sie führen vor allem dazu, dass einerseits den Ausschreibungen und Leistungsverzeichnissen aufseiten der Auftraggeber und der von ihnen beauftragten Architekten und Ingenieure größte Aufmerksamkeit und Sorgfalt gewidmet wird. Deutlich wird auch, dass **fehlerhaft erstellte, d. h. unklare, unvollständige oder unrichtige Leistungsbeschreibungen für den Auftraggeber mit erheblichen Risiken verbunden** sind und jedenfalls keine Vorteile bringen. Andererseits halten sie ebenso die Bieter an, das Leistungsverzeichnis und die dazu gehörenden Unterlagen sorgfältig durchzuarbeiten und Unklarheiten nicht einfach hinzunehmen. Außerdem werden sie dann nicht einfach ins Blaue hinein kalkulieren und eventuell sogar darauf spekulieren, sich nachträglich mit Nachtragsforderungen schadlos zu halten oder gar Vorteile zu verschaffen, weil sie die Unklarheit in Wahrheit erkannt und dadurch bedingte Mehrkosten in anderen Positionen wie z. B. der Baustelleneinrichtung schon berücksichtigt haben. 493

5.4.2 Leistungsänderungen wegen Erschwernissen, vor allem Baugrundrisiko

Problematisch sind des Weiteren Störungen im Bauablauf in Folge auftretender Leistungserschwernisse. Diese sind besonders häufig (aber natürlich nicht nur) im Baugrund anzutreffen. Diesen soll, weil hier vermeintlich zahlreiche Sonderprobleme auftauchen, ein eigener Unterpunkt gewidmet werden. 494

▸ **Beispiel:**

In dem der Ausschreibung zugrunde liegenden Leistungsverzeichnis waren die Bodenverhältnisse unzutreffend beschrieben worden. Statt ausgeschriebenem leichten Fels wurde vom Auftragnehmer bei den Erdarbeiten in großem Umfang schwerer Fels angetroffen.

Hier stellt sich die entscheidende Frage, ob und wenn ja unter welchen Voraussetzungen der Auftragnehmer einen damit verbundenen (Mehr)aufwand vom Auftraggeber ersetzt verlangen kann. Allzu schnell wird hier in der Praxis auf das **allgemeine Baugrundrisiko** verwiesen – verbunden mit der mehr oder minder pauschalen Aussage, dass dieses vom Auftraggeber zu tragen sei (vgl. etwa KG, Urt. v. 13.12.2004 – 24 U 354/02, BauR 2006, 111, 112; OLG Naumburg, Urt. v. 30.7.2014 – 1 U 15/14, IBR 2014, 738). Unter dem Baugrundrisiko versteht man – so eine sehr einprägsame Definition – die Gefahr, dass bei jeder, auch noch so geringfügigen Inanspruchnahme von Baugrund trotz vorhergehender, den Regeln der Technik entsprechender bestmöglicher Untersuchung und Beschreibung der Boden- und Wasserverhältnisse und einer Leistungserbringung nach den Regeln der Technik unvorhersehbare Erschwernisse auftreten können (Englert/Grauvogl/Maurer, Rn. 2087). Dabei wird das vom Auftraggeber dem Auftragnehmer zur Verfügung gestellte Grundstück zugleich als „Stoff" im Sinne des §§ 644, 645 BGB angesehen. Hieraus folge – so die herrschende Auffassung –, dass man danach ähnlich § 645 BGB Mängel dieses Stoffes (d. h. des Baugrundstücks) – z. B. wegen nicht erwarteter Hindernisse im Boden – dem Auftraggeber anzulasten habe. Dies bedeute, dass damit ein etwaiger Mehraufwand wegen dieses Baugrundrisikos nicht vom Umfang der geschuldeten Leistung des Auftragnehmers umfasst, d. h. in der Folge je nach Vorliegen der weiteren Voraussetzungen nach §§ 2 Abs. 5 oder 8 VOB/B zu vergüten sei.

495 Diese Sichtweise ist jedoch so schlicht falsch (ausführlich dazu Joussen NZBau 2013, 465). Dabei ist ernsthaft fraglich, ob dem Baugrundrisiko bei der Bestimmung der Leistungspflichten überhaupt eine so tief greifende Bedeutung zukommt, wie das vielfach behauptet wird (sehr skeptisch auch Holzapfel/Dahmen, BauR 2012, 1015). Denn das, was geschuldet ist oder nicht, ergibt sich allein aus den vertraglichen Regelungen. Sind diese **unklar, müssen sie ausgelegt** werden (s. dazu ausführlich oben Rdn. 175 ff.). Dabei ist unter Berücksichtigung der werkvertraglichen Erfolgshaftung des Auftragnehmers genau zu bestimmen, welche Leistungen er unter Berücksichtigung der Auslegung der von ihm bei Vertragsschluss abgegebenen Willenserklärungen als Leistungsrisiko mit übernommen hat. Allenfalls bei nicht auflösbaren Unklarheiten kann dann im Rahmen der Auslegung eine Wertung angestellt werden, wie sie auch § 645 BGB zugrunde liegt. Nur folgt selbst in diesem Fall die Bestimmung des Leistungsumfangs des Auftragnehmers nicht aus einer pauschalen Verweisung auf § 645 BGB, sondern beruht allein eben auf dieser angestellten Auslegung. Erst wenn sich daraus ergibt, dass vom Auftragnehmer in Folge des angetroffenen Baugrunds eine andere Leistung erwartet wird bzw. er sie auch ausführt, als er sie nach dem Vertrag zu der dort vorgesehenen Vergütung zu erbringen hatte, liegt eine Leistungsänderung und somit eine Grundlage für Mehrvergütungsansprüche nach § 2 Abs. 5 oder 8 VOB/B vor. Genau das ist jeweils im Einzelfall zu prüfen. Folgende Untergruppen können dazu gebildet werden:

5.4.2.1 Keine Leistungsänderung

496 Bevor eine Änderung der vom Auftragnehmer geschuldeten Leistung geprüft wird, sollen zunächst wenige Eckpunkte herausgestellt werden, bei denen

eine Leistungsänderung in aller Regel nicht vorliegt (Joussen, NZBau 2013, 465, 466):

- Zu nennen sind zunächst **bloße Leistungserschwernisse**, welche bei der bisher schon vorgesehenen Leistung ohne Einwirkung der Auftraggeberseite auftreten. Hierzu zählen z. B. bloße Erschwernisse bei der Ausführung in Folge der Bodenbeschaffenheit (bei unveränderter Bodenklasse gemäß Leistungsverzeichnis). Dieses Risiko geht ausschließlich zulasten des Auftragnehmers (BGH, Urt. v. 20.03.1969 – VII ZR 29/67, Schäfer/Finnern, Z 2.311 Bl. 31; Ingenstau/Korbion/Keldungs, VOB/B § 2 Abs. 5 Rn. 11, Heiermann/Riedl/Rusam/Kuffer, VOB, § 2 VOB/B Rn. 152, 163, 200). Dies gilt auch dann, wenn der Auftragnehmer ein an sich geeignetes Verfahren einsetzen wollte, das ausgerechnet an diesem Bauvorhaben aber nicht funktioniert. Dies fällt bei unverändert gebliebenem Leistungsziel und Baugrund allein in sein Risiko, weil er den Erfolg seiner Werkleistung schuldet und der dafür anzustellende Aufwand unbeachtlich ist. 497
- Auch eine in diesen Fällen unstreitig erteilte Anordnung löst für sich genommen bei angetroffenen Hindernissen im Baugrund noch keine Mehrvergütungsansprüche wegen einer geänderten Leistung aus. Eine Anordnung ist zwar zwingende Voraussetzung für einen Mehrvergütungsanspruch nach § 2 Abs. 5 VOB/B (s. o. Rdn. 452 ff.); sie ist aber stets **abzugrenzen von weiteren Anordnungen des Auftraggebers nach § 4 Abs. 1 Nr. 3 S. 1 VOB/B** zu Leistungen, zu deren Ausführung der Auftragnehmer im Rahmen seiner vertraglichen Pflichten – z. B. nach den einschlägigen DIN-Normen wie etwa den Technischen Vorschriften für die Ausführung von Erdarbeiten (TVE) – ohnehin vertraglich verpflichtet war (BGH, Urt. v. 09.04.1992 – VII ZR 129/91, BauR 1992, 759 = NJW-RR 1992, 1046; Ingenstau/Korbion/Keldungs, B § 2 Abs. 5 VOB/B Rn. 26). In diesem Fall entfällt ebenfalls ein Anspruch des Unternehmers auf Preisänderung nach § 2 Abs. 5 VOB/B.
- Ebenso scheidet eine Leistungsänderung im Sinne des § 2 Abs. 5 VOB/B aus, wenn die **Ausschreibung** nach dem **objektiven Bieterhorizont richtig** war und vom Bieter nur **falsch verstanden** wurde (Vygen, Jahrbuch Baurecht 1999, S. 53; s. auch OLG Düsseldorf, Urt. v. 18.11.2003 – 23 U 27/03, BauR 2004, 504, 505, sowie Vygen/Joussen, Bauvertragsrecht, Rn. 877 ff.).

5.4.2.2 Mengenverschiebungen § 2 Abs. 3 VOB/B

Wenige Probleme werfen sodann Fallgestaltungen auf, in denen das Leistungsverzeichnis nur mit fehlerhaften Mengen zum Baugrund „falsch" aufgestellt wurde. 498

▶ **Beispiel:**

Der Auftraggeber oder sein Architekt haben die Bodenverhältnisse nach bestimmten Bodenklassen ausgeschrieben. Bei der Ausführung der Leistungen zeigt sich, dass die Böden teilweise anderen Bodenklassen zuzuordnen sind als zunächst angenommen, ohne dass allerdings eine Bodenklasse entfällt.

Bei solchen bloßen Mengenverschiebungen zwischen verschiedenen Leistungspositionen oder falschen Mengenangaben in Folge falscher Planung (bei gleich bleibendem Leistungsziel) wird man eine **Preisanpassung nach § 2 Abs. 3 VOB/B** vornehmen können. Denn hier haben sich nur die Mengen der einzelnen Positionen, also die Vordersätze des Leistungsverzeichnisses, verändert. Dabei müssen **Mehrmengen bei höheren Bodenklassen** keineswegs immer zu einer Herabsetzung des vereinbarten Einheitspreises für diese Bodenklassen führen; denn derartige Mehrmengen können auch höhere Kosten des Unternehmers etwa bei Einsatz anderer, insbesondere größerer Geräte und anderen Personals bewirken (Ingenstau/Korbion/Keldungs, VOB/B, § 2 Abs. 3 Rn. 30). Erhöhte Mengen können ebenso zu einer Verlängerung der vorgesehenen Bauzeit und somit zu **höheren zeitabhängigen Kosten durch verlängerten Geräte- und Maschineneinsatz** und durch **verlängerten Einsatz des Bauleitungspersonals** führen. All diese dem Auftragnehmer entstehenden Mehrkosten sind bei einer Anpassung des vereinbarten Einheitspreises nach § 2 Abs. 3 Nr. 2 VOB/B zu berücksichtigen. Denn dabei handelt es sich um echte durch die Mengenverschiebung verursachte Mehrkosten; sie hätten bei vorheriger, d. h. im Zeitpunkt der Kalkulation und Angebotsabgabe vorhandener Kenntnis dieser Mengenverschiebung berücksichtigt werden können und müssen.

499 Problematisch wird aber eine **Mengenverschiebung** innerhalb mehrerer Bodenpositionen **beim Pauschalvertrag**, bei dem § 2 Abs. 3 VOB/B keine Anwendung findet. Dieselben Probleme stellen sich beim Einheitspreisvertrag mit wirksamem **Ausschluss des § 2 Abs. 3 VOB/B** (vgl. BGH, Urt. v. 8.07.1993 – VII ZR 79/92, BauR 1993, 723, 725 = NJW 1993, 2738, 2739). In diesen beiden Fällen (Pauschalvertrag und Einheitspreisvertrag mit Ausschluss von § 2 Abs. 3 VOB/B) ist den Bietern und Auftragnehmern dringend anzuraten, die Erdarbeiten von der Pauschalierung auszunehmen und sich die Abrechnung nach Einheitspreisen unter Anwendung des § 2 Abs. 3 VOB/B vorzubehalten. Zumindest aber sollten sie vom Auftraggeber möglichst **genaue Angaben über die Bodenverhältnisse** verlangen und diese Angaben überprüfen und ggf. entsprechende **Risikozuschläge kalkulieren**. In besonders schwerwiegenden Fällen von Mengenverschiebungen ist es immerhin denkbar, einen sich danach ergebenden Preis noch mit den Grundsätzen des Wegfalls der Geschäftsgrundlage § 313 BGB zu anzupassen (s. dazu unten Teil A Rdn. 632 ff.). Dies gilt ganz einheitlich für alle Verträge.

5.4.2.3 Mehrvergütungsansprüche wegen geänderter Leistung

Schwieriger als reine Mengenverschiebungen sind Sachverhalte, in denen sich die Bodenverhältnisse schlicht anders darstellen als im Vertrag angenommen. Dies kann im vorgenannten Beispielfall (Rdn. 494) auch schon angenommen werden, wenn anstatt etwa der ausgeschriebenen Leistung „leichter Fels" nunmehr „schwerer Fels" auftritt. Denn dieser Sachverhalt wird von § 2 Abs. 3 VOB/B nicht erfasst, sondern allenfalls von § 2 Abs. 5 VOB/B. **500**

5.4.2.3.1 Abgrenzung von Mehrkosten nach § 2 Abs. 3 und 5 VOB/B

Eine Differenzierung zwischen den beiden vorgenannten Anspruchsgrundlagen nach § 2 Abs. 3 und 5 VOB/B kann in der Praxis sehr bedeutsam sein. Denn nicht nur bei den Voraussetzungen, sondern auch bei der Preisberechnung ergeben sich signifikante Unterschiede. So ist nämlich bei § 2 Abs. 3 VOB/B lediglich für Mehrmengen über 110% ein neuer Preis zu vereinbaren, während der neue Preis bei § 2 Abs. 5 VOB/B die gesamte Menge erfasst. **501**

- **Beispiel:** (nach OLG Stuttgart, Urt. vom 15.7.1966 – 2 U 12/66, Schäfer/Finnern Z 2.310 Bl. 15)

  Der Auftragnehmer hatte zu Rohbauarbeiten einen Erdaushub von 300 m^3 mit einem Einheitspreis von 7,75 DM/m^3 angeboten und so den Auftrag erhalten. Nach Auftragserteilung wurde die Planung geändert und die Achse des im Hang liegenden Gebäudes um 50 Grad gedreht mit der Folge, dass nun 1.950 m^3 Erdaushub anfielen. Hier liegt zwar im Ergebnis eine Mehrmenge vor; diese hat aber ihre Ursache in einem Eingriff des Auftraggebers, nämlich in seiner Bauentwurfsänderung. Deswegen ist der neue Einheitspreis nach § 2 Abs. 5 VOB/B zu berechnen, wobei aber zugleich erhebliche Minderkosten durch Einsatz anderer Geräte und Maschinen entstanden und zu berücksichtigen waren. Der neue Einheitspreis ist sodann in Anwendung des § 2 Abs. 5 VOB/B für die gesamte Erdaushubmenge und nicht, wie dies bei Anwendung des § 2 Abs. 3 Nr. 2 VOB/B der Fall wäre, nur für die über 110% der ausgeschriebenen Menge hinausgehende Menge heranzuziehen. Im konkreten vom OLG Stuttgart entschiedenen Fall wurde ein neuer Einheitspreis für die gesamte Menge von 3,75 DM/m^3 festgelegt.

Ein weiterer sehr bedeutsamer Unterschied besteht darin, dass anders als § 2 Abs. 3 VOB/B die Anwendung des **§ 2 Abs. 5 VOB/B** vor allem mit dem Ziel, dass etwaige Mehrvergütungsansprüche ausgeschlossen seien, soweit dazu keine Vereinbarung oder eine schriftliche Beauftragung vorliegt, durch **All-**

gemeine Geschäftsbedingungen nicht ohne Weiteres abbedungen werden kann (BGH, Urt. v. 27.11.2003 – VII ZR 53/03, BGHZ 157, 102, 109 = BauR 2004, 488, 491 = NJW 2004, 502, 504 = NZBau 2004, 146, 147; ausführlich dazu auch Beck'scher VOB/B-Komm./Jansen, § 2 Abs. 5 Rn. 128 ff.; ebenso: Ingenstau/Korbion/Keldungs, B § 2 Abs. 5 Rn. 2). Dies gewinnt auch insoweit an Bedeutung, als § 2 Abs. 5 VOB/B gemäß § 2 Abs. 7 Nr. 2 VOB/B auch beim Pauschalvertrag uneingeschränkt anwendbar ist (Vygen, Festschrift Locher, S. 271).

5.4.2.3.2 Änderungsanordnung des Auftraggebers nach § 2 Abs. 5 VOB/B

502 Will der Auftragnehmer bei einem Mehraufwand auf Grund (vermeintlich) verändert angetroffener Bodenverhältnisse auf § 2 Abs. 5 VOB/B zurückgreifen, bedarf es wie schon an anderer Stelle erläutert (Rdn. 449 ff.) für die Neubestimmung des Preises in jedem Fall einer **Änderung des Bauentwurfs** oder einer anderen **Anordnung des Auftraggebers** als Ursache der Preisgrundlagenänderung. Dabei wird die Bauentwurfsänderung als solche bei in Folge abweichend vom Leistungsverzeichnis angetroffener Bodenverhältnisse und einer danach bei der **Baudurchführung anzupassenden Bauweise zu einer gegenüber dem Vertrag geänderten Ausführung** zumeist einfach festzustellen sein (s. dazu aber auch sogleich Rdn. 508 ff.). Denn wenn z. B. das Leistungsverzeichnis fälschlicherweise den Abbruch von leichtem Fels vorsah, stattdessen aber schwerer Fels abzubrechen ist, stellt dies unstreitig eine Leistungsänderung dar gegenüber dem, was zunächst vereinbart war. In diesem Fall ist der Bauentwurf, wozu auch die Ausschreibung und damit der Leistungsbeschrieb gehört, also nicht unverändert geblieben, sodass zumindest insoweit die Voraussetzungen des § 2 Abs. 5 VOB/B erfüllt sind. Dies ist in gleicher Weise zu bejahen, wenn nicht ausgeschriebene höhere statt der ausgeschriebenen niedrigeren Bodenklassen oder umgekehrt angefallen sind. Ähnliches gilt, wenn sich das Leistungsverzeichnis in Bezug auf den Boden aus anderen Gründen als falsch herausstellt (OLG Düsseldorf, Urt. v. 13.03.1990 – 23 U 138/89, BauR 1991, 219, 220 f.).

▸ **Beispiel:** (nach OLG Düsseldorf a. a. O.)

Im Leistungsverzeichnis zu Straßenbauarbeiten wird eine Erdaushubtiefe von 50 cm angegeben. Mangels Tragfähigkeit ist der Boden aber bis zu einer Tiefe von 1,60 m auszutauschen. Hier stellen die weiteren 90 cm eine Änderung der ursprünglichen Leistungsverpflichtung dar.

503 Neben der Änderung des Bauentwurfs ist sodann für einen Vergütungsanspruch nach § 2 Abs. 5 VOB/B aber auch wieder die zweite Frage zu prüfen, nämlich ob diese Leistungsänderung auf eine **Anordnung des Auftraggebers** zurückgeht (OLG Schleswig, Urt. v. 23.08.2005 – 3 U 76/03, BauR 2007, 599; s. allgemein oben Rdn. 452 ff.). Dies kann völlig unproblematisch sein, was insbesondere bei der Übergabe **nachträglich geänderter Ausführungspläne** gilt. Hier ist § 2 Abs. 5 VOB/B stets anwendbar (vgl. auch Marbach, ZfBR 1989, 5).

▶ **Beispiel:**

Nach der ursprünglichen Planung sollten 120 Gründungspfähle mit einem Durchmesser von 1.200 mm, nach geänderter Planung nur 60 Pfähle mit einem Durchmesser von 1.200 mm und zusätzlich 80 Pfähle mit einem Durchmesser von 900 mm auszuführen sein (s. weitere Beispiele bei Englert/Grauvogl/Maurer, Rn. 1393).

Doch auch sonst wird bei einer verändert angetroffenen/erschwerten Bodenbeschaffenheit in aller Regel von einer Änderungsanordnung des Auftraggebers auszugehen sein.

▶ **Beispiel:**

Zur Überwindung von Erschwernissen im Boden ordnet der Auftraggeber an, schwereres Gerät oder zusätzliches Personal einzusetzen oder gar Sprengungen vorzunehmen.

Fehlt es dagegen **an einer Anordnung**, scheidet trotz einer ggf. unstreitigen **504**
Leistungsänderung ein Vergütungsanspruch nach § 2 Abs. 5 VOB/B selbst in den vorgenannten Baugrundfällen aus. Allerdings wird man vor allem hier oft mit einer **stillschweigenden Anordnung** arbeiten können. Denn eine an die Bodenverhältnisse angepasste Bauweise wird üblicherweise zwischen allen Beteiligten abgestimmt sein mit der Maßgabe, dass trotz des vorgefundenen Bauzustandes die Arbeiten fortzusetzen sind. Hiermit dürfte gleichzeitig eine stillschweigende Anordnung des Auftraggebers getroffen worden sein (s. BGH, Urt. v. 20.8.2009 – VII ZR 205/07, BGHZ, 182, 158, 182 = BauR 2009, 1724, 1734 = NJW 2010, 227, 233; dazu auch OLG Koblenz, Urt. v. 27.1.1999 – 1 U 420/96, BauR 2001, 1442, 1445 = NJW-RR 2001, 1671, 1672; ebenso OLG Jena, Urt. v. 11.10.2005 – 8 U 849/04, NZBau 2006, 510, 514). Dies folgt nicht zuletzt aus der DIN 18 300 Ziffer 3.4.2. Danach sind nämlich immer dann, wenn bei Erdarbeiten etwa beim Abtrag von der Leistungsbeschreibung abweichende Bodenverhältnisse angetroffen werden oder Umstände eintreten, durch die die vereinbarten Abtragsquerschnitte nicht eingehalten werden können, die erforderlichen **Maßnahmen gemeinsam festzulegen**. Dabei handelt es sich um nichts anderes als einen Ausfluss der im Bauvertragsrecht geltenden **Kooperationspflicht**. Deren Verletzung kann einerseits Schadensersatzansprüche oder Kündigungsrechte auslösen (BGH, Urt. v. 28.10.1999 – VII ZR 393/98, BGHZ 143, 89 = BauR 2000, 409 = NJW 2000, 807; Kapellmann, Jahrbuch BauR 1999, 1, 30). Andererseits wird in einer solchen „gemeinsamen Festlegung" zugleich regelmäßig eine Anordnung im Sinne des § 2 Abs. 5 VOB/B liegen (s. allerdings auch oben weiter gehend zu kritischen Stimmen bei einvernehmlich abgestimmten Bauentwurfsänderungen: Rdn. 460).

505 Doch selbst wenn man die gemeinsame Festlegung oder eine ausdrückliche Anordnung nicht in den Vordergrund der Betrachtung stellt: Gerade bei geändert angetroffenen Baugrundverhältnissen ist es zumeist gerechtfertigt, an die **Annahme einer zumindest stillschweigenden Anordnung** des Auftraggebers zur geänderten Ausführung in Folge der anders als vorgesehen angetroffenen Bodenverhältnisse einen **großzügigen Maßstab** anzulegen. Denn wenn in der Leistungsbeschreibung ggf. mit einem Rückgriff auf ein Baugrundgutachten die Bodenverhältnisse falsch beschrieben waren, kann nicht ohne Bedeutung sein, dass deren Erstellung als Bestandteil der Planungsleistung gemäß § 34 Abs. 3 Nr. 6, Abs. 4 i. V. m. Anl. 10, Ziff. 10.1 HOAI im Verantwortungsbereich des Auftraggebers liegt. Aus dieser Erstellungsverantwortung folgt zwar nicht automatisch, dass abweichend davon angetroffene Bodenverhältnisse zugleich eine Anordnung im Sinne des § 2 Abs. 5 VOB/B begründen oder ersetzen, sodass darauf gänzlich verzichtet werden könnte (von Craushaar, BauR 1984, 314, 319; Marbach ZfBR 1989, 2, 8 und Vygen, Festschrift Locher, S. 270). Denn auch bei dieser nach § 2 Abs. 5 VOB/B geforderten Anordnung handelt es sich um eine **Willenserklärung, die objektiv einen Erklärungsakt und subjektiv ein Erklärungsbewusstsein** voraussetzt (s.o. Rdn. 452 ff.); an beidem fehlt es, wenn es dazu mit Ausnahme der Erstellungsverantwortung nichts gibt. Die Erstellungsverantwortung führt aber dazu, dass zumindest dann, wenn der Auftraggeber in welcher Form auch immer Kenntnis von den geänderten (von ihm geplanten) Bodenverhältnissen erlangt und er jetzt (widerspruchslos) weiter bauen lässt, als er geplant hat, zumindest darin in aller Regel von einer entsprechenden (stillschweigenden) Anordnung mit einem darauf gerichteten Erklärungsbewusstsein auszugehen sein wird (Joussen, NZBau 2013, 465, 467 f.).

5.4.2.3.3 Mehrkosten-(vergütungs)anspruch nach § 2 Abs. 8 Nr. 2 und 3 VOB/B/Geschäftsführung ohne Auftrag

506 Allenfalls dann, wenn der Auftraggeber nicht einmal Kenntnis von den geänderten Bodenverhältnissen hat und der Auftragnehmer von sich aus seine Arbeiten daran anpasst, wird es definitiv an einer Anordnung fehlen. In diesem Fall scheidet tatsächlich ein Mehrvergütungsanspruch nach § 2 Abs. 5 VOB/B aus. Dies gilt ebenso in Fällen, in denen der Auftraggeber zwar Kenntnis von den veränderten Verhältnissen erlangt, einer geänderten Ausführung aber (ausdrücklich) widersprochen hat (OLG Düsseldorf, Urt. v. 20.1.2009 – 23 U 47/08, IBR 2009, 255).

▶ **Beispiel:** (nach OLG Düsseldorf, Urt. v. 20.1.2009)

Die Bodenverhältnisse gestalten sich anders als erwartet. Der Auftragnehmer stellt einen Nachtrag. Der Auftraggeber widerspricht und sagt, er müsse den Vorgang prüfen. Der Auftragnehmer baut gleichwohl weiter auf der Grundlage seiner im Nachtrag angebotenen Leistung. Später verweigert der Auftraggeber die Bezahlung des Nachtrags mangels Anordnung. Dies ist richtig, weil er keine auf eine Leistungsänderung gerichtete Anordnung erteilt hat.

In Fällen, in denen ein Anspruch nach § 2 Abs. 5 VOB/B ausscheidet, verbliebe **507**
immerhin ein **Rückgriff auf § 2 Abs. 8 Nr. 2 und 3 VOB/B** (ebenso Englert/Grauvogl/Maurer, Rn. 1391). Ansprüche danach sind zumeist erfolgreich, wenn es ohnehin keine Alternative zu der Weiterführung der Arbeiten mit den geänderten Bodenverhältnissen gab in der Form, wie der Auftragnehmer vorgegangen ist (Vygen/Joussen, Bauvertragsrecht, Rn. 2368 ff.). Doch das ist nicht zwingend. Dabei mag noch vernachlässigt werden, dass nach § 2 Abs. 8 Nr. 2 und ggf. 3 VOB/B (Letzterer in Verbindung mit einem Aufwendungsersatzanspruch aus einer Geschäftsführung ohne Auftrag) zunächst sogar eine Anzeigepflicht zu der geänderten Leistung besteht, der oft nicht Rechnung getragen wird. Darüber hinaus besteht für die Durchsetzung eines solchen Anspruchs aber die allgemeine Schwierigkeit, dass der Auftragnehmer ggf. nicht in der Lage ist, Einzelheiten des tatsächlich angetroffenen Ist-Zustandes (in Abweichung von der Leistungsbeschreibung) im Nachhinein als Grundlage seines zusätzlichen Kostenanspruchs darzulegen und im Bestreitensfall zu beweisen (OLG Düsseldorf, Urt. v. 20.1.2009 – 23 U 47/08, IBR 2009, 255). Dies erfordert jedenfalls im Einzelfall eine **nicht unerhebliche Dokumentation**. Auch wird nicht selten der Auftraggeber einwenden, dass er dann, wenn er von den abweichenden Bodenverhältnissen gewusst hätte, eher ein anderes Verfahren als das vom Auftragnehmer gewählte bevorzugt hätte. Dies ist im Nachhinein, wenn die Kosten der Bauweise des Auftragnehmers feststehen, natürlich immer einfach zu behaupten, wenn eine alternative Bauweise theoretisch billiger hätte sein können. Es bleibt aber in diesen Fällen der Auftragnehmer, der als Anspruchsteller darlegen und beweisen muss, dass die von ihm ausgeführte Bauweise tatsächlich so und nicht anders notwendig gewesen ist bzw. keine kostengünstigere Alternative zur Verfügung stand. Verbleiben **Zweifel, gehen diese zu seinen Lasten**. Doch hat dies nichts mehr mit einem ggf. mangelhaften Leistungsverzeichnis zu tun, sondern beruht darauf, dass der Auftragnehmer nicht eigenmächtig Leistungen abweichend von der von ihm übernommenen Leistungsverpflichtung erbringen darf. Sind die Bauverhältnisse andere als im Vertrag angenommen, steht stattdessen – wie sich aus § 1 Abs. 3 VOB/B ergibt – allein dem Auftraggeber das Recht zu zu entscheiden, wie nunmehr tatsächlich gebaut werden soll.

5.4.2.4 Baugrundrisiko und Vertragsauslegung

Die bisher klar formulierten Eckpunkte zeigen deutlich, dass das Baugrund- **508**
risiko als solches zunächst keine Probleme aufwirft. Bei einem richtigen Ver-

ständnis der allgemeinen Rechtsgeschäftslehre des BGB gilt dies aber auch für zahlreiche weitere Fallgestaltungen mit (vermeintlich) nicht geregelten Sachverhalten. Hierfür ist es (lediglich) notwendig, die dem Vertrag zugrunde liegenden **Willenserklärungen** – und zwar auch und gerade **unter Bezug auf den zu bearbeitenden Baugrund – auszulegen** (s. zu der Bedeutung der Auslegung oben Rdn. 175 ff.). Dies gilt ganz maßgeblich für die Willenserklärung des Auftragnehmers, soweit das Leistungsverzeichnis mit den Ausschreibungsbedingungen wie üblich vom Auftraggeber stammt. Denn auch hier ist im Rahmen der Auslegung nach der **objektiven Empfängersicht** nur zu ermitteln, wie diese Ausschreibungsunterlagen für einen verständigen Empfänger unter Berücksichtigung von Verkehrssitte und Treu und Glauben (hier in Bezug auf den Baugrund) zu verstehen waren. Dies kann zu folgenden Ergebnissen führen (Joussen, NZBau 2013, 465, 458):

5.4.2.4.1 Konkretisierung durch Baugrundgutachten oder andere Angaben im Leistungsverzeichnis

509 Nicht selten legt die Ausschreibung schon ein untaugliches Verfahren fest.

▶ **Beispiel:** (ähnlich OLG Hamm, Urt. v. 22.2.2011 – 19 U 106/10, BauR 2012, 248)

Der Auftraggeber schreibt funktional Leitungsarbeiten für eine Ruhrunterquerung aus. Angegeben war im Leistungsverzeichnis allein das HDD-Verfahren. Dieses ist – wie sich später herausstellt – wegen der angetroffenen Bodenverhältnisse nicht geeignet; notwendig wäre eine Unterquerung im deutlich teureren HDI-Verfahren gewesen. Hier schuldete der Auftragnehmer zwar gleichwohl eine funktionsgerechte Leistung, d. h. das HDI-Verfahren. Der durch die Vergütung abgedeckte Leistungsumfang beschränkte sich dagegen auf das günstigere HDD-Verfahren, weswegen insoweit eine Änderung der vertraglich vorgesehenen Leistung vorlag. Hierfür stand dem Auftragnehmer ein Mehrvergütungsanspruch zu.

510 Eine Konkretisierung der geschuldeten Leistung in Bezug auf das Baugrundrisiko kann in ähnlicher Weise stattfinden, wenn der Ausschreibung ein **Baugrundgutachten** zugrunde liegt.

▶ **Beispiel:** (ähnlich BGH, Urt. v. 20.8.2009 – VII ZR 205/07, BGHZ 182,158 = BauR 2009, 1724)

Der Bauherr legt seiner Ausschreibung ein Baugrundgutachten bei. Im Folgenden bot der Auftragnehmer alternativ zu der im Leistungsbeschrieb vorgesehenen Ausführungsart eine HDI-Sohle an. Ergänzend sagt er zu, einen ggf. mit dieser Alternative verbundenen Mehraufwand zu übernehmen. Später stellen sich die Bodenverhältnisse anders dar als aus dem Baugrundgutachten ersichtlich. Gerade deswegen entstehen bei der alternativ beauftragten Ausführungsweise Zusatzkosten.

Der Verweis auf das allgemeine Baugrundrisiko führt hier nicht weiter. Denn dagegen steht die Zusage des Auftragnehmers, alle notwendig werdenden Aufwendungen mit seiner Leistung im Rahmen des funktional ausgestalteten Nebenangebotes zu übernehmen. Entscheidend ist stattdessen die **konkrete Bestimmung der vertraglich geschuldeten Leistungsverpflichtung**. Diese ist unter Berücksichtigung aller maßgeblichen Umstände durch eine am objektiven Empfängerhorizont orientierten Auslegung der vom Auftraggeber verfassten Leistungsbeschreibung zu ermitteln (Palandt/Ellenberger, § 133 Rn. 9; s. o. Rdn. 177 f.). Ein gewichtiger Gesichtspunkt ist dabei, inwieweit die Bodenverhältnisse für die Leistung des Auftragnehmers und damit die Kalkulation seines Preises erheblich sind. Ist dies der Fall, wird regelmäßig davon auszugehen sein, dass die ggf. mit Rückgriff auf ein Baugrundgutachten beschriebenen Bodenverhältnisse den Leistungsinhalt bestimmen. Stellen sich diese dann anders heraus, ist die Weiterführung der Leistungen eine geänderte Leistung. Wurde sie angeordnet, begründet dies einen Mehrvergütungsanspruch nach § 2 Abs. 5 VOB/B. Die pauschale Zusage des Auftragnehmers in seinem Nebenangebot zur Übernahme von Mehrkosten ändert daran nichts. Zwar kann ein Auftragnehmer auch unkalkulierbare Risiken übernehmen (BGH, Urt. v. 13.3.2008 – VII ZR 194/06, BGHZ 176, 23, 29 = BauR 2008, 1131, 1135 = NJW 2008, 2106, 2108; Heiermann/Riedl/Rusam/Kuffer, VOB/B § 2 Rn. 201). Wurden solche Erklärungen jedoch auf der **Grundlage einer präzise durch Baugrundgutachten beschriebenen Leistungsverpflichtung** abgegeben, sind diese in der Regel in der Weise auszulegen, dass davon nur Mehrkosten erfasst sein sollten, die zu dieser Leistungsverpflichtung (auf der Grundlage des beigefügten Baugrundgutachtens) passen (BGH, Urt. v. 20.8.2009 – VII ZR 205/07, BGHZ 182, 158, 181 = BauR 2009, 1724, 1733 = NJW 2010, 227, 232 = NZBau 2009, 707, 713). Das kann selbst dann gelten, wenn der Auftragnehmer im Vertrag ansonsten die Übernahme aller Leistungen für eine funktionsfähige Errichtung des Bauvorhabens übernommen hat; auch dann wird man in der Regel davon auszugehen haben, dass das **Baugrundgutachten den Umfang der ansonsten funktional übernommenen Leistungen begrenzt** (so wohl zu verstehen BGH, Urt. v. 20.6.2013 – VII ZR 103/12, BauR 2013, 1718, 1720 = NJW-RR 2014, 23, 24 = NZBau 2013, 565; unklar dagegen OLG Celle, Urt. v. 9.8.2012 – 5 U 34/12, BauR 2014, 1305, 1308, das diesen Gesichtspunkt eines Auslegungsergebnisses gar nicht in Erwägung zieht, sondern nur einen Anspruch wegen Änderung der Geschäftsgrundlage prüft; kritisch dagegen auch Bolz, ZfBR 2014, 419). Davon zu unterscheiden ist somit der Mehraufwand, der entsteht, weil von dem Baugrundgutachten abweichende Bodenverhältnisse auftreten. Dieser gehört dann nicht mehr zu der geschuldeten Vertragsleistung – es sei denn, im Vertrag ist etwas anderes geregelt.

▶ **Beispiel:** (in Anlehnung an KG, Urt. v. 26.11.2010 – 21 U 57/10, IBR 2012, 10)

Der Auftragnehmer ist mit der Herstellung eines Tunnels beauftragt. Dem Vertrag liegt ein Bodengutachten zugrunde. Ausdrücklich ist nunmehr vorgesehen, dass der Auftragnehmer auch jene Risiken zu übernehmen hat, die eintreten, soweit Böden und Vortriebsklassen abweichend von dem Bodengutachten angetroffen werden. Treten jetzt vom Bodengutachten abweichende Mengen auf, steht dem Auftragnehmer mangels Leistungsänderung kein Mehrvergütungsanspruch zu.

511 Ebenso wenig liegt eine Leistungsänderung vor, wenn etwa zu **einem Pauschalvertrag enthaltene Angaben** nicht den Umfang der Leistungsverpflichtung des Auftragnehmers begrenzen, sondern **lediglich als Information** dienen sollten, wovon der Auftraggeber bei der Ausschreibung ausgegangen ist. Es geht dabei also weniger um die nach dem Vertrag geschuldete Leistung, sondern um die Grundlagen der dafür geschuldeten Vergütung (BGH, Urt. v. 30.6.2011 – VII ZR 13/10 BauR 2011, 1646, 1648 = NJW 2011, 3287, 3288 = NZBau 2011, 553, 554).

▶ **Beispiel:** (nach BGH, a. a. O.)

Der Auftragnehmer wird im Rahmen einer funktionalen Vergabe mit Abbrucharbeiten beauftragt. Bei einer pauschal vereinbarten Vergütung wird die Estrichstärke mit 3 cm angegeben, während später Mehrstärken von 4 cm und mehr (d. h. über 7 cm) angetroffen werden. Der AN macht dafür einen Mehrvergütungsanspruch geltend. Dieser Anspruch wäre berechtigt, wenn nach dem objektiven Empfängerhorizont die Angabe der Estrichstärke so zu verstehen gewesen wäre, dass sie bereits den Leistungsinhalt der vom AN zu erbringenden Leistung bzw. den Umfang der für die vereinbarte Leistung zu zahlenden Pauschalvergütung beschränkt. Das hielt der BGH für möglich, nahm es aber letzten Endes in diesem konkreten Fall nicht an. Stattdessen räumte er aus dem Gesamtzusammenhang des Vertrages dem damit verfolgten Zweck (insgesamt beauftragter Abriss zu einem abschließend vereinbarten Preis) einen Vorrang ein; der Estrichstärke maß er hier allein eine „Information" des AG bei, ohne dass diese Vertragsinhalt wurde.

Das vorstehende Beispiel soll wie gesagt vor allem zeigen, dass **nicht jede Detailangabe** im Leistungsverzeichnis **automatisch zu einer Begrenzung der Leistung** und damit der Vergütung führt (wobei der BGH in vorgenanntem Fall doch eine Mehrvergütung zusprach, insoweit aber nur nach einer Preisanpassung wegen Störung der Geschäftsgrundlage; ähnlich Kapellmann, NZBau 2012, 275). Das kann so sein, muss es aber nicht. Allerdings wird man bei der Bestimmung der Leistungspflichten des Auftragnehmers auf der Grundlage von einer Leistungsbeschreibung beigefügten Baugrundgutachten zumindest in der Regel – soweit keine Besonderheiten bestehen – zu einer solchen Leistungsbegrenzung kommen, d. h.: Es ist davon auszugehen, dass die dortigen Angaben zugleich Vertragsinhalt werden und die von der vereinbarten Vergütung abgedeckte Leistung des Auftragnehmers prägen (so auch ausführlich OLG Düsseldorf, Urt. v. 26.03.2013 – 23 U 87/12, BauR 2013, 1889 [insoweit dort nicht abgedruckt] zu einem sehr ähnlichen wie vom BGH entschiedenen Sachverhalt). Denn anders als vielleicht Begleitangaben in einem Leistungsverzeichnis werden vor allem **Baugrundgutachten** nicht „zum Spaß" erstellt und einer Leistungsbeschreibung beigefügt; vielmehr erwartet der Auftraggeber umgekehrt sogar **zwingend deren Berücksichtigung**. Ebenso weiß er, dass die dortigen Angaben dann für die Leistungserbringung des Auftragnehmers und dessen Kalkulation erheblich sind. Dies genügt für die Maßgeblichkeit der Leistungsbestimmung (BGH, Urt. v. 20. 8.2009 – VII ZR 205/0, BGHZ 182, 158, 182 = BauR 2009, 1724, 1733 = NJW 2010, 227, 233 = NZBau 2009, 707, 714)

5.4.2.4.2 Unklar gehaltene/lückenhafte Ausschreibung – Risikoübernahme durch AN

In Weiterentwicklung der vorgenannten Fallgestaltung ist aber jeweils eigenständig zu prüfen, inwieweit der **Auftragnehmer** zum Baugrund ein Risiko übernommen hat. Hiervon wird regelmäßig auszugehen sein, wenn er im Bauvertrag **selbst für die Planung und Prüfung der Bodenverhältnisse verantwortlich** war. Dies kann sich ausdrücklich aus dem Vertrag ergeben, aber auch mittelbar aus der Gesamtgestaltung des Vertrages. 512

- **Beispiel:** (nach OLG Karlsruhe, Urt. v. 6.4.2010 – 4 U 129/08, BauR 2011, 305 [Ls.] = NJW-RR 2010, 1609, 1610)

  Der Auftragnehmer wird mit der Erstellung eines Kellers beauftragt. Die zusätzliche Einschaltung eines Architekten ist nicht vorgesehen. Hier schuldet der Auftragnehmer die mangelfreie Erstellung. Dazu gehört die Prüfung der örtlichen Bodenverhältnisse, weswegen er dann auch die damit verbundenen Aufwendungen (und Folgen bei problematischen Böden) zu tragen hat.

Stammt das **Leistungsverzeichnis dagegen vom Auftraggeber**, ist zunächst hervorzuheben, dass nicht jede vermeintlich lückenhafte Leistungsbeschreibung auch tatsächlich eine Unklarheit bei den Leistungen des Auftragnehmers begründet. 513

▶ **Beispiel:** (nach BGH, Urt. v. 21.12.2011 – VII ZR 67/11, BauR 2012, 490, 491 = NJW 2012, 518, 519)

Bei einem beauftragten Straßenaufbruch ist üblicherweise unterhalb der Deckschicht mit kontaminierten Böden zu rechnen. In dem zu einem Pauschalpreis geschlossenen Bauvertrag war dazu nichts konkret beschrieben. Dies stellt trotz der Beschreibungspflichten zum Baugrund nach § 7 Abs. 1 Nr. 6 VOB/A kein lückenhaftes Leistungsverzeichnis dar: Denn wenn sich aus den tatsächlichen Umständen klar ergibt, dass solche Leistungen anfallen werden, kann der Auftragnehmer später nicht einwenden, dass diese nicht zur übernommenen Leistung gehörten.

514 Doch selbst wenn eine vom Auftraggeber aufgestellte Leistungsbeschreibung tatsächlich lückenhaft ist, ist gesondert zu prüfen, inwieweit der Auftragnehmer etwaige sich daraus ergebende **Risiken zum Baugrund ggf. stillschweigend übernommen** hat. Auch das kann Ergebnis einer Auslegung sein – und hat mit einem speziellen Baugrundrisiko nichts zu tun.

▶ **Beispiel:** (nach OLG Jena, Urt. v. 19.12.2001 – 7 U 614/98, BauR 2003, 714)

Im Leistungsverzeichnis ist die Art des Verbaus nicht ausgeschrieben. Nunmehr kommt es zu Erschwernissen aus dem Baugrund, weswegen ein aufwendigerer Verbau notwendig wird, als er textlich nach dem Leistungsverzeichnis erforderlich gewesen wäre. Der Auftragnehmer macht Mehrkosten geltend gegenüber der Normalausführung.

Mit einer solchen Mehrkostenforderung wird der Auftragnehmer nicht durchdringen. Denn die Unklarheiten der Verbaumaßnahmen waren im Leistungsverzeichnis offensichtlich (OLG Jena, a. a. O.; ebenso: OLG Köln, Urt. v. 3.3.2000 – 11 U 46/98, IBR 2002, 347; OLG München, Urt. v. 10.06.2009 – 9 U 2192/07, Nichtzul.-Beschw. zurückgew.: BGH, Beschl. v. 12.2.2009 – VII ZR 145/08, BauR 2009, 1156, 1157; OLG Brandenburg, Urt. v. 16.7.2008 – 4 U 187/07, BauR 2008, 1938 [Ls.]) = NZBau 2008, 181, 182; OLG München, Urt. v. 14.04.2011 – 9 U 2907/10, BauR 2011, 1215 [Ls.], OLG München, Urt. v. 11.02.2014 – 9 U 5582/10, Nichtzul.-Beschw. zurückgew., BGH, Beschl. v. 17.12.2014 – VII ZR 44/14, noch nicht veröffentl.). Insoweit darf ein Auftragnehmer **nicht bewusst das Risiko einer Unterkalkulation** eingehen, das er dann vermeintlich später berechtigt auf den Auftraggeber abwälzen will (BGH, Urt. v. 25.6.1987 – VII ZR 107/86, BauR 1987, 683, 684 = NJW-RR 1987, 1306, 1307; BGH, Urt. v. 22.11.1965 – VII ZR 191/63, NJW 1966, 498). Konkret bedeutet das zwar nicht, dass der Auftragnehmer zur Vermeidung eines eigenen Risikos gezwungen wäre, im Vorfeld des Vertragsschlusses eigene Baugrunduntersuchungen vorzunehmen (BGH, Urt. v. 16.5.1968 – VII ZR 27/66, SFH Z 2.414 Bl. 205), die ihm vielfach auch schon tatsächlich gar nicht möglich sind. Bei einer Ausschreibung nach der VOB/A ergibt sich dies bereits aus § 7

Abs. 1 Nr. 6 VOB/A: Danach sollen die Bodenverhältnisse nämlich so klar beschrieben sein, dass der Auftragnehmer diese auf der Grundlage der Ausschreibung (nicht noch vorzunehmender Untersuchungen) hinreichend bestimmen und danach sein Angebot abgeben kann. Ein solch **erkennbar lückenhaftes Leistungsverzeichnis** darf der Auftragnehmer aber gleichwohl nicht einfach hinnehmen, sondern muss sich daraus ergebende Zweifelsfragen vorher klären. Ähnliches gilt, wenn sich für ihn aus dem Leistungsverzeichnis und den ihm überlassenen Unterlagen die Bauausführung in bestimmter Weise nicht mit hinreichender Klarheit ergibt, er darauf bei seiner Kalkulation aber abstellen will (BGH, Urt. v. 25.6.1987 – VII ZR 107/86, a. a. O.). Sieht er von einer solchen Klärung ab, geht dies zu seinen Lasten mit der Folge, dass nunmehr diese Ausführung unter Einschluss der Risiken auch zur geschuldeten (und von der Vergütung abgedeckten) Leistung gehört. Insoweit kann der Auftragnehmer nicht später eine Korrektur seiner für ihn nachteiligen Vertragsentscheidung erwarten (BGH, Urt. v. 13.3.2008 – VII ZR 194/06, BGHZ 176, 23, 31 = BauR 2008, 1131, 1136 = NJW 2008, 2106, 2109 = NZBau 2008, 437, 439; vgl. allerdings auch zu der ausnahmsweisen Preisanpassungsmöglichkeit wegen Wegfalls der Geschäftsgrundlage unten Teil A Rdn. 632 ff.).

5.4.2.5 (Öffentliche) Ausschreibung nach VOB/A

Eine Besonderheit besteht immerhin, wenn dem Vertrag – vor allem nach einer öffentlichen Ausschreibung – die VOB/A zugrunde gelegen hat. Denn hat wie bei der öffentlichen Ausschreibung in der Regel der Auftraggeber die Leistungsbeschreibung erstellt, so hatte er dafür die **in § 7 Abs. 1 und 2 VOB/A enthaltenen Vorgaben zu beachten**. Er hätte danach die Leistung im Rahmen des ihm Möglichen und Zumutbaren eindeutig und so erschöpfend beschreiben müssen, dass alle Bewerber die Beschreibung im gleichen Sinne verstehen und ihre Preise sicher und ohne umfangreiche Vorarbeiten berechnen können. Ein **ungewöhnliches Wagnis** dürfte ihnen **nicht aufgebürdet** werden. Gerade zu dem Baugrund heißt es weiter, dass hier die diesbezüglichen Verhältnisse so zu beschreiben sind, dass der Bewerber deren Auswirkungen auf die bauliche Anlage und die Bauausführung hinreichend beurteilen kann (vgl. dazu besonders § 7 Abs. 1 Nr. 6). Zugleich hat der Auftraggeber die Hinweise für das Aufstellen der Leistungsbeschreibung in Abschnitt 0 der jeweiligen DIN 18299 ff. zu beachten (§ 7 Abs. 1 Nr. 7 VOB/A). Für den Baugrund heißt das im Besonderen, dass ein Auftraggeber gezwungen ist, im Rahmen einer ordnungsgemäßen Ausschreibung die danach sich aus den einschlägigen DIN-Vorschriften vor allem zum Tiefbau für anwendbar erklärte DIN 4020 und DIN EN 1997-2 zu berücksichtigen (s. dazu näher und ausführlich Englert/Fuchs, BauR 2011, 1725; Englert/Grauvogl/Maurer, Rn. 468 ff.; Ingenstau/Korbion/Kratzenberg, VOB/A § 7 Rn. 54). 515

▶ **Beispiel:**

In der DIN 18300 Erdarbeiten heißt es z.B. in Abschnitt 0.2.8 und 0.2.10, dass in der Leistungsbeschreibung Boden und Fels hinsichtlich ihrer Eigenschaften und Zustände nach Abschnitt 2.2 sowie Einstufung in Klassen nach Abschnitt 2.3 zu beschreiben sind. In Abschnitt 2.2 wiederum wird genau etwa auf die Geltung der DIN 4020 verwiesen.

516 Sind somit die Bodenverhältnisse richtig und vollständig in Anlehnung an die einschlägige DIN anzugeben, heißt das zunächst, dass der **Auftraggeber** diese **so genau** und erschöpfend **beschreiben muss**, wie er dazu nach den jeweiligen Umständen in der Lage und **ihm dies zumutbar ist** (BGH, Urt. v. 21.11.2011 – VII ZR 67/11, BauR 2012, 490, 492 = NJW 2012, 518, 520 = NZBau 2012, 102, 103; ähnlich BGH, Urt. v. 21.3.2013 – VII ZR 122/11, BauR 2013, 1126, 1128 = NZBau 2013, 428, 429). Hieraus folgt zwar nicht, dass nunmehr für jedes Bauvorhaben zwingend z. B. ein Baugrundgutachten einzuholen ist. Auch finden diese Vorschriften aus dem Vergaberecht keine unmittelbare Anwendung bei einem schon geschlossenen Bauvertrag. Allerdings gilt gerade in Bezug auf den Baugrund der schon an anderer Stelle erwähnte Grundsatz, dass ein Bieter in einem **Vergabeverfahren nach seinem objektiven Bieterhorizont** ein in Anlehnung an die VOB/A aufgestelltes Leistungsverzeichnis so verstehen darf, dass der Auftraggeber sich bei dessen Erstellung an eben diese Vorgaben der VOB/A gehalten hat, d. h.: Soweit sich aus der Ausschreibung für ihn keine anderen Anhaltspunkte ergeben, darf er **berechtigt darauf vertrauen**, dass die **Bodenverhältnisse dort tatsächlich richtig und vollständig** mit einer Anlehnung an die einschlägig geltenden DIN-Regelungen beschrieben sind (BGH, Urt. v. 21.11.1991 – VII ZR 203/90, BGHZ 116, 149, 151 = BauR 1992, 221 = NJW 1992, 827; BGH, Urt. v. 27.06.1196 – VII ZR 59/95, BauR 1997, 126, 128 = NJW 61; BGH, Urt. v. 23.6.1994 – VII ZR 163/93, BauR 1994, 625, 626 = NJW-RR 1994, 1108, 1109; BGH, Urt. v. 11.11.1993 – VII ZR 47/93, BGHZ 124, 64, 69 f. = BauR 1994, 236, 238 = NJW 1994, 850, 851; BGH, Urt. v. 22.4.1993 – VII ZR 118/92, BauR 1993, 595, 596 = NJW-RR 1993, 1109, 1110; BGH, Urt. v. 21.3.2013 – VII ZR 122/11, BauR 2013, 1126, 1128 = NZBau 2013, 428, 429). Er darf weiter unterstellen, dass je nach Bedarf und Angaben im Einzelfall auch die nach der einschlägigen DIN 4020 bzw. DIN EN 1997-2 vorgesehenen Baugrunduntersuchungen sogar stattgefunden haben, wo sie notwendig sind. Umgekehrt wird der Auftraggeber gehalten sein, **etwaige Erschwernisse**, mit denen der Auftragnehmer nicht rechnen musste, **im Leistungsverzeichnis ausdrücklich zu kennzeichnen** (BGH, Urt. v. 21.12.2011 – VII ZR 67/11, BauR 2012, 490, 492 = NJW 2012, 518, 520 = NZBau 2012, 102, 103), so etwa vorhandene Kontaminationen (BGH, Urt. v. 21.3.2013 – VII ZR 122/11, BauR 2013, 1126, 1128 = NZBau 2013, 428, 429). Das aber bedeutet, dass darauf beruhende Versäumnisse dann in aller Regel doch zulasten des Auftraggebers gehen werden (Joussen, NZBau 2013, 465, 470; Vygen, Jahrbuch BauR 1999, 46, 53).

5.4.2.6 Vorrangige Auslegung auch bei objektiv unklaren Leistungsverzeichnissen zum Baugrund (Rechtsgedanke § 645 BGB)

In der Baupraxis sind nunmehr aber Sachverhalte vorstellbar, bei denen der 517
Auftraggeber bei der Erstellung der Leistungsbeschreibung **tatsächlich alles richtig** gemacht und – soweit dies nach den einschlägigen technischen Vorgaben bzw. DIN geboten war – das Vorhaben ordnungsgemäß vorab untersucht hat. Gleichwohl kann sich dann immer noch ein weiter gehendes zunächst nicht bekanntes Hindernis im Boden zeigen. Hier bleibt es dann bei der entscheidenden Frage, ob der nunmehr deswegen anfallende Mehraufwand noch zu der vom Auftragnehmer übernommenen und von seiner Vergütung abgedeckten Leistungsverpflichtung gehört. Dabei ist allerdings mit aller Deutlichkeit hervorzuheben, dass solche **Sachverhalte ausgesprochen selten** sein dürften. Denn nimmt man das Kriterium bei der Bestimmung des objektiven Empfängerhorizonts ernst, müssten sich unter Berücksichtigung vorstehender Erläuterungen die meisten Zweifelsfälle bereits im Rahmen der Auslegung erledigen lassen (ähnlich auch Leupertz, Jahrbuch BauR 2013, 1, 19; wohl auch Holzapfel/Dahmen, BauR 2012, 1015, 1017). Dies gilt auf der einen Seite zulasten des Auftraggebers dann, wenn die Leistungsverpflichtung des Auftragnehmers begrenzt wurde durch eindeutige Baugrundbeschreibungen unter der Beifügung von Gutachten (Rdn. 509) oder durch ein richtiges Verständnis der Leistungsbeschreibung am Maßstab eines objektiven Bieterhorizonts in Anlehnung an § 7 Abs. 1 und 2 VOB/A (Rdn. 515). Dies gilt im Hinblick auf seine Erfolgshaftung bei der Übernahme von Arbeiten aber genauso zulasten des Auftragnehmers auf der anderen Seite, wenn dieser ein erkennbar unklares Leistungsverzeichnis hingenommen und auf dieser Grundlage sein Angebot abgegeben sowie anschließend der Vertrag geschlossen wurde (Rdn. 512).

Was bleibt sind Fälle, in denen **Bodenhindernisse** auftreten, mit denen **weder** 518
Auftraggeber noch Auftragnehmer erstens gerechnet haben noch zweitens selbst bei Beachtung ihrer **geforderten Sorgfalt hätten rechnen können.**

▶ **Beispiele:**

1. Der Auftragnehmer übernimmt die schlüsselfertige Errichtung eines Bauvorhabens. Bei den von ihm ebenfalls übernommenen Gründungsarbeiten findet sich überraschend alte Munition.
2. Bei einem Tunnelvorhaben stößt der Auftragnehmer für alle überraschend auf eine Gesteinsschicht, mit der nicht zu rechnen war und die einen veränderten (aufwändigeren) Maschineneinsatz auslöst.

Das Problem besteht hier zulasten des Auftragnehmers einerseits darin, dass er eigentlich im Rahmen seiner erfolgsbezogen übernommenen Leistungsverpflichtung das Bauvorhaben zu errichten hätte. Hierzu würde auch die Bearbeitung des Baugrunds gehören. Andererseits ist zu fragen, ob man die verbleibenden **Risiken des Baugrunds** ggf. über **§ 645 BGB analog dem Auftraggeber zuzuscheiden** hat (so immerhin die überwiegende Meinung, vgl. nur Ingenstau/Korbion/Keldungs, VOB/B § 2 Abs. 1 Rn. 13; von Craushaar, Festschrift Locher, S. 9, 19, Nicklisch/Weick, Einl. 4 – 13 Rn. 72; Englert/Grauvogl/Maurer, Rn. 2274; Englert, BauR 1991, 537). Dies erscheint jedoch mehr als **zweifelhaft** (Joussen NZBau 2013, 465, 471):

519 § 645 BGB stellt eine Risikoregelung dahingehend dar, dass abweichend von den sonst geltenden Regelungen dem Auftragnehmer schon dann ein Vergütungsanspruch zumindest teilweise zustehen soll, wenn das Werk (Bauleistung) vor der Abnahme in Folge eines Mangels des von dem Besteller gelieferten Stoffes oder in Folge einer von dem Besteller für die Ausführung erteilten Anweisung untergegangen ist. Dabei geht es weniger darum, dass man das vom Auftraggeber dem Auftragnehmer zur Verfügung gestellte Baugrundstück bzw. die von ihm zur Verarbeitung gestellte Bausubstanz noch als „Stoff" anzusehen hat (so zu Recht die ganz herrschende Meinung: BGH, Urt. v. 16.12.2004 – VII ZR 16/03, BauR 2005, 735, 737 = NJW-RR 2005, 669, 670 = NZBau 2005, 285; Münch.Komm./Busche, BGB § 645 Rn. 7 m. w. N.; Halfmeier/Leupertz, § 645 Rn. A 9; dagegen aber etwa ausführlich: Holzapfel/Dahmen, BauR 2012, 1015, 1018). Ebenso wäre eine Analogie insoweit verständlich, als es um die Abgrenzung der Verantwortungsbereiche geht: Denn wenn schon dem Auftragnehmer ein Vergütungsanspruch (vor Abnahme) bei einer vollständigen Zerstörung der Bauleistung in Folge eines Mangels des vom Auftraggeber zur Verfügung gestellten Baugrundstücks oder einer vom Auftraggeber erteilten Anweisung zustehen soll, liegt es nahe, den Untergang oder die Zerstörung nicht erst abwarten zu müssen; stattdessen könnte man dieses Problem schon im Vorfeld lösen, indem man ebenfalls auf Kosten des Auftraggebers für eine deswegen nur verändert auszuführende Leistung dem Auftragnehmer einen zusätzlichen Vergütungsanspruch zugesteht (Kapellmann/Schiffers, Bd. 2, Rn. 712; Kapellmann, Jahrbuch BauR 1999, 1, 4).

520 Doch bleibt eine solche **Analogie rechtlich angreifbar**. Dies beruht bereits darauf, dass es dem Grunde nach ja bei den tatsächlich angetroffenen **Baugrundverhältnissen nicht um einen „Mangel" des Stoffes** bzw. des Grundstücks geht. Dieses ist vielleicht einwandfrei; allenfalls die Angaben im Vertrag oder die Vorstellungen der Parteien dazu sind falsch (Staudinger/Peters/Jacoby, § 645 Rn. 12). Hält man sich dies vor Augen, wird man weiter feststellen, dass es eines solchen Rückgriffs auf Schlagwörter wie „allgemeines Baugrundrisiko" oder einer Analogie zu § 645 BGB in diesen Fällen gar nicht bedarf (i. E.

ähnlich Kapellmann, Jahrbuch BauR 1999, S. 1, 7, der dann allerdings mehr mit der Abweichung des Beschaffenheitsists vom Beschaffenheitssoll des Baugrundstücks argumentiert; dagegen auch Holzapfel/Dahmen, BauR 2012, 1015, 1022; Leupertz, Jahrbuch BauR 2013, 1, 15). Auch der BGH hat allenfalls auf das Baugrundrisiko als solches verwiesen, ohne daraus allerdings einen eigenen Erkenntniswert zu ziehen (vgl. dazu vor allem BGH, Urt. v. 20.8.2009 – VII ZR 205/07, BGHZ 182, 158, 181 = BauR 2009, 1724, 1733 = NJW 2010, 227, 232 = NZBau 2009, 707, 713; anders allerdings die Rechtsprechung der Oberlandesgerichte wie etwa: OLG Zweibrücken, Urt. v. 28.7.2004 – 1 U 1/04, OLGR 2005, 73, 74 = BauR 2004, 1669 [Ls.]; OLG Jena, Urt. v. 19.12.2001 – 7 U 614/98, BauR 2003, 714; OLG Brandenburg, Urt. v. 16.7.2008 – 4 U 187/07, BauR 2008, 1938 [Ls.]) = NZBau 2008, 181, 182; OLG Naumburg, Urt. v. 30.7.2014 – 1 U 15/14, IBR 2014, 738). Ein solcher Rückgriff ist auch gar nicht erforderlich, weil man selbst hier noch **in aller Regel mithilfe der Auslegung zu zufrieden stellenden Ergebnissen** kommt (für einen Vorrang der Auslegung ähnlich Kniffka, CBTR Jahresband 2002, 21; Leupertz, a. a. O.; sehr zurückhaltend auch Kuffer, NZBau 2006, 1, 6, der am Ende allerdings doch auf § 645 BGB zurückgreift): Denn legt man die dem Bauvertrag zugrunde liegenden Willenserklärungen aus, wird sich schon allein daraus ergeben, dass gerade unvertretbar **unbekannt gebliebene Bauhindernisse** (z. B. Ausreißer o. ä.) nach dem weiter für die Auslegung maßgeblichen **objektiven Empfängerhorizont** gar **nicht vom Auftragnehmer** als Teil der vereinbarten Beschaffenheit bzw. seiner von der Vergütung abgedeckten Leistungspflicht **übernommen** wurden. Zwar wäre dies theoretisch denkbar, da ja ein Auftragnehmer nie daran gehindert ist, mit einem Bauvertrag auch ihm völlig unbekannte Risiken zu übernehmen; nur müsste sich eine solche Risikoübernahme, die selbst völlig unbekannte und unabsehbare Bodenverhältnisse einschließen soll, hinreichend deutlich aus dem Bauvertrag ergeben, wenn sie die Baukosten erheblich beeinflussen können (BGH, Urt. v. 20.8.2009 – VII ZR 205/07, BGHZ 182, 158, 182 = BauR 2009, 1724, 1734 = NJW 2010, 227, 233 = NZBau 2009, 707, 714; BGH, Urt. v. 13.3.2008 – VII ZR 194/06, BGHZ 176, 23, 31 = BauR 2008, 1131, 1136 = NJW 2008, 2106, 2109 = NZBau 2008, 437, 439). Gerade dann aber kommt man ganz zwanglos zu einem Ergebnis, das zwar einerseits dem § 645 BGB zugrunde liegenden Rechtsgedanken entspricht, aber richtigerweise rechtlich zweifelhafte Analogieschlüsse vermeidet. Stattdessen greift man allein auf allgemeine Auslegungskriterien bzw. die Rechtsgeschäftslehre des allgemeinen Teils des BGB zurück (ähnlich Peters/Jacoby, a. a. O.).

5.4.2.7 Verbleibende Ergebniskorrektur im Vertrag

Nach Vorstehendem ist allerdings nicht auszuschließen, dass das Ergebnis **521**
auch einer Auslegung in extremen Einzelfällen zu einer „Schieflage" im Verhältnis der Vertragsparteien führt. Hierzu kann es kommen, wenn vor allem

Detailangaben im Leistungsverzeichnis anders als vom Auftragnehmer angenommen und seiner Kalkulation zugrunde gelegt doch nicht zum Vertragsinhalt geworden sind (s. dazu auch Kapellmann, NZBau 2012, 275).

▸ **Beispiel:**

Der Auftragnehmer wird im Rahmen einer funktionalen Vergabe mit der Herstellung eines Hauses zu einem Pauschalpreis beauftragt. Zu den Bodenverhältnissen heißt es im Leistungsverzeichnis, dass voraussichtlich mit einer Bodenklasse 3 (leicht lösbarer Boden) zu rechnen sei. Später wird teilweise auch Bodenklasse 4 (mittelschwer lösbarer Boden) angetroffen (vgl. dazu Abschnitt 2.3 der DIN 18300). Der Auftragnehmer macht dafür einen Mehrvergütungsanspruch geltend.

522 Es soll an dieser Stelle einmal unterstellt werden, dass diese Angaben trotz ihrer Aufnahme im Leistungsverzeichnis nicht zum Leistungsinhalt bestimmt haben, sondern nach der Ausschreibung lediglich als Information für den Auftragnehmer dienten, wovon der Auftraggeber ausgegangen ist (s. o. Rdn. 509). Dies würde zunächst bedeuten, dass der Auftragnehmer für einen jetzt entstandenen Mehraufwand zu den Mengen mit der höheren Bodenklasse keine Zusatzvergütung für eine Mehrleistung verlangen könnte. Denn er erbrächte ja nur eine Leistung, zu der er vertraglich verpflichtet und die von der vereinbarten Vergütung abgedeckt war. Andererseits kann auch diese dann bloß gewährte **„Information" des Auftraggebers zu der Bodenklasse nicht ignoriert** werden. Dies gilt vor allem dann, wenn die später ausgeführte Leistung (Boden bis Bodenklasse 4) in einem ganz erheblichen Umfang von der danach einvernehmlich vorgesehenen Leistung (Boden auch mit Bodenklasse 3) abweicht, sodass dem Auftragnehmer ein Festhalten an seiner Pauschalvergütung nicht mehr zuzumuten wäre. Hiervon wird man vor allem auszugehen haben, wenn der Auftraggeber zu den Mengen oder die Leistung ansonsten bestimmenden Faktoren detaillierte Angaben macht, die für die Kalkulation, also die Angebotserklärung des Auftragnehmers, erkennbar von erheblicher Bedeutung sind. Es geht hier somit nicht um eine erkennbar falsche Kalkulation des Auftragnehmers, sondern um den beiderseitigen Irrtum über vertragswesentliche Umstände. Dies ist nichts anderes als die Geschäftsgrundlage des Vertrages. Das bedeutet, dass bei deren Änderung (abweichend angetroffene Bodenklasse) nunmehr auch der Vertrag bzw. die dort vorgesehene Vergütung nach den **Grundsätzen über den Wegfall der Geschäftsgrundlage nach § 313 BGB anzupassen** sein kann (s. dazu auch unten Teil A Rdn. 632 ff.). Dass dabei diese Umstände selbst nur als Schätzgrundlage (oder mit Zusätzen wie „ca.", „ungefähr" u. a.) angegeben werden, mag zwar einen gewissen Toleranzspielraum eröffnen, den der Auftragnehmer auch als Risiko übernommen hat. Weicht jedoch die tatsächliche Menge darüber hinausgehend ganz erheblich ab, wird ein solcher Risikorah-

men jedenfalls überschritten sein. Dies gilt zumindest dann, wenn sich die verändert angetroffenen Umstände derart auf die Vergütung des Auftragnehmers auswirken, dass das finanzielle Gesamtergebnis nicht nur den Gewinn des Auftragnehmers aufzehrt, sondern auch noch zu (ggf. erheblichen) Verlusten führt (BGH, Urt. v. 30.6.011 – VII ZR 13/10, BauR 2011, 1646, 1649 f = NJW 2011, 3287, 3289 = NZBau 2011, 553, 555; ähnlich auch zu einem Einheitspreisvertrag: BGH, Beschl. v. 23.3.2011 – VII ZR 216/08, BauR 2011, 1162, 1163 = NJW-RR 2011, 886, 887 = NZBau 2011, 353, 354; dem BGH folgend Kapellmann, NZBau 2012, 275; s. dazu auch Vygen/Joussen, Bauvertragsrecht, Rn. 2345 ff.)

5.4.2.8 Schadensersatz aus §§ 311 Abs. 2, 241 Abs. 2, 280 Abs. 1 BGB

Die vorgenannten Fallgestaltungen waren dadurch geprägt, dass man nach **523** einer vorrangig anzustellenden Auslegung zu einer klaren Bestimmung der vom Auftragnehmer zu erbringenden und von der Vergütung abgedeckten Leistung kommt. Damit erschöpfen sich aber nicht die gegenseitigen Rechte und Pflichten. Dies gilt vor allem bei Sachverhalten, bei denen der Auftragnehmer nach der Auslegung des Vertrages zwar für ihn nachteilhaft zunächst nicht geplante Leistungen aus dem Vertrag zu übernehmen hat, ohne jedoch dafür eine gesonderte Vergütung zu erhalten. Die Ursache dafür kann – trotz einer Leistungsverpflichtung dazu – z. B. darin liegen, dass der Auftraggeber die Leistung tatsächlich unter Verstoß gegen die Vorgaben der VOB/A falsch oder nicht eindeutig (genug) ausgeschrieben hat oder sich sonst Fehler in der Ausschreibung finden.

▶ **Beispiel:**

> Im Leistungsverzeichnis sind entgegen § 7 Abs. 1 Nr. 6 VOB/A dem Auftraggeber auch vorwerfbar die Bodenverhältnisse nicht ausreichend beschrieben; diese Unklarheit hätte von dem Auftragnehmer erkannt werden können. Nunmehr kommt es zu Erschwernissen aus dem Baugrund, weswegen ein aufwendigerer Verbau notwendig wird. Der Auftragnehmer macht Mehrkosten geltend gegenüber der Normalausführung.

Wie schon dargestellt wird er mit einem Vergütungsanspruch nach der Aus- **524** legung des Vertrages im Zweifel scheitern; denn wenn die Unklarheiten für ihn erkennbar waren und er nicht weiter nachgefragt hat, mag im Einzelfall davon ausgegangen werden, dass er damit zugleich konkludent die damit verbundenen Risiken übernommen hat (Rdn. 512). Ebenso kann eine Vergütungsanpassung über den Ausnahmebehelf des Wegfalls der Geschäftsgrundlage (Rdn. 521) scheitern, weil dessen Voraussetzungen (und sei es nur mangels Erheblichkeit) nicht vorliegen. Nichtsdestotrotz ist es allerdings doch so, dass dem Auftraggeber je nach Prüfung im Einzelfall ein Versäumnis vorzuwerfen sein kann, weil er z. B. unter **Verstoß gegen die Vorgaben der**

VOB/A in § 7 Abs. 1 und 2 die Leistungen nicht erschöpfend ausgeschrieben, d. h. hier kein Bodengutachten eingeholt hat, obwohl es erforderlich war usw. Ähnliches kann gelten, wenn sich sonst – auch unabhängig von § 7 VOB/A – Fehler oder Ungenauigkeiten/Widersprüche in der Leistungsbeschreibung finden. In all diesen Fällen käme dann immerhin ein dagegen stehender **Schadensersatzanspruch des Auftragnehmers wegen Verletzung einer vorvertraglichen Pflicht** des Auftraggebers nach § 311 Abs. 2 Nr. 1, 241 Abs. 2, 280 Abs. 1 BGB in Betracht. Der Schaden wäre hier in der Weise zu berechnen, dass der Auftragnehmer zunächst so zu stellen wäre, als wenn die Ausschreibung auch in Bezug auf den Baugrund ordnungsgemäß erfolgt wäre. Dies kann auf eine Erstattung eines wegen dieser fehlerhaften Ausschreibung nicht kalkulierten Mehraufwandes hinauslaufen. Ein danach berechneter Schaden wäre aber zumeist wegen eines **Mitverschuldens nach § 254 BGB zu kürzen**, wenn auch dem Auftragnehmer ein Fehlverhalten deswegen vorzuwerfen ist, weil er bei sorgfältiger Durchsicht der Angebotsunterlagen die Mängel der Ausschreibung hätte erkennen können (Joussen, BauR 2013, 1583, 1586; s. auch oben Rdn. 492). Dies vorausgeschickt können vor allem im Rahmen einer Schadensersatzhaftung im Zusammenhang mit einem Mehraufwand bei Behinderungen durch den Baugrund folgende Pflichtverletzungen des Auftraggebers einen solchen Schadensersatzanspruch des Auftragnehmers begründen (s. dazu auch schon Vygen, Jahrbuch BauR 1999, 46, 53):

- Die Ursache liegt in einer fehlenden, aber nach der DIN 4020 bzw. EN 1997-2 notwendigen geotechnischen Untersuchung, die ja in der Regel der Auftraggeber als Ersteller der Leistungsbeschreibung vorzunehmen hat – es sei denn, in Ausnahmefällen hat der Auftragnehmer seinerseits z. B. bei Nebenangeboten das Risiko dafür übernommen (s. auch zur Notwendigkeit von Baugrunduntersuchungen im Einzelfall von Craushaar, Festschrift Locher, S. 9, 10).
- Die stattgefundene geotechnische Untersuchung war unzureichend bzw. die Ergebnisse beruhen auf einer Fehleinschätzung des Gutachters – wobei sich der Auftraggeber als Ersteller der Planung und der Leistungsbeschreibung die Pflichtverletzungen seines Gutachters bzw. Planers zurechnen lassen muss.
- Die richtigen Vorgaben aus einem geotechnischen Gutachten hat der Auftraggeber falsch in die Leistungsbeschreibung übernommen.

525 Dagegen stehen dem **Auftragnehmer später keine Rechte** zu, wenn die Ursachen für einen Mehraufwand auf der Abweichung der Bauausführung von der Planung, d. h. auf einem echten Ausführungsfehler beruhen – oder er sogar selbst für die Baugrunduntersuchung verantwortlich war (anschaulich dafür etwa OLG Karlsruhe, Urt. v. 6.4.2010 – 4 U 129/08, BauR 2011, 305 [Ls.] = NJW-RR 2010, 1609, 1610 = NZBau 2011, 31, 32).

5.4.2.9 Entfallende Mengen mit einer Vergütung nach § 645 BGB

Die soeben behandelten Leistungserschwernisse im Zusammenhang mit dem Baugrund führen über zu einer weiteren Fallgruppe. Gemeint ist der genau entgegen gesetzte Sachverhalt, nämlich dass eine zunächst im Leistungsverzeichnis vorgesehene **Erschwerung entfällt**, die Massen aber an sich ausgeführt werden. 526

- **Beispiel:** (nach OLG Rostock, Urt. v. 13.9.2007 – 7 U 128/05, NZBau 2008, 116, 117 = NJW-RR 2008, 403)

  Ausgeschrieben in einem Einheitspreisvertrag ist die Demontage einer Fassadenverkleidung, und zwar unter Einschluss einer sonst üblichen Mineraldämmung und PE-Dichtfolie vorgesehen. Bei der Demontage zeigt sich, dass hier ausnahmsweise eine solche Folie nicht angebracht ist. Der Auftragnehmer verlangt gleichwohl den vereinbarten Einheitspreis.

Der vereinbarte Einheitspreis steht dem Auftragnehmer sicherlich nicht zu. Denn tatsächlich ist die Leistung nicht so erbracht worden, wie vereinbart. Richtigerweise ist in diesen Fällen des Entfalls von Erschwernissen auf § 645 Abs. 1 S. 1 BGB zurückzugreifen (OLG Rostock, a. a. O.). Diese Vorschrift gilt auch, wenn die VOB/B vereinbart ist (BGH, Urt. v. 21.8.1997 – VII ZR 17/96, BGHZ 136, 303, 308 = BauR 1997, 1019, 1021 = NJW 1997, 3018, 3019). In seinem Anwendungsbereich schließt § 645 Abs. 1 S. 1 BGB als Sonderbestimmung die allgemeinen Unmöglichkeitsregeln aus (vgl. BGH, Urt. v. 30.11.1972 – VII ZR 239/71, BGHZ 60, 14, 17 f.; BGH, Urt. v. 21.8.1997 a. a. O.). Der Auftragnehmer kann danach **einen der geleisteten Arbeit entsprechenden Teil der Vergütung verlangen** sowie Ersatz der in der Vergütung nicht inbegriffenen Auslagen, weil das Werk in Folge der Eigenschaften des von dem Auftraggeber „gelieferten" Gebäudes teilweise unausführbar geworden ist. Im Verhältnis zwischen den Parteien war der Auftraggeber für den Zustand des Gebäudes auch verantwortlich, da dieser dem Auftragnehmer das Gebäude für die vertragsgegenständlichen Arbeiten zur Verfügung gestellt hat. Ein Verschulden ist für die Anwendung des § 645 Abs. 1 S. 1 BGB nicht erforderlich (BGH a. a. O.; Staudinger/Peters/Jacoby, § 645 Rn. 22).

Die dem Auftragnehmer danach zustehende Vergütung ist nach dem **Verhältnis zu bemessen, in dem der Aufwand für die tatsächlich erbrachte Leistung zu dem – hypothetischen – Aufwand** für die Gesamtleistung steht. Dabei sind auch Vorbereitungszeiten einzubeziehen. Maßgeblich ist insbesondere die aufgewendete Arbeitszeit (vgl. Staudinger/Peters/Jacoby, Rn. 24 ff.; Erman/Schwenker, BGB, § 645 Rn. 6). Im vorgenannten Beispielfall kommt es also darauf an, welchen Anteil des für die Entfernung einer Fassade mit Dämmung und PE-Folie erforderlichen Aufwandes der Auftragnehmer unter Berücksichtigung seiner Kalkulation erbringen musste, um die tatsächlich vorhandene 527

Fassade, ohne Dämmung und PE-Folie, aber unter Berücksichtigung eines eventuellen Mehraufwandes, zu entfernen. Ein entsprechender Anteil der vereinbarten Vergütung steht ihm zu.

5.4.3 Leistungsänderungen in Folge „anderer Anordnungen des Auftraggebers", vor allem Änderungen zur Bauzeit

528 Eine weitere hier zu behandelnde Fallgruppe stellen Anordnungen des Auftraggebers dar, die keine Änderung des technischen Bauentwurfs und damit **keine Änderung der gegenständlichen Leistung** des Auftragnehmers auslösen, sondern andere Anordnungen betreffen. Vor allem geht es hier um Anordnungen zum **zeitlichen Ablauf**. Die Befassung damit ist zunächst streng von der Frage zu trennen, ob diese zeitlichen Anordnungen (etwa zur Ergreifung von Beschleunigungsmaßnahmen) zugleich Änderungen des Bauentwurfs im Sinne des § 1 Abs. 3 VOB/B darstellen, sodass sie dann vom Auftragnehmer zwingend zu befolgen wären. Dies wird zu bejahen sein, soweit dies dem Auftragnehmer zumutbar ist (s. dazu oben Rdn. 74 ff.). Diese Diskussion kann bei dem Vergütungsanspruch nach § 2 Abs. 5 VOB/B offen bleiben: Zwar wird man entsprechend dem identischen Wortlaut des § 1 Abs. 3 VOB/B im Zweifel davon ausgehen können, dass angeordnete Änderungen zur Bauzeit ebenso eine Änderung des Bauentwurfs im Sinne des § 2 Abs. 5 VOB/B darstellen. Der Mehrvergütungsanspruch des Auftragnehmers korrespondiert hier also mit der von dem Auftraggeber zulässigerweise verlangten Leistungsänderung, was ja auch sachgerecht ist (Ingenstau/Korbion/Keldungs, VOB/B, § 2 Abs. 5 Rn. 20 f.). In jedem Fall aber umfasst § 2 Abs. 5 VOB/B – unabhängig davon, ob der Auftraggeber sie im Rahmen seines einseitigen Leistungsbestimmungsrechts nach § 1 Abs. 3 VOB/B anordnen kann – ausdrücklich auch **andere Anordnungen des Auftraggebers**, die eine Änderung der bisherigen Preisgrundlagen herbeiführen. **Änderungen zur Bauzeit** gehören zweifellos dazu (i. E. KG, Urt. v. 12.2.2008 – 21 U 155/06, BauR 2009, 650, 652, das die Sache dann aber nicht entscheidet und sich auch mit der Literatur und Rechtsprechung nicht näher befasst; ebenso OLG Naumburg, Urt. v. 23.6.2011 – 2 U 113/09, BauR 2012, 255, 258 = NJW-RR 2011, 1389, 1391 = NZBau 2011, 750, 752 m. Anm. Jansen, sowie OLG Hamm, Urt. v. 12.4.2011 – 24 U 29/09, BauR 2013, 956, 957, wobei beide Gerichte die Sachen aber ebenfalls nicht entscheiden, wie hier des Weiteren: Kapellmann/Messerschmidt/Kapellmann, VOB/B, § 2 Rn. 185; Piel in Festschrift für Korbion S. 351; Daub/Piel/Soergel/Steffani, VOB, Erl Z 2.102 zu § 2 VOB/B).

Allerdings sind die Grundlagen dazu umstritten:

529 - So regelt § 2 Abs. 5 VOB/B die Voraussetzungen für eine Anpassung der vereinbarten Vergütung beim **Leistungsvertrag**, also beim **Einheitspreis-**

und beim **Pauschalvertrag** (vgl. § 4 Abs. 1 VOB/A). Bei diesen Vertragsformen steht auf der einen Seite die zu erbringende Leistung und auf der anderen Seite die dafür zu zahlende Vergütung als Synallagma im Sinne einer ausgewogenen Gegenleistung gegenüber. Solange die zu erbringende Leistung unverändert bleibt, ist das Gleichgewicht gewahrt und deshalb kein Raum für eine Änderung der Vergütung. Bei dieser Ausgangsbetrachtung ist allerdings zu berücksichtigen, dass die Erstellung einer Bauleistung und insbesondere die **Kalkulation des dafür zu zahlenden Preises ganz wesentlich von einer vom Auftraggeber vorgegebenen oder vom Auftragnehmer zugrunde gelegten Zeitdauer abhängen**. Deshalb besteht ein erheblicher Teil des zu kalkulierenden Aufwandes aus so genannten **zeitabhängigen Kosten** (Olshausen, Planung und Steuerung, S. 331). Aus dem Vertragstyp des Leistungsvertrages folgt also nicht zwingend, dass das Zeitmoment völlig ausgeschaltet ist. Vielmehr ergibt sich daraus im Gegensatz zum **Stundenlohnvertrag** nur, dass eine gegenüber der Kalkulation längere Dauer der Bauausführung keine Änderung der Vergütung bewirkt. Das heißt aber nicht im Umkehrschluss, dass eine **vom Auftraggeber angeordnete Bauzeitverlängerung oder Bauzeitverschiebung** keinen Anspruch des Auftragnehmers auf Anpassung der vereinbarten Vergütung auslösen kann, wenn die Voraussetzungen des § 2 Abs. 5 VOB/B erfüllt sind. In diesem Sinne hat auch der BGH bereits die Frage geprüft, ob dem Auftragnehmer ein Anspruch auf eine höhere Vergütung gemäß § 2 Abs. 5 VOB/B wegen einer Anordnung des Auftraggebers zusteht, die den zeitlichen Ablauf der Erstellung des Bauwerks betraf. Allerdings hat er diese dann stets an einer solchen Anordnung scheitern lassen (BGH, Urt. v. 21.3.1968 – VII ZR 84/67, BGHZ 50, 25, 30 = NJW 1968, 1234, 1235; BGH, Urt. v. 27.6.1985 – VII ZR 23/84, BGHZ 95, 128, 135 f. = BauR 1985, 561, 564 = NJW 1985, 2475, 2476 f.; Kemper, NZBau 2001, 238 f. m. w. N.). Dies ändert aber nichts an der grundsätzlichen Befürwortung solcher Mehrvergütungsansprüche nach Anordnungen allein zum zeitlichen Ablauf, sofern eine solche im Streitfall vom Auftragnehmer bewiesen werden kann. In diesem Sinne ist so auch die weiter gehende Rechtsprechung des BGH zu Mehrvergütungsansprüchen bei allein zeitlichen Verschiebungen der Baumaßnahme vor Vertragsschluss verständlich. So hält er hier nämlich die Anwendung von § 2 Abs. 5 VOB/B im Wege der ergänzenden Vertragsauslegung für möglich. Diese Verschiebungen seien mit einer vom Auftraggeber veranlassten Änderung des Bauentwurfs vergleichbar. Denn in beiden Fällen bestehe nach Treu und Glauben keine Veranlassung, das Risiko von Änderungen diesbezüglicher Grundlagen des Preises allein dem Auftragnehmer zuzuweisen (BGH, Urt. v. 11.5.2009 – VII ZR 11/08, BGHZ 181, 47, 61 = BauR 2009, 1131, 1136 = NJW 2009, 2443, 2447 = NZBau 2009, 370, 374; s. dazu ausführlich unten Teil A Rdn. 591 ff.). Das aber heißt nichts anderes, als dass der BGH gerade damit auch die Anwendung des § 2

Abs. 5 VOB/B in den Fällen anerkannt hat, in denen sich die Anordnung des Auftraggebers nach Vertragsschluss allein auf die Bauzeit bezieht. Denn sonst würde diese These, dass eine Preisgrundlagenänderung durch Verschiebung der Bauzeit vor Vertragsschluss einer angeordneten Leistungsänderung nach Vertragsschluss vergleichbar sei, überhaupt keinen Sinn ergeben.

530 Abweichend davon hat allerdings Thode (ZfBR 2004, 214 ff., 225) vertreten, dass § 2 Abs. 5 VOB/B keine selbstständige Anspruchsgrundlage sei; vielmehr handele es sich um eine Rechtsfolgenverweisung zu dem Anordnungsrecht des § 1 Abs. 3 VOB/B. Überzeugend ist diese Argumentation nicht, zumal sich dies nicht einmal § 1 Abs. 3 VOB/B entnehmen lässt. Vielmehr regelt § 1 VOB/B nach seiner Überschrift ‚Art und Umfang der (geschuldeten und auszuführenden) Leistung' mit den Änderungs- und Erweiterungsmöglichkeiten; § 2 VOB/B enthält dagegen Vorschriften zur Vergütung mit den einzelnen Änderungsmöglichkeiten für beide Vertragspartner. § 1 Abs. 3 VOB/B bestimmt demzufolge nur, dass der Auftraggeber Änderungen des Bauentwurfs auch nach Vertragsabschluss überhaupt anordnen darf, sagt aber nichts über die Auswirkungen auf die Vergütung und die Voraussetzungen für eine Vergütungsänderung. Dafür schafft **allein § 2 Abs. 5 VOB/B die Anspruchsgrundlage**. Dies folgt schon daraus, dass § 1 Abs. 3 VOB/B nur dem Auftraggeber ein Recht gibt, den Bauentwurf zu ändern, während § 2 Abs. 5 VOB/B beiden Vertragspartnern die Möglichkeit eines Anspruchs auf Vergütungsanpassung unter den dort genannten Voraussetzungen eröffnet, also auch dem Auftraggeber.

▸ **Beispiele:**

Nach dem Vertrag ist eine Handausschachtung vorgesehen. Wegen geändert angetroffener Bodenverhältnisse oder eines neu entwickelten Gerätes ist doch eine Ausschachtung per Maschine möglich, die angeordnet wird. Oder: Statt einer zunächst vertraglich vereinbarten mehrfachen Einzelschalung ist eine Großflächenschalung möglich und wird vom Auftraggeber nach Vertragsschluss so vorgegeben.

In diesen Fällen geht es zunächst nicht um eine Leistungsänderung, sondern (nur) um eine **Änderung der Grundlagen** des Preises für eine im Vertrag vorgesehene Leistung. Folglich kann aber auch hier der Auftraggeber nach § 2 Abs. 5 VOB/B grundsätzlich eine Anpassung (= Herabsetzung) der Vergütung verlangen.

531 Besteht danach das Preisanpassungsrecht des § 2 Abs. 5 VOB/B für beide Parteien sowohl bei Änderungsanordnungen zum Bauentwurf als auch zu anderen Anordnungen, die die Grundlagen des Preises betreffen, gilt dies natürlich auch **für Anordnungen zeitlicher Art**. So kann eine Verschiebung des Bau-

beginns für Erdarbeiten vom Winter in das nächste Frühjahr durchaus zu einer geringeren Vergütung führen, wenn etwa bei einer deswegen kürzeren Bauzeit die Voraussetzungen des § 2 Abs. 5 VOB/B vorliegen. Die Anforderungen an eine Vergütungsänderung sind also in § 2 Abs. 5 VOB/B geregelt. In diesem Sinne hat z. B. auch die VOB-Stelle Niedersachsen in dem Fall Nr. 1080 am 9.5.1996 (IBR 1996, 424) entschieden, dass eine **Verschiebung des Baubeginns um 4 Monate** wegen nicht rechtzeitiger Überlassung der erforderlichen Schal- und Bewehrungspläne und der geprüften Statik einen Mehrkostenerstattungsanspruch auslöst. Noch deutlicher liegt der vom OLG Düsseldorf entschiedene Fall (Urt. v. 25.4.1995 – 21 U 192/94, BauR 1995, 706, 708 = NJW 1995, 3323, 3324), in dem der öffentliche Auftraggeber in seinen Ausschreibungsunterlagen und im Bauvertrag als Baubeginn November 1990 vorgesehen hatte. Aus in seinem Risikobereich liegenden Gründen hatte er den Auftragnehmer aber erst im Mai 1992 zum Beginn mit den Bauarbeiten aufgefordert, woraus sich ein Mehrvergütungsanspruch gemäß § 2 Abs. 5 VOB/B ergab. Dies wird im Grundsatz auch vom BGH bejaht (vgl. BGH, Urt. v. 27.6.1985 – VII ZR 23/84, BGHZ 95, 128, 135 = BauR 1985, 561, 564 = NJW 1985, 2475, 2476; BGH, Urt. v. 20.3.1969 – VII ZR 29/67, MDR 1969, 655), wenngleich in den bisher entschiedenen Fällen dann doch eine solche Anordnung tatbestandlich verneint worden ist.

▶ **Beispiele für Anordnungen zur Bauzeit, die zu einem Mehrvergütungsanspruch nach § 2 Abs. 5 VOB/B führen:** 532

- Der Auftraggeber ordnet nach Abschluss des Bauvertrages – etwa aus steuerlichen Gründen oder zur Überwindung finanzieller Engpässe – einen späteren Baubeginn (vgl. dazu auch Vygen, BauR 2007, 166 ff.), einen vorübergehenden Baustopp, eine spätere oder frühere Fertigstellung mit entsprechend schleppendem oder beschleunigtem Bauablauf ausdrücklich an.
- Der Auftraggeber gibt im Vertrag über Straßenbauarbeiten keinerlei Hinweis auf eine abschnittsweise Bauausführung. Auf Befragen des Bieters im Vergabeprotokoll sagt er sogar die Bauausführung in einem Zuge zu. Dann aber ordnet die Straßenverkehrsbehörde unter Zustimmung des Auftraggebers in der vertragsgemäß vom Auftragnehmer einzuholenden verkehrsrechtlichen Genehmigung die Bauausführung in zwei oder mehr Bauabschnitten an. Kommt es dadurch zu einer Bauzeitverlängerung und zu Mehrkosten, so sind diese vom Auftraggeber gemäß § 2 Abs. 5 VOB/B zu vergüten (so zu Recht VOB-Stelle Sachsen-Anhalt, Fall-Nr. 173, IBR 1995, 509).
- Der Auftraggeber hatte den Abbruch von Brücken im Leistungsverzeichnis pauschal beschrieben. In den Vorbemerkungen fanden sich detailliert Hinweise, die aber technisch nicht umsetzbar waren. In Folge dessen musste der Auftraggeber eine davon abweichende Ausführungsart

mit zusätzlichen Abstützmaßnahmen anordnen, die zu Mehrkosten führte. Auch hierin lag eine Änderungsanordnung im Sinne des § 2 Abs. 5 VOB/B, obwohl sich eigentlich die herzustellende Leistung als solche nicht änderte (BGH, Urt. v. 11.3.1999 – VII ZR 179/98, BauR 1999, 897, 898 f. = NJW 1999, 2432, 2433).

- Der Auftraggeber plant die Errichtung zweier Tunnel zeitlich nacheinander; darauf ist der Bauablauf abgestellt. Jetzt ordnet er die Errichtung beider Tunnelbauten zeitgleich an, weil bei dem ersten Tunnel geologische Probleme auftreten, die den Fertigstellungstermin für die gesamte Tunnelstrecke gefährden. Daraus können sich für den Auftragnehmer erhebliche Mehrkosten ergeben, wenn dieser z. B. nicht, wie bei der ursprünglichen Bauablaufplanung vorgesehen, den zweiten Tunnel mit Baustoffen im Wege der Durchfahrt durch den fertiggestellten ersten Tunnel beliefern kann, weil dieser eben noch nicht fertig gestellt ist. Dies kann von großer Bedeutung für die Anlieferung von Transportbeton, Maschinen und Geräten sein.

533 Setzt sich danach also die Kalkulation des Bauunternehmers grundsätzlich aus **leistungs- und zeitabhängigen Kosten** zusammen, gewährt § 2 Abs. 5 VOB/B einen Anspruch auf Vereinbarung eines neuen Preises sowohl bei Leistungsänderungen als auch bei anderen Änderungen der Grundlagen des vereinbarten Preises, sofern diese durch Anordnungen des Auftraggebers verursacht worden sind. Nach alledem wird man daher dem Auftragnehmer einen Mehrvergütungsanspruch aus § 2 Abs. 5 VOB/B auch dann zubilligen müssen, wenn seine Mehrkosten ihre Ursache in einer Anordnung des Auftraggebers haben, die ggf. nur den zeitlichen Bauablauf ändert oder verschiebt (so BGH, Urt. v. 21.3.1968 – VII ZR 84/67, BGHZ 50, 25, 50 = NJW 1968, 1234, 1235; BGH, Urt. v. 27.6.1985 – VII ZR 23/84, BGHZ 95, 128, 135 = BauR 1985, 561, 564 = NJW 1985, 2475, 2476; Piel in Festschrift für Korbion, 1986, S. 349 ff., 351; Kraus BauR 1986, 18 f., Kapellmann/Messerschmidt/Kapellmann, VOB/B § 2 Rn. 185; Ingenstau/Korbion/Keldungs, VOB/B § 2 Abs. 5 Rn. 20 f.).

534 Soweit man danach dem Grundsatz nach angeordnete Änderungen zur Bauzeit als mehrvergütungspflichtig im Sinne des § 2 Abs. 5 VOB/B anerkennt, bereitet in der Praxis allerdings die Feststellung und der **Beweis einer solchen Anordnung** sowie der deswegen entstehenden Mehrkosten, für die der Auftragnehmer eine zusätzliche Vergütung verlangt, immer wieder **Schwierigkeiten**. Hierzu wird im Wesentlichen in drei Schritten vorzugehen sein:

- Zunächst bedarf es der **Ermittlung, welcher zeitliche Bauablauf vertraglich vereinbart** war. Dieser kann sich aus einem fest vereinbarten Bauzeitenplan oder aus einem vom Unternehmer seiner Kalkulation zugrunde gelegten und vom Auftraggeber widerspruchslos zur Kenntnis genommenen

Bauablaufplan ergeben. Dieser ist dann Vertragsgrundlage; er kann nicht einseitig vom Auftraggeber durch entsprechende Anordnungen geändert werden, ohne die Folgen für den Vergütungsanspruch gemäß § 2 Abs. 5 VOB/B auszulösen, wie z. B. bei einer Verschiebung der Bauzeit vom Sommer auf Herbst und Winter.

- In einem **zweiten Schritt** ist festzustellen, ob dieser **Bauablauf** durch eine Anordnung **des Auftraggebers geändert** worden ist. Das ist einfach festzustellen, wenn der Auftraggeber dies konkret anordnet. Doch kann sich eine solche Anordnung auch schon daraus ergeben, dass der Auftraggeber einen neuen Bauzeitenplan vorgibt, der die Bauzeit des ersten (vertraglichen) Bauzeitenplans ändert; auch darin liegt bereits eine Anordnung im Sinne des § 2 Abs. 5 VOB/B (KG, Urt. v. 12.2.2008 – 21 U 155/06, BauR 2009, 650, 653).
- Besonders problematisch ist in einem dritten Schritt die **Darlegung der Höhe** eines nunmehr ggf. bestehenden Mehrvergütungsanspruchs in Folge allein einer zeitlichen Anordnung. Richtig ist hier wie auch sonst im Anwendungsbereich des § 2 Abs. 5 VOB/B eine rein kalkulative Preisfortschreibung (s. u. Teil A Rdn. 606 ff.). Allerdings ist es auch für diese Preisfortschreibung erforderlich, dass der Auftragnehmer wenigstens **darlegt**, dass ihm durch die rein zeitliche Anordnung gegenüber seinen kalkulierten Werten **überhaupt ein Mehraufwand** entsteht bzw. welche Kosten das sein sollen. Denn wenn es in Folge der zeitlichen Anordnung gar keinen Mehraufwand gibt, ist für einen Mehrvergütungsanspruch nach § 2 Abs. 5 VOB/B kein Raum (OLG München, Urt. v. 14.7.2009 – 28 U 3805/09, Nichtzul.-Beschw. zurückgew., BGH, Beschl. v. 28.7.2011 – VI ZR 140/09, IBR 2014, 11; OLG Köln, Urt. v. 28.1.2014 – 24 U 199/12, BauR 2014, 1309, 1310). **Nicht überzeugend** ist dagegen die insoweit weitergehende Auffassung des OLG Köln (a. a. O.), für die Durchsetzung z. B. während einer in Folge einer Anordnung verlängerten Bauzeit anfallender Gemeinkosten sei zwingend – analog den Schadensersatzansprüchen des § 6 Abs. 6 BGB – eine **baubetriebliche Darstellung des gesamten tatsächlichen Bauablaufs** unter Berücksichtigung aller späterer Störungsursachen u. a. zu erstellen; selbst Puffer seien einzubeziehen. Diese **Forderung widerspricht der kalkulatorischen Preisfortschreibung**; sie verkennt zugleich den Unterschied zu einem Schadensersatzanspruch, der einen Vermögensausgleich zu tatsächlich entstandenen Schäden auf der Ist-Kosten-Basis vor Augen hat – oder zu einem Entschädigungsanspruch nach § 642 BGB, der wenn auch auf kalkulativer Basis einen Ausgleich für einen tatsächlich vorhandenen Annahmeverzug gewährt. Darum geht es bei § 2 Abs. 5 VOB/B nicht (i. E. ebenso: OLG Düsseldorf, Urt. v. 25.10.2013 – 22 U 21/13, BauR 2014, 700, 703). Denn danach soll in Folge der erteilten Anordnung lediglich die Vergütung an die jetzt anzupassende Bauzeit prospektiv angepasst werden – und zwar in der Weise, wie ein Kalkulator diese unter Annahme derselben Kal-

kulationsvorgaben kalkuliert hätte, wenn er von vornherein von der Anordnung gewusst hätte. Mit dem späteren tatsächlichen Bauablauf hat das nichts zu tun. Anschaulich zeigt sich das bei der Forderung des OLG Köln, wonach in die anzustellende Betrachtung sogar **vorhandene Puffer** einzubeziehen sein sollten: Das liegt bei einer Vergütungsanpassung nach § 2 Abs. 5 VOB/B neben der Sache: Denn wenn der Auftragnehmer Puffer für den Auftraggeber zu verwenden hat, was überhaupt nur ausnahmsweise der Fall ist (s. o. Rdn. 411), dann jedenfalls nur dann, wenn es um die Abfederung von tatsächlich eingetretenen Bauablaufstörungen geht und feststeht, dass er auf diese Puffer nicht mehr zugreifen muss. Das sind aber alles Erkenntnisse, die sich erst am Ende einer Bauzeit herausstellen und bei der Erteilung einer bauzeitlichen Anordnung in der Regel gar nicht bekannt sein können. All das widerspricht § 2 Abs. 5 VOB/B, der eine Vergütungsvereinbarung vor Leistungsausführung verlangt. Hätte das OLG Köln Recht, wäre diese Forderung nie einzuhalten.

535 Besonders problematisch ist die Feststellung einer zeitlichen Anordnung schließlich, wenn eine ursprünglich im Vertrag vereinbarte Bauzeit wegen streitiger Bauentwurfsänderungen und Behinderungen seitens des Auftraggebers nicht mehr einzuhalten ist, er eine Bauzeitverlängerung ablehnt und zugleich auf der Einhaltung der Vertragsfristen besteht. Darin kann je nach den Umständen des Einzelfalls auch eine **Beschleunigungsanordnung** des Auftraggebers zu sehen sein (a. A. OLG Koblenz, Urt. v. 12.1.2007 – 10 U 423/06, BauR 2007, 763 = NJW 2007, 2925, 2927 = NZBau 2007, 517, 519, ähnlich wenn auch nicht entscheidungsrelevant: OLG Schleswig, Urt. v. 31.10.2006 – 3 U 28/05, BauR 2007, 1879, 1884). Denn gemäß § 6 Abs. 2 Nr. 1 VOB/B werden Ausführungsfristen automatisch verlängert, soweit eine Behinderung durch einen der dort aufgeführten Umstände verursacht worden ist und eine Behinderungsanzeige gemäß § 6 Abs. 1 VOB/B vorliegen (s. o. Rdn. 352 ff.). Ein Bestehen des Auftraggebers auf der Einhaltung der vereinbarten Vertragsfrist kann vom Auftragnehmer dann nur als Beschleunigungsanordnung verstanden werden – wobei natürlich anderes gelten kann, wenn der Auftraggeber vorrangig nur streitige Behinderungen zurückweist und allein in diesem Zusammenhang auf die Einhaltung des Vertragstermins besteht (s. dazu oben näher Rdn. 91). Noch schwieriger wird ansonsten eine solche die Bauzeit ändernde Anordnung festzustellen sein, wenn nur ein vom Auftragnehmer vorgesehener **Bauzeitenplan** vorliegt und dieser dem Auftraggeber nicht zur Kenntnis gegeben worden ist, also auch erst später erstellt worden sein kann. Hier wird eine Abweichung vom Soll-Bauablauf kaum zu beweisen sein.

5.4.4 Leistungsänderungen in Folge Anordnungen Dritter

Viel diskutiert wird immer wieder die Frage, ob auch von Dritten veranlasste Leistungsänderungen Mehrvergütungsansprüche im Sinne des § 2 Abs. 5 VOB/B auslösen können. Dritte können hier sein Straßenverkehrsbehörden, Baugenehmigungsbehörden, Prüfstatiker u. a. 536

Beispiele:

- Der Prüfstatiker fordert eine zusätzliche Bewehrung.
- Die Straßenverkehrsbehörde fordert eine zusätzliche Ampelanlage.

Der Auftragnehmer führt diese Leistung aus und verlangt dafür eine zusätzliche Vergütung.

Soweit die diesbezügliche Leistung nicht vom Vertragssoll erfasst war, kann es sich bei den von Dritten angeordneten Leistungen zwar um **Leistungsänderungen** im Sinne des § 2 Abs. 5 VOB/B handeln, die sich auch auf die Grundlagen des Preises auswirken. Dies mag in solchen Sachverhalten unbestritten sein. Keinesfalls genügt es aber für einen Vergütungsanspruch des Auftragnehmers, dass diese Anordnung von einem Dritten stammt (so auch zum Prüfstatiker OLG Celle, Urt. v. 13.01.2005 – 14 U 75/04, BauR 2006, 845). Hier ist schlichtweg nicht ersichtlich, mit welcher Kompetenz dieser Dritte in der Lage sein sollte, durch Willenserklärungen rechtsgestaltend auf den Vertrag Auftragnehmer/Auftraggeber einzuwirken (so aber etwa Ingenstau/Korbion/Keldungs, VOB/B § 2 Abs. 5 Rn. 25), zumal insbesondere Behörden eher auf Grund eigener Kompetenz handeln (ähnlich OLG Saarbrücken, Urt. v. 22.7.2008 – 4 U 627/07, OLGR 2008, 871 = IBR 2009, 69). Dabei ist völlig unbeachtlich, ob dieser Dritte eine berechtigte Anordnung erteilt. Das **Recht zur Vertragsänderung** obliegt **allein dem Auftraggeber**, weswegen § 2 Abs. 5 VOB/B auch von Leistungsänderungen oder anderen Anordnungen des Auftraggebers spricht. Somit besteht ein Mehrvergütungsanspruch nur dann, wenn der Auftraggeber z. B. in Folge eines Anstoßes von außen daraufhin auch tätig wird, d. h. seinerseits eine Anordnung erteilt (was etwa OLG Zweibrücken, Urt. v. 15.2.2002 – 2 U 30/01, BauR 2002, 972, 973 verkennt; stattdessen richtig: OLG Brandenburg, Urt. v. 17.10.2007 – 4 U 48/07, BauR 2009, 821 sowie vor allem OLG Düsseldorf, Urt. v. 24.10.1995 – 21 U 8/95, BauR 1996, 267 f., das gerade darauf abstellt, dass dann noch eine entsprechende Vereinbarung geschlossen wird).

Beispiel:

Die Verkehrsbehörde ordnet während der Baumaßnahme zur Baustellensicherung die Aufstellung einer Verkehrsampel an, die der Auftragnehmer (ohne Kenntnis des Auftraggebers) aufstellt. Hier entfällt mangels Anordnung des Auftraggebers ein Mehrvergütungsanspruch nach § 2 Abs. 5

VOB/B. Etwas anderes gälte, wenn der Auftraggeber daraufhin die Aufstellung einer Ampelanlage angeordnet hätte. Selbst eine zwingende Auflage der Verkehrsbehörden an den Auftraggeber beträfe nur das Verhältnis Behörde/Auftraggeber und würde eine Anordnung gegenüber dem Auftragnehmer im Sinne des § 2 Abs. 5 VOB/B nicht ersetzen.

Nichts anderes gilt vielfach im **Subunternehmerverhältnis.**

▸ **Beispiel:** (nach OLG Brandenburg, Urt. v. 1.4.2010 – 12 U 1/10, BauR 2010, 1639 [Ls.] = NJW-RR 2010, 898 = NZBau 2010, 433)

Der Bauherr beauftragt den Generalunternehmer mit der Errichtung eines Einfamilienhauses. Dieser wiederum beauftragt mit diversen Elektroleistungen einen Subunternehmer. Nach dem ursprünglichen Vertrag, den der GU so auch an seinen Sub weiter gegeben hatte, war ein bestimmter Fertigstellungstermin angegeben. Der Bauherr wünscht nunmehr bereits eine vorzeitige Aufschaltung der Alarmanlage, was er so auch mit dem GU bespricht und in Baubesprechungsprotokollen festgehalten wird. Diese erhält der Subunternehmer in Kopie.

In Fällen wie diesen genügt es für eine Anordnung des Generalunternehmers an den Subunternehmer nicht, einfach die Baubesprechungsprotokolle (kommentarlos) weiterzuleiten. Denn dies ersetzt nicht eine eigene Leistungsänderungsanordnung. Der Subunternehmer darf daher zunächst von seinen alten Fristen ausgehen – oder annehmen, dass der Generalunternehmer für die Zusatzleistung ggf. einen Dritten beauftragen will. Der Generalunternehmer ist daher gut beraten, hier für Klarheit zu sorgen und gesondert die Leistungsänderung gegenüber dem Subunternehmer auch in dessen Vertragsverhältnis anzuordnen (OLG Brandenburg, a. a. O.).

537 Dass man teilweise Anordnungen Dritter als Leistungsänderungen i. S. d. § 2 Abs. 5 VOB/B ausreichen lässt, geht auf den Umstand zurück, dass die (ggf. von einem Dritten angeordnete) Leistungsänderung wenigstens dem **Verantwortungsbereich des Auftraggebers** zuzuordnen ist. In der Tat finden sich dazu auch Hinweise in der Rechtsprechung. Dies betrifft vornehmlich die Fälle der nachträglichen Auflagen von Straßenverkehrsbehörden mit dem regelmäßigen Verweis darauf, dass nach § 4 Abs. 1 Nr. 1 VOB/B behördliche Auflagen und Anordnungen in den Verantwortungs- und Risikobereich des Auftraggebers fielen (OLG Düsseldorf, Urt. v. 24.10.1995 – 21 U 8/95, BauR 1996, 267, 268; OLG Zweibrücken, Urt. v. 15.2.2002 – 2 U 30/01, BauR 2002, 972, 973). Dies ist zwar vordergründig nicht falsch, bei einem richtigen Verständnis jedoch nur die „halbe Miete". Denn die Kennzeichnung des Verantwortungsbereichs betrifft nur die Leistungsänderung als solche, d. h. die Frage, ob überhaupt eine mehrkostenrelevante Abweichung der Bauausführung vom Bausoll vorliegt, die dem Einflussbereich des Auftraggebers zuzuordnen ist.

▶ **Beispiel:**

Geht man von dem vorgenannten Sachverhalt zur angeordneten Ampelanlage aus, würde § 2 Abs. 5 VOB/B schon dem Grunde nach keine Rolle spielen, wenn die Verkehrssicherung vom Auftragnehmer vertraglich übernommen, d. h. seinem Verantwortungsbereich zuzuordnen ist. Geht es hingegen um den Verantwortungsbereich des Auftraggebers, könnte in der gleichwohl vom Auftragnehmer erfolgenden Aufstellung der Ampel eine Leistungsänderung im Sinne des § 2 Abs. 5 VOB/B liegen, ggf. auch eine zusätzliche Leistung im Sinne des § 2 Abs. 6 VOB/B.

Dies vorausgeschickt **ersetzt** die Diskussion zum Verantwortungsbereich aber **nicht die weitere Tatbestandsvoraussetzung** des § 2 Abs. 5 (oder Abs. 6) VOB/B, nämlich dass die Leistungsänderung auf **eine Anordnung des Auftraggebers** zurückgehen muss. Liegt eine solche nicht vor, scheidet allein deswegen ein Mehrvergütungsanspruch nach § 2 Abs. 5 VOB/B aus (OLG Brandenburg, Urt. v. 17.10.2007 – 4 U 48/07, BauR 2009, 821; ähnlich OLG Saarbrücken, Urt. v. 22.7.2008 – 4 U 627/07, OLGR 2008, 871 = IBR 2009, 69; ebenso Bruns, ZfIR 2006, 153, 158). Dabei würde natürlich etwas anderes gelten, wenn die Parteien bereits im Bauvertrag vorgesehen hatten, dass etwaige Auflagen der Behörden, Prüfstatiker u. a. umzusetzen sind. Denn darin läge eine bereits erteilte **antizipierte Anordnung des Auftraggebers** erst noch kommender Auflagen, gegen die auch im Anwendungsbereich des § 2 Abs. 5 VOB/B keine Bedenken bestehen und für einen Mehrvergütungsanspruch des Auftragnehmers insoweit genügen.

Auf vier Erwägungen ist an dieser Stelle allerdings hinzuweisen:

- Auch wenn dem Grunde nach ein Mehrvergütungsanspruch bei einer fehlenden Anordnung ausscheidet, kommt ein solcher ggf. doch in Betracht, wenn die Parteien dazu später eine entsprechende **Vergütungsvereinbarung getroffen** haben (so vor allem in der Entscheidung des OLG Düsseldorf, Urt. v. 24.10.1995 – 21 U 8/95, BauR 1996, 267, 268; wohl auch OLG Zweibrücken, Urt. v. 15.2.2002 – 2 U 30/01, BauR 2002, 972, 973). 538
- Bei einer Anordnung Dritter als Tatbestandsvoraussetzung des § 2 Abs. 5 VOB/B ist stets ergänzend zu prüfen, ob eine solche nicht auch als eigene vom Auftraggeber (stillschweigend) übernommen wurde. Dies gilt vor allem bei **zwingenden Auflagen öffentlicher Behörden**, wenn der Auftraggeber ohnehin keine andere Wahl hat, als diese zu befolgen. Nimmt er hier die Befolgung einer solchen Anweisung in Kenntnis der Umstände sehenden Auges in Kauf, dürfte in diesem Verhalten ggf. eine konkludente (stillschweigende) Anordnung liegen (insoweit immerhin zu Recht: Ingens- 539

tau/Korbion/Keldungs, VOB/B, § 2 Abs. 5 Rn. 12; Kapellmann/Schiffers Bd. I, Rn. 834 ff.; s. dazu auch oben Rdn. 462).

▶ **Beispiel:** (nach OLG Naumburg, Urt. v. 23.6.2011 – 2 U 113/09, BauR 2012, 255 = NJW-RR 2011, 1389)

Nach einem gerichtlichen Baustopp gegenüber dem Auftraggeber schickt dieser dem Auftragnehmer eine entsprechende Nachricht dazu verbunden mit der Information, dass aus diesem Grund die Arbeiten einzustellen sind. Hier teilt er dem Auftragnehmer nicht nur eine „interessante" Neuigkeit mit, sondern erteilt dazu zumindest eine stillschweigende Anordnung.

540 Vorstehender Weg über eine **konkludente (stillschweigende) Anordnung** des Auftraggebers ist aber dann verbaut, wenn der Auftragnehmer den Auftraggeber über die Weisungen des Dritten erst gar nicht informiert.

▶ **Beispiel:**

Der Auftragnehmer nimmt an den Abstimmungsgesprächen mit der Verkehrsbehörde teil, wo die zusätzliche Ampelanlage besprochen wird. Diese führt er aus, ohne den Auftraggeber zu informieren. Später verlangt er dafür eine Vergütung.

In Fällen wie diesen scheidet mangels Anordnung des Auftraggebers ein Mehrvergütungsanspruch nach § 2 Abs. 5 VOB/B definitiv aus. Da aber möglicherweise doch eine Leistungsänderung vorliegt, die in den Verantwortungsbereich des Auftraggebers fällt, wäre immerhin noch an einen Vergütungsanspruch nach § 2 Abs. 8 Nr. 2 oder 3 VOB/B zu denken (s. o. Rdn. 463 ff.).

541 Bei zwingenden Anweisungen Dritter, insbesondere bei verkehrsbeschränkenden Anordnungen kommt schließlich noch – zumindest theoretisch – ein Schadensersatzanspruch gemäß § 6 Abs. 6 VOB/B in Betracht, soweit dafür die Voraussetzungen vorliegen. Hiervon kann aber in der Regel nicht ausgegangen werden.

▶ **Beispiel:**

Eine Gemeinde sperrt für Schwerlasttransporte eine Ortsdurchfahrt, weswegen der Auftragnehmer nunmehr einen Umweg fahren muss.

Man könnte auch hier vertreten, dass die Sperrung der Straße gemäß § 4 Abs. 1 Nr. 1 S. 2 VOB/B der Risikosphäre des Auftraggebers zuzurechnen ist – was bei der Sperrung einer Straße im öffentlichen Straßenland allerdings schon zweifelhaft sein dürfte: Denn wieso soll die Sperrung einer öffentlichen Straße in den Risikobereich des Auftraggebers fallen? Mit der Beschaffung öffentlicher Genehmigungen für das Bauvorhaben hat diese

Sperrung ebenfalls nichts zu tun – anders als der Fall der Auflage zur zusätzlichen Baustellensicherung durch eine Ampel. Diese Bedenken sollen hier aber dahinstehen. Nähme man nämlich an, dass der Verantwortungsbereich des Auftraggebers betroffen ist, könnte sich aus einer solchen Sperrung zwar nach § 6 Abs. 2 Nr. 1 lit. a) VOB/B eine Behinderung mit einer Verlängerung der Bauzeit ergeben (s. auch oben Rdn. 373). Für einen Schadensersatzanspruch nach § 6 Abs. 6 VOB/B fehlt jedoch jeglicher Anhaltspunkt, da ein wie auch geartetes Verschulden des Auftraggebers im Hinblick auf die Sperrung der Ortsdurchfahrt nicht erkennbar ist (OLG Brandenburg, Urt. v. 17.10.2007 – 4 U 48/07, BauR 2009, 821).

5.4.5 Alternativ- und Eventualpositionen als Ursache von Bauablaufstörungen und Grundlage für eine Vergütungsanpassung nach § 2 Abs. 5 VOB/B

Probleme besonderer Art können sich für einen ungestörten Bauablauf daraus ergeben, dass ein zur Grundlage des Bauvertrages gemachtes Leistungsverzeichnis zahlreiche **Alternativ- (= Wahl-) und/oder Eventual- (= Bedarfs-) Positionen** aufweist und der Auftraggeber dann während der Bauausführung Anordnungen trifft, die Leistungen nach der – im Leistungsverzeichnis vorgesehenen – Alternativ-/Wahl- oder Eventual-/Bedarfsposition auszuführen. Hierbei kann es sich einerseits um bloße Anordnungen zur Erbringung der ohnehin vertragsgemäß – wenn auch nur wahlweise oder bedingt – geschuldeten Leistung gemäß § 4 Abs. 1 Nr. 2 S. 1 und Nr. 3 S. 1 VOB/B handeln. Darin können andererseits auch leistungsändernde Anordnungen im Sinne des § 2 Abs. 5 VOB/B oder Zusatzleistungen im Sinne des § 2 Abs. 6 VOB/B liegen. Zugleich können sich in all diesen Fällen **Behinderungen des Bauablaufs im Sinne des § 6 Abs. 1 und Abs. 6 VOB/B** ergeben. 542

Die Entscheidung über die sachgerechte Einordnung einer solchen Leistungsposition hängt zunächst von einer genauen Untersuchung der **Reichweite von Alternativ- und Eventualpositionen** und den sich daraus für den Auftraggeber ergebenden Gestaltungsmöglichkeiten und den Rechtsfolgen für den geschuldeten Leistungsumfang des Auftragnehmers ab.

5.4.5.1 Die verschiedenen Positionsarten im Leistungsverzeichnis

Gemäß § 7 Abs. 1 Nr. 1 und 2 VOB/A ist die Leistung durch den Auftraggeber eindeutig und so erschöpfend zu beschreiben, dass alle Bewerber die Beschreibung im gleichen Sinne verstehen müssen und ihre Preise sicher und ohne umfangreiche Vorarbeiten berechnen können. Zudem darf dem Auftragnehmer kein ungewöhnliches Wagnis aufgebürdet werden für Umstände und Ereignisse, auf die er keinen Einfluss hat und deren Einwirkung auf die 543

Preise und Fristen er nicht im Voraus abschätzen kann (§ 7 Abs. 1 Nr. 3 VOB/A). Diesen Erfordernissen wird üblicherweise durch Ausschreibung der Leistungen in einzelnen Positionen eines Leistungsverzeichnisses gemäß § 7 Abs. 9 bis 12 VOB/A Rechnung getragen, den sog. **Normalpositionen**. Dabei ist die Leistung im Leistungsverzeichnis gemäß § 7 Abs. 12 VOB/A derart aufzugliedern, dass unter einer Position nur solche Leistungen aufgenommen werden, die nach ihrer technischen Beschaffenheit und für die Preisbildung als in sich gleichartig anzusehen sind.

Aus diesen Grundsätzen, die nicht nur für den öffentlichen, sondern gleichermaßen für den privaten Auftraggeber ihre Bedeutung haben, folgt zunächst als Regel das **Verbot sog. Mischpositionen**.

▶ **Beispiel:**

Nicht zulässig ist es etwa, den Erdaushub aller Bodenklassen oder alle Wand- und Bodenplattierungsarbeiten im Außen- und Innenbereich in jeweils einer Position auszuschreiben.

544 Diese Vorgabe dient sowohl dem Interesse des Bieters, der solche Mischpositionen kaum kalkulieren kann und deshalb Risikozuschläge vorsehen wird, als auch dem des Auftraggebers. Denn dieser kann die danach angebotenen Durchschnittspreise für Mischpositionen kaum miteinander vergleichen und auf ihre Angemessenheit hin überprüfen und sachgerecht werten. In Ausnahmefällen sind allerdings auch Mischpositionen für ungleichartige Leistungen zulässig und zweckmäßig, wenn eine Teilleistung gegenüber einer anderen für die Bildung eines Durchschnittspreises ohne nennenswerten Einfluss ist. Das ist der Fall, wenn man für eine derartige **Sammelposition** einen Durchschnittspreis ohne besondere Schwierigkeiten kalkulieren kann und damit kein besonderes Wagnis verbunden ist, also insbesondere die Preise für die einzelnen zusammengefassten Teilleistungen nur geringfügig voneinander abweichen.

▶ **Beispiel:**

Der erwartete Bodenaushub besteht nach den Voruntersuchungen voraussichtlich zu einem ganz überwiegenden Anteil aus der Bodenklasse 3. Nur in Randbereichen ist mit wenigen Böden anderer Bodenklassen zu rechnen. Hier könnte ausnahmsweise eine einheitliche Position für Bodenaushub vorgesehen werden.

545 Neben diesen **Sammel- oder Mischpositionen** enthalten Leistungsverzeichnisse im Allgemeinen sog. Grund- und **Zuschlagspositionen** (auch Zulagepositionen) sowie **Bedarfs-/Eventualpositionen und Wahl-/Alternativpositionen** (s. zu der Kalkulation derartiger Positionen näher Teil B Rdn. 235).

- Bei den **Grund- oder Normalpositionen** handelt es sich um die Positionen, die die zu erbringende Leistung ohne jeden Vorbehalt endgültig beschreiben und für die der Bieter seine Preise (Einheitspreis oder Pauschalpreis) abschließend und verbindlich kalkulieren muss. Die Leistungen dieser Positionen werden uneingeschränkt verbindlicher Vertragsinhalt, sind also fest beauftragt und beschreiben die vom Auftraggeber geforderten und nach Vertragsabschluss vom Auftragnehmer geschuldeten Leistungen. 546

- In **Zuschlags- oder Zulagepositionen** werden üblicherweise Erschwernisse oder höhere Qualitätsanforderungen zu einer Grundleistung ausgeschrieben 547

  ▶ **Beispiele:**
  - Zu der Grundposition Türen wird eine Zulagenposition für die Lieferung und den Einbau feuerhemmender Türen vorgesehen.
  - Das LV sieht für die Grundposition Kieseinbau eine Zulage für den Fall vor, dass der benötigte Kies vom Auftragnehmer geliefert werden muss.
  - Im Vertrag ist zunächst als Grundposition bei dem Bodenabtrag die Bodenklasse 6 (leicht lösbarer Fels) angegeben. Gesondert wird eine Zulage vereinbart, wenn Bodenklasse 7 (schwer lösbarer Fels) auftritt.

Die beiden letzten Beispiele zeigen bereits, dass derartige Zuschlags- oder Zulagepositionen häufig nur schwer abzugrenzen sind von den **Alternativ- und Eventualpositionen**. Denn in diesen Fällen ist es ebenso möglich und letztlich sogar sachgerechter, diese nicht mit Sicherheit erforderlichen Leistungen (Bodenaushub Klasse 7 bzw. Kieslieferung durch den Auftragnehmer) als Eventual-(Bedarfs)position oder aber als Alternativ-(Wahl)position auszuschreiben. In besonderen Einzelfällen wird man aber derartige Zulagepositionen auch zugleich als Eventual-(Bedarfs)positionen im Wege der Auslegung verstehen können.

- In **Eventualpositionen (auch Bedarfspositionen genannt)** werden Leistungen ausgeschrieben, deren Ausführung bei Erstellung der Ausschreibungsunterlagen noch nicht feststeht, die also nur bei Bedarf ausgeführt werden sollen. 548

  ▶ **Beispiel:**

  Bei Aufstellung des Leistungsverzeichnisses lässt sich wie häufig nicht feststellen, ob und ggf. in welchem Umfang eine Wasserhaltung erforderlich wird, der Erdaushub geeignet und ausreichend für die spätere Verfüllung und Anschüttung ist, zusätzlich Füllmaterial angeliefert werden muss oder ob ein Bodenaustausch erforderlich wird.

Diese Ungewissheit kann allerdings auch bei Zulagepositionen bestehen, sodass sich durchaus Überschneidungen ergeben können und die Bezeichnung allein nicht zwingend sein muss.

▶ **Beispiel:**

Im LV ist zu Erdarbeiten für einen möglichen Anfall metallischer Teile eine gesonderte Position mit einem Einheitspreis je kg ausgewiesen. Dies kann eine Zulagen-, aber auch eine Eventualposition sein. Insoweit ist das LV auszulegen.

Ebenso ist vorstellbar, dass Leistungen, bei denen es sich eigentlich z. B. nach Abschnitt 4.1 der DIN 18 299 um ohne gesonderte Vergütung mit zu erbringende Nebenleistungen handelt, abweichend davon als gesonderte Eventual-(Bedarfs)position ausgeschrieben werden.

▶ **Beispiel:** (ähnlich OLG Naumburg, Urt. v. 30.9.2011 – 12 U 12/11)

Für den Umschlag von Bauteilen auf der Baustelle wird ein Kran benötigt. Hierfür ist im LV eine gesonderte Bedarfsposition vorgesehen. Zweifellos würde diese Leistung ohne gesonderte Vereinbarung zu den ohnehin vom AN geschuldeten Leistungen gehören, bei deren Erbringung ihm keine gesonderte Vergütung zusteht (Abschnitt 4.1.9 der DIN 18299). Aber den Parteien bleibt natürlich unbenommen, dazu etwas anderes zu vereinbaren und für diese Leistung eine gesonderte Bedarfsposition zu vereinbaren.

549 Demgegenüber werden **Alternativpositionen (auch Wahlpositionen genannt)** in einem Leistungsverzeichnis vorgesehen, wenn sich der Auftraggeber noch nicht darüber im Klaren ist, ob er eine bestimmte Leistung gemäß einer Grundposition oder aber mit anderem Material oder in anderer Ausführungsart haben will. Die Gründe dafür sind vielfältig. Sie liegen etwa darin, dass der Auftraggeber die Entscheidung dazu von den anfallenden Kosten abhängig macht.

▶ **Beispiel:**

Der Auftraggeber will abhängig von einem Wettbewerbsergebnis überlegen, ob er für die Giebelverkleidung z. B. Naturschiefer oder Eternit verwenden will.

Denkbar ist es genauso, dass er aus anderen Gründen die Entscheidung hinausschieben will, die mit dem Bauvorhaben zu tun haben.

▶ **Beispiel:**

Der Bauherr will sich einstweilen vorbehalten, ob als Boden Parkett oder Fliesen verlegt werden soll, weil die endgültige Nutzung als Arztpraxis oder Wohnung usw. noch ungeklärt ist.

5.4.5.2 Zulässigkeit von Alternativ- und Eventualpositionen nach der VOB/A

Schon seit ihrer erstmaligen Berücksichtigung der Eventual-(Bedarfs)positio- 550
nen in der VOB/A mit der Fassung 2000 zeigte sich die deutliche Zurückhaltung des Deutschen Vergabe- und Vertragsausschusses (DVA) als Herausgeber der VOB gegenüber deren Verwendung. Sie wurden aber immerhin noch ausnahmsweise zugelassen. Diese Ausnahmeregelung wurde mit der VOB/A 2009 beseitigt. Nach dem heutigen § 7 Abs. 1 Nr. 4 VOB/A sollen **Bedarfspositionen grundsätzlich nicht mehr in die Leistungsbeschreibung aufgenommen** werden. Noch deutlicher wird das Vergabehandbuch des Bundes (VHB). Dieses sieht in Ziff. 4.6 der Allgemeinen Richtlinien Vergabeverfahren (100) mit Ausgabe 2008 (Stand August 2014) ohne Ausnahme vor, dass Bedarfs- und Wahlpositionen weder im Leistungsverzeichnis noch in den übrigen Vergabeunterlagen vorzusehen sind. In ähnlicher Weise sind zwischenzeitlich die weiteren Handbücher der Ausschreibung für die öffentliche Hand, etwa das HVA B-StB nachgezogen (Ausgabe 2012, vgl. dort Ziff. 1.4 (32)), die den Text aus § 7 Abs. 1 Nr. 4 VOB/A mit dem grundsätzlichen Verbot von Bedarfspositionen übernommen haben; sämtliche weiteren Regelungen dazu etwa in den dazu gehörenden ZVBE-StB sind ersatzlos entfallen.

Spricht nach Vorstehendem die VOB/A anders als das VHB nur von einem 551
„grundsätzlichen" Verbot, heißt das im Umkehrschluss, dass doch **eng umgrenzte Ausnahmefälle denkbar** sind (so auch Ingenstau/Korbion/Kratzenberg, A § 7 Rn. 45, s. dazu sogleich Rdn. 552 f.). Hintergrund dieser sehr restriktiven Regelung ist aber zunächst die Tatsache, dass der Rückgriff auf Eventual-(Bedarfs)positionen häufig keine andere Ursache hat als den Umstand, dass das Vorhaben bisher nicht ausreichend und vertiefend genug geplant war. Dies widerspricht bereits der Grundregel des § 7 Abs. 1 Nr. 1 VOB/A, nämlich dass ein Bauvorhaben so eindeutig und erschöpfend wie möglich zu beschreiben ist, damit die Bieter ihre Preise sicher und ohne umfangreiche Vorarbeiten berechnen können. Je nach Umfang führen vielfältige Eventual-(Bedarfs)positionen auch zu einer völligen **Intransparenz der Ausschreibung insgesamt**, weil ja letzten Endes gar nicht klar ist, ob diese Leistung in welcher Form auch immer abgerufen und ausgeführt wird. Dies wirft diverse Folgeprobleme der Angebotswertung auf. Denn wenn eine Position im Leistungsverzeichnis enthalten und der (mögliche) Bedarf bis zur Zuschlagserteilung dafür nicht entfallen ist, muss sie bei einer Wertung auch berücksichtigt werden (sehr deutlich OLG Düsseldorf, Beschl. 10.2.2010 – VII Verg 36/09, NZBau 2010, 720;

zuvor schon OLG Düsseldorf, Beschl. v. 28.2.2008 – VII Verg 57/06). Doch bleibt die Schwierigkeit, wie ein solcher Preis transparent bewertet werden kann, wenn nicht sicher ist, ob diese Leistung überhaupt ausgeführt werden soll. Dass damit zugleich die Grundlage einer erheblichen Manipulationsgefahr begründet ist, liegt auf der Hand (ähnlich OLG Düsseldorf, Beschl. v. 28.2.2008 – VII Verg 57/06).

552 Wenn demzufolge nach der VOB/A in ihrer heutigen Fassung Bedarfspositionen „grundsätzlich" nicht mehr in die Leistungsbeschreibung aufzunehmen sind (s. allerdings zu den Alternativpositionen sogleich Rdn. 555 und den Stundenlohnarbeiten Rdn. 588), ist also gegenüber der früheren VOB-Fassung, die immerhin deren Aufnahme noch in Ausnahmefällen vorsah, noch mehr Zurückhaltung geboten. Man wird allerdings nicht sagen können, dass es solche Ausnahmefälle nicht gibt, in denen selbst der sorgfältigst planende Auftraggeber nicht doch gezwungen wäre, zur Sicherstellung eines reibungslosen Bauablaufs auf Eventual-(Bedarfs)positionen im Leistungsverzeichnis zurückzugreifen (weswegen Kratzenberg im Ingenstau/Korbion, § 7 Rn. 45, meint, gegenüber der früheren Rechtslage habe sich nicht viel geändert).

▶ **Beispiel:** (ähnlich KG, Beschl. v. 15.3.2004 – 2 Verg 17/03, VergabeR 2004, 350, 355)

Im Rahmen eines Tunnelbauwerks wird die Verpressung eines Injektionskanals mit einem bestimmten Komponenten-Harz als eine gesonderte Bedarfsposition ausgeschrieben, nachdem nach einer sorgfältigen Planung nicht sicher abgeschätzt werden konnte, inwieweit solche zusätzlichen Verpressungen gegen eindrückendes Schichtwasser notwendig werden würde. Hier bestehen gegen die Bedarfsposition keine Bedenken.

553 Mit aller Deutlichkeit bleibt aber klarzustellen, dass eine Aufnahme von Bedarfspositionen im Leistungsverzeichnis mit der heutigen Fassung der VOB/A noch mehr einen Ausnahmecharakter aufweisen muss als früher, zumal es auch insoweit bei dem weiter gehenden Grundsatz bleibt, dass dem Auftragnehmer **über Bedarfspositionen nicht etwa verdeckt ein ungewöhnliches Wagnis auferlegt werden darf** (§ 7 Abs. 1 Nr. 3 VOB/A). Folglich geht es nicht um irgendwelche Quoten oder gar den allgemeinen Satz, dass etwa Bedarfspositionen bei unbedeutenden Nebenleistungen eher zulässig seien als bei zentralen Leistungen; denn auch bei diesen bliebe z. B. das Wertungsproblem. Stattdessen muss der Auftraggeber vor einem Rückgriff auf Eventual-(Bedarfs)positionen zunächst den Versuch unternommen haben, unter Ausnutzung aller ihm zur Verfügung stehender zumutbarer Erkenntnismöglichkeiten Unklarheiten in der Leistungsbeschreibung auch ohne Bedarfspositionen zu lösen. Nur und dann, wenn dies nicht gelingt, und der Auftraggeber dann noch daran einen **sachlich gerechtfertigten Grund, ein anzuerkennendes Be-**

dürfnis oder objektives Interesse nachweisen kann, mag ausnahmsweise die Leistungsbeschreibung punktuell im Unklaren bleiben, indem er jetzt auf Bedarfspositionen zurückgreift, wobei diese dann aber klar zu kennzeichnen sind (ähnlich OLG Oldenburg, Urt. v. 3.5.2007 – 8 U 254/06, BauR 2008, 1630, 1632). Zumindest bei öffentlichen Ausschreibungen ist dieser Grund außerdem im **Vergabevermerk zu dokumentieren** (§ 20 VOB/A). Zugleich sind im Leistungsverzeichnis die inhaltlichen Anforderungen an die Eventualleistung zu beschreiben und unmissverständlich zu benennen. Zudem hat der Auftraggeber in den Ausschreibungsbedingungen nachprüfbare Kriterien anzugeben, die für deren Inanspruchnahme ausschlaggebend sind. An diesen müssen die Bieter erkennen können, unter welchen Voraussetzungen und nach welchen Maßstäben das einer Bedarfsposition geltende Angebot gewertet wird oder woran der Auftraggeber dann bei der Angebotswertung gebunden ist (OLG Düsseldorf, Beschl. v. 28.2.2008 – VII Verg 57/06; i. E. ähnlich: OLG Düsseldorf, Beschl. v. 10.2.2010 – VII Verg 36/09, NZBau 2010, 720). Eine Bindung an diese Kriterien bedeutet, dass der Auftraggeber diese Bedarfspositionen berücksichtigen muss, wenn bei vorausschauender Betrachtung der die Bedarfsposition rechtfertigende Grund im Zeitpunkt oder Zeitraum der Auftragsausführung fortbesteht (OLG Düsseldorf, a. a. O.; OLG Düsseldorf, Beschl. 14.8.2003 – VII Verg 46/03, VergabeR 2004, 232, 235).

Wenn demzufolge bei Ausschreibungen nach der VOB/A in Ausnahmefällen 554
Bedarfspositionen aufgenommen werden können, verbleibt allerdings im Einzelfall das **Problem der Wertung**. Vorstellbar ist, in Anlehnung an eine frühere Empfehlung des VOB-Ausschusses vom 3. November 1988 (Baurechts-Report 04/89) im Leistungsverzeichnis eine Spalte vorzusehen, in der die Bedarfspositionen nach Einheitspreis, Mengenansatz und sich daraus ergebenden Angebotspreisen angegeben und zu einem Angebotspreis für alle ausgeschriebenen Bedarfspositionen addiert werden können. Alternativ käme in Betracht, die Angebotspreise auch für die Bedarfspositionen ungemindert in die Wertung einzubeziehen, wobei ggf. nicht die gesamte geschätzte (angegebene) Menge zu berücksichtigen ist, sondern nur mit einem angegebenen Prozentsatz. Diese Vorgehensweise erscheint für sich genommen aber bereits sehr spekulativ. Denn es ist ja gerade nicht bekannt, wieso mit welchem Prozentsatz gearbeitet werden sollte, zumal vielfach bei der Planung andere Schätzmengen angegeben werden.

Während die VOB/A für Eventual-(Bedarfs)positionen ein grundsätzliches Ver- 555
bot vorsieht, fehlt eine entsprechende **Regelung zu Alternativ-(Wahl)positionen**. Dies könnte zu der Annahme verleiten, dass die VOB/A hier großzügiger wäre. Dies ist eindeutig nicht der Fall. Stattdessen gelten dieselben Erwägungen wie soeben bei den Eventual-(Bedarfs)positionen erläutert. Dies ist in der Rechtsprechung anerkannt (sehr deutlich etwa OLG Düsseldorf, Beschl. v. 28.2.2008 – VII Verg 57/06, das ausführlich beide Begründungansätze zusam-

menführt; ebenso OLG München, Beschl. v. 27.1.2006 – Verg 1/06, VergabeR 2006, 537, 541). Auch das Vergabehandbuch des Bundes – VHB (Ausgabe 2008, Stand August 2014) lässt daran keinen Zweifel, indem es in Ziff. 4.6 der allgemeinen Richtlinien Vergabeverfahren (100) ganz allgemein und eindeutiger als die VOB/A klarstellt, dass Bedarfs- und Wahlpositionen weder in das Leistungsverzeichnis noch in die übrigen Vergabeunterlagen aufgenommen werden dürfen. Wenn also hier dieselben Grundsätze wie bei Eventual-(Bedarfs)positionen gelten, liegt die Ursache dafür ebenso darin, dass damit dem Grundsatz der eindeutigen und erschöpfenden Leistungsbeschreibung in § 7 Abs. 1 Nr. 1 VOB/A Rechnung getragen werden soll. Oder umgekehrt: Mit der sehr restriktiven Haltung soll in gleicher Weise verhindert werden, dass mit einem nahezu bedenkenlosen Rückgriff auf Alternativ-(Wahl)positionen Mängel einer unzureichenden Planung ausgeglichen werden, wie dies in der Praxis doch sehr verbreitet ist – verbunden sogar teilweise mit dem Ergebnis, dass in manchen Leistungsverzeichnissen mehr Alternativ- als Grundpositionen enthalten sind.

▶ **Beispiele:**

- Erdarbeiten werden alternativ in allen denkbaren Bodenklassen ausgeschrieben, um die Einholung eines Bodengutachtens zu ersparen.
- Eine Fassade wird in verschiedenen Varianten oder eine Kelleraußenmauerwerksisolierung alternativ gegen drückendes und gegen nicht drückendes Wasser ausgeschrieben, um für alle denkbaren Möglichkeiten, die eigentlich im Rahmen der Planung abgeklärt sein sollten, eine Leistungsposition zu haben.
- Es werden Abbrucharbeiten für Mauerwerk ausgeschrieben, und zwar wahlweise Ziegelmauerwerk oder Stahlbeton – wobei es ein leichtes gewesen wäre, vorab zu klären, aus welchem Material das Mauerwerk bestand (OLG Naumburg, Beschl. v. 1.2.2008 – 1 U 99/07, BauR 2008, 1317).

556 Im Ergebnis ist dies richtig und nachvollziehbar. Denn abgesehen davon, dass eine Häufung von Wahlpositionen den Aufwand der Bewerber für die Angebotsbearbeitung beträchtlich erhöht (so auch Schelle/Erkelenz, S. 116), erhöht sich dadurch ebenso ganz beträchtlich die **Manipulationsgefahr** (vgl. auch OLG München, Beschl. v. 17.1.2006 – Verg 1/06, VergabeR 2006, 537, 541; OLG Düsseldorf, Beschl. v. 24.3.2004 – VII ZR 7/04, VergabeR 2004, 517, 518 = NZBau 2004,463; OLG Düsseldorf, Beschl. v. 13.4.2011 – Verg 58/10, ZfBR 2011, 508, 513; Heiermann/Riedl/Rusam, § 7 Rn. 35). Dies liegt auf der Hand, weil bei einer Vielzahl von Kombinationsmöglichkeiten sich der Auftraggeber bei der Angebotswertung letztlich bis zum Schluss offen halten kann, welchen Bieter er für die Bauaufgabe auswählen will.

557 Doch selbst die vorstehende restriktive Sichtweise soll nicht darüber hinwegtäuschen, dass es natürlich bei Ausschreibungsverfahren nach der VOB/A er-

neut Situationen geben kann, die wie schon bei Eventual-(Bedarfs)positionen einen **Rückgriff auf Alternativ-(Wahl)positionen als notwendig** erscheinen lassen. Dies ist denkbar, wenn bestimmte Voraussetzungen selbst nach einer ausreichenden Planung nicht abschließend geklärt werden können (OLG Schleswig, Urt. v. 17.2.2000 – 11 U 97/98, NZBau 2000, 207, 208; OLG München, Beschl. v. 17.1.2006 – Verg 1/06, VergabeR 2006, 537, 541; OLG Düsseldorf, Beschl. v. 28.2.2008 – VII Verg 57/06; OLG Düsseldorf, Beschl. v. 24.3.2004 – VII ZR 7/04, VergabeR 2004, 517, 518 = NZBau 2004, 463; OLG Düsseldorf, Beschl. v. 13.4.2011 – Verg 58/10, ZfBR 2011, 508, 513) – was nicht zuletzt auf finanzielle Erwägungen zurückgehen kann.

▶ **Beispiel:** (in Anlehnung an OLG Düsseldorf, Beschl. v. 24.3.2004, a. a. O.)

Eine Kommune möchte eine Fassade renovieren lassen. Wegen begrenzter Haushaltsmittel schreibt sie alternativ eine Einfach- und Doppelfassade sowie ferner wahlweise verschiedene Materialien der Fassadenverkleidung und unterschiedliche Sonnenschutzsysteme aus. Dies ist zulässig. Denn es kann ein berechtigtes Bedürfnis des Auftraggebers sein, mit den ihm zur Verfügung stehenden Mitteln die optimale Leistung zu beauftragen. Dies ist auch mit der Hilfe von Wahl- oder Alternativpositionen möglich. Anderenfalls wäre der Auftraggeber schlimmstenfalls gezwungen, mehrere Vergabeverfahren mit den unterschiedlichen Ausführungsvarianten hintereinander zu schalten, womit niemanden geholfen wäre.

Ist in solchen Ausnahmefällen die Aufnahme von Alternativ-(Wahl)positio- 558
nen zulässig, muss allerdings wiederum die **Durchführung eines transparenten Vergabeverfahrens sichergestellt** sein (OLG Düsseldorf, a. a. O.). Die Anforderungen entsprechen genau denjenigen, die oben schon zu der vergleichbaren Frage bei den Bedarfspositionen erläutert wurden (s. o. Rdn. 553). Folglich kommt es darauf an, dass überhaupt ein Grund für die Aufnahme einer Wahlposition besteht. Dieser ist zu dokumentieren und die Position im Leistungsverzeichnis eindeutig zu kennzeichnen. Ferner ist diese Position zu werten, wobei gleichfalls die Wertungskriterien zuvor eindeutig feststehen müssen (OLG Düsseldorf, Beschl. v. 13.4.2011 – Verg 58/10, a. a. O.). Dabei gilt bei Wahlpositionen umso mehr, dass vor allem dann, wenn für den Auftraggeber vor Ablauf der Zuschlagsfrist erkennbar wird, welche der ausgeschriebene Leistungsalternativen benötigt wird, er **verpflichtet** ist, **alle Bieter unverzüglich darüber zu informieren**, damit diese ihr Angebot darauf einrichten können (OLG Naumburg, Beschl. v. 1.2.2008 – 1 U 99/07, BauR 2008, 1317, 1318).

Stellt sich nach allem die Aufnahme von Eventual-(Bedarfs)- oder Alternativ- 559
(Wahl)positionen vielfach als ein Verstoß gegen die VOB/A dar (sei es unmittelbar gegen § 7 Abs. 1 Nr. 1 mit dem Gebot der eindeutigen und erschöpfenden Ausschreibung, sei es als ein Verstoß gegen das grundsätzliche Verbot

von Bedarfspositionen in § 7 Abs. 1 Nr. 4 VOB/A), kann ein Bieter allein deswegen bei **Vergaben oberhalb der EU-Schwellenwerte** für Bauaufträge (vgl. § 2 Vergabeverordnung) ein **vergaberechtliches Nachprüfungsverfahren** einleiten (§§ 102 ff GWB). Dasselbe gilt, wenn zwar dem Grunde nach eine berechtigte Ausnahme für die Aufnahme einer Eventual- oder Alternativposition vorliegt, der Auftraggeber aber nicht die formalen Voraussetzungen dafür in der Ausschreibung, Angebotswertung oder Dokumentation (s. o. Rdn. 553) dafür eingehalten hat (OLG Düsseldorf, Beschl. v. 28.2.2008 – VII Verg 57/06; OLG Düsseldorf, Beschl. v. 24.3.2004 – VII ZR 7/04, VergabeR 2004, 517, 518 = NZBau 2004, 463). Dabei setzen allerdings auch darauf gerichtete Nachprüfungsanträge voraus, dass der Bieter insbesondere die Aufnahme von Wahl- und Bedarfspositionen nach Erhalt der Ausschreibungsunterlagen unverzüglich bzw. **spätestens bis zum Ablauf der vorgesehenen Angebotsabgabefrist gerügt** hat (§ 107 Abs. 3 Nr. 3 GWB, sehr kritisch dazu Jaeger, NZBau 2009, 558, der diese Regelung für europarechtswidrig hält). Eine spätere Berufung darauf scheidet dagegen in der Regel aus.

560 Unbenommen bleiben daneben – und zwar auch außerhalb von Vergabeverfahren oberhalb der Schwellenwerte – etwaige **Schadensersatzansprüche des Bieters**. Dies gilt einheitlich zum Nachteil der öffentlichen Auftraggeber, die ihre Vorhaben nach der VOB/A ausschreiben – sowie der privaten Auftraggeber, die sich ggf. freiwillig der VOB/A unterworfen haben (BGH, Urt. v. 21.2.2006 – X ZR 39/03, BauR 2006, 1140, 1141 = NJW-RR 2006, 963, 964, Vygen/Joussen, Bauvertragsrecht, Rn. 419 ff.). Verstoßen danach an die VOB/A gebundene Auftraggeber gegen die sich daraus ergebenden Vorgaben, indem sie unzulässigerweise Bedarfs- oder Wahlpositionen in das Leistungsverzeichnis aufnehmen, und entsteht dadurch einem Bieter ein Schaden, weil er etwa einen Auftrag deswegen nicht erhält, können ihm zumindest theoretisch nach §§ 311 Abs. 2, 241 Abs. 2, 280 Abs. 1 BGB Schadensersatzansprüche (culpa in contrahendo) zustehen (s. zu etwaigen weiter gehenden Schadensersatzansprüchen aus § 823 Abs. 2 BGB ebenfalls beschränkt auf Vergaben oberhalb der Schwellenwerte oben Rdn. 487). Dabei dürfte heute unstreitig sein, dass es bei Durchführung eines Vergabeverfahrens nach der VOB/A zu einem schutzwürdigen Vertrauen des Bieters dahin gehend kommt, dass sich der Auftraggeber an das dort geregelte Verfahren halten wird, sodass Verstöße dagegen grundsätzlich einen Schadensersatzanspruch des Bieters auslösen können (herrschende Meinung, vgl. nur BGH, Urt. v. 9.6.2011 – X ZR 143/10, BGHZ 190, 89 = BauR 2011, 1813, 1814 = NZBau 2011, 498, 500; BGH, Urt. v. 11.11.2014 – X ZR 32/14, BauR 2015, 479, 480). Gleichwohl ist einem solchen Anspruch trotz seines Bestehens dem Grunde nach vielfach kein Erfolg beschert. Dies beruht nicht nur darauf, dass ein danach unterlegener Bieter oft kaum seine Schäden nachweisen kann, die kausal auf einem wegen der Aufnahme von Bedarfs-

oder Wahlpositionen mangelhaft erstellten Leistungsverzeichnis beruhen (s. dazu ausführlich Vygen/Joussen, Bauvertragsrecht, Rn. 331 ff.).

5.4.5.3 Rechtliche Sonderprobleme bei Alternativpositionen

Wenn wie gezeigt nach der VOB/A zumindest dem Grundsatz nach keine Alternativ-(Wahl)positionen mehr im Leistungsverzeichnis vorgesehen werden sollen, es davon aber Ausnahmen geben kann, ist es demzufolge doch notwendig, sich mit wenigen weiteren Sonderproblemen dazu zu befassen. Dies gilt erst recht für Vergaben, denen die VOB/A nicht verbindlich zugrunde gelegt wurde. Hier ist es in der Praxis gar nicht selten, dass Auftraggeber zum Teil sogar sehr großzügig von der Möglichkeit der Alternativ-(Wahl)positionen Gebrauch machen. Dies gilt vor allem dann, wenn sie **verschiedene mögliche Materialien oder Ausführungsarten dem Wettbewerb unterwerfen** und damit ihre Entscheidung letztlich von den angebotenen Preisunterschieden bei den unterschiedlichen Ausführungsvarianten abhängig machen wollen. **561**

▸ **Beispiel:**

> Der Auftraggeber will für eine Fassadenverkleidung als Grundposition Kunstschieferplatten und als Alternativen Naturschiefer und Scheferit sowie weiter alternativ die Ausführungs- oder Verlegeart in deutscher Deckung oder gezogener Doppeldeckung und zudem noch mit oder ohne Wärmedämmung ausschreiben. Erst nach Angebotsabgabe will er sich für die eine oder andere Ausführungsart auf Grund der angebotenen Preise entscheiden und die verschiedenen Angebote mit jeweils dieser Position werten.

Die Entscheidung darüber, welche der ausgeschriebenen Alternativen zur Ausführung kommt, wird der Auftraggeber in der Regel **bei der Auftrags- oder Zuschlagserteilung** in Kenntnis der unterschiedlichen dafür angebotenen Preise treffen (können). Erfolgt die **Auftragserteilung** dementsprechend mit einer **Entscheidung für die Grund- oder für diese oder jene Alternativposition**, so kommt damit der Vertrag entweder mit der Grundposition oder aber mit der gewählten Alternative als **Bau-Soll** zustande. Es liegt insbesondere keine das Angebot des Bieters verändernde Annahmeerklärung vor, da dem Auftraggeber durch das Angebot mit Alternativpositionen ein **Wahlrecht** eröffnet worden ist. Ist eine Entscheidung des Auftraggebers ausnahmsweise, etwa aus technischen Gründen, bei der Auftragserteilung noch nicht möglich, so kann sie zwar auch noch nach der Auftragserteilung getroffen werden, z. B. bis zum Beginn der Ausführung der betreffenden Teilleistung. Allerdings ist darauf zu achten, dass der Auftraggeber sich die spätere Entscheidung für eine der angebotenen Alternativen im Auftragsschreiben oder **im Vertrag selbst ausdrücklich vorbehalten** muss (Heiermann/Riedl/Rusam VOB/A EG § 16 Rn. 292). Die uneingeschränkte Auftragserteilung seitens **562** des Auftraggebers ohne einen solchen **Vorbehalt** kann und darf dagegen letztlich vom Auftragnehmer so verstanden werden, dass die Grundpositionen und eben nicht die Alternativen beauftragt worden sind. Denn Letztere sind ja auch nicht in die Angebotsendsumme und damit nicht in die Auftragssumme eingegangen, zumal die Auftragserteilung gemäß §§ 133, 157 BGB aus der objektiven Sicht des Empfängers auszulegen ist. An diesem Ergebnis vermag auch eine Klausel in ZVB oder BVB, wonach eine solche Entscheidung später getroffen werden kann, nichts zu ändern. Denn diese erst ab Vertragsschluss geltenden Bedingungen können den zuvor vorbehaltlos zur Grundposition erteilten Auftrag nicht mehr rückwirkend ändern. Folglich kann und darf sich der Auftragnehmer bei seiner weiteren Arbeitsvorbereitung (z. B. bei der Materialbestellung oder der Beauftragung von Subunternehmern) darauf einstellen, dass nur die Grundposition und eben nicht eine der von ihm angebotenen Alternativen auszuführen ist. Durch die **vorbehaltlose und uneingeschränkte Auftragserteilung** entfällt ebenso wie bei einer Entscheidung für eine der ausgeschriebenen Alternativen für die anderen Alternativpositionen die **Bindung des Bieters und jetzigen Auftragnehmers an seine Alternativangebote**. Dies ergibt sich schon aus § 10 Abs. 7 VOB/A, wonach der Bieter an sein Angebot (hier: Alternativangebot) im Allgemeinen nur bis zum Zuschlag gebunden ist. Aus diesem Grunde kann der Auftragnehmer nunmehr auch die von ihm eingesetzten Subunternehmer oder Baustofflieferanten bezüglich der nicht beauftragten Alternativen aus der Bindung an deren Angebote entlassen.

▸ **Beispiel:**

Hatte der Auftraggeber für eine Fassade wie schon im vorgenannten Beispiel (Rdn. 561) alternativ Kunst- oder Naturschiefer ausgeschrieben und sich bei Auftragserteilung für den Kunstschiefer entschieden oder den Auftrag ohne Vorbehalt einer späteren Entscheidung über die auszuführende Alternative erteilt, so wird die Grundposition Kunstschiefer und nicht die Alternative Vertragsinhalt. Damit entfällt zugleich die Bindung des Auftragnehmers an seine Alternativposition und den dafür angebotenen Preis; er kann deshalb den vorgesehenen Lieferanten des Naturschiefers aus dessen Bindung an sein Angebot entlassen.

563 Dasselbe gilt im umgekehrten Fall, d. h.: Soll die Alternative zur Ausführung kommen und teilt der Auftraggeber dies dem Auftragnehmer bei Auftragserteilung mit, so verdrängt diese dann ihrerseits die entsprechende Haupt- oder Grundposition. Dies aber bedeutet weiter: Entscheidet sich der Auftraggeber später im Zuge der Bauausführung doch wieder anders, so handelt es sich um eine nachträgliche **Änderung des Bauentwurfs gemäß § 1 Abs. 3 VOB/B mit der Vergütungsfolge des § 2 Abs. 5 VOB/B** (KG, Urt. v. 21.11.2002 – 4 U 7233/00, BauR 2004, 1779, 1780).

▸ **Beispiel:**

Ein öffentlicher Auftraggeber hatte eine Mülldeponie ausgeschrieben. Das Leistungsverzeichnis sah alternativ in getrennten Positionen entweder Lieferung und Einbau des Tons zur Abdichtung oder aber nur den Einbau bauseits zu liefernden Tons vor. Der Auftraggeber entschied sich bei Auftragserteilung für die zweite Alternative und lieferte den Ton bauseits an. Nach dessen Prüfung meldet der Auftragnehmer Bedenken gegen die Materialqualität an und erklärt, er könne für die Dichtigkeit der Mülldeponie bei Einbau des bauseits gelieferten Tons keine Gewährleistung übernehmen. Daraufhin ordnet der Auftraggeber die Ausführung der Alternativposition „Lieferung und Einbau des Tons" an. Diese führt der Auftragnehmer aus, verlangt dafür aber einen höheren Einheitspreis, als er ihn im Vergabeverfahren in der Alternativposition angeboten hatte. Zur Rechtfertigung beruft er sich auf § 2 Abs. 5 VOB/B: Ihm seien gegenüber der damaligen Kalkulation höhere Kosten für den Einkauf des Tons sowie Mehrkosten durch eine Verlängerung der Bauzeit in Folge der Umstellung des Bauablaufs und der Lieferfrist für den Ton entstanden. Tatsächlich ist der Anspruch des Auftragnehmers in diesen Fällen begründet. Denn vom Auftraggeber war lediglich der Einbau bauseits zu liefernden Tons beauftragt worden und nur dies war damit die vom Auftragnehmer nach dem Vertragsinhalt geschuldete Leistung, also das geschuldete Bau-Soll. Dagegen war die ebenfalls angebotene Alternativposition mit der Auftragserteilung einschließlich der Bindung an den alternativen Angebotspreis entfallen. Der Auftragnehmer konnte nunmehr auch seinen vorgesehenen Tonlieferanten, von dem er ein Preisangebot vorliegen hatte, aus seiner Bindung an sein Angebot entlassen. Ordnet nun der Auftraggeber später im Zuge der Baudurchführung die Ausführung der Alternativposition doch noch an, so liegt darin eine Änderung des Bauentwurfs im Sinne des § 2 Abs. 5 VOB/B. Folglich kann der Auftragnehmer bei dadurch bedingten Mehrkosten eine Erhöhung des Einheitspreises verlangen, also insbesondere die gestiegenen Kosten für den Einkauf des Tons und ggf. auch Mehrkosten durch eine evtl. dadurch bedingte Bauzeitverlängerung.

Voraussetzung ist aber natürlich der **Nachweis solcher durch die Änderung verursachter Mehrkosten** (z. B. gestiegene Stahlpreise). Umgekehrt können sich aber auch Minderkosten ergeben, wenn z. B. die Stahlpreise wieder sinken, sodass der Auftraggeber eine neue Preisvereinbarung verlangen kann.

Sachverhalte wie der vorstehende werfen für Auftraggeber die Frage auf, ob 564
es nicht besser ist, die Entscheidung für die Ausführung einer bestimmten von mehreren angebotenen Alternativen nicht schon bei Auftragserteilung zu treffen, sondern **bis zur Ausführung der jeweiligen Teilleistung oder kurz vor-**

her zurückzustellen. Hierzu finden sich z. T. in Auftragsschreiben oder im Vertrag folgende Klauseln:

Klausel zum Abruf von Alternativpositionen

„Der Auftraggeber behält sich das Recht vor, die Entscheidung über die Ausführung einer von mehreren im Angebot vorgesehenen Alternativen erst nach Auftragserteilung, aber vor Beginn der Ausführung dieser Teilleistung zu treffen."

Eine solche Klausel wird man – jedenfalls im Fall der Mehrfachverwendung durch den Auftraggeber (die allerdings nicht besteht, wenn das Leistungsblankett zu einem Bauvorhaben nur an mehrere Bieter verschickt wurde: BGH, Urt. v. 26.9.1990 – VII ZR 318/95, BauR 1997, 123, 124 f. = NJW 1997, 135; Vygen/Joussen, Bauvertragsrecht, Rn. 633 ff.) – als vorformulierte **Allgemeine Geschäftsbedingung nach § 307 Abs. 2 Nr. 1 BGB nicht für zulässig halten** können (a. A. Kapellmann/Messerschmidt/Kapellmann A § 4 Rn. 14; wie hier auch Heiermann/Riedl/Rusam/Kuffer B § 2 Rn. 71 f.). Die aus dem Gesetz ableitbare Bindefrist läge bei einem schriftlichen Angebot unter Berücksichtigung einer angemessenen Überlegungsfrist bei einigen Tagen (vgl. § 147 Abs. 2 BGB), nicht jedoch bei Monaten. Genau dazu kommt es aber durch solche und ähnliche Klauseln. Denn dadurch wird der Zeitpunkt der Entscheidung für eine von mehreren angebotenen Varianten ohne Berücksichtigung einer ggf. sogar wirksam zugesagten Bindefrist (vgl. § 10 Abs. 7 VOB/A) auf **unbestimmte bzw. unangemessen lange Zeit hinausgeschoben**, wodurch der Auftraggeber den Bieter und Auftragnehmer auf eine von ihm nicht zu beeinflussende Zeit und zudem auch **unangemessen lange an seine Alternativangebote bindet**. Eine solche auf unbestimmte Zeit vorgesehene Bindefrist an ein Alternativangebot ist für den Auftragnehmer in aller Regel auch **unzumutbar**, da er seinerseits **gegenüber Nachunternehmern oder Baustofflieferanten keine Möglichkeit hat, diese entsprechend lange auf ihre Angebote zu verpflichten** (vgl. zu möglichen Bindefristen und deren Dauer allgemein: Vygen/Joussen, Bauvertragsrecht, Rn. 266 ff.). Daraus folgt zusammengefasst, dass der Auftraggeber grundsätzlich gehalten ist, bei der Ausschreibung von Alternativ- oder Wahlpositionen die **Entscheidung für die eine oder andere angebotene Alternative zum Zeitpunkt der Auftragserteilung** zu treffen und – soweit es um Vergaben nach der VOB/A geht – folgerichtig die ausgewählte Alternative bereits in die **Angebotswertung** einzubeziehen (s. dazu schon oben Rdn. 558). Nur wenn in ganz besonderen Ausnahmefällen eine Entscheidung aus technischen oder anderen wirklich zwingenden Gründen bei Auftragserteilung nicht gefällt werden kann, wird man dem Auftraggeber – auch bei öffentlichen Vergabeverfahren nach § 15 VOB/A – die Möglichkeit eröffnen müssen, mit den Bietern über die Frage der Bindung an Alternativangebote zu verhandeln. So käme etwa in Betracht, die Bieter ihrerseits um Angabe einer von ihnen akzeptierten Bindefrist zu bitten. Ebenso wäre denkbar mit dem Bieter die Dauer seiner **Bindung an angebotene Alternativpositionen** zu erörtern und sich entsprechend im **Vergabeprotokoll** oder im Auftragsschreiben individuell das Recht vorzubehalten, die Entscheidung für die eine oder andere Alternative bis zu einem bestimmten oder bestimmbaren Zeitpunkt hinauszuschieben.

Auch in diesem Fall ist allerdings der Auftraggeber nicht völlig frei, wann er seine Entscheidung trifft. Aus der allgemeinen Kooperationspflicht eines Bauvertrages heraus und seinen insoweit bestehenden Mitwirkungsobliegenheiten ist er vielmehr in jedem Fall verpflichtet, seine **Entscheidung bezüglich mehrerer Alternativen so früh wie möglich und jedenfalls so rechtzeitig zu treffen** und dem Auftragnehmer mitzuteilen, dass dieser im Zuge des Baufortschritts in der Lage ist, die erforderlichen Vorbereitungen für die gewählte Ausführung zu treffen (Heiermann/Riedl/Rusam/Kuffer, B § 2 Rn. 73). Dies ist schon deshalb erforderlich, weil der Auftragnehmer nur so die gewählten Materialien im Hinblick auf etwaige **Lieferfristen** bestellen, Fertigteile herstellen oder andere Arbeitsvorbereitungen veranlassen kann, **ohne dass der geplante und ggf. vereinbarte Bauablauf gestört wird**. Kommt es durch eine verzögerte Entscheidung des Auftraggebers zu einer Verletzung dieser ihm hier obliegenden Mitwirkungshandlung und in Folge dessen zu einer **Behinderung des Auftragnehmers beim geplanten Bauablauf, steht diesem** nach einer Behinderungsanzeige ein Anspruch auf Bauzeitverlängerung gemäß § 6 Abs. 2 Nr. 1 a) VOB/B und im Fall des hier in der Regel anzunehmenden Verschuldens auch ein Schadensersatzanspruch gemäß § 6 Abs. 6 VOB/B zu (vgl. zu den Mitwirkungshandlungen allgemein: Vygen/Joussen, Bauvertragsrecht, Rn. 1043 ff. und 1078 ff.). 565

Bei der Beauftragung bestimmter Alternativpositionen, sei es mit Zuschlagserteilung, sei es in den genannten Ausnahmefällen später, ist seitens des Auftraggebers ferner darauf zu achten, ob und inwieweit dadurch die vorgesehenen **Ausführungsfristen** beeinflusst werden. Ggf. sind entsprechende Änderungen vorzusehen. Hat eine Entscheidung des Auftraggebers **Auswirkungen auf den geplanten Bauablauf**, weil z. B. statt der vorgesehenen Grundposition „raue Schalung" die **Alternativposition** „Sichtschalung" gewählt wird, so wird aber auch der Auftragnehmer aktiv werden und die sich daraus ergebende Behinderung gemäß § 6 Abs. 1 VOB/B anzeigen müssen, um Ansprüche auf Fristverlängerung und ggf. Schadensersatz durchsetzen zu können. 566

Probleme durch Mengenänderungen ergeben sich bei Alternativ- oder Wahlpositionen im Allgemeinen nicht. Denn Alternativpositionen treten an die Stelle einer im Leistungsverzeichnis mit genauer Mengenangabe ausgeschriebenen Grundposition, also im Allgemeinen auch mit derselben Mengenanga- 567 be. Selbst wenn nur für einen Teil der Grundposition eine Alternative ausgeschrieben wird, wird dafür eine konkrete Menge angegeben werden, sodass sich für den Bieter keine besonderen Kalkulationsprobleme stellen. Enthält eine Alternativ- oder Wahlposition dagegen **ausnahmsweise keine Mengenangabe oder die Menge „1"**, so ist davon auszugehen, dass die Menge der bei der zu ersetzenden Hauptposition angegebenen Menge entspricht (so schon vertreten früher zur VOB/A, als dort noch entsprechende Regelungen enthalten waren). Mit der fehlenden Mengenvorgabe soll letztlich nur erreicht werden, dass diese Alternativposition nicht in den Angebotsendpreis eingeht, also kein Positionspreis ausgeworfen wird. Dies ändert aber nichts daran, dass der Bieter bei seiner Kalkulation des Einheitspreises die für die Hauptposition, die ggf. ersetzt werden soll, ausgeschriebene Menge zugrunde legen kann und muss. **Ohne Menge wäre dagegen keine ausreichende Kalkulationsgrundlage** gegeben, was kaum bezweckt ist. Dies gilt umso mehr, als für beide Seiten später die zugrunde gelegte Menge für die Frage ausschlaggebend ist, ob diese **um mehr als 10% unter- oder überschritten** worden ist und deshalb gemäß § 2 Abs. 3 VOB/B die Vereinbarung eines neuen Einheitspreises vom Auftragnehmer oder Auftraggeber (vgl. § 2 Abs. 3 Nr. 2 und 3 VOB/B) verlangt werden kann.

568 Kommt es dagegen auf Grund eines entsprechenden wirksamen Vorbehalts zu vertraglich abgesicherten und damit zulässigen Anordnungen des Auftraggebers, anstelle einer Grundposition eine Alternativposition auszuführen, so rechtfertigt dies für sich genommen keine Anwendung des § 2 Abs. 5 VOB/B. Denn in diesen Fällen fehlt es nunmehr an einer **leistungsändernden oder den Bauablauf ändernden Anordnung**. Die Anordnung stellt sich stattdessen nur als eine solche zur Erbringung der ohnehin **vertraglich geschuldeten Alternativleistung** im Sinne des § 4 Abs. 1 Nr. 3 S. 1 VOB/B dar. Somit unterscheidet sich diese Fallgestaltung von dem Sachverhalt, dass der Auftraggeber bereits bei Auftragserteilung ohne einen Vorbehalt sich für eine Ausführungsvariante entschieden hatte. In diesem Fall nämlich handelt es sich wie schon oben dargelegt um eine leistungsändernde Anordnung im Sinne des § 1 Abs. 3 VOB/B und führt zugleich zu einem Mehrkostenanspruch nach § 2 Abs. 5 VOB/B, soweit die weiteren Voraussetzungen dafür vorliegen, d. h. insbesondere auch entsprechende Mehrkosten anfallen (s. o. Rdn. 563; KG, Urt. v. 21.11.2002 – 4 U 7233/00, BauR 2004, 1779, 1780).

5.4.5.4 Rechtliche Sonderprobleme bei Eventualpositionen

569 Eventual- oder Bedarfspositionen sind als solche im Leistungsverzeichnis gekennzeichnete Leistungspositionen, bei denen zum Zeitpunkt der Abgabe der Verdingungsunterlagen und Aufforderung zur Angebotsabgabe noch **nicht feststellbar ist, ob und ggf. in welchem Umfang** sie zur Ausführung kommen. Damit unterscheiden sie sich ganz wesentlich von den **Alternativ-**

positionen, bei denen es im Allgemeinen nur einer **Entscheidung des Auftraggebers** bedarf, ob und welche der Alternativen zur Ausführung kommen soll und bei denen die Entscheidung vielfach von den **im Wettbewerb** angebotenen Preisen abhängt. Dagegen sind die **Ausführung von Eventual- oder Bedarfspositionen** von ganz anderen Faktoren abhängig, nämlich **meist von technischen Gegebenheiten**, die häufig erst während der Bauausführung erkennbar werden oder auftreten.

Beispiel:

Häufig finden sich in Eventual-(Bedarfs)positionen Zusatzleistungen zum Winterbau, zu einer Wasserhaltung oder einer Bodenverbesserung bzw. eines Bodenaustauschs oder zu einer Handausschachtung bei besonderen Bodenverhältnissen wie archäologischen Funden oder Altlasten – alles Maßnahmen, deren Ausführungsnotwendigkeit bei der Ausschreibung nicht abgeschätzt werden kann.

Auf die Zulässigkeit deren Aufnahme in Ausschreibungen nach der VOB/A **570**
wurde oben schon eingegangen (Rdn. 550 ff.). Ansonsten gilt einheitlich, dass der Auftraggeber die Entscheidung über die Ausführung oder Nichtausführung in der Regel nicht schon bei Auftragserteilung treffen kann, sondern erst während der Bauausführung, da sich erst dann deren Notwendigkeit ergibt. Dies hat zwangsläufig zur Folge, dass eine Ausschreibung in einem Leistungsverzeichnis mit Eventual- oder Bedarfspositionen nicht eindeutig und erschöpfend sein kann und daher eben auch **nicht den Grundsätzen des § 7 Abs. 1 VOB/A entspricht**. Gleichwohl sind solche Leistungen zumindest bei einer hinreichenden **Kennzeichnung als Bedarfsposition** für den Bieter und Kalkulator erkenn- und kalkulierbar. Da aber solche Bedarfspositionen, deren Ausführung und ggf. deren Umfang nicht vorhersehbar ist, **keine sichere Preisberechnung** zulassen, sollten darin **nur solche Leistungen** aufgenommen werden, die erfahrungsgemäß zur Ausführung der vertraglichen Leistung erforderlich werden können und deren Notwendigkeit zum Zeitpunkt der Aufstellung der Leistungsbeschreibung **trotz aller örtlichen und technischen Kenntnisse nicht festzustellen ist** (vgl. auch Kapellmann/Schiffers, Bd. 1 Rn. 580 ff.). Allgemeine Angaben zu etwaigen Größenordnungen, wie sie noch zur früheren Fassung der VOB/A mit Werten von max. 10% des geschätzten Gesamtaufwandes angegeben wurden, haben sich zumal nach der heutigen Fassung der VOB/A, wonach solche Bedarfspositionen generell nicht mehr im Leistungsverzeichnis vorzusehen sind, erledigt (s. o. Rdn. 550). Stattdessen muss bei öffentlichen Vergaben allenfalls im Einzelfall entschieden werden, ob ggf. ausnahmsweise von der Grundregel der an sich nicht mehr zulässigen Aufnahme von Eventual-(Bedarfs)positionen im Leistungsverzeichnis abgesehen werden kann.

571 Werden – bei öffentlichen Ausschreibungen nur noch ganz ausnahmsweise – oder bei sonstigen Ausschreibungen ganz allgemein **Bedarfspositionen** in Leistungsverzeichnissen aufgenommen, so ist in der Praxis festzustellen, dass dies durchaus ganz **unterschiedlich erfolgt:**

- So werden teilweise für solche Eventualpositionen im Leistungsverzeichnis **nur Einheitspreise ohne jede Mengenangabe** gefordert: In diesem Fall werden diese Bedarfsleistungen und deren Preise **nicht unmittelbar in die Angebotswertung** einbezogen und folglich zunächst **nicht oder ggf. bedingt** (abhängig vom Auftreten bestimmter technischer Umstände) **beauftragt**. Vielmehr bedarf es hier erst noch nachträglich bei entsprechendem **Bedarf einer Anordnung des Auftraggebers**, wobei auf diese Möglichkeit im Auftrags- oder Zuschlagsschreiben hingewiesen werden sollte.
- Oder es werden **Mengen vorgegeben**, die mit den anzubietenden Einheitspreisen multipliziert den Positionspreis ergeben. Nur in diesem Fall geht die **angebotene Bedarfsposition voll in den Angebotsendpreis** und damit in die **Angebotswertung** ein und **wird Bestandteil des Vertrages**. Dabei bleibt allerdings der Vorbehalt, dass diese Bedarfsleistung ganz oder teilweise entfallen kann.

572 Richtigerweise sollten Bedarfspositionen so ausgeschrieben werden, dass sie als solche gekennzeichnet werden und **ein möglichst genauer Mengensatz angegeben wird** (so auch Ingenstau/Korbion/Keldungs, VOB/B § 2 Abs. 1 Rn. 32; a. A. Franke/Kemper/Zanner/Grünhagen, VOB/B § 2 Rn. 23). Dabei ist von der wahrscheinlichen Menge auszugehen. Im Übrigen wird allerdings dann **nur die Angabe des Einheitspreises** gefordert, während die Spalte für den Gesamtbetrag der Position gesperrt wird und frei bleibt, also auch nicht in die Angebotssumme eingeht und **nicht unmittelbar gewertet** wird. Dies ist – wenn auch auf Grund deren generellen Herausnahme aus der VOB/A nicht mehr aktuell – ehemals die Vorgehensweise der VOB/A und ihr folgend etwa der Altfassung der Richtlinien des **Vergabehandbuchs** gewesen (Nr. 4 zu § 9 VOB/A des VHB a. F.), was immerhin für eine gewisse Verkehrsgeltung spricht. Dabei sei weiter auf die sich ebenfalls aus dem früheren VHB ergebende Vorgabe verwiesen, wonach Wahl- und Bedarfspositionen im Hinblick auf ihre möglichen Auswirkungen auf die Angebotssumme und vor allem auf die spätere Abrechnungssumme **gesondert zu beurteilen** sein sollten (Nr. 1.6.3 zu § 25 VOB/A des VHB a. F.). Hieraus mag die doch sinnvolle Empfehlung für die heutige Praxis abgeleitet werden, für solche Alternativ- und Eventualpositionen, also alle **NEP-Positionen,** einen gesonderten **Preisspiegel** zu erstellen. Allein dadurch können die häufig ganz erheblich voneinander abweichenden Preise der verschiedenen Bieter besser erkannt werden; ebenso erleichtert dies eine sachgerechte Wertung (s. zur Wertung auch oben Rdn. 554).

Üblicherweise werden **Eventual- oder Bedarfspositionen bei Zuschlagserteilung zunächst nicht uneingeschränkt beauftragt**, weil ja gerade deren Bedarf nicht abschätzbar ist. Es sind allerdings auch Ausnahmefälle denkbar, in denen der Auftraggeber Bedarfspositionen ausschreibt, deren Beauftragung er vom angebotenen Preis abhängig machen will und die er deshalb z. B. bei verschiedenen Gewerken jeweils als Bedarfsposition ausgeschrieben hat. Dies ist aber nicht der Normalfall. Erfolgt also der Abruf einer Eventual-(Bedarfs)position erst während der Bauausführung „bei Bedarf", so kann man in dem zuvor unter Einschluss der Bedarfsposition geschlossenen Vertrag bereits eine **bedingte Auftragserteilung** sehen, soweit dies im Vertrag nicht ausdrücklich anders geregelt ist (z. B. mit einer Regelung „Leistung nur auf Anordnung" oder bei Angabe eines Einheitspreises ohne Menge). Fehlt eine solche Regelung mit einem gesonderten Anordnungsvorbehalt, hängt dann der Bedingungseintritt nicht wie bei Alternativpositionen von der subjektiven Entscheidung des Auftraggebers, sondern von dem **objektiv eintretenden Bedarf** zur Erfüllung der vertraglichen Leistung ab (wie hier Ingenstau/Korbion, B § 2 Abs. 5 Rn. 35; Franke/Kemper/Zanner/Grünhagen, § 2 Rn. 22 – a. A. Kapellmann/Schiffers, Bd. 1, Rn. 581, 586, die dies als fatalistisch bezeichnen, andererseits aber Eventualpositionen wegen der weit nach Vertragsschluss dauernden Bindefristen überhaupt nur sehr eingeschränkt für zulässig halten; ebenso: OLG Oldenburg, Urt. v. 3.5.2007 – 8 U 254/06, BauR 2008, 1630, 1632, das für eine ggf. danach auftragslos erbrachte Leistung allenfalls eine Vergütung nach § 2 Abs. 8 Nr. 2 VOB/B zusprechen will; offen gelassen dagegen etwa in OLG Naumburg, Urt. v. 30.9.2011 – 12 U 12/11, IBR 2012, 68 – dort aber nicht veröffentlicht). 573

Diese schon **bedingte Beauftragung rechtfertigt** deshalb auch die **Bindung des Bieters und späteren Auftragnehmers an die von ihm angebotenen Preise für diese Bedarfspositionen über die Auftrags- oder Zuschlagserteilung hinaus** bis zur tatsächlichen Entstehung des Bedarfs und der ggf. daraufhin erfolgenden Anordnung des Auftraggebers zur Ausführung dieser Bedarfsleistungen, die ohnehin auch stillschweigend erfolgen kann. Auf die Problematik unzulässig langer Bindefristen kommt es somit gar nicht an, weil die Leistung bereits – wenn auch nur unter bestimmten technischen Annahmen – fest beauftragt ist (a. A. Kapellmann/Messerschmidt/Kapellmann, A § 4 Rn. 18). Daher ist sogar eine Anordnung ganz entbehrlich, wenn nämlich eine echte Bedarfsposition vorliegt und der Bedarf objektiv eingetreten ist, die Leistung deshalb technisch notwendig ist und der Auftragnehmer deshalb die als Bedarfsposition ausgeschriebene Leistung ausgeführt hat. 574

▶ **Beispiel:**

Bei einer Straßenbaumaßnahme war eine Bedarfsposition mit Mengen für den Austausch ungeeigneter Böden vorgesehen. Trifft der Auftragnehmer jetzt auf einen solchen ungeeigneten Boden, der objektiv notwendig für die Baumaßnahme auszutauschen ist, erhält er im Rahmen der schon beauftragten Bedarfsposition diese Leistung danach vergütet – und zwar unabhängig davon, ob der Auftraggeber sie noch anordnet oder nicht.

Dabei kann allenfalls zweifelhaft sein, ob der Auftragnehmer, der ohne Rücksprache mit dem Auftraggeber handelt, die objektiven Voraussetzungen für den scheinbar bestandenen Bedarf dieser Leistung (im vorgenannten Fall ein ungeeigneter Boden und seine Mengen) später nachweisen kann.

575 Ist dagegen die Bedarfsposition im Leistungsverzeichnis **ausdrücklich in der Weise gekennzeichnet** worden, dass **noch eine gesonderte Anordnung dazu erteilt** werden muss, unterbleibt diese und führt der Auftragnehmer diese Leistung gleichwohl aus, handelt es sich dabei – trotz der Eventualposition, die aber nicht ausgelöst wurde – nunmehr um eine **auftragslos erbrachte Leistung**, für die auch der Preis aus der Eventualposition zunächst nicht gilt. Stattdessen richtet sich der Vergütungsanspruch des Auftragnehmers nach § 2 Abs. 8 Nr. 2 und 3 VOB/B – wie im Übrigen sonst bei auftragslos erbrachten Leistungen auch (anschaulich etwa OLG Naumburg, Urt. v. 30.9.2011 – 12 U 12/11, IBR 2012, 68; unklar hierzu OLG Dresden, Urt. v. 10.1.2007 – 6 U 519/04, BauR 2008, 518, 519, das diesen Unterschied nicht erwähnt – s. sogleich allerdings zu der Frage, ob der Auftraggeber von einer Beauftragung in diesem Fall absehen und stattdessen einen anderen – kostengünstigeren – Auftragnehmer beauftragen will: Rdn. 586).

576 Die Anordnung des Auftraggebers zur Ausführung einer Eventual-(Bedarfs)position kann über die – bereits im Vertrag **bedingt** vorgesehene – Pflicht des Auftragnehmers zur Erbringung dieser Leistungen hinaus aber auch erhebliche **Auswirkungen auf die vereinbarte Bauzeit** haben und zu einer **Behinderung des Auftragnehmers bei der Bauausführung führen**. Folglich ist bei Eventualpositionen darauf zu achten, ob und inwieweit durch deren Anordnung die **Ausführungsfristen beeinflusst** werden und ggf. entsprechende Änderungen der Baufristen vorzusehen sind. Gerade umfangreiche Bedarfspositionen wie eine komplizierte Wasserhaltung, eine umfangreiche Bodenverbesserung oder ein notwendiger, als Bedarfsposition ausgeschriebener Bodenaustausch können zu einer erheblichen Verlängerung der Bauzeit führen, deren Mehrkosten in den Einheitspreisen für die Eventualposition meist nicht einkalkuliert sein werden und auch nicht kalkulierbar waren. Der **Anspruch des Auftragnehmers auf Verlängerung der Ausführungsfrist** rechtfertigt sich in diesen Fällen aus § 6 Abs. 2 Nr. 1 a) VOB/B, setzt aber eine **Behinderungsanzeige** voraus. Dagegen beruht ein **Anspruch auf Erstattung von Mehrkosten**, die sich aus solchen behinderungsbedingten Bauablaufstörungen ergeben, in erster Linie auf **§ 2 Abs. 5 VOB/B**, wobei es dafür aber in der Regel auch einer gesonderten Anordnung des Auftraggebers zur

Ausführung der Bedarfsleistung bedarf. Ein Schadensersatzanspruch gemäß § 6 Abs. 6 VOB/B scheidet dagegen aus, weil in dem Abruf einer vertraglich vereinbarten (!) Bedarfsleistung ganz offensichtlich kein dafür erforderliches pflichtwidriges Handeln des Auftraggebers liegen wird. Etwas anderes wäre allenfalls anzunehmen, wenn der Auftraggeber die Bedarfsposition trotz Aufforderung zu spät abruft und deswegen Schäden entstehen. Handelte der Auftraggeber ohne Verschulden, könnte auf § 642 BGB (§ 6 Abs. 6 S. 2 VOB/B) zurückgegriffen werden (ebenso Heiermann/Riedl/Rusam/Kuffer, B § 2 Rn. 71). Die insoweit eintretenden Störungen des Bauablaufs sind jedoch keine Besonderheit bei dem Abruf einer Bedarfsposition; sie beruhen vielmehr allgemein auf einer Verletzung von Mitwirkungspflichten, die dem Auftraggeber auch in zahlreichen anderen Fällen für die Realisierung des Bauvorhabens obliegen (s. dazu im Detail Vygen/Joussen, Bauvertragsrecht, Rn. 1043 ff., 1078 ff.; s. auch unten Teil A Rdn. 713 ff.; Kapellmann/Schiffers, Bd. 1, Rn. 598).

Eines der Hauptprobleme bei der Ausschreibung von **Eventual- oder Bedarfspositionen** besteht sodann darin, welche **Mengenvorgaben** vom Auftraggeber im Leistungsverzeichnis gemacht werden sollen und wie sich dann **Mengenänderungen** auswirken. 577

▸ **Beispiel:** (in Anlehnung an LG Bamberg, Urt. v. 17.1.1991 – 1 0 411/88, IBR 1991, 163)

Im Leistungsverzeichnis war als Hauptposition die Erstellung, Vorhaltung für 10 Wochen und der Abbau eines ca. 2.000 m² großen Fassadengerüstes vorgesehen und vom Auftragnehmer pauschal mit 13.500,– € angeboten. In der folgenden Position war als „Bedarfsposition" die Gebrauchsüberlassung über die vereinbarte Vorhaltezeit hinaus ausgeschrieben und lediglich ein Einheitspreis pro m² und Woche gefordert, den der Bieter und spätere Auftragnehmer mit 4,– €/m²/Woche angegeben hatte. Das Gerüst blieb tatsächlich länger als 1 Jahr stehen, wofür der Auftragnehmer eine Vergütung von rund 360.000 € errechnete. Trotz auffälligen Missverhältnisses zwischen Preis und Leistung erhielt er vom Landgericht Recht, da weder der Wuchertatbestand erfüllt noch die Geschäftsgrundlage entfallen war.

Dieser Fall verdeutlicht die Gefahren solcher Bedarfspositionen, die insbesondere dann zu Spekulationspreisen verleiten, wenn diese ohne konkrete Mengenangaben ausgeschrieben und nicht in die Angebotswertung einbezogen werden. Dabei wäre allerdings bei derartigen Preisausreißern jenseits des § 2 Abs. 3 VOB/B zu diskutieren, ob nicht auf Grund der Tatsache, dass hier die Preisbildung auf der Grundlage einer bestimmten Menge in einer von beiden Seiten angenommenen Größenordnung, die hier ganz offensichtlich um ein Vielfaches überschritten wurde, zumindest für den Verlängerungszeitraum 578 der Preis über die Grundsätze der Störung der Geschäftsgrundlage (§ 313 BGB) anzupassen wäre (vgl. auch BGH Beschl. v. 23.2.2011 – VII ZR 216/08, BauR 2011, 1162, 1163 = NZBau 2011, 353). Ungeachtet dessen zeigt aber auch folgender Fall kein anderes Bild (Schelle/Erkelenz, VOB/A, S. 113 f.).

▸ **Beispiel:**

In einer Bedarfsposition wird die Lieferung von 30 000 m³ Frostschutzkies ausgeschrieben. Hierfür kalkuliert der Auftragnehmer einen Mischpreis, weil er 10 000 m³ aus einer nahe gelegenen Grube gewinnen kann, während die restliche Menge aus großer Entfernung angefahren werden muss. Stellt sich später ein Bedarf von nur 10.000 m³ heraus, so erwirtschaftet der Auftragnehmer einen hohen Gewinn; wird die benötigte Menge dagegen erheblich höher, wird der Auftragnehmer einen Verlust erleiden.

579 Wie kann man diesen Risiken begegnen, also verhindern, dass das wirtschaftliche Ergebnis für einen Vertragspartner hinterher ganz anders aussieht als bei Angebotsabgabe bzw. Auftragserteilung gedacht? Es bieten sich theoretisch **verschiedene Lösungsmöglichkeiten** mit sehr unterschiedlichen Auswirkungen an (vgl. dazu: Schelle/Erkelenz, VOB/A, S. 114 f.):

580 • In den **ZVB-StB 80**, also den Zusätzlichen Vertragsbedingungen für die Ausführung von Bauleistungen im Straßen- und Brückenbau Ausgabe 1980, war ehemals vorgesehen, dass die für Bedarfspositionen vereinbarten **Preise auch bei einer Über- bzw. Unterschreitung des Mengenansatzes bis zu 100% gelten**. Diese Klausel hatte in der Praxis dazu geführt, dass in der Regel nur die **Hälfte der maximal möglichen Menge** im Mengenansatz einer Bedarfsposition ausgeschrieben wurde; diese halbierte Menge wurde als wahrscheinlichste Menge (die maximal möglichen Abweichungen sind nach oben und nach unten mit jeweils 100% gleich groß) auch der **Angebotswertung zugrunde gelegt**. Die Folgen dieser Ausschreibungsart mit dem gleichzeitigen Ausschluss des § 2 Abs. 3 VOB/B sind indes für beide Vertragspartner unbefriedigend, wie obiges Beispiel mit dem angebotenen Mischpreis für die Lieferung von Frostschutzkies deutlich macht. Auch der BGH hatte diese Regelung später sehr kritisch gesehen (BGH, Urt. v. 20.12.1990 – VII ZR 248/89, BauR 1191, 210, 211 = NJW-RR 1991, 534, 535). Er hatte dabei vor allem das Problem angesprochen, dass dadurch das mit einer fehlerhaften Mengenschätzung des Auftraggebers verbundene **Wagnis einer unzutreffenden Preiskalkulation dem Auftragnehmer aufgebürdet** werde; dagegen habe es der **Auftraggeber bei seiner Schätzung weitgehend in der Hand**, eine für ihn ungünstige Abweichung von vornherein zu vermeiden. In Folge dessen sei nur am Rande angemerkt, dass u. a. wegen dieser Bedenken in der Folgezeit die Klausel in den ZVB-StB zunächst abgeändert und letztlich gestrichen wurde.

Es besteht ferner die Möglichkeit, die **Mengen für Bedarfsleistungen zu staffeln**, also **innerhalb einer solchen Bedarfsposition mehrere Alternativ- oder Wahlpositionen** mit derselben Leistung, aber mit unterschiedlichen Mengen auszuschreiben, z. B. Lieferung von 5.000 m^3, 10.000 m^3, 20.000 m^3 usw. bis zur höchstmöglichen Menge. Damit wird das Kalkulationsrisiko für den Bieter und späteren Auftragnehmer verringert und ihm vor allem die Möglichkeit eröffnet, bei unterschiedlichen Größenordnungen den Einsatz des jeweils rationellsten Gerätes zu kalkulieren. **Nachteil** dieser Ausschreibungsvariante ist aber die **bei der Wertung solcher Angebote bestehende Manipulationsgefahr**. Denn der Auftraggeber kann insoweit die eine oder andere Menge und den dafür angebotenen Preis zugrunde legen, ohne aber – wie bei den üblichen Alternativpositionen – sich zugleich endgültig für diese Mengenalternative beim Zuschlag zu entscheiden. Würde sich der Auftraggeber für die Wertung der Angebote von vornherein auf eine bestimmte – z. B. die mittlere – Mengenalternative festlegen, so würde sich für die Bieter bei den nicht zu wertenden Mengen der Staffel ein erheblicher Spekulationsspielraum eröffnen (Schelle/Erkelenz, VOB/A, S. 119). 581

Des Weiteren könnte man die Teilleistung, bei der nicht feststellbar ist, ob und ggf. in welchem Umfang sie zur Ausführung kommen wird, **im Leistungsverzeichnis zunächst nicht vorsehen** und dann **bei späterem Bedarf** von der Möglichkeit des **§ 1 Abs. 4 S. 1** VOB/B mit der **Vergütungsfolge des § 2 Abs. 6 VOB/B** Gebrauch machen. Nachteil dieser – letztlich aber durchaus praktikablen – Handhabung ist das **Fehlen von Kalkulationsgrundlagen** gemäß § 2 Abs. 6 Nr. 2 VOB/B, an die der **Preis für die Zusatzleistung** anzubinden ist. In diesem Fall wird dann einerseits auf die Kalkulationsgrundlagen des Angebots bzw. der Vertragspreise und andererseits bezüglich der besonderen Kosten dieser notwendigen Zusatzleistungen auf die Vorschrift des § 632 Abs. 2 BGB zurückzugreifen sein, wonach dem Auftragnehmer die dafür **übliche Vergütung** zusteht. Dadurch erleidet auch der Auftraggeber keinen – jedenfalls keinen ungerechten – Nachteil. Schwierigkeiten ergeben sich hier nur bei der Ermittlung dieser üblichen Vergütung. 582

Doch auch der umgekehrte Weg ist denkbar: Man schreibt die Teilleistung, deren Notwendigkeit als solche und ggf. deren Umfang nicht feststellbar ist, als **Normalposition aus und beauftragt sie**. Fällt dann später diese als Normalposition ausgeschriebene „Bedarfsleistung" gar nicht an, so liegt ein Fall der **Teilkündigung gemäß § 8 Abs. 1 VOB/B** mit der dort vorgesehenen Vergütungsfolge vor (Anspruch des Auftragnehmers auf die vereinbarte Vergütung abzüglich ersparter Aufwendungen). Mindern oder erhöhen sich die ausgeschriebenen Mengen, so kommt bei Überschreitung der Grenze von 10% gemäß § 2 Abs. 3 VOB/B die Vereinbarung eines neuen 583

Einheitspreises in Betracht, da die Mengenänderungen sich letztlich aus dem tatsächlichen – zuvor falsch abgeschätzten – Bedarf ergeben und nicht auf Anordnungen oder sonstigen Einwirkungen des Auftraggebers beruhen (vgl. insbesondere Vygen/Joussen, Bauvertragsrecht, Rn. 2185 ff., 2264; a. A. Schelle/Erkelenz, VOB/A, S. 114 f., die hier § 2 Abs. 5 VOB/B anwenden wollen). **Nachteil** dieser Lösung ist die – auch in Bauvertragsklauseln nicht ausschließbare oder abänderbare – Anwendung der **Kündigungsfolgen des § 8 Abs. 1 S. 2 VOB/B**, die für den **Auftraggeber nicht tragbar ist**. Dies gilt umso mehr, als der Auftragnehmer durch die Kalkulation sehr hoher Preise für solche – als Bedarfsposition und möglicherweise wegfallend erkannte – Positionen den ihm bei tatsächlichem Wegfall dieser Leistung zustehenden Vergütungsanspruch stark beeinflussen kann.

584 Alle diese Möglichkeiten werden den berechtigten Interessen beider Vertragspartner nicht hinreichend gerecht. Deshalb erscheint der **beste Weg** die – soweit möglich – eindeutig klare und richtige Ausschreibung solcher Leistungen, deren Notwendigkeit und ggf. deren Umfang auch bei bester Planung nicht feststellbar sind, sich vielmehr erst im Zuge der Bauausführung herausstellen, **als echte Bedarfs- oder Eventualposition**. Sie sollten so bezeichnet und mit **möglichst genauen Mengen** angegeben werden, wobei von der wahrscheinlichen Menge auszugehen ist. Zugleich wird in die Verdingungsunterlagen die für Bedarfspositionen charakteristische und sich eigentlich schon aus der Bezeichnung ergebende Bedingung aufgenommen, dass diese Teilleistung ganz oder teilweise entfallen kann, ohne dass ein Fall der Teilkündigung gemäß § 8 Abs. 1 VOB/B gegeben ist. Auch ohne eine solche besondere Regelung in den Verdingungsunterlagen kann der Auftragnehmer keine Vergütung für die im Leistungsverzeichnis vorgesehenen, aber deutlich als Bedarfsposition gekennzeichneten Leistungen verlangen, wenn diese zur Ausführung der vertraglichen Leistung nicht erforderlich werden, der Bedarfsfall also nicht eintritt. AGB-rechtliche Bedenken dagegen bestehen nicht (OLG Hamm 24.2.1989 – 12 U 170/88, BauR 1990, 744). Damit ist das **Problem des völligen Wegfalls einer Bedarfsposition für beide Vertragspartner befriedigend gelöst**. Denn auch für den Auftragnehmer ergeben sich keine schwerwiegenden Folgen, wenn eine Bedarfsposition entfällt, weil für die vorgesehene Teilleistung keine Einzelkosten anfallen. Folglich kann er auch nicht im Hinblick auf die ausgeschriebene Menge falsch kalkuliert haben, z. B. durch Einsatz falschen Gerätes usw. Der Kalkulator muss sich auf den völligen Wegfall solcher Bedarfspositionen nur insoweit einstellen, als er in den Preis für eine solche Bedarfsleistung keine Gemeinkosten (Baustellengemeinkosten, Allgemeine Geschäftskosten) einkalkulieren darf, weil bei Wegfall dieser Teilleistung keinerlei Vergütungsanspruch (anders als bei der oben behandelten Teilkündigung bei fest beauftragten Teilleistungen) besteht.

Möglichen **Mengenminderungen und Mengenmehrungen** kann bei diesen Bedarfspositionen, deren ausgeschriebene Menge möglichst genau, aber letztlich nur entsprechend der wahrscheinlichen Menge ausgeschrieben wird und werden kann, durch eine strikte **Anwendung des § 2 Abs. 3 VOB/B** hinreichend Rechnung getragen werden. Entgegen der von Schelle/Erkelenz (VOB/A, S. 115) vertretenen Ansicht bedarf es dazu nicht einmal einer Vereinbarung oder einer entsprechenden Klausel in ZVB oder BVB, dass § 2 Abs. 3 VOB/B in diesen Fällen sinngemäß gelten soll. Denn § 2 Abs. 3 VOB/B findet auf solche Mengenänderungen bei Eventualpositionen unmittelbar Anwendung. Zwar setzt § 2 Abs. 3 VOB/B voraus, dass sich eine Teilleistungsmenge ohne Eingreifen des Auftraggebers, also ohne jede Anordnung oder Bauentwurfsänderung, um mehr als 10% nach oben oder unten verändert (vgl. Vygen/Joussen, Bauvertragsrecht Rn. 2186 ff., 2264; Ingenstau/Korbion/Keldungs, VOB/B § 2 Abs. 1 Rn. 34 f.); gerade das ist aber hier der Fall. Denn die Menge der Bedarfsposition ergibt sich aus dem Bedarf der so ausgeschriebenen Teilleistung und damit letztlich aus den vor Ort angetroffenen oder sich ergebenden Verhältnissen und meist technischen Notwendigkeiten. Sie ist somit gerade nicht Folge von besonderen Wünschen oder von freiwilligen Entscheidungen des Auftraggebers abhängig (a. A. offensichtlich aber Kapellmann/Schiffers, Bd. 1, Rn. 580 ff., 594), wie dies bei Alternativpositionen der Fall sein kann. Der Auftraggeber hat im Allgemeinen gerade keinen Einfluss auf die Notwendigkeit der Ausführung der in einer Bedarfsposition ausgeschriebenen Teilleistung und deren Menge, weshalb er sie auch nicht als Normal- oder Hauptposition mit zuverlässiger Menge ausschreiben und endgültig beauftragen konnte (z. B. Wasserhaltung, Bodenverbesserung; Winterschutzmaßnahmen usw.). Da der Auftraggeber aus diesem Grunde die Menge nur abschätzen konnte, liegt bei nachher verändert auszuführenden Mengen der Fall des § 2 Abs. 3 VOB/B vor. In Folge dessen sind die darin vorgesehenen **Möglichkeiten einer Änderung des Einheitspreises für diese Bedarfsleistungen** (nach oben oder nach unten) unmittelbar anwendbar. Demzufolge ist eine entsprechende Klausel, die diese Bestimmung des § 2 Abs. 3 VOB/B auf Bedarfspositionen für sinngemäß anwendbar erklärt, nicht notwendig; sie kann allerdings auch nicht schaden. 585

Sollte der Einheitspreis in einer solchen Eventual- oder Bedarfsposition stark überhöht (**Spekulationspreis**), aber trotzdem **bedingt beauftragt** sein, so stellt sich bei Eintritt des Bedarfs und damit bei Bedingungseintritt die Frage für den Auftraggeber, ob er nicht diese damit beauftragte Bedarfsleistung gemäß § 8 Abs. 1 S. 1 VOB/B kündigen (**Teilkündigung**) und sie einem anderen Unternehmer zu niedrigeren Preisen in Auftrag geben kann und sollte. Dies hilft ihm allerdings nichts, da der Auftragnehmer in diesem Fall die volle für die Bedarfsleistung vereinbarte Vergütung abzüglich ersparter Aufwendungen gemäß § 8 Abs. 1 Nr. 2 VOB/B verlangen kann. Denn anders als in dem 586 oben genannten Fall (Rdn. 583 f.) ist durch den Bedingungseintritt die Bedarfsleistung fest beauftragt worden (so OLG Hamburg, Urt. v. 7.11.2003 – 1 U 108/02, BauR 2004, 687 sowie Ingenstau/Korbion/Keldungs, VOB/B § 2 Abs. 1 Rn. 35), und zwar mit der jetzt tatsächlich anfallenden Menge (vgl. Ingenstau/Korbion, VOB/B § 8 Abs. 1 Rn. 40). Allerdings sei an dieser Stelle angemerkt, dass der Auftraggeber hier nicht völlig schutzlos ist. Denn sind die Preise für eine (Bedarfs)position deutlich überhöht, lässt der BGH insbesondere für Mehrmengen mit spekulativ überhöhten Preisen in Ausnahmefällen eine positionsbezogene isolierte Prüfung der Sittenwidrigkeit zu (s. dazu unten näher Teil A Rdn. 625 ff.). Auch wäre an eine Preisanpassung über die Grundsätze der Störung der Geschäftsgrundlage (§ 313 BGB) zu denken (s. dazu unten Teil A Rdn. 632 ff.).

587 Die gesamten vorangegangenen Erläuterungen zeigen immerhin anschaulich, dass auch im Fall möglicher und sogar wahrscheinlicher **Mengenänderungen bei Eventual- oder Bedarfspositionen** die **Regelungen der VOB/B stets zu tragbaren Lösungen** führen. Einer Änderung der VOB/B durch Bauvertragsklauseln in ZVB oder BVB bedarf es dagegen zumeist nicht; solche Änderungen sind vielmehr eher schädlich und zumindest insoweit kritisch zu sehen, als damit zugleich gerade bei der Abbedingung von § 2 Abs. 3 VOB/B von der VOB/B als solche abgewichen wird. Dies hat zur weiteren Folge, dass nunmehr die VOB/B ihre Freistellung von einer AGB-Kontrolle insgesamt verliert und stattdessen sämtliche Klauseln einer Einzelkontrolle unterzogen werden, der verschiedene Klauseln nicht standhalten (BGH, Urt. v. 22.1.2004 – VII ZR 419/02, BGHZ 157, 346, 348 = BauR 2004, 668, 669 = NJW 2004, 1597; BGH, Urt. v. 15.4.2004 – VII ZR 129/02, BauR 2004, 1142, 1143 = NJW-RR 2004, 957; BGH, Urt. v. 10.5.2007 – VII ZR 226/05, BauR 2007, 1404, 1406 = NJW-RR 2007, 1317, 1318; ausführlich Vygen/Joussen, Bauvertragsrecht, Rn. 488 ff.). All das ist eben unnötig, zumal gerade die uneingeschränkte Anwendung des § 2 Abs. 3 VOB/B auch auf Bedarfs- oder Eventualpositionen zu tragbaren Ergebnissen für beide Vertragspartner führt – was letztlich nicht verwundert, da besonders § 2 Abs. 3 VOB/B nur eine Konkretisierung der Grundsätze zum **Wegfall oder zur Änderung der Geschäftsgrundlage (§ 313 BGB)** darstellt und deshalb auch Möglichkeiten zum Ausgleich unbilliger Härten eröffnet.

5.4.5.5 Sonderfall: Angehängte Stundenlohnarbeiten als Bedarfsposition

588 Eine Sonderstellung nehmen schließlich Stundenlohnarbeiten ein, die als sog. **angehängte Stundenlohnarbeiten** am Ende eines Leistungsverzeichnisses **als Bedarfsposition** ausgeschrieben werden, um die Stundenverrechnungssätze für Facharbeiter, Hilfskräfte, Bagger, LKW usw. abzufragen und vertraglich festzuschreiben. Anders als sonstige Bedarfspositionen lässt dies die VOB/A selbst in ihrer heutigen Fassung in § 7 Abs. 1 Nr. 4 S. 2 noch ausnahmsweise zu, soweit sie nur **in dem unbedingt erforderlichen Umfang in die Leistungs-**

beschreibung aufgenommen werden. Hintergrund dieser Regelung ist der Umstand, dass Auftragnehmer häufig niedrige Stundensätze anbieten und der Auftraggeber dann geneigt ist, alle anfallenden Zusatzleistungen als Stundenlohnarbeiten ausführen zu lassen. Dadurch kommt es nicht selten zu erheblichen Streitigkeiten, weil der Auftragnehmer diese Zusatzleistungen dann doch zu Recht nach § 2 Abs. 6 VOB/B abrechnet. Für diese Stundenlohnarbeiten, die ihrer Natur nach Bedarfspositionen sind, könnte sodann zwar möglicherweise mangels besonderer Vereinbarung auch die Vorschrift des § 2 Abs. 3 VOB/B zum Zuge kommen. Allerdings dürfte eine Erhöhung oder Herabsetzung des Stundenverrechnungssatzes nur selten in Betracht kommen. Denn dazu bedürfte es des Nachweises von durch geringere Stundenzahl verursachter Mehrkosten oder durch Mehrstunden verursachter Mehr- oder Minderkosten, was allenfalls bei Maschinen, Geräten und Fahrzeugen der Fall sein kann. Soweit deshalb z. B. die ZVB eine Klausel enthalten, wonach bei angehängten (Bedarfs-) Stundenlohnarbeiten die vereinbarten Preise unabhängig von der tatsächlichen Anzahl der Stunden gelten, erscheint eine solche Regelung zwar nicht erforderlich, aber auch nicht schädlich. Sie ist auch AGB-rechtlich unbedenklich, da Stundenlohnarbeiten als Bedarfspositionen für den Auftragnehmer kaum ein nennenswertes Kalkulationsrisiko enthalten und nur selten Mehr- oder Minderkosten bei höheren oder niedrigeren Stundenzahlen entstehen werden. Ungeachtet dessen wird man aber bei diesen angehängten Stundenlohnarbeiten als Bedarfspositionen auch ohne besondere Klausel in ZVB oder BVB richtigerweise die Vorschrift des § 2 Abs. 3 VOB/B gar nicht anwenden können. Denn § 2 Abs. 3 VOB/B gibt nur die Möglichkeit, Einheitspreise zu ändern, findet also nur beim Einheitspreisvertrag, nicht aber beim Pauschalvertrag und ebenso wenig beim Stundenlohnvertrag Anwendung.

Zu beachten ist sodann weiter, dass gerade bei angehängten Stundenlohnarbeiten in einem Einheitspreisvertrag als Bedarfsposition Leistungen danach nur vergütet werden, wenn auch die sonstigen Voraussetzungen dafür nach der VOB/B gegeben sind. Dies gilt vor allem für eine notwendige Vereinbarung zur Vergütung der Stundenlohnarbeiten dem Grunde nach. Diese muss nach § 2 Abs. 10 VOB/B ausdrücklich getroffen worden sein. Eine solche **ausdrückliche Vereinbarung** kann durchaus auch bei angehängten Stundenlohnarbeiten vorliegen. Dies gilt aber nur dann, wenn sich aus dem Leistungsverzeichnis ergibt, welche Leistungen im Einzelnen davon erfasst sein sollen. Sonst handelt es sich dabei nur um eine Preisvereinbarung für den Fall, dass Stundenlohnarbeiten abgerufen, d. h. vereinbart werden. Hier gilt für die angehängten Stundenlohnarbeiten als Bedarfsposition nichts anderes (Vygen, BauR 1992, 135, 145). Vorstellbar ist dazu aber immerhin auch eine bedingte Beauftragung von Stundenlohnarbeiten z. B. dahingehend, dass die dort genannte Anzahl von Stunden für Unvorhergesehenes vereinbart sein soll und

Leistungen mit diesem genannten Stundenumfang dann dazu abgerufen werden können. Hier erscheint je nach Formulierung im Leistungsverzeichnis sogar eine angemessene Überschreitung (ca. 20 %) analog § 650 BGB denkbar. Dagegen wird nichts einzuwenden sein mit der Maßgabe, dass dann dafür bei einem entsprechenden Leistungsabruf vor allem für kleinere Neben- und Begleitarbeiten, die bisher nicht zum geschuldeten Leistungsumfang gehörten, auch eine Stundenlohnvergütung zu zahlen ist. Insoweit wird man sogar auch den Bauleiter als entsprechend berechtigt anzusehen haben, solche Leistungen darauf abzurufen.

589 Um einen solchen **bedingten Stundenlohnvertrag** gemäß § 2 Abs. 10 VOB/B handelt es sich aber hier, auch wenn er an einen Einheitspreisvertrag angehängt ist (vgl. dazu: Vygen/Joussen, Bauvertragsrecht, Rn. 2399 ff.). Dabei ist als Bedingung die entsprechende Anordnung der Bauleitung anzusehen, die im Rahmen der ausgeschriebenen Stundenzahl dazu auch als bevollmächtigt anzusehen ist.

590 Unbeschadet dessen können sich aber durch den **Anfall einer sehr hohen Stundenzahl** solcher als Bedarfsposition ausgeschriebener Tagelohnarbeiten durchaus auch **Bauablaufstörungen** und dadurch bedingt eine **Bauzeitverlängerung** ergeben, die dann ihrerseits Mehrkosten durch die verlängerte Vorhaltung der Baustelleneinrichtung (Kräne, Geräte usw.) und des Bauleitungspersonals auslöst. Diese Mehrkosten sind dem Unternehmer zu ersetzen, wie schon aus § 15 Abs. 1 Nr. 2 VOB/B ersichtlich ist.

5.4.6 Leistungsänderungen vor Vertragsabschluss

591 Durch zahlreiche Urteile des Bundesgerichtshofs zumindest dem Grundsatz nach geklärt sind zwischenzeitlich die Rechtsfolgen in einer letzten hier zu behandelnden Fallgruppe, nämlich wenn es bereits zu Verzögerungen in der Vergabephase, d. h. vor Vertragsabschluss kommt.

▸ **Beispiel:**

Die Vergabestelle schreibt im Februar in einem offenen Verfahren (öffentliche Ausschreibung) eine Bauleistung aus. Als Bauzeit sind die Monate Juli bis September vorgesehen. Ein unterlegener Bieter reicht einen Nachprüfungsantrag ein. Anfang September wird der Nachprüfungsantrag bzw. die dagegen eingelegte Beschwerde zurückgewiesen. Der Zuschlag wird erteilt. Nunmehr macht der Auftragnehmer wegen zwischenzeitlich gestiegener Baukosten einen Mehrvergütungsanspruch geltend.

Das Problem wurde schon im Zusammenhang mit der Verlängerung der Bauzeit diskutiert. Es besteht darin, dass für die Dauer eines Vergabenachprüfungsverfahrens nach § 115 Abs. 1 GWB die Zuschlagserteilung zu unterbleiben hat; die aufschiebende Wirkung bleibt selbst über einen Zeitraum von zwei Wochen hinaus im Beschwerdeverfahren erhalten, soweit dies das Beschwerdegericht nach § 118 Abs. 2 GWB auf einen Antrag des unterlegenen Bieters hin entsprechend verfügt (Vygen/Joussen, Bauvertragsrecht, Rn. 391). Hier können schnell sämtliche vorgesehenen Termine überschritten werden (s. dazu oben Rdn. 306 ff.); gleichzeitig kann es zu erheblichen Mehrkosten des späteren Auftragnehmers kommen (s. dazu auch die Empfehlung des 2. Baugerichtstages, Arbeitskreis II, diese Fragen gesetzlich zu regeln, BauR 2008, 1712). Dies ist etwa denkbar, weil sich die Bauleistung durch den verzögerten Zuschlag in eine ungünstigere Jahreszeit verschiebt, dem Auftragnehmer ein günstiger Subunternehmer abspringt oder sich seine Einkaufspreise anderweitig erhöhen – wobei es letztlich einerlei ist, warum sich der Zuschlag verzögert, d. h.: Die nachfolgenden Ausführungen gelten auch dann, wenn z. B. die **Zuschlagsverzögerung** auf einem noch **nicht abgeschlossenen Planfeststellungsverfahren** beruht (BGH, Urt. v. 25.11.2010 – VII ZR 201/08, BauR 2011, 503 = NZBau 2011, 97).

Schon zu der Frage einer anzupassenden Bauzeit in diesen Fällen wurde erläutert, dass es als tauglicher Weg für den Bieter zur Wahrung seiner Rechte in der Regel ausscheidet, bereits während des Vergabeverfahrens – sei es zeitlich, sei es preislich – einen Vorbehalt zu erklären. Er wäre ohnehin nur außerhalb der Bindefrist relevant. Auch würde ein solcher **Vorbehalt** insbesondere bei einer öffentlichen Ausschreibung bzw. bei einem offenen Verfahren auf **unzulässige Nachverhandlungen** im Sinne des § 15 Abs. 3 VOB/A hinauslaufen mit der weiteren Folge, dass derartige Angebote zwingend auszuschließen wären (§ 16 Abs. 1 Nr. 1 lit. b VOB/A). Ggf. wegen der Verzögerung erteilte Bindefristverlängerungen sind hier als Argument ebenso unergiebig, weil mit diesen lediglich das ursprüngliche Angebot konserviert und die rechtsgeschäftliche Bindefrist an das Angebot gemäß § 148 BGB, zugleich Bindefrist nach § 10 Abs. 7 VOB/A verlängert wird (BGH, Urt. v 11.5.2009 – VII ZR 11/08, BGHZ 181, 47, 53 = BauR 2009, 1131, 1133 = NJW 2009, 2443, 2444; BGH, Urt. v. 10.9.2009 – VII ZR 152/08, BauR 2009, 1901, 1904 = NJW 2010, 522, 524). Mehr ergibt sich daraus nicht. 592

Der Weg zu einer ggf. erhöhten Vergütung des Auftragnehmers ist indes derselbe wie bei der Gewährung einer in Folge der verzögerten Zuschlagserteilung deshalb erforderlichen zusätzlichen Bauzeit bzw. Bauzeitverschiebung: Wird der Zuschlag auf ein Angebot in einem öffentlichen Vergabeverfahren erteilt, erfolgt dieser unbedingt, und zwar zu den Konditionen, wie der Bieter sein Angebot (zu dem Angebotspreis) abgegeben hatte. Ähnlich wie die Bauzeit ist allerdings in gleicher Weise auch der **Vergütungsanspruch anzupassen**, und zwar erneut im Rahmen einer nach Treu und Glauben anzustellenden **ergänzenden Vertragsauslegung**. Maßstab der **Anpassung ist § 2 Abs. 5 VOB/B**. Zwar gilt diese Regelung nicht unmittelbar; denn sie setzt als All- 593 gemeine Geschäftsbedingung zunächst einen schon geschlossenen Vertrag voraus, mit dem deren Geltung erstmals vereinbart würde. Gleichwohl zeigt der Vertragsschluss auf der Grundlage der VOB/B, dass die Parteien gerade auch diese Preisanpassungsregelung als angemessene Vorgehensweise bei durch den Auftraggeber veranlassten Änderungen angesehen haben. Hierauf ist bei Verzögerungen in einem Vergabeverfahren zurückzugreifen; denn es ist davon auszugehen, dass sich die Parteien in Kenntnis der Umstände der Verzögerungen in gleicher Weise wie bei § 2 Abs. 5 VOB/B auf eine danach angepasste Vergütung verständigt hätten (BGH, Urt. v. 11.5.2009 – VII ZR 11/08, BGHZ 181, 47, 61 = BauR 2009, 1131, 1136 = NJW 2009, 2443, 2447; dazu Dobmann, VergabeR 2009, 602; s. auch BGH, Urt. v. 22.7.2010 – VII ZR 213/08, BauR 2010, 1921, 1925 = NZBau 2010, 622, 624 mit einer ausführlichen Befassung mit der europarechtlichen Zulässigkeit dieser Lösung; dagegen Leinemann, NJW 2010, 471, 474).

594 Allerdings mag man zu Recht die Frage stellen, ob mit dieser Lösung des BGH mit Rückgriff auf § 2 Abs. 5 VOB/B das Mehrkostenrisiko in Folge einer Zuschlagsverzögerung nicht zu Unrecht einseitig auf den Auftraggeber verlagert wird; denn dieser kann gerade bei unberechtigten Nachprüfungsverfahren daran genauso unschuldig sein wie der Auftragnehmer. Indes geht es nicht um eine Frage des Verschuldens oder einer sonst dem Auftraggeber zuzuweisenden Verantwortung. Stattdessen ist nach Treu und Glauben im Rahmen einer ergänzenden Vertragsauslegung die **Risikosphäre** zu bestimmen, **wer bei der Gesamtabwicklung eines Vergabeverfahrens** solche **unverschuldeten Verzögerungen eher zu tragen** hat. Dies ist – wie im Übrigen auch in anderen unverschuldeten Fällen z. B. eines nicht erhaltenen Baugrundstücks (BGH, Urt. v. 21.10.1999 – VII ZR 185/98, BGHZ 143, 32, 39 = BauR 2000, 722, 725 = NJW 2000, 1336, 1338 = NZBau 2000, 187, 188 f.) – der Bauherr als dessen Initiator. Auch würde der Rechtsschutz eines Bieters ausgehöhlt, sähe er sich im Fall von ihm nicht steuerbarer Verzögerungen in der Bieterphase damit konfrontiert, dass er ggf. zwischenzeitlich entstandene Verzögerungskosten zu tragen hätte. Dies würde entgegen der gesetzlichen Intention nicht zu einer Verstärkung seines Rechtsschutzes führen, sondern zu einer Schwächung, weil er – obwohl bester Bieter – möglicherweise später schlechter dastände als vorher. Als Alternative käme für ihn somit nur noch in Betracht, sich bei Verzögerungen in einem Wettbewerb frühzeitig zurückzuziehen, was auch aus Sicht des Auftraggebers entgegen dem Wettbewerbsprinzip zu ungewünschten Verzerrungen führen dürfte. Ohnehin geht es bei der nunmehr gebotenen ergänzenden Vertragsauslegung nur um die Ermittlung des Willens, was die Parteien vereinbart hätten, wenn sie die im Vergabeverfahren eingetretene Verzögerung bedacht hätten. Allein deswegen wird der Auftraggeber nicht einmal unbillig belastet. Denn auch bei einer zeitnah zur tatsächlichen Ausführung erfolgten Ausschreibung hätte er diese Mehrkosten tragen müssen (BGH, Urt. v. 11.5.2009, a. a. O., BauR 2009, 1131, 1137).

Stehen diese Grundsätze fest, ergeben sich danach aber die **beiden folgenden Voraussetzungen** für Mehrvergütungsansprüche nach Vergabeverzögerungen: 595

- Erstens muss es tatsächlich zu einer Bauzeitverschiebung gegenüber den ausgeschriebenen Terminen gekommen sein (BGH, Urt. v. 10.09.2009 – VII ZR 82/08, BGHZ 182, 218, 223 = BauR 2009, 1897, 1898 = NJW 2010, 519, 520 = NZBau 2009, 777, 778; anschaulich auch BGH, Urt. v. 08.03.2012 – VII ZR 202/09, BauR 2012, 939, 940 = NZBau 2012, 287, dazu Markus, NZBau 2012, 414); bleiben die Zeiten unverändert, ist für eine Vergütungsanpassung kein Raum. 596

▸ **Beispiel:** (nach BGH, Urt. v. 10.9.2009 – VII ZR 82/08, a. a. O.)

Der Zuschlag war für den 26. September 2009, als Ausführungsfrist der Zeitraum vom 01.01. bis 31.12.2010 vorgesehen. In Folge eines Vergabenachprüfungsverfahrens wird der Zuschlag erst am 20. November 2009 erteilt. Zu diesem Zeitpunkt kann der Auftragnehmer nicht mehr auf ein ihm zuvor noch vorliegendes günstiges Angebot seines Energielieferanten zurückgreifen, weil dieser einer Bindefristverlängerung nicht zugestimmt hatte. Wegen der unverändert gebliebenen Ausführungsfrist schied gleichwohl ein zusätzlicher Vergütungsanspruch aus.

Wie und in welchem Umfang eine Bauzeitverschiebung eintritt, ist dagegen ohne Bedeutung.

▸ **Beispiel:** (nach BGH, Urt. v. 10.9.2009 – VII ZR 152/08, BauR 2009, 1901, 1904 = NJW 2010, 522, 524)

Der Auftraggeber schreibt eine Bauleistung aus. Mit den Arbeiten ist zwölf Werktage nach Zuschlagserteilung zu beginnen; es gilt eine Bauzeit von 300 Tagen. Der ursprünglich vorgesehene Zuschlagstermin am 10. Oktober 2009 kann nicht eingehalten werden; er verschiebt sich auf den 10. Mai 2010. Der Auftragnehmer fordert nunmehr eine Mehrvergütung, weil sich seine Subunternehmerkosten in der Zwischenzeit erhöht hätten.

Hier hat sich die Bauzeit verschoben. Zwar mag es den ersten Anschein haben, dass dies nicht der Fall ist, weil es tatsächlich bei einer Ausführungszeit von 300 Tagen beginnend vom 12. Tag des Zuschlages verblieben sein könnte. Ein solches Verständnis lässt sich jedoch nicht mit den anerkannten Auslegungsgrundsätzen von Willenserklärungen im Rahmen eines formalisierten Vergabeverfahrens verbunden mit einem objektiven Bieterhorizont in Einklang bringen (BGH, Urt. v. 11.11.1993 – VII ZR 47/93, BGHZ 124, 64, 69 f.

= BauR 1994, 236, 238 = NJW 1994, 850, 851; s. dazu auch oben Rdn. 201 ff.). Die völlige Freistellung bei der zeitlichen Festlegung abhängig vom Zuschlag würde dem Bieter nämlich entgegen § 7 Abs. 1 Abs. 3 VOB/A ein ungebührliches Wagnis auferlegen. Denn der Bieter könnte dann seine Preiskalkulation nicht mehr anhand des ihm vorliegenden Leistungsverzeichnisses aufstellen, sondern müsste mutmaßen, welche Bauzeit wohl gewollt ist. Also bleibt es auch hier zur Bestimmung der Bauzeit als Grundlage eines Mehrvergütungsanspruchs nach § 2 Abs. 5 VOB/B bei der Ausführungszeit, die sich aus dem Vertrag – wenn auch nur mittelbar – bestimmen lässt (BGH, Urt. v. 10.9.2009 – VII ZR 152/08, a. a. O.).

597 Ist nach Vorstehendem dem Grunde nach eine Bauzeitverschiebung zwingend, dürfte – auch wenn bisher nicht entschieden – für eine Vergütungsanpassung in Anlehnung an § 2 Abs. 5 VOB/B ebenso ausreichen, dass durch die Verschiebung des Zuschlagstermins der Zeitraum zwischen Vertragsschluss und vorgesehenem Bautermin in einer Weise verkürzt wird, dass nach der vorgesehenen und kalkulierten Bauablaufplanung nicht **mehr genug Zeit für ausreichende Bauvorbereitungsmaßnahmen** bleibt bzw. insoweit ein deutlich erhöhter Aufwand anfällt, um den vorgesehenen Baubeginn halten zu können.

598 Eine reine Bauzeitverschiebung reicht für einen Mehrkostenanspruch in Anlehnung an § 2 Abs. 5 VOB/B jedoch nicht aus. Vielmehr müssen zweitens dem Auftragnehmer Zusatzkosten entstanden sein, die kausal auf dieser Bauzeitverschiebung beruhen (BGH, Urt. 10.9.2007 – VII ZR 152/08, BauR 2009, 1901, 1907 f. = NJW 2010, 522, 527 = NZBau 2009, 771, 775; BGH, Urt. v. 8.3.2012 – VII ZR 202/09. BauR 2012, 939, 940 = NJW 2012, 1436, 1437 = NZBau 2012, 287 f.; dazu Markus NZBau 2012, 414). Denn ersatzfähig sind nur die **effektiv konkret in Folge einer Bauverzögerung anfallenden Mehrkosten**, die der Auftragnehmer gegenüber seinem ursprünglichen Angebot darzulegen hat (s. dazu sogleich Rdn. 599). Dies ist im Einzelfall zu prüfen.

▶ **Beispiel:** (in Anlehnung an BGH, Urt. v. 8.3.2012 – VII ZR 202/09, a. a. O.)

Der Auftragnehmer kalkuliert für die in der Ausschreibung vorgesehene Bauzeit mit Subunternehmerkosten von 1,4 Mio. €. Die Zuschlagserteilung und in Folge dessen auch die Bauzeit verschieben sich. Während der Auftragnehmer eine Bindefristverlängerung abgibt, ist sein Subunternehmer dazu nicht bereit. Nach dem späteren Zuschlag muss der Auftragnehmer deswegen auf einen um ca. 260 T€ teureren Subunternehmer zurückgreifen.

Hier ist es zu einer Verzögerung der Bauzeit sowie gleichzeitig zu gestiegenen Subunternehmerkosten gekommen. Diese können auch konkret belegt werden. Dabei kommt es maßgeblich darauf an, ob der Auftragnehmer das preisgebundene Angebot des Subunternehmers angenommen hätte bzw. hätte annehmen können, wenn die ursprüngliche Bauzeit unverändert geblieben wäre. Insoweit besteht dann ein Mehrvergütungsanspruch in Anlehnung an § 2 Abs. 5 VOB/B (BGH, Urt. v. 8.3.2012, a. a. O.; ebenso OLG Dresden, Urt. v. 28.6.2012 – 16 U 831/11, Nichtzul.-Beschw. zurückgew., BGH, Beschl. v. 21.3.2013 – VII ZR 211/12, IBR 2013, 263 zu einem nicht mehr möglichen Einkauf von Schüttgut). Etwas anderes gilt dagegen, wenn der Auftragnehmer über die Dauer der Preisbindung des Subunternehmers hinaus zunächst einer Verlängerung der Bindefrist bis zu einem Zeitpunkt zustimmt, in dem der Zuschlag ohne Einfluss auf die Bauzeit hätte erteilt werden können: Wird nunmehr der Zuschlag in Folge weiterer Bindefristverlängerungen erst so spät erteilt, dass die Bauzeit nicht mehr eingehalten werden kann, fehlt es bereits an der **Kausalität der Bauzeitverschiebung** für die ggf. effektiv anfallenden Mehrkosten. Denn zum Zeitpunkt des Ausscheidens des ersten Subunternehmers war die Bauzeit ja noch unverändert, sodass sich der Hauptunternehmer auch nach der hier relevanten ersten Bindefristverlängerung noch mit unveränderter Bauzeit einen neuen Subunternehmer hätte suchen müssen (BGH, Urt. v. 8.3.2012, a. a. O.).

▶ **Beispiel:**

In der Ausschreibung ist eine Bauzeit vom 01.01. bis zum 31.05.2014 vorgesehen. Die Bieter geben die Angebote mit einer Binde- und Zuschlagsfrist per 15. April 2013 ab. Der Bieter B stützte sich dabei auf ein Subunternehmerangebot des S, der eine Bindefrist bis zum 22. April 2013 zugesagt hatte. Wegen Verzögerungen im Vergabeverfahren bittet der Auftraggeber die Bieter um eine Bindefristverlängerung bis zum 15. Mai, die diese auch erteilen. S ist zu einer solchen Verlängerung dagegen nicht bereit und springt ab. Das Vergabeverfahren verzögert sich; es folgen weitere Bindefristverlängerungen. Letztlich muss sogar die Bauzeit auf den 01.03. bis zum 31.07.2014 verschoben werden. B muss nach Zuschlagserteilung (nachdem ihm S abhandengekommen war) einen teureren Subunternehmer einschalten. Diese Mehrkosten sind nicht erstattungsfähig. Denn hier hätte trotz Bindefristverlängerung des B immer noch ein Zuschlag an ihn ohne Auswirkung auf die Bauzeit erteilt werden können. Die gestiegenen Subunternehmerkosten gingen somit nicht ursächlich auf die Bauzeitverschiebung zurück.

Nichts anderes dürfte natürlich für sonstige Kostensteigerungen gelten, die aus demselben Grund kausal auf eine Bauzeitverschiebung zurückgehen (wie z. B. sonst gestiegene Einkaufspreise für Baustoffe, Material u. a.).

599 Die vorstehenden Erläuterungen zeigen anschaulich, dass die **reine Kalkulation bei einem unveränderten Leistungssoll des Auftragnehmers nicht geschützt** ist und keine Mehrkostenansprüche auslöst – zumal der Auftraggeber diese Kalkulationsgrundlagen im Zweifel nicht einmal kennt. Aus diesem Grund **entfällt zugleich eine Preisanpassung über das Institut des Wegfalls der Geschäftsgrundlage** nach § 313 BGB (BGH, Urt. v. 10.9.2009 – VII ZR 82/08, BGHZ 182, 218, 224 = BauR 2009, 1897, 1899 = NJW 2010, 519, 520 = NZBau 2009, 777, 779; sehr kritisch dazu Leinemann, NJW 2010, 471, 472; Tomic, BauR 2010, 845, 851). Der Wettbewerb wird dadurch, insbesondere auch nach einer verlangten Bindefristverlängerung, nicht verfälscht. Denn der Bieter kann – ggf. vorbehaltlich einer nicht zu kurzfristig verlangten Zustimmung zu einer Bindefristverlängerung – selbst überlegen, ob er im Wettbewerb bleibt oder nicht (was er seinerseits möglicherweise von Bindefristverlängerungen seiner Subunternehmer abhängig machen wird – BGH, a. a. O.). Ersatzfähig sind stattdessen (nur) die **effektiv in Folge einer Bauverzögerung anfallenden Mehrkosten**, die der Auftragnehmer gegenüber seinem ursprünglichen Angebot darzulegen hat (s. dazu Teil B Rdn. 367 ff.). Diese kann er **konkret berechnen** – was etwa denkbar ist, wenn ihm (wie im vorgenannten Beispiel – Rdn. 598) wegen der Bauzeitverschiebung ein bestimmter Subunternehmer abspringt und er später bei Zuschlagserteilung einen teureren Subunternehmer einschalten muss (BGH, Urt. v. 8.3.2012 – VII ZR 202/09, BauR 2012, 939, 940 = NJW 2012, 1436, 1437 = NZBau 2012, 287 f.; ebenso OLG Dresden, Urt. v. 28.6.2012 – 16 U 831/11, Nichtzul.-Beschw. zurückgew., BGH, Beschl. v. 21.3.2013 – VII ZR 211/12, IBR 2013, 263). Oder ihm sind diese konkreten Darlegungen nicht möglich – was nahe liegen kann, weil nicht für jeden Wert unbedingt schon im Vorfeld ein fester Preis bekannt ist. Dann kann hilfsweise auch auf z. B. zwischenzeitlich gestiegene Marktpreise zurückgegriffen werden (BGH, Urt. v. 10.9.2009 – VII ZR 152/08, BauR 2009, 1901, 1907 = NJW 2010, 522, 526 = NZBau 2009, 771, 775; BGH, Urt. v. 22.7.2010 – VII ZR 129/09, BauR 2010, 1929, 1935 = NJW 2010, 3436, 3439 = NZBau 2010, 628, 632). Mit dieser Maßgabe unterscheidet sich somit der hier mögliche zusätzliche Vergütungsanspruch nach Vergabeverzögerungen von sonstigen auf der Basis der Urkalkulation fortzuschreibenden Mehrkostenansprüchen (s. dazu unten Teil A Rdn. 606 ff.) nach bauzeitlichen Änderungsanordnungen im Anwendungsbereich des § 2 Abs. 5 VOB/B (s. dazu sehr deutlich auch OLG Düsseldorf, Urt. v. 23.11.2011 – VI U 12/11, BauR 2012, 651, 653 f.): Denn tatsächlich werden wie gezeigt nur die **effektiv durch die Zuschlagsverzögerung entstehenden Selbstkosten** erstattet (dies kritisiert etwa Drittler, BauR 2010, 143, 147). Dies mag aber ausnahmsweise hinzunehmen sein, weil mit der Preisanpassung in den vorliegenden Fällen nicht ein zusätzlicher Vergütungsanspruch auf der Grundlage einer Kalkulation gewährt wird; vielmehr soll nur das Risiko ausgeglichen werden, das sich zulasten des Auftragnehmers wegen der (unverschuldeten) Zuschlagsverzögerung erge-

ben hat. Dieses hängt nun einmal nicht von seinen kalkulatorischen Annahmen ab, sondern von den einen Auftragnehmer ggf. treffenden effektiven Mehrkosten (BGH, Urt. v. 10.9.2009 – VII ZR 152/08, BauR 2009, 1901, 1908 = NJW 2010, 522, 527 = NZBau 2009, 771, 775). Das aber bedeutet später im Bauverlauf, dass ein Auftragnehmer bei der Geltendmachung von Mehrkosten aus Bauzeitverzögerungen jeweils **genau danach differenzieren** muss, ob die Verzögerungen aus dem Stadium vor Vertragsschluss resultieren (hier stehen ihm nur die tatsächlich gestiegenen Kosten zu) oder nach Vertragsschluss mit einer Verfolgung von Kostensteigerungen gegenüber seinen kalkulierten Preisen (s. dazu auch ausführlich Teil B Rdn. 346 ff.). Unterlässt er diese Unterscheidung, wäre eine gleichwohl erhobenen Klage unschlüssig (OLG Düsseldorf, Urt. v. 23.11.2011 – VI U 12/11, BauR 2012, 651, 654).

Ein **Preisanpassungsanspruch nach vorstehenden Erläuterungen ist jedoch nicht in jedem Fall gegeben. Die beiden folgenden Sachverhalte sollen das verdeutlichen:** 600

- **Zunächst scheidet ein Preisanpassungsanspruch aus**, wenn die Parteien im Vorfeld der Vergabe dazu eine Absprache getroffen haben oder dieser Punkt sonst in den Verhandlungen berücksichtigt wurde. Vorstellbar ist dies etwa, wenn zwar nicht in einem förmlichen Vergabeverfahren, wohl aber in einem **Verhandlungsverfahren** (freihändigen Vergabe) bereits Zeit- und Preisdiskussionen geführt wurden. 601

  ▶ **Beispiel:** (nach BGH, Urt. v. 10.9.2009 – VII ZR 255/08, BauR 2009, 1909 = NJW 2010, 527)

  In einem Verhandlungsverfahren kommt es zu Zuschlagsverzögerungen. Der Bieter kündigt Mehrvergütungsansprüche wegen zwischenzeitlich gestiegener Stahlpreise an. Eine Vereinbarung wird dazu nicht geschlossen. Der Zuschlag wird erteilt.

  In einem solchen Fall steht dem Bieter trotz Zuschlagsverzögerung und ggf. gestiegener Einstandspreise keine erhöhte Vergütung zu. Denn hier haben die Parteien – was ja wegen des Nachverhandlungsverbots im förmlichen Vergabeverfahren gerade nicht möglich ist (s. o. Rdn. 592) – über diese Preissteigerungen gesprochen; eine Preisanpassung aus diesem Grund wäre somit möglich gewesen. Lässt es dann aber der Bieter lediglich bei der Ankündigung einer Mehrvergütung und schließt den Vertrag zu den ausgeschriebenen Konditionen, bleibt es dabei (BGH, Urt. v. 10.9.2009 – VII ZR 255/08, BauR 2009, 1909, 1911 = NJW 2010, 527, 529).

- Ebenso kann ein Mehrvergütungsanspruch in Folge schon eingetretener Verzögerungen im Vergabeverfahren ausscheiden, wenn der Auftraggeber **mit dem Zuschlagsschreiben neue angepasste Termine** vorgibt. 602

▸ **Beispiel:** (nach BGH, Urt. v. 6.9.2012 – VII ZR 193/10 – BGHZ 194, 301 = BauR 2012, 1941 = NJW 2012, 3505)

Nach der Ausschreibung sollte mit den Arbeiten 14 Tage nach Zuschlagserteilung begonnen werden. Als Bauende war spätestens der 31. Mai 2014 angegeben. Wegen Verzögerungen im Vergabeverfahren erteilt der Auftraggeber den Zuschlag erst am 15. Juni 2014. Er verweist dabei auf die schon eingetretenen Verzögerungen und nennt deswegen als neuen Fertigstellungstermin den 15. September 2014.

Es wurde oben schon im Zusammenhang mit der Frage einer Verlängerung oder Anpassung der Bauzeit wegen zeitlicher Störungen vor Vertragsabschluss auf die eher zweifelhafte Rechtsprechung eingegangen, unter welchen Voraussetzungen nunmehr der Vertrag – trotz einer veränderten Zeitangabe im Zuschlagsschreiben – doch noch zu den alten zeitlichen Bedingungen zustande kommt (s. o. Rdn. 395 f.). Wenn man aber einmal davon auszugehen hat, dass die neue Zeitangabe im Zuschlagsschreiben verbindlich ist, obwohl sich das Angebot des Bieters noch auf den ursprünglichen in der Ausschreibung angegebenen Termin bezog, dann stellt ein solcher Zuschlag wegen der veränderten Konditionen rechtlich keine Annahme des Angebots des Auftragnehmers dar; vielmehr liegt darin dann eine Ablehnung verbunden nunmehr mit einem neuen Angebot an den Auftragnehmer, dieses zu den veränderten zeitlichen Konditionen anzunehmen (§ 150 Abs. 2 BGB). Wenn der Auftragnehmer darauf nicht reagiert, diesen Zuschlag sogar bestätigt oder einfach seinen Annahmewillen dadurch zum Ausdruck bringt, dass er mit den Arbeiten wie bezuschlagt beginnt (s. dazu Vygen/Joussen, Bauvertragsrecht, Rn. 170), besteht darin jetzt die **Annahme des in zeitlicher Hinsicht modifizierten Angebots des Auftraggebers zu den neuen Terminen**. Dann aber sind diese für den Auftragnehmer verbindlich, und zwar sowohl in zeitlicher als auch in preislicher Hinsicht. Ein Preisanpassungsanspruch wegen einer geänderten Bauzeit scheidet demzufolge aus. Er ergibt sich auch nicht aus Treu und Glauben oder sonstigen Grundsätzen. Denn es hätte dem Auftragnehmer freigestanden, das modifizierte Angebot mit den neuen Konditionen nicht anzunehmen; jedenfalls hätte er statt einer Annahme einen neuen eigenen (Preis)vorbehalt erklären können, was dann wiederum eine Ablehnung des mit neuen Terminen versehenen Angebotes des Auftraggebers dargestellt hätte nunmehr verbunden mit dem Angebot an den Auftraggeber, dieses anzunehmen (BGH, Urt. v 6.9.2012- VII ZR 193/10, BGHZ 194, 301, 307 = BauR 2012, 1941, 1945 = NJW 2012, 3505, 3507 = NZBau 2012, 694, 696). Mit diesen Möglichkeiten ist zwar nicht gewährleistet, dass der Bieter den Auftrag überhaupt erhält. Vor dieser Folge ist er jedoch ebenso wenig wie bei einer Aufhebung der Ausschreibung vertragsrechtlich geschützt. Denn einen Anspruch auf den Zuschlag hat er ohnehin nicht (BGH, Urt. v. 8.9.1998 – X ZR 48/97, BGHZ 139, 259, 268 ff. = BauR 1998, 1232, 1237 = NJW 1998, 3636, 3638 f.; BGH, Urt. v. 5.11.2002 – X ZR 232/00, BauR 2003, 240, 241 f.; BGH, Urt. v. 16.12.2003 – X ZR 282/02, BauR 2004, 883 = NJW 2004, 2165, 2166).

Noch nicht entschieden sind Sachverhalte, bei denen der Mehrvergütungs- 603
anspruch bereits preislich **in der Ausschreibung angelegt** ist. Dies ist in jedem Fall zu empfehlen, weil sich andernfalls aus diesen Verzögerungen für den Auftraggeber teilweise sogar unkalkulierbare Risiken ergeben können. Selbst der BGH hat zumindest in einer seiner Entscheidungen angedeutet, dass er auf die vorstehend beschriebenen Grundsätze einer ergänzenden Vertragsauslegung nur bei einer sonst verbleibenden Lücke im Vertrag zurückgreifen würde, d. h. in dem Fall, dass sich im Vertrag keine Regelung für diese Fälle der Zuschlagsverzögerung findet (BGH, Urt. v. 10.9.2009 – VII ZR 152/08, BauR 2009, 1901, 1906 = NJW 2010, 522, 525 = NZBau 2009, 771, 774). Folglich erscheint dem Grundsatz nach eine **Preisregelung dazu in den Ausschreibungsunterlagen** denkbar. Sie sollte allerdings nicht als Bedarfs- bzw. Eventualposition ausgestaltet werden. Denn abgesehen davon, dass deren Aufnahme in einer öffentlichen Ausschreibung nach § 7 Abs. 1 Nr. 4 VOB/A ohnehin nicht zulässig wäre, ist sie schon deshalb nicht zu empfehlen, weil deren Wertung gar nicht eindeutig zu bewerkstelligen ist (s. zu den damit verbundenen Problemen bei der Wertung oben Rdn. 554). Der Auftraggeber könnte stattdessen – je nach Vorbereitung der Vergabe – von sich aus für dieses Mehrkostenrisiko einen festen Preis vorgeben.

▶ **Beispiel für Preisklausel**

Je vollendete Woche einer verzögerten Zuschlagserteilung erhöht sich der Vertragspreis um ... €.

Die Angemessenheit des Preises vorausgesetzt wäre damit einer Preisanpassung durch eine ergänzende Vertragsauslegung die Grundlage entzogen (i. E. ebenso Ingenstau/Korbion/Sienz, VOB/A § 9 Rn. 115, der insoweit auf § 9 Abs. 9 VOB/B zurückgreifen will; offen gelassen in KG, Urt. v. 5.10.2007 – 21 U 52/07, NZBau 2008, 180, 182, wobei der BGH später mit seinem Grundlagenurteil vom 11.5.2009 – VII ZR 11/08, BGHZ 181, 47, oben Rdn. 593, nicht mehr darauf einging; kritisch zu einem Rückgriff auf § 9 Abs. 9 VOB/A (§ 15 VOB/A a. F.) immerhin Verfürth, NZBau 2010, 1, 3).

5.5 Ankündigungserfordernis für Mehrvergütungsanspruch nach § 2 Abs. 5 VOB/B?

Bei Ansprüchen auf Vergütungsanpassung gemäß § 2 Abs. 5 VOB/B stellt sich 604
sodann die Frage, ob diese vor der Ausführung angekündigt werden müssen,

wie dies in § 2 Abs. 6 VOB/B ausdrücklich vorgesehen ist. Eine solche Ankündigungspflicht wird bei Ansprüchen aus § 2 Abs. 5 VOB/B von der h. M. verneint (vgl. etwa OLG Düsseldorf, Urt. v. 30.8.2012 – 23 U 162/11, BauR 2013, 84, 87; Kapellmann/Messerschmidt/Kapellmann, B, § 2 Rn. 180 f.; Beck'scher VOB/B-Komm./Jansen § 2 Abs. 5 Rn. 117). Dies mag zweifelhaft sein (s. für ein Ankündigungserfordernis zumindest bei konkludenten Änderungsanordnungen: Nicklisch/Weick, Einl. §§ 4–13, Rn. 40). Denn sicherlich ließe sich eine solche Ankündigungspflicht schon aus dem Wortlaut, insbesondere aber aus dem Sinn und Zweck des § 2 Abs. 5 VOB/B herleiten. So wird in § 2 Abs. 5 S. 2 VOB/B immerhin vorgeschrieben, dass die Vereinbarung des neuen Preises vor der Ausführung der geänderten Leistung getroffen werden soll. Diese Forderung kann letztlich nur erfüllt werden, wenn derjenige Vertragspartner, der eine Vertragspreisanpassung will, dies auch kundtut, also seinen Anspruch auf Vereinbarung eines neuen Preises anmeldet und doch ankündigt. Die Annahme einer solchen Ankündigungspflicht hätte zudem den großen Vorteil, dass es in den meisten Fällen nicht mehr der schwierigen Abgrenzung und Unterscheidung zwischen Ansprüchen aus § 2 Abs. 5 und 6 VOB/B bedürfte (s. dazu Vygen/Joussen, Bauvertragsrecht Rn. 2268).

▶ **Beispiel:**

Nach dem Bauvertrag soll eine Tunnelwand 2 m hoch gefliest werden. Der Auftraggeber ordnet an, dass die Fliesen bis zur Decke, d. h. 3,50 m hoch anzubringen sind. Liegt darin eine Änderung des Bauentwurfs, entfiele eine Ankündigungspflicht für einen zusätzlichen Vergütungsanspruch; ebenso ließe sich aber vertreten, dass für den Bereich von 2 m bis 3,50 m eine Zusatzleistung nach § 2 Abs. 6 VOB/B vorläge, sodass hier eine Ankündigungspflicht bestünde.

Auch wäre das Erfordernis der Ankündigung bei Ansprüchen aus § 2 Abs. 5 VOB/B keinesfalls unangemessen, da der BGH die Bedeutung der Ankündigungspflicht selbst im Anwendungsbereich des § 2 Abs. 6 VOB/B durch sein Urteil vom 23.5.1996 stark abgemildert hat. So hat er es für entbehrlich angesehen, wenn dem Auftraggeber klar war oder sein musste, dass die zusätzliche Leistung nur gegen zusätzliche Vergütung zu erwarten ist. Ebenso wenig ist eine Ankündigung erforderlich, wenn dem Auftraggeber letztlich ohnehin keine andere Wahl blieb, als die Zusatzleistung ausführen zu lassen und ihm sonst keine Alternative zur Verfügung stand. In all diesen Fällen erfordert der Schutzzweck für den Auftraggeber, den die Ankündigungspflicht verfolgt, eine solche Ankündigung nicht (BGH, Urt. v. 23.5.1996 – VII ZR 245/94, BGHZ 133, 44, 47 f. = BauR 1996, 542, 543 = NJW 1996, 2158, 2159). Diese vom BGH aufgestellten Grundsätze gelten gleichermaßen für eine Ankündigungspflicht bei Ansprüchen aus § 2 Abs. 5 VOB/B oder eigentlich dort noch mehr; denn gerade Bauentwurfsänderungen sind häufig nicht notwendig und würden bei Kenntnis der Mehrkosten im Fall ihrer Ankündigung zurückgenommen oder es würde nach Alternativen gesucht; diesem Schutz dient am ehesten die Ankündigungspflicht.

Wenn demnach gute Gründe dafür sprechen, auch bei § 2 Abs. 5 VOB/B ein Ankündigungserfordernis als tatbestandliche Voraussetzung anzunehmen, wird man sich doch damit abzufinden haben, dass die herrschende Meinung gerade wegen der unterschiedlichen Regelung gegenüber § 2 Abs. 6 VOB/B bei § 2 Abs. 5 VOB/B die Ankündigung eines zusätzlichen Vergütungsanspruchs als nicht erforderlich ansieht. Dem mag man folgen. In jedem Fall bleibt es aber dann zur Vermeidung unnötigen Streits eine **dringende Empfehlung** an beide Parteien, entsprechend der Regelung des § 2 Abs. 5 S. 2 VOB/B eine **Vergütungsvereinbarung** wenn irgendmöglich **vor Ausführung der geänderten Leistung zu schließen**. Vor allem zum Zweck der Streitvermeidung ist ein Auftragnehmer ferner gut beraten, sein Nachtragsangebot ebenfalls kurzfristig nach der Änderungsanordnung einzureichen, zumindest aber einen zusätzlichen Vergütungsanspruch unverzüglich anzukündigen. Dies gilt besonders, wenn der Auftraggeber bei seiner Änderungsanordnung offensichtlich erkennbar davon ausgeht, dass diese kostenmäßig nicht ins Gewicht fällt oder er seine Entscheidung davon abhängig macht, dass mit seiner Leistungsänderung keine Zusatzkosten anfallen. Hier spielen u. a. Änderungsanordnungen zur Bauzeit eine große Rolle. Zumindest in diesen Fällen wird man, wenn der Auftraggeber nicht z. B. durch einen Architekten fachlich beraten ist, aus seiner **allgemeinen Kooperationspflicht** heraus (s. dazu BGH, Urt. v. 28.10.1999 – VII ZR 393/98, BGHZ 143, 89, 93 f. = BauR 2000, 409, 410 = NJW 2000, 807, 808; Vygen/Joussen, Bauvertragsrecht, Rn. 1067 f.) den Auftragnehmer als verpflichtet anzusehen haben, den Auftraggeber über diese falsche Vorstellung vor Leistungsausführung aufzuklären, d. h. seine Mehrforderung doch anzukündigen. Dies ist dann aber keine tatbestandliche Voraussetzung des § 2 Abs. 5 VOB/B. Vielmehr stellt eine unterlassene Ankündigung insoweit (nur) eine allgemeine Pflichtverletzung dar, die zu einem Schadensersatzanspruch des Auftraggebers nach § 280 Abs. 1 BGB führen kann (ähnlich Beck'scher VOB/B-Kommentar/Jansen, § 2 Abs. 5 Rn. 118; s. zu diesem Gedanken einer Schadensersatzverpflichtung auch im Anwendungsbereich des § 2 Abs. 6 VOB/B: Vygen/Joussen, Bauvertragsrecht, Rn. 2300). 605

5.6 Berechnung der Vertragsanpassung unter Berücksichtigung der Mehr- und Minderkosten (§ 2 Abs. 5 VOB/B)

Liegen auf Grund der vorstehenden Untersuchungen die Voraussetzungen des § 2 Abs. 5 VOB/B vor, so ist ein neuer Preis für die verändert (leistungsbezogen oder bezüglich der Art der Ausführung oder in zeitlicher Hinsicht) ausgeführte 606 oder richtiger noch auszuführende Leistung zu vereinbaren. Dabei sind sämtliche Mehr- und Minderkosten, d. h. **alle durch die Änderung verursachten Mehr- oder Minderkosten** zu vereinbaren. Dieses zunächst als zwingend formulierte **Vereinbarungserfordernis** wird im Nachsatz wieder dahin relativiert, dass eine Vereinbarung vor der Ausführung getroffen werden soll. Das aber bedeutet nicht, dass ein Mehrvergütungsanspruch des Auftragnehmers ausgeschlossen ist, wenn sich der Auftraggeber nachhaltig dem Abschluss einer solchen Vereinbarung verweigert. Vielmehr kann der Auftragnehmer dann unmittelbar seine nach § 2 Abs. 5 VOB/B zu bildende Vergütung einklagen, deren Höhe gegebenenfalls durch eine gerichtliche Entscheidung festzusetzen ist. Er muss also wie schon bei § 2 Abs. 3 VOB/B (s. dazu Vygen/Joussen, Bauvertragsrecht, Rn. 2193) nicht zunächst auf Abschluss der Vereinbarung klagen, sondern kann seine **Klage unmittelbar auf Zahlung** richten (BGH, Urt. v. 18.12.2008 – VII ZR 201/06, BGHZ 179, 213, 216 = BauR 2009, 492 = NJW 2009, 835 = NZBau 2009, 232; BGH, Urt. v. 20.8.2009 – VII ZR 205/07, BGHZ 182, 158, 176 = BauR 2009, 1724, 1731 = NJW 2010, 227, 231 = NZBau 2009, 707, 712; BGH, Urt. v. 14.3.2013 – VII ZR 116/12, BGHZ 196, 355, 362 = BauR 2013, 1121, 1125 = NJW 2013, 1953, 1956 = NZBau 2013, 369, 372). Dabei kann einer solchen Klage allerdings ebenso eine dazu zuvor gestellte Abschlagrechnung zugrunde liegen (BGH, Beschl. v. 24.5.2012 – VII ZR 34/11, BauR 2012, 1395, 1396 = NJW-RR 2012, 981, 982 = NZBau 2012, 493). Bestreitet dagegen der Auftraggeber das Vorliegen einer auf eine Leistungsänderung gerichteten Änderungsanordnung mit einer ihn treffenden Mehrvergütungspflicht nach § 2 Abs. 5 oder 6 VOB/B, kann er seinerseits gegen den Auftragnehmer eine negative Feststellungsklage erheben (BGH, Urt. v. 22.01.2015 – VII ZR 353/12, noch nicht veröffentl.). Kommt es ansonsten zu keiner Einigung, kann das Gericht die geschuldete Vergütung im Ergebnis notfalls auch unter Berücksichtigung des § 287 Abs. 2 ZPO schätzen (OLG Saarbrücken, Urt. v. 29.3.2011 – 4 U 242/10, BauR 2011, 1215 [Ls.] = NJW-RR 2011, 745 = NZBau 2011, 422; OLG Celle, Urt. v. 22.7.1980 – 14 U 44/80, BauR 1982, 381, 382; Ingenstau/Korbion/Keldungs, § 2 Abs. 5 Rn. 31; OLG Düsseldorf, Urt. v. 30.8.2012 – 23 U 162/11, BauR 2013, 84, 87; Heiermann/Riedl/Rusam/Kuffer, B § 2 Rn. 171.). Dies vorausgeschickt gilt zur Höhe des Preises gilt sodann Folgendes:

5.6.1 Berechnung der Nachtragsvergütung in Anlehnung an den Vertragspreis

607 Grundlage für die Festlegung des oder der neuen Preise ist stets der **vereinbarte Preis** (vgl. dazu aber Stemmer, BauR 2008, 182). Diesem werden die vorauskalkulierten bzw. im Voraus zu kalkulierenden Mehrkosten im Zeitpunkt der Kalkulation des Nachtragsangebots nach erfolgter Bauentwurfsände-

rung hinzugerechnet bzw. von dem werden die entsprechenden Minderkosten abgezogen (a. A. Ingenstau/Korbion/Keldungs, VOB/B § 2 Abs. 5 Rn. 32, der auf den Zeitpunkt des Beginns der Ausführung der geänderten Leistung abstellen will, wodurch aber entgegen § 2 Abs. 5 S. 2 VOB/B die Preisvereinbarung vor der Bauausführung unmöglich gemacht wird; wie hier anschaulich OLG Düsseldorf, Urt. v. 25.10.2013 – 22 U 21/13, BauR 2014, 700, 704). Dies erfordert seitens des Auftragnehmers, der eine Mehrvergütung verlangt, die Vorlage der ursprünglichen **Angebotskalkulation** (s. dazu sogleich auch Teil A Rdn. 652 ff.), die insoweit Ausgangspunkt jeder Preisfortschreibung ist (anschaulich dazu BGH, Urt. v. 14.3.2013 – VII ZR 142/12, BGHZ 197, 52, 55 = BauR 2013, 943, 944 = NJW 2013, 2423, 2424 = NZBau 2013, 364, 365). Bei Fehlen einer solchen ist nachträglich eine plausible Kalkulation für die vereinbarten Vertragspreise zu erstellen (vgl. BGH, Urt. v. 7.11.1996 – VII ZR 82/95, BauR 1997, 304 f. = NJW 1997, 733, 734). Andernfalls, d. h. ohne eine Darlegung der Preisgrundlagen auf der Grundlage einer Kalkulation ist ein dazu geltend gemachter **Mehrvergütungsanspruch bei Nachträgen unschlüssig** (Keldungs, Jahrbuch BauR 2012, S. 59, 75; OLG Düsseldorf, Urt. v. 25.10.2013, a. a. O.; OLG Düsseldorf, Urt. v. 21.11.2014 – 22 U 37/14, BauR 2015, 444, 500; OLG Dresden, Urt. v. 15.01.2015 – 9 U 764/14, noch nicht veröffentl.; anschaulich ebenso OLG Nürnberg, Urt. v. 23.10.2014 – 13 U 1907/12, BauR 2015, 509, 514, zu der vergleichbaren Fragestellung bei § 2 Abs. 6 VOB/B; nicht nachvollziehbar dagegen OLG Jena, Urt. v. 11.8.2009 – 5 U 899/05, BauR 2010, 1224, 1227 = NZBau 2010, 376, 380, das nunmehr auf einmal entgegen § 2 Abs. 5 VOB/B auf den ortsüblichen Preis zurückgreifen will, was nach einhelliger Meinung [vgl. vorgenannte Angaben] gerade nicht genügt). Dieser ursprünglichen Kalkulation ist eine neue, im Einzelnen nachvollziehbare Preiskalkulation für den geforderten Nachtragspreis gegenüberzustellen (vgl. dazu im Einzelnen, Teil B, Rdn. 222 ff.; Vygen/Joussen, Bauvertragsrecht Rn. 2408 ff. und eingehend Kapellmann/Schiffers, Bd. 1, Rn. 1002 ff.). Dazu wird es allerdings in aller Regel ebenso erforderlich sein darzulegen, welche tatsächlichen Mehr- oder Minderkosten entstehen (OLG München, Urt. v. 14.7.2009 – 28 U 3805/08, Nichzul.-Besch. zurückgew., BGH, Beschl. v. 28.7.2011 – VII ZR 140/09, IBR 2012, 1; OLG Köln, Urt. v. 28.1.2014 – 24 U 199/12, BauR 2014, 1309, 1310). Denn es ist ja keineswegs zwingend, dass und in einem welchen Umfang durch eine Leistungsänderungsanordnung überhaupt Mehrkosten anfallen – was aber Voraussetzung für einen Mehrvergütungsanspruch ist.

▸ **Beispiel:** (ähnlich OLG München, a. a. O.)

Nach Leistungsänderungsanordnungen des Auftraggebers verzögert sich die Bauausführung zu Kabelverlegungsarbeiten. Hierfür verlangt der Auftragnehmer die Erstattung von Mehrkosten. Für die Durchsetzung seines Anspruchs müsste er aber in jedem Fall belegen, dass solche Kosten entstehen. Sie könnten etwa ausgeschlossen sein, wenn ein Subunternehmer, der mit den Leistungen beauftragt war, ggf. keine zusätzlichen Forderungen erhebt. Dann kann auch der Auftraggeber keine Mehrvergütung verlangen.

608 Steht ein solcher Mehraufwand fest, gilt dann weiter:

609 • Grundlage der Bildung eines neuen Preises sind wie erläutert allein die bisherigen Preisermittlungsgrundlagen. Auf dieser Grundlage sind nunmehr **vorkalkulatorisch die Mehr- und Minderkosten zu erfassen** – und zwar so, als wäre zur Zeit der Angebotsabgabe und dem darauf beruhenden Vertragsschluss die erhöhte oder abgeänderte Ausführungsmenge bekannt gewesen und die Preise auf dieser Grundlage gebildet worden (Teil B Rdn. 241 ff.). Es kommt also darauf an, wie der Kalkulator die Preise kalkuliert hätte, wenn ihm die Leistungsänderung von Anfang bekannt gewesen wäre (Ingenstau/Korbion/Keldungs, B § 2 Abs. 5 Rn. 33 m. w. N.; anschaulich auch etwa KG, Urt. v. 17.4.2012 – 7 U 149/10, IBR 2014, 459, insoweit dort aber nicht veröffentlicht). Für die vorkalkulatorische Preisfortschreibung geht es somit immer um eine **prospektive Sichtweise in die Zukunft** hinein mit der Maßgabe, welche auf der Basis der Kalkulation des Auftragnehmers vorgesehenen Kosten sich wie verändern, wenn es zu Massenveränderungen oder angeordneten Leistungsänderungen kommt. Deutlich wird diese allein prospektive Sichtweise an der Forderung des § 2 Abs. 5 VOB/B, dass die dazu gehörende Vergütungsvereinbarung bereits vor Ausführung der geänderten Leistung getroffen werden soll, nicht danach. Diese Regelung ist nur verständlich, wenn zwar nachzuweisen ist, dass es gegenüber der vereinbarten Leistung durch die Mengen- oder Leistungsänderung zu einem Mehraufwand kommt, der **tatsächliche Ist-Mehraufwand** später für die Preisermittlung aber **unerheblich** ist.

610 • Wenn man sich somit die allein im Anwendungsbereich des § 2 Abs. 5 VOB/B interessierende Fragestellung vor Augen hält, wie ein Kalkulator in Kenntnis der Leistungs- oder Mengenänderung die Baustelle kalkuliert hätte, heißt das aber auch, dass etwaige in der **Urkalkulation enthaltene Fehler (etwa im Fall einer Unterkalkulation) nachträglich nicht im Sinne des Auftragnehmers beseitigt werden können.** Diese kann ein Auftragnehmer somit nicht deswegen ausgleichen, weil es im Nachhinein zu Mengen- oder Leistungsänderungen kommt (KG, a. a. O.; Ingenstau/Korbion/Keldungs, B, § 2 Abs. 5 Rn. 43). Daher wird ein Auftragnehmer bei der Darlegung eines Mehrvergütungsanspruchs in Anlehnung an seine Urkalkulation teilweise nicht umhinkommen, als ebenso darzulegen, dass seine Urkalkulation als Grundlage der Preisfortschreibung für den für die Leistungserbringung erforderlichen Aufwand auch plausibel war. Dabei sei nur am Rande erwähnt, dass natürlich bei angeordneten Leistungsänderungen **ebenso wenig Kal-**

kulationsvorteile aus Überdeckungen in einer Kalkulation zum Nachteil des Auftraggebers verloren gehen dürfen.

▸ **Beispiel:**

Der Auftragnehmer hatte die Maßnahme mit zwei Bauleitern kalkuliert. Ausgekommen wäre er tatsächlich mit einem Bauleiter. Jetzt ordnet der Auftraggeber Leistungsänderungen an, die es erfordern, dass der Auftragnehmer tatsächlich zwei Bauleiter einsetzen muss. Auch die damit verbundenen Mehrkosten sind ihm zu erstatten, weil ihm der aus der Überdeckung in seiner Kalkulation enthaltene Kalkulationsvorteil (nämlich dass er mit einem Bauleiter ausgekommen wäre) über die Leistungsänderungsanordnung nicht genommen werden darf.

Kann der Auftragnehmer auf dieser Basis seiner Urkalkulation nachweisen, **611**
dass ihm auf Grund von angeordneten Leistungsänderungen ein Mehraufwand gegenüber dem kalkulierten Preis entstehen wird, steht ihm unter Fortschreibung der allgemeinen Zuschlagssätze eine Zusatzvergütung dafür zu. Dabei stellt eine solche Preisfortschreibung immer auch teilweise eine fiktive Berechnung dar. Denn Grundlage dieser **Berechnung ist allein seine Kalkulation, die nicht das Bau-Ist abbilden muss**, sondern prospektiv aus seiner Sicht nur (plausibel) zeigen soll, wie er auf seinen Preis mit welchen Einzelkosten, Zuschlägen u. a. gekommen ist. Mit dieser Maßgabe ist eine Preisfortschreibung im Anwendungsbereich des § 2 Abs. 5 VOB/B sogar immer fiktiv. Die Ist-Seite gewinnt nur insoweit an Bedeutung, als der Auftragnehmer einen Anspruch auf Mehrvergütung lediglich hat, wenn er darlegen kann, dass ihm auf der Basis seiner Kalkulation (nicht auf der Basis des Ists) Mehrkosten entstehen werden.

Diese grundsätzliche Herangehensweise an die vorkalkulatorische Preisfort- **612**
schreibung wird in der Praxis immer wieder verkannt oder nicht richtig angewandt. Anschaulich zeigt sich das bei einer Entscheidung des OLG Köln (Urt. v. 28.1.2014 – 24 U 199/12, BauR 2014, 1309 = NZBau 2014, 626) in Bezug auf die **Geltendmachung zusätzlicher Gemeinkosten bei bauzeitlichen Anordnungen**.

▸ **Beispiel:** (ähnlich OLG Köln, a. a. O.)

Der Auftragnehmer verlangt nach einer unstreitig vorliegenden Anordnung zur Bauzeit einen Vergütungsmehrbetrag zu Baustellengemeinkosten.

Das OLG Köln verlangte hier für die Durchsetzung – wie bei den Schadensersatzansprüchen des § 6 Abs. 6 BGB oder einem Entschädigungsanspruch nach § 642 BGB – eine **baubetriebliche Darstellung des gesamten tatsächlichen Bauablaufs** unter Berücksichtigung aller späterer Störungsursachen

u. a. Selbst etwaige vorhandene Puffer seien darin einzubeziehen, die der Auftragnehmer ggf. zu nutzen habe. Diese **Forderung widerspricht jedoch deutlich der vorkalkulatorischen Preisfortschreibung**; sie verkennt zugleich den Unterschied zu einem Schadensersatzanspruch, der einen Vermögensausgleich zu tatsächlich entstandenen Schäden auf der Ist-Kosten-Basis vor Augen hat – oder einem Entschädigungsanspruch, der einen Ausgleich für einen tatsächlich entstandenen Gläubigerverzug vorsieht. Um all das geht es bei § 2 Abs. 5 VOB/B nicht (s. anschaulich auch OLG Düsseldorf, Urt. v. 25.10.2013 – 2 U 21/13, BauR 2014, 700, 703; s. dazu auch oben Rdn. 435 ff.). Denn danach soll wie dargelegt in Folge der erteilten Anordnung lediglich die Vergütung an die jetzt anzupassende Bauzeit prospektiv angepasst werden – und zwar in der Weise, wie ein Kalkulator diese unter Annahme derselben Kalkulationsvorgaben im Voraus kalkuliert hätte, wenn er von vornherein von der Anordnung gewusst hätte. Mit dem späteren tatsächlichen Bauablauf hat das nichts zu tun; diesen hätte er bei Angebotsabgabe gar nicht kennen können. Genau das hat § 2 Abs. 5 S. 2 VOB/B vor Augen, der gerade deswegen eine Vergütungsvereinbarung vor Leistungsausführung verlangt. Hätte das OLG Köln Recht, wäre diese Forderung nie einzuhalten.

613 Die vorstehende Betrachtung zeigt ebenso anschaulich, welche **Bedeutung der Kalkulation des Auftragnehmers** für die Darlegung etwaiger Mehrvergütungsansprüche im Rahmen der Preisfortschreibung zukommt. Auch das soll an einem Beispielfall bauzeitlicher Anordnungen erläutert werden.

▶ **Beispiel:**

Im Bauvertrag ist als Baubeginn der 1. Februar 2013 und als Bauende der 31. Mai 2013 angegeben. Später ordnet der Auftraggeber eine Leistungsänderung an, die zu einem erheblichen Mehraufwand mit einer verlängerten Bauzeit führt.

In Fällen wie diesen ist zunächst zu beachten, dass ein Auftragnehmer die Ausführung einer bestimmten Bauleistung nur innerhalb eines durch Eckpunkte maximal beschriebenen Leistungszeitraums schuldet, der sich aus dem Vertrag ergibt. In dieser Zeitspanne ist er dann aber frei, wie und wann er seine Leistungen ausführt. Entscheidend ist lediglich, dass er die genannten Vertragstermine hält. Insoweit kommt es **zunächst auch nicht auf seine Kalkulation** an, d. h.: Es wäre für die Baumaßnahme vollkommen unbeachtlich, ob er darin für deren Abwicklung 10.000, 15.000 oder eine andere Stundenanzahl vorgesehen hätte. Ebenso wäre unbeachtlich, wie er im Rahmen der vertraglich vereinbarten Vertragstermine seine vorgesehene Stundenanzahl verteilt, d. h. ob er das gesamte vorgesehene Bauzeitfenster ausnutzen, schneller bauen oder seine Arbeiten stückeln will. All das entspricht seiner alleinigen **Dispositionsbefugnis** – und zwar auch dahingehend, dass er im Bau-Ist frei ist, die Baumaßnahme gegenüber dem ihm eigentlich zur Verfügung stehenden Bauzeitfenster z. B. deutlich schneller und somit kosteneffektiver auszuführen. Das aber bedeutet im Anwendungsbereich des § 2 Abs. 5 VOB/B zweierlei:

- Während ein Auftraggeber seinerseits keinen Anspruch darauf hat, dass sich der Auftragnehmer während der gesamten durch Anfangs- und Endtermin gekennzeichneten Bauzeit auf der Baustelle aufhält und permanent Ressourcen in voller Stärke vorhält, erhält ein **Auftragnehmer für eine solche schnellere Ausführungsweise keine gesonderte Vergütung**. Denn allein die Umsetzung einer kürzeren Bauzeit oder der Einsatz einer bestimmten kalkulierten Personalstärke mit einer bestimmten Stundenanzahl ändern die ihm übertragene Bauleistung nicht; mit seiner Kalkulation, die nicht Vertragsbestandteil ist, hat das nichts zu tun. 614
- Bedeutung gewinnt diese **kürzere (und effektivere oder überhaupt erfolgte) Zeitplanung des Auftragnehmers** und die dieser zugrunde liegenden Kalkulation jedoch dann, wenn es **nach Vertragsschluss zu Leistungsänderungen** oder Massenverschiebungen kommt. Denn mit diesen Veränderungen darf einem Auftragnehmer ausgehend von seiner Kalkulation bzw. den kalkulierten Werten im Anwendungsbereich des § 2 Abs. 5 VOB/B (genauso wenig wie bei §§ 2 Abs. 3 oder 6 VOB/B) kein finanzieller Nachteil entstehen. Zwar werden seine Kalkulationsannahmen nicht verbindlicher Vertragsinhalt. Sie werden aber nunmehr entscheidend, soweit es um die Neuberechnung des Preises geht, weil diese anzustellende Neuberechnung jetzt auf der Kalkulation des Auftragnehmers aufsetzt. Also kommt es an dieser Stelle gerade bei einer an sich geplanten kürzeren (schnelleren) Bauweise oder sonst im Rahmen einer bestimmten Zeitplanung, die für einen bestimmten Personaleinsatz steht, innerhalb der vorgegebenen Termine darauf an, ob dem Auftragnehmer durch diese angeordneten und befolgungspflichtigen Leistungsänderungen ein etwaiger zeitlicher Vorteil mit Kostenersparnissen, bei dem es sich um nichts anderes als um einen Puffer handelt, der allein ihm zusteht (s. o. Rdn. 411 sowie auch Teil B Rdn. 126 ff., 130, 144), ggf. genommen würde. 615

▸ **Beispiel:**

In dem vorgenannten Beispielfall mit einem vertraglich vorgesehenen Baubeginn am 1.2. und einem Fertigstellungstermin zum 31.5. hat der Auftragnehmer die Arbeiten plausibel so geplant, dass er bei einem Baubeginn am 1.2. spätestens am 30.4. fertig wird; zu dem Zeitpunkt will er die Baustelle auch beräumt haben. Dann bekäme er für diese schnellere Leistung kein Geld. Wenn der Auftraggeber nunmehr allerdings Leistungsänderungen anordnet, bekommt der AN die unmittelbar damit verbundenen Herstellkosten zunächst bezahlt. Wenn diese aber zugleich dazu führen, dass die Baustelle nunmehr tatsächlich bis zum 31.5. dauert, kann der

Auftragnehmer auch die Mehrkosten für diese verlängerte Baustellenvorhaltung verlangen. Dies gilt trotz der Tatsache, dass dieser Zeitraum eigentlich noch innerhalb der Zeitspanne des vertraglichen Beginns und Bauendes liegt. Würde man das anders sehen, würde man dem Auftragnehmer seinen mit diesem Auftrag kalkulierten Vorteil, der allein ihm zusteht und sich bei einem ungestörtem Bauablauf ohne Leistungsänderung auch eingestellt hätte, wieder nehmen (s. ähnlich auch zu diesem weiteren Fall einer Kalkulationsüberdeckung oben Rdn. 610).

Wenn somit ein Auftragnehmer demzufolge eine Mehrvergütung in Folge von Leistungsänderungen geltend macht, muss er zwar – soweit einschlägig – darlegen, dass ihm in Folge der Leistungsänderung sowohl hinsichtlich der Herstellkosten als auch hinsichtlich der Bauzeit ein Mehraufwand entsteht. Ist das aber wie vorstehend erläutert der Fall, wird nunmehr der **Mehraufwand im Anwendungsbereich des § 2 Abs. 5 VOB/B kalkulativ ermittelt** (vgl. etwa Kapellmann/Schiffers, Vergütung Nachträge und Behinderungsfolgen beim Bauvertrag, Bd. 1, Einheitspreisvertrag, Rn. 1489; Roquette/Viering/Leupertz, Handbuch Bauzeit, Rn 659; Leinemann/Kues, in: Leinemann, § 6 Rn. 97). Auch dieses Beispiel zeigt übrigens anschaulich, wieso die zuvor erwähnte Rechtsprechung des OLG Köln (s. Rdn. 612) nicht richtig sein kann, das eine baubetriebliche Darstellung sogar unter Einbeziehung von Puffern verlangt: Was bei Bauablaufstörungen notfalls gerechtfertigt sein kann, hat mit der hier interessierenden Frage der Vergütungsberechnung bei angeordneten Leistungsänderungen nichts zu tun. Denn die Verwendung eines Puffers wird nur bei tatsächlichen Behinderungen/Störungen im Bauablauf relevant, wenn sich die Leistungen gegenüber den ausgeschriebenen Leistungen ansonsten nicht ändern (s. o. Rdn. 411). Im Anwendungsbereich des § 2 Abs. 5 VOB/B geht es jedoch gerade um einen Sachverhalt, bei dem es in mehrfacher Hinsicht zu Abweichungen gegenüber der ausgeschriebenen Leistung gekommen ist.

616 Mit vorstehenden allgemeinen Erläuterungen soll allerdings noch der Sonderfall betrachtet werden, wie mit Leistungen umzugehen ist, die nach einer **Leistungsänderung neu hinzukommen**, d. h. für die es bisher keine Preisermittlungsgrundlagen gegeben hat.

▶ **Beispiele:**

1. Der Auftraggeber ordnet nach Vertragsschluss an, dass anstatt eines Holzfußbodens ein Marmorfußboden verlegt werden soll.
2. Der Auftraggeber ordnet eine Beschleunigung an. Hiernach wird eine Umorganisation der gesamten Baustelle erforderlich, die bisher nicht von der Kalkulation erfasst gewesen sein kann. So müssen z. B. zusätz-

liche Geräte und Maschinen herangeschafft werden, deren Einsatz bisher auf der Baustelle ansonsten gar nicht vorgesehen war.

3. Der Auftragnehmer soll – da die Baustelle in den Winter dauert – jetzt auch Winterbaumaßnahmen erbringen, die zunächst nicht Gegenstand des Vertrages waren (vgl. KG, Urt. v. 12.4.2012 – 7 U 149/10, BauR 2014, 1828 [Ls.]).

Ernsthaft problematisch sind diese Fälle im Anwendungsbereich des § 2 Abs. 5 VOB/B nicht: Denn zunächst einmal gilt auch für die neu hinzu kommenden Leistungen, dass die Kalkulationsbestandteile erhalten bleiben, die schon den bestehenden Preisgrundlagen entnommen werden können (wie z. B. der Ansatz für AGK, Wagnis oder Gewinn). Aber natürlich ist richtig, dass dies nicht für die gesamte Leistung gelten muss. In diesem Fall kann dann eine Preisgrundlage für diese neue Leistung (ggf. insoweit) nicht fortgeschrieben werden (Teil B Rdn. 246). Stattdessen muss sie nun tatsächlich – unter Beibehaltung der Preiskomponenten, die fortschreibbar sind – **(erstmals) neu kalkuliert** werden. Dies gilt im Besonderen etwa für nachträglich angeordnete **Beschleunigungsmaßnahmen**. In der Tat nähert sich in diesen Fällen also die Nachtragsberechnung einer Ist-Kostenbetrachtung an (ähnlich Keldungs, Jahrbuch BauR 2012, S. 59, 72). Dies verstößt allerdings nicht gegen die Systematik des § 2 Abs. 5 VOB/B, sondern trägt nur dem Umstand Rechnung, dass nicht etwas fortgeschrieben kann, was es bisher nicht gab.

5.6.2 Rechtliche Wirksamkeit von § 2 Abs. 5 VOB/B und ortsüblicher Preis

Die vermeintlich klare Regelung des § 2 Abs. 5 VOB/B ist in der Vergangenheit 617
immerhin teilweise infrage gestellt worden. Es sei nicht klar, auf welcher Grundlage etwaige entstehende Mehr- oder Minderkosten zu ermitteln seien. So wird vor allem kritisiert, dass die Mehrkosten anhand der ursprünglichen Kalkulation des Auftragnehmers zu berechnen seien; stattdessen seien diese in Anlehnung an § 632 Abs. 2 BGB mit einer ortsüblichen Vergütung zu ermitteln (Franz/Kues, BauR 2010, 678 ff.; ähnlich Leitzke, Festschrift Koeble, S. 37, 44; s. auch Oberhauser, BauR 2010, 308, 314 ff., s. dieselbe aber BauR 2011, 1547, wonach sie die herrschende Meinung zwar akzeptiert, aber offen über Alternativen nachdenkt). Letzteres wurde vor allem auch auf dem 3. Baugerichtstag mit Folgeerörterungen auf dem 4. und 5. Baugerichtstag diskutiert. Überzeugend ist diese Sichtweise nicht, wobei die herrschende Meinung bisher keinen Zweifel daran gelassen hat, dass sich die Berechnung einer geänderten Vergütung im Anwendungsbereich des § 2 Abs. 5 VOB/B an der Kalkulation des Ursprungspreises orientiert. Insoweit gilt richtigerweise weiterhin der vor allem von Korbion geprägte Grundsatz für die Nachtragsleistung: **„Guter Preis bleibt guter Preis, schlechter Preis bleibt schlechter Preis"**.

Oder anders ausgedrückt: Hat sich der Bieter bei der Ursprungskalkulation verkalkuliert, soll es ihm nicht gelingen, bei einem Nachtrag etwaige Verluste durch bessere Preise auszugleichen. Auf der anderen Seite soll ihm ein guter Preis bei Nachträgen nicht genommen werden.

618 Zwar könnte man noch daran denken, dass der Wortlaut der VOB/B dies gar nicht so eindeutig sagt. Denn der zweite Halbsatz von § 2 Abs. 5 VOB/B spricht nur von auszugleichenden Mehr- oder Minderkosten (so etwa Oberhauser BauR 2011, 1547, 1550; kritisch jetzt auch Kniffka/Koeble, 5. Teil Rn. 136 ff.). Allerdings steht diese Ausgleichspflichtigkeit nicht isoliert in § 2 Abs. 5 VOB/B, sondern bezieht sich auf den ersten Teil des Satzes, d. h.: Der neue Preis ist zu bilden unter Berücksichtigung der Mehr- und Minderkosten, soweit sich durch eine Anordnung des Auftraggebers die Grundlagen des Preises geändert haben. Diese vergleichende Betrachtung mit einem Bezug auf die Grundlagen des Preises (= Kalkulation des Auftragnehmers) ginge verloren, wenn man stattdessen die Mehr- oder Minderkosten nunmehr abstrakt, d. h. losgelöst von den (vertraglichen) Grundlagen des Preises anhand anderer Parameter (z. B. einer ortsüblichen Vergütung) vereinbaren müsste. Dies ist erkennbar von § 2 Abs. 5 VOB/B nicht gewollt – was im Übrigen auch in der vergleichbaren Regelung des § 2 Abs. 6 VOB/B zu den Zusatzleistungen zum Ausdruck kommt. Ein anderes Auslegungsergebnis erscheint nicht nur nicht überzeugend; zu berücksichtigen wäre vielmehr auch, dass offenbar von wenigen Ausnahmen abgesehen alle beteiligten Verkehrskreise in den letzten ca. 100 Jahren nicht einmal auf den Gedanken gekommen sind, dieser VOB-Regelung ein anderes Verständnis zugrunde zu legen (s. dazu völlig selbstverständlich: BGH, Urt. v. 25.1.1996 – VII ZR 233/94, BGHZ 131, 392, 399 = BauR 1996, 378, 381 = NJW 1996, 1346, 1348; BGH, Urt. v. 20.10.2005 – VII ZR 190/02, BauR 2006, 371, 373 f. = NZBau 2006, 108; 110; OLG Düsseldorf, Urt. v. 25.10.2013 – 22 U 21/13, BauR 2014, 700, 704; OLG Düsseldorf, Urt. v. 21.11.2014 – 22 U 37/14, BauR 2015, 494, 500; OLG Dresden Urt. v. 15.01.2015 – 9 U 764/14, noch nicht veröffentl.; Werner/Pastor, Rn. 1464; Ingenstau/Korbion/Keldungs, B § 2 Abs. 5 Rn. 43; Kapellmann/Schiffers, Bd. 1, Rn. 1049; – jeweils m. w.N). Dies soll deshalb hervorgehoben werden, weil selbstverständlich auch Allgemeine Geschäftsbedingungen, zu denen die VOB/B gehört, in Zweifelsfällen einer Auslegung zugänglich sind, wenn auch dafür ggf. über § 305 c BGB oder den allgemeinen Transparenzgrundsatz Schranken bestehen. Maßstab ist aber jedenfalls eine **objektive Auslegung** dahin gehend, was nach dem **typischen Verständnis redlicher Vertragspartner** unter Abwägung der Interessen der an Geschäften dieser Art **üblicherweise beteiligten Kreise unter einer AGB-Regelung verstanden** wird (st. Rspr. vgl. nur BGH, Urt. v. 19.1.2005 – XII ZR 107/01, BGHZ, 162, 39, 44 = NJW 2005, 1183, 1184; Ulmer/Brandner/Hensen, § 305 c Rn. 74; Wolf/Lindacher/Pfeiffer, § 305 c Rn. 112 f.). Hieraus ergibt sich aber eindeutig, dass Korbion in seinem berühmten Spruch „Guter Preis bleibt guter Preis, schlechter Preis bleibt schlechter Preis" nicht etwa Neues erfunden hat. Stattdessen hat er nur das prägnant zusammengefasst, was die beteiligten Verkehrskreise bis heute und ganz einheitlich unter den Preisanpassungsregelungen des § 2 Abs. 5 und 6 VOB/B verstehen (s. anschaulich auch BGH, Urt. v. 14.3.2013 – VII ZR 142/12, BGHZ 197, 52, 55 = BauR 2013, 943, 944 = NJW 2013, 2423, 2424 = NZBau 2013, 364, 365 zu einem Sachverhalt, in dem beide Parteien völlig selbstverständlich von einem entsprechenden Verständnis dieser VOB-Regelung ausgegangen sind). Aus diesem Grund erscheint auch die Zurückhaltung von Kniffka/Koeble (5. Teil Rn. 136 ff.), die abweichend von früheren Auflagen nunmehr meinen, dass die VOB/B keine Regelung zur Preisvereinbarung enthalte, sondern nur zur Aufforderung, sich unter Berücksichtigung der ergänzenden Vertragsauslegung auf einen neuen Preis zu einigen, nicht geboten. Denn abgesehen davon, dass man auch danach gerade bei Gewerbetreibenden auf Grund des allgemeinen Verständnisses und der sich daraus herausgebildeten Verkehrssitte in den allermeisten Fällen zu demselben Ergebnis einer kalkulativen Preisfortschreibung kommen dürfte (s. auch die zuvor schon zitierte Entscheidung des BGH, Urt. v. Urt. v. 14.3.2013 – VII ZR 142/12, a. a. O.), ist nicht ganz verständlich, wie denn nun gerade damit streitige Fälle gelöst werden sollen. Sodann wird gegen das hier geäußerte Verständnis einer § 2 Abs. 5 und 6 VOB/B zugrunde liegenden vorkalkulatorischen Preisfortschreibung eingewandt, dass sich die Formulierungen des § 2 Abs. 5 und 6 VOB/B nicht einmal deckten. Schon deswegen sei das in vorgenannten Regelungen verankerte Prinzip der vorkalkulatorischen Preisfortschreibung nicht haltbar. Denn damit werde gegen den auch vom BGH etwa in seiner Entscheidung vom 20. August 2009 (VII ZR 212/07, BauR 2009, 1736, 1738 = NJW 2009, 3717, 3718 = NZBau 2010, 47, 48) anerkannten Grundsatz verstoßen, dass AGB-Klauseln mit einem identischen Wortlaut in der Regel einheitlich auszulegen seien (Oberhauser, BauR 2011, 1547, 1553). Doch trifft auch das nicht zu: Denn vorstehende Rechtsprechung besagt umgekehrt nicht, dass AGB-Klauseln mit einem unterschiedlich Text (hier § 2 Abs. 5 und 6 VOB/B) nicht trotzdem ein einheitliches Verständnis in Bezug auf die Preisbildung zugrunde gelegt werden kann, wie dies in der Baupraxis nahezu einheitlich so gesehen wird. Gerade daran hat sich in den letzten Jahren nicht deswegen etwas geändert, nur weil einzelne Autoren heute meinen, dies sei anders – zumal mit der geänderten Argumentation ja auch wie gezeigt die Vergleichsgrundlage für die Preisfestlegung der verändert ausgeführten Leistung verloren ginge. Ungeachtet dessen soll allerdings noch auf wenige Punkte hingewiesen werden:

- Erstaunlicherweise wird von den Kritikern der kalkulatorischen Preisfortschreibung nur gefordert, dass sich die Mehrkosten eines Nachtrages an den ortsüblichen oder angemessenen Kosten orientieren sollen. Schon dies ist wenig konsequent: Denn genauso gut können bei geänderten Leis- 619 tungen **Minderkosten** anfallen, weswegen § 2 Abs. 5 VOB/B bewusst beiden Parteien ein Preisanpassungsrecht einräumt. Wie sollte – wenn § 2 Abs. 5 VOB/B wirklich etwas anderes meinen sollte als eine Anlehnung an die Ursprungskalkulation – ein solcher Minderwert auf Basis ortsüblicher Kosten für die geänderte Leistung berechnet werden? Es ist bezeichnend, dass diese Frage seitens derjenigen, die den ortsüblichen Preis als Grundlage heranziehen wollen, nicht einmal thematisiert wird.

620 Genauso wenig wird eine Aufgabe der ursprünglichen Preise zur Berechnung der Vergütung der geänderten Leistung auch nur angesprochen, wenn der Auftragnehmer einen guten Preis vereinbart hatte, der oberhalb des ortsüblichen Preises lag. Hier müsste ja genauso gelten, dass dann bei einer geänderten Leistung dieser gute Preis nicht mehr gelten sollte, sondern nur ein verringerter ortsüblicher Preis. Dies kann zu ganz kuriosen Ergebnissen führen, weil der Auftragnehmer, der vielleicht vorher auf Grund hoher Eigenkosten auskömmlich kalkuliert hatte, jetzt auf einmal einen niedrigeren nicht auskömmlichen Preis akzeptieren müsste.

▶ **Beispiel:**

Der Auftragnehmer kalkuliert für eine Bodenaustauschleistung, die er mit einer kleinen Maschine ausführen will, 80.000 €. Es kommt zu einer Leistungsänderung, nachdem ein anderer Boden mit vermehrtem Felsanteil angetroffen wird. Sowohl die Ursprungs- als auch die geänderte Leistung hätte man mit einem stärkeren Gerät kostengünstiger ausführen können, nämlich die Ursprungsleistung insgesamt nach ortsüblichen Preisen zu 62.000 €, die geänderte (erschwerte) Leistung immerhin noch zu 73.000 €. Welcher Preis soll jetzt gelten, wenn man für die geänderte Leistung auf den ortsüblichen Preis zurückzugreifen hätte?

621 Der Rückgriff auf einen ortsüblichen oder angemessenen Preis erscheint im Übrigen bei einem Bauvertrag auch nur wenig durchdacht. Keldungs hat zu Recht darauf hingewiesen, dass schon unklar sei, welcher ortsübliche Preis überhaupt gemeint sei (der am Ort des Vertragsschlusses, am Ort der Bauleistung u. a.); ebenso könne ein solcher Preis, der nach § 2 Abs. 5 VOB/B vor Ausführung der Leistung vereinbart werden solle, doch gar nicht so schnell (ohne Sachverständige) während eines Bauablaufs ermittelt werden (s. dazu Vortrag beim Darmstäder Baubetriebsseminar 2010/2011, S. 8). Diese Argumentation lässt sich – zumal ja nach der VOB vereinbarte Preise vorliegen, die schon deswegen einen Rückgriff auf eine übliche oder angemessene Vergütung ausschließen – nicht vom Tisch wischen. Denn wenn sich Auftragnehmer vielfach (und teilweise zu Recht) über eine schleppende Nachtragsbearbeitung beschweren, ist doch der Rückgriff auf die ortsübliche Vergütung geradezu kontraproduktiv. Wer sollte diese auf welcher Grundlage im Streitfall in der Kürze der Zeit ermitteln? Letztlich

würde dies doch zwingend auf eine gerichtliche Auseinandersetzung hinauslaufen, womit keinem geholfen wäre (so zu Recht Keldungs, Jahrbuch BauR 2012, S. 59, 75). Umgekehrt ist es gerade eines der großen Vorzüge der Regelung der VOB/B, dass man bei einem Vertrag auch im Zusammenhang mit Änderungen auf schon vorliegende sogar vereinbarte Preisgrundlagen zurückgreifen kann.

Ohnehin wird bei einem Rückgriff auf die übliche Vergütung auch weiter verkannt, dass ein Preis nicht allein aus den reinen Herstellkosten der Bauleistung besteht, die man schlimmstenfalls noch anhand eines ortsüblichen Preises ermitteln könnte. Vielmehr enthält ein Preis auch immer **zeitabhängige Kosten**; diese hängen stets von einem Gesamtpreis- und Leistungsgefüge eines Vertrages ab. So kann der ortsübliche Preis für eine geänderte Leistungsausführung allgemein ganz anders ausfallen als zu einem konkreten Vertrag, bei dem vielleicht ohnehin schon hohe Zuschlagssätze für eine beschleunigte Ausführung vorgesehen waren. Mit einem Rückgriff auf eine ortsübliche Vergütung würden alle Faktoren verloren gehen, die ein solches individuelles Vertragsverhältnis etwa (aber nicht nur) zur Bauzeit prägen. Nichts anderes gilt für sonstige Preisbestandteile wie AGK u. a. Auch diese sind ja fest vereinbart. Es wäre wenig überzeugend, wieso auf einmal dann, wenn der Auftraggeber von seinem Leistungsänderungsrecht nach § 2 Abs. 5 VOB/B Gebrauch macht, diese Zuschlagssätze nicht mehr gelten sollten. **622**

Ebenso wenig verfängt in diesem Zusammenhang ein Rückgriff auf die Rechtsprechung des BGH, und zwar das Urteil des BGH vom 10. September 2009 (BGH, Urt. v. 10.9.2009 – VII ZR 152/08, BauR 1901 = NJW 2010, 522 = NZBau 2009, 771) zu der Möglichkeit des Auftragnehmers, bei Zuschlagsverzögerungen ggf. Mehrkosten geltend zu machen (so aber Franz/Kues, BauR 2010, 678, 686; ähnlich Oberhauser BauR 2011, 1547, 1560). Diese hatte der BGH in Anlehnung an § 2 Abs. 5 VOB/B auf der Basis einer Ist-Kostenbetrachtung ermittelt. Der Verweis darauf ist jedoch schon deswegen nicht zielführend, weil der BGH § 2 Abs. 5 VOB/B gar nicht direkt anwendet. Stattdessen hat er sogar klargestellt, dass der Fall der vorvertraglichen Verzögerung (dort in Folge einer Bindefristverlängerung) von § 2 Abs. 5 VOB/B gar nicht geregelt sei (so ausdrücklich BGH, a. a. O., BauR 2009, 1901, 1906; ebenso: BGH, Urt. v. 10.9.2009 – VII ZR 82/08, BGHZ 182, 218, 224 = BauR 2009, 1897, 1898 = NJW 2010, 519, 520 = NZBau 2009, 777, 778; s. dazu auch im Einzelnen oben Rdn. 591 ff.). Darüber hinaus wird verkannt, dass sich die Preiskalkulation in diesen Fällen nur auf die ursprünglich beabsichtigte Bauzeit beziehen kann, während es für die Zeit der Verzögerung vor Vertragsschluss überhaupt keine Kalkulation gibt, die fortgeschrieben werden kann (Keldungs, Jahrbuch BauR 2012, S. 59, 74). **623**

624 Überraschenderweise wird teilweise sogar in diesem Zusammenhang behauptet, § 2 Abs. 5 VOB/B halte mit einer Anknüpfung an das ursprüngliche Preisniveau einer **AGB-Kontrolle** nicht stand. Dies beruhe auf der ungleichen Ausgangslage, dass der Auftraggeber zwar über § 1 Abs. 3 VOB/B die Möglichkeit habe, dann eine Leistungsänderung anzuordnen, wenn ein aus seiner Sicht günstiger Preis vereinbart sei, aber darauf zu verzichten, wenn der Preis zu hoch liege. Stattdessen könne er im letzteren Fall durch eine Teilkündigung einen anderen günstigeren Unternehmer mit der geänderten Leistung beauftragen (Franz/Kues, BauR 2010, 678, 684; i. E. ebenso kritisch Oberhauser, BauR 2010, 308,310; wohl auch Stemmer, BauR 2008, 182, 188; Büchner/Gralla/Kattenbusch/Sundermeier, BauR 2010, 688, 689). Dies erscheint ganz und gar fernliegend. So hat der BGH bereits ausdrücklich festgestellt, dass die Preisanpassungsregelung des § 2 Abs. 5 VOB/B AGB-rechtlich unbedenklich sei (BGH, Urt. v. 25.1.1996 – VII ZR 233/94, BGHZ 131, 392, 399 = BauR 1996, 378, 381 = NJW 1996, 1346, 1348). Dies ist richtig: Denn dass eine Preisanpassungsregelung für die Leistungsänderungsbefugnis des Auftraggebers notwendig ist, ist unbestritten. Dies vorausgeschickt weiß der unternehmerisch handelnde Auftragnehmer aber bei Vertragsschluss bzw. vorher bei Abgabe seines Preisangebotes, dass es zu Änderungen des Bauentwurfs kommen kann. Somit liegt es in seiner eigenen Verantwortung, für diesen vertraglich vorgesehenen Fall seine Preise auskömmlich zu kalkulieren (BGH, a. a. O.). Dass im Übrigen ein Auftraggeber in Ausnutzung ggf. eines ihm günstigen Preises vermeintlich willkürlich Leistungsänderungen anordnet, um einen günstigeren Preis zu nutzen, erscheint bei der Abwicklung einer Baustelle lebensfern (Keldungs, Jahrbuch BauR 2012, S. 59, 68); denn bezahlen muss er diese Leistungsänderung ja in jedem Fall. Doch auch die vermeintlich freie Teilkündigung einer Leistung dürfte in der Baupraxis allenfalls in Extremfällen anzutreffen sein (so z. B., wenn nach Leistungsänderungen außerordentlich hohe Subunternehmerkosten anfallen, s. dazu unten Teil A Rdn. 700 ff.) – zumal der Auftraggeber dann ja die gekündigte Ursprungsleistung auf dem aus seiner Sicht zu hohen Preisniveau ebenfalls nach § 649 BGB vergüten müsste.

5.6.3 Preisanpassung bei sittenwidriger Preisbildung

625 Ist nach § 2 Abs. 5 VOB/B der Preis der geänderten Leistung unter Berücksichtigung von Mehr- oder Minderkosten auf der Basis der vereinbarten Grundlagen des Preises zu vereinbaren, hat ein solcher Rückgriff auf die vertraglichen Preisgrundlagen selbst im Anwendungsbereich des § 2 Abs. 5 VOB/B aber ausnahmsweise zu unterbleiben, wenn der danach zu **vereinbarende Einheitspreis** in einem **wucherähnlichen Missverhältnis** zur Bauleistung steht und deshalb **sittenwidrig** ist (BGH, Urt. v. 18.12.2009 – VII ZR 201/06, BGHZ 179, 213, 216 = BauR 2009, 491, 492 = NJW 2009, 835; ebenso BGH, Urt. v. 14.3.2013

– VII ZR 116/12, BGHZ 196, 355, 362 = BauR 2013, 1121, 1123 = NJW 2013, 1953, 1954 = NZBau 2013, 369, 371).

▶ **Beispiel:** (nach BGH, Urt. v. 18.12.2009, a. a. O.)

Der Auftraggeber beauftragte einen Auftragnehmer mit Tiefbauleistungen. Gegenstand war die Lieferung und Verlegung von 200 kg Betonstahl zu einem Einheitspreis von 2.210 DM/kg. Später erstellte der Auftraggeber eine Statik, wodurch sich eine Gesamtmenge von 1.429 kg ergab. Der Auftragnehmer (der vermutlich den kg- mit dem Tonnenpreis verwechselt hatte; angemessen waren nämlich Preise für diese Leistung von etwa 2,50 DM/kg) verlangte nunmehr den mit gewissen Abschlägen für Gemeinkosten erhöhten Gesamtpreis von 1.429 kg × 2.210 DM/kg.

Der BGH lehnte dies – im Ergebnis wohl zu Recht – nachhaltig ab. Einheitlich für § 2 Abs. 3 und § 2 Abs. 5 VOB/B (im vorgenannten Fall lag wegen der später erstellten Statik eindeutig ein Fall des § 2 Abs. 5 VOB/B vor) könne auch die Vereinbarung eines einzelnen Einheitspreises in einem Gesamtvertrag sittenwidrig und nichtig sein (a. A. Kapellmann; NJW 2009, 1380; ebenso Kapellmann/Schiffers, Bd. 1, Rn. 1049, 608). Zwar reiche die Überhöhung für sich zur Annahme der Sittenwidrigkeit nicht aus; bei einem Bauvertrag gelte jedoch dann etwas anderes, wenn wie in dem entschiedenen Sachverhalt der Auftragnehmer bei einer über 800fachen Überschreitung ganz offensichtlich in sittenwidrig verwerflicher Weise auf Mehrmengen zu dieser Position einseitig zum Nachteil des Auftraggebers spekuliere oder dazu sogar Gewissheit habe. Dies verstoße gegen die **Kooperationspflicht der Bauvertragspartner**, wenn der Auftragnehmer ggf. sogar ihm bekannte schwere Ausschreibungsmängel dazu ausnutze, unverhältnismäßige (exorbitante) Preisvorteile zu erzielen. Ob damit niedrige Preise in anderen Positionen ausgeglichen würden, sei unbeachtlich (BGH, a. a. O.). Entsprechendes entschied der BGH später bei der Preisbildung im **Anwendungsbereich des § 2 Abs. 6 Nr. 2 VOB/B**, soweit die danach zu bestimmende Vergütung das ca. **achtfache des ortüblichen und angemessenen Preises** überschreitet (BGH, Urt. v. 7.3.2013 – VII ZR 68/10, BGHZ 196, 299, 307 = BauR 2013, 1116, 1119 = NJW 2013, 1950, 1951 = NZBau 2013, 366, 368).

Bei dieser Rechtsprechung, die man heute als gefestigt anzusehen hat, ist zu- 626
nächst zu beachten, dass sich die Sittenwidrigkeit der Preisbildung für Mehrmengen, Leistungsänderungen oder Zusatzleistungen grundsätzlich **nicht auf die ursprünglich im Vertrag enthaltenen Mengen** bezieht (BGH, Urt. v. 14.3.2013 – VII ZR 116/12, BGHZ 196, 355, 365 = BauR 2013, 1121, 1124 = NJW 2013, 1953, 1955 = NZBau 2013, 369, 372). Dem dürfte zuzustimmen sein, obwohl sich ja der Preis zu etwaigen Mehrmengen nicht von dem zu den Ursprungsmengen unterscheidet (a. A. Kapellmann, NJW 2009, 1380, 1381). Diese Beibehaltung eines bereits ebenfalls überhöhten Ausgangspreises für

die Vertragsmengen ist aber deshalb verständlich und richtig, weil sich dieser Preis – gemeinsam mit anderen – ja im Wettbewerb gebildet hat. Der Auftragnehmer war danach also trotz überhöhtem Preis für die Basismenge der offenbar wirtschaftlichste Anbieter, weshalb ihm bezogen auf diese Ausgangsmenge gerade kein übermäßiges Gewinnstreben anzulasten ist. Auf der anderen Seite war für den Auftraggeber bei der Vergabe der von ihm ausgeschriebenen Leistungen auch nur der Endpreis von Bedeutung, ohne dass den dem Angebot oder dem Vertragsschluss zugrundeliegenden Einheitspreisen noch eine entscheidende Rolle zukommen sollten (BGH, a. a. O.). Auswirken kann sich ein sittenwidrig überhöhter Einheitspreis daher richtigerweise nur, soweit der Auftragnehmer im Anwendungsbereich der gesonderten Preisbildungsregelungen der VOB/B darauf spekuliert, diesen auch für Mehrmengen oder bei Leistungsänderungen/Zusatzleistungen zu erhalten und durchzusetzen, d. h. damit einen nunmehr jenseits des im Wettbewerb gebildeten Vertragspreises unverhältnismäßig hohen Gewinn zu erzielen.

627 Auf dieser Grundlage wird gegen die Rechtsprechung des BGH jedenfalls im Ergebnis nichts einzuwenden sein, obwohl die zugrunde liegenden Entscheidungen des BGH in ihrer **Begründung jeweils eine gravierende Lücke** aufweisen, die doch zu einem ganz anderen Ergebnis hätte führen können. Denn für die Beurteilung der Sittenwidrigkeit bzw. einer verwerflichen Haltung in Bezug auf die Preisbildung des Ausgangsvertrages kann es richtigerweise nur **auf den Zeitpunkt des Vertragsschlusses** ankommen. In dem vom BGH zunächst entschiedenen Sachverhalt aus der Entscheidung vom 18. Dezember 2008 (VII ZR 201/06, BGHZ 179, 213 = BauR 2009, 491 = NJW 2009, 835 = NZBau 2009, 232) wirkten sich die überhöhten Preise aber erst aus, als **nach Vertragsschluss** die Statik erstellt wurde, weswegen wie schon erläutert ein Fall der geänderten Preisbildung nach § 2 Abs. 5 VOB/B vorlag. Ähnliches gilt für die Folgeentscheidung vom 14. März 2013 (VII ZR 116/12, BGHZ 196, 355 = BauR 2013, 1121 = NJW 2013, 1953 = NZBau 2013, 369), bei der es gleichfalls um erst nach Vertragsabschluss geänderte Pläne ging. Es ist nichts dafür ersichtlich – zumindest enthalten beide Entscheidungen dazu keine weiteren Ausführungen, dass diese nachträglichen Vertragsänderungen für den Auftragnehmer, dem in Bezug auf den Preis ein verwerfliches Verhalten vorgeworfen wurde, **bereits bei Vertragsabschluss erkennbar** waren; ebenso wenig war dies der weiteren Folgeentscheidung des BGH zu § 2 Abs. 6 VOB/B zu entnehmen (BGH, Urt. v. 7.3.2013, VII ZR 68/10, BGHZ 196, 299 = BauR 2013, 1116 = NJW 2013, 1950 = NZBau 2013, 366). Die genannten Urteile hätten daher mit dieser Begründung allenfalls dann richtig sein können, wenn es um den Fall der reinen Mengenmehrung, also um eine Preisbildung nach § 2 Abs. 3 VOB/B bei gleichem Vertragssoll gegangen wäre. Im Anwendungsbereich des § 2 Abs. 5 und 6 VOB/B dürfte es dagegen darauf ankommen, dass erstens vom Auftragnehmer auf Grund eines erkannten und nicht offengelegten Ausschreibungsfehlers ein völlig überzogener Preis angeboten/vereinbart wurde, bei dem er zweitens bei Vertragsschluss schon absehen konnte/musste, dass sich dieser (überzogene) Preis bei Mehrmengen nach (notwendigen) Leistungsänderungen oder notwendigen Zusatzleistungen realisieren werde.

Beispiel:

Der Auftragnehmer bot 800fache überzogene Preise zu Betonstahl an. Er hatte erkannt, dass die vorliegende Planung lückenhaft und noch eine (geänderte) Statik zu erstellen war, die zu erheblichen Mehrmengen gerade zu dieser überzogenen Preisposition führt.

Bei einer solchen Betrachtung dürfte der Anwendungsbereich dieser Recht- 628 sprechung des BGH in zukünftigen Fällen später geänderter Leistungen richtigerweise nicht allzu groß sein – wobei nicht sicher gesagt werden kann, wie der Bundesgerichtshof mit dieser sich aus der allgemeinen Rechtsgeschäftslehre bedeutenden Voraussetzung für die Annahme der Sittenwidrigkeit umgehen wird. Detailliert auseinandergesetzt hat er sich mit diesem Gesichtspunkt bisher jedenfalls nicht. Er hat allenfalls darauf verwiesen, dass man nach allgemeinen Erfahrungen immer mit Mengensteigerungen und Zusatzleistungen zu rechnen habe, weswegen die Parteien ja auch im Vorhinein über die VOB/B eine vorsorgliche Vergütungsvereinbarung dafür getroffen hätten, die hier zu beurteilen sei (BGH, Urt. v. 7.3.2013 – VII ZR 68/10, BGHZ 196, 299, 309 = BauR 2013, 1116, 1120 = NJW 2013, 1950, 1952 = NZBau 2013, 366, 369). Ergänzend dazu hat er später sogar auf § 242 BGB zurückgegriffen, wenn ein Auftragnehmer einen derart überhöhten Preis durchzusetzen versuche (BGH, Urt. v. 14.3.2012 – VII ZR 116/12 BGHZ 196, 355, 368 = BauR 2013, 1121, 1125 = NJW 2013, 1953, 1956 = NZBau 2013, 369, 372). Diese Vorgehensweise ist zwar einerseits verständlich, kann aber nicht darüber hinwegtäuschen, dass **zum Zeitpunkt des Vertragsschlusses** diese **Zusatz- oder geänderte Leistung** bezogen auf den vereinbarten Preis und den geschlossenen Vertrag **zunächst noch keine Vertragsleistung** war. Wenn aber zunächst eine Leistungsänderung nicht einigermaßen konkret für einen Auftragnehmer absehbar ist, überzeugt es nicht, ihm hier bei seiner Preisbildung, mit der er sich erst einmal im Wettbewerb insgesamt durchsetzen muss und durchgesetzt hat, ein sittenwidriges übermäßiges Gewinnstreben zu unterstellen. Dies gilt umso mehr, als der Umstand, dass es überhaupt zur Preisanpassung wegen Leistungsänderungen oder Zusatzleistungen kommt, gar nicht auf ihn zurückgeht, sondern gerade im Anwendungsbereich des § 2 Abs. 5 VOB/B in der alleinigen Entscheidungskompetenz des Auftraggebers liegt.

Lässt man diesen ganz und gar wichtigen Gesichtspunkt aber einmal außer Be- 629 tracht und nimmt eine Sittenwidrigkeit und damit Nichtigkeit der insoweit zu der konkreten Position erzielten Preisvereinbarung an, ist richtig, dass dann abweichend von § 2 Abs. 5 VOB/B tatsächlich in **Anlehnung an § 632 Abs. 2**

BGB auf die übliche Vergütung zurückzugreifen ist. Allerdings ist davor zu warnen, dass selbst unter vorgenannter Prämisse (im Zweifel also vor allem bei § 2 Abs. 3 VOB/B) jetzt jeder höhere (als der ortsübliche) Preis gleich als sittenwidrig angesehen wird. Auch die Bestimmung fester Quoten (z. B. ab dem 10fach überhöhten Preis) führt nicht weiter (vgl. aber etwa OLG München, Urt. v. 20.7.2010 – 13 U 4489/08, BauR 2011, 684, 686, das nur pauschal eine 6,87-fache Überhöhung prüft). Denn Gegenstand der Rechtsprechung ist es nicht, die an sich gegebene Freiheit des Auftragnehmers zu seiner Preiskalkulation über Gebühr einzuschränken. Vielmehr geht es allein um die Verwerfung von Preisvereinbarungen, die erst in **Ausnutzung erkannter Ausschreibungsmängel** zustande gekommen sind und dabei das **angemessene/erträgliche Maß** deutlich überschreiten (was bei einem Faktor 800, aber auch schon 200 zu bedeutenden Positionen mit Sicherheit der Fall ist). Angenommen hat der der BGH das inzwischen auch bereits bei einem Einheitspreis, der den angemessenen Preis um das Achtfache überstieg (BGH, Urt. v. 7.3.2013 – VII ZR 68/10, BGHZ 196, 299, 310 = BauR 2013, 1116, 1120 = NJW 2013, 1950, 1952 = NZBau 2013, 366, 369). Mit dieser Maßgabe ist aber ansonsten allein die Überschreitung der Angemessenheit des Preises in einer Gesamtschau der vertraglichen Vereinbarungen das Prüfkriterium, nicht dagegen für sich genommen erhöhte Preisansätze. Diese können allenfalls ein Indiz für die Sittenwidrigkeit sein; Letztere kann aber z. B. widerlegt werden, wenn der Auftragnehmer darlegt, dass es um keinen Ausschreibungsmangel gegangen ist, er seriös kalkuliert hat u. a. (s. dazu auch BGH, Beschl. v. 25.3.2010 – VII ZR 160/09, BauR 2010, 1227 = NZBau 2010, 367, 368; BGH, Urt. v. 14.3.2013 – VII ZR 116/12, BGHZ 196, 355, 368 = BauR 2013, 1121, 1125 = NJW 2013, 1953, 1956 = NZBau 2013, 369, 373) oder sonst Sonderfaktoren für seine Preisbildung (z. B. Winterbaumaßnahmen) vorlagen. Ebenso dürfte die Indizwirkung entfallen z. B. für Centpositionen zu wirtschaftlich auch nach der Leistungsänderung unbedeutenden Nebenleistungen. Stattdessen kommt es für die Annahme der Sittenwidrigkeit darauf an, dass der dem Auftragnehmer danach zustehende Werklohn durch diese Preisermittlungsregelung in Folge eines **sittenwidrig überhöhten Preises** auch in **insgesamt nennenswerter Weise beeinflusst** wird (BGH, Urt. v . 7.3.2013 – VII ZR 68/10, BGHZ 196, 299, 310 = BauR 2013, 1116, 1120 = NJW 2013, 1950, 1952 = NZBau 2013, 366, 369).

▶ **Beispiel:** (nach BGH, a. a. O.)

Der Auftragnehmer verlangte für 4.725 zusätzliche Wanddurchführungen im Anwendungsbereich des § 2 Abs. 6 Nr. 2 VOB/B einen Einheitspreis von 75,98 €/Stück, d. h. gesamt 359.005 €. Angemessen war nach Prüfung eines Sachverständigen ein Einheitspreis von lediglich ca. 9,64 €/Stück, d. h. gesamt 45.549 €. Das ist eine Überhöhung um das ca. 8fache. Das allein würde für die Sittenwidrigkeit nicht ausreichen. Vielmehr ist eine Gesamtschau anzustellen. So betrug in der genannten Entscheidung die vom Auftragnehmer begehrte Mehrvergütung gegenüber dem angemessenen Preis (= 313.456 €) 39 % der Gesamtabrechnungssumme. Das ließ der BGH für eine nennenswerte Beeinflussung der Preisbildung ausreichen, wogegen jedenfalls insoweit nichts einzuwenden ist.

Vor diesem Hintergrund hat der BGH zwischenzeitlich auch eine sittenwidrige Preisbildung angenommen, wenn die Überschreitung 22 % des ursprünglichen Gesamtangebotspreises beträgt (BGH, Urt. v. 14.3.2013 – VII ZR 116/12, BGHZ 196, 355, 363 = BauR 2013, 1121, 1124 = NJW 2013, 1953, 1954 = NZBau 2013, 369, 371).

Zu beachten immerhin ist, dass der BGH bei einer sittenwidrigem Preisbildung nicht „jede Entschuldigung" akzeptiert, mit der ein Auftragnehmer versucht, im Nachhinein seine Preisbildung zu erklären. 630

▶ **Beispiel:** (in Anlehnung an BGH, Urt. v.14.3.2012 – VII ZR 116/12, BGHZ 196, 355 = BauR 2013, 1121)

Gegenstand des Leistungsverzeichnisses waren 16 T-Verbindungen für Trockenbauwände. Der AN hatte dazu einen Einheitspreis von 975,35 €/Stück angeboten, der auch vereinbart war. Angemessen war dagegen nur ein Einheitspreis von 41,81 €/Stück. Angefallen waren später 261 Stück. Der BGH ging von einer sittenwidrigen Preisbildung aus. Zur Erklärung hatte der AN einen Berechnungsfehler eingewandt, den er auch beweisen konnte.

Dieser Einwand hilft ihm jedoch nicht: Denn wenn ein sittenwidriger Preis vorliegt, mag der Auftragnehmer – so der BGH – sein sittenwidriges Handeln bei Vertragsschluss zwar ggf. widerlegen. Er verstößt dann aber **gegen Treu und Glauben (§ 242 BGB)**, wenn er den auf einer solchen fehlerhaften Preisbildung beruhenden, in einem auffälligen wucherähnlichen Missverhältnis zur Bauleistung stehenden Preis für Mehrmengen oder geänderte Leistungen verlangt. Denn mit diesem Verlangen würde er sich faktisch in Widerspruch zu seiner Behauptung setzen, er habe nicht vorgehabt, einen Einheitspreis zu bilden, der ihm einen unangemessenen Gewinn verschafft, und es entspreche deshalb nicht seinem Willen, eine derartige Vergütung zu erhalten. Der Auftragnehmer würde in diesem Fall seinen **Berechnungsfehler**, der sein sittlich verwerfliches Gewinnstreben ausschließt, in der Weise ausnutzen, dass er gleichwohl den unangemessenen wucherähnlichen Preis durchsetzt. Das wäre die Ausnutzung einer Rechtsposition, die mit Treu und Glauben nicht zu vereinbaren ist (BGH, a. a. O.).

Zusammengefasst kann danach jedenfalls nach der jetzigen Rechtsprechung des BGH festgehalten werden: Ein Auftragnehmer kann – auch wenn das dogmatisch aus den vorgenannten Gründen doch in dieser Allgemeinheit be- 631 denklich erscheint – bei einem **isoliert vereinbarten wucherähnlich überhöhten Einheitspreis,** der sich bei Mehrmengen oder Zusatzleistungen in nennenswerter Weise auf seine Gesamtvergütung zu seinen Gunsten auswirken würde, seine sittlich verwerfliche Gesinnung bei der Preisbildung nur widerlegen, indem er den **hohen Preis nachvollziehbar so erläutert**, dass eine sittlich verwerfliche Gesinnung ausscheidet (vgl. BGH, a. a. O.; zuvor auch schon BGH, Beschl. vom 25.3.2010 – VII ZR 160/09, BauR 2010, 1227 = NZBau 2010, 367, 368). Dafür muss er in aller Regel auf die Grundlagen der Kalkulation zurückgreifen. Muss er auf diese Weise offenbaren, dass dem hohen Preis ein Rechenfehler o. ä. zugrunde liegt, der ihm in gleicher Weise einen unangemessenen Gewinn verschaffen würde wie bei einer von vornherein spekulativen Kalkulation, so ist es dann jedenfalls nach § 242 BGB nicht gerechtfertigt, ihm die Vorteile dieser Kalkulation zu belassen.

5.6.4 Preisanpassung bei Wegfall/Störung der Geschäftsgrundlage

632 Liegt nach Vorstehendem im Fall erheblicher Mengensteigerungen kein Fall der Sittenwidrigkeit vor, ist weiter stets zu prüfen, ob nicht – gerade im Fall reiner Mengenmehrungen – der Einheitspreis nicht aus sonstigen Gründen, und zwar vor allem über das Institut des Wegfalls/der Änderung der Geschäftsgrundlage – anzupassen ist. Unter der **Geschäftsgrundlage** versteht man die bei Vertragsschluss **bestehenden gemeinsamen Vorstellungen beider Parteien** oder die dem Geschäftsgegner erkennbaren und von ihm nicht beanstandeten Vorstellungen der einen Vertragspartei von dem Vorhandensein oder dem künftigen Eintritt gewisser Umstände, sofern der Geschäftswille der Parteien auf dieser Vorstellung aufbaut (BGH, Urt. v. 10.9.2009 – VII ZR 82/08, BGHZ 182, 218, 224 = BauR 2009, 1896, 1899 = NJW 2010, 519, 520 = NZBau 2009, 777, 779 m. zahlr. Nachw.). Nicht zur Geschäftsgrundlage gehört dagegen das, was die Parteien vereinbart haben; es geht stattdessen nur um die Grundlage des Vereinbarten (BGH, Urt. v. 27.9.1991 – V ZR 191/90, NJW-RR 1992, 182). Ist nunmehr die Geschäftsgrundlage in der Weise gestört, dass die dem Vertrag zugrunde liegenden Umstände sich nach Vertragsschluss schwerwiegend verändert haben und hätten die Parteien den Vertrag so nicht oder mit anderem Inhalt geschlossen, wenn sie diese Veränderung vorausgesehen hätten, so kann danach eine Anpassung des Vertrages (hier in der Regel der Vergütung) verlangt werden, soweit einem Teil unter Berücksichtigung aller Umstände des Einzelfalls, insbesondere der vertraglichen oder gesetzlichen Risikoverteilung, das **Festhalten am unveränderten Vertrag nicht zugemutet** werden kann (§ 313 Abs. 1 BGB). Dies gilt auch dann, wenn wesentliche Vorstellungen, die zur Grundlage des Vertrages geworden sind, sich nachträglich als falsch herausstellen (§ 313 Abs. 2 BGB). Nichts anderes ist in der VOB/B für den Pauschalvertrag geregelt, der in § 2 Abs. 7 Nr. 1

S. 2 darauf verweist – obwohl ansonsten die dort verwendeten Begrifflichkeiten nicht ganz klar sind: So ist danach eine Preisanpassung nach den vorgenannten Grundsätzen vorgesehen, wenn die „ausgeführte Leistung von der vertraglich vorgesehenen Leistung so erheblich ab(weicht), dass ein Festhalten an der Pauschalsumme nicht zumutbar ist (§ 313 BGB)." Gemeint ist mit dem Begriff „Leistung" in dieser Regelung natürlich nicht die vereinbarte Leistung, sondern diejenige „Leistung", die der Auftragnehmer im Sinne von Aufwand erbringen muss, um die vertraglich vereinbarten Leistungen zu erbringen. Danach kommt nach dem Verständnis der VOB/B eine Anpassung wegen Störung der Geschäftsgrundlage in Betracht, wenn eine solche im Sinne von Aufwand verstandene Leistung von der nach dem Vertrag im gleichen Sinne vorgesehenen Leistung so erheblich abweicht, dass ein Festhalten an der Pauschalsumme nicht mehr zumutbar ist (BGH, Urt. v. 30.6.011 – VII ZR 13/10, BauR 2011, 1646, 1649 f = NJW 2011, 3287, 3289 = NZBau 2011, 553, 555).

Wenn man sich das vor Augen hält, ist also vor einer Anwendung der Grund- 633
sätze der Störung der Geschäftsgrundlage **immer vorrangig zu prüfen**, ob die Parteien im Vertrag dazu eine **konkrete Regelung getroffen** haben. Das kann im Einzelfall schwierig zu bestimmen sein, stellt aber nichts anderes dar als eine Feststellung des Parteiwillens auf Grund einer auch sonst vorzunehmenden Auslegung der einem Vertrag zugrunde liegenden Willenserklärungen (s. zu dieser Reihenfolge auch anschaulich BGH, Urt. 20.6.2013 – VII ZR 103/12, BauR 2013, 1718, 1721 = NJW-RR 2014, 23, 24 = NZBau 2013, 566; wenig verständlich dagegen OLG Celle, Urt. v. 9.8.2012 – 5 U 34/12, BauR 2014, 1305, 1308, das diesen Gesichtspunkt eines Auslegungsergebnisses gar nicht in Erwägung zieht, sondern nur einen Anspruch wegen Änderung der Geschäftsgrundlage prüft; kritisch dagegen auch Bolz, ZfBR 2014, 419).

▸ **Beispiel:**

Der Auftragnehmer wird im Rahmen einer funktionalen Vergabe mit der Herstellung eines Hauses zu einem Pauschalpreis beauftragt. Zu den Bodenverhältnissen heißt es im Leistungsverzeichnis, dass voraussichtlich mit einer Bodenklasse 3 (leicht lösbarer Boden) zu rechnen sei. Später wird teilweise auch Bodenklasse 4 (mittelschwer lösbarer Boden) angetroffen (vgl. dazu Abschnitt 2.3 der DIN 18300). Der Auftragnehmer macht dafür einen Mehrvergütungsanspruch geltend.

In Fällen wie diesen könnte eine Auslegung zunächst ergeben, dass nach dem Vertrag nur Boden der Bodenklasse 3 vorhanden und abzubauen war. Dann würde es sich – soweit auch Boden der Bodenklasse 4 angetroffen würde – um eine davon abweichende Leistung handeln, die bisher nicht Vertragsbestandteil war. Dafür könnte der Auftragnehmer dann abhängig von einer dazu erteilten Anordnung eine zusätzliche Vergütung. Ein solches Auslegungsergebnis ist jedoch nicht zwingend. Denn genauso gut kann sich auf Grund der funktionalen Vergabe ergeben, dass die Angaben zur Bodenklasse trotz ihrer Aufnahme im Leistungsverzeichnis nicht den Leistungsinhalt bestimmen, sondern **nach der Ausschreibung lediglich als Information für den Auftragnehmer** dienten, wovon der Auftraggeber ausgegangen ist. Dies würde zunächst bedeuten, dass der Auftragnehmer für einen jetzt entstandenen Mehraufwand zu den Mengen mit der höheren Bodenklasse keine Zusatzvergütung für eine Mehrleistung verlangen könnte. Denn er erbrächte nur eine Leistung, zu der er vertraglich verpflichtet und die von der vereinbarten Vergütung abgedeckt war. Andererseits kann auch diese dann bloß gewährte „Information" des Auftraggebers zu der Bodenklasse nicht ignoriert werden. Dies gilt vor allem dann, wenn die später ausgeführte Leistung (Boden bis Bodenklasse 4) in einem ganz erheblichen Umfang von der danach einvernehmlich vorgesehenen Leistung (Boden auch mit Bodenklasse 3) abweicht, sodass dem Auftragnehmer ein Festhalten an seiner Pauschalvergütung nicht mehr zuzumuten wäre. Hiervon wird man vor allem auszugehen haben, wenn der Auftraggeber zu den Mengen oder die Leistung ansonsten bestimmenden Faktoren detaillierte Angaben macht, die für die Kalkulation, also die Angebotserklärung des Auftragnehmers, erkennbar von erheblicher Bedeutung sind. Es geht hier somit nicht um eine erkennbar falsche Kalkulation des Auftragnehmers, sondern um den **beiderseitigen Irrtum über vertragswesentliche Umstände.** Dies ist nichts anderes als die Geschäftsgrundlage des Vertrages. Das bedeutet, dass bei deren Änderung (abweichend angetroffene Bodenklasse) nunmehr auch der Vertrag bzw. die dort vorgesehene Vergütung nach den Grundsätzen über den Wegfall/Störung der Geschäftsgrundlage nach § 313 BGB anzupassen sein kann. Dies gilt zumindest dann, wenn sich die verändert angetroffenen Umstände derart auf die Vergütung des Auftragnehmers auswirken, dass das finanzielle Gesamtergebnis nicht nur den Gewinn des Auftragnehmers aufzehrt, sondern auch noch zu (ggf. erheblichen) Verlusten führt (BGH, Urt. v. 30.6.011 – VII ZR 13/10, BauR 2011, 1646, 1649 f = NJW 2011, 3287, 3289 = NZBau 2011, 553, 555; ähnlich auch zu einem Einheitspreisvertrag: BGH, Beschl. v. 23.3.2011 – VII ZR 216/08, BauR 2011, 1162, 1163 = NJW-RR 2011, 886, 887 = NZBau 2011, 353, 354; dem BGH folgend Kapellmann, NZBau 2012, 275; s. dazu auch Vygen/Joussen, Bauvertragsrecht, Rn. 2345 ff.)

634 Hinzuweisen ist darauf, dass es sich bei der Anpassung der Vergütung bei Störung der Geschäftsgrundlage um einen allgemeinen Grundsatz handelt, der durchaus auch bei reinen **übermäßigen Mengenmehrungen im Anwendungsbereich des § 2 Abs. 3 VOB/B** eingreifen kann.

▸ **Beispiel:** (in Anlehnung an BGH, Beschl. v. 23.3.2011 – VII ZR 216/08, BauR 2011, 1162 = NJW-RR 2011, 886):

Für die Abfallentsorgung einer Großbaustelle war bei einem VOB-Vertrag für eine Menge gemäß LV von 5 to ein Einheitspreis von 2.413 €/t vereinbart worden. Der AN kann später die Mengen für 62,10 €/t entsorgen. Tatsächlich fallen 610 t an. Hierfür verlangt der AN den vereinbarten Einheitspreis.

Der BGH widerspricht dem. Losgelöst von vorgenannter Rechtsprechung zur Sittenwidrigkeit (s. o. Rdn. 625 ff.) sei in solchen Fällen der vereinbarte Einheitspreis wegen Wegfalls/Störung der Geschäftsgrundlage in Folge der exorbitant gestiegenen Mengen anzupassen (BGH, Beschl. v. 23.3.2011 – VII ZR 216/08, BauR 2011, 1162, 1163 = NJW-RR 2011, 886, 887 = NZBau 2011, 353; dazu auch Steffen/Hofmann, BauR 2012, 1). Diese Vorgehensweise überrascht zunächst. Denn bisher hatten Rechtsprechung und Literatur einhellig vertreten, dass bereits die Preisanpassungsregelung des § 2 Abs. 3 VOB/B für Mengensteigerungen eine besondere Ausgestaltung des sich aus §§ 242, 313 BGB ergebenden Anspruchs auf Vergütungsanpassung wegen Störung der Geschäftsgrundlage darstelle und deswegen eine weitere Anpassung aus diesem Grunde ausscheide (vgl. etwa BGH, Urt. v. 20.3.1969 – VII ZR 29/67, WM 1969, 1019, 1020, zuletzt BGH, Urt. v. 18.12.2008 – VII ZR 201/06, BGH, Urt. v. 18.12.2008 – VII ZR 201/06, BGHZ 179, 213, 228 = BauR 2009, 491, 497 = NJW 2009, 835, 839 = NZBau 2009, 232, 233). Jetzt also scheint dieser Grundsatz aufgegeben zu werden. Doch dürfte dies in dieser Allgemeinheit nicht zutreffen. Auch der BGH stellte in vorgenannter Entscheidung nämlich ausdrücklich klar, dass eine **Vertragsanpassung über die Grundsätze des Wegfalls der Geschäftsgrundlage** nicht in Betracht kommt, soweit die Frage der Preisgestaltung bei Massenüberschreitungen wie im VOB-Vertrag nach § 2 Abs. 3 VOB/B geregelt sei (BGH, Beschl. v. 23.3.2011 – VII ZR 216/08, BauR 2011, 1162, 1163 = NJW-RR 2011, 886, 887 = NZBau 2011, 353). Gemeint ist stattdessen etwas anderes: Denn auch unabhängig von § 2 Abs. 3 VOB/B und der danach für einen Einheitspreisvertrag typischen Vergütungsanpassung nach Mengenänderungen ist es denkbar, dass die Bauvertragsparteien wie eingangs erläutert bei Vertragsschluss ihrem Vertrag mit einem konkret vereinbarten außerordentlich hohen (oder niedrigen) Preis eine bestimmte Menge oder Größenordnung zugrunde gelegt haben. Eine solche Vorgehensweise unterliegt der freien Preisvereinbarung und ist – soweit nicht Fälle der zuvor geschilderten Sittenwidrigkeit vorliegen (Rdn. 625 ff.) – nicht zu beanstanden. In solchen Ausnahmefällen kann nunmehr aber erstens der ungewöhnlich hohe oder niedrige Preis zweitens auf Grund von gegenüber dem Leistungsverzeichnis angegebener ganz außerordentlicher Mengenverschiebungen in die ein oder andere Richtung – und zwar unabhängig von § 2

Abs. 3 VOB/B – drittens zu einer nachhaltigen Störung des Äquivalenzverhältnisses zwischen Leistung und Gegenleistung führen. Allein in diesem Fall wird man somit unter **Einhaltung dieser drei Voraussetzungen (außergewöhnlicher Einheitspreis/ganz erhebliche Mengenabweichung/Äquivalenzstörung Leistung/Vergütung)** letztlich doch nicht umhin kommen, als jetzt diesen außerordentlich überhöhten (oder niedrigen) **Einheitspreis** über das danach noch anwendbare Institut des Wegfalls/der **Störung der Geschäftsgrundlage** anzupassen. Denn nur dadurch wird das Gleichgewicht zwischen Leistung und Gegenleistung wieder hergestellt werden können. Dies ist ein ganz allgemeiner Grundsatz des Zivilrechts, der in einem VOB-Vertrag mit oder ohne § 2 Abs. 3 VOB/B genauso eingreift wie in sonstigen Vertragsverhältnissen (a. A. immerhin Franz/Kues, BauR 2010, 678, 687, die hier eine unbedingte Festhaltung am vereinbarten Preis fordern).

635 Die vorstehende Rechtsprechung ist also einerseits zu beachten, weil losgelöst von der zuvor erläuterten Sittenwidrigkeitsrechtsprechung des BGH es dabei auf ein sittlich verwerfliches Gewinnstreben des Auftragnehmers nicht ankommt. Andererseits ist es natürlich denkbar, dass ein Einheitspreis losgelöst von § 2 Abs. 3 VOB/B auch deutlich nach oben anzupassen ist. Allerdings wird man ebenso wie bei der Sittenwidrigkeitsrechtsprechung zu berücksichtigen haben, dass diese Rechtsprechung gleichfalls nur einen **ganz engen Anwendungsbereich** haben wird. Denn **keinesfalls** fallen hierunter die **üblichen Abweichungen** von ausgeführter Ist-Menge zu angenommener Schätzmenge gemäß Leistungsverzeichnis bei einigermaßen nachvollziehbaren Preisen. Auch muss der ermittelte Positionspreis in Folge der Mengenänderung schon signifikant von einer real zu ermittelnden angemessenen Vergütung abweichen – oder, wie es der BGH ausdrückt, zu einer außergewöhnlichen Preisbildung führen (BGH, Beschl. v. 23.3.2011 – VII ZR 216/08, BauR 2011, 1162, 1163 = NJW-RR 2011, 886, 887 = NZBau 2011, 353). Nur dann kann nämlich mit hinreichender Sicherheit angenommen werden, dass sich die Parteien in Kenntnis dieser Umstände (geänderte Mengen) beidseitig auf einen anderen (angemessenen) Preis als Grundlage ihrer Vergütung eingelassen hätten. Somit wird man davon auszugehen haben, dass die Differenz zwischen Positionspreis mit Mengenänderung und Vertragspreis einerseits und angemessener Vergütung für diese Position unter Berücksichtigung der geänderten Mengen (nur darauf kommt es nach Auffassung des BGH an) andererseits **jedes erträgliche Maß übersteigen** muss. Auch wenn sich dazu eine Festlegung auf feste Grenzen verbietet, können Bagatellabweichungen bei den Mengen oder dem Preis für eine solche Anpassung keine Rolle spielen. Stattdessen gilt zweierlei:

636
- Zum einen muss überhaupt eine **signifikante Mengenabweichung** gegenüber der als Geschäftsgrundlage angenommenen Ausschreibungsmenge vorliegen. Was signifikant heißt, wird im Einzelfall auch anhand der Bedeu-

tung der entsprechenden Leistungsposition zu prüfen sein. Dabei wird man gerade unter Zumutbarkeitserwägungen einen deutlichen „Sicherheitsabstand" zu der im Rahmen der Privatautonomie zulässig vereinbarten Grenze des § 2 Abs. 3 VOB/B mit der dort vorgesehenen Preisanpassung für Mehrmengen über 110% einzuhalten haben. Denn immerhin hat der Auftraggeber ja zu der in der Ausschreibung vorgesehenen Menge den ggf. überhöhten Einheitspreis akzeptiert. Aus dem Wesen des Einheitspreisvertrages folgt weiter, dass auch deutliche Massenmehrungen im Bereich des Möglichen liegen und von den Parteien – mit der begrenzten Anpassungsmöglichkeit des § 2 Abs. 3 VOB/B – im Rahmen des darin liegenden Risikos zunächst hinzunehmen sind. Entscheidend ist somit die Frage, welche Massenmehrung noch im Rahmen der Risikobestimmung dieser Vertragsstruktur liegt und wann diese überschritten wird (OLG Schleswig, Urt. v. 10.10.2008 – 17 U 6/08, BauR 2011, 1819, 1822 als Grundlagenentscheidung zu der oben zitierten Rechtsprechung des BGH v. 23.03.2011, Rdn. 634, das eine Überschreitung erst ab dem Faktor 3 als relevant ansah).

- Zum anderen muss es durch die Mengensteigerung zu der **Störung des preislichen Gleichgewichts** in Bezug auf die Mehrmengen gekommen sein. Inwieweit man danach etwa zu fordern hat, dass allein der Mehrpreis für die anfallenden Mehrmengen z. B. eine bestimmte Quote des gesamten Vertragspreises ausmachen muss, ist mehr als zweifelhaft. Denn jeder Einzelfall ist gesondert zu betrachten. Allenfalls mag man als Richtschnur vor Augen haben, dass zumindest dann, wenn der relevante Mehrmengenpreis allein bereits eine Größenordnung von z. B. 30 bis 50% der gesamten vertraglichen Vergütung einnimmt, eine sehr kritische Prüfung nach vorstehender Rechtsprechung nach sich ziehen dürfte (vgl. etwa dazu OLG Schleswig, Urt. v. 8.7.2011 – 17 U 49/10, NZBau 2011, 756, 758, das 30% genügen lässt).

Liegt danach eine Fallgestaltung vor, nach der für die Mehrmengen oder aus sonstigen Gründen ein neuer Preis zu vereinbaren ist, muss der Auftragnehmer zu einer Anpassung seiner Preise bereit sein. Verweigert er dies oder lehnt sogar darauf gerichtete Verhandlungen ab, kann dies grob vertragswidrig sein und letztlich sogar den Auftraggeber zu einer **außerordentlichen Vertragskündigung** berechtigen. Denn wenn die Preisgestaltung zu den Mehrmengen nach dem Vorstehendem in einem groben und nicht mehr hinzunehmenden Missverhältnis steht, wird es dem Auftraggeber auch nicht mehr zuzumuten sein, zunächst den erhöhten Preis für die Mehrmengen vorläufig zu akzeptieren und den Vertrag unter diesen unzumutbaren Bedingungen fortzuführen (i. E. richtig OLG Schleswig, a. a. O., das dann allerdings wenig nachvollziehbar eine Kündigung der betroffenen Teilposition zulassen will: Dies ist mit § 8 Abs. 3 Nr. 1 S. 2 VOB/B kaum zu vereinbaren, s. dazu Vygen/Joussen, Bauvertragsrecht, Rn. 2892 f.). 637

638 Abschließend sei angemerkt, dass im Übrigen noch in jedem Einzelfall zu prüfen ist, ob nicht **sonstige Umstände** die Anwendung einer **Preisanpassung** über die Grundsätze des Wegfalls der Geschäftsgrundlage **ausschließen**. Zu denken wäre daran, dass die betroffene Partei von beidem (unzureichende Mengenschätzung, ungewöhnlicher Preis) bei Vertragsschluss wusste und insoweit das **Risiko** falscher Mengen und eines überhöhten Preises **in Kauf genommen** hat. Dies ist auf Auftraggeberseite deshalb von Bedeutung, weil dieser sich das Wissen etwa seiner Planer zurechnen lassen muss.

▶ **Beispiel:**

> Der Auftraggeber möchte eine Asbestsanierung vornehmen. Er unterlässt an sich notwendige Proben und schätzt daher die Mengen einer Stützensanierung viel zu niedrig. Der Auftragnehmer bietet dafür einen sehr hohen Preis an. Später kommt es zu ganz außerordentlichen Mehrmengen, die bei einer ausreichenden Beprobung erkennbar gewesen wären.

Ist nach Vorstehendem von einer **positiven Kenntnis des Auftraggebers** auszugehen, schließt dies eine Preisanpassung aus. Problematischer ist dies dagegen, wenn das betreffende Risiko lediglich vorhersehbar war. Eine solche „**Vorhersehbarkeit**" kann zwar ebenfalls eine Preisanpassung nach § 313 BGB verhindern; hier käme es aber noch zusätzlich darauf an festzustellen, inwieweit die später tatsächlich entstanden Risiken der geänderten Geschäftsgrundlage bewusst von einer Partei in Kauf genommen wurden (BGH, Urt. v. 28.9.1990 – V ZR 109/89, BGHZ 112, 259, 261 f. = NJW 1991, 830, 831). Eine solche Inkaufnahme wird entweder nicht vorliegen, zumindest aber kaum zu beweisen sein.

5.6.5 Einbeziehung aller Kosten in die Nachtragsvereinbarung

639 Hervorzuheben ist, dass bei einem Vergütungsanspruch nach § 2 Abs. 5 VOB/B stets sämtliche Mehrkosten des Unternehmers zu erfassen sind. Dies gilt vor allem auch für solche Mehrkosten, die durch eine in Folge der Leistungsänderung zusätzlich ausgelöste oder durch die Anordnung allein ohne Leistungsänderung verursachte **Verlängerung der Bauzeit** bzw. eine dadurch verursachte Bauablaufstörung entstanden sind. Denn § 2 Abs. 5 VOB/B soll einen **Ausgleich schaffen für die Mehr- und Minderkosten**, die durch nachträgliche Änderungen der Leistung oder der Ausführungsart bzw. des Bauablaufes anfallen und bei der **Kalkulation der Angebotspreise** durch den Unternehmer nicht berücksichtigt werden konnten. Dies aber trifft nicht nur für die leistungsbezogenen und unmittelbar durch Leistungsänderungen bedingten Mehrkosten bei den **Einzelkosten der Teilleistung** zu, sondern auch für die **zeitabhängigen Mehrkosten**. Diese werden zwar nicht unmittelbar durch die Leistungsänderung, wohl aber mittelbar durch die als Folge der

Leistungsänderung ausgelöste Bauzeitverlängerung oder Bauablaufstörung verursacht. Dies wiederum beruht darauf, dass auch diese zeitabhängigen Mehrkosten auf die Änderung des Bauentwurfs oder andere Anordnungen des Auftraggebers zurückgehen. Sie führen sodann zu einer Änderung der Grundlagen des oder der vereinbarten Preise für eine im Vertrag vorgesehene Leistung, da jede Preiskalkulation entscheidend auch durch Zeitfaktoren bestimmt wird (vgl. Piel, in Festschrift für Korbion S. 352).

Wäre also die gegenständliche Leistungsänderung bereits vor Vertrags- **640**
abschluss oder Angebotsabgabe dem Auftragnehmer bekannt gewesen, so hätte er sowohl die **leistungsbezogenen** als auch die **zeitabhängigen Mehrkosten** in seiner Kalkulation der Angebotspreise oder bei Vereinbarung der Vertragspreise berücksichtigt. Da dem Unternehmer dies nicht möglich war, erfolgt der **Ausgleich jetzt über die vorgesehene Preisanpassung gemäß § 2 Abs. 5 VOB/B**. Dabei kann sich ergeben, dass diese Leistungsänderung nicht nur Auswirkungen auf die jeweils betroffene Leistungsposition, sondern auch auf andere Positionen oder sogar auf den gesamten Bauablauf hat (s. dazu auch Teil B Rdn. 244 ff.).

▶ **Beispiel:**

Durch eine Leistungsänderung kommt es zu einer verlängerten Bauzeit. Dies führt mittelbar zu der Notwendigkeit einer verlängerter Baustellen- und/oder Gerätevorhaltung. Dies wiederum kann zu einer anteiligen Erhöhung einer ggf. gesondert ausgewiesenen Position ‚Baustelleneinrichtung' führen, soweit dort entsprechende Kostenanteile enthalten sind.

Auch diese Mehrkosten sind durch die Leistungsänderung verursachte Mehrkosten und deshalb bei der Bildung des neuen Preises gemäß § 2 Abs. 5 VOB/B zu berücksichtigen.

Auf der anderen Seite können aber Änderungen des Bauentwurfs und andere **641**
Anordnungen des Auftraggebers bezüglich der auszuführenden Leistung die Grundlagen der Preisermittlung in der Weise beeinflussen, dass eine **Herabsetzung des oder der vereinbarten Vertragspreise geboten** erscheint, weil sich die **Kosten verringert** haben.

▶ **Beispiel:**

Ausgeschrieben, angeboten und dementsprechend vertraglich vereinbart war die Errichtung u. a. einer Garage in herkömmlicher Bauweise aus Mauerwerk einschließlich Verklinkerung und Flachdach. Nach Vertragsabschluss änderte der Auftraggeber den Bauentwurf und ließ die Garage aus Fertigteilen oder insgesamt als Fertiggarage erstellen, woraus sich eine gegenständliche Leistungsänderung und als weitere Folge Minderkosten und eine Verkürzung der insgesamt für das Bauvorhaben vorgesehenen

Bauzeit ergaben. Dadurch bedingt fielen bei dem Auftragnehmer leistungsbezogene und auch zeitabhängige Minderkosten an. Denn einerseits ist der Material- und Zeitaufwand für die Garagenerrichtung geringer; andererseits konnte die Bauzeit verkürzt werden, was zu Minderkosten bei der Baustelleneinrichtungs- und Gerätevorhaltung führte.

Dieser Fall zeigt deutlich, dass § 2 Abs. 5 VOB/B zu Recht **beiden Vertragspartnern die Möglichkeit eröffnet, eine Anpassung des oder der vereinbarten Preise zu verlangen**. Denn in dem geschilderten Fall hatte etwa der Auftraggeber einen Anspruch auf Herabsetzung der die Garagenerrichtung betreffenden Vertragspreise unter Berücksichtigung auch der zeitabhängigen Minderkosten.

642 Der Anspruch auf Vergütungsanpassung aus § 2 Abs. 5 VOB/B kann des Weiteren dazu führen, dass bei der Bemessung des oder der neuen Preise **nur die zeitabhängigen Mehrkosten** (in Ausnahmefällen auch Minderkosten) zu berücksichtigen sind. Das wird immer dann der Fall sein, wenn der Anspruch seine Grundlage in Anordnungen des Auftraggebers hat, die nicht zu einer Änderung der gegenständlichen Leistung und der Ausführungsart, sondern nur zu einer Änderung des ursprünglich vorgesehenen zeitlichen Bauablaufs führen (vgl. dazu auch oben die Beispiele zu den Änderungsanordnungen nach § 1 Abs. 3 VOB/B allein betreffend die Bauzeit: Rdn. 532).

643 Nach Vorstehendem sind in jedem Fall **sämtliche zeitabhängigen Kosten in der Nachtragsvereinbarung zu erfassen**, und zwar auch diejenigen, die durch eine in Folge einer Leistungsänderung verursachte Bauzeitverlängerung oder Bauablaufstörung entstehen (Vygen, BauR 2006, 166). Somit liegt auf der Hand, dass damit verbundene Kosten später nicht nochmals Gegenstand eines Schadensersatzanspruchs nach § 6 Abs. 6 VOB/B oder eines Entschädigungsanspruchs nach § 642 BGB sein können. Auch insoweit zeigt sich ein weiteres Mal die grundsätzlich unterschiedliche Systematik der Ansprüche nach § 2 Abs. 5 VOB/B als Vergütungsanspruch für eine an sich zulässige (vertragsgemäße) Änderungsanordnung des Auftraggebers und § 6 Abs. 6 VOB/B als Folgeanspruch eines verschuldeten pflichtwidrigen Handelns (s. o. Rdn. 435 ff.). Konkret bedeutet dies aber ebenso: Berücksichtigt ein Auftragnehmer solcher Mehrkosten in seinem Nachtrag nicht und kommt es auf dessen Grundlage zu einer **Nachtragsvereinbarung**, kann er später nicht noch Mehrkosten wegen einer auf gleicher Ursache beruhender Bauablaufstörung geltend machen (OLG Düsseldorf, Urt. v. 24.10.1995 – 21 U 8/95, BauR 1996, 267, 269; OLG Brandenburg, Beschl. v. 18.8.2009 – 11 W 25/08, IBR 2011, 395; OLG München, Urt. v. 26.9.2012 – 9 U 3604/11, Nicht-Zul.-Beschw. zurückgew., BGH, Beschl. v. 5.6.2014 – VII ZR 187/12, IBR 2014, 652; OLG Köln, Beschl. v. 27.10.2014 – 11 U 70/13, noch nicht veröffent.; ebenso Kues/Steffen, BauR 2010, 10, 17; a. A. Roquette/Schwager, BauR 2008, 734). Das wäre allenfalls dann möglich, wenn der Auftragnehmer in seinem Nachtragsangebot zuvor einen entsprechenden **Vorbehalt der Nachberechnung** gemacht hatte (s. zu einer Formulierung eines solchen Vorbehalts Bruns, ZfIR 2006, 153, 156).

Zusammenfassend ist somit festzustellen, dass der sich aus § 2 Abs. 5 VOB/B ergebende Anspruch auf Anpassung der von der Leistungsänderung betroffenen Vergütung auch die Kosten erfasst, die durch eine **Verlängerung der Bauzeit als mittelbare Folge der Leistungsänderungen** entstehen. Dies gilt sowohl für die von der ändernden Anordnung betroffene Leistungsposition eines Einheitspreises als auch die eines vereinbarten Pauschalpreises (vgl. § 2 Abs. 7 Nr. 2 VOB/B, der die Bestimmungen des § 2 Abs. 4–6 VOB/B insoweit für anwendbar erklärt, s. dazu im Einzelnen Vygen, BauR 1979, 375 sowie Vygen, Festschrift Locher, S. 266 ff., 277; Vygen/Joussen, Bauvertragsrecht, Rn. 2316 ff.). Allein wegen dieser gesamtheitlichen Einbeziehung aller Kostenfaktoren in den geänderten Vergütungsanspruch nach § 2 Abs. 5 VOB/B bedarf es schon keines ergänzenden Rückgriffs auf § 6 Abs. 6 VOB/B oder § 642 BGB (vgl. § 6 Abs. 6 S. 2 VOB/B) wegen in Folge einer Leistungsänderung eintretender Bauablaufstörungen (Piel, Festschrift Korbion, S. 351). 644

5.7 Anforderungen an Nachtragsangebote und deren Bearbeitung

Bei einer Änderung des Bauentwurfs oder einer anderen Anordnung des Auftraggebers im Sinne des § 2 Abs. 5 VOB/B wird in der Regel der Auftragnehmer ein Nachtragsangebot einreichen, sei es von sich aus zum Zwecke der möglichst schnellen Herbeiführung einer neuen Vergütungsvereinbarung, sei es, weil er auf Grund vereinbarter – und insoweit auch wirksamer – Bauvertragsklauseln zur unverzüglichen Vorlage eines Nachtragsangebots verpflichtet ist. Vor diesem Hintergrund sollen zunächst die **Anforderungen an ein solches Nachtragsangebot** und sodann der Umgang damit bis hin zur Nachtragsprüfung und dem Abschluss einer Nachtragsvereinbarung angesprochen werden. 645

5.7.1 Planungsverantwortung des Auftraggebers

In der Praxis ist es allgemein üblich, und es ist auch im Vergabehandbuch (VHB) der öffentlichen Hand (vgl. dort Leitfaden zur Berechnung der Vergütung von Nachträgen, Abschnitt 510, dort Ziff. 3.2) so vorgesehen, dass bei Änderungen der vorgesehenen Leistung oder bei zusätzlichen Leistungen rechtzeitig, d. h. im Allgemeinen vor der Ausführung, ein schriftliches Nachtragsangebot einzuholen ist. Dessen Einholung hat nun aber ebenso wie die Anforderung eines Hauptangebotes gemäß § 4 Abs. 3 und § 7 Abs. 9 VOB/A eigentlich in der Weise zu erfolgen, dass der Auftraggeber die Leis- 646 tung, hier also die geänderte oder zusätzlich geforderte Leistung beschreibt, und zwar durch ein in Teilleistungen gegliedertes Leistungsverzeichnis. Der Auftragnehmer hätte anschließend nur die Preise für die geänderte Leistung im Leistungsverzeichnis anzugeben und so ein Nachtragsangebot einzureichen, d. h.: Die **Einholung des Nachtragsangebots müsste danach eigentlich vom Auftraggeber ausgehen**. Er ist es, der wie bei der Anforderung des Hauptangebots verpflichtet ist, den Leistungsbeschrieb für die geänderte oder zusätzliche Leistung zu erstellen, damit der Auftragnehmer dann dafür seine Preise kalkulieren bzw. berechnen kann. Die Erstellung des Leistungsbeschriebs für Nachträge gehört nach der klaren Aufgabenverteilung der VOB (vgl. § 4 Abs. 3, 7 Abs. 9 VOB/A) zur Planungspflicht des Auftraggebers, auch wenn in der Praxis des Baugeschehens die gegenteilige Handhabung üblich ist. Schon darin liegt eine wesentliche Ursache für die vielen und häufig langwierigen Streitigkeiten der Bauvertragspartner über Grund und Höhe von Nachtragsforderungen.

647 Zur Vermeidung solcher Auseinandersetzungen erscheint es dringend geboten, im Fall von Änderungen des Bauentwurfs oder anderen Anordnungen des Auftraggebers im Sinne von § 2 Abs. 5 VOB/B von dem Auftraggeber bzw. seinem Architekten oder Ingenieur zunächst dafür ein entsprechendes Leistungsverzeichnis mit klarem, d. h. eindeutigem und vollständigem Leistungsbeschrieb (§ 7 VOB/A) zu verlangen. Dasselbe gilt bei Anordnungen von Zusatzleistungen gemäß §§ 1 Abs. 4 S. 1, 2 Abs. 6 VOB/B oder Sonderwünschen und Anschlussaufträgen gemäß § 1 Abs. 4 S. 2 VOB/B. Diese Vorgehensweise hat für den Auftragnehmer den großen Vorteil, dass die Leistungsänderung oder Zusatzleistung als solche und damit der Anspruch auf eine geänderte oder zusätzliche Vergütung dem Grunde nach feststeht bzw. unschwer im Streitfall zu beweisen ist. Zugleich wird damit die **Planungsverantwortung des Auftraggebers für diese Änderung** aufrechterhalten. Übernimmt dagegen der Auftragnehmer von sich aus oder auf Wunsch oder Verlangen des Auftraggebers die Erstellung des Leistungsbeschriebs für das Nachtragsangebot, so wird der Auftragnehmer in diesem Teilbereich zum Planer, wie dies auch bei Planungen des Auftragnehmers bei einer funktionalen Leistungsbeschreibung gemäß § 7 Abs. 13–15 VOB/A oder bei Sondervorschlägen und Nebenangeboten der Fall ist. Daraus folgen dann seine Planungsverantwortung und die Haftung für evtl. Planungsfehler; jedenfalls würde eine **Verwässerung der Planungshoheit** drohen. Dies hätte zur Folge, dass dafür letztlich meist beide (Auftraggeber und Auftragnehmer) verantwortlich sind (§ 254 BGB). Dies dürfte zumindest anzunehmen sein, wenn den **Auftraggeber insoweit ein Mitverschulden trifft**, d. h. wenn er ein Nachtragsangebot nach Prüfung und Billigung durch seinen Architekten bzw. Ingenieur beauftragt hat.

Ungeachtet dessen bleibt es ansonsten aber gerade auch bei sich abzeichnenden geänderten oder zusätzlichen Leistungen bei der **Planungsverantwortung des Auftraggebers**; dies schließt die Erstellung eines Leistungsbeschriebs für die geänderte oder zusätzliche Leistung ein, wobei dies wiederum dann in den Aufgabenbereich der von ihm beauftragten Architekten oder Ingenieure gehört (§ 34 Abs. 3 Nr. 6, Abs. 4 HOAI i. V. m. Anl. 10, Ziff. 10.1). Der Auftraggeber hat seinerseits dann diese Unterlagen dem Auftragnehmer rechtzeitig zur Verfügung zu stellen. Da der Auftragnehmer somit im Allgemeinen einen Anspruch auf Erstellung des Leistungsbeschriebs durch den Auftraggeber als Teil von dessen Planungsaufgaben hat, sollte er von diesem Recht gerade bei Änderungen und Zusatzleistungen auch Gebrauch machen. Mit dieser Maßgabe spricht zumindest einiges dafür, dass der Auftragnehmer **bis dahin die Ausführung** der angeordneten Leistungsänderung oder der geforderten zusätzlichen Leistung **verweigern** kann (so Kapellmann im Baumarkt 1996, 41 f. im Anschluss an BGH-Urteil vom 25.1.1996 – VII ZR 233/94, BGHZ 131, 392 = BauR 1996, 378 = NJW 1996, 1346). **648**

5.7.2 Nachtragsbearbeitungskosten/Nachtragserstellungskosten

Die mit der Erstellung eines Nachtrags verbundenen Kosten liegen z. T. sehr hoch. In Folge dessen wird vielfach die Frage aufgeworfen, ob der Auftraggeber diese ebenfalls zu bezahlen habe. Teilweise wird dies strikt verneint (Merkens, NZBau, 2012, 529), teilweise recht großzügig bejaht (Jahn/Klein, NZBau 2013, 473). Man wird hier richtigerweise zu differenzieren haben, um welche Kosten es geht (ähnlich Ingenstau/Korbion/Keldungs, B § 2 Abs. 5 Rn. 41; Beck'scher VOB/B-Komm./Jansen, § 2 Abs. 5 Rn. 68 a). Denn alle grundsätzlichen Diskussionen vermögen nicht darüber hinwegzutäuschen, dass eine Erstattung der einem Auftragnehmer bei der Nachtragserstellung entstehenden Kosten nur in Betracht kommt, wenn es dafür eine Anspruchsgrundlage gibt. Hiernach wird man wie folgt zu unterscheiden haben: **649**

- Zu denken ist zunächst an einen **Mehrvergütungsanspruch nach § 2 Abs. 9 VOB/B.** Ausgangspunkt dafür ist die vorstehend schon beschriebene Aufgabenverteilung, wonach vorrangig dem Auftraggeber die Erstellung eines Nachtragsleistungsverzeichnisses samt Planung obliegt (Rdn. 646). Verlangt dieser davon abweichend vom Auftragnehmer die komplette Erstellung des Nachtragsangebots einschließlich des Leistungsbeschriebs, so steht Letzterem ein gesonderter Anspruch zu, soweit dafür die Anfertigung von Zeichnungen, Berechnungen oder anderer Unterlagen, also Planungsleistungen des Auftragnehmers erforderlich sind (ebenso Keldungs, a. a. O.; Jansen, a. a. O.). **650**

▶ **Beispiel:**

Gegenstand eines Nachtragsangebotes ist die Errichtung einer zusätzlichen Klimaanlage oder einer geänderten Heizung. Hierfür bedarf es in der Regel weiterer Planungen, für die ggf. nach § 2 Abs. 9 VOB/B eine Vergütung verlangt werden kann.

Hinzuweisen ist immerhin auf die Entscheidung des OLG Köln (Urt. v. 12.7.1994 – 22 U 266/93, IBR 1996, 358). Nach dessen Leitsatz stellt es abweichend von vorstehenden Erläuterungen klar, dass der Auftragnehmer für etwaige **Vorarbeiten zur Erlangung eines Nachtragsauftrages** (z. B. für die Erstellung eines Leistungsverzeichnisses) **regelmäßig keine Vergütung** verlangen könne. Diese klare Aussage wird dann allerdings durch den zweiten Leitsatz desselben Urteils in ihr Gegenteil verkehrt. Denn es wird gleichzeitig festgestellt, dass solche Vorarbeiten durchaus in die Preise der Nachtragsaufträge einkalkuliert werden bzw. der Auftragnehmer diese Planungsleistung auch gesondert anbieten könne. Damit wird letztlich nichts anderes gesagt, als dass dem Auftragnehmer für diese Planungsleistungen doch eine Vergütung zusteht (vgl. zur Höhe der Vergütung auch Vygen, Festschrift Korbion, S. 439 ff.).

Abweichend von Vorstehendem ist der Sachverhalt zu betrachten, dass der Auftragnehmer **bereits von Anfang an die Leistungsbeschreibung und Planung selbst** erstellt hatte. Wenn nunmehr der Auftraggeber eine Leistungsänderung anordnet und der Auftragnehmer umplanen muss, um ein geändertes Leistungsverzeichnis zu erstellen, bestehen keine Besonderheiten: Dann kann für diesen damit verbundenen Aufwand ohne Weiteres in Anlehnung an die Kalkulation der Ursprungsleistung eine Mehrvergütung nach § 2 Abs. 5 VOB/B gefordert werden.

651 Problematisch sind dagegen die Fälle, in denen dem Auftragnehmer umfangreiche Aufwendungen deswegen entstehen, um seinen (berechtigten) Nachtrag überhaupt schlüssig zu machen.

▶ **Beispiel:**

Ein Gericht verlangt – ggf. fälschlicherweise – für die Durchsetzung eines Nachtrags nach § 2 Abs. 5 VOB/B ein baubetriebliches Gutachten. Oder ein Auftragnehmer hatte bisher keine Urkalkulation. Nunmehr muss er diese nachträglich erstellen, um seinen Nachtrag bzw. seine Nachtragsvergütung zu unterlegen.

In diesen Fällen wird z. T. ohne Weiteres ein entsprechender Anspruch bejaht: Denn ein Auftragnehmer habe bei der Kalkulation mit seinen Gemeinkosten nur die ausgeschriebene Leistung berücksichtigt, nicht aber ggf. umfangreiche Leistungsänderungen (Marbach BauR 2003, 1794, 1799; Duve/Richter, BauR 2007, 1490). Ob das alleine überzeugt, ist jedoch zweifelhaft: Denn natürlich muss ein Auftragnehmer bei einem VOB-Vertrag wie auch sonst in Rechnung stellen, dass sich seine Leistung ändern kann. Mit dieser Maßgabe geht es bei der Nachtragserstellung zunächst um nichts anderes, als dass der Auftragnehmer dem Auftraggeber schlüssig darlegen soll, warum ihm auf Grund einer angeordneten Leistungsänderung ein Mehrvergütungsanspruch zusteht. Hier liegt ein gesonderter Erstattungsanspruch allein für diese Darlegung als Grundlage seines Nachtrages jenseits der ohnehin kalkulierten Geschäftskosten nicht ohne Weiteres auf der Hand. Dies dürfte in jedem Fall für die **internen Kosten der Nachtragserstellung** gelten (so wohl auch OLG Düsseldorf, Urt. v. 23.11.2011 – VI U (Kart) 12/11, BauR 2012, 2012, 651 – insoweit dort aber nicht abgedruckt; ebenso Ingenstau/Korbion/Keldungs, B § 2 Abs. 5 Rn. 41; weitergehend Beck'scher VOB/B-Komm./Jansen, § 2 Abs. 5 Rn. 68 a, der auch übermäßige interne Beabeitungskosten als erstattungsfähig ansieht; ähnlich Kapellmann/Messerschmidt/Kapellmann, B § 2 Rn. 225). Etwas anderes könnte dagegen jedenfalls theoretisch anzunehmen sein, wenn für die Nachtragsbearbeitung nach Leistungsänderungen zwingend **externe Kosten** (z. B. für externe Gutachter) anfallen, die ohne die Leistungsänderung nicht angefallen wären. Hier erscheint ein **Ersatzanspruch denkbar**, wenn denn wirklich die Notwendigkeit der Entstehung dieser Kosten nachweisbar ist (so wohl auch OLG Celle, Urt. v. 22.7.2009 – 14 U 166/08, BauR 2009, 1591, 1594; Ingenstau/Korbion/Keldungs, B § 2 Abs. 5 Rn. 41). Allzu häufig dürfte danach ein Ersatzanspruch aber nicht bestehen bzw. es dürfte sich dabei eher um Ausnahmefälle handeln; denn jedenfalls ist im Allgemeinen nicht ersichtlich, wieso ein Auftragnehmer nicht auch ohne externe Hilfe in der Lage sein sollte, gegenüber seinem Auftraggeber eine Vergütungsmehrforderung schlüssig darzulegen.

5.7.3 Anlehnung an die Kalkulation des Hauptvertrages

Hat der Auftraggeber nun die geänderten und/oder zusätzlichen Leistungen ausgeschrieben und dem Auftragnehmer zur Abgabe seines Nachtragsangebots überlassen, oder will der Auftragnehmer von sich aus ohne Leistungsbeschrieb des Auftraggebers ein Nachtragsangebot vorlegen, so muss sich der Auftragnehmer bei der Kalkulation der Preise für diese Nachtragsleistungen streng an die Kalkulation seines Hauptangebotes anlehnen (anschaulich auch zu diesem Verständnis BGH, Urt. v. 14.3.2013 – VII ZR 142/12, BGHZ 197, 52, 55 = BauR 2013, 943, 944 = NJW 2013, 2423, 2424 = NZBau 2013, 364, 365; OLG Düsseldorf, Urt. v. 25.10.2013 – 22 U 21/13, BauR 2014, 700, 704; OLG Düsseldorf, Urt. v. 21.11.2014 – 22 U 37/14, BauR 2015, 494, 500; OLG Dresden, Urt. v. 15.01.2015 – 9 U 764/14, noch nicht veröffentl.; ebenso: OLG Nürnberg, 652

Urt. v. 23.10.2014 – 13 U 1907/12, BauR 2015, 509, 514 zu der vergleichbaren Regelung in § 2 Abs. 6 VOB/B). Wie schon zuvor erläutert, ist nämlich nach § 2 Abs. 5 VOB/B der neue Preis unter Berücksichtigung der Mehr- und/oder Minderkosten zu vereinbaren. Soweit dagegen Stemmer meint (u. a. VergabeR 2004, 549, 560, BauR 2008, 182, 190, BauR 2007, 458, 462), dass für die Mehr- und Minderkosten nur auf die effektiv anfallenden Kosten bzw. Ersparnisse abzustellen sei, trifft dies nicht zu, weil die Parteien mit der Geltung von § 2 Abs. 5 VOB/B etwas anderes vereinbart haben (s. dazu schon oben Rdn. 607 ff., aber auch zu dem Sonderfall bei Vergabegewinnen/-verlusten im Zusammenhang mit Nachträgen bei einem Subunternehmereinsatz Teil A Rdn. 700 ff.; s. dazu auch Luz BauR 2008, 196, der sich sehr kritisch mit Stemmer auseinandersetzt). Gleiches gilt für die Vergütung notwendiger Zusatzleistungen gemäß § 2 Abs. 6 Nr. 2 VOB/B. Sie bestimmt sich nach der Grundlage der Preisermittlung für die ursprüngliche vertragliche und den besonderen Kosten der zusätzlich geforderten Leistung. Danach muss also schon das **Nachtragsangebot vom Auftragnehmer auf der Basis des Hauptangebots kalkuliert** werden, d. h.: Ein guter Preis im Hauptangebot bleibt auch beim Nachtrag ein guter Preis, während ein schlechter Preis beim Nachtrag schlecht bleibt und nicht aufgebessert werden kann (Vygen, BauR 2006, 894).

▸ **Beispiel:**

Bei den Lohnkosten kommt eine Änderung des Mittellohnes gegenüber dem Hauptauftrag ausnahmsweise nur dann in Betracht, wenn für die geänderte oder zusätzliche Leistung eine andere Zusammensetzung des Personals (z. B. andere Kolonne) auf der Baustelle notwendig oder eine Lohnerhöhung wirksam wird, die den Auftragnehmer bei unverändertem und ungestörtem Bauablauf nicht oder nicht in diesem Ausmaß getroffen hätte (vgl. Leitfaden für die Berechnung der Vergütung bei Nachtragsvereinbarungen, Abschnitt 510 im VHB Ziff. 4.1.1).

653 Auf dieser Grundlage muss der **Auftragnehmer also seine Mehrkosten plausibel herleiten** (s. dazu auch näher Teil B Rdn. 241 ff.): Er kann und darf somit nicht einfach pauschal eine Mehrvergütung verlangen, sondern ist nicht zuletzt aus seiner Kooperationspflicht (BGH, Urt. v. 28.10.1999 – VII ZR 393/98, BGHZ 143, 89, 93 = BauR 2000, 409, 410 = NJW 2000, 807,808) heraus verpflichtet, diese sogar im Bedarfsfall nachvollziehbar auf der Grundlage seiner Kalkulation und der insoweit geltenden VOB/B zu erläutern (KG, Urt. v. 21.1.2011 – 7 U 74/10, BauR 2011, 1498, 1499 = NJW-RR 2011, 818, 819 = NZBau 2011, 424, 425, das bei einem groben Verstoß dagegen sogar ein Recht des Auftraggebers zur Vertragskündigung annahm). Dabei dürfte es aber genügen, sich auf die Positionen des Hauptvertrages zu beschränken, die für die Nachtragsvergütung relevant sind. Aus der Darstellung muss jedoch ersichtlich sein, dass in Folge der Leistungsänderung Mehrkosten entstehen, weshalb auch

dazu im Bedarfsfall im Nachtrag Erläuterungen zu erfolgen haben (OLG München, Urt. v. 14.7.2009 – 28 U 3805/08, Nichtzul.-Beschw. zurückgew., BGH, Beschl. v. 28.7.2011 – VII ZR 140/09, IBR 2011, 11; OLG Köln, Urt. v. 28.1.2014 – 24 U 199/12, BauR 2014, 1309, 1310). Denn es ist ja keineswegs zwingend, dass durch eine Leistungsänderungsanordnung überhaupt und wenn ja in welchem Umfang Mehrkosten (oder flankierend Minderkosten) anfallen (s. dazu schon oben Rdn. 607).

▸ **Beispiel:**

Der Bauherr ordnet eine Leistungsänderung an. Der Auftragnehmer hatte für diese Teilleistung eine Subunternehmerleistung kalkuliert, der seinerseits keine Mehrkosten geltend macht. Dann kann auch der Auftragnehmer – mangels Mehrkosten – keine Mehrvergütung vom Bauherrn verlangen

Sind somit bei der Neufestsetzung des oder der vereinbarten Preise **alle durch die Änderungsanordnung adäquat kausal verursachten Mehr- und Minderkosten** zu berücksichtigen, gilt dies sowohl für den Pauschal- als auch für den Einheitspreisvertrag (s. zum Pauschalvertrag auch Vygen/Joussen, Bauvertragsrecht, Rn. 2316 ff.). Konkret heißt das: 654

- Bei **Einheitspreisverträgen** hat die Neufestlegung des Preises für jede einzelne durch die Änderungsanordnung betroffene Position bei dem für die jeweilige Position maßgeblichen vertraglich vereinbarten Einheitspreis zu erfolgen (BGH, Urt. v. 14.3.2012 – VII ZR 142/12, BGHZ 197, 52, 55 = BauR 2013, 943, 944 = NJW 2013, 2423, 2424 = NZBau 2013, 364, 365; OLG Nürnberg, Urt. v. 23.10.2014 – 13 U 1907/12, BauR 2015, 509, 514 zu der vergleichbaren Regelung in § 2 Abs. 6 VOB/B; ebenso Ingenstau/Korbion/Keldungs, § 2 Abs. 5 VOB/B, Rn. 34). Es genügt, dass einzelne Positionen durch die Änderungsanordnung nur mittelbar betroffen sind (vgl. Heiermann/Riedl/Rusam/Kuffer, § 2 VOB/B, Rn. 154). Dies wird bei der **zeitabhängigen Vorhaltung der Baustelleneinrichtung** sogar fast die Regel sein, sofern diese gesondert ausgewiesen ist.
- Das bisherige Preisgefüge bleibt bestehen, soweit es durch die Änderung nicht berührt wird. Dies hat zur Folge, dass der vom Auftragnehmer eingeplante und seiner zur Vertragsgrundlage gewordenen Preiskalkulation zugrunde gelegte **Gewinn** bei der Festsetzung des neuen Preises nicht geschmälert, aber auch nicht aufgebessert werden kann (BGH, a. a. O.).
- Ein Preisausgleich wegen Mengenänderungen (vor allem Mengensteigerungen) findet nicht statt. § 2 Abs. 3 Nr. 3 VOB/B, der Entsprechendes bei reinen Mengenveränderungen ohne Leistungsänderungsanordnung vorsieht, gilt hier nicht (s. Vygen/Joussen, Bauvertragsrecht, Rn. 2260).
- Die Beibehaltung des bisherigen Preisgerüsts bedeutet weiter, dass **vereinbarte Nachlässe** auf die Kalkulation der Nachträge durchschlagen (so

OLG Düsseldorf, Urt. v. 22.9.1992 – 23 U 224/91, BauR 1993, 479, 480 = OLGR 1993, 118; OLG Hamm, Urt. v. 13.1.1995 – 12 U 84/94, BauR 1995, 564 f. = NJW-RR 1995, 593; streitig, s. dazu sogleich Rdn. 668).

- Schließlich können **Kalkulationsfehler** bei der Neufestsetzung eines Preises im Rahmen des § 2 Abs. 5 VOB/B nicht berücksichtigt, also nachträglich nicht ausgeglichen werden, soweit sich das nicht aus anderen Gründen gerechtfertigt erscheint (s. Rdn. 632 ff.). Dies gilt sowohl für eine etwaige Kostenunter- als auch eine Kostenüberdeckung (s. o. Rdn. 601).

655 In der Praxis mögen diese allgemeinen Grundsätze teilweise auf Schwierigkeiten stoßen. Das beruht darauf, dass sich vor allem in Einheitspreisverträgen nicht immer **klare Bezugspositionen** finden lassen oder sonst ein Rückgriff auf die Angebotskalkulation möglich ist. Der Bundesgerichtshof hat aber dazu inzwischen in Anlehnung an die vorstehend skizzierten Grundsätze klargestellt, dass auch in Zweifelsfällen die Ermittlung der Vergütung für die geänderte Leistung im Anwendungsbereich des § 2 Abs. 5 VOB/B bei einem entsprechenden Verständnis der Parteien bezüglich einer **vorkalkulatorischen Preisfortschreibung** in der Weise erfolgt, dass – soweit wie möglich – an die Kostenelemente der Auftragskalkulation angeknüpft wird (BGH, Urt. v. 14.3.2012 – VII ZR 142/12, BGHZ 197, 52, 56 = BauR 2013, 943, 944 = NJW 2013, 2423, 2424 = NZBau 2013, 364, 365; OLG Düsseldorf, Urt. v. 25.10.2013 – 22 U 21/13, BauR 2014, 700, 704; OLG Düsseldorf, Urt. v. 21.11.2014 – 22 U 37/14, BauR 2015, 494, 500; OLG Dresden, Urt. v. 15.01.2015 – 9 U 764/14, noch nicht veröffentl.; OLG Nürnberg, Urt. v. 23.10.2014 – 13 U 1907/12, BauR 2015, 509, 514, zu der vergleichbaren Frage im Anwendungsbereich des § 2 Abs. 6 VOB/B; ebenso: Kapellmann/Messerschmidt/Kapellmann, B § 2 VOB/B Rn. 213; Ingenstau/Korbion/Keldungs, B § 2 Abs. 5 Rn. 33; Drittler, Kap. 2 Rn. 197), d. h.:

656
- Abzustellen ist – wie schon erläutert – in erster Linie auf die **Auftragskalkulation der geänderten Position** (Kapellmann/Schiffers, Bd. 1, Rn. 1001; Heiermann/Riedl/Rusam/Kuffer, B § 2 Rn. 167, 169; s. auch allgemein Teil B Rdn. 241 ff.). Das schließt allerdings nicht aus, dass sich die Mehr- und Minderkosten in Folge einer Leistungsänderung auch in anderen Positionen niederschlagen können (Kleine-Möller/Merl, § 12 Rn. 537; Reister, Kap. V., 5.3.1). Werden danach von der Leistungsänderung Kostenelemente betroffen (die nicht betroffenen bleiben also unverändert), sind für den neu zu bildenden Einheitspreis grundsätzlich die gleichen Kostenansätze zu wählen wie in der vom Auftragnehmer dem Vertrag zugrunde gelegten Kalkulation (Teil B Rdn. 242; Althaus/Heindl, Rn. 164; Kapellmann/Schiffers, Bd. 1, Rn. 1000, 1012, 1051, 1074). Wirkt sich die Leistungsänderung danach also z. B. im Ergebnis nur wie eine Mengenänderung aus, so wird der neue Preis in Anlehnung an die Preisermittlungsregeln des § 2 Abs. 3 Nr. 2 VOB/B ermittelt. Der Rückgriff auf eine andere Bezugsposition des

Vertrages ist dann nicht notwendig (Kapellmann/Schiffers, a. a. O., Rn. 1051 und 1010 für den Fall einer Mengenmehrung durch zusätzliche Leistung).

- Wenn die Auftragskalkulation dagegen **keine passende Bezugsposition** enthält, kann, soweit das mit dem sonstigen Kalkulationssystem in Einklang zu bringen ist, nach einer vergleichbaren Position in der Auftragskalkulation des gesamten Vertrages gesucht und anhand dieser die Kalkulation analog fortgeschrieben werden. Die Heranziehung einer solchen Bezugsposition dient dabei ebenfalls dem Grundsatz, den neuen **Preis auf der Basis des Vertragspreisniveaus fortzuschreiben** (Althaus/Heindl, Rn. 175; Kapellmann/Schiffers, Bd. 1, Rn. 1004). Bei der Frage, welche Bezugsposition herangezogen wird, darf jedoch nicht einfach eine passende Position genommen, sondern müssen auch die sonstigen Umstände der gesamten Auftragskalkulation berücksichtigt werden. Dies gewinnt vor allem an Bedeutung, wenn sich als Bezugsposition mehrere Positionen anbieten. 657

▶ **Beispiel:** (nach BGH, Urt. v. 14.3.2013 – VII ZR 142/12, a. a. O.)

Ein Auftragnehmer hat bestimmte, im Wesentlichen gleichartige Positionen eines Auftrags für den Straßenbau, wie z. B. die Herstellung der verschiedenen Schichten für eine Deckenerneuerung oder einen grundhaften Neuausbau, in unterschiedlicher Weise einmal für ihn günstig und einmal für ihn ungünstig kalkuliert.

In Fällen wie diesen kann für die Ermittlung der „richtigen" Bezugsposition für die Preisfortschreibung bei Leistungsänderungen nicht ohne Weiteres wegen einer geringen Änderung im Material oder wegen einer Änderung der Mengen der neue Preis aus einer für den Auftragnehmer ungünstigen Position hergeleitet werden. Es muss vielmehr eine **Gesamtschau** erfolgen, mit der sichergestellt wird, dass der Auftragnehmer durch die Leistungsänderung keine Nachteile in Kauf nehmen muss – und zwar vor allem dahingehend, dass ihm jedenfalls die Deckungsbeiträge für den Gewinn aus dem ursprünglich geschlossenen Vertrag erhalten bleiben müssen (BGH, a. a. O., Kapellmann/Schiffers, Bd. 1, Rn. 1004; Ingenstau/Korbion/Keldungs, B § 2 Abs. 5 Rn. 33).

Mit diesen Grundsätzen sollte eine Preisfortschreibung im Wesentlichen gelingen. Ergänzend mag immerhin noch ein Blick auf den an dieser Stelle schon mehrfach erwähnten **Leitfaden** (dort Ziffer 4) **des Vergabehandbuchs des Bundes zur Berechnung der Vergütung bei Nachträgen** (VHB – hier Ausgabe 2008, August 2014) geworfen werden, der dazu weitere Erläuterungen für die Vereinbarung der Nachtragspreise aufstellt. Daraus lassen sich ergänzende Kriterien herleiten, die bezogen auf bestimmte Einzelbestandteile der 658

Preisbildung wiederum eine ggf. allgemeine Bedeutung für die Aufstellung von Nachträgen haben dürften:

- **Lohnkosten**

659 Bezüglich der Lohnkosten wird nach Ziff. 4.1 des VHB zunächst mit einem konstanten Mittellohn kalkuliert. Dessen Änderung ist bei einem Nachtrag zu berücksichtigen, wenn für die geänderte oder zusätzliche Leistung eine andere Zusammensetzung des Personals der Baustelle erforderlich und eine Lohnerhöhung wirksam geworden ist, die den Auftragnehmer bei einem den erteilten Auftrag entsprechenden Ablauf nicht oder nicht in diesem Umfang betroffen hätte und eine Lohngleitklausel nicht vereinbart ist. Sodann müssen die Zeitmengenansätze denen vergleichbarer Leistungen des Hauptauftrages bzw. – wenn solche nicht vorliegen – Erfahrungswerten, Akkordtabellen u. a. entsprechen. Änderungen der Lohnzusatzkosten (Summe aus Sozialkosten, Soziallöhnen und lohnbezogenen Kosten) und Lohnnebenkosten (z. B. Fahrtkosten, Auslöse u. a.) dürfen nur berücksichtigt werden, wenn sie bei der Preisermittlung der beauftragten Angebote kalkulatorisch nicht erfasst werden konnten.

- **Stoff- und Materialkosten**

660 Bei den Stoff- bzw. Materialkosten ist gemäß Ziff. 4.2 des VHB der Einstandspreis aus dem Angebot, d. h. der Preisermittlung des Hauptauftrages heranzuziehen. Ein anderer Einstandspreis darf nur angesetzt werden, wenn wegen der Änderung des Bedarfs an Stoffen andere Voraussetzungen für die Beschaffung vorliegen (z. B. andere Bezugsquellen). Dies ist in geeigneter Weise (z. B. durch Listenpreise, vom Auftragnehmer vorzulegende Rechnungen oder durch Mittelpreise aus Angeboten einschlägiger Lieferanten) nachzuweisen. Abweichende Materialkosten können sich allerdings auch aus zwischenzeitlich erfolgten Materialpreissteigerungen, aus geringeren Mengenrabatten für Nachbestellungen oder Lieferschwierigkeiten ergeben. Die in der Preisermittlung des beauftragten Hauptauftrages enthaltenen Zuschlagssätze auf Stoffe gelten auch für die Berechnung des neuen Preises.

- **Gerätekosten**

661 Besondere Schwierigkeiten bereiten häufig die Gerätekosten, für die nach Ziff. 4.3 des Vergabehandbuchs folgende Grundsätze zur Anwendung kommen:

- Die in der Preisermittlung des Hauptauftrages enthaltenen Ansätze für die einzelnen Geräte gelten grundsätzlich auch für die Bildung des neuen Preises. Sind wegen der Änderung oder Ergänzung der Leistung zusätzliche oder andere Geräte einzusetzen, sind die Kosten hierfür entsprechend den Ansätzen in der Preisermittlung des Hauptauftrages zu berechnen.
- Mindert sich der Geräteeinsatz, so ist der Preis entsprechend zu verringern.

- Soweit die Kosten der Vorhaltung (kalkulatorische Abschreibung, Verzinsung und kalkulatorische Reparaturkosten) bereits mit den Einheitspreisen abgegolten sind, wird keine zusätzliche Vergütung für die Vorhaltung gewährt.
- Ist die Vorhaltung in einer Position gesondert als Teilleistung vereinbart worden, so ist der Preis entsprechend den für den Hauptauftrag maßgebenden Ermittlungsgrundlagen zu ändern; bei einem Pauschalpreis gilt auch insoweit § 2 Abs. 3 Nr. 4 VOB/B.
- Die Bereitstellungskosten (für Auf- und Abladen, An- und Abtransport und evtl. Auf- und Abbau) von zusätzlichen Geräten können im neuen Preis berücksichtigt werden.

- **Baustellengemeinkosten**

Für die Gemeinkosten der Baustelle, also z. B. lohngebundene und lohnunab- **662**
hängige Kosten wie Soziallöhne und Sozialkosten, Lohn- und Gehaltsnebenkosten, Baustelleneinrichtungskosten, Gerätekosten oder Kosten für Bauhilfs- und Betriebsstoffe, bedarf es nach Ziff. 4.6 des Vergabehandbuchs bei der Ermittlung der Nachtragspreise zunächst der Feststellung, ob diese Gemeinkosten ausschließlich in besonderen Positionen des Leistungsverzeichnisses (Baustelleneinrichtungsposition) oder aber teilweise in einer besonderen Position und teilweise als Zuschlag auf die Einzelkosten kalkuliert worden sind. Im letzteren Fall greifen die entsprechenden Regelungen für die Lohn- und Stoffkosten auch hier ein.

Sodann heißt es in Ziff. 4.6.2 des Leitfadens des VHB zur Vergütung von Nach- **663**
trägen weiter, dass eine **Änderung der Baustellengemeinkosten** nur in Betracht komme, wenn durch Mengenänderungen, geänderte oder zusätzliche Leistungen bzw. Bauzeitveränderungen auch die Höhe der Gemeinkosten beeinflusst werde. Dies wäre z. B. denkbar, wenn eine Änderung der Baustelleneinrichtung erforderlich wird oder in Folge gesetzlicher oder tarifvertraglicher Regelungen andere als die dem Hauptauftrag zugrunde liegenden Sozialkosten anfielen. Überzeugend ist diese Vorgabe des Vergabehandbuches an dieser Stelle jedoch nicht (kritisch ebenso Althaus, BauR 2012, 1841). Denn auf die tatsächlichen Ist-Werte bei der späteren Bauausführung kommt es bei den Baustellengemeinkosten genauso wenig an wie sonst bei der vorkalkulatorischen Preisfortschreibung, d. h.: Auch hier ist wie sonst (s. o. Rdn. 608 ff.) zu prüfen, wie ein Kalkulator unter Beibehaltung der weiteren Kalkulationsannahmen den Preis (plausibel) kalkuliert hätte, wenn er von Anfang von der geänderten Leistung gewusst hätte. Insoweit dürfen wegen der Leistungsänderungen auch mit der Kalkulation verbundene Kostenüber- oder -unterdeckungen gerade zu den Baustellengemeinkosten nicht verloren gehen (s. o. Rdn. 610).

▶ **Beispiel:**

Der Auftragnehmer hat im Rahmen der Baustellengemeinkosten mit zwei Bauleitern kalkuliert, wäre aber tatsächlich mit einem Bauleiter ausgekommen. Dann steht dieser Vorteil ähnlich dem Bild des gegenüber seiner Kalkulation schneller arbeitenden Auftragnehmers (s. o. Rdn. 615) allein ihm zu. Dieser Vorteil darf ihm über eine angeordnete Leistungsänderung nicht genommen werden, d. h.: Wenn jetzt eine Leistungsänderung mit Mehrmengen angeordnet wird mit der Folge, dass der AN tatsächlich zwei Bauleiter benötigt, kann er für diesen zweiten Bauleiter Mehrkosten geltend machen.

Schwieriger ist der Sachverhalt zu beurteilen, wenn der Auftragnehmer die Baustellengemeinkosten umsatzabhängig kalkuliert hat. Kommt es hier zu Umsatzerhöhungen, werden richtigerweise auch die Zuschläge fortgeschrieben. Kommt es umgekehrt zu Mindermengen, hat in jedem Fall eine Ausgleichsberechnung stattzufinden mit dem Ziel, dass dem Auftragnehmer die Deckungsbeiträge für die Baustellengemeinkosten erhalten bleiben müssen, soweit er nicht dem Grundgedanken des § 2 Abs. 3 Nr. 3 VOB/B folgend durch Mengenmehrungen in anderen Positionen einen Ausgleich dafür erhält (Althaus, a. a. O., S. 1845 f.).

- **Nachunternehmerleistungen**

664 Ähnlich problematisch wie bei den Baustellengemeinkosten gestalten sich die Regelungen des Vergabehandbuchs zu dem Nachweis von Mehrkosten im Zusammenhang mit Sub- bzw. Nachunternehmerleistungen. Dies gilt allerdings zunächst weniger für die erste Forderung in Ziff. 4.5.1, wonach der in der Preisermittlung des beauftragten Angebotes zugrunde gelegte Zuschlagssatz für Nachtunternehmerleistungen auch für die Kalkulation der neuen Preise gilt. Dagegen ist nichts einzuwenden. Ziff. 4.5.2 verlangt dann allerdings weitergehend, dass auf Verlangen vom Auftragnehmer auch für Nachunternehmerleistungen die Angaben zur Preisermittlung des Nachunternehmers (d. h. dessen Kalkulation) vorzulegen seien, damit im Zweifelsfall die Auskömmlichkeit der Preise überprüft werden könne. Diese Forderung ist allerdings mehr als zweifelhaft:

665 - Bei einem richtigen Verständnis der VOB/B müsste es richtigerweise genügen, dass der Auftragnehmer zur Rechtfertigung seiner Nachtragsvergütung den ursprünglichen Angebotspreis des Subunternehmers und dessen neuen Angebotspreis für die geänderten oder zusätzlichen Leistungen vorlegt, also dessen Nachtragsangebot (s. dazu Joussen/Vygen, Subunternehmervertrag, Rn. 550 ff.). Für die aufgestellte Forderung des VHB auch zur Vorlage der Subunternehmerkalkulation gibt es dagegen keine Grundlagen. So ist der Auftragnehmer im Zweifel nicht einmal ohne Weiteres be-

rechtigt, die Kalkulationsunterlagen seines Subunternehmers, bei denen es sich immerhin um Geschäftsgeheimnisse handelt, an Dritte weiterzureichen, sodass der Auftraggeber schon deshalb die Vorlage nicht verlangen kann.

Ohnehin ist unklar, ob die Kalkulation des Subunternehmers bei Diskussionen zur Nachtragshöhe zwischen Bauherrn und Generalunternehmer überhaupt weiterhilft. Denn gerade bei Abweichungen von der geschuldeten Soll-Leistung in den verschiedenen Verträgen muss eine solche keinesfalls aussagekräftig sein; auch können die **Kalkulationen von General- und Subunternehmer auf völlig verschiedenen Annahmen** beruhen (s. dazu auch Rdn. 696 ff.). Im Extremfall ist es sogar denkbar, dass dem Subunternehmer gegenüber dem Hauptunternehmer keine Nachtragsforderung zusteht, während sich für den Hauptunternehmer sehr wohl eine begründete Nachtragsforderung ergeben kann und umgekehrt. 666

▶ **Beispiel:**

Im Generalunternehmerverhältnis ist ein Einheitspreisvertrag geschlossen, während der Generalunternehmer mit dem Subunternehmer einen Pauschalvertrag vereinbart hat. Kommt es jetzt zu Mengenmehrungen, liegt auf der Hand, dass die Kalkulation des Nachunternehmers keinen Einfluss auf die Preisgestaltung im Generalunternehmerverhältnis haben kann. Dasselbe gilt, wenn etwa der Subunternehmer im Rahmen seines Pauschalpreises bereits Leistungen übernommen hat, die im Verhältnis zwischen Bauherrn und Generalunternehmer noch nicht im Vertrag enthalten sind und deswegen dort Zusatzleistungen darstellen.

Weitere Probleme ergeben sich, wenn eine ausgeschriebene Leistung **zunächst als Eigenleistung vorgesehen** und kalkuliert war, diese dann durch den Auftraggeber erheblich geändert und/oder erweitert wird und der Auftragnehmer **zur Ausführung jetzt** – von sich aus oder aus notwendigen zeitlichen Gründen – **Subunternehmer heranzieht** (s. dazu näher Joussen/Vygen, Subunternehmervertrag, Rn. 338 ff.). Hier stellt sich die Frage, ob der Auftragnehmer sein Nachtragsangebot auf der Basis des Hauptangebots als Eigenleistung kalkulieren kann und muss. Alternativ käme in Betracht, seiner Nachtragskalkulation die möglicherweise niedrigeren oder auch höheren Subunternehmerkosten zugrunde zu legen. In der Regel wird man der ersten Alternative den Vorzug geben müssen, sodass es auf die tatsächlichen Kosten – höher oder niedriger – nicht ankommt. Grund hierfür ist der sich aus § 2 Abs. 5 und 6 VOB/B ergebende allgemeine Grundsatz für Nachtragspreise, wonach **stets die kalkulatorischen Kosten**, nicht aber die tatsächlich entstehenden Mehr- oder Minderkosten maßgeblich sein sollen und sind. Dies wiederum zeigt sich schon anschaulich daran, dass zumindest nach dem Verständnis von § 2 Abs. 5 und Abs. 6 VOB/B die 667

Nachtragspreisvereinbarungen bereits vor der Ausführung der Leistungen getroffen werden (sollen).

- **Allgemeine Geschäftskosten, Wagnis, Gewinn, Nachlass**

668 Schließlich sind bei der Kalkulation des Nachtragsangebots nach Ziff. 4.7 des Vergabehandbuchs die Zuschlagssätze für Allgemeine Geschäftskosten, Wagnis und Gewinn aus dem Hauptauftrag zu übernehmen. Daraus folgt zugleich, dass **Nachlässe**, die der Auftragnehmer im Hauptauftrag auf seine Angebotspreise gewährt hat und vertraglich vereinbart wurden, **auch bei der Kalkulation der Nachtragsangebote zu berücksichtigen** sind (OLG Düsseldorf, Urt. v. 22.9.1992 – 23 U 224/91, BauR 1993, 479, 480 = OLGR 1993, 118; OLG Hamm, Urt. v. 13.1.1995 – 12 U 84/94, BauR 1995, 564 f. = NJW-RR 1995, 593; ausführlich auch Rohrmüller, BauR 2008, 9 ff.). Zwar wird hier teilweise davon abweichend eine andere Auffassung vertreten – verbunden mit der wesentlichen Argumentation, dass in dem Nachlass ein rein akquisitorisches Instrument liege, das lediglich zur Erlangung des Auftrages gewährt werde (so Kapellmann, NZBau 2000, 57, 59). Überzeugend ist dieser Einwand allerdings nicht: Denn vorstehender Beweggrund gilt für die gesamte Preisgestaltung: Daher ist nicht ersichtlich, dass die Reduktion eines Vertragspreises bei Gewährung eines Nachlasses aus anderen Motiven erfolgt, als die Stellung eines günstigen Preises von Anfang an. Natürlich ersetzt dieser Grundsatz nicht eine vorrangige Auslegung des Vertrages (so auch OLG Köln, Urt. v. 8.10.2002 – 24 U 67/02, NJW-RR 2003, 667, 668). Danach kann sich z. B. ergeben, dass ein Nachlass wirklich nur für die Hauptvertragssumme gelten sollte und nicht etwa für Zusatzleistungen im Anwendungsbereich des § 2 Abs. 6 VOB/B. In diesem Fall wäre dann aber schon nach der Auslegung der dem Bauvertrag zugrunde liegenden Willenserklärungen der Nachlass inhaltlich beschränkt. Im Allgemeinen bleibt es jedoch dabei, dass ein Nachlass auf den Vertragspreis genauso zu einer Gewinnschmälerung des Unternehmers führt wie der vergleichbare Tatbestand, dass der Unternehmer sogleich einen günstigeren Preis angeboten hätte (ebenso Beck'scher VOB/B-Komm./Jansen § 2 Nr. 5 Rn. 58; Leinemann/Schoofs, § 2 Rn. 217). Beides stellt kalkulative Ansätze dar, die bei den Nachträgen erhalten bleiben (vgl. auch kritisch Ingenstau/Korbion/Keldungs, VOB/B, § 2 Abs. 5 Rn. 39).

669 Ergänzend zu vorstehenden Erläuterungen zu dem Leitfaden zur Vergütung von Nachträgen aus dem Vergabehandbuch des Bundes, die dem Grunde nach jedenfalls teilweise auch bei sonstigen Nachträgen im Anwendungsbereich der VOB/B einschlägig sein dürften, kann weiter festgehalten werden, dass bei der Nachtragskalkulation in jedem Fall auch **Kalkulationsfehler des Auftragnehmers** zu berücksichtigen sind, die bei Nachträgen nicht auszugleichen sind, ebenso wenig wie spekulativ besonders hohe Einheitspreise bei Leistungsänderungen gerade dieser Positionen. Etwas anderes gilt lediglich, wenn der für die geänderte Leistung heranzuziehende Preis sich mit Wissen und Wollen des Auftragnehmers in einem **wucherähnlichen Missverhältnis** befindet und deswegen keinen Bestand haben kann (BGH, Urt. v. 18.12.2009 – VII ZR 201/06, BGHZ 179, 213, 216 = BauR 2009, 491, 492 = NJW 2009, 835 = NZBau 2009, 232; Urt. v. 14.3.2013 – VII ZR 116/12, BGHZ 196, 355, 362 = BauR 2013, 1121, 1123 = NJW 2013, 1953, 1954 = NZBau 2013, 369, 371; s. oben Rdn. 625 ff.). Ebenso ist außerhalb einer danach sittenwidrigen Preisgestaltung denkbar, dass in Folge einer Leistungsänderung und der jetzt notwendigen Neuberechnung der Preise das Äquivalenzverhältnis zwischen Leistung und Preis so tief gehend gestört ist, dass den Parteien ein Festhalten an dem so gefundenen Preis nicht mehr zuzumuten ist. Er könnte dann über die Grundsätze der **Störung der Geschäftsgrundlage** anzupassen sein (s. dazu grundsätzlich BGH, Beschl. v. 23.3.2011 – VII ZR 216/08, BauR 2011, 1162, 1163 = NJW-RR 2011, 886, 887 = NZBau 2011, 353, hier zu § 2 Abs. 3 VOB/B sowie BGH, Urt. v. 30.6.2011 – VII ZR 13/10, BauR 2011, 1646, 1649 = NJW 2011, 3287, 3289 = NZBau 2011, 553, 559 zur Preisanpassung bei Pauschalverträgen; s. dazu auch Kapellmann NZBau 2012, 275). Auf Einzelheiten wurde oben schon näher eingegangen. Darauf wird verwiesen (Rdn. 632 ff.). In aller Regel wird es sich hierbei um eine Korrektur von krassen und eben im Ergebnis nicht mehr zumutbaren Einzelfällen handeln, die nicht verallgemeinerungsfähig sind. Denn auch diese Ausnahmefälle können nicht verdecken, dass die **Kalkulation der Angebotspreise vorrangig im alleinigen Risikobereich des Auftragnehmers liegt**, und zwar sowohl bezüglich zu niedriger als auch zu hoher Einheitspreise.

In den meisten derartigen Fällen kann allerdings der Auftraggeber die Aus- 670
führung solcher erheblicher Zusatzleistungen oder Mehrmengen ohnehin gar nicht einseitig vom Auftragnehmer verlangen, weil es sich nicht um Fälle des § 1 Abs. 3 VOB/B bzw. § 1 Abs. 4 S. 1 VOB/B handelt oder die Zumutbarkeitsschwelle überschritten ist. Stattdessen wird es vorrangig um Sonderwünsche des Auftraggebers gehen, die dieser gemäß § 1 Abs. 4 S. 2 VOB/B dem Auftragnehmer ohnehin nur mit dessen Zustimmung übertragen kann (sog. **Anschlussaufträge**). Schon deshalb kann der Unternehmer seine Zustimmung von einer angemessenen bzw. üblichen Vergütung abhängig machen. Diese steht ihm jedoch gemäß § 632 Abs. 2 BGB auch ohne Vereinbarung zu, da kein Fall des § 2 VOB/B vorliegt (s. zu dieser wichtigen Unterscheidung: Vygen/Joussen, Bauvertragsrecht, Rn. 2291 ff.). Dementsprechend geht in gleicher Weise auch der Leitfaden des Vergabehandbuches des Bundes (dort Ziff. 1.4.1 i. V. m. Ziff. 2.6) davon aus, dass in diesen Fällen die Preise für solche nicht notwendigen Zusatzleistungen im Sinne des § 1 Abs. 4 S. 2 VOB/B unabhängig von der Preisermittlung des Hauptauftrages frei vereinbart werden können.

Sollte nach allem der Auftragnehmer mit einem finanziellen Ausgleich bei 671
einem nach Anordnung des Auftraggebers entstehenden Mehraufwand aus-

fallen, so bleibt ggf. noch ein **Schadensersatzanspruch** aus §§ 280 Abs. 1, 311 Abs. 2, 241 Abs. 2 BGB wegen eines Verschuldens bei Vertragsverhandlungen bzw. beim Vertragsabschluss. Dieser könnte darauf beruhen, dass der Auftraggeber die Mengen fahrlässig falsch (zu niedrig) oder notwendige Zusatzleistungen gar nicht ausgeschrieben hat. Hat der Auftragnehmer in diesen Fällen zu Unrecht auf die Richtigkeit der ausgeschriebenen Mengen und die Vollständigkeit der ausgeschriebenen Leistungen zur Erreichung des geschuldeten Werkerfolges vertraut, könnte das zwar dazu führen, dass er allein deswegen wegen der zu Unrecht nicht ausgeschriebenen Mengen u. a. gleichwohl ein entsprechendes Risiko übernommen hat. In Folge dessen könnte er bei deren Anfall und einer darauf gerichteten Anordnung mangels Leistungsänderung keinen Mehrvergütungsanspruch nach § 2 Abs. 5 oder 6 VOB/B geltend machen. All das ändert aber nichts an der gleichwohl bestehenden vorherigen Pflichtverletzung des Auftraggebers bei der Erstellung der Vertragsunterlagen, die für sich genommen eben auch einen Schadensersatzanspruch auslösen kann (s. oben ausführlich Rdn. 486). Diese Möglichkeiten sind auch dann von besonderer Bedeutung, wenn sich erhebliche Mehrmengen bei der Ausführung gegenüber den ausgeschriebenen Mengen und dadurch bedingte Mehrkosten für den Auftragnehmer ergeben, § 2 Abs. 3 VOB/B ausgeschlossen ist (was in AGB zulässig ist: BGH, Urt. v. 8.7.1993 – VII ZR 79/92, BauR 1993, 723, 724 f. = NJW 1993, 2738 f.; s. dazu Vygen/Joussen, Bauvertragsrecht, Rn. 681 ff.) und nicht eine Preisanpassung aus sonstigen Gründen (z. B. über die Grundsätze des Wegfalls der Geschäftsgrundlage: BGH, Beschl. v. 23.3.2011 – VII ZR 216/08, BauR 2011, 1162, 1163 = NJW-RR 2011, 886, 887 = NZBau 2011, 353) einen Ausgleich schafft. Allerdings bedarf es auch in diesen Fällen vorrangig der Prüfung, ob diese Mehrmengen nicht ihre Ursache in einer Bauentwurfsänderung (§ 2 Abs. 5 VOB/B) oder in einer fahrlässig fehlerhaften Mengenermittlung durch den Auftraggeber bzw. seinen Planer haben.

5.7.4 Einbeziehung aller Kosten in den Nachtrag/Gesonderte Bauzeitennachträge

672 Oben wurde schon darauf hingewiesen, dass in einer Nachtragsvereinbarung neben den leistungsbezogenen **auch die zeitabhängigen Mehrkosten** zu erfassen sind (Rdn. 639 ff.). Dies gilt natürlich in gleicher Weise für das **Nachtragsangebot des Auftragnehmers,** d. h.: Als Grundlage der Nachtragsvereinbarung muss nachvollziehbarerweise schon das Nachtragsangebot selbst grundsätzlich **alle durch die Leistungsänderung** (Mehrmengen, Leistungsänderung, Änderung der Ausführungsart oder der Bauzeit, Zusatzleistungen) **verursachten Mehrkosten enthalten**. Hierzu zählen insbesondere auch die Mehrkosten, die ggf. durch eine dadurch bedingte Bauzeitverlängerung

oder Bauablaufstörung entstehen. Berücksichtigt der Unternehmer solche Mehrkosten bei Abgabe des Nachtragsangebotes nicht und kommt es auf dessen Grundlage zu einer Nachtragsvereinbarung, so kann er nicht später noch Mehrkosten wegen einer auf der gleichen Ursache beruhenden Bauzeitverlängerung oder Bauablaufstörung geltend machen (so schon OLG Düsseldorf, Urt. v. 24.10.1995 – 21 U 8/95, BauR 1996, 267, 269; OLG Brandenburg, Beschl. v. 18.8.2009 – 11 W 25/08, IBR 2011, 395; OLG München, Urt. v. 26.9.2012 – 9 U 3604/11, Nichtzul.-Beschw. zurückgew., BGH, Beschl. v. 5.6.2014 – VII ZR 187/12, IBR 2014, 652; OLG Köln, Beschl. v. 27.10.2014 – 11 U 70/13, noch nicht veröffentl.; Ingenstau/Korbion/Keldungs, B § 2 Abs. 5 Rn. 47, Kues/Steffen, BauR 2010, 10, 17; a. A. Roquette/Schwager BauR 2008, 734), und zwar auch nicht auf der Grundlage eines Schadensersatzanspruchs nach § 6 Abs. 6 VOB/B (s. zu dem Verhältnis zwischen § 2 Abs. 5 VOB/B und § 6 Abs. 6 VOB/B: Rdn. 435 ff.). Etwas anderes kann nur ausnahmsweise in Betracht kommen, wenn der Auftragnehmer bereits in seinem Nachtragsangebot einen entsprechenden Vorbehalt gemacht hatte (s. dazu mit einem Formulierungsvorschlag, Bruns, ZfIR 2006, 153, 163). Dasselbe gilt, wenn das Nachtragsangebot noch nicht angenommen worden war oder der Unternehmer an sein Nachtragsangebot – z. B. wegen Ablaufs einer ausdrücklich genannten oder der angemessenen Bindefrist (§§ 145 ff. BGB, § 10 Abs. 7 VOB/A) – nicht mehr gebunden ist, er dieses also noch ändern kann. Dabei ist es allerdings eine ganz andere Frage, ob das Nachtragsangebot eines Auftragnehmers mit dem **Vorbehalt einer Nachforderung von Mehrkosten z. B. wegen einer vermeintlichen Bauzeitverlängerung überhaupt schlüssig** aufgestellt werden kann. In aller Regel wird dies nicht möglich sein. Denn dies hieße ja, dass der Auftragnehmer (einstweilen) diese Kosten aus seinem Angebot ausklammern und nur bestimmte Kosten einzelner Elemente der Preisgrundlagen geltend machen würde. Hiermit stände dann aber letztlich gar nicht fest, ob der neue Preis (gegenüber dem alten) wirklich (wenn ja, in welchem Umfang) höher ist – verbunden mit der Verpflichtung des Auftraggebers, die sich daraus ergebende Differenz ausgleichen zu müssen (in diesem Sinne deutlich auch zu verstehen: BGH, Urt. v. 20.8.2009 – VII ZR 205/07, BGHZ 182, 158, 176 = BauR 2009, 1724, 1731 = NJW 2010, 227, 231 = NZBau 2009, 707, 712; Vygen, BauR 2006, 166, 167). Diese Rechtsprechung wird hoffentlich dazu beitragen, der vermehrt anzutreffenden **Unsitte gesonderter „Bauzeitnachträge"** – neben den eigentlichen „Sachkosten" – Einhalt zu gebieten.

5.7.5 Nachtragsprüfung durch den Auftraggeber

Ist nun ein Nachtragsangebot vom Unternehmer eingereicht worden, so ist 673
der **Auftraggeber** gehalten, dieses **unverzüglich zu prüfen**. Nur dann können

die notwendigen Preisvereinbarungen möglichst noch vor der Ausführung der geänderten oder zusätzlichen Leistung, für die das Nachtragsangebot vorgelegt worden ist, getroffen werden. Dies ist in § 2 Abs. 5 und Abs. 6 VOB/B ausdrücklich so vorgesehen. Hierzu sind die Vertragspartner im Rahmen ihrer **beiderseitigen Kooperationspflicht** (s. dazu BGH, Urt. v. 28.10.1999 – VII ZR 393/98, BGHZ 143, 89, 93 = BauR 2000, 409, 410 = NJW 2000, 807, 808) grundsätzlich verpflichtet. Dementsprechend sieht ebenso das Vergabehandbuch des Bundes (dort Leitfaden zur Vergütung von Nachträgen, Abschnitt 510, Ausgabe 2008, Stand August 2014, dort Ziffer 3.2.2) für die öffentlichen Auftraggeber im Rahmen der Verpflichtung zur unverzüglichen Prüfung des Nachtragsangebots vor, dass sofort nach Eingang festzustellen ist, ob das Nachtragsangebot vollständig (dies entfällt im Allgemeinen, wenn der Leistungsbeschrieb gemäß obigen Ausführungen vom Auftraggeber erstellt worden ist) und prüfbar ist. Dabei sind nicht prüfbare Nachtragsangebote zur Ergänzung unter Angabe der Beanstandung zurückzugeben. Weitergehend sieht der soeben erwähnte Leitfaden unter Ziffer 2 die genaue Vorgehensweise bei Nachträgen vor, an die sich der öffentliche Auftraggeber zu halten hat. So werden zunächst Fälle aufgeführt, bei denen eine Nachtragsvereinbarung zur Vergütungsanpassung nicht erforderlich ist, dann aber auch, wann es einer solchen Nachtragsvereinbarung bedarf. All diese Festlegungen im VHB sind von großer praktischer Bedeutung für Nachtragsstreitigkeiten mit öffentlichen Auftraggebern, selbst wenn einzelne Festlegungen darin bestritten sein mögen.

674 Bei der inhaltlichen Prüfung der Nachtragsangebote durch den Auftraggeber geht es sodann nicht darum, pauschal die Preisansätze des Auftragnehmers zu bestreiten oder gar ein günstigeres Angebot eines anderen Unternehmers vorzulegen (OLG Saarbrücken, Urt. v. 29.3.2011 – 4 U 242/10, BauR 2011, 1215 [Ls.] = NJW-RR 2011, 745 = NZBau 2011, 422; Ingenstau/Korbion/Keldungs, VOB/B, § 2 Abs. 5 Rn. 42). Vielmehr ist zunächst festzustellen, ob die **Forderung des Auftragnehmers aus § 2 VOB/B hergeleitet werden** kann. Davon abzugrenzen sind dagegen Leistungen, die

- bereits in der **Leistungsbeschreibung des Hauptauftrages** – evtl. auch in den Vorbemerkungen dazu – **enthalten** sind,
- von dem Leistungsbeschrieb des Hauptauftrages bei entsprechender Auslegung aus Sicht der Bieter (vgl. BGH, Urt. v. 22.4.1993 – VII ZR 118/92, BauR 1993, 595, 596 = NJW-RR 1993, 1109, 1110) noch erfasst werden und sich deshalb die Anordnung des Auftraggebers nicht als eine solche im Sinne des § 2 Abs. 5 VOB/B, sondern als Anordnung zur vertragsmäßigen Ausführung der geschuldeten Leistung gemäß § 4 Abs. 1 Nr. 3 S. 1 VOB/B darstellt (vgl. BGH, Urt. v. 9.4.1992 – VII ZR 129/91, BauR 1992, 759 = NJW-RR 1992, 1046; sowie oben Rdn. 450),

- als Nebenleistung nach den jeweiligen Allgemeinen Technischen Vertragsbedingungen, der DIN 18299 oder auf Grund konkret vereinbarter und AGB-rechtlich unbedenklicher wirksamer Vertragsbedingungen (BVB, ZVB, ZTV, VOB/B) mit den vereinbarten Preisen abgegolten sind (§ 2 Abs. 1 VOB/B) oder
- der Auftragnehmer ohne Auftrag oder unter eigenmächtiger Abweichung vom Vertrag ausgeführt hat und bei der die Voraussetzungen zur Anerkennung nach § 2 Abs. 8 Nr. 2 VOB/B oder § 2 Abs. 8 Nr. 3 VOB/B i. V. m. §§ 683, 670 BGB nicht vorliegen.

Ist diese Vorprüfung für den Auftragnehmer positiv abgeschlossen, so bedarf es der weiteren Prüfung und **Feststellung, welche der möglichen Anspruchsgrundlagen** des § 2 VOB/B für den konkreten Fall heranzuziehen ist (vgl. dazu auch Vygen/Joussen, Bauvertragsrecht, Rn. 2180 ff.). Dabei ist insbesondere zu unterscheiden, **675**

- ob Grundlage der Nachtragsforderung des Unternehmers bloße **Mindermengen von mehr als 10%** sind (§ 2 Abs. 3 Nr. 3 VOB/B), die ihre Ursache in einer Fehleinschätzung der Mengen bei der Ausschreibung und nicht in einem Eingriff des Auftraggebers (Teilkündigung bei Wegfall von Leistungen) haben.

  ▶ **Beispiel:**

  Eine nachtragsrelevante Mindermenge läge etwa bei dem angeordneten Entfall von Estricharbeiten im Keller oder im Spitzboden vor.

- ob Grundlage der Nachtragsforderung des Unternehmers bloße **Mehrmengen von mehr als 10%** sind (§ 2 Abs. 3 Nr. 2 VOB/B), die ihre Ursache in einer Fehleinschätzung der Mengen bei der Ausschreibung und nicht in einem Eingriff des Auftraggebers (Änderung des Bauentwurfs oder andere Anordnungen im Sinne des 2 Abs. 5 VOB/B bzw. Forderung von Zusatzleistungen im Sinne des § 2 Abs. 6 VOB/B) haben.

  ▶ **Beispiel:**

  Die Massen erhöhen sich, weil auf Anordnung des Auftraggebers Badezimmerwände nunmehr decken- und nicht mehr türhoch zu fließen sind. Dies ist kein Fall der reinen Mengenmehrung, weil sich das Leistungssoll ändert. Ein Nachtrag könnte hier gestellt werden.

- ob Grundlage der Nachtragsforderung des Unternehmers eine **Teilkündigung** ist (§ 2 Abs. 4 bzw. § 8 Abs. 1 S. 1 und 2 VOB/B), weil der Auftraggeber den Wegfall bzw. die Nichtausführung einzelner Teilleistungen angeordnet hat (vollständiger oder teilweiser Wegfall von Leistungspositionen).

- ob Grundlage der Nachtragsforderung des Unternehmers eine **Änderung des Bauentwurfs** oder eine andere Anordnung des Auftraggebers ist, durch die sich die Preisermittlungsgrundlagen geändert haben (§ 2 Abs. 5 VOB/B);
- ob Grundlage der Nachtragsforderung des Unternehmers das Verlangen des Auftraggebers ist, **nicht vereinbarte Leistungen, die zur Ausführung der vertraglichen Leistung erforderlich** werden (§ 1 Abs. 4 S. 1 VOB/B), mit auszuführen, sodass ihm dafür eine zusätzliche Vergütung gemäß § 2 Abs. 6 VOB/B zusteht, wenn er den Anspruch angekündigt hat oder die Ankündigung ausnahmsweise entbehrlich war (vgl. insbesondere dazu BGH, Urt. v. 23.5.1996 – VII ZR 245/94, BGHZ 133, 44, 47 f. = BauR 1996, 542, 543 = NJW 1996, 2158, 2159; Vygen/Joussen, Bauvertragsrecht Rn. 2286 ff.).
- ob Grundlage der Nachtragsforderung des Unternehmers ein **Sonderwunsch des Auftraggebers** zur Ausführung von Zusatzleistungen ist, die zur Ausführung der vertraglichen Leistung nicht erforderlich sind. Dann nämlich ist der Unternehmer zu deren Ausführung nicht verpflichtet. Vielmehr bedarf es dafür seiner Zustimmung (§ 1 Abs. 4 S. 2 VOB/B), die er von der Vereinbarung einer von ihm gebilligten Vergütung abhängig machen kann, ohne an die Preisermittlungsgrundlage des Hauptauftrages gebunden zu sein (s. Vygen/Joussen, Bauvertragsrecht, Rn. 2286 ff.).
- ob Grundlage der Nachtragsforderung des Unternehmers die Ausführung von **Leistungen ohne Auftrag** oder in eigenmächtiger Abweichung vom Vertrag ist (§ 2 Abs. 8 VOB/B) und ihm deshalb eine zusätzliche Vergütung nur zusteht, wenn der Auftraggeber diese Leistungen nachträglich anerkennt oder wenn diese für die Erfüllung des Vertrages notwendig waren, dem mutmaßlichen Willen des Auftraggebers entsprachen und ihm unverzüglich angezeigt wurden (§ 2 Abs. 8 Nr. 2 VOB/B).
- ob Grundlage ein Anspruch des Auftragnehmers aus einer **Geschäftsführung ohne Auftrag** gemäß § 2 Abs. 8 Nr. 3 VOB/B i. V. m. §§ 683, 670 BGB oder aus ungerechtfertigter Bereicherung gemäß § 812 BGB ist oder
- ob Grundlage der Nachtragsforderung des Unternehmers das **Verlangen des Auftraggebers** ist, **Zeichnungen**, Berechnungen oder andere Unterlagen **zu erstellen**, die der Auftragnehmer nach dem Vertrag, besonders den Technischen Vertragsbedingungen oder der gewerblichen Verkehrssitte, nicht zu beschaffen hat, oder vom Auftragnehmer nicht aufgestellte technische Berechnungen durch den Auftragnehmer nachzuprüfen sind (§ 2 Abs. 9 Nr. 1 und 2 VOB/B).

676 Ist diese Prüfung abgeschlossen und die richtige Einordnung der Nachtragsforderung in eine der vorgenannten Gruppen erfolgt, bleibt abschließend die **Prüfung der Höhe der Forderung**. Dazu gehört insbesondere die Untersuchung, ob der Auftragnehmer sein Nachtragsangebot entsprechend den Regeln des § 2 Abs. 3–9 VOB/B auf der Grundlage der Kalkulation des Hauptauftrages berechnet und alle Bedingungen des Hauptauftrages einschließlich etwaiger vereinbarter Nachlässe berücksichtigt hat. Um die Höhe der Nachtragsangebote überprüfen zu können, bedarf es im Allgemeinen der **Vorlage der Kalkulation des Hauptauftrages**, entsprechender Erläuterungen zu dieser Kalkulation und der jeweils geänderten Position und desgleichen der daraus entwickelten und fortgeschriebenen Kalkulation des Nachtragsangebotes (s. dazu oben Rdn. 607 ff., 652 ff. sowie auch Teil B, Rdn. 222 ff.; Kapellmann/Schiffers, Bd. 1, Rn. 1000 ff.). Diese Anforderungen werden durchweg auch von den Gerichten gestellt, wenn es nicht zu einer Nachtragsvereinbarung gekommen ist. Denn nur durch einen Vergleich dieser beiden Kalkulationen lässt sich – im Prozess ggf. mithilfe eines baubetrieblich ausgerichteten Sachverständigen – feststellen, ob das Nachtragsangebot auf der Basis des Hauptangebotes unter Berücksichtigung der Mehr- und Minderkosten kalkuliert worden ist, wobei eine hinterlegte Urkalkulation natürlich sehr hilfreich sein kann.

5.7.6 Abschluss der Nachtragsvereinbarung

Beide Vertragspartner sollten um eine unverzügliche Nachtragsvereinbarung, **677**
möglichst noch vor der Ausführung der entsprechenden Leistung bemüht sein. Der Auftragnehmer kann eine zügige Bearbeitung des Nachtragsangebotes durch den Auftraggeber und dessen Annahme häufig dadurch beschleunigen, dass er sein Nachtragsangebot mit einer **Bindefrist** versieht, also einer Frist, bis zu deren Ablauf er sich an das Nachtragsangebot gebunden hält (vgl. §§ 145 ff. BGB und § 10 Abs. 7 VOB/A). Fehlt es an einer solchen Bindefrist, so gilt eine **angemessene Frist für die Bindung an das Nachtragsangebot**. Nur so lässt sich die weitverbreitete Unsitte vermeiden, dass Nachtragsangebote zwar vom Unternehmer unverzüglich eingereicht werden, dann aber beim Auftraggeber unbearbeitet liegen bleiben und erst nach Ausführung der Leistungen verhandelt werden. Darin liegt ebenso eine **Verletzung der Kooperationspflicht** wie in dem vom BGH entschiedenen Fall der Weigerung des Auftragnehmers, sein Nachtragsangebot näher zu begründen und die behaupteten Mehrkosten im Einzelnen darzulegen (BGH, Urt. v. 28.10.1999 – VII ZR 393/98, BGHZ 143, 89, 94 = BauR 2000, 409, 411 = NJW 2000, 807, 808). Eine solche Verletzung der Kooperationspflicht führt aufseiten des anderen Vertragspartners möglicherweise zu einem Kündigungsrecht (BGH, Urt. v. 28.10.1999 – VII ZR 393/98, BGHZ 143, 89, 94 = BauR 2000, 409, 411 = NJW 2000, 807, 808). Gleichfalls sind in diesen Fällen erhebliche Auseinandersetzungen über die Höhe der Nachtragsforderungen und in der Folge Rechtsstreitigkeiten kaum zu vermeiden. Denn vielfach glaubt jetzt der Auftraggeber oder weiß es tatsächlich, dass die wirklichen Mehrkosten des Unternehmers für die verändert oder zusätzlich ausgeführte

Leistung viel geringer waren als dieser in seinem Nachtragsangebot kalkuliert hat. Abgesehen davon, dass dies auch durchaus umgekehrt sein kann, also die tatsächlichen Kosten höher liegen können als die im Nachtragsangebot vor der Ausführung kalkulierten Mehrkosten, geht diese Argumentation des Auftraggebers aber ohnehin in die falsche Richtung. Sie verstößt nämlich gegen die Grundsätze des § 2 VOB/B, der **bei Nachtragsvereinbarungen** gerade nicht auf die tatsächlich entstandenen Mehrkosten, sondern auf die **kalkulativen Kosten** abstellt. Vor allem dazu unterscheiden sich die Nachträge gemäß § 2 VOB/B als Teil des Vergütungsanspruchs von dem Schadensersatzanspruch nach § 6 Abs. 6 VOB/B (s. dazu oben Rdn. 435 ff.). Dies wird im Übrigen schon dadurch deutlich, dass die Nachtragsvereinbarung nach § 2 Abs. 5 VOB/B grundsätzlich vor der Leistungsausführung getroffen werden soll, also zu einem Zeitpunkt, in dem nur die kalkulativen Kosten, nicht aber die tatsächlichen Mehr- oder Minderkosten bekannt sind.

678 Für den Abschluss der Nachtragsvereinbarung bestehen ansonsten keine Besonderheiten. Hier gelten die **allgemeinen Regeln des BGB**, d. h.: Für eine wirksame Nachtragsvereinbarung bedarf es **zweier sich deckender Willenserklärungen**. Wird der Auftraggeber durch einen Dritten, vor allem seinen Architekten vertreten, bindet dies den Auftraggeber nur dann, wenn der Architekt über eine ausreichende Vollmacht verfügt (s. dazu Vygen/Joussen, Bauvertragsrecht, Rn. 202 ff.). Sodann ist eine Nachtragsvereinbarung an den sonstigen allgemeinen Grenzen der Zulässigkeit von Rechtsgeschäften zu messen. Dies gilt vor allem dann, wenn die Nachtragsvereinbarung als solche gegen gesetzliche Gebote verstößt oder sittenwidrig ist (s. konkret zu dem sittenwidrigen Verlangen eines wucherähnlichen überhöhten Einheitspreises oben Rdn. 625 ff.).

▶ **Beispiel:** (nach OLG Jena, Urt. v. 17. 1.2007 – 2 U 1091/05, Nichtzul.-Beschw. zurückgew., BGH, Beschl. v. 19.06.2008 – VII ZR 22/07, BauR 2008, 1901)

Auf einer Baustelle fällt zusätzlicher Bodenaustausch an. Der Auftragnehmer bietet einen minderwertigen Boden für einen dann sogar noch um 100% überhöhten Preis an. Der Vertreter des öffentlichen Auftraggebers, der offenbar Kenntnis davon hatte, beauftragt den Nachtrag. Dies sah das OLG als sittenwidrig und die Nachtragsvereinbarung damit als nichtig an.

679 Nicht selten stellt sich in der Praxis die Frage, ob nicht schon durch die Duldung und Entgegennahme der Ausführung der im Nachtragsangebot aufgeführten Leistungen seitens des Auftraggebers dessen **stillschweigende oder konkludente Annahme des Nachtragsangebotes** erfolgt und damit eine Nachtragsvereinbarung zustande gekommen ist. Dies wird man bei öffentlichen Auftraggebern in der Regel verneinen müssen. Denn für diese sind in Gesetzen strenge Formvorschriften verankert, wonach es durchweg der Einhaltung der Schriftform und bestimmter Vertretungsregeln bedarf (vgl. auch BGH, Urt. v. 11.6.1992 – VII ZR 110/91, BauR 1992, 761, 762 = NJW-RR 1992, 1435, 1436; BGH, Urt. v. 27.11.2003 – VII ZR 346/01, BauR 2004, 495, 495 f. = NJW-RR 2004, 449, 450). Jedoch sind Ausnahmefälle denkbar.

▶ **Beispiel:** (nach KG, Urt. v. 12.2.2008 – 21 U 155/06, BauR 2009, 650)

Der Auftragnehmer stellt einen Nachtrag. Nach langen Verhandlungen, bei denen zumindest kein ausdrückliches Ergebnis erzielt wird, stellt der Auftragnehmer seine mit dem Nachtrag berechtigten Mehrkosten in eine Abschlagsrechnung ein, die der (öffentliche) Auftraggeber widerspruchslos bezahlt. Hierin liegt zugleich die Annahme des Nachtragsangebotes.

Großzügiger wird man dies ggf. bei privaten Auftraggebern zu beurteilen haben, bei denen durchaus in einer widerspruchslosen Entgegennahme von Nachtragsleistungen eine konkludente Annahme eines Nachtragsangebotes vorliegen kann und wird. Dies gilt vor allem, wenn sie die Ausführung der im Nachtragsangebot aufgeführten Leistung erkennen und dulden, ohne einen Vorbehalt **gegen das Nachtragsangebot**, sei es dem Grunde, sei es der Höhe nach, geltend zu machen (ebenso KG, Urt. v. 31.10.2008 – 7 U 169/07, IBR 2009, 7; OLG Koblenz, Urt. v. 28.2.2011 – 12 U 1543/07, Nichtzul.-Beschw. zurückgew., BGH, Beschl. v. 21.2.2013 – VII ZR 72/11. IBR 2013, 334; ähnlich schon OLG Jena, Urt. v. 12.1.2006 – 1 U 921/04, BauR 2006, 1897; Kues/Steffen, BauR 2010, 10, 19). Allerdings: Die bloße stillschweigende Entgegennahme der Nachtragsleistungen als solche genügt für die konkludente Annahme einer Nachtragsvereinbarung nicht – was umso mehr gilt, wenn ggf. nicht einmal zuvor ein Nachtragsangebot vorgelegt wurde (i. E. ebenso OLG Frankfurt, Urt. v. 1.10.2010 – 19 U 209/09, BauR 2011, 565 [Ls.]).

Unbeschadet dessen ist aber festzuhalten. dass es selbstverständlich vorrangiges Ziel beider Vertragspartner sein sollte, unverzüglich nach Kenntnis von einer Leistungsänderung oder Zusatzleistung sich auch über die Mehrkosten zu einigen und eine Nachtragsvereinbarung schriftlich zu treffen. Dazu können die bauleitenden Architekten und Ingenieure einen entscheidenden Beitrag leisten, obwohl sie in der Regel keine Vollmacht zum Abschluss solcher Nachtragsvereinbarungen haben werden. Ebenso dürfte es vielfach sinnvoll sein, bereits im Vertrag eine konkrete Vorgehensweise für den Fall vorzusehen, dass eine einvernehmliche Vereinbarung zur Nachtragsvergütung (zeitnah) nach Stellung des Nachtragsangebotes scheitert. Vorstellbar wäre etwa in diesem Fall eine abschließende **Entscheidung zu Grund und Höhe eines Nachtrages durch einen vorab bestimmten Schiedsgutachter**. Die Vorteile für beide Seiten sind hier erheblich. Für den Auftragnehmer liegt dies schon deshalb auf der Hand, weil er relativ schnell eine Gewissheit zu der von ihm für eine Nachtragsleistung zu beanspruchenden Vergütung erlangt. Doch auch für den Auftraggeber zeigen sich – abgesehen von der Reduzierung 680 eines Streitpotentials – Vorteile insoweit, als die Nachtragsvergütung zu einem sehr früheren Zeitpunkt prospektiv festgelegt wird, so dass vor allem später höhere Kostenentwicklungen außen vor bleiben (s. dazu ausführlich Joussen, BauR 2010, 518 – dort auch mit dem Entwurf einer entsprechenden Schiedsgutachtenvereinbarung).

681 Abschließend mag zu beachten sein, dass dann, wenn eine Vergütungsvereinbarung zu einer Zusatz- oder geänderten Leistung gemäß § 2 Abs. 5 oder 6 VOB/B geschlossen wurde, diese **nicht endgültig einen Vergütungsanspruch** zementiert. Bedeutung gewinnt dies vor allem, wenn sich im Laufe des Bauvorhabens herausstellt, dass die Leistung des Nachtrages, zu dem eine Vereinbarung geschlossen wurde, dem Grunde nach doch Bestandteil des Hauptvertrages war (BGH, Urt. v. 26.4.2005 – X ZR 166/04, BauR 2005, 1317, 1319 = NJW-RR 2005, 1179, 1180).

▶ **Beispiel:**

Nach den technischen Montagebedingungen, die Vertragsbestandteil sind, gehören einzelne dort näher beschriebene Montageleistungen zum Leistungsumfang des Hauptvertrages. Auf Grund eines personellen Wechsels beim Auftraggeber verkennt der jetzt zuständige Mitarbeiter diese technischen Montagebedingungen. Der Auftragnehmer stellt konkret dazu einen Nachtrag, der beauftragt wird.

Ein solcher **Nachtrag zu einer Hauptvertragsleistung** löst **keinerlei zusätzliche Vergütungsansprüche** aus, weil – sei es mit dem Nachtrag, sei es mit dem Hauptauftrag – die Leistungen als Vertragsleistung nur einmal erbracht werden. Die Tatsache allein, dass dazu im Nachhinein eine Nachtragsvereinbarung geschlossen wird, ändert daran nichts – es sei denn, die Vertragsparteien hätten unüblicherweise dazu eine gesonderte Vergütungspflicht selbstständig anerkannt oder sich gerade in Ansehung dieser Frage dazu verglichen (BGH, a. a. O.; kritisch dazu Kues/Steffen, BauR 2010, 10, 14). Die Nachtragsvereinbarung selbst regelt stattdessen in diesen Fällen nur die Höhe der Vergütung unter der Voraussetzung, dass überhaupt eine nachtragsfähige Leistung vorliegt. Das bedeutet, dass nach Abschluss einer solchen Vereinbarung der Auftragnehmer keine weiteren Kosten mehr nachschieben kann, wenn er sie sich nicht ausdrücklich vorbehalten hat (s. dazu oben Rdn. 672). Eine abweichende Betrachtung zu diesen **Sachverhalten der Doppelbeauftragung** davon ist aber natürlich auch nicht ausgeschlossen, wenn sich dies aus der Beauftragung des Nachtrages ausdrücklich so ergibt oder sonst eindeutig entnehmen lässt.

▶ **Beispiel:** (in Anlehnung an BGH, Urt. v. 8.3.2012 – VII ZR 177/11, BauR 2012, 946, 947 = NJW 2012, 2105, 2106)

Der Auftragnehmer hat Bodenbelagsarbeiten auszuführen. Noch vor Abnahme führt ein Drittunternehmen Reinigungsarbeiten durch und setzt dabei das gesamte Geschoss unter Wasser. Der Boden wird beschädigt. Der Auftraggeber beauftragt daraufhin den Auftragnehmer in einem gesonderten Nachtrag mit Reparaturarbeiten. Er weigert sich später, die Rechnung dafür zu bezahlen, weil der Auftragnehmer noch vor der Abnahme die Gefahr für die mangelfreie Herstellung getragen habe.

Dieser Einwand ist zwar dem Grunde nach richtig. Auch ist es tatsächlich so, dass nach vorstehend erläuterten Grundsätzen dem Auftragnehmer im Fall solcher Drittbeschädigungen dafür kein Ersatz- oder gesonderter Vergütungsanspruch zusteht (s. Vygen/Joussen, Bauvertragsrecht, Rn. 980). Wenn aber der Auftraggeber diese Reparaturleistungen in Kenntnis aller Umstände nochmals gesondert beauftragt, wird er sie auch bezahlen müssen. Dies gilt umso mehr, als er damit ja üblicherweise den Eindruck erwecken wird, dass er sich in Höhe der damit entstandenen Mehrkosten bei dem schädigenden Zweitunternehmer schadlos halten will (BGH, a. a. O.).

5.7.7 Leistungseinstellung bei Unterbleiben der Vereinbarung zum Nachtrag

Häufig stellt sich in der Praxis die Frage, ob der Auftragnehmer die Ausführung 682
der angeordneten Leistungsänderungen und/oder Zusatzleistungen bis zur Vereinbarung der geänderten oder zusätzlichen Vergütung verweigern kann. Ein solches Leistungsverweigerungsrecht scheitert zunächst nicht an § 18 Abs. 5 VOB/B, da diese Regelung **kein eigenes Recht zur Leistungsverweigerung** vorsieht. Vielmehr wird dort nur klargestellt, dass ansonsten bestehende Leistungsverweigerungsrechte erhalten bleiben (BGH, Urt. v. 25.1.1996 – VII ZR 233/94, BGHZ 131, 392, 401 f. = BauR 1996, 378, 381 = NJW 1996, 1346, 1348; Ingenstau/Korbion/Joussen, B § 18 Abs. 5 Rn. 1).

Doch stellt sich das Problem in ganz anderer Sicht: Denn welches Leistungsverweigerungsrecht sollte der Auftragnehmer eigentlich bei einer unterbleibenden Nachtragsvereinbarung geltend machen? Er hat zwar bei geändert angeordneten Leistungen nach § 2 Abs. 5 und 6 VOB/B einen ggf. zusätzlichen Vergütungsanspruch. Ungeachtet dessen bleibt er aber auch in **Bezug auf diese Leistungserweiterungen vorleistungspflichtig**. Ein wie auch geartetes Leistungsverweigerungsrecht ist hier gar nicht ohne Weiteres erkennbar (ebenso: Kuffer, ZfBR 2004, 110 ff.; kritisch auch Pauly, BauR 2012, 851, 854; dagegen sehr großzügig OLG Düsseldorf, Urt. v. 21.11.2014 – 22 U 37/14, BauR 2015, 495, 497). Dies gilt umso mehr, als nach § 2 Abs. 5 und 6 VOB/B die dazu gehörende Vergütungsvereinbarung nur möglichst vor Leistungsausführung getroffen werden soll. Folglich gibt es nicht einmal aus der VOB/B ein zwingendes Erfordernis, dass eine Einigung zur Vergütungshöhe vor Leistungsausführung getroffen werden muss. Vielmehr kann diese Vereinbarung nach den Regelungen der VOB auch später, d. h. im Wege der Abrechnung erfolgen.

683 Wenn man also gleichwohl an ein Leistungsverweigerungsrecht des Auftragnehmers denkt, kann sich dies **allenfalls aus Treu und Glauben** (§ 242 BGB) ergeben. Grundlage dafür ist auf der einen Seite der Befund, dass wie erläutert § 2 Abs. 5 oder Abs. 6 VOB/B zwar keine Pflicht zum Abschluss einer Nachtragsvereinbarung schon vor Leistungsausführung enthalten. § 2 Abs. 5 und Abs. 6 VOB/B kann aber zumindest entnommen werden, dass sich der Auftraggeber hinsichtlich eingereichter Nachtragsangebote – insoweit auch im Rahmen seiner **Kooperationspflicht** (s. dazu vor allem BGH, Urt. v. 28.10.1999 – VII ZR 393/98, BGHZ 143, 89, 93 = BauR 2000, 409, 410 = NJW 2000, 807, 808) – nicht vollständig passiv verhalten darf. Erst mit dieser Maßgabe ist dann aber auch ein **Leistungsverweigerungsrecht des Auftragnehmers** vorstellbar: Denn einerseits kann ihm nicht zugemutet werden, Anordnungen des Auftraggebers gemäß § 1 Abs. 3 oder Abs. 4 S. 1 VOB/B befolgen zu müssen, ohne auf der anderen Seite Klarheit über die ihm dafür zustehende Vergütung zu erhalten, zumal insbesondere die Leistungserweiterung, die den Vergütungsanspruch auslöst, allein im wohlverstandenen Interesse des Auftraggebers liegt (OLG Celle, Urt. v. 4.11.1998 – 14 a (6) U 195/97, BauR 1999, 262; i. E. ähnlich: OLG Koblenz, Urt. v. 6.11.2014 – 6 U 245/14, NJW 2015, 635, 638).

684 Konkret bedeutet das, dass jeweils im Einzelfall zu prüfen sein wird, ob und inwieweit es dem Auftragnehmer auch bei einem sich verzögernden Abschluss einer Nachtragsvereinbarung noch **zumutbar** ist, zunächst die Nachtragsleistungen ohne Nachtragsvereinbarung zu erbringen. In diesem Sinne wird man im Zweifel von einem Leistungsverweigerungsrecht, d. h. von einer Unzumutbarkeit ausgehen können, wenn der Auftraggeber den Abschluss einer ergänzenden (berechtigten) Nachtragsvereinbarung zu einer von ihm angeordneten Zusatzleistung **endgültig verweigert** hat (BGH, Urt. v. 24.6.2004 – VII ZR 271/01, BauR 2004, 1613, 1615 = NJW-RR 2004, 1539, 1540; Kniffka/Jansen/von Rintelen, § 631 Rn. 918 m. w. N.). Anderes wird allenfalls gelten können, wenn insbesondere bei einer geänderten Leistung die neue Vergütung nur unwesentlich von der alten abweicht (BGH, Urt. v. 13.3.2008 – VII ZR 194/06, BGHZ 176, 23, 34 = BauR 2008, 1131, 1137 = NJW 2008, 2106, 2110 = NZBau 2008, 437, 440). Ansonsten dürfte es in Fällen der endgültigen unberechtigten Ablehnung einer Nachtragsvereinbarung aber unerheblich sein, dass der Auftragnehmer nicht einmal ein prüfbares Nachtragsangebot vorgelegt hat (OLG Brandenburg, Urt. v. 23.4.2009 – 12 U 111/04, BauR 2009, 1312, 1314 = NJW-RR 2010, 92, 94 = NZBau 2010, 51, 53 zu einem Sachverhalt, bei dem der Auftraggeber erklärt hatte, er werde ohnehin jede Vergütungszahlung ablehnen). Ähnliches gilt, wenn das vorgelegte Nachtragsangebot z. B. auf Grund eines Kalkulationsfehlers (deutlich) überhöht ist (OLG Ko-

blenz, Urt. v. 6.11.2014 – 6 U 245/14, NJW 2015, 635, 638). Besteht danach ein Leistungsverweigerungsrecht, kann der Auftragnehmer aber umgekehrt gehalten sein, dieses auf die streitige Nachtragsleistung zu beschränken, soweit die ansonsten nach dem Vertrag auszuführende Leistung im Übrigen klar und eindeutig abgrenzbar ist (OLG Frankfurt, Urt. v. 21.9.2011 – 1 U 154/10, BauR 2012, 262, 263 = NJW-RR 2011, 1655, 1656 = NZBau 2012, 110, 111; OLG Hamm, Urt. v. 22.12.2011 – 21 U 111/10, BauR 2012, 1406, 1407; Vygen, BauR 2005, 431, 432; Kimmich, BauR 2009, 1494, 1503; Pauly, BauR 2012, 851, 856).

Das Kernproblem bezüglich etwaiger Leistungsverweigerungsrechte besteht in der Praxis allerdings vielfach darin, dass Auftraggeber solche Erklärungen im Sinne der vorzitierten Rechtsprechung mit einer endgültigen Ablehnung eines Nachtrages kaum abgeben. Vielmehr zeichnen sich Sachverhalte in der Weise aus, dass Nachtragsangebote über Wochen, Monate und zum Teil Jahre einfach liegen bleiben. Sodann entsteht vielfach Streit darüber, ob die behauptete Nachtragsleistung im ursprünglichen Hauptvertrag schon enthalten war und ob die Nachtragshöhe berechtigt ist. 685

▶ **Beispiel:**

Der Auftragnehmer hat sein Nachtragsangebot zutreffend berechnet und vollständig unter Vorlage der Kalkulation und aller erforderlichen oder zu Recht vom Auftraggeber geforderten Unterlagen belegt. Der Auftraggeber äußert sich zu der Annahme oder zu dem Inhalt des Nachtragsangebotes trotz hinreichender Prüfungszeit nicht.

In derartigen Zweifelsfällen kann der **Auftragnehmer nur nachhaltig davor gewarnt** werden, **seine Leistung zu verweigern**. Denn das Risiko, dass er hier rechtmäßig handelt, d. h. einen Ausnahmefall im Sinne des § 242 BGB nachweisen kann, ist als außerordentlich hoch einzustufen. Hier wird man eine Entscheidung aber nur im Einzelfall treffen können. Geht es zum Beispiel um einen Mehraufwand von über 25% der Gesamtvergütung, erscheint es für ihn umso weniger zumutbar, ohne eine Reaktion des Auftraggebers zu seinem Nachtragsangebot weiter vorleisten zu müssen (vgl. dazu auch OLG Zweibrücken, Urt. v. 20.9.1994 – 8 U 214/93, BauR 1995, 251, 252; Kniffka/Jansen/von Rintelen, § 631 Rn. 918). In einem solchen Fall dürfte wohl von einem Leistungsverweigerungsrecht auszugehen sein.

Kann der Auftragnehmer danach seine Leistung zu Recht verweigern, dürfte zugleich in der unterbleibenden Reaktion auf das Nachtragsangebot auch die **Verletzung einer dem Auftraggeber obliegenden Handlung** im Sinne des § 9 Abs. 1 Nr. 1 VOB/B liegen. Dies dürfte den Auftragnehmer unter den dort weiteren Voraussetzungen (insbesondere Nachfristsetzung) zugleich zu einer 686

Kündigung des Gesamtvertrages berechtigen (OLG Düsseldorf, Urt. v. 27.6.1995 – 21 U 219/94, BauR 1996, 115, 116 = NJW-RR 1996, 730, 731).

687 Sind diese eindeutigen Sachverhalte, die ausnahmsweise ein Leistungsverweigerungsrecht des Auftragnehmers bei einer unterbleibenden Nachtragsvereinbarung auslösen können, angesprochen, sind umgekehrt aber auch die Fallgestaltungen zu nennen, in denen ein **solches Leistungsverweigerungsrecht nicht besteht**. Dies ist die ganz überwiegende Zahl der Sachverhalte, so vor allem (s. auch Kimmich, BauR 2009, 1494):

- Die Nachtragsforderung ist unberechtigt (BGH, Urt. v. 24.6.2004 – VII ZR 271/01, BauR 2004, 1613, 1615 = NJW-RR 2004, 1539, 1540; BGH, Urt. v. 13.3.2008 – VII ZR 194/06, BGHZ 176, 23, 34 = BauR 2008, 1131, 1137 = NJW 2008, 2106, 2110 = NZBau 2008, 437, 440).
- Das Nachtragsangebot war nicht ordnungsgemäß oder prüfbar aufgestellt, sodass der Auftraggeber die Mehrforderung gar nicht prüfen konnte (OLG Frankfurt, Urt. v. 21.9.2011 – 1 U 154/10, BauR 2012, 262, 264 = NJW-RR 2011, 1655, 1656 = NZBau 2012, 110, 111; Beck'scher VOB-Komm./Jansen, § 2 Abs. 5 Rn. 123). Etwas anderes kann aber gelten, wenn der Auftraggeber zuvor erklärt hatte, dass er ohnehin jede Mehrforderung dem Grunde nach ablehnen werde (OLG Brandenburg, Urt. v. 23.4.2009 – 12 U 111/04, BauR 2009, 1312, 1314 = NJW-RR 2010, 92, 94 = NZBau 2010, 51, 53).
- Der Auftraggeber konnte sich bisher noch nicht mit der Nachtragsforderung in angemessener Frist auseinandersetzen (OLG Frankfurt, a. a. O.; Jansen, a. a. O.).

688 In all diesen Fällen darf ein Auftragnehmer die Leistung nicht einstellen. Tut er dies dennoch, liegt darin zunächst eine ernsthafte und endgültige Erfüllungsverweigerung, die seinerseits den Auftraggeber zur **Kündigung des Vertrages** berechtigt (BGH, a. a. O.; OLG Brandenburg, Urt. v. 9.2.2005 – 4 U 128/04, BauR 2005, 764). Wurde auf Grund des Verhaltens des Auftragnehmers aber dann doch die Nachtragsvereinbarung geschlossen, könnte hierin sogar eine **widerrechtliche Drohung** gelegen haben. Der Auftraggeber könnte danach die Rückabwicklung einschließlich Rückzahlung einer ggf. schon gezahlten Vergütung verlangen (BGH, Urt. v. 13.9.2001 – VII ZR 415/99, BauR 2002, 89 f. = NJW 2001, 3779).

689 Sind diese Grundlinien klar, liegt auch auf der Hand, dass eine Leistungseinstellung des Auftragnehmers in Zweifelsfällen zu unterbleiben hat, d. h. vor allem: Lässt sich der **Auftraggeber z. B. auf Verhandlungen ein**, gibt er damit mittelbar zu erkennen, dass er den Nachtrag dem Grunde nach möglicherweise doch vergüten wird. Daher kommt in diesen Fällen zumindest in der Regel kaum ein Recht zur Leistungseinstellung oder ein Kündigungsrecht in Betracht (ähnlich wie hier Ingenstau/Korbion/Keldungs, VOB/B, § 2 Abs. 5 Rn. 47 f.; Kniffka/Jansen/von Rintelen, § 631 Rn. 918 f.; deutlich weiter ge-

hend für umfassende Leistungseinstellungsrechte: Kapellmann/Schiffers, Band 1, Rn. 975 ff.; Kues/Kaminsky, BauR 2008, 1368, 1372). Dies ergibt sich bereits aus der allgemeinen **Kooperationsverpflichtung der Bauvertragsparteien** untereinander (s. dazu BGH, Urt. v. 28.10.1999 – VII ZR 393/98, BGHZ 143, 89, 93 = BauR 2000, 409, 410 = NJW 2000, 807, 808). Daneben bleibt natürlich stets weiter zu berücksichtigen, dass die Parteien gerade entsprechend ihrem Kooperationsgedanken eine Einigung in der Sache suchen, d. h. sich bemühen sollten, unverzüglich nach Kenntnis von einer Leistungsänderung oder Zusatzleistung sich auch über die Mehrkosten zu einigen und eine Nachtragsvereinbarung schriftlich zu treffen. Falls dies nicht gelingt, sollte den Vertragspartnern dann zumindest empfohlen werden, ggf. ein **Schlichtungsverfahren** etwa nach der SOBau der Arge Baurecht im Deutschen Anwalt-Verein durchzuführen (s. dazu Vygen/Joussen, Bauvertragsrecht, Rn. 3351 ff.), um den **Stillstand der Bauausführung** oder gar eine **Kündigung** zu vermeiden. Ebenso käme zumindest für den Einzelfall die Durchführung eines **Schiedsgutachtenverfahrens** in Betracht (s. dazu ausführlich Joussen, BauR 2010, 514).

5.8 Besonderheiten bei Nachtragsforderungen für Änderungen bei Subunternehmerleistungen

Als Ausgangspunkt gilt der Grundsatz, dass jedes Vertragsverhältnis isoliert zu betrachten ist (s. grundsätzlich zu dieser Trennung Joussen/Vygen, Subunternehmervertrag, Rn. 29 ff.). Folglich muss der Subunternehmer Nachträge gegen den Generalunternehmer und der Generalunternehmer gegebenenfalls Nachträge gegen seinen Auftraggeber, den Bauherrn, geltend machen, ohne dass ein berechtigter Nachtrag des Subunternehmers gegen den Generalunternehmer zwangsläufig einen berechtigten Nachtrag des Generalunternehmers gegen den Bauherrn zur Folge haben muss. 690

Beispiel:

Der Generalunternehmer hat mit dem Bauherrn einen Global-Pauschalvertrag mit funktionaler Leistungsbeschreibung abgeschlossen. Dieser erfasst alle Leistungen, die zur schlüsselfertigen Erstellung des Bauvorhabens gehören. Der Generalunternehmer wiederum hat mit dem Subunternehmer einen Einheitspreisvertrag auf Grund einer Leistungsbeschreibung mit Leistungsverzeichnis geschlossen. Das aber heißt, dass der Subunternehmer gemäß §§ 2 Abs. 3, 2 Abs. 5, 2 Abs. 6 oder 2 Abs. 8 Nr. 2 oder 3 VOB/B Nachtragsforderungen gegen den Generalunternehmer haben kann. Im Generalunternehmerverhältnis scheiden hingegen zu ggf. identischen Leistungen Nachtragsforderungen aus, soweit diese Bestandteil der schlüsselfertigen Leistungsverpflichtung des Generalunternehmers waren.

Diese Unterschiede lassen sich auch nicht durch **Klauseln im Subunternehmervertrag** des Generalunternehmers vermeiden, indem der Generalunternehmer Nachtragsforderungen des Subunternehmers von entsprechenden Zahlungen des Bauherrn an den Generalunternehmer abhängig macht (s. dazu im Einzelnen Joussen/Vygen, Subunternehmervertrag, Rn. 259 ff, 303 ff.).

691 Der einfachste und zugleich sicherste Weg zur Vermeidung von unterschiedlichen Rechtsfolgen bei Nachträgen des Subunternehmers gegen den Generalunternehmer und des Generalunternehmers gegen den Bauherrn besteht immerhin darin, die **Leistungsbeschreibungen im General- und im Subunternehmervertrag gleichzuschalten**. Dies geschieht am besten durch eine einheitliche Leistungsbeschreibung mit Leistungsverzeichnis in beiden Vertragsverhältnissen und durch **Abschluss beider Verträge als Einheitspreisvertrag** (Joussen/Vygen, Subunternehmervertrag, Rn. 252 ff.). Dann ist weitgehend gewährleistet, dass ein Nachtrag des Subunternehmers gegen den Generalunternehmer im Allgemeinen zugleich einen Nachtrag des Generalunternehmers gegen seinen Auftraggeber auslöst. Auch in diesem in der Praxis immer seltener werdenden Fall ist dies aber nicht zwingend. So kann im Generalunternehmervertrag in bestimmten, individuell vereinbarten Vertragsbedingungen eine Besondere Leistung zur Nebenleistung erklärt und mit dem Einheitspreis als abgegolten vereinbart worden sein: Übernimmt nun der Generalunternehmer dieselbe Vertragsbedingung in seine Subunternehmerverträge, ist diese wegen ihrer Mehrfachverwendung gegenüber allen Subunternehmern als Allgemeine Geschäftsbedingung anzusehen. Folglich muss sie deswegen einer AGB-Kontrolle nach den §§ 305 ff. BGB standhalten. Verläuft eine solche Prüfung negativ, kann dies erneut zur Folge haben, dass der Subunternehmer einen Nachtrag gegen den Generalunternehmer durchsetzen kann, der Generalunternehmer dagegen nicht auch gegen den Bauherrn, obwohl es jeweils um dieselbe Vertragsklausel geht. Dies ist kaum vermeidbar.

▶ **Beispiel:** (nach OLG Düsseldorf, Urt. v. 6.7.2006 – I-5 U 89/05, BauR 2006, 1887, 1889 f.)

Sowohl im General- als auch im Subunternehmervertrag findet sich die Klausel, dass der Auftragnehmer auch alle Mehrkosten für erst nach Vertragsschluss ergehende Auflagen und Nebenbestimmungen zur Baugenehmigung zu übernehmen hat. Eine solche Klausel hätte nur in einem individuell ausgehandelten GU-Vertrag Bestand, nicht aber in AGB, die der Generalunternehmer seinerseits dem Subunternehmer stellt. Kommt es danach zu solchen nachträglichen Auflagen, die zu Leistungsabweichungen und Mehrkosten führen, stände somit dem Subunternehmer eine Nachtragsvergütung gegen den Generalunternehmer, nicht aber dem Generalunternehmer gegen seinen Auftraggeber zu.

Doch mit der AGB-rechtlichen Problematik sind die Probleme bei Nachträgen im Zusammenhang mit dem Einsatz von Subunternehmern nicht gelöst (s. dazu ausführlich Joussen/Vygen, Subunternehmervertrag, Rn. 259 ff., 538 ff.). Auf wenige besonders schwierige Probleme soll hier hingewiesen werden:

- **Entfallende Subleistung nach Leistungsänderung im GU-Vertrag**

Nicht selten ordnet der Bauherr im Generalunternehmervertrag in zulässiger Weise Leistungsänderungen an, durch die **eigenständige Leistungsanteile** entfallen, für die der Generalunternehmer bereits einen Subunternehmer gebunden hatte. 692

Beispiel:

> Ein Generalunternehmer wurde mit der schlüsselfertigen Errichtung eines Hotels beauftragt. Im ursprünglichen Leistungsverzeichnis war in der Eingangshalle ein Natursteinboden vorgesehen. Diese Leistung hatte er mit derselben Leistungsbeschreibung an einen Subunternehmer vergeben. Nunmehr ordnet der Bauherr nach Vertragsabschluss nach § 1 Abs. 3 VOB/B an, dass statt Naturstein Parkett verlegt werden soll. Der ursprünglich beauftragte Subunternehmer kann diese geänderte Leistung nicht ausführen, weil er dafür keine Zulassung und Fertigkeiten besitzt.

Fälle wie diese begründen zwar unstreitig einen Nachtrag des Generalunternehmers gemäß § 2 Abs. 5 VOB/B. Doch wie geht der Generalunternehmer damit in der Praxis um? Denn wegen der fehlenden Qualifikation ist er gezwungen, den bereits abgeschlossenen Subunternehmervertrag mit dem Fachbetrieb für Natursteinarbeiten gemäß § 8 Abs. 1 VOB/B zu kündigen. Dabei handelt es sich um eine Kündigung ohne Grund, die dem Subunternehmer gemäß § 8 Abs. 1 Nr. 2 VOB/B den vollen Vergütungsanspruch abzüglich ersparter Aufwendungen eröffnet. Dadurch entstehen dem Generalunternehmer **Stornierungs- oder richtiger Kündigungsfolgekosten**. Zugleich muss er einen neuen Subunternehmer für den Parkettboden suchen und beauftragen. All diese Kosten, d. h. die Kosten des zweiten Subunternehmers zzgl. der Stornierungskosten des ersten Subunternehmers kann er nunmehr in die Berechnung der Nachtragsforderung gegenüber seinem Auftraggeber einstellen. Sie sind dann mit dem Generalunternehmerzuschlag dem ursprünglich vereinbarten Preis für den Naturstein gegenüberzustellen. Die **Differenz ergäbe die Nachtragsforderung** gegenüber dem Bauherrn.

- **Nachträge in Folge geänderter Leistungsbeschreibung**

Denkbar und in der Praxis nicht selten sind auch unterschiedliche Rechtsfolgen bei Nachträgen des Sub- und des Generalunternehmers auf Grund **abweichender Leistungsbeschreibungen**. 693

▸ **Beispiel:**

Der Bauherr gibt in seinem Leistungsverzeichnis bei den Erdarbeiten die Bodenverhältnisse als Bodenklasse 3–5 an; der Generalunternehmer wird auf dieser Grundlage beauftragt. Im Subunternehmervertrag schreibt er dagegen für die Bodenklassen 3–6 eine einzige Position aus. Liegt nun die Bodenklasse 6 vor, so kann der Subunternehmer keinen Nachtrag gegen den GU stellen; wohl aber steht dem GU eine Nachtragsforderung gegen den Bauherrn zu.

Ein solcher „Mehrwert" stellt natürlich für den Generalunternehmer eine willkommene zusätzliche Einnahmequelle dar. Allerdings kann sich der vorstehende Sachverhalt genauso gut umgekehrt abspielen. Die diesbezüglichen Risiken sind insgesamt schwer überschaubar. Deswegen sind auch aus diesem Grund die Parteien in der Regel gut beraten, die **Leistungsbeschreibung** mit ihren speziellen technischen Parametern **in General- und Subunternehmervertrag unverändert** zu lassen.

694 Noch problematischer und schwieriger sind die Fälle, in denen der Auftraggeber seiner Generalunternehmerausschreibung eine exakte Leistungsbeschreibung mit Leistungsverzeichnis zugrunde legt, in der alle Einzelheiten festgelegt sind, die also den Anforderungen des § 7 VOB/A entspricht. Der Generalunternehmer gibt diese **Leistungsbeschreibung** aber nicht so an die Subunternehmer weiter, sondern **pauschaliert** diese oder macht sie erkennbar unklar.

▸ **Beispiele:**

1. Der Generalunternehmer wird funktional mit dem Bau eines Hochwasserrückhaltebeckens beauftragt. Die Ausführung von Teilleistungen vergibt er auf Grund eines Leistungsverzeichnisses an einen Subunternehmer, der u. a. die Wasserhaltung mit pauschal 5000 € anbot, ohne dass sonst nähere Planunterlagen u. a. vorlagen. Nach Vertragsschluss stellt sich heraus, dass die Wasserhaltung höchst komplex und wesentlich schwieriger und kostenaufwendiger ist, als es der Subunternehmer angenommen und nach seinen Behauptungen kalkuliert hat.
2. Nach dem Generalunternehmervertrag müssen die Innentüranlagen für ein Ärztehaus einen Schallschutzwert von 42 dB im eingebauten Zustand einhalten. Im Subunternehmervertrag heißt es dazu nur, dass die Innentüranlagen 42 dB erreichen müssen, ohne dass klargestellt wird, ob es um einen Labor-Schalldämmwert oder den Schallschutzwert im eingebauten Zustand gehen soll. Der Subunternehmer geht mangels näherer Angaben von einem Laborwert aus, der Bauherr besteht hingegen auf den Einbau im eingebauten Zustand.

In solchen Sachverhalten ist nahezu unstreitig, dass der Generalunternehmer sicher keinen Nachtrag stellen kann. Denn der Bauherr erwartet von diesem nur die übernommene Vertragsleistung. Zweifelhaft hingegen ist, ob auch der Subunternehmer mit Nachtragsansprüchen ausgeschlossen ist. Die Rechtsprechung nimmt dies zumeist an. Zwar gibt es **keinen Grundsatz**, dass **erkennbar unklare Leistungsbeschreibungen stets zulasten des Auftragnehmers auszulegen** seien (BGH, Urt. v. 13.3.2008 – VII ZR 194/06, BGHZ 176, 23, 31 = BauR 2008, 1131, 1136 = NJW 2008, 2106, 2109; ebenfalls sehr deutlich: BGH, Beschl. v. 20.12.2011 – VII ZR 77/10, BauR 2011, 530 = NJW-RR 2011, 378 = NZBau 2011, 160); denn Maßstab bleibt stets die vertragliche Auslegung verbunden mit dem Ziel zu ermitteln, wie ein ggf. unklarer Vertrag auf der Grundlage eines objektiven Empfängerhorizonts zu verstehen ist (s. auch oben Rdn. 175 ff.). Daher lässt sich ebenso wenig sagen, dass eine unterbliebene Aufklärung überhaupt das Auslegungsergebnis beeinflusst (BGH, a. a. O.; sehr deutlich auch BGH, Urt. v. 12.9.2013 – VII ZR 227/11, BauR 2013, 2017, 2019 = NJW 2013, 3511, 3512 = NZBau 2013, 695, 697; s. oben Rdn. 189). Nichtsdestotrotz besteht aber das erhebliche Risiko, dass eine solche Auslegung tatsächlich doch zum Nachteil des Subunternehmers erfolgt, wenn er **zuvor keine Aufklärung betrieben** hat. Im Vordergrund steht das Argument, dass ein Auftragnehmer ein erkennbar lückenhaftes Leistungsverzeichnis nicht einfach hinnehmen darf, sondern sich daraus ergebende Zweifelsfragen vor Abgabe seines Angebots klären muss (vgl. insoweit auch mit einem Ausschluss von Mehrvergütungsansprüchen zu o. g. Beispielfällen: BGH Urt. v. 9.4.1992 – VII ZR 129/91, BauR 1992, 759 = NJW-RR 1992, 759 zu der unklar ausgeschriebenen Wasserhaltung; BGH, Urt. vom 9.2.1995 – VII ZR 143/93, BauR 1995, 538 = NJW-RR 1995, 514 zu dem unklar ausgeschriebenen Schallschutz; s. dazu auch allgemein oben Rdn. 191 ff.). Dies gilt zumindest dann, wenn er nicht in seinem Angebotsbegleitschreiben wegen dieser Unklarheit einen entsprechenden Vorbehalt erklärt hat. Ist der Auftragnehmer danach mit Nachtragsansprüchen ausgeschlossen, wäre in solchen Fällen aber immerhin noch daran zu denken, ob ihm wegen einer zumeist ja grob fahrlässig fehlerhaft oder unklaren Leistungsbeschreibung nicht ggf. doch zumindest ein Schadensersatzanspruch aus §§ 311 Abs. 2, 241 Abs. 2, 280 Abs. 1 BGB (ehemals culpa in contrahendo/Verschulden bei Vertragsschluss) gegen seinen Auftraggeber zusteht (s. o. Rdn. 486 ff.). Dies drängt sich dem Grunde nach auf, wobei man diesen Anspruch dann wiederum wegen seiner eigenen Nachlässigkeit (fehlende Prüfung und Nachfrage) nach § 254 BGB kürzen kann (Rdn. 492). Eine solche Vorgehensweise führt in diesen Fällen doch vielfach zu einer angemessenen Lösung. 695

- **Offenlegung der Nachtragskalkulation aus dem Subunternehmervertrag**

Bei der Geltendmachung von Nachträgen durch den Generalunternehmer gegenüber seinem Auftraggeber (Bauherrn) treten in sehr vielfacher Hinsicht 696

Streitigkeiten auf. Sie beruhen z. T. darauf, dass man sich nach erteilten Anordnungen vielleicht noch auf einen Nachtrag dem Grunde nach einigen kann, nicht aber auf dessen Höhe. Streitträchtig sind dabei vor allem Sachverhalte, in denen der Generalunternehmer entgegen seiner eigenen Forderung gegenüber dem Bauherrn seinem Subunternehmer keinerlei Preiserhöhung zubilligt. Dasselbe gilt, wenn er sich mit ihm auf einen geringeren Mehrpreis geeinigt hat, als er in seinem eigenen Verhältnis gegenüber dem Bauherrn mit GU-Zuschlag durchsetzen will – geschweige denn, dass all dies dem Bauherrn bekannt ist.

697 Wegen der **rechtlichen Selbstständigkeit** der jeweiligen Vertragsverhältnisse kommt es aber immerhin bei einem Mehrvergütungsanspruch eines Generalunternehmers gegen seinen Auftraggeber (Bauherrn) nicht darauf an, ob und welchen neuen Einheits- oder Pauschalpreis er mit seinem Subunternehmer vereinbart hat. Dies folgt schon daraus, dass bei **Nachtragsforderungen nicht auf die tatsächlich einem Auftragnehmer entstandenen Mehrkosten** abzustellen ist, sondern auf die **kalkulativen** als Folge der Änderung des Bauentwurfs durch den Auftraggeber. Dies ergibt sich schon daraus, dass bei den Nachträgen gemäß § 2 Abs. 5 und 6 VOB/B die Vereinbarung des neuen Preises (Einheits- oder Pauschalpreis) **vor der Ausführung getroffen** werden soll, also zumeist in Unkenntnis der tatsächlichen Mehrkosten.

698 Ungeachtet dessen ist jedoch nicht zu verkennen, dass bei zahlreichen Nachtragsdiskussionen der Bauherr vom Generalunternehmer verlangt, das **Nachtragsangebot des Subunternehmers mit dessen Kalkulation vorzulegen**, und dass er dann bereit wäre, auf dieser Grundlage mit einem GU-Zuschlag dem Generalunternehmer eine Mehrvergütung zuzubilligen (in diesem Sinne ebenso Frikell/Frikell, S. 48 f.). Eine solche Forderung stellt auch das Vergabehandbuch des Bundes in seinem Leitfaden zur Berechnung der Vergütung von Nachträgen (Ausgabe 2008, Stand August 2014, s. dort Abschnitt 510 Ziff. 4.5.2) auf. Sie ist in der Sache zweischneidig; ob man ihr folgt oder gar folgen muss, lässt sich nicht einheitlich beantworten, wird aber im Ergebnis abzulehnen sein. Auf Einzelheiten wurde oben schon eingegangen, worauf an dieser Stelle verwiesen wird (Rdn. 664 ff.).

699 Ohnehin ist zu beachten, dass sich die **Kalkulation des Generalunternehmers** für eine an einen Subunternehmer vergebene Leistung **nicht** etwa **aus den kalkulierten Einzelwerten des Subunternehmers** zusammensetzt; das nämlich ist nicht seine Kalkulation, sondern die eines anderen Vertrages. Die Kalkulation des Generalunternehmers besteht vielmehr in aller Regel aus einem vorab für eine Teilleistung fest vereinbarten Gesamtpreis (ggf. auch Teil- oder Einheitspreisen) und dem GU-Zuschlag. Nur diese beiden Preiskomponenten muss er dann bei einem Nachtrag offen legen. Gibt es darüber Streit, mögen diese Kostenansätze von einem Sachverständigen zu überprüfen sein. Folg-

lich gilt hier nichts anderes, als wenn der Generalunternehmer Baustoffe über den Großhandel bezieht. Auch hier müsste er nur den Bezugspreis für die Ware offen legen, nicht hingegen bei einer veränderten Ausführung eine Einkaufskalkulation des alten bzw. jetzt geändert zu beziehenden Baustoffs. Insoweit ist es eben unbeachtlich, welche Fremdleistung (Baustoff oder Subunternehmer) nachgewiesen werden soll.

5.9 Vergabegewinn und Vergabeverlust bei Nachtragsforderungen

Bei der Beurteilung von Nachtragsforderungen der Unternehmer wegen Leis- 700
tungsänderungen gemäß § 2 Abs. 5 VOB/B, Zusatzleistungen gemäß § 2 Abs. 6 VOB/B oder allgemein gemäß § 2 Abs. 8 Nr. 2, S. 2 und 3 VOB/B stellt sich nicht selten die Frage, wie **Vergabegewinne** und **Vergabeverluste** bei der Kalkulation der Nachtragsforderungen und der zu schließenden Vereinbarung der neuen Preise zu behandeln sind. Dieses Problem betrifft insbesondere das Vertragsverhältnis zwischen General- oder Hauptunternehmer und dessen Auftraggeber/Bauherrn bei Großprojekten; es stellt sich sowohl beim Einheitspreis- als auch beim Pauschalvertrag, da die genannten Vorschriften gemäß § 2 Abs. 7 Nr. 2 VOB/B ebenso beim **Pauschalvertrag** anwendbar sind. Hintergrund dieser Fragestellung ist der typische im Baugeschehen anzutreffende Sachverhalt, dass ein Generalunternehmer gerade bei Großprojekten die **Subunternehmerleistungen** zunächst nur auf der Grundlage von Schätzungen, Erfahrungswerten oder von eingeholten Subunternehmerangeboten kalkuliert. Verbindliche Subunternehmerangebote liegen ihm dagegen nicht vor, zumal diese Leistungen (z. B. zum Innenausbau) häufig erst Jahre später zur Ausführung kommen sollen und derart lange Bindefristen ohnehin nicht zulässig wären (vgl. dazu im Einzelnen Joussen/Vygen, Subunternehmervertrag, Rn. 221 ff.). Bei den späteren Vergaben zeigt sich dann nicht selten, dass diese Grundlagen der Kalkulation nicht mehr zutreffen, sodass sich erhebliche Vergabegewinne, z. B. durch Preissenkungen in Folge technischen Fortschritts oder Fehleinschätzungen, oder aber Vergabeverluste, z. B. in Folge explosionsartig gestiegener Stahlpreise ergeben.

Kommt es nun nach Abschluss dieser Subunternehmerverträge zu **Bauent- 701
wurfsänderungen** durch den Auftraggeber gemäß § 1 Abs. 3 VOB/B, so ist gemäß § 2 Abs. 5 VOB/B „ein neuer Preis – Einheits- oder Pauschalpreis – unter Berücksichtigung der Mehr- oder Minderkosten zu vereinbaren", also **unter Berücksichtigung aller durch diese Änderung verursachten Mehr- oder Minderkosten**. Die sich daraus ergebende notwendige Fortschreibung der ursprünglichen Preiskalkulation im Zeitpunkt des Vertragsabschlusses soll sicherstellen, dass das im Wettbewerb erzielte Preisniveau auch für die Nachtragsforderungen erhalten bleibt. Der Unternehmer/Auftragnehmer soll

also keinen – zusätzlichen – Gewinn erzielen (s. o. Rdn. 607 ff.), aber auch keinen – höheren – Verlust erleiden oder – um es mit der schon an anderer Stelle (s. ausführlich oben Rdn. 618 ff.) zitierten alten Korbion-Formel auszudrücken:

„Schlechter Preis bleibt schlechter Preis – guter Preis bleibt guter Preis".

So weit – so gut! Denn die praktische Umsetzung dieses so klaren Grundsatzes ist zunächst nur unproblematisch, wenn **Gewinn und Wagnis** vom Auftragnehmer einschließlich seines Generalunternehmerzuschlages auch prozentual kalkuliert wurden. Dann ergeben sich keine Schwierigkeiten, diese prozentuale Kalkulation bei Nachträgen fortzuschreiben, wie dies allgemein anerkannt ist (vgl. z. B. Kapellmann/Schiffers, Bd. 1 Rn. 1004 f.; Reister, Nachträge am Bau, S. 110 ff.; Vygen/Joussen, Bauvertragsrecht Rn. 2273 ff.; Ingenstau/Korbion/Keldungs, VOB/B § 2 Abs. 5 Rn. 40). Dieser Kalkulationsansatz lässt sich dann ohne Weiteres auf prozentual kalkulierte Vergabegewinne und -verluste übertragen. Ganz anders ist die Situation jedoch, wenn es nicht um prozentual kalkulierte Vergabegewinne geht, sondern um **Vergabegewinne**, die in der **Kalkulation** überhaupt nicht auftauchen, die sich vielmehr allein dadurch ergeben, dass es dem Generalunternehmer gelingt, bei den **Subunternehmervergaben** solche Vergabegewinne zu erzielen oder eben auch Vergabeverluste zu erleiden. Wenn es dann nach Abschluss solcher Subunternehmerverträge zu nachträglichen Leistungsänderungen kommt, so stellt sich die Frage, wie diese Vergabegewinne und/oder -verluste in der Nachtragsvereinbarung fortzuschreiben sind (vgl. dazu Vygen BauR 2006, 894 ff.).

702 Hier bieten sich zwei verschiedene Berechnungsmethoden der Fortschreibung zur Erhaltung solcher Vergabegewinne oder -verluste an:

- Die **Vergabegewinne und -verluste** werden auf der Grundlage des geschlossenen Subunternehmervertrages für die unverändert ausgeführte Leistung prozentual ermittelt; dieser Prozentsatz wird dann dem durch Mehr- und/oder Minderkosten ermittelten neuen Preis zugeschlagen und sodann der **Generalunternehmerzuschlag** angesetzt.
- Oder: Die Vergabegewinne und -verluste werden auf der Grundlage des geschlossenen Subunternehmervertrages für die unverändert ausgeführte Leistung **betragsmäßig ermittelt**; dieser Betrag bleibt als absolute Größe bei der Kalkulation des neuen Preises erhalten und nur der Generalunternehmerzuschlag wird anschließend prozentual beaufschlagt.

703 Die Unterschiede zwischen beiden Ansätzen können gewaltig sein. Sie sollen an drei abgewandelten Beispielen (vgl. auch Vygen, BauR 2006, 894, 896) aus einem Schlichtungsverfahren nach der SOBau der ARGE Baurecht im Deutschen AnwaltVerein dargestellt werden.

▸ Beispiel 1: Nachtragsberechnung mit Vergabegewinn bei änderungsbedingten Mehrkosten

Im Generalunternehmervertrag hat der Generalunternehmer 1 Stück Gehweg-Brücke ohne Angebot eines Subunternehmers mit einem Einheitspreis von 200 T€ zuzüglich GU-Zuschlag von 15% kalkuliert. In der Subunternehmerverhandlung gelang es ihm, einen Einheitspreis von 40 T€ zu vereinbaren, sodass er bei unveränderter Ausführung einen Vergabegewinn von 500% bzw. betragsmäßig von 160 T€ erzielt hätte. Nach Abschluss des Nachunternehmervertrages ändert der Bauherr diese Leistung (z. B. durch eine Verbreiterung auf 3 m oder durch Materialänderung von Holz auf Stahl). Dies hat zur Folge, dass dem Subunternehmer nachweisbare Mehrkosten i. H. v. 40 T€ entstehen, sich also für den GU die Subunternehmerkosten verdoppeln

Der neue Einheitspreis für den Nachtrag des Generalunternehmers gegenüber seinem Auftraggeber kann nun durch prozentuale Fortschreibung des Vergabegewinns, also Verdoppelung auch des im GU-Vertrag vereinbarten Preises von 200.000 € auf 400.000 € erfolgen, sodass er weiterhin einen Vergabegewinn von 500% erzielt. Oder es ist (nur) der betragsmäßig erzielte Vergabegewinn bei unveränderter Ausführung i. H. v. 160.000 € zuzüglich der neuen Subunternehmerkosten von 80.000 € zu zahlen. Es ergäbe sich dann ein neuer Preis von 240 T€, jeweils zuzüglich GU-Zuschlag von 15%.

Dieselbe Situation kann auch umgekehrt anfallen, und zwar mit einem **Vergabeverlust**. **704**

▸ Beispiel 2: Nachtragsberechnung mit Vergabeverlust bei änderungsbedingten Mehrkosten

Die gleiche Position wurde vom GU mit einem Einheitspreis von 40.000 € zuzüglich Generalunternehmerzuschlag angeboten und mit dem Bauherrn vereinbart. Der Subunternehmer hat später gegenüber dem GU einen Einheitspreis von 80.000,– € durchgesetzt. Bei unveränderter Ausführung hätte sich somit ein Vergabeverlust von 50% oder betragsmäßig von 40.000 € ergeben. Kommt es jetzt zu Leistungsänderungen durch den Auftraggeber, die Mehrkosten bei der Ausführung in Höhe von 20.000 € verursachen, so führt die prozentuale Fortschreibung des Vergabeverlustes zu einem neuen Einheitspreis von nur 50.000 € (80.000 € + 20.000 € = 100.000 €: 2/50%) und damit zu einem Vergabeverlust von 50.000 €. Dagegen ergibt die betragsmäßige Fortschreibung einen neuen Einheitspreis von 60.000 € (80.000 € + Mehrkosten von 20.000 € = 100.000 € – 40.000 €), sodass der Vergabeverlust nach wie vor bei 40.000 € liegt.

705 Noch deutlicher ist der folgende Sachverhalt:

Beispiel 3: Nachtragsberechnung mit Vergabeverlust bei änderungsbedingten Minderkosten

Im vorgenannten Beispiel ändert der Bauherr die Ausführung von Stahl auf Holz. Dies führt bei dem Subunternehmer zu Minderkosten von 60 T€, sodass sein neuer EP im Subunternehmervertrag nur noch 20 T€ beträgt. Die prozentuale Fortschreibung führt in diesem Fall zu einem neuen EP des GU gegenüber dem Auftraggeber i. H. v. 10 T€ (50% von 20 T€); die betragsmäßige Fortschreibung dagegen ergibt einen neuen Einheitspreis von minus 20 T€ (20 T€ minus Vergabeverlust von 40 T€).

706 Diese Beispiele zeigen den Unterschied der beiden Berechnungsarten deutlich auf. Daher stellt sich die Frage, welche § 2 Abs. 5 VOB/B entspricht oder welcher aus anderen Gründen der Vorzug zu geben ist. Soweit ersichtlich ist dieses Problem bisher nur einmal in der Rechtsprechung behandelt worden – und zwar mit dem Ergebnis, das hier seit langem vertreten wird (s. dazu OLG Dresden, Urt. v. 28.6.2012 – 16 U 831/11, BauR 2013, 1158 [Ls.]). Dabei ist nur vorsorglich klarzustellen, dass die hier aufgeworfene Frage nicht im Zusammenhang steht mit der weiteren Rechtsprechung, nach der um ein Vielfaches überhöhte Einheitspreise bei Mehr- oder geänderten Mengen nach § 2 Abs. 3 und 5 VOB/B einer eigenständigen Sittenwidrigkeitskontrolle nach § 138 BGB standhalten müssen verbunden mit dem Ergebnis, dass z. B. 8fache Überhöhungen eine Vermutung für ein sittenwidrig verwerfliches Gewinnstreben mit sich bringen können (BGH, Urt. v. 7.3.2013 – VII ZR 68/10, BGHZ 196, 299, 310 = BauR 2013, 1116, 1120 = NJW 2013, 1950, 1952 = NZBau 2013, 366, 369; zuvor schon BGH, Urt. v. 18.12.2008 – VII ZR 201/06, BGHZ, 179, 213, 218 = BauR 2009, 491, 493 = NJW 2009, 835, 836, s. o. Rdn. 625 ff.). Diese Rechtsprechung ist hier nicht einschlägig. Denn in den vorgenannten Sachverhalten geht es nicht um ein sittlich verwerfliches Gewinnstreben des Auftragnehmers, sondern um die Folgen der Unsicherheit seiner Kalkulation, die wie die Beispielfälle zeigen auch zu seinem Nachteil ausgehen können. Mit dieser Maßgabe findet sich dann aber ebenso im Schrifttum kaum etwas dazu. Immerhin taucht der Begriff des „Vergabegewinns" bei Kapellmann/Messerschmidt (VOB-Kommentar VOB/B § 2 Rn. 226) auf; dort heißt es zu der entscheidenden Frage: „Hat der Auftragnehmer die Nachunternehmerleistungen billiger *eingekauft* als kalkuliert, so bleibt dieser *Vergabegewinn* nicht nur erhalten (näher dazu: Kapellmann/Schiffers Band 1, Rn. 1016), sondern wird auf die veränderte Nachunternehmerleistung mit dem Prozentsatz des früher kalkulierten Vergabegewinns aufgeschlagen." Kapellmann geht also von einer **prozentualen Fortschreibung** des Vergabegewinns aus. Dagegen bestehen jedoch erhebliche Bedenken (so schon Vygen, BauR 2006, 894 ff., 896). Bei sehr hohen änderungsbedingten Mehrkosten kann dies nämlich gerade

bei hohen Vordersätzen wie gezeigt zu einer extremen Steigerung des Vergabegewinns führen, sodass aus einem guten Preis bei unveränderter Bauausführung über den Nachtrag wegen veränderter Ausführungsanordnung ein extrem hoher Gewinn entsteht. Ob dies von § 2 Abs. 5 VOB/B so gewollt ist, erscheint zweifelhaft. **Stattdessen** erscheint es **richtig**, in diesen Fällen, in denen sich keine näheren Anhaltspunkte für die Bestimmung eines anfallenden Vergabegewinns oder -verlusts ergeben, **auf die dann gegenüber dem Vertragspreis tatsächlich anfallenden Mehr- und Minderkosten abzustellen**, d. h.: Die durch die angeordnete Leistungsänderung verursachten Mehrkosten beim Subunternehmer schlagen als Mehrkosten des Generalunternehmers auf dessen Preis durch, aber eben nur in der Höhe, in der sie dem Generalunternehmer entstehen, also nicht prozentual, sondern absolut oder betragsmäßig (so auch schon Vygen, BauR 2006, 894 ff., 897; Joussen/Vygen, Subunternehmervertrag, Rn. 554 ff.; jetzt auch anschaulich für dieses Ergebnis: OLG Dresden, Urt. v. 28.6.2012 – 16 U 831/11 BauR 2013, 1158 [Ls.]). Diese Auffassung wird wohl so auch von Dähne/Schelle (VOB von A–Z, 3. Aufl., S. 642) vertreten, wenn es dort unter dem Stichwort „Gewinn bei neuen Preisen" wörtlich heißt: *„Der Einheitspreis ändert sich also, durch die Leistungsänderung bedingt, nur insoweit, als diese Mehr- oder Minderkosten bewirkt (also wie bei Mehrmengen von mehr als 10 v. H.). D. h., der Gewinnbetrag, bei dem es sich ja nicht um Kosten handelt, bleibt im neuen Einheitspreis unverändert. Ändern tut sich nur der Anteil (Prozentsatz) des Gewinnbetrags am Einheitspreis: Er sinkt bei einer Einheitspreiserhöhung (d. h. bei Mehrkosten) und steigt bei einer Einheitspreissenkung (d. h. bei Minderkosten)."* Dieser Auffassung ist der Vorzug zu geben, da damit erreicht wird, dass der Unternehmer sein wirtschaftliches Ergebnis so realisiert wie er es auch erzielt hätte, wenn der Auftraggeber von seinem Änderungsrecht gemäß § 1 Abs. 3 VOB/B keinen Gebrauch gemacht hätte. Damit wird zugleich sichergestellt, dass die im Wettbewerb zustande gekommenen Preise ohne Aufbesserung durch den Unternehmer und ohne Schlechterstellung des Auftraggebers in ihrer tatsächlichen Höhe erhalten bleiben (vgl. aber auch Stemmer, BauR 2007, 458, 462, zuvor schon VergabeR 2994, 549, 560 und BauR 2008, 182, 188, der generell § 2 Abs. 5 VOB/B in der Weise versteht, dass unabhängig von der Kalkulation stets nur die effektiv anfallenden Mehr- oder Minderkosten zu berücksichtigen seien, was aber in der Sache nicht richtig ist s. dazu oben Rdn. 652 ff.).

Sollte sich in der Rechtsprechung aber doch die prozentuale Fortschreibung **707** solcher Vergabegewinne und Vergabeverluste durchsetzen, so muss bei hohen Vergabegewinnen in den Vertragspreisen des Generalunternehmervertrages und hohen Mehrkosten in Folge der Bauentwurfsänderung dem Auftraggeber wohl meist geraten werden, die Bauentwurfsänderung nicht anzuordnen, sondern stattdessen die zu ändernde Leistung zu kündigen (Teilkündigung) und die geänderte Leistung an einen anderen Unternehmer neu zu vergeben. Es handelt sich dabei zwar um eine freie Kündigung mit den Folgen des § 8 Abs. 1 Nr. 2 VOB/B (vgl. dazu Ingenstau/Korbion, VOB/B § 8 Abs. 1 Rn. 50 ff.); aber insgesamt mag der Auftraggeber dabei ggf. dann doch günstiger wegkommen.

708 Richtig ist allerdings, dass diese Berechnungsart ebenso zur Folge hat, dass sich im Einzelfall (siehe Beispiel 3) sogar ein **negativer Einheitspreis bei der Nachtragsberechnung** für die geänderte Leistung ergeben kann, der sich dann allerdings noch um den prozentual kalkulierten und deshalb gleichfalls prozentual fortzuschreibenden Generalunternehmer-Zuschlag vermindert. Dieser negative Nachtragspreis bei hohem Vergabeverlust und hohen änderungsbedingten Minderkosten mag zunächst überraschen und für den Unternehmer schwer hinnehmbar sein. Bei näherem Hinsehen stellt man allerdings fest, dass nur der **Vergabeverlust**, der auch bei unveränderter Bauausführung ohnehin beim Unternehmer angefallen wäre, sich nun in dieser absoluten Höhe bei geänderter Leistung realisiert. Das aber ist gerecht und lässt keinen wirtschaftlichen Nachteil zulasten des Unternehmers in Folge der Bauentwurfsänderung durch den Auftraggeber erkennen.

709 Als Ergebnis ist deshalb für die Behandlung von Vergabegewinnen und Vergabeverlusten bei der Berechnung und Kalkulation von Nachtragsforderungen gemäß § 2 Abs. 5 VOB/B festzustellen: Bei der Berechnung neuer Einheitspreise oder auch des neuen Pauschalpreises wegen Änderungen des Bauentwurfs durch den Auftraggeber gemäß §§ 1 Abs. 3, 2 Nr. 5 VOB/B bleiben **Vergabegewinne und Vergabeverluste**, die bei unveränderter Bauausführung angefallen wären, grundsätzlich erhalten. Sie sind aber nicht wie die zumeist prozentual in Ansatz gebrachten Kalkulationsansätze für Wagnis und Gewinn prozentual fortzuschreiben, sondern betragsgemäß zu erfassen und in dieser Höhe als **Festbetrag der Neuberechnung des Nachtragspreises** zugrunde zu legen, also in der absoluten Höhe. Dies gilt auch dann, wenn sich dadurch im Einzelfall ausnahmsweise sogar ein negativer Einheitspreis für die geänderte Leistung ergibt. Der Unternehmer erleidet dadurch keinen größeren Verlust als bei der unveränderten Bauausführung. Der kalkulative Generalunternehmerzuschlag wird allerdings entsprechend der Kalkulation in der Regel prozentual fortgeschrieben (Vygen, BauR 2006, 894 ff., 897).

6 Der Schadensersatzanspruch des Auftragnehmers aus § 6 Abs. 6 VOB/B

710 Neben einem zusätzlichen Vergütungsanspruch nach § 2 Abs. 5 VOB/B (bzw. bei Zusatzleistungen nach § 2 Abs. 6 VOB/B) stehen bei bauablaufbedingten dem Auftraggeber zuzurechnender Behinderungen Schadensersatzansprüche nach § 6 Abs. 6 VOB/B. Wie schon erläutert (Rdn. 435 ff.; s. auch Vygen,

BauR 1983, 419) sind diese streng von den Vergütungsansprüchen nach § 2 Abs. 5 VOB/B zu trennen; wegen ein und desselben Lebenssachverhaltes können sie auf Grund ihrer unterschiedlichen Tatbestandsvoraussetzungen nicht parallel anwendbar sein.

Hintergrund dieses Befundes ist die Tatsache, dass Schadensersatzansprüche des Auftragnehmers nach § 6 Abs. 6 VOB/B im Zusammenhang mit einer verlängerten Bauzeit oder Bauablaufstörungen jeweils ein **pflichtwidriges verschuldetes Handeln des Auftraggebers** voraussetzen. Ein solches wird in aller Regel nur vorliegen, wenn es um ausbleibende vom Auftraggeber zu erbringende (geschuldete) Mitwirkungshandlungen geht, die für die Ausführung der Bauleistung erforderlich sind (s. dazu ausführlich Vygen/Joussen, Bauvertragsrecht, Rn. 1043 ff.). Hierin liegt der eigentliche Anwendungsbereich dieser Regelung. Denn durch eine solche Verletzung von Mitwirkungspflichten (z. B. unterbleibende Planübergabe) kann es nicht nur gemäß § 6 Abs. 2 Nr. 1 lit. a) VOB/B zu einer Verlängerung der Ausführungsfristen kommen (s. dazu Rdn. 369 ff.), sondern auch zu Erstattungsansprüchen des Auftragnehmers wegen der ihm auf Grund der Behinderung entstehenden Mehrkosten. Diese sind durchaus vielfältiger Art. So geht es natürlich vorrangig um Mehrkosten, die unmittelbar durch die Behinderung auf der Baustelle entstehen (z. B. erhöhte Personalkosten wegen einer verlängert laufenden Baustelle). Doch auch mittelbare Folgekosten sind denkbar. 711

▸ **Beispiel:**

> Durch die vom Auftraggeber verschuldete Behinderung verlängert sich die Bauzeit. Der Auftragnehmer kann nunmehr nicht fristgerecht bei einem Anschlussauftrag beginnen, weswegen der dortige Auftraggeber seinerseits Schadensersatz oder eine Vertragsstrafe geltend macht. Auch diese Kosten kann der Auftragnehmer vom Auftraggeber des ersten Bauvertrages als Schadensersatz ersetzt verlangen.

Die wichtige Weichenstellung, die hier zu beachten ist, besteht allenfalls darin, dass der Anwendungsbereich des Schadensersatzanspruchs nach § 6 Abs. 6 VOB/B bei der Verletzung von Mitwirkungspflichten ein Verschulden des Auftraggebers voraussetzt. Andernfalls kommt allenfalls ein Entschädigungsanspruch nach § 642 BGB in Betracht (s. dazu nachfolgend Teil A Rdn. 826 ff.). Ebenso entfällt ein Schadensersatzanspruch nach § 6 Abs. 6 VOB/B, wenn dem Auftraggeber die geschuldete Handlung unmöglich (geworden) ist (s. dazu Rdn. 860 ff.).

6.1 Die Anspruchsvoraussetzungen des § 6 Abs. 6 VOB/B

712 Die Anspruchsvoraussetzungen des § 6 Abs. 6 VOB/B sind überschaubar. Sie bereiten in der Praxis auch wenig Probleme. Etwas anderes gilt dagegen für die konkrete Darlegung eines Behinderungsschadens, worauf gesondert unter Rdn. 764 ff. eingegangen wird.

Voraussetzungen für einen Schadensersatzanspruch nach § 6 Abs. 6 VOB/B

(1) Behinderung aus dem Risikobereich des Auftraggebers
(2) Ordnungsgemäße Behinderungsanzeige
(3) Schuldhaftes Handeln des Auftraggebers
(4) Auf der Behinderung beruhender Schaden
(5) Schlüssige Darlegung

6.1.1 Behinderung/Behinderungsanzeige

713 Zu den nach § 6 Abs. 6 VOB/B zu berücksichtigenden Behinderungen gehören zunächst Umstände aus der **Sphäre und dem Risikobereich des Auftraggebers**, also insbesondere die **Verletzung von Mitwirkungspflichten**, die dem Auftraggeber nach der VOB (vgl. §§ 3, 4 VOB/B) oder nach dem konkreten Bauvertrag obliegen (vgl. im Einzelnen Vygen/Joussen, Bauvertragsrecht, Rn. 1043 ff.). Voraussetzung für einen Schadensersatzanspruch des Auftragnehmers nach § 6 Abs. 6 VOB/B ist außerdem, dass der Auftragnehmer die Behinderung – soweit erforderlich – ordnungsgemäß und dem richtigen Adressaten (i. d. R. dem Auftraggeber) angezeigt hat (s. dazu oben Rdn. 397 ff.).

6.1.2 Schuldhaftes Handeln des Auftraggebers

714 Die Behinderung muss sodann auf den Auftraggeber zurückgehen und von ihm zu vertreten sein. Vertreten heißt hier, dass der Auftraggeber die Behinderung **vorsätzlich oder fahrlässig** verursacht hat (§ 276 BGB). Dies wird bei einer Verletzung von Mitwirkungspflichten vielfach unproblematisch sein.

715 Hinzuweisen ist immerhin darauf, dass sich das Vertretenmüssen im Sinne des § 6 Abs. 6 VOB/B deutlich von der Voraussetzung für eine Bauzeitverlängerung nach § 6 Abs. 2 Nr. 1 lit. a) VOB/B unterscheidet, die bereits einen „Umstand aus dem Risikobereich des Auftragnehmers“ genügen lässt. Diese Sphärenzuordnung eines Behinderungsumstandes zulasten des Auftraggebers reicht für einen Schadensersatzanspruch nicht aus. Dies folgt schon aus den Grundregeln des Vertragsrechts: Denn ein vertraglicher Schadensersatzanspruch eines Vertragspartners setzt in der Regel ein **Verschulden des anderen Vertragspartners** voraus (vgl. §§ 280 Abs. 1 S. 2, 286 Abs. 4 BGB). Dies ist

auch wegen der weitreichenden Folgen eines Schadensersatzanspruches geboten und muss in gleicher Weise im Fall des Gläubigerverzuges, also bei der Verletzung von Mitwirkungspflichten seitens des Auftraggebers gelten, wenn der Auftragnehmer daraus einen Schadensersatzanspruch gemäß § 6 Abs. 6 VOB/B herleiten will (Ingenstau/Korbion/Döring, § 6 Abs. 6 VOB/B, Rn. 13 ff.). Auch beim Gläubigerverzug kennt nämlich das allgemeine Vertragsrecht keinen Schadensersatzanspruch des Schuldners ohne Verschulden des Gläubigers; es lässt lediglich den Gläubiger ohne Verschulden in **Annahmeverzug** geraten und gewährt dann ggf. den Entschädigungsanspruch des § 642 BGB.

Gleichwohl: Selbst bei einer Verletzung von Mitwirkungspflichten ist ein **Verschulden** selbstverständlich nicht zwingend. 716

▶ **Beispiel:**

Der Hauptunternehmer stellt dem Subunternehmer das Baugrundstück nicht zur Verfügung, weil es ihm selbst für die Ausführung nicht vom Bauherrn überlassen wird. Hier fehlt es an einem Verschulden des Hauptunternehmers, weil ihm die pflichtwidrige Nichtüberlassung des Baugrundstücks durch den Bauherrn nicht zugerechnet wird. Denn der Bauherr ist kein Erfüllungsgehilfe (§ 278 BGB) in dem Verhältnis Hauptunternehmer/Subunternehmer.

Ebenso fehlt es an einem Verschulden des Auftraggebers bei Bauverzögerungen, wenn der Auftragnehmer seine **Leistung vorfällig** erbracht hat, sodass er nun wegen z. B. nicht fertiggestellter anderer Leistungen nicht weiterarbeiten kann (OLG Düsseldorf, Urt. v. 30.4.2002 – 21 U 189/01, BauR 2002, 1551). Auch in den bekannten Vorunternehmerfällen, bei denen der Nachunternehmer nicht anfangen kann, weil der Vorunternehmer nicht rechtzeitig fertig geworden ist, entfällt in der Regel ein Schadensersatzanspruch nach § 6 Abs. 6 VOB/B mangels Verschulden des Auftraggebers. Hierauf wird einheitlich unten unter Rdn. 739 ff. eingegangen.

Im Zusammenhang mit dem Verschulden gibt es aber diverse weitere Grenzfälle. Sie betreffen vor allem **Unklarheiten in der Leistungsbeschreibung**, die der Auftraggeber möglicherweise zu vertreten hat. 717

▶ **Beispiel:** (nach OLG Düsseldorf, Urt. v. 26.6.1984 – 23 U 181/83, SFH § 5 VOB/B Nr. 6)

Der Auftraggeber erstellt ein Leistungsverzeichnis zu Kanalisationsarbeiten, bei denen die Wasserdurchlässigkeitswerte falsch berechnet waren und es jetzt zu einem erhöhten Wasserandrang kommt. Dies löst zum einen eine Behinderung, zum anderen Zusatzleistungen wegen einer geänderten Ausführung aus.

Angesprochen wurden die damit verbundenen Probleme schon im Zusammenhang mit etwaigen Vergütungsansprüchen nach **angeordneten Leistungsänderungen oder Zusatzleistungen**, die wegen falscher, unvollständiger oder unklarer Leistungsverzeichnisse notwendig werden (s. o. Rdn. 472 ff.). Diese haben mit einem Schadensersatzanspruch nichts zu tun, da der Auftraggeber insoweit nur seine ihm ohnehin vertraglich zustehenden Rechte ausübt. Sämtliche Mehrkosten, die im Zusammenhang mit einer solchen angeordneten Leistungsänderung entstehen, hat der Auftragnehmer somit in seinen ihm deshalb zustehenden Vergütungsnachtrag einzurechnen. Dies schließt die Kosten wegen einer verlängerten Bauzeit oder sonstigen Mehraufwands wegen einer Umstellung des Bauablaufs mit ein.

718 Damit sind die hier bestehenden Probleme einer Behinderung nach einem unklaren, unvollständigen oder fehlerhaften Leistungsverzeichnis aber möglicherweise nicht gelöst. Denn in solchen Fällen kann es zugleich zu einer Behinderung mit Mehrkosten auch unabhängig von einer ggf. notwendigen Leistungsänderung kommen. Eine Leistungsänderung ist hier vielfach nicht einmal zwingend.

▶ **Beispiel:**

Der Auftraggeber schreibt die Boden- und Wasserverhältnisse nicht ordnungsgemäß aus, weil er sich die Kosten eines Baugrundgutachtens sparen will. Der Auftragnehmer benötigt in Folge dieser falschen Ausschreibung einen Monat länger und will die Mehrkosten ersetzt verlangen.

Hätte der Auftraggeber hier eine Anordnung erteilt, wäre für deren Vergütungspflichtigkeit bei unklar gebliebenen Leistungsverzeichnissen zu prüfen, ob die Anordnung zu einer geänderten Leistung führt – oder ob eine nur nicht vergütungspflichtige Leistungskonkretisierung im Sinne des § 4 Abs. 1 Nr. 3 VOB/B vorliegt (Rdn. 472 ff.). Ebenso ist bei der Prüfung ggf. gesonderter Behinderungsfolgen zu verfahren. Es ist also gleichfalls vorrangig zu klären, welche Leistungspflichten der Auftragnehmer nach der Auslegung des Vertrages z. B. auf der Grundlage einer funktionalen Vergabe (§ 7 Abs. 13-15 VOB/A) oder nach Abgabe eines Nebenangebotes oder Sondervorschlages übernommen hat. Dementsprechend kann sich – in Abgrenzung zu einer angeordneten Leistungsänderung – gerade bei erkennbar unklaren, unvollständigen oder unrichtigen Leistungsverzeichnissen durchaus ergeben, dass eine im Nachhinein vom Auftraggeber geforderte oder angeordnete Leistung tatsächlich schon nach dem Vertrag geschuldet war. Es wurde aber ebenso schon darauf hingewiesen, dass deswegen einem Auftragnehmer wegen gleichwohl bestehender Versäumnisse in der Ausschreibung und der geforderten Eindeutigkeit im Leistungsverzeichnis Schadensersatzansprüche nach §§ 280 Abs. 1, 311 Abs. 2, 241 Abs. 2 BGB (ehemals culpa in contrahendo) zustehen können (Rdn. 486 ff., vgl. dazu auch BGH, Beschl. v. 22.12.2010 – VII ZR 77/10,

BauR 2011, 530 sowie ausführlich Joussen, BauR 2013, 1583, 1586). Denn der Auftraggeber ist zumindest bei Vergaben nach der VOB/A verpflichtet, die Leistungen eindeutig und erschöpfend zu beschreiben, ohne dass dem Auftragnehmer ein ungewöhnliches Wagnis auferlegt wird (s. insoweit auch anschaulich zu Schadensersatzansprüchen bei einem Verstoß gegen vergaberechtlichen Vorschriften der VOB/A: BGH, Urt. v. 9.6.2011 – X ZR 143/10, BGHZ 190, 89, 92 = BauR 2011, 1813, 1815 = NZBau 2011, 498, 500).

Diese Grundsätze gelten bei Behinderungen des Unternehmers in gleicher Weise. Bedeutung gewinnen sie vor allem – wie die o. g. Beispielfälle zeigen – bei **verändert gegenüber der Ausschreibung angetroffenen Bodenverhältnissen** (Heiermann/Riedl/Rusam/Kuffer, § 6 Rn. 62). Denn auch die richtige und vollständige Beschreibung der **Boden- und Wasserverhältnisse** des Baugrundstücks gehört nach § 7 Abs. 1 Nr. 6 VOB/A zu den Verpflichtungen des Auftraggebers, da sie seinem Grundstück zuzuordnen sind und daher in seinen Risikobereich fallen (BGH, Urt. v. 22.11.2011 – VII ZR 67/11, BauR 2012, 490, 491 = NJW 2012, 518, 519 = NZBau 2012, 102, 103; BGH, Urt. v. 21.3.3013 – VII ZR 122/11, BauR 2013, 1126, 1128 = NZBau 2013, 428, 429 = NJW 2013, 1957 – sowie oben ausführlich Rdn. 494 ff. und 515 ff.). Doch gilt dies ganz allgemein und unabhängig von Vergaben der VOB/A (Joussen, BauR 2013, 1583, 1589). Denn tatsächlich handelt es sich bei dem Boden um einen vom Auftraggeber beigestellten Baustoff, den der Unternehmer zu bearbeiten hat und den der Auftraggeber beschreiben muss, da er diesen dem Unternehmer wie bauseits gestellte Baustoffe (vgl. § 645 BGB) zur Bearbeitung zur Verfügung stellt (vgl. dazu auch Kapellmann, Jahrbuch Baurecht 1999, S. 1 ff.). Von dem Vorwurf des Verschuldens und sich allein ggf. daraus ergebenden Schadensersatzansprüchen aus Behinderung nach § 6 Abs. 6 VOB/B wird sich der Auftraggeber daher bei Unklarheiten oder Fehlern in der Ausschreibung – d. h. losgelöst von einem Nachtrag – nur entlasten können, wenn er bei der Vorbereitung der Baumaßnahme und der Ausschreibung alle ihm zumutbaren und möglichen Untersuchungen vorgenommen hat, um die **Boden- und Wasserverhältnisse** zutreffend beschreiben zu können (Joussen, NZBau 2013, 465, 472; s. auch oben Rdn. 523). Dazu gehören insbesondere die **Einholung von Bodengutachten** und Auskünften der Behörden sowie gegebenenfalls auch die Anordnung von Probebohrungen (Kapellmann/Schiffers, Bd. 1, Rn. 1350, Vygen, BauR 1983, 421 ff.; vgl. dazu im Einzelnen: Englert/Grauvogl/Maurer, Rn. 468 sowie oben Rdn. 515 f.) oder bei **Sanierungsvorhaben** z. B. die ordnungsgemäße Untersuchung des Altbestandes. 719

Nur wenn der Auftraggeber all diese Maßnahmen ergriffen und dennoch die Bodenverhältnisse nicht zutreffend beschrieben hat, wird ein Verschulden des Auftraggebers ausnahmsweise entfallen können – es sei denn, dass im Einzelfall auf Grund vertraglicher Regelung das **Baugrundrisiko** vertraglich auf den Unternehmer abgewälzt worden ist (vgl. Englert/Grauvogl/Maurer, 720

Rn. 2223 ff.). Vor einer solchen Regelung kann aber nur eindringlich gewarnt werden. Sie verließe nicht nur die ausgewogene in der VOB vorgesehene Risikoverteilung, an der sinnvollerweise festzuhalten ist. Eine solche Risikoüberwälzung vor allem in Bauvertragsklauseln dürfte vielmehr auch einer AGB-Kontrolle nach § 307 BGB nicht Stand halten, da sie den Unternehmer unangemessen benachteiligt (so auch Englert/Grauvogl/Maurer, a. a. O.; Heiermann/Riedl/Rusam/Kuffer, § 6 Rn. 62).

6.1.3 Behinderungsschaden

721 Dem Auftragnehmer muss aus der Behinderung ein Schaden entstanden sein. Diesen muss er **konkret berechnen** (BGH, Urt. v. 20.2.1986 – VII ZR 286/84, BGHZ 97, 163, 165 = BauR 1986, 347, 348 = NJW 1986, 1684, 1685). Erfasst werden vor allem Stillstandskosten (Mehrkosten bei Löhnen, Gehältern, Geräten, verlängerte Versicherungszeiten u. a.) und Mehrkosten wegen verlängerter Bauzeit (Zusatzkosten wegen verlängerter Baustellenvorhaltung, Lohnerhöhungskosten, Materialkostensteigerungen, Finanzierungskosten, Transport- und Montagekosten für Zusatzkapazitäten, Überstundenzuschläge u. a.). Ein **Verzögerungsschaden** kann auch darin bestehen, dass sich in Folge der vom Auftraggeber zu vertretenden Verzögerung die Grundlagen der Vergütung des Auftragnehmers verändert haben (OLG Düsseldorf, Urt. v. 29.8.1997 – 22 U 22/97, BauR 1998, 340). Der genaue Nachweis stößt aber vielfach auf Schwierigkeiten. Deswegen ist es unter Einhaltung weiterer Voraussetzungen teilweise auch zulässig, einen solchen Schaden nach § 287 ZPO zu schätzen (vgl. dazu umfassend BGH, Urt. v. 24.2.2005 – VII ZR 141/03, BGHZ 162, 259, 263 f. = BauR 2005, 857, 858 f. = NJW 2005, 1653, 1654; BGH, Urt. v. 24.2.2005 – VII ZR 225/03, BauR 2005, 861, 864 f. = NJW 2005, 1650, 1652). Insoweit soll aber wegen weiterer Einzelheiten auf die gesonderte Darstellung nachfolgend zu Rdn. 764 ff. verwiesen werden.

6.1.4 Schlüssige Darlegung von Behinderung, Verschulden und Schaden

722 Die sich aus dem Erfordernis des Verschuldens ergebenden Schwierigkeiten bei der Durchsetzung des Schadensersatzanspruches nach § 6 Abs. 6 VOB/B werden zumindest teilweise über- und teilweise unterschätzt. Der **Unternehmer**, der die Erstattung von Mehrkosten in Folge von Bauzeitverlängerungen gemäß § 6 Abs. 6 VOB/B geltend machen will, muss zunächst einmal nur im Einzelnen **darlegen**,

- dass er in der Ausführung seiner Leistung behindert worden ist,
- dass er die Behinderung angezeigt hat oder diese offenkundig war,

- dass die Behinderung ihre Ursache im Einflussbereich oder der Sphäre des Auftraggebers hat und
- welche konkreten Mehrkosten ihm ursächlich durch die Behinderungen tatsächlich entstanden sind.

Sache des Auftraggebers ist es dann, im Einzelnen darzulegen und nachzuweisen, dass ihn an der eingetretenen Behinderung kein Verschulden trifft (s. dazu sogleich Rdn. 579).

Diese Ausgangsvoraussetzungen werfen z. T. in der Praxis doch Probleme auf. 723
Sie betreffen auf Auftragnehmerseite zunächst allerdings weniger die Frage, ob überhaupt eine Behinderung vorliegt – was vor allem deutlich wird bei einem **Planlieferverzug**.

▶ **Beispiel:**

Die Bauvertragspartner haben einen Bauzeitenplan zur Grundlage der Bauausführung und Bauabwicklung gemacht, aus dem sich Planliefertermine mit entsprechenden Vorlaufzeiten ergeben (vgl. § 9 Abs. 3 VOB/A).

In Fällen wie diesen kommt es für eine Behinderung als solche zunächst nicht entscheidend darauf an, ob die Fristen des Bauzeitenplans verbindliche Vertragsfristen im Sinne des § 5 Abs. 1 VOB/B waren oder nicht. Ferner bedarf es keiner besonderen Anforderung der jeweils erforderlichen Pläne durch den Auftragnehmer beim Auftraggeber, wenn sich die Vorlaufzeiten, z. B. für Bewehrungspläne 18 Werktage, für Schalpläne 5 Wochen und für Architektenpläne 3 Wochen, aus dem Bauzeitenplan oder den ZVB oder sonstigen Vertragsbestandteilen ergeben (BGH, Urt. v. 21.3.2002 – VII ZR 224/00, BauR 2002, 1249, 1251 = NJW 2002, 2716, 2717). Vielmehr liegt eine Behinderung schon dann vor, wenn diese Termine schlichtweg nicht eingehalten werden.

Ist die Behinderung möglicherweise noch einfach zu dokumentieren, gilt zu- 724
meist anderes bei der ebenfalls erforderlichen Darlegung, dass ein dem Auftragnehmer ggf. entstandener **Schaden auch tatsächlich auf der vorgetragenen Behinderung** beruht, was er im Streitfall zu beweisen hat (BGH, a. a. O.). Dabei genügt ein einfacher Vergleich zwischen geplantem und tatsächlichem Bauverlauf in der Regel nicht (OLG Düsseldorf, Urt. v. 6.2.1998 – 22 U 73/97, BauR 1998, 410 = NJW-RR 1998, 670, 671). Denn eine Zeitverzögerung kann viele Ursachen haben. Daher muss ein Auftragnehmer auf der Grundlage eines solchen Vergleichs zusätzlich darlegen, inwieweit die **Verletzung** einer oder mehrerer konkreter nach dem Vertrag zu diesem Zeitpunkt geschuldeter **Mitwirkungshandlungen für die Schadensentstehung tatsächlich ursächlich** geworden ist (BGH, Urt. v. 20.2.1986 – VII ZR 286/84, BGHZ 97, 163, 166 = BauR 1986, 347, 348 = NJW 1986, 1684, 1685; umfassend auch BGH, Urt. v. 24.2.2005 – VII ZR 141/03, BGHZ 162, 259, 263 f. = BauR 2005, 857, 858 f. =

NJW 2005, 1653, 1654; BGH, Urt. v. 24.2.2005 – VII ZR 225/03, BauR 2005, 861, 864 f. = NJW 2005, 1650, 1652). Gegen die Ursächlichkeit könnte z. B. sprechen, dass ein Auftragnehmer nach § 6 Abs. 3 VOB/B seine Bautätigkeit den hindernden Umständen anzupassen hat mit der Folge, dass Mehrkosten vermieden werden. Denn gerade bei Großbaustellen besteht vielfach eine anderweitige Einsatzmöglichkeit von Personal und Gerät (s. dazu oben Rdn. 424). Daher muss **nicht jede Verletzung einer Mitwirkungshandlung zu einer Verzögerung des Bauvorhabens** oder zu wirtschaftlichen Nachteilen des Auftragnehmers führen (BGH a. a. O.). Auch könnte es etwa sein, dass sich eine unstreitig vorliegende Behinderung überhaupt nicht ausgewirkt hat.

▶ **Beispiel:** (nach BGH, Urt. v. 15.1.1976 – VII ZR 52/74, BauR 1976, 128)

Die Baugenehmigung wird erst drei Monate nach Baubeginn erteilt; der Unternehmer hatte aber trotzdem mit der Bauleistung begonnen und hätte auch bei früherer Erteilung der Baugenehmigung nicht anders (früher, mehr, schneller) gearbeitet, als er es tatsächlich getan hat.

725 Erforderlich ist daher zur Darlegung eines Behinderungsschadens in der Regel die **Vorlage einer konkreten bauablaufbezogenen Darstellung** der jeweiligen Behinderungen – dies selbst dann, wenn auf Grund einer ggf. unstreitig verletzten Mitwirkungspflicht des Auftraggebers (z. B. bei einer verspäteten Planübergabe) ein allgemeiner Erfahrungssatz dafür spricht, dass es dadurch zu einer Behinderung kommt. Dabei muss eine solche bauablaufbezogene Darstellung auch diejenigen unstreitigen Umstände berücksichtigen, die gegen eine Behinderung sprechen (BGH, Urt. v. 21. 3.2002 – VII ZR 224/00, BauR 2002, 1249, 1251 = NJW 2002, 2716, 2717 = NZBau 2002, 381, 382 – s. dazu auch sogleich Rdn. 764 ff.).

Überblick zu den Sachverhalten, die einen Behinderungsschaden ausschließen können und deswegen vom Auftragnehmer ebenfalls darzulegen sind

- Im Rahmen der Baumaßnahme kam es bereits zu erheblichen Nachträgen mit einer verlängerten Bauzeit. Dann muss der Auftragnehmer darlegen, inwieweit die Vergütung, die er für diese Nachträge erhalten hat, nicht einen Schaden ausschließen oder bereits kompensieren (KG, Urt. v. 19.4.2011 – 21 U 55/07, BauR 2012, 951, 955; OLG Köln, Urt. v. 28.1.2014 – 24 U 199/12, BauR 2014, 1309, 1311 = NJW 2014, 3039, 3041 = NZBau 2014, 626, 628; OLG Köln, Beschl. v. 27.10.2014 – 11 U 70/13, noch nicht veröffentl.; ähnlich OLG Dresden, Urt. v. 6.1.2012 – 1 U 13/10, BauR 2012, 1380 [Ls.], was sich aus dem nur veröffentl. Leitsatz aber nicht ergibt). Dabei gewinnt gerade hier an Bedeutung, dass eine schon gewährte Nachtragsvergütung ohne einen dagegen stehenden Vorbehalt in der

Regel einen Ausgleich auch für die bauzeitlichen Auswirkungen einer geänderten oder einer Zusatzleistung enthält (s. o. Rdn. 672).

- Der Auftragnehmer hat die Verzögerungen teilweise selbst verursacht, indem er die Baustelle nicht ordnungsgemäß besetzt hatte (OLG Köln, a. a. O.; OLG Hamm, Urt. v 12.4.2011 – 24 U 29/09, BauR 2013, 956, 966).
- Gleichfalls muss entsprechend der den Auftragnehmer treffenden Pflicht nach § 6 Abs. 3 S. 1 VOB/B (s. dazu oben Rdn. 408) bei der Geltendmachung von Ersatzansprüchen aus Störungssachverhalten erläutert werden, inwieweit der Auftragnehmer von seiner Möglichkeit Gebrauch gemacht hat, andere Bauabschnitte vorzuziehen (OLG Köln, a. a. O.; OLG Hamm, Urt. v. 30.7.2013 – 21 U 84/12, BauR 2014, 585, 588 = NZBau 2014, 104, 107 = NJW 2014, 78, 81) oder die Arbeitskräfte, zu denen er ggf. jetzt einen Schadensersatz begehrt, zunächst anderweitig einzusetzen (s. dazu etwa BGH, Beschl. v. 12.4.2012 – VII ZR 217/10, NJW-RR 2012, 848, 849 = NZBau 2012, 434; OLG Hamm, Urt. v. 12.4.2011 – 24 U 29/09, BauR 2013, 956, 968).

Liegen **mehrere Behinderungen gleichzeitig** vor, die zu Mehrkosten führen, muss der Auftragnehmer im Rahmen seiner Darlegungspflichten zu jeder einzelnen Behinderung die vermeintlich darauf beruhenden Zusatzkosten anhand einer konkreten bauablaufbezogenen Planung belegen (anschaulich OLG Celle, Urt. v. 1.11.2001 – 13 U 148/00, OLGR 2002, 28: Das Urteil wurde zwar später durch den BGH aufgehoben [Urt. v. 19.12.2002 – VII ZR 440/01, BauR 2003, 531 = NJW 2003, 1601], nicht jedoch zu den diesbezüglichen Ausführungen; s. auch Teil B Rdn. 76). Dies kann gelingen, wenn der Auftragnehmer dazu über eine **ausreichende Dokumentation** verfügt (s. dazu Teil B Rdn. 193 ff.). In diesen Fällen kann dann mit Hilfe eines **mehrstufigen Nachweisverfahrens** (Teil B Rdn. 170 ff) durchaus eine haftungsbegründenden Kausalität zwischen den einzelnen Bauablaufstörungen und den darauf beruhenden Schäden nachgewiesen werden. Dabei wird zunächst von einem hypothetisch ungestörten Bauablauf, dem Soll (n-1) bzw. Soll (1) ausgegangen. Hierbei ist der Soll (1) der hypothetisch ungestörte Bauablauf, wie er sich nach der Bauablaufstörung (BAST) 1 ergibt. Berücksichtigt man, dass im Rahmen der Analyse der BAST 1 auch der tatsächliche Bauablauf zum Zeitpunkt der Störung einbezogen wird und der Soll'Ist (1) bzw. Soll'Ist (1) a, also Abläufe betrachtet werden, die neben der Störung deren tatsächliche Auswirkungen darlegen, werden insoweit die Forderungen an den adäquat kausalen Nachweis erfüllt werden können. 726

Doch auch mit vorstehend beschriebenen Grundsätzen und Nachweisverfahren bleibt die Darlegung und Beweisführung dazu schwierig. Dies beruht schon darauf, dass eine Bauablaufstörung aus einer Behinderung selten alleine anzutreffen ist, sondern oft gemeinsam mit weiteren Verzögerungen 727 in Folge einer angeordneten Leistungsänderungsanordnung sowie ggf. sogar aus einem Annahmeverzug. Diese Sachverhalte müssen bei jeder baubetrieblichen Darstellung zwingend auseinander gehalten werden. Werden sie es nicht, wären dazu erstellte Untersuchungen oder Gutachten schon aus diesem Grund untauglich (s. o. Rdn. 435 ff.). Das aber wiederum setzt zunächst einmal die detaillierte Aufbereitung des gesamten Sachverhalts, d. h. des Bauablaufs unter Einbeziehung aller Störungsursachen auch in rechtlicher Hinsicht voraus. Dies erfordert in der Regel eine **enge Abstimmung zwischen baubetrieblichem Gutachter und Juristen**. Ist diese Trennung der Verzögerungsursachen erfolgt, mögen dann immerhin die bauablaufbedingten Störungen im Anwendungsbereich des § 6 Abs. 6 VOB/B nach baubetrieblich entwickelten mehrstufigen Verfahren dargelegt werden können (s. dazu auch unten Teil B Rdn. 165 ff.). Dies gilt zunächst auch für große Baustellen mit einer Vielzahl von Bauablaufstörungen (s. dazu auch die Erläuterungen zu einer integrierenden elektronischen Dokumentation bei Großbaustellen: Teil B Rdn. 216 ff.). Damit ist die Prüfung aber leider nicht zu Ende (s. sogleich Teil A Rdn. 768 ff.). Denn ebenso müsste bezogen auf jede einzelne Bauablaufstörung nunmehr auch ein **kausal dadurch verursachter Schaden** bzw. dessen Eintritt dargelegt und nachgewiesen werden. Dessen Höhe mag am Ende zwar geschätzt werden (§ 287 ZPO – s. dazu sogleich Rdn. 728 sowie ausführlich Rdn. 805 ff.); aber eine solche Schätzung kommt nicht in Betracht, soweit es um die Schadensentstehung dem Grunde nach geht, die dann zudem noch von anderen Sachverhalten (Leistungsänderungsanordnungen, Annahmeverzug mit ebenfalls entstehenden Kosten) an derselben Baustelle in ihrer Verursachung abzugrenzen ist (s. aber immerhin einmal anschaulich KG, Urt. 28.5.2013–7 U 12/12, IBR 2013, 406 = BauR 2013, 1493 [Ls.], was sich aus den jeweils veröffentl. Leitsätzen aber so nicht ergibt). Trotz dieser bekannten Schwierigkeiten lässt die Rechtsprechung in diesem Bereich **keine Darlegungserleichterungen** zu. Dies gilt gerade für einen etwaigen **Anscheinsbeweis** bestimmter Geschehensabläufe. Denn dieser würde voraussetzen, dass ein Sachverhalt feststeht, der nach der Lebenserfahrung auf eine bestimmte Ursache oder einen bestimmten Geschehensablauf schließen ließe. Die Bauabläufe sind jedoch zu variabel und die Ursachen für Bauablaufstörungen zu vielfältig, als dass aus einer Verletzung von Mitwirkungspflichten auf eine tatsächliche Behinderung des Bauablaufs und eine dadurch verursachten Schaden geschlossen werden könnte (Kniffka/Koeble, 5. Teil Rdn. 49; ebenso KG, Urt. v. 19.4.2011 – 21 U 55/007, BauR 2011, 951, 958; ähnlich OLG Köln, Urt. v. 28.1.2014 – 24 U 199/12, BauR 2014, 1309, 1310 = NJW 2014, 3039, 3040 = NZBau 2014, 626, 627). Hinzu kommt folgender Gesichtspunkt: An anderer Stelle wurde schon auf die **Behinderungsanzeige** hingewiesen (s. o. Rdn. 397 ff.). Sie ist für den Auftragnehmer Voraussetzung für den hier behandelten Schadensersatzanspruch nach § 6 Abs. 6 VOB/B. Sie kann nach § 6 Abs. 6 S. 2 VOB/B nur unterbleiben, wenn die hindernden Umstände für den Auftraggeber offensichtlich waren. Mit dieser Maßgabe kann aber vielfach ein Gericht im Nachhinein nur mit einem konkreten Vortrag zur Behinderung und deren Auswirkungen auf den Bauablauf überhaupt beurteilen, inwieweit z. B. eine Behinderungsanzeige erforderlich oder wegen Offenkundigkeit entbehrlich war. Denn regelmäßig lässt sich nur daraus ableiten, inwieweit der Auftraggeber informationsbedürftig gewesen ist. Die Behinderungsanzeige muss demzufolge die Tatsachen enthalten, aus denen sich für ihn mit hinreichender Klarheit die Gründe der Behinderung ergeben. Der Auftragnehmer hat die Angaben zu machen, ob und wann seine Arbeiten, die nach dem Bauablauf nunmehr ausgeführt werden müssten, nicht oder nicht wie vorgesehen ausgeführt werden können (BGH, Urt. v. 21.10.1999 – VII ZR 185/98, BGHZ 143, 32, 35 = BauR 2000, 722, 723 = NJW 2000, 1336, 1337 – s. dazu auch oben Rdn. 397 ff.). Diese von der Rechtsprechung entwickelten **Anforderungen an die Anzeige einer Behinderung würden sinnentleert**, wenn letztlich in einem Prozess nunmehr geringere Anforderungen an die Darlegung der einzelnen Behinderungen selbst gestellt würden. Schließlich kann in aller Regel nur auf Grund einer genauen Beschreibung der Behinderung beurteilt werden, inwieweit für den Auftragnehmer auf sie zurückzuführende Schäden entstanden sind (BGH, Urt. v. 24.2.2005 – VII ZR 141/03, BGHZ 162, 259, 264 f. = BauR 2005, 857, 859 = NJW 2005, 1653, 1654).

All das ist aus Sicht der betroffenen Auftragnehmer misslich; doch darf ein Ge- 728
richt gerade bei der Geltendmachung von Schadensersatzansprüchen die Vertragsgegenseite nicht aus den Augen verlieren. Denn diese darf nicht mit Schadensersatzansprüchen überzogen werden auf der Basis eines Sachverhalts, aus dem sich die Grundlagen für seine Haftung nicht sicher ergeben. Aus diesem Grund ist es eben nicht zulässig, über diese Grundsätze der haftungsbegründenden Kausalität bei der Darlegung der Voraussetzungen eines Schadensersatzanspruches hinwegzugehen. Mit einer **Schadensschätzung nach § 287 ZPO hat all das nichts zu tun**, was der BGH inzwischen mit der gebotenen Deutlichkeit klargestellt hat (BGH, Urt. v. 24.2.2005 – VII ZR 141/03, BGHZ 162, 259, 263 f. = BauR 2005, 857, 858 f. = NJW 2005, 1653, 1654; BGH, Urt. v. 24.2.2005 – VII ZR 225/03, BauR 2005, 861, 864 f. = NJW 2005, 1650, 1652; sehr anschaulich, wenn auch in der Sache sehr weitgehend auch OLG Hamm, Urt. v 12.4.2011 – 24 U 29/09, BauR 2013, 956, 966; KG, Urt. v. 19.4.2011 – 21 U 55/07, BauR 2012, 951; OLG Köln, Urt. v. 28.1.2014 – 24 U 199/12, BauR 2014, 1309, 1310 = NJW 2014, 3039, 3040 = NZBau 2014, 626, 627). Denn einer Schadensschätzung zugänglich ist nur die Höhe des Schadens, wenn zuvor die **tatbestandlichen Voraussetzungen im Einzelnen (ohne Rückgriff auf § 287 ZPO) nachgewiesen** sind. Hieraus folgt konkret für die Geltendmachung eines Schadensersatzanspruchs nach § 6 Abs. 6 VOB/B:

729 Der Auftragnehmer hat schlüssig darzulegen, dass er durch eine Pflichtverletzung des Auftraggebers behindert worden ist. Wie schon erläutert, reicht es dafür gerade nicht aus, eine oder mehrere Pflichtverletzungen zu erläutern. Der Auftragnehmer muss vielmehr substantiiert zu den dadurch entstandenen Behinderungen seiner Leistung vortragen. Dazu ist wie erläutert i. d. R. eine **konkrete, bauablaufbezogene Darstellung der jeweiligen Behinderung unumgänglich**.

Beispiel:

Nicht ausreichend ist es so z. B., dass der Auftragnehmer als Bezugsgrundlage für Mehrkosten in Folge einer verspäteten Planübergabe angibt, dass er einen „optimalen Einsatz seines Personals und der Arbeitsmittel geplant und dieser Plan auch dem Vertrag zugrunde gelegen habe". Eine solche abstrakte Darstellung, dass eine optimale Planung durch die verspätete Planübergabe gestört gewesen sei, hat keinen Aussagewert. Notwendig wäre stattdessen die konkrete Angabe, auf Grund welcher Planverzögerungen welche vorgesehenen Arbeiten nicht durchgeführt werden konnten und wie sich die Planverzögerungen konkret auf die Baustelle ausgewirkt haben.

730 Ist ein Auftragnehmer mangels einer ausreichenden Dokumentation der Behinderungstatbestände und der sich daraus ergebenden Verzögerungen zu einer den Anforderungen entsprechenden Darstellung nicht in der Lage, geht das grundsätzlich nicht zulasten des Auftraggebers (BGH, Urt. v. 21.3.2002 – VII ZR 224/00, BauR 2002, 1249, 1251 f. = NJW 2002, 2716, 2717 = NZBau 2002, 381, 382). Vielmehr sind dann darauf gerichtete **Ansprüche des Auftragnehmers schlicht unschlüssig** (OLG Hamm, Urt. v 12.4.2011 – 24 U 29/09, BauR 2013, 956, 966; KG, Urt. v. 19.4.2011 – 21 U 55/07, BauR 2012, 2012, 951, 955 zu der vergleichbaren Darlegung im Rahmen des § 642 BGB; OLG Köln, Urt. v. 28.1.2014 – 24 U 199/12, BauR 2014, 1309, 1310 = NJW 2014, 3039, 3040 = NZBau 2014, 626, 627; OLG Köln, Beschl. v. 27.10.2014 – 11 U 70/13, noch nicht veröffentl.). Dieses Ergebnis der Rechtsprechung wird sich im Zweifel nur vermeiden lassen, wenn im Fall von Behinderungen die **dafür notwendige Dokumentation zeitnah erstellt** wird (s. dazu ausführlich Teil B Rdn. 193 ff.). Dazu gehört eine präzise Aufzeichnung der Behinderung selbst, deren Dauer und Umfang, deren Folgen sowie die gleichzeitige Aufzeichnung der Umstände, die ggf. gegen eine Behinderung sprechen könnten – wobei es in letzten Fällen natürlich sinnvoller wäre, der Auftragnehmer würde aus diesen Gründen erst gar keine Ansprüche ableiten. Wird eine solche rechtzeitige Erstellung der Dokumentation versäumt, kommt häufig nur noch im Nachhinein eine entsprechende Aufbereitung in Betracht, was vielfach nicht mit Erfolg

möglich ist. Denn die die nicht zeitnah erfolgte Dokumentation der Bauabläufe vor Ort wird sich später häufig nicht mehr nachholen lassen.

Erst und nur wenn ein Sachverhalt zu der Behinderung selbst konkret fest- 731
gestellt ist, kommen dem Auftragnehmer **Darlegungs- und Beweislasterleichterungen** mit einer Schätzmöglichkeit des Gerichts bei dem nicht mehr dem Haftgrund zuzuordnenden **Folgen einer Behinderung** zugute, so z. B. in Bezug auf den zukünftigen Bauablauf. Hier geht es demzufolge um die Bewertung der Tatsachen, inwieweit z. B. eine konkrete Behinderung von bestimmter Dauer zu einer Verzögerung von Anschlussgewerken und somit zu einer Verlängerung der gesamten Bauzeit geführt hat. Auch ist § 287 ZPO anwendbar, soweit es um die Frage geht, inwieweit verschiedene Behinderungen Einfluss auf eine festgestellte Verlängerung der Gesamtbauzeit genommen haben (BGH, Urt. v. 24.2.2005 – VII ZR 225/03, BauR 2005, 861, 864 f. = NJW 2005, 1650, 1652 – s. dazu ausführlich sogleich Rdn. 764 ff.).

Die **Darlegungserleichterung aus § 287 ZPO** führt allerdings nicht dazu, dass 732
der Auftragnehmer eine aus einer oder mehreren Behinderungen abgeleitete Bauzeitverlängerung nicht möglichst konkret darlegen muss. Vielmehr ist auch insoweit eine **baustellenbezogene Darstellung der Ist- und Sollabläufe** notwendig, die die Bauzeitverlängerung nachvollziehbar macht. Zu diesem Zweck kann sich der Auftragnehmer der Hilfe grafischer Darstellungen durch Balken- oder Netzpläne bedienen, die ggf. erläutert werden (s. dazu näher Teil B Rdn. 249 ff.). Eine nachvollziehbare Darstellung der Verlängerung der Gesamtbauzeit ist jedoch nicht deshalb unschlüssig, weil einzelne Teile dieser Darstellung unklar oder fehlerhaft sind. Denn trotz der Unklarheit oder Fehlerhaftigkeit bleibt sie dann zumindest in einzelnen Teilen eine geeignete Grundlage, eine Bauzeitverlängerung ggf. mithilfe eines Sachverständigen zu schätzen (BGH a. a. O. – s. dazu auch sogleich Rdn. 611 ff., 764 ff.).

▶ **Beispiel:**

Der Auftragnehmer trägt vor, dass er wegen der Behinderungen 16 Arbeiter an fünf Tagen nicht anderweitig hätte einsetzen können. Hierdurch sei es konkret bezogen auf die Behinderung zu einem Produktivitätsverlust von 1.500 Stunden gekommen. Ob diese Berechnung im Einzelnen zutrifft oder teilweise unklar ist, mag dahinstehen. Denn hier geht es allein um die Höhe des Schadens. Nachgewiesen werden müsste nur die Behinderung selbst sowie die Tatsache, dass deswegen die konkret genannten Arbeiten nicht ausgeführt werden konnten, weswegen es daraufhin zu welchen Auswirkungen auf der Baustelle kam.

733 Können nach Vorstehendem die objektiven Voraussetzungen für den Schadensersatzanspruch nach § 6 Abs. 6 VOB/B vom Auftragnehmer dargelegt und ggf. bewiesen werden, so ist der Anspruch zunächst dem Grunde nach schlüssig. Es ist nunmehr – wie eingangs schon gesagt (Rdn. 723) – Sache des Auftraggebers, darzulegen und zu beweisen, dass ihn an den Behinderungen, deren **Ursachen in seinem Einfluss- oder Risikobereich** liegen, ggf. kein Verschulden trifft (vgl. Ingenstau/Korbion/Döring, VOB/B § 6 Abs. 6 Rn. 22; Vygen, BauR 1983, 414 ff., 420; OLG Düsseldorf, Urt. v. 28.4.1987 – 23 U 151/86, BauR 1988, 487, 488 = SFH Nr. 5 zu § 6 Nr. 6 VOB/B und OLG Düsseldorf, Urt. v. 4.6.1991 – 23 U 173/90, BauR 1991, 774, 776; BGH, Urt. v. 24.2.2005 – VII ZR 225/03, BauR 2005, 861, 864 f. = NJW 2005, 1650, 1652 und Urt. v. 24.2.2005 – VII ZR 141/03, BGHZ 162, 259, 262 f. = BauR 2005, 857, 858 = NJW 2005, 1653, 1654). Diese **Beweislastverteilung** folgt aus § 280 Abs. 1 S. 2 BGB als allgemeinem Grundsatz des Schadensersatzrechts, wonach der Entlastungsbeweis zum eigenen Verschulden jeweils dem Schuldner obliegt. Im Verzugsrecht gilt nichts anderes (vgl. § 286 Abs. 4 BGB), was seit jeher anerkannt ist (BGH, Urt. v. 21.12.1970 – VII ZR 184/69, BauR 1971, 202: Clemm, Betrieb 1985, 2598 m. w. N.; Beck'scher VOB/B-Komm./Berger, § 6 Abs. 6, Rn. 125; Heiermann/Riedl/Rusam/Kuffer, VOB/B § 6 Rn. 67; Kapellmann/Schiffers, Bd. 1, Rn. 1359 – z. T. noch zur alten Rechtslage mit einer Berufung auf den Rechtsgedanken des § 282 BGB a. F.). Dieser **Entlastungsbeweis** wird dem Auftraggeber aber nur in seltenen Fällen gelingen; denn für seinen Einflussbereich trägt er grundsätzlich die Verantwortung.

▶ **Beispiele:**

- Die Darlegung von Finanzierungsschwierigkeiten kann den Auftraggeber schon nach allgemeinen Grundsätzen nicht von seinem Schuldvorwurf entlasten, wenn dadurch der Unternehmer in der Ausführung seiner Bauleistung behindert worden ist (OLG München, BauR 1992, 74; Heiermann, VOB-Praxis Bd. 4, S. 106; BGH, Urt. v. 28.2.1989 – IX ZR 130/88, BGHZ 107, 92, 102 = BauR 1989, 352, 356 = NJW 1989, 1276, 1278; Palandt/Grüneberg, § 275 Rn. 3).
- Nichts anderes gilt bei einer verspäteten Planbeistellung des Architekten. Denn dessen Verschulden muss sich der Auftraggeber gemäß § 278 BGB zurechnen lassen, da dieser im Rahmen des Bauvertrages sein Erfüllungsgehilfe ist.
- Bei verspäteter Erteilung der Baugenehmigung wird die Ursache häufig darin liegen, dass der Auftraggeber diese zu spät beantragt oder die erforderlichen Unterlagen nicht vollständig eingereicht hat. Auch dies ist dem Auftraggeber als Verschulden zuzurechnen (Vygen, BauR 1983, 420; ähnlich OLG Düsseldorf, Urt. v. 27.11.2011 – 23 U 137/10, BauR 2012, 965, 966).

- Dagegen wird man ein Verschulden des Auftraggebers nicht bejahen können, wenn die im Einvernehmen mit dem Liegenschaftsamt für die Abfuhr des Erdaushubs vorgesehene und vom Unternehmer zunächst dafür benutzte öffentliche Straße nach Einschaltung der Presse durch die Anlieger von der Behörde gesperrt wird und dadurch eine Behinderung des Unternehmers eintritt (OLG Düsseldorf, Urt. v. 9.5.1990 – 19 U 16/89, BauR 1991, 337, 339; Ingenstau/Korbion/Döring, VOB/B § 6 Abs. 6 Rn. 20).

Der **Entlastungsbeweis** des Auftraggebers wird ebenfalls schwer zu führen sein, wenn **Behinderungen durch Nachbarn** oder sonstige Dritte verursacht werden, sofern diese Störungen dem Risikobereich der Auftraggeberseite zuzuordnen sind (vgl. OLG Düsseldorf, Urt. v. 28.4.1987 – 23 U 151/86, BauR 1988, 487, wobei in dieser Entscheidung nach einem angeordneten Baustopp die Mehrkosten wohl richtigerweise nicht über § 6 Abs. 6 VOB/B, sondern über § 2 Abs. 5 VOB/B hätten ersetzt werden müssen; und hier ebenfalls Beck'scher VOB-Komm/Berger, VOB/B § 6 Abs. 6 Rn. 66 f.; Kapellmann/Schiffers, Bd. 1, Rn. 1348). In diesen Fällen wird daher der Auftraggeber darlegen und beweisen müssen, dass er hinreichende Vorkehrungen gegen solche Störungen getroffen hat. Gerade daran wird es meist fehlen. Denn dem Auftraggeber obliegt es, dem Unternehmer ein **baureifes Grundstück** mit den notwendigen **Lager- und Arbeitsplätzen** sowie den erforderlichen Zufahrtswegen zur Verfügung zu stellen (§ 4 Abs. 4 VOB/B), für die Aufrechterhaltung der allgemeinen Ordnung auf der Baustelle zu sorgen und die erforderlichen **öffentlich-rechtlichen Genehmigungen und Erlaubnisse** herbeizuführen (§ 4 Abs. 1 Nr. 1 VOB/B). 734

6.2 Verschulden des Auftraggebers und Mitverschulden des Auftragnehmers

Der Schadensersatzanspruch des Auftragnehmers aus § 6 Abs. 6 VOB/B setzt in jedem Fall ein Verschulden des Auftraggebers voraus. Nun kann es aber in der Praxis vorkommen, dass **beide Vertragspartner die hindernden Umstände zu vertreten haben**. Dies ist der Fall, wenn verschiedene hindernde Umstände den Bauablauf gestört haben und ein Teil dieser Behinderungen vom Auftraggeber und ein anderer Teil vom Auftragnehmer zu vertreten ist. 735

▸ **Beispiel:**

Es kommt zu erheblichen Terminverzögerungen. Teilweise beruhen sie auf einer verspäteten Planübergabe durch den Auftraggeber, teilweise auf einem unzureichenden Personal- und Geräteeinsatz.

In diesem Fall können sich zunächst für beide Vertragspartner jeweils gegen den anderen gerichtete Schadensersatzansprüche aus § 6 Abs. 6 VOB/B ergeben. Dabei kann jeder nur den Schaden ersetzt verlangen, der seine Ursache in den vom anderen Vertragspartner zu vertretenden Umständen hat. Diese wechselseitig durch Behinderungen verursachten Schäden sind in der Praxis vor allem hinsichtlich ihrer Kausalität nur schwer zu beweisen.

736 Es kann außerdem der Fall eintreten, dass zwar der Auftraggeber im Ausgangspunkt die hindernden Umstände zu vertreten, er also dem Auftragnehmer den dadurch verursachten Schaden zu ersetzen hat. Dagegen kann aber möglicherweise dem Auftragnehmer entweder an den hindernden Umständen selbst, deren hindernder Wirkung oder auch an der Höhe des entstandenen Schadens ein **Mitverschulden gemäß § 254 BGB** anzulasten sein.

▶ **Beispiel:**

Der Auftraggeber hat notwendige Pläne nicht rechtzeitig übergeben. Der Auftragnehmer hat den Auftraggeber nicht rechtzeitig auf die Notwendigkeit der Planlieferung zu einem bestimmten Zeitpunkt hingewiesen oder die Behinderung nicht sofort gegenüber dem richtigen Adressaten angezeigt.

737 Zu nennen ist bzgl. eines etwaigen Mitverschuldens auch ein Verstoß des Auftragnehmers gegen seine Pflicht, nach Kenntnis der Behinderung den **Bauablauf unverzüglich im Rahmen der zumutbaren Möglichkeiten umzustellen**. Die Verpflichtung dazu ergibt sich schon aus § 6 Abs. 3 VOB/B. Danach hat der Auftragnehmer alles zu tun, was ihm billigerweise zugemutet werden kann, um die Weiterführung der Arbeiten zu ermöglichen (s. o. Rdn. 424). Auch nach allgemeinen Rechtsgrundsätzen ist der Auftragnehmer verpflichtet, den Schaden seines Vertragspartners möglichst gering zu halten (**Schadensminderungspflicht** gemäß § 254 BGB).

738 Haben in einem solchen Fall **beide Vertragspartner die hindernden Umstände zu vertreten,** so wird unter Heranziehung des für das Vertragsrecht geltenden allgemeinen Rechtsgedankens in § 254 BGB eine auf den Einzelfall abzustellende **angemessene Haftungsverteilung** geboten sein (Keldungs/Brück, Rn. 266 und vor allem auch BGH, Urt. v. 14.1.1993 – VII ZR 185/91, BGHZ 121, 210, 214 f. = BauR 1993, 600, 603 f. = NJW 1993, 2674, 2676 mit der Möglichkeit der Schätzung der beiderseitigen Verschuldens- und Verursachungsbeiträge gemäß § 287 ZPO). Dabei wird man, wenn dies möglich ist, zunächst untersuchen müssen, ob der jeweils eingetretene Schaden von dem einen oder dem anderen Vertragspartner verursacht wurde. Wenn eine solche klare Abgrenzung nicht möglich ist, und das wird in der Praxis häufig der Fall sein, bleibt nur die Möglichkeit, nach dem Grad der jeweiligen Verursachung und des jeweiligen Verschuldens eine **angemessene Haftungs-**

verteilung nach Quoten vorzunehmen (§§ 242, 254 BGB). In diesem Rahmen ist dem jeweiligen Vertragspartner auch das Mitverschulden seiner **Erfüllungsgehilfen**, also aufseiten des Auftraggebers des oder der Planer und Vorunternehmer (vgl. dazu sogleich Rdn. 739 ff.) und aufseiten des Auftragnehmers der Subunternehmer und Baustofflieferanten, gemäß § 278 BGB zuzurechnen.

6.3 Sonderfall: Behinderung des Auftragnehmers durch mangelhafte oder verspätete Vorunternehmerleistungen

Bei der Durchführung größerer Bauvorhaben ergibt sich neben der verspäteten oder fehlerhaften Planlieferung häufig eine Bauablaufstörung durch die **verspätete Beistellung von bauseits zu liefernden Stoffen oder Bauteilen oder von bauseits zu erbringenden Vorleistungen**. Ebenso kommt es dazu bei einer **verspäteten Fertigstellung** oder durch **mangelhaft erbrachte Vorunternehmerleistungen**. Wenn in diesen Fällen der Auftragnehmer mit der Ausführung seiner geschuldeten Bauleistung nicht zu dem vorgesehenen Termin beginnen oder jedenfalls nicht ungestört entsprechend seinem geplanten Bauablauf arbeiten kann oder es während der Bauausführung zu Störungen kommt, ergibt sich meist eine Verzögerung bei der Bauausführung. Sie gefährdet oder verschiebt einerseits den vorgegebenen Terminplan und kann andererseits zu **Mehrkosten des Auftragnehmers** führen. 739

▶ **Beispiel:**

Die Gründungsarbeiten werden an die Firma A vergeben, der Rohbau an die Firma B. B soll am 1. April mit dem Rohbau beginnen, wobei A für die Gründung ein Termin als Vertragsfrist bis zum 25. März gesetzt worden war. A wird nicht fertig. Der Rohbau kann erst am 15. Juni beginnen. Wegen dieser Bauverzögerung macht B Mehrkosten beim Auftraggeber geltend.

In Fällen wie diesen kann der Auftragnehmer in erster Linie eine Verlängerung der Bauzeit verlangen, soweit er die Behinderung ordnungsgemäß angezeigt hat. Die Verzögerungen in Folge einer mangelhaften Vorunternehmerleistung stammen eindeutig aus dem Risikobereich des Auftraggebers (§ 6 Abs. 2 Nr. 1 lit. a) VOB/B – Ingenstau/Korbion/Döring, VOB/B, § 6 Abs. 2 Rn. 9 – s. dazu oben Rdn. 388 ff.).

6.3.1 Vergütungs-/Kostenanspruch des Auftragnehmers

Von der Bauzeitverlängerung zu unterscheiden ist die Frage, ob der Auftragnehmer auch Ersatz der ihm in Folge der Verzögerung entstehenden Mehr- 740 kosten verlangen kann. Anknüpfungspunkt für einen VOB-Vertrag wäre in erster Linie § 6 Abs. 6 VOB/B. Dieser gewährt aber nur einen Schadensersatzanspruch, wenn der Auftraggeber die Verzögerung zu vertreten hat. Vertreten heißt hier, dass ihm ein Verschulden im Sinne des § 276 BGB (Vorsatz oder Fahrlässigkeit) zur Last fallen muss (s. o. Rdn. 714 ff.). Ein Verschulden dürfte bei einer mangelhaften Vorleistung jedoch regelmäßig nur den Vorunternehmer treffen. Somit stellt sich aus Sicht des Auftragnehmers (Nachfolgeunternehmers) die Frage, ob dem Auftraggeber das Verschulden des Vorunternehmers zugerechnet werden kann (§ 278 BGB). Hier ist zu unterscheiden:

741 • Kein Zweifel an der **Zurechnung einer mangelhaften Vorunternehmerleistung** zulasten des Auftraggebers besteht, wenn im Bauvertrag als **Nebenpflicht** vereinbart ist, dass der Auftraggeber das Bauobjekt in einem mangelfreien, bearbeitungsfähigen Zustand zu einem bestimmten Termin zur Verfügung zu stellen hat (v. Craushaar, Festschrift Vygen, S. 154, 155; so wohl auch: BGH, Urt. v. 27.6.1985 – VII ZR 23/84, BGHZ 95, 128, 133 f. = BauR 1985, 561, 563 = NJW 1985, 2475, 2476).

742 • An einer solchen Vereinbarung wird es jedoch oft fehlen, wobei es dafür nicht genügt, dass im Verhältnis Auftraggeber/Vorunternehmer ggf. ein fester Fertigstellungstermin als Vertragsfrist vereinbart war (BGH, Urt. v. 21.10.1999 – VII ZR 185/98, BGHZ 143, 32, 37 f. = BauR 2000, 722, 724 = NJW 2000, 1336, 1337). Dann scheidet eine Zurechnung des Verschuldens des mangelhaft verzögert arbeitenden Vorunternehmers zulasten des Auftraggebers nach der Rechtsprechung grundsätzlich aus: Denn zumindest nach Auffassung des Bundesgerichtshofes gibt es **keine Pflicht des Auftraggebers** im Verhältnis zum Nachfolgeunternehmer, **Vorarbeiten rechtzeitig und frei von Mängeln bereitzustellen** (so die Leitentscheidung hierzu: BGH, Urt. v. 27.6.1985 – VII ZR 23/84, BGHZ 95, 128, 130 f. = BauR 1985, 561, 562 = NJW 1985, 2475 f.).

743 • Liegt kein Verschulden im Sinne des § 6 Abs. 6 VOB/B vor und entfallen aus diesem Grunde Schadensersatzansprüche, kann dann aber immerhin auf die **verschuldensunabhängige Haftungsnorm des § 642 BGB** zurückgegriffen werden (vgl. dazu näher Teil A Rdn. 826 ff). Denn im Rahmen seiner Mitwirkungspflicht ist der Auftraggeber zumindest gehalten, dem Auftragnehmer eine mangelfreie Vorunternehmerleistung zur Verfügung zu stellen. Kommt er dieser Obliegenheit nicht nach, kann er dadurch in Annahmeverzug geraten, wobei dafür kein Verschulden erforderlich ist. Der Auftraggeber wäre somit gegenüber dem Nachfolgeunternehmer wenigstens einem Entschädigungsanspruch ausgesetzt. Dabei bestimmt sich dessen Höhe nach § 642 Abs. 2 BGB einerseits nach der Dauer des Verzugs und der Höhe der vereinbarten Vergütung, andererseits nach demjenigen, was der Unternehmer in Folge des Verzugs an Aufwendungen erspart oder

durch anderweitige Verwendung seiner Arbeitskraft erwerben kann. Ein **Ersatz von Wagnis und entgangenem Gewinn** ist dagegen allerdings **ausgeschlossen** (BGH, Urt. v. 21.10.1999 – VII ZR 185/98, BGHZ 143, 32, 39 f. = BauR 2000, 722, 725 = NJW 2000, 1336, 1338; BGH, Urt. v. 21.10.1999 – VII ZR 185/98, BGHZ 143, 32, 39 f. = BauR 2000, 722, 725 = NJW 2000, 1336, 1338 = NZBau 2000, 187, 188 f. – vgl. dazu ausführlich unten Teil A Rdn. 843 ff.).

Lange Zeit war immerhin bestritten, ob eine parallele Anwendung von § 642 BGB neben § 6 Abs. 6 VOB/B als ggf. speziellere Regelung zulässig ist (BGH, Urt. v. 27.6.1985 – VII ZR 23/84, BGHZ 95, 128, 134 f. = BauR 1985, 561, 563 f. = NJW 1985, 2475, 2476 – zuletzt noch BGH, Beschl. v. 11.11.1993 – VII ZR 55/93, BauR 1994, 517, 518). Dieser Streit gehört der Vergangenheit an: Denn nachdem der Bundesgerichtshof in seiner Leitentscheidung vom 21. Oktober 1999 (VII ZR 185/98, BGHZ 143, 32, 39 = BauR 2000, 722, 725 = NJW 2000, 1336, 1337 f.) geklärt hatte, dass § 642 BGB auch bei einem VOB-Vertrag anwendbar sein kann, enthält § 6 Abs. 6 S. 2 VOB/B heute eine diesbezügliche ausdrückliche Klarstellung. 744

Ausgehend von dieser Rechtsprechung des Bundesgerichtshofs, bei der mit einer zeitnahen Änderung nicht zu rechnen ist, stellt sich gleichwohl die Frage, ob das **Ergebnis richtig und abschließend** ist: 745

- So könnte man z. B. durchaus überlegen, ob nicht auch § 2 Abs. 5 VOB/B als Anspruchsgrundlage in Betracht kommt. Dies könnte davon abhängen, ob man in diesen Fällen von einer **Anordnung des Auftraggebers** sprechen kann, die ihre Ursache in seinem Verantwortungsbereich hat. Das wird man in einigen Fällen bejahen können. 746

  ▶ **Beispiel:**

  Der Auftraggeber stellt bestimmte Baustoffe bauseits bei oder hat für ein zu errichtendes Fertighaus den Keller bauseits zu erstellen. Diese Lieferungen oder Arbeiten verzögern sich; daraufhin „ordnet" der Auftraggeber an, dass der Nachfolgeunternehmer erst zu einem späteren als dem vorgesehenen Zeitpunkt mit seinen Arbeiten beginnen soll.

  Eine solche Anordnung kann auch erfolgen, wenn ein Vorunternehmer nicht rechtzeitig fertig geworden ist oder seine Arbeiten mangelhaft sind und die Mängel zunächst behoben werden müssen. Diese Anordnungen können, wie bereits oben im Einzelnen dargelegt worden ist (Rdn. 462), auch konkludent (stillschweigend) erfolgen. Dies kommt häufig dadurch zum Ausdruck, dass die Vertragspartner sich auf die neue Situation einstellen und z. B. in einer Baustellenbesprechung den **neuen Beginn für die Arbeiten des Nachfolgeunternehmers festlegen**. Damit ist aber das Problem des **Mehrkostenerstattungsanspruchs** des Auftragnehmers nicht erschöpfend gelöst, zumal es in vielen praktischen Fällen an einer solchen – ggf. stillschweigenden – Anordnung fehlen wird.

747 Ebenso könnte zu fragen sein, ob das zuletzt die Vorunternehmerproblematik betreffende sog. **Glasfassadenurteil** des BGH bei der Zurechnung von durch den Vorunternehmer zu vertretenden Behinderungen zulasten des Auftraggebers ein anderes Ergebnis rechtfertigt (BGH, Urt. v. 27.11.2008 – VII ZR 206/06, BGHZ 179, 55 = BauR 2009, 515 = NJW 2009, 582).

▶ **Beispiel:** (nach BGH, Urt. v. 27.11.2008, a. a. O.)

Der Auftraggeber hatte zu einem Bauwerk mit einer Glasfassade Planungs- und Bauüberwachungsleistungen getrennt vergeben. Die erstellten Pläne waren falsch. Der Bauüberwacher hatte das nicht erkannt, weswegen die Fassade Mängel aufwies. Der Auftraggeber nahm daraufhin den Bauüberwacher in Anspruch. Dieser wiederum erhob wegen der mangelhaften Pläne den Einwand des Mitverschuldens, weil sich der Auftraggeber die Schlechtleistung des Planers über §§ 254, 278 BGB zurechnen lassen müsse.

Der BGH gab dem Bauüberwacher recht. Für die Zurechnung ließ er es genügen, dass losgelöst von einer etwaigen vertraglichen Verpflichtung des Auftraggebers zur Übergabe mangelfreier Pläne an den Bauüberwacher, in deren Rahmen ggf. eine Zurechnung des Planungsverschuldens unproblematisch wäre, in jedem Fall eine darauf gerichtete (nicht einklagbare) Obliegenheit bestehe. Schalte der Auftraggeber **nunmehr zu deren Erfüllung im eigenen Interesse** eine Hilfsperson ein, die die erforderlichen Sorgfaltspflichten verletze, die nach der Sachlage im Interesse des Auftraggebers geboten waren, müsse er sich eine solche Pflichtverletzung dieser Hilfsperson bei der Inanspruchnahme eines Nachfolgeunternehmers über §§ 254, 278 BGB zurechnen lassen.

748 Es ist allerdings schon fraglich, ob diese Rechtsprechung aus dem Architektenrecht überhaupt auf die mangelhaft arbeitenden Vorunternehmer übertragen werden kann (so etwa Sohn/Holtmann, BauR 2010, 1480, 1482; kritisch Gartz, BauR 2010, 703; eher vorsichtig Leupertz, BauR 2010, 1999, 2008; s. zu der Problematik allgemein Vygen/Joussen, Bauvertragsrecht, Rn. 1544). Selbstverständlich ist das nicht: Denn während sich der Bauüberwacher an den ihm übergebenen Plänen orientieren muss (er erhält sie ja, um danach vertragsgerecht arbeiten zu lassen), ist dies bei einem Nachfolgebauunternehmer in Bezug auf die Vorleistung zunächst nicht so. Dieser nimmt die Leistungen des Vorunternehmers nur hin und baut darauf seine Arbeiten auf. Andererseits ist aber doch zu beachten, dass er sich letzten Endes – zur Erreichung einer mangelfreien Leistung, die auch im Eigeninte-

resse des Auftraggebers liegt – auf diese Mangelfreiheit ähnlich wie der Bauüberwacher in Bezug auf die Pläne verlassen wird und weitgehend muss (vgl. auch Leupertz a. a. O.). Daher wird man hier in Bezug auf die Baumängel tatsächlich von einer entsprechenden Zurechnung einer Schlechtleistung des Vorunternehmers zulasten des Auftraggebers gegenüber einem Nachfolgeunternehmer ausgehen können.

Für die an dieser Stelle interessierenden **Behinderungsfälle** wird man mit 749
dieser Rechtsprechung dagegen nicht weiterkommen. Dabei mag noch unbestritten sein, dass es sich sowohl bei der mangelfreien als auch der **termingerechten Herstellung der Bauleistung jeweils um eine Obliegenheit des Bestellers** im Verhältnis zu einem Nachfolgeunternehmer handelt (BGH, Urt. v. 21.10.1999 – VII ZR 185/98, BGHZ 143, 32, 39 f. = BauR 2000, 722, 725 = NJW 2000, 1336, 1338). Doch hat die bloße vom Vorunternehmer verschuldete Bauverzögerung nichts mit dem Schutzzweck dieser Obliegenheit des Bestellers in dessen Verhältnis zum Nachfolgeunternehmer zu tun. Denn keinesfalls setzt ja der Auftraggeber den Vorunternehmer deswegen ein, um seiner Obliegenheit einer termingerechten Übergabe der Bauleistung an den Nachfolgeunternehmer nachzukommen. Oder anders ausgedrückt: Nur weil der Vorunternehmer schuldhaft verspätet eine Leistung übergibt, heißt das noch lange nicht, dass auch der Nachfolgeunternehmer ebenfalls verspätet oder gar mangelhaft arbeitet. All diese Fragen spielen isoliert in dem Verhältnis Auftraggeber/Nachfolgeunternehmer **in Bezug auf die Einhaltung der Bauzeit keine Rolle**. Stattdessen bleibt allein die Frage bestehen, ob bei eigenständig geltend gemachten Ansprüchen des Nachfolgeunternehmers wegen einer Bauverzögerung gegenüber dem Auftraggeber diesem die schuldhafte Verzögerung des Vorunternehmers über §§ 254, 278 BGB im Rahmen eines Schadens- oder Entschädigungsanspruches zuzurechnen ist. Dafür bietet die Rechtsprechung nach dem Glasfassadenurteil keinen Anhaltspunkt. Somit bleibt es (einstweilen) dabei, dass in diesen Fällen dem Nachfolgeunternehmer allenfalls ein Entschädigungsanspruch nach § 642 BGB zusteht (s. o. Rdn. 743).

6.3.2 Ersatzansprüche bei Behinderungen in Folge mangelhafter oder verspäteter Vorleistungen

Unter Berücksichtigung vorstehender Erläuterungen sollte oder könnte 750
zumindest auch zukünftig darüber nachgedacht werden, ob der von der Rechtsprechung eingeschlagene Weg über § 642 BGB überzeugt. Denn richtigerweise spricht doch einiges dafür, dass eine nicht fertiggestellte Subunternehmerleistung **eine vom Auftraggeber zu vertretende Behinderung** mit der Folge eines Schadensersatzanspruchs des Auftragnehmers aus § 6 Abs. 6 VOB/B begründet – und zwar mit folgenden Überlegungen.

- **Keine Unterscheidung zwischen verzögerten Eigenleistungen und verspäteter Vorunternehmerleistung**

751 Ausgangspunkt der nachfolgenden Betrachtung soll folgender Sachverhalt sein:

> **Beispiel:**
>
> Bei der Ausführung von Rohbauarbeiten durch den Auftragnehmer kommt es zu einer Unterbrechung, weil die bauseits zu liefernden, also beizustellenden Baustoffe – z. B. Klinker – nicht rechtzeitig angeliefert werden oder die angelieferten Baustoffe mangelhaft sind und deshalb durch mangelfreie ersetzt werden müssen.

In derartigen Fällen kann es kaum zweifelhaft sein, dass diese – dem Rohbauunternehmer aufgezwungene – Unterbrechung seiner Bauausführung ihre Ursache im Verantwortungsbereich des Auftraggebers hat und ihm im Sinne eines Verschuldens zuzurechnen ist. Dies gilt dann aber gleichermaßen, wenn es nicht zu einer Unterbrechung, also zu einem **völligen Stillstand der Bauarbeiten**, sondern „nur" zu einer **Behinderung des Auftragnehmers** in der Weise kommt, dass dieser nicht wie geplant zügig weiterarbeiten kann. Die so verursachte **Bauablaufstörung** ist allein schon deshalb durch Umstände aus dem Verantwortungsbereich des Auftraggebers ausgelöst worden, weil er diese Leistung (Lieferung von Baustoffen) **als eigene Leistungsverpflichtung im Vertrag** gegenüber dem Auftragnehmer übernommen hatte und nunmehr nicht vertragsgemäß – d. h. rechtzeitig und mangelfrei – erbracht hat. Die Zurechenbarkeit zum Verantwortungsbereich des Auftraggebers ergibt sich in diesem Fall auch ohne Weiteres aus § 13 Abs. 3 VOB/B und § 642 bzw. § 645 BGB. In beiden Vorschriften erfolgt letztlich eine **Risikoverlagerung zugunsten des Auftragnehmers und zulasten des Auftraggebers**. Denn der Auftragnehmer wird jeweils von seiner Gewährleistungspflicht freigestellt, wenn ein Mangel auf die vom Auftraggeber gelieferten Baustoffe zurückzuführen ist (§ 13 Abs. 3 VOB/B). Auf der anderen Seite wird dem Auftragnehmer ein Entschädigungsanspruch zuerkannt, wenn der Auftraggeber ihm obliegende Handlungen unterlässt und dadurch in **Annahmeverzug** gerät (§ 642 BGB). Darin kommt klar zum Ausdruck, dass der **Auftraggeber die Verantwortung für die von ihm nach dem Vertrag beizustellenden Stoffe und Bauteile** trägt, und zwar sowohl für deren rechtzeitige als auch für deren mangelfreie Anlieferung. Dabei kann es nicht darauf ankommen, aus welchem Grund die Anlieferung verspätet erfolgt ist. Hat der Auftraggeber die Baustoffe selbst zu liefern, weil er einen Baustoffhandel betreibt, so ist ihm die verspätete Lieferung als Eigenverschulden zuzurechnen. Nichts anderes gilt, wenn er die – bauseits zu liefernden – Baustoffe anderweitig bezieht. Auch hier ist ihm die verspätete bzw. mangelhafte Anlieferung als **Fremdverschulden** gemäß § 278 BGB zuzurechnen. Dies wiederum beruht darauf, dass sich der Auftraggeber zur Erfüllung seiner vertraglich gegenüber dem Auftragnehmer übernommenen Verpflichtung des Baustofflieferanten als seines **Erfüllungsgehilfen** bedient und dem Auftraggeber gegebenenfalls aus einer Schlechterfüllung dieses Vertrages seitens des Lieferanten Regressansprüche gegen diesen (Gewährleistungs- oder Schadensersatzansprüche) zustehen.

Nicht anders ist die Sach- und Rechtslage in den Fällen, in denen der Auftrag- 752
geber sich nicht nur zur Beistellung von Baustoffen, sondern **zur bauseitigen Ausführung von Bauleistungen verpflichtet**.

▶ **Beispiel:**

In dem Vertrag zur Errichtung eines Fertighauses verpflichtet sich der Bauherr binnen einer bestimmten Frist oder jedenfalls rechtzeitig vor Ausführungsbeginn des Fertighausherstellers zur Herstellung der Fundamente oder des Kellers.

Auch in diesen Fällen ist es häufig anzutreffen, dass der Auftraggeber diese Arbeiten bzw. **Bauleistungen in echter Eigenleistung** erbringt oder sie seinerseits einem anderen Unternehmer in Auftrag gibt. Kommt es nun in solchen Fällen zu einer **verspäteten Fertigstellung der bauseits zu erbringenden notwendigen Vorleistungen** und wird dadurch der Auftragnehmer gehindert, zu dem vereinbarten Termin mit seinen Bauleistungen zu beginnen oder muss er seine bereits begonnenen Arbeiten unterbrechen oder ist er in der weiteren Ausführung gegenüber dem geplanten Bauablauf behindert, so entstehen ihm dadurch häufig **Mehrkosten. Diese hat nunmehr** der Auftraggeber entweder gemäß § 6 Abs. 6 VOB/B oder aber gemäß § 642 BGB zu tragen. Denn diese **Störung des Bauablaufes hat allein ihre Ursache in seinem Verantwortungsbereich, nämlich der bauseits zu erbringenden Leistung**. Auch in diesem Fall kann es keinen Unterschied machen, ob er diese Bauleistungen als Eigenleistung selbst erbringt oder sich zur Erfüllung seiner im Vertrag übernommenen Leistungsverpflichtung eines anderen Unternehmers bedient und dieser die Verzögerung oder die Mängel und damit die durch deren Beseitigung bedingte Verzögerung zu vertreten hat. In beiden Fällen liegt die Ursache der Bauablaufstörung im Verantwortungsbereich des Auftraggebers.

Gerade hier zeigt sich auch, dass der Unterscheidung zwischen **Ursachen von** 753
Bauablaufstörungen aus dem Planungs- und Ausführungsbereich bezüglich eines **Mehrkostenerstattungsanspruchs** in Folge von Bauverzögerungen keine entscheidende Bedeutung zukommen kann. Entscheidendes Kriterium für die Abgrenzung der beiderseitigen Verantwortungsbereiche kann nur die jeweils im Vertrag übernommene Verpflichtung der beiden Vertragspartner sein. Ebenso wie häufig in der Praxis der Auftragnehmer im Vertrag mit dem Auftraggeber Planungsleistungen übernimmt (vgl. dazu auch: Vygen, Festschrift Korbion S. 439 ff.), so kann auch der Auftraggeber Ausführungs-

leistungen vertraglich übernehmen, sei es als echte **Eigenleistung**, sei es als bauseits und dann meist von anderen Unternehmern zu erbringende Vorleistungen. Dies kann natürlich auch stillschweigend geschehen oder sich aus der Natur der Sache von selbst ergeben. Dann aber muss der Auftraggeber – ebenso wie der Auftragnehmer für die von ihm übernommenen Planungsleistungen – für deren rechtzeitige und vertragsgerechte Erfüllung einstehen und sich dabei das **Verschulden** der von ihm beauftragten Drittunternehmer gemäß § 278 BGB zurechnen lassen, da er sich dieser zur **Erfüllung seiner vertraglichen Leistungspflicht** bedient (so wohl auch Nicklisch in Nicklisch/Weick VOB/B § 10, Rn. 16; Kapellmann/Schiffers Bd. 1, Rn. 1368 ff.; Ingenstau/Korbion/Döring, VOB/B § 6 Abs. 6 Rn. 16 ff.).

754 In diesem Sinne hat auch der BGH – allerdings nicht der Bausenat, sondern der X. Zivilsenat – einen Fall zu folgendem Sachverhalt entschieden:

▶ **Beispiel:** (nach BGH, Urt. v. 1.10.1991 – X ZR 128/89, ZfBR 1992, 31)

Der Besteller, der für den vom Unternehmer geschuldeten Abtransport von Erdaushub (entwässertem Schlamm) eine Deponie bereithalten musste, hatte mit der Stadt einen Vertrag über die Gestattung der Deponierung der anfallenden Schlämme nach Aufbereitung geschlossen. Nach Auffassung des BGH gerate der Besteller in Annahmeverzug, wenn die Deponieverwaltung sich grundlos weigere, den vom Unternehmer angelieferten Aushub abzunehmen. Denn die dem Besteller nicht unterstehende Deponieverwaltung sei dennoch seine Erfüllungsgehilfin. Danach sei ihm deren Verschulden gemäß § 278 BGB zuzurechnen. Folglich stehe dem Unternehmer deshalb ein Entschädigungsanspruch gemäß § 642 BGB zu.

755 Von den zuvor behandelten Fällen der bauseits übernommenen Lieferungs- oder Leistungspflichten unterscheidet sich der vom **BGH in seinem ersten grundlegenden Urteil vom 27. Juni 1985** (VII ZR 23/84, BGHZ 95, 128 ff. = BauR 1985, 561 ff. = NJW 1985, 2475 ff.) entschiedene Fall letztlich nur so geringfügig, dass eine abweichende rechtliche Beurteilung nicht gerechtfertigt ist.

▶ **Beispiel:** (nach BGH, Urt. v. 27.6.1985 – VII ZR 23/84, a. a. O.)

Der Auftraggeber hatte die Rohbauarbeiten einer ARGE übertragen und die zuvor auszuführenden Gründungsarbeiten einer anderen Firma in Auftrag gegeben. Die Gründungsarbeiten wurden termingerecht ausgeführt und vom Auftraggeber abgenommen. Die als Nachfolgeunternehmerin mit den Rohbauarbeiten beauftragte ARGE wollte mit ihren Arbeiten termingerecht beginnen, stellte aber bei der gebotenen Überprüfung der Gründungsarbeiten (§ 4 Abs. 3 VOB/B) deren mangelhafte Ausführung fest. Wegen deswegen notwendiger Nachbesserungsarbeiten des Vorunternehmers konnte die ARGE erst mehrere Monate später als vorgesehen und vereinbart mit ihren Rohbauarbeiten beginnen. In Folge dessen machte sie Mehrkosten geltend, die ihr unter anderem durch eine inzwischen erfolgte Lohnerhöhung entstanden waren.

Dieser in der Baupraxis häufig anzutreffende Fall zeigt die Problematik deutlich auf. Der ARGE konnte ein **Mehrkostenerstattungsanspruch** gegen den Auftraggeber aus § 2 Abs. 5 VOB/B oder aus § 6 Abs. 6 VOB/B nur dann zustehen, wenn die Ursache der Bauverzögerung ihren Ausgangspunkt im Verantwortungsbereich des Auftraggebers hatte, also durch Umstände ausgelöst wurde, die dem Auftraggeber zuzurechnen sind (so zutreffend BGH, Urt. v. 27.6.1985 – VII ZR 23/84, BGHZ 95, 128, 135 = BauR 1985, 561, 564 = NJW 1985, 2475, 2476 f.; a. A. Kraus, BauR 1986, 20 f.). Dies ist aber keineswegs – anders als die Auffassung des BGH – fernliegend. Denn der Auftraggeber ist auf Grund des mit der ARGE abgeschlossenen VOB-Bauvertrages zur Mitwirkung nicht nur insoweit verpflichtet, als er den Auftrag für die Vorleistungen (z. B. die Gründungsarbeiten) an eine hierfür fachlich qualifizierte Firma rechtzeitig vergeben und für einen geordneten zeitlichen Ablauf sorgen muss. Die Mitwirkungspflichten des Auftraggebers gehen vielmehr erheblich darüber hinaus. Der **Auftraggeber** ist umfassend verpflichtet, **für die rechtzeitige und vertragsgemäße Ausführung von notwendigen Vorunternehmerleistungen**, auf die der Nachfolgeunternehmer zur Erbringung seiner Vertragsleistung angewiesen ist, **Sorge zu tragen** (so auch OLG Köln, Urt. v. 14.6.1985 – 20 U 164/84, BauR 1986, 582, 583 = NJW 1986, 71), da dies in seinen, durch die gesamte Vertragsgestaltung selbst gewählten Verantwortungsbereich fällt. 756

Bedeutung der Koordinations- und Planungsverpflichtung

Unter Berücksichtigung vorstehender Erwägungen gewinnt gleichzeitig die Koordinationsverpflichtung des Auftraggebers an Bedeutung. So hat dieser durch die Vergabe der verschiedenen zur Errichtung des Bauwerks notwendigen Gewerke an verschiedene Unternehmer und **nicht an einen Generalunternehmer** zugleich eine **Koordinierungspflicht** übernommen, wie sich auch aus § 4 Abs. 1 Nr. 1 VOB/B ergibt. Danach hat der Auftraggeber das Zusammenwirken der verschiedenen Unternehmer zu regeln. Zudem hat er gemäß § 4 Abs. 1 Nr. 2 VOB/B das Recht, die vertragsgemäße Ausführung der Leistung zu überwachen. Nach § 4 Abs. 1 Nr. 3 VOB/B ist er befugt, Anordnungen zu treffen, die zur vertragsgemäßen Ausführung der Leistungen notwendig sind. Damit ist dem Auftraggeber die Möglichkeit eröffnet, schon während der Bauausführung auf eine rechtzeitige (vgl. auch § 5 Abs. 2 und 3 VOB/B) und mangelfreie Erstellung (vgl. § 4 Abs. 6 und 7 VOB/B) der geschuldeten Leistung hinzuwirken. Diese Möglichkeiten stehen nur dem Auftraggeber gegenüber dem von ihm beauftragten Vorunternehmer, nicht aber dem Nachfolgeunternehmer zur Verfügung. Zu einer danach möglichen Koordinierung 757 ist der Auftraggeber aber auch aus seinem Vertragsverhältnis zum Nachfolgeunternehmer immer dann verpflichtet, wenn dessen **Leistungsverpflichtung von der rechtzeitigen und ordnungsgemäßen Ausführung der Vorunternehmerleistung abhängt**. Die dem Auftraggeber obliegende Regelung des Zusammenwirkens verschiedener Unternehmer berührt nämlich nicht nur den rein zeitlichen Ablauf, sondern auch das fachliche Ineinandergreifen der verschiedenen Unternehmerleistungen. Im Rahmen der vom Auftraggeber vorzunehmenden Koordinierung ist es ihm auch möglich, die Risiken verspäteter oder mangelhafter Vorleistungen und damit die Behinderungswirkungen für Nachfolgeunternehmer weitgehend zu vermeiden. Denn der Auftraggeber legt im Ausgangspunkt die Termine für die von den verschiedenen Unternehmern auszuführenden Leistungen fest. Vor allem dieser **Terminplan** ist in den meisten Fällen die primäre Ursache für derartige Bauablaufstörungen wegen verspäteter Fertigstellung von Vorunternehmerleistungen, weil es an den gerade für solche Fälle notwendigen **Pufferzeiten im Bauzeitenplan** fehlt. Schon beim Aufstellen eines solchen Zeitplans muss der Auftraggeber bzw. sein Architekt (vgl. § 34 Abs. 3 Nr. 8, Abs. 4 i. V. m. Anl. 10 Ziff. 10.1 HOAI) aber mögliche Verzögerungen wegen der schwerwiegenden Auswirkungen auf Nachfolgegewerke berücksichtigen. Deshalb schreibt § 9 Abs. 1 VOB/A auch ausdrücklich vor, dass die in den Verdingungsunterlagen (§ 8 Abs. 6 Nr. 1 lit. d) VOB/A) festzulegenden Ausführungsfristen ausreichend zu bemessen und besondere Schwierigkeiten zu berücksichtigen sind. Zu dem Pflichtenkreis des Auftraggebers im Rahmen der Koordination gehören dabei auch die ständige Überwachung und gegebenenfalls die rechtzeitige Anpassung des Bauzeitenplans für die verschiedenen Unternehmer.

758 Schon aus dieser Koordinierungspflicht folgt damit die Verantwortlichkeit des Auftraggebers, für die rechtzeitige und mangelfreie Fertigstellung von notwendigen Vorunternehmerleistungen Sorge zu tragen und gegebenenfalls Pufferzeiten für Nachbesserungsarbeiten vorzusehen (so auch OLG Köln, Urt. v. 14.6.1985 – 20 U 164/84, BauR 1986, 582, 583 = NJW 1986, 71). Dabei geht es entgegen der Ansicht des BGH (Urt. v. 27.6.1985 – VII ZR 23/84, BGHZ 95, 128, 134 = BauR 1985, 561, 563 = NJW 1985, 2475, 2476) auch weniger um die Frage, ob Einzelfristen überhaupt verbindlich sind (§ 5 Abs. 1 S. 2 VOB/B). Im Vordergrund steht vielmehr die Festlegung und Überwachung von verbindlichen Anfangs- und Endterminen für die verschiedenen Gewerke oder jedenfalls die Einhaltung der für den Fortgang der Gesamtarbeit besonders wichtigen Einzelfristen (vgl. § 9 Abs. 2 Nr. 2 VOB/A), deren Festlegung als verbindliche Vertragsfristen ohne Weiteres möglich und Sache des Auftraggebers ist.

- **Verpflichtung zur Bereitstellung eines baureifen Grundstücks**

759 Die Verpflichtung des Auftraggebers zur rechtzeitigen und mangelfreien **Bereitstellung der notwendigen Vorunternehmerleistungen** folgt aber ebenso noch aus den weiter in der VOB/B festgelegten und sich letztlich aus der Sache selbst ergebenden **Mitwirkungspflichten des Auftraggebers**. So ist der Auftraggeber gemäß §§ 3 Abs. 2, 4 Abs. 1 und 4 VOB/B verpflichtet, dem Auftragnehmer rechtzeitig zu dem vereinbarten Baubeginn ein **baureifes Grundstück** zur Verfügung zu stellen (BGH, Urt. v. 19.12.2002 – VII ZR 440/01, BauR 2003, 531 = NJW 2003, 1601 = NZBau 2003, 325; s. auch Vygen/Joussen Bauvertragsrecht, Rn. 1043 ff., 1080 ff.), und zwar mit den erforderlichen Höhenfestpunkten (vgl. BGH, Urt. v. 5.12.1985 – VII ZR 156/85, BauR 1986, 203, 204), den abgesteckten Hauptachsen der baulichen Anlagen (§ 3 Abs. 2 VOB/B), den Geländegrenzen (§ 3 Abs. 2 VOB/B), den erforderlichen öffentlich-rechtlichen Genehmigungen und Erlaubnissen (§ 4 Abs. 1 VOB/B), den notwendigen Lager- und Arbeitsplätzen (§ 4 Abs. 4 VOB/B), aber auch mit den **notwendigen Vorleistungen anderer Unternehmer** zum Zwecke der vorgesehenen Bebauung in der für eine unbehinderte Leistung nötigen Art und Weise (Ingenstau/Korbion/Keldungs, B § 2 Abs. 5, Rn. 12; OLG München, Urt. v. 9.11.1990 – 23 U 4090/90, BauR 1992, 74, 75 f. = NJW-RR 1992, 348 f.; OLG Hamm, Urt. v. 30.7.2013 – 21 U 84/12, BauR 2014, 585, 588 = NJW 2014, 78, 81 = NZBau 2014, 104, 107).

Die Pflicht, ein baureifes Grundstück zur Verfügung zu stellen, umfasst die 760
rechtliche und tatsächliche Bebauungsfähigkeit des Grundstücks. Ohne Grundstück kann der beauftragte Bauunternehmer nicht bauen. Ohne Abriss des alten Gebäudes kann der Rohbauunternehmer keinen Neubau errichten und selbst der beste Dachdecker kann das Dach nicht eindecken, wenn kein Haus vorhanden ist (Kapellmann/Schiffers, Bd. 1, Rn. 1369). Die Baustelle muss frei von irgendwelchen Hindernissen oder Behinderungen sein, die der Verwirklichung der im Bauvertrag vorgesehenen Bauleistung entgegenstehen (Ingenstau/Korbion/Oppler, VOB/B, § 4 Rn. 1 und § 4 Abs. 1 Rn. 1–5). Diese Verpflichtung beinhaltet zwangsläufig die **Mitwirkungspflicht** des Auftraggebers, dem Auftragnehmer, der Nachfolgegewerke auszuführen hat, ein **Grundstück mit den notwendigen Vorleistungen anderer Gewerke zur Verfügung zu stellen**. Gegenüber den Nachfolgeunternehmern der **Ausbaugewerke** besteht also die selbstverständliche Verpflichtung des Auftraggebers, diesen im Zeitpunkt des jeweils mit ihnen vereinbarten Ausführungsbeginns ein Grundstück mit fertiggestelltem bzw. soweit fertiggestelltem Rohbau zu überlassen, dass die Ausbaugewerke mit ihren Arbeiten ohne Behinderung beginnen können. Gleichermaßen trifft den Auftraggeber gegenüber einem Unternehmer, der die Rohbauarbeiten ohne Ausschachtung der Baugrube und/oder ohne die notwendigen Gründungsarbeiten auszuführen hat, ein Grundstück mit – rechtzeitig und mangelfrei – ausgeschachteter Baugrube und Gründung zur Verfügung zu stellen; andernfalls nämlich kann der Nachfolgeunternehmer seine geschuldete Bauleistung nicht erbringen (so auch Kraus, BauR 1986, 17 ff.). Diese Leistungen von Vorunternehmern sind

also schon von der Sache her, aber auch nach der **Abgrenzung der Verantwortungsbereiche der VOB/B** stets dem Auftraggeber zuzuordnen. Er allein ist in der Lage, für ihre rechtzeitige und mangelfreie Erbringung Sorge zu tragen. Insoweit ist Grundlage eines jeden Bauvertrages, dass notwendige Vorleistungen, die dem Auftragnehmer nicht übertragen worden sind, **bauseits zu erbringen** und demzufolge unter der Verantwortung des Auftraggebers rechtzeitig und mangelfrei bereitzustellen sind. Dazu bedarf es deshalb auch keiner ausdrücklichen Vereinbarung im Bauvertrag, wie dies in den eingangs behandelten Fällen (vgl. Rdn. 751 ff.) bei **Eigenleistungen, bauseits zu liefernden Baustoffen** und vielfach den Gewerken Heizungs-, Sanitär-, Klimaanlagen- und Elektroinstallationen bezüglich der Schlitze und Durchbrüche häufig anzutreffen ist. Diese besondere Regelung **bauseits zu erbringender Leistungen** hat ihre Ursache allein darin, dass bei diesen Gewerken und ebenso bei den Eigenleistungen sich Zweifel ergeben, ob diese Leistungen vom jeweiligen Auftragnehmer mit auszuführen sind oder nicht. Diese Problematik stellt sich aber nicht in den Fällen, in denen klar ist, dass z. B. die Ausschachtung der Baugrube, die Gründungsarbeiten, der gesamte Rohbau oder auch nur die **Gerüstgestellung für Dachdeckerarbeiten** (vgl. OLG Rostock, Urt. v. 24.9.1997 – 5 U 20/96, BauR 1999, 402; IBR – Leinemann 1999, 253) von anderen Vorunternehmern zu erbringen ist.

761 Dieser Abgrenzung der Verantwortungsbereiche dahin gehend, dass die **vertragsgemäße Ausführung von notwendigen Vorunternehmerleistungen dem Auftraggeber zuzurechnen** ist, trägt – wie schon an anderer Stelle erläutert – auch § 13 Abs. 3 VOB/B Rechnung. Diese Regelung stellt den Auftragnehmer von seiner Gewährleistungspflicht für Mängel frei, die ihre Ursache in den vom Auftraggeber gelieferten Stoffen oder Bauteilen, aber auch in der Beschaffenheit von Vorleistungen anderer Unternehmer haben (s. Vygen/Joussen, Bauvertragsrecht, Rn. 1518 ff.). Diese Gleichstellung zeigt, dass die VOB/B diese Fälle gleichermaßen dem Verantwortungsbereich des Auftraggebers zuordnet. Dies aber muss in noch stärkerem Maße bei **Störungen des Bauablaufs durch verspätete Vorunternehmerleistungen** gelten, da der Auftraggeber auf Grund seines Koordinierungsrechts und seiner Koordinierungspflicht noch wesentlich stärkere Einflussmöglichkeiten hat. Diese Abgrenzung der Verantwortungsbereiche führt auch insgesamt zu sach- und interessengerechten Ergebnissen. Denn der Auftraggeber, dem eine verspätete Vorunternehmerleistung zugerechnet wird und der deshalb dem Nachfolgeunternehmer die dadurch bedingten Mehrkosten erstatten muss, kann seinerseits diese **Mehrkosten als Schadensersatz wegen Verzuges oder bei mängelbedingter Verzögerung aus § 4 Abs. 7 S. 2** oder gemäß § 13 Abs. 7 Nr. 3 VOB/B wieder von dem Vorunternehmer als dem eigentlich für die Verzögerung oder Störung des Bauablaufs Verantwortlichen ersetzt verlangen. Folglich werden dann diese Mehrkosten von dem getragen, der sie durch seine zögerliche oder mangelhafte Arbeit verursacht hat. Demgegenüber sollen sie nach dem bereits erwähnten Urteil des BGH (Urt. v. 27.6.1985 – VII ZR 23/84, BGHZ 95, 128 = BauR 1985, 561 = NJW 1985, 2475; ebenso BGH, Urt. v. 21.10.1999 – VII ZR 185/98, BGHZ 143, 32 = BauR 2000, 722 = NJW 2000, 1336) bei dem Nachfolgeunternehmer hängen bleiben, der diese Mehrkosten nicht verschuldet und nicht einmal verursacht hat und auch bei allergrößter Sorgfalt schlechterdings nicht einmal vermeiden konnte. Faktisch läuft damit diese Rechtsprechung letztlich auf eine Garantiehaftung des Nachfolgeunternehmens für Fremdverschulden hinaus (vgl. zu alledem auch: Kapellmann/Schiffers, Bd. 1, Rn. 1368 ff., 1374; Dähne, BauR 1994, 518 und Kraus, Beilage BauR 1997, Heft 4), die allenfalls durch den in diesen Fällen gewährten Entschädigungsanspruch nach § 642 BGB gemindert, keinesfalls aber beseitigt wird.

Angesichts der Rechtsprechung des BGH wird es allerdings in der Praxis schwer sein, diese Ansprüche wegen Behinderungen in Folge verspäteter oder mangelhafter Vorunternehmerleistungen im Streitfall über einen Schadensersatzanspruch nach § 6 Abs. 6 VOB/B gerichtlich durchzusetzen. Denn der BGH hat seine Rechtsprechung trotz der fast einhelligen Ablehnung im Schrifttum beibehalten, sodass der Ruf nach einer Änderung der VOB/B weiter aktuell ist (so vor allem Kraus, Die VOB/B – ein nachbesserungsbedürftiges Werk, BauR Heft 4/97 – Beilage, S. 5 ff., Dähne, BauR 1994, 518; Vygen seit der 1. Auflage des Handbuchs „Bauvertragsrecht nach VOB und BGB" aus dem Jahr 1988). Diese Änderung ist bis heute unterblieben. Dabei ist immerhin wie schon erläutert eine gewisse Entschärfung dadurch eingetreten, dass der Nachfolgeunternehmer bei einzelnen Verzögerungen vom Auftraggeber zumindest eine Entschädigung nach § 642 BGB verlangen kann (vgl. auch § 6 Abs. 6 S. 2 VOB/B). **762**

Unbeschadet dessen erscheint es aber auch unabhängig davon ratsam, dieses Problem sachgerecht durch eine geregelte **Vertragsgestaltung** zu lösen. Hierbei geht es um eine Vereinbarung des Inhalts, dass sich der Auftraggeber verpflichtet, die notwendigen Vorleistungen (Fundamente für Fertighaus, Schlitze für Heizungs- und Wasserleitungen, Ausschachtung und/oder Gründung der Baugrube für Rohbauarbeiten, Rohbau für Ausbaugewerke, Estrich für Parkettboden, Gerüstgestellung für Dacharbeiten usw.) **bauseits rechtzeitig** zu erbringen, wie dies eigentlich bei getrennter Vergabe der Einzelgewerke selbstverständlich sein sollte. Bei einer entsprechenden Vertragsbestimmung wird auch der BGH dann an der **Erfüllungsgehilfeneigenschaft des Vorunternehmers** nicht mehr vorbeikommen können, sodass dem Auftraggeber ein etwaiges Verschulden des Vorunternehmers gemäß § 278 BGB zuzurechnen ist (vgl. auch BGH, Urt. v. 1.10.1991 – X ZR 128/89, ZfBR 1992, 31, 32). **763**

7 Der zu ersetzende Behinderungsschaden, sein Nachweis und seine Durchsetzung

764 Gemäß § 6 Abs. 6 VOB/B hat der Auftragnehmer, wenn die hindernden Umstände vom Auftraggeber zu vertreten sind, **Anspruch auf Ersatz des nachweislich entstandenen Schadens**, des entgangenen Gewinns aber nur bei **Vorsatz oder grober Fahrlässigkeit**. Mit dieser Regelung wird zunächst für den Normalfall leicht fahrlässigen Verhaltens der Schadensersatzanspruch dahin eingeschränkt, dass der **entgangene Gewinn** (vgl. § 252 BGB) nicht ersetzt verlangt werden kann. Damit wird gleichzeitig der Haftungsumfang gegenüber der gesetzlichen Schadensersatzregelung in §§ 249 ff. BGB eingeschränkt. Diese durch Vereinbarung der VOB/B eingreifende **Haftungsbeschränkung gilt zugunsten beider Vertragspartner**, also auch für die Schadensersatzansprüche des Auftraggebers. Daher bestehen gegen diese Regelung auch AGB-rechtlich keine Bedenken (vgl. auch § 309 Nr. 7 lit. a) und b) BGB).

765 Zu beachten ist, dass diese Haftungsbeschränkung dann nicht gilt, wenn im Bauvertrag die Geltung der VOB/B nur nachrangig nach dem BGB vereinbart worden ist (BGH, Urt. v. 27.10.1977 – VII ZR 298/75, Schäfer/Finnern/Hochstein, Nr. 1 zu § 284 BGB; Ingenstau/Korbion/Döring, B § 6 Abs. 6, Rn. 33). Sodann kann eine über § 6 Abs. 6 VOB/B hinausgehende Beschränkung des Haftungsumfangs oder überhaupt des Schadensersatzanspruchs bei **verschuldeten Bauverzögerungen** in **Allgemeinen Geschäftsbedingungen**, insbesondere also in Zusätzlichen Vertragsbedingungen, nicht erfolgen. Denn diese verstößt entweder gegen § 309 Nr. 7 lit. a) und b) BGB oder jedenfalls gegen § 307 BGB (vgl. auch Vygen/Joussen, Bauvertragsrecht Rn. 710 ff.). Selbstverständlich ist es aber zulässig, in Allgemeinen Geschäftsbedingungen die Haftungsbegrenzung aus § 6 Abs. 6 VOB/B aufzuheben. Demzufolge kann also auch bei bloß **fahrlässig verursachter Behinderung** durch den Auftraggeber und **fahrlässig verursachter Bauverzögerung** durch den Auftragnehmer dem jeweils anderen Vertragspartner ein Schadensersatzanspruch einschließlich des nachgewiesenen **entgangenen Gewinns** eingeräumt werden, wie dies nach dem BGB-Werkvertragsrecht ohnehin der Fall ist. Allerdings erscheint die Beschränkung des Schadensersatzanspruches in § 6 Abs. 6 VOB/B durchaus sachgerecht, zumal der Nachweis eines entgangenen Gewinns als Folge von Behinderungen oder Bauverzögerungen in der Praxis ohnehin große Schwierigkeiten bereitet.

766 Will nun der Auftragnehmer wegen vom Auftraggeber zu vertretender Behinderungen auch den entgangenen Gewinn ersetzt verlangen, so trifft ihn im Rahmen des § 6 Abs. 6 VOB/B für eine vorsätzliche oder **grob fahrlässige Behinderung** des Bauablaufs durch den Auftraggeber die **Darlegungs- und Beweislast** (so auch OLG Düsseldorf, Urt. v. 4.6.1991 – 23 U 173/90, BauR 1991, 774, 776; BGH, Urt. v. 24.2.2005 – VII ZR 141/03, BGHZ 162, 259,

262 f. = BauR 2005, 857, 858 = NJW 2005, 1653, 1654). Etwas Anderes gilt für den Nachweis der leichten Fahrlässigkeit als Grundvoraussetzung für den Schadensersatzanspruch aus § 6 Abs. 6 VOB/B. Hier muss sich nach dem allgemeinen Grundsatz des Schadensersatzrechts der Auftraggeber als Schuldner des Schadensersatzanspruchs vom Vorwurf des Verschuldens entlasten, wenn feststeht, dass die Behinderung des Auftragnehmers ihre Ursache im **Verantwortungs- oder Risikobereich** des Auftraggebers hat (so schon BGH, Urt. v. 21.12.1970 – VII ZR 184/69, BauR 1971, 202 f.; s. oben Rdn. 722 ff.).

Zu beachten ist, dass der Auftragnehmer auch die **Ursächlichkeit**, also den adäquat-kausalen Zusammenhang **zwischen dem geltend gemachten Schaden und den hindernden Umständen**, die dem Auftraggeber anzulasten sind, darlegen und beweisen muss (so auch BGH, Urt. v. 24.2.2005 – VII ZR 141/03, BGHZ 162, 259, 262 ff. = BauR 2005, 857, 858 f. = NJW 2005, 1653, 1654; BGH, Urt. v. 24.2.2005 – VII ZR 225/03, BauR 2005, 861, 864 f. = NJW 2005, 1650, 1652). 767

▶ **Beispiel:** (nach BGH, Urt. v. 15.1.1976 – VII ZR 52/74, BauR 1976, 128)

An der Ursächlichkeit etwa fehlt es, wenn der Auftraggeber die Baugenehmigung zwar zu spät beigebracht hat, der Auftragnehmer aber auch bei rechtzeitiger Baugenehmigung nicht anders (früher, mehr, schneller) gearbeitet hätte bzw. hätte bauen können als er es tatsächlich getan hat.

7.1 Rechtliche Grundlagen der Schadensberechnung

Der Umfang des vom Auftraggeber zu ersetzenden Schadens bestimmt sich zunächst nach den allgemeinen Grundsätzen der §§ 249 ff. BGB. Danach ist als Schaden jeder Nachteil zu ersetzen, den der Anspruchsteller durch ein bestimmtes Ereignis – hier: die Behinderung des Bauablaufs durch den Auftraggeber – an seinem Vermögen oder an seinen sonst rechtlich geschützten Gütern erleidet (Nicklisch in Nicklisch/Weick, § 6 VOB/B, Rn. 60). Nach der in diesen Fällen anzuwendenden **Differenztheorie** besteht der Schaden in dem **Unterschied zwischen zwei Vermögenslagen des Geschädigten** (s. dazu BGH, Urt. v. 20.2.1986 – VII ZR 286/84, BGHZ 97, 163, 167 = BauR 1986, 347, 348 f. = NJW 1986, 1684, 1685; Kniffka/Koeble, Teil 8, Rn. 44 ff.; Ingenstau/Korbion/Döring, VOB/B § 6 Abs. 6 Rn. 25 ff.; Heiermann/Riedl/Rusam/Kuffer, § 6 VOB/B, Rn. 68), nämlich 768

- auf der einen Seite der Vermögenslage, wie sie sich in Folge der Behinderung als dem schadensstiftenden Ereignis tatsächlich gestaltet hat und
- auf der anderen Seite seiner – letztlich hypothetischen – Vermögenslage, wie sie ohne dieses Ereignis bestehen würde.

Damit kommen hauptsächlich die **Mehraufwendungen** des Auftragnehmers in Betracht, die zurückgehend auf die vom Auftraggeber zu vertretende Behinderung deswegen angefallen sind, um die vertraglich geschuldete gegenständliche Bauleistung in einem längeren Zeitraum (bei Verzögerungen während der Bauausführung) oder in einer später liegenden Zeitspanne (bei Verschiebung des Baubeginns gegenüber dem vertraglich vereinbarten Baubeginn) zu erbringen. Abzugrenzen davon sind vor allem **Beschleunigungsaufwendungen** zur Einhaltung des Fertigstellungstermins (s. oben Rdn. 463 ff.). Dies vorausgeschickt können bei der Durchsetzung des Schadensersatzanspruchs gemäß § 6 Abs. 6 VOB/B zwei verschiedene Schadensvarianten unterschieden werden (vgl. Kniffka/Koeble, Teil 8., Rn. 53 ff.):

- **Zeitliche Verschiebung der Bauausführung**

769 Zunächst geht es um eine zeitliche Verschiebung der Bauausführung.

Beispiel:

Statt einer vereinbarten Bauzeit April bis November werden die Arbeiten aus vom Auftraggeber zu vertretenden Gründen in der Zeit von November bis Juni des folgenden Jahres ausgeführt.

In diesem Fall sind die Mehrkosten als Schaden zu ersetzen, die durch diese zeitliche Verschiebung entstanden sind, also z. B. Materialpreis- und Lohnerhöhungen, Mehraufwand durch die Arbeit in der schlechteren Jahreszeit, Kosten eines Baustopps durch Frost usw.

- **Verlängerung der vereinbarten oder vom Auftragnehmer geplanten und dem Auftraggeber bekannt gemachten Bauzeit**

770 Daneben stehen Mehrkosten aus der bloßen Verlängerung der Bauzeit, die vom Auftraggeber zu vertreten ist.

Beispiel:

Die Bauzeit verlängert sich, weil der Auftraggeber die notwendigen Ausführungspläne nicht übergibt.

In diesen Fällen sind die durch diese Verlängerung entstandenen Mehrkosten als Schaden zu ersetzen, also z. B. Mehraufwendungen für Personal, Geräte, Subunternehmer, Vorhalte- und Unterhaltungskosten für die Baustelleneinrichtung, das Bauleitungspersonal, erhöhte Gemeinkosten, zeitabhängige Gemeinkosten der Baustelle, Vorhaltekosten für Baustoffe sowie zeitabhängige Allgemeine Geschäftskosten u. a. (so auch Kniffka/Koeble, Teil 8., Rn. 55; im Einzelnen dazu aber auch unten Teil A Rdn. 796 ff. sowie Teil B Rdn. 222 ff.). Da zudem jede Verlängerung der Bauzeit gleichzeitig eine Verschiebung des Fertigstellungstermins zur Folge hat, kommen auch die allein deswegen entstehenden Mehrkosten zusätzlich als Schaden in Betracht.

Es ist nicht zu verkennen, dass sich der Schadensersatzanspruch aus § 6 Abs. 6 VOB/B zumindest in einigen Fällen zwar nicht von den Voraussetzungen her, wohl aber von seiner Zielrichtung her mit dem Anspruch aus § 2 Abs. 5 VOB/B decken kann. Dies verwundert nicht: Denn auch bei Letzterem soll der neu festzulegende Vergütungsanspruch die **Mehrkosten** des Auftragnehmers in Folge einer angeordneten Bauzeitverschiebung oder einer auf einer Anordnung des Auftraggebers beruhenden Bauzeitverlängerung berücksichtigen (vgl. Vygen, BauR 1983, 421). Allerdings besteht sodann zunächst ein wesentlicher Unterschied darin, dass der Schadensersatzanspruch nach § 6 Abs. 6 VOB/B allenfalls in Ausnahmefällen einen entgangenen Gewinn abdeckt (s. o. Rdn. 274 ff.). Auch ist bei Ansprüchen aus § 6 Abs. 6 VOB/B und § 2 Abs. 5 VOB/B der **Vergleichsmaßstab** ein anderer (s. dazu auch Joussen, BauR 2010, 518, 524): 771

- Bei der Neufestlegung der Vergütung gemäß § 2 Abs. 5 VOB/B kann der Auftragnehmer in die Berechnung des neuen Preises alle Mehrkosten einbeziehen, die ihm auf Grund der nachträglichen Änderungsanordnung entstehen. Hierzu gehören zum einen die Mehrkosten, die er von Anfang an einkalkuliert hätte, wenn ihm diese veränderte Leistung schon bei Angebotsabgabe oder Vertragsabschluss bekannt gewesen wäre. Zum anderen zählen dazu die Mehrkosten, die erst durch die nachträgliche Änderungsanordnung zusätzlich verursacht werden. **Vergleichsmaßstab ist also bei Ansprüchen aus § 2 Abs. 5 VOB/B die ursprüngliche Kalkulation** des Auftragnehmers. Sie wird einer neuen Kalkulation auf der Grundlage der veränderten Bauzeit gegenübergestellt (s. oben Rdn. 639 ff.). 772
- Anders liegt der **Vergleichsmaßstab bei der Schadensberechnung nach § 6 Abs. 6 VOB/B**. Hier wird die tatsächlich eingetretene Vermögenslage des Auftragnehmers mit derjenigen verglichen, die ohne die Behinderung und die dadurch bedingte Bauablaufstörung eingetreten wäre. Der Vergleich wird also hier nicht mit der Lage des Auftragnehmers, die bei Kenntnis der Bauablaufstörung bei Vertragsabschluss bestanden hätte, vorgenommen, sondern auf der Basis der Ist-Kosten aus dem Bauablauf heraus. Sie ist – anders als eine Vergütungsabrechnung nach § 2 Abs. 5 VOB/B – immer erst **im Nachhinein** abschließend möglich.

Dieser **Unterschied in der Berechnungsgrundlage** kann für den Auftragnehmer im Einzelfall günstiger oder ungünstiger sein. Dabei wird eine exakte und absolut sichere Berechnung der tatsächlich entstandenen Mehrkosten in Rahmen eines Schadensersatzanspruchs bei Zugrundelegung beider Vermögenslagen (vorher/nachher) in der Praxis vielfach kaum möglich sein. Stattdessen kann es regelmäßig nur um eine annähernde, dabei aber möglichst nahe an die Wirklichkeit herankommende Ermittlung dieser Mehrkosten gehen. Der Grund dafür liegt schon in der Sache selbst begründet. Denn die **Differenztheorie zur Schadensermittlung verlangt die Gegenüberstel-** 773

lung zweier Vermögenslagen, von denen eine **zwangsläufig hypothetisch** sein muss, also immer nur durch **Schätzung gemäß § 287 ZPO** hergeleitet werden kann. Davon geht auch § 249 BGB als Grundlage jeder Schadensberechnung aus. Daran wollte und hat § 6 Abs. 6 VOB/B durch die Regelung, dass nur der **nachweislich entstandene Schaden** zu ersetzen ist, nichts geändert.

774 Neben den durch die Behinderungen bedingten Mehraufwendungen des Auftragnehmers zur Herstellung der geschuldeten Bauleistung können dem Auftragnehmer aber auch noch weitere Schäden entstehen, die ihre Ursache in den vom Auftraggeber zu vertretenden Behinderungen haben. So können dadurch z. B. finanziell bewertbare, sonst nicht eingetretene **Verluste** im Rahmen des Gewerbebetriebes ausgelöst werden (Ingenstau/Korbion/Döring, B § 6 Abs. 6 Rn. 38).

▶ **Beispiel:**

Wegen der Behinderung müssen schon gelieferte Bauteile eingelagert werden. Folglich fallen Lagerkosten an.

775 Ebenso können **Vertragsstrafenansprüche** von § 6 Abs. 6 VOB/B erfasst werden.

▶ **Beispiel:**

Die durch die Behinderung bedingte Bauverzögerung führt dazu, dass der Auftragnehmer mit einem Anschlussauftrag nicht rechtzeitig entsprechend dem vereinbarten Ausführungsbeginn anfangen kann. Deswegen wird er von dem Auftraggeber des Anschlussauftrages mit einer dafür vereinbarten Vertragsstrafe belastet oder ihm wird sogar der Anschlussauftrag entzogen und/oder Schadensersatz verlangt.

Dagegen wird von diesem Schadensersatzanspruch im Allgemeinen nicht der Fall erfasst, dass der Auftragnehmer in Folge der Bauverzögerung einen anderen gewinnbringenden Auftrag nicht hat übernehmen können. Denn hierbei geht es um den **Ersatz entgangenen Gewinns**, der von § 6 Abs. 6 VOB/B bei leicht fahrlässiger Verursachung der Bauablaufstörung nicht abgedeckt ist (Nicklisch in Nicklisch/Weick, § 6 VOB/B, Rn. 62). Vielmehr erfordert dieser den Nachweis grober Fahrlässigkeit oder Vorsatzes, der aber in der Praxis kaum zu erbringen ist (s. o. Rdn. 274 ff.)

7.2 Grundlagen der baubetrieblichen Kostenermittlung

776 Um nun die ersatzfähigen Mehraufwendungen des Auftragnehmers zur Herstellung der vertraglich geschuldeten Bauleistung berechnen zu können, bedarf es zunächst einer Untersuchung der dabei in Betracht zu ziehenden **Kostenarten**. Dies ist nur auf der **Grundlage einer baubetrieblichen Kostenermittlung** möglich (vgl. dazu vor allem Teil B Rdn. 222 ff.).

Bei einer durch Behinderungen verursachten Bauzeitverschiebung (z. B. Bau- 777
ausführung erfolgt 1 Jahr später als geplant und vereinbart, weil die Baugenehmigung fehlte oder die Finanzierung nicht gesichert war) können vor allem folgende zusätzliche Kosten entstehen:

- **Lohnkosten** und erhöhte **Materialpreise**, wenn insoweit im Bauvertrag keine entsprechenden **Lohn- und Materialpreisgleitklauseln** (vgl. zu deren Formulierung und Auslegung BGH, Urt. v. 22.11.2001 – VII ZR 150/01, BauR 2002, 467 f. = NJW 2002, 441 f.) enthalten sind oder diese den Mehraufwand nicht voll abdecken (Selbstbeteiligungs- oder Bagatellklausel)
- Folgekosten, weil der Auftragnehmer bereits Baustoffe und Materialien eingekauft (Lagerkosten) und bezahlt hat (Vorfinanzierung zu Mehrkosten)
- Gesonderte Personalkosten, weil der Auftragnehmer gar eigens für dieses konkrete Bauvorhaben Personal eingestellt hat, das er nicht sogleich anderweitig beschäftigen kann, oder
- **Geräte und Maschinenkosten**, die gesondert für diesen Auftrag angemietet wurden, ohne diese jetzt anderweitig einsetzen zu können.

Durch Behinderungen während der Bauausführung und eine dadurch be- 778
dingte Bauzeitverlängerung werden in der Regel eine **Vielzahl von Kostenfaktoren der baubetrieblichen Kalkulation von Mehraufwendungen betroffen**, die als einzelne Schadensposten bei der Schadensberechnung zu berücksichtigen sind. Dazu gehören u. a. die Kosten

- der Vorhaltung und Unterhaltung der Baustelleneinrichtung
- der Sicherungsmaßnahmen
- der Beaufsichtigung der Baustelle und damit zusätzliche Lohn- und Gehaltsaufwendungen für das Bauleitungspersonal,
- ferner die zeitabhängigen erhöhten Gemeinkosten der Baustelle einschließlich der durch verlängerte Vorhaltung und Einsatzzeiten von Geräten, Maschinen und Baustoffen, wie Schalung und Rüstung, bedingten Mehrkosten,
- die durch Lohnerhöhungen oder Materialpreissteigerungen bedingten Mehrkosten sowie Preiserhöhungen bei Nachunternehmerleistungen,
- die zeitabhängigen Allgemeinen Geschäftskosten einschließlich verlängerter Versicherungskosten, Lizenzgebühren, Mieten usw. sowie
- möglicherweise ein Mehraufwand aus verzögerungsbedingten Produktivitätsverlusten gegenüber dem vom Auftragnehmer ursprünglich geplanten Bauablauf.

779 Mehraufwendungen bei den verschiedenen Kostenarten können durch Bauablaufstörungen aber auch dann eintreten, wenn der Auftragnehmer die dadurch ausgelöste **Bauverzögerung durch Beschleunigungsmaßnahmen ganz oder teilweise ausgleicht**. In diesem Fall kann es zu Mehrkosten des Auftragnehmers kommen insbesondere durch Überstunden, durch Einrichtung eines Mehrschichtenbetriebes, durch Einsatz zusätzlicher Geräte und Maschinen, durch zusätzliche Energiekosten, durch Umstellungskosten auf ein anderes Bauverfahren oder durch zusätzlichen Einsatz von Nachunternehmern. Dabei ist an dieser Stelle allerdings nochmals darauf hinzuweisen, dass derartige Beschleunigungskosten in der Regel nicht über einen Schadensersatzanspruch nach § 6 Abs. 6 VOB/B ausgeglichen werden können, sondern nur nach einer entsprechenden Anordnung nach § 2 Abs. 5 VOB/B (s. o. Rdn. 463 ff.).

780 Bei allen aufgeführten Kostenarten können Mehraufwendungen entstehen. Sie müssen im Rahmen des Schadensersatzanspruches nach § 6 Abs. 6 VOB/B, aber auch im Rahmen der Neuberechnung der Vergütung nach § 2 Abs. 5 VOB/B (insoweit allerdings nur bei angeordneten Leistungsänderungen) Berücksichtigung finden, sofern sie vom Auftragnehmer dargelegt und nachgewiesen werden. Gerade dieser **Nachweis der entstandenen Mehrkosten** führt aber in der Praxis immer wieder zu großen Problemen. Dabei ist vor allem umstritten, inwieweit der **dadurch bedingte Schaden konkret nachgewiesen** werden muss oder ob er nicht – zumindest in Teilbereichen – **abstrakt berechnet** werden kann.

7.3 Die abstrakte Schadensberechnung und das Äquivalenzkostenverfahren

781 Eine Art abstrakter Schadensberechnung zur Feststellung des dem Auftragnehmer nach § 6 Abs. 6 VOB/B zu ersetzenden Behinderungsschadens wurde erstmals vom Kammergericht in seinem Urteil vom 18.9.1984 – 21/18 U 2677/76 (BauR 1985, 243) angewandt. Dabei stützte sich das Kammergericht auf ein Sachverständigengutachten, das den Schaden nach dem sogenannten Äquivalenzkostenverfahren berechnete (vgl. dazu im Einzelnen: Gutsche, Bauwirtschaft 1984, 1123 ff., 1163 ff.). Das diesbezügliche Urteil wurde zwar später vom Bundesgerichtshof verworfen (s. dazu sogleich Rdn. 787). Gleichwohl soll dieses Verfahren hier jedenfalls in Grundzügen kurz erläutert werden, um zu verdeutlichen, dass abstrakte Schadensberechnungen – erstmals grundlegend entwickelt eben anhand dieses Äquivalenzkostenverfahrens – in der Praxis nicht anerkannt werden verbunden mit weiteren Erläuterungen, wo genau seitens der Rechtsprechung dazu die Grenzen gezogen werden. Dies vorausgeschickt lagen dem **Äquivalenzkostenverfahren** im Kern folgende Überlegungen zugrunde:

- Der Auftragnehmer legt seiner auszuführenden Bauleistung einen internen, auf die vom Auftraggeber vorgegebenen Baufristen abgestimmten **Bauzeitenplan** mit darin vorgesehenen **Planlieferungsterminen** und **Einzelfristen** für einzelne Bauteile und das jeweilige Kapazitäts-Soll zugrunde. Dabei handelt es sich zwangsläufig, da mit der Bauausführung noch nicht begonnen worden ist, um einen geplanten **SOLL-Bauablauf**, und zwar den sog. störungsfreien SOLL-1-Bauablauf. Kommt es nun zu Behinderungen, so haben diese notwendiger- oder jedenfalls typischerweise bestimmte Auswirkungen auf den Bauablauf, z. B. Leistungsabfall und/oder Unterbrechung der Bauausführung und dadurch bedingt eine Bauzeitverlängerung, die zu Mehrkosten führt (Kapellmann/Schiffers, BauR 1986, 615 ff., 617). Jetzt wird sachverständig im Wege einer Vorwärtsrechnung des SOLL-1-Bauablaufs unter Berücksichtigung der eingetretenen Bauablaufstörungen ermittelt, welche Verzögerungen und damit Bauzeitverlängerung sich durch diese Behinderungen ergeben mussten, d. h. die **Verzögerungsdauer** wird **hypothetisch** ermittelt. Dazu werden ein Bauablaufplan aufgestellt und eine sich daraus ergebende Gesamtbauzeit unter Einbeziehung der Störungen berechnet, zu deren Einhaltung der Auftragnehmer bei gleich bleibendem Personal- und Geräteeinsatz hätte verpflichtet werden können, bzw. auf Grund des Bauvertrages verpflichtet war (Kapellmann/Schiffers, BauR 1986, 617), da ihm insoweit ein Anspruch auf **Bauzeitverlängerung** gemäß § 6 Abs. 2 Nr. 1 a)–c) und Abs. 3 VOB/B zusteht. 782

Bei dem so ermittelten Ergebnis handelt es sich dann um die Gesamtbauzeit, in der das Bauvorhaben unter Berücksichtigung der Behinderungen fertiggestellt werden musste und wohl worden wäre, wenn der Auftragnehmer ‚nach Vorschrift' weiter gearbeitet hätte (Kapellmann/Schiffers, a. a. O.). Auch dieser zeitlich verlängerte Bauablaufplan ist ein **hypothetischer Zeitplan**, der sog. **SOLL-2- Bauablauf**. 783

- Dieser Ablaufplan bedarf dann einer weiteren Fortschreibung zur Vermeidung von bautechnisch undurchführbaren Überlappungen oder unwirtschaftlicher Durchführung unter Berücksichtigung der ursprünglich vorgesehenen Ablauffolge. Das Ergebnis ist schließlich ein endgültiger störungsmodifizierter, aber ebenfalls hypothetischer **SOLL-3-Bauablaufplan. Aus diesem ergibt sich** die **durch Behinderungen bedingte theoretische Bauzeitverlängerung** durch Gegenüberstellung mit dem ursprünglich geplanten SOLL-1-Bauablauf. Diese theoretische Bauzeit ist in der Regel länger als die wirkliche Bauzeit, die **IST-Bauzeit**, die bei Anwendung des Äquivalenzkostenverfahrens unberücksichtigt bleibt (Heiermann, VOB-Praxis, Bauwirtschaft 1986, 1095; Kapellmann/Schiffers, BauR 1986, 617). 784

- Als **Schaden** werden nunmehr jene Mehrkosten definiert, die sich auf der **Basis der Angebotskalkulation** aus dem **Kostenvergleich SOLL-3-Bau-** 785

ablauf gegen SOLL-1-Bauablauf und den dafür aufzuwendenden zusätzlichen Kosten ergeben (Gutsche, Bauwirtschaft 1984, 1166). Bei dieser Schadensermittlung wird folglich keine Rücksicht auf die tatsächliche Bauzeit und damit auch nicht auf die tatsächlich entstandenen Mehrkosten genommen. Dies wird damit gerechtfertigt, dass bei kürzerer IST-Bauzeit als der errechneten SOLL-3-Bauzeit der Auftragnehmer überpflichtmäßig, also eben nicht ‚nach Vorschrift', wie es seiner Verpflichtung nach dem Bauvertrag entsprach, gearbeitet habe (Gutsche, a. a. O., S. 1123 ff., 1163 ff.; Clemm, Betrieb 1985, 2597 ff., 2599; Grieger, BauR 1985, 524 f.). Deswegen sei diese – ihm nach dem Vertrag nicht obliegende – **Beschleunigung** vergütungspflichtig bzw. müsse als Schaden Berücksichtigung finden, weil der Auftragnehmer insoweit mehr Kapazitäten eingesetzt habe, als er nach dem Vertrag ohne Behinderung einzusetzen verpflichtet war. Die dem Auftragnehmer **durch diese Beschleunigung entstandenen Mehrkosten** werden dann den Kosten gleichgesetzt, die ihm bei verlängerter Bauzeit entsprechend dem SOLL-3-Bauablauf entstanden wären; sie werden als **äquivalent** behandelt. Ist ausnahmsweise die IST-Bauzeit länger als die sich aus dem SOLL-3-Bauablauf ergebende theoretische Bauzeit, so ist davon auszugehen, dass es zu weiteren Behinderungen und Bauablaufstörungen aus dem Verantwortungsbereich des Auftragnehmers gekommen ist. Diese müssen dann aber im Rahmen des Schadensersatzanspruchs des Auftragnehmers unberücksichtigt bleiben.

786 Dieses Urteil des Kammergerichts (a. a. O.) ist in der Folgezeit im Schrifttum (Grieger, BauR 1985, 524, Clemm, Betrieb 1985, 2599 ff.) und vor allem von der Bauwirtschaft begrüßt worden, weil es erstmals eine **Berechnungsgrundlage für den Behinderungsschaden** und insbesondere für **Beschleunigungsmehrkosten** schuf; es wurden aber auch andere Berechnungsmethoden zur verursachungsgerechten Erfassung und kostengerechten Bewertung von Verzögerungen entwickelt (vgl. Schubert/Lang, Bauwirtschaft 1985, 1011 ff.; Olshausen, Festschrift Korbion S. 323 ff.), wie sie insbesondere im Teil B dargestellt werden.

787 Zu Recht ist das Urteil des Kammergerichts vom BGH aufgehoben worden (BGH, Urt. v. 20.2.1986 – VII ZR 286/84, BGHZ 97, 163 = BauR 1986, 347 = NJW 1986, 1684). Im Anschluss daran wurde die Diskussion um die richtige – **baubetrieblich mögliche und rechtlich zulässige – Schadensberechnung** neu entfacht (vgl. Kapellmann/Schiffers, BauR 1986, 615 ff.; Olshausen, Festschrift Korbion S. 323 ff.; Bauer, Seminar Bauverzögerung S. 138 ff.; Schubert, Seminar Bauverzögerung S. 77 ff. und vor allem Kapellmann/Schiffers, Bd. 1, Rn. 1419 ff.). In seinem Urteil vom 20.2.1986 gelangte dann der BGH (Az.: VII ZR 286/84 BGHZ 97, 163 = BauR 1986, 347 = NJW 1986, 1684) zu folgenden Erkenntnissen:

1. *Nach § 6 Nr. 5 Abs. 2 VOB/B (1952) = § 6 Nr. 6 VOB/B (1979) ist der nachweislich entstandene unmittelbare Schaden zu ersetzen, nicht aber der entgangene Gewinn (dieser nur bei Vorsatz oder grober Fahrlässigkeit). Schon der Wortlaut der Vorschrift spricht mithin für eine Schadensberechnung, bei der der Geschädigte im Einzelnen darlegen muss, welche konkreten Mehrkosten ihm durch die Behinderung tatsächlich entstanden sind.* **788**

   Auch der Umstand, dass der entgangene Gewinn (grundsätzlich) nicht zu ersetzen ist, legt diese Auslegung nahe. Zwar soll für Verzögerungsschäden an sich gehaftet werden, das Risiko des Ersatzpflichtigen soll jedoch in überschaubaren Grenzen gehalten werden (BGH, Urt. v. 11.12.1975 – VII ZR 37/74, BGHZ 65, 372, 376 = BauR 1976, 126, 127 = NJW 1976, 517, 518). Hiermit lässt sich eine Schadensberechnung nur schwer vereinbaren, die einen von dem jeweiligen Fall weitgehend losgelösten, letztlich nur an allgemeinen Erfahrungssätzen orientierten und mithin unter Umständen gar nicht eingetretenen Schaden ermittelt. Zu ersetzen ist vielmehr nur der dem Geschädigten wirklich entstandene Schaden. Dementsprechend haben auch der Senat und das Schrifttum bisher immer gefordert, dass der Schaden im Einzelnen dargelegt und unter Beweis gestellt werden muss (vgl. BGH, Urt. v. 15.1.1976 -VII ZR 52/74, BauR 1976, 128, 130; Vygen, Bauvertragsrecht, Rn. 665; Ingenstau/Korbion, § 6 VOB/B, Rn. 48; a. A. Grieger, BauR 1985, 526; Clemm, Betrieb 1985, 2597). (...)

   Auch die Verhältnisse auf Großbaustellen machen es nicht von vornherein unmöglich, einen Behinderungsschaden konkret darzulegen. Im Rahmen der dort ohnehin üblichen Dokumentation des Bauablaufs in Form von Tagesberichten und dergleichen können die Behinderungen und die sich hieraus ergebenden Folgen, wie etwa ‚Leerarbeit' und ‚Leerkosten', mit festgehalten werden. Etwaige hierdurch entstehende Mehrkosten sind als Teil des Schadens vom Schädiger zu ersetzen. Gerade auf Großbaustellen kommt hinzu, dass dort häufig noch andere Einsatzmöglichkeiten für Personal und Gerät bestehen, weshalb nicht jede Behinderung zwangsläufig zu entsprechenden Produktivitätseinbußen führen muss.

   Schließlich erleichtert auch die Vorschrift des § 287 ZPO die Darlegungslast des Geschädigten.

   Nach alledem besteht auch bei Verzögerungen auf Großbaustellen kein Anlass, im Rahmen des § 6 Nr. 5 Abs. 2 VOB/B (1952) = § 6 Nr. 6 VOB/B (1979) von dem Grundsatz abzuweichen, dass der Schaden konkret zu berechnen ist.

2. *Den sich daraus ergebenden Anforderungen an ihre Darlegungslast haben die Klägerinnen genügt. (...) Entgegen der Ansicht der Revision erge-*

ben sich auch daraus keine höheren Anforderungen an die Darlegungslast, dass die Bauzeit von den Klägerinnen letztlich eingehalten worden ist. Auch dann, wenn die durch Behinderungen verloren gegangene Zeit wieder aufgeholt wird, ist dies meist nur durch Einsatz zusätzlicher Arbeitskräfte, Maschinen und Geräte möglich. Wird dies von einem Auftragnehmer behauptet, dann ist damit grundsätzlich auch ein entsprechender Schaden schlüssig dargetan. Denn es spricht eine überwiegende Wahrscheinlichkeit (§ 287 ZPO) dafür, dass ein Arbeitgeber darauf bedacht ist, sein Personal rentabel einzusetzen und es je nach den gegebenen Verhältnissen zu verringern oder zu vergrößern (vgl. BGH, Urt. v. 19.9.1978 – VI ZR 201/77, VersR 1979, 179, 180; KG Berlin, Urt. v. 19.9.1983 – 10 U 4493/82, ZfBR 1984, 129, 131). Ein gegenüber dem kalkulierten – als angemessen anzusehender – erhöhter Aufwand beeinflusst demnach das Gesamtbetriebsergebnis und kann einen entsprechenden Schaden bewirken. (...)

3. *Zu Recht wendet sich die Revision jedoch dagegen, dass sich das Berufungsgericht bei seiner Schätzung einseitig an dem sogenannten* **Äquivalenzkostenverfahren** *orientiert hat, das von dem gerichtlichen Sachverständigen, einem Professor für Baubetriebswirtschaft, als Lehrmeinung vertreten wird. (...)*
4. *Bei dem Äquivalenzkostenverfahren handelt es sich um eine sehr verallgemeinernde, vom Einzelfall losgelöste, weitgehend auf fiktiven Elementen beruhende Berechnungsmethode. Sie ist nur bedingt geeignet, dem Tatrichter die notwendige Überzeugung von dem Vorliegen eines Schadens zu vermitteln, der grundsätzlich konkret zu berechnen ist. Denn wenn auch eine* **Schätzung nach § 287 ZPO** *– notgedrungen – in gewissem Maß pauschalieren muss und deshalb mit der Wirklichkeit vielfach nicht ganz genau übereinstimmt, so soll sie doch möglichst nahe an diese heranführen. Diesem Erfordernis wird eine Schätzung, die sich allein auf das Äquivalenzkostenverfahren stützt, jedenfalls im vorliegenden Fall nicht gerecht.*

Unstreitig wurden die Bauarbeiten termingerecht Ende 1971 abgeschlossen. Gleichwohl enthalten die von dem Sachverständigen anhand der fiktiven Bauzeitverlängerung von knapp 6 Monaten errechneten Äquivalenzkosten einen Betrag für die – tarifbedingten – Lohn- und Gehaltserhöhungen im Frühjahr 1972. Diesen Betrag hat das Berufungsgericht zu Recht nicht berücksichtigt, denn es handelt sich hierbei um Kosten, die der Klägerin mit Sicherheit nicht entstanden sind. Das Berufungsgericht hat dabei jedoch übersehen, dass dieselbe Überlegung noch auf weitere Kosten zutrifft, die der Sachverständige in seine Berechnungen miteinbezogen hat, wie etwa die Erhöhung der Lohnnebenkosten durch die Lohn- und Gehaltserhöhungen vom Frühjahr 1972, die Vorhaltekosten für Großgeräte und Baubu-

den, die Lohnmehrkosten durch Leistungsminderungen im Winter 1971/72 und die Kosten für Heizung und Beleuchtung.

Es erscheint überhaupt zweifelhaft, ob die von dem Sachverständigen errechnete fiktive Bauzeitverlängerung von rund 6 Monaten im vorliegenden Fall eine taugliche Schätzungsgrundlage abgibt. (...)

Mit diesem grundlegenden Urteil des BGH (v. 20.2.1986 – VII ZR 286/84, **789** BGHZ 97, 163 = BauR 1986, 347 = NJW 1986, 1684) ist klargestellt, dass der Behinderungsschaden in seiner Gesamtheit nicht abstrakt berechnet werden kann und das Äquivalenzkostenverfahren auch **keine alleinige Grundlage für eine grundsätzlich zulässige Schadensschätzung nach § 287 ZPO** sein konnte. Dem ist weitgehend zuzustimmen (s. dazu auch Teil B Rdn. 249 ff.). Denn die zur Schadensermittlung nach allgemeinen Grundsätzen heranzuziehende Differenztheorie verbietet schon eine so weitgehende abstrakte Schadensberechnung, wie sie dem Äquivalenzkostenverfahren eigen ist. Zwar geht auch die Differenztheorie vom Vergleich zweier Vermögenslagen aus und bestimmt die Schäden aus deren Differenz. Im Unterschied zum Äquivalenzkostenverfahren, das sich auf zwei hypothetische SOLL-Bauabläufe und folglich auch auf zwei hypothetische SOLL-Vermögenslagen des Auftragnehmers stützt, stellt die Differenztheorie der tatsächlichen, störungsbedingten IST-Vermögenslage die hypothetische SOLL-Vermögenslage gegenüber, die ohne die Bauablaufstörung eingetreten wäre. Sie berechnet sodann aus dieser Differenz den Schaden des Auftragnehmers. Daraus wird deutlich, dass das Äquivalenzkostenverfahren den Boden der tatsächlichen Schadensermittlung weitgehend verlassen und deshalb als alleinige oder auch nur maßgebliche Berechnungsmethode auszuscheiden hat.

Damit ist indes auch auf der Grundlage des BGH-Urteils nicht gesagt, dass das **790** Äquivalenzkostenverfahren völlig ohne Bedeutung ist. Zu Recht hat nämlich der BGH ausgeführt, dass ‚**eine Schadensschätzung nach § 287 ZPO notgedrungen in gewissem Maße pauschalieren muss** und deshalb mit der Wirklichkeit vielfach nicht genau übereinstimmt, aber doch möglichst nahe an diese heranführen soll und dass diesem Erfordernis eine **Schätzung, die sich allein auf das Äquivalenzkostenverfahren** stützt', nicht gerecht wird (BGH, Urt. v. 20.2.1986 – VII ZR 286/84, BGHZ 97, 163, 169 f. = BauR 1986, 347, 350 = NJW 1986, 1684, 1686).

Damit aber behält das Äquivalenzkostenverfahren durchaus eine – wenn **791** auch erheblich geringere – Bedeutung. Denn der mit dieser Berechnungsmethode ermittelte **Behinderungsschaden** auf der Grundlage eines störungsmodifizierten SOLL-Bauablaufs, der sich bei Weiterarbeiten ‚nach Vorschrift' ergibt, stellt jedenfalls die **Obergrenze des nach § 6 Abs. 6 VOB/B vom Auftraggeber zu ersetzenden Schadens** dar. Er steckt gleichzeitig den **Rahmen der notwendigen Schadensschätzung gemäß § 287 ZPO** ab. Vorrangig und in erster Linie muss aber der zu ersetzende Behinderungsschaden so weit wie möglich konkret berechnet und nachgewiesen werden.

7.4 Die konkrete Schadensberechnung

792 Der so weit wie möglich konkrete Schadensnachweis muss zunächst bei der konkreten Ermittlung der **tatsächlichen Bauzeitverlängerung** ansetzen, die durch die vom Auftraggeber zu vertretende Behinderung verursacht wurde. Gerade hieran fehlt es schon im Ausgangspunkt bei dem Äquivalenzkostenverfahren, weil dort von einer fiktiven und damit theoretischen Bauzeitverlängerung ausgegangen wird. Einer **Ermittlung der tatsächlichen behinderungsbedingten Bauzeitverlängerung** bedarf es als Grundlage der Berechnung des Behinderungsschadens auch dann, wenn es dem Auftragnehmer gelungen ist, einen Teil der Bauablaufstörungen durch beschleunigten Ablauf wieder auszugleichen.

Die **Feststellung der tatsächlichen behinderungsbedingten Bauzeitverlängerung** erfolgt grundsätzlich, ebenso wie die eigentliche Schadensberechnung, nach der Differenztheorie, d.h. durch Gegenüberstellung der tatsächlichen **IST-Bauzeit** und der vereinbarten und geplanten, ohne die aufgetretenen Behinderungen vorgesehenen **SOLL-Bauzeit**. Dieser Grundsatz bedarf jedoch einiger Klarstellungen einschränkender Art (s. dazu auch ausführlich mit Beispielen Teil B Rdn. 12ff.):

- **Erste Bezugsgröße: SOLL-Ablaufplan**

793 Zunächst muss der geplante SOLL-Bauablauf ermittelt werden. Dies setzt einen **aussagekräftigen und plausiblen Bauzeitenplan** voraus (vgl. dazu: Teil B, Rdn. 17ff.). Dieser – im Allgemeinen von den Vertragspartnern als Vertragsbestandteil fest vereinbarte oder jedenfalls gemeinsam zugrunde gelegte – Bauzeitenplan kann als **Balkenplan** oder bei größeren und schwierigen Bauvorhaben besser als **Netzplan** ausgestaltet sein. Er muss nun bei Auftreten von Behinderungen oder jedenfalls bei der Ermittlung der Grundlagen einer Berechnung des Behinderungsschadens von sachverständiger Seite (und hier wird meist die Baubetriebswissenschaft gefordert sein) daraufhin überprüft werden, ob er als **geplanter SOLL-Bauablauf überhaupt realistisch**, d.h. **bei störungsfreiem Bauablauf realisierbar** war. Dabei werden sich entscheidende Anhaltspunkte daraus entnehmen lassen, wie sich der bisherige, also bis zum Beginn der Behinderung, tatsächliche IST-Bauablauf gegenüber dem geplanten SOLL-Bauablauf verhalten hat. Wurde der geplante Bauablauf im Wesentlichen eingehalten, so spricht dies für einen plausiblen und realisierbaren Bauzeitenplan. Er kann folglich in der Regel, wenn er nicht im späteren Verlauf erkennbare Fehler (z.B. vergessene, aber notwendige Arbeiten, bautechnisch nicht

durchführbare Überlappungen, falsche Verknüpfungen und Abhängigkeiten) aufweist, als **Maßstab für die Ermittlung der SOLL-Bauzeit ohne die vom Auftraggeber zu vertretenden Behinderungen** dienen. Damit ist die entscheidende Bezugsgröße gegeben. Diese kann umso leichter und besser festgestellt werden, je genauer der Bauzeitenplan und die **Dokumentation des IST-Bauablaufs** auf der Baustelle erfolgt sind (vgl. Schubert/Lang, Bauwirtschaft 1985, 1011 ff. und 1045 ff.).

- **Zweite Bezugsgröße: Ermittlung der IST-Bauzeit**
  Die zweite Bezugsgröße zur Ermittlung der konkreten, behinderungs- **794**
  bedingten Bauzeitverlängerung ist die tatsächliche IST-Bauzeit. Dabei sind alle Faktoren auszuschließen, die aus dem Verantwortungsbereich des Auftragnehmers zu einer – weiteren – Bauzeitverlängerung geführt haben. Auch diese Feststellungen werden wesentlich erleichtert durch möglichst genaue **Aufzeichnungen über den tatsächlichen Bauablauf**, was gerade bei Großbaustellen selbstverständliche Aufgabe der Bauleitung sein sollte (s. grundsätzlich zur Dokumentation Teil B Rdn. 193 ff.).

Die für die Schadensberechnung maßgebliche Bauzeitverlängerung wird also **795**
ermittelt auf der einen Seite durch die geplante und so auch realisierbare (andernfalls entsprechend zu korrigierende) SOLL-Bauzeit und auf der anderen Seite durch die tatsächliche IST-Bauzeit. Dies gilt nur dann nicht, wenn diese IST-Bauzeit länger gewesen ist als die theoretisch ermittelte, **störungsmodifizierte SOLL-Bauzeit**. Denn in diesem letzten Fall ist die weitere Bauverzögerung, die über den störungsbedingten fiktiven SOLL-Bauablauf hinausgeht, offensichtlich nicht mehr auf die vom Auftraggeber zu vertretenden Behinderungen zurückzuführen. Vielmehr dürfte diese dann auf hinzu gekommenen Störungen aus dem Verantwortungsbereich des Auftragnehmers beruhen, sodass sie nicht berücksichtigt werden können. Ist auf der anderen Seite die IST-Bauzeit kürzer als die störungsbedingte, theoretisch ermittelte SOLL-Bauzeit, so ist dies ein starkes Indiz für vom Auftragnehmer vorgenommenen **Beschleunigungsmaßnahmen.**

Auf der Grundlage der so ermittelten, durch die Behinderungen des Auftrag- **796**
gebers ausgelösten **Bauzeitverlängerung**, die auch die sog. Sekundärfolgen des **Wiederanlaufens der Baustelle** und der **Verschiebung der Bauarbeiten in eine ungünstigere Jahreszeit** gemäß § 6 Abs. 3 und 4 VOB/B berücksichtigen muss (s. dazu oben Rdn. 412 ff.), hat dann die eigentliche Berechnung des dem Auftragnehmer entstandenen und vom Auftraggeber gemäß § 6 Abs. 6 VOB/B zu ersetzenden Schadens zu erfolgen. Dieser Behinderungsschaden umfasst vor allem die Mehrkosten, die dem Auftragnehmer durch den verlängerten Bauablauf entstanden sind (s. dazu auch näher Teil B Rdn. 249 ff.). Hierzu zählen vor allem:

- **Stillstandskosten**

797 Bei Stillstandskosten handelt es sich um all diejenigen Kosten, die dem Auftragnehmer durch eine Unterbrechung der Bauarbeiten und deren völligen Stillstand entstehen. Hierunter fallen vor allem **Mehrkosten bei Löhnen, Gehältern und Geräten** sowie bei den **zeitabhängigen Gemeinkosten der Baustelle** an. Dabei ergeben sich besondere Schwierigkeiten bei der Berechnung des Schadens für die **Gerätevorhaltung** (vgl. dazu: OLG Düsseldorf, Urt. v. 28.4.1987 – 23 U 151/86, BauR 1988, 487, 489 f. = SFH Nr. 5 zu § 6 Abs. 6 VOB/B – Revision durch Beschluss des BGH vom 10.3.1988 – VII ZR 170/87 – nicht angenommen). Da sich die gleichen Probleme auch bei den anderen Kostengruppen ergeben, wird darauf weiter unten gesondert eingegangen (vgl. Teil A Rdn. 809 ff.). Neben diesen üblichen Stillstandskosten können sich sodann im Einzelfall noch sonstige Mehrkosten des Auftragnehmers durch einen vorübergehenden Stillstand der Baustelle ergeben.

▶ **Beispiele für Stillstandskosten: Kosten**

- für verlängerte Mietzeiten von Geräten und Maschinen
- für verlängerte Versicherungszeiten
- für eine verlängerte Inanspruchnahme von Lizenzen
- für besondere Maßnahmen zum Schutz der stillgelegten Baustelle und der bereits ausgeführten Bauleistung und deren Instandhaltung.

- **Mehrkosten wegen verlängerter Bauzeit**

798 Zu den Mehrkosten wegen verlängerter Bauzeit zählen vor allem die Veränderungen bei den **zeitvariablen Kostenanteilen**.

▶ **Beispiele für Mehrkosten wegen verlängerter Bauzeit**

- Mehrkosten durch verlängerte Vorhaltung der gesamten Baustelleneinrichtung und des Bauleitungspersonals
- zusätzlich zeitabhängige Gemeinkosten der Baustelle
- zusätzliche Gerätekosten
- Lohnerhöhungskosten
- Materialkostensteigerungen
- Kostenerhöhungen für Subunternehmerleistungen
- zeitabhängige zusätzliche Allgemeine Geschäftskosten (s. dazu ausführlich Teil B Rdn. 258 ff.)
- erhöhte Wagniskosten
- Mehrkosten durch Leistungsverschiebungen in eine ungünstigere Jahreszeit.

Alle diese Mehrkosten lassen sich bei entsprechenden Vorgaben aus der Bauablaufplanung und der **Angebotskalkulation** und einer ordnungsgemäßen Dokumentation im Wege einer Zuordnung der verschiedenen Kosten zum Bauablauf ermitteln und mit den Hilfsmitteln der Baubetriebswissenschaft nachweisen (vgl. Olshausen, Festschrift Korbion, S. 323 ff. sowie ausführlich Teil B Rdn. 250 ff.).

- **Finanzielle Nachteile aus Produktivitätsverlusten**

Bei einem Schadensersatzanspruch aus Behinderung dürfen keinesfalls deswegen anfallende **Produktivitätsverluste** vernachlässigt werden (s. dazu ausführlich Teil B Rdn. 373 ff. sowie auch Roquette/Viering/Leupertz, Rn. 882; Kapellmann/Schiffers, Bd. 1, Rn. 1629 ff.). 799

▶ Beispiele für finanzielle Nachteile aus Produktivitätsverlusten

- Verschiebung der Baumaßnahme in eine ungünstigere Jahreszeit („Bei Hitze arbeitet man ggf. langsamer als bei Normaltemperaturen" – s. dazu ausführlich Teil B Rdn. 376 ff.
- Wiederholt notwendig werdende Wiedereinarbeitung bzw. Verlust des Einarbeitungseffektes (s. dazu ausführlich Teil B Rdn. 383 ff.)
- Verzögerungsbedingtes häufigeres Umsetzen von Personal und Gerät auf der Baustelle (Teil B Rdn. 393 ff.)
- Veränderungen der optimalen Abschnittsgrößen (z. B. durch Veränderungen von Stundenansätzen für Ein- und Ausschalen, des Rüstzeitanteils bei Beton- oder Bewehrungsarbeiten – s. dazu Teil B Rdn. 400 ff.)
- Nicht optimale Kolonnenbesetzung oder deren nicht optimale Auslastung (Teil B Rdn. 406 ff.)
- Vermehrt anfallende Überstunden
- Motivationsverluste (Teil B Rdn. 414 ff.).

Das Problem gerade dieser baubetrieblich unstreitig vorhandenen Produktivitätsverluste besteht allerdings in aller Regel in deren **Darlegung**. Ganz augenscheinlich zeigt sich das bei den sog. Motivationsverlusten, die teilweise mit geschätzten Pauschalansätzen von z. B. 3% angegeben werden. Dies ist zumeist untauglich. Zwar mag der Schadensumfang an sich einer Schätzung zugänglich sein. Indes geht es hier vielfach vorrangig um Fragen der Schadenskausalität, d. h. ob vom Auftragnehmer behauptete Mehrkosten im Zusammenhang mit Produktivitätsverlusten überhaupt auf einer konkreten Behinderung beruhen. Dies muss der Auftragnehmer zuvor im Einzelnen belegen (s. o. Rdn. 722 ff.). Dabei ist Vergleichsmaßstab wiederum nicht der optimale oder geplante, sondern der tatsächliche Bauablauf, wie er sich ohne die Störung tatsächlich abgespielt hätte (so zu Recht Keldungs, Jahrbuch BauR 2011, S. 1, 16 ff.). Dies setzt somit nicht nur eine Darlegung des geplanten Bauablaufs mit einem Vergleich zum Ist-Ablauf voraus, sondern auch einen Vergleich des Ist-Ablaufs mit dem Bauzustand, wie er sich bis zur Störungsursache tatsächlich zugetragen hat (BGH, Urt. v. 24.2.2005 – VII ZR 141/03, BGHZ 162, 259, 264 f. = BauR 2005, 857, 859 = NJW 2005, 1653, 1654). Dies kann gerade im Umfeld der Produktivitätsverluste zu ganz erheblichen Unterschieden führen. 800

Beispiele:

- Der Auftragnehmer macht nach einer unstreitig vorhandenen Behinderung geltend, dass er seine Baukolonne vor Ort nicht optimal einsetzen konnte. 2 Leute hätten immer herumgestanden. Hier muss der Auftragnehmer zunächst darlegen, wie die Kolonne mit ihrem Personal tatsächlich ohne die Störung eingesetzt worden wäre. Standen z. B. immer zwei Leute herum oder war die Kolonne von Anfang überbesetzt, kann der Auftragnehmer natürlich nicht diese beiden Leute (trotz Behinderung) als Behinderungsschaden abrechnen. Auch reine Erfahrungswerte, dass z. B. dass vergrößerte Kolonnen automatisch zu Produktivitätsverlusten in einem bestimmten Umfang führen (Reister, Kap. VII Ziff. 7.2.6, ermittelt etwa bei einer Verdoppelung der Kolonnengröße einen Produktivitätsverlust von ca. 50%), führen ohne einen konkreten Bezug zur Baustelle nicht weiter. Nichts anderes gilt, wenn z. B. eine andere Störungsursache (beispielhaft schlechtes Wetter) ebenfalls Produktivitätsverluste ausgelöst hätte. Auch diese Anteile muss der Auftragnehmer berücksichtigen bzw. herausrechnen.
- Wegen Behinderungen kann der Auftragnehmer sein Personal nicht optimal entsprechend seiner Qualifikationen einsetzen. Reister (S. 490) hat hier dargelegt, dass dies für sich genommen zu Produktivitätsverlusten führen kann. Denn jeder Baubetrieb werde im Zweifel sein Personal auf einer Baustelle optimal entsprechend der vorhandenen Qualifikationen einsetzen. Wenn dies wegen einer Behinderung nicht möglich sei, könne es zu Schäden des Auftragnehmers kommen. Ähnliches gelte, wenn ein Arbeiter anstatt geplanter 8 Stunden nunmehr Überstunden mache (Reister, S. 495). All das mag richtig sein. Indes ist damit für sich genommen in Bezug auf eine konkrete Baustelle ohne nähere Darlegungen erstens zum tatsächlich geplanten Bauablauf und Personaleinsatz und zweitens zu dem aus einer konkreten Behinderung entstehenden Schaden nichts gesagt. Hier müsste der Auftragnehmer stattdessen darlegen, wieso in Folge der Behinderung der Arbeiter A schlechter gearbeitet hat als der Arbeiter B, wieso welches Fachpersonal überhaupt tätig war bzw. tätig sein musste bzw. welcher Arbeiter wegen einer oder zwei Überstunden gegenüber welchen Planwerten konkret schlechter gearbeitet hat usw. Die Berufung auf ggf. sogar wissenschaftlich unterlegte Erfahrungswerte genügt alleine – ohne konkreten Bezug zur Baustelle – für die Darstellung der Schadensverursachung nichts.

801 Zu beachten immerhin ist, dass die Prüfung der Produktivität gerade im Zusammenhang mit Bauzeitverschiebungen **keine Einbahnstraße** zugunsten des Auftragnehmers sein muss. Vielmehr können sie sogar zu Kostenerspar-

nissen führen, die der Auftragnehmer im Rahmen seines Schadensersatzanspruchs ebenfalls darzulegen hat.

▶ **Beispiel:**

Die Baumaßnahme kann wegen einer Behinderung anstatt im Winter erst im Frühjahr durchgeführt werden. In diesem Fall müsste es nach aller Erfahrung eigentlich zu einer gesteigerten Produktivität kommen.

Festgehalten werden kann hier, dass **ohne eine Detaildokumentation finanzielle Nachteile eines Produktivitätsverlustes praktisch nicht plausibel darzulegen** sind (ebenso Keldungs, a. a. O., S. 16; Reister, Kap. VII Ziff. 7.3.). Grundlage dieser Dokumentation sind vor allem gut geführte Bautagesberichte, Behinderungsanzeigen, sonstiger Schriftverkehr sowie vor allem jeweils fortgeschriebene Soll- und Ist-Terminpläne (s. dazu ausführlich Teil B Rdn. 193 ff., 204 ff.). Ebenso gehört hierher eine Darstellung zu den geleisteten und geplanten Stunden und dem Personaleinsatz – jeweils mit Abgrenzung zu einer jeden angefallenen Behinderung. Dies gilt natürlich erst recht insoweit, als nur die Produktivitätsverluste eine Rolle spielen können, die auf vom Auftraggeber zu vertretende Behinderungen zurückgehen. Keinesfalls spielen dagegen Verzögerungen eine Rolle, die der Auftragnehmer selbst verursacht hat (s. dazu auch oben Rdn. 725). Ebenso auszuscheiden haben Mehrkosten, die auf gesonderte Anordnungen des Auftraggebers nach § 1 Abs. 3 VOB/B zurückgehen (z. B. einen geänderten Bauablauf, Beschleunigungen). Denn die damit verbundenen Kosten erhält der Auftragnehmer bereits nach § 2 Abs. 5 VOB/B gesondert vergütet (KG, Urt. v. 19.4.2011 – 21 U 55/07, BauR 2012, 951, 955; OLG Köln, Urt. v. 28.1.2014 – 24 U 199/12, BauR 2014, 1309, 1311 = NJW 2014, 3039, 3041 = NZBau 2014, 626, 628; OLG Köln, Beschl. v. 27.10.2014 – 11 U 70/13, noch nicht veröffentl.; ähnlich OLG Dresden, Urt. v. 6.1.2012 – 1 U 13/10, BauR 2012, 1380 [Ls.], was sich aus dem nur veröffentl. Leitsatz aber nicht ergibt). All das sind an sich Selbstverständlichkeiten, begründen aber zugleich einen ganz erheblich erhöhten Aufwand für den Auftragnehmer bei der Darlegung der ggf. entstandenen Kosten, weil dann nämlich diese verschiedenen Verzögerungsursachen auseinander gehalten werden müssen (Havers, Jahrbuch BauR 2011, S. 21, 31). Der Schadensschätzung ist all dies nicht zugänglich, weil es hier um Fragen der Kausalität, d. h. der Prüfung des Zusammenhangs von Kosten und Behinderungsursache geht (s. o. Rdn. 722 ff., 728). Erst wenn dieser Zusammenhang fest steht, könnte auch der Umfang von Produktivitätsverlusten – ggf. unter ergänzenden Rückgriff auf wissenschaftliche Erfahrungswerte – geschätzt werden (ebenso Havers, a. a. O., S. 32 f.). 802

Beispiel:

Es steht fest, dass sich eine bestimmte Leistung von August in den November verschiebt. Wegen vielfachen Rauhreifs ist das Gerüst jetzt rutschiger, weswegen sich die Arbeiter nur langsamer bewegen können. Ein solcher Mehraufwand könnte nunmehr auf der Grundlage einer substantiierten Darlegung zeitlich geschätzt werden.

- **Sachverständigenkosten**

803 Auch notwendige **Sachverständigenkosten** gehören zu dem vom Auftraggeber nach § 6 Abs. 6 VOB/B zu ersetzenden Behinderungsschaden. Dies entspricht allgemeinen Grundsätzen des Schadensersatzrechts (BGH, Urt. v. 22.10.1970 – VII ZR 71/69, BGHZ 54, 352, 358 f. = BauR 1971, 51, 52 f. = NJW 1971, 99, 100 f.; ebenso Ingenstau/Korbion/Döring, VOB/B § 6 Abs. 6 Rn. 40 mit Verweis auf BGH, BauR 1986, 347, wobei dieser Verweis in der Sache allerdings nicht zutrifft). In der gleichen Weise sind sonstige Mehrkosten erstattungsfähig, die zur **Feststellung der behinderungsbedingten Kosten** über die ohnehin übliche Dokumentation des Bauablaufes hinaus entstehen (BGH, a. a. O.).

804 Anzumerken bleibt, dass es bei den vorstehenden Kostengruppen durchaus auch zu Überschneidungen kommen kann. Dies gilt vor allem dann, wenn der Auftragnehmer gleichzeitig **Beschleunigungsmaßnahmen** ergreift. All dies kann den Nachweis im Einzelfall erschweren, muss diesen aber nicht unmöglich machen (s. immerhin anschaulich KG Urt. v. 28.5.2013 – 7 U 12/12, IBR 2013, 406 = BauR 2013, 1493 [Ls.], was sich aus den jeweils nur veröffentl. Leitsätzen aber so nicht ergibt); dies gilt auch bei Großbaustellen, wie der BGH jedenfalls dem Grunde nach zutreffend festgestellt hat (BGH, Urt. v. 20.2.1986 – VII ZR 286/84, BGHZ 97, 163, 166 = BauR 1986, 347, 348 = NJW 1986, 1684, 1685). Allerdings ist heute wohl entgegen der damals geäußerten Auffassung des BGH einzuräumen, dass die zwischenzeitlich vor allem von den Instanzgerichten gestellten Anforderungen an eine genügende Aufbereitung des für die Geltendmachung eines Behinderungsschadens erforderlichen Sachverhaltes gerade bei großen komplexen Baustellen realistischerweise trotz inzwischen baubetrieblich entwickelter einschlägiger mehrstufiger Nachweisverfahren (s. dazu etwa Teil B Rdn. 165 ff.) vielfach nicht eingehalten werden können (skeptisch auch KG, Urt. v. 19.4.2011 – 21 U 55/07, BauR 2012, 951, 958; s. auch schon oben Rdn. 727). Jedenfalls wird das **im Nachhinein ohne eine zeitnahe Dokumentation** bereits im **Behinderungsfall in der Regel nicht** gelingen (s. umfassend zur Dokumentation Teil B Rdn. 193 ff.). Zu beachten bleibt immerhin, dass **Mehrkosten durch Beschleunigungsmaßnahmen**, die der Auftraggeber im Zusammenhang mit der Behinderung anordnet oder die der Auftragnehmer ohne Anordnung durchführt, wie an anderer Stelle dargelegt (Rdn. 463 ff.), nicht zu den ersatzfähigen Schäden nach § 6 Abs. 6

VOB/B gehören. Diese werden vielmehr über einen Vergütungsanspruch nach § 2 Abs. 5 bzw. Abs. 8 VOB/B abgedeckt. Dies gilt ebenso, wenn Beschleunigungsmaßnahmen in Kenntnis der zu erwartenden Mehrkosten mit dem Auftraggeber abgestimmt, also **vereinbart** worden sind. Hierauf ist deshalb abschließend hinzuweisen, weil gerade insoweit Kosten anfallen können, die sich von ihrem Charakter her durchaus mit denen aus einem Schadensersatzanspruch überschneiden können (s. auch oben Rdn. 776 f.). Gleichwohl kommt der Auftragnehmer nicht umhin, als diese Kosten auf Grund ihrer grundsätzlich unterschiedlichen Struktur strikt zu trennen und sie abhängig von dem zugrunde liegenden Sachverhalt entweder als Vergütung oder als Schadensersatz zu verfolgen (anschaulich dazu etwa OLG Köln, Urt. v. 28.1.2014 – 24 U 199/12, BauR 2014, 1309, 1312 = NJW 2014, 3039, 3041 = NZBau 2014, 626, 628). Jede Vermengung dieser Ansprüche oder auch der Kosten führt zu einer Unschlüssigkeit der geltend gemachten Ansprüche insgesamt.

▶ **Beispiele für Mehrkosten einer Beschleunigung, die theoretisch auch Positionen eines Schadensersatzes sein können**

- Transport- und Montagekosten für zusätzliche Kapazitäten
- Überstundenzuschläge
- Mehrkosten für einen Mehrschichtenbetrieb
- Zusätzliche Geräte- und Energiekosten wegen Einsatzes eines weiteren Krans und Umstellungskosten auf ein anderes Bauverfahren
- Höhere Abschreibungskosten durch geringere Einsatzhäufigkeiten von Schalungen oder schlechtere Auslastung von zusätzlichen Geräten oder Personal (Schubert/Lang, Bauwirtschaft 1985, 1047).

7.5 Schadensschätzung nach § 287 ZPO

Alle im Wege des Schadensersatzes verfolgten Mehrkosten müssen im Rahmen **805**
des § 6 Abs. 6 VOB/B weitgehend belegt und nachgewiesen werden, soweit dies baubetriebswirtschaftlich überhaupt möglich ist. Dabei ist unter Anwendung der für die Schadensberechnung maßgeblichen Differenztheorie stets zu beachten, dass sich der Schaden des Auftragnehmers aus einem **Vergleich seiner Vermögenslage bei störungsfreier Bauausführung mit seiner jetzt eingetretenen Vermögenslage bei gestörtem Bauablauf** ergibt. Grundlage der Schadensberechnung sind also stets die bei den verschiedenen Kostenbestandteilen **störungsbedingten Mehrkosten** gegenüber den dafür angefallenen oder nachvollziehbar kalkulierten **Kosten bei störungsfreier Ausführung**. Letztere aber lassen sich nicht exakt feststellen, da sie immer nur **fiktiv zu ermittelnde Kosten** sein können; denn zu dieser störungsfreien Bauausführung ist es ja gerade nicht gekommen. Deshalb müssen diese fiktiven oder hypothetischen Kosten auf der **Grundlage der Angebotskalkulation** und der Vertrags-

preise unter Zuordnung zu dem geplanten und so auch realisierbaren Ablauf ermittelt werden, um auf diese Weise die richtige Bezugsgröße für die Berechnung der Mehrkosten zu erhalten. Dabei sind insbesondere solche Mehrkosten auszuscheiden, die dem Auftragnehmer ohnehin auch ohne die vom Auftraggeber zu vertretenden Behinderungen – z. B. in Folge eines Kalkulationsfehlers oder **wegen nicht berücksichtigter Kostensteigerungen** (z. B. Stahlpreiserhöhungen) – entstanden wären (s. dazu auch mit Beispielen Teil B Rdn. 250 ff.).

806 Liegen diese Erkenntnisse vor, bleibt aber festzustellen, dass ein **konkreter Schadensnachweis** für den nach § 6 Abs. 6 VOB/B zu ersetzenden Behinderungsschaden nicht in jedem Fall möglich und deshalb nicht verlangt werden kann, sondern nur in den Grenzen zumutbarer Möglichkeiten. Wird diese Grenze überschritten, so ist heute in der Rechtsprechung ebenso anerkannt, dass dann im Rahmen einer zulässigen **Schadensschätzung** auch ein abstrakt berechneter Schaden ersetzt verlangt werden kann (s. dazu vor allem BGH, Urt. v. 20.2.1986 – VII ZR 286/84, BGHZ 97, 163, 167 = BauR 1986, 347, 348 ff. = NJW 1986, 1684, 1685; BGH, Urt. v. 24.2.2005 – VII ZR 141/03, BGHZ 162, 259, 263 f. = BauR 2005, 857, 858 f. = NJW 2005, 1653, 1654; BGH, Urt. v. 24.2.2005 – VII ZR 225/03, BauR 2005, 861, 864 f. = NJW 2005, 1650, 1652). Ganz augenscheinlich an Bedeutung gewinnt diese Vorgehensweise bei der Schadensberechnung im Zusammenhang mit Mehrkosten aus einer verlängerten Gerätevorhaltung (s. sogleich Rdn. 809 ff.). Wichtig und entscheidend ist hier allgemein lediglich, aber auch zwingend, dass erstens der Schadenseintritt überhaupt wahrscheinlich und zweitens **greifbare Anhaltspunkte** konkret vorgetragen werden, auf deren Grundlage eine Schadensschätzung möglich und zumindest ein Mindestschaden festgestellt werden kann (s. näher Teil B Rdn. 256 ff.). Auf den so gefundenen Grundlagen einer teils konkreten Schadensfeststellung und einer ggf. teils nur abstrakt möglichen Schadensermittlung mag dann vom Tatrichter gemäß § 287 ZPO eine ihm überlassene **Schadensschätzung** erfolgen. Eine solche hat der BGH in seinem grundlegenden Urteil zur Schadensberechnung gemäß § 6 Abs. 6 VOB/B in weiterem Maße nicht nur zugelassen, sondern sogar verlangt.

807 **Auszug aus dem Urteil des BGH vom 20.2.1986** (VII ZR 286/84, BGHZ 97, 163, 168 ff. = BauR 1986, 347, 348 f. = NJW 1986, 1684, 1685):

'Schließlich erleichtert auch die Vorschrift des § 287 ZPO die **Darlegungslast des Geschädigten**. Denn danach darf die Klage nicht wegen lückenhaften Vorbringens abgewiesen werden, wenn der Haftungsgrund (hier: die von der Beklagten zu vertretenden Verzögerungen bei der Planversorgung der Baustelle) unstreitig oder bewiesen, ein Schadenseintritt zumindest wahrscheinlich ist und greifbare Anhaltspunkte für eine richterliche Schadensschätzung vorhanden sind.

Den sich daraus ergebenden Anforderungen an ihre Darlegungslast haben die Klägerinnen genügt. Zwar haben sie es offensichtlich versäumt, während der Bauzeit die Behinderungen und die daraus folgende Mehrarbeit im Einzelnen zuverlässig festzuhalten. Gleichwohl bietet ihre Schadensberechnung eine hinreichende Grundlage für eine gerichtliche Schätzung nach § 287 ZPO, lässt eine solche Schätzung zumindest nicht von Vornherein als ausgeschlossen erscheinen.

Hinsichtlich der Kosten für zusätzliche Arbeitsstunden haben die Klägerinnen zunächst die nach ihrer Kalkulation für die Durchführung des Bauvorhabens erforderliche Stundenzahl ermittelt und dieser dann die angeblich tatsächlich aufgewandten Stunden gegenübergestellt. Der auf diese Weise errechnete Mehraufwand von 23.850 Stunden ergibt multipliziert mit den behaupteten durchschnittlichen Kosten für eine Stunde in Höhe von 16,52 DM die eingeklagte Summe von 394.002,– DM. Jedenfalls im Ansatz sind die Klägerinnen mithin so verfahren, wie dies für eine **schlüssige Schadensberechnung nach der sog. Differenzhypothese im baurechtlichen Schrifttum** allgemein gefordert wird (vgl. Ingenstau/Korbion/Döring, § 6 VOB/B, Rn. 138; Vygen, BauR 1983, 210, 414, 421). Wenn ihre Berechnungsmethode auch in gewissem Maß pauschal ist, so ist damit ihr angeblicher Schaden doch hinreichend vorgetragen. Eine weitere Aufgliederung, etwa im Sinne, dass sie im Einzelnen darlegen, an welchen Tagen genau welche Arbeitskräfte nicht voll beschäftigt waren und wie viel Arbeitskräfte deshalb an anderen Tagen zusätzlich notwendig waren, kann für eine schlüssige Klage im Hinblick auf die Vorschrift des § 287 ZPO von ihnen nicht ohne Weiteres verlangt werden.

Entgegen der Ansicht der Revision ergeben sich daraus keine höheren Anforderungen an die Darlegungslast, dass die Bauzeit von den Klägerinnen letztlich eingehalten worden ist. Auch dann, wenn die durch Behinderungen verloren gegangene Zeit wieder aufgeholt wird, ist dies meist nur durch **Einsatz zusätzlicher Arbeitskräfte, Maschinen und Geräte möglich**. Wird dies von einem Auftragnehmer behauptet, dann ist damit grundsätzlich auch ein entsprechender Schaden schlüssig dargetan. Denn es spricht eine überwiegende Wahrscheinlichkeit (§ 287 ZPO) dafür, dass ein Arbeitgeber darauf bedacht ist, sein **Personal rentabel einzusetzen** und es je nach den gegebenen Verhältnissen zu verringern oder zu vergrößern. Ein gegenüber dem kalkulierten – als angemessen anzusehenden – erhöhter Aufwand beeinflusst demnach das Gesamtbetriebsergebnis und kann einen entsprechenden Schaden bewirken.'

Diese Rechtsprechung hat der BGH in der Folgezeit beibehalten (vor allem 808
BGH, Urt. v. 24.2.2005 – VII ZR 141/03, BGHZ 162, 259, 263 f. = BauR 2005, 857, 858 f. = NJW 2005, 1653, 1654; BGH, Urt. v. 24.2.2005 – VII ZR 225/03, BauR 2005, 861, 864 f. = NJW 2005, 1650, 1652). Dabei wird durch diese weitgehend eröffnete Möglichkeit der Schadensschätzung die **Darlegungs- und Beweislast für den Auftragnehmer zu Recht erheblich erleichtert**, da ein umfassender exakter Nachweis des entstandenen Schadens häufig nicht möglich sein wird. Deshalb bedarf es insoweit auch zur Begründung nicht einer Klageschrift von mehreren Hundert Seiten, wie dies in letzter Zeit immer häufiger – auch in Schiedsgerichtsverfahren – zu beobachten ist, sondern der präzisen **Darstellung, welche konkrete Behinderung welche Mehrkosten bei Ansprüchen aus § 2 VOB/B oder welchen Schaden bei Ansprüchen aus § 6 Abs. 6 VOB/B verursacht** hat (so vor allem Kniffka/Koeble, 8. Teil, Rn. 53 ff.).

7.6 Schadensnachweis unter besonderer Berücksichtigung von Mehrkosten bei verlängerter Gerätevorhaltung

809 Um die vorstehende Kombination aus konkreter Schadensberechnung und teilweise zugelassener abstrakter Schadenschätzung näher zu illustrieren, soll hier gesondert auf die **Problematik eines Schadensnachweises bei verlängerter Baustellenvorhaltung und verlängertem Geräte- und Maschineneinsatz eingegangen werden**. In beiden Fällen entstehen zweifellos Mehrkosten; nur deren Höhe nachzuweisen stößt häufig auf Schwierigkeiten. Diese treten bei der verlängerten Baustellenvorhaltung und ebenso bei verlängerter Vorhaltung von Wasserhaltungs- oder Grundwasserabsenkungsanlagen oder z. B. von Gerüsten nur dann nicht auf, wenn im Vertrag dafür bereits eine Regelung über die Vergütung von Vorhaltemaßnahmen nach Zeit getroffen worden ist. Dies erscheint vor allem dann geboten, wenn bei Vertragsabschluss die Boden- und Wasserverhältnisse oder die erforderliche Dauer einer Gerüstvorhaltung nicht mit der erforderlichen Sicherheit feststehen. In diesem Fall ist es sinnvoll, im Leistungsverzeichnis oder sonst im Vertrag die **Vergütung für die Vorhaltung solcher Baustelleneinrichtungen und deren Betrieb nicht pauschal, sondern zeitabhängig**, also nach Vorhaltedauer und Betriebsstunden zu vereinbaren. Ist dies geschehen, ist zumindest dann die Ermittlung der Mehrkosten bei Stillstand der Baustelle oder bei einer vom Auftraggeber zu vertretenden Bauzeitverlängerung unproblematisch.

810 Größere Probleme beim Schadensnachweis im Rahmen des § 6 Abs. 6 VOB/B bereiten hingegen die **Mehrkosten durch verlängerte Vorhaltung von Geräten und Maschinen**, da hier ein konkreter Schadensnachweis nur in seltenen Ausnahmefällen möglich erscheint. Dieser Ausnahmefall ist gegeben, wenn es sich bei den vom Auftragnehmer eingesetzten und nun in Folge der Behinderungen länger vorzuhaltenden und länger einzusetzenden Geräte und Maschinen um angemietete handelt. In diesem Fall ist nämlich der zu zahlende **Mietzins für die verlängerte Vorhalte- und Einsatzzeit** der nachweislich entstandene Schaden des Auftragnehmers, der vom Auftraggeber zu ersetzen ist. Problematisch ist dagegen der **Schadensnachweis bei dem Einsatz von Eigengeräten**, wie er der Regelfall ist und aus Kostengründen sein sollte. Einzubeziehen sind dabei auch die Grenzfälle des Leasings solcher Geräte und Maschinen, da diese nicht ohne Weiteres den Mietgeräten zugerechnet werden können. Die **tatsächlichen Kosten für Stillstands- oder verlängerte Vorhaltezeiten bei solchen eigenen Geräten und Maschinen lassen sich nicht exakt feststellen und belegen**. Zu deren Ermittlung gibt es immerhin verschiedene Möglichkeiten:

- Denkbar ist zunächst ein Vergleich mit den Mietkosten für diese oder vergleichbare Geräte und Maschinen.
- Daneben steht ein Rückgriff auf die Werte aus der sog. Baugeräteliste.

Beide Möglichkeiten geben jedoch keine Auskunft über die tatsächlichen Mehrkosten für die einzelne vom Auftragnehmer eingesetzte Maschine. Denn sowohl die Mieten als auch die Baugeräteliste können nur allgemeine Anhaltspunkte über die Einsatzkosten vergleichbarer Geräte vermitteln, nicht aber für den tatsächlich eingesetzten Kran, der beispielsweise schon vollständig abgeschrieben sein kann. Auch die Ermittlung der für das jeweils eingesetzte Gerät des geschädigten Auftragnehmers entstandenen Kosten durch **Rückgriff auf die innerbetriebliche Betriebsbuchhaltung und Betriebsabrechnung** (Kaufpreis, Schuldendienst, Wartungs- und Reparaturkosten, Abschreibung) führt zu keinem exakten Schadensnachweis. Denn die Abschreibungs- und internen Verrechnungssätze beruhen stets auf einer – nicht näher zu belegenden – Prognose für die bei Anschaffung erwartete Lebensdauer und Einsatzhäufigkeit (Kapellmann/Schiffers, BauR 1986, 620 f.; Clemm, Betrieb 1985, 2599; Heiermann, BB 1981, 876 ff., 882; Dähne, BauR 1978, 429). Aus diesen zwingenden Gründen wird bei der Berechnung der dem Auftragnehmer entstandenen Mehrkosten für eine verlängerte Vorhaltung von Geräten nichts anderes übrig bleiben, als diese **auf der Grundlage der Baugeräteliste gemäß § 287 ZPO zu schätzen** und in diesem Rahmen auch eine – in gewisser Weise – abstrakte Schadensermittlung zuzulassen (so auch OLG Düsseldorf, Urt. v. 28.4.1987 – 23 U 151/86, BauR 1988, 487, 489 f. = SFH Nr. 5 zu § 6 Nr. 6 VOB/B – Revision vom BGH durch Beschluss vom 10.3.1988 – VII ZR 170/87 – nicht angenommen; ebenso OLG Düsseldorf, Urt. v. 25.2.2003 – 21 U 80/02, BauR 2003, 892, 894). Dagegen würde der alleinige Verweis auf eine konkrete Schadensberechnung lediglich dazu führen, dass der Auftragnehmer, der nur und ausschließlich **mit gemieteten Geräten** arbeitet, seine durch den Mietzins nachweisbaren Mehrkosten ersetzt erhielte, während der Auftragnehmer, der ganz oder überwiegend **mit Eigengeräten** arbeitet, im Rahmen des Schadensersatzanspruchs aus § 6 Abs. 6 VOB/B leer ausginge. Dies würde und müsste auf die Dauer zur Folge haben, dass sich die Bauausführenden gegenseitig die Baumaschinen und -geräte vermieten, bzw. eigene Tochterfirmen gründen, die Eigentümer der Geräte und Maschinen sind und diese jeweils an ihre Konzernfirmen vermieten. Das aber kann und darf nicht das Ergebnis einer zu engen Auslegung des Begriffs des ‚nachweislich entstandenen Schadens' in § 6 Abs. 6 VOB/B sein. Folgerichtig hatte schon das OLG Düsseldorf in seinem rechtskräftigen Urteil vom 28.4.1987 – 23 U 151/86 (BauR 1988, 487, 489 f. = SFH Nr. 5 zu § 6 Nr. 6 VOB/B) entschieden, dass sich der **Schaden des Unternehmers durch verlängerte Vorhaltung von Geräten und Maschinen bei Eigengeräten nur gemäß § 287 ZPO schätzen lasse**. Dabei könne die Baugeräteliste als Grundlage, wenn auch nicht mit den vollen Sätzen, herangezogen werden. 811

Soweit damit in diesem Teilbereich und im Rahmen der Schadensschätzung eine letztlich abstrakte Schadensberechnung zugelassen wird, steht dies 812 auch im Einklang mit der Rechtsprechung des BGH. Dieser hat eine **abstrakte Schadensberechnung** in vergleichbaren Fällen stets angenommen, zumal sie teilweise im Gesetz in anderen Fällen sogar ausdrücklich vorgesehen ist. Dies gilt etwa für § 288 BGB mit verschiedenen abstrakten Verzugszinssätzen. Zu nennen ist ferner § 376 Abs. 2 HGB, wonach beim Handelskauf als Schadensersatz wegen Nichterfüllung die Differenz zwischen dem Kaufpreis und dem Börsen- oder Marktpreis verlangt werden kann (vgl. Clemm, Betrieb 1985, 2599). Die Rechtsprechung hat darüber hinaus die Möglichkeit einer abstrakten Schadensermittlung bei der Gewährung einer Nutzungsentschädigung für die Entziehung der Gebrauchsmöglichkeit eines PKW (BGH, Urt. v. 30.9.1963 – III ZR 137/62, BGHZ 40, 345, 354 f. = NJW 1964, 542, 545 und BGH, Urt. v. 15.4.1966 – VI ZR 271/64, BGHZ 45, 212, 220 f. = NJW 1966, 1260, 1262) oder bei Ersatzansprüchen wegen fehlgeschlagenen Urlaubs (BGH, Urt. v. 10.10.1974 – VII ZR 231/73, BGHZ 63, 98, 105 ff.; vgl. auch § 651 f. Abs. 2 BGB) eröffnet; dabei wird in diesen Fällen nicht nur die Schadenshöhe, sondern sogar der Schaden selbst abstrakt ermittelt. Von besonderer Bedeutung zur Rechtfertigung der auf Teilbereiche beschränkten abstrakten Schadensermittlung für **Gerätevorhaltekosten** sind aber in diesem Zusammenhang besonders Sachverhalte, in denen der BGH umgekehrt dem Auftraggeber im Rahmen seines Schadensersatzanspruchs wegen einer vom Auftragnehmer zu vertretenden Mangelhaftigkeit oder Bauverzögerung und dadurch verspäteter Nutzbarkeit der Bauleistung einen **abstrakt berechneten Schaden** als ersatzfähig zuerkannt hat (s. o. Rdn. 280 f.):

813
- So hat der BGH dem Erwerber eines Hauses mit Kraftfahrzeugabstellplatz in einer Tiefgarage als Schadensersatz eine Entschädigung für den **Nutzungsausfall** zugesprochen, wenn der Erwerber die Garage mängelbedingt längere Zeit nicht nutzen konnte (BGH, Urt. v. 10.10.1985 – VII ZR 292/84, BGHZ 96, 124, 128 = BauR 1986, 105, 107 = NJW 1986, 427, 428).
- In die gleiche Richtung geht der Beschluss des Großen Senats für Zivilsachen des BGH vom 9.7.1986 – GSZ 1/86 (BGHZ 98, 212 ff. = BauR 1987, 312 ff. = NJW 1987, 50 ff.), in dem bei deliktischen Schäden ein **ersatzfähiger Vermögensschaden** bejaht worden ist, wenn der Eigentümer eine von ihm selbst genutzte Sache, jedenfalls ein vom ihm selbst bewohntes Haus vorübergehend nicht benutzen kann, ohne dass ihm hierdurch ein konkret nachweisbarer Schaden entstanden ist (s. auch zu entsprechenden Ersatzansprüchen bei einer Gebrauchsentziehung auf vertraglicher Grundlage: BGH, Urt. v. 10.10.1985 – VII ZR 292/84, BGHZ 96, 124, 127 = BauR 1986, 105, 106 = NJW 1986, 427, 428; BGH, Urt. v. 19.6.1987 – IV b ZR 27/86, BGHZ 101, 325, 330 = BauR 1988, 251 [Ls.] = NJW 1988, 251, 252; BGH, Urt. v. 20.2.2014 – VII ZR 172/13, BauR 2014, 989, 990 = NJW 2014, 1374 = NZBau 2014, 280).

Diese Sachverhalte liegen letztlich nicht entscheidend anders als die hier behandelten Fälle **verlängerter Gerätevorhaltung** durch den Auftragnehmer in Folge von Behinderungen, die vom Auftraggeber zu vertreten sind. Denn auch insoweit wird dem Auftragnehmer durch die verlängerte Vorhaltung eine anderweitige Nutzungsmöglichkeit dieser Geräte im Rahmen eines Anschlussauftrages entzogen und dadurch der Schaden ausgelöst. Gerade dieser **Nutzungsausfall** ist aber als Schaden anzusehen. Denn wie für Personal, das bei einer Bauzeitverlängerung oder bei Beschleunigungsmaßnahmen zusätzlich eingesetzt wird (so BGH, Urt. v. 20.2.1986 – VII ZR 286/84, BGHZ 97, 163, 167 f. = BauR 1986, 347, 349 = NJW 1986, 1684, 1685), wird man auch für **Geräte, Maschinen, Gerüste** und die **Baustelleneinrichtung** grundsätzlich von einer **Rentabilitätsvermutung** auszugehen haben, sodass vom Auftragnehmer nicht der Nachweis verlangt werden kann, ob und wo mit welchem wirtschaftlichen Ergebnis er dieses Gerät bei nicht eingetretener Bauzeitverlängerung eingesetzt hätte (so aber OLG Braunschweig, Urt. v. 18.3.1994 – 4 U 51/93, BauR 1994, 667 = OLGR 1994, 195, 196; wie hier dagegen zu Recht i. E. ebenso OLG Düsseldorf, Urt. v. 25.2.2003 – 21 U 80/02, BauR 2003, 892, 894; Roquette/Viering/Leupertz, Rn. 986 ff.). Eine solche Rentabilitätsvermutung mag dann vom Auftraggeber ggf. widerlegt werden. 814

Auf dieser Grundlage werden nunmehr bei der Schadensschätzung für eine abstrakte Schadensermittlung unter Zuhilfenahme der **Baugeräteliste 2007** deren Sätze uneingeschränkt angewendet (so Heiermann, BB 1981, 882; anders aber zu Recht Ingenstau/Korbion/Döring § 6 Abs. 6 VOB/B, Rn. 42; VHB 2008, Stand August 2014, RiLi 400 Ziff. 5.1.4 zu § 6 VOB/B; Kapellmann/Schiffers Bd. 1., Rn. 1518 ff.; KG, Urt. v. 19.9.1983 – 10 U 4493/82, ZfBR 1984, 129, 130 f.; Heiermann/Riedl/Rusam/Kuffer, § 6 VOB/B, Rn. 70). Andere nehmen immerhin einzelne Kostenfaktoren wie etwa der Kapitalverzinsung als Bestandteil des nicht zu ersetzenden entgangenen Gewinns heraus (vgl. Ingenstau/Korbion/Döring, a. a.O,; Dähne, BauR 1978, 429). Dies bedarf noch einer Klärung. Denn trotz der soeben beschriebenen Rentabilitätsvermutung stellen **nicht unbedingt alle Kostenbestandteile aus der Baugeräteliste einen ersatzfähiger Schaden** im Sinne des § 6 Abs. 6 VOB/B dar (vgl. zur Berechnung von Gerätestillstandskosten auch Hager, BauR 1991, 284 ff. und Bauer, Bauwirtschaft 1987, 334 ff.), sodass sie keine Berücksichtigung finden können (vgl. Roquette/Viering/Leupertz, Rn. 988). Dies wiederum beruht darauf, dass zwar viele Unternehmen auf der Basis der Baugeräteliste kalkulieren, es sich bei dieser Liste tatsächlich aber in erster Linie um ein Hilfsmittel zur innerbetrieblichen Gerätekostenverrechnung handelt. Ihre Angaben können daher nicht ohne Weiteres mit den innerbetrieblichen Abschreibungs- und Reparaturkosten gleichgesetzt werden. Auch gibt es weitere Kostenpositionen, die bei Stillstandszeiten herauszurechnen sind. Hierzu zählen vor allem: 815

- **Kosten für Betriebs- und Schmierstoffe**
  Diese Kosten stellen keinen Schadensposten dar, da sie bei Stillstand in der Regel nicht anfallen.
- **Reparaturkosten**
  Reparaturkosten fallen bei Stillstand zumindest in geringerer Höhe an.
- **Anteilige Abschreibungssätze**
  Insbesondere der Stillstand einer Maschine hat jedenfalls bei längerer Stillstandsdauer auch Auswirkungen auf die Lebensdauer und damit auf den Abschreibungszeitraum, was wiederum die Sätze für Abschreibung und Verzinsung beeinflusst.

816 Wegen dieser nur eingeschränkten Berücksichtigungsfähigkeit von Kostenbestandteilen hat etwa das OLG Düsseldorf zuletzt in seinem schon vorstehend zitierten Urteil zwar für eine **Berechnung von Vorhaltekosten bei Stillstandszeiten** die Baugerätelistenwerte herangezogen, sie aber pauschal um 30% gekürzt (OLG Düsseldorf, Urt. v. 25.2.2003 – 21 U 80/02, BauR 2003, 892, 894). Angemessener wäre es wohl aber, **bei Stillstandszeiten nach folgendem Schema vorzugehen** (vgl. Jebe, Preisermittlung für Bauleistungen, S. 72):

- Für die ersten 10 Kalendertage des Stillstandes gelten die vollen Sätze der Baugeräteliste für Abschreibung, Verzinsung und Reparaturkosten.
- Vom 11. Kalendertag an werden 75% der vollen Beträge für Abschreibung und Verzinsung und darüber hinaus für Wartung und Pflege ein Zuschlag von 8% berechnet, während Reparaturkosten entfallen (so auch OLG Düsseldorf, Urt. v. 28.4.1987 – 23 U 151/86, BauR 1988, 487, 489 f.).

817 Unabhängig davon, ob die Sätze für die Abschreibung nicht schon wegen des Stillstands abzusenken sind, kann darüber hinausgehend auch in vielen Fällen zweifelhaft sein, ob die **Abschreibungssätze der Baugeräteliste** der Schadensermittlung zugrunde gelegt werden können oder ob diese teilweise überhöht sind. Dies wird letztlich von einer baubetrieblichen Beurteilung abhängen müssen. Dabei bleibt als Kontrolle im Rahmen einer abstrakten Schadensberechnung und einer darauf aufbauenden **Schadensschätzung** letztlich der Vergleich mit den Kosten für die Anmietung von entsprechenden Fremdgeräten möglich. Bei dieser Vergleichsrechnung muss allerdings der im Mietzins enthaltene Gewinn des Vermieters herausgerechnet werden (Kapellmann/Schiffers, BauR 1986, 624). Außerdem kann häufig auch **auf die Kalkulation des Auftragnehmers und die darin enthaltenen Sätze** zurückgegriffen werden. Insoweit wird aber nicht unbedingt auf die Kalkulation dieses konkreten Auftrags, sondern richtigerweise wohl auf eine **marktgerechte Kalkulation von Bauleistungen im Zeitpunkt der behinderungsbedingten Bauzeitverlängerung** abzustellen sein (vgl. dazu auch Hager, BauR 1991, 284). Deutlich restriktiver verhält sich dagegen – insoweit allerdings in Verkennung der hier zugelassenen Schadensschätzung nach § 287 ZPO – die dazu einschlägige Regelung im **Vergabehandbuch des Bundes** (VHB Ausgabe 2008 – Stand August

2014), das dazu seine Allgemeinen Richtlinien 400 zu § 6 VOB/B in Ziffer 5.1.4 folgenden Hinweis enthält:

‚Der entstandene Schaden muss konkret nachgewiesen werden. Sofern Stillstandskosten überhaupt als Schaden in Betracht kommen können, dürfen Abschreibungssätze aus Baugerätelisten oder ähnlichen der Kalkulation dienenden Hilfsmittel als Nachweis nicht anerkannt werden.'

7.7 Keine Mehrwertsteuer auf die Mehrkosten im Rahmen des Behinderungsschadens

Lange Zeit umstritten war die Frage, ob der Auftragnehmer gemäß § 6 Abs. 6 **818** VOB/B neben dem eigentlichen und im Einzelnen nachgewiesenen Behinderungsschaden zusätzlich eine darauf zu berechnende Umsatzsteuer ersetzt verlangen kann. Die Beantwortung dieser Frage hängt allein davon ab, ob derartige Schadensersatzzahlungen nach § 1 Abs. 1 Nr. 1 UStG der Umsatzsteuerpflicht unterliegen. Dies ist **nicht der Fall** (BGH, Urt. v. 24.1.2008 – VII ZR 280/05, BGHZ, 175, 118, 122 = BauR 2008, 821, 822 = NJW 2008, 1523, 1524). Denn bei dem Anspruch nach § 6 Abs. 6 VOB/B handelt es sich um einen echten Schadensersatzanspruch. Diesem Anspruch auf der Grundlage behinderungsbedingter Mehrkosten liegt **kein echter Leistungsaustausch** zugrunde, wie er von § 1 Abs. 1 Nr. 1 UStG als Besteuerungsgrundlage gefordert wird (so auch Ingenstau/Korbion/Döring, VOB/B § 6 Abs. 6, Rn. 44 a). Ebenso wenig steht dem vom Auftraggeber zu ersetzenden Schaden im Fall des § 6 Abs. 6 VOB/B **ein echter Mehrwert der vom Auftragnehmer erbrachten Leistung** gegenüber. Ursache für den Schadensersatzanspruch sind stattdessen nur erhöhte Kosten des Auftragnehmers bei unverändert bleibender Werkleistung (so auch Heiermann/Riedl/Rusam/Kuffer § 6 VOB/B, Rn. 76).

7.8 Abschlagszahlungen auf den Mehrkostenerstattungs-/Schadensersatzanspruch nach § 6 Abs. 6 VOB/B

Diskutiert wird ebenso, ob ein Auftragnehmer auf einem Schadensersatz- **819** anspruch aus § 6 Abs. 6 VOB/B wegen vom Auftraggeber zu vertretender Behinderungen gemäß § 16 Abs. 1 VOB/B eine Abschlagszahlung verlangen kann. Diese Frage gewinnt besonders an Bedeutung, wenn die Behinderungen in einem frühen Stadium eines großen Bauvorhabens auftreten und erhebliche Mehraufwendungen des Auftragnehmers auslösen, sodass deren Vorfinanzierung für ihn kaum zumutbar sein kann.

Das OLG Frankfurt (Teil-Urt. v. 26.9.1979 – 17 U 179/78, BauR 1980, 570 ff.) hat **820** einen solchen Anspruch verneint, weil es sich dabei nicht um einen Werklohnanspruch, auf den allein die besonderen Regelungen des § 16 Abs. 1 und 2 VOB/B zugeschnitten seien, handele. In diesem Punkt kann dem OLG Frankfurt allerdings nicht gefolgt werden. Denn der Schadensersatzanspruch aus § 6 Abs. 6 VOB/B hat zumindest auch einen **vergütungsgleichen oder zumindest vergütungsähnlichen Charakter**. Er stellt einen Ausgleich für Mehraufwendungen dar, die dem Auftragnehmer durch Behinderungen des Auftraggebers entstanden sind. Schon die oben aufgezeigten Abgrenzungsschwierigkeiten zu dem Anspruch aus § 2 Abs. 5 VOB/B auf Anpassung der Vergütung (Rdn. 435 ff., 771 ff.), aber gleichfalls die ehemals intensiv geführte (wenn auch jetzt geklärte) Diskussion hinsichtlich der Umsatzsteuerpflicht zeigen, dass beide Ansprüche miteinander verwandt sind und sich bzgl. einzelner Kostengruppen sogar überschneiden und ergänzen können. Dann aber erscheint es gerechtfertigt, bezüglich der Ansprüche aus § 6 Abs. 6 VOB/B wegen Mehrkosten aus Behinderung die gesamten Regelungen für Vergütungsansprüche in §§ 14 und 16 VOB/B anzuwenden, weswegen diese richtigerweise auch in die Schlussrechnung aufzunehmen sind (so auch OLG Stuttgart, Urt. v. 14.7.2011 – 10 U 59/10, BauR 2011, 1862 [Ls.]). Demzufolge stände dem Auftragnehmer auch insoweit ein **Anspruch auf Abschlagszahlungen** gemäß § 16 Abs. 1 VOB/B oder gemäß § 632 a BGB jedenfalls im Wege einer ergänzenden Vertragsauslegung zu (OLG Hamm, Urt. v. 12.2.2004 – 17 U 56/00, BauR 2004, 1304, 1306 = NZBau 2004, 439, 441; Kapellmann/Messerschmidt/Kapellmann, VOB/B, § 6 Rn. 87; Ingenstau/Korbion/Döring, B § 6 Abs. 6 Rn. 51 sowie Kapellmann, BauR 1985, 123, 128). Voraussetzung dafür ist aber, dass der Auftragnehmer den Nachweis erbringt, vertragsgemäße Leistungen in dem geltend gemachten Umfang ausgeführt zu haben. Das ist grundsätzlich auch bei Mehraufwendungen auf Grund von Behinderungen der Fall, da es sich bei diesen ebenso um vertragsgemäße Leistungen des Auftragnehmers handelt. Denn der Auftragnehmer muss diese Mehraufwendungen zur Erfüllung seiner vertraglichen Leistungspflicht erbringen. Diese Auffassung lässt sich schließlich auch damit begründen, dass der Auftragnehmer im Fall einer **vorbehaltlosen Annahme einer Schlusszahlung** gemäß § 16 Abs. 3 Nr. 2 VOB/B mit sämtlichen Nachforderungen einschließlich der hier behandelten Schadensersatzansprüche wegen Behinderungen aus § 6 Abs. 6 VOB/B ausgeschlossen ist (vgl. BGH, Urt. v. 6.12.1973 – VII ZR 37/73, BGHZ 62, 15, 16 f. = BauR 1974, 132, 133; BGH, Urt. v. 2.12.1982 – VII ZR 63/82, BauR 1983, 165, 167 = NJW 1983, 816; Ingenstau/Korbion/Locher, VOB/B § 16 Abs. 1 Rn. 87 ff. sowie Ingenstau/Korbion/Döring, § 6 Abs. 6 Rn. 45; s. auch sogleich Rdn. 824). Dieser anerkannte Ausschluss zum Nachteil des Auftragnehmers rechtfertigt es auf der anderen Seite, diese Ansprüche in die ebenfalls in § 16 VOB/B verankerten Ansprüche auf Abschlagszahlung zu dessen Vorteil einzubeziehen.

821 Losgelöst von vorstehenden Argumenten ist aber ohnehin kaum einzusehen, warum der für den Auftragnehmer so wichtige **Anspruch auf Abschlagszah-**

lungen letztlich davon abhängen sollte, ob sein Mehrkostenerstattungsanspruch aus § 2 Abs. 5 VOB/B, bei dem zweifellos Abschlagszahlungen zu leisten sind, oder aus § 6 Abs. 6 VOB/B in Bezug auf Abschlagszahlungen hergeleitet wird.

▶ **Beispiel:**

Es kommt zu einer Behinderung bei der Baustellenzufahrt, die der Auftraggeber verschuldet hat. Jetzt ordnet er eine Umwegfahrt an. In solchen Fällen liegt die Nähe zwischen Mehrvergütungsanspruch nach § 2 Abs. 5 VOB/B und Schadensersatzanspruch nach § 6 Abs. 6 VOB/B auf der Hand. Die richtige Wahl könnte dann nämlich z. B. von den örtlichen Verhältnissen der Baustelle abhängen: Wäre etwa die angeordnete Fahrtroute ohnehin die einzige Ausweichstrecke, könnte die Anordnung eher als Hinweis zu verstehen sein, diese Ausweichroute zu nehmen. Dann ginge es wohl richtigerweise um Schadensersatzansprüche, soweit dem Auftragnehmer Mehrkosten entstehen. Aber auch Mehrvergütungsansprüche nach § 2 Abs. 5 VOB/B erscheinen nicht fernliegend, weil der Auftraggeber unstreitig eine bestimmte Art der Leistungsausführung angeordnet hat.

Vorstehendes Beispiel zeigt die Nähe der beiden Ansprüche. Steht dem Auftragnehmer aber bei einem Mehrvergütungsanspruch unstreitig ein Anspruch auf Abschlagszahlung zu, müsste dies folgerichtig auch bei dem Anspruch aus § 6 Abs. 6 VOB/B bei einer Behinderung aus dem Verantwortungsbereich des Auftraggebers gelten. Dies gilt umso mehr, als der Auftraggeber hier sogar als Voraussetzung des Ersatzanspruchs diese Behinderung zu vertreten haben muss. Dann aber ist kein Grund ersichtlich, den Auftragnehmer gerade wegen dieses sogar zusätzlichen Verschuldenserfordernisses bei einem Schadensersatzanspruch nach § 6 Abs. 6 VOB/B insoweit schlechter zu stellen. Verneint man indes einen Anspruch auf Abschlagszahlungen, so hat der Auftragnehmer aber jedenfalls im Rahmen des Schadensersatzanspruches einen **Anspruch auf Erstattung der Vorfinanzierungskosten bezüglich des Mehraufwandes**, da diese auch durch die Behinderung adäquat kausal verursacht worden sind.

7.9 Die Verjährung des Schadensersatzanspruches

Die Verjährung des Schadensersatzanspruchs nach § 6 Abs. 6 VOB/B weist seit **822**
der Neufassung des BGB mit Wirkung für alle nach dem 1. 1. 2002 abgeschlossenen Bauverträge keine Besonderheiten auf. Es gilt wie sonst auch die **regelmäßige Verjährungsfrist von 3 Jahren** (vgl. § 195 BGB). Die Frist beginnt gemäß § 199 Abs. 1 BGB zu laufen mit dem Schluss des Jahres, in dem der Anspruch entstanden ist und der Gläubiger von den den Anspruch begründen-

den Umständen und der Person des Schuldners Kenntnis erlangt oder ohne grobe Fahrlässigkeit erlangen konnte. Unabhängig davon endet die Verjährungsfrist jedenfalls nach 10 Jahren (§ 199 Abs. 3 und 4 BGB).

823 Was die **Kenntnis der anspruchsbegründenden Tatsachen** angeht, dürften bzgl. des Beginns der Verjährung kaum Zweifel bestehen. Denn ein Auftragnehmer, der Schadensersatzansprüche wegen Behinderung geltend macht, weiß natürlich von den zugrunde liegenden Umständen. Diskussionen hinsichtlich der Verjährung dürfte allerdings eine ganz andere Frage auslösen. Denn verjähren können nur **fällige Forderungen**. Demzufolge könnte es gerade für Schadensersatzansprüche nach § 6 Abs. 6 VOB/B darauf ankommen, ob für diese auch die Regelungen in §§ 14 und 16 VOB/B gelten, d. h. vor allem, ob es für deren Fälligkeit der Aufstellung einer prüfbaren Abrechnung bedarf. Im Hinblick auf den vergütungsgleichen Charakter der Schadensersatzansprüche nach § 6 Abs. 6 VOB/B wird man davon auszugehen haben (s. schon vorstehend Rdn. 819 ff), d. h.: Der Anspruch wegen eines Behinderungsschadens entsteht zwar schon mit der Behinderung bzw. dem darauf beruhenden Schadenseintritt; haben aber die Vertragspartner die VOB/B als Vertragsgrundlage vereinbart, so kommt § 14 VOB/B zur Anwendung. Dies hat zur Folge, dass die **Verjährungsfrist erst am Ende des Jahres** zu laufen beginnt, in dem der **Behinderungsschaden vom Auftragnehmer prüfbar abgerechnet** worden und die 30-Tage-Frist des § 16 Abs. 3 Nr. 1 VOB/B abgelaufen ist (vgl. BGH, Urt. v. 6.12.1973 – VII ZR 37/73, BGHZ 62, 15, 16 f. = BauR 1974, 132, 133; BGH, Urt. v. 16.6.1977 -VII ZR 66/76, BauR 1977, 354, 356; wie hier Ingenstau/Korbion/Döring, VOB/B, § 6 Abs. 6 Rn. 49; Heiermann/Riedl/Rusam/Kuffer, § 6 Rn. 79 f.). Da diese Auffassung aber nicht unumstritten ist, sollte der Auftragnehmer darauf bedacht sein, den Behinderungsschaden möglichst schnell abzurechnen und geltend zu machen, um nicht an der Verjährung zu scheitern. So hat nämlich etwa das OLG Frankfurt (Teil-Urt. v. 26.9.1979 – 17 U 179/78, BauR 1980, 570, 571 f.) entschieden, dass der Schadensersatzanspruch aus § 6 Abs. 6 VOB/B im Unterschied zum Werklohnanspruch, auf den allein die besonderen Regelungen des § 16 Abs. 1 und 3 VOB/B zugeschnitten seien, bereits mit der Entstehung des Schadens fällig werde, was dann auch für die Verjährung von Bedeutung wäre. Dem kann jedoch nicht gefolgt werden (vgl. auch Ingenstau/Korbion/Döring, B § 6 Abs. 6 Rn. 46 ff.). Dies ergibt sich für den VOB-Vertrag schon daraus, dass § 16 Abs. 3 Nr. 2 VOB/B ausdrücklich alle Nachforderungen ausschließt, falls eine vorbehaltlose Annahme der Schlusszahlung erfolgt oder der Vorbehalt nicht rechtzeitig begründet worden ist. Zu diesen ausgeschlossenen Nachforderungen kann aber auch der Schadensersatzanspruch gemäß § 6 Abs. 6 VOB/B gehören (vgl. Vygen/Joussen, Bauvertragsrecht, Rn. 2643 ff. sowie sogleich Rdn. 824).

7.10 Die Einrede der vorbehaltlosen Annahme der Schlusszahlung (§ 16 Abs. 3 Nr. 2 VOB/B)

Für den Auftragnehmer stellt sich neben der Verjährungsfrage die Problematik, ob er ggf. mit seinem Schadensersatzanspruch aus § 6 Abs. 6 VOB/B auf **Erstattung der behinderungsbedingten Mehrkosten ausgeschlossen** ist. Dies wäre denkbar, wenn der Auftraggeber nach Erhalt der Schlussrechnung eine Schlusszahlung geleistet und der Auftragnehmer sich seine Ansprüche aus § 6 Abs. 6 VOB/B daraufhin nicht oder nicht rechtzeitig vorbehalten hat (vgl. § 16 Abs. 3 Nr. 2–6 VOB/B – s. dazu auch Vygen/Joussen, Bauvertragsrecht Rn. 2629 ff.). **824**

Nach den vorstehenden Ausführungen zur Verjährungsfrist ist davon auszugehen, dass die gesamten Vorschriften des Vergütungsrechts, also insbesondere auch die §§ 14 und 16 VOB/B, auf den Schadensersatzanspruch uneingeschränkte Anwendung finden. Daraus folgt zugleich die Geltung des § 16 Abs. 3 Nr. 2 VOB/B. Danach ist der Auftragnehmer mit sämtlichen Nachforderungen ausgeschlossen, wenn **825**

- der Auftraggeber eine als Schlusszahlung gekennzeichnete Zahlung geleistet hat,
- der Auftragnehmer über die Schlusszahlung schriftlich unterrichtet und auf die Ausschlusswirkung hingewiesen wurde und
- der Auftragnehmer sich daraufhin nicht binnen 28 Tagen nach Zugang der Mitteilung über die Schlusszahlung seine Ansprüche auf Ersatz des Behinderungsschadens vorbehalten oder diese Ansprüche nicht binnen weiterer 28 Tage prüfbar abgerechnet hat (vgl. dazu im Einzelnen Vygen/Joussen, Bauvertragsrecht, Rn. 2638 ff. sowie Ingenstau/Korbion/Locher, B § 16 Abs. 3 Rn. 87 ff. m. w. N.).

Auch dies zeigt, wie wichtig es ist, die Mehraufwendungen aus Behinderungen so schnell wie möglich zu erfassen, zu dokumentieren und abzurechnen.

8 Entschädigungsanspruch des Auftragnehmers nach § 642 BGB

Neben den bereits oben eingehend behandelten Ansprüchen des Auftragnehmers in Folge von Bauablaufstörungen aus § 2 Abs. 5 VOB/B und aus § 6 Abs. 6 VOB/B kommt auch beim VOB-Bauvertrag gemäß § 6 Abs. 6 S. 2 VOB/B ein Entschädigungsanspruch gemäß § 642 BGB in Betracht (vgl. dazu schon umfassend BGH, Urt. v. 21.10.1999 – VII ZR 185/98, BGHZ 143, 32, 38 f. = BauR 2000, 722, 725 = NJW 2000, 1336, 1337 f.). Dabei lassen sich gerade durch den Rückgriff auf § 642 BGB die Fälle der **Behinderung des Auf-** **826**

tragnehmers durch verspätete oder mangelhafte Vorunternehmerleistungen, auf die der Nachfolgeunternehmer bei seiner Bauausführung angewiesen ist, wenigstens teilweise angemessen und gerecht lösen (vgl. oben Rdn. 739 ff.).

827 Die Anwendung des § 642 BGB und der sich daraus ergebende Entschädigungsanspruch gehen jedoch deutlich über diese Sachverhalte hinaus. Vielmehr kann § 642 BGB generell schon dann herangezogen werden, wenn der Schadensersatzanspruch aus § 6 Abs. 6 VOB/B am fehlenden **Verschulden** des Auftraggebers scheitert. Denn der Entschädigungsanspruch gemäß § 642 BGB ist **verschuldensunabhängig**.

828 § 642 Abs. 1 BGB selbst behandelt die **Mitwirkung des Bestellers** beim Werkvertrag. Er billigt dem Unternehmer eine angemessene Entschädigung zu, wenn bei der Herstellung des Werkes eine Handlung des Bestellers erforderlich ist und der Besteller durch das Unterlassen der Handlung in **Verzug der Annahme** kommt. Bei einem VOB-Vertrag muss der Auftragnehmer allerdings auch insoweit nach § 6 Abs. 1 VOB/B eine Behinderung angezeigt haben (§ 6 Abs. 6 S. 2 VOB/B).

Voraussetzungen für Entschädigungsanspruch nach § 642 VOB/B im VOB-Vertrag

- Verletzung einer Mitwirkungspflicht/-obliegenheit
- Annahmeverzug des Auftraggebers
- Behinderungsanzeige

8.1 Mitwirkungspflichten des Auftraggebers

829 Welche Mitwirkungspflichten bzw. -handlungen des Auftraggebers im Einzelnen von § 642 BGB erfasst werden, wird man beim VOB-Bauvertrag vorrangig aus §§ 3 und 4 VOB/B entnehmen können (Vygen/Joussen, Bauvertragsrecht Rn. 1043 ff.). Doch auch ohne Geltung der VOB/B lassen sich entsprechend §§ 242, 631 BGB die Pflichten eines Auftraggebers gut beschreiben. Dabei kann – bei VOB-Verträgen ohnehin – auch auf die jeweiligen DIN-Regelungen zurückgegriffen werden (vgl. dazu Vygen/Joussen, Bauvertragsrecht, Rn. 889 ff.; Ingenstau/Korbion/Oppler, VOB/B § 3 Abs. 1 Rn. 6 ff. und § 4 Abs. 1, Rn. 1 ff.).

▸ **Beispiele für Mitwirkungspflichten des Auftraggebers im Rahmen des § 642 BGB**

- rechtzeitige und mangelfreie Lieferung der bauseits zu stellenden Baumaterialien

- rechtzeitige und mangelfreie Erstellung von bauseits zu erbringenden Bauleistungen, z. B. Fundamenterstellung für Fertighaus oder Gerüsterstellung für Dachdeckerarbeiten, Fassadenanstrich usw.
- rechtzeitige und mangelfreie Fertigstellung von Vorunternehmerleistungen, die Voraussetzung für Leistungen des Nachfolgeunternehmers sind, z. B. Estrich für Parkettleger
- rechtzeitige und mangelfreie Lieferung der jeweils notwendigen Pläne und Zeichnungen (§ 3 Abs. 1 VOB/B)
- Erfüllung der Koordinierungspflicht des Auftraggebers (§ 4 Abs. 1 S. 1 VOB/B)
- rechtzeitige Bereitstellung des baureifen Grundstücks mit rechtlicher und tatsächlicher Bebauungsfähigkeit der jeweils zu erbringenden Bauleistung
- rechtzeitige Überlassung der Baugenehmigung und aller sonst erforderlichen öffentlich-rechtlichen Genehmigungen (§ 4 Abs. 1 S. 2 VOB/B)

Bei all diesen Mitwirkungspflichten, zu denen die VOB/B (hier vor allem in **830** §§ 3 oder 4 VOB/B) Einzelheiten vorgibt, handelt es sich um **echte Vertragspflichten**. Etwas anderes gilt für vom Auftraggeber zu treffende Entscheidungen und gebotenen Mitwirkungshandlungen außerhalb der Regelungen der VOB/B oder insgesamt bei BGB-Werkverträgen.

▶ **Beispiel:**

Der Auftraggeber soll über Alternativen und Bemusterungen entscheiden.

Vielfach dürfte es sich dabei – wobei dies auch vom Einzelfall abhängt – nur um **Obliegenheiten** handeln (vgl. BGH, Urt. v. 21.10.1999 – VII ZR 185/98, BGHZ 143, 32, 39 f. = BauR 2000, 722, 725 = NJW 2000, 1336, 1338 unter Bezugnahme auf Urt. v. 16.5.1968 – VII ZR 40/66, BGHZ 50, 175, 178), nicht um **Haupt-** oder **Nebenpflichten** des Auftraggebers (ausführlich Vygen/Joussen, Bauvertragsrecht Rn. 1072 ff.; anschaulich auch Leupertz, BauR 2014, 381, 386; dagegen wenig überzeugend OLG Dresden, Urt. v. 31.8.2011 – 1 U 1682/10, BauR 2012, 301 [Ls.] = IBR 2012, 12, das ohne weitere Begründung bei einer verzögerten Bemusterung einen Schadensersatzanspruch nach § 6 Abs. 6 VOB/B, d. h. wegen einer Pflichtverletzung gewähren will).

Die Besonderheit einer Obliegenheit besteht darin, dass der Auftraggeber – **831** falls er dieser nicht nachkommt – zwar Nachteilen ausgesetzt sein kann, indem er z. B. in Annahmeverzug gerät, Rechte verliert o. ä.; er ist zu deren Erfüllung aber nicht im Rechtssinne verpflichtet in der Weise, dass die Vertragsgegenseite (hier der Auftragnehmer) sie selbstständig einklagen könnte (so vor allem BGH, Urt. v. 13.11.1953 – I ZR 140/52, BGHZ, 11, 80, 83; BGH, Urt. v. 13.6.1957 – II ZR 35/57, BGHZ, 24, 378, 382; Münch.Komm./Ernst, BGB Bd. 2 Einl. 14 ff.; s. zuletzt ausführlich Leupertz BauR 2010, 1999 ff.; ders. BauR

2014, 381, 386). Vor diesem Hintergrund entfallen dann aber auch Schadensersatzansprüche; hingegen verbleibt ein **Entschädigungsanspruch** gemäß § 642 BGB. Denn für diesen genügt es, dass der Auftraggeber Obliegenheiten nicht nachkommt und deswegen in Annahmeverzug gerät. Ob daneben die gebotene Obliegenheit (z. B. Planübergabe) zusätzlich eine Vertragspflicht darstellt, ändert an der Anwendbarkeit von § 642 BGB nichts (kritisch Kapellmann, NZBau 2011, 193). Denn diese Regelung stellt als Sondervorschrift des Gläubigerverzugs nicht darauf ab, ob die gebotene Mitwirkungshandlung bereits den Charakter einer Rechtspflicht hat – oder eben nur wie beim BGB-Vertrag typische Obliegenheit ist. Daher kann die Frage, ob eine dem Auftraggeber obliegende Handlung von ihm auch geschuldet ist, sogar bei der Prüfung des Anwendungsbereichs des § 642 BGB sogar offenbleiben.

Beispiel:

Der Auftraggeber muss dem Auftragnehmer die für die Baudurchführung notwendigen Pläne übergeben. Dies ist nachvollziehbarerweise eine gebotene Mitwirkungshandlung, ohne die die Bauleistung nicht ausgeführt werden kann. Unterbleibt diese, obwohl der Auftragnehmer die Leistungen anbietet, kann der Auftraggeber dadurch in Annahmeverzug geraten, d. h.: In jedem Fall stellt die Planübergabe eine Obliegenheit dar, die zur Anwendung des § 642 BGB führt. Ob es sich dabei wegen der allgemeinen Bedeutung für die Durchführung der Baumaßnahme insgesamt zugleich um eine Vertragspflicht handelt (so immerhin BGH, Urt. v. 27.6.1985 – VII ZR 23/84, BGHZ 95, 128, 130 f. = BauR 1985, 561, 562 = NJW 1985, 2475; BGH, Urt. v. 21.10.1999 – VII ZR 185/98, BGHZ 143, 32, 37 = BauR 2000, 722,724 = NJW 2000, 1336, 1337; ausdrücklich hingegen offen gelassen in BGH, Urt. v. 27.11.2008 – VII ZR 206/06, BGHZ, 179, 55, 68 = BauR 2009, 519, 520 = NJW 2009, 582, 586), deren Verletzung Schadensersatzansprüche auslösen kann, mag unabhängig davon entschieden werden (s. dazu auch Leupertz BauR 2010, 1999, 2002).

8.2 Annahme- oder Gläubigerverzug des Auftraggebers

832 Der Entschädigungsanspruch nach § 642 BGB setzt einen **Annahme- oder Gläubigerverzug** aufseiten des Auftraggebers voraus. Dessen Voraussetzungen ergeben sich aus §§ 293 ff. BGB. Notwendig ist danach, dass dem Auftraggeber die jeweils zu erbringende Bauleistung tatsächlich angeboten wird, sodass der Auftragnehmer versuchen muss, mit der Arbeit zu beginnen (§ 294 BGB). Gemäß § 295 BGB genügt hierfür ein **wörtliches Angebot**,

- wenn der Auftraggeber bereits erklärt hat, dass er die Leistung nicht annehmen werde, oder

- wenn zur Bewirkung der Leistung eine Handlung des Auftraggebers erforderlich ist. Gerade Letzteres gewinnt bei unterbleibenden Mitwirkungshandlungen an Bedeutung.

▶ **Beispiel:**

Der Auftraggeber bringt die Baugenehmigung nicht bei, hat die erforderlichen Pläne für die Bauausführung nicht vorgelegt oder das bebauungsfähige Grundstück nicht zur Verfügung gestellt.

An die Stelle des wörtlichen Angebots der Leistung können gerade im Baugeschehen auch andere Aufforderungen, Verhaltensweisen u. a. treten, die den Auftraggeber in Annahmeverzug setzen: **833**

- **Aufforderung nach § 295 S. 2 BGB**

Statt eines wörtlichen Angebots kann der Auftragnehmer gemäß § 295 S. 2 BGB die **Aufforderung** an den Auftraggeber richten, die erforderliche Mitwirkungshandlung vorzunehmen. Eine solche Aufforderung seitens des Auftragnehmers kann durchaus auch in der beim VOB-Bauvertrag ohnehin notwendigen und hinreichend konkretisierten **Behinderungsanzeige** gemäß § 6 Abs. 1 VOB/B gesehen (OLG Stuttgart, Urt. v. 29.11.2011 – 10 U 58/11, IBR 2013, 465 [Ls.]) oder jedenfalls mit dieser inhaltlich verbunden werden. Denn die Behinderungsanzeige soll dem Auftraggeber gerade verdeutlichen, dass und wodurch der Auftragnehmer in der ordnungsgemäßen Ausführung seiner Arbeiten behindert ist. Gleichzeitig soll sie dem Auftraggeber die Möglichkeit geben, die **Behinderung abzustellen**, also die erforderliche Mitwirkungshandlung vorzunehmen (vgl. BGH, Urt. v. 21.10.1999 – VII ZR 185/98, BGHZ 143, 32, 35 f. = BauR 2000, 722, 723 = NJW 2000, 1336, 1337 sowie oben Rdn. 397 ff.). Eine vorübergehende Nichtannahme der Leistung führt dagegen nur dann zum Annahmeverzug, wenn der Auftragnehmer sie angemessene Zeit vorher angekündigt hat (§ 299 BGB). **834**

▶ **Beispiel:**

Die zum Weiterbau erforderlichen Pläne liegen nicht rechtzeitig vor. Hier kommt der Auftraggeber trotz Aufforderung des Auftragnehmers nur in Annahmeverzug, wenn der Auftragnehmer seine Leistungsbereitschaft oder Leistungsabsicht angemessene Zeit vorher angekündigt hat.

- **Bereithaltung der eigenen Arbeitskraft auf der Baustelle**

Ein wörtliches Angebot der Leistung kann auch dadurch zum Ausdruck gebracht werden, dass der Auftragnehmer seine Mitarbeiter auf der Baustelle zur Verfügung hält und zu erkennen gibt, dass er bereit und in der Lage ist, seine Leistung zu erbringen (BGH, Urt. v. 19.12.2002 – VII ZR 440/01, BauR 2003, 531, 532 = NJW 2003, 1601, 1602). **835**

- **Annahmeverzug bei kalendarisch festliegendem Termin**

836 Schließlich ist nach § 296 BGB das Angebot der Leistung seitens des Auftragnehmers entbehrlich,

- wenn für die von dem Auftraggeber als Gläubiger vorzunehmende Mitwirkungshandlung eine Zeit nach dem Kalender bestimmt ist (vgl. § 286 Abs. 2 Nr. 1 BGB für den Schuldnerverzug) oder
- der erforderlichen Mitwirkungshandlung des Auftraggebers ein Ereignis vorauszugehen hat und eine angemessene Zeit für die Handlung in der Weise bestimmt ist, dass sie sich von dem Ereignis an nach dem Kalender berechnen lässt (in Anlehnung an § 286 Abs. 2 Nr. 2 BGB für den Schuldnerverzug).

837 Um diese Voraussetzungen für den **Annahmeverzug** des Auftraggebers nachweisen zu können, ist dringend zu empfehlen, in Bauverträgen, **Bauzeitenplänen** oder späteren Vereinbarungen in Baustellenbesprechungen **Planliefertermine** und Termine für die Erbringung der vereinbarten oder sich aus der VOB/B ergebenden **Mitwirkungshandlungen** nach dem Kalender (sog. Kalenderfrist) festzulegen. Möglich ist auch die Vereinbarung von angemessenen Fristen nach Baugenehmigung, nach Baubeginn, nach Rohbauabnahme oder ähnlichen nachweisbaren Ereignissen (sog. Ereignisfrist). Denn nur in diesen Fällen ist bei nicht rechtzeitiger Bereitstellung der Mitwirkungshandlung ein tatsächliches oder wörtliches Angebot der Leistung entbehrlich (vgl. § 296 S. 1 und 2 BGB). Dies ist besonders wichtig bei **notwendigen Vorunternehmerleistungen**, die der Auftraggeber zu bestimmten Terminen zur **Baufreigabe** zur Verfügung stellen muss, um den Bauablauf für den Nachfolgeunternehmer nicht zu behindern.

838 Der Annahmeverzug setzt **kein Verschulden** voraus. Daher kommt es nicht darauf an, ob dem Planer, der die Pläne nicht rechtzeitig liefert, ein Verschulden anzulasten ist, das dem Auftraggeber gemäß § 278 BGB zuzurechnen ist, weil der Planer grundsätzlich **Erfüllungsgehilfe** des Auftraggebers ist. Ebenso gilt dies, wenn der Auftraggeber bei Verletzung anderer Mitwirkungshandlungen sich vom Vorwurf des Verschuldens entlasten kann (§ 280 Abs. 1 S. 2 BGB).

▶ **Beispiel:**

Die Baugenehmigung wird nicht rechtzeitig erteilt. Hieran trifft den Auftraggeber kein Eigenverschulden, soweit er diese rechtzeitig beantragt hat. Gleichwohl kann er nunmehr in Annahmeverzug geraten.

Zu nennen sind außerdem die Sachverhalte unter Beteiligung eines **Vorunternehmers**, der seine Leistung nicht rechtzeitig oder nur mangelhaft herstellt und dadurch den Nachfolgeunternehmer behindert (BGH, Urt. v. 27.6.1985 – VII ZR 23/84, BGHZ 95, 128, 131 = BauR 1985, 561, 562 = NJW 1985, 2475,

2476; bestätigt durch BGH, Urt. v. 21.10.1999 – VII ZR 185/98, BGHZ 143, 32, 37 f. = BauR 2000, 722, 724 = NJW 2000, 1336, 1337; s. o. Rdn. 739 ff.). Schadensersatzansprüche aus § 6 Abs. 6 VOB/B entfallen hier einheitlich wegen eines dem Auftraggeber nicht anzulastenden Verschuldens, sodass nur ein Rückgriff auf den Entschädigungsanspruch nach § 642 BGB verbleibt.

Nicht zu verwechseln mit dem für einen Entschädigungsanspruch des Auf- **839**
tragnehmers entbehrlichen Verschulden des Auftraggebers ist der Sachverhalt, dass die dem **Auftraggeber obliegende Handlung** unmöglich (geworden) ist. Dies schließt bereits einen Annahmeverzug und somit einen Entschädigungsanspruch des Auftragnehmers gänzlich aus (s. dazu sogleich Rdn. 860 ff.).

Ein Annahmeverzug des Auftraggebers entfällt gleichfalls, wenn der **Auftrag- 840**
nehmer selbst nicht in der Lage oder nicht bereit ist, seine Leistung zu erbringen. Dabei kommt es auf den Zeitpunkt des tatsächlichen oder wörtlichen Angebots der Leistung bzw. im Fall des § 296 BGB auf den für die Mitwirkungshandlung bestimmten Zeitpunkt an (§ 297 BGB).

- **Beispiel:** (nach OLG Saarbrücken, Urteil vom 7.12.1999 – 4 U 869/98, Revision nicht angenommen durch BGH-Beschluss vom 23.5.2001 – VII ZR 38/00, IBR 2001, 353)

  Der Auftragnehmer ist außerstande, seine Leistung zu bewirken, weil ein behördlicher Baustopp wegen eines Nachbar-Widerspruchs verfügt worden ist.

Dasselbe gilt, wenn die Bauarbeiten wegen **unvorhergesehen schlechten Wetters** unterbrochen werden. Dies begründet auf der einen Seite zwar nach § 6 Abs. 2 Nr. 2 VOB/B einen Anspruch des Auftragnehmers auf Bauzeitverlängerung (s. o. Rdn. 365 ff.). Ein Entschädigungsanspruch nach § 642 BGB ist dagegen wegen eigener (vorübergehender) Leistungsunfähigkeit für die Dauer des schlechten Wetters ausgeschlossen (wie hier OLG Brandenburg, Urt. v. 26.6.2013 – 11 U 36/12, IBR 2013, 668; wohl ebenso zu verstehen KG, Urt. v. 28.5.2013 – 7 U 12/12, IBR 2013, 406, das losgelöst der schlechten Witterungsverhältnisse darauf verweist, dass der Annahmeverzug beendet ist, wenn der Auftraggeber seiner Mitwirkungspflicht nachgekommen sei; a. A. und kaum überzeugend Wilhelm/Götze, NZBau 2010, 721; Diehr, ZfBR 2011, 627, 628; s. dazu auch Pauly, BauR 2014, 1213, der bei extremen Witterungsverhältnissen dem Auftragnehmer wenigstens einen Anspruch aus dem Grundsatz der Störung der Geschäftsgrundlage gewähren will).

Zusammenfassend ist festzustellen, dass Auftragnehmer in der Regel gut be- **841**
raten sind, **Behinderungskosten** in Folge unterlassener Mitwirkungspflichten des Auftraggebers als **Entschädigungsanspruch gemäß § 642 BGB** geltend zu machen. Denn dessen großer Vorteil besteht wie gesagt darin, dass er kein

Verschulden des Auftraggebers erfordert und der Anspruch jedenfalls teilweise einfacher darzulegen ist. Damit wird der Schadensersatzanspruch gemäß § 6 Abs. 6 VOB/B zumindest insoweit obsolet.

Allerdings verbleiben auch gravierende Unterschiede, die in der Praxis nicht hinreichend beachtet werden (ebenso Boldt, BauR 2006, 185). Diese betreffen sowohl den Umfang als auch vor allem den vollständig unterschiedlichen Berechnungsansatz vor dem Hintergrund, dass ein Schadensersatzanspruch immer auf der Ist-Kosten-Basis ex post ermittelt wird, während der Entschädigungsanspruch auf der Grundlage der Auftragskalkulation zu berechnen ist (s. dazu sogleich Rdn. 843 ff.). Durch diese unterschiedliche Berechnungsweise wird der Entschädigungsanspruch somit tatsächlich zu einem vergütungsgleichen Anspruch, weswegen – anders als bei einem Schadensersatzanspruch (Rdn. 818) – auch Umsatzsteuer anfällt (Rdn. 857).

8.3 Behinderungsanzeige gemäß § 6 Abs. 1 VOB/B

842 Soweit der Auftragnehmer eines VOB-Vertrages einen Entschädigungsanspruch nach § 642 BGB begehrt, muss er dafür nach der ausdrücklichen Regelung in § 6 Abs. 6 S. 2 VOB/B zuvor die Behinderung angezeigt haben. Die Anzeige kann wie in § 6 Abs. 1 S. 2 VOB/B unterbleiben, wenn die Behinderung offenkundig ist (vgl. dazu auch BGH, Urt. v. 21.10.1999 – VII ZR 185/98, BGHZ 143, 32, 35 f. = BauR 2000, 722, 723 = NJW 2000, 1336, 1337). Insoweit gilt nichts anderes als schon zuvor allgemein zur Behinderungsanzeige erläutert. Darauf wird verwiesen (Rdn. 397 ff.).

8.4 Art und Höhe der Entschädigung

843 Gemäß § 642 Abs. 1 BGB kann der Unternehmer, wenn die oben im Einzelnen dargelegten Voraussetzungen erfüllt sind, eine **angemessene Entschädigung** verlangen. Deren Höhe bestimmt sich einerseits nach der Dauer des Verzugs und der Höhe der vereinbarten Vergütung, andererseits nach demjenigen, was der Unternehmer in Folge des Verzugs an Aufwendungen erspart oder durch anderweitige Verwendung seiner Arbeitskraft erwerben kann (§ 642 Abs. 2 BGB).

844 Diese Formulierung des Gesetzes wirft die Frage auf, ob der Entschädigungsanspruch eher dem Schadensersatzanspruch des § 6 Abs. 6 VOB/B (Schadensberechnung nach der Differenztheorie bzw. Schätzung gemäß § 287 ZPO) oder dem Vergütungsanspruch des § 2 Abs. 5 und 6 VOB/B angelehnt ist. Soweit § 642 BGB den Entschädigungsanspruch von der Dauer des Verzugs abhängig macht, könnte dies für eine Anbindung an den Schadensersatz-

anspruch sprechen. Allerdings geht es bei dem hier erwähnten Verzug um den Annahme- und nicht den Schuldnerverzug. Gerade beim Annahmeverzug, der verschuldensunabhängig ist, sieht das Gesetz jedoch keinen Schadensersatzanspruch vor, sondern nur einen Anspruch auf Ersatz von Mehraufwendungen (§ 304 BGB). Der weitere Wortlaut des § 642 Abs. 2 BGB weist denn auch deutlich auf den Entschädigungsanspruch als **vergütungsähnlichen Anspruch** hin. Denn die Höhe der Entschädigung bestimmt sich neben der Dauer des Verzuges nach der Höhe der vereinbarten Vergütung sowie danach, was der Unternehmer in Folge des Verzuges an Aufwendungen erspart. Damit lehnt sich der Entschädigungsanspruch zugleich eng an § 649 S. 2 BGB bei grundloser Kündigung des Bauvertrages durch den Auftraggeber an, wenn auch nicht mit exakt gleicher Formulierung, da in § 642 Abs. 2 BGB die tatsächliche Ersparnis und die anderweitige Erwerbsmöglichkeit angerechnet werden sollen.

Dies zusammen mit der abweichenden Bezeichnung des Anspruchs (angemessene Entschädigung statt Schadensersatz) und den unterschiedlichen Voraussetzungen (verschuldensunabhängig und verschuldensabhängig) spricht entscheidend dafür, dass der Entschädigungsanspruch vergütungsähnlichen oder gar **vergütungsgleichen Charakter** hat. Daher ist der Anknüpfungspunkt für die Berechnung der Entschädigung einerseits zwar die Dauer der Behinderung, andererseits aber der **Vertragspreis** und damit die **Kalkulationsgrundlage** (so vor allem: Kapellmann/Schiffers, Bd. 1, Rn. 1649 unter Hinweis auf die Motive zum BGB, vgl. Mugdan, § 575 E I, S. 276; BGH, Urt. v. 11.7.1966 – VII ZR 256/64, Schäfer/Finnern, Z 2.511 Bl. 8 und OLG Celle, Urt. v. 24. 2.1999 – 14 a (6) U 4/98, BauR 2000, 416, 419 = NJW-RR 2000, 234; Staudinger/Peters/Jacoby, BGB § 642, Rn. 24). Daraus folgt, dass die **Entschädigung** mit anfallenden **zeitabhängigen Kosten** auf der **Basis der Auftragskalkulation** zu berechnen ist. Anzusetzen sind danach etwa zusätzliche Mietkosten für Geräte, Container usw., zusätzliche Kosten für die längere Vorhaltung der Baustelleneinrichtung und des Bauleitungspersonals, und zwar jeweils auf der Grundlage der Kalkulation und nicht der tatsächlich angefallenen Mehrkosten, wie dies beim Schadensersatzanspruch der Fall ist. Auf der anderen Seite muss sich aber der Auftragnehmer bei der Berechnung des Entschädigungsanspruchs die Kosten aus der Kalkulation anrechnen lassen, die er in Folge des Annahmeverzuges [tatsächlich] erspart bzw. in der Zeit des Annahmeverzuges anderweitig erwerben kann. Insoweit sind die von der Rechtsprechung entwickelten Grundsätze zu § 649 S. 2 BGB jedenfalls ihrem Wesen nach entsprechend anzuwenden (vgl. dazu Kniffka/Koeble, Teil 8, Rn. 45.). Sie werden durch zweierlei geprägt (s. dazu sehr anschaulich auch Sienz, BauR 2014, 390, 391): 845

- Zum einen sind – soweit es um einen nach § 642 Abs. 2 BGB gegenzurechnenden **anderweitigen Erwerb** geht – erhaltene und abgewickelte Füllaufträge gegenzurechnen. Unter solchen Füllaufträgen werden im Sinne des § 649 S. 2 BGB allerdings nur diejenigen Aufträge verstanden, die der Unternehmer in Folge der Kündigung angenommen und deswegen hat ausführen können. Die Vergütung aus einem Auftrag, den er schon im Bestand hatte, ist dagegen nicht gegenzurechnen. Das bedeutet, dass Füllaufträge bei einer freien Kündigung nach § 649 BGB immer nur eine Bedeutung haben, wenn der Unternehmer ansonsten voll ausgelastet ist (OLG Hamm, Urt. v. 20.11.2003 – 24 U 195/01, BauR 2006, 1310,1313; OLG Düsseldorf, Urt. v. 27.9.2012 – 5 U 36/12, BauR 2013, 1449, 1452; Ingenstau/Korbion, B § 8 Abs. 1 Rn. 77).

- Zum anderen gibt es auch im Anwendungsbereich des § 649 BGB den Grundsatz, dass ein Unternehmer im Fall der Kündigung in Bezug auf seine Vergütung nicht besser gestellt werden darf, als er bei Durchführung des Vertrages stünde (BGH, Urt. v. 21.12.1995 – VII ZR 198/94, BGHZ 131, 362, 365 f. = BauR 1996, 382, 383 = NJW 1996, 1282).

846 Beide Eckpunkte aus dem Recht der freien Kündigung sind nunmehr mit dem Entschädigungsanspruch nach § 642 BGB in Einklang zu bringen (s. dazu auch Teil B Rdn. 333 mit einer Beispielberechnung). Dies ist von Bedeutung, weil hier die Besonderheit besteht, dass anders als im Kündigungsfall der Auftrag, für den der Auftragnehmer eine Entschädigung begehrt, noch durchgeführt wird, d. h. die Vergütung verdient werden kann – wenn auch zu einem späteren Zeitpunkt. Dieser Sonderumstand rechtfertigt es, dass im Einzelfall auch dann ein **anderweitiger Erwerb gegenzurechnen** ist, wenn kein **gesonderter Füllauftrag** hereingeholt wird. Dies gilt vor allem, wenn der Auftragnehmer durch eine angepasste Ausführung von Bestandsaufträgen Nachteile, die ihm durch den Annahmeverzug des Auftraggebers entstehen, vollständig oder jedenfalls teilweise kompensieren kann (Sienz, a. a. O.).

▶ **Beispiel:**

Auftrag 1 ist vom 1.3. bis zum 1.4.2014, Auftrag 2 vom 1.4 bis zum 1.5.2014 auszuführen. Beim Auftrag 1 kommt es wegen der Verzögerung der Baugenehmigung zu einem Annahmeverzug des Auftraggebers von einem Monat. Der Auftragnehmer kann nunmehr ohne jeden Nachteil für sich den Auftrag 2 vorziehen und in dem Zeitraum vom 1.3. bis zum 1.4.2014 ausführen; anschließend führt er den Auftrag 1 vom 1.4. bis zum 1.5.2014 aus. Hier wäre nicht einsichtig, wieso dem Auftragnehmer trotz des unstreitig vorliegenden Annahmeverzugs des Auftraggebers im Zeitraum des Auftrages 1 gleichwohl ein Entschädigungsanspruch zustehen sollte. Dies würde zu einer Besserstellung führen, was auch im Anwendungsbereich des § 649 S. 2 BGB auszuschließen wäre (wobei es dort zu einer solchen Situation auf Grund der endgültigen Auftragskündigung nicht kommen könnte).

Aus vorstehendem Beispiel ergibt sich anschaulich, dass der der Auftragnehmer, der einen Entschädigungsanspruch gemäß § 642 BGB geltend macht, diesen nicht nur auf der Basis seiner Kalkulation berechnen muss. Vielmehr hat er ebenso **konkret** zu den ersparten Aufwendungen und vor allem **zu einem anderweitigen Erwerb vorzutragen**. Dies gilt auch, wenn er aus einem solchen anderweitigen Erwerb nur teilweise eine Kompensation für die Vorhaltung seines Personals und anderweitiger Ressourcen zu dem Auftrag, bei dem sich der Auftraggeber im Annahmeverzug befindet, erhält. In diesem Umfang findet dann auch nur eine teilweise Kürzung des Entschädigungsanspruchs statt (a. A. Sienz, a. a.O, S. 395, der in diesen Fällen überhaupt keine Entschädigung gewähren will, was nicht ganz verständlich erscheint).

Die Höhe des Entschädigungsanspruchs orientiert sich ansonsten gemäß § 642 Abs. 2 BGB nach der Dauer des Verzugs und der Höhe der Vergütung. Für dessen Bemessung sind daher grundsätzlich alle Bestandteile der Vergütung einzurechnen, soweit sie nicht durch den Verzug erspart werden, also insbesondere auch Baustellengemeinkosten oder Allgemeine Geschäftskosten, die durch die Restleistungen erwirtschaftet worden wären. Etwas anderes gilt hingegen für **Wagnis und Gewinn** (BGH, Urt. v. 21.10.1999 – VII ZR 185/98, BGHZ 143, 32, 39 f. = BauR 2000, 722, 725 = NJW 2000, 1336, 1338; anders noch BGH, Urt. v. 11.7.1966 – VII ZR 256/64, SFH Z 2 511 Bl. 8). Dies erschließt sich nicht ohne Weiteres aus dem Wortlaut des § 642 Abs. 2 BGB, gerade weil sich die Höhe der Entschädigung an der vereinbarten Vergütung orientiert. Dies genauso wie der Umstand, dass die Rechtsprechung auch sonst die Kalkulation des Auftragnehmers heranzieht und sogar die Leistung als umsatzsteuerpflichtig einstuft (BGH, Urt. v. 24.1.2008 – VII ZR 280/05, BGHZ 175, 118, 121 = BauR 2008, 821, 822 = NJW 2008, 1523, 1525; s. Rdn. 857), könnte sogar eher umgekehrt dafür sprechen, dass vor allem Anteile für Wagnis und Gewinn bei der Bemessung der Entschädigung einzubeziehen sind. Selbst die Materialien zum BGB scheinen dies nahe zu legen. Denn wörtlich heißt es dort, dass diese Bestimmungen vor Augen haben einen „Anspruch auf einen bereits geleisteten Arbeiten entsprechenden Teil des bedungenen Lohnes und Ersatz der nicht schon im Lohne begriffenen Auslagen und auf Vergütung des durch die Nichtausführung entgangenen Gewinns" (Mugdan, Bd. 2, Recht der Schuldverhältnisse, 1899, Motive II, S. 496 zu E § 575; s. dazu auch ausführlich Glöckner, BauR 2014, 372). Dies vorausgeschickt wird der von der Rechtsprechung verfolgte Ausschluss des entgangenen Gewinns aus dem Anwendungsbereich des § 642 BGB kritisiert und deutlich auch das Gegenteil gefordert (Staudinger/Peters/Jacoby, § 642 Rn. 25; Boldt, BauR 2006, 185, 198; Kapellmann/Schiffers, Bd. 1, Rn. 1650; Bruns, ZfIR 2006, 153, 168). 847

Doch letzten Endes überzeugt diese Gegenauffassung nicht. Vielmehr ist hier dem BGH zu folgen, der die Anteile für Wagnis und Gewinn unberücksichtigt 848 lässt. Zwar mag zutreffen, dass es sich bei Wagnis und Gewinn sogar im Regelfall nach der Kalkulation um Bestandteile der vereinbarten Vergütung handelt. Doch besteht gerade darin – trotz der Anlehnung an die Vergütungsberechnung – auch der entscheidende **Unterschied** des hier nur einschlägigen **Entschädigungsanspruchs gegenüber einem klassischen Vergütungsanspruch**. Denn der Entschädigungsanspruch steht zunächst neben einem ohnehin ja noch weiter existierenden Vergütungsanspruch, der schon die Anteile für Wagnis und Gewinn entsprechend dem Vertrag enthält. Somit erleidet der Auftragnehmer durch den Ausschluss von Wagnis und Gewinn aus dem Entschädigungsanspruch nicht einmal einen finanziellen Nachteil; umgekehrt wird vielmehr sichergestellt, dass er durch den neben dem fortbestehenden Vergütungsanspruch gesondert geltend zu machenden Entschädigungsanspruch (anders als bei zusätzlichen Vergütungsansprüchen) nicht noch zusätzlich daran verdient. Auch dies entspricht der gesetzlichen Wertung, da bei dem Entschädigungsanspruch nach § 642 BGB der Auftraggeber bereits Zahlungen schuldet, obwohl ihn ggf. an den zugrunde liegenden Behinderungstatbeständen nicht einmal ein Verschulden trifft. Wieso hier der Auftragnehmer einen Ersatzanspruch für Gewinn haben sollte, wäre nicht ersichtlich.

Tatsächlich nähert sich der Entschädigungsanspruch des § 642 BGB damit doch auch einem Schadensersatzanspruch des § 6 Abs. 6 VOB/B an (wie hier Messerschmidt/Voit/Stickler, § 642 Rn. 43; Münch. Komm./Busche, § 642 Rn. 17; wohl auch Kniffka/Koeble, 8. Teil Rn. 39). Dabei sei nur am Rande bemerkt, dass das gleiche Verständnis ganz offenbar § 6 Abs. 6 VOB/B zugrunde liegt. Denn für den dort vorgesehenen Schadensersatzanspruch haftet der Auftraggeber bei einer Behinderung nur dann, wenn er diese verschuldet hat; selbst hier muss er allerdings nur Wagnis und entgangenen Gewinn ersetzen, wenn ihm gesondert noch Vorsatz und grobe Fahrlässigkeit zur Last fällt. Also würde es doch einigermaßen überraschen, wenn der vom BGH gerade für die Fälle der Vorunternehmerhaftung herangezogene verschuldensunabhängige Entschädigungsanspruch nach § 642 BGB einen weiteren Haftungsumfang unter Einschluss von Wagnis und Gewinn hätte: Denn dann würde der Auftraggeber, dem ein Verschulden zur Last fiele, über § 6 Abs. 6 VOB/B besser dastehen als derjenige, der verschuldensunabhängig nach § 642 BGB haftet. Zwar mag dieser Vergleich mit der Rechtslage nach der VOB/B kein eigenes Argument darstellen, da die VOB/B als Allgemeine Geschäftsbedingung selbstständig bestehende gesetzliche Folgeansprüche nicht von sich aus ausschließen kann. Dies ändert jedoch nichts daran, dass der BGH insoweit immerhin eine stringente und auch letzten Endes überzeugende Linie zu dem Umfang der Haftung eines im Annahmeverzug befindlichen Auftraggebers verfolgt. Dabei sei nur abschließend angemerkt, dass losgelöst von vorgenannter Diskussion keinesfalls ersatzfähig ist ein **entgangener Gewinn aus anderen Bauaufträgen**.

Stehen vorstehende Grundlagen fest, sind zur **genauen Bemessung der Höhe des Entschädigungsanspruchs** noch zwei wesentliche Punkte offen geblieben: 849

- Zunächst ist zu klären, ob sich der Entschädigungsanspruch an der genauen **Dauer des Annahmeverzugs** orientiert (so OLG Jena, Urt. v. 11.10.2005 – 8 U 849/04, NZBau 2006, 510, 513; Roskosny/Bolz, BauR 2006, 1804, 1811; wohl auch Glöckner, BauR 2014, 368, 374) oder allein an dem Zeitraum, um den sich die Herstellung in Folge des Annahmeverzugs verzögert (Kniffka/Koeble, 8. Teil Rn. 36). Dieser Unterschied muss nicht, kann aber durchaus erheblich sein. 850

▶ **Beispiel:**

Der Auftraggeber kann die Baugenehmigung nicht beschaffen, weswegen der Auftragnehmer nicht arbeiten kann. Wird die Baugenehmigung einen Monat verspätet erteilt und kann der Auftragnehmer deswegen auch exakt einen Monat nicht arbeiten, fallen beide vorgenannten Zeiträume zusammen. Aber das ist natürlich nicht zwingend, so etwa, wenn nur eine Teilbaugenehmigung nicht erteilt wird und der Auftragnehmer ggf. an anderer Stelle zeitweise, wenn auch nur mit verminderter Kraft weiterarbeiten könnte.

Die Formulierung des § 642 BGB, nach der sich die Höhe der Entschädigung „nach der Dauer des Verzugs" richtet, könnte für die erstere Variante sprechen; diese Lösung hätte jedenfalls für sich, dass die Berechnung damit deutlich vereinfacht würde. In der Sache macht das aber keinen Sinn: Denn entschädigt werden soll der Auftragnehmer nach § 642 BGB gerade in Anlehnung an die vereinbarte Vergütung für den von ihm als Gegenwert dazu vorgehaltenen Einsatz seiner Arbeitsleistung. Dann aber kann es bei der Bestimmung der Höhe der Entschädigung nur darauf ankommen, wie sich der **Annahmeverzug bei ihm konkret ausgewirkt** hat. Gerade das ist im Übrigen der Grund dafür, warum in der Rechtsprechung jedenfalls bei der Darlegung der Haftungsgrundlagen kaum Unterschiede zwischen den Ansprüchen nach § 6 Abs. 6 VOB/B und § 642 BGB gemacht werden (Kniffka/Koeble, a. a. O.; s. dazu sogleich auch Rdn. 853).

- Sodann ist eine zweite erhebliche Weichenstellung zu beachten: Denn wenn § 642 Abs. 2 BGB eine Entschädigung nach der Dauer des Verzugs und der Höhe der vereinbarten Vergütung gewährt, d. h. eine Kompensation für die Bereithaltung von Personal und Arbeitskraft darstellt (BGH, Urt. v. 24.1.2008 – VII ZR 280/05, BGHZ 175, 118, 121 = BauR 2008, 821, 822 = NJW 2008, 1523, 1524 = NZBau 2008, 318, 319; zuvor schon BGH, Urt. v. 7.7.1988 – VII ZR 179/87, BauR 1988, 739, 740 = NJW-RR 1988, 1295, 1296), ergibt sich daraus zugleich, dass sich dieser Anspruch auch auf die 851

unmittelbare Dauer des Annahmeverzugs beschränkt. Das ist von Bedeutung, soweit der Annahmeverzug daneben noch zu weiteren nachteilhaften Folgen des Auftragnehmers führt.

▸ **Beispiel:**

Der Auftraggeber nimmt eine wichtige Bemusterung nicht vor. Deswegen kann der Auftragnehmer die Leistung nicht fortführen und die Waren bestellen. Als später die Bemusterung nachgeholt wird und der Auftragnehmer die Leistungen einkaufen will, sind diese deutlich teurer. Diese Preissteigerungen hätten vermieden werden können, wenn der Auftraggeber die Leistungen rechtzeitig bemustert hätte.

Diese Nachteile werden über einen Entschädigungsanspruch nach § 642 BGB nicht abgedeckt (a. A. Pause/Vogel, in Kniffka, ibr-Komm., § 642 Rn. 55). Denn sie haben mit dem zu **kompensierenden Nachteil der Vorhaltung der Arbeitskraft** und der sonstigen Ressourcen für die Erbringung der Werkleistung während des Annahmeverzugs **nichts zu tun** (wie hier ebenso Sienz, BauR 2014, 390, 391, 400). Nichts anderes gilt für sonstige **mittelbare nachteilhafte Folgen** (Verlagerung der Baumaßnahme in eine ungünstigere Jahreszeit u. a.). Einen Ausgleich für diese Mehrkosten erhält der Auftragnehmer nur über einen Schadenersatzanspruch nach § 6 Abs. 6 VOB/B, soweit dafür die erforderlichen Voraussetzungen vorliegen. Das setzt vor allem voraus, dass es sich bei der ausbleibenden Mitwirkungshandlung zugleich um eine Vertragspflicht des Auftraggebers handelt (was bei ausbleibenden Bemusterungen mehr als zweifelhaft sein dürfte; anders aber etwa bei ausbleibenden Plänen – s. dazu auch Glöckner, BauR 2014, 368, 376, der als Grundlage zum Ausgleich dieser Nachteile eine analoge Anwendung von § 670 BGB oder eine Anpassung der Vergütung über die Grundsätze der Störung der Geschäftsgrundlagen nach § 313 Abs. 2 BGB befürwortet). Dass es insoweit ggf. Lücken bei dem Ausgleich von Nachteilen des Auftragnehmers geben kann, mag hinzunehmen sein. Diese aber gehen allein auf den Umstand zurück, dass es eben nur um die Verletzung des dem Auftraggeber obliegenden Mitwirkungshandlungen geht, nicht um Vertragspflichten.

852 Handelt es sich bei dem Entschädigungsanspruch ganz allgemein um einen eher vergütungsähnlichen Anspruch, wird abschließend aber auch deutlich, dass davon im Zweifel materiellrechtlich keine Kosten erfasst werden können, die sonst eher typischerweise dem Schadensersatzanspruch zuzuordnen sind. Hierzu gehört vor allem ein **Kostenersatz für die Erstellung baubetrieblicher Gutachten**; dies versteht sich eigentlich von selbst. Eine materiell-rechtliche Anspruchsgrundlage dafür ist nicht ersichtlich – zumal es wie bei sonstigen Zusatzkosten im Rahmen von Nachträgen zumeist nur darum geht, aus seiner Urkalkulation in Abgrenzung zum ohnehin geschulde-

ten und kalkulierten Bauablauf anfallende Zusatzkosten zu ermitteln (i. E. ähnlich OLG Karlsruhe, Urt. 27.2.2007 – 8 U 47/06, IBR 2007, 300; Boldt, BauR 2006, 185, 202; a. A. insoweit aber ohne Begründung: Bruns, ZfIR 2006, 153, 173). Eine Ersatzfähigkeit käme danach allenfalls über einen prozessualen Kostenerstattungsanspruch zur Vorbereitung eines Prozesses in Betracht, soweit das Gutachten prozessbezogen eingeholt wurde, d. h.: Es müsste mit einem konkreten unmittelbar bevorstehenden Rechtsstreit in Beziehung stehen, für die Prozessführung erforderlich sein und eine verständige und wirtschaftlich vernünftig denkende Partei müsste diese die Kosten auslösende Maßnahme ex ante als sachdienlich ansehen dürfen (BGH, Urt. v. 23.5.2006 – VI ZB 7/05, BauR 2006, 1505, 1506 = NJW 2006, 2415). Ob dies der Fall ist, wird man nur im Einzelfall entscheiden können. Ausgeschlossen ist dies im Hinblick auf die doch sehr umfangreichen Anforderungen an die Substantiierung von Verzögerungen/Behinderungen und der Kosten nicht unbedingt; allerdings dürfte es vielfach an der konkreten Prozessbezogenheit fehlen. Denn für die Erstattungsfähigkeit reicht es gerade nicht aus, dass das Gutachten irgendwann einmal in einem Prozess verwendet wird (BGH, Beschl. v. 4.3.2008 – VI ZB 72/06, BauR 2008, 1180 = NJW 2008, 1597; Werner/Pastor, Rn. 166 ff.)

8.5 Darlegung der Voraussetzungen eines Entschädigungsanspruchs

Der Auftragnehmer muss im Streitfall die Voraussetzungen des **Entschädigungsanspruchs darlegen und beweisen**. Teilweise heißt es hierzu verkürzt, 853
dass dafür lediglich die Voraussetzungen des § 642 Abs. 1 BGB, die Dauer des Verzugs, die vereinbarte Vergütung und evtl. ersparte Aufwendungen dargelegt werden müssten, nicht aber ein Schaden. Dieser könne vielmehr nach § 287 ZPO geschätzt werden (Münch. Komm./Busche, BGB § 642 Rn. 20; Erman/Schwenker § 642 Rn. 5). Eine solche verkürzte Darstellung ist zumindest missverständlich; sie könnte die Bauvertragsparteien dazu verleiten, mit ihren Darlegungen allzu großzügig umzugehen. Dabei ist zwar richtig, dass es auf einen Schaden nicht ankommt (a. A. aber offenbar OLG Dresden, Urt. v. 6.1.2012 – 1 U 13/10, BauR 2012, 1286 [Ls.], das regelmäßig von einem darauf gerichteten Schadensersatz spricht; anschaulich dazu auch Sienz, BauR 2014, 390); dies überrascht allerdings nicht, da mit § 642 BGB auch kein Schadensersatzanspruch geltend gemacht wird. Genauso wenig reicht aber umgekehrt ein Verweis auf chaotische Zustände auf der Baustelle und eines deswegen eingetretenen Annahmeverzugs und vermeintlich deswegen entstandene Mehrkosten mit der Annahme, dass nunmehr eine Schätzung zu erfolgen habe (anschaulich OLG München, Urt. v. 20.11.2007 – 9 U 2741/07, IBR 2009, 10). Richtigerweise gelten stattdessen dem Grunde nach **dieselben Anforderungen wie**

bei § 6 Abs. 6 VOB/B (so ganz eindeutig zu Recht KG, Beschl. v. 13.2.2009 – 7 U 86/08, IBR 2010, 437; OLG Köln, Urt. v. 28.1.2014 – 24 U 199/12, BauR 2014, 1309, 1310 = NJW 2014, 3039, 3040 = NZBau 2014, 626, 627; KG, Urt. v. 19.4.2011 - 21 U 55/07, BauR 2012, 951, 955; KG, Urt. v. 28.5.2013 – 7 U 12/12, BauR 2013, 1493 [Ls.]; OLG Hamm, Urt. v. 12.4.2011 – 24 U 29/09, BauR 2013, 956, 968; OLG Hamm, Urt. v. 30.7.2013 – 21 U 84/12, BauR 2014, 585, 588 = NJW 2014, 78, 81 = NZBau 2014, 104, 107; OLG Köln, Beschl. v. 27.10.2014 – 11 U 70/13, noch nicht veröffentl.; ebenso: Kniffka, ibr-online-Komm., Stand 26.5.2009; § 642 Rn. 62; a. A. ausführlich immerhin Glöckner, BauR 2014, 368, 374, der ohne detaillierte Darlegungen zum Haftungsgrund bei einer hinreichenden Darlegung des Annahmeverzugs die Festsetzung einer „billigen Entschädigung in Geld" zulassen will). Dies bedeutet, dass der Auftragnehmer vortragen muss, dass der Auftraggeber eine bestimmte nach dem Vertrag geschuldete und für die Bauausführung notwendige Mitwirkungshandlung nicht erbracht und diese sich wie konkret mit welcher Dauer verzögernd auf die Baustelle ausgewirkt hat. All das sind Fragen der Haftungsgrundlagen, die keiner Schätzung nach § 287 ZPO zugänglich sind. Insoweit kann dann dazu oben auf die entsprechenden Ausführungen zu § 6 Abs. 6 VOB/B verwiesen werden (s. o. Rdn. 742 ff.). Das bedeutet zusammengefasst zweierlei:

854 - Zunächst hat der Auftragnehmer im Rahmen einer **baustellenbezogenen Darstellung konkret** darzulegen, wie der Auftragnehmer den Bauablauf tatsächlich geplant hatte, das heißt, welche Teilleistungen er in welcher Zeit herstellen wollte, und wie der Arbeitskräfteeinsatz erfolgen sollte. Diese Darstellung muss zugleich die Beurteilung ermöglichen, ob die angesetzten Bauzeiten mit den von der Preiskalkulation vorgesehenen Mitteln hätten eingehalten werden können (vgl. OLG Hamm, Urt. v. 12.2.2004 – 17 U 56/00, BauR 2004, 1304 = NZBau 2004, 439, 440; KG, Urt. v. 28.5.2013 – 7 U 12/12, BauR 2013, 1493 [Ls.]) und ob die Baustelle auch tatsächlich mit ausreichend Arbeitskräften besetzt war. Diesem Bauablauf ist sodann der tatsächliche Bauablauf gegenüber zu stellen. Dabei sind die den Annahmeverzug begründenden Sachverhalte aufzuführen und deren tatsächliche Auswirkungen auf den Bauablauf zu erläutern (OLG Köln, Urt. v. 28.1.2014 – 24 U 199/12, BauR 2014, 1309, 1311 = NJW 2014, 3039, 3041 = NZBau 2014, 626, 627 mit zahlr. Nachw., die jedoch nur zum Teil einschlägig sind, weil sie auch Sachverhalte zu Mehrvergütungsansprüchen nach § 2 Abs. 5 VOB/B einschließen; ebenso OLG Köln, Beschl. v. 27.10.2014 – 11 U 70/13, noch nicht veröffentl.). Liegen mehrere Ursachen für einen Annahmeverzug vor, hat wie bei § 6 Abs. 6 VOB/B störungsbezogen jeweils eine getrennte Darstellung zu erfolgen. Zu berücksichtigen sind ebenso unstreitige **Umstände, die gegen einen Annahmeverzug sprechen** (OLG Köln, a. a. O.; OLG Hamm, Urt. v. 12.4.2011 – 24 U 29/09, BauR 2013, 956, 968), wie etwa die Möglichkeit, einzelne Bauabschnitte vorzuziehen oder die Ar-

beitskräfte sonst anderweitig einzusetzen (s. dazu etwa BGH, Beschl. v. 9.4.2012 – VII ZR 217/10, NJW-RR 2012, 848, 849 = NZBau 2012, 434; ebenso OLG Hamm, Urt. v. 30.7.2013 – 21 U 84/12, BauR 2014, 585, 588 = NJW 2014, 78, 81 = NZBau 2014, 104, 107; OLG Hamm, Urt. v. 12.4.2011 – 24 U 29/09, BauR 2013, 956, 968; OLG München, Urt. v. 20.11.2007 – 9 U 2741/07, IBR 2009, 10). Außerdem hat der Auftragnehmer zu sonstigen von ihm selbst verursachten Verzögerungen, die einen Annahmeverzug des Auftraggebers ausschließen würden (OLG Köln, a. a. O.), sowie zu schon erfolgten Kompensationen im Rahmen von Nachträgen vorzutragen (KG, Urt. v. 19.4.2011 – 21 U 55/07, BauR 2012, 951, 955; ähnlich OLG Dresden, Urt. v. 6.1.2012 – 1 U 3810, BauR 2012, 1380 [Ls.], was sich aus dem nur veröffentl. Leitsatz so aber nicht ergibt). Eine Berechnung, die vrogenannte Faktoren außer Acht lässt, ist wie die eines **Schadensersatzanspruchs unschlüssig** (KG, Urt. v. 19.4.2011, a. a. O.; OLG Köln, Urt. v. 28.1.2014, a. a. O.).

Neben diesen Haftungsgrundlagen muss der Auftragnehmer zur Erlangung einer Entschädigung weiter konkret vortragen, wieso eine bestimmte Behinderung welchen konkreten Entschädigungsanspruch im Sinne des § 642 BGB auslösen soll. Hierzu gehört gleichfalls eine konkrete **baustellenbezogene Darlegung**, welche Mehrkosten genau in Anlehnung an die eigene (kalkulierte) Vergütung (s. o. Rdn. 845) durch den zuvor dargestellten Annahmeverzug entstanden sind bzw. Aufwendungen deswegen erspart wurden. Dabei muss der Auftragnehmer gleichfalls zu den sonstigen ersparten Aufwendungen vortragen. 855

Beispiel:

Es muss etwa dargelegt werden, welche Maschine oder welches Personal erstens von der Verletzung der Mitwirkungshandlung in welchem Umfang/welcher Dauer betroffen ist, warum dieses zweitens nicht anderweitig eingesetzt werden konnte und drittens welche anteilige Vergütung dafür angefallen ist bzw. ggf. erspart werden konnte.

All das ist schon deshalb notwendig, um vor allem abzugrenzen, welche 856
Kostenanteile vom Auftragnehmer hier überhaupt geltend gemacht werden – oder um es negativ zu sagen: Für eine schlüssige Darlegung des Auftragnehmers muss sich eindeutig ebenso ergeben, dass insbesondere nicht (verdeckt) echte Vergütungsansprüche nach § 2 Abs. 5 und 6 VOB/B, Schadensersatzansprüche nach § 6 Abs. 6 VOB/B auf Ist-Kostenbasis oder ganz allgemein etwa nicht erstattungsfähige Anteile für Wagnis und Gewinn (s. o. Rdn. 847) berücksichtigt wurden. Dabei ist allerdings richtig, dass wie schon bei § 6 Abs. 6 VOB/B zumindest dann, wenn zu den Haftungsgrundlagen ausreichend vorgetragen wurde, insoweit, d. h. für die Bestimmung der richtigen Höhe, die ‚**angemessene**' Entschädigung letztes Endes nach § 287 ZPO geschätzt werden kann (KG, a. a. O.).

8.6 Umsatzsteuer auf Entschädigungsanspruch

857 Lange Zeit war umstritten, ob auf den Entschädigungsanspruch nach § 642 BGB Umsatzsteuer zu berechnen ist. Dies wurde teilweise verneint, da diesem Anspruch vermeintlich kein Leistungsaustausch zugrunde liege (OLG Koblenz, Urt. v. 20.9.2001 – 5 U 1453/00, BauR 2002, 811 = NJW-RR 2002, 809; Beck'scher VOB-Kommentar/Berger, B § 9 Abs. 3 Rn. 16). Dies ist falsch; vielmehr ist auf den **Entschädigungsanspruch Umsatzsteuer zu zahlen** (BGH, Urt. v. 24.1.2008 – VII ZR 280/05, BGHZ 175, 118, 121 = BauR 2008, 821, 822 = NJW 2008, 1523, 1525). Denn wie vorstehend erläutert ist der Entschädigungsanspruch einem echten Vergütungsanspruch sehr ähnlich (Rdn. 843 ff.). Dies gilt auch in steuerlicher Hinsicht, weil die Entschädigung mit einem Schwerpunkt als Entgelt für Leistungen des Unternehmers gezahlt wird. Dies ergibt sich schon aus § 642 Abs. 2 BGB, wonach sich die Höhe der Entschädigung sogar an der vereinbarten Vergütung anlehnt. Zwar hat der Europäische Gerichtshof mit Urteil vom 18. Juli 2007 (Az. C-277/05 EuZW 2007, 706) vor einiger Zeit eine vermeintlich gegenläufige Entscheidung getroffen. Diese Entscheidung kann jedoch nicht auf den Entschädigungsanspruch nach § 642 BGB übertragen werden. Der Fall des EuGH betraf nämlich die vermeintliche Umsatzsteuerpflicht für ein Angeld, das im Fall einer Hotelstornierung in jedem Fall zu zahlen war. In Folge dessen ging es dabei nicht um eine Zahlung für eine zusätzliche, sondern nur um eine Leistung, die der Hotelbetreiber bei Durchführung des Vertrages ohnehin hätte erbringen müssen. Demgegenüber muss der Auftragnehmer im Fall des § 642 BGB über das bei der Vereinbarung der Vergütung angenommene Maß hinaus noch zusätzlich seine Leistung bereithalten. Somit steht der Entschädigungsanspruch aus § 642 BGB für diese zusätzliche Leistungsvorhaltung auch neben dem eigentlichen Vergütungsanspruch (BGH, a. a. O.).

8.7 Kürzung bei Mitverschulden

858 Fällt dem Auftragnehmer im Zusammenhang mit der Verletzung einer Mitwirkungshandlung des Auftraggebers ein eigenes Verschulden zur Last, kann der Anspruch aus § 642 BGB in entsprechender Anwendung von § 254 BGB zu kürzen sein (OLG Hamm, Urt. v. 21.2.2002 – 21 U 23/01, BauR 2003, 1042, 1043 – Revision durch den BGH nicht angenommen: Beschl. v. 27.3.2003 – VII ZR 140/02; ebenso Staudinger/Peters/Jacoby, § 642 Rn. 13; Messerschmidt/Voit/Stickler, § 642 Rn. 49; Beck'scher VOB-Komm./Hartung, VOB/B vor § 3 Rn. 84; offen gelassen in BGH, Urt. v. 11.7.1966 – VII ZR 256/64, SFH Z 2.511 Bl. 8). Dabei wird vor allem eine Kürzung in Betracht kommen, wenn es der Auftragnehmer versäumt, seine Kosten bei einer Verletzung der Mitwirkungshandlung gering zu halten.

Beispiel:

Der Auftragnehmer bemüht sich während des Annahmeverzuges des Auftrages nicht um Ersatzaufträge.

Auch bei der **Anspruchsentstehung** kann es zu einer Kürzung kommen. 859

Beispiel:

Der Auftragnehmer weiß, dass es an der für die Errichtung des Bauvorhabens erforderlichen Baugenehmigung fehlt. Das Bauvorhaben wird aus diesem Grund stillgelegt.

In Fällen wie diesen mag der Auftraggeber zwar in Annahmeverzug geraten. Ein sich daraus ergebender Entschädigungsanspruch des Auftragnehmers gemäß § 642 BGB dürfte jedoch zu kürzen sein, soweit sich der Auftragnehmer wissentlich in diese Gefahrenlage begeben hat (OLG Hamm, Urt. v. 21.2.2002 – 21 U 23/01, BauR 2003, 1042, 1043 – Revision durch den BGH nicht angenommen: Beschl. v. 27.3.2003 – VII ZR 140/02; vgl. auch BGH, Urt. v. 5.2.1998 – VII ZR 170/96, BauR 1998, 397 f. = NJW-RR 1998, 738 f. zu der Mithaftung des Auftragnehmers aus dem Grund, dass er sich bei der Bauausführung nicht an die Baugenehmigung hält). Falls die beiderseitigen Verursachungsbeiträge nicht genau festgestellt werden können, kommt auch insoweit eine Schätzung gemäß § 287 ZPO in Betracht.

9 Rechtsfolgen bei unmöglicher Mitwirkungshandlung

Die gesamten bisherigen Ausführungen zu den Rechten des Auftragnehmers, 860
insbesondere zu den hier behandelten Schadensersatzansprüchen, standen unter der Voraussetzung, dass der Auftraggeber die Behinderung verschuldet hat. Davon zu trennen ist die Fallgestaltung, dass die vom Auftraggeber geschuldete Mitwirkungshandlung (dauerhaft) nicht (mehr) möglich ist.

Beispiel:

Einem Hauptunternehmer wird vom Bauherrn das Baugrundstück (dauerhaft) nicht zur Verfügung gestellt. Bietet nunmehr der Subunternehmer seine Leistungen an, kann der Hauptunternehmer seiner Mitwirkungsverpflichtung (Zurverfügungstellung des Baugrundstücks) nicht nachkommen.

In diesen Fällen der (dauerhaften) **Unmöglichkeit scheidet ein Annahmever-** 861
zug des Gläubigers/Auftraggebers aus: Denn dieser setzt zwar kein Verschulden, wohl aber das Können voraus (BGH, Urt. v. 30.11.1972 – VII ZR 239/71, BGHZ 60, 14, 16 f. = NJW 1973, 318, 319; ebenso: OLG Karlsruhe, Urt. v.

25.11.2008 – 8 U 61/08, BauR 2009, 547 [Ls.]; Palandt/Grüneberg, § 293 Rn. 5; Ernst, in: Münch. Komm. z. BGB, § 293 Rn 7; J. Hager, in: Erman, § 293 Rn. 3 – ebenso Ingenstau/Korbion, VOB/B § 9 Abs. 1 Rn. 62 ff.). Entfällt demnach ein Annahmeverzug des Auftraggebers, sind damit gleichzeitig Ansprüche des Auftragnehmers nach § 642 BGB ausgeschlossen. Dasselbe gilt für eine Kündigung des Bauvertrages nach § 9 Abs. 1 Nr. 1 VOB/B (Vygen/Joussen, Bauvertragsrecht, Rn. 2730). Ebenso entfallen die Rechte nach § 6 VOB/B, weil diese Vorschriften gleichfalls die Erfüllbarkeit, d. h. eine noch mögliche Leistungsverpflichtung bedingen (Ingenstau/Korbion/Döring, VOB/B § 6 Rn. 4). Diese Rechtslage ist in jedem Fall zu beachten, wobei allerdings häufig das fehlende Verschulden des Auftraggebers mit der Unmöglichkeit der Leistungserbringung verwechselt wird (s. etwa anschaulich OLG Karlsruhe, Urt. v. 16.6.2008 – 19 U 179/06, BauR 2008, 1494 [Ls.], das diese rechtliche Unterscheidung nicht hinreichend vornimmt).

▶ **Beispiel:** (s. dazu ausführlich Vygen/Joussen, Bauvertragsrecht, Rn. 2115 ff.)

Die Erteilung einer Baugenehmigung verzögert sich. Hierdurch kann der Auftragnehmer behindert sein und eine Bauzeitverlängerung geltend machen, weil die Beibringung der Baugenehmigung in den Risikobereich des Auftraggebers fällt (§ 6 Abs. 2 Nr. 1 lit. a VOB/B). Gleichzeitig kann der Auftraggeber auch ohne Verschulden daran in Annahmeverzug geraten, wenn der Auftragnehmer seine Leistungen ordnungsgemäß anbietet. Der Auftraggeber wäre somit einem Entschädigungsanspruch nach § 642 BGB ausgesetzt. Wird die Baugenehmigung jetzt endgültig versagt, wird dadurch die dem Auftraggeber obliegende Mitwirkungshandlung (Beibringung der Baugenehmigung) unmöglich. Ab diesem Zeitpunkt entfallen somit die Behinderungsfolgen, Entschädigungsansprüche aus Annahmeverzug u. a.

862 Zusammen gefasst gilt danach zu den Rechtsfolgen in Fällen, in denen der Auftragnehmer zwar leistungsbereit ist, aber nicht leisten kann, weil es an der vom Auftraggeber erforderlichen nicht (mehr) möglichen Mitwirkungshandlung fehlt

Abwicklung des Vertrages bei nicht mehr möglicher Mitwirkungshandlung des Auftraggebers			
	Ohne Verschulden des Auftraggebers		Mit Verschulden des Auftraggebers
	Unmöglichkeit beruht in Person oder auf Handlung des Auftraggebers	Unmöglichkeit beruht auf sonstigen Umständen, die nicht auf die Person oder auf Handlung des Auftraggebers zurückgehen	
Leistungspflicht des Auftragnehmers	entfällt nach § 275 Abs. 1 BGB		
Vergütungsfolgen			
Rechtsgrundlage	§ 645 BGB analog	§ 326 Abs. 1 BGB	§ 326 Abs. 2 BGB
Umfang	• Vergütung für erbrachte Leistungen • Auslagenersatz für in dieser Vergütung nicht enthaltene Kosten	Anspruch auf Vergütung des Auftragnehmers erlischt	Voller Vergütungsanspruch abzüglich ersparter Aufwendungen

9.1 Freiwerden von Leistungspflicht

Der leistungsbereite Auftragnehmer kann wegen der unterbleibenden Mitwirkungshandlung seine Leistung objektiv, ggf. auch nur subjektiv nicht mehr erbringen. Sie ist bzw. ist ihm persönlich unmöglich. Folglich wird er nach § 275 Abs. 1 BGB von seiner Leistungsverpflichtung frei. 863

9.2 Vergütungsfolgen

Ist die Mitwirkungshandlung des Auftraggebers einerseits und in Folge dessen die Werkleistung des Auftragnehmers andererseits unmöglich, wodurch Letzterer von seiner Leistungsverpflichtung frei wird, stellt sich für ihn mit besonderer Schärfe die Frage nach der Vergütung. Hier gilt: 864

- Zu betrachten ist zunächst der Sachverhalt, dass die Unmöglichkeit der Werkleistung vor der Abnahme **„in Folge eines Mangels des vom Besteller gelieferten Stoffes** oder in Folge einer von dem Besteller für die Ausführung erteilten Anweisung" eintritt. 865

▶ **Beispiel:** (BGH, Urt. v. 16.12.2004 – VII ZR 16/03, BauR 2005, 735 = NJW-RR 2005, 669)

Die Parteien schließen einen Vertrag zur Sanierung eines Altbaus. Nach Vertragsschluss stellt sich heraus, dass dieser nicht erhalten werden kann und abgerissen werden muss.

In Fällen wie diesen ist die vereinbarte Bauleistung unausführbar geworden, und zwar auf Grund der vom Besteller zur Verfügung zu stellenden Bausubstanz. Der Vergütungsanspruch des Auftragnehmers ergibt sich nunmehr unabhängig von einem weiter gehenden Verschulden des Auftraggebers vorrangig aus § 645 Abs. 1 S. 1 BGB (Palandt/Grüneberg, § 275 Rn. 19). Hiernach erhält der Auftragnehmer **einen der geleisteten Arbeit entsprechenden Teil der Vergütung und Ersatz der nicht in der Vergütung enthaltenen Auslagen**. Dabei orientiert sich die genaue Berechnung des Anspruchs aus § 645 Abs. 1 BGB an den Grundsätzen, die die Rechtsprechung zur Vergütung der erbrachten Leistungen nach einem gekündigten Werkvertrag entwickelt hat (BGH, Urt. v. 11.2.1999 – VII ZR 91/98, BauR 1999, 632, 633 = NJW 1999, 2036). Die Vorschrift des § 645 BGB kann im Übrigen analog auf Fälle angewendet werden, bei denen die Unmöglichkeit der Leistungserbringung auf die Person oder auf Handlungen des Bestellers allgemeiner Art zurückgeht, ohne dass den Besteller hieran ein Verschulden trifft. Dies gilt auch bei einem VOB-Vertrag (BGH, Urt. v. 21.8.1997 – VII ZR 17/96, BGHZ 136, 303, 308 = BauR 1997, 1019, 1021 = NJW 1997, 3018, 3019; BGH, Urt. v. 16.10.1997 – VII ZR 64/96, BGHZ 137, 35, 38 = BauR 1997, 1021, 1023 = NJW 1998, 456, 457).

▶ **Beispiel:** (ähnlich OLG München, Urt. v. 9.11.1990 – 23 U 4090/90, BauR 1992, 74, 75 ff. = NJW- RR 1992, 348 f.)

Erneut soll auf vorgenannten Beispielfall (Rdn. 860) zurückgegriffen werden, in dem der Hauptunternehmer dem Subunternehmer nicht das Baugrundstück übergibt, weil er es selbst nicht erhält. Eine direkte Anwendung von § 645 BGB scheidet aus, da die Unausführbarkeit des Bauwerkes nicht auf einem Mangel des von dem Auftraggeber (Hauptunternehmer) gelieferten Stoffes oder auf seiner Anweisung beruht. Zwar könnte man das Baugrundstück noch als „Stoff" im Sinne des § 645 BGB ansehen, da dieser Begriff weit auszulegen ist. Bei Nicht-Übergabe des Baugrundstücks liegt jedoch kein Mangel dieses „Stoffes" vor. Die Nichtausführung beruht vielmehr darauf, dass das Baugrundstück überhaupt nicht zur Verfügung gestellt wird. Insoweit ist jedoch eine analoge Anwendung des § 645 Abs. 1 BGB geboten.

866 Ebenso kann § 645 BGB entsprechend angewandt werden, wenn nur **Teile einer einheitlichen Leistung unmöglich** werden.

▶ **Beispiel:**

Ausgeschrieben ist mit einem Einheitspreis die Demontage einer asbestverseuchten Wandverkleidung. Später stellt sich heraus, dass diese Wand nur in ganz wenigen Teilen asbesthaltig ist. Der Auftragnehmer verlangt gleichwohl den vollen Einheitspreis.

Dies ist falsch. Denn die Leistung hat der Auftragnehmer so, wie sie ausgeschrieben war, nicht erbracht. Vielmehr ist sie hinsichtlich ihrer Leistungserschwerung gar nicht angefallen. Falls die Parteien dazu nichts anderes vereinbart haben, gilt stattdessen für den Vergütungsanspruch des Auftragnehmers insoweit erneut § 645 Abs. 1 S. 1 BGB. Er verdrängt wie vorstehend erläutert als Sonderbestimmung die allgemeinen Unmöglichkeitsregeln. Dies gilt auch in Fällen wie diesen, bei denen die Kalkulation des Einheitspreises auf einem vertraglich vorausgesetzten **Leistungserschwernis beruht, das tatsächlich aber nicht vorliegt** (OLG Rostock, Urt. v. 13.9.2007 – 7 U 128/05, NZBau 2008, 116, 117 = NJW-RR 2008, 403, 404). Konkret heißt das, dass der Auftragnehmer einen der geleisteten Arbeit entsprechenden Teil der Vergütung sowie Ersatz der in der Vergütung nicht inbegriffenen Auslagen verlangen kann, weil das Werk in Folge der Eigenschaften des vom Auftraggeber „gelieferten" Bauwerks (teilweise) unausführbar geworden ist. Danach ist die dem Auftragnehmer zustehende Vergütung nach dem Verhältnis zu bemessen, in dem der Aufwand für die tatsächlich erbrachte Leistung zu dem – hypothetischen – Aufwand für die Gesamtleistung steht. Etwaige Vorbereitungszeiten sind einzubeziehen. Es kommt also darauf an, welchen Anteil des für den Abbruch der asbestverseuchten Wandverkleidung erforderlichen Aufwandes der Auftragnehmer unter Berücksichtigung seiner Kalkulation erbringen musste, um die tatsächlich vorhandene Wandverkleidung ohne Asbestbelastung unter Berücksichtigung eines sonstigen Mehraufwandes abzubrechen (OLG Rostock, a. a.O).

Erlischt die Verpflichtung zur Bauleistung des Auftragnehmers auf Grund 867
von Umständen, die **keine Partei zu vertreten** hat und die weder auf die Person noch auf eine Handlung des Bestellers zurückgehen, ist § 645 BGB nicht – auch nicht analog – anwendbar.

▶ **Beispiel:** (BGH, Urt. v. 6.11.1980 – VII ZR 47/80, BGHZ 78, 352 = BauR 1981, 71 = NJW 1981, 391)

Das Bauvorhaben geht auf Grund eines nicht verschuldeten Brandes unter.

In diesen Fällen verbleibt es bei den allgemeinen Regelungen des Unmöglichkeitsrechts, d. h.: Der Anspruch des Auftragnehmers auf Gegenleistung erlischt (§ 326 Abs. 1 BGB), der Auftraggeber kann vom Vertrag zurücktreten, ohne dass es einer besonderen Fristsetzung bedarf (§§ 326 Abs. 5, 323 BGB).

868 • Ist der **Auftraggeber hingegen für die Unmöglichkeit der Leistungsausführung verantwortlich**, hat er sie insbesondere wegen einer schuldhaften Verletzung seiner Mitwirkungspflichten zu vertreten, so behält der Auftragnehmer seinen **Vergütungsanspruch**, wobei hier der Nettobetrag anzusetzen ist (so wohl BGH, Urt. v. 8.11.2007 – VII ZR 183/05, BauR 2008, 344, 350 f. = NJW 2008, 511, 515). Er muss sich jedoch dasjenige anrechnen lassen, was er in Folge der Befreiung von der Leistung erspart oder durch anderweitige Verwendung seiner Arbeitskraft erwirbt oder zu erwerben böswillig unterlässt (§ 326 Abs. 2 BGB). Ein Rücktritt vom Vertrag ist für den Auftraggeber in diesem Fall ausgeschlossen (§§ 326 Abs. 5, 323 Abs. 6 BGB).

10 Mehrkostenanspruch des Auftragnehmers bei Behinderungen in einem BGB-Vertrag

869 Bei einem BGB-Werkvertrag sind die Rechte des Auftragnehmers auf Erstattung von Mehrkosten bei Weitem nicht so detailliert geregelt wie bei einem VOB-Vertrag (s. zu dem Recht des Auftragnehmers, bei Behinderungen einen Vertrag zu beenden: Vygen/Joussen, Bauvertragsrecht, Rn. 2784 ff.). Stattdessen kann hier nur auf allgemeine Regelungen zurückgegriffen werden, d. h. vor allem auf einen Entschädigungsanspruch nach § 642 BGB bzw. einen Mehrkostenerstattungsanspruch aus § 304 BGB sowie hilfsweise auf die allgemeinen Rechte aus Schuldnerverzug.

Rechtsgrundlage	**§ 642 BGB**
Voraussetzungen	Verletzung einer erforderlichen Mitwirkungshandlung des Auftraggebers, auf Grund derer der Auftragnehmer seine Werkleistung nicht erbringen kann
Inhalt und Umfang des Anspruchs	Entschädigungsanspruch des Auftragnehmers als Gegenleistung für seine nutzlose Vorhaltung von Arbeitskraft, Kapital und Durchkreuzung seiner zeitlichen Disposition auf der Grundlage der Urkalkulation, abhängig von (1) Höhe der vereinbarten Vergütung (2) Dauer des Verzugs (3) Ausgleich für entgangene Erwerbschancen → kein Ersatz von Wagnis und Gewinn

Weitere Ansprüche	(1) Schadensersatz aus Schuldnerverzug, wenn es sich bei der unterlassenen Mitwirkungshandlung um Nebenpflicht des Bauvertrages handelt → bei BGB-Verträgen sehr problematisch, da zahlreiche Mitwirkungshandlungen nur Obliegenheiten darstellen (2) Schadensersatzanspruch aus § 280 Abs. 1 BGB, wenn Auftraggeber wegen Verletzung von Mitwirkungshandlungen ernsthaft den Vertragszweck gefährdet (3) Mehrkostenerstattungsanspruch aus § 304 BGB → tritt in der Regel vom Umfang hinter § 642 BGB zurück

10.1 Entschädigung nach § 642 BGB

Soweit der Auftraggeber eine für die Baudurchführung notwendige Mitwirkungshandlung unterlässt und der Auftragnehmer deswegen behindert ist, besteht zunächst der Entschädigungsanspruch nach § 642 BGB. Hier gilt nichts anderes als zuvor zu § 642 BGB im Anwendungsbereich eines VOB-Vertrages beschrieben (s. o. Rdn. 826 ff.) – mit einer Ausnahme: Dem Auftragnehmer steht auch dann eine Entschädigung zu, wenn er die **Behinderung nicht angezeigt** hat. Denn diese Beschränkung ergibt sich lediglich aus § 6 Abs. 6 S. 2 VOB/B, der im BGB-Werkvertragsrecht nicht gilt (ebenso OLG Düsseldorf, Urt. v. 19.2.2013 – 21 U 24/12, BauR 2013, 1866, 1867 870

10.2 Schuldnerverzug

Bei einem BGB-Vertrag besteht vielfach das Problem, dass nicht alle Mitwirkungshandlungen, die der Auftraggeber zu erbringen hat, Nebenpflichten sind. Teilweise stellen sie nur **Obliegenheiten** dar, deren Verletzung zwar für den Auftraggeber Nachteile mit sich bringen, auf Grund derer er aber nicht in Schuldnerverzug geraten kann. Dies ist im Einzelfall zu prüfen und letztlich nur dann eindeutig, wenn dies im Vertrag so geregelt ist (Vygen/Joussen, Bauvertragsrecht, Rn. 1072 ff.; vgl. auch Leupertz BauR 2010, 1999, 2000). Ohne eine solche Regelung wird man allenfalls von einer **Vertragspflicht** ausgehen können, wenn es um **bedeutende Mitwirkungshandlungen** geht, die die Parteien auch ohne Vereinbarung hierzu schon von der Sache her konkludent als Nebenpflicht angesehen haben (Vygen/Joussen, a. a. O., Rn. 1076 ff.). Bedeutende Mitwirkungspflichten können danach z. B. die Übergabe des Baugrundstücks oder die Zurverfügungstellung der Baupläne darstellen. 871

872 Liegt eine Nebenpflicht vor, kann der Auftragnehmer bei Verzug des Auftraggebers ihm entstehende Mehrkosten als Verzugsschaden nach §§ 280 Abs. 1, 2 i. V. m. 286 BGB ersetzt verlangen. Handelt es sich hingegen nur um eine reine Obliegenheit, entfällt naturgemäß ein Schadensersatz aus Schuldnerverzug (BGH, Urt. v. 23.1.1996 – X ZR 105/93, NJW 1996, 1745, 1746; Münch.Komm. z. B. BGB/Ernst, § 280 Rn. 131 ff.). Dies heißt jedoch nicht, dass der Auftraggeber bei dem Ausbleiben solcher Mitwirkungshandlungen überhaupt keinem Schadensersatzanspruch ausgesetzt wäre. Denn die Vernachlässigung von Mitwirkungshandlungen kann bei einer gewissen Schwere ausnahmsweise auch die allgemeine Pflicht eines Vertragspartners verletzen, den Vertragszweck in dem erforderlichen Umfang zu fördern. Somit kann der Auftragnehmer je nach Verletzung einer Mitwirkungshandlung, die allein noch keine Nebenpflicht darstellt, Ersatz der ihm entstehenden Zusatzkosten wegen **Verletzung der allgemeinen Vertragsförderungspflicht** verlangen (s. dazu näher Vygen/Joussen, Bauvertragsrecht, Rn. 2808 ff.). Der Anspruch folgt dann jedoch nicht aus einem Schuldnerverzug wegen der Verletzung von Nebenpflichten, sondern aus § 280 Abs. 1 BGB aus der Verletzung der allgemeinen Leistungstreuepflicht heraus (BGH, Urt. v. 13.11.1953 – I ZR 140/52, BGHZ 11, 80, 84 noch zum alten Recht, hier zum Schadensersatz aus positiver Vertragsverletzung; ebenso Palandt/Grüneberg, § 242 Rn. 27 ff.).

10.3 Mehrkostenerstattungsanspruch nach § 304 BGB

873 Kommt der Auftraggeber einer gebotenen Mitwirkungshandlung nicht nach und bietet der Auftragnehmer seine Leistung gleichwohl an, gerät der Auftraggeber in Annahmeverzug (§§ 293 ff. BGB – s. dazu oben Rdn. 832 ff.). Aus diesem Grund steht dem Auftragnehmer nach § 304 BGB ein Anspruch auf Ersatz der ihm insoweit entstehenden erforderlichen Mehraufwendungen zu, die ihm für das erfolglose Angebot sowie für die **Aufbewahrung und Erhaltung des geschuldeten Gegenstandes** entstanden sind. Gemeint sind damit Kosten für eine wiederholte Anfahrt zur Baustelle, Transport- oder Lagerkosten, oder auch Kosten zum Schutz der schon erbrachten Bauleistung, und zwar auf der Basis der Ist-Kosten (Erman/Hager, § 304 Rn. 2). **Nicht abgedeckt** sind hingegen z. B. **Vorhaltekosten** für Personal, Gerät oder Material oder sonstige Produktionsausfallkosten. Denn hierbei handelt es sich nicht um den geschuldeten Gegenstand; geschuldet ist stattdessen nur die Werkleistung. Letztere Kosten fallen vielmehr unter § 642 BGB. Mit dieser Maßgabe hat der Aufwendungsersatzanspruch nach § 304 BGB in der Praxis kaum eine Bedeutung, weil der speziellere Entschädigungsanspruch aus § 642 BGB in Anlehnung an die vereinbarte Vergütung in der Summe zumeist über den reinen Aufwendungsersatzanspruch nach § 304 BGB hinausgeht (Palandt/Sprau, § 642 Rn. 5; Koeble/Kniffka, 8. Teil, Rn. 33).

TEIL B

Die baubetrieblichen Probleme bei Bauverzögerungen und Leistungsänderungen

1 Kritische Bestandsaufnahme und aktueller Stand zur Nachweisführung bei Bauablaufstörungen

1.1 Die Aktualität des Themas „Bauverzögerungen"

Die Aktualität des Themas „Bauverzögerungen" zeigt sich in einer steigen- 1
den Zahl von gerichtlichen und außergerichtlichen Auseinandersetzungen über Behinderungen des Bauablaufes. Diese Auseinandersetzungen mit ihren finanziellen Forderungen haben in den letzten Jahren erheblich an Bedeutung gewonnen, vorwiegend aus folgenden drei Gründen:

- Die Verbesserung der baubetrieblichen Techniken:
  Die technische Verbesserung von Baumaschinen, Geräten, Schalungssätzen und Hilfsmitteln erlaubt es, die Arbeitsabläufe zu beschleunigen, d. h. zeitlich straffer und ineinandergreifend zu gestalten. Die Folge hiervon sind hohe zeitvariable Gemeinkosten der Baustelle und eine gestiegene Anfälligkeit gegen Störungen aller Art.
- Verkürzung von Planungs- und Ausführungsfristen:
  Die Verkürzung der Planungs- und Ausführungsphasen bewirken für den Auftraggeber geringere Finanzierungskosten und eine frühzeitigere Nutzung. Für die Durchführung des Bauobjektes bedeutet dies jedoch Zeitgleichheit von Planung und Ausführung, eine intensive Gerätebestückung der Baustelle und damit eine hohe Anfälligkeit gegen Störungen sowohl in der Planung als auch in der Bauausführung.
- Vertragsbewussteres Verhalten:
  Eine schlechte Baukonjunktur mit unauskömmlichen Preisen lässt ein großzügiges Arrangieren der Vertragspartner nicht mehr zu. Bauverzögerungen verursachen meist Mehrkosten und Zeitverluste für die Vertragspartner und volkswirtschaftliche Schäden auf Grund geringerer Ausnutzung der Kapazitäten oder Leistungsminderungen. Dadurch ist die Bereitschaft für die Vertragspartner gestiegen, Behinderungen anzumelden und berechtigte Ansprüche durchzusetzen.

1.2 Anforderungen der Rechtsprechung

Mit seinem Urt. v. 21.03.2002 (VII ZR 224/00) hat der BGH erstmals die Anfor- 2
derungen an die Darstellung einer Störung im Rahmen einer Schadensersatzforderung durch Auftragnehmer genauer spezifiziert (s. dazu auch Teil A Rdn. 722 ff., 792 ff.).

„Vielmehr ist in der Regel eine konkrete bauablaufbezogene Darstellung der jeweiligen Behinderungen unumgänglich. Diese muss auch diejenigen unstreitigen Umstände berücksichtigen, die gegen eine Behinderung sprechen, wie z. B. die Lieferung von Vorabzügen, nach denen tatsächlich zu den vorgesehenen Zeiten gearbeitet worden ist, oder die wahrgenommene Möglichkeit, einzelne Bauabschnitte vorzuziehen."

Dieser vom BGH geforderte, einzelfallspezifische Nachweis des adäquat-kausalen Zusammenhangs zwischen Ursache und Auswirkung einzelner Behinderungen wird nur selten in der geforderten Ausprägung geführt.

Momentan jedoch ist festzustellen, dass alle Beteiligten enorme Probleme mit der Umsetzung der Leitvorgaben des BGH haben. So wird bei den Juristen diskutiert, nach welchen Anspruchsgrundlagen zukünftig Bauzeitverlängerungen zu behandeln sein werden (§ 2 Abs. 5 bzw. 6 VOB/B, § 6 Abs. 6 VOB/B, § 642 BGB oder § 304 BGB). Hier steht vor allen Dingen die Frage im Raum, ob und wenn ja, wie Bauzeitverlängerungsansprüche in Folge angeordneter Leistungsänderungen, zusätzlicher Leistungen oder anderer Anordnungen einen Vergütungsanspruch auslösen können oder Schadenersatz bzw. Entschädigung zu fordern ist (ausführlich dazu Teil A, u. a. mit einem Überblick in Rdn. 465 ff.). Bei den Bauunternehmungen steht die Frage im Vordergrund, welche Dokumentationen zukünftig in welcher Tiefe anzufertigen sind und welche Kostenerfassung möglicherweise für den gestörten Bauablauf vorzunehmen ist. Bei den baubetrieblichen Sachverständigen wiederum gilt es, die bisherigen Vorgehensweisen zu modifizieren und neue Nachweisverfahren und Bearbeitungsschritte zu entwickeln.

1.3 Bisherige Verfahren zur Nachweisführung und deren Schwachstellen

3 In baubetrieblichen Gutachten wurde bislang häufig eine weitgehend theoretische Fortschreibung eines ursprünglich geplanten Bauablaufs zu einem störungsmodifizierten Bauablauf vorgenommen. Dies geschah unter dem Blickwinkel, wie sich der geplante Bauablauf entwickeln würde bzw. vom Auftragnehmer entwickelt worden wäre, wenn die Behinderungen vorab bekannt gewesen wären. Es wurden also sämtliche anderen vertraglichen, terminlichen und kapazitiven Vorgaben losgelöst vom tatsächlichen Bauablauf beibehalten. Dieser störungsmodifizierte Bauablauf (Soll') enthielt nicht selten fortgeschriebene Zwischen- und Fertigstellungstermine, die jenseits der tatsächlichen Termine lagen, was entweder als Ergebnis von Beschleunigungsmaßnahmen oder als Preisgabe von Puffern gewertet wurde. Die zugehörigen Mehrkosten wurden – wenn sie nicht fälschlicherweise analog zur von den Gerichten abgelehnten Äquivalenztheorie für die fortgeschriebenen Zeiträume ermittelt wurden (s. zur Äquivalenztheorie Teil A Rdn. 781 ff.) – auf Basis der Ist-Zeiträume bestimmt. Oftmals ist auch festzustellen, dass hier-

bei nicht zwischen den unterschiedlichen rechtlichen Anspruchsgrundlagen unterschieden und vereinfachend ein Mehrvergütungsanspruch formuliert wurde (Teil A Rdn. 426 ff., 435 ff.).

Der Entwicklung solcher störungsmodifizierter Soll'-Bauablaufpläne ist gemeinsam, dass von vier grundsätzlich unterschiedlichen Veränderungen gegenüber dem Soll-Bauablauf ausgegangen wird. 4

Aus der Sphäre des Auftraggebers resultierende Störungen:

Lässt sich die Differenz zwischen dem Ist- und dem Soll-Bauablauf genau durch eine vom Auftraggeber zu vertretende Störung begründen, so wird die Dauer der Bauablaufstörung unverändert in den Soll'-Bauablauf übernommen. Auch hieraus resultierende Sekundärstörungen werden in dieser Form berücksichtigt.

Aus der Sphäre des Auftragnehmers resultierende Störungen:

Eine verspätete Aufnahme von Tätigkeiten, die beispielsweise auch durch In-Verzug-Setzungen des Auftraggebers dokumentiert wurden, oder Verschiebungen und Verlängerungen von Ausführungsdauern, die vom Auftragnehmer im Rahmen seiner Dispositionsfreiheit vorgenommen wurden, werden im Soll'-Bauablauf nicht berücksichtigt. Es wird sowohl die ursprüngliche Lage als auch die ursprüngliche Dauer des betroffenen Vorganges beibehalten.

Vom Auftragnehmer bewirkte Beschleunigungen, die vom Auftraggeber angeordnet wurden:

In diesem Fall werden sowohl der Soll- als auch der Soll'-Bauablauf angepasst, also verkürzt.

Vom Auftragnehmer bewirkte Beschleunigungen, die vom Auftraggeber nicht angeordnet wurden:

Die Ergebnisse einer solchen Beschleunigung werden dem Auftragnehmer zugeordnet, indem trotz verkürzter tatsächlicher Ausführungsdauern im Soll'-Bauablauf die Soll-Dauern beibehalten werden.

Nachdem sämtliche Vorgänge des Soll-Bauablaufs nach obigen Regeln in den Soll'-Bauablauf transferiert wurden, ergibt sich ein theoretisch vom Auftragnehmer geschuldeter Bauablauf, der aber vor allen Dingen auf der Ebene einzelner Vorgänge keinen Bezug zum tatsächlichen Bauablauf hat. Die Überlegung, die einer solchen Vorgehensweise zugrunde liegt, ist einfach. Da im störungsmodifizierten Bauablauf nur Veränderungen (Bauablaufstörungen bzw. angeordnete Beschleunigungen) berücksichtigt wurden, die der Sphäre des Auftraggebers zuzuordnen sind, soll durch eine einfache Gegenüberstellung von Soll- zu Soll'- bzw. zum Ist-Bauablauf die tatsächlich eingetretene Gesamtbauzeitverlängerung bestimmt und den Verantwortungsbereichen der Vertragspartner zugeordnet werden.

5 Ergibt sich ein störungsmodifizierter Bauablauf, der sich zeitlich länger als der tatsächliche Bauablauf erstreckt, so wird definiert, dass der Auftragnehmer noch weitere als die betrachteten Beschleunigungen vorgenommen hat und die gesamte Bauzeitverlängerung, also die Differenz zwischen Soll- und Ist-Bauablauf, vom Auftraggeber zu vertreten ist. Für diesen Verlängerungszeitraum werden anschließend auch die Mehrkosten bestimmt.

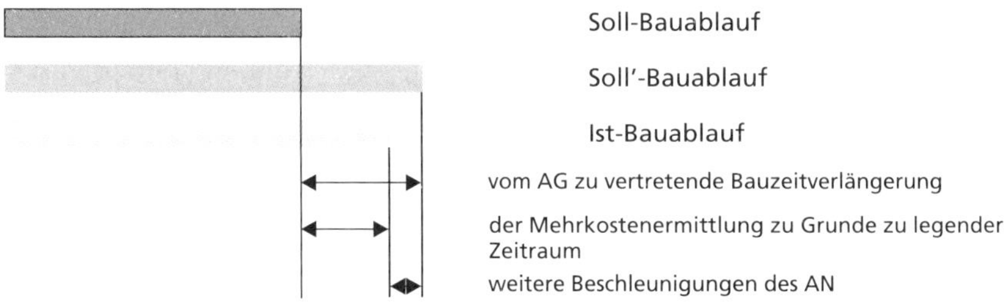

Abb. 1: Gegenüberstellung Soll-, Soll'- und Ist-Bauablauf, für den Fall, dass der tatsächliche Bauablauf zeitlich kürzer als der Soll'-Bauablauf ist

6 Etwas anders liegt der Fall, wenn sich ein störungsmodifizierter Bauablauf einstellt, der sich zeitlich kürzer als der tatsächliche Bauablauf ist.

Die Differenz zwischen Soll'- und Ist-Bauablauf wird nun als eine Bauzeitverlängerung definiert, die vom Auftragnehmer zu vertreten ist. Folgerichtig hat dann der Auftraggeber nur die Differenz zwischen Soll- und Soll'-Bauablauf zu vertreten. Daher werden die Mehrkosten auch nur für den Verlängerungszeitraum zwischen dem Soll- und Soll'-Bauablauf berechnet.

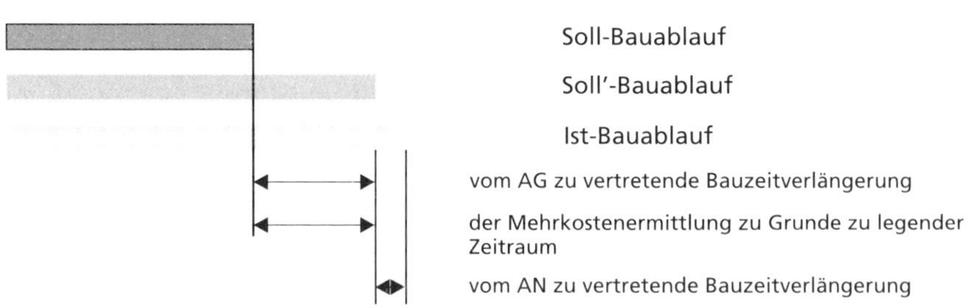

Abb. 2: Gegenüberstellung Soll-, Soll'- und Ist-Bauablauf, für den Fall, dass der tatsächliche Bauablauf zeitlich länger als der Soll'-Bauablauf ist

Diese Vorgehensweise liefert jedoch nur in wenigen einfachen Praxisfällen richtige Ergebnisse für die Gesamtbauzeitverlängerung. Durch die Gegenüberstellung des Soll'-Bauablaufs mit dem Soll- oder Ist-Bauablauf kann nämlich lediglich in einfachen Bauabläufen (nur eine Vorgangsfolge mit Normalfolgen) mit wenigen klaren Behinderungssachverhalten die Gesamtbauzeitverlängerung festgestellt, beurteilt und den Verantwortungssphären des Auftraggebers oder des Auftragnehmers verursachungsgerecht zugeordnet werden. Es lassen sich somit lediglich Aussagen dahin gehend treffen, ob und wenn ja, für welchen Zeitraum der Auftragnehmer einen Anspruch auf zeitabhängige Gemeinkosten hat. Auch kann beurteilt werden, ob in diesen Fällen vom Auftraggeber eine Vertragsstrafe zu Unrecht oder zu Recht gefordert wird.

Keine zuverlässige Aussage liefert diese Vorgehensweise jedoch bei üblichen, 7
vernetzten Bauabläufen mit einer Vielzahl von unterschiedlichen Störungsursachen, gerade auch im Hinblick auf die Einzelvorgänge und den damit verbundenen (Mehr-)Kosten, wie nachfolgendes Beispiel erläutert:

Ein geplanter Teilbauablauf soll zwei Vorgänge vorgesehen haben, für die eine Dauer von 9 bzw. 8 Zeiteinheiten (ZE) geplant war und die über eine Normalfolge mit einer Dauer von – 1 ZE verbunden sein sollten (siehe Teil B, Abb. 3).

Durch angeordnete zusätzliche Leistungen soll nun nach Auswertung der zugehörigen Nachtragskalkulation eine Verlängerung der Ausführungsdauer von 4 ZE eingetreten sein. Gemäß den obigen Regeln zur Veränderung von Vorgängen im störungsmodifizierten Bauablauf wird im Soll'-Bauablauf der Vorgang 1 um 4 ZE verlängert. Eine Störung beim Vorgang 2, nämlich ein notwendiger Wechsel des Nachunternehmers, der in die Verantwortungssphäre des Auftragnehmers fällt, wird dementsprechend gar nicht berücksichtigt. Der Vorgang 2 behält seine ursprünglich geplante Dauer von 8 ZE bei. Die vorgesehene Abhängigkeit zwischen beiden Vorgängen wird – da keine Veränderungen vom Auftraggeber zu vertreten sein sollen – ebenfalls beibehalten. Eine detaillierte Betrachtung der tatsächlichen Situation liefert jedoch ein gänzlich anderes Bild. Die Ausführungsdauer des Vorgangs 1 hat sich nicht verlängert. Die Ursache hierfür war die Möglichkeit der Parallelbearbeitung von Vertragsleistung und zusätzlicher Leistung im tatsächlichen Ablauf. Der Leistungsbeginn für den Vorgang 2 war erst 3 ZE nach Abschluss des Vorgangs 1, da erst zu diesem Zeitpunkt ein neuer Nachunternehmer zur Verfügung stand.

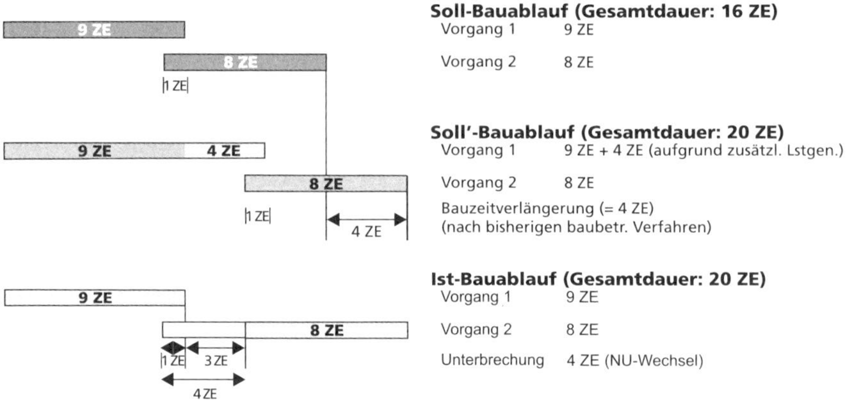

Abb. 3: Gegenüberstellung Soll-, Soll'- und Ist-Bauablauf

Die bisherigen baubetrieblichen Nachweisverfahren kämen ohne näherer Betrachtung der tatsächlichen Detailbauabläufe zu dem Ergebnis, dass der Auftragnehmer einen Anspruch auf Bauzeitverlängerung von 4 ZE (Differenz zwischen Soll'- und Soll-Bauablauf) hätte. Da der Ist-Bauablauf nicht länger als der Soll'-Bauablauf dauert, sondern in der Dauer dem prognostizierten Soll'-Bauablauf entspricht, würde wahrscheinlich folgerichtig eine Mitverursachung durch den Auftragnehmer ausgeschlossen werden. Aus dem tatsächlichen Gesamtbauablauf würde möglicherweise sogar eine Bestätigung der Mehraufwendungen in Folge der zusätzlichen Leistungen entwickelt werden. Erst eine ablaufbezogene Analyse des tatsächlichen Detailbauablaufs kommt zu einem akzeptablen Ergebnis. Hier würde sich nämlich zeigen, dass im gewählten Beispiel der Auftragnehmer die Ursachen für die Bauzeitverlängerung geschaffen hat. Der notwendige Wechsel des Nachunternehmers hat dazu geführt, dass der Vorgang 2 erst verspätet und ohne die ursprünglich vorgesehene Überlappung zum Vorgang 1 begonnen hat.

Es gilt demnach, von solchen bisherigen Vorgehensweisen abzurücken und neue Nachweisverfahren und Bearbeitungsschritte anzuwenden.

1.4 Anforderungen an baubetriebliche Gutachten zur Bewertung von Bauablaufstörungen und deren Folgen

8 Die Anforderungen an baubetriebliche Gutachten zur Bewertung von Bauablaufstörungen und deren Folgen sind einerseits bindend durch die Rechtsprechung, insbesondere die BGH-Rechtsprechung, andererseits ergänzend

durch baurechtliche und baubetriebliche Kommentierungen und Veröffentlichungen geformt.

Hierbei ist die Zielsetzung eindeutig und sehr verständlich:

> Da diese Thematik in den letzten Jahren, insbesondere auch bei Großprojekten, häufig eine Rolle spielte und das Schadens-/Mehrkostenvolumen oftmals ganz beträchtlich war, muss der Fordernde ausreichend plausible Nachweise erbringen, damit sichergestellt ist, dass die Termin- und Kostenfolgen zulasten des Bezahlenden dem Grunde und der Höhe nach wirklich berechtigt sind.

Da es bei gestörten komplexen Großprojekten jedoch nicht die schönen Einzelfall-Literaturbeispiele gibt, sondern meist eine große Anzahl verschiedener Störungen und Behinderungen mit unterschiedlichen Verursachern, muss diese Thematik sehr systematisch nach einer immer gleichen Vorgehensweise abgearbeitet werden. Dieses Schema muss in mehreren Stufen hintereinander durchlaufen werden, sodass die Ergebnisse dazu auch als „gefestigt" zu bezeichnen sind. Ein solches Nachweis-Schema ist in erster Linie eine baubetriebliche Ausarbeitung, allerdings richten sich die verschiedenen Bewertungen in den Stufen nach den konkreten vertragsrechtlichen Vorgaben (einschließlich der zugehörigen Rechtsprechung), wie dies Eschenbruch/von Rintelen (Bauablaufstörungen und Terminfortschreibung nach der VOB/B, NZBau, Seite 402) zu Recht festgestellt haben. 9

Insofern soll zunächst aus rechtlicher Sicht Folgendes vorangeschickt werden (s. dazu auch ausführlich Teil A Rdn. 722 ff., 792 ff.): 10

Nach dem BGH (vgl. NZBau, 2005, Seite 336 und 338) ist eine baubetriebliche Terminfortschreibung bei gestörten Bauabläufen im Nachlauf der Geschehnisse möglich.

Jede Störung ist für sich als Einzelbetrachtung zu untersuchen, d. h. nach jeder Störung ist damit auch eine Terminfortschreibung möglich.

Bei einer baubetrieblichen Terminfortschreibung gibt es nicht nur die Betrachtung von Vertragsterminen, sondern es kann der gesamte Bauzeitenplan fortgeschrieben werden.

Als Basis für jede Terminfortschreibung gilt der vertragliche Soll-Bauablaufplan, gegebenenfalls mit baubetrieblichen Ergänzungen/Änderungen, wenn dies rechtlich zulässig ist (siehe hierzu näher Eschenbruch/von Rintelen, Bauablaufstörungen und Terminfortschreibung nach der VOB/B, NZBau 2010, Seite 404).

Bezüglich der Nachweisanforderungen bei Bauablaufstörungen hat der BGH in seinen bekannten Urteilen (BGH, Urt. v. 24.02.2005 VII – ZR 225/03 und Urt. 11

BGH VII ZR 141/03 v. 24.02.2005, vgl. auch Teil B Rdn. 217) klare Anweisungen gegeben. So hat ein konkreter Nachweis der Störungsursache/des Behinderungsgrundes zu erfolgen. Dabei ist insbesondere der Nachweis der Kausalität zwischen der Störungsursache/Behinderungsgrund und den daraus folgenden Auswirkungen im Bauablauf auch hinsichtlich der Länge einer Bauzeitverzögerung exakt zu führen. Dies ist die so genannte haftungsbegründende Kausalität, bei der der BGH keinerlei Vereinfachungen oder Erleichterungen zugelassen hat, auch nicht bei Großprojekten oder komplexen Projekten. Die konkreten Auswirkungen der Behinderungen sind in einer bauablaufbezogenen Darstellung jeweils im Einzelfall aufzuzeigen (vgl. auch Teil A Rdn. 792 ff.).

Nebenbei gesagt, „erlaubt" der BGH hierbei auch die Mithilfe von (sicherlich baubetrieblichen) Sachverständigen (NZBau, 2005, Seite 336).

12 Durch diese bindenden rechtlichen Vorgaben wird der Grobablauf eines baubetrieblich und baurechtlich haltbaren Nachweises von Bauverzögerungen wie folgt abgesteckt:

Ausgangspunkt ist der vertragliche Bauablauf als Soll-Terminplan (gegebenenfalls baubetrieblich und baurechtlich begründet modifiziert); sog. Soll (0)-Terminplan.

Anschließend erfolgt eine ausführliche Darstellung der objektiven Sachlage mit Hinterlegung durch die entsprechende Dokumentation, wie z. B. Schriftverkehr, Protokolle, Fotos usw. (Eine baubetrieblich geordnete Dokumentation ist als Beweismittel unverzichtbar, auch wenn sie mit viel Aufwand verbunden ist, vgl. BGH-Urteil v. 21.03.2002 VII ZR 224/00 (s. Teil B Rdn. 193 ff.))

Schließlich erfolgt der Nachweis der Dauer einer Bauablaufstörung und die baubetriebliche Bewertung der Wirkungsweise auf den Bauablauf. Dies bedeutet, dass baubetrieblich bewertet werden muss, an welcher Stelle des Terminplans die Störung mit welchen Anordnungsbeziehungen einzupflegen ist. Dies bedingt automatisch den Nachweis der verzögernden Wirkung einer Störung an einem vernetzten Terminplan (d. h. Netzplan, auch wenn programmtechnisch nur ein Balkenplan dargestellt wird).

Jetzt erfolgt eine Gegenüberstellung des störungsmodifizierten Terminplans mit der vorhergehenden Basis, d. h. bei der ersten Störung mit dem Soll (0)-Terminplan.

13 Die nun folgende Stufe ist eine der wichtigsten:

Es erfolgt der Abgleich des störungsmodifizierten Terminplans mit dem konkreten Ist-Bauablauf. Dies ist eine ganz entscheidende Stufe, da hierdurch erst der konkrete Nachweis mit Bezug auf die tatsächlichen Geschehnisse stattfindet. Hierbei ist festzustellen, ob es im Detail Abweichungen zwischen dem störungsmodifizierten Terminplan und dem Ist-Bauablauf gibt. Bei Abweichungen muss jeweils eine baubetriebliche und gegebenenfalls baurechtliche Bewertung des Abweichungsgrundes und der daraus resultierenden Folgen stattfinden. Danach ist es gegebenenfalls notwendig, dass eine nochmalige Überarbeitung des störungsmodifizierten Terminplans stattfindet, bis der störungsmodifizierte Terminplan und der Ist-Terminplan übereinstimmen. So wird sichergestellt, dass alle baubetrieblichen und baurechtlichen Umstände ausreichend gewürdigt wurden.

Anmerkung: 14

Hierbei werden z. B. die tatsächlichen Leistungsumstände der Baustelle zum Zeitpunkt des konkreten Eintritts der Störungen bewertet sowie die tatsächliche Verhaltensweise der Parteien, z. B. eine tatsächliche Beschleunigung durch den Auftragnehmer. Es genügt im Allgemeinen jedoch, den Ist-Bauablauf zunächst nur im örtlichen und terminlichen Umfeld der Bauablaufstörung näher zu untersuchen.

Das Ergebnis der vorgenannten Bemühungen ist dann ein realitätsnaher modifizierter Terminplan, der die konkreten Zeitdauern und Reaktionen der Parteien darstellt und als Basis für die nächste Störung/Behinderung dienen kann. Diese Anpassungen führen dann zu einem Terminplan, der den (zukünftigen) Bauablauf nach dem Ende der betrachteten Störung/Behinderung beschreibt. Ein solcher Plan ist unverzichtbar, um z. B. die Rechtzeitigkeit von Behinderungsanzeigen und Planlieferungen im gestörten Bauablauf beurteilen zu können. Die Weiterverarbeitung dieser Bewertungen und Ergebnisse kann dann auch dergestalt erfolgen, dass Beschleunigungsmaßnahmen des Auftragnehmers in einer letzten Stufe diesem positiv zugerechnet werden (Stichwort Zeit-/Pufferkonto (s. Teil B Rdn. 152, 192)).

In der o. g. Literaturquelle Eschenbruch/von Rintelen (Bauablaufstörungen und Terminfortschreibung nach der VOB/B, NZBau, 7/2010, S. 401 ff.) wurde im Rahmen des dort durchgeführten „Stresstests für baubetriebliche Gutachten" angemahnt, die Berücksichtigung der relevanten juristischen Aspekte bei der Terminfortschreibung auch im Rahmen von baubetrieblichen Gutachten sicherzustellen. Der dort aufgeführte 5-stufige Prüfprozess wird sicherlich durch das nachfolgende, überarbeitete und verfeinerte 9-Stufen-Modell (vgl. Teil B Rdn. 165, Kap. 6) voll erfüllt (übrigens auch schon durch die Version in der 5. Aufl.) und müsste deshalb den Stresstest der Juristen (und hoffentlich insbesondere der Richter) bestehen können. 15

2 Der Terminplan als Grundlage für die Feststellung von Bauzeitverzögerungen

2.1 Notwendigkeit der Terminplanung

16 Welche extremen Ausmaße unzureichend geplante Projektabläufe und dadurch ausufernde Baukosten annehmen können, ist durch die Tagespresse hinreichend bekannt. Gerade aus diesem Grund sollte ein sehr hoher Wert auf eine gründliche und detaillierte Terminplanung gelegt werden.

Um Bauzeitverzögerungen auch in einem möglichst frühen Stadium zu erkennen, ist eine kontinuierliche Terminverfolgung unentbehrlich.

Deshalb sollten mit allen Projektbeteiligten verbindliche Festlegungen getroffen werden, die den gesamten zeitlichen Ablauf sachlich und eindeutig beschreiben. Nur so lässt sich frühzeitig erkennen,

1. ob fehlende Vorleistungen das Weiterarbeiten behindern oder erschweren (z. B. verspätete Planlieferung, verzögerte Tätigkeiten eines Vorunternehmers)
2. dass technische, kapazitive oder organisatorische Schwierigkeiten die Arbeiten verzögern (z. B. außergewöhnliche witterungsbedingte Minderleistung, unzureichende Gerätekapazitäten)
3. ob und in welchem Ausmaß sich die Verzögerung auf die Folge- und Endtermine auswirken.

Ohne einen baubetrieblich aussagefähigen Terminplan und eine permanente Terminkontrolle sind diese Feststellungen nur schwer möglich.

2.2 SOLL- bzw. SOLL-0-Terminplan

17 Als Basis für alle späteren Nachweisführungen und Berechnungen dient der vertraglich vereinbarte Terminplan. Dieser wird als SOLL-Terminplan bezeichnet. Ist der SOLL-Ablauf aus baubetrieblicher Sicht unvollständig oder widersprüchlich, muss dieser unter Berücksichtigung der vertraglichen Rahmenbedingungen angepasst werden. Der überarbeitete SOLL-Terminplan wird üblicherweise als SOLL-0-Terminplan bezeichnet.

Der Vertragsterminplan darf nur insoweit verändert werden, dass die bestehenden Verpflichtungen aus dem Vertrag nicht verletzt werden. In jedem Fall sind alle betreffenden Vertragspartner über die Änderung zu informieren und es ist zu überprüfen, ob und in wieweit die Modifikationen Einfluss auf Folgevorgänge nehmen.

2.2.1 Anforderungen an den SOLL- bzw. SOLL-0-Terminplan

Für einen praxistauglichen Terminplan, der als Grundlage für die Nachweisführung dienen soll, müssen gemäß Schubert (Vygen, Joussen, Schubert, Lang, 6.Aufl.) folgende Bedingungen erfüllt sein: 18

1. Er muss **glaubhaft** sein, d. h. er sollte einen Bauablauf zeigen, der in seiner technischen und zeitlichen Abwicklung möglich ist. Dabei sollten auch die Terminvorstellungen der Unternehmer berücksichtigt und dargestellt werden.

2. Er muss **aussagefähig** sein, d. h. er muss so gegliedert werden, dass der Ablauf einzelner markanter Arbeitsabschnitte und Arbeitsfolgen und deren Verknüpfungen nachvollziehbar sind. Er soll so detailliert sein, dass die Erfüllung wichtiger Vorbedingungen getrennt erkennbar und dass eine Verzögerung innerhalb eines Vorganges bereits frühzeitig erkennbar wird und nicht erst, wenn keine Verbesserungsmaßnahmen mehr möglich und eine verursachergerechte Zuordnung nicht mehr feststellbar ist. Der Detaillierungsgrad sollte den Erfordernissen angepasst werden, da sonst der Sinn für das Wesentliche und die Übersicht verloren gehen. Zusätzlich können kleine unvermeidbare Terminverschiebungen zu übertriebenen und unnötigen Reaktionen führen.

Folgend sind einige Detaillierungsgrade von Terminplänen erläutert:

Rahmenterminplan (Meilensteinplan)

Der Rahmenterminplan wird bereits in einer sehr frühen Projektphase erstellt. Alle wesentlichen Termine des gesamten Projektes werden hierin erfasst. Diese können als Meilensteine abgebildet werden, also als wichtige Ecktermine. Hierbei kann es sich um die Fertigstellung ganzer Bauabschnitte oder Lose handeln, die Erteilung einer wichtigen Baugenehmigung oder anderer terminkritischer Ereignisse. In der Regel werden hierin höchstens 20 bis 30 Vorgänge definiert.

Grobterminplan

Er entsteht meist bereits nach der Vorplanung und wird auf der Grundlage des Rahmenterminplans entwickelt. Die hierin enthaltenen Termine entsprechen in etwa den Vertragsterminen der einzelnen Planer und stellen die Koordination zwischen Planung und Bauausführung sicher. Wichtige Zwischenschritte, wie zum Beispiel Teilabnahmen oder Inbetriebnahmen und Schnittstellen werden grob dargestellt.

Detailterminplan (Feinterminplan)

Der Detailterminplan dient der vollständigen Darstellung einzelner Vorgänge innerhalb der jeweiligen Gewerke. Der Detaillierungsgrad reicht bis hin zu einzelnen Tätigkeiten, wie das Verputzen einer bestimmten Wand. Er wird häufig erst kurz vor der Ausführung erstellt, ist dementsprechend sehr gut als Steuerungsinstrument geeignet.

Je nach Projekt sind diverse Zwischenlösungen der Detaillierungsgrade der o. g. Terminplanarten denkbar, die hier nicht weiter ausgeführt werden sollen.

19 3. Der Terminplan sollte **vollständig** sein, d. h. wesentliche Genehmigungen, wichtige Planlieferungstermine, für den Ablauf wichtige Vorleistungen anderer Unternehmer und die wesentlichen zeitbestimmenden Vorgangsabläufe müssen in dem Terminplan enthalten sein, da sonst später böse Überraschungen entstehen können.

4. Der Terminplan sollte durch Verknüpfung der Tätigkeiten **rechenbar** sein, um die zeitliche Auswirkung von Verzögerungen leicht und sachlich richtig festzustellen.

5. Der Terminplan sollte **verbindlich** sein. Dies ist zweifellos nicht in das Belieben eines einzelnen Vertragspartners gestellt, beide Vertragspartner haben auch Gründe, dies nicht immer zu wollen, da der Vorteil der Nachweisbarkeit von Verzögerungen vielfach einer Seite scheinbar zum Nachteil gereicht. Da aber insgesamt der entstehende Schaden minimiert werden kann, dürfte eine verbindliche Vereinbarung eines Terminplanes letztlich beiden Partnern zugute kommen.

20 Die vorgenannten Anforderungen an den Terminplan führen zwangsläufig dazu, dass er

- gründlich und im Detail durchdacht sein muss,
- dass die Vorgänge in ihrer zeitlichen Dauer begründet festgelegt werden und
- dass die Vorgänge entsprechend ihrer Ablauffolge so miteinander verknüpft werden,
- dass die Einhaltung wesentlicher Termine sichergestellt und nachgewiesen wird.

Ein besonderes Augenmerk sollte hierbei auf die Anordnungsbeziehungen (AOB) gelegt werden. Sie sind entscheidende Faktoren bei der Ermittlung der Auswirkungen einer Bauzeitverzögerung auf den Gesamtablauf (siehe hierzu auch Teil B 2.2.3).

21 In der Praxis wird oftmals mit Terminplänen gearbeitet, die den vorgenannten Anforderungen nicht entsprechen. Dies macht eine Terminkontrolle oder Verzögerungsberechnung wesentlich schwieriger. Mit folgender Vorgehensweise sollte das dennoch möglich sein:

1. Überprüfen, ob der vorhandene SOLL-Terminplan logisch ist, also ob eine Fertigung technisch und logistisch möglich war – ***glaubhaft***

2. Aufschlüsselung des Terminplans in Arbeitsabschnitte als logische Einheit, um das Zusammenstellen der für den Nachweis benötigten Unterlagen zu gewährleisten – ***aussagefähig***

3. Eventuell fehlende Anordnungsbeziehungen ergänzen – ***rechenbar*** **22**

Hierdurch soll vermieden werden, dass Verzögerungen bei parallelen oder nicht kritischen Vorgängen aufaddiert und überbewertet werden oder dass begründete Terminverschiebungen durch fehlende Verknüpfungen nicht nachvollzogen werden. Auch sollte überprüft werden, ob neben technisch oder kapazitiv notwendigen Anordnungsbeziehungen auch solche enthalten sind, die lediglich zum Zwecke der Berechenbarkeit eingefügt wurden. Sie müssen zwingend überdacht oder entfernt werden, da sie andernfalls unbegründete Terminverschiebungen verursachen.

Auf Grundlage der vorgenannten Bedingungen kann für die Nachweisführung ein SOLL-0-Terminplan erstellt werden, der die vertraglich vereinbarten Anforderungen sowie die baubetriebliche Nachvollziehbarkeit und Richtigkeit berücksichtigt.

2.2.2 Maßgebende Einflussgrößen im Terminplan

Inwieweit ein Terminplan im Sinne des kausalen Nachweises tatsächlich aussagefähig ist, kann durch die Festlegung der für den Ablauf maßgebenden Einflussgrößen bestimmt werden: **23**

- Zuordnung der Kapazitäten (Arbeitskräfte, Gerät, Kosten),
- Festlegung von Planvorlaufzeiten und Regelungen des Planflusses,
- Festlegung Vor- und Folgeleistungen anderer Unternehmer (AOB),
- Berücksichtigung von Witterungsausfallzeiten, Ferien, Urlaub oder Krankheit.
- Einplanung von Pufferzeiten

Zuordnung von Kapazitäten

Die Zuordnung der Kapazitäten sollte analog zu den im Terminplan betreffenden Vorgängen dargestellt werden. Die Aufteilung kann je nach Bedarf pro Tag, bei Kosten pro Woche oder Monat erfolgen. Durch Aufsummierung entsteht so eine Kapazitätskurve, z. B. **24**

- für Arbeitskräfteeinsätze,
- Einsatz von Geräten,
- für Einzelkosten,
- für Gesamtkosten usw.

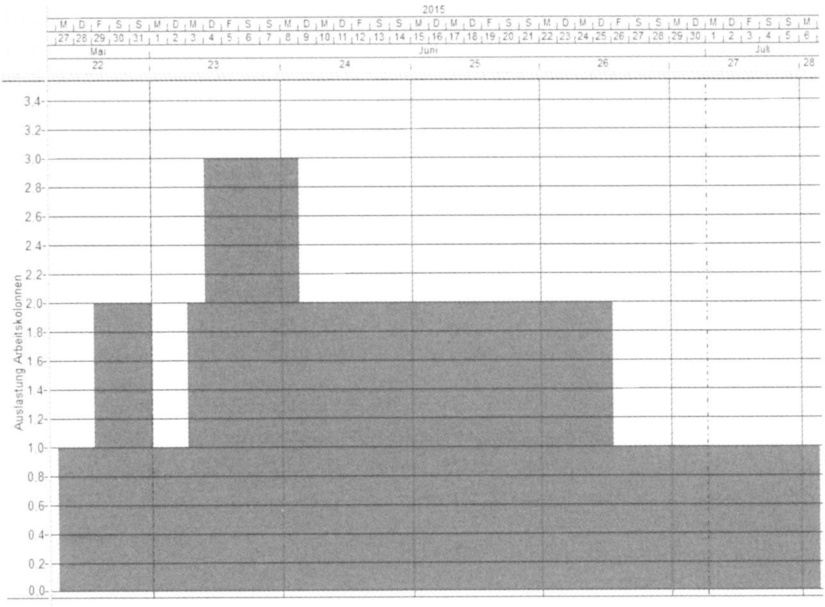

Abb. 4: Arbeitskräftekurve

Regelung des Planflusses durch Festlegung von Planlieferlisten

25 Ein gewichtiger Streitpunkt bei Bauzeitverzögerungen sind verspätete Planlieferungen und Entscheidungen des Auftraggebers oder eines von ihm beauftragten Architektur- oder Ingenieurbüros. Die Ursachen hierfür liegen oft in mangelnder Kommunikation. Auftraggeber und die von ihm beauftragten Planer wissen in aller Regel nicht, wann die ausführenden Firmen die Pläne überhaupt benötigen.

Für einen ungehinderten Bauablauf ist die sinnvolle Reihenfolge der Planlieferung, nicht die Anzahl der Pläne, entscheidend. In vielen Fällen fehlt dem Auftraggeber und auch seinen Planern das hierfür wesentliche technische Verständnis für die Ablauffolge. Zudem wird übersehen, dass auch der Auftragnehmer seinerseits Termine und Kapazitäten zweckmäßig geplant und den Erfordernissen angepasst hat, um eine optimale Auslastung seiner Kapazitäten zu erreichen. Ein ständiges Springen der Arbeitsstelle ist gerade deshalb nur selten kostenneutral möglich. Hierbei spielen auch Einarbeitungseffekte sowie logistische Zwänge eine wichtige Rolle.

Der Bedarf an Ausführungsplänen sollte folglich in einer Planbereitstellungsliste verbindlich vereinbart werden. Dies kann entweder direkt oder ergänzend zum Terminplan bei oder kurz nach Vertragsabschluss erfolgen. Hierbei sollten vor allem die Dispositions- und Bearbeitungszeiten aller Beteiligten berücksichtigt werden, da alle Pläne bis zu ihrer Freigabe mehrere Stationen durchlaufen müssen.

Oftmals ist aber auch zu beobachten, dass keine festen Planbeistellungstermine vereinbart werden. In solchen Fällen ist es hilfreich im Terminplan diese Termine als Meilensteine oder Vorgänge vor der eigentlichen Fertigung vorzusehen. Die nachfolgend angegebenen Vorlaufzeiten sind dann bei einer Normalfolge als zeitlicher Abstand einzugeben (siehe Teil B Rdn. 35). Bei einer Aktualisierung des Terminplans werden die Planbeistellungstermine entsprechend angepasst und liefern so auch bei gestörten Bauabläufen für beide Vertragspartner rechtzeitig einen Hinweis bis wann spätestens die Planunterlagen zur Verfügung zu stellen sind.

Vorabzüge, welche im späteren Verlauf unverändert als Ausführungspläne freigegeben werden, gelten nicht rückwirkend als freigegeben. Allerdings hat der Auftraggeber die Möglichkeit, die Ausführung nach nicht freigegebenen Plänen anzuordnen, vorausgesetzt, er übernimmt das damit verbundene Risiko.

Dispositionszeiten müssen bei allen Tätigkeiten gesondert betrachtet werden, da Art und Schwierigkeitsgrad der Aufgaben stark voneinander abweichen. Besonders die Lieferzeiten von ungewöhnlichen Baumaterialien wie spezielle Fassadenkonstruktionen, aber auch seltene oder aktuell sehr gefragte Baustoffe sollten nicht unterschätzt werden. Hierbei sei ausdrücklich auf die erhebliche Streuung der Planvorlaufzeiten bei den Gewerken der Technischen Gebäudeausrüstung (TGA) verwiesen.

Folgend sind Beispiele für die rechtzeitige Übergabe von Ausführungsplänen **26**
aufgeführt, wobei die Zeitangaben als grobe Näherung zu verstehen sind:

Planart/-typ	**Vorlaufzeit (ca.)**
Architekten- und Werkplan	3 Wochen
Schalplan	3 Wochen
Bewehrungsplan	3 Wochen
Fertigteilplan	4–5 Wochen

Muss der AN gemäß VOB/C selbst noch Werkstatt- und Montagepläne erstellen (z. B. bei Stahlbau, Haustechnik), dienen die o. g. Ausführungspläne lediglich als Basis. Hierfür können durchschnittlich 2 Wochen zusätzlich eingerechnet werden. Für derartige Pläne ist häufig die nochmalige Prüfung und Freigabe durch den Auftraggeber vertraglich vereinbart. Hierfür sind weitere 2 Wochen Vorlaufzeit einzuplanen. Der dafür benötigte zusätzliche Zeitbedarf sollte im Vertrag exakt festgelegt werden.

27 In der Praxis kann in einigen Fällen die Dispositionszeit verkürzt werden. Dies geht allerdings nur zu Lasten des vorgesehenen Bauablaufes, führt also zu einer weniger organisierten Planung und damit folglich auch zu einem höheren Arbeits- und Kostenaufwand. Insofern kann eine solche Maßnahme mit einer Beschleunigung gleichgesetzt werden.

Festlegung der Vor- oder Folgeleistungen anderer Unternehmer

28 Sind mehrere Vorgänge durch Abhängigkeiten miteinander verknüpft – also fertige Vorleistungen Bedingung für die Folgeleistungen – so müssen diese Verbindungen in allen Terminplänen klar erkennbar sein. Wie auch bei den Planvorlaufzeiten müssen die kritischen Termine verbindlich festgelegt werden.

Berücksichtigung von Witterungsausfallzeiten, Ferien, Urlaub oder Krankheit

29 Ausfallzeiten, mit denen bei der Angebotsabgabe gerechnet werden muss, gehen zu Lasten des Auftragnehmers. Diese ergeben sich aus statistischen Werten der Vorjahre sowie aus den Erfahrungswerten des Unternehmers. Bei ungewöhnlichen Witterungsverhältnissen sieht die VOB/B eine Fristverlängerung vor, jedoch keine zusätzliche Vergütung. Inwieweit die Witterung als ungewöhnlich eingestuft wird, muss im Zweifelsfall die Rechtsprechung entscheiden (siehe auch Teil B Rdn. 379 sowie Teil A Rdn. 365).

Eine vertragliche Festlegung von Bezugswerten für eine ungewöhnliche Witterung, zum Beispiel durch die Angabe von messbaren Größen wie Temperaturverhältnisse oder Regenmengen, ist unbedingt zu empfehlen.

Der Auftragnehmer sollte demzufolge witterungsbedingte Pufferzeiten in seiner Terminplanung vorsehen. Da dieser Puffer für kleinere Teilleistungen auch sehr gering ausfallen kann und der Zeitpunkt des Eintritts von Ausfallzeiten ungewiss ist, wird ein solcher Puffer oftmals als ein separater Vorgang am Ende der betroffenen Leistung vorgesehen (z. B. Restleistung).

Gleiches gilt für Ausfallzeiten wegen gesetzlicher Feiertage, Urlaub oder Krankheit. Diese sind ebenfalls vom Auftragnehmer zu berücksichtigen. Alle gängigen Terminplanungs-Programme ermöglichen die Einbeziehung von unterschiedlichen Kalendertypen. Hierbei können sogar eigene Kalender erstellt werden, die beispielsweise Feiertage unterschiedlicher Bundesländer abbilden oder betriebsbedingte Urlaubszeiten in der Berechnung des Terminplans berücksichtigen. Kalender für häufig verwendete Szenarien wie die 5-, 6- und 7-Tage-Woche sind bereits werksseitig vordefiniert (siehe Abb. 5 linke Seite).

Pufferzeiten
Details hierzu siehe Teil B Rdn. 126 ff. 30

Abb. 5: Darstellungsvarianten von Kalendern in EDV-Programmen

2.2.3 Darstellung von Terminabläufen

31 Für die Darstellung von Terminplänen gibt es je nach Zweck und gewünschter Aussage mehrere Darstellungsformen:

- Balkenplan
- Netzplan
- Vernetzter Balkenplan
- Zeit-Wege-Diagramm

a) Balkenplan

32 In der baubetrieblichen Praxis ist der Balkenplan die meistverwendete Darstellungsart. Durch seine annähernd tabellarische Struktur ermöglicht er einen schnellen Terminüberblick. Auf der vertikalen Achse, meistens links angeordnet, werden die einzelnen Vorgänge dargestellt – diese hat für den Betrachter gewissermaßen einen Checklistencharakter. Die horizontale Achse bildet eine Art Zeitstrahl, der je nach Detaillierungsgrad die für den jeweiligen Vorgang benötigte Zeit in Tagen, Wochen, Monaten etc. darstellt. Die Balkenlänge jedes Vorgangs zeigt somit die vorgesehene Dauer der Ausführung an.

Für eine bessere Übersicht können sogenannte Sammelvorgänge eingefügt werden. Hierbei werden zusammenhängende Leistungen, wie z. B. Gewerke, Bauabschnitte oder auch Lose, zunächst wie zuvor beschrieben getrennt erfasst und anschließend in einem Sammelvorgang zusammengefasst. So muss etwa ein sich wiederholender Vorgang, wie dies bei Regelgeschossen der Fall ist, nicht mehrfach im Detail ausgewiesen werden.

Des Weiteren besteht die Möglichkeit, Unterpläne zu erzeugen. Im Unterschied zu den Sammelvorgängen können Unterpläne vollkommen isoliert dargestellt werden.

Der Nachteil dieser Darstellungsart als reiner Balkenplan ist die fehlende oder unvollkommene Darstellung der Anordnungsbeziehungen. Daher sind die Folgen von Verzögerungen nicht immer eindeutig zu erkennen.

Nr.	Bezeichnung	Start	Dauer	Ende
1	− **Untergeschoss**	**14.09.2015**	**33t**	**28.10.2015**
2	Bodenplatte Randschalung + Bewehren	14.09.2015	1t	14.09.2015
3	Bodenplatte Betonieren	15.09.2015	2t	16.09.2015
4	Bodenplatte Ausschalen	24.09.2015	1t	24.09.2015
5	Schalen Kellerwände + Bewehren	23.09.2015	4t	28.09.2015
6	Betonieren Kellerwände	25.09.2015	5t	01.10.2015
7	Innenwände Keller Mauern	23.09.2015	8t	02.10.2015
8	Kellerwände Ausschalen	12.10.2015	2t	13.10.2015
9	Decke KG Schalen + Bewehren	14.10.2015	4t	19.10.2015
10	Decke KG Betonieren	18.10.2015	2t	19.10.2015
11	Decke KG Ausschalen	27.10.2015	2t	28.10.2015
12	Kellerwände Abdichten	13.10.2015	5t	19.10.2015

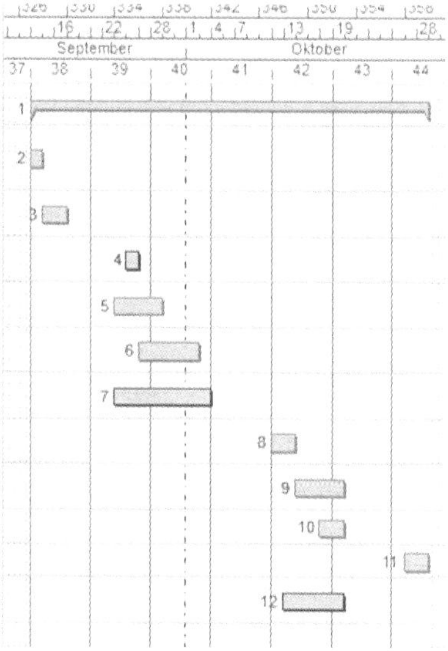

Abb. 6: Beispiel für einen Balkenplan

b) Netzplan

33 Der Netzplan ist für die baubetriebliche Ablaufplanung das wichtigste Hilfsmittel. Er ermöglicht die exakte zeitliche Berechnung des Terminplans durch die Einbeziehung technischer und ablaufbedingter Anordnungsbeziehungen. Der Aufsteller wird so gezwungen, bei jedem Einzelvorgang Vorgänger und Nachfolger in seine Überlegungen mit einzubeziehen und so den Gesamtablauf logisch zu durchdenken.

Ein großer Nachteil des Netzplans ist seine sehr abstrakte Darstellungsform. Bereits bei verhältnismäßig kleinen Projekten wird sie schnell sehr komplex und dadurch für eine baubetriebliche Nutzung schlicht unbrauchbar.

Folgend sollen lediglich die Elemente und Anordnungsbeziehungen sowie die Ermittlung einer Vorgangsdauer aufgezeigt werden. Soweit hierzu grundlegende und weiterführende Informationen gewünscht sind, wird auf die Literatur verwiesen (insbesondere DIN 69 900). Für die EDV-Bearbeitung von Netzplänen stehen geeignete Programme zur Verfügung (z. B. MS Projekt, Asta Powerproject, Primavera, AcosPlus 1).

Der Vorgang

Das Vorgangsfeld enthält alle für die Berechnung relevanten Informationen. **34**
Folgend ist eine gängige Darstellung aufgezeigt:

<table>
<tr><td colspan="2">Vorgangs-Nr./Codierung</td><td colspan="2">Angabe der Kapazitäten</td></tr>
<tr><td colspan="4">Name des Vorgangs oder kurze Beschreibung</td></tr>
<tr><td rowspan="2">Dauer
[D]</td><td>Frühester
Anfang [**FA**]</td><td>Frühestes
Ende [**FE**]</td><td>Freier
Puffer [**FP**]</td></tr>
<tr><td>Spätester
Anfang [**SA**]</td><td>Spätestes
Ende [**SE**]</td><td>Gesamt
Puffer [**GP**]</td></tr>
</table>

Nachfolgende Definitionen aus DIN 69 900

Vorgangsnummer = zur Anordnung in grafischer Netzplandarstellung und Einordnung in Ordnungssystem (z. B. 01–05 für Zeile 1 in Spalte 5);

Kapazitätsangabe = zur Zuordnung von Arbeitskräften, Kosten oder Geräten;

Dauer (D) = Zeitspanne vom Anfang bis Ende eines Vorgangs, gerechnet mit einer geeigneten Einheit, z. B. in Arbeitstagen, Kalendertagen, Kalenderwochen oder Monaten;

Frühester Anfang (FA) = unter Berücksichtigung der im Netzplan enthaltenen Bedingungen nicht weiter nach vorn verschiebbarer Anfang eines Vorgangs;

Spätester Anfang (SA) = unter Berücksichtigung der im Netzplan enthaltenen Bedingungen nicht weiter nach hinten verschiebbarer Anfang eines Vorgangs;

Frühestes Ende (FE) = unter Berücksichtigung der im Netzplan enthaltenen Bedingungen nicht weiter nach vorn verschiebbares Ende eines Vorgangs;

Spätestes Ende (SE) = unter Berücksichtigung der im Netzplan enthaltenen Bedingungen nicht weiter nach hinten verschiebbares Ende eines Vorgangs;

Gesamte Pufferzeit (GP) = auch als Spiel bezeichnet = Zeitspanne zwischen frühestmöglicher und spätestzulässiger Lage eines Vorganges;

Freie Pufferzeit (FP) = Zeitspanne, um die ein Vorgang verschoben werden kann, ohne die früheste Lage nachfolgender Vorgänge zu beeinflussen.

Anordnungsbeziehungen (AOB)

35 Anordnungsbeziehungen sollen die gegenseitigen Abhängigkeiten mehrerer Vorgänge abbilden. Oft kann unmittelbar nach Beendigung eines Vorgangs der Folgevorgang beginnen. In vielen Fällen kann es jedoch sinnvoll sein, besonders bei länger andauernden Vorgängen, Überlappungen einzuplanen. Beim Schalen großer Abschnitte kann beispielsweise mit dem Bewehren bereits einige Tage nach Beginn der Schalarbeiten begonnen werde. Sind die Schalarbeiten dann beendet, werden die Bewehrungsarbeiten sicherlich noch einige Tage nachlaufen, bevor mit dem Betonieren begonnen werden kann.

Dementsprechend ergeben sich folgende Anordnungsbeziehungen (gemäß DIN 69 900):

Normalfolge (NF)

Sie verbindet das Ende eines Vorgangs mit dem Beginn seines Nachfolgers. Bei der NF=0 kann direkt nach Vorgang A der Folgevorgang B anschließen.

▶ **Beispiel:**

Die Schalkolonne schalt ein fertiges Bauteil aus, bringt die Schalelemente direkt zum nächsten Abschnitt und beginnt diesen auch bereits zu schalen.

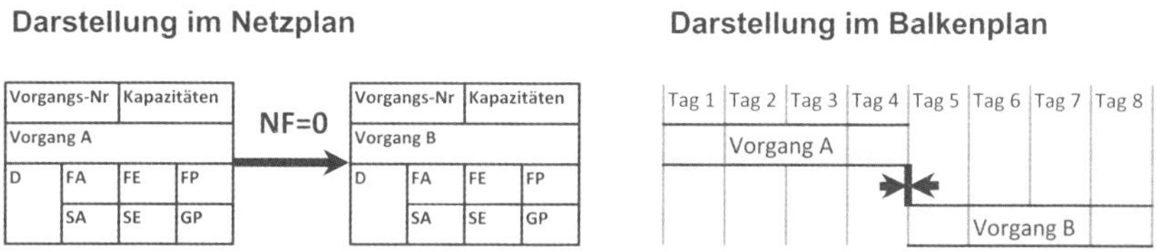

Abb. 7: Normalfolge = 0

Durch eine NF>0, also beispielsweise NF=2, kann eine geplante Wartezeit berücksichtigt werden.

▶ **Beispiel:**

Bevor eine Wand gestrichen werden kann, muss der zuvor aufgetragene Putz zwei Tage trocknen.

Darstellung im Netzplan | Darstellung im Balkenplan

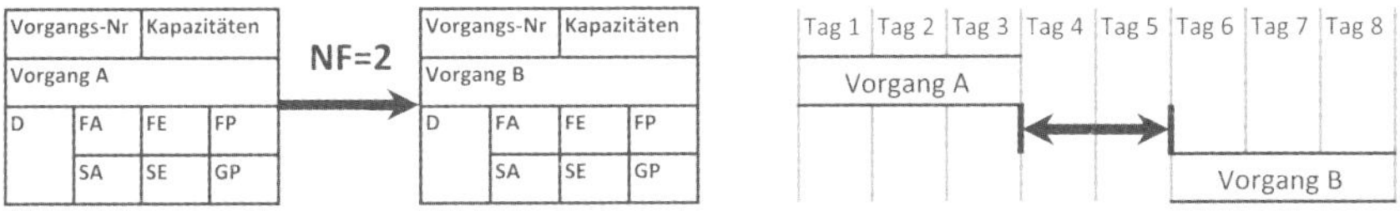

Abb. 8: Normalfolge größer 0

Anfangsfolge (AF)

Sie verbindet den Anfang eines Vorgangs mit dem Anfang seines Nachfolgers. Bei einer AF=0 beginnen die beiden Vorgänge gleichzeitig.

Häufiger ist jedoch eine AF>0. Hier kann der Folgevorgang mit einigen Tagen Nachlauf beginnen.

▸ **Beispiel:**

Das Bewehren einer großen Fläche kann bereits einige Tage nach Start der Schalarbeiten beginnen, z. B. in einem bereits fertig geschalten Bereich mit drei Tagen Nachlauf, AF=3.

Darstellung im Netzplan | Darstellung im Balkenplan

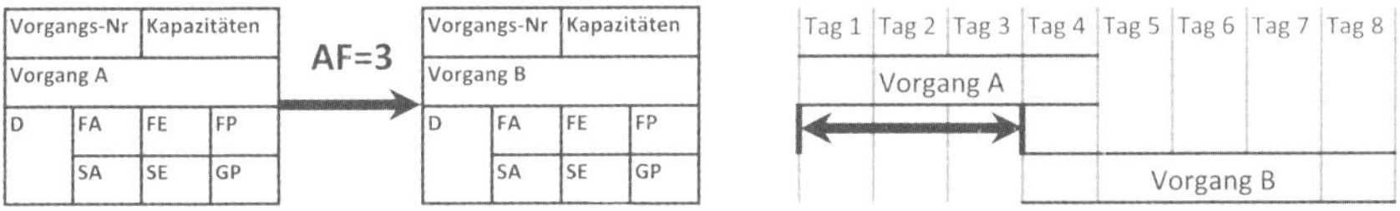

Abb. 9: Anfangsfolge größer 0

Endfolge (EF)

Hiermit wird das Ende eines Vorgangs mit dem Ende seines Nachfolgers verknüpft. Die EF=0 bedeutet also, dass zwei Vorgänge gleichzeitig beendet werden sollen.

▸ **Beispiel:**

Alle notwendigen Arbeiten in einem Geschoss sollten beendet sein, damit mit dem Schalen der Decke für das darüber liegende Geschoss begonnen werden kann, so beispielsweise Betonierarbeiten (Abb. 10 Vorgang A bereits an Tag 5 beendet) und Maurerarbeiten (Abb. 10 Vorgang B erst an Tag 8 beendet). Nach Tag 8 kann dann mit dem Schalen der Decke begonnen werden.

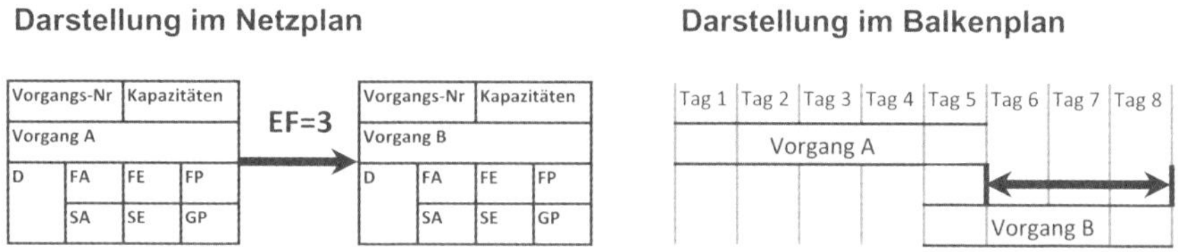

Abb. 10: Endfolge größer 0

Sprungfolge (SF)

Sie verbindet den Anfang eines Vorgangs zum Ende seines Nachfolgers.

▶ **Beispiel:**

Für Gleiserneuerungsarbeiten darf ein Gleisabschnitt für die Dauer von maximal 8 Tagen gesperrt werden. Der Anfang des Vorgangs A (z. B. Entfernen der alten Gleise) ist durch eine Sprungfolge SF=8 mit dem Ende des Vorgangs F (z. B. Durchführung der Stopfarbeiten). Alle zugehörigen Vorgänge (B bis E) müssen ebenfalls in diesem Zeitraum eingearbeitet werden.

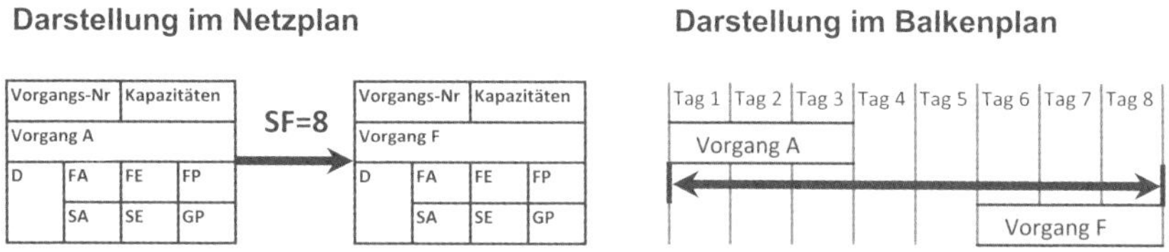

Abb. 11: Sprungfolge

36 Wie in den vorhergehenden Beispielen aufgezeigt, können Anordnungsbeziehungen aus technischen oder kapazitiven Abhängigkeiten resultieren.

Technische Abhängigkeiten bestimmen sich durch die zwingende Folge aufeinander aufbauender Arbeiten, beispielsweise auf Grund der Abbindezeit von Beton, und sind nur in geringem Rahmen veränderbar. Kapazitive Abhängigkeiten bestimmen sich durch einen sinnvoll aufeinander abgestimmten Einsatz der Kapazitäten als Folge einer wirtschaftlichen baubetrieblichen Arbeitsvorbereitung und können durch Beschleunigungsmaßnahmen (z. B. zusätzliche Kapazitäten) stark verändert werden.

Projektspezifisch können auch organisatorische Anordnungsbeziehungen erforderlich werden, die allerdings bei Modifikationen im Terminplan neu durchdacht werden müssen, da sie andernfalls die Berechnung des Bauablaufs verfälschen.

Berechnung eines Netzplans

Im ersten Schritt wird der Netzplan so berechnet, als würden alle Vorgänge 37
wie geplant verlaufen, also als frühestmöglicher Ablaufplan. Hierbei müssen alle Anordnungsbeziehungen berücksichtigt werden.

Bei mehreren Vorgängertätigkeiten ist der jeweils **höchste** Rechenwert maßgebend, da alle Vorbedingungen erfüllt sein müssen.

▶ **Beispiel:**

Bevor der Einbau einer Abhangdecke erfolgen kann, sollten alle technischen Installationen oberhalb der Decke weitestgehend abgeschlossen sein, da sonst die Zugänglichkeit extrem eingeschränkt sein könnte. Die Elektroinstallationen dauern beispielsweise vier Tage. Die Montage der Raumlufttechnik startet im gleichen Bauabschnitt zwei Tage später und benötigt 6 Tage. Die Montage der Abhangdecke wird also frühestens mit dem Ende der Montagearbeiten für die Lüftungstechnik beginnen können.

Ausgehend von einem geplanten Startzeitpunkt am Tag 1 ergibt sich die folgende Vorwärtsrechnung des frühestmöglichen Ablaufplans (berechnet wurden die grau hinterlegten Felder, siehe Abb. 12). Die jeweiligen Anordnungsbeziehungen sind in Kurzform direkt an den Verbindungspfeilen zu finden:

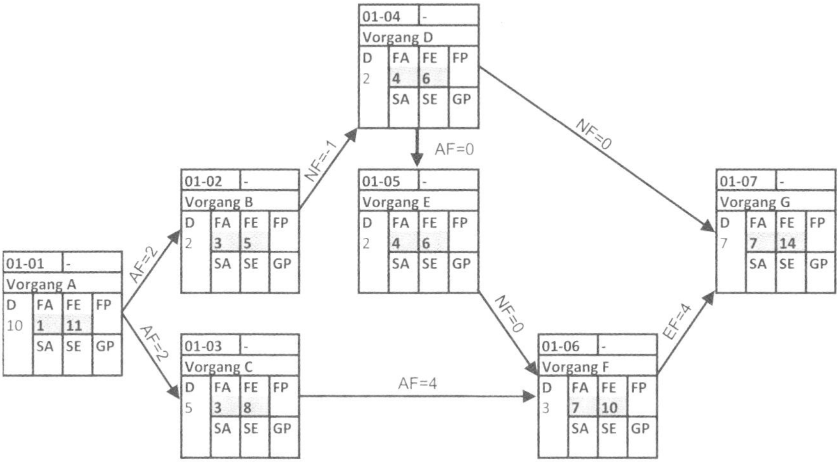

Abb. 12: Netzplanberechnung vorwärts

Bei den meisten Projekten ist ein gewünschter Fertigstellungstermin aus organisatorischen Gründen, beispielsweise bei der Eröffnung eines Kaufhauses pünktlich zum Weihnachtsgeschäft, als spätester Endtermin (**SE**) festgelegt. Dieser weicht vom frühestmöglichen Endtermin (**FE**) zum Beispiel um die Zeitspanne eines geplanten Puffers ab.

Im zweiten Schritt erfolgt die vom Ende des gesamten Bauablaufes aus gesehene Rückwärtsrechnung (berechnet wurden die grau hinterlegten Felder, siehe Abb. 13). Gibt es mehrere Nachfolgertätigkeiten, ist der **kleinste** Rechenwert entscheidend, der sich unter Berücksichtigung aller Anordnungsbeziehungen ergibt.

Für die nun folgende Rückwärtsrechnung wird der früheste Endtermin (**FE**) des letzten Vorgangs mit dem spätesten Endtermin (**SE**) gleichgesetzt, um so die tatsächlichen Auswirkungen zu verdeutlichen.

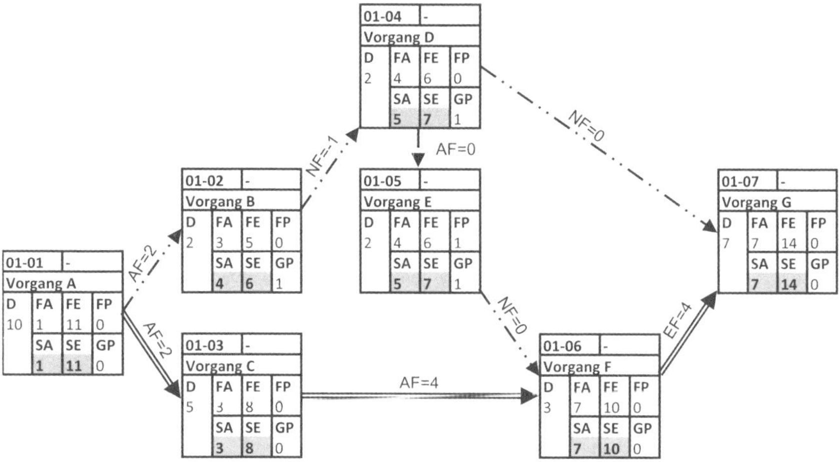

Abb. 13: Netzplanberechnung rückwärts

Aus dem Vergleich von frühestem Anfang und spätestem Anfang bzw. frühestem Ende und spätestem Ende eines Vorganges wird der Gesamtpuffer ermittelt. Das ist der Zeitraum, um den ein Vorgang verschoben werden kann, ohne den Gesamtablauf zu verzögern.

Kritischer und Subkritischer Weg

38 Ist der Gesamtpuffer „0", dann befindet sich der Vorgang auf dem **kritischen Weg** (in Abb. 13 als Pfeil mit Doppelstrich dargestellt), d. h. die Verzögerung eines solchen Vorganges muss auf jeden Fall den Endtermin um das gleiche Maß verzögern, sofern keine Kompensationsmöglichkeit besteht. Folglich bestimmen diese Vorgänge die Gesamtdauer des Bauvorhabens, da sie die Mindestdauer aller Teilleistungen berücksichtigen. In der Praxis sind durchaus auch zwei oder mehr kritische Wege denkbar, so zum Beispiel, wenn mehrere Vorgänge einen Gesamtpuffer „0" haben und nicht auf dem gleichen Netzplanast liegen.

Da alle Bauvorhaben sehr dynamisch und lebendig sind, also Abläufe und Termine durch unvermeidbare Ereignisse ständigen (wenn auch nur minimalen) Veränderungen unterliegen, können sich ebenso die kritischen Wege fortwährend ändern. Aus diesem Grund sollten auch unbedingt die s. g. **subkritischen Wege** beachtet und deutlich gekennzeichnet werden. **Subkritisch** sind alle Wege, die nur einen sehr geringen Puffer haben. Ob der Gesamtpuffer als sehr gering einzustufen ist, kann unter anderem von Faktoren wie Schwierigkeitsgrad der auszuführenden Leistung oder Anordnungsbeziehungen mit anderen terminkritischen Vorgängen abhängen und muss im Zweifel individuell beurteilt werden. Ist der vorhandene Gesamtpuffer dann aufgebraucht, ergibt sich automatisch ein weiterer **kritischer** Weg. Jede Art von Modifikation kann also dazu führen, dass sich ein Wechsel des **kritischen** Weges einstellt. Den subkritischen Vorgängen sollte demnach genauso viel Bedeutung zugesprochen werden, wie den kritischen. Leider werden diese häufig kaum oder gar nicht beachtet, da die EDV-Programme sie nicht automatisch als solche anzeigen. Der Aufsteller der Terminpläne kommt also nicht umhin, diese gründlich zu durchdenken und eindeutig zu kennzeichnen. So kann auch die spätere Detailplanung zur Arbeitsvorbereitung die subkritischen Vorgänge und Wege unmittelbar erkennen und berücksichtigen.

Ermittlung der Vorgangsdauer

Die Dauer eines Vorgangs sollte anhand geeigneter Kenngrößen rechnerisch 39
ermittelt werden. Hierzu können entsprechende Kennwerte aus der Literatur oder aus unternehmensspezifischen Erfahrungswerten verwendet werden.

Es wird zwischen Aufwands- und Leistungswert unterschieden. Der Aufwandswert drückt aus, wie viele Lohnstunden für eine entsprechende Leistungseinheit benötigt werden.

▶ **Beispiel:**

Schalen = 0,90 h/m^2
Mauern = 4,50 h/m^3
Bewehren = 12 h/t

Der Leistungswert ist der Kehrwert des Aufwandswertes und beschreibt somit, wieviel Leistungseinheiten in einer Lohnstunde erbracht werden können.

▶ **Beispiel:**

Baggern = 25 m^3/h

Fertigteile verlegen = 5 m^2/h

Das folgende Beispiel zeigt die Berechnung der Vorgangsdauer. Als Eingangswerte wird hierzu die Menge, der Aufwandswert, die Anzahl der Arbeitskräfte und die Tagesarbeitszeit pro Arbeitskraft (siehe grau hinterlegte Felder in folgender Tabelle) benötigt.

Lfd. Nr.	Beschreibung	Menge	Einheit	h/Einheit	h für Menge	Arbeitskräfte	h/Arbeitskraft u. Tag	Dauer (Tage)
10	Wände schalen KG	530	m^2	0,90	477	6	10	8,0

▶ **Beispiel:**

Dauer =

$$\left(530\ m^2 \times 0{,}90 \frac{h}{m^2}\right) : \left(6\ \text{Arb.Kräfte} \times 10 \frac{h}{\text{Arb.Kraft und Tag}}\right) = \text{etwa } 8{,}0\ \text{Tage}$$

c) Vernetzter Balkenplan

40 In der baubetrieblichen Praxis werden die verschiedenen Planarten heutzutage kaum noch getrennt voneinander verwendet. Besonders durch die Verbreitung und Verbesserung von EDV-Programmen können sehr viele Informationen gleichzeitig in einem Bauablaufplan abgebildet werden. Der sogenannte **vernetzte Balkenplan** vereint die Vorteile des Netz- und des Balkenplans. Die gute Übersicht des Balkenplans bleibt erhalten, gleichzeitig werden die Anordnungsbeziehungen berechnet und dargestellt.

Ein großer Vorteil der EDV-Programme ist, dass Modifikationen schnell eingefügt und so die Auswirkungen auf den Gesamtablauf umgehend sichtbar gemacht werden können. Ein weiteres Plus sind die verschiedenen Möglichkeiten der Ausgabe, beispielsweise kann man Terminpläne wahlweise als Netz- oder Balkenplan anzeigen lassen oder sich sogar nur Teilbereiche oder gewerkespezifische Abläufe ausgeben lassen.

Nr.	Bezeichnung	Vorgänger	Nachfolger	Gesamtpuffer	Freier Puffer
1	**Untergeschoss**				
2	Decke EG Betonieren	7 AA 2t	11 5t		
3	Bodenplatte Betonieren	8	9 5t; 6 4t; 10 4t		
4	Betonieren Kellerwände	6 AA 2t	5 6t; 10 EE		
5	Kellerwände Ausschalen	4 6t; 10	7; 12 AA 1t		
6	Schalen Kellerwände + Bewehren	3 4t	4 AA 2t		
7	Decke EG Schalen + Bewehren	5	2 AA 2t		
8	Bodenplatte Randschalung + Bewehren		3		
9	Bodenplatte Ausschalen	3 5t	12	19t	12t
10	Innenwände Keller Mauern	3 4t; 4 EE	5	5t	5t
11	Decke EG Ausschalen	2 5t			
12	Kellerwände Abdichten	9; 5 AA 1t		7t	7t

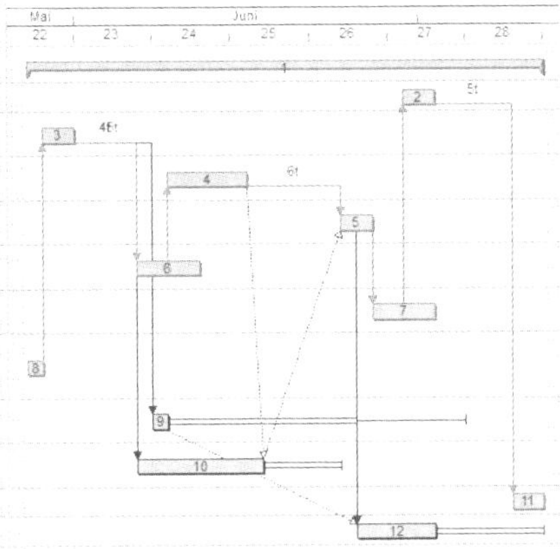

Abb. 14: Vernetzter Balkenplan

d) Weg-Zeit-Diagramm

Das Weg-Zeit-Diagramm ist besonders gut für s. g. Linienbaustellen geeignet, also immer dann, wenn der Fertigungsgrad durch die zurückgelegte Fertigungsstrecke bestimmt wird. Dies kann sowohl horizontal als auch vertikal sein (z. B. Straßenbau, Pipelinebau, Hochhäuser etc.). Anders als beim Balkenplan ist die Zeitachse im Weg-Zeit-Diagramm auf der vertikalen Achse (links) dargestellt. Durch die ausgeprägte Fertigungsrichtung können die Vorgänge als Linie dargestellt werden. Im Vergleich zum Balkendiagramm kann hierbei durch die vorhandene Steigung der Geraden gleichzeitig die Fertigungsgeschwindigkeit abgelesen werden (Weg pro Zeit). Bei Vorgängen mit unterschiedlicher Steigung, also auch unterschiedlicher Fertigungsgeschwindigkeit, müssen eventuell kritische Abstände bestimmt und eingehalten werden. **41**

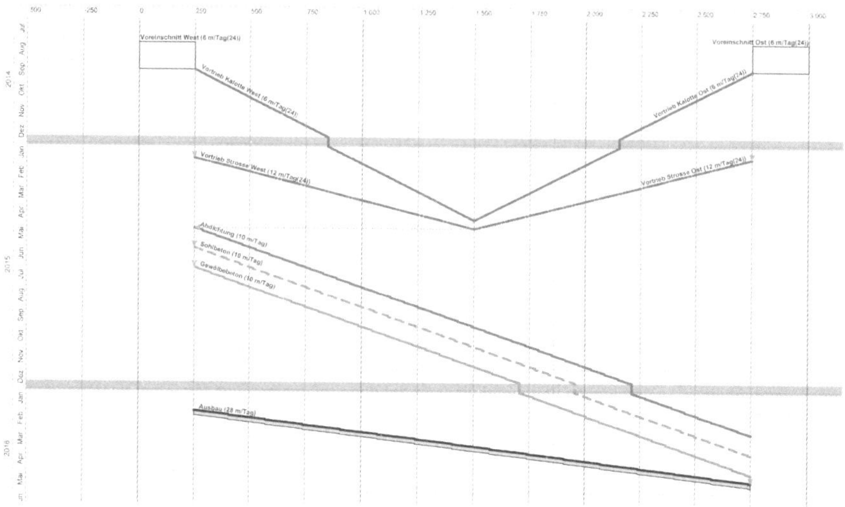

Abb. 15: Weg-Zeit-Diagramm

Durch die heute vorhandene Software (z. B. TILOS) können auch Anordnungsbeziehungen in einem vernetzten Weg-Zeit-Diagramm dargestellt werden. So ergeben sich keinerlei Nachteile aus nicht dargestellten Abhängigkeiten, da sie durch Eingaben in das EDV-Programm rechnerisch voll mit berücksichtigt werden.

Durch die linear verlaufenden Vorgangsbalken können die Auswirkungen von Ablaufstörungen unmittelbar abgebildet werden.

Es ist aber auch noch üblich, dass auf Baustellen eine zeichnerische Darstellung (Excel-Darstellung) genutzt wird. Im Falle von Aktualisierungen sind Anpassungen nur mit erheblichem Änderungsaufwand vorzunehmen. Die Fehleranfälligkeit ist enorm und daher sollte jede Aktualisierung gewissenhaft geprüft werden.

2.3 IST-Terminplan

2.3.1 Anforderungen an den IST-Terminplan

42 Der IST-Terminplan bildet den tatsächlichen und vollständigen Bauablauf zu einem definierten Zeitpunkt ab und ist somit das Resultat einer kontinuierlichen Terminüberwachung.

Durch den Abgleich mit dem vertraglich geschuldeten SOLL-Ablauf ist er damit während der Bauphase das effektivste Steuerungsinstrument und ermöglicht, bereits die Anbahnung von Störungen zu erkennen und damit unverzüglich zu handeln.

Die daraus resultierenden Erkenntnisse sind für Auftragnehmer und Auftraggeber gleichermaßen interessant. Eigene Verzögerungsursachen werden schnell identifiziert und beseitigt, Störungen durch die Vertragspartner können bei auftretenden Streitigkeiten unzweifelhaft nachgewiesen werden.

Eine aufschlussreiche Dokumentation, die alle relevanten Randbedingungen berücksichtigt und im IST-Terminplan abgebildet wird, muss folgende Informationen beinhalten:

- den tatsächlichen zeitlichen Ablauf einzelner Vorgänge
- die Zeitpunkte, an denen freigegebene Pläne zur Verfügung standen
- die Zeitpunkte maßgeblicher Entscheidungen, z. B. für die Wahl von Materialien für Oberflächen
- das Ende der Vorleistungen anderer Unternehmer?

In Verbindung mit dem zugehörigen Schriftverkehr ist später der kausale Nachweis für Verzögerungen im Bauablauf zu führen.

Hiernach muss erkennbar sein, welche Kapazitäten der Auftragnehmer zur Verfügung hatte und in welchem Stadium seine Arbeiten zu dem Zeitpunkt einer vereinbarten Planlieferungen waren. Anhand dieser Aufzeichnungen ist zu belegen, ob verzögerte Planlieferung oder Entscheidungen für die Bauverzögerung überhaupt maßgebend waren und, wenn ja, in welchem Umfang. Im Kap. 4.2 – Doppelkausalität/überholende Kausalität wird diese Problematik näher erläutert.

2.3.2 Der Ist-Terminplan als Steuerungsinstrument und Dokumentationsmittel

Der IST-Terminplan ist ein reines Dokumentationsmittel, bildet also lediglich 43
den tatsächlichen Bauablauf ab. Als Orientierung dienen die SOLL- bzw. SOLL-0–Ablaufpläne, die den notwendigen Detaillierungsgrad der IST-Dokumentation definieren.

Um auch einen tatsächlichen Nutzen aus diesem Instrument zu ziehen, sollten alle Eintragungen in den IST-Terminplan möglichst zeitnah erfolgen, um

- eventuell auftretende Komplikationen frühzeitig zu erkennen und ihnen umgehend gegensteuern zu können,
- der Hinweispflicht rechtzeitig nachkommen zu können,
- alle Fakten festhalten zu können, die für die Verzögerung ursächlich und zeitbestimmend sind,

- keine wichtigen Details eines tatsächlich geänderten Bauablaufs zu vergessen.

Je später dies geschieht, desto eher läuft man Gefahr, wichtige Einzelheiten zu übersehen.

Zu diesem Zweck ist eine gründliche und einheitliche Dokumentationsform unumgänglich. Der Ablauf und die Entwicklung der Verzögerung müssen zu jedem späteren Zeitpunkt eindeutig rekonstruiert werden können. Nicht selten sind die zum Zeitpunkt der Störung handelnden Personen nicht mehr verfügbar. Aber man muss auch für den sehr viel häufigeren Fall gerüstet sein, dass der Zeitpunkt des Streites oder der Verhandlungen erst Jahre nach den Ereignissen erfolgt und die direkt Beteiligten selten noch alle Details vor Augen haben.

Je nach Umfang können die Daten wie folgt erfasst werden:

- durch Eintrag direkt in einen EDV-geführten IST-Terminplan,
- hilfsweise durch händischen Eintrag in den SOLL-Terminplan,
- Hinweise im Schriftverkehr oder in den Bautagesberichten,
- durch Planlieferlisten einschließlich zugehörigem Baubeginn, um den frühestmöglichen Termin für die mögliche Weiterarbeit zu dokumentieren.

Die zeitlichen Abstände für die Eintragungen sind von den projektspezifischen Gegebenheiten und der jeweils aktuellen Terminentwicklung abhängig. Es empfiehlt sich jedoch mindestens eine wöchentliche Aktualisierung. Um als Beweismittel besser berücksichtigt werden zu können, ist es ratsam, dem Vertragspartner diese Unterlagen ebenfalls zeitnah zur Verfügung zu stellen.

Es muss deutlich werden, dass

- der SOLL-Terminplan mit allen Vorgaben zur Leistungssteuerung und -kontrolle und
- der IST-Terminplan als Kontrollinstrument und zum Nachweis tatsächlicher Abläufe

unverzichtbare Steuerungsinstrumente sind, die man aber mit unterschiedlichem Detaillierungsgrad gestalten kann.

2.4 Prognose der Fertigstellungstermine

2.4.1 Terminplanung

44 Die Basis für jegliche Terminplanung und -fortschreibung ist ein strukturiertes Termingerüst. Mit dem Auftraggeber ist daher in der Regel zu Projektbeginn die Tiefe der Terminverfolgung festzulegen.

Parallel ist unter Bezugnahme auf die räumliche und funktionale Struktur des Bauwerks anhand der Bauteile, Gewerke, des Raumbuches o. ä. der Grobaufbau eines Steuerungsterminplanes zu bestimmen.

Es ist zunächst eine Ausgangssituation zu schaffen, die entweder aus einem **SOLL-Bauablauf** nach Vertrag oder aus einem nachträglich (ggf. gutachterlich) definierten **SOLL-0-Bauablauf** oder bei Aufnahme einer baubegleitenden Ermittlung von Fertigstellungsterminen aus einem **störungsmodifizierten SOLL-Bauablauf** besteht (siehe hierzu Kap. 6). Grundsätzlich muss all diesen Plänen eine Netzplanstruktur zu Grunde liegen, sie müssen rechenbar sein.

2.4.2 Terminkontrolle

Nach einer Erfassung des Leistungsstandes und dessen Dokumentation wird **45**
zunächst zu einem definierten Stichtag eine **Ist-Situation** geschaffen (siehe Abb. 16). Die Erfassungstiefe hat sich an der Struktur der vorhandenen SOLL-Terminpläne zu orientieren.

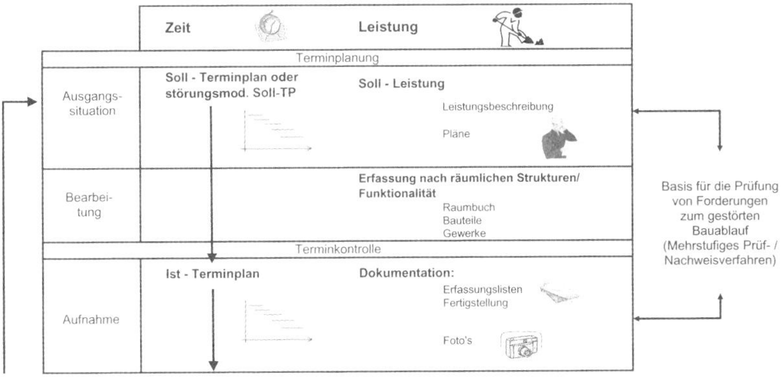

Abb. 16: Prognose zur Fertigstellung – Terminplanung

Der zeitliche SOLL-IST-Vergleich liefert Informationen, ob die geplanten Abläufe noch zutreffend sind, Verschiebungen festgestellt werden können oder sogar eine Überarbeitung der Terminplanung notwendig erscheint.

Durch Übernahme von **Fertigstellungsgraden** in den zeitlichen SOLL-IST-Vergleich ist eine **Hochrechnung** auf verbleibende Leistungszeiten möglich (siehe Abb. 17).

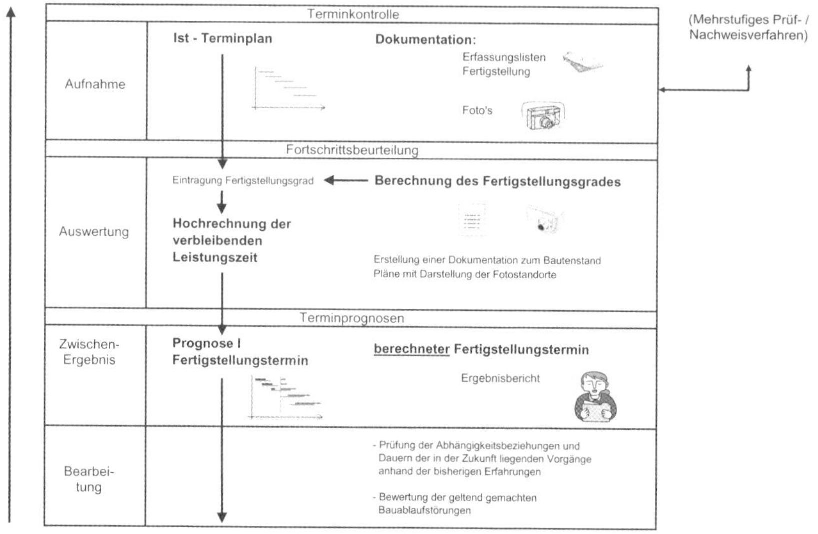

Abb. 17: Prognose zur Fertigstellung – Terminkontrolle

2.4.3 Terminprognosen

46 Zunächst sind anhand der erhobenen Fertigstellungsgrade aus der Fortschrittsbewertung und den SOLL-Bauabläufen Fertigstellungstermine zu berechnen (Prognose I – **berechneter Fertigstellungstermin** – siehe Abb. 18). Es erfolgt also eine rein formale Hochrechnung **ohne kritische Bewertung**.

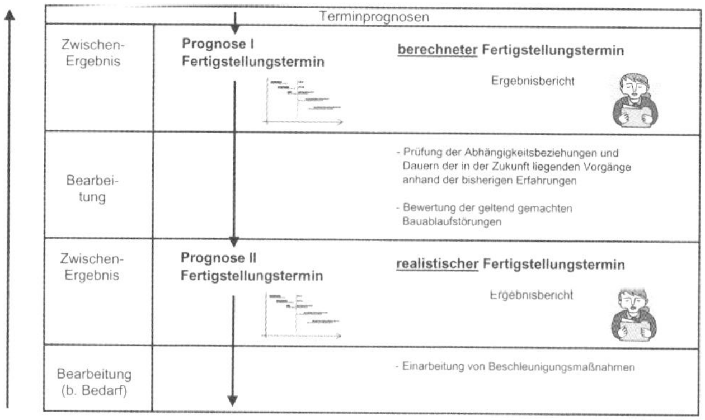

Abb. 18: Prognose zur Fertigstellung – Terminprognosen I

Durch eine **Prüfung der Abhängigkeitsbeziehungen und Dauern** der noch zukünftigen Vorgänge anhand der Erkenntnisse aus dem bisherigen Baugeschehen und/oder einer Bewertung der Bauablaufstörungen und Ansprüche auf Bauzeitverlängerung (Mehrstufiges Nachweisverfahren) kann ein realistischer Fertigstellungstermin (Prognose II – **realistischer Fertigstellungstermin** – siehe Abb. 18) bestimmt werden.

Sollte der geplante vertragliche Fertigstellungstermin gefährdet sein, sind **Steuerungsmaßnahmen** zu ergreifen. Um einen zielgerichteten Einsatz dieser Maßnahmen zu erreichen, sind beabsichtigte **Beschleunigungsmaßnahmen** und deren Wirkungen zu untersuchen. Das Ergebnis ist der frühestmögliche Fertigstellungstermin (Prognose III – **frühestmögliche Fertigstellung** – siehe Abb. 19).

Bei den Prognosen II und III ist eine Fokussierung auf den zeitkritischen Weg sinnvoll und angezeigt. Es sind daher nach jedem Eingriff die Veränderungen beim kritischen Weg zu prüfen und im Hinblick auf die Zielerreichung zu bewerten.

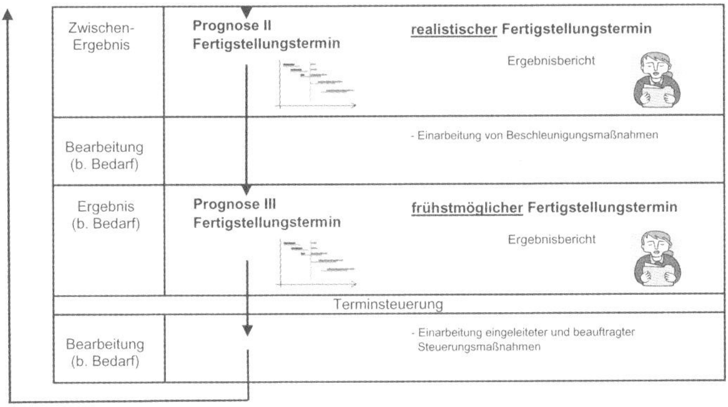

Abb. 19: Prognose zur Fertigstellung – Terminprognosen II und III, Terminsteuerung

2.4.4 Terminsteuerung

Wurden aktiv **Steuerungsmaßnahmen** eingeleitet oder beauftragt, so sind deren Wirkungen ständig zu kontrollieren. Hierzu ist zunächst die SOLL-Terminplanung anzupassen und dann in kürzeren Intervallen erneute Terminkontrollen und -prognosen zu erheben. 47

3 Grundlagen für einen Verzögerungsnachweis

3.1 Anforderungen an einen adäquat kausalen Verzögerungsnachweis

48 Der BGH hat mit seinem Urt. v. 21.03.2002 (VII ZR 224/00) deutlich vorgegeben, dass der AN eine Behinderung und deren Folgen möglichst konkret darlegen muss, wenn er hieraus Ansprüche ableiten will. Es wird eine bauablaufbezogene Darstellung gefordert. Eine bis zu diesem Zeitpunkt häufig genutzte, rein hypothetische Störungsbetrachtung war somit aufzugeben.

Im BGH-Urt. v. 24.02.2005 (VII ZR 141/03) wurde klargestellt, dass zukünftig zwischen haftungsbegründender und haftungsausfüllender Kausalität zu unterscheiden sein wird. Bei der haftungsbegründende Kausalität, also der Darlegung von Ursache und Dauer einer Behinderung, wird keine Darlegungserleichterung möglich sein. Daher wird auch gefordert, dass jede einzelne Behinderung gesondert geprüft und beurteilt werden muss. Eine erleichterte Nachweisführung wird bei der haftungsausfüllenden Kausalität, also bei der Erklärung der terminlichen Auswirkungen einer Behinderung auf den Bauablauf zugestanden (s. dazu ausführlich Teil A Rdn. 792 ff.).

Im Ergebnis verlangt die Rechtsprechung eine adäquat kausale Nachweisführung zur Ermittlung und Bewertung von Verzögerungen und Ansprüchen hieraus.

- Ein kausaler Nachweis erfordert die Darstellung der Ursache der Störung und damit auch die Zuweisung auf den Verursacher,
- adäquat bedeutet angemessen, d. h. die Nachweisführung muss die baubetrieblichen Möglichkeiten berücksichtigen.

49 Die allgemein formulierten Vorgaben für eine kausale Nachweisführung führen durchaus auch zu unterschiedlicher Handhabung bei der baubetrieblichen Nachweisführung. Grundsätzlich wird man aber nicht auf folgende Bearbeitungsschritte verzichten können.

1.) Definition des ursprünglich vertraglich vereinbarten Bauablaufs (Soll)
2.) Definition eines rechenbaren und realistischen Bauablaufs (Soll-(0))
3.) Sachverhaltsanalyse/Bewertung jeder einzelnen Störung (BAST 1 bis n)
4.) Darlegung des tatsächlichen Bauablaufs (Ist)
5.) Integration jeder einzelnen Störung (BAST 1 bis n) in den Soll-Bauablauf oder bereits modifizierte Bauablaufpläne (Soll'(1) bis Soll'(n))
6.) Überprüfung/Darlegung der haftungsbegründenden Kausalität mittels eines Vergleiches zum tatsächlichen Bauablauf (Ist-Bauablauf)

7.) Diagnose der haftungsausfüllenden Kausalität
8.) Bestimmung eines neuen, nach Ende der Störung sich ergebenen Soll-Bauablaufs (Soll(1) bis Soll(n))

Hierfür ist aber zunächst zu entscheiden, welche Störungen überhaupt untersucht und behandelt werden sollen. Es wird oftmals vom Auftraggeber und der Rechtsprechung die Forderung erhoben, dass sämtliche zeitlichen Veränderungen zu untersuchen sein (s. auch Teil A Rdn. 725, 802). Mit einer baubetrieblichen Analyse der gestörten Bauablaufs will der Auftragnehmer seine zeitlichen und monetären Ansprüche begründen. Daher wird man nicht immer erwarten können, dass er die von ihm zu verantwortenden Störungen im Detail erläutert und berücksichtigt. Bei augenfälligen und bekannten Störungen oder gar Inverzugsetzungen sollte der Auftragnehmer diese aber freiwillig darstellen, um die Aussagekraft seiner Analyse der vom Auftraggeber zu vertretenden Störung nicht zu schmälern. Ansonsten ist es Aufgabe des Auftraggebers im Rahmen der Prüfung der auftragnehmerseitigen Forderungen selber vorzutragen. Es ist nämlich analog zur Vorgehensweise des Auftragnehmers auch möglich, die Folgen von Störungen, die durch den Auftragnehmer verursacht und zu vertreten sind, separat zu analysieren (vgl. Teil B Rdn. 87).

Die Berücksichtigung des tatsächlichen Bauablaufs führt aber letztlich dazu, 50
dass die vom Auftragnehmer zu vertretenden Störungen mit berücksichtigt werden. Stellt sich bei der Diagnose der haftungsausfüllenden Kausalität heraus, dass der störungsmodifizierte Bauablauf, der sich auf Grund der vom Auftraggeber zu vertretenden Behinderung ergeben sollte und daher vom Auftragnehmer nunmehr als neuer zu realisierender Bauablauf anzusehen ist, vom tatsächlich realisierten Bauablauf abweicht, können entweder Störungen, die noch nicht behandelt wurden oder Abweichungen des Auftragnehmers vom Bauablauf die Ursache sein. Da bei der Fortschreibung des gestörten Bauablaufs stets auf den tatsächlichen Bauablauf abgestellt wird, wird man im Falle einer Überschreitung des theoretisch fortgeschriebenen, modifizierten Bauablaufs die Differenz als vom Auftragnehmer zu vertreten ansehen. Bei einer Unterschreitung wird man aber erst dann von einer Beschleunigung sprechen können, wenn durch aktive Maßnahmen der modifizierte Bauablauf tatsächlich verkürzt wurde und sich nicht nur durch zu großzügige Zeitansätze (z. B. Planvorlauffristen oder Wiedereinarbeitung) ergeben hat.

Besondere Beachtung ist parallellaufenden gestörten Abläufen zu widmen, wenn die Behinderung nicht von einem Beteiligten alleine verursacht wurde. Hier sind dann grundsätzliche Überlegungen und Nachweisführungen zu Doppelkausalitäten und überholenden Kausalität anzustellen (vgl. auch Teil A Rdn. 417 und Teil B Rdn. 119). Im Sonderfall können allerdings Ursachen und Wirkung so wenig gegeneinander abzugrenzen sein, dass eine Abschätzung der Zuordnung, ggf. durch Quotelung, erforderlich wird.

3.2 Soll- bzw. Soll(0)-Bauzeitenplan

3.2.1 Vertraglich vereinbarter Bauablauf (Soll)

51 Voraussetzung für die Untersuchung jedes Bauablaufs und möglicher Störungen und Behinderungen ist zunächst die Definition des vertraglich vereinbarten Bauablaufs (s. auch Teil A Rdn. 42 ff.). In der VOB/B wird hierfür der Begriff des **Bauzeitenplans** verwendet. Nachfolgend werden daher **Bauablaufpläne** als unverbindliche Darstellungen eines Bauablaufs bezeichnet, die vornehmlich zur Organisation des Baugeschehens angefertigt werden. Bauzeitenpläne sind zwischen den Parteien vereinbarte Terminpläne.

Eigentlich sollten Bauzeitenpläne durch den Vertrag und die hierin enthaltenen Festlegung für die zeitliche Abwicklung (Terminpläne, Vertragstermine, sonstige Vorgaben zum Ablauf) vorgegeben sein. Häufig wird der Bauablauf jedoch nur durch wenige (pönalisierte) Ecktermine (Rahmen-Bauzeitenplan) gekennzeichnet oder ein Grobablauf als Bauzeitenplan im Vertrag vereinbart (s. zu den Rechtsfolgen in diesem Fall Teil A Rdn. 43 ff.). Es wird dann im Vertrag definiert, dass ein noch nach Auftragserteilung durch den Auftragnehmer zu erstellender Bauzeitenplan zum Vertragsbestandteil werden soll. In diesem werden sich dann die baubetrieblichen Erfordernisse wiederfinden – wobei davon aus rechtlichen Gründen unbedingt abzuraten ist (Teil A Rdn. 96 ff.).

Nicht selten kommen aber über diesen ersten Bauablaufplan die ersten Spannungen auf. Entweder hat der Auftragnehmer Bauabläufe aufgenommen, die der Auftraggeber so nicht akzeptieren will, weil sie i. d. R. die Fertigstellung von Teilleistungen zu spätestmöglichen Terminen beinhalten, oder es werden bspw. Planliefertermine oder die Fertigstellung anderer Vorleistungen zu sehr frühen Terminen gefordert, die der Auftraggeber nicht einhalten will oder kann. Der Vertrag behandelt üblicherweise diese Fälle nicht und sieht auch nur selten eine Regelung hierfür vor. Nicht selten behält sich der Auftraggeber eine Prüfung dieses Planes vor. Die Vertragsparteien haben in solchen Fällen oftmals auch nicht definiert, wie mit den Änderungsvorschlägen umzugehen ist. Auch ist festzustellen, dass sich der Auftraggeber eine „Genehmigung" des Bauablaufplans vorbehält, es aber nicht definiert ist, unter welchen Kriterien er eine Freigabe überhaupt erteilen muss und kann. So wird bereits zum Baubeginn eine Situation geschaffen, die ein kooperatives Miteinander nicht zulässt.

Letztlich wird man nach übereinstimmenden Willenserklärungen der Vertragspartner zu Bauablaufplänen oder nach Regelungen im Vertrag suchen müssen, denn nur dann wird es sich um einen Vertragsterminplan und nicht um unverbindliche Bauablaufpläne handeln.

Einen Sonderfall stellen vertragliche Regelungen dar, die bestimmen, dass sämtliche Einzeltermine eines Vertragsterminplans zu Vertragsterminen werden. Hierdurch wird die Dispositionsfreiheit des Auftragnehmers sehr stark eingeschränkt. Im Falle des Auftretens von Verzögerungen und Überschreitungen dieser einzelnen Vertragsfristen ist dem Verwender solcher Klauseln auch nicht geholfen, da er, für den Fall, dass die Verzögerung aus seiner Verantwortungssphäre stammt, neue Vertragstermine vereinbaren müsste. Erfahrungsgemäß wird sich ein Auftragnehmer hierauf nicht einlassen (s. dazu auch Teil A Rdn. 56 ff.). 52

Da mit der Definition des vertraglichen Terminsolls die Basis für die nachfolgenden Nachweise und Herleitungen gelegt wird und baurechtliche Erwägungen genau hier ansetzen werden, sollte der Darlegung und Begründung eine entsprechende Bedeutung zugewiesen werden.

3.2.2 Rechenbarer und realistischer Soll(0)-Bauablauf

Wenn ein Soll-Ablaufplan bzw. Bauzeitenplan aus den nachfolgenden Gründen überarbeitet oder ergänzt oder gänzlich neu erstellt wird, wird das Ergebnis üblicherweise als Soll(0)-Bauablaufplan bezeichnet. 53

Baubetrieblich ist ein solcher Plan sinnvoll und notwendig. Eine Begründung für die Zulässigkeit der nachträglichen Erstellung eines Soll(0)-Bauablaufs, der nur in den seltensten Fällen mit dem vertraglich vereinbarten, den Bauablauf nur unvollständig und vereinfachend wiedergebenden Vertragsterminplan übereinstimmt, lässt sich über eine Analogie zur Vorlage einer nachträglich erstellten „Urkalkulation" im Falle einer Abrechnung eines gekündigten Pauschalvertrages oder auch bei der nachträglichen Aufgliederung von Kalkulationsansätzen, um so auf Basis der Preisermittlungsgrundlagen die neuen Preise für Nachtragspositionen bestimmen zu können, begründen. Auch hierfür werden letztlich nur die Forderungen erhoben, die auch an eine Erstellung eines Soll(0)-Bauablaufs zu stellen sind, nämlich Schlüssigkeit, Plausibilität, Nachvollziehbarkeit und weitest gehende Anlehnung an vertragliche Vereinbarungen.

Für jede Verzögerungsberechnung ist fast immer ein solcher Soll(0)-Ablaufplan zwingende Voraussetzung, da die vertraglichen Soll-Ablaufpläne bzw. Bauzeitenpläne nur sehr selten eine hierfür notwendige Bearbeitungstiefe enthalten. Dabei ist es unerheblich, ob diese in Form eines Balkenplans, Netzplans oder Zeit-Wege-Diagramms vorliegen; sie müssen vornehmlich rechenbar sein. Auch im Nachhinein erstellte Pläne können in angemessener Form erstellt werden. Sie müssen nur die vertraglichen Bauzeit- und Bauablaufermittlungsgrundlagen wiedergeben.

Es gibt mehrere Gründe, warum der vertragliche Bauablauf nicht für Untersuchungen zum gestörten Bauablauf direkt genutzt werden kann, nämlich wenn

- der Auftragnehmer hiervon berechtigt abweichen will.
- der gewollte Bauablauf unter baubetrieblichen Erwägungen gar nicht durchführbar wäre.
- der Bauablauf im Detail gar nicht festgelegt war.
- Ergänzungen zwingend notwendig sind.

54 *Vom Auftragnehmer gewollte Abweichungen*

Durch den Vertrag wird nur der zeitlichen Rahmen für die Fertigstellung festgelegt. Der Auftragnehmer wird jedoch im Rahmen seiner Dispositionsfreiheit bestrebt sein, die zeitliche Abwicklung so zu gestalten, dass er mit einem bestmöglichen wirtschaftlichen Erfolg arbeitet. Hierbei ist aber darauf zu achten, dass nicht Vorgaben aus dem Vertrag verletzt werden.

▶ **Beispiel:**

Eine verkürzte Ausführungsdauer ist nur möglich, wenn die Genehmigungen oder Entscheidungen durch den Auftraggeber frühzeitig vorliegen.

▶ **Beispiel:**

Ist bekannt, dass während des Rohbaus bereits Fassadenarbeiten und der technische Ausbau erfolgen sollen, wird das Rohbauunternehmen seinen Bauablauf hierauf abstimmen müssen und nicht nur nach seinen Vorstellungen agieren können.

Weicht also der vertragliche Bauablauf von dem ab, den der Auftragnehmer realisieren möchte und liegen diese Veränderungen im Rahmen seiner Dispositionsfreiheiten, wird man den Soll-Bauablauf entsprechen anpassen müssen. Dies ist dann unproblematisch, wenn der Auftragnehmer frühzeitig und vor Eintritt einer Behinderung:

- zu erkennen gegeben hat, welche Bauabwicklung er realisieren wird und
- der Auftraggeber dies zur Kenntnis genommen und nicht widersprochen hat sowie
- der Rahmen der vertraglichen Regelungen nicht verlassen wird.

In diesem Fall wird der vom Auftragnehmer vorgesehene Ablauf als Soll(0)-Ablauf maßgebend.

55 *Baubetrieblich nicht durchführbarer Bauablauf*

Ist der gewollte Bauablauf unter baubetrieblichen Erwägungen so nicht durchführbar, muss er korrigiert angepasst werden. Hierfür gibt es zwei unterschiedliche Vorgehensweise. Ein vorhandener Plan kann entsprechend –

nachvollziehbar – berichtigt werden, solange die notwendigen Änderungen nicht zu einer Überschreitung von vertraglich vereinbarten Zwischen- und Endterminen führen. Ist dies nicht möglich, sollten die Fehler im Terminplan als Störungen, die vom Auftragnehmer zu vertreten sind, definiert und dann auch wie eine Bauablaufstörung behandelt werden. Die Auswirkungen sind in die Terminbilanz sämtlicher Störungen mit aufzunehmen.

			Begründung	
Vorgang	29	Einbau Deponieersatzbaustoffe (hier im Bereich Böschung)	Zur detaillierteren Darstellung der unterschiedlichen Phasen des Vorgangs „Einbau Deponieersatzbaustoffe" wurde dieser aufgeteilt in zweimal „Kernbauzeit" und einmal „Winterbauzeit (Puffer)", Gesamtdauer, Start und Ende bleiben unverändert.	
Dauer alt	394 AT			
Dauer neu	394 AT = 157 AT + 88 AT + 149 AT			
Start alt	19.03.2012		Start neu	**19.03.2012** + 02.11.2012 + 11.03.2013
Ende alt	11.10.2013		Ende neu	01.11.2012 + 08.03.2013 + **11.10.2013**

Abb. 20: Beispiel für überarbeitete Vorgänge

Im Detail nicht festgelegter Bauablauf 56

Gibt es keinen Bauablaufplan, wird man davon ausgehen müssen, dass der Auftragnehmer den zeitlichen Rahmen aus der vertraglichen Vorgabe vollständig ausschöpfen wollte. In diesem Fall muss nachträglich ein angemessener und nachvollziehbarer (Teil-)Terminplan erstellt werden (s. zu der Berechnung der Ausführungsfristen in diesen Fällen auch Teil A Rdn. 43 ff.). Der Auftragnehmer wird sich anrechnen lassen, dass die Ansprüche aus Verzögerungen in Verbindung mit den vertraglichen Zwischentermine und das Vertragsende laut Vertrag in Verbindung gebracht werden.

Enthält ein Bauablaufplan nur einzelne grobe Vorgänge, die den Sachverhalt und die geplante Ablaufreihenfolge nicht ausreichend genau wiedergeben, so ist es erforderlich, diese Vorgänge als Sammelvorgänge zu betrachten und im Nachhinein weiter zu untergliedern. Hierbei sind aber die geplanten Anfangs- und Endtermin der so segmentierten Leistungen zunächst unverändert zu lassen. In einem weiteren Bearbeitungsschritt kann dann geprüft werden, ob noch eine Verschiebung im Rahmen der unternehmerischen Dispositionsfreiheit denkbar und möglich ist.

Zwingend notwendige Ergänzungen 57

Die gutachterliche Praxis zeigt, dass in den meisten Fällen selbst in detaillierten und kompletten Terminplänen noch Vervollständigungen vorgenommen werden müssen. Es muss u. a. Ziel sein, einen Soll(0)-Bauablauf zu schaffen, der rechenbar und aussagekräftig ist (vgl. Teil B Kap. 2 Rdn. 18). Hierzu ist es erforderlich, dem Terminplan einen Kalender zuzuweisen, in dem die Arbeitstage auch für Zeiträume nach dem vertraglichen Endtermin enthalten sind und der die Feier- und Ausfalltage (Weihnachtspause, Betriebsurlaub etc.) beinhaltet. Auch sollten witterungsbedingte und vertragliche festgelegte Ausfallzeiten Berücksichtigung finden.

Weiterhin kann es sinnvoll sein, den zentralen Vorgängen oder Abläufen Kapazitäten zuzuordnen.

Damit ein Terminplan rechenbar ist, müssen die Vorgänge miteinander in Beziehung gesetzt werden. Dies geschieht mittels der Anordnungsbeziehungen (vgl. auch Teil B, Rdn. 34). Nur so lassen sich die Auswirkungen einer behaupteten Störung nachvollziehen und dann letztlich mit der tatsächlich eingetretenen Situation vergleichen. Anhand des kritischen Weges, der sich nach einer ersten Berechnung des Soll(0)-Terminplans ergibt, kann leicht beurteilt werden, welche Störungen sich auf den Endtermin auswirken werden und daher vornehmlich zu untersuchen sind.

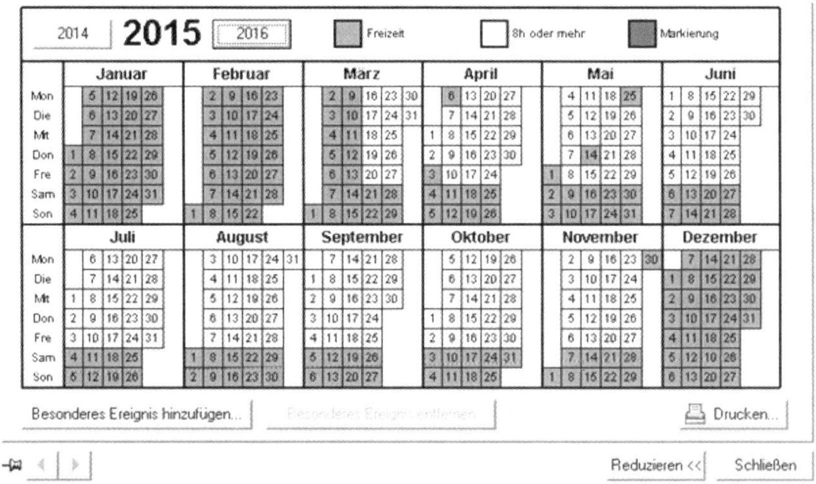

Abb. 21: Beispiel für Festlegungen im Kalender

58 *Reduzierung von Inhalten*

Es gibt auch Gründe dafür, einen sehr detaillierten Bauablaufplan der Übersichtlichkeit wegen zu reduzieren. Hierfür bietet es sich an, für die Bereiche, in denen keine Störungen aufgetreten sind, ebenfalls Sammelvorgänge einzuführen, die den geplanten Anfangs- und Endtermin der so zusammengefassten Leistungen unverändert lassen. Es werden dadurch nur Vorgänge ausgeblendet und nicht dargestellt, aber keine Veränderungen im eigentlichen Bauablaufplan vorgenommen.

Sämtliche vorgenommenen Anpassungen sind nachvollziehbar zu protokollieren. Auch hier hat sich eine strukturierte Vorgehensweise mittels immer wieder genutzter Formulare bewährt.

			Begründung		
Vorgang	48.1	Arbeiten Oberflächenabdichtung Plateau (Sammelbalken für 41-48)	Ergänzung von Sammelbalken die den jährlichen Zeitraum aller Arbeiten für die Oberflächenabdichtung (im Bereich Plateau) zusammenfassen. Nur Kernbauzeiten, ohne Winterbauzeit (Puffer).		
Dauer	709 AT = 177 AT + 183 AT + 183 AT + 166 AT				
Start	19.03.2012 + 11.03.2013 + 10.03.2014 + 16.03.2015		Vorgänger	-	-
Ende	29.11.2012 + 29.11.2013 + 28.11.2014 + 09.11.2015		Nachfolger	48.2	EA
				48.3	EA
				48.4	EA

Abb. 22: Beispiel die Nachvollziehbarkeit von Änderungen, hier für einen zusätzlichen Vorgang

3.3 Abgrenzung der verschiedenen Bauablaufstörungen

Zunächst sind für die weiteren Ausführungen einige Begriffe zu definieren: **59**

Störendes Ereignis/ Störung: kann als Ursache einer möglichen Gesamtverzögerung angesehen werden

Hindernde Umstände: Formulierung aus der § 6 Abs. 6 VOB/B, die auch ein störendes Ereignis beschreibt.

Bauablaufstörungen: **baubetriebswirtschaftliches Synonym für störendes Ereignis und hindernde Umstände, aus denen sich aber nicht zwangsläufig eine Verzögerung oder Behinderung ergeben muss**. In Teil B, Rdn. 87 wird dann noch zwischen Bauablaufstörungen, die der Auftraggeber zu vertreten hat (**BAST**) und denen, die der Auftragnehmer zu vertreten hat (**ANST**) und sonstigen Bauablaufstörungen (**SONST**) unterschieden.

Behinderung: Formulierung aus § 6 Abs. 6 VOB/B, die die Auswirkungen von Bauablaufstörungen bezeichnet und zu einer tatsächlichen Verlangsamung des (Gesamt-)Bauablaufs führen kann.

Verzögerung	Hierunter wird eine Verlangsamung des Bauablaufs verstanden, die als Folge von Bauablaufstörungen, die den geplanten Produktionsablauf punktuell negativ beeinflusst haben, entstanden ist.
Bauzeitverlängerung	Auswirkungen von Bauablaufstörungen aus vertragskonformen Handeln des Auftraggebers
Bauzeitverzögerung	Auswirkungen von Bauablaufstörungen aus vertragswidrigem Handeln des Auftraggebers oder Auftragnehmers
Gesamtverzögerung	Summe aus Bauzeitverlängerung und Bauzeitverzögerung

60 Grundsätzlich wird man bei Bauablaufstörungen wohl zwischen den Folgen aus

- vertragskonformem Handeln und vertragswidrigem Agieren des Auftraggebers,
- vertragskonformem Handeln und vertragswidrigem Agieren des Auftragnehmers
- und aus sonstigen Umständen

differenzieren können.

61 Als Bauablaufstörungen aus **vertragskonformem Handeln des Auftraggebers** sind diejenigen zu nennen, die bereits im Vertrag oder der Systematik der VOB/B angelegt sind, und sich als Folge von Änderung des Bauentwurfs, also aus

- Mengenveränderungen nach § 2 Abs. 3 VOB/B
- Wegfall von Leistungen nach § 2 Abs. 4 VOB/B
- Leistungsänderungen nach § 2 Abs. 5 VOB/B
- Zusatzleistungen nach § 2 Abs. 6 VOB/B
- sonstigen Anordnungen

ergeben.

62 Unter Bauablaufstörungen aus **vertragswidrigen Agieren des Auftraggebers** versteht man die Folgen aus

- vertragswidrigem Handeln, wie bspw.
  - Verletzung von Mitwirkungspflichten
  - Verstöße gegen vertragliche Vereinbarungen
  - fehlerhafte oder fehlende Ausführungsunterlagen
- vertragswidrigem Unterlassen von Mitwirkungen, wie bspw.
  - nicht rechtzeitige Zurverfügungstellung von Unterlagen oder des Grundstücks

- Unterlassen von Mitwirkungen, wie bspw.
  - fehlende Vorleistungen oder Bemusterungen
- hindernden Umständen aus dem Risikobereich des Auftraggebers, wie bspw.
  - Mängel an den Ausführungsbedingungen
  - fehlende oder unvollständige Genehmigungen
  - Zahlungsverweigerungen
  - verzögertem Vergabeverfahren bei öffentlichen Auftraggebern

Obige Aufzählungen sind nicht abschließend und deren Zuordnung ist auch im Einzelfall zu prüfen. So kann die nicht rechtzeitige Zurverfügungstellung von Ausführungsunterlagen ein vertragswidriges Unterlassen von Mitwirkungshandlungen darstellen, wenn vertragliche explizite Termine vereinbart waren. Ist dies nicht der Fall, wird man möglicherweise ein Unterlassen von Mitwirkungen, also eine Obliegenheitsverletzung, annehmen müssen (s. zu der rechtlichen Unterscheidung zwischen Verletzung einer Vertragspflicht und einer Obliegenheit Teil A Rdn. 871).

Als Bauablaufstörungen aus **vertragskonformen Handeln des Auftragnehmers** sind zu nennen: 63

- Kapazitätsanpassungen, Änderungen der Ablaufreihenfolge, Verkürzung und Verlängerung von einzelnen Vorgängen, sofern diese im Rahmen der Dispositionsfreiheit erfolgen und nicht gegen Regelungen im Vertrag verstoßen

Unter Bauablaufstörungen aus **vertragswidrigen Agieren des Auftragnehmers** versteht man die Folgen aus 64

- Beseitigung von Mängeln, die zu zusätzlichen Verzögerungen führt
- mangelhafte Koordination der Baubeteiligten
- verspäteter Beginn oder verlängerte Ausführungsdauer von Vorgängen, sofern sie nicht durch die Dispositionsfreiheit gedeckt sind
- Leistungseinstellungen

Seltener sind Bauablaufstörungen aus sonstigen Umständen zu betrachten, wie

- Streik, Aussperrungen, höhere Gewalt
- außergewöhnliche Witterungsereignisse
- behördliches (Fehl-)Verhalten.
- unabwendbare und unvorhersehbare Umstände

Nicht selten ist feststellbar, dass Baumaßnahmen durch eine Vielzahl von Bauablaufstörungen unterschiedlicher Art betroffen sind. **Für die Ermittlung der Folgen hieraus auf Zwischen- und Endtermine ist es aber unerheblich, wessen Verantwortungssphäre die Verzögerungen zuzurechnen sind oder**

nach welcher juristischen Anspruchsgrundlage monetäre Folgen zu bestimmen sind.

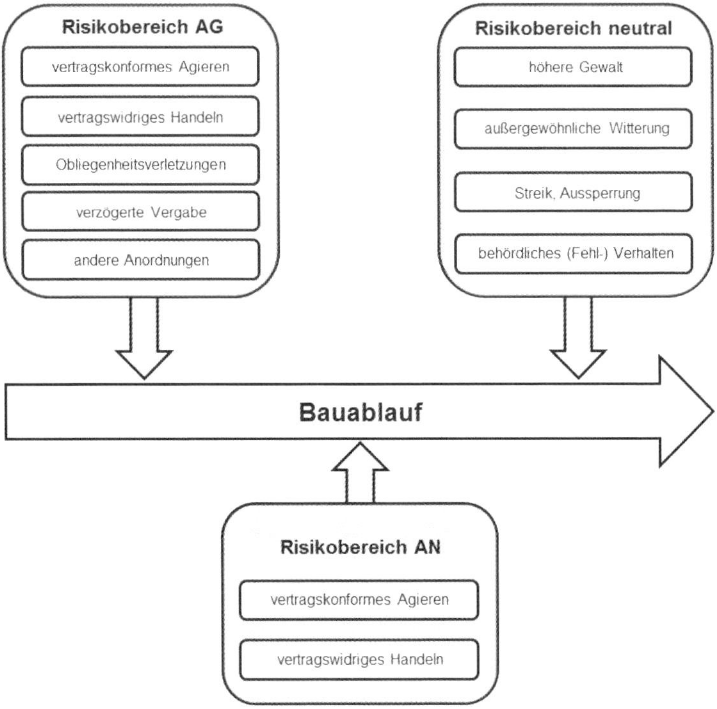

Abb. 23: Klassifizierung von möglichen Bauablaufstörungen

Nachfolgend werden an einigen exemplarischen Verursachungsgruppen Grundlagen für die Verzögerungsberechnung erläutert.

3.3.1 Bauablaufstörungen aus vertragskonformem Handeln des Auftraggebers (§ 2 Abs. 3, 4, 5 und 6 VOB/B)

65 *Auswirkungen von Mengenänderungen gemäß § 2 Abs. 3 VOB/B*

Ursprünglich sollten über die Regelung des § 2 Abs. 3 VOB/B die Mengenermittlungsfehler berücksichtigt werden, die daraus resultieren, dass Mengen aus (Entwurfs-)Planungen (Maßstab 1:500 bis 1:100) entnommen werden, die noch nicht den Detaillierungsgrad einer Ausführungsplanung (Maßstab 1:200 bis 1:50 bzw. 1:25) haben, bei denen aber das Planungskonzept durchgearbeitet wurde und die Leistungen anderer an der Planung fachlich Beteiligter bereits integriert sind. Auch in Fällen, in denen die Ausführungsmengen nur schwer im Voraus zu bestimmen sind (Erdaushub, Altlasten oder Sanierung), sind Ansprüche nach § 2 VOB/B denkbar.

Zwischenzeitig ist aber festzustellen, dass sich immer häufiger größere Abweichungen über 10% der Ausschreibungsmenge ergeben. Die Ursachen hierfür liegen darin, dass die Leistungsverzeichnisse auf Grundlage einer nicht einmal abgeschlossenen Entwurfsplanung erstellt werden. Ob die Ergebnisse einer später erfolgten Planungskonkretisierung tatsächlich monetär unter § 2 Abs. 3 zu fassen sind, wird sicherlich noch zu entscheiden sein (s. dazu ausführlich Teil A Rdn. 379). Es bleibt aber, dass die Regelungen des § 2 Abs. 3 wieder stärker in den Fokus der baubetrieblichen und baujuristischen Betrachtungen rücken werden.

Vor diesem Hintergrund ist es verständlich, dass auch die Frage, wie mit den zeitlichen Auswirkungen der geänderten Ausführungsmengen umzugehen ist, immer mehr an Bedeutung gewinnt.

Grundsätzlich wird man zwischen den terminlichen und monetären Ansprüchen ganz streng differenzieren müssen.

Die Mehr- und Mindermengen sind zunächst als Differenz zwischen den Mengen, die sich aus den Ausschreibungsmengen, Ausschreibungsunterlagen und Ausschreibungsplänen ergeben und den tatsächlich ausgeführten Mengen zu bestimmen. Hiervon sind aber die Mengenveränderungen, die sich aus geänderten und zusätzlichen Leistungen sowie dem Entfall von Leistungen ergeben, abzugrenzen.

Die so ermittelten Leistungsmehrungen oder -minderungen wirken sich im Allgemeinen auf die betroffenen Tätigkeiten aus. Bei gleichbleibenden Kapazitäten wird eine lineare also leistungsanteilige Beeinflussung der Vorgangsdauern zu verzeichnen sein. Im Einzelfall sind aber auch über- oder unterproportionale Wirkungen der Mengenveränderungen auf die Bauzeit festzustellen.

▸ **Beispiel:**

> Fehlende Einbauteile sind nur nach einer längeren Liefer- und Herstellzeit einzubauen. Auch muss beim Bewehrungsstahl in einer Tunnelbewehrung eine Verschiebung der Verteilung bei den Stabdurchmessern hin zu größeren Durchmessern nicht zwangsläufig zu einer verlängerten Ausführungszeit führen.

Bei der Bestimmung der konkreten Auswirkungen von Mengenveränderungen wird häufig in der Praxis vorgetragen, dass der Auftragnehmer die Ausführung einer Mehrmenge von bis zu 10% in seiner Terminplanung zu berücksichtigen habe, da eine solche Erhöhung bereits dem Vertrag inne sei. Hierbei wird aber vollkommen übersehen, dass die Regelungen im § 2 Abs. 3 VOB/B von einer gleichbleibenden Bauzeit ausgehen. Denn nur für solche Fälle ergeben die Ausgleichsregelungen überhaupt einen Sinn.

▶ **Beispiel:**

Im Falle von Mindermengen über 10 v. H. soll nach § 2 Abs. 3 Ziff. 3 eine Erhöhung des Einheitspreises stattfinden, die im Wesentlichen dem Mehrbetrag entsprechen soll, der sich durch die Verteilung der Baustellengemeinkosten und Allgemeinen Geschäftskosten auf die verringerte Menge ergibt. Es wird also von einer gleichbleibenden Bauzeit und damit gleichbleibenden Baustellengemeinkosten ausgegangen. Führt nun aber eine erhebliche Verringerung der Mengen beim Bodenaushub der Bodenklasse 7 zu einer wesentlichen Verkürzung der Gesamtbauzeit, führen die Regelungen des § 2 VOB/B zu inadäquaten Ergebnissen. Der Auftragnehmer würde also trotz einer erheblichen Verkürzung der tatsächlichen Bauzeit noch einen Ausgleich für seine nicht benötigte und auch nicht vorgehaltene Baustelleneinrichtung erhalten.

Es ist daher davon auszugehen, dass die Regelungen im § 2 Abs. 3 nicht den Fall einer Bauzeitveränderung aus Mehr- und Mindermengen umfassen. Für die Auswirkungen auf die Bauzeit bedeutet dies, dass eine eventuelle lineare bzw. leistungsanteilige oder auch nicht proportionale Bauzeitverlängerung bei Mengenmehrungen und ggf. auch bei -minderungen unabhängig von der 10%-Klausel zu bestimmen ist. Hierbei sind die Kriterien an eine Darlegung der haftungsbegründenden Kausalität zu erfüllen (vgl. Teil B, Rdn. 95).

Bei der anschließenden Ermittlung der Mehrkosten für die Baustellengemeinkosten wird man aber die Bestimmungen des § 2 Abs. 3 nicht ignorieren können und den Risikobereich des Auftragnehmers bis zum Erreichen der 10%-Grenzen berücksichtigen müssen. Dies kann beispielsweise dadurch geschehen, dass man eine Vergleichsrechnung anstellt, zu welcher Bauzeitverlängerung es gekommen wäre, wenn eine Ausführungsmenge von 110% der Ausschreibungsmenge zu realisieren gewesen wäre.

Noch nicht geklärt ist die Fragestellung, ob sich Vertragstermine automatisch in Folge der Mehr- und Mindermengen anpassen, da die (monetären) Anpassungsregelungen des § 2 Abs. 3 VOB/B dem Vertrag inne sind. Man wird dies eher verneinen können, da einem einmal vereinbarten Fertigstellungstermin eine erhebliche Bedeutung zukommt. Die Überschreitungen der Ausschreibungsmengen stellen sich oftmals erst am Ende der Bauzeit heraus, also zu einem Zeitpunkt, zu dem ein Auftragnehmer kaum noch den Bauablauf beeinflussen kann. Wäre zu einem solchen Zeitpunkt in Folge von Mindermengen eine neue, aber verkürzte Fertigstellungsfrist zu bestimmen, könnte der Auftragnehmer schnell in Verzug geraten.

Auswirkungen von entfallenen Leistungen gemäß § 2 Abs. 4 VOB/B 66

In der VOB/B wird lediglich die Vergütungsseite geregelt und auf die Regularien einer Teilkündigung verwiesen. Die Auswirkungen von Selbstübernahmen können vielfältig sein und sind wiederum nur anhand des geplanten Bauablaufs zu beurteilen. Wesentlich ist hierbei der tatsächliche Zeitpunkt der Lieferung der selbstübernommenen Leistungsteile durch den Auftraggeber aber auch die so ersparten Leistungsdauern.

Geht man von abgrenzbaren Leistungen bei einer Selbstübernahme aus, so wirkt die Mindermenge mindestens auf einen Arbeitsschritt, also einen Vorgang im Bauablauf. Bei gleichbleibenden Kapazitäten wird eine lineare also leistungsanteilige Beeinflussung der Vorgangsdauern zu verzeichnen sein. Im Einzelfall können aber auch über- oder unterproportionale Wirkungen der Mengenveränderungen auf die Bauzeit verzeichnet werden.

Noch nicht geklärt ist die Fragestellung, ob sich Vertragstermine automatisch in Folge der Selbstübernahme anpassen, da die (monetären) Anpassungsregelungen des § 2 Abs. 4 VOB/B dem Vertrag inne sind.

Auswirkungen von Mengenänderungen gemäß § 2 Abs. 5 VOB/B 67

Die Ursachen von Leistungsänderungen können sich aus diversen Umständen ergeben (s. o. ausführlich Teil A Rdn. 449 mit einer Beschreibung verschiedener Fallgruppen; Rdn. 470 ff.). So kann dies der Wunsch bzw. die Anordnung des Auftraggebers sein,

- eine geplante Mauerwerkswand durch eine Trockenbauwand zu ersetzen, also einen **Produktwechsel** vorzunehmen.
- die vorgesehene Verwendung von Ortbeton durch Nutzung von Halbfertigteilen teilweise zu ersetzen, also eine **Bauverfahrensänderung** zur Vereinfachung des Bauablaufs zu veranlassen.
- die Reihenfolge der Erstellung von Bauabschnitten (ohne Produktwechsel und Bauverfahrensänderung) zu tauschen, also eine zeitliche **Veränderung der Ablaufabfolge** vorzusehen.

Diese Änderungen des Bauentwurfs führen nicht nur dazu, dass sich einzelne Vorgänge in ihrer Ausführungsdauer verändern (**primären Folgen**), sondern können auch Auswirkungen auf die dem Auftragnehmer zustehenden Ausführungsfristen (**sekundäre Folgen**) haben. Auf jeden Fall sind sie als Behinderungen anzusehen, die sich aus der Wahrnehmung des Anordnungsrechtes ergeben können (Teil A Rdn. 375 ff.).

Das Ausmaß der Bauzeitveränderungen kann ähnlich wie bei Mengenmehrungen und -minderungen nur im Einzelfall ermittelt werden. Bei gleichbleibenden Kapazitäten wird eine lineare also leistungsanteilige Beeinflussung der Vorgangsdauern zu verzeichnen sein. Im Einzelfall sind aber auch über-

oder unterproportionale Wirkungen der Mengenveränderungen auf die Bauzeit festzustellen. Es ist daher zunächst der Mehr-/Minderaufwand anhand der Nachtragskalkulation und der tatsächlich realisierten Nachtragsmenge zu bestimmen und als Vorgangsveränderungen im Bauablauf aufzunehmen. Diese Vorgehensweise ist aber nur dann richtig, wenn der Auftragnehmer nicht durch Kapazitätsanpassungen die Mehrleistungen umgesetzt hat. Für einen solchen Fall sind gesonderte Untersuchungen sinnvoll und notwendig. Werden im Bauablaufplan bereits die Projektkapazitäten aktuell mitberücksichtigt, werden die Auswirkungen der Leistungsänderungen automatisch berechnet und dargestellt. Anders als bei reinen Mengenveränderungen wird man bei geänderten und besonders bei zusätzlichen Leistungen sich aber stärker mit den Verfahrensumstellungen und geänderten Ablaufabfolgen auseinandersetzen müssen, um deren Auswirkungen auf den Gesamtbauablauf bestimmen zu können.

Üblicherweise werden die monetären Auswirkungen in Form von Nachträgen angeboten und beauftragt. Ob hierin auch die terminlichen Auswirkungen der Leistungsänderung enthalten sein können bzw. müssen oder vorbehalten werden müssen, ist nur im Einzelfall zu entscheiden, da die konkreten Regelungen des Bauvertrages hier entscheidend sind. Aber selbst, wenn aus formalen Gründen ein Nachtrag abzulehnen war oder anzunehmen ist, dass mit der Nachtragsvereinbarung auch die Folgen auf den Bauablauf monetär abgegolten sind, wird man die Auswirkungen der geänderten Leistungen zur Abwehr von Vertragsstrafenansprüchen nutzen können.

68 *Auswirkungen von zusätzlichen Leistungen gemäß § 2 Abs. 6 VOB/B*

Zusätzliche Leistungen können nicht im ursprünglichen Bauablauf berücksichtigt worden sein. Daher ist der errechnete bzw. sich ergebene Zeitmehrbedarf im Bauablaufplan zu berücksichtigen, sofern der Mehrvergütungsanspruch vor der Ausführung der Leistung angekündigt wurde. Auch hier gilt, dass die Auswirkungen von zusätzlichen Leistungen zur Abwehr von Vertragsstrafenansprüchen genutzt werden können, wenn die formale Ankündigung einen Mehrvergütungsanspruches unterblieben ist.

3.3.2 Bauablaufstörungen durch Behinderungen des Bauablaufs durch den Auftraggeber (§ 6 Abs. 2 VOB/B)

69 Neben der Wahrnehmung des Rechts auf Anordnungen zur Änderung des Bauentwurfs oder auf Verlangen von nicht vereinbarten Leistungen, die zur Ausführung der vertraglichen Leistung erforderlich sind, stellen Verletzungen oder zögerliche Erfüllung von Mitwirkungspflichten durch den Auftraggeber die häufigste Ursache für die Überschreitung der Bauzeit dar. Nach § 6 Abs. 2 lit. a) VOB/B ist kein Verschulden des Auftraggebers in Bezug auf

eine Behinderung notwendig. Es reicht aus, wenn der die Bauzeit beeinflussende Umstand aus dem Risikobereich des Auftraggebers stammt, um die Bauzeit möglicherweise zugunsten des Auftragnehmers zu verlängern (s. dazu näher Teil A Rdn. 369 ff.). Auch ist – wenn auch ratsam – keine Vereinbarung über eine Anpassung von Ausführungsfristen notwendig, da diese sich unmittelbar als Folge einer angezeigten Behinderung verlängern.

3.3.3 Bauablaufstörungen durch Behinderungen des Bauablaufs durch den Auftraggeber (§ 642 BGB)

Für einen Entschädigungsanspruch sind bei VOB-Verträgen drei Voraussetzungen notwendig, nämlich eine Unterlassung einer notwendigen Mitwirkungspflicht, der Annahmeverzug des Bestellers und eine Anzeige der Behinderung (Teil A Rdn. 826 ff.). Ähnlich wie bei Schadenersatz- oder Vergütungsansprüchen zu einem gestörten Bauablauf bedarf es zur Darlegung der haftungsbegründenden Kausalität einer bauablaufbezogenen Darstellung zu den Behinderungen und deren Auswirkungen (Teil A Rdn. 853 ff.). Nur in begrenzten Einzelfällen wird bei unstreitig fehlenden Vorleistungen und unstreitigen Auswirkungen auf eine bauablaufbezogenen Darstellung verzichtet werden können, insbesondere wenn nur nicht gedeckte zeitabhängige Baustellengemeinkosten geltend gemacht werden. 70

Ein Annahmeverzug setzt die Mitwirkungsverpflichtung zu einem verbindlichen Zeitpunkt voraus. Ein Auftraggeber kann daher nur bei einem einigermaßen detaillierten Bauzeitenplan in Annahmeverzug geraten, da dann die Erbringung der Mitwirkungspflichten datumsmäßig bestimmt werden kann.

Weiterführende Ausführungen können dem Teil B Kap. 9 entnommen werden.

3.3.4 Bauablaufstörungen durch verzögerter Vergabe durch den Auftraggeber

Mit der Zustimmung des Bieters zu einer Zuschlagsfristverlängerung erfolgt keine Vereinbarung, was vertraglich gelten soll, wenn die Ausführungsfristen der Ausschreibung nicht mehr eingehalten werden können. Daher ist nach dem Zuschlag, der auf das unveränderte Angebot des Bieters erfolgt, die Bauzeit neu zu bestimmen und hierüber eine nachträgliche Einigung zu erzielen. Daher ist gemeinsam zu prüfen, ob die verspätete Beauftragung zu einer Veränderung bei den vorgesehenen Ausführungsfristen geführt hat. Dies ist sehr häufig der Fall, da der Baubeginn durch die geplante Dauer des Vergabeverfahrens somit auch durch die hierin enthaltene Dauer der Zuschlagfrist bestimmt wird. Die Bauzeit ist unter Berücksichtigung der Umstände 71 des Einzelfalls anzupassen (s. zu den rechtlichen Grundlagen näher Teil A Rdn. 391 ff.). Besonderheiten, wie etwa Bauerschwernisse oder -erleichterungen durch jahreszeitliche Verschiebung, sind zu beachten.

Beispiel:

Der Entfall einer ursprünglich vorgesehenen Winterperiode in Folge eines Baubeginns im Frühjahr kann zu einer bedeutsamen Verkürzung der Bauzeit führen. Anderseits kann die Verschiebung von Startterminen zur Folge haben, dass Nachunternehmer oder Fertigteilwerke nicht mehr leisten können, weil sie dann mit anderen Aufträgen gebunden sind.

Weiterführende Ausführungen können dem Teil B Kap. 10 entnommen werden.

3.3.5 Bauablaufstörungen durch außergewöhnliche Witterung (§ 6 Abs. 2 VOB/B)

72 Witterungseinflüsse, mit denen bei Abgabe des Angebotes normalerweise gerechnet werden muss, gelten gemäß § 6 Abs. 2 VOB/B ausdrücklich nicht als fristverlängernde Behinderungen. Lediglich völlig außergewöhnliche und nicht vorhersehbare Witterungsereignisse berechtigen zur Terminüberschreitung und wirken fristverlängernd (s. näher dazu Teil A Rdn. 365 ff.).

Bereits in einem Urt. v. 12.07.1973 (VII ZR 196/72) hat sich der Bundesgerichtshof zu besonderen Witterungsereignissen geäußert und hierin seine Auffassung (WII ZR 141/60 vom 23.11.1961) bestätigt, dass es sich um Witterungsereignisse handeln müsse, die nach menschlicher Einsicht und Erfahrung in dem Sinne unvorhersehbar sind, dass sie oder ihre Auswirkungen trotz Anwendung wirtschaftlich erträglicher Mittel durch äußerste nach der Sachlage zu erwartenden Sorgfalt nicht verhütet oder in ihrer Wirkung bis auf ein erträgliches Maß unschädlich gemacht werden können. Nur solche Witterungsereignisse sind daher als Ausnahme anzusehen.

Beispiel:

Die oftmals festzustellende Methodik, dass vom Auftragnehmer anhand der Überschreitung von Mittelwerten der letzten fünf Jahre eine Außergewöhnlichkeit von Witterungsereignissen nachgewiesen wird, ist abzulehnen, sofern nicht im Bauvertrag eine solche Vorgehensweise festgelegt wurde.

Zur Ermittlung der über die Bauzeit einzukalkulierenden Witterungsereignisse müssen die Wetterdaten der vergangenen Jahre herangezogen werden (s. auch Teil A Rdn. 367.). Üblich für einen Vergleichsmaßstab ist die dreißigjährige Referenzperiode der Weltorganisation für Meteorologie (WMO). Die

Dauer von 30 Jahren berücksichtigt die Besonderheiten im Witterungsverlauf sowie globale Klimavariationen. Neben der Referenzperiode ist die Wiederkehrwahrscheinlichkeit das entscheidende Kriterium für die Berechnung der Schlechtwettertage. Die Wiederkehrwahrscheinlichkeit sollte bei einer Einzelfallbetrachtung auf 5% festgesetzt werden. Dies entspricht einem Ereignis, dass alle 20 Jahr einmal vorkommt. Durch statistische Berechnungsverfahren ist dann zu beurteilen, ob ein erhebliches Witterungsereignis als außergewöhnlich klassifiziert werden kann. Erst dann ist eine Behinderung gegeben, die zu einer Bauzeitverzögerung führen kann.

3.3.6 Bauablaufstörungen in Folge anderer Anordnungen des Auftraggebers

Unter anderen Anordnungen sollen Anordnungen verstanden werden, die der Auftraggeber im Rahmen seines Änderungsrechtes treffen darf, die aber nicht den Bauentwurf betreffen. Dies können auch Anordnungen zum Bauablauf sein, wenn eine Bauablauffolge angeordnet wird, mit der nach dem Vertrag nicht zu rechnen war. **73**

▶ **Beispiel:**

> Der Auftraggeber kann die Statik für einen Bauabschnitt noch nicht fertigstellen lassen, da noch Umplanungen notwendig sind. Er ordnet daher an, dass die Bohrpfähle in einer anderen als vom Auftragnehmer vorgesehener Reihenfolge zu erstellen sind. Dies führt zu einer größeren Anzahl von Umsetzvorgängen und längeren Fahrstrecken der Bohrgeräte.

Wie weit sich dieses Anordnungsrecht erstreckt, ist noch nicht endgültig definiert worden (s. dazu ausführlich Teil A Rdn. 75 ff.). Ob eine angeordnete Änderung von Bauumständen (z. B. Verbot der Nutzung einer Zuwegung) zu den anderen Anordnungen im Zusammenhang mit einer Änderung des Bauentwurfs nach § 1 Abs. 3 VOB/B gehört, kann im Zusammenhang mit Bauzeitverlängerungen einmal dahingestellt bleiben.

Dem Auftraggeber wird man aber im Rahmen seiner Koordinierungsverpflichtung der Baubeteiligten ein gewisses Recht auf koordinatorische Anordnungen zubilligen müssen, das die Dispositionsfreiheit eines jeden einzelnen Auftragnehmers einschränken kann (Teil A Rdn. 79 ff.). Solche Anordnungen, die im § 4 Abs. 1 VOB/B geregelt sind, können auch Festlegungen zum Bauablauf sein, wenn sich zwischen den verschiedenen Unternehmern keine Einigung auf einen gemeinsamen Bauablauf erzielen lässt. Es muss sich aber um sog. konkretisierende Maßnahmen handeln. Eine nachträgliche Veränderung des vertraglich vorgesehenen Bauablaufs wird nach § 4 Abs. 1 VOB/B so ohne weiteres nicht möglich sein.

Komplizierter wird es aber, wenn sich der vertraglich vereinbarte Bauablauf durch Behinderungen ändert. In diesen Fällen muss der Auftraggeber die Möglichkeit haben, die Neuordnung des Bauablaufs bei nicht einvernehmlicher Einigung der Unternehmer mittels Anordnungen neu zu koordinieren. Beschleunigungsanordnungen, die nur auf eine frühere Fertigstellung von Leistungen oder des gesamten Bauvorhabens abzielen, sind weder durch das Anordnungsrecht nach § 4 Abs. 1 VOB/B noch über andere Anordnungen nach § 2 Abs. 5 VOB/B gedeckt. Dem Auftraggeber bleibt aber, konkrete Änderungen, wie z. B. einen zusätzlichen Kran mit Fahrer, anzuordnen. Der Auftragnehmer hat in diesen Fällen aber nicht für die beschleunigende Wirkung dieser Maßnahmen einzustehen (s. zu den sehr engen Grenzen auch oben Teil A Rdn. 88 ff.).

Analog zu den Änderungen des Bauentwurfs wird der Auftragnehmer auch für diese anderen Anordnungen eine Verlängerung der Bauzeit verlangen können. Voraussetzungen hierfür sind eine Anzeige der Behinderung und das Vorhandensein einer verlängerten Bauzeit, die eben ihre Ursache in den anderen Anordnungen hat.

Eine einseitige Verkürzung der vereinbarten Vertragsfristen aus solchen Anordnungen wird wohl ausscheiden.

3.3.7 Bauablaufstörungen aus Fehlern des Auftragnehmers

74 Es ist häufig festzustellen, dass der Auftragnehmer vom vereinbarten Bauablauf abweicht. Dies ist zunächst auch verständlich und nachvollziehbar, da mit dem Baufortschritt Erkenntnisse gewonnen werden, die hierzu Anlass geben. Im Rahmen seiner Dispositionsfreiheit ist dies auch zulässig. Es dürfen jedoch sämtliche vereinbarten Termine, also auch Zwischentermine, nicht später realisiert werden. Eine vorfristige Gesamtfertigstellung ist aber unschädlich. Das Vorverlegen von Zwischenterminen an sich ist auch unkritisch, sofern nicht hierauf aufbauend der weitere Bauablauf umgehend starten soll. Der Auftraggeber hat nämlich im Rahmen seiner Koordinierungsverpflichtungen den Gesamtbauablauf auf bestimmte Ecktermine abgestimmt, so dass eine frühere Leistungserbringung oftmals nur schwer zu realisieren ist. Daher sollten erhebliche Umstellungen des Bauablaufs dem Auftraggeber frühzeitig mitgeteilt werden. Bei der Umstellung des Bauablaufs ist auch zu berücksichtigen, dass der Auftraggeber seine Mitwirkungshandlungen, wie Planbeistellungen, Bemusterungen und Vorleistungen, nicht ohne weiteres früher erbringen kann.

Führen nun neuere Erkenntnisse oder Umstände aus der Risikosphäre des Auftragnehmers dazu, dass der Bauablauf verändert werden muss, mit der Folge, dass Zwischentermine nicht mehr eingehalten werden können, stellt sich die

Frage, wie hiermit im Rahmen eines gestörten Bauablaufs umzugehen ist. Grundsätzlich sind diese Änderungen dem Auftraggeber mitzuteilen und daraufhin gemeinsam ein neuer mit den anderen Beteiligten abgestimmter Gesamtbauablauf festzulegen. In wieweit der Auftraggeber mittels seiner Koordinierungsverpflichtung auf die anderen Beteiligten einwirken muss, wenn diese eine entsprechende Einigung verweigern oder nur bereit sind, gegen Mehrvergütung dem neuen Bauablauf zuzustimmen, ist nicht festgelegt. Es ist sinnvoll, dass der Verursacher der Veränderungen in der Bauabfolge, also der Auftragnehmer, in diese Verhandlungen eingebunden wird. Er hat nämlich mit zu entscheiden, welche zusätzlichen Maßnahmen zu welchen zusätzlichen Kosten er bereit ist, zu tragen.

Die grundsätzliche Fragestellung im Zusammenhang mit der Beurteilung eines gestörten Bauablaufs ist nun, ob der Auftragnehmer im Rahmen seiner Darlegung der Behinderungen, die aus der Sphäre des Auftraggebers resultieren, auch seine eigenen Änderungen am Bauablauf berücksichtigen muss. Zunächst wird man dies verneinen können, da es Aufgabe des Auftraggebers ist, entsprechend vorzutragen. So reicht es bei der Schlussrechnungsprüfung auch nicht aus, wenn der Auftraggeber die Maße einfach bestreitet. Er muss nachvollziehbar darlegen, welche Maße stattdessen richtig sind.

Da aber im Rahmen der Darlegung der haftungsbegründende Kausalität auch der tatsächliche Bauablauf zu berücksichtigen ist, werden spätestens dann die Folgen der vom Auftragnehmer zu vertretenden Veränderungen einbezogen. Wendet man das im Teil B Kap. 6 vorgestellte 9-stufige Nachweisverfahren an, so werden die Auswirkungen der Bauablaufstörungen, die vom Auftragnehmer zu vertreten sind und sämtliche Veränderungen des geplanten Bauablauf im Vergleich zwischen der Soll- bzw. Soll'-Situation und dem Ist-Bauablauf berücksichtigt und im sog. Zeit- bzw. Pufferkonto berücksichtigt.

Eine andere Möglichkeit besteht auch darin, dass eine solche Bauablaufstörung ähnlich wie eine BAST im 9-stufigen Nachweisverfahren separat dargelegt und behandelt wird. Zur Unterscheidung wird die Bezeichnung ANST (Teil B Rdn. 87 ff.) eingeführt.

Die Problematik von möglichen Doppelkausalitäten bzw. Mehrfachkausalität wird im Teil B Rdn. 119 ff. angesprochen.

3.4 Verursachungsgerechte Einarbeitung von Störungen/ Behinderungen in den Soll(0)-Terminplan bzw. in modifizierte Soll-Terminpläne (Soll'(1) bis Soll'(n))

75 Es sind sämtliche Verzögerungen und Behinderungen, die den vereinbarten Bauablauf beeinflusst haben können, zu berücksichtigen. Hierbei ist zeitchronologisch vorzugehen, d. h. die Bauablaufstörungen sind in der Reihenfolge ihres Auftretens zu bearbeiten und in Soll-Plänen zu berücksichtigen. Die Ermittlung der Auswirkungen der ersten Bauablaufstörung wird man im Soll(0)-Bauablauf vornehmen und als Ergebnis einen störungsmodifizierten Bauablauf, den Soll'(1)-Bauablauf erhalten, der einen rechnerisch ermittelten Bauablauf nach Ende der ersten Bauablaufstörung darstellt. Die höchstrichterliche Rechtsprechung fordert im Rahmen der Darlegung der haftungsbegründenden Kausalität (vgl. Teil B Rdn. 95) aber eine Berücksichtigung der tatsächlichen Auswirkungen der Bauablaufstörungen. Daher wird in einem weiteren Schritt ein Vergleich zwischen der ermittelten theoretischen Situation in Folge der Bauablaufstörung und der tatsächlich eingetretenen Situation notwendig. Es hat ggf. eine Anpassung des Soll'(1)-Terminplans unter Beachtung der Pufferthematik zu erfolgen und es entsteht der sog. Soll'$(1)_{Ist}$-Terminplan. Dieser Soll'$(1)_{Ist}$-Terminplan ist dann derjenige, der die Soll-Vorgabe (also den Soll(1)) für die Beurteilung der nächsten Bauablaufstörung darstellt. Nachdem auf diese Weise sämtliche Bauablaufstörungen bearbeitet wurden, hat noch abschließend ein Vergleich zwischen den im letzten störungsmodifizierten ermittelten Fertigstellungstermin und dem tatsächlichen Fertigstellungstermin stattzufinden, da in dem Zeitabschnitt zwischen Ende der letzten Störung und Fertigstellung noch Beschleunigungen oder auch vom Auftragnehmer zu vertretende Verlangsamungen des Bauablaufs stattgefunden haben können. Das Ergebnis ist ebenfalls im Zeit- bzw. Pufferkonto zu berücksichtigen.

Nachdem die Aufstellung eines Soll(0)-Bauablaufs erfolgt ist und der tatsächliche Bauablauf, also der Ist-Bauablauf, ermittelt und idealerweise dem Soll(0)-Bauablauf als Referenz gegenüber gestellt wurde, gilt es jede aufgetretene Störung einzeln hinsichtlich Ursache, Dauer und Umfang zu bewerten und dann die Auswirkungen auf die Vorgänge zu analysieren und später im Bauablauf in richtiger Art und Weise abzubilden.

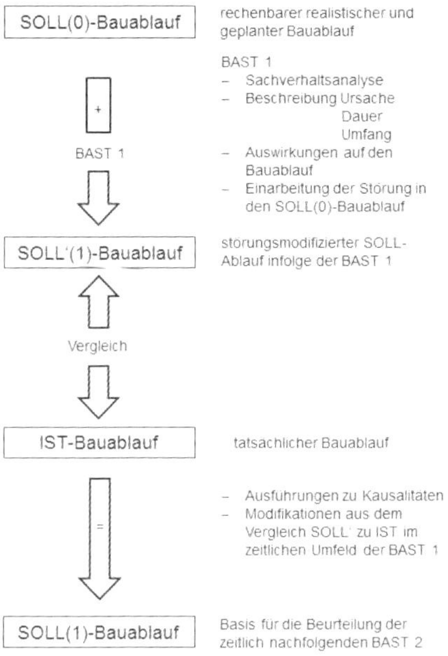

Abb. 24: Grundsätzliche Vorgehensweise

3.4.1 Sachverhaltsanalyse und -darstellung der verschiedenen Störfälle

Es ist zwingend, dass jede einzelne Behinderung gesondert überprüft wird **76**
und einer eigenen Beurteilung unterliegt. Dies macht eine separate Fortschreibung des Bauablaufs erforderlich. Aus dieser richterlichen Forderung folgt nun aber nicht, dass selbst für Sachverhalte, aus denen sich keine Ansprüche ergeben, eine eigene Fortschreibung notwendig wird, nur weil sich die Grundlage für die im weiteren Bauablauf geplante Leistungserbringung ändert.

Beispiel:

Das Ausnutzen der Dispositionsfreiheit, also beispielsweise der spätere Einbau der Fenster, wenn aber durch Folien die Regendichtigkeit gewahrt bleibt und andere Gewerke von dieser Umstellung nicht betroffen sind, kann zu einer nicht relevanten Umstellung des Bauablaufs führen.

Es ist nicht zielführend und vor dem Hintergrund, dass oftmals viele, gleichzeitig wirkende Störungen zu untersuchen sind, auch nur verwirrend, wenn nicht relevante Störungen oder Ablaufänderungen untersucht werden.

Bei der Darlegung des tatsächlichen Bauablaufs wird man diese Modifikationen aber feststellen, kommentieren bzw. bewerten.

Richtig ist es, dass, wenn aus den Modifikationen ein sich geänderter voraussichtlicher Bauablauf ergibt, dieser bei der Bewertung von relevanten Störungen nicht unberücksichtigt bleiben darf.

In diesem Zusammenhang sei auch nochmals auf Teil B Rdn. 74 verwiesen. Hier wurde dargelegt, dass auch nicht sämtliche Störungen vom Auftragnehmer behandelt werden müssen und letztlich es ausreichend sein kann, nur die vom Auftraggeber zu vertretenden Störungen zu bewerten. Anderseits kann es aber notwendig sein, Störungen zu betrachten, die erkennbar nicht auf dem kritischen Weg liegen, wenn zu erwarten ist, dass sich einzelne Vorgangsverlängerungen einstellen werden, die wiederum Grundlage für eine Mehrkostenberechnung sind (vgl. Teil B Rdn. 81 Beispiel Gerüst)

77 Ziel der Sachverhaltsdarstellung ist es, dass nach einer intensiven Sachverhaltsanalyse vor allem Dritten, also Personen, die nicht direkt am Projekt beteiligt waren, den Störungssachverhalt verstehen, die Historie nachvollziehen können und die Bedeutung im Gesamtkontext erkennen können.

Eines der wenigen bekannten Urteile zur Problematik Behinderungen/Störungen, das BGH Urt. v. 20.02.1986 (VII ZR 286/84), formuliert einige Rechtsprechungsgrundsätze, die in diesem Zusammenhang von erheblicher Bedeutung sind (s. auch Teil A Rdn. 787 mit einem Auszug dazu). Die in dem Urteil angedeuteten Prinzipien zur Ermittlung eines Schadens sind allerdings nicht nur auf die Ermittlung der monetären Folgen sondern auch auf die dazu notwendigen Aussagen zur Schadensursache und zu den kausal zu begründenden Schadensfolgen in Form von Bauzeitverzögerungen anzuwenden. Nachfolgend werden diese vier Prinzipien kurz dargestellt:

- Schadensermittlungsprinzip:
  Nach dem Schadensermittlungsprinzip des BGB ist ein Schaden als Vergleich zweier Vermögenslagen zu ermitteln. So muss die Vermögenslage vor mit der nach dem schädigenden Ereignis verglichen werden. Übertragen auf die Probleme des Nachweises von Bauzeitverzögerungen bedeutet dies, dass die Soll-Bauabläufe vor der Behinderung/Störung mit den modifizierten Soll-Bauabläufen bzw. Ist-Bauabläufen verglichen werden müssen.

- Wirklichkeitsprinzip:
  Ein geltend gemachter Schaden muss wirklich entstanden sein, so dass keinerlei fiktive Ursachen und deren Folgen in das Verfahren einbezogen werden dürfen. Dies ist insbesondere im Zusammenhang mit Beschleunigungsmaßnahmen wichtig, da diese nun nachzuweisen sind und ein finanzieller Ausgleich nicht durch eine fiktive Bauzeitverlängerung ermittelt werden darf.

- Einzelfallprinzip:

Der Schaden und seine Ursachen sind im Einzelfall nachzuweisen, so dass sowohl die Behinderungen/Störungen sowie die zugehörigen baubetrieblichen Folgen separat aufzuzeigen sind und jeweils eine Einzelauswertung vorzunehmen ist.

- Verursachungsprinzip:

Nach diesem Prinzip ist eine Kausalkette zwischen Verursacher/Ursache, den daraus resultierenden baubetrieblichen Auswirkungen und dem daraus entstehenden Schaden aufzuzeigen.

Aus diesen etwas abstrakten Kriterien lassen sich folgende konkrete Inhalte **78**
für die Beschreibung der Störung und dessen Umfang herleiten:

- Entstehungsgeschichte der Bauablaufstörung
- Erläuterung der technischen Sachverhalte und Wirkweisen
- Darlegung der Formalien, die einzuhalten waren
- Darstellung des tatsächlichen Baugeschehens
- Beurteilung der geschuldeten Leistungen (technisch, baubetrieblich und ggf. baujuristisch)
- Aussagen zur Leistungsbereitschaft
- (gutachterliche) Bewertung des Sachverhaltes
- Beschreibung der sich ergebenen Folgen

Eine besondere Bedeutung kommt dem Wirklichkeitsprinzip zu, da die Darlegung der tatsächlichen Situation eines der wesentlichen Kriterien für den Kausalnachweis ist, also der haftungsbegründenden Kausalität inne ist. Es wird von „einer bauablaufbezogenen Darstellung der jeweiligen Behinderungen" (BGH im Urt. v. 21.03.2002, VII ZR 224/00) auszugehen sein.

Hieraus folgt, dass für jede Bauablaufstörung **79**

- die Ursache
- der Eintritt der behindernden Wirkung
- die konkreten Auswirkungen auf den unmittelbar betroffenen Vorgang
- die Dauer bzw. das Ende der behindernden Wirkung
- die Folgen und Sekundärfolgen auf den Bauablauf

darlegt werden sollte.

Natürlich sollten auch die notwendigen Nachweise präsentiert werden können. Auf die Bedeutung einer vollständigen Dokumentation wird im Teil B unter den Rdn. 193 eingegangen.

3.4.2 Störungsarten und Möglichkeiten ihrer Berücksichtigung

80 Gemäß obiger Definition wird man bei Bauablaufstörungen davon ausgehen müssen, dass sie den Bauablauf in der Art und Weise beeinflusst, dass bestimmende Parameter sich nunmehr anders darstellen. So verändert sich entweder die Ausführungsdauer von einzelnen Vorgängen oder es findet eine Umstellung des Bauprozesses statt, mit der Folge, dass der Bauablauf sich ändert, aber die einzelnen Vorgangsdauern nicht unbedingt angepasst werden müssen. Ein Spezialfall stellt die Unterbrechung eines Vorgangs dar, so dass keine Leistung erbracht werden kann. Nicht selten beinhaltet eine Bauablaufstörung alle drei Auswirkungen.

▸ **Beispiel:**

Nicht rechtzeitig vorliegende Bewehrungspläne sollen zunächst zu einer Einstellung der Arbeiten geführt haben (Stillstand). Um die Terminauswirkungen zu minimieren, ordnet der Auftraggeber an, dass nach Vorabzügen bewehrt werden soll (Dauer gemäß ursprünglicher Planung). Das Betonieren ist oftmals nicht möglich, da eine notwendige Freigabe nicht rechtzeitig vom Auftraggeber erteilt werden kann, da noch Umplanungen vom Tragwerksplaner zu berücksichtigen sind (erneuter Stillstand). Nach Übergabe der freigegebenen Bewehrungspläne stellt der Auftragnehmer fest, dass noch eine zusätzliche Bewehrung einzubauen ist (Verlängerung der Ausführungsdauer). Der Auftragnehmer hat zwischenzeitig, um die Zeit zwischen Verlegung der Bewehrung nach Vorabzügen bzw. Übergabe der Ausführungsunterlagen und Lieferung der Zusatzbewehrung zu überbrücken, mit Bewehrungsarbeiten an einem anderen Bauteil vorfristig begonnen (Umstellung des Bauablaufs durch Vorziehen anderer Vorgänge und damit Änderung von Anordnungsbeziehungen).

81 All diese Veränderungen im Bauablauf können dazu führen, dass sich vereinbarte Fristen und Termine verschieben. Eine Verlängerung von Ausführungsdauern kann auch zu einer Änderung bei den Kosten führen (z. B. Vorhaltekosten von Leistungsgeräten). So ist nicht selten feststellbar, dass sich zwar einzelne Vorgänge verlängern, es aber nicht zu einer Verschiebung beim Gesamt-Fertigstellungstermin kommt. Es fallen dann Mehrkosten an, ohne dass eine Bauzeitverlängerung eintritt. Daher kann es sinnvoll sein, auch Bauablaufstörungen zu betrachten, die erkennbar nicht auf den kritischen Weg liegen, aber Teilabschnitte erheblich beeinflussen.

▸ **Beispiel:**

In Folge von Planungsunklarheiten an den Attiken beim Bauteil 1 kann das Rohbaugerüst nicht abgebaut werden, sondern bleibt eine sehr lange Zeit stehen und wird dann nach geringen Umbauten gegen Kostenerstattung an den Rohbauer vom Fassadenbauer genutzt. Die Rohbauarbeiten werden ungestört im Bauteil 2 fortgesetzt und auch abgeschlossen. Die geplanten Attiken werden dann dergestalt verändert, dass sie nunmehr nicht in Stahlbeton ausgebildet werden sollen, sondern Teil der Fassadenleistung werden. Die Leistungen entfallen somit im Gewerk Rohbau. Eine Verkürzung der Ausführungsdauer ist aber auf Grund parallel geplanter Restarbeiten nicht gegeben. Um nun die Dauer der verlängerten Gerüstvorhaltung bestimmen zu können, kann nicht die tatsächliche Standzeit der Gerüste am Bauteil 1 herangezogen werden. Es ist daher anhand einer Detailuntersuchung der frühestmögliche Termin für den Abbau des Gerüstes zu bestimmen, nachdem der Auftraggeber die Leistungsänderung bekannt gegeben hatte.

Folgende Behinderungsfolgen der störenden Ereignisse lassen sich unterscheiden:

Verlängerungen/Verkürzung von Ausführungsdauern 82

Die zeitliche Konsequenzen von Leistungsänderungen, also Mehr-/Mindermengen und zusätzlichen Leistungen aber auch geänderten oder teilgekündigten Leistungen führen in der Regel zu einer Veränderung bei den Vorgangsdauern und ggf. zu einer Bauzeitverlängerung, da sich die **Ausführungsmenge** von der Ausschreibungs- bzw. Vertragsmenge unterscheidet. Hierbei sind vertragliche Regelungen zur bereits geschuldeten Menge zu beachten.

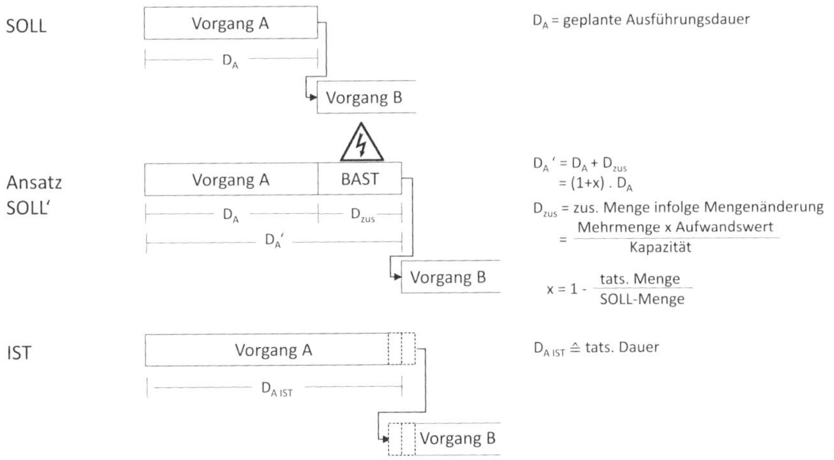

Abb. 25: Änderungen bei den Ausführungsmengen

Ist eine Differenz zwischen dem theoretischen Ansatz im (modifizierten) Soll'-Ablauf und dem tatsächlichen Bauablauf festzustellen, kann dies daran liegen, dass kalkulative Leistungsansätze fortgeschrieben wurden. Diese müssen eben nicht mit der tatsächlich erbrachten Leistung übereinstimmen. Dies kann dazu führen, dass sich der Auftragnehmer einen zeitlichen Puffer erwirtschaftet. Auf der anderen Seite kann er aber auch gezwungen sein, beschleunigende Maßnahmen zu ergreifen, wenn er den tatsächlichen Aufwand in seiner Kalkulation zu gering angesetzt hatte. Die zeitliche Differenz ist im sog. Zeit- und Pufferkonto zu berücksichtigen.

83 Verzögerungen

Von Verzögerungen spricht man, wenn sich die Produktionsgeschwindigkeit nicht mehr eingehalten werden kann, ohne dass es zu einem vollständigen Stillstand kommt. Anordnungen von geänderten Leistungen oder zu Bauumständen aber auch anderen Eingriffen des Auftraggebers können den **Aufwandswert** erhöhen oder verringern. Bei gleichbleibender Menge führt dies dann zu einer längeren Vorgangsdauer.

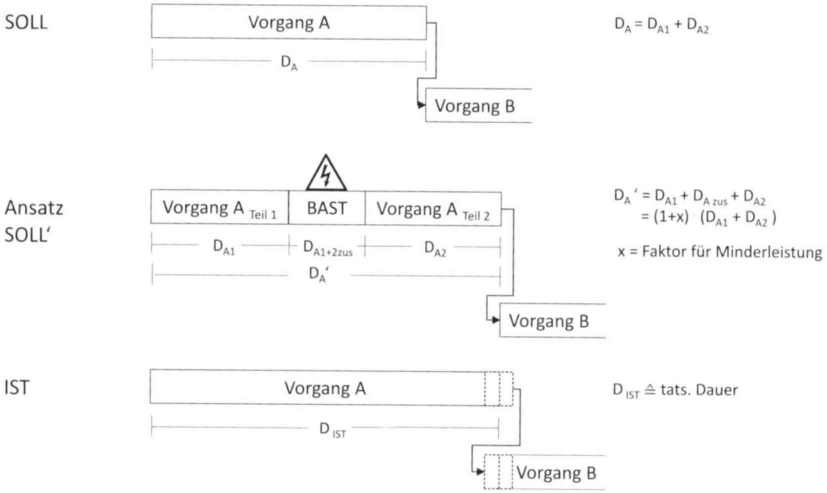

Abb. 26: Änderungen beim Aufwandswert vor Ausführungsbeginn

Verzögerungen ergeben sich auch dann, wenn das störende Ereignis erst nach Beginn eines Vorgangs eintritt und danach mit einem abweichenden Aufwandswert gearbeitet wird.

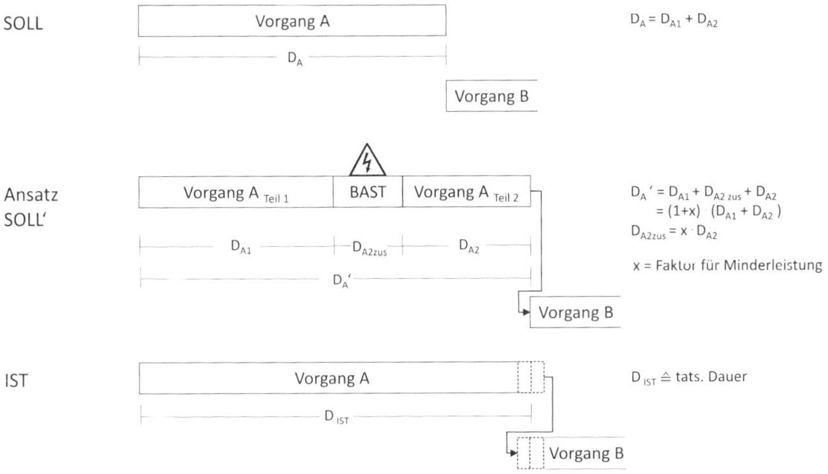

Abb. 27: Änderungen beim Aufwandswert nach Ausführungsbeginn

Es können aber auch störende Ereignisse vor oder während der Realisierung eines Vorgangs zu einer Verschiebung in eine ungünstige Jahreszeit führen, so dass für einen Teil der Vorgangsdauer mit einem höheren Aufwandswert (z. B. wg. Minderleistung aus Witterungsgründen (vgl. Teil B, Rdn. 376) zu rechnen ist.

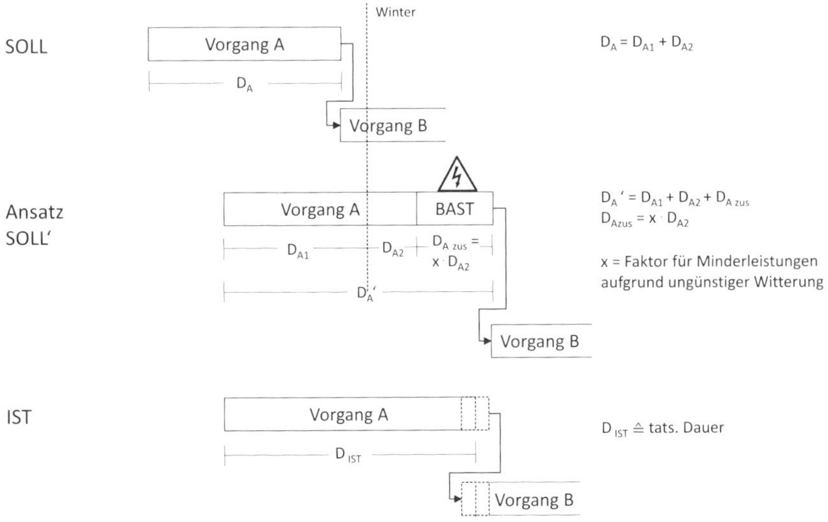

Abb. 28: Änderungen beim Aufwandswert in Folge Sekundärfolgen

84 Unterbrechungen/Stillstand

Wird in Folge eines störenden Ereignisses keine Leistung erbracht, spricht man von einer Unterbrechung oder einem Stillstand. Die Dauer des Vorgangs verlängert sich (mindestens) um die Dauer des Stillstandes. In Folge von Sekundärfolgen ist eine zusätzliche Verlängerung möglich. In Ausnahmefällen ist eine Verkürzung der Ausführungsdauer denkbar, z. B. wenn in Folge von Stillständen Leistungen, die ursprünglich unter ungünstigen Witterungen zu erbringen waren, in günstigeren Jahreszeiten fallen.

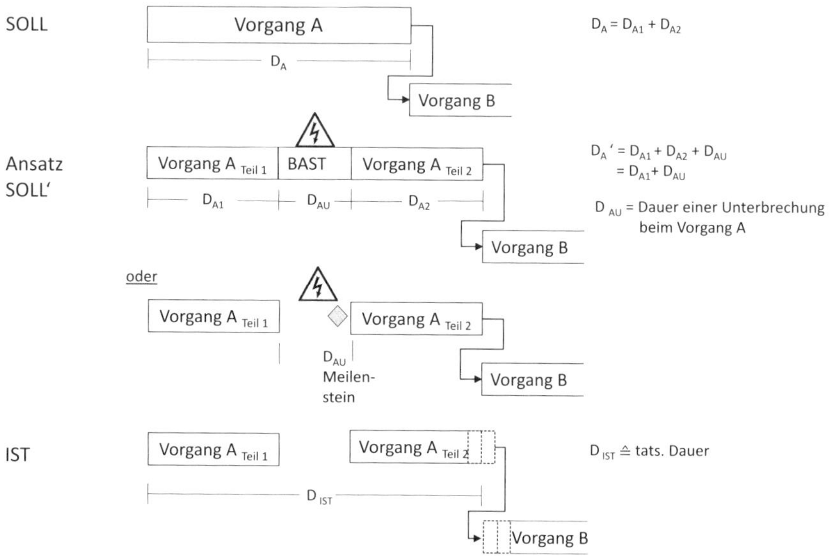

Abb. 29: Vorgangsunterbrechungen

Ein unterbrochener Vorgang kann zusätzlich zu einer Verzögerung führen, nämlich dann, wenn für die Wiederaufnahme der Arbeiten zusätzliche Leistungen notwendig werden. So können Antransporte von Geräten, die zwischenzeitig kostenminimierend auf anderen Baustellen eingesetzt wurden, zu zusätzlichen zeitbeanspruchenden Vorgängen führen. Auch ist nach längeren Unterbrechungen ein Verlust des Einarbeitungseffektes feststellbar. Erst nach einer gewissen Anzahl von Wiederholungen kann der Zustand vor der Unterbrechung wieder hergestellt werden. Bis dahin sind höhere Aufwandswerte zu berücksichtigen.

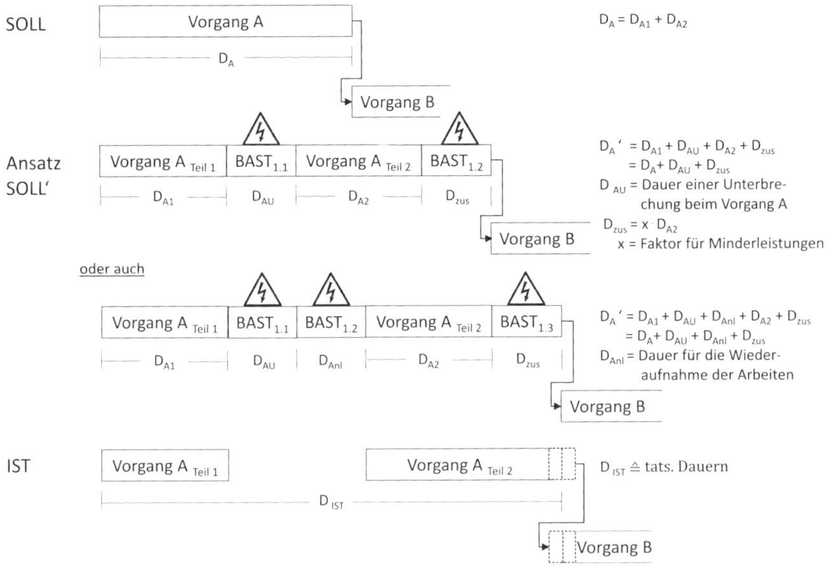

Abb. 30: Vorgangsunterbrechungen mit anschließender Verzögerung

Erfahrungsgemäß führen die Verzögerungen nach Vorgangsunterbrechungen zu großen Spannungen zwischen den Vertragspartnern, wenn nicht bei Eintritt der Unterbrechung entschieden wurde, wie mit den stillstehenden Kapazitäten umzugehen ist. Das Umsetzen von Personal auf andere Baustellen ist nur dann für beide vorteilhaft, wenn das Personal nach Beendigung des Stillstandes auch umgehend wieder zur Verfügung steht. Der Auftraggeber hat bei Leistungsunterbrechungen, die von ihm zu vertreten sind, anzugeben, was mit den stillstehenden Kapazitäten zu geschehen hat.

Beschleunigung 85

In den meisten Fällen ergibt sich eine Beschleunigung nicht automatisch aus einer Bauablaufstörung, sondern ist das Ergebnis von konkreten Maßnahmen, die entweder die Aufwandswerte verringern oder durch Verfahrensumstellungen den Bauablauf verkürzen.

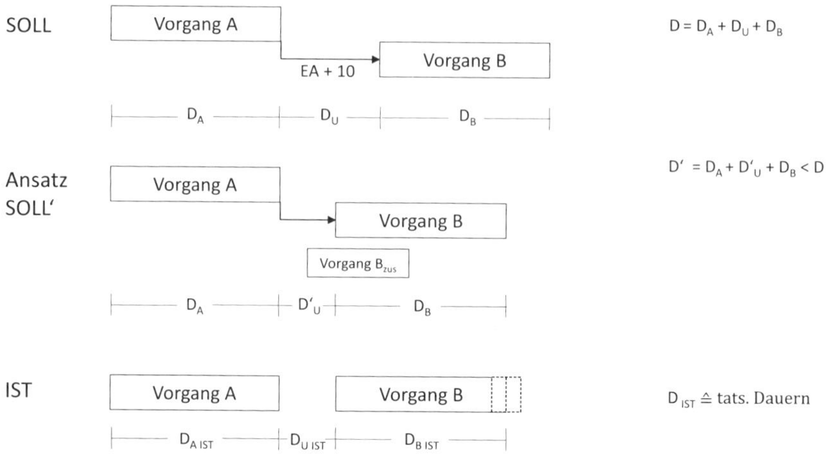

Abb. 31: Beschleunigung

Die Aufgabe von Puffern, die der Auftragnehmer auf Grund von Bauablaufstörungen vornehmen muss, kann auch kurzfristig zu einer Beschleunigung führen. Ist es aber für den Auftragnehmer notwendig diesen Puffer später wieder zu beanspruchen, um bspw. Fehler in seiner Arbeitsvorbereitung zu kompensieren, ist dies zulässig und führt dann zu verspäteten Bauzeitverlängerungen (vgl. Teil B Rdn. 136)

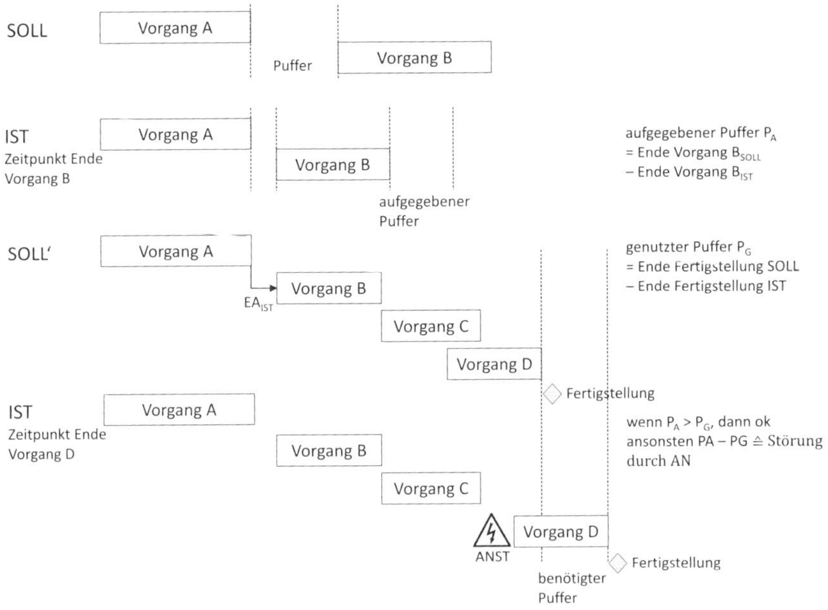

Abb. 32: Beschleunigung durch Aufgabe von Puffern

Möglichkeiten der Berücksichtigung von Störungen 86

Die Konsequenzen der hindernden Umstände sind unterschiedlich ausgeprägt, da die Intensität der Wirkung sich aus dem

- dem Störungsumfang (Anzahl der betroffenen Vorgänge)
- der Störungstiefe (Art der Beeinflussung) und
- der Störungsdauer

ergibt. Daher wird man die Auswirkungen von Störungen auch in unterschiedlichen Formen im Bauablaufplan berücksichtigen müssen. Hierfür stehen folgende Möglichkeiten zur Verfügung:

a) Separater Störungsvorgang
b) Störungsbedingte Verschiebung des Leistungsbeginns eines Vorganges
c) Störungsbedingte Verlängerung eines Vorganges, um Leistungsverzögerung zu berücksichtigen
d) Meilensteine, um einzelne Vorleistungen, wie Planbeistellungen, abzubilden
e) Strukturelle Änderungen des Bauablaufs, um Verfahrensänderungen einzubeziehen

f) Kapazitätsstörungen, um Personal- oder Geräteveränderungen zu erfassen
g) Modifikationen am hinterlegten Kalender, um Veränderungen der Arbeitsintensität zu bewerten (5-Tagewoche/6-Tagewoche, Betriebs- oder Leistungspausen außerhalb des ursprünglichen Zeitrahmens)

3.4.3 Bedeutung der Einarbeitung von Störungen im Soll-Bauablauf

87 Von entscheidender Wichtigkeit ist das Einfügen des störenden Ereignisses in den Soll-Bauablauf. Dies hat so zu geschehen, dass die beschriebenen und festgestellten Auswirkungen möglichst realitätsnah in Ansatz gebracht werden. Die Richtigkeit der Zeitansätze wird später beim Vergleich mit der tatsächlichen Ausführung noch einmal überprüft bzw. sogar korrigiert. Dies gilt aber nur in eingeschränktem Maße für die Auswirkungen auf andere Vorgänge.

Von erheblicher Bedeutung ist dann jedoch die Bewertung der Differenz zwischen dem störungsmodifizierten und dem tatsächlichen Bauablaufplan. Es ist zu entscheiden und darzutun, ob entweder lediglich eine falsche gutachterliche Bewertung hinsichtlich der Dauer und der Auswirkungen einer Bauablaufstörung vorliegt oder ob vom Auftragnehmer aktiv beschleunigende Maßnahmen ergriffen wurde, um die Auswirkungen der Bauablaufstörung zu minimieren (Teil A Rdn. 804.). In letzterem Fall wäre die Differenz dem sog. Zeit- und Pufferkonto des Auftragnehmers zuzuschreiben. Im anderen Fall würde man entweder den Ansatz korrigieren oder den störungsmodifizierten Bauablauf in diesen Bereichen dem tatsächlichen Bauablauf angleichen.

Um also den tatsächlichen Bauablauf bzw. die Differenz zu dem störungsmodifizierten Bauablauf am ausführlichsten erklären zu können, ist es erforderlich, dass sämtliche Störungen betrachtet werden, also auch die, die aus dem vertragskonformen Handeln des Auftraggebers resultieren und die, die sich aus der Wiederaufnahme von Tätigkeiten, der Verschiebung in ungünstige Witterungsphasen oder aus Produktivitätsverlusten ergeben. Auch sind die vorgenommenen Verfahrensumstellungen zu beachten und im Terminplan zu bedenken.

Ausgangspunkt für die Entwicklung eines (störungsmodifizierten) Soll'-Terminplans ist also die Überlegung, in diesen Terminplan sämtliche Störungen des Bauablaufs, also – auftraggeberseitige (BAST), auftragnehmerseitige (ANST) und verursachungsneutrale (SONST) Bauablaufstörungen, einzuarbeiten. Bei diesem Vorgehen wird jede Störung, bzw. jede Abweichung vom Soll-Bauablauf nacheinander in den Soll'-Terminplan eingearbeitet. In Folge des notwendigen Vergleichs zum tatsächlichen Bauablauf und den daraufhin vorzunehmenden Modifikationen, gibt es – anders als bei vereinfachten Methoden – nicht einen einzigen störungsmodifizierten Bauablaufplan sondern jede Bauablaufstörung führt zu einem zugehörigen störungsmodifizierten Terminplan.

Wie bereits an anderer Stelle ausgeführt, ist zu hinterfragen, ob ein Auftragnehmer gehalten ist, sämtliche Störungen und Behinderungen im Rahmen der Aufarbeitung seiner Ansprüche anzuführen, also auch solche, die er möglicherweise zu vertreten hätte (s. dazu Teil A Rdn. 725 ff., Rdn. 804 ff.). Verneint man diesen Ansatz, so führt das „Weglassen" dieser Störungen zwangsläufig zu einer Diskrepanz der beiden Bauabläufe. Viel häufiger führen aber zulässige Abweichungen vom geplanten Bauablauf, z. B. im Rahmen der auftragnehmerseitigen Dispositionsfreiheit, zu Differenzen zwischen dem störungsmodifiziertem und dem tatsächlichen Bauablauf. Der Auftragnehmer ist, sofern keine vertraglichen Regelungen vorliegen, auch nicht verpflichtet, sich im Detail an seine eigenen Vorgaben im Soll-Bauablauf zu halten. Daher ist ein zu eng angelegter Vergleich beider Bauablaufe auch nicht zielführend. Größere und bedeutsame Differenzen sollten aber dargelegt und erklärt werden.

3.4.4 Vorgehensweise bei komplexen Bauvorhaben mit einer Vielzahl von Störungseinflüssen

Bislang wurde der kausale Nachweis bei klar erkennbaren und zeitlich einzuordnenden Ablaufstörungen oder Ablaufveränderungen betrachtet, bei denen innerhalb einer oder mehrerer logisch begründeter Ablaufketten verhältnismäßig leicht der kausale Zusammenhang von Störung und Störungsfolge darzustellen ist. 88

Schwieriger ist die Erfüllung der rechtlichen Anforderungen, wenn eine große Zahl von Störeinflüssen auf den Bauablauf einwirkt und wenn der Ablauf der Arbeiten nicht in einer klar strukturierten Arbeitsfolge dargestellt werden kann. Nicht selten liegen mehrere hundert Behinderungsanzeigen und Leistungsveränderungen vor. Wollte man diese nach der skizzierten separaten Einzelfallbetrachtung behandeln, entstehen sehr umfangreiche und kostenintensive Ausarbeitungen. Daher ist es verständlich, wenn nach Möglichkeiten einer Vereinfachung gesucht wird. Es stehen grundsätzlich folgende Möglichkeiten zur Verfügung:

a) Separate chronologische Einarbeitung jeder Störung als Einzelfall

Die Behandlung und Verarbeitung einer jeden einzelnen Behinderung ist der sicherste aber sicherlich auch zeitaufwendigste Weg zur Darlegung eines gänzlich gestörten Bauablaufs.

b) Erleichterung durch „Big Points"

Vor dem Ansatz, dass der Auftragnehmer nur die Störungen und Behinderungen nachweisen muss, die aus den auftraggeberseitig zu vertretenden oder verursachungsneutralen Bauablaufstörungen resultieren, kann es sinnvoll sein, sich nur auf bedeutsame Bauablaufstörungen zu konzentrieren. Bei einer solchen Vorgehensweise muss aber sicher gestellt sein, dass die Einarbeitung der Störungsereignisse in einer nachvollziehbaren und richtigen Form geschieht und zumindest im direkten zeitlichen Umfeld um die Behinderung deren Auswirkungen mit den tatsächlichen Gegebenheiten übereinstimmen.

c) Erleichterung durch Zusammenfassung mehrerer Einzelstörungen

Gerade im Fall von verspäteten Planbeistellungen kann es hilfreich sein, vorab in Detaildarstellungen die Übergabe von Plänen zu visualisieren und daraufhin festzulegen, welche Pläne mindestens haben vorliegen müssen, um mit der Leistung beginnen zu können. Diese Zeitangaben können in Form von Meilensteinen dann in den störungsmodifizierten Bauablauf übernommen werden. Durch die Bestimmung des Plans, der für den Abschluss der Arbeiten entscheidend war, kann das Ende der Behinderung gefunden werden und entweder in Form einer Verlängerung der Vorgangsdauer oder wiederum durch einen Meilenstein, der mit einer Dauer für die verbleibenden restlichen Arbeiten verknüpft wird, im störungsmodifizierten Bauablauf eingearbeitet werden.

d) Veränderungen am Kalender

Stillstände, Verschiebungen in ungünstige Witterungszeiten, Betriebsunterbrechungen oder auch geänderte Arbeitszeiten im Winter können durch Einstellungen im Kalender der störungsmodifizierten Terminpläne leicht erfasst werden. Es können so auch die Arbeitszeiten verändert oder die arbeitsfreien Tage definiert werden.

e) Veränderungen an den Kapazitäten

Werden bei den störungsmodifizierten Terminplänen auch Kapazitäten berücksichtigt, ist der Entfall von Geräten und Personal relativ einfach zu bewerten. Denkbar ist auch die Definition einer „Kapazität" „Umsatz pro Arbeitstag", die den geplanten Umsatz pro Arbeitstag wiedergibt. Führen nun Mengen und Leistungsveränderungen zu einer Veränderung beim geplanten Umsatz passen sich die Ausführungsdauer analog an. Ob eine solche Vorgehensweise auch die richtigen Ergebnisse liefert, hängt vom Einzelfall ab und ist am tatsächlichen Bauablauf zu überprüfen.

f) Vertragsstrafenentfall

Für den Fall, dass lediglich aufgezeigt werden soll, dass die Vertragsstrafe zu Unrecht gezogen wurde und keine weiteren Forderungen hinsichtlich des gestörten Bauablaufs erhoben werden sollen (Teil A Rdn. 419 ff.), kann die Konzentration auf wenige bauzeitverlängernde Störungen angezeigt sein.

g) Verzicht auf eine Einzelfallbetrachtung

Bei komplizierten und stark gestörten Bauabläufen (häufig bei den Ausbaugewerken) findet man in manchen baubetrieblichen Gutachten ein Abrücken von der gewünschten Einzelfallbetrachtung. Die sukzessive Fortschreibung des Bauablaufs wird also aufgegeben und die Auswirkungen sämtlicher Störungen und Behinderungen in den Soll(0)-Terminplan vorgenommen. Der sich daraufhin ergebene störungsmodifizierte Soll'(n) wird dann mit dem tatsächlichen Bauablauf verglichen. Bei dieser Art der Vorgehensweise fehlt die Berücksichtigung der Bauabläufe, die aus den einzelnen Behinderungen resultieren, so dass auch eine Beurteilung der Rechtzeitigkeit von Behinderungsanzeigen und Planlieferungen nicht möglich ist. Auch wird nicht dargetan, ob der Auftragnehmer überhaupt leistungsfähig war.

Ob eine solche, wenig konkrete Untersuchung und nicht den Einzelfall behandelnde Vorgehensweise mit den bisherigen Leitsätzen der Rechtsprechung einhergeht, ist anzuzweifeln. Wenn es aber gelingt, die haftungsbegründende Kausalität einer jeden Behinderung aufzuzeigen, erscheint der Verzicht auf eine Einzelfallbetrachtung bei der Darstellung in störungsmodifizierten Plänen im Rahmen der haftungsausfüllenden Kausalität möglich zu sein.

3.5 Abgleich mit dem Ist-Ablauf als notwendige Kausalitätsbegründung

Während die Berechnung der theoretischen Bauzeitverzögerung eine Hoch- 89
rechnung der Wirkungen der ermittelten Verzögerungszeiten einschließlich eventueller erforderlicher Zuschläge gemäß § 6 Abs. 4 VOB/B anhand des Bauablaufplanes darstellt, ist die tatsächliche Bauzeitverzögerung als Differenz zwischen tatsächlichem Fertigstellungstermin und vertraglich vorgegebenem Termin bzw. dem im SOLL-Terminplan festgelegten Termin feststellbar. Da der Terminplan nur die Vorausschätzung einer sinnvollen Vorgangsfolge und des Zeitbedarfs der Einzelvorgänge festlegen kann, wird er auch ohne erkennbare hindernde Einflüsse von außen oder z. T. ohne schuldhaftes Verhalten eines der Vertragspartner im tatsächlichen Ablauf Abweichungen erfahren.

Für ein einzelnes, einfach strukturiertes Bauwerk bestehen kaum Möglichkeiten zu einer Anpassung des Ablaufes auf die hindernden Einflüsse. Bei einer komplexen Bauaufgabe mit einer Anzahl von Bauteilen sieht dies selbstverständlich anders aus. In diesem Fall muss die ursprünglich vorgegebene Ablaufreihenfolge bei Ablaufstörungen nicht zwingend beibehalten werden.

Ist die Reihenfolge technisch beliebig und mehr oder weniger zufällig festgelegt, dann werden die Verknüpfungen gelöst, die jeweilige Fertigung nach den Fertigungsmöglichkeiten ausgerichtet, und es wird lediglich berücksichtigt, dass keine unzulässigen Kapazitätsüberlastungen anfallen. Eine solche Umstellung ist aber stets abhängig von den zur Verfügung stehenden bzw. kurzfristig verfügbaren Ausführungsunterlagen bzw. deren weiteren Zurverfügungstellung.

Ist die Festlegung der Reihenfolge für die Bauteile vom technischen oder kapazitativen Arbeitsfluss her bestimmt, d. h. einer bestimmten Arbeitsrichtung von Geräten oder durch Zufahrts- und Andienungsmöglichkeiten, dann ist eine Umstellung der Reihenfolge ohne aufwendige Hilfsmaßnahmen nicht beliebig möglich.

90 Jeder Verzögerungsnachweis ist systematisch mit klaren Vorstellungen über die Bauabfolge durchzuführen. Hierbei ist immer eine sehr sorgfältige Abwägung von Behinderungsursachen und deren Einfluss auf den Gesamtablauf notwendig. Dies gilt insbesondere

- wenn mehrere Verzögerungsgründe im Spiel sind und die Ursächlichkeit aus der Dokumentation zu entwickeln ist und
- wenn die Arbeit nur in Teilbereichen behindert ist und Ausweichmöglichkeiten zu untersuchen sind.

Es sind immer 3 Bauabläufe im Umfeld einer Bauablaufstörung zu untersuchen:

1. Der SOLL-Bauablauf bei Vertragsabschluss bzw. alle fortgeschriebenen SOLL-Bauabläufe, sofern nicht später ein anderer Ablauf vertragswirksam vereinbart ist, da dieser die Leitlinie für alle Verzögerungsberechnungen darstellt.
2. Der rechnerisch begründete störungsmodifizierte Ablauf (Soll'-Bauablauf), bei dem alle Einflüsse auf den SOLL-Ablauf zusammengetragen werden und hinsichtlich ihrer Auswirkung auf Detailabläufe und Gesamtablauf bewertet werden können.
   Die Untersuchung der Ursächlichkeit verlangt die rückwärtige Betrachtung aller Einflüsse, um die Entstehungsursache zu begründen.
3. Der Ist-Ablauf, weil dieser die tatsächlichen Verzögerungen zeigt und Aufschluss gibt, inwieweit rechnerisch begründete Verzögerungen tatsächlich

eingetreten sind und ob diese überhaupt ursächlich für die eingetretenen Verzögerungen sein können.

Die Bewertung von Bauzeitverzögerungen ist die verantwortungsbewusste Auswertung von Informationen und Dokumentationen, insbesondere zu Planlieferungen, Entscheidungen und Ablaufbehinderungen.

Fehlen solche Dokumentationen, dann sind weder die formalen noch die baubetrieblich möglichen Voraussetzungen zur Ursachenzuweisung gegeben.

Folgende Ergebnisse aus der Gegenüberstellung der störungsmodifizierten mit den tatsächlichen Bauabläufen im Umfeld einer Bauablaufstörung sind zu unterscheiden:

1) Die tatsächliche Ist-Bauzeitverzögerung überschreitet die theoretisch verzögerte SOLL- Bauzeitverzögerung (= SOLL'-Zeit). Dies bedeutet, dass tatsächlich länger gearbeitet wurde, als dies rechnerisch begründet nachgewiesen ist. Sofern die Einflüsse der festgestellten Bauablaufstörung richtig eingeschätzt wurden, können die weiter gehenden Verzögerungen nicht auf die eingetretene Störung zurückgeführt werden und bieten dementsprechend für den Auftragnehmer keine Anspruchsgrundlage gegenüber dem Vertragspartner. Deshalb ist hier vom Auftragnehmer zu prüfen, ob ggfs. weitere Störungen/Behinderungen vom Auftraggeber verursacht, aber noch nicht in die Betrachtungen einbezogen wurden. Andererseits muss der Auftragnehmer hier durchaus selbstkritisch hinterfragen, inwieweit er selbst für die längere Bauzeit verantwortlich ist.
   Hierbei ist allerdings noch gegebenenfalls die Aufzehrung von Pufferzeiten bei nicht kritischen Vorgängen zu berücksichtigen, sofern in dem Ablauf dieser Vorgangsfolgen Verzögerungen eingetreten sind, die anderweitig auszugleichen gewesen wären.
2) Der Ist-Fertigstellungstermin eines gestörten Vorgangs stimmt mit dem theoretisch ermittelten SOLL-Termin (= SOLL'-Termin) für den gestörten oder verzögerten Ablauf weitgehend überein. In diesem Fall dient die theoretische Berechnung dem Nachweis für die eingetretene Verzögerung und ist Grundlage für eine eventuelle Terminverlängerung oder Mehrkosten.
3) Die tatsächliche Verzögerung eines Vorgangs (Ist-Zeit) ist erheblich geringer als die theoretisch ermittelte oder wird gar zu Null. Dies kann verschiedene Ursachen haben:
   - Der Unternehmer hat besondere Anstrengungen unternommen und Aufwendungen erbracht, um den nachfolgenden Ablauf zu beschleunigen.
   - Es war möglich, solche Verzögerungen in Teilbereichen des Bauwerks durch Umstellung des Bauablaufes weitgehend aufzufangen, gegebenenfalls ohne Mehraufwand.

- Der nachfolgende Bauablauf erwies sich als weniger zeitaufwendig als vorher geschätzt, so dass sich eine Zeiteinsparung ohne besondere Maßnahmen ergab.

In diesen Fällen ist die erforderliche Fristverlängerung, die sich im Ist-Ablauf ergibt, durch den höheren Wert der rechnerischen theoretischen Gesamtverzögerung ausreichend begründet.

91 Die rechnerisch theoretische Fristverlängerung ist aber für den Fall, dass ein Vertragspartner gemäß § 6 Abs. 6 VOB/B die hindernden Umstände zu vertreten hat, nicht gleichzeitig als Bemessungsgrundlage für eine Schadensersatzforderung oder Verzögerungsvergütung anzusehen. Hier heißt es nämlich ausdrücklich, dass in diesem Fall Anspruch auf Ersatz des nachweislich entstandenen Schadens entsteht. Dies kann nur bedeuten, dass eine errechnete theoretische Gesamtverzögerung dann kein allein ausreichender Maßstab für eine Schadenersatzberechnung sein kann, wenn sie die tatsächliche Gesamtverzögerung überschreitet. Im Fall einer erforderlichen Schadenersatzregelung wird hier die tatsächliche Verzögerung Ausgangsbasis für die Bemessung der Schadenshöhe sein. Hiervon ist eine mögliche nachzuweisende Vergütung von Beschleunigungsmaßnahmen nicht betroffen.

Ein Vorschlag, wie eine baubetriebliche Vorgehensweise zur Nachweisführung bei Bauablaufstörungen aussehen könnte, wird im Teil B, Kap. 5 hergeleitet und in Kap. 6 erläutert. Das **„9-stufige Nachweisverfahren unter Berücksichtigung des tatsächlichen Bauablaufs“** ermöglicht auf der Ebene eines einzelnen gestörten Vorgangs – sicherlich bei einem höheren Nachweisaufwand – die Berücksichtigung des tatsächlichen Bauablaufs und liefert so die notwendige einzelfallspezifische, konkrete und bauablaufbezogene Darstellung der jeweiligen Behinderungen.

3.5.1 Leistungsbereitschaft/Leistungsfähigkeit

92 Für den o. g. Fall 1), dass die tatsächliche Ist-Bauzeitverzögerung die berechnete störungsmodifizierte SOLL-Bauzeitverzögerung wesentlich (also mehr als ein bis zwei Tage) überschreitet, muss untersucht werden, welche Ursachen diese Abweichung hat. Natürlich wird der Auftragnehmer zunächst versuchen, eine Verursachung aus dem Verantwortungsbereich des Auftraggebers zu finden, die vielleicht bisher noch nicht genug Beachtung gefunden hatte. Sollte dies jedoch keinen Erfolg haben, dann müsste eine weitere mögliche Denkrichtung hierbei die Prüfung sein, ob der Auftragnehmer überhaupt ausreichend leistungsbereit bzw. leistungsfähig war, um den geplanten Bauablauf durchzuführen (s. dazu auch Teil A Rdn. 417.).

Diese Untersuchung geht von der vertraglichen Verpflichtung des Auftragnehmers aus, die für den geplanten vertraglichen Bauablauf notwendigen personellen Kapazitäten an Arbeitskräften und Bauführungspersonal, die notwendigen Maschinen und Gerätschaften (einschl. Schal- und Rüstmaterialien) sowie die benötigten Baumaterialien rechtzeitig bereit zu stellen. Mit Hilfe einer gründlichen baubetrieblichen Arbeitsvorbereitung sollten diese Produktionsfaktoren frühzeitig bestimmt und disponiert werden, um einen reibungslosen Ablauf zu gewährleisten.

Bezüglich der personellen Kapazitäten einer Baustelle lassen sich baubetriebliche Berechnungen anstellen, mit welcher Anzahl an Arbeitskräften eine Baumaßnahme durchschnittlich zu besetzen ist. Hier kann man mit baubetrieblichen Erfahrungswerten für den durchschnittlichen zu erarbeitenden Umsatz einer Arbeitskraft recht früh plausible Überschlagswerte erhalten und in die Kapazitätsplanung einbeziehen. Bei einer gründlichen baubetrieblichen Arbeitsvorbereitung (die immer zu empfehlen ist) lässt sich die notwendige Kapazität noch wesentlich besser ermitteln, da man für die richtige Terminplanung ein Arbeitsverzeichnis vorgangsweise erstellt, aus dem dann die benötigten Kapazitäten relativ genau hervorgehen. Werden diese in einem modernen EDV-Terminplanungsprogramm je Vorgang mit eingegeben (was relativ einfach ist) erhält man eine umfassende Kapazitätskurve für die gesamte Baumaßnahme.

Eine gute Kapazitätsplanung ist eine wichtige Ausgangsbasis für die Leistungsfähigkeit eines Auftragnehmers, aber selbstverständlich sind die üblichen Personalprobleme bei Eigenpersonaleinsatz auf Baustellen auch den Autoren bekannt: Das gewerbliche und technische Personal steht bei noch so guter Planung ggfs. nicht rechtzeitig zur Verfügung, weil es unvorhergesehen wegen Störungen/Behinderungen auf einer Vorbaustelle (mit einem tatsächlich gestörten Bauablauf dort) nicht planmäßig zugeführt werden kann. Hier schlägt also die Macht des Faktischen zu, ohne dass der Auftragnehmer dies verhindern oder etwas dagegen machen könnte.

Auf vielen großen Baustellen, insbesondere im Schlüsselfertigbau, werden die Bauleistungen jedoch nur noch im geringen Umfang vom Eigenpersonal des Auftragnehmers als Hauptunternehmer (HU) erbracht, sondern es erfolgt ein umfangreicher Nachunternehmereinsatz (NU-Einsatz), der durchaus erlaubt bzw. vom Auftraggeber auch so gewollt ist. Ein altbekanntes Problem in der Praxis ist dann, dass dem Hauptunternehmer selten die Kapazitäten des NU bekannt sind. Da der Hauptunternehmer mit seinen Nachunternehmern entsprechende Werkverträge abschließt, ist ein oft gehörtes Argument des HU, dass ihn die Kapazitäten des NU nicht interessieren, weil dieser ein erfolgreiches Werk schulde und nicht nur die Zurverfügungstellung von Personalkapazitäten. Gleichwohl sei dem HU angeraten, z. B. im Rahmen eines Verhandlungsprotokolls, die beabsichtigten Kapazitäten zu erfragen, auch um selbst qualifiziert eine Terminverfolgung vornehmen zu können.

Daneben können solche Angaben im Falle von Störungen/Behinderungen durch den Auftraggeber auch dazu dienen, die ausreichende Leistungsbereitschaft zu dokumentieren, wenn die beabsichtigte Kapazität annähernd auch zur Verfügung stand. Selbstverständlich empfiehlt es sich vorher, die Plausibilität der Kapazitätsangaben des NU überprüft zu haben, damit man nicht dem Vorwurf der planmäßigen Unterkapazität ausgesetzt ist, mit der fatalen Folge, dass dann ggfs. die Störung durch den AG nicht alleine verursachend für die Bauzeitverzögerung war.

Das weiter oben Gesagte zum Eigenpersonaleinsatz gilt nun auch für den Nachunternehmer, der sein eigenes Personal einsetzt. So muss auch dieser ggfs. mit seinen Kapazitäten jonglieren, wenn es auf seinen anderen Baustellen ebenfalls zu gestörten Bauabläufen gekommen ist, so dass er eingeplantes, aber nun faktisch noch nicht zur Verfügung stehendes Personal nicht planmäßig auf der Baustelle des HU zuführen kann. Je kleiner ein Betrieb des NU dabei ist, umso größer werden seine Koordinationsprobleme und umso mehr Spannungen kommen auf.

Dies ist im Übrigen ein Problem, dass die VOB/B im Rahmen der Regelungen des § 1 Abs. 3 und 4 sowie § 2 Abs. 5 und 6 bei aller Kleinunternehmer- und Mittelstandsfreundlichkeit nicht ausreichend berücksichtigt hat: Ein Auftragnehmer, der nachträglich angeordnete Entwurfsänderungen und Zusatzleistungen ausführen und damit seine Kapazitäten länger als geplant auf einer Baustelle binden muss, wird ggfs. gegenüber seinen anderen Auftraggebern aus Kapazitätsgründen vertragsbrüchig und schuldet denen einen Schadensersatz nach § 6 Abs. 6 wegen Bauzeitüberschreitung.

Das letzte anzusprechende Kapazitäts- und Leistungsfähigkeits-Problem eines Auftragnehmers ist ein hausgemachtes Problem: Oftmals werden die notwendigen NU erst nach einer längeren, aber verspäteten Verhandlungsphase gebunden. Diese längere Phase dient dem einleuchtenden Ziel, den NU „weichzukochen“ und günstigere Preise zu erhalten. Gleichwohl sollte hier jeder Hauptunternehmer seine vertraglich geschuldeten Leistungen (einschließlich zugehöriger ggfs. erforderlicher Planungsaktivitäten) und deren rechtzeitige Erbringung im Auge behalten, um nicht seinerseits bereits eine Störungs- und damit Verzögerungsursache gelegt zu haben. Diese Sachverhalte sind baubetrieblich leicht zu überschauen, da über einen Vertragsterminplan oftmals die Beginn-Termine von NU-Leistungen feststehen und eine einfache Rückrechnung dann den spätesten Beauftragungszeitpunkt ergibt. Wird der jedoch vom Auftragnehmer nicht eingehalten, ist eine Auftragnehmerstörung (ANST) vorprogrammiert.

Zusammenfassend kann man also dem Auftragnehmer folgende Maßnahmen/Dokumentationen zum Nachweis der eigenen Leistungsbereitschaft/ Leistungsfähigkeit anraten:

- Baubetrieblich richtige Kapazitätsplanung von Eigenpersonal
- Erfragen/Festhalten der Kapazitätsvorstellungen von NU (z. B. im Vergabeprotokoll) und Überprüfung dieser Angaben auf Plausibilität
- Dokumentation der eigenen und der NU-Kapazitäten im Bautagesbericht (ggfs. vor, während und nach einer Störung)
- Darstellung und Begründung von Kapazitätsänderungen (z. B. Kapazitätsreduzierung), die durch Störungen/Behinderungen des AG verursacht werden
- Arbeitsvorbereitung und rechtzeitige Disposition von notwendigen Maschinen und Gerätschaften (einschl. Schal- und Rüstmaterialien), die zum geplanten Bauablauf passen
- Nachweis der tatsächlichen oder möglichen rechtzeitigen Zuführung von Maschinen und Gerätschaften
- Arbeitsvorbereitung und rechtzeitige Disposition von zum Bauablauf passenden notwendigen Baumaterialien
- Nachweis der tatsächlichen oder möglichen rechtzeitigen Zuführung von Baumaterialien

3.5.2 Tatsächlich geringere Störungsauswirkung

Eine dritte Möglichkeit einer Differenz zwischen tatsächlicher und störungsmodifizierter Ermittlung einer Bauzeitverzögerung, neben einer bisher noch nicht gewürdigten weiteren AG-Störung und der fehlenden Leistungsbereitschaft/Leistungsfähigkeit des Auftragnehmers, ist die tatsächlich geringere Störungsauswirkung einer vorhandenen Behinderung. 93

Im Rahmen der Beurteilung von Behinderungs- und Störungsursachen und deren Auswirkung wird man zunächst eine vertraglich-theoretische oder eine baubetriebswissenschaftlich-theoretische Modifizierung des geplanten SOLL-Bauablaufes vornehmen, um die neue geschuldete Terminsituation zu erhalten. Hierbei werden entweder vertraglich festgeschriebene Bedingungen mit eingearbeitet, wie z. B. eine vertraglich vereinbarte Vorlauffrist für die Bereitstellung der freigegebenen Ausführungsplanung durch den AG oder eine vertraglich vereinbarte Reihenfolge von Bauleistungen, oder eben baubetriebswissenschaftliche Berechnungen und Überlegungen angestellt, wie z. B. Berechnung der Vorgangsdauer einer zusätzlichen Leistung oder aber ein neuer Geräteeinsatz durch geänderte Randbedingungen. In beiden Fällen wird also auf einer tragfähigen Basis, die sowohl Jurist als auch Baubetriebler gut heißen können, eine Modifizierung des geschuldeten Terminplans vorgenommen.

Trotz bester Anwendung der Rechenverfahren und Annahmen kann es dann aber sein, dass sich die Wirklichkeit im Rahmen des Ist-Abgleiches tatsächlich anders darstellt. Folgende Beispiele sollen dies plakativ zeigen:

▶ **Beispiel:**

In einen störungsmodifizierten Bauablaufplan wurden die vereinbarten Planvorlauffristen von 3 Wochen nach der verspäteten Zurverfügungstellung der Ausführungsplanung durch den AG einbezogen, so dass ein neuer Endtermin für die Ausführung der Leistungen bestimmt werden konnte. Tatsächlich ergab es sich jedoch zufällig, dass der Materiallieferant ohne den geringsten Mehraufwand schon nach einer Woche das notwendige Material anliefern konnte. Da auch die ausführenden Arbeitskräfte schon bereit standen (ggfs. wegen Stillstand der Leistungen sogar bereits warteten), konnten die Leistungen zwei Wochen früher als rechnerisch ermittelt voll und ohne Einschränkungen aufgenommen werden. Dadurch haben sich die Auswirkungen der verspäteten Planlieferung um zwei Wochen reduziert, so dass diese konkrete tatsächliche ungestörte Phase zugunsten des Auftraggebers im Rahmen des Ist-Abgleiches mit in die Ermittlung der maßgebenden Bauzeitverzögerung aufgenommen werden muss.

Ob sich andererseits dann für den Auftragnehmer die Anrechnung dieses Zeitraums als vom AG verbrauchte Pufferzeit realisieren lässt, ist sicher eine Frage des Einzelfalls und der rechtlichen Würdigung (siehe hierzu im Detail Teil B Rdn. 126 ff.).

▶ **Beispiel:**

Auch das zweite Beispiel zeigt eine ähnliche Situation. Hier wurde vom Auftraggeber eine zusätzliche Leistung angeordnet und deshalb die Ausführungsplanung verspätet vorgelegt. Die zusätzliche Leistung musste nun im Rahmen der theoretischen Modifikation in Form eines zusätzlichen Vorgangs in den Bauablaufplan eingefügt werden. Die Nachtragskalkulation enthielt einen baubetrieblichen Aufwandswert für die Bauleistungen, der nach Wahl einer angemessenen Arbeitskolonne eine zusätzliche Ausführungszeit ergeben hat. Diese Ausführungszeit wurde dem neuen Vorgang zugeordnet und damit der Bauablaufplan neu durchgerechnet.

Tatsächlich brauchte die planmäßige Arbeitskolonne nun aber, wie der Ist-Abgleich zweifelsfrei ergeben hat, nur eine geringere Ausführungszeit, ohne dass hierfür beschleunigende Maßnahmen ergriffen wurden. Es sein nun für die weitere Berechnung der Bauzeitverzögerung zunächst dahingestellt, ob es sich um besondere gute, fleißige Mitarbeiter oder um eine zu üppige baubetriebliche Aufwandswertekalkulation handelte, die dazu führten, dass zwischen Theorie und Praxis ein Unterschied bestand und der Vorgang konkret und tatsächlich kürzer dauerte. Auch hier wird man im Rahmen der Auswertung des Ist-Abgleiches die tatsächlich kürzere Ausführungsdauer zugunsten des Auftraggebers in die Ermittlung der maßgeblichen Bauzeitverzögerung aufnehmen müssen.

Ob nun der Auftragnehmer in diesem Fall die Differenz zwischen der theoretischen und der tatsächlich kürzeren Verzögerung als vom Auftraggeber verbrauchte Pufferzeit (siehe Teil B Kap. 4.4) werten darf, ist sicherlich davon abhängig, ob er mit baubetrieblich üblichen Aufwandswerten kalkuliert hat und seine Mitarbeiter dann eine sehr gute Leistung erbracht haben (dann ja) oder ob man von einer überhöhten Kalkulation der Vorgangsdauer ausgehen muss (dann nein).

Mit dem so durchgeführten Ist-Abgleich (Details siehe Teil B Kap. 6) und der Berücksichtigung der konkreten tatsächlichen Störungsdauer für die Ermittlung der maßgeblichen Bauzeitverzögerung ist damit der BGH-Rechtsprechung ausreichend Genüge getan und die realitätsnahe Basis für die Bewertung eventueller nachfolgender Störungen/Behinderungen gelegt.

3.6 Überprüfung und Darlegung der Kausalität

Es ist nachvollziehbar, dass nicht jedes störende Ereignis zu einer Behinderung führen muss. 94

▸ **Beispiel:**

Wird bei fehlenden Planunterlagen begonnen nach Vorabzügen zu bauen und die freigegebenen Planunterlagen dann zeitnah nachgeliefert, kann möglicherweise keine Behinderung im Bauablauf festzustellen sein.
Auch die nicht termingerechte Zurverfügungstellung von Vorleistungen durch den Auftraggeber bei einer erkennbar nicht vorhandenen Leistungsbereitschaft des Auftragnehmers führt nicht unbedingt zu einer Behinderungen.

Um nun überhaupt von einem störenden Ereignis zu einer Behinderung und somit zu einer Verlängerung von Ausführungsdauern und/oder Vertragsfristen zu gelangen, ist es notwendig, dass aufgezeigt wird, dass sich eine **tatsächliche Beeinträchtigung des Bauablaufs** in Folge des störenden Ereignisses eingestellt hat.

Diese Nachweisführung wird auch als **Kausalitätsnachweis** (lat. causa „Ursache“) bezeichnet und soll den Zusammenhang zwischen Ursache und Wirkung angeben.

Es ist also aufzuzeigen, dass ein Ereignis oder der Zustand A die Ursache für die Wirkung B ist, wenn B von A herbeigeführt wird. Die Ursächlichkeit zwischen einen störenden Ereignis und der eingetretenen Behinderung ist darzutun.

Im Bürgerlichen Recht ist die Kausalität eine Voraussetzung für jede gesetzliche Schadenersatzpflicht. Eine Haftung erfolgt nur, wenn:

- das Verhalten des Schädigers für das schädigende Ereignis kausal ist („**haftungsbegründende Kausalität**“)

und

- das schädigende Ereignis für die konkrete Schadensfolge kausal ist („**haftungsausfüllende Kausalität**“).

Um solche Nachweise im Zusammenhang mit Bauablaufstörungen bei komplexeren Bauvorhaben führen zu können, ist ein vernetzter Terminplan eine zwingende Voraussetzung. Nur so lassen sich überhaupt die Auswirkungen von behindernden Ereignissen auf Vorgänge, Vorgangsgruppen (z. B. Sammelvorgänge) oder den weiteren Gesamtbauablauf darstellen. Hierfür sind nämlich Ermittlung zum „kritischen Weg“ (vgl. Teil B Rdn. 38 ff.) notwendig.

3.6.1 Haftungsbegründende Kausalität

95 Im Rahmen der Darlegung der haftungsbegründenden Kausalität ist der Zusammenhang zwischen Pflicht- oder Obliegenheitsverletzung oder anderer hindernder Umstände und daraus resultierender Behinderungen aufzuzeigen. Der Geschädigte hat hierfür die volle Beweislast nach § 286 der Zivilprozessordnung (s. dazu näher Teil A Rdn. 722 ff.).

Nur bei den unmittelbar gestörten Vorgängen ist die haftungsbegründende Kausalität ohne eine Beweiserleichterung darzulegen.

▶ **Beispiel:**

Der Auftraggeber kann die notwendigen Bewehrungspläne für die Wände im 3. OG nicht zum vereinbarten Termin übergeben. Es ist daher aufzuzeigen, dass die Vorlage der Pläne überhaupt notwendig war, also u. a. der Auftragnehmer leistungsbereit war, und eine Behinderung vorlag, also bspw. nicht nach Vorabzügen gearbeitet wurde, und die Behinderung überhaupt Auswirkungen auf den Bauablauf hatte, also nicht nur freie Puffer aufgebraucht wurden.

Hieraus kann man nicht zwingend folgern, dass nur solche Behinderungsereignisse bedeutsam sind, die auch zu einer tatsächlichen Behinderung geführt haben. Es kann beispielsweise auch angezeigt sein, Behauptungen des anderen Vertragspartners, dass parallel noch andere Ereignisse vorgelegen haben, die möglicherweise auch zu Behinderungen geführt haben könnten, nachzugehen, um diese zu entkräften.

Die Behinderungsereignisse, deren einzelne Wirkung, also Beginn, Dauer und Ende sowie deren Auswirkungen auf folgende Aktivitäten sind ohne Beweiserleichterung darzulegen (Teil A Rdn. 722 ff., 792 ff.).

Die Behinderungsanzeigen spielen zur Beweisführung nur eine untergeordnete Rolle, wenngleich sie als Anspruchsvoraussetzung unverzichtbar sind. Eine Behinderungsanzeige soll zu einem Zeitpunkt verfasst werden, an dem sich der Auftragnehmer behindert glaubt, also noch nicht unbedingt behindert ist (Teil A Rdn. 397 ff.). Es sind also störende Umstände festzustellen, ohne dass bereits eine Behinderung tatsächlich absehbar sein muss. Die Angaben in den Behinderungsanzeigen sind zumindest hinsichtlich der terminlichen Auswirkungen sehr kritisch zu betrachten. Hilfreich hingegen sind Beschreibungen zur Wirkweise der behaupteten Störungen, da damit die später notwendige Einarbeitung von Behinderungen in den Soll-Bauablauf erleichtert wird.

Auch die Inhalte anderer Mittel der Dokumentation, wie Schreiben, Bautagesberichte oder Detailterminpläne sind kritisch zu hinterfragen, da selten auch die eigenen Probleme zum Zeitpunkt des Eintritts der Störung erläutert werden und die Auswirkungen oftmals dramaturgisch übertrieben skizziert werden.

Daher kommt neben der Erklärung der Sachverhalte und der Darstellung der tatsächlichen Situation im zeitlichen Umfeld der Störung der (gutachterlichen) Bewertung eine besondere Bedeutung zu.

Um nun überhaupt nachzuweisen, dass sich eine Störung auf den Bauablauf und Fertigstellungstermine ausgewirkt hat und wenn ja, in welcher Ausprägung, bedient man sich baubetrieblich eines vernetzten Bauablaufplans (vgl. Teil B Rdn. 40 ff.). Die Wirkweise einer Störung und die damit zusammenhängenden Wirkzusammenhänge ergeben sich dadurch, dass nach einer entsprechenden Berücksichtigung der Störung (in Form eines zusätzlichen Meilensteins oder zusätzlichen Vorgangs) eine Neuberechnung die Folgen aufzeigt. Es wird so der Ursachenzusammenhang zwischen dem störenden Ereignis und der eingetretenen Behinderung zumindest rechnerisch nachgewiesen. Da aber nur tatsächliche Behinderungen eine Relevanz haben, wird man anschließend im tatsächlichen Bauablauf überprüfen müssen, ob sich die Behinderung so auch tatsächlich eingestellt hat (vgl. hierzu Teil B Rdn. 42 ff., Abgleich mit IST und Fehler bei der Einarbeitung).

Wirken Behinderungen auf den kritischen Weg, so bedeutet dies, dass sich auch der Gesamtfertigstellungstermin verschieben wird und es zu einer Verlängerung der Ausführungsdauer kommt. Hierfür ist es aber nicht notwendig, dass die Behinderung auf Vorgänge wirkt, die auf dem kritischen Weg liegen. Es reicht aus, dass sich in Folge der Behinderung (auf eigentlich nicht kritische Vorgänge) der kritische Weg verändert und somit die behinderten Vorgänge den neuen kritischen Weg bilden. Hieraus ergibt sich, dass es zwar stets mindestens einen kritischen Weg gibt, der sich aber auf Grund von Behinderungen ständig verlagern kann. Die Ursache hierfür ist, dass in Folge der Behinderung bisherige Puffer aufgebraucht werden und somit andere Abhängigkeitsbeziehungen zeitkritisch werden können. Auch können Umstellungen im Bauablauf zur Kompensation von Behinderungen oder zur Realisierung von geänderten oder zusätzlichen Leistungen dazu führen, dass sich die Ablauflogik des Gesamtbauablaufs verändert und damit auch der kritische Weg.

Vor diesem Hintergrund ist die oftmals zu hörende Strategie, nur die Ereignisse betrachten zu wollen, die auf dem zeitkritischen Weg liegen, nicht nachzuvollziehen. Es wird aber auch deutlich, dass die auch heute noch festzustellende Praxis, sämtliche Störungen auf einmal wirken zu lassen und damit in einem störungsmodifizierten Plan zu betrachten, nur in den allereinfachsten Fällen zielführend sein kann. Das Wirklichkeitsprinzip wird hierbei nicht ausreichend gewürdigt und die konkreten Auswirkungen jeder einzelnen Störung können nicht dargelegt werden.

3.6.2 Haftungsausfüllende Kausalität

96 Zur haftungsausfüllenden Kausalität gehört es, dass der Zusammenhang zwischen der Behinderung und den sich daraus ergebenen Folgen nachgewiesen wird. Dem Geschädigten kann eine gewisse Beweiserleichterung nach § 287 der Zivilprozessordnung und ein gewisser Schätzspielraum zugestanden werden (Teil A Rdn. 728, 805 ff.).

Alle mittelbar durch gestörte Vorgänge betroffenen Aktivitäten sind nach den Kriterien der haftungsausfüllenden Kausalität, also ggf. unter Inanspruchnahme einer Beweiserleichterung, zu beurteilen.

▶ **Beispiel:**

Für den Fall einer verspäteten Planbeistellung wäre darzulegen, dass sich hieraus eine Verschiebung der Fertigung der Wände im 3. OG ergeben hat, die Ausführungsdauer sich möglicherweise in Folge unerwarteter Einbauteile verlängert hat, sich die Fertigstellung der gesamten Etage verzögert hat und somit der Fertigstellungstermin anzupassen wäre. Neben diesen grundsätzlichen Kausalitätsdarstellungen ist auch das Maß der Behinderung und der sich ergebenen Fristverlängerungen anzugeben.

Da zum Zeitpunkt des Eintritts bzw. des Endes der Behinderung diese Vorgänge nicht begonnen wurden, kann nur eine Abschätzung der Auswirkungen vorgenommen werden, in dem die ursprünglichen Anordnungsbeziehungen und Dauern beibehalten werden und der sich somit theoretisch ergebene Gesamtfertigstellungstermin bestimmt wird. Das im Teil B Kap. 6 vorgestellte Mehrstufige Nachweisverfahren geht aber davon aus, dass im direkten zeitlichen Umfeld einer Behinderung der tatsächliche Bauablauf dargestellt und berücksichtigt wird. Dies bedeutet, dass die Abschätzungen der Auswirkungen auch daraufhin geprüft werden, dass sie sich auch tatsächlich so eingestellt haben.

▶ **Beispiel:**

Nach einer längeren Einstellung von Arbeiten wird vom Auftragnehmer für die Wiederaufnahme ein Zeitraum von 2 Arbeitstagen gefordert, da Schutzvorrichtungen zurückgebaut werden mussten und andere vorbereitende Arbeiten (Reinigung und Materialantransport) notwendig waren. Für die Erreichung des Wiedereinarbeitungseffektes, der durch die Arbeitsunterbrechung verloren gegangen ist, wird eine verlängerte Ausführungsdauer für die Wandherstellung im 3. OG von 3 Tagen gefordert. Auch wenn die Erstellung der Wände nach dem Ende der Behinderung, nämlich der tatsächlichen Übergabe der Bewehrungspläne liegt, sind die Auswirkungen gemäß dem Wirklichkeitsprinzip anhand des tatsächlichen Bauablaufs zu überprüfen. Sämtliche andere Vorgänge werden unter Beibehaltung der ursprünglichen Anordnungsbeziehungen und Dauern fortgeschrieben.

Die ausfüllenden „weiteren" baubetrieblichen Folgen einer Behinderung sind daher plausibel und nachvollziehbar zu bestimmen. Es ist aufzuzeigen, welche Vorgänge eine bestimmte Behinderung beeinflusst wurden und welche Auswirkungen sich tatsächlich einstellten.

3.7 Bestimmung eines neuen, nach Ende der Störung sich ergebenen Sollablaufs Soll(1) bis Soll(n)

97 Anhand des tatsächlichen Bauablaufs war zu überprüfen gewesen, ob die Auswirkungen einer Bauablaufstörung (BAST 1) im störungsmodifizierten Bauablauf (Soll'(1) richtig erfasst und wiedergegeben wurden. Nach der Darlegung der haftungsbegründenden und haftungsausfüllenden Kausalitäten, zu der auch der Nachweis der Leistungsbereitschaft gehört, ist nun abschließend der Terminplan festzulegen, der die Auswirkungen der Bauablaufstörung in richtiger Form enthält. Dieser Plan gibt dann nämlich den Bauablauf wieder, der nach Ende der Bauablaufstörung zu erwarten gewesen wäre. Hieran kann bei zukünftigen Bauablaufstörungen beurteilt werden, ob eine Behinderungsanzeige beizeiten erfolgte. Ebenfalls kann die Rechtzeitigkeit von Planbeistellungen beurteilt werden, wenn keine expliziten Übergabetermine vereinbart wurden.

Stimmen der störungsmodifizierte Bauablauf Soll'(1) mit den tatsächlichen im Wesentlichen überein, so ist dieser störungsmodifizierte Terminplan, der dann Soll'$_{Ist}$(1) zur Unterscheidung genannt wird und in dem beide Terminsituation vergleichend dargestellt sind, die Basis für die weiteren Terminbetrachtungen. Für diese weiteren Untersuchungen erhält der Plan die Bezeichnung Soll(1) als Fortschreibung zum Soll(0). Werden hingegen Differenzen zwischen dem störungsmodifizierte Bauablauf Soll'(1) und den tatsächlichen Bauablauf festgestellt, so sind dies aufzuklären und entsprechende Modifikationen im rechenbaren Soll'(1)-Terminplan vorzunehmen. Der so veränderte Plan wird mit Soll'$_{Ist}$(1)a bezeichnet. Sollten eine Vielzahl von Modifikationen notwendig sein, werden die Pläne mit Soll'$_{Ist}$(1)b, Soll'$_{Ist}$(1)c usw. angegeben. Der letzte dieser Pläne und stellt als Soll(1) die Basis für die Berücksichtigung der Auswirkungen der Bauablaufstörung BAST 2 dar.

Erst eine detaillierte Analyse sämtlicher Störungen des geplanten Bauablaufs mittels einer sukzessiven Fortschreibung des Bauablaufs durch die Einarbeitung jeder einzelnen Abweichung erfüllt die hohen Anforderungen der obersten Gerichte an eine konkrete bauablaufbezogene Darstellung und eine adäquat kausale Herleitung möglicher Mehrkosten.

3.8 Beispielhafte Darstellung der Vorgehensweise

98 Anhand weniger Darstellungen sollen die Grundlagen für einen Verzögerungsnachweis visualisiert und damit möglicherweise nochmals erläutert werden.

3.8.1 Vertraglich vereinbarte Bauablaufplanung (Soll)

Mittels einer zeichnerischen Darstellung wurde der Bauablauf zwischen den Vertragspartner vereinbart. Mit den Rohbauarbeiten sollte am 14.04.2014 begonnen werden. Als Vorleistungen des Auftraggebers wurden die Übergabe der Schal- und Bewehrungspläne zum 31.03.2014 und die Zurverfügungstellung des Baufeldes zum 07.04.2014 definiert. 99

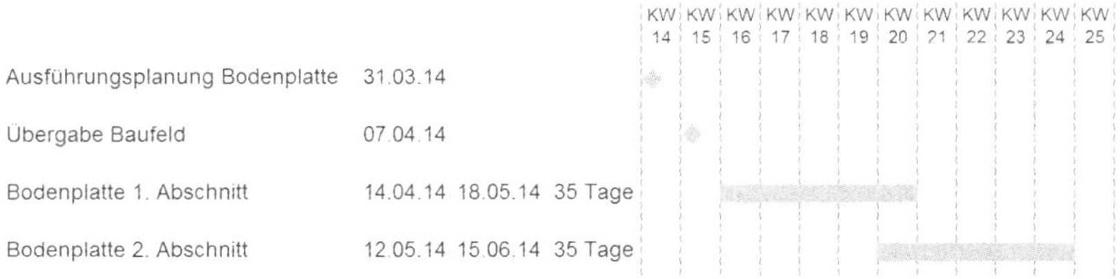

Abb. 33: Vertraglich vereinbarter Bauablauf (Auszug Startphase)

Da dieser Plan weder rechenbar noch mit einem Kalender hinterlegt ist, wird eine Überarbeitung notwendig.

3.8.2 Rechenbarer und realistischer Bauablauf (Soll(0))

Schritt 1: Kalender und Abhängigkeitsbeziehungen 100

Der Ausführungszeitraum für die Bodenplatte erstreckt sich über Ostern und Pfingsten. Es wurde eine 5-Tage-Woche vom Auftragnehmer zu Grunde gelegt. Der anzuwendende Kalender für das Bundesland Hessen sieht daher wie folgt aus:

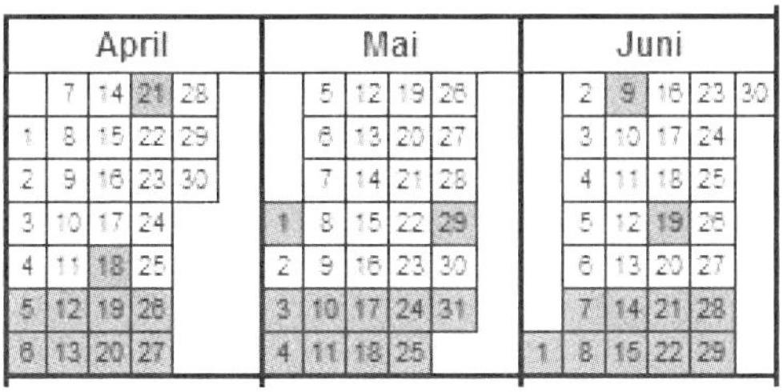

Abb. 34: Hinterlegter Kalender für Hessen

Sinnvolle, neu aufzunehmende Anordnungsbeziehungen bestehen zwischen den Vorleistungen des Auftraggebers und dem Leistungsbeginn an der Bodenplatte. So ist die Übergabe der Schal- und Bewehrungspläne zwei Wochen vor Leistungsbeginn notwendig, da die Bewehrungsführung geprüft und die Schalung und Bewehrung bestellt und geliefert werden muss. Die Übergabe des Baufeldes eine Woche vor den Schal- und Bewehrungsarbeiten ist als kurz zu bezeichnen, da in dieser Zeit der (erste) Kran aufgebaut und die Energieversorgung vorhanden sein muss und die Mannschafts- und Materialcontainer zur Verfügung stehen müssen.

Die eingeführten Anordnungsbeziehungen sind zu dokumentieren und zu begründen.

		Begründung
Vorgänger-Nr.	1	Voraussetzung für die Bewehrungsverlegung sind Schal- und Bewehrungspläne, die der Auftraggeber beizustellen hat.
Nachfolger-Nr.	4	
Vorgänger-Bez.	Ausführungsplanung Bodenplatte	
Nachfolger-Bez.	Bodenplatte 1. Abschnitt	
AOB	EA-10	Vereinbarte Frist für die Prüfung der Planunterlagen, Bestellung und Lieferung des Stahls und der Bewehrung

Abb. 35: Begründung der Anordnungsbeziehungen (AOB)

Die im Kalender berücksichtigten Feiertage beeinflussen die tatsächliche Ausführungsdauer. Bei einer vorgesehenen 5-Tage-Woche stehen somit für den 1. Abschnitt der Bodenplatte 22 Arbeitstage und für den 2. Abschnitt 23 Arbeitstage zur Verfügung.

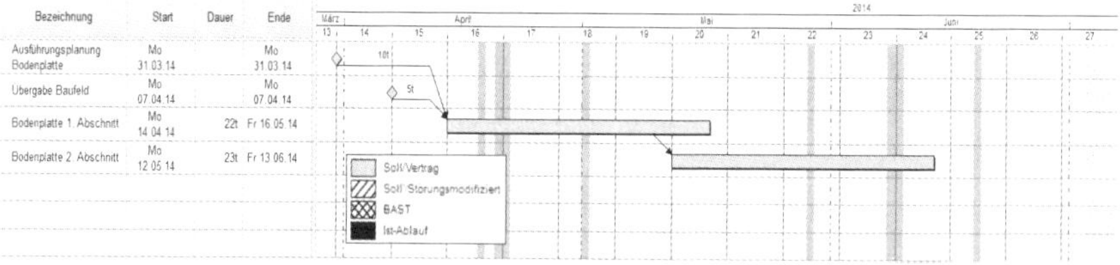

Abb. 36: Soll(0)-Bauablauf (Auszug Startphase)

Schritt 2: Neuer Vorgang: Baustelleneinrichtung

Es ist sinnvoll, die Anordnungsbeziehung zwischen den Vorgang 3 „Übergabe Baufeld" und dem Vorgang 5 „Bodenplatte 1. Abschnitt" durch einen neuen Vorgang 4 „Baustelleneinrichtung" zu ersetzen, da bei der Auswertung der

Bautagesberichte festgestellt wurde, dass sich die Mobilisierung der Baustelle sehr lange hingezogen hat. Damit also in einem späteren Bearbeitungsschritt die geplante und die tatsächliche Dauer dieser Tätigkeit gegenübergestellt werden kann, ist es nützlich, einen neuen Vorgang einzufügen.

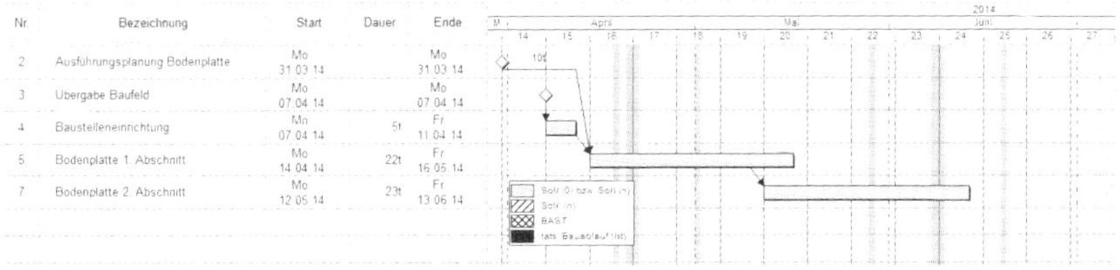

Abb. 37: Soll(0)-Bauablauf mit neuem Vorgang (Baustelleneinrichtung)

3.8.3 Bauablaufstörung BAST 1 – Verspätete Übergabe der Ausführungsunterlagen

Der Auftraggeber war auf Grund von ihm veranlassten Änderungen an der Bodenplatte nicht in der Lage, die Planunterlagen zum 31.03.2014 zu übergeben. Der Auftragnehmer verfügt erst eine Woche später, also am 07.04.2014, über diese Unterlagen. 101

3.8.4 Störungsmodifizierter Soll-Terminplan (Soll'(1))

Die Störung wird als Vorgang „BAST 1" mit einem Starttermin zum 31.03.2014, einer Dauer von 5 AT und einem Endtermin zum 04.04.2014 in den Soll(0)-Bauablauf eingefügt. 102

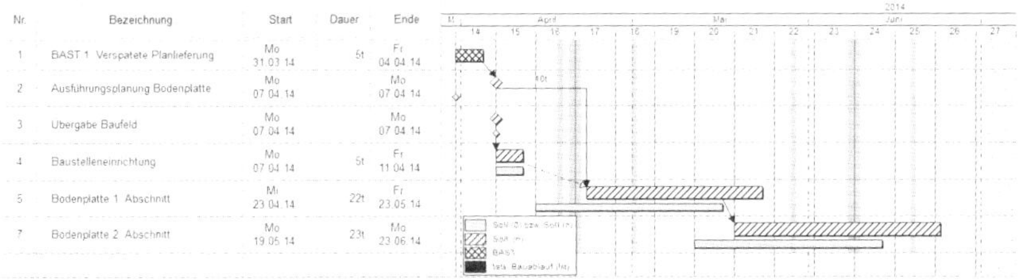

Abb. 38: Soll'(1)-Bauablauf (durch BAST 1 beeinflusster Soll(0)-Bauablauf)

Die ursprüngliche Lage der einzelnen Vorgänge gemäß dem Soll(0)-Bauablauf ist als Referenz hinterlegt und an der dünneren Balkendarstellung erkennbar. Der Fertigstellungstermin der Bodenplatte verschiebt sich in Folge der BAST 1 rechnerisch auch um 5 AT bzw. einer Kalenderwoche. In Folge des Feiertags (Fronleichnam) ist die Bodenplatte erst zum 23.06.2014 abzuschließen.

3.8.5 Abgleich mit dem Ist-Ablauf (Soll'$_{Ist}$(1))

103 Die Auswertung der Bautagesberichte und der Fotodokumentation zum Baubeginn zeigen, dass der Auftragnehmer mit den Arbeiten an der Bodenplatte am 22.04.2014 begonnen und damit die Dispositionszeit von 10 AT für die Stahl-und Schalungsbestellung nicht benötigt hat. Es ist weiterhin festzustellen, dass die Leistungserbringung am 1. Abschnitt der Bodenplatte bis zum 04.06.2014 dauerte und damit 8 AT länger als geplant erfolgte. Die Ursachen hierfür sind im Rahmen einer weiteren Bauablaufstörung (BAST 2) zu untersuchen. Im zeitlichen Umfeld der Bauablaufstörung BAST 1 ist auch zu konstatieren, dass die Baustelleneinrichtung nicht 5 sondern 10 AT dauerte. Die Frage, ob nicht auch eine fehlende Leistungsbereitschaft des Auftragnehmers kausal für den verzögerten Beginn der Rohbauarbeiten war, kann in diesem Beispiel leicht beantwortet werden. Da der Auftragnehmer ohne die komplette Fertigstellung der Baustelleneinrichtung und ohne Inanspruchnahme der vollen 10-arbeitstägigen Dispositionszeit mit der Leistungserbringung begonnen hat, hat er seine Leistungsbereitschaft dokumentiert. In anderen Situationen ist dies oftmals nicht so einfach festzustellen.

Um dem möglichen Einwand des Auftraggebers einer Mitverursachung zu entgehen, wäre obigen Auftragnehmer zu empfehlen gewesen, frühzeitig dem Auftraggeber die Gründe der längeren Baustelleneinrichtung mitzuteilen. Der Auftragnehmer ist in Kenntnis der Umplanungen der Auffassung, dass er die (Miet-)Geräte so spät wie möglich auf die Baustelle bringen muss, um Kosten zu minimieren, die er dann vom Auftraggeber fordern würde. Andererseits könnte es der Fall sein, dass der Auftraggeber die Planbeistellung mit nur geringen Verzögerungen beschleunigen könnte. In solchen Fällen, würde ein Teil der Verzögerungen bei der Baustelleneinrichtung vom Auftragnehmer zu vertreten sein. Es ist daher anzuraten, vom Auftraggeber eine Entscheidung abzuverlangen, in welcher Form auf die zu erwartende Bauablaufstörung reagiert werden soll. Im obigen Beispiel kann nämlich nur der Auftraggeber einschätzen, ob es ihm gelingen kann, die Planbeistellung zu beschleunigen. Andernfalls wird er die Variante der verspäteten Einrichtung der Baustelle wählen, da diese, die für ihn monetär günstigere Lösung darstellt.

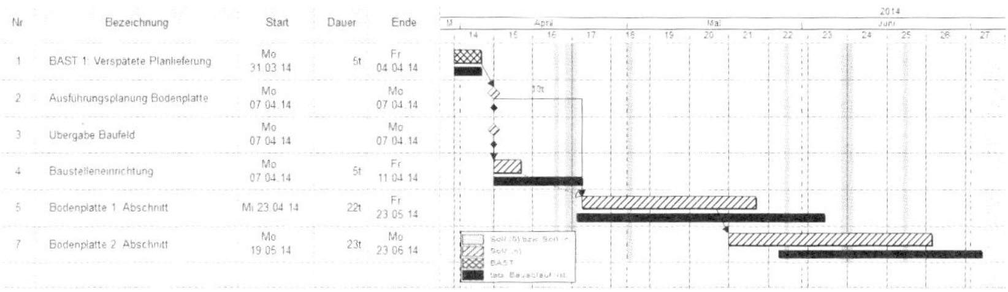

Abb. 39: Soll'Ist(1)-Bauablauf (Gegenüberstellung von Soll'(1) und tatsächlichen Bauablauf

Die tatsächliche Bauausführung wird als Referenz zum Soll'(1)-Bauablauf hinterlegt und ist an der dünneren Balkendarstellung (und gegenüber der Soll-Darstellung an der anderen Farbe) erkennbar.

3.8.6 Anpassung des Soll'(1) an den Ist-Bauablauf (Soll'$_{Ist}$(1)a)

Die tatsächliche Bauausführung ist lediglich eine zeichnerische Wiedergabe des tatsächlichen Bauablaufs und daher kein rechenbarer Terminplan. Um nun einen rechenbaren und den tatsächlichen Bedingungen angepassten, neuen und für die Beurteilung weitere Bauablaufstörungen zu Grunde zu legenden Bauablauf zu erhalten, wird der Soll'(1)-Bauablauf so modifiziert, dass er den tatsächlichen Bauablauf im Umfeld der betrachten Bauablaufstörung BAST 1 wiedergibt. Daher wird der Beginn der Rohbauarbeiten auf den 22.04.2014 vorverlegt. 104

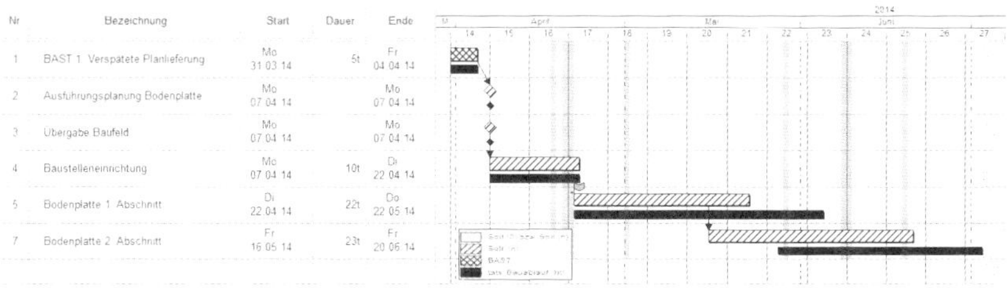

Abb. 40: Soll'$_{Ist}$(1)a-Bauablauf (Anpassung Soll'(1) an tatsächlichen Bauablauf)

Der Frage, ob das Vorziehen des Vorgangs 5 als vom Auftragnehmer vorgenommene Beschleunigung zu werten und somit im Zeit- und Pufferkonto zu berücksichtigen ist, soll hier nicht erörtert werden.

Durch Entfernen der Referenz zum tatsächlichen Bauablauf erhält man dann den Soll(1)-Bauablauf, der zur Basis für nächste Bauablaufbetrachtung wird.

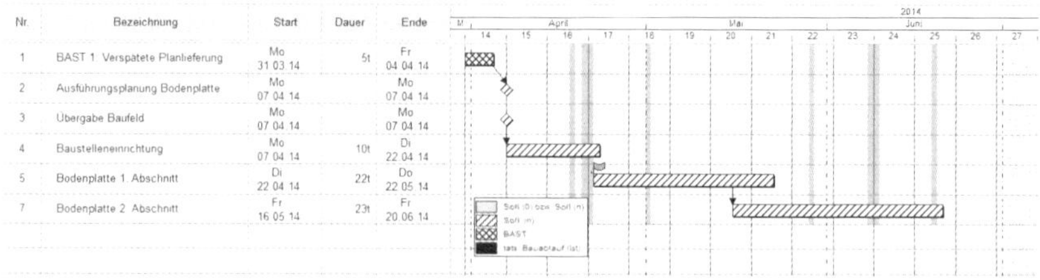

Abb. 41: Soll(1)-Bauablauf

3.8.7 Bauablaufstörung BAST 2 – Mehrstahlverlegung

105 In Folge der Neuberechnung der Statik hat sich für die Bodenplatte eine erhebliche Mehrstahlmenge ergeben. Auf Basis der kalkulatorischen Ansätze und bei gleichbleibenden Kapazitäten ergibt sich hieraus eine Verlängerung der Ausführungsdauer um 8 AT. Die Störung des Bauablaufs wird durch den Vorgang 6 als BAST 2 berücksichtigt. Gleichzeitig wird die Ausführungsdauer des Vorgangs 5 um die 8 AT verlängert. Dies ist zweckmäßig, da sich im späteren Vergleich mit der tatsächlichen Ausführungsdauer eine bessere Vergleichbarkeit ergibt.

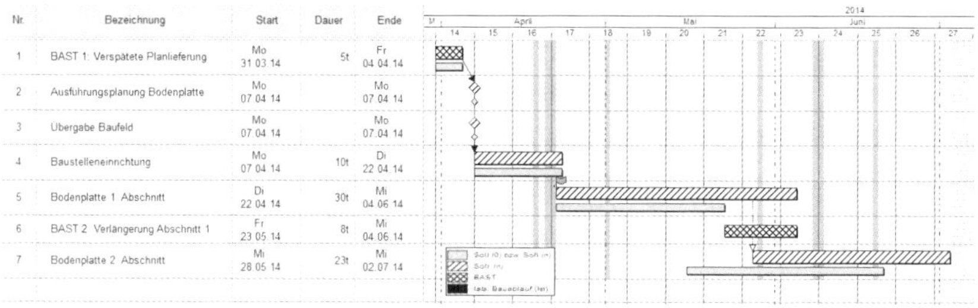

Abb. 42: Soll'(2)-Bauablauf (durch BAST 2 beeinflusster Soll(1)-Bauablauf)

In obiger Darstellung wurde als Referenz der Soll(1) aufgenommen.

4 Sonderthemen bei der Verzögerungsermittlung

Um das vorherige Kapitel zur verursachungsgerechten Einarbeitung von Störungen/Behinderungen in modifizierte SOLL-Terminpläne nicht unnötig aufzublähen, sollen nachfolgend einige Sonderthemen bei der Verzögerungsermittlung separat dargestellt und erläutert werden, die in Praxisfällen vorkommen können, aber nicht müssen. 106

4.1 Sekundärverzögerungen

4.1.1 Sekundärverzögerungen durch das Wiederanlaufen der Bauarbeiten

Die VOB/B sieht in § 6 Abs. 4 vor, dass die Fristverlängerung nach der Dauer der Behinderung berechnet wird mit einem Zuschlag für die Wiederaufnahme der Arbeit und etwaige Verschiebung in eine ungünstigere Jahreszeit (s. Teil A Rdn. 412). 107

Die unmittelbare Verzögerung oder Unterbrechung ergab sich aus der verlängerten Leistungsdauer des betrachteten Teilvorganges gegenüber dem geplanten SOLL-Ablauf. Hierbei wurde die Verzögerungsdauer innerhalb des Zeitraumes zwischen Beginn und Ende eines Störeinflusses ermittelt.

Ein Zuschlag für die Wiederaufnahme der Arbeiten dient der Berücksichtigung von Dispositionszeiten und Einarbeitungsverlusten, die sich aus der Disposition von Arbeitskräften, Geräten oder Materialien sowie der Einarbeitung des Personals ergeben. Der Zuschlag richtet sich dabei nach dem Schwierigkeitsgrad der Arbeiten und damit nach dem Maß der zu treffenden Vorbereitungen sowie nach der Dauer der Unterbrechung. Die Ermittlung dieser Störgröße ist gegebenenfalls aus dem ungestörten Ablauf vergleichbarer Leistungsteile abzuleiten oder aber durch eine baubetriebliche Bewertung zu berücksichtigen. Ein Hilfsmittel zur Bestimmung solcher Verlustzeiten sind die Minderleistungskennzahlen, die später hergeleitet und erläutert werden. Daneben erweist sich gerade auch hier eine ausführliche Dokumentation tatsächlicher Umstände und Tätigkeiten als besonders nützlich.

4.1.2 Sekundärverzögerungen durch jahreszeitliche Verschiebungen

Ein Zuschlag für die etwaige Verschiebung in eine ungünstigere Jahreszeit wird dann relativ leicht abzuleiten sein, wenn die auszuführenden Arbeiten in Folge von Verzögerungen in einen zusätzlichen Winter verschoben oder teilweise in diesen hinein kommen (s. auch Teil A Rdn. 413). In diesem Fall ist das Maß der Behinderungen durch Witterungsausfalltage oder die Doku- 108 mentation von leistungsmindernden Witterungseinflüssen verhältnismäßig gut darzustellen, wobei auch hier gegebenenfalls Sekundärfolgen durch das Wiederanlaufen unterbrochener Arbeiten auftreten können.

Es ist dabei aber zu beachten, dass auch die Ausfalltage infolge der normalen Witterung nicht zu Ungunsten des Auftragnehmers gewertet werden, da dieser diese Zeiträume gar nicht in seiner zeitlichen Disposition berücksichtigen musste. Es sind daher sämtliche Ausfalltage infolge Witterung einzubeziehen.

Wesentlich schwieriger ist dieser Effekt zu erfassen, wenn durch die Verzögerung nicht ein zusätzlicher Winter in Anspruch genommen wird, sondern lediglich die Arbeiten jahreszeitlich anders verteilt sind. In diesem Fall sind die Verzögerungen der nunmehr in die Winterzeit fallenden Arbeiten in gleicher Weise zu erfassen wie zuvor beschrieben, es bleibt aber auch der gegensätzliche Effekt zu berücksichtigen, dass dann die Ausführung anderer Arbeiten in eine günstigere Jahreszeit fällt als ursprünglich geplant. Es entspricht dem Grundsatz von Treu und Glauben, dass bei einer solchen Berechnung nicht nur die negativen Faktoren zusammengetragen werden, sondern dass eine Abwägung von positiven und negativen Effekten aus jahreszeitlicher Verschiebung stattfindet. (hierzu Diss. Fetzner, Ein Verfahren zur Erfassung von Minderleistungen auf Grund witterungsbedingter Bauablaufstörungen, TU Darmstadt, 2007)

109 Die jahreszeitliche Verschiebung wird möglicherweise nicht nur witterungsbedingte Auswirkungen haben, auch die urlaubsbedingte Verschiebung eigener Arbeiten oder die der Subunternehmer und Lieferfirmen in Ferienzeiten kann zu weiteren Sekundärverzögerungen führen.

Die Gesamtverzögerung wird zweckmäßigerweise durch Einrechnung dieser Einflüsse in einen frühstartorientierten Netzplan ermittelt. Ausgangsbasis ist hierbei immer der SOLL-Terminplan, den der Auftragnehmer im Allgemeinen zu Beginn seiner Bauausführungen aufgestellt und gegebenenfalls mit dem Bauherrn abgestimmt hat.

Vielfach weist ein solcher Terminplan noch eine Resttätigkeit innerhalb des nachfolgenden Winters aus. Der Unternehmer wird argumentieren, dass er diese Zeit nicht mehr in Anspruch nehmen wollte, weil diese Resttätigkeit nur ein eingeplanter Puffer darstellt, sodass die Einbeziehung des nachfolgenden Winters in den Bauablauf voll auf die Behinderung zurückzuführen sei mit den entsprechenden Sekundärfolgen. Dies bleibt allerdings zu beweisen.

4.2 Möglichkeiten der Abminderung von Verzögerungen

Nach § 6 Abs. 3 VOB/B hat der Auftragnehmer alles zu tun, was ihm billigerweise zugemutet werden kann, um die Weiterführung der Arbeiten zu ermöglichen. 110

In diesem Zusammenhang wird oft die Fragestellung diskutiert, was der Auftragnehmer alles tun muss, um den Anforderungen an die Schadensminderungspflicht Genüge zu tun (s. dazu rechtlich in Teil A Rdn. 423 ff.).

Aus baubetrieblicher Sicht ist es erforderlich, in solchen Fällen, wenn z. B. die Arbeitsaufnahme oder die Weiterführung eines Bauteils nicht gegeben ist oder nicht durchgängig gewährleistet ist, die Möglichkeiten zur Arbeit an einem anderen Bauteil zu prüfen. Gibt es diese, dann lässt sich abschätzen, welcher zusätzliche Aufwand mit dieser Umstellung verbunden sein wird, um auf dieser Grundlage dem Auftraggeber die Möglichkeiten für eine Entscheidung vorzulegen.

Damit wird dem Auftraggeber die Situation bewusst und er kann an der bestmöglichen Schadensbegrenzung mitwirken oder hatte zumindest die Möglichkeit dazu.

Zur Schadensbegrenzung hat der Unternehmer im Wesentlichen zwei Möglichkeiten:

- Umstellung des Bauablaufes,
- Beschleunigung des Bauablaufes.

4.2.1 Umstellung des Bauablaufs

Der vorgegebene Bauablauf für die Durchführung einer Baumaßnahme kann sich aus einer zwingend notwendigen Folge von Vorgängen ergeben und dementsprechend unveränderbar sein, vielfach ist die Reihenfolge von Arbeitsabschnitten aber auch ohne technischen Hintergrund oder durch Kostenüberlegungen bestimmt und möglicherweise ohne oder nur mit geringen Mehrkosten umstellbar. 111

Fehlen also Pläne oder Vorleistungen anderer Unternehmer oder eine Genehmigung für einen bestimmten Teilabschnitt, dann bleibt zu untersuchen, ob die Vorbedingungen für andere Bauabschnitte bereits erfüllt sind, ob die Umstellung des Arbeitstaktes bzw. der Ablauffolge zu Mehrkosten (z. B. Quertransporte von Schalungen, Verlust an Einarbeitungseffekten, Umsetzen von Baustelleneinrichtungen usw.) oder zu einer Minderung der Leistung mit Behinderungskosten und Verzögerungszeiten führt.

Es ist notwendig, dass diese Überlegungen unmittelbar vor oder während der Behinderung des Bauablaufes angestellt werden, um möglichst mit dem Bauherrn eine Entscheidung über eine solche Umstellung mit der entsprechenden Kostenübernahme herbeizuführen. Eine solche Umstellung des Bauablaufes darf sich allerdings nicht nur mit dem Zeitgewinn bei den unmittelbar nachfolgenden Vorgängen befassen, sondern sie muss den gesamten nachfolgenden Bauablauf möglicherweise mit einer Abstimmung einer Vielzahl von Gewerken berücksichtigen. Eine Umstellung ist nur sinnvoll, wenn die Mehrkosten aus Verzögerungen insgesamt verringert werden können.

Der Bundesgerichtshof hat in seinen bisherigen Urteilen darauf abgehoben, dass nur solche Bauablauf-Umstellungen, die tatsächlich vorgenommen wurden, auch bei dem Nachweis der Verzögerungsdauer ggfs. mindernd zu berücksichtigen seien (s. auch Teil A Rdn. 408). Insofern ist damit einem Auftraggeber, der eine Bauzeitverzögerung verursacht hat, das nachträglich vorgebrachte Argument aus der Hand genommen, der Auftragnehmer hätte ja den Bauablauf umstellen können und müssen, um die Verzögerung zu reduzieren. Hier kommt wieder der Kooperationsgedanke, der einem Bauvertrag innewohnt, zum Ausdruck, weil sich nun während der Störungszeit auch der Auftraggeber Gedanken um eine mögliche und sinnvolle Bauablauf-Umstellung machen muss und diese ggfs. mit dem Auftragnehmer auch in monetärer Hinsicht diskutieren kann.

4.2.2 Beschleunigungsmaßnahmen

112 Die Beschleunigung des nachfolgenden Bauablaufes zur Verringerung von behinderungsbedingten Verzögerungen oder auch solchen, die auf Leistungsänderungen zurückzuführen sind, kann im Interesse beider Vertragspartner liegen:

- Für den **Auftraggeber** ergibt sich der Vorteil, dass sich die Fertigstellung des von ihm in Auftrag gegebenen Werkes nicht oder nur in geringerem Maße verzögert und dass insgesamt die Mehrkosten aus Verzögerungen, sofern er diese zu vertreten hat, möglicherweise verringert werden.
- Für den **Auftragnehmer** ergibt sich der Vorteil, dass seine Kapazitäten nicht oder nur in geringerem Maße über die vorgesehene Bauzeit hinaus gebunden werden, was für ihn wesentlich für Abwicklung der nachfolgenden Aufträge ist.

Sind die Verzögerung und die möglichen Beschleunigungsmaßnahmen und -auswirkungen rechtzeitig erkennbar, dann kann man sie kalkulatorisch bewerten. Der Auftraggeber ist in der Lage, eine kostengünstige Entscheidung zu treffen, sofern er anerkennt, dass er die Verzögerung zu vertreten hat.

Beschleunigt der Unternehmer den Ablauf stillschweigend ohne erkennbaren zusätzlichen Kapazitätseinsatz, dann wird er nur schwer Mehrkosten zur Beschleunigung und damit Kostenminimierung nachweisen können (s. Teil A Rdn. 463 ff.). Der Unternehmer sollte deshalb seine Absicht, Verzögerungen durch Beschleunigungsmaßnahmen hereinzuarbeiten, rechtzeitig dem Bauherrn mitteilen und zur Entscheidung vorlegen. 113

Wenn dies nicht geschehen ist, sich aber auf Grund des erhöhten Kapazitätseinsatzes erkennen lässt, dass tatsächlich Beschleunigungsmaßnahmen durchgeführt wurden und dass diese bezüglich der Termineinsparung und der Kostenminimierung erfolgreich waren, dann darf man wohl unterstellen, dass der Unternehmer im Interesse des Auftraggebers gehandelt und dementsprechend einen Vergütungsanspruch hat, wenn der Auftraggeber die Verzögerung zu vertreten hatte.

Die Wirksamkeit von Beschleunigungsmaßnahmen lässt sich leicht anhand eines Netzplanes und einer zugehörigen Kalkulation in gleicher Weise wie bei der Arbeitsvorbereitung eines Bauobjektes ermitteln.

Es ist möglich, während des Bauablaufes bzw. nachher zu untersuchen, wo eine Bauzeitverkürzung gegenüber der rechnerischen Verzögerung stattfand und wie sie zu begründen ist. Hierzu ist es erforderlich, dass der Ablauf möglichst detailliert dokumentiert ist (Bautagesbericht, IST-Terminplan, sonstige kapazitätsrelevanten Aufschriebe). Ein Mehraufwand ist feststellbar, wenn mehr Personal, Geräte oder zusätzliche Schalungen nachweislich eingesetzt wurden.

Anhand des tatsächlichen Bauablaufes ist konkret zu verfolgen, ob eine problemlose Umstellung möglich war bzw. mit welchem Mehraufwand eine Beschleunigung und damit Bauzeitverkürzung erfolgte. Das Maß des Konkreten bei dieser Art des Nachweises ist nicht eindeutig festzulegen; man ist aber in der Lage, Beschleunigungszeiten durch Dokumentation von Kapazitätseinsätzen und IST-Terminen einzugrenzen und den Mehraufwand kalkulatorisch oder durch Kostennachweis zu erfassen. 114

Eine rein abstrakte Lösung (s. Teil A, Rdn. 781 ff.), die unterstellt, dass Beschleunigung und Verzögerung gleich teuer sind und die dementsprechend als Äquivalent für aufgewendete Beschleunigungsmaßnahmen auch solche Verzögerungszeiten vergütet, die zwar rechnerisch ermittelt, aber tatsächlich nicht eingetreten sind, erscheint angesichts der baubetrieblichen Nachweismöglichkeiten nicht angebracht; sie entspricht auch nicht der Rechtsprechung.

Die Kosten der Beschleunigung sind im Allgemeinen recht schwer zu bemessen, da zunächst einmal im Terminplan zu ermitteln ist, an welcher Stelle, mit 115 welchem Effekt und welchem veränderten Einsatz die Bauarbeiten nunmehr durchgeführt wurden.

Die Beschleunigungsmaßnahmen können aus folgenden Elementen bestehen:

- im Einsatz zusätzlicher Kapazitäten (Arbeitskräfte, Geräte und Bauhilfsstoffe, insbesondere für Schalungen und Rüstungen), um durch erhöhten Paralleleinsatz einen beschleunigten Ablauf zu erreichen;
- in intensiverer Ausnutzung vorhandener Kapazitäten durch Überstunden;
- Erhöhung des Kapazitätseinsatzes durch Schicht- und Wochenendarbeit;
- in der Änderung von Bauverfahren, um eine schnellere Arbeit zu ermöglichen (z. B. vorgefertigte Teile).

Die veränderten Kosten eines anderen Bauverfahrens und die zusätzlichen Kosten aus Überstundenvergütung sind verhältnismäßig gut zu ermitteln.

Der Leistungsabfall aus Überstunden, der zusätzliche Einarbeitungseffekt bei Einsatz von mehr Kapazitäten und der Leistungsabfall bei übergroßen Kolonnen sind in Kap. 11 des Teiles B behandelt (s. auch Dissertation Hager).

Bezüglich der Vergütbarkeit und zeitlichen Anrechnung von Beschleunigungsmaßnahmen müssen jedoch zwei grundsätzlich verschiedenen Fallgruppen unterschieden werden:

a) Vom Auftraggeber angeordnete Beschleunigungen

116 Entsteht bei der Abwicklung einer Baumaßnahme eine Bauzeitverzögerung, dann kommen die Vertragsparteien nicht selten in den Streit darüber, wer nun eigentlich der Verursacher der Störungen/Behinderungen sei. Beide Parteien halten sich selbstverständlich für unschuldig und bezichtigen den anderen, die Verzögerung verursacht zu haben und deshalb auch nun für eine entsprechende Abhilfe im Sinne der Termineinhaltung, z. B. durch Ergreifen von Beschleunigungsmaßnahmen, sorgen zu müssen. Vielleicht gibt es ja sogar eine klare baubetriebliche Beschleunigungsmöglichkeit, aber die müsste nun ja beauftragt/angeordnet werden. Beide Parteien treten nun oftmals im Sinne eines juristischen Taktierens nur in die Phase des Verharrens ein und treffen keinerlei Entscheidung.

Hierbei gibt es dann die erste Variante, dass z. B. der Auftraggeber den Auftragnehmer dazu auffordert, den ursprünglich vereinbarten Vertragstermin mit geeigneten Maßnahmen einzuhalten. Stellt sich jedoch später heraus, dass der Auftraggeber der Verursacher der Bauzeitverzögerung gewesen ist, wird er sich diese Anordnung, auch wenn sie nicht so klar ausgedrückt ist, als Beschleunigungsanordnung zurechnen lassen müssen (s. Teil A Rdn. 535). Die spätere Feststellung der Verursachung der Bauzeitverzögerung durch den Auftraggeber macht dann nachträglich aus der Aufforderung, ursprüngliche Termine einzuhalten, eine Anordnung zur Beschleunigung (Teil A Rdn. 464 f.).

Die zweite Variante besteht aus der Aufforderung des Auftraggebers, der Auftragnehmer möge den gültigen vertraglichen Endtermin einhalten. Hierbei lässt der Auftraggeber den Auftragnehmer aber völlig im Unklaren, ob er die Verschuldung der Bauzeitverzögerung anerkennt. Er setzt den Auftragnehmer der eigenen Risikobewertung aus, zu welchen Lasten später die Verzögerung gewertet wird. Dementsprechend wird ein Auftragnehmer, insbesondere wenn er ggfs. noch unsicher ist, dazu neigen, den Termin mit Beschleunigungsmaßnahmen einzuhalten. Auf Grund der unklaren Beauftragung (besser gesagt der klaren Nichtbeauftragung) der Beschleunigungsmaßnahme wird der AN später um die Beschleunigungsvergütung kämpfen müssen, wobei die Gerichte überwiegend dazu neigen, hier eine Beschleunigungsanordnung zu sehen.

Die dritte Variante ist am unklarsten und besteht aus der Aufforderung des Auftraggebers an den Auftragnehmer, seine vertraglichen Pflichten zu erfüllten, um damit zu erreichen, dass dieser im Sinne der Termineinhaltung die Beschleunigungsmaßnahme tatsächlich ergreift. Sollte sich später herausstellen, dass der Auftraggeber der Verursacher der Bauzeitverzögerung war, dann kann dieser aber nun darstellen, dass er ausdrücklich keine Beschleunigungsanordnung getroffen, sondern den Auftragnehmer nur an seine vertraglichen Verpflichtungen erinnert hat. Wenn es sich nun aber so darstellt, dass der Auftragnehmer gar keine Verpflichtung zur Einhaltung des ursprünglichen Termins mehr hatte, dann sei dies eine freiwillige, nicht beauftragte Beschleunigung gewesen, die auch nicht zu vergüten ist.

Will man aber ernsthaft den Kooperationsgedanken eines Bauvertrages umsetzen, dann gibt es eine sehr einfache Lösung hierfür:

Die beiden Parteien müssen nur zeitnah eine Verpflichtungserklärung verfassen, in der die Beschleunigungsmaßnahme gemeinsam beschlossen wird und von dem zu bezahlen sei, der sich ggfs. später als Verursacher der ursächlichen Bauzeitverzögerung heraus stellt. Schon hat man eine praktisch handhabbare Lösung, die dazu führt, dass die Baustelle beschleunigt weiterläuft und somit für alle Beteiligten der geringste Schaden entsteht. Wird in dieser Erklärung auch gleichzeitig schon der Weg beschrieben, wie der Verursacher sehr zeitnah zu finden sei (Mediation, Schiedsgutachten, Schiedsgericht usw.), dann werden beide Seiten auch gut damit leben können.

b) Vom Auftragnehmer realisierte Beschleunigungen

117 Sollte ein Auftragnehmer völlig aus eigenem Antrieb ohne Rücksprache oder Diskussion mit dem Auftraggeber eine Beschleunigungsmaßnahme ergriffen haben, obwohl der Auftraggeber für die Verzögerung verantwortlich ist, oder auf die dritte Variante des vorhergehenden Punktes a) hereingefallen sein, dann wird es zunächst keine Anspruchsgrundlage für eine Vergütung geben.

Gegebenenfalls lohnt sich hier eine juristische Prüfung, ob denn die Anspruchsvoraussetzungen des § 2 Abs. 8 Nr. 3 VOB/B bzw. die Vorschriften des BGB §§ 677 ff. über die Geschäftsführung ohne Auftrag einen Anspruch begründen können, wenn die Maßnahmen interessensgemäß waren (s. dazu Teil A Rdn. 463 ff.). Dies ist immer dann der Fall, wenn ansonsten der vertragliche Endtermin ohne Schuld des Auftragnehmers nicht eingehalten worden wäre.

Alternativ könnten auch die Anspruchsvoraussetzungen des § 2 Abs. 8 Nr. 2 VOB/B gegeben sein und somit ein Vergütungsanspruch zumindest bei einem VOB-Vertrag bestehen. Sollte sich nämlich heraus stellen, dass die ergriffene Beschleunigungsmaßnahme notwendig war (um den Vertragstermin zu halten), dem mutmaßlichen Willen des Auftraggebers entsprach (weil die Kosten der Beschleunigungsmaßnahme geringer als die vom Auftraggeber zu tragenden Mehrkosten der Bauzeitverzögerung sind), dann wäre über diesen Umweg doch noch eine Anspruchsgrundlage möglich. Sicherlich wird es hier aber auf jeden Einzelfall ankommen, da z. B. die auftraggeberseitigen Verzögerungskosten für ein Brückenbauwerk, welches erst ein Jahr nach der verspäteten Fertigstellung an das Straßennetz (Gleich auch: Schienennetz) angeschlossen wird, gleich Null sind.

Sollte jedoch für den Auftragnehmer keine geeignete vertragliche Anspruchsgrundlage für die tatsächlich ergriffenen und wirksamen Beschleunigungsmaßnahmen vorhanden sein, bleibt wenigsten ein kleiner Trost: Die gewonnene Beschleunigungszeit gehört dann auch nur dem Auftragnehmer.

Er hat sich damit eine Pufferzeit erarbeitet, die er dann in der Folgezeit dazu nutzen kann, eigene Unzulänglichkeiten (Schwierigkeiten mit Bauverfahren, zu langsames Arbeiten der eigenen Arbeitskräfte, Schwierigkeiten mit einem Nachunternehmer usw.) zu kompensieren. Wie später noch näher zu zeigen sein wird, kann der Auftragnehmer sich im Rahmen der Bauzeitverzögerungsbetrachtungen ein Pufferkonto anlegen, in dem er solche Pufferzeiten zwischenspeichert. Näheres wird in Kap. 4.4 ausgeführt.

4.2.3 Bauen nach Vorabzügen

In der Baupraxis gibt es eine Besonderheit, die immer wieder zu erstaunlichen Situationen führt. In jedem Bauvertrag ist eigentlich geregelt, dass die Ausführung der Bauleistungen auf der Baustelle nur nach Ausführungsplänen durchgeführt werden darf, die der Auftraggeber in irgendeiner Art freigegeben hat. 118

So gibt es Ausführungspläne, wie z. B: Schal- und Bewehrungspläne oder Abbruchpläne, die durch einen Prüfingenieur aus Sicherheitsgründen freigegeben sein müssen, bevor sie auf der Baustelle umgesetzt werden dürfen. Bei anderen Ausführungsplänen ist oft einzelvertraglich geregelt, dass der Auftraggeber diese vor der Ausführung explizit per Unterschrift freigeben muss, damit klar ist, was gebaut werden soll.

Um dem Auftragnehmer jedoch eine rechtzeitige Arbeitsvorbereitung zu ermöglich, hat es sich in der Praxis bewährt, Pläne schon vor der Freigabe durch Prüfingenieur oder Auftraggeber zur Vorab-Information auf die Baustelle zu schicken. Die Pläne werden dann meist mittels eines Stempels mit der Bezeichnung „Vorabzug" gekennzeichnet, um jedem klar zu machen, dass es sich hierbei noch nicht um einen freigegeben Ausführungsplan handelt.

Aus vertraglicher Sicht und auch auf Grund der Landesbauordnungen (Sicherheitsthema) dürfte nun eigentlich keine Ausführung auf der Grundlage dieser „Vorabzüge" erfolgen. Gleichwohl muss man ernüchternd feststellen, dass immer wieder nach diesen Plänen gearbeitet wird, obwohl der Auftragnehmer damit das Risiko übernimmt, dass es später noch zu Änderungen kommt, die entsprechende Änderungsarbeiten bei ihm bewirken, und er diese nicht bezahlt bekommt.

So gibt es durchaus Baustellen, in denen bereits Leistungen begonnen wurden (hier Aushub für einen Sprinklertank), obwohl die Baugenehmigung noch nicht erteilt war und damit auch die Pläne noch nicht freigegeben waren, sondern nur als „Vorabzug" vorlagen. Dieser Umstand wäre vielleicht gar nicht aufgefallen, wenn es nicht durch den fehlerhaft geplanten (noch nicht freigegebenen) Aushub zu einer Stützensenkung am vorhandenen Bauwerk gekommen wäre. Nach dem Schadensfall hat die Baugenehmigungsbehörde selbstverständlich erklärt, dass diese Ausführung nicht genehmigungsfähig war und somit lag der schwarze Peter bei der ausführenden Firma.

Es stellt sich nun aber die Frage, warum die ausführenden Unternehmen trotzdem immer wieder nach „Vorabzügen" mit den Bauleistungen beginnen. Die Antwort ist so einfach wie auch wenig überzeugend:
Da die Bauleistung terminlich für den Zeitraum disponiert war und die Kapazitäten bereit standen (Arbeitskräfte, Bagger usw.), der Auftraggeber offen-

sichtlich jedoch noch nicht die freigegebene Ausführungspläne bereitstellen konnte, hat man zur Ausnutzung der eigenen Kapazitäten und zur „Schadensminderung" schon mal mit den „Vorabzügen" gebaut.

An dieser Stelle sei aber jedoch klargestellt: Der Auftragnehmer ist nicht verpflichtet nach „Vorabzügen" zu bauen, weil er damit gegen den Bauvertrag und/oder gegen die Landesbauordnungen verstößt. Es sei deshalb den ausführenden Unternehmen dringend angeraten, die Situation mit ihrem Auftraggeber zu klären (und ggfs. Behinderung anzuzeigen). Nur dieser kennt die Gründe und Umstände, warum ein Plan nur als „Vorabzug" vorhanden ist. So kann im schlimmsten Fall die Freigabe des Prüfingenieurs/Baugenehmigung fehlen, aber oft fehlen auch nur Angaben zu Durchbrüchen oder andere zur Ausführung zunächst unwichtigen Details.

Die Auftraggeber ihrerseits haben eine ganz einfache Möglichkeit eine Behinderung mit den daraus resultierenden Folgen zu verhindern: Sie können die „Vorabzüge" (außer für Pläne, die der Prüfingenieur zuvor noch freigeben muss oder für die noch keine Baugenehmigung vorliegt) ganz einfach durch eine Erklärung freigeben und schon darf und muss damit gebaut werden.

Auch bei Plänen, die noch einer Freigabe durch den Prüfstatiker bedürfen, können bereits vorbereitende Maßnahmen ergriffen werden. Diese können von einer Stahlbestellung über das Stellen der Schalung bis zur Bewehrungsverlegung gehen. In diesen Fällen sollte der Auftraggeber erklären, welches Risiko er bereit ist zu tragen, und welche konkreten vorbereitenden Leistungen er ausgeführt wissen will.

Hat aber ein Auftragnehmer bereits nach den „Vorabzügen" gebaut, dann darf er diese Leistungszeit später beim Nachweis der Behinderungszeiten nicht einfach ignorieren und so tun als ob die Baustelle stillgestanden hätte, sondern er muss diese Leistungszeiten zugunsten des Auftraggebers mit einbeziehen.

4.3 Doppelkausalität/überholende Kausalität

119 Ohne Zweifel ist eine wichtige Voraussetzung für die zutreffende rechtliche Würdigung, dass der Nachweis der Kausalität zwischen einem behindernden/störenden Ereignis und dessen Folgewirkungen auf den geplanten Bauablauf erbracht wird. Nur so kann einwandfrei beurteilt werden, ob z. B. eine Bauzeitverzögerung als Folge eines behindernden Ereignisses eingetreten sein kann.

In der Praxis wird oft von den beiden Bauvertragsparteien das Argument angeführt, dass man selbst nicht an der Bauzeitverzögerung schuld sei, da die andere Partei mit ihren Leistungen noch nicht so weit gewesen sei. So führen beispielsweise die Auftraggeber oft an, dass die verspätete Zurverfügungstellung der Ausführungspläne für z. B. das 1. OG nicht kausal ursächlich für eine Bauzeitverzögerung dieses Geschosses war, da der Auftragnehmer mit seinen Bauleistungen im EG noch sehr stark im Rückstand und für das 1. OG damit noch gar nicht leistungsbereit war. Umgekehrt argumentieren in dem gleichen Fall die Auftragnehmer dann regelmäßig, dass es gar nicht notwendig war, im EG schneller zu arbeiten, da sie definitiv wussten, dass die Ausführungspläne für das 1. OG noch gar nicht fertig seien. Oberflächlich betrachtet könnten nun beide Parteien tatsächlich mit ihren Argumenten Recht haben.

Für die rechtlich zutreffende Würdigung ist es deshalb ganz besonders wichtig, genau zu wissen, welche der Ursachen für eine eingetretene Bauzeitverzögerung kausal waren bzw., ob lediglich die eine Behinderung die Bauzeitverzögerung verursacht hat und die andere vermeintliche Behinderung lediglich die Reaktion hierauf war.

Im juristischen Sprachgebrauch wird der Begriff „Doppelkausalität" für die Fälle gebraucht, in denen es zwei Ursachen gibt, die kausal für z. B. eine Bauzeitverzögerung verantwortlich sind. Voraussetzung hierbei ist, dass man bei objektiver Würdigung der Sachverhalte zu dem Schluss kommt, dass jede Ursache für sich alleine schon zu der entsprechenden Bauzeitverzögerung geführt hätte. So kann keine der beiden Parteien für sich reklamieren, nicht an der Verzögerung mitgewirkt zu haben. Kommt man bei der näheren Untersuchung der beiden Verzögerungsursachen zu dem Schluss, dass beide gleichgewichtig waren und beide für sich alleine zu der maßgebenden Bauzeitverzögerung geführt hätten, so liegt ein Fall von echter Doppelkausalität vor. Hier neigen die Gerichte dazu, die Folgen dieser Doppelkausalität hälftig zu quoteln.

Daneben könnte es theoretisch noch möglich sein, dass die beiden Behinderungsursachen ungleichgewichtig wären, sodass jede für sich zu einer unterschiedlichen Bauzeitverzögerung geführt hätte. Sollte es in solchen Fällen gelingen, durch eine bauwirtschaftliche Beurteilung ein Maß für die Ungleichgewichtigkeit zu bestimmen, so könnte das durchaus bei der juristischen Beurteilung für die Bestimmung einer entsprechenden Quotelung hilfreich sein. Allerdings muss man hier deutlich sagen, dass es sich hierbei um hypothetische Überlegungen handeln muss, da die beiden Behinderungsursachen eben nicht getrennt voneinander, sondern gemeinsam auf den Bauablauf eingewirkt haben.

Daneben gibt es im juristischen Sprachgebrauch noch den Begriff der „über- **120**
holenden Kausalität". Dieser Begriff steht für solche Fälle, in denen zwar zwei

Ursachen für eine Bauzeitverzögerung verantwortlich sind, diese beiden Ursachen jedoch ungleich lange gewirkt haben. Dies bedeutet, dass für einen Teil der Bauzeitverzögerung tatsächlich beide Ursachen verantwortlich sind und für diesen Zeitraum eine echte Doppelkausalität vorliegt, eine Ursache jedoch darüber hinaus gewirkt hat und somit ein Zusatzbeitrag zur Bauzeitverzögerung geliefert wurde. Auch in diesen Fällen ist eine rechtliche Quotelung der Folgen denkbar, wobei man gegebenenfalls die Zeiträume der echten Doppelkausalität bei Gleichgewichtigkeit der Ursachen hälftig quoteln und die darüber hinausgehende Bauzeitverzögerung einem Partner alleine zuschlagen könnte.

Um in konkreten Praxisfällen die Richtigkeit der Behauptungen und Gegenbehauptungen beurteilen zu können, sind eingehende bauwirtschaftliche Untersuchungen notwendig. Hierbei kann man grob folgende drei Fälle unterscheiden:

121 a. Der Auftraggeber verursacht eine Bauzeitverzögerung alleine

In solchen Fällen gibt der Auftragnehmer vor, er habe erkannt, dass der Auftraggeber seinen vertraglichen Pflichten, wie z. B. die Pflicht zur Verfügungstellung des bebaubaren Baugrundstückes oder die Pflicht zur Verfügungstellung der ausführungsreifen Planung, nicht rechtzeitig erfüllen kann. Er habe lediglich hierauf reagiert und schadensmindernd gehandelt, indem er seine Kapazitäten reduziert und so angepasst habe, dass es auf der Baustelle keinen Stillstand gab und somit auch keine oder nur geringe Schadenskosten durch unproduktives Personal entstanden sind. Hierbei lässt sich sagen, dass es tatsächlich schadensmindernd für den Auftraggeber wäre, wenn kein Stillstand auf der Baustelle eintritt, bei dem die eingesetzten Kapazitäten dann ohne Leistungserbringung weiter bezahlt werden müssten. Voraussetzung für die Schadensminderung ist jedoch, dass es dem Auftragnehmer gelingt, seine Kapazitäten an Personal und Gerät gegebenenfalls auf anderen Baustellen einzusetzen, sodass für die behinderte Baustelle keine oder nur geringe Kosten entstehen.

Um erkennen zu können, ob die Argumente des Auftragnehmers hier tatsächlich Bestand haben oder nur vorgeschoben sind, müssen in einem solchen Fall folgende bauwirtschaftliche Nachweise auf Grund einer detailliert geführten Dokumentation näher untersucht werden:

- Es ist festzustellen, ob Planlieferungstermine oder Planlieferungsfristen vertraglich fixiert sind, sodass die geplante rechtzeitige Zurverfügungstellung der ausführungsreifen Planung feststeht.
- Es ist der Nachweis zu führen, welche notwendigen Kapazitäten für den vertraglich geschuldeten Bauablauf einzusetzen gewesen wären. Hierbei reicht oftmals eine überschlägige Berechnung unter Berücksichtigung

der Anlauf- und Auslaufphase, z. B. indem man die kalkulierten Arbeitsstunden einer Teilleistung durch die entsprechenden Vorgangsdauern und die tägliche Arbeitszeit dividiert. Daneben ist selbstverständlich nachzuweisen, dass die vertraglich notwendigen Kapazitäten tatsächlich für die Baustelle zur Verfügung standen.

- Es ist zu prüfen, ob der Auftragnehmer tatsächlich Kenntnis von der verspäteten Planung erlangt hat, z. B. im Rahmen von Baubesprechungsberichten, Schriftverkehr, Baustellenbegehungen usw.
- Es sind Untersuchungen von tatsächlichen Maßnahmen, die zur Reduzierung der Kapazitäten vorgenommen wurden, vorzunehmen. Hierfür können als Nachweise z. B. Geräteabgangs- und -zugangslisten sowie Bautagebuchaufzeichnungen/Personallisten verwendet werden.

Sollte es auf Grund der o. g. Kriterien gelingen, den Nachweis der schadensmindernden Maßnahmen zu führen, liegt keine Doppelkausalität vor, sondern ein Fall von einfacher Kausalität zwischen Behinderungsursache, die durch den Auftraggeber gesetzt wurde, und entsprechender Folgewirkung auf den Bauablauf.

Allerdings ist es sehr sinnvoll für den Auftragnehmer, den Auftraggeber über alle seine Maßnahmen und Schritte rechtzeitig zu informieren. Hierzu gehört natürlich in erster Linie die rechtzeitige und richtige Behinderungsanzeige, um den Auftraggeber auf die behindernde Ursache aufmerksam zu machen und ihm Gelegenheit zu geben, diese gegebenenfalls abzustellen. Daneben sollte der Auftragnehmer mit der Behinderungsanzeige (oder auch in einem separaten Schreiben) seine Leistungsbereitschaft aufzeigen. Aber auch darüber hinaus sollte der Auftragnehmer seine Maßnahmen zur Schadensminderung in Form von Reduzierung der Kapazitäten dem Auftraggeber gegenüber ankündigen und gegebenenfalls zur Diskussion stellen. Die Auftraggeber müssen sich bei dieser Vorgehensweise darüber im Klaren sein, dass eine Nichtreaktion bei einer späteren gerichtlichen Auseinandersetzung keinerlei Vorteile bringen kann, da der Auftraggeber ja bewusst auf seine Einflussnahme verzichtet hat.

b. Der Auftragnehmer ist für eine Bauzeitverzögerung verantwortlich 122

In diesen Fällen gibt der Auftraggeber vor, erkannt zu haben, dass der Auftragnehmer seiner Pflicht zur termingerechten Abwicklung nicht ausreichend nachkommt, weil er z. B. zu wenig Kapazitäten an Personal und Gerät für die Baustelle zur Verfügung stellt. Denkbar wäre auch ein Fall, dass der Auftraggeber erkennt, dass der Auftragnehmer an einer bestimmten Stelle abwicklungstechnische Schwierigkeiten hat und nicht mit dem geplanten Baufortschritt rechnen kann. Auch hier wird dann oft von den Auftraggebern argumentiert, dass sie hierauf schadensmindernd reagiert hätten, indem sie die Planungskapazitäten so angepasst hätten, damit die notwendige Ausführungsplanung baubegleitend rechtzeitig vorläge.

Auch diese Argumente sind zulässig, wenn vertraglich lediglich eine baubegleitende Planung geschuldet wird, sodass der Auftragnehmer schon immer damit rechnen musste, die Ausführungsplanung lediglich mit einem bestimmten Vorlauf vor der Ausführung zu bekommen. Allerdings wird es bauwirtschaftlich schwierig, eine Schadensminderung zu erkennen, da sich ein Auftraggeber, der Planungskapazitäten nach unten anpasst, im Allgemeinen keine Kosten erspart. Dies liegt an der Systematik der HOAI, bei der die Planer für die Planungsleistung unabhängig von dem tatsächlichen zeitlichen Aufwand vergütet werden. Im Gegenteil könnte es passieren, dass ein Planer, der wesentlich länger an einem Projekt planen muss, hierfür entsprechende Forderungen stellt.

Um die o. g. Argumentation eines Auftraggebers überprüfen zu können, müssen folgende bauwirtschaftliche Untersuchungen auf Grund einer detailliert erstellten Dokumentation geführt werden:

- Es ist vertraglich zu prüfen, ob eine baubegleitende Planung vereinbart wurde, bei der nur Planlieferungsfristen als Vorlauffristen vor der Ausführung festgelegt wurden.
- Es ist zu prüfen, welche Kapazitäten im Rahmen der Planung für die vertragliche Durchführung notwendig gewesen wären und ob diese auch vor den behindernden Ursachen wirklich zur Verfügung standen.
- Es ist zu untersuchen, ob der Auftraggeber eine schleppende verspätete Ausführung zu dem vorgegebenen Zeitpunkt tatsächlich erkennen konnte und ob hieraus resultierend eine Hochrechnung auf die vermutlichen tatsächlichen Zeitpunkte der Ausführung vor Ort vorgenommen werden konnte. Hieraus ergibt sich, ob der Auftraggeber den neuen Zeitpunkt für die rechtzeitige Zurverfügungstellung seiner Ausführungsplanung bestimmen konnte und ob er diesen neuen Zeitpunkt dann auch tatsächlich eingehalten hat.
- Es ist zu prüfen, ob der Auftraggeber den Auftragnehmer über seine Maßnahme rechtzeitig informiert hat. Hierzu wäre es angemessen, wenn der Auftraggeber zunächst den Auftragnehmer schriftlich gemäß § 5 VOB/B zur vertragsgemäßen Förderung seiner Leistungen auffordert. Erst bei Nichtreaktion des Auftragnehmers erlaubt der § 5 der VOB/B eine Reaktion, z. B. in Form von Maßnahmen, die gegebenenfalls bis zur Kündigung gehen können.

Gerade hier ist es ganz besonders wichtig, dass der Auftraggeber seiner Kooperationsverpflichtung gegenüber dem Auftragnehmer in der Form nachkommt, indem er ihn darüber informiert, dass er beabsichtigt, die Planung der vermeintlich schleppenden örtlichen Bauleistungserbringung anzupassen. Nur dies gibt einem Auftragnehmer die Gelegenheit zu reklamieren, dass man gerade jetzt durch Kapazitätsaufstockungen beschleunigen will, um den vertragsgemäßen Bauablauf wieder zu erreichen. In einem solchen Fall wäre es nämlich dann schon wieder eine Behinderung durch den Auftraggeber, wenn dieser die Zurverfügungstellung der Ausführungsplanung auf einen späteren Zeitpunkt verschiebt. Insofern ist die Information des Auftragnehmers durch den Auftraggeber hier sehr wichtig, da der Auftragnehmer das Recht hat, selbst verursachte Verzögerungen wieder aufzuholen. Sollte es dem Auftragnehmer im Fall der fehlenden Information des Auftraggebers gelingen, bauwirtschaftlich sinnvolle Beschleunigungsmaßnahmen benennen zu können, die tatsächlich umsetzbar gewesen wären, dann hat der Auftraggeber das Problem, sich hier mit dem Vorwurf der Verursachung einer neuen Behinderung auseinandersetzen zu müssen.

c. Gemeinsame Verursachung 123

Für den Fall, dass beide Vertragsparteien bis zu einem gewissen Grad ihren vertraglichen Pflichten nicht ausreichend nachkommen, ist eine genaue Untersuchung notwendig. Dies könnte beispielsweise dann sein, wenn ein Auftragnehmer zwar nicht genügend Schalung und Personal zur Verfügung hat, gleichzeitig der Auftraggeber jedoch nicht den Ausführungsplan für das 1. OG nach einer Umplanung rechtzeitig bereitstellt.

In der Praxis werden sich dann später nicht beide Ursachen gleichzeitig auflösen, sondern es wird hierbei Unterschiede geben, sodass eine Ursache länger wirkt als die andere. Für diese Fälle wird dann ganz gerne von der Partei mit der „kürzeren" Verursachungszeit behauptet, dass es ohne die Verzögerung des anderen Vertragspartners gar keine Bauzeitverlängerung gegeben hätte. Insofern müssen für diese Fälle jeweils die oben aufgezeigten bauwirtschaftlichen Untersuchungen separat durchgeführt werden, um wechselseitig die Argumente abzuprüfen.

Sollte sich hierbei herausstellen, dass tatsächlich eine Vertragspartei lediglich auf die Verzögerungsursachen der anderen reagiert hat, gegebenenfalls sogar schadensmindernd, dann wird die Behinderungsursache kausal dem anderen Vertragspartner zu 100% zugeordnet.

Eine weitere Lösung könnte jedoch sein, dass tatsächlich beide Parteien jeweils ihre eigene Verzögerungsursache gesetzt haben, die sich kausal gemeinsam auf den Bauablauf ausgewirkt haben. Hierbei wäre es ein reiner Zufall, wenn sich beide Ursachen in gleicher Länge ausgewirkt haben, in der Praxis wird es hier sicherlich Unterschiede geben, sodass eine Verzögerungsursache länger gewirkt hat.

Hierfür ist die Lösung jedoch relativ einfach: Für die Zeiträume, in denen die 124
beiden Verzögerungsursachen gleichzeitig gewirkt haben, liegt eine Dop-

pelkausalität vor, sodass die Folgen hierfür gegebenenfalls hälftig gequotelt werden können (s. auch Teil A Rdn. 417). Für den darüber hinausgehenden Zeitanteil der länger wirkenden Behinderungsursache gilt die überholende Kausalität, sodass dieser zusätzliche Zeitanteil von einer Partei alleine getragen werden muss.

125 Zusammenfassend kann man den Hinweis an beide Vertragsparteien geben, dass zunächst die rechtzeitige Pflichterfüllung gemäß Vertrag Vorrang hat. Erkennt die eine Vertragspartei jedoch zuverlässig, dass die andere Vertragspartei eine Behinderungs-/Verzögerungsursache gesetzt hat, sollte zunächst die andere Partei darüber schriftlich informiert werden (z. B. in Form einer Behinderungsanzeige). Anschließend ist eine Prüfung notwendig, ob Maßnahmen zur Schadensminderung notwendig oder sinnvoll sind. Wenn dies bejaht werden kann, sollte die andere Vertragspartei hierüber eine Mitteilung erhalten, gegebenenfalls mit der Bitte zur Entscheidung, ob die Maßnahme getroffen werden soll. Lediglich bei Verweigerung dieser Entscheidung oder bei Nichtreaktion durch den Vertragspartner, sollte man selbst im Sinne der Schadensminderung und Wirtschaftlichkeit entscheiden. Hierüber ist die andere Vertragspartei in Kenntnis zu setzen. Von großer Wichtigkeit ist daneben auch die sorgfältige gerichtsfeste Dokumentation der Maßnahmen.

4.4 Pufferzeiten bei Bauverzögerungen aus baubetrieblicher Sicht

126 Das Thema „Wesen und Nutzung von Pufferzeiten" hat bei der streitigen Auseinandersetzung im Rahmen von Bauablaufstörungen und daraus resultierenden Bauzeitverlängerungen eine immer größere Bedeutung erlangt. Insofern erscheint es wichtig, das Thema Pufferzeiten aus baubetrieblicher Sicht ausführlich darzustellen und zu erläutern.

Deshalb hat der Verfasser bereits im Jahrbuch Baurecht 2011 einen entsprechenden Beitrag hierzu geschrieben, der Grundlage und Grundgerüst der nachfolgenden Ausführungen sein wird (siehe auch Jahrbuch Baurecht 2011, Prof. Dr. Lang, A., Die Wahrheit über Pufferzeiten bei Bauverzögerungen aus baubetrieblicher Sicht, Seite 41–61).

Vorab sei deshalb ausdrücklich erklärt, dass die Pufferzeiten Elemente der baubetrieblichen Bauablaufplanung im Rahmen der Arbeitsvorbereitung eines Bauunternehmers sind und insofern die nachfolgenden Erläuterungen zunächst die entsprechenden zugehörigen Mechanismen darstellen.

Ein Auftraggeber bzw. Bauherr interessiert sich meist im Vorfeld nicht dafür, ob und wie ein Auftragnehmer Pufferzeiten in seinen Bauablaufplan eingestellt hat. Erst wenn es dann um die Nutzung von Pufferzeiten für eigene Zwecke des Auftraggebers geht, wird dieses Thema für beide Seiten wichtig und oftmals streitig. Für diesen Fall soll hier nun ein Beitrag zur Versachlichung und Objektivierung der Thematik geleistet werden.

Der Bauablaufplan beinhaltet eine baubetrieblich bestimmte Bauablauffolge durch Vernetzung der verschiedenen Vorgänge (vgl. Teil B, Rdn. 31). Hierbei wird regelmäßig durch sogenannte Anordnungsbeziehungen der Zusammenhang zwischen zwei aufeinanderfolgenden Vorgängen aufgezeigt. Für den Auftragnehmer ist es bei Erstellung des Bauablaufplanes sinnvoll, zwischen verschiedenen Vorgängen Pufferzeiten einzuplanen, damit sich selbst verschuldete Verzögerungen nicht vertragsschädlich auswirken. Diese Pufferzeiten sollten immer dort vorgesehen werden, wo erfahrungsgemäß mit Schwierigkeiten und Verzögerungen gerechnet werden kann. Dies könnte bei besonders schwierig zu erstellenden Bauteilen sein, aber auch im Zusammenhang mit witterungsempfindlichen Bauleistungen. Daneben kann man auch Pufferzeiten an das Ende eines Bauabschnittes setzen, um gegebenenfalls alle in diesem Bauabschnitt auftretenden Verzögerungen kompensieren zu können (vgl. Teil B, Rdn. 29).

Geplante Pufferzeiten im Rahmen der Bauablaufplanung 127

Einem Auftragnehmer ist dringend anzuraten, im Rahmen seiner Bauablaufplanung Pufferzeiten mit vorzusehen. Dies geschieht meistens im Zuge der Arbeitsvorbereitung als Element der baubetrieblichen Terminplanung zur Einhaltung der Vertragstermine. Hierbei kann man folgende Gründe für das Vorsehen von Pufferzeiten baubetrieblich unterscheiden:

- Reservezeiten für **Unvorhergesehenes**

Ein erfahrener Bauunternehmer weiß, dass im Rahmen der Bauabwicklung immer wieder unvorhergesehene Probleme auftreten können, mit denen man auch bei sorgfältiger Arbeitsvorbereitung im Vorhinein nicht rechnen konnte. Für solche Probleme kann nun der Unternehmer Reservezeiten an geeigneten Stellen im Rahmen der Bauablaufplanung einfügen, um hierdurch sicherzustellen, dass der Endtermin trotz unvorhergesehener Probleme noch eingehalten werden kann. Solche unvorhergesehene Probleme könnten z. B. der Ausfall von Arbeitsmaschinen, Lieferschwierigkeiten von Baumaterialien, krankheitsbedingter Arbeitsausfall der eigenen Mitarbeiter oder auch Ausfall von Subunternehmerleistungen sein.

- Reservezeiten zur Kompensierung eines Arbeitsausfalles auf Grund **schlechter Witterung**

Je nach Gestaltung des Bauvertrages hat der Unternehmer das Risiko eines Arbeitsausfalles auf Grund normaler jahreszeitlich bedingter Witterungserscheinungen zu tragen. Die Bemessung solcher Reservezeiten richtet sich meist nach den Erfahrungswerten des Auftragnehmers, andererseits kann man auch hier Hilfestellungen über Witterungsaufzeichnungen der Wetterämter bekommen.

- Reservezeiten für **wahrscheinliche Störungen**
Jeder Auftragnehmer hat ein gewisses Erfahrungswissen bezüglich besonders störungsanfälliger Tätigkeiten bzw. schwierig zu erstellender Bauteile. Eine solche Störungsanfälligkeit kann sich beispielsweise auf die Verarbeitung der Materialien beziehen, wenn z. B. ein bestimmter Kleber bei Temperaturen unter 5° nicht mehr verwendet werden kann, obwohl bei diesen Temperaturen die normalen Bauarbeiten gut weitergeführt werden können. Andererseits kann sich die Störungsanfälligkeit auch auf Grund der Notwendigkeit eines besonderen Fachwissens bei der Bearbeitung ergeben, sodass die Möglichkeit von Fehlern einfach größer ist und deswegen Reservezeiten benötigt werden. Solche Puffer sind dann meist direkt im Zusammenhang mit dem störungsanfälligen Vorgang zu verbinden, sodass hier eine unmittelbare Nutzung der Reservezeit vorgesehen ist.

- Reservezeiten im Rahmen von **Restarbeiten**
Der Auftragnehmer wird oftmals kleinere zu erbringende Leistungen im Zusammenhang mit den Hauptbauleistungen in einem Vorgang „Restarbeiten" zusammenfassen. Hierbei wird oft die Praxis geübt, dass dieser Vorgang „Restarbeiten" eine üppige Dimensionierung hat, damit sichergestellt ist, dass vor dem vertraglichen Bauende auch alle Arbeiten abgeschlossen werden können. Insofern wirkt dieser Vorgang „Restarbeiten" auch als eine Pufferzeit für andere Vorgänge, da in dem Zeitraum der Restarbeiten durchaus dann noch parallel verzögerte Hauptbauleistungen durchgeführt werden können.

- **Zweckgebundene** Reservezeiten
Der Bauunternehmer weiß ganz genau, dass er die Bereitstellung eines Sonderkrans oder eine Sperrpause nicht beliebig verschieben kann und muss deshalb sicherstellen, dass alle Leistungen bis zu dem geplanten Termin abgeschlossen sind, damit der anschließende Vorgang pünktlich beginnen kann. Da das Verschieben des Vorgangs (z. B. Einsatz eines Sonderkranes) erhebliche vertragliche Folgen haben kann (weil z. B. der Sonderkran erst wieder in einem halben Jahr zur Verfügung steht), ist die Einplanung einer zweckgebundenen Pufferzeit vor diesem Vorgang auch dann dringend anzuraten, wenn es augenscheinlich gar keine wahrscheinlichen Störungsmöglichkeiten gibt. Schon alleine die Gefahr, dass trotzdem etwas Unvorhergesehenes eintreten kann, rechtfertigt die zweckgebundene Pufferzeit.

128 Sich rechnerisch ergebende Pufferzeiten

Die nachfolgenden Erläuterungen der sich rechnerisch ergebenden Pufferzeiten basieren darauf, dass der Auftragnehmer im Rahmen seiner Arbeitsvorbereitung die Bauablaufplanung mit der sogenannten Netzplantechnik erstellt. Dies bedeutet, dass die einzelnen Tätigkeitsvorgänge vernetzt, d. h. mit Anordnungsbeziehungen (Abhängigkeitsbeziehungen) untereinander verknüpft sind. Somit entsteht eine Netzplanstruktur zwischen den einzelnen Vorgängen, die den zeitlichen Ablauf der Baumaßnahme beschreibt. Die genannten Anordnungsbeziehungen können sich aus technischen Gründen (z. B. Betonerhärtung), aber auch aus Kapazitätsgründen (z. B. Einsatz von Personal, Schalung, Maschinen usw.) ergeben.

Im Rahmen der Berechnung eines Netzplans können sich nun in Folge der verschiedenen Anordnungsbeziehungen zwischen den einzelnen Vorgängen Pufferzeiten in Form von freien Puffern oder Gesamtpuffern ergeben (siehe auch Teil B, Rdn. 37). Diese resultieren ausschließlich aus der Anordnung und der Größe der Anordnungsbeziehungen zwischen den einzelnen Vorgängen. Da sich bei Überarbeitungen des Netzplans neue kritische Wege (siehe auch Teil B, Rdn. 38) ergeben können, ändern sich die Pufferzeiten bei der Überarbeitung eines Terminplans womöglich mehr oder weniger stark. Hierauf hat der Anwender der Netzplantechnik nur begrenzt Einfluss, da er zu Beginn die Art und Lage der Anordnungsbeziehungen definiert hat.

So ergeben sich bei Überarbeitungen von Netzplänen neue Pufferkonstellationen, die aber nicht planbar sind. Gegebenenfalls stehen diese neuen, sich aus der Netzplanberechnung ergebenden Pufferzeiten dann beiden Vertragspartnern im Rahmen der Kooperationsverpflichtung zur Verfügung, da es sich hierbei um nicht vorher eingeplante Puffer handelt.

Baubetriebliche Einbeziehung geplanter Pufferzeiten in den Bauablaufplan 129

Der Auftragnehmer hat im Rahmen der Erstellung seines Bauablaufplans in Form eines Netzplans folgende Möglichkeiten der Einplanung von Pufferzeiten:

- Definition von **festen Vorgängen**

Pufferzeiten können als feste Vorgänge, ähnlich wie die Tätigkeitsvorgänge, mit einer bestimmten Dauer im Rahmen des Terminplans definiert sein. Sie haben dann einen bestimmten Anfang und ein bestimmtes Ende und werden in das Netzplangefüge mit eingeplant. Da es sich hierbei um fest verankerte Vorgänge handelt, bleiben diese auch bei jeder Überarbeitung erhalten.

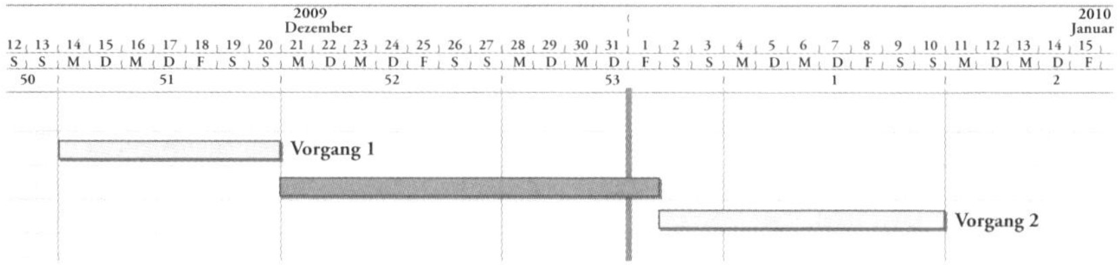

Abb. 43: Pufferzeit als Vorgang

- **Verlängerung** der normalen Tätigkeitsvorgänge

Eine weitere Möglichkeit der Einbeziehung von Pufferzeiten in einen Netzplan stellt die Verlängerung der normalen Tätigkeitsvorgänge um ein bestimmtes Maß dar. Somit haben die Vorgänge direkt eine bestimmte Reservezeit, die unmittelbar nutzbar ist.

Eine Variante zur Verlängerung der normalen Tätigkeitsvorgänge stellt die Einbeziehung eines **kapazitiven Puffers** dar, bei dem bewusst mit einer geringeren Kapazität an Arbeitskräften, Geräten, Rüstmaterial usw. gerechnet wird und damit sozusagen die Länge des Tätigkeitsvorganges künstlich gedehnt wird. Auch hier steht dann die im Terminplan eingestellte Dauer des Tätigkeitsvorganges komplett zur Verfügung, also einschließlich der Reservezeit.

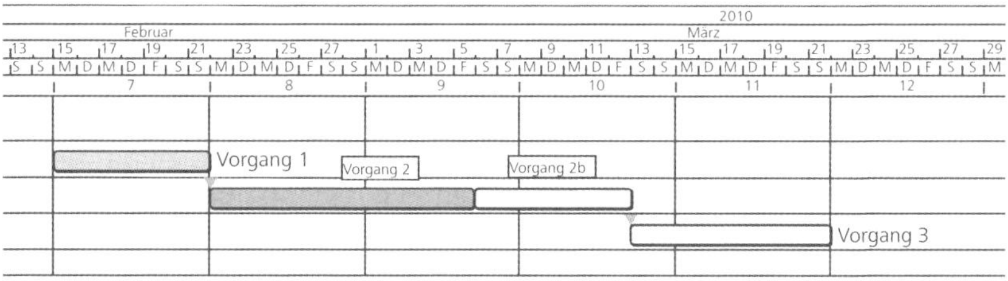

Abb. 44: Pufferzeit als Vorgangsverlängerung

- Einführung von **Anordnungsbeziehungen**

Eine weitere Möglichkeit zur Berücksichtigung von Puffern stellt die Nutzung sogenannter Anordnungsbeziehungen (AOB) im Rahmen des Netzplans dar. So kann zwischen zwei Vorgängen eine Anordnungsbeziehung (s. Teil B Abb. 45) platziert werden, die dann einen Zeitwert erhält. Dies bedeutet dann, dass zwischen dem Ende des Vorgangs 1 und dem Start des Vorgangs 2 eine Zeitspanne von (in Teil B Abb. 45) 7 Tagen zur Verfügung steht. Wenn diese Zeitspanne keinen technischen Grund hat (wie z. B. für das Abbinden von Beton), sondern bewusst von dem Ersteller des Netzplans für Pufferzwecke eingeplant wurde, ist diese Zeitspanne dann auch als solche nutzbar.

Da diese Anordnungsbeziehung im Netzplan fest verankert ist, wird sie auch bei jeder Änderung des Netzplans mitgenommen und bleibt dadurch immer erhalten.

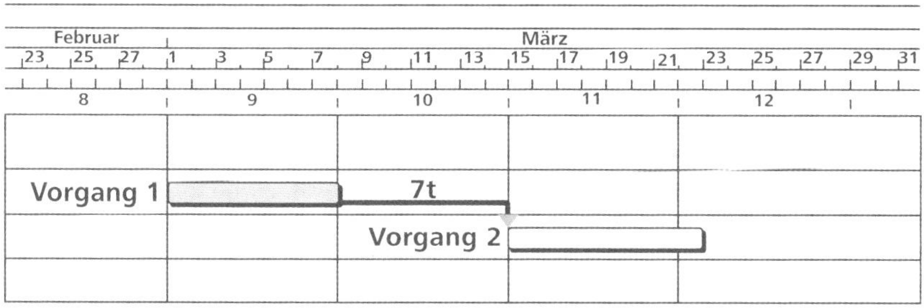

Abb. 45: Pufferzeit im Rahmen von Anordnungsbeziehungen

- Definition von Tätigkeitsvorgängen

Eine Pufferzeit in Form eines Vorganges **„Restarbeiten"** lässt sich relativ einfach in den Terminplan mit einbeziehen. So wird ein Tätigkeitsvorgang definiert und mit anderen Vorgängen verknüpft, sodass er auch bei einer Veränderung des Terminplans immer vorhanden bleibt.

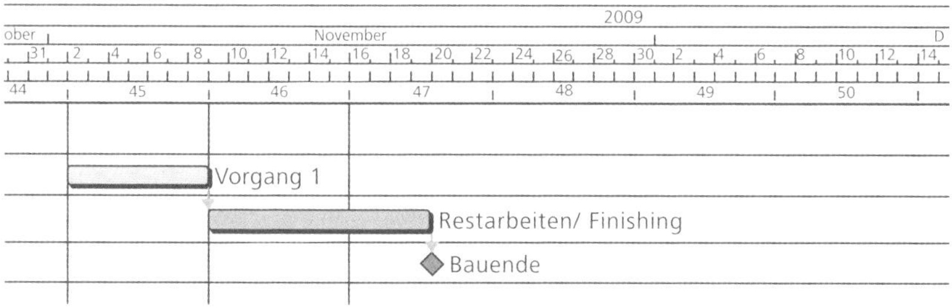

Abb. 46: Pufferzeiten als Restarbeiten

- Definition von **Meilensteinen**

Für das Vorsehen eines **zweckgebundenen** Puffers lassen sich am besten Meilensteine dergestalt in den Terminplan einfügen, dass der kritische Vorgang, wie z. B. der Einsatz eines Sonderkrans, unmittelbar an den Meilenstein angehängt wird. Dieser Meilenstein symbolisiert dann im Terminplan für jeden, dass zu diesem Zeitpunkt der kritische Vorgang erfolgen muss. Vor dem Meilenstein entsteht nun eine Pufferzeit zu dem letzten Vorgang. Diese Pufferzeit kann dann genutzt werden für den Fall, dass sich die davorliegenden Vorgänge verlängern oder verschieben, sodass auf jeden Fall sichergestellt wird, dass ab dem Meilenstein der kritische Vorgang durchgeführt werden kann.

Beispiel:

Für die Montage von sehr großen Stützen muss ein Sonderkran eingesetzt werden. Dieser ist jedoch nur zu bestimmten Zeiten verfügbar und muss lange vordisponiert werden. Für die vorangehenden Vorgänge für das Herstellen der entsprechenden Fundamente wird deshalb neben der normalen Vorgangsdauer noch ein zweckgebundener Puffer mit eingeplant, sodass der Meilenstein (Sonderkran aufstellen) erst 4 Wochen nach Ende des normalen Vorgangs „Fundamente herstellen" (Vorgang 1 in Teil B Abb. 47) eingeplant ist. Damit ist sichergestellt, dass der Kran dann auf jeden Fall gestellt werden kann, weil innerhalb dieser 4 Wochen eventuelle unvorhergesehene Zeitverzögerungen aufgeholt werden können. Insofern ist dann der Gesamtablauf unkritisch und der Endtermin sicher einhaltbar.

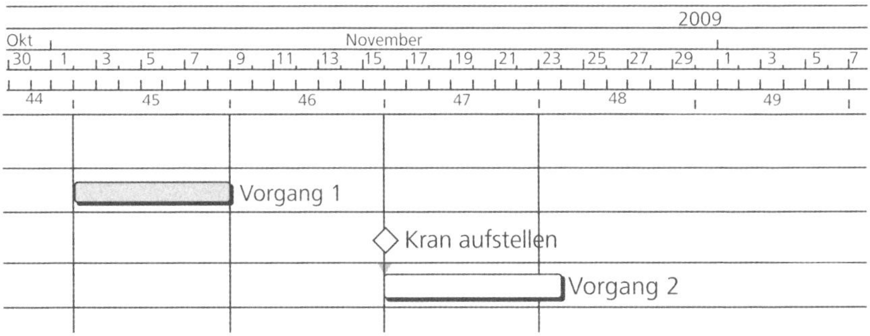

Abb. 47: Pufferzeiten in Folge Meilensteine

Dem Auftragnehmer ist aus baubetrieblicher Sicht dringend anzuraten, im Rahmen seiner Arbeitsvorbereitung bei der Bauablauferstellung feste Vorgänge oder Anordnungsbeziehungen für die Einbeziehung von Pufferzeiten einzuplanen. Hierbei hat er den Vorteil, dass diese fest eingeplanten Größen im Bauablaufplan verankert sind und damit bei jeder Überarbeitung des Plans in voller Größe erhalten bleiben. In der Praxis scheuen sich jedoch teilweise die Auftragnehmer, die Puffervorgänge explizit auszuweisen, weil sie die Sorge haben, dass ihnen diese Pufferzeiten genommen werden. Diese Sorge ist – zumindest bauvertraglich – unbegründet; hierbei ist jedoch zu bedenken, dass nicht fest eingeplante Pufferzeiten im Streitfall später nur sehr schwer nachweisbar sein werden und dies natürlich eine viel größere Gefahr für den Auftragnehmer birgt.

Entstehung von „ungeplanten" Pufferzeiten 130

Der Auftragnehmer kann im Rahmen der tatsächlichen Bauabwicklung durch entsprechende Maßnahmen Pufferzeiten sozusagen außerplanmäßig **erwirtschaften**, die ihm dann im Rahmen der weiteren Abwicklung als **Reservezeiten** zur Verfügung stehen. Diese „ungeplanten" Pufferzeiten können baubetrieblich folgende Entstehungsgründe haben:

- Ein Tätigkeitsvorgang wird durch besonders **gute Arbeitsleistungen schneller abgewickelt** als kalkuliert und geplant. Hierdurch erarbeitet sich der Auftragnehmer einen Zeitpuffer für z. B. die Fälle, bei denen er schlechter arbeitet als geplant und wo die Vorgänge länger dauern. Oftmals gibt es hier keine konkreten Maßnahmen, die der Unternehmer ergriffen hat, um schneller abzuwickeln, sondern vielmehr ist es womöglich tatsächlich nur auf eine gute Arbeitsleistung oder auf eine etwas üppige Kalkulation des geplanten Tätigkeitsvorgangs zurückzuführen.
- Durch die **parallele Abarbeitung** oder nachträgliche Umstellung verschiedener Arbeitsabschnitte kann eine Beschleunigung des Bauablaufs und dadurch einen ungeplanter Puffer entstehen. Hierbei hat der Auftragnehmer jedoch tatsächlich gegenüber seiner ursprünglichen Terminplanung eine Änderung dergestalt vorgenommen, dass er nicht – wie ursprünglich angedacht – Leistungen hintereinander, sondern parallel oder in der Reihenfolge anders abwickelt. Dies kann für ihn durchaus zweckmäßig sein, ist aber in den meisten Fällen mit entsprechenden Mehrkosten, z. B. für einen zweiten Schalungssatz usw., verbunden.
- Auch die nachträgliche **Änderung der Anordnungsbeziehungen** ohne explizite Umstellung des Bauablaufs kann dazu führen, dass entsprechende Zeitreserven entstehen. So kann es z. B. sein, dass der Auftragnehmer die Anordnungsbeziehung nach der Betonage eines Bauteils verkürzen kann, weil er gegebenenfalls eine geänderte Betonrezeptur gewählt hat, die ein früheres Ausschalen möglich macht. Insofern wird bei dieser Art von Änderung der Anordnungsbeziehungen oftmals eine Beschleunigungsmaßnahme ergriffen (wie z. B. das Ändern der Betonrezeptur), die entsprechende Mehrkosten verursacht. Gegebenenfalls kann es aber auch hier sein, dass die Einplanung einer Anordnungsbeziehung mit einer bestimmten Zeitdauer kalkulatorisch zu üppig war und es sich nun bei der Bauabwicklung herausstellt, dass auch eine kürzere Zeitspanne ausreichend ist.

Nutzung der Pufferzeiten durch den Auftragnehmer 131

Da sowohl die Pufferzeiten in Form von Puffervorgängen als auch in Form von Pufferanordnungsbeziehungen fest eingeplante Größen in einem Bauablaufplan sind, wirken sich diese bei jeder Überarbeitung des Plans aus. So bleiben selbstverständlich die Puffervorgänge in voller Länge erhalten, sodass der Auftragnehmer diese Pufferzeiten auch nach Überarbeitungen jederzeit weiter nutzen kann. Ähnliches gilt bei den Pufferzeiten in Form von Anordnungsbeziehungen, da diese bei der Überarbeitung eines Bauablaufplans nicht geändert werden. Dies hat für den Auftragnehmer die beabsichtigte Folge, dass er bei einer selbst verursachten Behinderung und daraus resultierenden Bauzeitverzögerung nun gegebenenfalls bei Einarbeitung dieses Störungszeitraums in seinen Bauablaufplan die Pufferzeiten aufbrauchen kann, sodass sich am Ende keine Verschiebung der Vertragstermine ergibt (Teil A Rdn. 411). Hierzu muss er lediglich in seinem Bauablaufplan den entsprechenden Puffervorgang auflösen bzw. die Pufferanordnungsbeziehungen zu Null setzen. Auf diese Art und Weise kann der Auftragnehmer also sehr gut seinen Bauablaufplan gestalten und gegebenenfalls steuernd so eingreifen, dass er die Erfüllung der Vertragstermine sicherstellen kann.

132 Was geschieht jedoch mit dem Puffer, wenn der Auftragnehmer ihn zunächst nicht benötigt?

Ein baubetrieblich richtig agierender Auftragnehmer plant die Pufferzeiten für Unvorhergesehenes, für vermutliche Störungen und für Witterungsstörungen stets so ein, dass er die Pufferzeiten nutzen könnte, sie aber nicht nutzen muss. Konkret bedeutet dies, dass er das Personal, Material und Geräte stets so zu disponieren hat, dass er bei Entfall der Notwendigkeit des Puffers sofort anschließend den Bauablauf mit dem nachfolgenden Vorgang fortführen kann.

▶ **Beispiel:**

Ein Auftragnehmer hat bei der Erstellung von Stahlbetonstützen einen Puffer in Form eines Puffervorgangs von 5 Tagen eingeplant. Tatsächlich erfolgen die Arbeiten für die Erstellung der Stahlbetonstützen jedoch planmäßig und der Vorgang wird pünktlich fertig. Der baubetrieblich richtig agierende Auftragnehmer hat nun die Deckenschalung jedoch so disponiert, dass er sie sofort anschließend einsetzen kann und nicht erst am Ende des im Terminplan enthaltenen Puffervorgangs. Er kann also unmittelbar nach Ende des Vorgangs „Stahlbetonstützen herstellen" sofort mit dem Vorgang „Schalung für die Decke herstellen" beginnen und muss nicht erst den Ablauf des Puffervorgangs abwarten.

133 Hierdurch entsteht die Situation, dass ein ungenutzter Puffer im Bauablauf erhalten bleibt, d. h. dass er dann immer bei den zukünftigen Bauarbeiten weiterhin zur Verfügung steht (er rollt weiter nach hinten). So kann der Auftragnehmer nun in dem oben dargestellten Beispiel den Puffer immer an den nächsten Vorgang anhängen und dann nutzen, wenn es zu einer selbst verschuldeten Verzögerung kommt. In der nachfolgenden Abb. 48 ist dargestellt, dass der Puffer nach Vorgang 1 eingeplant war. Da der Vorgang 1 jedoch pünktlich beendet werden konnte, wird der Puffer nun weiter nach hinten geschoben. Unmittelbar nach Vorgang 1 wird gleich der Vorgang 2 mit angeschlossen (siehe Variante a in Teil B Abb. 48). Dies setzt jedoch ausdrücklich voraus, dass der baubetrieblich richtig agierende Auftragnehmer seine Baustellendisposition so getroffen hat, dass dies auch technisch bezüglich Personaleinsatz, Schalung, Rüstzeug, Materialbestellung usw. möglich ist. Der Puffervorgang kann jetzt neu nach dem Vorgang 2 angehängt werden, um eventuell eine Nutzung bei einer Verzögerung des Vorgangs 2 zu erfahren.

Alternativ dazu können Puffer auch nur teilweise genutzt werden. Wie in der Teil B Abb. 48 unter der Variante b dargestellt, ist der Vorgang 1 nicht pünktlich fertig geworden, sondern mit der Verzögerung einer halben Woche, d. h. hier wurde ein Teil des Puffers aufgebraucht. Nach Ende des Vorgangs 1 kann sich aber dann der Vorgang 2 direkt anschließen, sodass die Differenz des Puffers zwischen dem aufgebrauchten und dem ursprünglich eingeplanten Puffer als Restpuffer wieder an den Vorgang 2 angehängt werden kann. Wie in der Variante b der Abb. 48 deutlich zu sehen ist, ist nun der Beginn des Vorgangs 3 sowohl in der Ursprungsversion als auch in der Version mit teilweisem Aufbrauchen des Puffers an der gleichen Stelle geblieben.

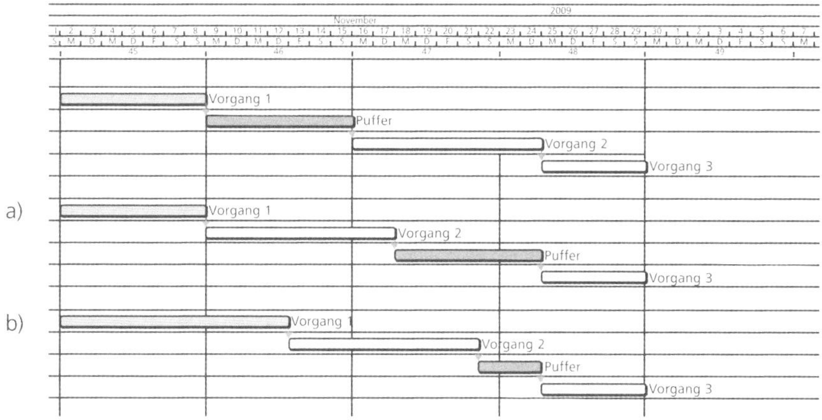

Abb. 48: Puffernutzung durch den Auftragnehmer

Im Rahmen seiner Dispositionsfreiheit kann der Auftragnehmer später den ungenutzten Puffer jederzeit für eigene Störungen entsprechend aufbrauchen, selbst wenn für diese Vorgangstätigkeit ursprünglich kein Puffer eingeplant war. Dieser Puffer hat sich ja dadurch ergeben, dass er ursprünglich in seiner geplanten Lage nicht aufgebraucht wurde und sich dann im Bauablauf immer weiter nach hinten rollen konnte. **134**

Der baubetrieblich richtig agierende Auftragnehmer wird im Rahmen der Gestaltung des Bauablaufs den kritischen Weg stets so wählen, dass für ihn das geringste Risiko der Bauzeitüberschreitung besteht. Insofern kann er auch hier Pufferzeiten bewusst einplanen und diese dann nutzen, wenn es notwendig wird.

135 Bei der weiteren Nutzung eines nicht verbrauchten Puffers im Rahmen der späteren Bauabwicklung gibt es jedoch eine **Ausnahme:** So ist oft der Sonderfall „zweckgebundener Puffer" anders zu beurteilen, da der Auftragnehmer die Pufferzeit nicht nach hinten verschieben kann, sondern sie ungenutzt verstreichen lassen muss. Dies begründet sich aus der Tatsache, dass z. B. bei Einplanung eines zweckgebundenen Puffers für den Einsatz eines Sonderkrans diese Pufferzeit nicht nach hinten geschoben werden kann, weil der Einsatz des Sonderkrans nicht vorgezogen und an das Ende des vorhergehenden Vorgangs unmittelbar angehängt werden kann. Dies resultiert daraus, dass dieser Sonderkran eben zeitlich gebunden und nicht flexibel im Einsatz ist, weil er eine sehr begehrte Ressource ist und fest bestellt werden muss (fester Meilenstein).

136 **Nutzung der Pufferzeiten durch den Auftraggeber**

Der Auftraggeber geht seinerseits oftmals davon aus, dass er seine vertraglichen Pflichten pünktlich erfüllen kann und plant daher im Rahmen des Vertragsabschlusses mit dem Auftragnehmer keine Pufferzeiten ein. Insofern interessiert ihn dann am Terminplan des Auftragnehmers auch nur, dass dieser sicherstellt, dass er den Vertrag erfüllen kann und die Bauleistung pünktlich gemäß Vertragstermin übergibt.

137 Was geschieht jedoch mit den Puffervorgängen oder Pufferanordnungsbeziehungen, wenn ein vom Auftraggeber verursachter Verzögerungszeitraum in den Terminplan eingearbeitet werden muss? Hier muss zunächst zur Darstellung des vom Auftraggeber verursachten Verzögerungszeitraums ein Verzögerungsvorgang in die Bauablauffolge integriert werden (genaue Vorgehensweise siehe Kap. 6). Bei Neuberechnung des Terminplans ergäbe sich dann im Weiteren der störungsmodifizierte Bauablaufplan unter Beibehaltung aller Pufferzeiten des Auftragnehmers. Allerdings ergibt sich spätestens beim Abgleich mit dem tatsächlichen Ablauf dann das veränderte Bild. Hierbei wird man nämlich feststellen, dass z. B. der nächste ungestörte Vorgang gar nicht später begonnen hat als geplant, weil sich die vom Auftraggeber verursachte Bauzeitverzögerung durch das tatsächliche Aufbrauchen der Pufferzeit egalisiert hat. (Annahme hierbei: Die vom Auftraggeber verursachte Bauzeitverzögerung ist gleich lang wie die eingeplante Pufferzeit.)

Somit ergibt sich zugunsten des Auftraggebers nun das Bild, dass trotz klarer vom Auftraggeber verursachter Bauzeitverzögerung der weitere Bauablauf vertragsgemäß beginnt, so wie es ursprünglich vorgesehen war. Geschehen nun keine weiteren Störungen und Behinderungen mehr, so gibt es auf Grund der vom Auftraggeber verursachten Bauablaufverzögerung keine Überschreitung des Endtermins.

In der Praxis bleibt es aber selten bei der einen, im v. g. Beispiel vom Auftrag- **138**
geber verursachten Bauzeitverzögerung, die durch die Pufferzeiten des Auftragnehmers kompensiert wurde. Vielmehr sind in der Folge weitere Behinderungen von unterschiedlichen Verursachern möglich. So könnte es sein, dass im weiteren Ablauf nun der Auftragnehmer eine selbst verursachte Bauzeitverzögerung erfährt und diese dann den Endtermin entsprechend verschiebt. Da der Auftraggeber die eingeplanten Pufferzeiten durch die von ihm verursachte Bauzeitverzögerung schon aufgebraucht hat, entstünde nun plötzlich die Situation, dass der Auftragnehmer an der Endterminüberschreitung schuld wäre und gegebenenfalls Vertragsstrafe zahlen müsste. Eine solche rechtliche Würdigung kann sicherlich nicht richtig sein, da der Auftragnehmer in seinem Terminplan entsprechende Vorsorge für selbst verschuldete Bauzeitverzögerungen in Form von Pufferzeiten getroffen hatte. Insofern geht die auftraggeberseitige Nutzung eines eingeplanten Puffers im Allgemeinen zulasten der Dispositionsfreiheit des Auftragnehmers, der dann nicht mehr so agieren kann, wie er es ursprünglich – ohne die Behinderung des Auftraggebers – gekonnt hätte. Deshalb bringt dies gegebenenfalls einen erheblichen Nachteil für den Auftragnehmer mit sich.

Gemäß Drittler sollen nicht verbrauchte Pufferzeiten stets dem Auftraggeber **139**
zugutekommen (Drittler, Nachträge und Nachtragsprüfung beim Bau- und Anlagenbauvertrag, 2010).

Auch Kniffka ist der Meinung, dass die Pufferzeiten vom Auftragnehmer im Rahmen seiner Schadensminderungspflicht als Ausgleich von auftraggeberseitigen Behinderungen einzusetzen seien (Kniffka, in: IBR-online-Kommentar, Stand: 26.05.2009, § 631 BGB, Rn. 674).

Diesen Meinungen ist sicherlich zunächst zu folgen, weil hier der Grundgedanke dahinter steht, dass der Auftragnehmer nicht nach einer Störung ohne Grund und ohne Anlass die Pufferzeiten für sich nutzt, wenn er dann völlig problemlos direkt anschließend an die Störung weiterarbeiten könnte. Dies heißt, der Auftragnehmer darf nicht im Rahmen einer bewussten Schädigung dem Auftraggeber die Nutzung der von ihm nicht in Anspruch zu nehmenden Pufferzeiten verweigern.

Aber auch nach Eschenbruch/von Rintelen (Bauablaufstörungen und Terminfortschreibung nach der VOB/B, NZBau 2010, Seite 408) ist diese vorläufige Inanspruchnahme der Pufferzeiten durch den Auftraggeber womöglich nicht endgültig. Vielmehr gibt es eine in der Literatur anerkannte Befugnis des Auftragnehmers, vertragliche Pufferzeiten, selbst wenn sie vorläufig vom Auftraggeber zur Kompensierung von Behinderungen genutzt wurden, zum Ausgleich eigener Fehler heranzuziehen.

140 Lediglich in den nachfolgenden 3 Ausnahmefällen geht die Nutzung von Pufferzeiten durch den Auftraggeber nicht terminlich zulasten des Auftragnehmers (s. auch Teil A Rdn. 411):

- Nutzung eines **zweckgebundenen Puffers:**
  Sollte bei einem zweckgebundenen Puffer, z. B. vor dem Einsatz eines Sonderkrans, der Unternehmer diesen Puffer nicht benötigen und fällt dann zufällig eine Störung und Verzögerung des Auftraggebers dort hinein, sodass der Puffer aufgebraucht wird, ergibt sich hieraus für den Terminplan des Auftragnehmers kein Nachteil und keine kausale Änderung. Der Auftragnehmer kann dann nicht argumentieren, dass er ohne die Behinderung des Auftraggebers früher mit dem nachfolgenden Vorgang begonnen hätte, da es sich hierbei um einen zweckgebundenen Puffer mit einem fest vereinbarten Termin, z. B. für den Einsatz eines Sonderkrans, handelt.
- Lässt ein Auftragnehmer einen **unnötigen Puffer** seinerseits **verfallen**, indem er den nachfolgenden Vorgang nicht entsprechend vorzieht, so kann die Nutzung dieser Pufferzeit durch den Auftraggeber keinen Nachteil für ihn bedeuten. Dies wäre immer dann der Fall, wenn der Auftragnehmer wegen eines **Dispositionsfehlers** einen unnötigen Puffer nicht weiter erhalten kann, indem er mit dem nächsten Vorgang entsprechend früher beginnt (weil er z. B. fehlerhaft Material, Personal und Schalung zu spät disponiert hat). Dadurch lässt sich dieser Puffer dann auch nicht nach hinten rollen, sondern er würde verfallen. Insofern wäre dann die Nutzung eines solchen Puffers durch den Auftraggeber ebenfalls nicht kausal für den weiteren Bauablauf des Auftragnehmers.
- Sollte ein Puffer am **Ende der Bauzeit** beim letzten Vorgang noch ungenutzt sein, so stellt es bezüglich des Vertragsterminplans keinen Nachteil dar, wenn dieser Puffer dann durch den Auftraggeber genutzt werden sollte. Allerdings muss man sich hier, was später noch erfolgt, kritisch mit den entsprechenden Mehrkosten auseinandersetzen.

141 Da die geschilderten 3 Ausnahmefälle in der Praxis sicherlich eindeutig zu erkennen sind, ist an eine beweiskräftige Dokumentation der Umstände im Rahmen des Aufbrauchens eines Puffers eine hohe Anforderung zu stellen. So sollte aus baubetrieblicher Sicht der Auftragnehmer stets dokumentieren können, dass er seine Leistungsbereitschaft bzw. seine Leistungsmöglichkeiten hätte nutzen können, wenn es nicht zur Behinderung durch den Auftraggeber gekommen wäre. Dies bedeutet, dass er aufzeigen können muss, dass er die nicht genutzte Pufferzeit durch Vorziehen des nächsten Vorgangs ent-

sprechend erhalten hätte, um sie nach hinten zu schieben. Wie tiefgreifend eine solche Dokumentation sein muss, ist später noch näher zu diskutieren.

Gegebenenfalls ist auch dem Auftraggeber zu empfehlen, eine beweiskräftige Dokumentation der Umstände erstellen zu lassen, um später aufzeigen zu können, dass ein Auftragnehmer zu dem Zeitpunkt der Nutzung des Puffers durch ihn gar nicht leistungsbereit war.

Eine gute baubetriebliche, beweiskräftige Dokumentation sollte folgende Elemente enthalten: 142

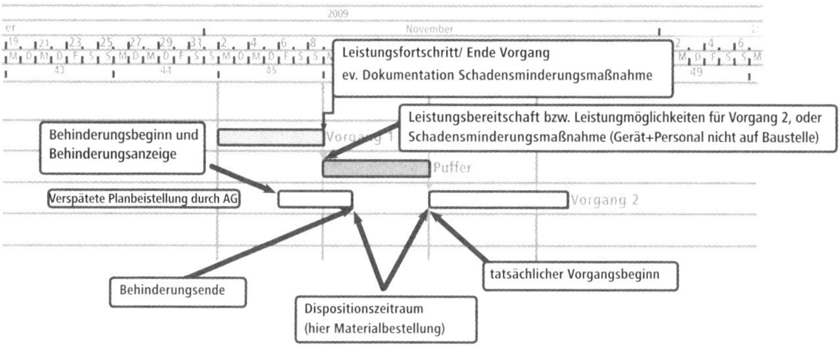

Abb. 49: Inhalte einer vorgangsbezogenen Dokumentation

So muss der Auftragnehmer den Leistungsfortschritt bzw. das Ende des Vorgangs 1 entsprechend festhalten bzw. Schadensminderungsmaßnahmen hierzu dokumentieren. Daneben sollte er anschließend aufzeigen können, dass er leistungsbereit war bzw. die Leistungsmöglichkeiten für den Vorgang 2 gegeben waren oder zumindest welche Schadensminderungsmaßnahmen er hier getroffen hat (z. B. Geräte und Personal gar nicht erst auf die Baustelle geholt). Zusätzlich sind die üblichen Behinderungsdokumentationen in Form von Behinderungsbeginn und Behinderungsanzeige, Behinderungsende, tatsächlichem Vorgangsbeginn für den Vorgang 2 und Dispositionszeitraum zwischen Behinderungsende und tatsächlichem Vorgangsbeginn festzuhalten und nachzuweisen.

Durch diesen Nachweis der Leistungsbereitschaft im Rahmen der oben aufgezeigten Dokumentation des Auftragnehmers ist sicherlich im ausreichenden Maße der Kausalitätsnachweis erbracht, den Roquette/Viering/Leupertz im Handbuch Bauzeit (Rn. 656) fordern. Im Klartext: Weist der Auftragnehmer geeignet nach, dass er leistungsbereit war, so hätte er (beim gedanklichen Ignorieren der Behinderung durch den Auftraggeber) den nächsten Vorgang vorziehen und den von ihm eingeplanten Puffer zu einem späteren Zeitpunkt nutzen können.

143 Das Stichwort „Schadensminderungsmaßnahmen" soll hierbei noch einmal ein bestimmtes baubetriebliches Dilemma bei der Dokumentation für den Auftragnehmer aufzeigen. So soll er nach Ende des Vorgangs 1 seine Leistungsbereitschaft bzw. seine Leistungsmöglichkeit für den Vorgang 2 aufzeigen. Gleichzeitig weiß der Auftragnehmer jedoch, dass er auf Grund der Behinderung durch den Auftraggeber noch gar nicht tatsächlich leisten kann. Insofern müsste er nun entscheiden, ob er Kosten zusätzlich produzieren darf, nur um seiner Dokumentationspflicht nachzukommen.

▸ Folgendes **Beispiel** soll das verdeutlichen:

Ein Auftragnehmer hat nach dem Vorgang „Stützen herstellen" den Vorgang „Schalung für die Decke erstellen" eingeplant. Dazwischen ist ein zeitlicher Puffer angeordnet, um eventuelle unvorhersehbare Schwierigkeiten beim Herstellen der Stützen zu kompensieren. Tatsächlich ist der Vorgang Stützen herstellen jedoch planmäßig beendet, aber auf Grund einer auftraggeberseitigen Behinderung (Fehlen der Ausführungspläne) kann mit dem Herstellen der Schalung für die Decke noch nicht begonnen werden. Der baubetrieblich richtig agierende Auftragnehmer müsste nun nachweisen, dass er zu diesem Zeitpunkt aber leistungsbereit war, die Schalung der Decke herzustellen. Tatsächlich weiß er aber, dass sich dieser Vorgang entsprechend verzögern wird. Er stellt sich dann die Frage, ob er nun die Schalung auf die Baustelle holen muss, um sie dort ungenutzt stehen zu lassen, sodass dadurch zusätzliche Kosten produziert werden. Gegebenenfalls könnte er sie noch beim Vermieter stehen lassen, ohne dass dieser sie berechnen würde. Sicherlich würde für diesen Fall dann ein Vorwurf des Verstoßes gegen die Schadensminderungspflicht erhoben, da er ja genau wusste, dass die Schalung nicht gebraucht wird, sie aber trotzdem auf die Baustelle transportieren ließ. Dieses Dilemma zeigt sicherlich, dass hier ein entsprechender Kooperationsbedarf zwischen dem Auftragnehmer und dem Auftraggeber in der Form existiert, dass man hier Einvernehmen über die Dokumentation der Tatsachen schaffen müsste.

144 **Folge eines auftraggeberseitigen Verbrauchs einer Pufferzeit**

Wie bereits beschrieben, verursacht die Nutzung eines Puffers durch den Auftraggeber beim Auftragnehmer immer einen entsprechenden Nachteil (bis auf die oben geschilderten drei Ausnahmefälle). Oft wird jedoch argumentiert, dass die Nutzung der Pufferzeiten durch den Auftraggeber für den Auftragnehmer keinen Nachteil hätte, wenn der Auftragnehmer seinerseits keinerlei Verzögerungen selbst verschuldet hat und somit durch die Nutzung der Pufferzeiten durch den Auftraggeber keine echte Bauzeitverlängerung entsteht.

▸ Folgendes **Beispiel** soll diese Sachverhalte aufzeigen:

Die Bauvertragsparteien haben einen Bauvertrag mit einer Bauzeit von 12 Monaten geschlossen. Der Auftragnehmer hat im Rahmen seiner Terminplanung einen Bauablaufplan erstellt, der in Summe 2 Monate Pufferzeiten enthielt. Insofern hat der baubetrieblich richtig agierende Auftragnehmer hier Vorsorge getroffen, dass, für den Fall von selbst verschuldeten Störungen und Behinderungen, der Vertragstermin trotzdem noch erfüllt werden kann. Im vorliegenden Fall sind aber für den Auftragnehmer glücklicherweise keinerlei selbst verschuldeten Störungen und Behinderungen entstanden. Allerdings hat der Auftraggeber durch Planlieferverzögerungen oder verspätete Entscheidungen Behinderungen und Störungen verursacht, die einen zeitlichen Umfang von exakt 2 Monaten ausmachen. Wie dieses einfache Beispiel zeigt, gibt es im vorliegenden Fall keinerlei Bauzeitüberschreitung, d. h. der Vertragstermin wurde eingehalten.

Es stellt sich nun die Frage, ob beim Auftragnehmer „betriebswirtschaftliche Schäden/Mehrkosten" entstanden sind, die der Auftraggeber zu ersetzen hat. **145**

Wenn eine Behinderung des Auftraggebers durch die Ausnutzung eines auftragnehmerseitigen Puffers so kompensiert werden konnte, dass es nicht zu einer Bauzeitverlängerung gekommen ist, so kann dies trotzdem Zahlungsansprüche des Auftragnehmers nach sich ziehen (Teil A Rdn. 613 ff.). Solche Zahlungsansprüche können sich in Form von Schadensersatzansprüchen oder auch Ansprüchen aus § 642 BGB bzw. § 2 Abs. 5 VOB/B dann einstellen, wenn höhere zeitabhängige Kosten angefallen sind, auch wenn die Gesamtbauzeit eingehalten wurde (siehe hierzu Kapellmann/Schiffers, Vergütung Nachträge und Behinderungsfolgen beim Bauvertrag, Band 1: Einheitspreisvertrag, 5. Aufl. 2006, Rn. 1484 ff, oder Roquette/Viering/Leupertz, Handbuch Bauzeit, 2010, Rn. 648).

Dies soll nachfolgend in zwei Varianten untersucht werden: **146**

- Im Sinne von Schadensersatz nach § 6 Abs. 6 VOB/B

Beim Schadensersatz nach § 6 Abs. 6 VOB/B wird ein Vergleich der beiden Vermögenslagen vor und nach der Behinderung gefordert. Die Vermögenslage vor der Behinderung resultiert aus einer Bauzeit von 10 Monaten (12 Monate Vertragsbauzeit minus 2 Monate nicht genutzter Pufferzeiten des Auftragnehmers). Die Vermögenslage nach der Behinderung ist aber unstreitig der tatsächliche Bauablauf, der auf Grund der Störungen und Verzögerungen des Auftraggebers 12 Monate gedauert hat.

Im Sinne eines Schadensersatzes gemäß § 6 Abs. 6 VOB/B wären nun gegebenenfalls zeitvariable Baustellengemeinkosten für 2 Monate Bauzeitverlängerung gegenüber der Vermögenslage vor der Behinderung zu berechnen.

- Im Sinne von Entschädigung nach § 642 BGB

Die Kalkulationsgrundlage für die Erstellung des Angebotspreises war 12 Monate Bauzeit. Dies wurde auch unstreitig vom Auftragnehmer so kalkuliert. Tatsächlich wurden auch nur 12 Monate Bauzeit benötigt, sodass es zu keiner über die Kalkulationsgrundlage hinausgehender Bauzeitverlängerung gekommen ist.

Gemäß der oben dargestellten Quellen hätte er zwar keine Bauzeitverzögerung erlitten, aber trotzdem Anspruch auf Mehrkosten.

147 Aufbau und Gestaltung eines Zeit-/Pufferkontos

Der oben geschilderte Fall mit einer vom Auftraggeber und einer vom Auftragnehmer verursachten Verzögerung und dem Aufbrauchen einer Pufferzeit lässt sich sicherlich gedanklich noch recht einfach lösen. Leider kommen solche Praxisbeispiele nur in Büchern vor und nicht in der Realität. Deshalb muss man sich darauf einrichten, in einem konkreten Praxisfall sehr viele vom Auftraggeber und Auftragnehmer verursachte Bauzeitverzögerungen sowie eine Vielzahl von Puffervorgängen bzw. Pufferzeiten zu bewältigen.

148 Deshalb muss ein praktisches Instrument geschaffen werden, um den Verbrauch der Pufferzeiten zu betrachten und zu dokumentieren. Dieses Instrument muss gewährleisten, dass sowohl die unterschiedlichen Nutzer der Pufferzeiten (also Auftraggeber oder Auftragnehmer) als auch der tatsächliche Verbrauch von Pufferzeit dokumentierbar ist. Daneben muss es auch möglich sein festzustellen, ob ein Puffervorgang auf Grund des Nichtverbrauchens durch den Auftragnehmer z. B. im Terminplan weiter nach hinten gerollt ist oder ob er im Rahmen anderer Tätigkeiten ganz oder teilweise aufgebraucht wurde.

Insofern war es naheliegend, für dieses Instrument der Verwaltung der Pufferzeiten eine Anleihe im Bankenwesen zu machen und hier ein sogenanntes Zeit-/Pufferkonto, ähnlich einem Bankkonto, einzuführen. Allerdings muss dieses Zeit-/Pufferkonto an die verschiedenen Randbedingungen der Terminplanung und der möglichen Ausgestaltung von Puffervorgängen bzw. Pufferabhängigkeitsbeziehungen angepasst werden.

149 Insofern bezeichnen Eschenbruch/von Rintelen (Bauablaufstörungen und Terminfortschreibung nach der VOB/B, NZBau, 7/2010, Seite 401 ff.) das hier vorgeschlagene Pufferkonto (als Zeitkonto) und den damit zugrunde liegenden Gedanken der Wiederbelebung von durch den Auftraggeber verbrauchten Pufferzeiten im Grundsatz als rechtlich zutreffend. Allerdings ist eine solche

Wiederbelebung sicherlich nicht rein mathematisch vorzunehmen, sondern nach erfolgter baubetrieblicher Bewertung. So muss eine Pufferzeit, die wiederbelebt werden soll, natürlich immer auf dem gleichen Terminplanast des Netzplans liegen, da ein Puffer in einem anderen Bauteil keinerlei Wirkung auf den Terminablauf eines gestörten Bauteils hat. Daneben darf der Puffer auch nicht ein zweckgebundener Puffer sein, der automatisch verfällt, wenn er nicht benötigt wird. Die dritte Voraussetzung wäre, dass der Auftragnehmer nachweisen kann, dass er leistungsbereit war und somit den Puffer hätte nicht nutzen müssen, sondern nach hinten weiter verschieben können, sodass er ihn auch zu einem späteren Zeitpunkt wieder nutzen kann.

Kommt es nun bei der chronologischen Einarbeitung von vom Auftraggeber verursachten Bauzeitverzögerungen zu dem Fall, dass hierdurch eine Pufferzeit des Auftragnehmers aufgebraucht wird, so könnte diese Pufferzeit auf dem Zeit-/Pufferkonto als Zeitraum gutgeschrieben werden. 150

Ergibt es sich nun zu einem späteren Zeitpunkt, dass eine Behinderung vom Auftragnehmer selbst verursacht wird, so kann er bei Einarbeitung des Verzögerungszeitraums die Gutschrift aus seinem Zeit-/Pufferkonto ansetzen, um die Verzögerungszeit zu reduzieren oder sogar ganz zu kompensieren. Durch diesen Vorgang wandelt sich sozusagen die vom Auftraggeber zuvor aufgebrauchte Pufferzeit wieder in die ursprüngliche Auftragnehmer-Pufferzeit um, sodass die Verzögerung des Auftraggebers nun wieder relevant und voll wirksam wird.

Auch dies geschieht wieder unter Berücksichtigung des von Thode (vgl. Teil B Rdn. 156 ff.) geforderten hypothetisch ungestörten tatsächlichen Bauablaufes, denn es wird bei dieser Überlegung so getan, als ob es nur vom Auftragnehmer verursachte Behinderungen und Bauzeitverzögerungen gibt, die dieser durch seine eingeplanten Puffer jedoch ganz oder teilweise kompensieren kann.

Es muss jedoch bei der Betrachtung von Bauzeitverzögerungen am Terminplan für den Aufbau und die Gestaltung eines Pufferkontos Folgendes beachtet werden: 151

a) Da ein Bauablaufplan aus verschiedenen Bauablaufzweigen (Netzplanzweigen) bestehen kann, muss für jeden parallel durchgeführten **Bauablaufzweig** ein separates Zeit-/Pufferkonto geführt werden. Dies ist deshalb notwendig, weil die unverbrauchte Pufferzeit in einem Bauablaufzweig nicht in einem anderen Bauablaufzweig Nutzung finden kann.
b) Daneben müssen die eingeplanten Pufferzeiten exakt **benannt** werden, z. B. durch Angabe fester Vorgänge, Angabe von Verlängerungen von Vorgängen, Meilensteinen oder Anordnungsbeziehungen.

c) Die **neu geschaffenen** Pufferzeiten durch ungeplante, tatsächlich schnellere Bauabwicklung sind gegebenenfalls neu zum Zeitpunkt ihres Entstehens in ein Pufferkonto aufzunehmen.

d) Nach der Bearbeitung jeder einzelnen Bauablaufstörung (BAST) und der Untersuchung, ob der Auftragnehmer den Puffer ungenutzt verstreichen ließ oder leistungsbereit war, ist ein **Abgleich des Zeit-/Pufferkontos** vorzunehmen. Stellt es sich hierbei heraus, dass der Auftraggeber für seine Störungen und Behinderungen den Puffer nutzen musste, so ist dieser Puffer dann dem Auftragnehmer für die weitere Nutzung gutzuschreiben.

e) Alle **auftraggeber- und auftragnehmerseitigen** Behinderungszeiträume, die zur Nutzung von Pufferzeiten geführt haben, sind im Zeit-/Pufferkonto aufzuführen und die tatsächliche Nutzung der Pufferzeit (ob ganz oder teilweise) darzustellen.

f) So kann nach jeder Beurteilung einer Bauablaufstörung das Zeit-/Pufferkonto mit Zubuchungen bzw. Abbuchungen für den Auftragnehmer durchgeführt werden. Zubuchungen gibt es immer dann, wenn der Auftraggeber eine entsprechende Pufferzeit für seine Zwecke nutzen muss und diese dann für den Auftragnehmer verloren ging. Zu Abbuchungen kommt es logischerweise dann, wenn der Auftragnehmer seinerseits eine Störung verursacht hat und nun zum Ausgleich eine seiner ursprünglich eingeplanten Pufferzeiten einzusetzen ist.

152 Die nachfolgende beispielhafte Darstellung eines Zeit-/Pufferkontos soll die Vorgehensweise im Detail zeigen. Ein Zeit-/Pufferkonto könnte so gegliedert werden, dass in einem ersten Teil der vorhandene ursprüngliche Bauablaufplan (gegebenenfalls als Vertragsterminplan) ausgewertet wird. Hierzu ist die Beschreibung/die Benennung des Vorgangs (z. B. Puffer Stahlbeton), der Terminplanzweig und der Puffertyp in den ersten Spalten anzugeben. Anschließend wird die Darstellung im Terminplan (ob als Vorgang oder Anordnungsbeziehung oder Meilenstein), der Vorgänger, der Wert (in Arbeitstagen) und der Nachfolger in den Spalten angegeben. Die Spalte „Status" soll zeigen, ob denn nun ein Puffervorgang weiter nach hinten rollt, teilweise vom Auftragnehmer oder Auftraggeber genutzt wird oder unberührt bleibt. Dementsprechend erfolgen dann Gutschriften für das Konto des Auftragnehmers oder Auszahlungen. Wie bereits erläutert, ist diese Vorgehensweise sowohl für die im ursprünglichen Bauablaufplan eingeplanten Pufferzeiten als auch für eventuell neu geschaffene Puffer vorzunehmen.

Pufferkonto

Datum: xx.yy.zzzz oder
Stand: nach BAST 6

Lfd. Nr.	Beschreibung/ Name	TP-zweig	Puffertyp	Darstellung im TP	Vor-gänger	Wert (AT)	Nach-folger	Status	Gutschrift (AT)	Auszahlung (AT)	Saldo (AT)	Bemerkung
SOLL 1	Puffer Stahlbeton	I	FP	Vorgang	I.12	20	I.16	rollt weiter				
SOLL 2	Puffer Abdichtung	II	FPW	AOB	II.5	15	II.6	teilweise von AN genutzt	15	10	5	
SOLL 3	Puffer Kraneinsatz	III	ZP (zweckgeb. Puffer)	MS	III.4	10	III.5	unberührt	/	/	/	
SOLL 4	Puffer Mauerarbeiten	III	FP	AOB	III.8	20	III.12	ganz von AN genutzt	20	20	0	
SOLL 5	Restarbeiten	II	RA	Vorgang	II.30	30	II.31	von AG genutzt	20		20	
Neu geschaffene Puffer:												
Neu 6	Stahlbeton KG	II	FP	Diff. SOLL'-IST	II.3	10	II.4	Neu	10			
Neu 7	Fassadenarbeiten	III	FP	Diff. SOLL'-IST	III.18	5	III.19	Neu	5			

Abb. 50: Zeit-/Pufferkonto

4.5 Untersuchung der vom Auftragnehmer selbst verursachten Störungen/Behinderungen

Oftmals beinhalten die Ausarbeitungen der Auftragnehmer zum Nachweis 153
der Bauzeitverzögerungen die vermeintlichen Störungen/Behinderungen, die durch den Auftraggeber verursacht sein sollen, und den lapidaren Hinweis, dass es selbstverschuldete Störungen nicht gebe. Im Extremfall wird sogar darauf hingewiesen, dass der letzte Ausführungsplan erst zum Zeitpunkt X verspätet auf der Baustelle eingetroffen sei, dass man deshalb gar nicht früher fertig werden konnte und dass damit alle Bauzeitverzögerungen bis dahin vom Auftraggeber zu vertreten seien.

Bei solchen vereinfachten Betrachtungen wird jedoch außer Acht gelassen, was im Kap. 4.3 Doppelkausalitäten/überholende Kausalitäten ausführlich beschrieben wurde. Die Beurteilung, ob eine Bauzeitverzögerung nur von einer Partei alleine zu vertreten ist oder ob beiderseitige Verschuldensanteile vorliegen, muss in jedem Einzelfall unter Würdigung der tatsächlichen Einzelumstände vorgenommen werden.

Dies hat auch das OLG Köln in einem neueren Urt. v. 28.01.2014 (siehe ibr-online: OLG Köln, 28.01.2014 – 24 U 199/12) deutlich so formuliert. So müssen bei der Berechnung eines Anspruchs wegen Bauzeitverzögerung vom Auftragnehmer selbst verursachte Verzögerungen ebenso berücksichtigt werden (so auch: OLG Hamm, BauR 2013, 956 ff.) wie die Erteilung von Nachträgen

(KG, BauR 2012, 951 ff.), ansonsten sei eine Berechnung unschlüssig (s. auch Teil A Rdn. 725, 804).

So wird in diesem Urteil auch darauf hingewiesen, dass es bei mehreren von den Parteien in unterschiedlicher Weise zu vertretenden Behinderungen, die sich zeitlich überschneiden, auf Grund einer fehlenden Leistungsbereitschaft oder Leistungsfähigkeit des Auftragnehmers nicht zu einem Annahmeverzug (nach § 642 BGB) des Auftraggebers kommt.

Zur konsequenten Umsetzung dieser oberlandesgerichtlichen Forderungen ist es deshalb absolut notwendig, den tatsächlichen Bauablauf chronologisch vom Baubeginn bis zur Fertigstellung baubetrieblich zu untersuchen und die tatsächlich entstandenen Störungen/Behinderungen sachgerecht zu würdigen. Ein Verfahren für eine solche baubetriebliche Untersuchung wird in Kap. 6 ausführlich dargestellt.

154 So zeigen viele konkrete Praxisfälle aus Sicht des Auftraggebers oftmals eine vielschichtige Problematik:

Einerseits gab es womöglich tatsächlich Probleme im Rahmen der vom Auftraggeber geschuldeten Ausführungsplanung, insbesondere bei Umbaumaßnahmen im Bestand, mit entsprechenden Auswirkungen auf den Bauablauf. Andererseits bestand aber auch gleichzeitig keine ausreichende Leistungsbereitschaft oder Leistungsfähigkeit des Auftragnehmers, z. B. wegen fehlender Bindung eines Nachunternehmers, wegen Bauverfahrensproblemen, wegen fehlendem Material usw.

Untersucht man solche gestörten Bauabläufe systematisch und chronologisch, dann stellt sich womöglich die Frage, warum eine kleine vom Auftraggeber verursachte Störung eine große bauzeitliche Wirkung haben soll.

▶ **Praxisbeispiel:**

Im Rahmen einer Bestandssanierung eines Bürogebäudes sollte der Altbau entkernt werden. Diese Leistungen des nichtkonstruktiven Abbruchs waren im Vertragsterminplan mit 4 Wochen Ausführungszeit vom Auftragnehmer vorgesehen. Im Rahmen der Ausführung dieser Leistungen entdeckte man nach 6 Wochen einen Schacht, der mit Asbest belastet war. Sofort nach Entdeckung dieser Kontamination wurde der Schacht innerhalb kurzer Zeit luftdicht verkleidet und die Arbeiten am nichtkonstruktiven Abbruch weitergeführt. Nach weiteren 4 Wochen, in denen die Arbeiten weitergeführt wurden, war die Planung und Genehmigung für die Asbestsanierung abgeschlossen und der Schacht wurde **innerhalb eines** Arbeitstages asbestsaniert. Der Auftragnehmer hat dann später im Rahmen seiner Forderungsbegründung diese Asbestsanierung terminlich akribisch aufgezeigt und eine Bauzeitverzögerung zulasten des Auftraggebers von

Beginn der nichtkonstruktiven Abbrucharbeiten bis zum tatsächlichen Tag der Asbestsanierung begründen wollen.

Betrachtet man den Fall aber neutral und objektiv (wie ein Gerichtsgutachter), so muss man sich die Frage stellen, warum die ansonsten ungestörten Arbeiten am nichtkonstruktiven Abbruch in Summe mehr als 10 Wochen gedauert haben, obwohl sie ursprünglich nur für 4 Wochen geplant waren. Mit dem einen Arbeitstag für die Asbestsanierung lässt sich dies jedenfalls nicht begründen. Der Auftragnehmer hat hier auch nicht zur Schadensminderung die Kapazitäten verringert, da der Störungsherd ja abgeschottet war und alle anderen Leistungen ungestört weiterlaufen konnten. Allerdings stellte sich bei der Auswertung der Baubesprechungsprotokolle heraus, dass dort dokumentiert war, dass durch Probleme mit dem Nachunternehmer dieser Leistungen die Baustelle lange unterbesetzt war und die Leistungen nicht wie geplant durchgeführt wurden.

Insofern lagen hier also „Eigenversäumnisse" des Auftragnehmers vor, die gegen eine alleinige Störung durch den Auftraggeber sprechen und im Rahmen einer vollständigen und objektiven Nachweisführung berücksichtigt werden müssen.

Gemäß der o. g. oberlandesgerichtlichen Rechtsprechung sind solche Störungsanteile des Auftragnehmers jetzt mit in die bauablaufbezogene Darstellung aufzunehmen, d. h. neben den vom Auftraggeber verursachten Bauablaufstörungen (abgekürzt mit BAST) sind auch die vom Auftragnehmer verursachten „Eigenversäumnisse" (Auftragnehmerstörungen, abgekürzt mit ANST) mit aufzunehmen und einzuarbeiten. Wie dies genau zu erfolgen hat, wird ausführlich in Kap. 6 im Rahmen der Darstellung des 9-stufigen Nachweisverfahrens aufgezeigt.

Wie oben im Kap. 4.3 Doppelkausalität/überholende Kausalität ausführlich erläutert, bedarf es hier als Voraussetzung für die getrennte Einarbeitung der BAST und der ANST in den störungsmodifizierten Bauablaufplan zunächst einer baubetriebliche Analyse und Zerlegung der technischen Sachverhalte und anschließend einer rechtlichen Zuordnung der einzelnen Verzögerungsanteile zu den jeweiligen Verursachern, damit ggf. die Anteile entweder echt getrennt oder wegen vorhandener Doppelkausalität quotal gesplittet eingearbeitet werden können.

Wird diese Vorgehensweise konsequent über den tatsächlichen Bauablauf hinweg durchgeführt, dann müsste der komplette tatsächliche Bauablauf chronologisch zeitlich vollständig erklärbar sein.

Praxistipp:

Das 9-stufige Verfahren (Details siehe Kap. 6) hilft hier durch eine systematische Abarbeitung, weil man durch den IST-Abgleich in Stufe 8 feststellt, dass die Einarbeitung einer BAST nicht die Länge der tatsächlichen Bauzeitverzögerung erklärt. Man muss dann weiter nachforschen, ob ggf. zusätzliche Behinderungsursachen und Störungsanteile, unabhängig von welchem Verursacher, feststellbar und begründbar sind. Diese sind dann wieder in den letzten störungsmodifizierten Bauablauf einzupflegen und im IST-Abgleich zu prüfen, ob nun störungsmodifizierter und tatsächlicher Bauablauf deckungsgleich sind. Dies ist unter Umständen so lange durchzuführen, bis die Deckungsgleichheit erreicht ist und somit der tatsächliche bisherige Bauablauf vollständig erklärbar ist. Insofern ist hier ggf. eine iterative Vorgehensweise zwingend erforderlich.

Hat man nun den kompletten tatsächlichen Bauablauf durch gemeinsame Berücksichtigung aller auftragnehmer- und auftraggeberseitigen Störungs- und Behinderungsanteile (alle ANST und alle BAST) rekonstruiert, dann müssten im nächsten Schritt die jeweiligen Verschuldensanteile getrennt ermittelt werden. Dies geschieht nun in der Weise, dass die festgestellten einzelnen Störungsanteile von AG und AN jeweils in zwei getrennte störungsmodifizierte Bauablaufpläne eingepflegt werden. Hierbei bedient man sich der Hypothese, dass es entweder nur auftraggeberseitige (BAST-modifizierter Bauablauf) oder nur auftragnehmerseitige Störungen und Behinderungen (ANST-modifizierter Bauablauf) gab. Es entstehen also rein hypothetisch gestörte theoretische störungsmodifizierte Bauabläufe, für die kein IST-Abgleich vorgenommen werden kann. Die hypothetische Gesamtverzögerungszeit als Summe dieser beiden getrennten störungsmodifizierten Bauablaufpläne ist dann nicht identisch mit der gesamten tatsächlichen Bauzeitverzögerung, weil sich die Einzelstörungen im tatsächlichen Bauablauf teilweise überlagert haben bzw. andere Wirkungen zeigten.

Praxisbeispiel:

Die tatsächliche Gesamtverzögerung eines gestörten Bauablaufs betrug nach chronologischer Einarbeitung aller Störungsanteile beider Verursacher nach dem 9-stufigen Nachweisverfahren insgesamt 12 Monate. Erstellt man nun die hypothetischen störungsmodifizierten Bauablaufpläne je Verursacher, so ergibt sich z. B. ein auftraggeberseitig zu vertretender BAST-Störungsplan mit einer Bauzeitverzögerung von 8 Monaten und der auftragnehmerseitig zu vertretende ANST-Störungsplan mit einer Bauzeitverzögerung von 7 Monaten.

Baubetrieblich ergäbe sich hier also ein quotales Verursachungsverhältnis von 8/15 für den AG und 7/15 für den AN an der tatsächlichen Bauzeitverzögerung.

5 Neuere Vorgehensweisen zur Nachweisführung bei Bauablaufstörungen

155 Die Rechtsprechungen des BGH der letzten Jahre zum Nachweis einer Bauzeitverzögerung haben deutlich aufgezeigt, dass die Anforderungen an die Nachweisführung stetig gesteigert werden und der tatsächliche Bauablauf immer stärker in den Mittelpunkt der Betrachtungen gerückt wird.

Prof. Thode, ehemaliger Richter am Bundesgerichtshof, hat in einem umfangreichen Beitrag (ZfBR 3/2004, 214–225) nähere Erläuterungen zu den rechtlichen Anforderungen an Nachträge hinsichtlich eines gestörten Bauablaufs beim VOB/B-Vertrag gegeben. So wird von ihm gefordert:

„der tatsächliche ... Bauablauf bis zur Behinderung und die Folgen der Behinderung an Hand eines Vergleiches des hypothetisch ungestörten tatsächlichen Bauablaufes mit dem gestörten tatsächlichen Bauablauf verglichen werden."

5.1 Vorgehensweise nach Thode

156 Den Ausführungen von Thode ist zu entnehmen, dass der geplante Bauablauf (Soll-Bauablauf) zunächst von untergeordneter Bedeutung ist. Es wird vielmehr der Vergleich zwischen einem „**gestörten tatsächlichen**" und einem „**hypothetisch ungestörten tatsächlichen**" Bauablauf gefordert. Diese Begrifflichkeiten bedürfen einer Definition.

Bei dem geplanten **Soll-Bauablauf** handelt es sich um reine Planwerte. Er soll der nachfolgenden Darstellung (Teil B Abb. 51) entsprechen und aus drei Vorgängen bestehen, die voneinander abhängen und direkt nacheinander folgen. Für die Dauer der Vorgänge 1 und 2 sollen 4 Zeiteinheiten (ZE) und für den dritten Vorgang sollen 5 Zeiteinheiten vorgesehen sein.

Die zweite Vorgangsreihe stellt die **Ist-Situation** dar. Es handelt sich also um den **gestörten tatsächlichen Bauablauf**. Er enthält die Vorgänge mit den Ist-Dauern zu den tatsächlichen Terminen. Der erste Vorgang wurde planmäßig in 4 ZE ausgeführt. Dann trat eine Unterbrechung von 3 ZE ein, die später mit (Bauablauf-) Störung (BAST) 1 bezeichnet wird. Im tatsächlichen Bauablauf wurden nach Ende der Störung die Vorgänge 2 und 3 schneller als geplant, nämlich jeweils in 3 ZE ausgeführt.

Variante A

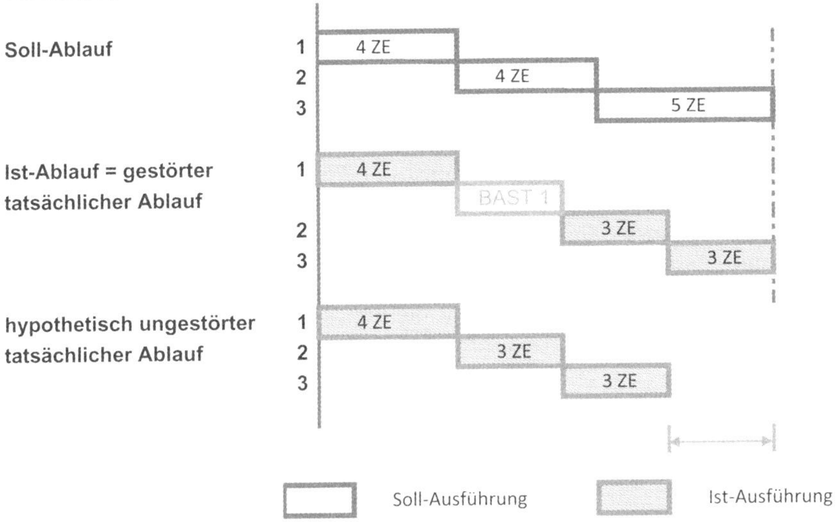

Abb. 51: Vergleich von Bauabläufen, Variante A

Die Ursachen der in den Vorgängen 2 und 3 gegenüber der Planung wahrgenommenen schnelleren Ausführung sind häufig nicht klar zu fassen. In Betracht kommen z. B. ein Kalkulationsirrtum, motivierteres Personal, brillante Arbeitsvorbereitung, die Aufstockung von Ressourcen oder ein bereits mit internen Puffern versehener Vorgang (vgl. Teil B, Rdn. 117 ff.). Ohne klare Beauftragung von konkreten Beschleunigungsmaßnahmen ist es für den Unternehmer kaum möglich, die eventuell mit der schnelleren Ausführung verbundenen Kosten vom Auftraggeber zu fordern.

Beide Abläufe, der Soll-Bauablauf wie der gestörte tatsächliche Bauablauf, enden zum gleichen Zeitpunkt. Ein bloßer Vergleich zwischen geplantem und tatsächlichem Bauende würde zu der falschen Aussage führen, dass die Bauablaufstörung keine Auswirkung auf die Bauzeit hatte. Eine solche Betrachtung ist also vollkommen untauglich. Daher wurde von Thode der hypothetisch ungestörte tatsächliche Ablauf als Vergleichsmaßstab gewählt.

Die dritte Vorgangsreihe Teil B, Abb. 51 zeigt nun einen **hypothetisch ungestörten tatsächlichen Ablauf**. Er enthält keine Behinderung mehr und verwendet die tatsächlichen Ausführungsdauern der Vorgänge. Er ist hypothetisch, weil er die Annahme trifft, es habe keine Störung gegeben. Er ist ungestört, weil die Störung eliminiert wurde. Er ist tatsächlich, weil er die realen Ausführungsdauern verwendet.

Im Ergebnis wäre das Bauvorhaben ohne die Bauablaufstörung 3 ZE früher fertig gestellt geworden, als es tatsächlich wurde. Die gegenüber dem Soll-Bauablauf im tatsächlichen Bauablauf eingetretenen Beschleunigungen werden bei dieser Darstellung wirksam. Dieser **Vergleich** von **tatsächlichem gestörten Bauablauf** mit dem **hypothetisch ungestörten tatsächlichen Bauablauf** schließt also Fehlerquellen aus, die aus der Abweichung von Soll (Kalkulation) zur realen Ausführung resultieren. Ob die Zeitansätze bei der Aufstellung des Soll-Planes zutreffend waren oder nicht, ist bei einem Vergleich von Ist-Werten unerheblich. Daher auch die eingangs erwähnte untergeordnete Bedeutung des Soll-Bauablaufs.

Ein weiteres einfaches Beispiel soll die von Thode favorisierte Vorgehensweise bei der Überschreitung eines vertraglich fixierten Bauendes verdeutlichen.

157 In der Variante B in Teil B, Abb. 52 wird von dem gleichen Soll-Bauablauf wie in Variante A ausgegangen.

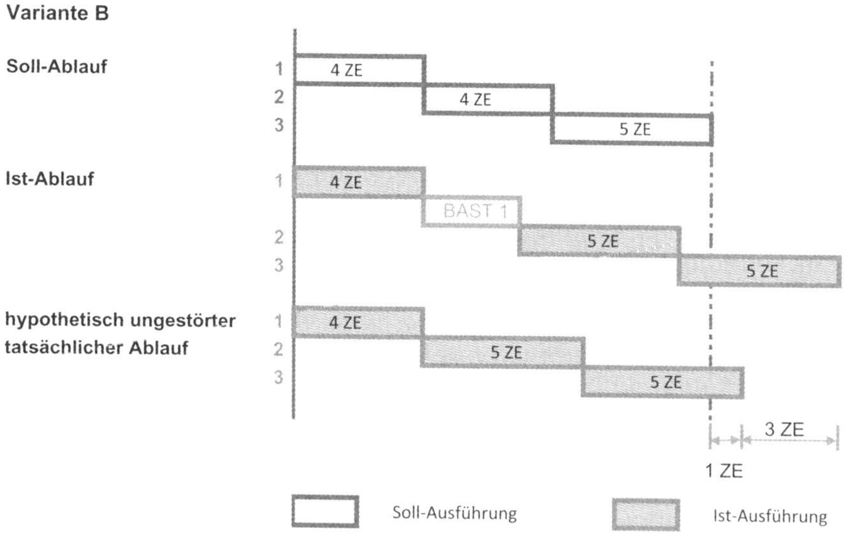

Abb. 52: Vergleich bei Überschreitung des geplanten Soll-Endtermins, Variante B

Im gestörten tatsächlichen Bauablauf soll sich wieder nach Vorgang 1 eine Störung von 3 ZE eingestellt haben. Anschließend verlängerte sich die Ausführungsdauer von Vorgang 2 um 1 ZE auf 5 ZE ohne Eingriff des Auftraggebers. Der Vorgang 3 wurde wieder planmäßig in 5 ZE umgesetzt. Das Projekt endet 4 ZE später als geplant.

Baut man aus den Elementen des Ist-Ablaufes den hypothetisch ungestörten tatsächlichen Ablauf zusammen, endet dieser 1 ZE nach dem geplanten Endtermin. Das bedeutet, die Störung hat wieder eine Verlängerung des Projektes von 3 Zeiteinheiten verursacht. Die Überschreitung des geplanten Projektendes um 1 ZE steht für das Maß des „Mitvertretenmüssens" des Unternehmers, sofern nicht weitere Argumentationen vorgetragen werden können.

In beiden Varianten sind die Mehrkosten, die adäquat kausal auf die Behinderung zurückzuführen sind, für einen Zeitraum von 3 ZE zu ermitteln.

5.2 Praktische Schwierigkeiten und Grenzen der Vorgehensweise nach Thode

Die Vorgehensweise nach Thode setzt zunächst grundsätzlich keinen Ist-Bauablauf voraus, der zum Soll-0-Bauablauf passt. Dies ist aus praktikablen Gründen zu begrüßen, da oftmals in den Bautagesberichten oder anderen Dokumentationsmitteln eine andere Erfassungstiefe herrscht. Größte Schwierigkeiten bereitet aber die Verknüpfung der Vorgänge im Ist-Bauablauf, damit dieser überhaupt rechenbar wird. Bei einem Abweichen der Strukturen des Soll-0-Bauablaufs und des Ist-Bauablaufs wird es schwer fallen, Verknüpfungen zwischen den Vorgängen einzufügen, die so auch unbestritten Bestand haben werden, da sie sich eben nicht aus angebotsnahen Unterlagen ergeben. 158

Folgt man der Vorgehensweise nach Thode, so wird man jedoch überall dort, wo mindestens zwei Vorgänge parallel verlaufen, die einen gemeinsamen Nachfolgevorgang haben und einer dieser parallelen Vorgänge von einer Verzögerung betroffen ist, an die praktischen Grenzen des Verfahrens gelangen. Es wird sich aus der Dokumentation der tatsächlichen Bauabläufe oftmals die Situation ergeben, dass diese Parallel-Vorgänge zum gleichen Zeitpunkt abgeschlossen wurden. Es ist nämlich nicht unüblich, dass die Ausführung des ungestörten Vorgangs so lange gestreckt wird, bis der gestörte Vorgang abgeschlossen werden kann.

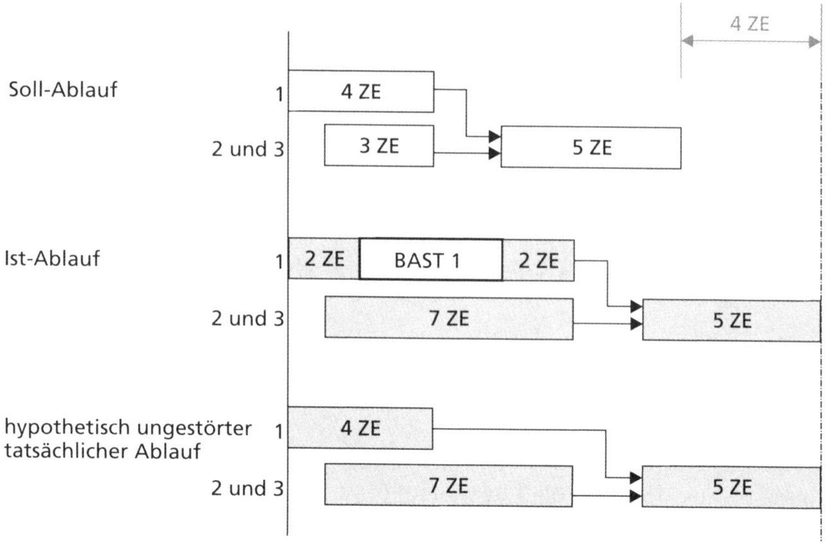

Abb. 53: Beispiel für die Problematik des „Strecken" von Vorgängen

In dieser Situation versagt das Verfahren nach Thode. Die Eliminierung der Vorgänge, die als Bauablaufstörungen (BAST) in den rechenbaren gestörten tatsächlichen Bauablauf eingefügt wurden, führt nicht zu einer – eigentlich zu erwartenden – Verkürzung des hypothetisch ungestörten tatsächlichen Bauablaufs, da der Vorgang 2 gegenüber dem Soll-Ablauf gestreckt wurde, da eine frühere Fertigstellung tatsächlich nicht notwendig war. Diese „gestreckte" Ausführung eines Vorganges ist aber nur im Vergleich zum Soll-Ablauf zu erkennen. Es ist in einem solchen (nicht seltenen) Fall notwendig, anhand eines dann doch benötigten und in der Bearbeitungstiefe auf den Ist-Bauablauf abgestimmten Soll-Bauablaufs darzulegen, dass der Auftragnehmer in der Lage gewesen wäre, die Soll-Dauer des ungestörten Vorgangs auch einzuhalten und es sich tatsächlich nur um ein ggf. schadensminderndes „Strecken" der Tätigkeit gehandelt hat.

159 Auf Grund der geschilderten Problematik, dass der Vorgehensweise nach Thode auch ein plausibler Soll-Bauablauf vorausgesetzt wird, aber zusätzlich noch die Schwierigkeiten bei der Vernetzung des Ist-Bauablaufs auftreten, wurde die nachfolgende Vorgehensweise entwickelt, die in Kap. 6 (Teil B) als 9-stufiges Verfahren aufgebaut und mit konkretem Beispiel erläutert wird.

5.3 Vorschlag einer baubetrieblichen Vorgehensweise anhand eines konkreten Beispiels

Ausgehend von dem vertraglichen SOLL-Bauablauf (SOLL-0) werden die Bau- 160
ablaufstörungen so verursachungsgerecht dort eingearbeitet, dass ein störungsmodifizierter Bauablauf entsteht. Dies ist sozusagen der hypothetisch gestörte Bauablauf.

Durch Rückführung auf die IST-Situation im Umfeld der Bauablaufstörung wird nun auch die konkret vorhandene tatsächliche Auswirkung untersucht. Hierbei sind dann sämtliche Beschleunigungen und Pufferzeiten preiszugeben und wirken zunächst zugunsten des Auftraggebers. Dies ist dann gegebenenfalls im Rahmen eines Pufferkontos mitzuführen und für den Auftragnehmer zur Kompensation eines Eigenverschuldens anzurechnen.

Andererseits werden hierbei auch die Verzögerungen aus der Verantwortungssphäre des Auftragnehmers mit aufgezeigt und untersucht und damit entlastend für den Auftraggeber bewertet.

Folgendes vertiefte Beispiel soll die prinzipielle Vorgehensweise aufzeigen:

5.3.1 Geplanter Bauablauf

Geplant sei der folgende Bauablauf gewesen. Nach Abschluss des Vorgangs 2 161
sollte sofort der Vorgang 3 beginnen. Weitere Voraussetzung hierfür ist die rechtzeitige Übergabe von Planunterlagen.

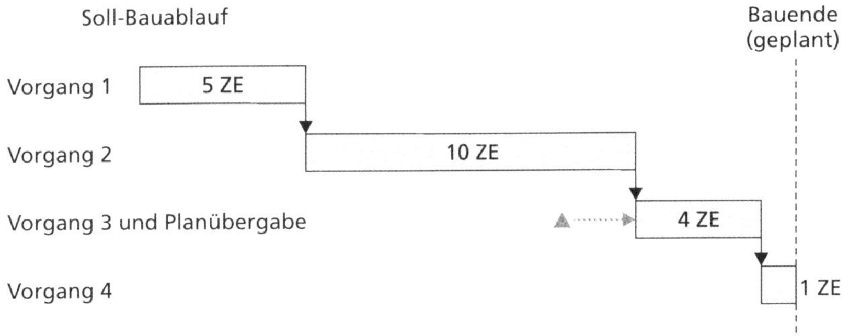

Abb. 54: Soll- bzw. Soll-0-Bauablauf

5.3.2 Tatsächlicher gestörter und hypothetisch ungestörter tatsächlicher Bauablauf nach Thode

162 Nach Auswertung der Baustellendokumentation ist festzustellen, dass zwischen dem Vorgang 1 und dem Vorgang 2 eine Störung durch den Auftraggeber von 2 ZE eingetreten ist. Weiterhin erfolgte die Planlieferung nicht 13 ZE nach Baubeginn, sondern erst nach 15 ZE. Der tatsächliche Bauablauf enthält daher zwei Unterbrechungen der Arbeiten von jeweils 2 ZE, die nach Auffassung des Auftragnehmers aus der Verantwortungssphäre des Auftraggebers resultieren. Die Dauern der Vorgänge 2 und 3 wurden verkürzt. Der Vorgang 4 wurde um 3 ZE verlängert ausgeführt. Die Ursache hierfür war ein Wechsel eines Nachunternehmers. Das Bauvorhaben wurde nach 24 ZE fertig gestellt. Es ist eine tatsächliche Bauzeitverlängerung von 4 ZE eingetreten.

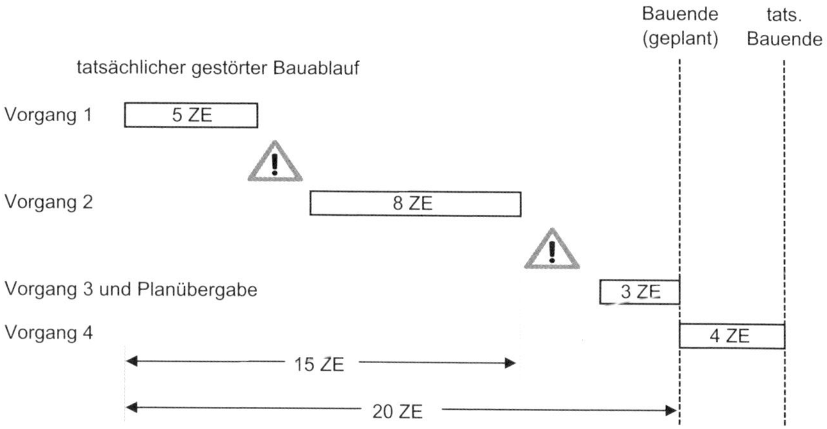

Abb. 55: Tatsächlicher gestörter Bauablauf

Der verknüpfte tatsächliche gestörte Bauablauf (Ist-Terminplan) stellt sich wie folgt dar:

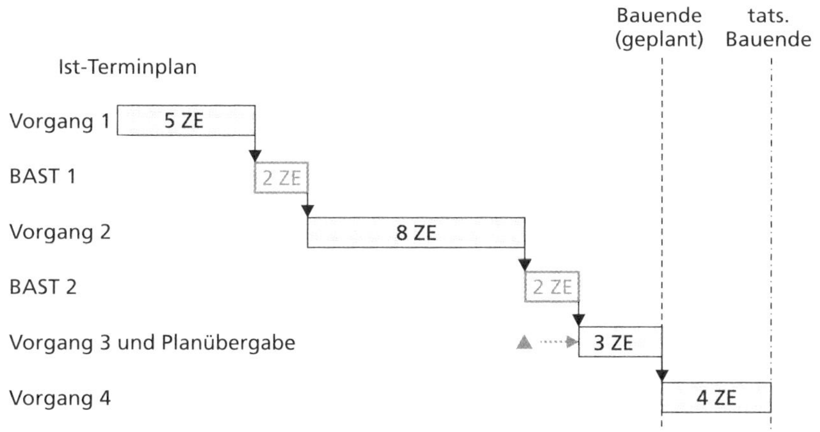

Abb. 56: Ist-Terminplan (verknüpft, mit Bauablaufstörungen als Vorgang)

Ohne vertiefte Auseinandersetzung mit den einzelnen Bauablaufstörungen würde sich der nachfolgende hypothetisch ungestörte tatsächliche Bauablauf ergeben. Es würde ein Bauzeitverlängerungszeitraum von 4 ZE ermittelt werden.

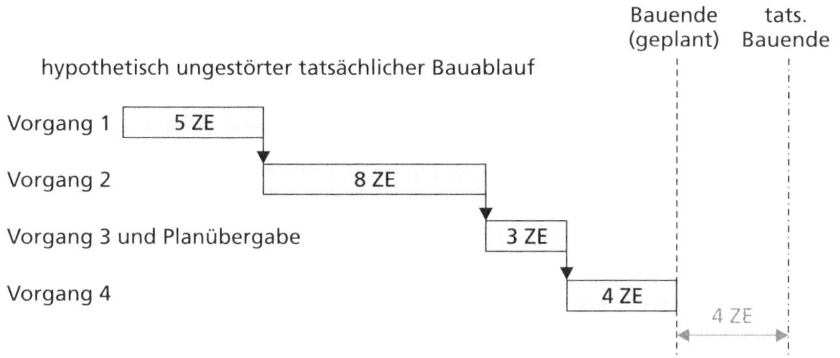

Abb. 57: Hypothetisch ungestörter tatsächlicher Bauablauf

Als Ergebnis ist demzufolge festzuhalten, dass der Auftragnehmer tatsächlich in den beiden Zeiträumen (BAST 1 und 2) behindert war und möglicherweise entstandene Mehr-/Schadenskosten hierfür geltend machen kann. Trotz der von ihm zu vertretenden verlängerten Ausführung des Vorganges 4 befindet sich der Auftragnehmer nicht im Verzug, da der hypothetisch ungestörte tatsächliche Bauablauf kürzer bzw. gleich dem ursprünglich geplanten und vertraglich vereinbarten Bauablauf ist.

5.3.3 Praxisgerechter störungsmodifizierter Bauablauf nach baubetrieblicher Vorgehensweise

163 Die gutachterliche und anschließende juristische Bewertung soll ergeben haben, dass die erste Behinderung durch den Auftraggeber zu vertreten ist (analoge Voraussetzungen gelten für das Verfahren nach Thode). Es ergibt sich nunmehr folgender störungsmodifizierter theoretischer Bauablauf, der sich im Umfeld der Bauablaufstörung auch so eingestellt hat. Der Vorgang 2 wurde tatsächlich erst nach 7 ZE begonnen.

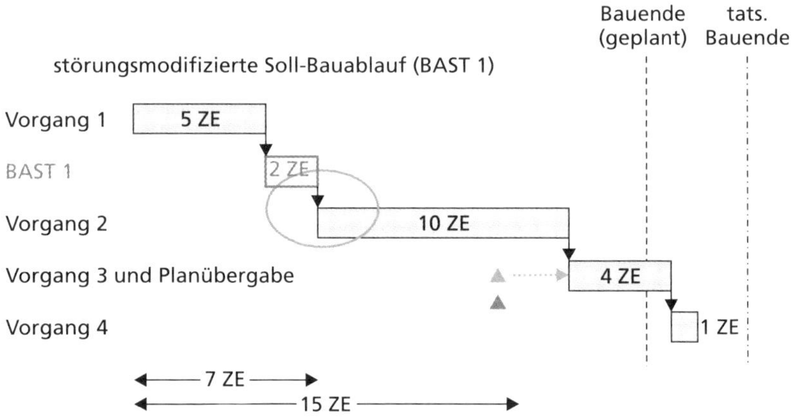

Abb. 58: Störungsmodifizierter Soll'-Bauablauf (Soll'-1)

Die Planlieferung durch den Auftraggeber hätte – wenn sie auf den geänderten Bauablauf abgestellt wurde – spätestens nach 15 ZE vorliegen müssen, damit der vorgesehene 2-wöchige Vorlauf vor Vorgang 3 noch eingehalten werden würde. Aus Sicht des Auftraggebers erfolgte die Planlieferung also noch rechtzeitig.

Die gutachterliche Bewertung des störungsmodifizierten Bauablaufs in Folge der zweiten Bauablaufstörung erklärt, warum es dennoch zu einem Stillstand auf der Baustelle kam. Die Berücksichtigung der tatsächlichen Situation im Umfeld der Bauablaufstörung 2 ergibt, dass der Vorgang 2 um 2 ZE beschleunigt vom Auftragnehmer ausgeführt wurde. Um nun entscheiden zu können, welcher der Vertragspartner den Stillstand zu vertreten hat, sind die vertraglichen Regelungen maßgebend. Wenn vereinbart wurde, dass die Planunterlagen nach 13 ZE übergeben werden oder der Auftragnehmer hat den Auftraggeber rechtzeitig davon in Kenntnis gesetzt, dass der Vorgang 2 beschleunigt ausgeführt werden wird und der Auftraggeber dies bei der Planbeistellung berücksichtigen möge, dann wird von einer Behinderung zulasten des Auftraggebers auszugehen sein.

Die juristische Bewertung soll ergeben haben, dass auch diese zweite Störung vom Auftraggeber zu vertreten ist.

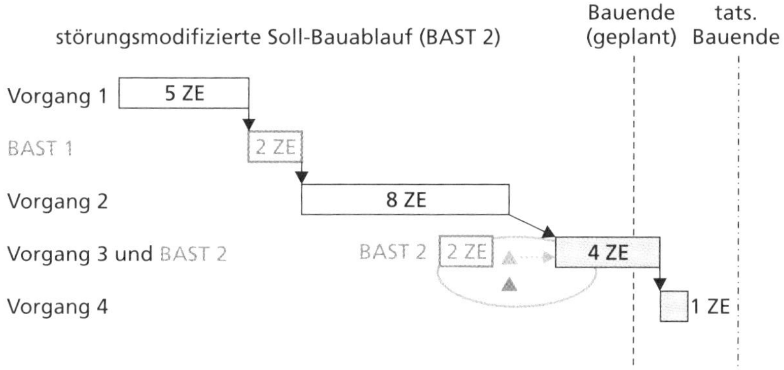

Abb. 59: Störungsmodifizierter Soll'-Bauablauf (Soll'-2)

Erst der Vergleich zwischen dem störungsmodifizierten und dem tatsächlichen Bauablauf liefert hier also die notwendigen Informationen zur qualifizierten Einschätzung des Sachverhaltes. Ähnliches ist festzustellen, wenn die Rechtzeitigkeit von Behinderungsanzeigen beurteilt werden muss. Die reine Fokussierung auf den hypothetisch ungestörten tatsächlichen Bauablauf ist demnach stets zu kurz gegriffen. Es ist in allen Fällen auch nach dem Verfahrensvorschlag von Thode eine vertiefte Darstellung der zeitlichen Umstände angezeigt.

Das Ergebnis nach dem baubetrieblich entwickelten störungsmodifizierten Bauablauf unter Berücksichtigung des tatsächlichen Bauablaufs wäre demnach, dass der Auftraggeber eine weitere Bauzeitverlängerung von 2 ZE zu vertreten hätte (vgl. Teil B, Abb. 59). Die Differenz von 2 ZE zwischen dem Bauende, das sich aus dem störungsmodifizierten Soll'-2-Bauablauf ergibt, und dem tatsächlichen Bauende hätte der Auftragnehmer – möglicherweise wegen der verlängerten Ausführung des Vorganges 4 – zu tragen.

Der störungsmodifizierte Bauablauf beinhaltet neben der Berücksichtigung des tatsächlichen Bauablaufs im Umfeld einer Störung auch üblicherweise Betrachtungen zum Bauende. Für die Terminbetrachtungen wie auch für die Mehrkostenermittlung ist nämlich das tatsächliche Bauende und nicht das Ergebnis des letzten störungsmodifizierten Soll-n-Bauablaufs in Ansatz zu bringen. Würde man nun die tatsächliche Ausführungsdauer des Vorganges 3 berücksichtigen, könnte man abweichend zum Ergebnis aus Teil B, Abb. 59

sogar zu dem Resultat kommen, dass der Auftragnehmer ein Bauende nach 21 ZE, also 1 ZE nach dem geplanten Bauende (vgl. Ende Vorgang 4 in Abb. 60) schulden würde. Die Differenz von 3 ZE zwischen dem sich aus der störungsmodifizierten Bauablauf ergebende Bauende und dem tatsächlichen Bauende hätte der Auftragnehmer möglicherweise zu tragen. Der Blick auf den tatsächlichen Bauablauf zeigt ja gerade, dass der Vorgang 4 um 3 ZE verlängert ausgeführt wurde und somit das Bauende analog verschoben hat.

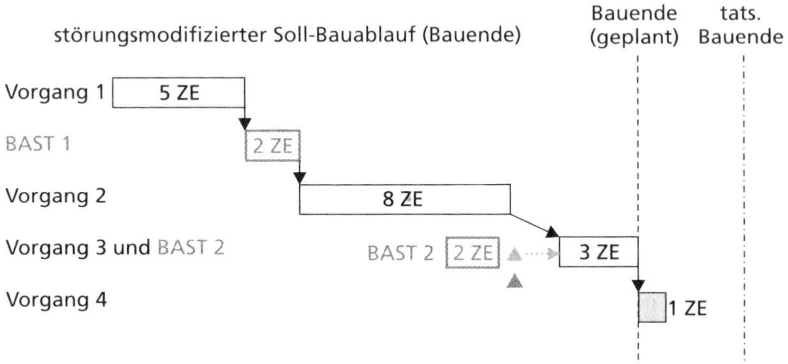

Abb. 60: Störungsmodifizierter Soll'-Bauablauf (Bauende)

Diese Abweichungen bei der Handhabung des baubetrieblich entwickelten störungsmodifizierten Bauablauf gegenüber dem Verfahren nach Thode resultieren aus Preisgabe von Puffern, Umstellung von Teilabläufen oder Beschleunigungsmaßnahmen, die durch eine reine Fokussierung auf den tatsächlichen Bauablauf nicht ausreichend gewürdigt werden.

Es ist daher das sogenannte Zeit-/Pufferkonto zu führen. Ergibt sich also aus der Gegenüberstellung von störungsmodifiziertem und tatsächlichen Bauablauf eine Beschleunigung, die zudem auch auf dem kritischen Weg liegt und damit zu einer Verkürzung der Gesamtausführungsdauer führt, so ist diese Zeitdauer dem Auftragnehmer auf dem Pufferkonto gut zu schreiben und ggf. gegen von ihm zu vertretenden Störungen aufzurechnen. Sofern keine wirksame Anordnung für Beschleunigungsmaßnehmen vorliegt, kann der Auftraggeber am Bauende über den positiven Saldo – analog im Vergleich zwischen dem gestörten tatsächlichen und hypothetisch ungestörten tatsächlichen Bauablauf – vollständig verfügen.

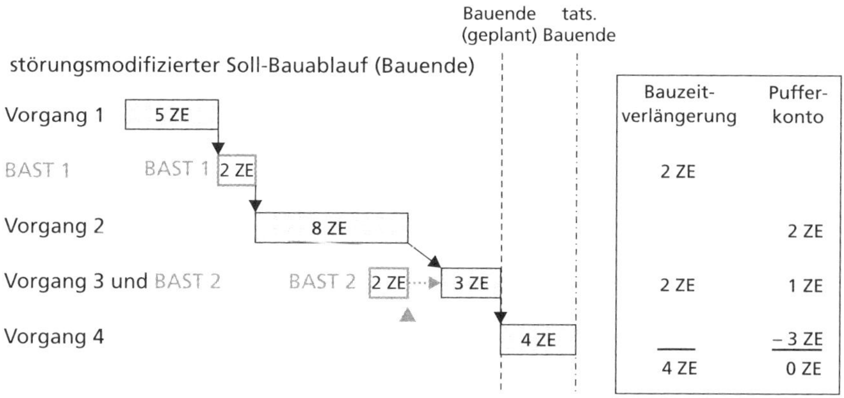

Abb. 61: Störungsmodifizierter Bauablauf mit Pufferkonto

Das korrekte Ergebnis nach dem baubetrieblich entwickelten störungsmodifizierten Bauablauf unter Berücksichtigung des tatsächlichen Bauablaufs ist also, dass der Auftraggeber eine Bauzeitverlängerung von 4 ZE zu vertreten hat und der Auftragnehmer trotz der verlängerten Ausführung des Vorgangs 4 nicht im Verzug ist, da bei den Vorgängen 2 und 3 eine entsprechende Verkürzung von Ausführungsdauern stattgefunden hat. Solange also das Pufferkonto nicht eine negative Summe ausweist, hat der Auftragnehmer ausreichend schnell geleistet.

5.4 Kritische Würdigung beider Vorgehensweisen

Wie die obigen Erläuterungen zeigen, besteht zwischen dem Vorschlag von **164**
Thode und der vorgestellten baubetrieblichen Vorgehensweise, die störungsmodifizierte Bauabläufe schafft und diese dann unter Berücksichtigung der tatsächlichen Situation fortschreibt, im Ergebnis kein Unterschied. Voraussetzung hierfür ist aber, dass ein sog. Pufferkonto mitgeführt wird. Ansonsten würde die Berücksichtigung der tatsächlichen Baustellensituation stets den Auftraggeber bevorteilen. Im Fall einer schnelleren Ausführung einzelner, auf dem zeitkritischen Weg liegender Vorgänge würde dieser von der beschleunigten Ausführung vollumfänglich profitieren. Bei einer verlängerten Ausführungsdauer ohne Zutun des Auftraggebers wäre dies der alleinige Fehler des Auftragnehmers und würde den Auftraggeber möglicherweise zu Schadenersatz- oder Vertragsstrafenansprüche berechtigen bzw. den Anspruch auf Verlängerung der Baufristen in Folge vom Auftraggeber zu vertretender Behinderungen schmälern. Ein entsprechender Ausgleich über ein sog. Pufferkonto ist also zwingend.

Beide Vorgehensweisen setzen voraus, dass der tatsächliche Bauablauf dokumentiert wurde und damit bekannt und transparent ist. Es kann daher nicht genug auf die Notwendigkeit einer baubegleitenden Dokumentation und deren Anforderungen verwiesen werden.

Zusätzlich benötigt die baubetriebliche Vorgehensweise einen rechenbaren Soll-0-Bauablauf, der dem tatsächlichen Bauablauf gegenüberzustellen sein muss. Die Vorgehensweise von Thode kommt zunächst ohne einen solchen Soll-0-Bauablauf aus. Für die Entwicklung des hypothetisch ungestörten tatsächlichen Bauablaufs aus dem gestörten tatsächlichen Bauablauf ist es unumgänglich, diese Bauabläufe rechenbar zu gestalten. Hierzu ist aber der ursprünglich geplante Soll-0-Bauablauf unerlässlich. Kein Unterschied besteht in der Bewertung der Behinderungen. Eine reine Fokussierung auf den hypothetisch ungestörten tatsächlichen Bauablauf greift zu kurz. Es ist in allen Fällen auch nach dem Verfahrensvorschlag von Thode eine vertiefte Darstellung der zeitlichen Umstände angezeigt. Erst der Vergleich zwischen dem störungsmodifizierten und dem tatsächlichen Bauablauf liefert die notwendigen Informationen zur qualifizierten Beurteilung der Rechtzeitigkeit von Behinderungsanzeigen oder von Übergaben von Ausführungsunterlagen.

Aus den angeführten Gründen ist die baubetriebliche Vorgehensweise als zielführend zu bezeichnen und wurde nachfolgend weiterentwickelt.

6 Das 9-stufige Nachweisverfahren zur Fortschreibung eines Soll-0-Terminplans unter Berücksichtigung des tatsächlichen Bauablaufs

Wie bereits erläutert wurde, werden mit der im vorherigen Abschnitt dargelegten Vorgehensweise nach Thode nicht immer die notwendigen (Einzel-)Nachweise zu erbringen sein. Es ist in solchen Fällen ein **mehrstufiges Nachweisverfahren** zur Berücksichtigung der **tatsächlichen Bauabläufe auf Vorgangsebene** anzuwenden. Dieses liefert dann die notwendige einzelfallspezifische, konkrete und **bauablaufbezogene Darstellung** der jeweiligen Behinderungen. Aufbauend auf den Erkenntnissen in Teil B Kap. 5 wurde die dort beschriebene baubetriebliche Vorgehensweise weiterentwickelt und für die gutachterliche Beurteilung zugänglich gemacht. 165

Entscheidend für eine erfolgreiche Ermittlung einer störungsbedingten Bauzeitverlängerung ist eine isolierte Betrachtung jeder einzelnen Verzögerung. Nur so lässt sich überhaupt z. B. die Rechtzeitigkeit von Planbeistellungen im gestörten Bauablauf beurteilen. Liegen mehrere Verzögerungen zeitlich sehr eng zusammen bzw. wirken gleichzeitig, so kann deren Zusammenfassung auch **ein** Lösungsansatz sein. 166

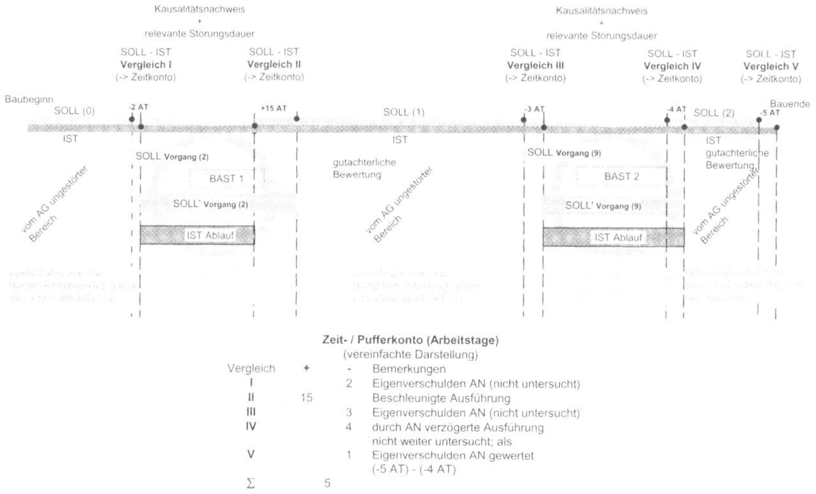

Abb. 62: Prinzipielle Vorgehensweise beim Mehrstufigen Nachweisverfahren

Bei Eintritt der ersten und danach beim Eintritt jeder weiteren Bauablaufstörung (BAST 1 bis BAST n) wird zunächst ein Abgleich mit dem tatsächlichen Bauablauf vorgenommen (Vergleiche I bzw. III in obiger Abb. 62). So werden 167 die in diesen als (vom Auftraggeber) ungestört angesehenen Zeitabschnitten liegenden möglichen Fehler und Unzulänglichkeiten, aber auch Beschleunigungen des Auftragnehmers berücksichtigt. Die Ergebnisse dieses Vergleichs werden auf einem sog. **Zeit- bzw. Pufferkonto** festgehalten. Im Umfeld einer behaupteten Behinderung wird daraufhin ein hypothetischer Soll'-Bauablauf unter Berücksichtigung des geplanten Soll-Bauablaufs und den Auswirkungen der Störungen (also der sog. störungsmodifizierte Bauablauf) gutachterlich bestimmt. Diese Durchführung definiert den in Folge der Bauablaufstörung geschuldeten Bauablauf, der in einem weiteren Bearbeitungsschritt anschließend mit den konkreten, also tatsächlich festzustellenden Auswirkungen der Störung verglichen wird. Es wird so die haftungsbegründende Kausalität festgestellt. Das Ergebnis dieses Vergleichs wird dann ebenfalls auf dem Zeit- bzw. Pufferkonto berücksichtigt (Vergleiche II bzw. IV in obiger Abb. 62). Für die Beurteilung der Restleistungen bzw. weiterer Bauablaufstörungen ist es zwingend notwendig, einen rechenbaren, nunmehr auf Grund der bereits betrachteten und tatsächlich eingetretenen Störungen geschuldeten neuen Soll-Bauablauf zu schaffen. Dies kann der theoretische störungsmodifizierte Soll' (n) sein, wenn der Vergleich mit dem tatsächlichen Bauablauf keine Abweichungen aufweist. Dieser rechenbare Bauablaufplan wird dann als $Soll'_{Ist}$ (n) bezeichnet. Für den Fall, dass Abweichungen zwischen dem theoretischen störungsmodifizierten Soll' (n) und dem tatsächlichen Bauablauf festgestellt werden, sind im störungsmodifizierten Soll' (n) Modifikationen derart vorzunehmen, dass der tatsächlichen Bauablauf im zeitlichen Umfeld der Bauablaufstörung abgebildet wird. Dieser rechenbare Bauablaufplan wird dann als $Soll'_{Ist}$ (n) a bezeichnet.

Den Abschluss der Bearbeitung bildet der Vergleich zwischen störungsmodifiziertem und tatsächlichem Bauende, dessen Ergebnis ebenfalls auf dem Zeit- und Pufferkonto festgehalten wird (Vergleich V in obiger Abb. 62). Ergibt der Saldo des gesamten Zeit- und Pufferkontos einen positiven Wert, hat der Auftragnehmer beschleunigt; der angesammelte Zeitpuffer geht dann ohne zusätzliche Vergütung an den Auftraggeber über. Im anderen Fall hat der Auftragnehmer eben nicht alles getan, um auf die eingetretenen Bauablaufstörungen in der als notwendig angesehenen Art und Weise zu reagieren.

168 Wie beschrieben ist es notwendig, mehrere Bauablaufzustände für jede einzelne Verzögerung BAST (n) zu bestimmen, nämlich

Soll (n–1)	Sollzustand für die Verzögerung BAST (n) – *rechenbar* – (als Ergebnis der Ermittlungen zur Verzögerung BAST (n–1))
Soll' (n)	um die Auswirkungen der Verzögerung BAST (n) modifiziertes Soll (n–1) – *rechenbar* –
Ist (n)	tats. Bauablauf im zeitlichen Umfeld der Verzögerung BAST (n) – *nicht rechenbar* –

Soll'$_{Ist}$ (n)	durch einen Abgleich mit dem Ist (n) bestätigter Soll' (n) – *rechenbar* –
Soll'$_{Ist}$ (n) a	auf den tatsächlichen Bauablauf Ist (n) angepasster Soll' (n) – *rechenbar* –
Soll (n)	Sollzustand für die Verzögerung BAST (n+1) – *rechenbar* – (= entweder Soll'$_{Ist}$ (n) oder Soll'$_{Ist}$ (n) a), also ein geschuldeter Bauablauf, der aber die Auswirkungen der bisherigen Störungen und den bisherigen tatsächlichen Bauablauf berücksichtigt

Es ist zudem zwingend eine baubegleitende Erfassung und Dokumentation aller zeitrelevanter Ereignisse einzurichten (siehe hierzu Teil B, Rdn. 216 ff.), um überhaupt über die notwendigen Angaben zu den verschiedenen Bauablaufzuständen verfügen zu können.

6.1 Ein mehrstufiges Nachweisverfahren unter Berücksichtigung des tatsächlichen Bauablaufs

Im Rahmen eines „Mehrstufigen Nachweisverfahrens unter Berücksichtigung des tatsächlichen Bauablaufs" können nachfolgende Bearbeitungsschritte für jede einzelne Verzögerung zweckmäßig sein: **169**

Stufe 1:	Bezeichnung der Verzögerung	BEGRÜNDUNG DES ANSPRUCHS (Stufen 1–4)
Stufe 2:	Sachverhaltsdarstellung	
Stufe 3:	Schriftverkehrsauswertung	
Stufe 4:	Gutachterliche Bewertung des Sachverhaltes	
Stufe 5:	Berechnung der ansetzbaren Verzögerungsdauer	
Stufe 6:	Modifizierungen im Soll (n-1)-Terminplan / Erstellung des Soll' (n)-Terminplans (Bestimmung eines theoretisch geschuldeten, störungsmodifizierten Bauablaufs)	
Stufe 7:	Gegenüberstellung Soll (n-1)-Terminplan / Soll' (n)-Terminplan (Darstellung der theoretischen Auswirkungen der Bauablaufstörung)	
Stufe 8:	Gegenüberstellung Soll' (n)-Terminplan / Ist-Terminplan und Erstellung eines rechenbaren Soll (n)-Terminplans, der die tatsächlichen Auswirkungen der BAST (n) berücksichtigt und somit den geschuldeten Bauablauf bis zur BAST (n+1) darstellt, also entweder der Soll'$_{Ist}$ (n) oder der Soll'$_{Ist}$ (n) a ist	
Stufe 9:	Aktualisierung des Zeit- bzw. Pufferkontos	

170

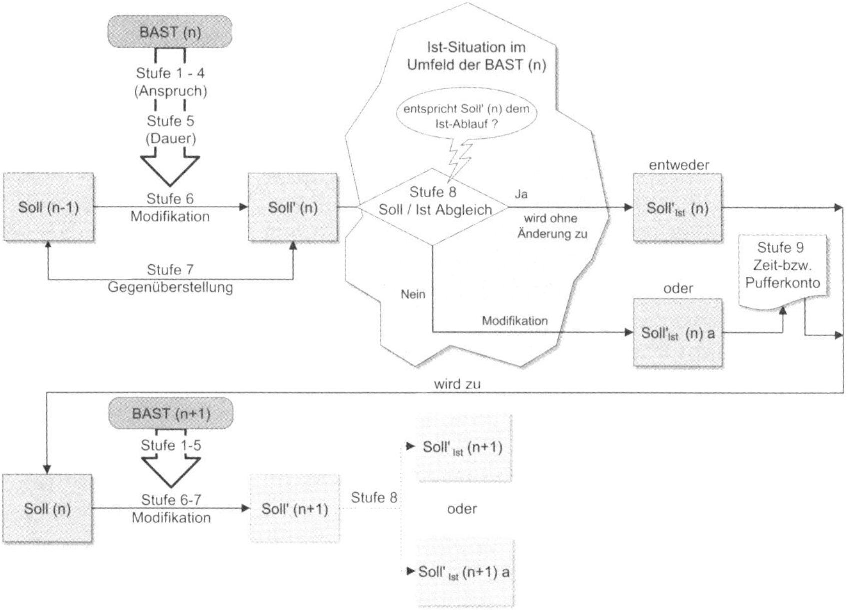

Abb. 63: Schematischer Ablauf des Mehrstufigen Nachweisverfahrens

171 **Stufe 1: Bezeichnung der Verzögerung**

Zunächst erhält jede Behinderung/Störung eine laufende Nummer, um zum einen eine zweifelsfreie Bezeichnung zu ermöglichen und andererseits alle weiteren Unterlagen und Daten auf diese Störungsnummer (= die betrachteten Bauablaufstörungen mit der Abkürzung BAST und der entsprechenden, fortlaufenden Nummerierung) beziehen zu können. Die vom Auftragnehmer verwendete Störungsbezeichnung wird hier ebenfalls mit aufgenommen.

LHR GmbH & Co. KG
Ingenieure und Sachverständige
für Baubetrieb und Bauwirtschaft

Projekt:

Anlage:

Bauablaufstörung (BAST) Nr.: 3 (intern L•H•R) A 007; 105 (extern AN)

Kurzbezeichnung: **Änderung Kabelführung**
Gewerk: Spezialtiefbau

Los	Bauteil	Abschnitt	Vorgangsbezeichnung gem. Soll (0)-Bauablauf	Nr.
2	Bahnhof	Inselgeb.	Provisorienplanung Bahnhofsgebäude	350

Abb. 64: Beispielhafte Darstellung einer Verzögerungsbezeichnung

Daneben wird im Kopf des Formblattes eine weiter gehende Erläuterung in Form der Kurzbezeichnung der Störung und des betroffenen Gewerkes gegeben. Ergänzend wird eine genaue Bezeichnung der Örtlichkeit (Bauteil, Geschoss o. ä.) und vor allem die genaue Bezeichnung des betroffenen Vorganges analog dem der Auswertung zugrunde gelegten Soll (0)- bzw. Soll'($_{Ist}$) (n–1)-Terminplan erforderlich.

Stufe 2: Sachverhaltsdarstellung 172

Der Auswertung des Schriftverkehrs, der Protokolle und anderer Unterlagen wird eine kurze Sachverhaltsdarstellung vorangestellt, welche die Störung/ Behinderung und deren Auswirkungen auf den Bauablauf beschreibt. Zur Orientierung wird außerdem der Bereich, auf den sich die Bauablaufstörung im Wesentlichen auswirkte, im Grundriss farbig hervorgehoben.

Stufe 3: Schriftverkehrsauswertung 173

Die in der Schriftverkehrsauswertung angeführten Schreiben und Protokolle werden in einen direkten Zusammenhang gestellt und sind so auch für Dritte leichter in ihrer Beziehung zueinander zu verstehen. Die Schreiben bzw. Auszüge aus den Besprechungsprotokollen werden, wo erforderlich, gleich kommentiert. Hierbei werden auch Zusammenhänge erläutert bzw. baubetriebliche Wertungen vorgenommen. Gegebenenfalls wird der zeitliche Zusammenhang der Unterlagen in einem Terminplan dargestellt.

174 **Stufe 4: Bewertung des Sachverhaltes**

Es ist zunächst darzustellen, inwieweit die formalen Anspruchsvoraussetzungen gegeben erscheinen. Hierbei kann es sich naturgemäß lediglich um eine Voreinschätzung handeln, da eine abschließende Bewertung den Gerichten vorbehalten ist. Es werden zu diesem Zweck die Anspruchsformalien (schriftliche Anzeige bei Eintritt sowie das Ende der Störung/Behinderung) zusammengefasst und ggf. kommentiert.

Wesentlicher Teil dieses Bearbeitungsschrittes ist jedoch die Bewertung des Sachverhaltes. Es werden die Gründe der Abweichungen vom ursprünglichen bzw. geschuldeten Bauablauf erläutert und bewertet und den Verantwortungssphären zugeordnet. Hierbei ist jedoch streng darauf zu achten, dass nur der Kenntnisstand zum Zeitpunkt der Behinderung berücksichtigt wird. Dies deshalb, weil Auswirkungen von Behinderungen bei ihrem Auftreten anders beurteilt werden können, als diese sich dann tatsächlich eingestellt haben.

Bauablaufstörung (BAST) Nr.:	3 (intern L•H•R)	A 007; 105 (extern AN)

Feststellungen zu den Anspruchsformalien

Eingriff in die Hauptvertragsleistung
☐ ja, da
☒ nein

Behinderungsanzeige vom: 07.03.2010 zum: 12.03.2003
(Anmeldung)

Beginn der Bauablaufstörung wird definiert durch:

- Nichtaufnahme der Tätigkeiten trotz erkennbarer Leistungsbereitschaft
- ausgeblieben Übergabe der Ausführungsplanung zu den Provisorien

Beginn der Bauablaufstörung Datum: 12.03.2003

Abmeldung der Behinderung am 28.03.2003 zum: 24.03.2003

Ende der Bauablaufstörung wird definiert durch:

- schriftliche Ausführungsanweisung des AG vom 24.03.2003

zum:

Ende der Bauablaufstörung Datum: 24.03.2003

Dauer der Bauablaufstörung 9 AT

Dauer wurde im Schreiben vom: mit AT angegeben.

Abb. 65: Beispielhafte Darstellung zur Feststellung von Anspruchsformalien

Stufe 5: Berechnung der ansetzbaren Verzögerungsdauer 175

Es sind sämtliche vorhandenen Nachweisunterlagen (z. B. Behinderungsanzeigen/-abmeldungen/Bautagesberichte/Wochenberichte/Ist-Terminpläne/Fotos usw.) auszuwerten, um gegebenenfalls durch ergänzende Berechnungen die ansetzbare, tatsächliche Behinderungsdauer ermitteln zu können, welche dann bei der Modifizierung des Terminplans zu berücksichtigen ist.

Die Dauer der Verzögerung bemisst sich nach der tatsächlichen Dauer der Behinderung und dem tatsächlich erforderlichen Zeitraum bis zum möglichen Ausführungsbeginn. Sekundärverzögerungen sind ggf. gesondert darzustellen.

Die Ermittlung der ansetzbaren Verzögerungsdauer erfolgt in einem Formblatt, für das die einzelnen Zeitanteile separat zu berechnen und aufzuzeigen sind.

Bauablaufstörung (BAST) Nr.: 3 (intern L•H•R) A 007; 105 (extern AN)

Feststellung der ansetzbaren Störungs-/Behinderungsdauer

			Nachweis in Anlage:
a)	aus unmittelbarer Störung:	9 AT	
b)	für geänd./Zus. Leistungen (§ 2 Abs. 5/6 VOB/B)	AT	
c)	infolge Minderleistungen	AT	
d)	für Neu- bzw. Wiederaufnahme (§ 6 Abs. 4 VOB/B)	0 AT	
e)	Verschiebung ungünstige Jahreszeit	0 AT	
		9 AT	
f)	abzüglich Zeitersparnis aus z.B. Weiterarbeit	0 AT	
		9 AT	

Abb. 66: Beispielhafte Darstellung zur Feststellung der ansetzbaren Störungs-/ Behinderungsdauer

Grundlage für die Ermittlung der zusätzlichen Dauer bilden in der Regel die dem Soll (0)-Terminplan zu entnehmenden Zeitansätze des Auftragnehmers bzw. vergleichbare Aufwandswerte aus der Angebots-/Auftragskalkulation oder Nachtragskalkulation. Das Ergebnis der vorstehenden Ermittlung ist eine ansetzbare Verzögerungsdauer, die nun im nächsten Schritt in den letztgültigen Soll (n–1)-Terminplan eingearbeitet wird.

Stufe 6: Modifizierungen im Soll(n–1)-Terminplan/Erstellung des Soll'(n)-Terminplans 176

Die zuvor ermittelten Unterbrechungen, Verzögerungen oder Verlängerungen einzelner Vorgänge werden nun in dem jeweils zuletzt modifizierten Soll-Terminplan, also in dem Soll(n–1)-Terminplan, berücksichtigt. So entsteht der Soll'(n)-Terminplan, der die Folgen der Verzögerung auf den Bauablauf beinhaltet.

Soll'(1)-Terminplan = um die Auswirkungen der BAST 1 (Bauablaufstörung) modifizierter Soll (0)-Terminplan

Soll'(2)-Terminplan = um Auswirkungen der BAST 2 (Bauablaufstörung) modifizierter Soll (1)-Terminplan

usw.

Die hierfür notwendigen und vorgenommenen Modifikationen werden nachvollziehbar beschrieben.

Bauablaufstörung (BAST) Nr.: 3 (intern L•H•R) A 007; 105 (extern AN)

Vorgenommene Modifikationen im Soll (2)

Los	Bauteil	Abschnitt	Vorgangsbezeichnung	Nr.
2	Bahnhof	Inselgeb.	BAST 01 "Verspätete Übergabe Ausführungsplanung für Provisorien"	neu
		Modifikationen:	Zusätzlicher Vorgang; Dauer = 12.03.03 bis 24.03.03 = 9 AT; Vorgänger:345, Nachfolger: 364 u. 369; Normalfolge	
2	Bahnhof	Inselgeb.	Provisorienplanung im Bahnhofsgebäude	350
		Modifikationen:	E-E-Beziehung (Endfolge) von BAST 01	
		Modifikationen:		

Abb. 67: Beispielhafte Darstellung zu den vorgenommenen Modifikationen im Soll (n–1)-Terminplan, um Auswirkungen einer Bauablaufstörung zu berücksichtigen

Dieser um die Verzögerung und ihre Auswirkungen modifizierte Soll (n–1)-Terminplan wird nun neu berechnet und ergibt den Soll' (n)-Terminplan.

177 **Stufe 7: Gegenüberstellung Soll (n–1)-Terminplan/Soll' (n)-Terminplan**

Die Auswirkungen der jeweiligen Verzögerung auf einzelne Vorgänge, Bauabschnitte oder das Gesamtbauvorhaben können durch eine (tabellarische) Gegenüberstellung des Soll (n–1)-Terminplans, also des maßgebenden Bauablaufs in Folge der zuvor betrachteten Verzögerung, mit dem sich ergebenen Soll' (n)-Terminplan bestimmt werden.

Bauablaufstörung (BAST) Nr.: 3 (intern L•H•R) A 007; 105 (extern AN)

Ergebnissse der Neuberechnung im Soll'(n)

Gemäß Gegenüberstellung Soll (2) mit Soll' (3) beträgt die bauzeitverlängernde Wirkung u. a. auf folgende Vorgänge

Los	Bauteil	Abschnitt	Vorgangsbezeichnung	Nr.	Auswirkung		Anmerkung
2	Bahnhof	Inselgeb.	Provisorienplanung Bahnhofsgebäude	350	9	AT	
2	Bahnhof	Inselgeb.	Abbruch Gebäude bis Bahnsteigkante	441	9	AT	Sammelvorgang
2	Bahnhof	Inselgeb.	Tiefgarage Ebene -1	479	9	AT	Sammelvorgang
EUB	Dienstlstg.		Dienstleistungszentrum	523	9	AT	Sammelvorgang
3			Gleisbau	673	0	AT	Sammelvorgang
			Bauende	1025	0	AT	Meilenstein

Abb. 68: Beispielhafte tabellarische Darstellung der Ergebnisse aus einer Gegendarstellung von Terminplänen für die die beiden maßgebenden Terminpläne überlagert wurden.

Etwas übersichtlicher aber arbeitsintensiver erscheint eine graphische Gegenüberstellung beider Bauablaufzustände (dargestellt an einer anderen BAST)

Nr.	Bezeichnung	Dauer (AT	Ende Soll' (n-1)	Ende Soll (n)	Diff Start	Diff Ende
362	Achsen 5-11 (50 m)	59t	23.06.2003	16.07.2003		17t
363	Voraushub bis ca.196,10 (ca. 2.000m³)	6t	28.04.2003	28.04.2003		
364	Pfähle	20t	27.05.2003	27.05.2003		
BAST 09a	A 042/048/049: zus. HDI-Unterfangung VEG	27t		01.07.2003		
365	Spritzbeton	4t	03.06.2003	03.06.2003		
366	Anker setzen	5t	11.06.2003	11.06.2003		
367	Erstellung einer Berme Achse 6-10		13.06.2003	13.06.2003		
368	Injektionen unter Fundament VEG		13.06.2003	13.06.2003		
BAST 09b	zusätzliche Leistungen Erschwernisse	6t		09.07.2003		
369	Aushub Berme bis Ankerlage		13.06.2003	09.07.2003	17t	17t
370	Pfahlkopfbalken	2t	17.06.2003	11.07.2003	17t	17t

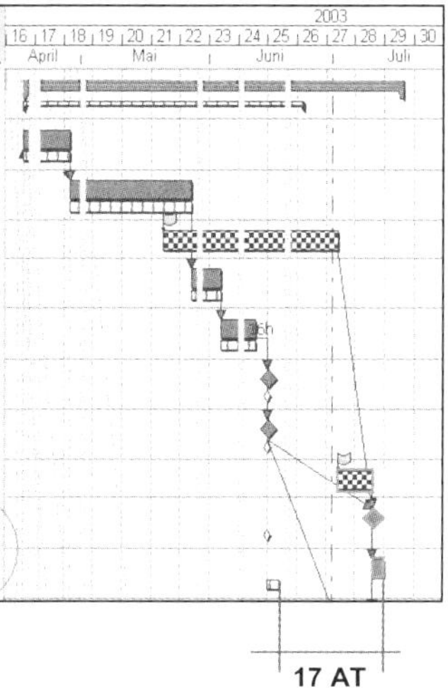

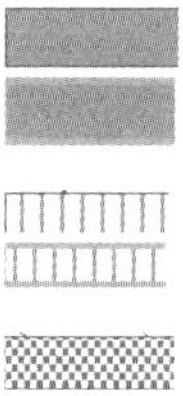

Soll' (n)

Soll' (n) Darstellung auf dem kritischen Weg

Soll (n-1)

Soll (n-1) Darstellung auf dem kritischen Weg

BAST 09 (zweigeteilte Bauablaufstörung)

Abb. 69: Beispielhafte Präsentation zweier modifizierter Terminpläne in einer Darstellung mit Angabe der Differenzen zwischen Start- und Endterminen

Es zeigt sich an dieser Stelle, dass es durch Anwendung von sog. Sammelvorgängen gerade bei umfangreichen Bauablaufplänen gelingt, die Übersichtlichkeit zu erhalten und nur durch Planausschnitte die Veränderungen zu visualisieren. Dies führt dazu, dass es nicht mehr notwendig ist, jeden der vielen Terminpläne auszudrucken.

Der „kritische Weg" sollte gesondert dargestellt werden (in der obigen Darstellung durch einen Rahmen). So kann später u. a. festgestellt werden, welche der Verzögerungen tatsächlich zu einer Verlängerung der Gesamtausführungsdauer geführt haben.

178 Stufe 8: Gegenüberstellung Soll' (n)-Terminplan/Ist-Terminplan und Erstellung eines rechenbaren Soll (n)-Terminplans

In dieser Bearbeitungsstufe ist anhand des tatsächlichen Bauablaufs (Ist-Terminplan aus der Dokumentation z. B. Auswertung des Bautagebuchs) zu prüfen, ob sich der gemäß dem theoretischen, störungsmodifizierten Soll'(n)-Terminplan ermittelte geschuldete Bauablauf auch tatsächlich eingestellt hat (Kausalitätsnachweis).

Bei wesentlichen Abweichungen ist dann in einem nächsten Schritt festzustellen, auf welche Ursachen diese Abweichung zurückzuführen ist. Kontrolliert werden hierbei einerseits die direkt betroffenen Vorgänge und anschließend die übrigen Leistungen innerhalb des betrachteten Zeitfensters.

Hat sich der ermittelte theoretische Bauablauf gemäß dem störungsmodifizierten Soll' (n)-Terminplan tatsächlich auch eingestellt, bildet dieser Soll'$_{Ist}$ (n)-Terminplan als Soll (n)-Terminplan die Basis für die nächste Verzögerungsberechnung Soll' (n+1).

Bauablaufstörung (BAST) Nr.: | 3 (intern L•H•R) | A 007; 105 (extern AN)

Ergebnis der Gegenüberstellung des Soll' (3)-Terminplans mit dem Ist-Terminplan

Die Bauablaufstörung stellte sich in dieser Form ein:

☐ ja	☒ nein
Der Soll'-Terminplan wird der weiteren Bearbeitung als Soll (3)-Terminplan zugrunde gelegt	Die festgestellten Abweichungen und Umstellungen werden nachfolgend berücksichtigt, nämlich im Soll'$_{Ist}$ (3) a-Terminplan

Abb. 70: Beispielhafte Darstellung der Ergebnisse einer Gegenüberstellung von Terminplänen

179 Ist jedoch eine relevante Abweichung (z. B. Umstellung des Bauablaufes oder eine beschleunigte bzw. verlängerte Bauausführung bei den Vorgängen) festzustellen, müssen diese Änderungen in einem zusätzlichen Bearbeitungsschritt ebenfalls im störungsmodifizierten Soll' (n)-Terminplan eingearbeitet werden. Nur so ist der tatsächliche Bauablauf, der sich aus der betrachteten Bauablaufstörung ergeben hat, bei den weiteren Verzögerungen zu berücksichtigen. Die sich daraufhin ergebene Bauabfolge erhält die Bezeichnung Soll'$_{Ist}$ (n) a-Terminplan.

Die vorgenommenen Veränderungen zur Berücksichtigung des tatsächlichen Bauablaufs im Soll' (n)-Terminplan sind nachvollziehbar festzuhalten.

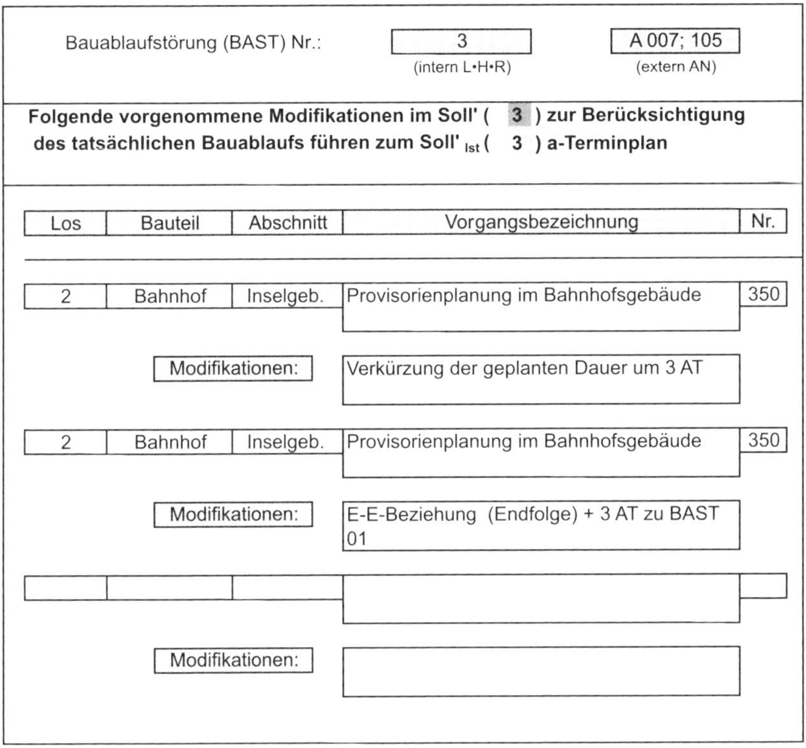

Bauablaufstörung (BAST) Nr.: 3 (intern L•H•R) A 007; 105 (extern AN)

Folgende vorgenommene Modifikationen im Soll' (3) zur Berücksichtigung des tatsächlichen Bauablaufs führen zum Soll'$_{Ist}$ (3) a-Terminplan

Los	Bauteil	Abschnitt	Vorgangsbezeichnung	Nr.
2	Bahnhof	Inselgeb.	Provisorienplanung im Bahnhofsgebäude	350
		Modifikationen:	Verkürzung der geplanten Dauer um 3 AT	
2	Bahnhof	Inselgeb.	Provisorienplanung im Bahnhofsgebäude	350
		Modifikationen:	E-E-Beziehung (Endfolge) + 3 AT zu BAST 01	
		Modifikationen:		

Abb. 71: Beispielhafte Darstellung zu den vorgenommenen Modifikationen im Soll' (n)-Terminplan um den tatsächlichen Bauablauf zu berücksichtigen

Erst jetzt ergeben sich die maßgebenden Auswirkungen der jeweiligen Verzögerung auf einzelne Vorgänge, Bauabschnitte oder das Gesamtbauvorhaben. **180**

Bauablaufstörung (BAST) Nr.: 3 (intern L•H•R) A 007; 105 (extern AN)

Ergebnisse der Neuberechnung im Soll'$_{Ist}$ (3) a

Gemäß Gegenüberstellung Soll' (3) mit Soll'$_{Ist}$ (3) a beträgt die bauzeitverlängernde Wirkung u.a. auf folgende Vorgänge

Los	Bauteil	Abschnitt	Vorgangsbezeichnung	Nr.	Auswirkung		Anmerkung
2	Bahnhof	Inselgeb.	Provisorienplanung Bahnhofsgebäude	350	6	AT	
2	Bahnhof	Inselgeb.	Abbruch Gebäude bis Bahnsteigkante	441	6	AT	Sammelvorgang
2	Bahnhof	Inselgeb.	Tiefgarage Ebene -1	479	6	AT	Sammelvorgang
EUB	Dienstlstg.	0	Dienstleistungszentrum	523	6	AT	Sammelvorgang
3	0	0	Gleisbau	673	0	AT	Sammelvorgang
0	0	0	Bauende	1025	0	AT	Meilenstein

Abb. 72: Beispielhafte tabellarische Darstellung der Ergebnisse aus einer Gegenüberstellung von Terminplänen (hier Soll' (n) mit Soll'$_{Ist}$ (n)

Entweder der Soll'$_{Ist}$ (n)- oder der Soll'$_{Ist}$ (n) a-Bauablauf wird zum Soll (n)-Bauablauf, um hiermit die Auswirkungen einer weiteren Bauablaufstörung, der BAST (n+1) in analoger Form beurteilen zu können.

181 **Stufe 9: Zeit- bzw. Pufferkonto**

Auf die Bedeutung von Puffern und die Verwaltung von Pufferkonten ist bereits an anderer Stelle (vgl. Teil B, Rdn. 100 ff.) hingewiesen worden. Wurde festgestellt, dass seitens des Auftragnehmers beschleunigt wurde, so wird die festgestellte Dauer dieser Beschleunigung in das „Pufferkonto" des Auftragnehmers aufgenommen. Es ist vor allem in Hinblick auf die möglicherweise geltend zu machenden Mehrkosten zu entscheiden, ob nur ein Pufferkonto für den Gesamtbauablauf oder mehrere Konten für relevante Lose, Bauteile oder Bauabschnitte geführt werden soll (vgl. Teil B, Rdn. 122). Hierzu ist die bereits angesprochene Nutzung von Sammelvorgängen hilfreich.

Aus dem Vergleich zwischen dem Soll'(n)- und dem Ist-Terminplan festgestellte Verzögerungen aus der Verantwortungssphäre des Auftragnehmers sind als negative Puffer analog zu berücksichtigen, wenn sie nicht als gesonderte Verzögerung betrachtet werden. Aus dem Vergleich zwischen Soll'(n)- und dem Soll(n–1)-Terminplan ergibt sich zunächst die theoretische und aus dem Vergleich zwischen Soll(n–1)- und dem Ist-Terminplan die tatsächliche Bauzeitverlängerung.

Bauablaufstörung (BAST) Nr.: 3 (intern L•H•R) A 007; 105 (extern AN)

Pufferkonto für Gesamtbauablauf

BAST	Puffer [AT]	Beschreibung
10	9	Umstellung der Verbauarbeiten Achse G (kleinere Abschnitte/ parallele Ausführung - Vorgezogener Beginn der Herstellung der Personenführung)
18	12	Personenführung zus. Phase Alternative III (Querung TG-Decke Achse 7/8 --> vorgezogener Abbruch des Tunnels)
18	-3	Längere Ausführungsdauer Betonarbeiten
Summe:	**18**	

Abb. 73: Schematische Darstellung eines Pufferkontos für den Gesamtbauablauf (weitere Ausführungen unter Teil B Rdn. 126 bzw. Rdn. 152)

6.2 Konkretes Beispiel anhand eines Mehrstufigen Nachweisverfahrens unter Berücksichtigung des tatsächlichen Bauablaufs

Das nachfolgende Beispiel wird in verkürzter Form und mit gewissen inhalt- **182**
lichen Verfremdungen dargestellt. Es soll hauptsächlich die Art und Weise der Bearbeitung einer Verzögerung anhand des Mehrstufigen Nachweisverfahrens unter Berücksichtigung des tatsächlichen Bauablaufs illustriert werden. Weiterhin soll ein Überblick über die zu verarbeitenden Informationen gegeben werden, die im Rahmen einer störungsorientierten Dokumentation vorgehalten werden müssen.

BAST 25 – Ausführungsplanung Fahrtreppe DLZ (A 203)

25.1 Bezeichnung der Verzögerung

183

Bauablaufstörung (BAST) Nr.: 25 (intern L•H•R) | A 203; NA 150 (extern AN)

Kurzbezeichnung: **Anpassung Ausführungsplanung Fahrtreppe DLZ**
Gewerk: Ausführungsplanung

Los	Bauteil	Abschnitt	Vorgangsbezeichnung gem. Soll-0-Bauablauf	Nr.
2	Bahnhof	Inselgeb.	*kein Vorgang hierfür vorgesehen*	

Abb. 74: Vorgangsbezeichnung BAST 25 (Beispiel)

25.2 Sachverhaltsdarstellung

184

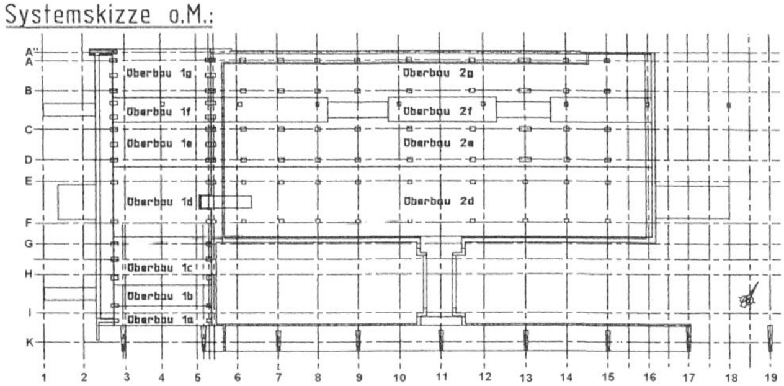

Abb. 75: Sachverhaltsdarstellung BAST 25 im Lageplan (Beispiel)

Bei der Bauanlaufberatung für die Aufzüge/Rolltreppen stellte sich heraus, dass die nach Bauvertrag geplanten Öffnungen für die vom Auftraggeber bestellten Rolltreppen nicht auskömmlich waren. Die Ausführungsplanung musste aus diesem Grund angepasst werden, mit der Folge, dass der Auftraggeber die Ausführungspläne nur verspätet übergeben konnte.

25.3 Schriftverkehrsauswertung

185

Aktenvermerk Nr.:	01201/XX	Datum:	06.11.XX	Punkt Nr.:	

AKTENVERMERK 01201 / 03

17. NOV. 2003

Hauptbauleistungen - Aufzüge / Rolltreppen

Teilnehmer:

siehe Teilnehmerliste

Ort: DB ProjektBau Schmidtstedter Str. 34

Datum: 06.11.03

Zeit: 13.00 Uhr

Thema: **Bauanlaufberatung**

	Bearbeitung durch	Termi
Die im Folgenden stichpunktartig aufgeführten Punkte wurden besprochen, beschriebene Festlegungen getroffen:		
1. Rolltreppen Fa. stellt dar, dass die momentanen Öffnungen (Planung) nicht für die vom Auftraggeber bestellten Rolltreppen passen. Das untere Auflager kann bestehen bleiben, das obere ist in der Öffnung um ca. 24 cm zu vergrößern. Weiterhin muss ein Mittelauflager unter den Rolltreppen ausgebildet werden, welcher ca. 127 kN in die Decke TG oder in die seitlichen Treppenwände ableite kann. Eine Verschiebung von ca. 2,30 m beidseitig dieses z. Zt. mittig anz[illegible] Auflagers ist maximal möglich.		
Festlegung: Der Auftraggeber muss die ARGE zur Überarb[illegible] und der betroffenen Ausführungszeichnung [illegible]	Hr.	/ Hr
Die Änderungen der Öffnung [illegible] sung des AG durch zu [illegible] Planungsvorgaben [illegible]erden [illegible]	Hr.	/ Hr
Die Revision der Rolltrep[illegible] soll [illegible]führung ist dieser Forderung anzupassen.	Fa.	
Fa. liefert die [illegible] Anlagen an die ARGE, zur Kenntnis an die [illegible] Durch die AR[illegible] ser Vorgaben die Leistung als auch die Kabelführ[illegible] zu [illegible]stellen.	ARGE, Hr.	
[illegible] (S[illegible]) der Rolltreppen müssen nach den Angaben der Fa. [illegible]ert [illegible] tiefer gelegt werden. Auch hier erfolgt die Überarbeitung der [illegible] und Vorgabe für die Ausführungsunterlagen an die ARGE. [illegible] Auch hierfür ist der zutreffende Auftrag für die Leistungen durch den AG auszulösen.	Hr	/ Hr.
Die überarbeiteten Pläne werden durch an die Ausführungsplaner versandt!	Fr.	Ende 47. KW
Die Verkleidung der Treppenwand mit Naturstein muss vor der Rolltreppenmontage abgeschlossen sein.	ARGE, Hr	

Abb. 76: Schriftverkehrsauswertung (Auszug) BAST 25 (Beispiel)

25.4 Gutachterliche Bewertung des Sachverhaltes

Es ist festzustellen, dass der Auftraggeber seinen Auftragnehmer für die Aufzüge und Rolltreppen zu einem sehr späten Zeitpunkt in die Ausführungsplanung eingebunden hat. Es lagen zwar Ausführungspläne für das Gewerk Rohbau vor, diese waren aber nicht koordiniert. Zum Zeitpunkt der ersten Auftaktbesprechung für das Gewerk Aufzüge und Rolltreppen am 06.11.03 waren die Rohbauarbeiten in der Tiefgarage und dem Dienstleistungszentrum bereits weit vorangeschritten. 186

Es stellte sich dann heraus, dass die für die Aufzüge und Rolltreppen vorgesehenen baulichen Voraussetzungen (Öffnungen/Auflager/Aufkantungen etc.) u. U. geändert werden mussten. Da die notwendigen Planungsleistungen auch andere Bauteile (Mittelstützen, Personentunnel und Leitungsführung Haustechnik) betraf und Abstimmungen mit dem Prüfingenieur notwendig waren (Verweigerung der Freigabe durch den Prüfingenieur, für den Fall, dass nicht vorab der statische Anschluss an den Tunnel geklärt wird), war der Auftraggeber zunächst gehalten, eine entsprechende Grundlagenermittlung durchzuführen und Koordinationen zu betreiben. Die notwendigen Planungsleistungen starteten daher erst nach ca. einem Monat.

Schreiben / Telefax vom:	20.11.03	Eingang:	
von:	AN	an:	AG

Baumaßnahme
HIER: Los 2 DLZ- Geänderte Ausführung der Fahrtreppen
Anzeige von Behinderung gem. VOB § 6
Mehrkostenanmeldung gem. VOB § 2.6

Sehr geehrte Damen und Herren,

zu o.g. Thematik teilen wir Ihnen mit, daß wir in der Ausführung unserer Leistung behindert sind.

Gemäß der uns bekannten der Verlängerungen der Fahrtreppen sowie zusätzlichen Unterstützungen sind die Wände Achse B-C/9-10 in der bisher geplanten Form nicht ausführbar. Gemäß aktuellen Bautenstand sind diese Bauteile zur Ausführung notwendig, da sonst die Schalarbeiten der Gleisbrücken 2e und 2g Achse 9-13 nicht vollständig ausgeführt werden können. Die für die 49.KW vorgesehenen Bewehrungsabrufe der Wände wurden nicht durchgeführt und bis zur endgültigen Klärung zurückgestellt.
Des weiteren betreffen die Änderungen ebenfalls die Arbeiten an den Bahnsteigbrücken B-C. Nach derzeitiger Einschätzung ist Baubeginn in der 50.KW.

Gemäß o.g. Punkten sind wir in der Ausführung unserer Leistung behindert.

Mehrkosten aus verlängerter Vorhaltung zeigen wir hiermit an.

Dokument Nr.:	27503

Abb. 77: Auszug aus Schriftwechselanalyse (Dokument 27503) als erläuterndes Beispiel

Dem Grunde nach besteht ein Anspruch auf Anpassung der Ausführungstermine, da der Auftraggeber von seinem Änderungsrecht nach § 1 Abs. 3 VOB/B Gebrauch gemacht hat und die notwendige und freigegebene Neuplanung erst wesentlich verspätet vorgelegt werden konnte (vgl. Teil A Rdn. 375). Die Leistungsbereitschaft des Auftragnehmers war dadurch gegeben, dass sämtliche anderen Wände und Decken im Bereich der Fahrtreppen hergestellt wurden. Die auftragnehmerseitige Planung war auch abgeschlossen, da bereits der Bewehrungsstahl für die ursprüngliche Leistung bestellt worden war.

25.5 Berechnung der ansetzbaren Verzögerungsdauer

Am 09. 12. 2003 wurden die Ausgangsparameter (Lastabtragung aus der Mittelstütze) für die Fahrtreppen im Dienstleistungszentrum erneut angepasst. Die Ausführungsplanung musste somit erneut geändert werden. Die Bauablaufstörung dauert also weiterhin an. 187

Schreiben / Telefax vom:	**16.01.04**	**Eingang:**	**19.01.04**
von: AG		**an:** AN	

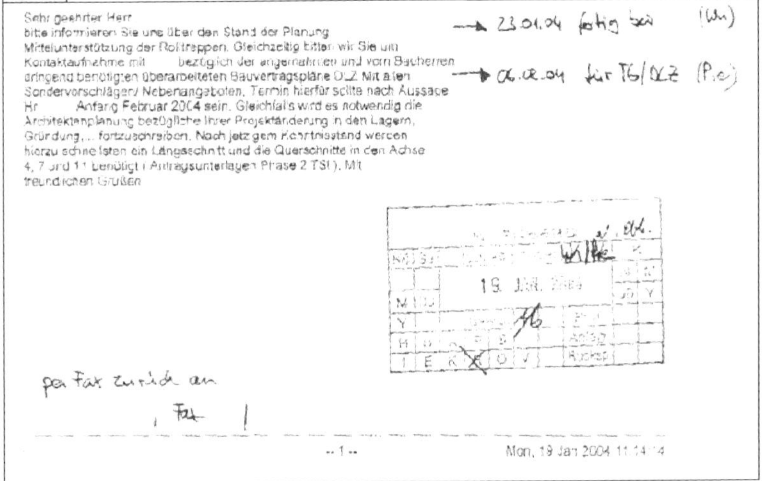

Sehr geehrter Herr
bitte informieren Sie uns über den Stand der Planung Mittelunterstützung der Rolltreppen. Gleichzeitig bitten wir Sie um Kontaktaufnahme mit bezüglich der angemahnten und vom Bauherren dringend benötigten überarbeiteten Bauvertragspläne DLZ Mit allen Sondervorschlägen/ Nebenangeboten. Termin hierfür sollte nach Aussage Hr Anfang Februar 2004 sein. Gleichfalls wird es notwendig die Architektenplanung bezügliche ihrer Projektänderung in den Lagern, Gründung,... fortzuschreiben. Nach jetzigem Kenntnisstand werden hierzu schnellsten ein Längsschnitt und die Querschnitte in den Achse 4, 7 und 11 benötigt (Antragsunterlagen Phase 2 TS1). Mit freundlichen Grüßen

19. JAN. 2004

per Fax zurück an

-- 1 -- Mon, 19 Jan 2004 11:14:14

Dokument Nr.:	**28668**

Abb. 78: Auszug aus Schriftwechselanalyse (Dokument 28668) als erläuterndes Beispiel

Bahnsteigbrücke Achse B-C (Überbau 2f) - Abschnitt 2/3

Plan	Planart	Planbezeichnung	Eingang	Gleichst.	Baufreigabe
D 1 TP5 B 444 a	Bewehrung	ÜB 2f Bahnsteigbr. B-C/10-12; B7	23.07.03 ←	01.07.03	16.07.03
D 1 TP5 B 438 b	Bewehrung	ÜB 2f Bahnsteigbr. B-C/10-12; B7	23.04.04 ←	01.07.03	28.04.04

Bahnsteigbrücke Achse B-C (Überbau 2f) - Abschnitt 2/3

Plan	Planart	Planbezeichnung	Eingang	Gleichst.	Baufreigabe
D 1 TP5 B 612 c	Schalplan	Überbau 2f 2/3	30.07.03	01.07.03	
D 1 TP5 B 612 d	Schalplan	Überbau 2f 2/3	05.04.04 ←	15.04.03	

Abb. 79: Ist-Planeingang „Bahnsteigbrücke Achse B-C Abschnitt 2/3" gem. Planeingangsliste

Der Planeingangsliste ist zu entnehmen, dass der **Schalplan** für die Bahnsteigbrücke Achse B-C (Überbau 2 f.) am **05.04.04** beim Auftragnehmer einging. Der Bewehrungsplan ging dem Auftragnehmer erst am **23.04.04** zu. Die **Freigabe** des **Bewehrungsplans** erfolgte hingegen erst am **28.04.04**.

Schreiben / Telefax vom:	**27.04.04**	**Eingang:**	
von:	**AN**	**an:**	**AG**

Unser Zeichen Tel.-Durchwahl Fax-Durchwahl e-mail Datum
ra 27.04.2004

Baumaßnahme
HIER: **Los 2 Überbau 2f- Achse B-C/10-12 Bewehrungsführung**
Eingang neuer Planung
Behinderung gem. VOB § 6.1
Mehrkostenanmeldung gem. VOB § 2.6

Sehr geehrte Damen und Herren,

zu o.g. Planunterlagen mit Eingang vom 23.04.04 teilen wir Ihnen folgendes mit:

Plan- Nr.: D+1 TP5B444b
Pos 30- 34 sind als Aufkantungsbewehrung im Bereich des Fahrstuhlschachtes neu

Die Bewehrung ist nach Index „a" auf der Baustelle. Das Bauteil steht in Schalung. Der erforderlichen Biegeformen werden nachbestellt.

Bis zum Eintreffen der Bewehrung sind wir in der Ausführung unserer Leistung in diesem Bauteil behindert.

Die entstehenden Mehrkosten aus verlängerter Vorhaltung gehen zu Lasten des AG`s.

Dokument Nr.:	**30883**

Abb. 80: Auszug aus Schriftwechselanalyse (Dokument 30883) als erläuterndes Beispiel

Schreiben / Telefax vom:	04.05.04	Eingang:	
von:	AN	an:	AG

Unser Zeichen Tel.-Durchwahl Fax-Durchwahl e-mail Datum
/ -19 04.05.2004

Baumaßnahme
HIER: **Los 2 Überbau 2 f – Achse B-C/10-12 Bewehrungsführung**
Unsere Behinderungsanzeige vom 27.04.2004 [30883]

Sehr geehrte Damen und Herren,

zu o.g. Thematik teilen wir Ihnen mit, dass mit Eintreffen der Bewehrung am 29.04.2004 die Behinderung aufgehoben ist.

Dauer der Behinderung: 23.04.2004 bis 29.04.2004 5 AT

Über die entstandenen Mehrkosten aus verlängerter Vorhaltung erfolgt eine gesonderte Aufstellung.

Dokument Nr.:	31049

Abb. 81: Auszug aus Schriftwechselanalyse (Dokument 31049) als erläuterndes Beispiel

Gutachterliche Bewertung

Maßgebend ist an dieser Stelle die Anzeige der hindernden Umstände durch den Auftragnehmer mit Schreiben vom 20.11.03. Zu diesem Zeitpunkt wurde dem Auftraggeber die Behinderung in Folge der „geänderten Ausführung der Fahrtreppe" mitgeteilt. Die hindernden Gründe sind für den Auftragnehmer mit Vorlage der freigegebenen, geänderten Ausführungsplanung am 28.04.04 entfallen. Durch Vorlage der freigegebenen Ausführungsplanung wurde der Auftragnehmer in die Lage versetzt, die Bahnsteigbrücke herzustellen (Soll-Planvorlauffrist = 4 KW).

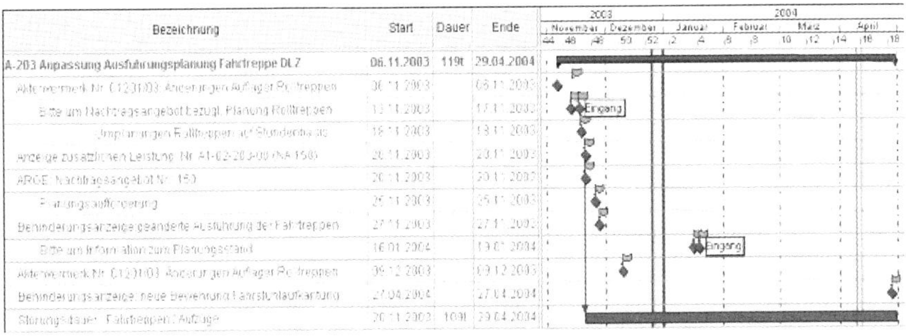

Abb. 82: Graphische Schriftverkehrsauswertung zu BAST 25 (Beispiel)

Bauablaufstörung (BAST) Nr.: 25 (intern L•H•R) A 203; NA 150 (extern AN)

Feststellungen zu den Anspruchsformalien

Eingriff in die Hauptvertragsleistung

☒ ja, da Änderungsanordnung vgl. NA 150

☐ nein

Behinderungsanzeige vom: (Anmeldung) 20.11.2003 zum: 20.11.2003

Beginn der Bauablaufstörung wird definiert durch:

- Nichtaufnahme der Tätigkeiten trotz erkennbarer Leistungsbereitschaft
- ausgebliebene Übergabe der Ausführungsplanung zu den Fahrtreppen

Beginn der Bauablaufstörung Datum: 20.11.2003

Abmeldung der Behinderung am: 4.5.2004 zum: 29.04.2004

Ende der Bauablaufstörung wird definiert durch:

- schriftliche Baufreigabe der Ausführungsplanung Bewehrung Bahnsteigbrücke Achse B-C

zum: 29.04.2004

Ende der Bauablaufstörung Datum: 29.04.2004

Dauer der Bauablaufstörung 55 AT

Dauer wurde im Schreiben vom: mit AT angegeben.

Abb. 83: Feststellung zu den Anspruchsformalien der BAST 25 (Beispiel)

Dem störungsmodifizierten Soll'$_{(IST)}$(24) a-Terminplan ist zu entnehmen, dass der 2. Betonierabschnitt der Bahnsteigbrücke 3 f. Achse C-B/9–13 hätte in der Zeit vom 09.03.04 bis 17.03.04 ausgeführt werden sollte.

Nr.	Bezeichnung	Dauer [AT]	Start	Ende
578a	**Achsen 9-13**	**83t**	**05.02.2004**	**04.06.2004**
578b	**Bahnsteig 1/2 (Achse B-C)**	**13t**	**09.03.2004**	**25.03.2004**
578c	Bahnsteigbrücken	7t	09.03.2004	17.03.2004
578d	Aufbauten	6t	18.03.2004	25.03.2004

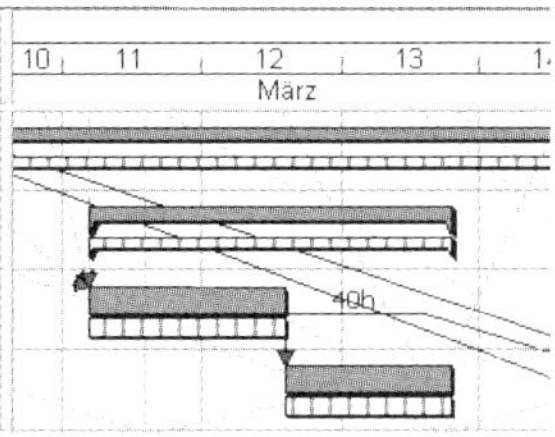

Abb. 84: Soll-Ausführung Bahnsteigbrücke 3 f. (Achse B-C/9–13) gem. störungsmodifiziertem Soll'$_{IST}$24 a-Terminplan = Soll'$_{Ist}$24 (Beispiel) = Soll 24

Gemäß vertraglicher Vereinbarung sollten dem Auftragnehmer alle freigegebenen Ausführungsunterlagen 4 KW vor Beginn der Ausführung eines „Bauteils" übergeben werden. Für die **Bahnsteigbrücke 3f** (Achse B-C/9–13) hätten dem Auftragnehmer also die Ausführungsunterlagen spätestens am **10.02.04** übergeben werden müssen.

Nr.	Bezeichnung	Dauer [AT]	Start	Ende
578b	**Bahnsteig 1/2 (Achse B-C)**	**33t**	**10.02.2004**	**25.03.2004**
BAST 25	**A 203: fehl. Ausführungsplanung Fahrtreppe DLZ**		**10.02.2004**	**10.02.2004**
578c	Bahnsteigbrücken	7t	09.03.2004	17.03.2004
578d	Aufbauten	6t	18.03.2004	25.03.2004

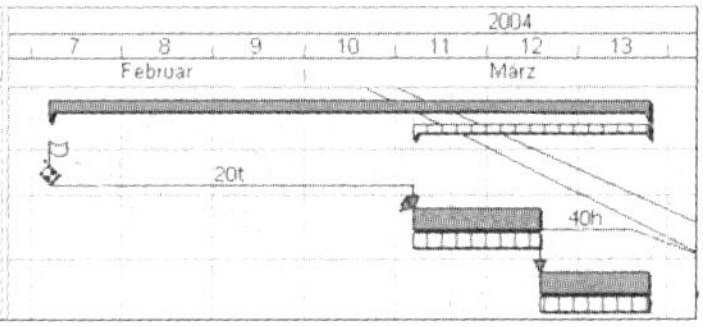

Abb. 85: Soll-Planeingang Bahnsteigbrücke 3 f. (Achse B-C/9–13) gem. störungsmodifiziertem Soll'24-Terminplan (Beispiel)

Anhand der Fotodokumentation ist zu erkennen, dass in Folge des Planlieferverzugs auf Grund der Änderungen an den Aufzugs- bzw. Fahrtreppenöffnungen, die eigentliche Herstellung der Bahnsteigbrücken nicht direkt betroffen war. Auswirkungen hatte das Fehlen des Bewehrungsplans „D 1 TP5 B 438b" vor allem auf die „Herstellung der Aufkantungen".

Abb. 86: Bahnsteigbrücke B-C/9–13 Aufkantung Treppe nicht betoniert, Stand: 16.03.04 (Beispiel)

Abb. 87: Aufkantungen Treppe Vorgang Nr. 578, Stand: 13.05.04 (Beispiel)

Gemäß Planeingangsliste (vgl. Teil B Abb. 79) lag dem Auftragnehmer der **Schalplan** für den Überbau 2 f. 2/3 (Achse B-C/9–13) am **05. 04. 2004** vor. Seitens des Auftragnehmers wurde nach Planeingang auch unmittelbar mit der Herstellung der Schalung begonnen, wie das obige Foto auch dokumentiert. Auf Grund der weiteren Verzögerung bei der Übergabe des Bewehrungsplans, mussten die Arbeiten aber unterbrochen werden.

Bauablaufstörung (BAST) Nr.: 25 (intern L•H•R) A 203; NA 150 (extern AN)

Feststellung der ansetzbaren Störungs-/Behinderungsdauer

			Nachweis in Anlage:
a)	aus unmittelbarer Störung:	55 AT	25/3
b)	für geänd./Zus. Leistungen (§ 2 Abs. 5/6 VOB/B)	0 AT	
c)	infolge Minderleistungen	0 AT	
d)	für Neu- bzw. Wiederaufnahme (§ 6 Abs. 4 VOB/B)	0 AT	
e)	Verschiebung ungünstige Jahreszeit	0 AT	
		55 AT	
f)	abzüglich Zeitersparnis aus z.B. Weiterarbeit	0 AT	
		55 AT	

Abb. 88: Feststellung der ansetzbaren Störungs-/Behinderungsdauer in BAST 25 (Beispiel)

188 25.6 Modifizierungen im Soll 24-Terminplan

Bauablaufstörung (BAST) Nr.: 25 (intern L•H•R) — A 203; NA 150 (extern AN)

Vorgenommene Modifikationen im Soll' $_{(Ist)}$ 24 a

Los	Bauteil	Abschnitt	Vorgangsbezeichnung	Nr.
2	Bahnhof	DLZ	BAST 25 Verspätete Übergabe Ausführungsplanung Fahrtreppe DLZ	neu
		Modifikationen:	Zusätzlicher Vorgang; Dauer = 10.02.04 bis 28.04.04 = 55 AT; Startflagge: 10.02.04, Nachfolger: 578c	
2	Bahnhof	DLZ	Bahnsteigbrücke Achse C-B/9-13	578c
		Modifikationen:	Vorgang 578c teilen: Segment 1: Anteil der nicht von der Störung betroffenen Leistung = 4 AT Segment 2: Die von BAST 25 abhängige Restleistung sowie dem Zuschlag für die Wiederaufnahme der Arbeiten = 2 AT + 3 AT = 5 AT Neue Anordnungsbeziehung: EA-Folge (Normalfolge) von BAST 25 zu Bewehren/Betonieren (2. Segment Vorgang zzgl. Soll-Planvorlauf v. 20 AT	
		Modifikationen:		

Abb. 89: Vorgenommene Modifikationen im Soll 24 zur Berücksichtigung der BAST 25 (Beispiel)

189 25.7 Gegenüberstellung Soll'(24)-Terminplan/Soll'(25)-Terminplan

Nr.	Bezeichnung	Dauer [AT]	Ende Soll'Ist (n-1)	Ende Soll'(n)	Diff Ende
578b	**Bahnsteig 1/2 (Achse B-C)**	**86t**	**25.03.2004**	**15.06.2004**	**53t**
BAST 25	**A 203: fehl. Ausführungspl. Fahrtreppe DLZ**	**55t**		**28.04.2004**	
578c 1	Bahnsteigbrücken	4t		12.03.2004	
578c 2	Bahnsteigbrücken	5t	17.03.2004	04.06.2004	**53t**
578d	Aufbauten	6t	25.03.2004	15.06.2004	**53t**

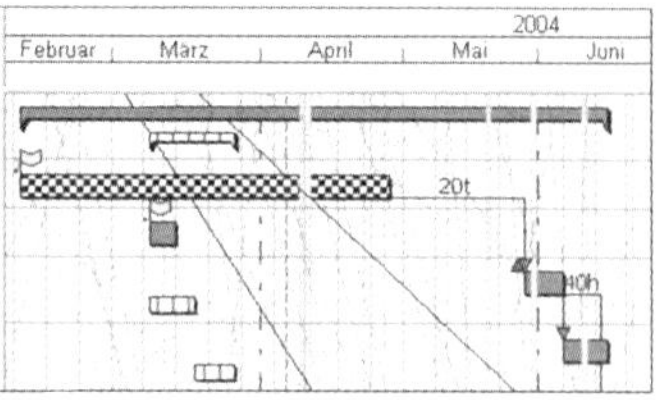

Abb. 90: Gegenüberstellung Soll (24) mit Soll'(25) (Beispiel)

Das Ergebnis der Neuberechnung lässt erkennen, dass der Vorgang Nr. 578c „Bahnsteigbrücke C-B/9–13“ nicht auf dem kritischen Weg lag. BAST 25 hatte weder Auswirkung auf den Gesamtfertigstellungstermin noch auf andere Lose. 190

Bauablaufstörung (BAST) Nr.: 25 (intern L•H•R) A 203; NA 150 (extern AN)

Ergebnisse der Neuberechnung im Soll'(n)

Gemäß Gegenüberstellung Soll'$_{Ist}$ 24 a mit Soll' 25 beträgt die bauzeitverlängernde Wirkung u.a. auf folgende Vorgänge

Los	Bauteil	Abschnitt	Vorgangsbezeichnung	Nr.	Auswirkung		Anmerkung
2			Los 2	347	0	AT	Sammelvorgang
2	Bahnhof	DLZ	Bahnsteigbrücke Achse C-B/9-13	578c	53	AT	
2	Bahnhof	Gleisbrücken	Gleisbrücken	534	0	AT	Sammelvorgang
EUB			EÜ Bahnhofsstraße	592	0	AT	Sammelvorgang
3			Los 3	673	0	AT	Sammelvorgang
			Bauende	1025	0	AT	Meilenstein

Abb. 91: Ergebnis der Neuberechnung im Soll'(25)-Terminplan (Beispiel)

25.8 Gegenüberstellung: Soll'(25)-Terminplan/Ist-Terminplan und Festlegungen für den Soll'$_{Ist}$ (25)-Terminplan

Gegenüberstellung der betroffenen Vorgänge 191

Nr.	Bezeichnung	Dauer [AT]	Ende Soll'Ist (n-1)	Ende Soll' (n)	Diff Ende
578b	**Bahnsteig 1/2 (Achse B-C)**	**86t**	**25.03.2004**	**15.06.2004**	**53t**
BAST 25	**A 203: fehl. Ausfuhrungspl. Fahrtreppe DLZ**	**55t**		**28.04.2004**	
578c 1	Bahnsteigbrucken	4t		12.03.2004	
578c 2	Bahnsteigbrucken	5t	17.03.2004	04.06.2004	53t
578 Ist	Ist Bahnsteigbrucke 1/2 (Achse B-C) gem. BTB	5t			
578 Ist	Ist Bew./Schal. Aufkantung 2f gem. BTB	4t			
578 Ist	Ist Betonage Aufkantung 2f gem. BTB	1t			
578d	Aufbauten	6t	25.03.2004	15.06.2004	53t

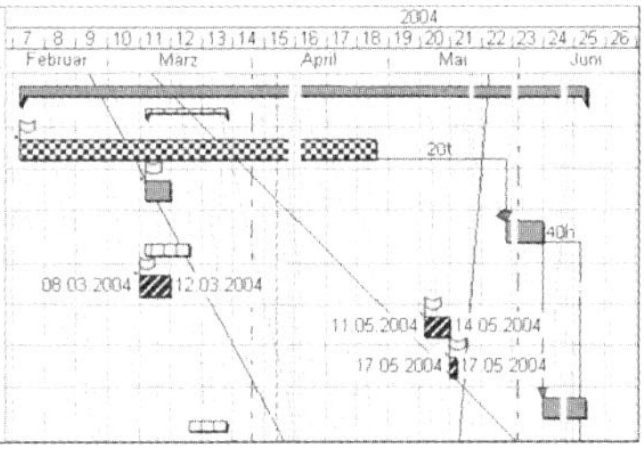

Abb. 92: Vorgang Nr. 578c gem. störungsmodifiziertem Soll'25-Terminplan (Beispiel)

Der Behinderungsabmeldung des Auftragnehmers vom 04.05.04 zufolge, konnte die Bewehrungsarbeiten bereits am 11. 05. 2004 wieder aufgenommen werden. Betoniert wurden die Aufkantungen der Fahrtreppenaussparungen schließlich am 17.05.04. Bezogen auf den störungsmodifizierten Soll'24 a-Terminplan wurde seitens des Auftragnehmers beschleunigt.

LHR GmbH & Co. KG
Ingenieure und Sachverständige
für Baubetrieb und Bauwirtschaft

Projekt:

Anlage:

Bauablaufstörung (BAST) Nr.: 25 (intern L•H•R) A 203; NA 150 (extern AN)

Ergebnis der Gegenüberstellung des Soll' 25 -Terminplan mit dem Ist-Terminplan

Die Bauablaufstörung stellte sich in dieser Form ein:

☐ ja

Der Soll'-Terminplan wird der weiteren Bearbeitung als Soll'$_{Ist}$ 25 -Terminplan zugrunde gelegt

☒ nein

Die festgestellten Abweichungen und Umstellungen werden nachfolgend berücksichtigt, nämlich im Soll' 25 a-Terminplan

Abb. 93: Ergebnis der Gegenüberstellung des Soll'(25)- mit dem Ist-Terminplan (Beispiel)

Um den störungsmodifizierten Bauablauf an den tatsächlichen Bauablauf im Terminplan abbilden zu können und somit die beschleunigte Ausführung der Leistungen zu berücksichtigen, werden folgende Änderungen vorgenommen:

Bauablaufstörung (BAST) Nr.: 25 (intern L•H•R) | A 203; NA 150 (extern AN)

Folgende vorgenommene Modifikationen im Soll' 25 zur Berücksichtigung des tatsächlichen Bauablaufs führen zum Soll' 25 a-Terminplan

Los	Bauteil	Abschnitt	Vorgangsbezeichnung	Nr.
2	Bahnhof	DLZ	Bahnsteigbrücke Achse C-B/9-13	578c

Modifikationen: **Neue Anordnungsbeziehung** von BAST 25: E-A (Normalfolge) zu den Restleistung Bewehren/Betonieren (2. Segment von 578c) Planvorlauf statt 20 AT nunmehr 8 AT

Los	Bauteil	Abschnitt	Vorgangsbezeichnung	Nr.
2	Bahnhof	Inselgeb.		

Modifikationen:

Los	Bauteil	Abschnitt	Vorgangsbezeichnung	Nr.

Modifikationen:

Abb. 94: Vorgenommene Modifikationen im Soll'(25) zur Berücksichtigung des Ist-Bauablaufs (Beispiel)

Gegenüberstellung der betroffenen Vorgänge

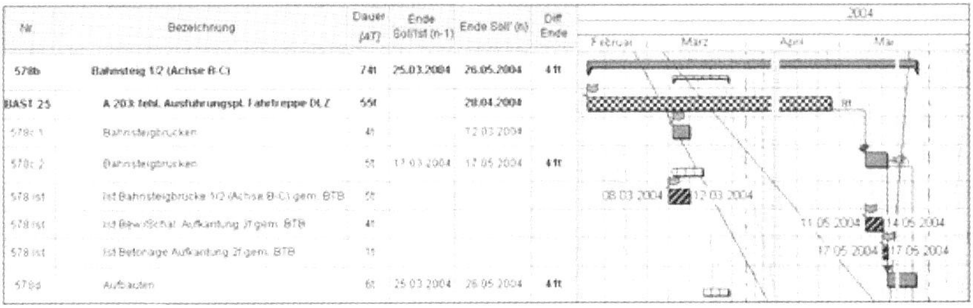

Abb. 95: Vorgang Nr. 578c gem. störungsmodifiziertem Soll'25 a-Terminplan (Beispiel)

Bauablaufstörung (BAST) Nr.: 25 (intern L•H•R) A 203; NA 150 (extern AN)

Ergebnissse der Neuberechnung im Soll' 25a = Soll'$_{Ist}$ 25

Gemäß Gegenüberstellung Soll' 24 a mit Soll'$_{Ist}$ 25 beträgt die bauzeitverlängernde Wirkung u.a. auf folgende Vorgänge

Los	Bauteil	Abschnitt	Vorgangsbezeichnung	Nr.	Auswirkung		Anmerkung
2			Los 2	347	0	AT	
2	Bahnhof	DLZ	Bahnsteigbrücke Achse C-B/9-13	578c	41	AT	Sammelvorgang
2	Bahnhof	Gleisbrücken	Gleisbrücken	534	0	AT	Sammelvorgang
EUB			EÜ Bahnhofsstraße	592	0	AT	Sammelvorgang
3			Los 3	673	0	AT	Sammelvorgang
			Bauende	1025	0	AT	Meilenstein

Abb. 96: Ergebnisse der Neuberechnung im Soll'$_{Ist}$(25) → keine Auswirkungen auf das Bauwerk (Beispiel)

25.9 Zeit-/Pufferkonto

192 *Gesamtbauwerk*

Bauablaufstörung (BAST) Nr.: 25 (intern L•H•R) A 203; NA 150 (extern AN)

Zeit- / Pufferkonto für Gesamtbauablauf

BAST	Puffer [AT]	Beschreibung
10	9	Umstellung der Verbauarbeiten Achse G (kleinere Abschnitte/ parallele Ausführung - Vorgezogener Beginn der Herstellung der Personenführung)
18	12	Personenführung zus. Phase Alternative III (Querung TG-Decke Achse 7/8 --> vorgezogener Abbruch des Tunnels)
18	-3	Längere Ausführungsdauer Betonarbeiten
Summe:	**18**	

Abb. 97: Zeit-/Pufferkonto – Gesamtbauablauf → keine Berücksichtigung der BAST 25

- (Beispiel)

  Die Bauablaufstörung 25 hatte keinen Einfluss auf andere Lose oder die Gesamtfertigstellung.

Dienstleistungszentrum

Bauablaufstörung (BAST) Nr.: 25 (intern L•H•R) A 203; NA 150 (extern AN)

Zeit- / Pufferkonto für Gesamtbauablauf

BAST	Puffer [AT]	Beschreibung
25	12	Verzicht auf vertraglich zugesicherten Planvorlauf --> kein ausreichender Zeitraum für Arbeitsvorbereitung und Materialdisposition
Summe:	**12**	

Abb. 98: Zeit-/Pufferkonto Dienstleistungszentrum (Beispiel)

7 Dokumentation von Bauablaufstörungen und deren Auswirkungen

193 Die vorstehenden Ausführungen haben gezeigt, dass die Ermittlung einer theoretischen Gesamtverzögerung ebenso wie die Feststellung der tatsächlich eingetretenen Verzögerung wesentliche Anhaltspunkte für eine monetäre Bewertung liefert.

Grundlage für eine solche Ermittlung und Analyse des Bauablaufes wird aber immer eine Dokumentation sein, mit der man frühzeitig erkennt, dass Leistungsänderungen oder aber Behinderungen vorliegen. Dies ist Vorbedingung für vertragsgerechtes Verhalten und eigene Steuerungsmaßnahmen auf der Baustelle und dient schließlich als Beweismittel bei vertraglichen Auseinandersetzungen (s. auch Teil A Rdn. 416, 722 ff., 802). In der Praxis der Bauabwicklung wird diese Dokumentation des tatsächlichen Ablaufes sehr oft vernachlässigt, so dass die Techniker zwar schon lange mit der drohenden oder tatsächlichen Verzögerung gelebt haben, aber in vielen Fällen die Spuren für das richtige Erkennen und Belegen einer solchen Verzögerung verwischt sind, wenn man sich auf die vertraglichen Anforderungen besinnt und Ansprüche geltend macht.

Insofern bedarf es einer systematischen Dokumentation während des Bauablaufes, die von beiden Parteien verfolgt werden kann und die bei richtiger Anwendung ein klares Hilfsmittel für die Steuerung des Ablaufes auf der Baustelle darstellt. Eine solche Dokumentation sollte folgende Ergebnissen liefern:

1) Beide Parteien erkennen zum frühestmöglichen Zeitpunkt, dass eine Leistung nicht beginnen kann, weil eine Vorleistung fehlt oder dass eine Leistung sich verzögern wird, da sie behindert oder mit ungenügendem Kapazitätseinsatz bzw. ungenügender Organisation betrieben wird.
2) Diese Erkenntnis hilft den Parteien, für die Erfüllung ihrer Vorleistungen zu sorgen bzw. den Arbeitsablauf zu verbessern.
3) Wenn Verzögerungen bereits offenkundig (d. h. auch deutlich für den Auftraggeber sichtbar) eingetreten sind, verliert das Problem der rechtzeitigen und richtigen Behinderungsanzeige an Bedeutung.
4) Statt jahrelanger Streitigkeiten zwischen denen, die den Bauablauf gar nicht miterlebt haben, könnten unmittelbar auf der Baustelle noch rechtzeitig von den Beteiligten Lösungen gefunden werden, die den Schaden zumindest minimieren.
5) In vielen Fällen ist es möglich, anstelle von emotionalen Auseinandersetzungen durch baubetriebliche Verfahrensvergleiche eine durch Geldbeträge bewertete Entscheidung dahin gehend zu fällen, ob es besser

ist, eine bestehende Verzögerung hinzunehmen oder aber diese durch zusätzliche Maßnahmen einzuarbeiten.

Die wesentlichen Dokumentationsmittel einer Baustelle sind: 194

1) die Dokumentation von Leistungsänderungen/Zusatzleistungen als Grundlage von Verzögerungen;
2) die Festlegungen im Terminplan;
3) die Überwachung der Planlieferungsliste;
4) die Aussagen der Bautagesberichte;
5) Fotodokumentationen;
6) Baubesprechungsprotokolle;
7) Behinderungsanzeigen.

Wer eine Behinderung dokumentiert, sollte sich stets die Frage stellen, ob damit ein objektiver Dritter den Sachverhalt verstehen kann und ob er selbst damit in der Lage ist, den Schaden, d. h. die Behinderungskosten an diesem Tage zu bewerten bzw. zu kalkulieren.

Was muss dokumentiert werden?

Die Dokumentation umfasst zwei Komplexe:

- Den Zustand der Baustelle und den Leistungsstand zu einem gewissen Zeitpunkt festzustellen, der möglicherweise später nicht nachvollziehbar ist.
- Den Einsatz der Kapazitäten zu dokumentieren, um die Auswirkungen von Leistungsstörungen später bewerten zu können.

Hierbei gilt der Grundsatz:

- Je schneller sich die Vertragspartner um eine Einigung bemühen, desto geringer wird der Schaden sein.
- Je konsequenter dokumentiert wird, desto schneller lassen sich Probleme erkennen und behandeln.
- Je klarer die frühzeitige Erkenntnis auf der Grundlage einer sauberen Termin- und Kostenkontrolle und auf der Grundlage einer baubetrieblich fundierten Anmeldung von Ansprüchen ist, desto geringer und behebbarer wird der Schaden sein und desto eher ist eine noch gütliche Einigung möglich.

Auf der Grundlage der Dokumentation sind die einzelnen Behinderungen theoretisch und tatsächlich begründbar und hinsichtlich ihrer Auswirkungen auf Bauzeit und Kosten nachzuweisen.

7.1 Dokumentation von Leistungsänderungen als Grundlage für Verzögerungen

195 Verzögerungen, die auf Leistungsänderungen/Zusatzleistungen beruhen, treten meist schleichend und für die Baustelle unbemerkt auf. Die Art der Ausführung ist durch die Ausführungspläne geregelt, der Text des Leistungsverzeichnisses lässt nicht unbedingt erkennen, dass sich der Schwierigkeitsgrad, der Umfang oder die Art der Ausführung einzelner Leistungen geändert hat.

Als Steuerungsinstrument für die Organisation der Arbeiten, ebenso wie als Grundlage für eine frühzeitige Information des Bauherrn über Leistungsänderungen/Zusatzleistungen, eventuelle Bedenken, Mehrkosten und Terminverzögerungen ist es erforderlich, die tatsächlich auszuführende Bauleistung und die gegebenen Randbedingungen frühzeitig, kontinuierlich und systematisch im Hinblick auf Leistungsänderungen/Zusatzleistungen zu überwachen. Dies ist nicht mit einem einzigen Instrument möglich, da Leistungsänderungen/Zusatzleistungen sehr vielfältig und durchaus nicht nur durch Abweichungen gegenüber dem Leistungsverzeichnis oder gegenüber den Angebotsplänen erkennbar sind.

Auch können standardisierte Formblätter und Berichte grundsätzlich nicht jede eintretende Situation abdecken. Daher ist für den Fall, dass massive Leistungsänderungen/Zusatzleistungen und Behinderungen den Bauablauf stören, oftmals sogar eine gänzlich andere, neue Art der Dokumentation notwendig. Innerhalb kürzester Zeit sind dann hierfür neue Hilfsmittel zu schaffen.

Als Beispiel hierfür mag nachfolgende Störungsdokumentation bei einer Baumaßnahme im Rahmen eines großflächigen innerstädtischen Verkehrswegebaus dienen, welche ganz individuell nur auf diese Maßnahme abgestimmt war (vgl. Teil B, Abb. 99).

7.1.1 Aufmaße und Abrechnung

196 Hinweise für Leistungsänderungen, Leistungsmehrungen oder zusätzliche, nicht im Vertrag vereinbarte Leistungen sind durch eine laufende arbeitsbegleitende Abrechnung zu gewinnen. Bei ordnungsgemäßer Handhabung muss feststellbar sein, ob die tatsächlich erbrachte Leistung unter der Leistungsbeschreibung der bestimmten Position abrechenbar ist. Dies gilt sowohl für die Menge, als auch für den Schwierigkeitsgrad.

Ein Problem stellen insbesondere Mischpositionen dar, bei denen Leistungen unterschiedlichen Schwierigkeitsgrades in einer Position zusammengefasst sind und bei denen sich möglicherweise die Mengenverhältnisse verändern

(z. B. verschiedene Formgebung von Stützen, verschiedene Größen von Aussparungen usw., s. Teil B, Abb. 100).

Der Kalkulator hatte bei der Angebotsbearbeitung auf Grund von Planunter- 197
lagen bei der Preisbildung eine bestimmte Vielfalt von Querschnitten, einen bestimmten Schwierigkeitsgrad und eine entsprechende Einsatzhäufigkeit von Systemelementen vorgesehen. Ändert sich nun dieses Mischungsverhältnis oder die Vielfalt der Formengebung, dann bewirkt dies eine Leistungsänderung gegenüber der Ausschreibung gemäß § 2 Abs. 5 VOB/B mit den entsprechenden Konsequenzen.

DOKUMENTATION Datum: 13.10.2014

Projektbezeichnung: **Straßenbau Überall**

Projektnummer: **14-103** Los: **2**

☐ **Zusatzarbeiten** ☒ **Störung/Behinderung** Nr. 4

Gewerk
☐ Pflasterarbeiten — Station - km von: 101 — ☐ Nordseite
☒ Straßenbau — km bis: 103 — ☒ Südseite
☐ Bahnbau

Ursache
☒ Witterung ☐ Frost ____°C ☐ Schnee ☒ Regen

☒ Behinderung durch Arbeit von Dritten im Baufeld
- ☒ Vorleistung des Dritten nicht fertig
- ☐ Zusatzleistung des Dritten nicht fertig
- ☐ Störung durch Dritte

☐ Fehlende Pläne, Lieferungen, Leistungen
was: ____
Lieferant: ____
Verursacher: ☐ Bauherr ☐ Planer ☐ Sonstiger ____

☐ Anordnung, geänderte Pläne, etc.
was: ____
☐ mündlich ☐ schriftlich am: ____
durch: ____

Maßnahmen
☐ Umstellung des Arbeitsablaufes
wie: ____

☐ Zusätzliche Arbeiten
was: ____

Umfang (eingesetztes Personal; Personal, das behindert wurde; Gerät, Material, Dauer)
☐ unproduktiver Stillstand von Personal/Geräten
Erbauer hat Planum nicht rechtzeitig fertiggestellt

Behinderungsanzeige mit Schreiben vom: 13.10.14 Bautagebuch Nr 10 /14

Vergütung angekündigt mit Schreiben vom: ____
Adressat: ☒ Bauherr ☒ Bauüberwachung ☐ AN (Lieferant)
☐ Sonstige ____

Beginn der Behinderung am: 13.10.2014

Ende der Behinderung am: 15.10.2014

Aufsteller: Christian Mustermann

Abb. 99: Beispiel einer Dokumentationsmöglichkeit von Störungen und Abweichungen

Die Bauabrechnung ist weiterhin wichtig, um während der Ausführung festzustellen, ob für einzelne Leistungen keine geeignete Abrechnungsbasis vorhanden ist oder ob sich Mengenveränderungen größeren Umfanges gegenüber den Vorgaben des Leistungsverzeichnisses abzeichnen.

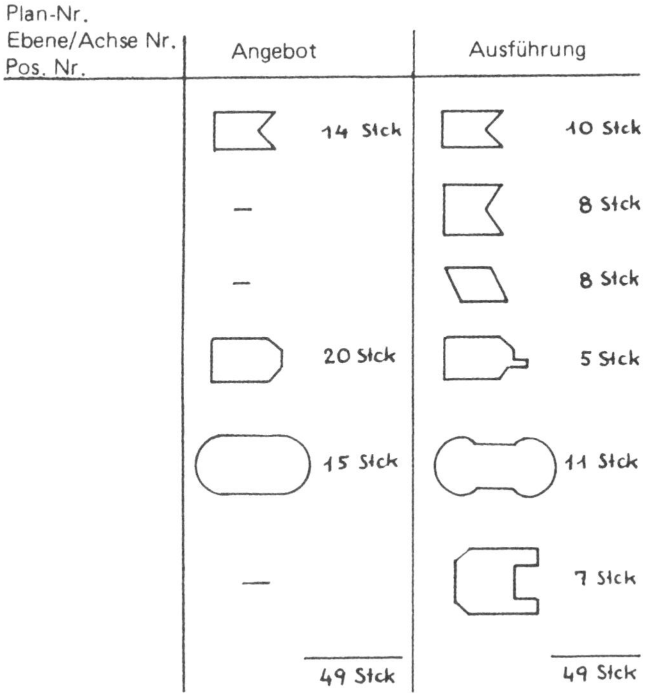

Abb. 100: Gegenüberstellung der Stützenquerschnitte einer Mischposition

7.1.2 SOLL-IST-Vergleich

Der SOLL-IST-Vergleich auf der Baustelle wird zur Kontrolle des Ergebnisses im **198**
Allgemeinen im Monatsrhythmus durchgeführt. Hierbei werden die tatsächlich angefallenen und in der Buchhaltung ausgewiesenen Kosten mit den SOLL-Kosten der Baustelle verglichen. Diese errechnen sich aus den zum Stichtag geleisteten Mengen, bewertet mit den kalkulatorischen Kostenansätzen aus der Arbeitskalkulation.

Stellt man anhand eines SOLL-IST-Vergleiches Stunden- oder Kostenüberschreitungen gegenüber den Vorstellungen der Arbeitskalkulation fest, dann kann man sich mit undifferenzierten Vorwürfen gegenüber dem Bauleiter, gegenüber dem Kalkulator oder dem Vertragspartner begnügen oder aber nach Erklärungen suchen:

- Ist die Arbeitsleistung ungenügend?
- Ist die Arbeit ungenügend kalkuliert?

199 Wenn Letzteres der Fall ist, dann ist zu prüfen, ob der Kalkulator auf Grund der Ausschreibungsunterlagen den Schwierigkeitsgrad erkennen konnte (dann liegt ein Kalkulationsfehler vor) oder ob die Leistung anders und damit schwieriger geworden ist, als im Vertrag beschrieben (dann liegt eine Leistungsänderung gemäß § 2 Abs. 5 VOB/B vor).

- Erfolgte die Arbeit unter erschwerten Bedingungen?
- Sind Witterungsgründe maßgebend?
- Gab es Behinderungen der Arbeiten durch mangelhafte Vorleistungen des Auftraggebers (z. B. Pläne, Vorleistungen anderer Unternehmer, sonstige Anordnungen des Bauherrn)?

Die Fragestellungen wiederholen sich zum Teil bei verschiedenen Instrumenten des hier angesprochenen Baustellen-Controllings. Dies ist oftmals erforderlich, um versteckte Erschwernisse besser einzugrenzen.

Der SOLL-IST-Vergleich selbst lässt also nicht unmittelbar Leistungsänderungen oder sonstige Abweichungen gegenüber dem Vertrag erkennen, er zeigt aber u. a. an, wo Ansatzpunkte für die Abweichung der Ausführung gegenüber dem Vertrag bestehen könnten.

7.1.3 Vergleich von Angebots- und Ausführungsplänen

200 Neben dem Text der Leistungsbeschreibung sind die Angebotspläne die wichtigste Orientierungshilfe und Grundlage für die Preisbildung durch den Kalkulator (s. zur genauen Bestimmung der geschuldeten Leistung ausführlich Teil A Rdn. 175 ff.). Anhand dieser Pläne wird er den Schwierigkeitsgrad der Leistungen, die Häufigkeit sich wiederholender gleichbleibender Einsätze von Schalelementen, die Möglichkeit des Einsatzes von Großflächenelementen, die Größe zusammenhängender Arbeitsabschnitte usw. feststellen.

Wenn die Ausführungspläne nunmehr veränderte Verhältnisse zeigen mit feingliedrigeren Querschnitten, Versprüngen, Versätzen, der Notwendigkeit zur Bildung kleinerer Arbeitsabschnitte, stark veränderlicher Formen, geringerer Einsatzhäufigkeit von Schalelementen usw., dann ist allein durch den Vergleich von Angebots- und Ausführungsplänen die Feststellung von „versteckten" Leistungsänderungen und damit auch die Grundlage für eine veränderte Vergütung und/oder auch Verzögerungen möglich (Teil B, Abb. 100, 79).

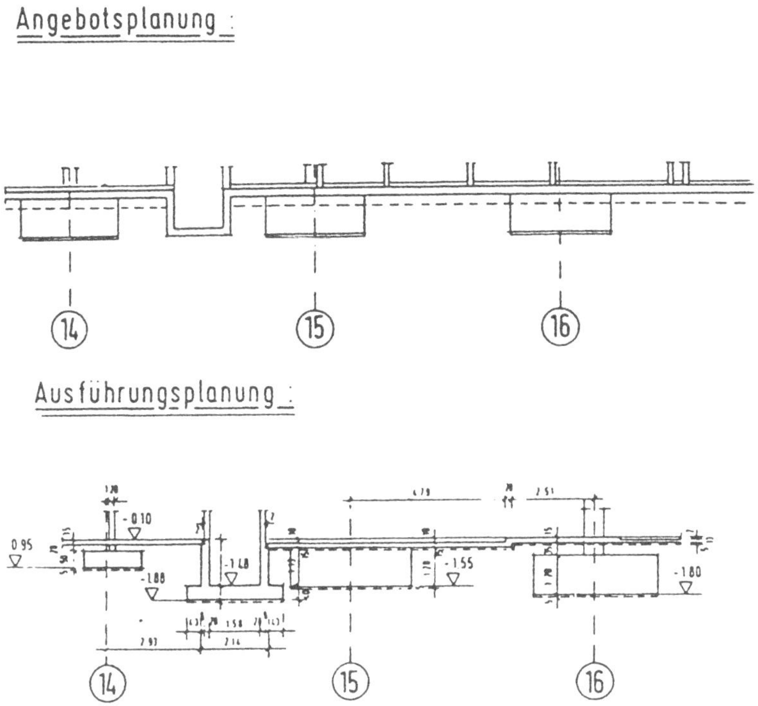

Abb. 101: Leistungsänderungen durch Vergleich von Angebots- und Ausführungsplanung: hier Schnitt durch Fundamente und Bodenplatte

Zeigen die freigegebenen Ausführungspläne eine andere Leistung als aus dem Leistungsverzeichnis oder den Angebotsplänen erkennbar, dann bedeutet dies eine vom Auftraggeber angeordnete Leistungsänderung (s. auch Teil A Rdn. 471 ff.).

Wesentlich ist, dass die Bauleitung auf der Baustelle diese Änderung überhaupt erkennt. Wenn die Angebotspläne beim Kalkulator verbleiben und die Bauleitung nur die Ausführungspläne kennt, dann werden solche Leistungsänderungen möglicherweise nicht bemerkt.

Der Bauherr sollte bei der Freigabe von Ausführungsplänen den Bezug zu den Angebotsplänen herstellen, um nicht kostenwirksame Anordnungen zu treffen, die ihm gar nicht bewusst sind. Die Bauleitung der Unternehmung sollte diese dann prüfen, um zu erkennen, wenn sie etwas anderes baut als seinerzeit angeboten wurde.

7.1.4 Vergleiche zu anderen Objekten

201 Wenn in der Ausschreibung keine spezifizierten Aussagen über Leistungsumfang und Schwierigkeitsgrad gemacht werden, kann der Unternehmer üblicherweise von einem normalen oder objekttypischen Schwierigkeitsgrad ausgehen. Derartige Feststellungen können sich z. B. beziehen auf:

- Häufigkeit von Schalungseinsätzen,
- Verteilung der Bewehrungsdimensionen,
- Bewehrungsdichte und Schwierigkeitsgrad des Verlegens,
- Anteil von Aussparungen,
- Anteil von örtlicher Schalung bei sonst möglicher Elementschalung usw.

Bei deutlicher Abweichung derartiger Punkte kann möglicherweise eine Leistungsänderung erkennbar werden.

7.2 Feststellungen im Terminplan

202 Wesentliches Instrument zur Steuerung des Bauablaufes, aber auch zum Erkennen von Behinderungen und Verzögerungen, ist eine laufende Überwachung des Terminplanes während der Baudurchführung. Dass dies nur in einem Terminplan möglich ist, der aussagefähig, realistisch und glaubhaft ist, wurde bereits ausgeführt.

Wenn der Terminplan als Steuerungs- und gegebenenfalls als Nachweisinstrument für Ansprüche gegenüber dem Vertragspartner genutzt werden soll, dann müssen die tatsächlichen Ausführungstermine (IST-Termine) laufend in den SOLL-Terminplan eingetragen werden.

Hierdurch wird erkennbar, bei welcher Tätigkeit Verzögerungen entstehen, welche Verzögerungen ursächlich für Verzögerungen des Gesamtablaufes sind und in welcher Größe sich diese voraussichtlich auswirken werden. Dies bedeutet nicht, dass mit jeder Störung unbedingt ein neuer Terminplan erstellt werden müsste.

203 Wenn eine solche Dokumentation der IST-Daten im Terminplan konsequent geführt wird, können beide Vertragspartner frühzeitig Verzögerungen im Bauablauf erkennen; sie können beide die Konsequenzen für ihr eigenes Handeln ziehen (der Unternehmer für Organisation und Kapazitätseinsatz, der Auftraggeber für Erfüllung seiner Verpflichtung zur Planbereitstellung usw.). Verzögerungen oder Behinderungen mit Konsequenzen für den Endtermin und Kosten hieraus können unverzüglich beurteilt und Entscheidungen über Hinnahme von Verzögerungen oder zu treffende Beschleunigungsmaßnahmen getroffen werden.

Wenn solche Eintragungen im SOLL-Terminplan nicht bestehen, dann kann der IST-Ablauf nur aus Aufzeichnungen und Bautagesberichten rekonstruiert werden. Dies ist ungenau und mühsam, aber immerhin im Notfall möglich.

Die modernen EDV-Terminplanungsprogramme erlauben problemlos, neben der SOLL-Terminbasis als Referenz im gleichen Plan auch den IST-Ablauf zu zeigen, so dass durch optischen Vergleich dieser beiden Abläufe die kritischen Bauzeitverzögerungen erkannt werden können.

7.3 Planlieferungsliste

Wesentliche Vorbedingung für die Baudurchführung ist die rechtzeitige und **204**
richtige Lieferung der vollständigen Ausführungspläne. Um den terminlichen Ablauf der Baustelle sicherzustellen, ist es erforderlich, für zusammenhängend zu fertigende Bauabschnitte die Bereitstellung der freigegebenen Ausführungspläne im Terminplan festzulegen.

Diese SOLL-Daten für die Lieferung von z. B. freigegebenen Schal-, Bewehrungs- und Werkpläne mit der entsprechenden Vorlaufzeit werden sinnvollerweise in einer **Planlieferungsliste** (s. Teil B, Abb. 102) zusammengestellt. Die tatsächlichen Lieferdaten der Pläne mit den verschiedenen Indizes für Planänderungen werden kontinuierlich in diese Liste eingetragen, gegebenenfalls mit Datum der Weitergabe an nachfolgende Unternehmer.

Die Gegenüberstellung der Eingangsdaten der entsprechend freigegebenen **205**
Pläne mit den SOLL-Daten liefert eine eindeutige, laufende Kontrolle für eventuelle Verzögerungen der Planlieferung. Inwieweit derartige Verzögerungen sich auf den Bauablauf und die Baukosten auswirken, ist anhand des Terminplanes zu erfassen und zu bewerten.

Auftraggeber: Eheleute Schulz Schutzstr. 1, 12350 Musterstadt	Baustelle: EFH Fam. Schulz Musterweg 18, 12345 Musterhausen

Planlieferungsliste Blatt - Nr. 2 .... Stand 26.10.20XX ....

Plan-Nr.	Index	Planbezeichnung	SOLL-Liefertermin	IST-Liefertermin	Status [1]	Freigabe-Datum	Ausführungs-reife	Weitergabe an	Weitergabe am
S-UG-1		Schalplan Bodenplatte	08.10.XX	11.10. XX	Frei	09.10.XX		NU-Rohbauer	12.10. XX
B-UG-1	a	Bewehrungsplan Bodenplatte	08.10.XX	11.10. XX	VA	-		NU-Bestonstahl	12.10. XX
S-UG-3	b	Schalplan Außenwände UG	16.10. XX	15.10. XX	Frei	12.10.XX		NU-Rohbauer	17.10. XX
S-EG-1	b	Schalplan EG Decke - Teil A	16.10. XX	18.10. XX	PmB	17.10.XX	Bewehrung in oberer Lage zu gering		
B-UG-3	b	Bewehrungsplan Außenwände UG	18.10. XX	16.10. XX	Frei	12.10.XX		NU-Bestonstahl	18.10. XX
S-UG-2	c	Schalplan Stützen UG	18.10. XX	22.10. XX	PmB	-	Positionierung unklar		

Status: **VA** .... Vorabzug, **Frei** ...... Freigabe **S** = Schalplan; **B** = Bewehrungsplan; **W** = Werkplan Architekt
PmB ...... Prufexemplar mit Beanstandungen, **PoB** ... Prüfexemplar ohne Beanstandul

Abb. 102: Beispiel für eine Planlieferungsliste

Es ist nicht entscheidend, dass eine große Menge freigegebener Pläne vorliegt, sondern dass für den Arbeitsabschnitt, der laut Terminplan auszuführen ist, alle Pläne ohne Einschränkung verfügbar sind. Werden solche Pläne geändert und mit einem neuen Index herausgegeben, wird dies den zeitlichen Ablauf verzögern, wenn die Arbeiten noch nicht ausgeführt sind. Planänderungen nach Ausführung der Arbeiten werden im Allgemeinen nicht mehr den Bauablauf verzögern, gegebenenfalls aber zu späteren Änderungsleistung führen.

Zur **Handhabung** und späteren **Auswertung** der Planlieferungsliste im Rahmen von Nachträgen oder Gutachten erscheint es sinnvoll, bei der regelmäßigen Bearbeitung folgende Punkte zu beachten:

206 Die Planbezeichnung und Plannummerierung sollte im gesamten Projekt einheitlich erfolgen und nicht zu Missverständnissen bezüglich der Identität des Planes führen. Am besten verwendet der Unternehmer die Daten und Bezeichnungen, die im Plankopf des Planerstellers festgehalten sind, um Widersprüchen zwischen den Planbezeichnungen des Auftraggebers und des Unternehmers vorzubeugen.

Die **SOLL-Liefertermine** für die verschiedenen Ausführungspläne sollten mit dem Auftraggeber und dessen Erfüllungsgehilfen für die Planung auf Grund eines Bauablauf-Terminplanes abgesprochen sein, bevor sie in die Liste eingetragen werden. Hierbei ist es in der Praxis recht nützlich, solche Planlieferungslisten dem Planer regelmäßig vorzulegen, damit dieser erkennen kann, welche Pläne als Nächstes zu erstellen sind.

Es ist besonders wichtig, dass die eingehenden Pläne von den Unternehmen einen Eingangsstempel oder einen **Eingangsvermerk** mit Datum erhalten. Gleichzeitig sollte dieses Eingangsdatum auch in die Planlieferungsliste eingetragen werden, damit der Planeingang unverzüglich dokumentiert ist. Unvollständige oder schlecht geführte Planlieferungslisten sind später als Dokumentation wenig brauchbar. Gleichzeitig sollte auch das **Freigabedatum** des Auftraggebers oder dessen Bevollmächtigten mit eingetragen werden, um sicherzustellen, dass nur nach freigegebenen Ausführungsplänen gearbeitete wird, da dies in vielen Verträgen ausdrücklich so geregelt ist. Auch sollte in die Planlieferungsliste eingetragen werden, ob es sich bei dem übergebenen Plan lediglich um einen unverbindlichen Vorabzug, einen freigegebenen Plan oder ein Prüfexemplar mit oder ohne Beanstandungen handelt.

Von besonderer Bedeutung ist die sofortige Durchsicht der eingegangenen 207
Ausführungspläne, damit überprüft werden kann, ob es sich tatsächlich um **verbindliche und ausführbare Ausführungspläne** handelt. Die Ausführungsreife ist dahin gehend zu beurteilen, ob die Unternehmung die dargestellten Bauteile problemlos herstellen kann. Sollten wesentliche Details, Maßketten, Ausführungsangaben usw. fehlen, so kann man davon ausgehen, dass ein Plan nicht ausführungsreif ist. Diese Tatsache sollte in der Planlieferungsliste sofort vermerkt werden. Außerdem ist ggf. eine **Behinderungsanzeige** an den Auftraggeber zu richten, falls hierdurch die Arbeiten nicht weitergeführt werden können.

Weiterhin ist im Rahmen der Planlieferungsliste zu vermerken, ob sich bei 208
einem erneut eingegangenen Plan mit einem Index eine **wesentliche Änderung** ergeben hat, so dass die Arbeits- und Schalungsvorbereitung evtl. geändert werden muss. Dieser Hinweis ist besonders wichtig, wenn man später entsprechende Mehrkosten geltend machen will. Außerdem zeigt ein solcher Eintrag, dass mit dem neuen Plan keine unwesentliche, nicht behindernde Änderung dargestellt ist, sondern dass die vorgenommene Veränderung des Planinhaltes tatsächlich Auswirkungen auf die Ausführung hat.

Alle hier genannten Eintragungen und Hinweise sollten **sofort** nach Planeingang vermerkt werden, da die allgemeine Erfahrung zeigt, dass eine spätere Auswertung der Planunterlagen im Rahmen eines Gutachtens oder eines Nachtrages sehr arbeitsintensiv ist und meistens deshalb nicht durchgeführt werden kann.

Auch Pläne, bei denen nur noch wenige Unklarheiten bestehen, lassen sich oftmals nicht verwerten, da die Auswirkungen solcher geringen Planänderungen in letzter Minute meist nicht zu übersehen sind. Die Feststellung, dass sich letztlich nichts mehr geändert hat, ist dann nicht hilfreich, weil dies der ausführende Unternehmer zum Zeitpunkt der bestehenden Unklarheit nicht wissen konnte.

Im Übrigen hat es hier ein Auftraggeber selbst in der Hand, eine Behinderung des Bauablaufes zu verhindern, indem er den noch nicht endgültig freigegebenen Ausführungsplan (z. B. einen Vorabzug mit kleineren Unklarheiten) kurzfristig freigibt und entsprechende Nacharbeiten zu seinen Lasten in Kauf nimmt. Das ist erfahrungsgemäß immer viel billiger als einen laufenden Baubetrieb zu stören und dadurch eine Bauzeitverzögerung zu erzeugen.

7.4 Elektronisches Management der Planung

209 Inzwischen existieren Programmpakete, die unter Nutzung der modernen Kommunikationsmedien eine effektive Steuerung und Archivierung von Plänen sowie zugeordneten Dokumenten (Prüfberichte, Datenmodelle etc.) erlauben. Hierbei werden in einer zentralen Datenbank alle Informationen über den Werdegang eines Planes vom ersten Entwurf bis hin zum freigegebenen Ausführungsplan gesammelt.

Zunächst ist eine EDV-technische Abbildung der Abläufe zur Planerstellung notwendig. Hierbei werden Arbeitsschritte definiert und den für die jeweilige Aufgabe zuständigen Personen über Gruppen- oder Namenbezeichnung zugeordnet. So soll gewährleistet werden, dass der Planlauf für alle transparent und nachvollziehbar wird und alle immer über den aktuellen Planungsstand informiert werden. Ohne dass sich um die Weiterleitung gekümmert werden muss, wird nach Beendigung eines Arbeitsschrittes der Plan an die nachfolgend festgelegte Person oder Gruppe automatisch weitergeleitet.

Die gesamte „Planungsgeschichte“ von der ersten Variante bis zum Ausführungs- bzw. Bestandsplan inkl. aller Planänderungen ist sofort präsent. Ein aufwendiges Suchen der Pläne oder das Aufstellen von Planlieferungs- oder Planänderungslisten erübrigt sich somit.

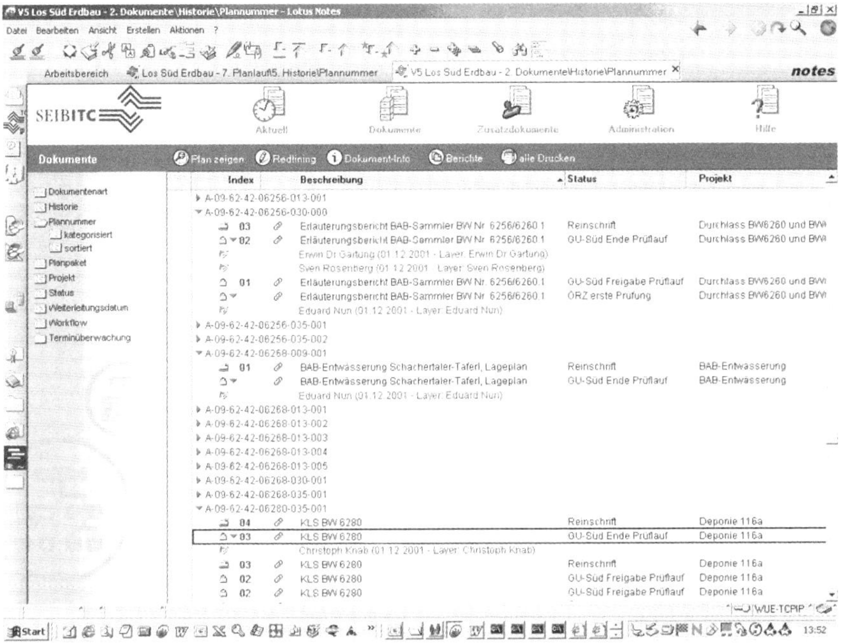

Abb. 103: EDV-gestützte Darstellung von Dokumenten

Auch eine elektronische Planfreigabe ist möglich, so dass nur vollständig geprüfte Pläne zur Ausführung auf die Baustelle kommen. Weiterhin können jedem Plan bzw. Planpaket zusätzliche Informationen wie z. B. Erläuterungs- oder Prüfberichte zugeordnet werden.

7.5 Bautagesberichte/Bautagebücher

Im Interesse eines möglichst konkreten Nachweises von Verzögerungen und Mehrkosten ist die Dokumentation der charakteristischen Einflüsse auf den Bauablauf im Rahmen der **Bautagesberichte** (s. Teil B, Abb. 104) ein wesentliches Hilfsmittel. Hierbei wird davon ausgegangen, dass der Bautagesbericht vom Auftragnehmer erstellt und dem Auftraggeber oder seinem bevollmächtigten Vertreter zur Information gegeben wird. Unstimmigkeiten in der Aussage lassen sich kurzfristig durch die Abstimmung der Partner ausräumen bzw. wenn dies nicht möglich ist, durchaus auch gegenteilige Meinungen oder Darstellungen festhalten. 210

Auftraggeber:	Baustelle:
Eheleute Schulz Schutzstr. 1 12350 Musterstadt	EFH Fam. Schulz Musterweg 18 12345 Musterhausen

Bautagesbericht Nr. .... 12 **Datum:** 09.01.2012.................

Wetter min. 3 °C,max. 17 °C

☒ trocken

☐ Regen ☐ Schneefall

wenig/mittel/stark *

Wind: windstill/schwach/mäßig/stark/stürmisch *

Personaleinsatz	Stun-den	Bau-leiter	Polier	Vor-arb.	Fach-arb.	Ma-sch.	Hilfs-arb.	Gesamt
von: 07.00 bis: 16.00	9 h	1	1	2	3	1	1	9
von: 16.00 bis: 19.00	3 h			1	2			3
von: bis:	h							

Subunternehmereinsatz:

Maschineneinsatz

Gerät	Stunden
Kran 12 t	8,5
Mörtelmaschine	2
Kleinbagger	4,5

Materiallieferung

Menge	Einheit	Bezeichnung
2000	Stck.	Hlz, 12 DF
1	m^3	Fertigmörtel
9	m^3	Fetrtigbeton C25, KP

Ausgeführte Leistungen vertragliche und außervertragliche

vertragl.: Kelleraußenwand Nord (Achse 5-10) betoniert
Kelleraußenwand Süd (Achse 5-10) ausgeschalt
Kellerinnenwände (Achse 1-4 / A-C) gemauert d = 24 cm, 2,60 m hoch

außervertragl.: Drainage an Südwand gelegt

Bemerkungen Störungen, Behinderungen, Anordnungen des Auftraggebers, Plan-Eingang, Besuche usw.

Planeingang: Bewehrungsplan B-EG-6 – Stützen EG Achse 1-4 / D-F

Störung: Bewehrung für Decke EG teilweise falsche Durchmesse (6mm statt 8mm) geliefert – Klärung

Baustellenbesuch Bauherr: Anordnung einer zusätzlichen Drainage an Südwand um 8:30

* zutreffendes unterstreichen

Aufgestellt am:	Geprüft und anerkannt am:	Ausgewertet: am:
Bauleiter / Polier	Bauüberwachung / Bauherr	

Abb. 104: Beispiel für einen Bautagesbericht

Es ist hilfreich, wenn durch gegenseitige Unterschrift beide Partner die Tatsachenfeststellungen des Bautagesberichtes übereinstimmend bestätigen; dies ist aber nicht zwingende Voraussetzung für die Wirksamkeit dieses Dokumentationsmittels. Wo das nicht möglich ist, muss man sich mit der Darstellung der eigenen Aussage begnügen und diese ggf. durch Fotodokumentation, Schriftwechsel oder Aktenvermerke belegen.

Der Bautagesbericht sollte nicht mit einem Übermaß an Informationen belastet sein, er sollte aber im Wesentlichen folgende Aussagen enthalten:

1) Angaben zu den äußeren Umständen der Baustelle (Witterungsdaten, gegebenenfalls Wasserstände usw.).

2) Angaben zu den eingesetzten Kapazitäten auf der Baustelle:

Arbeitskräfte, Führungspersonal, Großgeräte und zusätzliche Baustelleneinrichtungen, eingesetzte Subunternehmer mit entsprechenden Zahlenangaben (hier kommt es weniger auf ein stereotypes Wiederholen immer gleichbleibender Ausstattungen an, als mehr auf die Dokumentation der Veränderungen während des Bauablaufes).

3) Angabe zur täglichen Arbeitszeit, Nachtschicht usw.

4) Eintragung von Witterungsausfallzeiten.

5) Angabe wesentlicher Tätigkeiten bzw. Fertigstellungsdaten für genau bezeichnete Arbeitsabschnitte (z. B. Betoniertermine).

6) Feststellungen, die auf der Baustelle zur Baudurchführung und zur Handhabung des Bauvertrages getroffen werden. Hierzu gehören insbesondere **Anordnungen** des Auftraggebers, wie z. B. Leistungsänderungen oder zusätzliche Leistungen sowie Anordnungen über die Bauzeit oder den Bauablauf. Sollte nicht der Auftraggeber selbst, sondern ein **Erfüllungsgehilfe** (bauleitender Architekt, Bauüberwachung usw.) diese Anordnungen treffen, so ist darauf zu achten, ob dieser Erfüllungsgehilfe dazu **bevollmächtigt** ist.

7) Eintragung von Einflüssen, die sich auf den Bauablauf störend, behindernd oder verzögernd auswirken können (z. B. verzögerter Planeingang, nicht rechtzeitig getroffene Entscheidungen, nicht erwartete Behinderungen aus Boden- oder Grundwasserverhältnissen, Rammerschwernissen usw.).

8) Soweit möglich, Angabe über Dauer der Behinderung oder des Stillstandes und der unmittelbar davon betroffenen Kapazitäten. Ggfs. kann es sinnvoll sein, hierüber in einem separaten Dokument ausführlichere Feststellungen zu treffen.

9) Eintragung des Endes einer Behinderung, weil nur hierdurch später die Eingrenzung des Störeinflusses möglich ist.

Neueste Entwicklungen verknüpfen die Datenstrukturen aller Projektbeteiligten für eine interdisziplinäre Zusammenarbeit. So stellt der Bautagesbericht einen Teil der IST-Datenerfassung dar und wird mit Modulen zur Kosten- und Terminsteuerung, des Datenmanagements und der Management-information verknüpft.

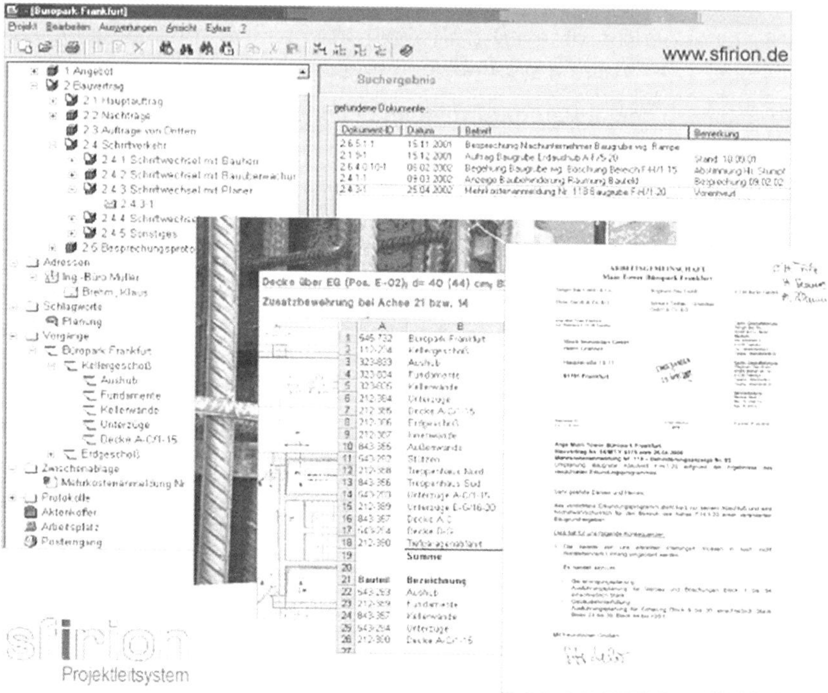

Abb. 105: Beispielhafte Darstellung zum Dokumentenmanagement

211 Auch die Bauleitung des Auftraggebers hat – zumindest wenn die Leistungsphase 8 der HOAI vereinbart wurde – ein **Bautagebuch** zu führen. Dieses sollte täglich geführt werden, jedoch mindestens bei jedem Baustellenbesuch. Hierin sind u. a. Angaben zum Wetter, den ausgeführten Leistungen der einzelnen Gewerken, die Anzahl der Arbeiter und Handwerker, eingesetzte Baugeräte und -maschinen, Ergebnisse von Besprechungen, Dokumentationen von tatsächlichen oder vermuteten Mängeln, Baufortschritte im Überblick und Detail, Übergabe von Plänen/Details und Ausführungsanweisungen zu machen. Die Sammlung und Zusammenstellung der Bautagesberichte der verschiedenen ausführenden Firmen reicht nicht aus.

Der Zweck des Bautagebuches besteht u. a. darin, den Bauherrn bei spätere Auseinandersetzungen mit den ausführenden Firmen in die Lage zu versetzen, über eine notwendige Dokumentation zur verfügen, um z. B. hinsichtlich der Frage von berechtigten/unberechtigten Nachträgen oder aber Behinderungsmehrkosten eine belastbare Aussage treffen zu können. Auch wird bei Behinderungen vom Bauherrn zu Recht erwartet, dass er sich ein konkretes Bild von den tatsächlichen Ereignissen machen können muss, um zeitnah seine Kooperationsverpflichtungen gegenüber dem Auftragnehmer in geeigneter Art und Weise nachkommen zu können.

7.6 Dokumentenmanagement

Ein nicht zu unterschätzendes Instrumentarium zur Dokumentation des ge- 212
samten Bauablaufs stellt das elektronische Dokumentenmanagement dar. Der gesamte Schriftverkehr wird hierbei elektronisch verwaltet. Jedes Dokument wird durch frei wählbare Merkmale klassifiziert. Diese können bspw. Ablageordner, Vorgang im Terminplan, Adresse, Datum, Dokumentennummer oder Schlagwörter sein. Sowohl der eingehende Schriftverkehr, der entweder per Mail empfangen oder dessen Text eingescannt wurde, als auch der ausgehende elektronisch erzeugte Schriftverkehr wird nach dem Sichten und Klassifizieren in vorab definierten Arbeitsschritten den für die jeweilige Aufgabe zuständigen Personen oder Gruppen zugeordnet und zur Verfügung gestellt.

Der Vorteil des Dokumentenmanagements ist es, dass Geschäftsprozesse weitgehend papierlos gestaltet werden können. In Streitfällen können sofort alle notwendigen Dokumente anhand der Klassifizierungsmöglichkeiten selektiert werden und dies auch noch nach Jahren, wenn die meisten der Wissensträger schon nicht mehr zur Verfügung stehen.

Für den Fall, dass auch sämtliche eingehende und gescannte Dokumente einer Texterkennung unterzogen werden, ist sogar eine Freitextsuche innerhalb aller Dokumente möglich. So lassen sich die Möglichkeiten der Dokumentenselektion noch deutlich erweitern.

Folgende Abb. 106 verdeutlicht den Prozess vom vorliegenden Dokument bis hin zum daraus entwickelten Bericht.

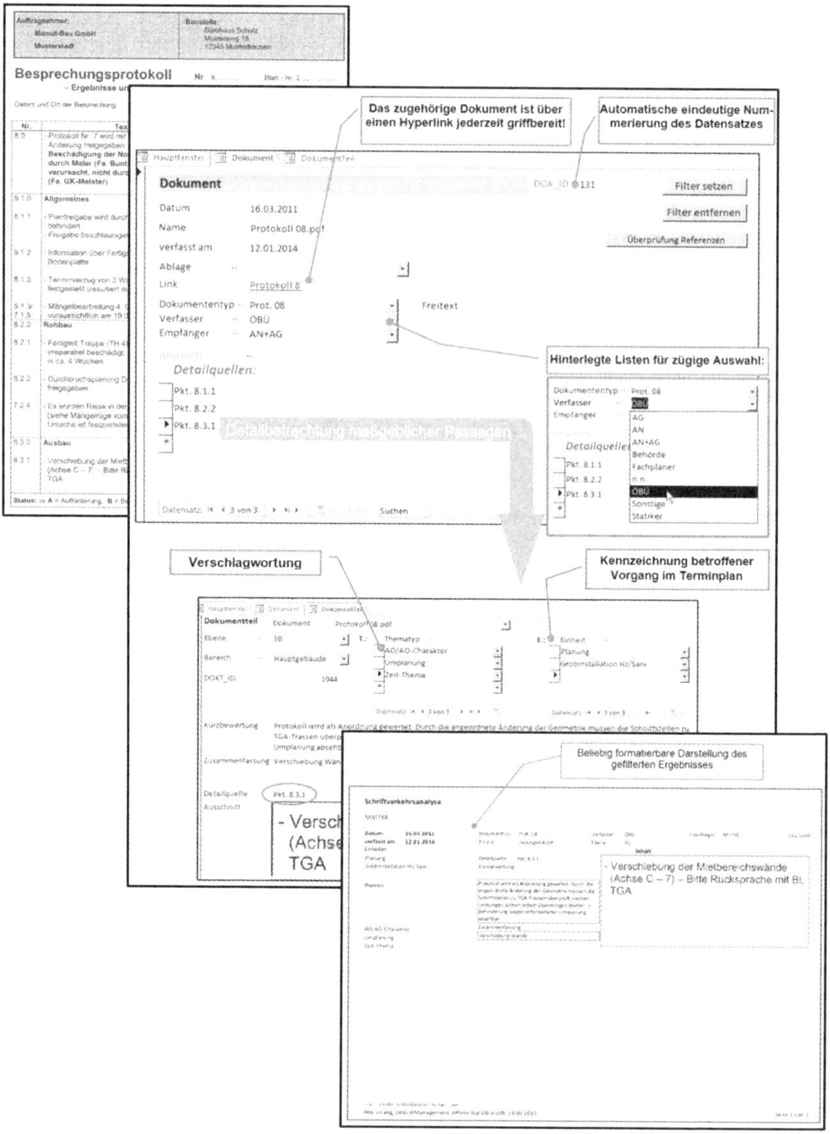

Abb. 106: Managementprozess am Beispiel von Protokoll 8 aus Teil B, Abb. 109

7.7 Foto- bzw. Videodokumentation

Zur Dokumentation von Leistungserschwernissen (z. B. besonders dichte Bewehrung, nicht vorhersehbare schwierige Bauzustände, Behinderung durch andere Unternehmer) und von Verzögerungen bei einzelnen Bauteilen sollte im Interesse beider Vertragspartner an bestimmten Stichtagen oder baubegleitend eine Fotodokumentation erstellt werden. Hierbei gibt es unterschiedliche Zielsetzungen: 213

1) Darstellung bestimmter Ausführungsprobleme;
2) Festlegung des Leistungsstandes zu einem bestimmten Stichtag;
3) Festhalten der charakteristischen Fertigungsabschnitte einer bestimmten Tätigkeit durch eine Serie in zeitlicher Folge.

Bei allen Dokumentationen ist es wichtig, dass sich beide Vertragspartner jederzeit von der Richtigkeit der Feststellungen überzeugen können.

Gegenüber den bislang üblichen Ausdrucken von digitalen oder analogen Fotos bieten datenbankgestützte Systeme den Vorteil, dass sehr schnell für einzelne Bauteile/Räume (bzw. andere Selektionskriterien) die zeitliche Entwicklung aufgezeigt werden kann und so eine Chronologie zu erstellen ist (siehe Teil B, Abb. 107).

Allerdings genügt es nicht, nur entsprechende Fotos oder Videos zu machen und als Datei abzulegen, sondern vielmehr muss jedes Bild auch mit entsprechenden schriftlichen Merkmalen versehen werden. So sollte immer das Aufnahmedatum, der genaue Ort und eine kurze Beschreibung bzw. Stichworte zum Inhalt mit dem Foto verknüpft sein. Ein ergänzender Kommentar kann dann nützlich sein, wenn es zu einer streitigen Auseinandersetzung kommt und Dritte den Sachverhalt verstehen sollen. Ein Beispiel für eine solche Fotodokumentation ist in Teil B, Abb. 107 zu sehen.

Mittlerweile gibt es auch in diesem Bereich professionelle EDV-Lösungen, die viele Arbeitsschritte miteinander verknüpfen, wie z. B. das Fotografieren mit Datumsangabe mittels eines Tablets, das automatische Zuordnen des Ortes in Ausführungsplänen und das anschließende Eingeben eines Kommentares. Solche Programme werden oft auch für das Mängelmanagement entwickelt bzw. genutzt.

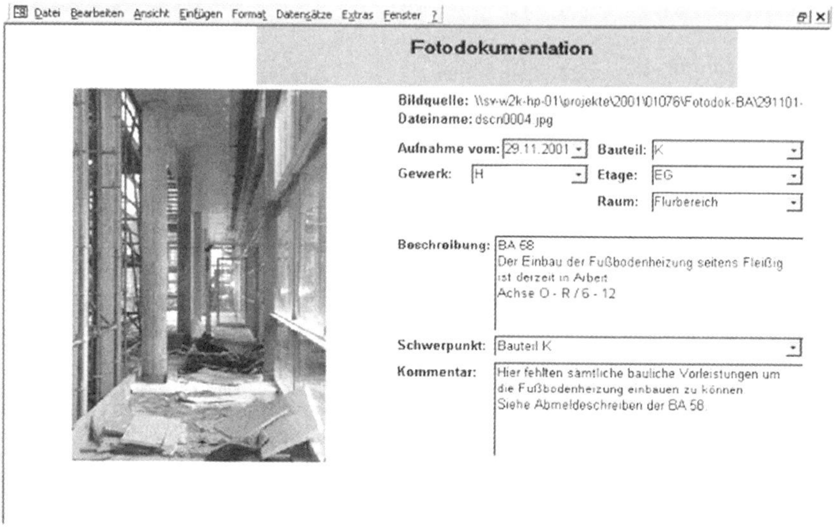

Abb. 107: Beispiel Fotodokumentation (Quelle: LHR GmbH & CO KG)

7.8 Baubesprechungsberichte

214 Wenn der Bauherr oder sein fachkundiger Beauftragter Baubesprechungen durchführt, die der gegenseitigen Information, der Koordination der Unternehmer, der eindeutigen Entscheidung über Ausführungsdetails, der Terminüberwachung usw. dient, dann ist es wichtig, dass hier – soweit erkennbar – auf Leistungsänderungen, Behinderungen, die Möglichkeit störungsbedingter Verzögerungen und auf eventuelle Nachforderungen hingewiesen wird.

Wenn diese Hinweise in das Besprechungsprotokoll aufgenommen und jedem Beteiligten zugänglich gemacht sind, werden Auseinandersetzungen über die richtige und rechtzeitige gegenseitige Information vermieden, und es wird auch vermieden, dass der Bauherr zwar wusste, dass sein Plan nicht rechtzeitig vorlag, dass er aber nicht erkannte, dass dies für den weiteren Bauablauf verzögernd und verteuernd wirkt (vgl. zu der Bindungswirkung von Baubesprechungsprotokollen Teil A Rdn. 73).

Wichtig ist, dass Baubesprechungsberichte beiden Vertragspartner zugänglich gemacht werden und dass Auffassungsdifferenzen oder Korrekturwünsche hierzu unverzüglich übermittelt werden. Neuere Rechtsprechungen gehen davon aus, dass die Grundsätze zum kaufmännischen Bestätigungsschreiben auch für Baustellenprotokolle gelten. Daher ist der Auftragnehmer gehalten, ein zeitnah zu einer Verhandlung oder Besprechung erstelltes Protokoll unverzüglich zu prüfen und ggf. umgehend diesem zu widersprechen. Ein Schweigen wird zukünftig als konkludente Genehmigung ausgelegt werden. Dies bedeutet, dass mittels eines Baustellenprotokolls vertraglich vereinbarte Regelungen geändert werden können. Dies ist auch sinnvoll, da baubegleitend auf technische, terminliche Probleme und Fragen der Abrechnung reagiert werden sollte. Wichtig in diesem Zusammenhang ist noch, dass die Vertragsveränderungen auch dann wirksam sein können, wenn die Teilnehmer selber gar nicht offiziell zu Vertragsveränderungen bevollmächtigt sind. Dies gilt sowohl für den Architekten bzw. den Bauüberwacher des Auftraggebers als auch die Bauleiter des Bauunternehmers. Voraussetzung hierfür wird aber die Kenntnis der Entscheidungsträger durch Übermittlung des Protokolls sein.

Auftragnehmer:	**Baustelle:**
Mamut-Bau GmbH **Musterstadt**	Bürohaus Schulz Musterweg 18 12345 Musterhausen

Besprechungsprotokoll **Nr.** 8 .... Blatt - Nr. 1 ....

– Deckblatt –

Datum und Ort der Besprechung: 12.10.XXXX, Baustelle..........

Beginn 10.00 .... Ende 13.00 .... Unterbrechung von .... bis ....

Besprechungsleiter: Frau Hermann (Name) Mamut-Bau (Firma) .... (Unterschrift)

Protokollführer: Herr Lieblich (Name) Mamut BaU (Firma) .... (Unterschrift)

Art der Besprechung: ☒ Jour Fix ☐ andere ....

Teilnehmer:

	Name	Firma	Kurzzeichen
1.	Herr Schulz	Bauherr	Sch
2.	Herr Müller	Architekt	Mü
3.	Herr Holz	Statiker	Ho
4.	Frau Herrmann	GF Mamut-Bau	Her
5.	Herr Lieblich	BL Mamut-Bau	Lie

Tagesordnung

8.0 Freigabe Protokoll Nr. 7 der letzten Woche ....
8.1 Allgemeines ....
8.2 Rohbau ....
8.3 Ausbau ....
8.4 Haustechnik ....

Verteiler

∅ Sch	∅ Her	∅
∅ Mü	∅ Arbeitsvorbereitung	∅
∅ Ho	∅ Lie	∅

Anlagen 1

Abb. 108: Beispiel für einen Besprechungsbericht

Auftragnehmer:	Baustelle:
Mamut-Bau GmbH **Musterstadt**	Bürohaus Schulz Musterweg 18 12345 Musterhausen

Besprechungsprotokoll

Nr. 8........... Blatt - Nr. 2................

– Ergebnisse und Veranlassungen –

Datum und Ort der Besprechung: Musterstadt, 12.01.XXXX ....

Nr.	Text	Zuständigkeit	Termin	Status
8.0.	- Protokoll Nr. 7 wird mit folgender Änderung freigegeben: **Beschädigung der Notausgangstür durch Maler (Fa. Bunt GmbH) verursacht, nicht durch Trockenbauer (Fa. GK-Meister)**			
8.1.0	**Allgemeines**			
8.1.1	- Planfreigabe wird durch Bauamt behindert - Freigabe beschleunigen	Sch, Mü	19.1.xxxx	A
8.1.2	- Information über Fertigstellung der Bodenplatte	Lie	13.1.xxxx	F
8.1.3	- Terminverzug von 3 Wochen festgestellt (resultiert aus 1.)	Mei, Her		I
5.1.3/ 7.1.5	- Mängelbearbeitung 4. OG wird voraussichtlich am 19.01.XX fertiggestellt	Sch, Mü		I
8.2.0	**Rohbau**			
8.2.1	- Fertigteil Treppe (TH 4) bei Transport irreparabel beschädigt. Lieferung neues Teil in ca. 4 Wochen	ARGE Rohbau	13.02.XX	I
8.2.2	- Durchbruchsplanung Dachgeschoss ist freigegeben	Sch, Mü		I
7.2.4	- Es wurden Risse in der Sohle festgestellt (siehe Mängelrüge vom 20.12.XX) Die Ursache ist festzustellen.	Sch, ARGE Rohbau, ErdB	19.01.XX	O
8.3.0	**Ausbau**			
8.3.1	- Verschiebung der Mietbereichswände (Achse C – 7) – Bitte Rücksprache mit BL TGA	Her, Ho	19.01.XX	O
...	...			

Status: ⇒ **A** = Aufforderung, **B** = Beschluß, **E** = Empfehlung, **F** = fertig, **I** = Information, **O** = offen

Abb. 109: Beispiel für einen Besprechungsbericht (Fortsetzung)

7.9 Behinderungsanzeigen

Neben den verschiedenen vorgenannten Dokumentationsmöglichkeiten für Leistungsveränderungen oder Behinderungen ist der eindeutige Hinweis durch Behinderungsschreiben in der VOB/B gefordert (s. dazu ausführlich Teil A Rdn. 397 ff.). Dies unterbleibt oftmals aus Sorge, dass es der guten Zusammenarbeit auf der Baustelle schaden könnte. 215

Dieser Gedanke ist richtig, manchmal sicherlich auch angebracht, die Folgen bei unterlassener frühzeitiger Benachrichtigung und die Auseinandersetzung zu einem späteren Zeitpunkt über die Folgen von Behinderungen sind aber im Allgemeinen wesentlich größer, emotionsbeladener und, bezogen auf die Schädigung des guten Einvernehmens, dauerhafter.

Frühzeitige Behinderungsschreiben geben beiden Partnern, insbesondere aber dem Auftraggeber, noch die Möglichkeit, eine Behinderung kurzfristig abzustellen und somit die hieraus entstehende Kosten entweder ganz zu vermeiden oder wenigstens zu minimieren, während zu einem späteren Zeitpunkt nur noch die Auseinandersetzung über die Zuweisung dieser Kosten stattfinden kann. Behinderungsschreiben sind unmittelbar an den Vertragspartner selbst oder an einen ausdrücklich hierfür bevollmächtigten Vertreter zu richten, andernfalls können sie wirkungslos sein (s. Teil A Rdn. 401 ff.).

Es sollte davon ausgegangen werden, dass für einen Behinderungssachverhalt **drei** Schreiben (i. d. R. Formschreiben) an den Auftraggeber bzw. seinen Bevollmächtigten zu schicken sind:

Ankündigung einer möglichen Behinderung
Eintritt einer Behinderung
Ende einer Behinderung

Im § 6 Abs. 1 VOB/B heißt es, das der Auftragnehmer lediglich glauben muss, er sei behindert, um diesen Umstand dem Auftraggeber unverzüglich und schriftlich anzeigen zu müssen. Dies bedeutet nun, dass bereits die Vermutung, dass eine Behinderung vorliegt, eine Behinderungsanzeige nach sich ziehen müsste. Dieser Grundgedanke resultiert sicherlich aus der Überlegung, dass dem Auftraggeber noch ausreichend Zeit verbleiben soll, die Ursachen der Behinderung zu ermitteln und dafür Sorge zu tragen, diese abzustellen.

Der Eintritt einer tatsächlichen Behinderung ist ebenfalls dem Auftraggeber unverzüglich und schriftlich mitzuteilen. Dieses Schreiben ist auf jeden Fall notwendig und hat letztlich auch aus Gründen der Dokumentation des Behinderungssachverhaltes zu geschehen.

Weiterhin heißt es in § 6 Abs. 3 VOB/B, dass die Wiederaufnahme der Arbeiten dem Auftraggeber mitzuteilen ist. Aus dieser Forderung ergibt sich das dritte Schreiben, die sog. Abmeldung einer Behinderung.

Die Differenz zwischen dem Datum des Eintritts und dem Ende einer Behinderung stellt zunächst die dokumentierte Dauer einer Behinderung dar.

Ein Urt. des Bundesgerichtshofs v. 21. 10. 1999 (NJW 2000, 1336) hat sich mit der Frage beschäftigt, welche Anforderungen an eine ordnungsgemäße Behinderungsanzeige nach § 6 Abs. 1 VOB/B zu stellen sind.

Nachfolgend sind die notwendigen Informationsbestandteile einer Behinderungsanzeige aufgelistet (s. dazu Muster bei Vygen/Joussen, Bauvertragsrecht Rn. 1796).

	Fragestellung	Sachverhaltsdarstellung	Anmerkung
1	**Seit wann?**	Ab wann sind die Arbeiten behindert?	Konkrete Datumsangabe
2	**Welche Arbeiten?**	*Welche Arbeiten* sind an welchem Ort von der Behinderung betroffen?	Mindestens konkretes Gewerk benennen
3	**Wodurch?**	alle Tatsachen, aus denen sich die *Gründe* der Behinderung für den Auftraggeber mit hinreichender Klarheit ergeben	z. B. fehlende Planlieferung der Schalpläne Decke über EG Achse 5 – 10
4	**Wie lange?**	Ab *wann* und voraussichtlich *wie lange* wird die Behinderung *dauern?*	Bis Ursache beseitigt ist plus Zuschlag X Tage für Wiederaufnahme
5	**Folgen?**	Welche *Folgen* hat es, dass die betroffenen Arbeiten jetzt nicht ausgeführt werden können?	Baustillstand der Schalarbeiten an der Decke
6	**Wie ursprünglich geplant?**	*Wann* hätten die Arbeiten nach dem Bauablauf ausgeführt werden *sollen?*	Basis: letzter koordinierter Terminplan

7.10 Störungsorientierte, integrierende elektronische Dokumentation

216 Das Baugeschehen wird immer komplexer und die Planungsabläufe kürzer und immer stärker baubegleitend. Weiterhin ist eine gestiegene Anzahl

von Nachunternehmern und Planungsbeteiligte zu konstatieren. Dies erfordert zwangsläufig Instrumente zur Verarbeitung und Bereitstellung von Informationen sowie für eine schnelle Kommunikation. Daher sind bei Großprojekten mittlerweile virtuelle Projekträume bzw. -portale zum Standard geworden.

Auf den üblichen Baustellen erfolgt momentan neben der klassischen Papierablage allenfalls eine Erfassung des Berichtswesens im Rahmen eines Dokumenten- bzw. Planmanagements.

Im Hinblick auf einen gestörten Bauablauf ist jedoch diese Art der Dokumentation als bedingt ausreichend zu bezeichnen: Oftmals ist nicht nachvollziehbar, worin die Ursachen einer Verzögerung liegen, was die baubetrieblichen Folgen sind und welche Mehrkosten hieraus resultieren. Es fehlt also der Nachweis einer fundierten Anspruchsgrundlage.

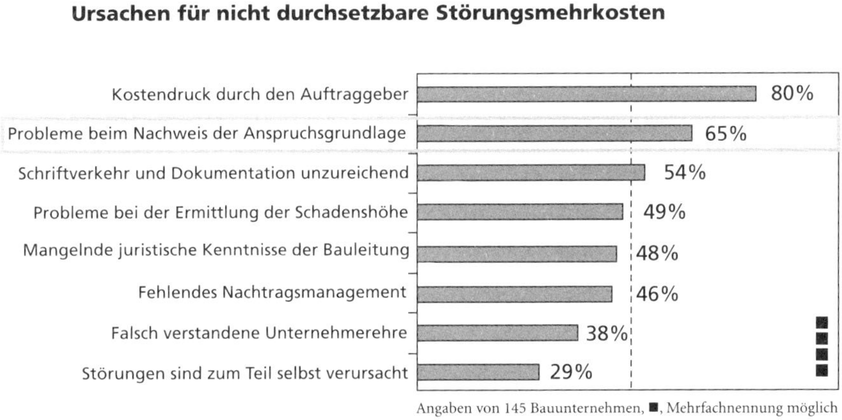

Abb. 110: Umfrageergebnisse zu typischen Ursachen für nicht durchsetzbare Störungsmehrkosten (aus Baumarkt + Bauwirtschaft, Heft 11/2002, S. 25–28).

Die Rechtsprechung hat sich daher auch intensiv mit den Anforderungen an die notwendige Nachweisführung beschäftigen müssen. Die aus den Urteilen herauszulesenden Ansprüche sind sehr hoch und von Bauleitungen nur noch zu bewältigen, wenn sie ihre ursprünglichen Aufgaben, wie Koordination und Qualitätskontrolle bzw. die wirtschaftliche Abwicklung der Baumaßnahme vernachlässigen. **217**

Die Notwendigkeit einer inhaltsreichen Dokumentation wurde vom BGH bereits frühzeitig (BGH VII ZR 224/00 vom 21. 03. 2002) beurteilt (ausführlich Teil A Rdn. 416, 722 ff., 802, 792 ff.). Hiernach sei die Forderung nach einer konkreten Darstellung auch bei Großbaustellen nicht überhöht, weil es dem Auftragnehmer gerade in dem Fall, in dem er sich behindert fühlt, zuzumuten ist, eine aussagekräftige Dokumentation zu erstellen, aus der sich die Behinderung sowie deren Dauer und Umfang ergeben. Soweit ein Auftragnehmer mangels einer ausreichenden Dokumentation der Behinderungstatbestände und der sich daraus ergebenen Verzögerung zu einer den Anforderungen entsprechenden Darstellung nicht in der Lage ist, geht das grundsätzlich nicht zu Lasten des Auftraggebers.

Konkret wurden auch Inhalte und Anforderungen der Nachweisführung vorgegeben.

Anforderungen des BGH an den Nachweis einer Bauzeitverzögerung (BGH, v. 24.02.2005 – VII ZR 225/03)	
1.	Es ist der Beweis zu führen, wie lange die konkrete Behinderung/Störung angedauert hat, d. h. es ist hierfür der vollumfängliche Nachweis nach § 286 ZPO zu erbringen.
2.	Hinsichtlich der Folgen der konkreten Behinderung und damit des ursächlichen Schadens darf das Gericht notfalls eine Schätzung gem. § 287 ZPO vornehmen.
3.	Eine solche Abschätzung ist auch für die Frage, inwieweit der Schaden auf ein Verhalten des AG und/oder AN zurückzuführen ist, zulässig.

Anforderungen des BGH an den Nachweis einer Bauzeitverzögerung (BGH, v. 24.02.2005 VII ZR 141/03)	
1.	Ein bloßer Vortrag von Pflichtverletzungen des AGs (z. B. Planlieferverzüge) ist unzureichend. Es muss dargelegt und bewiesen werden, welche Behinderung mit welcher Dauer und mit welchem Umfang daraus verursacht wurde.
2.	Eine konkrete, bauablaufbezogene Darstellung der jeweiligen Behinderung ist unumgänglich
3.	Dem Auftragnehmer ist im Behinderungsfalle die Erstellung einer aussagekräftigen Dokumentation zumutbar.
4.	Für die sog. haftungsbegründende Kausalität zwischen Pflichtverletzung und Behinderungsschaden muss der volle Beweis nach § 276 ZPO geführt werden.
5.	Für die sog. haftungsausfüllende Kausalität (z. B. Folgen der Behinderung im Bauablauf, Höhe des Schadens) besteht die Möglichkeit der Schätzung gemäß § 287 ZPO.

Es ist daher festzustellen, dass das reine Führen eines, wenn auch elektronischen Bautagebuches oder das Schreiben von Behinderungsanzeigen bei Weitem nicht ausreichen wird, diese Forderungen zu erfüllen. Es dürfte auch klar geworden sein, dass ein entsprechender nachträglicher Nachweis nur sehr schwer zu führen sein wird.

Es können daher folgende Forderungen an eine Baustellendokumentation in Hinblick auf einen gestörten Bauablauf gestellt werden. Sie muss

- baubegleitend
- vorgangsorientiert und damit auch störungsorientiert
- integrierend und
- elektronisch

sein.

Ausgangspunkt einer solchen Dokumentation müssen zwangsläufig der geführte Schriftverkehr und Besprechungsprotokolle, die Bautagesberichte und ein SOLL-Terminplan sein. 218

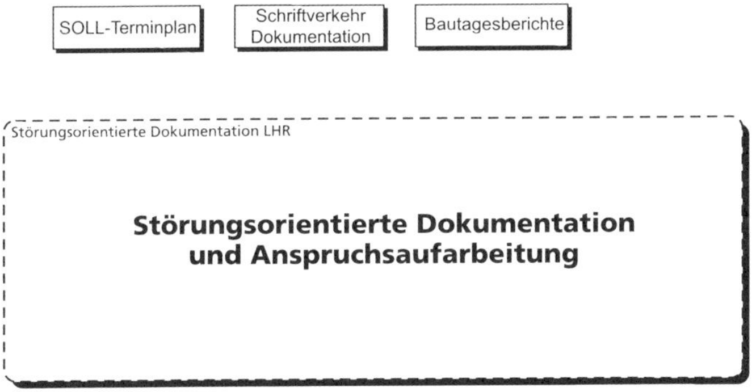

Abb. 111: Grundlagen einer störungsorientierte Dokumentation

Die integrierende Wirkung ist dadurch zu erzielen, dass sämtliche Dokumente sich auf Vorgänge im SOLL-Terminplan bzw. dessen Fortschreibung bzw. Ergänzung zu beziehen haben. Es wird also eine vorgangsbezogene Betrachtung zum ordnenden Prinzip erhoben. Zwangsläufig sind dann auch sämtliche Dokumentationen (z. B. Bautagesberichte) vorgangsbezogen zu führen. 219

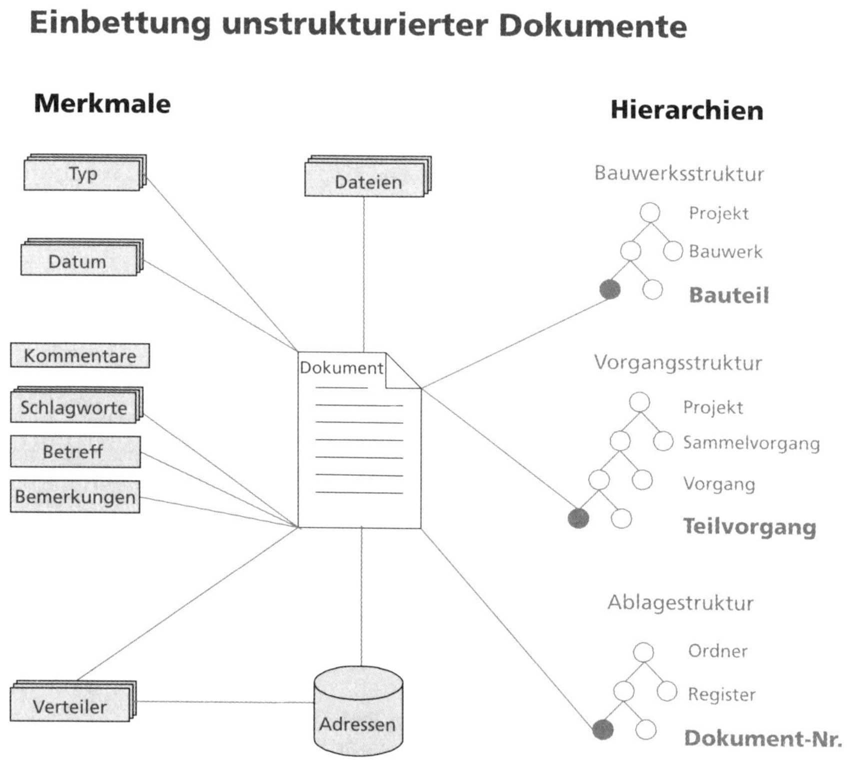

Abb. 112: Vorgangsorientierte Dokumentenerfassung (Quelle: sfirion AG, München)

So ist es möglich, gezielt nach Sachverhalten die Dokumente abzulegen und schnell gesammelt wiederzufinden. Die weiteren Dokumentenmerkmale erlauben auf eine einfache Art eine Selektion nach anderen, frei wählbaren Kriterien. Über die Dokumentennummer ist die Verbindung zum Dokumentenmanagement sichergestellt. Wird nun eine Bauablaufstörung als Vorgang in den SOLL-Terminplan eingefügt, so ist ein Ort geschaffen, an dem sämtliche nachfolgend noch zu benennenden Informationen abgelegt werden können. So ist es z. B. möglich, auch relevante Auszüge aus dem Vertrag, aus Gutachten oder sonstige Hintergrundinformationen zielgerichtet zu hinterlegen.

Abb. 113: Dokumentensuche und Präsentation des Suchergebnisses (Quelle: sfirion AG, München)

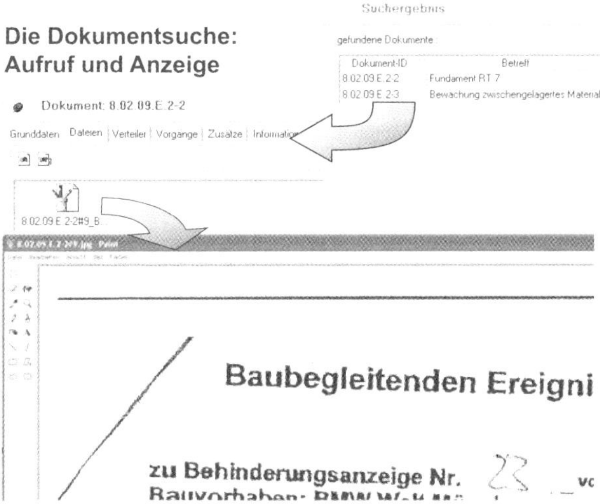

Abb. 114: Dokumentenanzeige (Quelle: sfirion AG, München)

Der Bautagesbericht stellt ein wesentliches Instrument zum Nachweis von Verzögerungen und Mehrkosten im Rahmen der Projektdokumentation dar. Hierbei sollten die Daten aber unbedingt datenbankbasierend aufbereitet werden (siehe Teil B, Abb. 115). Solche Daten könnten dann selbstverständlich gleichzeitig auch zu anderen Zwecken genutzt werden, z. B. Geräteeinsatzdokumentation zur internen Geräteabrechnung, Personaldokumentation mit Stundenerfassung zur Lohnabrechnung usw. Unter dem Stichwort „Tagesaktivitäten" sind außerdem das Nachtragsmanagement, das Bespre- **220** chungswesen usw. einschließlich der zugehörigen Dokumentationen anzuhängen.

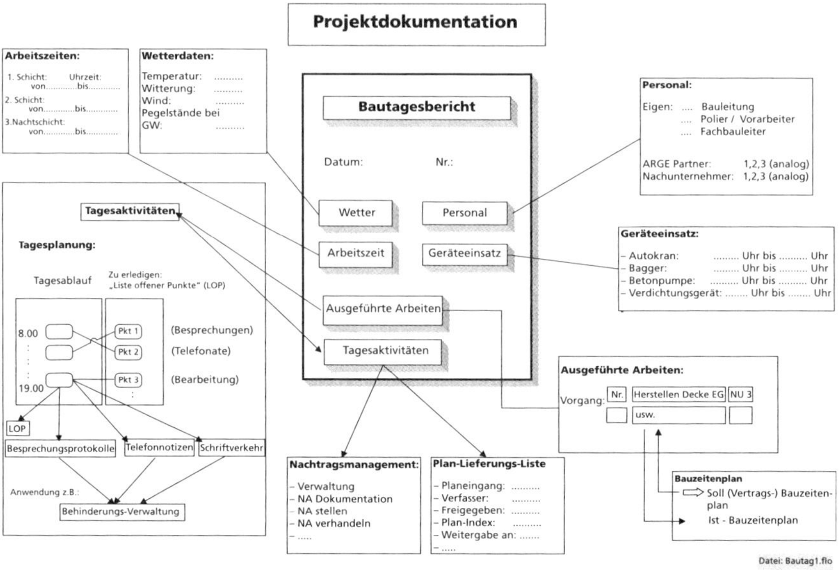

Abb. 115: Projektdokumentation durch Bautagesberichte

Die ausgeführten bzw. auf Grund von Behinderungen nicht ausgeführten Leistungen sind zwingend den Vorgängen im SOLL-Terminplan oder dessen Fortschreibung bzw. Ergänzung zuzuordnen. So ist gewährleistet, dass später eine Auswertung über Kapazitäten und Ressourcen sowie deren Vorhaltedauern zielgerichtet möglich ist. Auch ein grafischer Vergleich verschiedener Pläne (z. B. SOLL- mit IST-Terminplan) ist somit jederzeit problemlos möglich. Ebenso ist eine Aggregation auf Sammelvorgänge möglich.

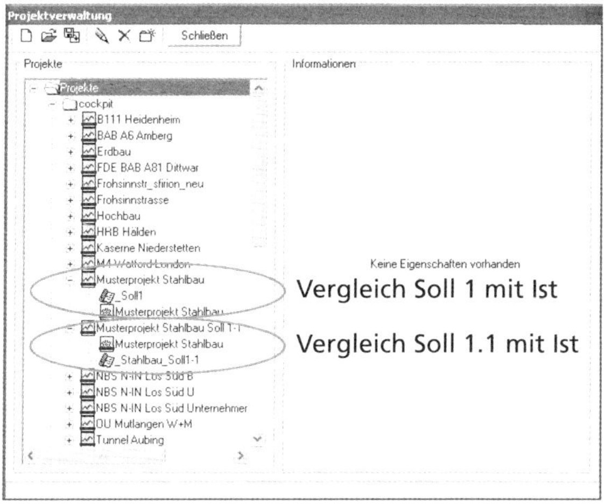

Abb. 116: Möglichkeiten des grafischen Vergleichs zweier Terminpläne (Beispiel)

Das Ergebnis eines solchen SOLL-IST-Vergleiches wird grafisch dargestellt und zeigt deutlich die Abweichungen und deren zeitlichen Verlauf.

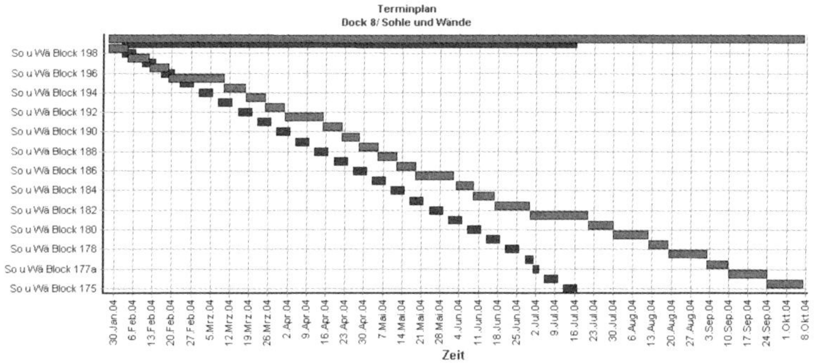

Abb. 117: Beispiel für einen Soll-Ist-Vergleich für Termine bei Stahlbetonarbeiten

In welchen Kategorien Informationen im Zusammenhang mit einer Verzögerung zu dokumentieren sind und wie sich diese Dokumentation in die Baustellenabwicklung einfügen könnte, ist zu Projektbeginn festzulegen. 221

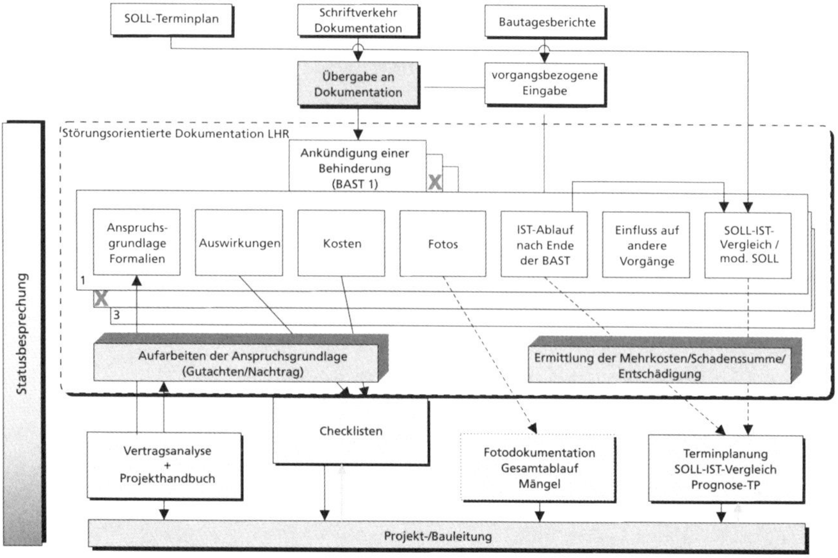

Abb. 118: Beispiel für eine umfassende störungsorientierte Baustellendokumentation

Es sollten jedoch stets bestimmte, sich bei jedem Bauvorhaben wiederholende Grunddaten erhoben und festgehalten werden.

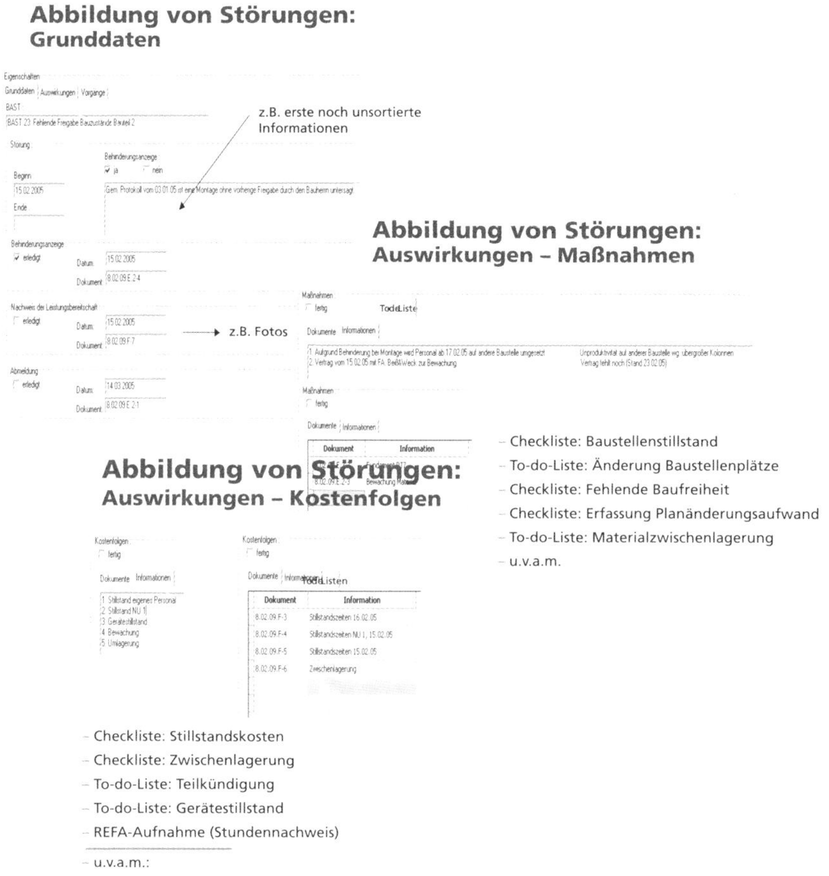

Abb. 119: Grunddaten zu einer Störung (Beispiel)

Die hierfür zu definierenden Checklisten, To-Do-Listen oder Handlungsanweisungen sind hingegen zu Projektbeginn zu definieren bzw. aus alten Projekten anzupassen und als Erfassungsblätter vorzuhalten. Die hierin erhobenen Informationen sind dann wiederum über die Dokumentenerfassung einem Vorgang bzw. der Bauablaufstörung zuzuordnen.

Aufnahme vom:	17.11.2005
Bauteil:	P5/P6
Etage:	
Standort:	8
Bauphase:	

Bildquelle:	G:\2005\05045 Fotodoku BMW-Welt\05045 BMW-Welt lokal\Fotodokumentationen\Gesamtwerk Teil 1\Ablage Fotos Datenbank Teil 1\05045_051117_Foto045.jpg
Beschreibung:	Blick nach Nordosten auf Schacht P5/P6: das Einbauteil ist einbetoniert (siehe Pfeil)
Stichwort:	Ende Störung fehlende bauseit. Vorleistung
Kommentar:	Der Schacht P5/P6 dient als Auflager für das Regeldach und die Stahlkonstruktion der Lounge. Da Schacht P5/P6 fertiggestellt zu sein scheint, endet die Störung der Montage der Lounge aufgrund fehlender bauseitiger Vorleistungen an Schacht P5/P6

Abb. 120: Beispiel Fotodokumentation (Quelle: LHR GmbH & Co KG)

Auch spezielle Foto- und Videoaufnahmen oder Informationen, die Abhängigkeiten zu anderen Vorgängen und damit Tätigkeiten zum Inhalt haben, sind vorgangsbezogen zu erfassen.

Zur besseren Übersicht ist es angezeigt, jedem Bearbeitungsschritt ein Erledigungsvermerk zuzuordnen, um so die im Rahmen der Dokumentation noch offenen Aufgaben verfolgen zu können.

8 Erfassung und Bewertung der Kosten durch Bauzeitverzögerungen und Leistungsänderungen

8.1 Kostenrechnung und Kalkulation im Baubetrieb

In der klassischen Betriebswirtschaftslehre werden Kosten als der in Geld bewertete Einsatz von Produktionsfaktoren definiert, die zur Erstellung einer betrieblichen Leistung erforderlich sind. **222**

Es wird zwischen externem und internem Rechnungswesen unterschieden. Das externe Rechnungswesen, auch als Unternehmensrechnung bekannt, dient der Erfüllung gesetzlicher Vorgaben zur Wahrung öffentlicher Interessen und soll hier nicht weiter vertieft werden.

Die Kosten- und Leistungsrechnung entspricht dem internen Rechnungswesen und dient als internes Steuerungs- und Kontrollinstrument. Sie besteht aus der Baubetriebsrechnung und aus der Bauauftragsrechnung.

Baubetriebsrechnung

Die Baubetriebsrechnung dient der Dokumentation aller innerbetrieblichen Wertbewegungen. Folgend sollen einige wichtige Bestandteile der Baubetriebsrechnung erläutert werden. Soweit hierzu grundlegende Informationen gewünscht sind, wird auf die Literatur verwiesen (insbesondere die KLR-Bau). **223**

a) Kostenartenrechnung

Sie dient der Erfassung aller im Betrieb anfallenden Kosten. Diese werden nach ihrer Art getrennt (z. B. Lohn-, Geräte-, Stoff- und Fremdleistungskosten). Es empfiehlt sich eine einheitliche Gliederung, so dass alle Bestandteile unabhängig und unmissverständlich interpretiert werden können. Schließlich dient die Kostenartenrechnung als Grundlage für die spätere Gewinn- und Verlustrechnung. **224**

b) Kostenstellenrechnung

Hier werden die Kosten den jeweiligen Stellen im Betrieb zugeordnet, die sie verursachen. Sie kann im Wesentlichen als räumliche Abgrenzung verstanden werden. Typische Kostenstellen für einen Baubetrieb sind die Baustelle, der Bauhof oder auch die Verwaltung.

c) Kostenträgerrechnung

Kostenträger sind die erbrachten Leistungen, also die direkten Verursacher der Kosten. Jede Position im Leistungsverzeichnis ist in erster Linie ein Kostenträger, da die Kosten unmittelbar durch das Erbringen der Leistung entstehen.

d) Bauleistungsrechnung

Die Bauleistungsrechnung dient der Feststellung und Bewertung der erbrachten Bauleistung und bildet somit den IST-Stand ab. Sie ist ein wichtiges Dokumentationsmittel.

e) Ergebnisrechnung

Das Resultat aus der Gegenüberstellung der angefallenen Kosten und der erbrachten Leistung wird als Ergebnisrechnung bezeichnet. Damit kann der Erfolg des Betriebes erfasst werden. Sie kann je nach Bedarf monatlich oder vierteljährlich erstellt werden.

Bauauftragsrechnung

225 Durch die Bauauftragsrechnung werden Kosten für einzelne Bauleistungen ermittelt und die Kostenentwicklung kontinuierlich verfolgt. Sie dient dann zur Preisgestaltung und Kostenkontrolle und ermöglicht die Verfahrenswahl. Man unterscheidet zwischen den folgenden Arten der Kalkulation:

a) Vorkalkulation, bestehend aus:

226
- Angebotskalkulation
- Auftragskalkulation
- Arbeitskalkulation
- Nachtragskalkulation

Die Abb. 121 zeigt eine grobe Gliederung der einzelnen Kalkulationsphasen und die Zuordnung der jeweiligen Kalkulationsart. Die oberen Balken veranschaulichen zusätzlich näherungsweise die zeitliche Einordnung ausschlaggebender Termine.

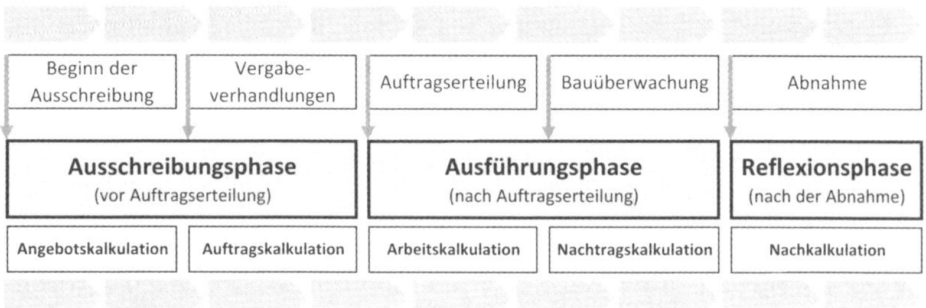

Abb. 121: Kalkulationsverlauf

Die **Vorkalkulation** dient dem Zwecke der Vorausberechnung mit Hilfe von Erfahrungswerten. Sie bewertet die Bauleistung mit dem gewünschten und idealisierten SOLL-Bauablauf.

- Die **Angebotskalkulation** entspricht meistens einer groben Kostenermittlung für die gewünschte Leistung unter Zuhilfenahme von Erfahrungswerten und abgefragten Kostenwerten.
- Die **Auftragskalkulation** wird aus der Angebotskalkulation entwickelt. Da sich bei Vertragsverhandlungen (ausschließlich beim Nicht-Öffentlichen-Auftraggeber) sicherlich Anpassungen, z. B. für Preisüberarbeitungen und Preisnachlässe, ergeben, werden diese noch in die Auftragskalkulation eingearbeitet und schließlich vertraglich fixiert.
- Die **Arbeitskalkulation** entsteht aus der Analyse der Auftragskalkulation und der Anpassung an die örtlichen Gegebenheiten zur Arbeitsvorbereitung. Sie definiert demzufolge die detaillierten SOLL-Kosten und ist das wichtigste Kontroll- und Steuerungsinstrument auf der Baustelle.
- Die **Nachtragskalkulation** dient der Preisbildung bei Abweichungen von den Vertragsleistungen oder unvorhergesehenen Leistungen. Soweit es die Auftragskalkulation ermöglicht, sollten die vertraglich vereinbarten Preise als Grundlage für die Berechnung verwendet werden. Ist das nicht möglich, sollte dem Auftraggeber möglichst vor Ausführungsbeginn ein Nachtragsangebot unterbreitet werden.

b) Nachkalkulation

Bei der **Nachkalkulation** handelt es sich um eine interne Kontrollinstanz. **227**
Durch SOLL-IST-Vergleiche können sowohl technische als auch kaufmännische Nachkalkulationen erfolgen und daraus die eigenen Ansätze der Kalkulation abgeglichen und auf dem aktuellen Stand gehalten werden.

8.1.1 Unterscheidung der Kostencharaktere

Die Einteilung der Kosten in verschiedene Kostencharaktere hat bei deren Er- **228**
fassung und Bewertung im Fall von Bauverzögerungen besondere Bedeutung. Dabei werden die Kosten nach ihrem Verhalten bei unterschiedlichen Beschäftigungsgraden und Beschäftigungszeiten gegliedert in:

a) Fixe Kosten

Fixe Kosten sind Bereitstellungskosten, die entstehen, damit eine Leistung möglich wird. Sie sind weitgehend unabhängig von der Leistungsmenge und von Beschäftigungsschwankungen. Sie sind aber abhängig von der Leistungsbreite und Leistungstiefe einer Unternehmung. Sie sind auf eine bestimmte Kapazität abgestellt und können sich bei Überschreitung dieses Ansatzes sprunghaft erhöhen (sprungfix, z. B. zusätzliche Ausstattung einer Baustelle mit einem weiteren Kran bei Beschleunigung).

b) Leistungsvariable Kosten (auch mengenvariable Kosten genannt)

Leistungsvariable Kosten verändern sich proportional zur erbrachten Leistung. Dies sind insbesondere Kosten für Löhne, Baustoffe, Bauhilfsstoffe und Verbrauchsstoffe. Je nach Art der Leistung ist ein über- oder unterproportionaler Kostenverlauf bei veränderlicher Menge oder veränderten Randbedingungen möglich.

c) Zeitvariable Kosten

Die zeitvariablen Kosten steigen proportional zur Zeit an, sind aber meist innerhalb einer Dispositionszeit als Fixkosten zu betrachten. Hierunter fallen in erster Linie alle Vorhaltekosten für Geräte, Baustelleneinrichtungen und Rüstungen, aber auch Baustellengehälter und allgemeine Baukosten.

8.1.2 Gliederung der Kalkulation

229 Zur Ermittlung der Angebotssumme werden die Kosten für die Erstellung eines Bauwerks stufenweise zusammengestellt. Die Kostengruppen werden nach ihrer Verursachung wie folgt gegliedert:

	Einzelkosten der Teilleistungen	*(EKdT/EKT)*
+	Gemeinkosten der Baustelle	*(BGK/GKdB)*
=	Herstellkosten	*(HK/HSTK)*
+	Allgemeine Geschäftskosten	*(AGK)*
+	Bauzinsen	*(Z)*
=	Selbstkosten	*(SK)*
+	Wagnis und Gewinn	*(W+G/WuG)*
=	Angebotssumme (netto)	*(AGSnetto)*
+	Umsatzsteuer	*(USt.)*
=	Angebotssumme (brutto)	*(AGSbrutto)*

Einzelkosten der Teilleistungen

230 Das Kostenelement **„Einzelkosten der Teilleistungen"** besteht aus folgenden Kostenarten, die einer Teilleistung direkt zuordenbar sind – s.g. **„Direkte Kosten"**:

- Lohnkosten
- Sonstige Kosten (Material-, Stoff- und Verbrauchskosten)
- Gerätekosten
- Fremdleistungskosten (Nachunternehmerkosten)

Mit Hilfe der heute eingesetzten EDV-Programme ist eine Kalkulation selbstverständlich auch mit mehr als vier Kostenarten durchführbar.

a) Lohnkosten

In den Lohnkosten werden alle unmittelbar mit der Leistung in Verbindung stehenden Kosten für gewerbliche Arbeitskräfte eingerechnet. Die Löhne werden zunächst als Lohnstunden pro Leistungseinheit erfasst und in der späteren Kalkulation mit dem Stundenverrechnungssatz **(Grundmittellohn inkl. aller Lohnzusatzkosten, Lohnnebenkosten und Zuschläge aus BGK)** und Mengen multipliziert. Die erforderlichen Aufwandswerte sollten aus Erfahrungswerten generiert oder aus entsprechenden Zahlentafeln entnommen werden, wobei hier die Erfahrungswerte zu bevorzugen sind. Auf eine detaillierte Darstellung der Berechnung des Mittellohnes soll hier verzichtet werden. Folgend sind die wichtigsten Schritte aufgelistet:

Grundmittellohn [GM]	*Durchschnittslohn aller eingesetzten und produktiven Arbeitskräfte (aus Tarifstundenlohn)*
+ lohnbedingte Zuschläge	*z. B. für Mehrarbeit, Erschwernis etc.*
= Mittellohn [A(P)]	*Arbeiterlöhne*
+ Sozialkosten	*z. B. für Sozialversicherungen, Urlaubsentgelt etc.*
= Mittellohn [A(P)S]	
+ Lohnnebenkosten	*z. B. für Fahrtkostenabgeltung, Verpflegungspauschalen*
= Mittellohn [A(P)SL]	*= Kalkulationsmittellohn*

Der Buchstabe P in der Kurzbezeichnung des Mittellohns steht für die Anteiligen Kosten für Poliere. Da diese nicht zwingend im Mittellohn, sondern auch in den Baustellengemeinkosten erfasst werden können, steht der Buchstabe in Klammern.

b) Sonstige Kosten

In diesem Element werden Baustoffkosten erfasst. Hierin sind nicht nur lose Baustoffe und Materialien enthalten, sondern auch Bauelemente wie Fenster oder Betonfertigteile, die zugekauft werden. Diese Kosten setzen sich aus Anteilen wie etwa Einkaufspreis (EK), Transport, Lagerung oder Schnittverlusten zusammen.

Des Weiteren umfassen die Sonstigen Kosten auch alle Bauhilfsstoffe, wie zum Beispiel Schalung, Rüstung und Verbau.

c) Gerätekosten

Gerätekosten können sich im Wesentlichen aus folgenden Kosten zusammensetzen:

- Gerätevorhaltekosten (A+V+R)

Abschreibung (A)
Verzinsung (V)
Reparatur (R)

- Betriebskosten

Lohnkosten für Bedienung
Betriebsstoffe (sofern nicht bereits in SoKo enthalten)
Wartung und Pflege

- Vorbereitung für den Einsatz

Transport- und Ladekosten
Lohnkosten für den Auf- und Abbau
Sonstige Kosten der Vorbereitung (Verbrauchsmaterial, Kleinteile)

- Allgemeine Kosten (bei Anmietung)

Vorhaltekosten
AGK des Vermieters
Geräteversicherung und Steuern

Für die Ermittlung der Gerätekosten ist die jeweils aktuelle Fassung der Baugeräteliste (BGL) ein erstes Hilfsmittel. Hierbei handelt es sich um ein Tabellenwerk, in dem in Abhängigkeit des Geräteneuwertes und der Nutzungsdauer Werte für Abschreibung, Verzinsung und Reparatur (A+V+R) aufgezeichnet sind. Marktüblich sind diese Preise jedoch nicht. Die in der BGL angegebenen Werte sind oft sehr hoch, weshalb in Angeboten häufig mit 50 – 70% der BGL-Werte gerechnet wird.

Können Maschinen direkt einer Teilleistung zugeordnet werden, so ist es möglich, die Kosten für die benötigten Betriebsstoffe vollständig in die Einzelkosten der Teilleistung zu übertragen, andernfalls werden sie in den Gemeinkosten der Baustelle (BGK) berücksichtigt.

d) Fremdleistungskosten (Nachunternehmerkosten)

Wird eine Leistung vollständig von einem Nachunternehmer erbracht (z. B. Bewehrungsarbeiten, Mauerwerksarbeiten), kann diese zu den Fremdleistungskosten gezählt werden. Die Aufgabe der Bauleitung obliegt weiterhin dem Hauptauftragnehmer. Kosten für Hilfsleistungen oder Fremdarbeit sollten in die Lohnkosten oder in die Sonstigen Kosten fließen. Dazu zählen zum Beispiel das Anschweißen temporärer Auflagerkonsolen oder andere Leistungen, welche nur einen Teil einer Position ausmachen können.

Gemeinkosten der Baustelle

231 Hierbei handelt es sich um Kosten, die unmittelbar durch den Betrieb der Baustelle verursacht werden und für die Durchführung der Baumaßnahme erfor-

derlich sind. Sie lassen sich keiner bestimmten Teilleistung unmittelbar zuordnen – deshalb werden sie meist als „indirekte Kosten“ bezeichnet.

Diese beinhalten beispielsweise Kosten für Hilfsleistungen, Gehälter der Bauleiter, Gegenstände der Baustelleneinrichtung und Baugeräte. Ausgenommen sind hiervon Leistungen, die einer Position im Leistungsverzeichnis (LV) direkt zugeordnet werden können (zur Vorgehensweise bei der Berechnung siehe Kap. 8.1.4).

Es kann aber auch sein, dass in einem LV ein eigener Titel für Gemeinkosten eingestellt ist.

Es handelt sich bei den Baustellengemeinkosten meistens um zeitvariable Kosten, z. B. die monatliche Miete für einen Kran, und einmalige fixe Kosten, z. B. für An- und Abtransport der Baucontainer. Sie werden zunächst als Ganzes ermittelt. Danach ist zu entscheiden, wie diese Kosten in der Angebotskalkulation zu berücksichtigen sind. So kann es zwingend sein, diese als EKT zu klassifizieren, wenn das Leistungsverzeichnis eine entsprechende Position(en) für das Einrichten, Vorhalten und Räumen der Baustelleneinrichtung vorsieht. Da eine Verursachungsgerechte Kalkulation gefordert wird, sind dann in diesen Positionen die vorgegebenen Anteile der Baustelleneinrichtung zu berücksichtigen. Wird hingegen nicht vorgegeben, dass die Kosten für die Bauleitung in den LV-Positionen zu erfassen sind, sind diese in einem Umlageverfahren auf die EKT (vgl. Teil B Kapitel 8.1.4) umzulegen. So ist auch zu verfahren, wenn keine LV-Positionen für die Baustellengemeinkosten vorgegeben sind.

Äußerst selten, aber baubetrieblich sinnvoll kann es sein, bestimmte Baustellengemeinkosten nicht auf alle Positionen zu verteilen, z. B. nur auf einzelne Titel des LV (z. B. Geräte des Spezialtiefbaus, Krankosten).

Umsatzbezogene Gemeinkosten

Wie der Name bereits vermuten lässt, werden diese Ausgaben direkt in Rela- **232**
tion zum Umsatz des Bauprojektes bestimmt. Sie werden vorwiegend in Prozenten der Herstellkosten angegeben und berechnet.

a) Allgemeine Geschäftskosten

Es handelt sich um alle Aufwendungen, die dem Unternehmer durch den Betrieb seines gesamten Unternehmens entstehen und nicht allein durch einen bestimmten Auftrag verursacht werden. Diese Kosten sind der Kostenstelle „Allgemeine Verwaltung“ zuzuordnen. Hier einige Beispiele:

- Kosten des Firmensitzes (Miete, Energie etc.)
- Kosten für Personal (Gehälter, Sozialkosten)
- Öffentliche Abgaben (Steuern)
- Allgemeine Versicherungen (nicht speziell für eine Baustelle)

Die Allgemeinen Geschäftskosten werden in vielen Unternehmen nur für ein vollständiges Geschäftsjahr ermittelt (siehe hierzu vertiefter Kap. 8.5). Große Bauunternehmen ermitteln die AGK sogar halb- oder vierteljährlich.

$$\text{Berechnung: } a = \frac{AGK\left[\frac{Euro}{Jahr}\right]}{\text{gesamte Bauleistung (aller Projekte)}\left[\frac{Euro}{Jahr}\right]} \cdot 100[\%]$$

Durchschnittlich liegt der Prozentsatz (a) bei 6 bis 12% der Bauleistung. In Einzelfällen sind auch höhere Ansätze nicht unmöglich.

b) Bauzinsen

Kaum ein Projekt ist heutzutage ohne Vorfinanzierung realisierbar. Erfahrungsgemäß muss der Unternehmer selbst bei einer monatlichen Abschlagszahlung mindesten zwei Monate vorfinanzieren. In der Regel liegt die Zinsbelastung bei etwa 1% der Bauleistung.

c) Wagnis und Gewinn

Das Wagnis (W) als allgemeines Unternehmerwagnis ergibt sich auf Grund langjähriger Erfahrung des Unternehmers. Der Prozentsatz deckt unvorhersehbare Kosten ab, wie zum Beispiel Maschinenausfälle, Kalkulationswagnisse, Krankheitsausfälle, Witterungsausfälle oder andere unvorhergesehene Ereignisse, die ggf. zu erwarten sind. Oftmals liegt dieser Wert bei rund 1–3%. Hierunter fallen jedoch nicht spezielle Bauwagnisse, zum Beispiel auf Grund der Neuartigkeit des Bauverfahrens, spezielle Baugrundverhältnisse oder Hochwassergefahren. Diese sind kalkulatorisch separat zu erfassen.

Gewinne (G) sind für den Unternehmer keine Kosten im klassischen Sinne. Sie dienen einer angemessenen Entlohnung für die erbrachte Leistung. Der Prozentsatz liegt bei ca. 3 bis 10% der Angebotssumme. In vielen Fällen werden Wagnis und Gewinn in einem Prozentsatz zusammengefasst (W+G).

Umsatzsteuer

Bei der Kalkulation wird zunächst die Netto-Angebotssumme (AGSnetto) ermittelt, also alle Kosten- und Preisansätze ohne Umsatzsteuer. Diese wird erst bei Fertigstellung des Angebots auf die AGSnetto zugeschlagen und damit die Brutto-Angebotssumme ermittelt (AGSbrutto).

8.1.3 Aufbau und Struktur von Leistungsverzeichnissen

Das Leistungsverzeichnis (LV) ist im Bauwesen die Basis jeden Auftrags, da es 233
geforderte Mengen und Leistungsbeschreibungen enthält. Je nach Auftragsart- und -größe können sich die jeweiligen Inhalte und deren Detaillierungsgrad stark voneinander unterscheiden. Nachstehend werden die Grundlagen der LV-Struktur sowie Positionsformen erläutert.

Das LV ist tabellarisch aufgebaut. Zunächst wird jede Teilleistung mit einer Positionsnummer versehen und anschließend genau beschrieben. Als nächstes werden die voraussichtlichen Mengen (meist schon vom Auftraggeber) eingetragen. Jetzt kann der Bieter seine Einheitspreise direkt in das LV eintragen und mit den Mengen multiplizieren um den Gesamtpreis für die jeweilige Leistung zu berechnen (siehe folgende Darstellung).

Aufbau eines LVs	
• Titel	z. B. ein Gewerk (Erdarbeiten, Stahlbetonarbeiten, etc.) Hierin können bereits erste wichtige Informationen in Form einer Beschreibung enthalten sein, wie beispielsweise, dass sämtliche Erdmassen nach Aushub in den Eigentum des Auftragnehmers über gehen
• Untertitel	z. B. grobe Aufteilung (Oberbodenarbeiten, Fundamente etc.) auch hierin können (wie in der Beschreibung im Titel) erste wichtige Informationen enthalten sein
• Einzelne Tätigkeiten	z. B. Oberboden Hier sollten genaue Anweisungen enthalten sein, auf welche Weise Tätigkeit auszuführen ist und welche Teilleistungen evtl. inbegriffen sind. Beispielsweise sind Angaben zu Materialien oder Festigkeiten zu treffen, falls diese nicht bereits im Titel oder Untertitel beschrieben wurden.

Diese sich ergebende Positionsnummer entspricht einer genauen Kapitelangabe (siehe folgende Abbildung).

Bei größeren Baumaßnahmen ist eine weitere Unterteilung, z. B. in Bauabschnitten oder in Baulosen, möglich.

Projekt:	290	B-Projekt			
LV:	01	Projektgruppe 2			

OZ	Leistungsbeschreibung	Menge	ME	Einheitspreis in EUR	Gesamtbetrag in EUR
6.	**Beton- und Stahlbetonarbeiten**				
6.1.	**Fundamente und Bodenplatte**				
6.1.10	**Beton der Sauberkeitsschicht** Sauberkeitsschicht unter Gründungsbauteilen aller Art (Einzel- und Streifenfundamente, Boden- und Fundamentplatten); Betonieren gegen Erdreich; Beton: C8/10 Dicke: 10 cm	69,230	m3	....	....

Abb. 122: Ausschnitt LV

8.1.4 Nummerierung der Leistungspositionen

Die Nummerierung der LV-Positionen ist stets fortlaufend und dient der eindeutigen Zuordnung separat abrechenbarer Tätigkeiten. Die Gliederungsstufen sind ähnlich der Ebenen von Kapitelüberschriften aufgebaut und erleichtern das Arbeiten und Zurechtfinden. Abb. 123 zeigt beispielhaft eine solche Nummerierung.

Abb. 123: LV Nummerierungen

Besondere Positionsformen in Leistungsverzeichnissen

Je nach den individuellen Bedürfnissen eines Projektes kann abweichend von den Leistungspositionen der auszuführenden Arbeiten zwischen den folgenden besonderen Positionsformen unterschieden werden:

Alternativ- oder Wahlpositionen

Sie dienen zur Wahl zwischen zwei Ausführungsalternativen. Beide Alternativen werden mit dem gleichen Mengenvordersatz versehen und kalkuliert.

Der Auftraggeber kann sich so später für eine der beiden Fertigungsmöglichkeiten entscheiden. Diese Positionsart wird häufig beim Innenausbau verwendet, zum Beispiel um die Preise verschiedener Boden- oder Wandbeläge vergleichen zu können (s. zu deren Zulässigkeit bei VOB-Verträgen Teil A Rdn. 555).

Bedarfs- oder Eventualposition

Weiß man noch nicht, ob eine bestimmte Leistung erforderlich ist, kann hierfür eine Bedarfs- bzw. Eventualposition vorgesehen werden. Diese müssen im LV auch als solche erkennbar sein. Der öffentliche Auftraggeber will diese Positionsform nur sehr begrenzt anwenden (s. zu deren Zulässigkeit bei VOB-Verträgen Teil A Rdn. 550 ff.).

Zulageposition

Die Zulageposition ist eine Ergänzung zu einer Grund- bzw. Hauptposition. Ähnlich wie bei den Bedarfspositionen sollen hier mögliche besondere Leistungen (z. B. Erschwernisse) berücksichtigt werden. Die Hauptposition wird in jedem Fall ausgeführt. Tritt die Erschwernis ein, kann diese durch den gleichen Mengenvordersatz mit abgerechnet werden.

Nur EP-Positionen

Diese Positionen sind als Preisanfrage gedacht. In Anbetracht der fehlenden Menge ist diese Positionsform aber unsinnig, da mit einem Mengenvordersatz 1 meist keine echte Preiskalkulation vorgenommen wird.

8.1.5 Vorgehensweise bei der Baukalkulation

Über die Angebotsendsumme 234

Folgend soll in vier Schritten die Vorgehensweise bei der Baukalkulation über die Angebotsendsumme anhand von Praxisbeispielen erläutert werden:

Schritt 1: Ermittlung der Einzelkosten der Teilleistungen (EKdT)

Schritt 2: Ermittlung der Baustellengemeinkosten (BGK)

Schritt 3: Bestimmung der Allgemeinen Geschäftskosten (AGK), Wagnis und Gewinn (W+G) und der Bauzinsen (Z)

Schritt 4: Berechnung der Zuschläge für die Gemeinkosten

Das nachstehende Bild zeigt die Ermittlung der Einheitspreise (EP) schematisch.

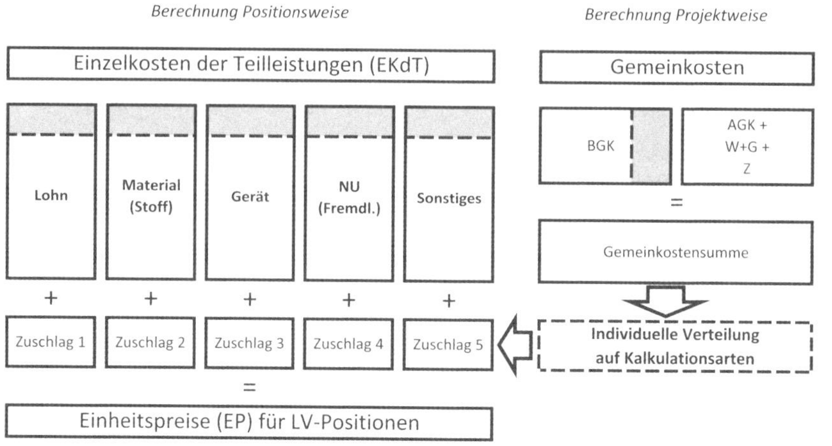

Abb. 124: Berechnung der Einheitspreise

Schritt 1 – Ermittlung der Einzelkosten der Teilleistungen (EKdT)

Als Grundlage für die Ermittlung der Einzelkosten dienen das Leistungsverzeichnis (LV) sowie alle vom Auftraggeber zur Verfügung gestellten Ausschreibungsunterlagen. Bei dem nachfolgenden Berechnungsbeispiel sind die benötigten Mengen bereits vorgegeben. Im Fall einer Funktionalen Leistungsbeschreibung müssen vom Bieter auch die erforderlichen Mengen ermittelt werden.

Die Abb. 125 zeigt die Ermittlung der Einzelkosten nach LV-Positionen. Die vom Auftraggeber vorgegebene Reihenfolge und Nummerierung sollte aus Gründen der Übersicht und der Vergleichbarkeit unbedingt beibehalten werden. Bei öffentlichen Auftraggebern ist dies gemäß § 13 Abs. 1 Nr. 6 der VOB/A sogar zwingend erforderlich.

Zunächst muss für jede Position der Stundenaufwand je Einheit ermittelt werden (siehe auch Teil B Rdn. 23). Hierzu sollte vorzugsweise mit unternehmensspezifischen Erfahrungswerten gearbeitet werden. Hilfswese können hierzu auch baubetriebliche Zahlentafeln verwendet werden. Als Nächstes werden alle Kosten berechnet, die für die Leistungserstellung je Leistungseinheit benötigt werden (Stoffe, Geräte, Fremdleistungen, Sonstige). Diese Kosten können wiederum auf Erfahrungswerten beruhen oder direkt bei Nachunternehmern, Herstellern und Zulieferern abgefragt werden.

Die Berechnung der Spalte „Menge × Einheit ohne Zuschläge" ist in Abb. 125 beispielhaft für die Position 4.1.10 aufgezeigt.

Die leeren Spalten auf der rechten Seite der Tabelle („je Einheit mit Zuschlägen“, „Einheitspreis“, „Gesamtpreis“) werden erst im 4. Schritt berechnet.

LV-Pos.	Menge	Einheit	Beschreibung	je Einheit ohne Zuschläge				Menge x Einheit ohne Zuschläge				je Einheit mit Zuschlägen				Eibheits-preis (EP) [€]	Gesamt-preis (GP) [€]
				Lohn [h]	Stoffe [€]	Geräte [€]	Fremdl. [€]	Lohn [h]	Stoffe [€]	Geräte [€]	Fremdl. [€]	Lohn [€]	Stoffe [€]	Geräte [€]	Fremdl. [€]		
4.			**Schalarbeiten**														
4.1			Fundamente und Bodenplatte														
4.1.10	**44,00**	m²	Schalung Streifenfundamente und Bodenplatte														
			Lohn:	0,25				11,00									
			Stoffe		3,87				170,10								
			Geräte														
4.2			Wände														
4.2.20	**1.656,88**	m²	Schalung Kelleraußenwände														
			Lohn:	0,45				745,60									
			Stoffe		5,54				9.186,46								
			Geräte														
4.2.30	**4.199,48**	m²	Schalung Innenwände SB														
			Lohn:	0,50				2.099,74									
			Stoffe		5,54				23.283,73								
			Geräte														
4.3			Stützen und Unterzüge														
4.3.10	**1.914,88**	m²	Schalung der Stützen EG bis OG7														
			Lohn:	1,00				1.914,88									
			Stoffe		7,94				15.194,86								
			Geräte														
5.			**Bewehrungsarbeiten**														
5.1			Fundamente und Bodenplatte														
5.1.10	**43,31**	t	Bewehrung aller Fundamente und der Bodenplatte														
			Fremdleistung				1.409,83				61.059,74						
5.2			Außenwände														
5.2.10	**20,71**	t	Bewehrung aller Außenwände														
			Fremdleistung				1.039,88				21.535,94						
5.3			Stützen und Unterzüge														
5.3.10	**23,65**	t	Bewehrung aller Stützen														
			Geräte				1.102,27				26.068,78						
5.3.20	**59,42**	t	Bewehrung aller Unterzüge														
			Fremdleistung				1.164,67				69.204,51						

Menge (44 m²) x Lohn (0,25 h/m²)

Menge (44 m²) x Stoffe (3,87 €/m²)

Abb. 125: Berechnung der EKdT ohne Zuschläge nach LV-Positionen

Schritt 2 – Ermittlung der Baustellengemeinkosten (BGK)

Die Baustellengemeinkosten sollen alle Aufwendungen abdecken, die für eine vollständige Betriebsbereitschaft der Baustelle anfallen. Nachfolgend soll die Berechnung der einzelnen Inhalte beispielhaft aufgezeigt werden (siehe hierzu auch Kap. 8.1.2).

Einmalige Kosten - Einrichten und Räumen der Baustelle			
Auf- und Abladen Geräte, Container, Einrichtungen etc.			5.000,00 €
Transportkosten (Geräte, Container, Einrichtungen etc.)			2.500,00 €
Anschlusskosten (Wasser, Strom, Telefon, Gas etc.)			1.200,00 €
Lohnbezogene Kosten			
Pauschal oder anteilig an Lohnsummme			
Lohnstunden: 16.500 h	Kalkulationsmittellohn: 28,50 €/h		
Lohnsumme = 16.500 h x 28,50 €/h =			*470.250,00 €*
Werkzeuge und Kleingerät	1%	der Lohnsumme	4.702,50 €
Nebenstoffe und Frachten:	1%	der Lohnsumme	4.702,50 €
Haftpflichtversicherung:	1,5%	der Lohnsumme	7.053,75 €
Zeitabhängige Kosten			
Vorhaltekosten der Geräte und Einrichtungen *(falls nicht bereits als LV-Position abgerechnet)*			
1 Kran 10 Mon mit 60% BGL - *5.000 €/Mon x 10 Mon x 60%*			30.000,00 €
1 Kran 4 Mon mit 60% BGL - *5.000 €/Mon x 4 Mon x 60%*			12.000,00 €
4 Container 12 Monate - *500 €/Mon x 12 Mon*			6.000,00 €
Betriebsstoffkosten (Wasser, Strom, Heizöl)			
Als geschätzter Verbrauch für die gesamte Bauzeit		*pauschal*	35.000,00 €
Baustellengehälter (einschl. Sozialkosten)			
1,00 Bauleiter (100%)	9.500,00 €	/Mon * 12 Monate	114.000,00 €
0,50 Bauleiter (50%)	4.750,00 €	/Mon * 10 Monate	47.500,00 €
0,25 Kaufmann (25%)	2.000,00 €	/Mon * 10 Monate	20.000,00 €
0,25 Sekretariat (25%)	1.750,00 €	/Mon * 10 Monate	17.500,00 €
1,00 Polier (100%)	11.000,00 €	/Mon * 10 Monate	110.000,00 €
Sonstige Gemeinkosten			
Hilfslöhne (Magaziner, Boten, etc.) *20 h/Mon x 10 Mon x 28,50 €/h*			5.700,00 €
1 Kranfahrer - *14 Mon x 180 h/Mon x 28,50 €/h*			71.820,00 €
Bürokosten (Telefon, Verbrauchsmaterial) *150 €/ Mon x 12 Mon*			1.800,00 €
Reinigung der Baustraßen und laufende Ausbesserungsarbeiten *250 €/ Mon x 10 Mon*			2.500,00 €
Summe Gemeinkosten			498.978,75 €

Abb. 126: Berechnung der Baustellengemeinkosten

Das in Abb. 126 aufgezeigte Zahlenbeispiel ist zwar fiktiver Natur, die enthaltenen Beträge sind jedoch der Höhe nach praxisnah und realistisch. Besonders bei der Berechnung der Baustellengemeinkosten sollten vorzugweise Erfahrungswerte verwendet werden.

Da es erfahrungsgemäß bei jeder Leistungsänderung und Bauzeitverzögerung Auseinandersetzungen im Hinblick auf die kalkulierten Baustellengemeinkosten gibt, sollte grundsätzlich die interne Kalkulation der Baustellengemeinkosten frühzeitig offengelegt oder im Rahmen einer Hinterlegung der Urkalkulation mit übergeben werden. Jeder Bieter verfügt über eine solche Zusammenstellung, will aber diese Informationen so spät als möglich offenlegen.

Schritt 3 – Ermittlung der Allgemeinen Geschäftskosten (AGK), Wagnis und Gewinn (W+G) und der Bauzinsen (Z)

Wie bereits in Kap. 8.1.2 erläutert, werden die Allgemeinen Geschäftskosten, der Zuschlag für Wagnis und Gewinn und die Bauzinsen umsatzbezogen in Ansatz gebracht. Allgemeine Geschäftskosten setzen sich im Wesentlichen aus zeitvariablen und umsatzvariablen Bestandteilen zusammen. Da sie bei der Angebotskalkulation jedoch lediglich umsatzbezogen kalkuliert werden, führt dies in der Praxis bei Nachtragsforderungen häufig zu Streitigkeiten zwischen den Parteien (siehe hierzu Kap. 8.5). Folgend sollen die Inhalte der Allgemeinen Geschäftskosten zum besseren Verständnis aufgeschlüsselt werden:

Allgemeine Geschäftskosten (AGK)

Bestandteile	**zeitvariabel**	**umsatzvariabel**
Personalkosten / -verwaltung	X	
Löhne für Werkstatt	X	
Mieten / Pachten für Gebäude und Grundstücke	X	
Kosten für Einrichtungen aller Art	X	
EDV-Kosten	X	
Kosten für Werbung und Beratung	X	
Betriebshaftpflicht und sonstige Versicherungen	X	
"Verwaltungs"-Materialien aller Art	X	X
Reise- und Fahrzeugkosten	X	X
Gebühren / Abgaben / Bürgschaften	X	X
Steuern		X

Abb. 127: Bestandteile der Allgemeinen Geschäftskosten

Die Unterscheidung in zeit- bzw. umsatzvariabel erlangt erst bei Abweichungen von den vertraglichen Vereinbarungen große Bedeutung. Verlängert sich beispielsweise die Bauzeit erheblich, ohne einen vergleichbaren Anstieg des Umsatzes, läuft der Unternehmer Gefahr, seine zeitvariablen AGK nicht mehr decken zu können, da diese lediglich umsatzvariabel berücksichtigt wurden. Erhöht sich dagegen der Umsatz des Unternehmers, zum Beispiel durch die Wahl eines höherwertigen und kostspieligeren Materials, ohne dabei eine Bauzeitverlängerung auszulösen, zahlt der Auftraggeber trotz gleichbleibender Bauzeit einen höheren Anteil an zeitvariablen AGK.

Schritt 4 – Berechnung der Zuschläge für die Gemeinkosten

Im letzten Schritt werden nun alle Gemeinkosten, also BGK, AGK, W+G und Bauzinsen zu einer Gemeinkostensumme zusammengefasst. Diese Summe muss jetzt auf die Einzelkosten der Teilleistungen so umgelegt werden, dass die Gemeinkosten über die vereinbarten Mengen im Leistungsverzeichnis vollständig gedeckt sind.

Die einfachste Methode ist die gleichmäßige Verteilung der Gemeinkosten auf alle Positionen. Dazu wird die Summe der Gemeinkosten durch die Summe der Einzelkosten der Teilleistungen geteilt.

$$\text{gleichmäßiger Zuschlag} = \frac{\text{Summe Gemeinkosten}}{\text{Summe Einzelkosten der Teilleistungen}} \cdot 100\%$$

In der baubetrieblichen Praxis wird diese Methode kaum verwendet.

In der Regel werden die Zuschläge für die Kostenarten Stoffe, Geräte und Fremdleistungen frei nach der eigenen Erfahrung gewählt. Der übrige Teil der Gemeinkosten wird vollständig auf die Lohnkosten aufgeschlagen. Der Zuschlag für die Lohnkosten wird analog zu den gewählten Zuschlägen berechnet, indem die Summe der noch zu verteilenden Gemeinkosten auf die Lohnkosten durch die Summe der Einzelkosten der Teilleistungen für Lohn dividiert wird. Die folgende Abb. 128 zeigt die Berechnung der Zuschläge beispielhaft auf die Gesamtsummen der einzelnen Kostenarten. Die gewählten Zuschläge für Stoffe, Geräte und Fremdleistungen entsprechen dabei üblichen Ansätzen. Grundsätzlich hat der Kalkulator aber Wahlfreiheit, wie er die Zuschläge auf die EKdT verteilt. So ergeben sich bei verschiedenen Kalkulatoren auch unterschiedliche Einheitspreise, was bei Nachträgen Preisunterschiede zur Folge haben kann.

	Lohn	Stoffe	Geräte	Fremdl.	Summe
EKT *(ohne Zuschläge)*	3.500.000 €	3.100.000 €	1.850.000 €	2.200.000 €	10.650.000 €
Summe der Gemeinkosten					2.600.000 €
Angebotssumme (netto)					**13.250.000 €**
Frei gewählte Zuschläge	Rest	15%	15%	10%	
Anteile an Gemeinkosten		465.000 €	277.500 €	220.000 €	962.500 €
Auf Lohn zu verteilen	1.637.500 €				
EKT *(mit Zuschlägen)*	5.137.500 €	3.565.000 €	2.127.500 €	2.420.000 €	**13.250.000 €**

Lohnzuschlagsberechnung: *1.637.500 € / 3.500.000 € =* **46,79%**

Mittellohn ohne Zuschläge	=	35,00 €/h
Gesamtstunden	=	100.000 h

entspricht Kalkulationsmittellohn [A(P)SL]

Stundenverrechnungssatz: *35,00 €/h x 1,4679 =* 51,38 €/h

Lohnkosten Gesamt: *51,38 €/h x 100.000 h =* **5.137.500 €**

Abb. 128: Berechnung der Zuschläge auf die Kostenarten

Die Angebotssumme netto (AGSnetto), bestehend aus EKdT ohne Zuschläge und Gemeinkosten, und die Summe der EKdT mit Zuschlägen müssen gleich sein. Hier kann es aber zu kleineren Rundungsdifferenzen kommen.

Die analoge Vorgehensweise wird bei der Zuschlagsberechnung einzelner Positionen angewendet. Die in Schritt 1 aufgezeigte Berechnungstabelle (siehe Abb. 128) wird nun im letzten Schritt komplettiert. In die Felder der Kostenarten in der Spalte „je Einheit mit Zuschlägen" werden die prozentualen Zuschläge für Stoffe, Geräte und Fremdleistungen eingetragen. Im Feld unterhalb des Lohnes wird der Stundenverrechnungssatz, beispielhaft mit 51,38 €/h, eingetragen. Die gestrichelten Kästen in Abb. 129 erläutern die Berechnung der einzelnen Felder. Schließlich erhält man einen Einheitspreis (EP), der wiederum mit der geforderten Menge multipliziert den Gesamtpreis (GP) der LV-Position ergibt. Durch die Addition aller Gesamtpreise eines Leistungsverzeichnisses erhält man wiederum die AGSnetto.

LV-Pos.	Menge	Einheit	Beschreibung	je Einheit ohne Zuschläge				Menge x Einheit ohne Zuschläge				je Einheit mit Zuschlägen				Eibheits-preis (EP) [€]	Gesamt-preis (GP) [€]
				Lohn [h]	Stoffe [€]	Geräte [€]	Fremdl. [€]	Lohn [h]	Stoffe [€]	Geräte [€]	Fremdl. [€]	Lohn [€]	Stoffe [€]	Geräte [€]	Fremdl. [€]		
												51,38	**1,15**	**1,15**	**1,10**		
4.			**Schalarbeiten**														
4.1			Fundamente und Bodenplatte														
4.1.10	**44,00**	m²	Schalung Streifenfundamente und Bodenplatte													17,29 €	760,79 €
			Lohn:	*0,25*				*11,00*				*12,85*					
			Stoffe		*3,87*				*170,10*				*4,45*				
			Geräte											*0,00*			
4.2			Wände														
4.2.20	**1.656,88**	m²	Schalung Kelleraußenwände													29,50 €	48.873,15 €
			Lohn:	*0,45*				*745,60*				*23,12*					
			Stoffe		*5,54*				*9.186,46*				*6,38*				
			Geräte											*0,00*			
4.2.30	**4.199,48**	m²	Schalung Innenwände SB													32,07 €	134.660,93 €
			Lohn:	*0,50*				*2.099,74*				*25,69*					
			Stoffe		*5,54*				*23.283,73*				*6,38*				
			Geräte											*0,00*			
4.3			Stützen und Unterzüge														
4.3.10	**1.914,88**	m²	Schalung der Stützen EG bis OG7													60,51 €	115.860,62 €
			Lohn:	*1,00*				*1.914,88*				*51,38*					
			Stoffe		*7,94*				*15.194,86*				*9,13*				
			Geräte											*0,00*			
5.			**Bewehrungsarbeiten**														
5.1			Fundamente und Bodenplatte														
5.1.10	**43,31**	t	Bewehrung aller Fundamente und der Bodenplatte													1.621,30 €	70.218,70 €
			Fremdleistung				*1.409,83*				*61.059,74*			*1.621,30*			
5.2			Außenwände														
5.2.10	**20,71**	t	Bewehrung aller Außenwände													1.195,86 €	24.766,33 €
			Fremdleistung				*1.039,88*				*21.535,94*			*1.195,86*			
5.3			Stützen und Unterzüge														
5.3.10	**23,65**	t	Bewehrung aller Stützen													1.267,62 €	29.979,10 €
			Geräte				*1.102,27*				*26.068,78*			*1.267,62*			
5.3.20	**59,42**	t	Bewehrung aller Unterzüge													1.339,37 €	79.585,19 €
			Fremdleistung				*1.164,67*				*69.204,51*			*1.339,37*			

Kalkulationslohn ***(51,38 €/h)*** x Lohnaufwand ***(0,25 h/m²)***

12,85 € + 4,45 €

Menge ***(44 m²)*** x EP ***(17,29 €)***

Stoffkosten ***(3,87 €)*** x Zuschlag für Stoffkosten ***(1,15)***

Abb. 129: Berechnung der EKdT mit Zuschlägen nach LV-Positionen

Zuschlagskalkulation mit vorbestimmten Zuschlägen

Wie auch bei der Kalkulation über die Angebotsendsumme werden hierbei zunächst die Einzelkosten der Teilleistungen ermittelt. Für kleinere Handwerksbetriebe und solche Betriebe, die eine annähernd gleichbleibende Fertigung aufweisen, ist die exakte Ermittlung der Gemeinkosten für einzelne Projekte nicht zweckmäßig und oft unwirtschaftlich (z. B. für Fertigteilwerke, Fassadenbauer). Hier machen die Gemeinkosten meist nur einen kleinen bzw. festen Teil der Gesamtkosten aus. Zudem bewegen sich diese Kosten häufig in einer kleinen Spanne, weshalb diese lediglich mit einem festen Prozentsatz auf die EKdT zugerechnet werden können. Dieser Prozentsatz ist das Ergebnis langjähriger Erfahrung der Unternehmer, wird aber, wie auch bei anderen Unternehmen, regelmäßig überprüft und angepasst.

8.1.6 Kalkulation von besonderen Positionsformen

Alternativ- und Wahlpositionen werden von Auftraggebern dann angefragt, 235
wenn zum Zeitpunkt der Ausschreibung beispielsweise die Art der Ausführung, Qualitäten der Materialien oder die Güte der Baustoffe noch nicht bekannt sind. Ausgeschrieben wird immer eine Grundposition, deren Gesamtpreis in die Angebotssumme einfließt. Alle geforderten Alternativen werden mit ihren Einheitspreisen versehen, fließen aber nicht in die Gesamtsumme mit ein. Die Umlage der Gemeinkosten wird in alle Einheitspreise beider Alternativen eingerechnet, da eine der Alternativen ohnehin ausgeführt wird und somit die Deckung der Gemeinkosten gewährleistet ist. Der Auftraggeber entscheidet sich später entweder für die Grundposition oder eine der alternativen Positionen (s. zu deren Zulässigkeit bei VOB-Verträgen Teil A Rdn. 555).

Bedarfs- und Eventualpositionen sollten nur in Ausnahmefällen angefragt werden, da zum Zeitpunkt der Ausschreibung weder der Bedarf, noch die Menge bekannt sind (s. zu deren Zulässigkeit bei VOB-Verträgen Teil A Rdn. 550 ff.). Solche Positionen resultieren aus der Erfahrung vergangener Projekte, weshalb meistens eine mögliche geschätzte Menge angegeben wird. So kann die Position vom AN wie eine gewöhnliche Position, jedoch ohne Gemeinkostenumlage kalkuliert werden und in die Angebotssumme einfließen. Eine Gemeinkostenumlage wäre hier schädlich, da bei geringerer oder gar keiner Ausführungsmenge eine Gemeinkostenunterdeckung bestehen würde. Häufig sind zum Beispiel Stundenlohnarbeiten als Bedarfsposition ausgeschrieben (Teil A Rdn. 588).

Zulagepositionen beziehen sich immer auf eine Grundposition und decken z. B. eine eventuelle Erschwernis ab. Eine solche Zulage ist häufig bei Erdbaumaßnahmen anzutreffen, wenn beispielsweise Bodenklasse 3+4 ausgeschrieben ist, sich aber eventuell Fels im Boden befindet. Die Grundposition wird mit allen Gemeinkosten beaufschlagt, da diese ohnehin ausgeführt wird und damit alle Kosten gedeckt werden. Die Zulageposition beinhaltet nur die zusätzlich entstehenden Kosten für die Zulage selbst, die in der auszuführenden Menge noch ungewiss sind. So werden bei der Abrechnung für den erschwerten Teil des Aushubs die Grundposition und die Zulage mit der Menge multipliziert.

Bei **„nur EP"-Positionen** handelt es sich dem Grunde nach um **Bedarfs- und Eventualpositionen** mit der Menge 1. Sie werden sozusagen als allgemeine Preisanfrage genutzt. Da Einheitspreise allerdings sehr stark von der ausgeführten Menge abhängen, ist der hier angegebene Preis häufig um ein Vielfaches zu hoch. Hinzu kommt, dass diese Preise nicht in die Gesamtsumme einfließen, weshalb der AN hier auch einen sehr hohen Preis angeben kann, ohne seine Konkurrenzfähigkeit zu gefährden. Aus diesem Grund ist dem AG von der Verwendung solcher Positionen dringend abzuraten.

8.1.7 Die Kalkulation als Grundlage für die Bewertung von Bauzeitverzögerungen

236 Um bei Änderungen der ursprünglich vereinbarten Bauleistung die tatsächlich angefallenen Kosten glaubhaft zu belegen, sollten folgende Punkte nachvollziehbar dokumentiert werden:

a) Die Überlegungen des Kalkulators bezüglich
   - des gewählten Bauverfahrens
   - des angenommenen Schwierigkeitsgrades der Bauaufgabe
   - den daraus folgenden Einschätzungen zum Ressourceneinsatz

b) Die Verteilung der Zuschläge
   - Baustellengemeinkosten
   - Allgemeine Geschäftskosten
   - Bauzinsen
   - Wagnis und Gewinn

c) Die Vorstellungen über die geplante Bauzeit
   - z. B. in Form eines Grobterminplans

Durch diese klaren Zuordnungen lassen sich alle Kosten im Nachhinein leicht differenzieren und somit getrennt berechnen.

8.2 Rechtliche Anforderungen an monetäre Bewertungen von Bauzeitverzögerungen und Leistungsänderungen/Zusatzleistungen

Es gibt drei mögliche Anspruchsgrundlagen bei einem VOB-Vertrag für monetäre Forderungen aus Leistungsänderungen/Zusatzleistungen sowie Bauzeitverzögerungen (s. dazu ausführlich Teil A Rdn. 426 ff.). Diese sind: 237

- Mehrvergütungsforderungen nach § 2 Abs. 5 oder 6 VOB/B
- Schadensersatz nach § 6 Abs. 6 VOB/B
- Entschädigungsanspruch nach § 642 BGB

Sie unterscheiden sich bezüglich:

- der Wahrnehmung vertraglicher Rechte durch den AG (§ 1 Abs. 3 u. 4 VOB/B) bzw. Störung/Behinderung durch den AG nach § 6 VOB/B,
- der notwendigen Darstellung der Nachweise
- der notwendigen Tiefe und Genauigkeit der Kostenermittlung

8.2.1 Anspruchsgrundlage: Vergütungsermittlung nach § 2 VOB/B

Der § 2 der VOB/B unterscheidet folgende sechs Anspruchsgrundlagen, die eine Anpassung der Vergütung erlauben (vgl. auch Teil A Rdn. 444 ff.): 238

- § 2 Abs. 5: Leistungsänderungen (= Bauentwurfsänderungen) und sonstige

Anordnungen

- § 2 Abs. 6: Zusätzliche Leistungen (= nicht vereinbarte Leistungen)
- § 2 Abs. 3: Mengenänderungen
- § 2 Abs. 4: Teilkündigungen (in Verbindung mit § 8 Abs. 1)
- § 2 Abs. 8: Leistungen ohne Auftrag
- § 2 Abs. 7: Pauschalvertrag

In der folgenden Abb. 130 sind die Rechte und Pflichten der Auftraggeber und Auftragnehmer nach den §§ 1 und 2 der VOB/B bildhaft dargestellt:

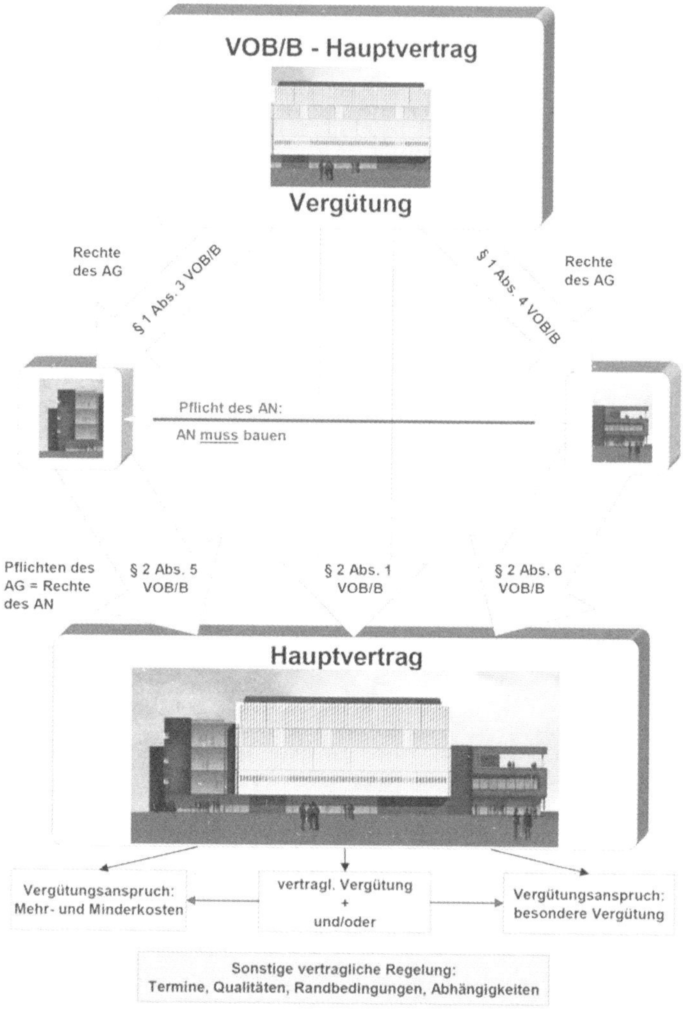

Abb. 130: Rechte und Pflichten AG und AN bei einem VOB-Vertrag

Regelungen der VOB/B

Laut § 1 VOB/B darf der Bauherr anordnen (s. dazu auch Teil A Rdn. 165):

- Leistungsänderungen/Bauentwurfsänderungen
  <u>§ 1 Abs. 3 VOB/B:</u>
  „Änderungen des Bauentwurfs anzuordnen, bleibt dem Auftraggeber vorbehalten."

- Zusätzliche Leistungen, die benötigt werden und die der AN in der Lage ist auszuführen (s. dazu auch Teil A Rdn. 167 ff.).
  § 1 Abs. 4 VOB/B:
  „Nicht vereinbarte Leistungen, die zur Ausführung der vertraglichen Leistung erforderlich werden, hat der Auftragnehmer auf Verlangen des Auftraggebers mit auszuführen, außer wenn sein Betrieb auf derartige Leistungen nicht eingerichtet ist. Andere Leistungen können dem Auftragnehmer nur mit seiner Zustimmung übertragen werden."

Im Gegenzug besteht für den Auftragnehmer Vergütungsanspruch bei:

- Änderung der Grundlage des Preises – nach § 2 Abs. 5 VOB/B
- Bei zusätzlichen Leistungen – nach § 2 Abs. 6 VOB/B

§ 2 Abs. 5 VOB/B:

„Werden durch Änderung des Bauentwurfs oder andere Anordnungen des Auftraggebers die Grundlagen des Preises für eine im Vertrag vorgesehene Leistung geändert, so ist ein neuer Preis unter Berücksichtigung der Mehr- oder Minderkosten zu vereinbaren. Die Vereinbarung soll vor der Ausführung getroffen werden."

Wie kommt eine solche Änderung zu Stande: (vgl. Teil A Rdn. 444 ff.)

- Durch Anordnung des AG:
  - Über die Ausführungsunterlagen (Pläne)
  - Mündlich vor Ort
  - Durch mündliche Anordnung (z. B. in Baubesprechungen)
  - Durch schriftliche Anordnung (Brief)
  - Durch Dritte (nur wenn weisungsbefugt)

Was kann sich dabei ändern:

- Änderung der Grundlage des Preises einer im Vertrag vorgesehenen Leistung

Bauentwurfsänderung:

- Bauinhalte
- Abmessungen
- Qualitäten

Andere Anordnungen:

- Randbedingungen der Baustelle, Bauumstände, Baustelleneinrichtung
- Bauzeit, Bauablauf, Baubeginn, Endtermin, Zwischentermine (Zustimmung des AN erforderlich)

Wieviel kostet die geänderte Leistung:

Es wird ein neuer Preis unter Berücksichtigung der Mehr- und Minderkosten gebildet.

Achtung:

Die Abgrenzung gegenüber zusätzlicher Leistungen (§ 2 Abs. 6) ist in der Praxis oft schwierig. Deshalb sollte analog zu § 2 Abs. 6 Nr. 1 der Anspruch unbedingt angekündigt werden (Teil A Rdn. 604 ff.).

§ 2 Abs. 6 VOB/B

„1. Wird eine im Vertrag nicht vorgesehene Leistung gefordert, so hat der Auftragnehmer Anspruch auf besondere Vergütung. Er muss jedoch den Anspruch dem Auftraggeber ankündigen, bevor er mit der Ausführung der Leistung beginnt."

„2. Die Vergütung bestimmt sich nach den Grundlagen der Preisermittlung für die vertragliche Leistung und den besonderen Kosten der geforderten Leistung. Sie ist möglichst vor Beginn der Ausführung zu vereinbaren."

Wie entsteht eine zusätzliche Leistung:

- Durch Anordnung des AG:
  - Über die Ausführungsunterlagen (Pläne)
  - Mündlich vor Ort
  - Durch mündliche Anordnung (z. B. in Baubesprechungen)
  - Durch schriftliche Anordnung (Brief)
  - Durch Dritte (nur wenn weisungsbefugt)

Was genau ist eine zusätzliche Leistung:

- Eine im Vertrag nicht vorgesehene Leistung:
- Nach § 1 Abs. 4 eine nicht im Bauvertrag vereinbarte Leistung, die zur Ausführung der vertraglichen Leistung erforderlich wird
- Aber auch nach § 2 Abs. 8 eine Leistung ohne Auftrag

Wieviel kostet die zusätzliche Leistung:

Hier ist eine besondere Vergütung möglichst vor der Ausführung zu vereinbaren, d. h. nach den Grundlagen der Preisermittlung für die vertragliche Leistung und den besonderen Kosten der geforderten Leistungen.

Achtung:

Der Anspruch auf Mehrvergütung muss vor dem Ausführungsbeginn beim Auftraggeber angekündigt werden. Das BGH-Urt. (VII ZR 245/94) v. 23.05.1996 schränkt diese Pflicht des Auftragnehmers insoweit ein, dass beim Nichtvorhandensein einer alternativen Lösung ohnehin nur eine Ausführungsvariante in Frage kommt und somit auch keine Ankündigungspflicht bestünde. Gleiches gilt, wenn für den Auftraggeber klar erkennbar ist, dass eine derartige Zusatzleistung nur gegen eine zusätzliche Vergütung erfolgen kann. (Vgl. Teil A Rdn. 604)

§ 2 Abs. 4 VOB/B:

„Werden im Vertrag ausbedungene Leistungen des Auftragnehmers vom Auftraggeber selbst übernommen (z. B. Lieferung von Bau-, Bauhilfs- und Betriebsstoffen), so gilt, wenn nichts anderes vereinbart wird, § 8 Absatz 1 Nummer 2 entsprechend."

In der Praxis wird dieser Fall häufig als Teilkündigung bezeichnet. Aus diesem Grund wird hier auch wie bei einer Kündigung vorgegangen, d. h. dem Auftragnehmer steht die vereinbarte Vergütung zu, abzüglich der ersparten Kosten. In der Regel entspricht der Betrag dem Prozentsatz für die kalkulierten Gemeinkosten.

§ 2 Abs. 8 VOB/B:

„1. Leistungen, die der Auftragnehmer ohne Auftrag oder unter eigenmächtiger Abweichung vom Auftrag ausführt, werden nicht vergütet. Der Auftragnehmer hat sie auf Verlangen innerhalb einer angemessenen Frist zu beseitigen; sonst kann es auf seine Kosten geschehen. Er haftet außerdem für andere Schäden, die dem Auftraggeber hieraus entstehen.

2. Eine Vergütung steht dem Auftragnehmer jedoch zu, wenn der Auftraggeber solche Leistungen nachträglich anerkennt. Eine Vergütung steht ihm auch zu, wenn die Leistungen für die Erfüllung des Vertrags notwendig waren, dem mutmaßlichen Willen des Auftraggebers entsprachen und ihm unverzüglich angezeigt wurden. Soweit dem Auftragnehmer eine Vergütung zusteht, gelten die Berechnungsgrundlagen für geänderte oder zusätzliche Leistungen der Absätze 5 oder 6 entsprechend.

3. Die Vorschriften des BGB über die Geschäftsführung ohne Auftrag (§§ 677 ff. BGB) bleiben unberührt."

Leistungen ohne Auftrag sollten vom AN daher nur durchgeführt werden, wenn:

- die vertragliche Leistung zum sofortigen Stillstand kommen würde,
- eine Abstimmung mit dem AG nicht kurzfristig möglich ist oder
- Gefahr in Verzug ist.

Notwendiger Schriftverkehr

Das folgende Flussdiagramm beschreibt den notwendigen Schriftverkehr vor Ausführung einer Nachtragsleistung. Es gilt sowohl für den Fall einer Leistungsänderung (§ 2 Abs. 5 VOB/B), als auch für Zusatzleistungen (§ 2 Abs. 6 VOB/B).

In der Praxis hat es sich eingestellt, dass Auftraggeber die Nachtragsleistungen oftmals zunächst nur **dem Grunde nach** beauftragen und erst später **der Höhe nach**.

Ist eine Leistung **dem Grunde nach** beauftragt, so wurde hierfür noch kein Preis vereinbart. Dies ist häufig bei nicht ausgeschriebenen, aber zur Erfüllung der vertraglichen Leistung erforderlichen Tätigkeiten der Fall. Ist eine Leistung nicht vorgesehen und nicht notwendig, so sollte es im Interesse des AN sein, die zusätzliche oder geänderte Leistung **der Höhe nach** zu vereinbaren. Sind vor der Ausführung keine Einheitspreise vereinbart, führt dies im Nachhinein häufig zu Streitigkeiten zwischen den Vertragsparteien.

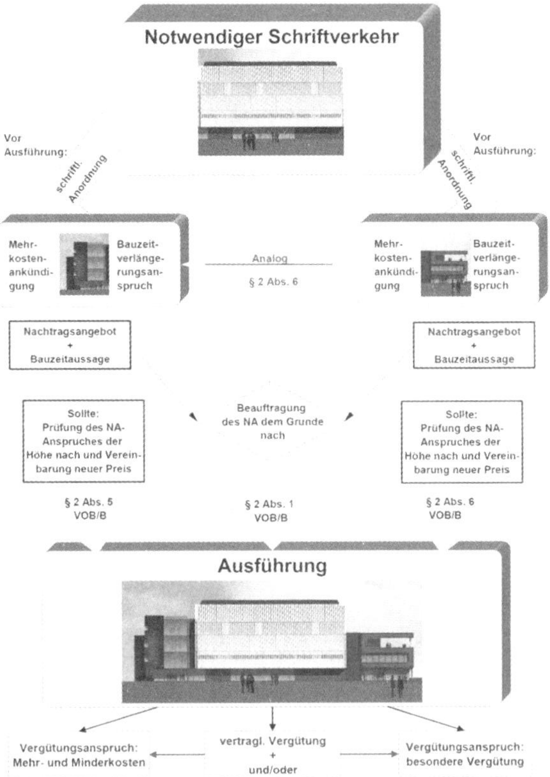

Abb. 131: Notwendiger Schriftverkehr

8.2.2 Anspruchsgrundlage: Schadensersatzermittlung nach § 6 VOB/B

Die Anspruchsgrundlage ist im § 6 Absatz 6 der VOB Teil B wie folgt definiert (siehe auch Teil A Rdn. 712 ff.): 239

„Sind die hindernden Umstände von einem Vertragsteil zu vertreten, so hat der andere Teil Anspruch auf Ersatz des nachweislich entstandenen Schadens, des entgangenen Gewinns aber nur bei Vorsatz oder grober Fahrlässigkeit. Im Übrigen bleibt der Anspruch des Auftragnehmers auf angemessene Entschädigung nach § 642 BGB unberührt, sofern die Anzeige nach Absatz 1 Satz 1 erfolgt oder wenn Offenkundigkeit nach Absatz 1 Satz 2 gegeben ist."

Die allgemeinen Grundsätze für eine Schadensersatzermittlung finden sich in den §§ 249 ff. BGB. Die Grundidee des Schadensersatzes ist, einen wirtschaftlichen Zustand herbeizuführen, der die hypothetische Vermögenslage ohne das schädigende Ereignis so genau wie möglich erfasst. Die s. g. Differenztheorie (s. dazu Teil A Rdn. 768) ermittelt den Unterschied zwischen zwei Vermögenslagen (siehe hierzu auch Kap. 8.4):

1. Vermögenslage: Vermögenslage, wie sie ohne schädigendes Ereignis bestehen würde (also hypothetisch).
2. Vermögenslage: Vermögenslage, wie sie in Folge des schädigenden Ereignisses tatsächlich besteht.

Die genauen Berechnungstechniken folgen im Kap. 8.4.

Die folgende Grafik zeigt, unter welchen Voraussetzungen Ansprüche auf eine Verlängerung der Bauzeit und/oder ein Schadensersatzanspruch geltend gemacht werden können.

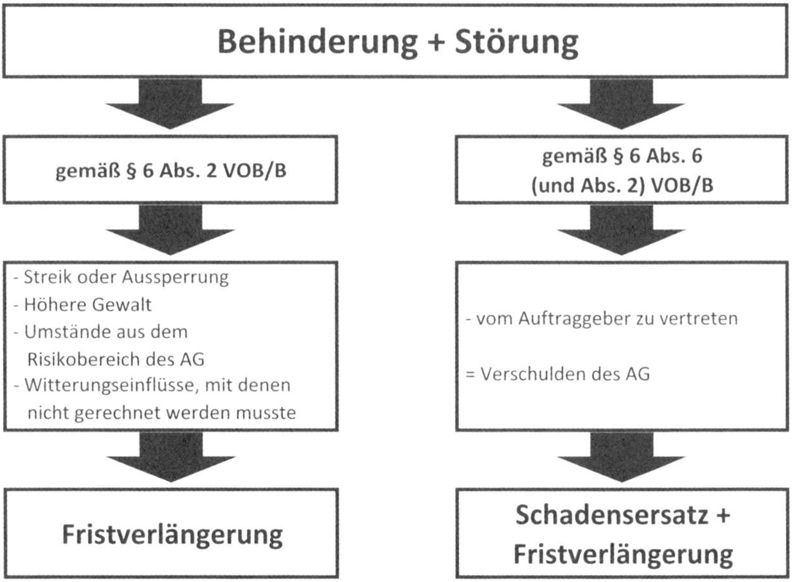

Abb. 132: Anspruchsgrundlagen bei Behinderung und Unterbrechung der Ausführung

Nach § 6 Abs. 1 VOB/B ist die unverzügliche schriftliche Behinderungsanzeige maßgebend für die Berücksichtigung der hindernden Umstände und sollte bereits bei Verdacht einer möglichen Behinderung erfolgen (vgl. Teil A Rdn. 713 iVm. 397 ff.). Eine Ausnahme besteht, wenn dem Auftraggeber die Tatsache offenkundig und die hindernde Wirkung bekannt waren (Teil A Rdn. 403). Da die Offenkundigkeit teilweise schwer nachzuweisen sein kann, empfiehlt sich auch in diesen Fällen, auch aus Gründen der Dokumentation, eine Behinderungsanzeige schriftlich einzureichen (s. zu den Folgen einer „verspäteten" Behinderungsanzeige Teil A Rdn. 404). Entfallen die hindernden Umstände, so muss der Auftragnehmer gemäß § 6 Abs. 3 Satz 2 den Auftraggeber vom Wegfall in Kenntnis setzen und hat die Arbeiten unverzüglich wieder aufzunehmen. Die folgende Abb. 133 zeigt einen gestörten Bauablauf mit den ausschlaggebenden Zeitpunkten.

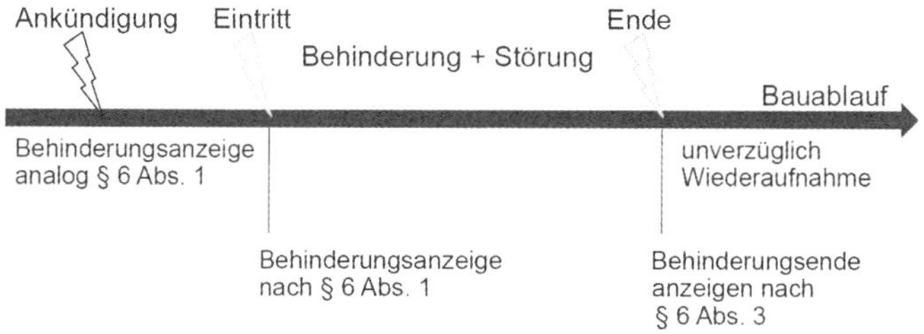

Abb. 133: Ausschlaggebende Zeitpunkte im gestörten Bauablauf

Durch die detaillierte Dokumentation kann die Schadensfolge im zeitlichen Sinne ermittelt werden. Anhand des Terminplans erfolgt dann der Nachweis der Kausalität zwischen Behinderungsursache und Bauzeitverzögerung.

Die monetäre Bewertung erfolgt anschließend durch:

- Die nachweislich entstandenen Kosten mit konkreten Nachweisen nach § 6 Abs. 6 VOB/B
- Eine Entschädigungsberechnung nach § 642 BGB oder
- Eine Schadensschätzung nach § 287 ZPO

8.2.3 Anspruchsgrundlage: Entschädigungsforderung nach § 642 BGB

Der § 642 BGB bildet die Anspruchsgrundlage für eine angemessene Entschädigung und ist wie folgt formuliert: 240

(1) Ist bei der Herstellung des Werkes eine Handlung des Bestellers erforderlich, so kann der Unternehmer, wenn der Besteller durch das Unterlassen der Handlung in Verzug der Annahme kommt, eine angemessene Entschädigung verlangen.

(2) Die Höhe der Entschädigung bestimmt sich einerseits nach der Dauer des Verzugs und der Höhe der vereinbarten Vergütung, andererseits nach demjenigen, was der Unternehmer in Folge des Verzugs an Aufwendungen erspart oder durch anderweitige Verwendung seiner Arbeitskraft erwerben kann.

Die **Voraussetzung** für eine Entschädigung ist laut Absatz 1, dass der Besteller durch Unterlassen einer Handlung in Verzug der Annahme kommt (siehe auch Teil A Rdn. 826 ff.).

Die Höhe der Entschädigung bestimmt sich durch:

- Die Dauer des Verzuges (der Behinderung)
- Die Höhe der vereinbarten Vergütung
- die ersparten Aufwendungen oder anderweitige Verwendungen

In seinem Urt. v. 28. Mai 2013 – 7 U 12/12 spricht das Kammergericht Berlin dem Unternehmer die Entschädigung für den Zeitraum zu, in dem der AN zur Leistung verpflichtet bleibt. Dies betrifft insbesondere die AGK und die BGK. Des Weiteren wurde für die witterungsbedingten Störungen kein Entschädigungsanspruch anerkannt.

Vertieftere Ausführung und Berechnung eines Entschädigungsanspruches siehe Teil B Kapitel 9.

8.3 Vergütungsermittlung nach § 2 VOB/B

241 Im nachfolgenden Kapitel wird die Vergütungsermittlung für vertragsgemäße Ansprüche nach § 2 der VOB/B aufgezeigt, insbesondere für:

- Änderungen des Bauentwurfes – Leistungsänderungen nach § 2 Abs. 5 VOB/B
- Im Vertrag nicht vorgesehene, aber nachträglich geforderte erforderliche Leistungen – Zusatzleistungen nach § 2 Abs. 6 VOB/B
- Aus Leistungsänderungen und Zusatzleistungen resultierende Bauzeitveränderungen

Die Voraussetzung hierfür ist eine nachvollziehbare Angebots- (Auftrags-) Kalkulation, die schlüssig

- die Einzelkosten der Teilleistungen,
- die Gemeinkosten der Baustelle und
- die umsatzbezogenen Gemeinkosten

mit den jeweiligen Einzelansätzen aufzeigt (gilt für Einheitspreisvertrag mit nachvollziehbaren Kalkulationsansätzen).

8.3.1 Kalkulatorische Grundlagen

242 **a) System der Nachtragskalkulation gemäß VOB/B**

Die Grundlagen der Baukalkulation wurden bereits ausführlich in Kap. 8.1 beschrieben. Das System der Nachtragskalkulation ist analog zur Angebotskalkulation (siehe Abb. 134). Bei den BGK ist im Einzelfall zu prüfen, ob die Nachtragsleistung tatsächlich auch zusätzliche Gemeinkosten verursacht, da beispielsweise eine höhere Materialmenge nicht gleichzeitig auch höhere Gemeinkosten rechtfertigt.

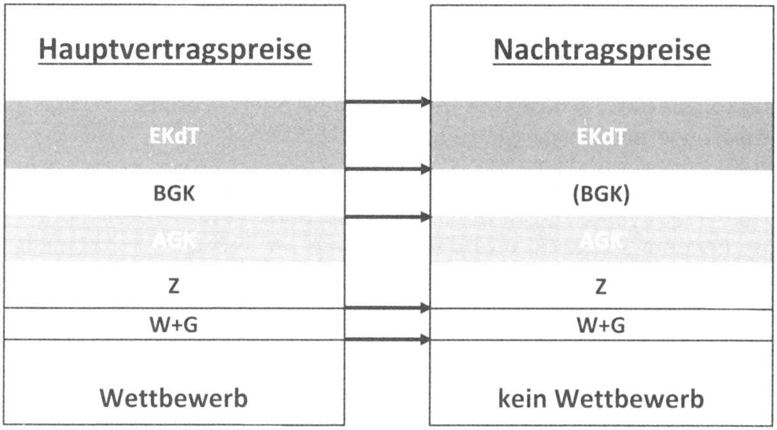

Abb. 134: System der Nachtragskalkulation

b) Preisermittlungsgrundlage

Als Grundlage für die Preisermittlung sollen in erster Linie die vertraglich vereinbarten Preise verwendet werden. Die Vertragspreise werden üblicherweise wie folgt ermittelt:

Erstes schriftliches Angebot	=	Angebots-/Urkalkulation
ggf. Überarbeitung *(Mengenänderungen, Leistungsänderungen)*	±	Mehr- und Minderkosten
ggf. Verhandlungsergebnisse *(Qualitätsänderungen, veränderte Randbedingungen, Terminänderungen usw.)*	±	Mehr- und Minderkosten
	–	Nachlässe
	=	Auftragskalkulation
	→	**vereinbarter Preis**

Auch bei der Nachtragskalkulation sollte auf diese Weise verfahren werden, sofern die Preise nicht direkt aus der Urkalkulation hervorgehen. Gemäß § 2 Abs. 5 VOB/B sollen die Preise vor der Ausführung vereinbart werden, nach § 2 Abs. 6 Nr. 2 sind die Preise möglichst vor der Leistungserbringung zu vereinbaren.

c) Nachweise aus der Angebots-, Ur- bzw. Auftragskalkulation

Um Streitigkeiten vorzubeugen, ist es für beide Vertragsparteien empfehlenswert, die wichtigsten Daten der Angebots-/Urkalkulation des Auftragnehmers in Form einer Zusammenstellung zu hinterlegen. Die folgende Abb. 135

zeigt beispielhaft ein solches Kalkulations-/Stammdatenblatt. Mit diesen wenigen Daten können die Preise für Nachträge, in Anlehnung an die Vertragspreise, problemlos ermittelt werden. Alle wichtigen Randbedingungen sind hierin so zu erfassen, dass auch im Nachhinein die Preisermittlung klar nachvollzogen werden kann.

Um beurteilen zu können, ob durch Leistungsänderungen auch veränderte Baustellengemeinkosten resultieren, ist die Darlegung der Kalkulation der Baustellengemeinkosten erforderlich. Diese ist rechtzeitig offenzulegen oder nachzureichen.

Anlage ...... **zu Nachtrag Nr.: ....** **vom: ....**

Stammdatenblatt der Urkalkulation

Allgemeine Urkalkulationsdaten

Mittellohn: .... € / Std.
Verrechnungslohn: .... € / Std.

Zuschlagssätze
(Umlage für BGK, AGK, W+G)

SOKO: .... % Geräte: .... % Fremdleistungen: .... %

Einzelkalkulationsansätze

Wagnis + Gewinn: ...... + ... %
AGK: .... %
BGK: .... % oder gemäß Detailkalkulation

Nachlass auf: .... %
Skonto bei Bezahlung innerhalb .... Werktagen .... %

Bauzeit: .... Monate

Randbedingungen (d. h. Besonderheiten in der Kalkulation) :

z.B.:
- Preisrabatt Lieferanten + NU, die an Bedingungen geknüpft sind
- Kalkulationsannahmen (Einsatzzeiten, gestufter Einsatz)
- Bedingung für Ansatz günstiger Preise

Abb. 135: Stammdatenblatt Urkalkulation (LHR GmbH & Co KG)

d) Exkurs: Thema EFB-Blätter der öffentlichen Hand

Öffentliche Auftraggeber fordern häufig eine genauere Aufschlüsselung der Preiszusammensetzung in Form von einheitlichen Formblättern (EFB). Hierin ist beispielsweise anzugeben:

- Zusammensetzung des kalkulierten Verrechnungslohns
- Die prozentualen Zuschläge auf alle Kostenarten
- Aufgliederung der Gemeinkosten in zeitabhängige und einmalige Kosten
- Überlegungen zum Einsatz von Geräten
- Angaben zur Höhe der Nachunternehmerkosten
- Die Einzelkosten für alle Kostenarten mit und ohne Zuschläge
- Angaben zur erwarteten Bauzeit
- Anzahl der kalkulierten Gesamtstunden

Je mehr Details abgefragt werden, desto umfangreicher und zeitintensiver wird die Ermittlung für die Unternehmer. Ein großes Problem besteht darin, dass alle Zuschläge als einheitlicher Prozentsatz angegeben werden sollen. Da selbstverständlich nicht immer alle Teilleistungen mit den gleichen Zuschlägen berechnet werden müssen, z. B. wenn eine bestimmte Leistung mit mehr Risiko behaftet ist oder wenn Tätigkeiten höhere Baustellengemeinkosten verursachen, wird damit der Unternehmer gewissermaßen gezwungen, Mittelwerte für seine Zuschläge zu bilden. Da die Auftragnehmer hierfür nur ungern zusätzliche Zeit investieren, sind die angegebenen Werte häufig nur überschlagen und werden auch deshalb oft als „Lügenblätter" bezeichnet.

Diese Aufgliederung soll zur Beurteilung der Preise für die Auftragserteilung dienen, wird aber auch als Hilfsmittel bei der Bewertung von Ansprüchen aus Leistungsänderungen und Zusatzleistungen herangezogen.

8.3.2 Nachtragskalkulation von Leistungsänderungen und Zusatzleistungen

Bei der Berechnung der Nachtragspreise sind die folgenden Schritte zu durchlaufen: 243

1. Zutreffende ursprüngliche Leistungsposition, die von einer Leistungsänderung betroffen ist, im Vertrag identifizieren.
2. Ursprüngliche Vertragsposition aufgliedern in Kostenbestandteile.
3. Prüfung der EKdT, ob sich durch Leistungsänderung eine Kostenveränderung ergibt.
4. Solche Kostenveränderungen der EKdT in Form von Mehr- und Minderkosten einzeln bewerten und kalkulieren. Beibehaltung der nicht durch Leistungsänderung betroffenen Kostenbestandteile.
5. Die EKdT der geänderten Kosten aufaddieren.
6. Zuschlagsätze aus Auftragskalkulation aufschlagen.
7. Nachtragspreise bilden.

Die Umsetzung dieser Schritte wird nachfolgend anhand einiger Praxisbeispiele aufgezeigt. Die Grundlagen für die Berechnung der einzelnen Zellen sind in Kap. 8.1.4 ff. erläutert.

Schritt 1 und 2 – Leistungsposition identifizieren und aufgliedern

Ausschreibung	**Beispiel:**	**Menge**
Pos. 6.1.220	Stahlbetonstütze KG bis 1.OG (20/30 cm × 4 m hoch – 36 Stück) Herstellen von Stahlbetonstützen in C35/45, einschließlich Schalung, gemäß Plan	8,64 m³

Baupreiskalkulation des Bieters:

geschätzter Aufwand für Schalung für 1m³ Beton = 17,50 m² Schalung		
Aufwands-werte:	– Schalen	1,60 Std./m²
	– Betonieren	1,90 Std./m³
Mittellohn (ML) (APSL)		25,90 €/Std.
Stundenverrechnungssatz (25,90 €/Std. + 61,30% für Gemeinkostenzuschlag siehe unten) =		41,78 €/Std.
Lohnstunden = 17,5 m²/m³ × 1,60 Std./m² + 1,90 Std./m³ =		29,90 Std./m³

Einzelkosten der Teilleistungen (EKdT)

Lohn:	29,9 Std./m³ × 25,90 €/Std. (ML) =	774,41 €/m³
Material-kosten:	– Beton =	79,75 €/m³
	– Schalung = 17,50 m²/m³ × 4,85 €/m² =	84,88 €/m³

Gemeinkostenumlage (BGK)

Lohn:	29,9 Std./m³ × (25,90 €/Std. * 61,30%) =	474,71 €/m³
Material:	(79,75 €/m³ + 84,88 €/m³) × 10%	16,46 €/m³
Einheitspreis		**1.430,21 €/m³**
Gesamtpreis (1.430,21 €/m³ × 8,64 m³)		*12.357,04 €*

Für ein besseres Verständnis wird folgend der Mittellohn grob aufgeschlüsselt.

Zusammensetzung des Mittellohns

1.	Baustellenlohn		13,23 €/Std.
2.	Lohngebundene Kosten	(78,80% v. 1.)	10,44 €/Std.
3.	Lohnnebenkosten	(9,35% v. 1.)	1,24 €/Std.
	Mittellohn (APSL)		25,90 €/Std.

A = Arbeiterlohn
P = Anteil des Poliers
S = Sozialkosten
L = Lohnnebenkosten

4.	Gemeinkosten	(61,30% von APSL)	15,88 €/Std.
	Stundenverrechnungssatz		**41,78 €/Std.**

Wie bereits in Kap. 8.1 ausführlich erläutert wurde, bezieht sich der Vertragspreis auf die zum Zeitpunkt der Kalkulation vorhandenen Eckdaten, also Mengen, Schwierigkeitsgrad der Ausführung, technische und/oder organisatorische Abhängigkeiten. In folgendem Beispiel werden die Geometrien der ursprünglich geplanten Stützen erheblich verändert, was zu erschwerten Bedingungen bei der Herstellung und damit zu höherem Zeitaufwand und Kosten führt.

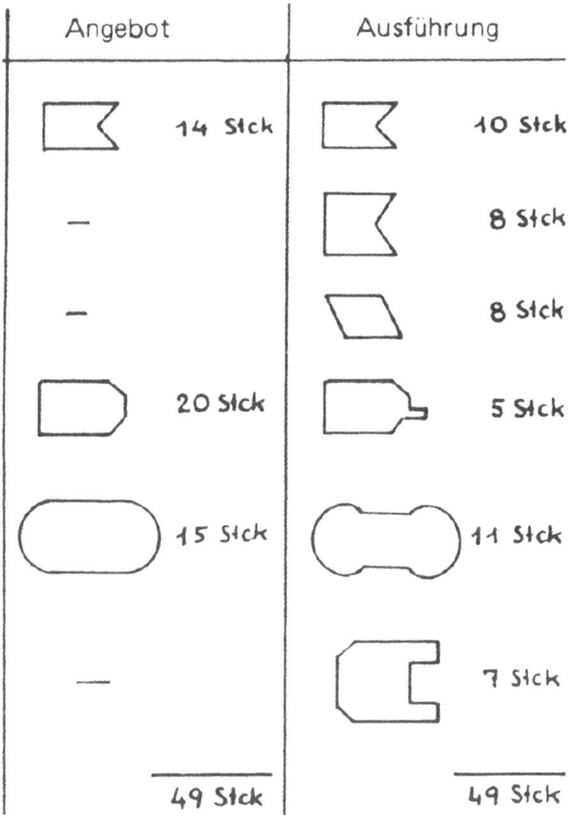

Abb. 136: Änderung der Stützenquerschnitte

Die ursprüngliche Menge ist zwar gleich geblieben, es ist aber unschwer zu erkennen, dass die Ausführung wesentlich komplizierter aussieht, als bei der Vertragsschließung bekannt gewesen ist.

Schritt 3 und 4 – Überprüfung der EKdT nach Veränderungen, Bewerten und Kalkulieren

Durch die komplizierteren Stützenformen (rautenförmig, abgerundet, Anschlagnasen) ergeben sich nachstehende baubetriebliche Folgen:

- Fließmittelzugabe zum Beton von 1,50 €/m³
- Höherer Schalungsanteil von 19,50 m²/m³
- Höherer Aufwandswert für Schalung pro m² von 1,80 m²/Std.
- 15% Verschnitt
- Notwendigkeit einer Zimmererkolonne mit höherem Mittellohn

Durch den erhöhten Einsatz von spezialisiertem Fachpersonal muss häufig auch der Mittellohn angepasst werden, da dieser von der quantitativen Zusammensetzung des Personals abhängt.

Der Mittellohn der Zimmererkolonne beträgt **28,90 €/h**. Dadurch erhöht sich der Stundenverrechnungssatz auf 28,90 €/h × 1,613 (für Gemeinkostenzuschlag) = **46,62 €/h.**

Schritt 5 – Aufaddieren der Kosten

Kostenfolge:

Kosten für Beton zzgl. Fließmittel	
79,75 €/m³ (Beton) + 1,50 €/m³ (Fließmittel) =	81,25 €/m³
Schalungskosten durch höheren Verschnitt	
4,85 €/m² + 15% =	5,58 €/m²
Lohnstunden (durch höheren Aufwandswert)	
19,50 m² × 1,80 Std./m² + 1,00 m³ × 1,90 Std./m³	37,00 Std./m³

Schritt 6 und 7 – Gemeinkosten aufschlagen und Nachtragspreis bilden

In der folgenden Nachtragskalkulation erfolgt die Preisbildung analog zu den Schritten 1 und 2:

Einzelkosten der Teilleistungen (EKdT)		
Lohn:	37,00 Std/m³ × 28,90 €/Std. =	1.069,30 €/m³
Materialkosten:	• Beton =	81,25 €/m³
	• Schalung = 19,50 m²/m³ × 5,58 €/m² =	108,81 €/m³
Gemeinkostenumlage (BGK)		
Lohn:	37,00 Std./m³ × (28,90 €/Std. × 61,30%) =	655,48 €/m³

Material:	(81,25 €/m³ + 108,81 €/m³) × 10%	19,01 €/m³
Neuer Einheitspreis (je m³)		**1.933,85 €/m³**
Gesamtpreis (1.933,85 €/m³ × 8,64 m³)		*16.708,44* €

Der neue Einheitspreis zeigt deutlich die Auswirkungen der hier beispielhaft angenommenen Änderung der Bauteilgeometrie. Nur durch die Aufgliederung in Kostenbestandteile kann die Preisveränderung klar nachvollzogen werden.

8.3.3 Bauzeitveränderungsbedingte Nachtragskosten

Die Sekundärfolge einer Anordnung des AG nach § 1 Abs. 3 oder 4 VOB/B **244**
könnte eine Bauzeitveränderung sein, z. B.

- eine Bauzeitverlängerung, weil Vorgänge durch Leistungsänderungen oder Zusatzleistungen nun länger dauern,
- eine Bauzeitverzögerung, weil durch geänderte oder zusätzliche Bauleistungen der geplante Bauablauf gestört wird,
- oder eine Bauzeitunterbrechung, weil durch geänderte oder zusätzliche Bauleistungen eine technologische Unterbrechung (z. B. Abbindezeiten) erfolgen muss.

Hieraus entstehen bauzeitveränderungsbedingte Mehrkosten in Form von:

a) einer Störung direkt zuordenbare Mehrkosten für Einzelkosten der Teilleistungen

b) Mehrkosten für Baustellengemeinkosten

c) Mehrkosten für Allgemeine Geschäftskosten

d) Kosten für Beschleunigungsmaßnahmen

e) störungsbedingte kalkulative Minderleistung des Personals

a) Direkte Kosten

Kennzeichnend für direkte Kosten ist, dass sie dem Störungsereignis unmittelbar zugeordnet werden können. Sie können beispielsweise entstehen durch:

- Verlängerung der Gerüststandzeit an einer Störungsstelle
- Verlängerung der Schalungsstandzeit an einer Störungsstelle
- Arbeitskosten als Mehraufwendung für zusätzliches Ein- und Ausrüsten einer Störungsstelle
- Arbeitskosten für Provisorien an einer Störungsstelle

Als Nachweis für die entstandenen Mehrkosten können dienen:

- **Für die Dauer der Vorhaltekosten:**
die Dokumentation über Auf- und Abbau, Nutzung,

- **Für die Gerätekosten:**
vorzugsweise der Kalkulationsansatz der Angebots-/Auftragskalkulation, die NU-Kosten oder Kosten über die reduzierte BGL, ggf. Mietkosten,

- **Für die Arbeitsstunden:**
vorzugsweise die Aufwandswerte aus der Angebots-/Auftragskalkulation oder durch Aufschrieb (analog zum Stundenlohnnachweis),

- **Für die Lohnkosten:**
der kalkulierte Mittellohn.

b) Gemeinkosten der Baustelle (BGK)

In den Baustellengemeinkosten werden alle Kosten berücksichtigt, die für den zweckmäßigen Betrieb der Baustelle anfallen und keiner Teilleistung, also auch keinem Störungsereignis, direkt zugeordnet werden können. Bei mehreren Störungsereignissen sind diese Kosten auch nur der Summe aller Störungsereignisse zuordenbar. Es handelt sich hierbei meistens um zeitvariable Kosten wie zum Beispiel:

- Verlängerung der Kranstandzeit
- Verlängerung der Vorhaltedauer der Baustelleneinrichtung (Container, Zaun usw.)
- Gehaltskosten für Baustellenführungspersonal/Bauleitungspersonal

Ähnlich wie bei den direkten Kosten können hierzu als Nachweise dienen:

- **Für die Dauer der Vorhaltekosten:**
die Dokumentation über Auf- und Abbau, Nutzung,

- **Für die Gerätekosten:**
vorzugsweise der Kalkulationsansatz der Angebots-/Auftragskalkulation, die NU-Kosten oder Kosten über die reduzierte BGL,

- **Einsatzzeit der Bauleitung:**
durch Aufschrieb (z. B. Monatsberichte),

- **Für die Gehaltskosten:**
über die Kalkulation der BGK (aber auch über die Buchhaltung ganz konkret möglich, aus Gründen des Datenschutzes aber nur begrenzt nutzbar).

Zur Ermittlung der Gemeinkosten siehe Kap. 8.1.

c) Allgemeine Geschäftskosten

Die Ermittlung der durch die AGK verursachten Mehrkosten bei einer Bauzeitveränderung gestaltet sich in der Praxis sehr schwierig, da die Folgen weit über die betreffende Baumaßnahmen hinaus Einfluss haben können. Die Ausmaße sind besonders dann sehr komplex und kostenmäßig sehr schwer zu beurteilen, wenn durch eine erhebliche Bauzeitverlängerung das eingesetzte Personal so stark gebunden ist, dass keine neuen Aufträge angenommen werden können und so Umsatzeinbußen entstehen (siehe hierzu ausführlich Kap. 8.5).

d) Beschleunigungskosten 245

Um bei terminkritischen Bauvorhaben im vorgesehen Zeitplan zu bleiben, können eingetretene Bauzeitverzögerungen durch Beschleunigungsmaßnahmen (z. B. Erhöhung des Personals bzw. der Arbeitszeit, zusätzliche Geräte) wieder kompensiert werden. Die entstehenden Kosten sind ebenfalls ausreichend zu dokumentieren, eine fiktive Berechnung reicht hierfür nicht aus.

e) störungsbedingte kalkulative Minderleistung des Personals

Jede Art von Bauablaufstörung verursacht zusätzliche Minderleistungen des Personals, wenn auch nur temporär. Betroffen sind solche Leistungen, die einen hohen Wiederholungsgrad besitzen und damit in sich sehr störungsanfällig sind. Da dieses Thema sehr komplex ist und zum Teil eine Vielzahl an Kennzahlen erfordert, wird es ausführlich im Kap. 11 behandelt.

8.3.4 Bewertung von Nachtragspreisen nach baubetrieblich angemessenen Ansätzen

246 Wenn kein Bezug zu einer Vertragsleistung mehr gegeben ist, muss eine Bewertung nach baubetrieblich angemessenen Ansätzen erfolgen. Hierbei genügt es nicht, sich auf die gängige Fachliteratur zu verlassen. Ohne Sachverstand und jahrelange Erfahrung sind selbst sehr gute Mittelwerte nur eingeschränkt zu verwenden, da sie die individuellen Gegebenheiten auf der jeweiligen Baustelle nicht wiedergeben können (ausführlich siehe Teil B Rdn. 259).

8.3.5 Bewertung von Nachtragspreisen nach ortsüblichen angemessenen Preisen

247 Wie auch bei den baubetrieblich angemessenen Ansätzen wird die Bewertung nach ortsüblichen Preisen dann angewandt, wenn die Nachtragsleistung keinen Bezug zu einer vertraglich vereinbarten Leistung hat, also nicht

aus der Urkalkulation abgeleitet werden kann. Ortsüblich bedeutet, die regionalen Preisunterschiede, auch für z. B. besondere logistische Bedingungen, mit zu berücksichtigen.

Zur Bewertung werden Preise gleicher oder vergleichbarer Leistungen herangezogen, die zum Zeitpunkt des Nachtragsangebotes und am Ort der Leistungserbringung üblich sind bzw. waren. Schwierig wird es dann, wenn keine vergleichbaren Leistungen existieren, beispielsweise wenn eine Fertigungsart speziell für das betreffende Bauvorhaben entwickelt wurde. In diesen Fällen kann keine Bewertung nach ortsüblichen Preisen erfolgen und die Angemessenheit muss durch die Erweiterung des Suchradius oder durch baubetrieblichen Sachverstand beurteilt werden. Die so ermittelten Preise können durch s. g. Regionalfaktoren (siehe auch Baupreisindizes Teil B Rdn. 261) angepasst werden.

8.3.6 Sonderthema: Pauschalpreisvereinbarung

248 Eine große Schwierigkeit bei Pauschalverträgen ist, dass oft eine schlüssige detaillierte Angebots-/Auftragskalkulation fehlt. Deshalb gestaltet sich eine VOB-gemäße Ableitung der Nachtragspreise sehr schwierig.

Eine mögliche Lösung wäre eine vom AG vorgegebene grobe Aufschlüsselung des Gesamtpreises, die es erlaubt, eine spätere Ableitung von Nachtragspreisen vorzunehmen (siehe auch Stammdatenblatt – Teil B Rdn. 242, Abb. 135), zum Beispiel durch:

- Aufschlüsselung von Baustellengemeinkosen
- Angabe der Zuschlagsätze auf Lohn-, Stoff-, Geräte- und Nachunternehmerkosten
- Nachweise zur Bildung der Zuschlagsätze an den kalkulierten Baustellengemeinkosten und den umsatzbezogenen Gemeinkosten

Ist ein solches Stammdatenblatt nicht vorhanden, kann der Pauschalpreis nur wie folgt aufgeschlüsselt werden:

- Eine komplette Nachkalkulation des Pauschalpreises mit marktüblichen, angemessenen Ansätzen und der Festlegung eines Vertragspreisniveaus.
- Durch Aufgliederung des Bauwerks nach DIN 276 und Ermittlung der Kosten für die verschiedenen Kostenelemente, die sich nach DIN 276 ableiten lassen (2. Gliederungsebene der Kostengruppen 300 und 400 der DIN 276 ist ausreichend).
- Kalkulation der Nachtragspreise nach marktüblichen, angemessenen Preisen ohne Möglichkeit der Berücksichtigung eines Vertragspreisniveaus.
- Kalkulation nach tatsächlichen Kosten aus den Kostennachweisen der Buchhaltung.

- *Ausdrücklich dem AG nicht anzuraten:*
  Einheitspreislisten, die keinerlei Wertung bei der Angebotsvergabe erfahren. Durch die fehlende Prüfung kann der AG die Angemessenheit der Preise nicht beurteilen. Der AN könnte die Preise taktisch zu seinen Gunsten anpassen.

8.4 Schadensersatzermittlung nach § 6 Absatz 6 VOB/B

Die Anspruchsgrundlage ist im § 6 Absatz 6 der VOB Teil B definiert. Siehe **249**
hierzu auch Teil B Kap. 8.2.2.

Wichtigstes Kriterium für den Anspruch ist die unverzügliche schriftliche Anzeige einer Behinderung beim Auftraggeber. Selbst bei vorliegender Offenkundigkeit ist eine schriftliche Mitteilung zu empfehlen (Teil A Rdn. 713).

Bei der Ermittlung der Anspruchshöhe sind die tatsächlich entstandenen Kosten in Form von Rechnungen, Belegen und anderen Unterlagen nachzuweisen. Die tatsächlichen Vorhaltekosten der Baustelleneinrichtung, die zeitabhängigen Gemeinkosten sowie solche zeitabhängigen Kosten, die sich aus Kapazitätsveränderungen gegenüber den **SOLL-Vorstellungen** ergeben, müssen aus der Betriebsbuchhaltung für den Verzögerungszeitraum ermittelt werden.

8.4.1 Bewertungsgrundlage

Als Grundlage für die Schadensersatzermittlung dient der § 249 BGB ff. Hier- **250**
bei soll die Schadenshöhe durch den Vergleich folgender Vermögenslagen festgestellt werden (s. dazu ausführlich Teil A Rdn. 768 ff.):

1. **Ausgangssituation**
   Vermögenslage, wie sie ohne schädigendes Ereignis bestehen würde (also hypothetisch).
2. **Endsituation**
   Vermögenslage, wie sie in Folge des schädigenden Ereignisses tatsächlich besteht.

Beide Vermögenslagen sind in der Baupraxis im Prinzip nicht exakt feststellbar.

Exkurs in andere Branchen

▶ **Beispiel KFZ-Branche – Schadensfall Verkehrsunfall**

1. **Vermögenslage vor Unfall:**

Einschätzung durch KFZ-Sachverständigen, oftmals nur nach sogenannter „Schwacke-Liste", ggf. mit grober Berücksichtigung des vermutlichen Zustandes des KFZ (sehr gepflegt, wenig Kilometer etc.)

Ergebnis ist der **Zeitwert** des KFZ vor dem Unfall.

2. **Vermögenslage nach Unfall**

Einschätzung durch KFZ-Sachverständige über Restwert des Fahrzeuges nach dem Unfall + Kosten für die Wiederherstellung.

→ wenn Reparaturkosten und Restwert größer sind, als der Zeitwert, dann liegt ein wirtschaftlicher Totalschaden vor
Schaden = Zeitwert – Restwert

→ wenn Reparaturkosten und Restwert **kleiner** sind als der Zeitwert vor dem Unfall, dann ist der entstandene Schaden gleich den Reparaturkosten
Schaden = Reparaturkosten

3. **Resümee:**

Alle Vermögenslagen sind mehr oder weniger Schätzwerte des KFZ-Sachverständigen.

Für das Bauwesen gilt:

Die Vermögenslage **ohne das schädigende Ereignis** ist nicht bekannt. Den einzigen Anhaltspunkt liefert die Angebots- bzw. Auftragskalkulation des Unternehmers als Geschädigten. Es stellt sich auch hier wieder die Frage, ob und inwieweit die Kalkulation zutreffend die Kosten und damit die Vermögenslage darstellt. Dazu ist auch zu prüfen, ob die Terminvorgaben realistisch waren. Letztlich besteht die Kalkulation aus sehr vielen Schätz- und Erfahrungswerten des Kalkulators, die keine tatsächliche SOLL-Vermögenslage abbilden kann.

Die tatsächliche Vermögenslage **in Folge des schädigenden Ereignisses**, z. B. nach einer Bauablaufstörung durch den Auftraggeber, lässt sich ggf. aus der Buchhaltung feststellen.

▶ **Beispiel:**

In der Angebotskalkulation ist bei den Gemeinkosten der Baustelle 1 Bauleiter kalkuliert worden. Nachweislich hat man zur ordnungsgemäßen Abwicklung der tatsächlich gestörten Baustelle 2 Bauleiter eingesetzt.

Frage: Stellt der eine Bauleiter mehr bereits den Schaden dar oder war die Ausgangslage schon mit nur einem Bauleiter unterkalkuliert?

Lösung: Ähnlich wie auch im KFZ-Gewerbe muss hier eine qualifizierte bauwirtschaftliche/baubetriebliche/betriebswirtschaftliche und sachverständige Beurteilung ergänzend vorgenommen werden.

Beim Nachweis anhand der Buchhaltung besteht das Problem, dass der zeitliche Kostenverlauf nicht immer klar daraus hervorgeht. Hinzu kommt, dass interne Buchungen nicht immer zeitgleich mit den dazugehörigen Ereignissen stattfinden. Dies betrifft insbesondere alle Leistungen von Lieferanten und Nachunternehmern, deren Rechnungen oft erst sehr viel später eintreffen und häufig nicht der tatsächlich erbrachten Leistung entsprechen (z. B. Materialien, die erst langfristig verbraucht werden).

Zusammenfassend lässt sich also sagen, dass keine der beiden Vermögenslagen bei der Bewertung von Behinderungen und Verzögerungen zur Ermittlung des Schadensersatzes uneingeschränkt verwendbar ist.

Insofern ist es von den vertragsrechtlichen Vorgaben und den baubetrieblichen Möglichkeiten her erforderlich, die Ermittlung geänderter EKT, zusätzlicher BGK und zusätzlicher AGK durch Eingrenzung der Größenordnung, unter Nutzung aller drei verfügbaren Möglichkeiten zu ermitteln:

- auf Grundlage der nachweislich tatsächlich entstandenen Kosten (z. B. durch die Buchhaltung)
- mit Kostenermittlung mit Hilfe der Auftragskalkulation
- nach baubetrieblich angemessenen Ansätzen (z. B. aus der Literatur)

Da beim Vergleich der Vermögenslagen immer auch hypothetische Werte **251**
eine Rolle spielen, also tatsächliche IST-Kosten mit kalkulierten SOLL-Kosten verglichen werden, sind die konkreten Schadenskosten nicht in vollem Umfang nachweisbar. Die Ermittlung des nachweislich entstandenen Schadens nach § 6 Abs. 6 VOB/B kann praktisch nur durch die Möglichkeit der Schadensschätzung nach § 287 ZPO gedeckt werden (Teil A Rdn. 805 ff.).

Die folgenden zwei kleineren Beispiele sollen zeigen, dass eine konkrete Schadensermittlung nicht immer zu befriedigenden Ergebnissen führen kann:

▶ **Beispiel:**

Würden dem Unternehmer nur die tatsächlich angefallenen und nachgewiesenen Reparaturkosten an seinen Geräten während der Behinderungszeit als Schaden anerkannt, dann käme es ohne Rücksicht auf die Schadensursache und Dauer der Behinderung ausschließlich auf den Zustand der Baustelleneinrichtung und der Kräne an, wie hoch die Schadenshöhe ausfallen würde. Die Unternehmer wären dann womöglich veranlasst, bei absehbaren Behinderungen absichtlich ihr altes, reparaturbedürftiges Gerät auf die Baustelle zu bringen, um es dort reparieren zu lassen.

▶ **Beispiel:**

Hat der Unternehmer Geräte und Maschinen für die Baustelle angemietet, so sind die nachweisbaren Mietkosten als Schadenskosten anzusehen. Wenn nun bei Einsatz von eigenem Gerät und eigenen Maschinen nicht die kalkulierten Vorhaltekosten als Schadenskosten anerkannt würden, so könnte dies dazu führen, dass die Baufirmen zukünftig Tochterunternehmen als Gerätevermietungsfirmen gründen, von denen sie sich ihr gesamtes Baustellengerät leihen. Eine solch wirtschaftlich völlig unsinnige Vorgehensweise nur zum Zwecke des Schadensnachweises ist nicht gerechtfertigt (s. dazu auch gesondert Teil A Rdn. 809 ff.).

Viele Unternehmer haben schon, auch aus anderen Gründen, reagiert und eigene Tochterfirmen für den Gerätepark gegründet.

8.4.2 Bewertung der nachweislich entstandenen Kosten als Schadensersatz

252 Die konkrete Schadenskostenermittlung aus der Buchhaltung ist immer dann unproblematisch, wenn der Nachweis einwandfrei möglich ist. Für die folgenden Kosten kann dies über die Buchhaltung vorgenommen werden:

- Gehaltskosten für Bauleiter und/oder Poliere

Hierzu muss nachgewiesen werden, dass diese während der betreffenden Bauzeitverzögerung auch tatsächlich für das Bauprojekt tätig waren. Aus Gründen des Datenschutzes kann hier der Nachweis aus der Buchhaltung problematisch werden. Die Höhe der angemessenen Tariflöhne hingegen können auch ohne die Buchhaltung nachgewiesen werden.

- Kosten für Lohn- und Gehaltserhöhungen

Diese können nur nachgewiesen werden, sofern die Lohnstunden aus der Lohnbuchhaltung eindeutig der jeweiligen Baustelle zugeordnet werden können, also beispielsweise, wenn ein angestellter Bauleiter mehr als nur eine Baustelle betreut (was, außer bei Großprojekten, bei den meisten Unternehmen heute die Regel ist).

- Mietkosten für Geräte, Maschinen, Material

Wie bereits bei den Lohn- und Gehaltskosten, nur wenn eine eindeutige Zuordnung der entsprechenden zusätzlichen Mietkosten auf die jeweilige Baustelle möglich ist.

Beispiel:

Vom Unternehmer kalkuliert:

Vorhaltezeit für 1 Kran, gesamt	8,0 Monate

Dokumentierte tatsächliche Vorhaltezeit:

1. Kran	7,0 Monate
2. Kran	5,0 Monate
Vorhaltezeit für 2 Kräne, gesamt	**12 Monate**

→ Der Unternehmer verlangt Schadenersatz für 4 Gerätemonate.

Laut Terminplan notwendig:

1. Kran	5,5 Monate
2. Kran	3,5 Monate
Notwendige für 2 Kräne, gesamt	**9,0 Monate**

Lösung:

Der Unternehmer hat nur Anspruch auf Schadenersatz für die Differenz von 3 Gerätemonaten.

Begründung:

Der Terminplan lag dem Unternehmer rechtzeitig vor, weshalb er die vorgesehene Vorhaltezeit von 9 Monaten hätte berücksichtigen müssen. Somit war seine Kalkulation fehlerhaft.

- Erhöhung der Materialkosten

Einen Einzelnachweis für jedes Material zu führen, wird kaum möglich sein, weshalb hier solche Materialien im Fokus stehen, die in sehr großen Mengen benötigt werden (z. B. Bewehrungsstahl oder Beton). Wichtig ist es, eine ausreichende Preisbindung mit den Lieferanten zu vereinbaren.

- Nachunternehmerpreiserhöhungen

Auch hier müssen die behinderungsbedingten Preiserhöhungen eindeutig nachgewiesen werden. Die möglichen Ursachen hierfür liegen ebenfalls in der Anpassung tariflicher Löhne, der Erhöhung von Materialkosten. In jedem Fall ist auch hier eine Preisbindung mit den Nachunternehmern vertraglich zu vereinbaren.

- Mehrkosten für Kapitaldienste

Für eine längere Zusicherung der Ausführungsbürgschaften für den Zeitraum der maßgebenden Bauzeitverlängerung.

8.4.3 Qualifizierte Schadensschätzung nach § 287 ZPO

253 Ist eine detaillierte Schadensermittlung aus der Buchhaltung nicht oder nicht vollständig möglich, bleibt dem Geschädigten die Möglichkeit der Schadensschätzung nach § 287 ZPO. Der BGH hat in seinem Urteil über die Ermittlung von Verzögerungskosten (BGH, Urt. v. 20.02.1986, BGH VII RZ 286/84, BauR 1986, 347: Behinderung des AN durch vom AG zu vertretende Umstände: Schadensermittlung) festgestellt, dass eine Klage auf Schadenersatz aus Behinderung nach ZPO 287 nicht wegen lückenhaften Vorbringens abgewiesen werden darf, wenn der Haftungsgrund (hier: die von der Beklagten zu vertretenden Verzögerungen bei der Planversorgung der Baustelle) unstreitig oder bewiesen, ein Schadenseintritt zumindest wahrscheinlich ist und greifbare Anhaltspunkte für eine richterliche Schadensschätzung vorhanden sind (ausführlich Teil A Rdn. 805 ff.).

Eine qualifizierte Schadensschätzung erfordert keine absolut lückenlose Dokumentation. Das Verschulden eines Vertragspartners und der entstandene zeitlichen Umfang müssen eindeutig und unstreitig nachgewiesen werden können (Teil A Rdn. 722 ff.).

254 Der BGH stellte im vorgenannten Urteil fest, dass auch die Verhältnisse auf Großbaustellen die konkrete Darlegung des Behinderungsschadens nicht von vornherein unmöglich machen. Auf Basis der ohnehin üblichen Dokumentation des Bauablaufes können Behinderungen und deren Folgen problemlos mit festgehalten werden. In der Folge erwartet der BGH damit eine zeitnahe und umfassende Dokumentation. Zur Entlastung des eigenen Bauleitungs-Teams kann diese Aufgabe vom Auftragnehmer auch an externe Unternehmen vergeben werden.

255 Um Ursache und Wirkung, also Behinderungsursache und Schadenseintritt, eindeutig belegen zu können, ist der Nachweis der Kausalität von entscheidender Bedeutung (Teil A Rdn. 724). Es muss aufgezeigt werden, dass die Behinderung auch direkten Einfluss auf den Bauablauf hatte und der betreffende Vorgang auch auf dem kritischen Weg lag, sodass eine Verlängerung der Bauzeit unvermeidbar gewesen ist. Dadurch wird auch eine Addition mehrerer paralleler Störungen vermieden, die genau genommen keine additive Wirkung hatten. Als Hilfestellung für den Nachweis der Kausalität kann ein störungsmodifizierter Bauablaufplan dienen, der durch baubetriebliche Erfahrungswerte aus dem SOLL-Bauablauf entwickelt werden kann (siehe hierzu auch Teil B Kap. 6).

Sollte es eine Störung auf einem nichtkritischen Terminplan-Ast gegeben haben, so ist auch hierfür die Bauzeitverzögerung entsprechend nachzuweisen, um mögliche direkte Mehrkosten zu begründen, auch wenn es zu keiner Überschreitung des Endtermins gekommen ist.

Die Anforderungen des o. g. BGH-Urteils an eine qualifizierte Schadensschätzung können mit den beiden im Folgenden erläuterten Methoden erfüllt werden.

a) Schadensschätzung auf der Grundlage der Preisermittlung der Vertragspreise (Urkalkulation)

Die folgenden Kostenarten gehören zu den Schadenskosten, die im Sinne der 256
Schadensschätzung nach § 287 ZPO aus den Vertragspreisen ermittelt werden:

- Personalkosten
Sofern die Baustellenbesetzung, also Anzahl der Bauleiter und Poliere, mit den kalkulierten Mengen übereinstimmen, können die Kosten gemäß Auftragskalkulation angesetzt werden.

- Vorhaltekosten für Geräte und Maschinen
Sie können in vollem Umfang entsprechend der Auftragskalkulation angesetzt werden, sofern sich die Kosten in den üblichen Größenordnungen halten (entsprechend der Obergrenze der BGL). In diesem Fall kann davon ausgegangen werden, dass die Kosten für die Schadensschätzung ausreichend genau kalkuliert wurden.

- Sonstige Baustellengemeinkosten
Hierunter fallen beispielsweise Kosten für das Baustellenbüro als zeitvariable Kosten. Sie können meist direkt aus der Auftragskalkulation entnommen werden.

- Kosten für Beschleunigung 257
Die Beschleunigungskosten waren bei Vertragsabschluss zwar im Einzelnen nicht bekannt, können aber dennoch auf Grundlage der Vertragspreise ermittelt werden

- Bewertung der Allgemeinen Geschäftskosten 258
Da sich die Zuschläge für die AGK bei allen Unternehmen unterschiedlich zusammensetzen und berechnen, können bei der Schadensschätzung lediglich die in der Auftragskalkulation enthaltenen Prozentsätze als Kosten der Verzögerung angesehen werden. Da diese allerdings umsatzbezogen berechnet werden und bei einer Behinderung oder gar einem Stillstand auf der Baustelle kaum oder nur wenig Umsatz beim Unternehmer zu verzeichnen ist, entsteht hier eine Unterdeckung der Allgemeinen Geschäftskosten. Aus diesen Gründen wird das Sonderthema der AGK bei Bauzeitverzögerungen im Kap. 8.5 genauer beleuchtet. Es wird in jedem Fall empfohlen, alle verursachten Mehrkosten der AGK genau zu dokumentieren und als direkte Kosten nachzuweisen.

b) Schadensschätzung nach baubetrieblich angemessenen Ansätzen

259 Ist die Schadenshöhe weder durch den Einblick in die Buchhaltung noch auf Grundlage der Auftragskalkulation festzustellen, muss die Schadensschätzung nach baubetrieblich angemessenen Ansätzen erfolgen. Die Vorstellungen über die Art und Dauer der Ausführung sind immer eine sehr subjektive Einschätzung auf Grund von unterschiedlichen Erfahrungswerten. Daher muss bei dieser Methode eine gewisse Bandbreite in der Bewertung akzeptiert werden.

Nachfolgend sind diejenigen Kostenarten aufgeführt, die in den meisten Fällen nur durch baubetrieblich angemessene Ansätze bestimmt werden können:

260 • Material- und Nachunternehmerpreiserhöhungen

Wie bereits im vorhergehenden Kapitel beschrieben, ist eine vollständige Erfassung der Preiserhöhungen aller verwendeten Materialien bei den meisten Bauvorhaben kaum zu bewältigen. Daher wird bei der Schadensschätzung von einer linearen Verteilung der Kosten ausgegangen. Diese Einschätzung kommt der Realität in den häufigsten Fällen sehr nahe, da viele Baustellen im Sinne der „Just in Time"-Fertigung, aber auch aus Angst vor Diebstahl das zu verarbeitende Material erst sehr kurzfristig, unmittelbar vor dem Einbau geliefert bekommen.

261 Das Statistische Bundesamt und andere Verbände des Baugewerbes ermitteln quartalsweise verlässliche Kennziffern zur Ermittlung der Preissteigerung, der s. g. Baupreisindex (BPI) ist hier die wichtigste Kennzahl.

Die Baupreisindizes werden getrennt für die Gebäudetypen Wohngebäude, Bürogebäude und gewerbliche Betriebsgebäude ermittelt. Auch die Preissteigerungen bei den Kosten für Nachunternehmerleistungen können mit Hilfe statistischer Werte ermittelt werden.

262 Zur Ermittlung der jeweils maßgebenden Preiserhöhung muss zunächst der Beschaffungsschwerpunkt festgestellt werden. Hierbei wird von einer linearen Materialbeschaffung ausgegangen, so dass der Schwerpunkt in der Mitte der vertraglich vereinbarten Bauzeit liegt (siehe Abb. 137). Durch die Annahme einer konstanten Verteilung kann nun der durchschnittliche Preisindex zum Beschaffungsschwerpunkt ermittelt werden.

Verschiebt sich der Schwerpunkt der Beschaffung, kann die Preissteigerung durch die Differenz der beiden Preisindizes des SOLL-Schwerpunktes (Abb. 137) und des IST-Schwerpunktes (Abb. 138) ermittelt werden.

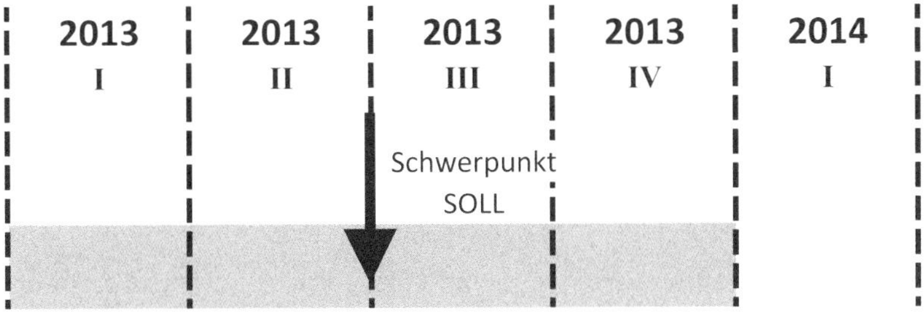

Abb. 137: SOLL-Schwerpunkt

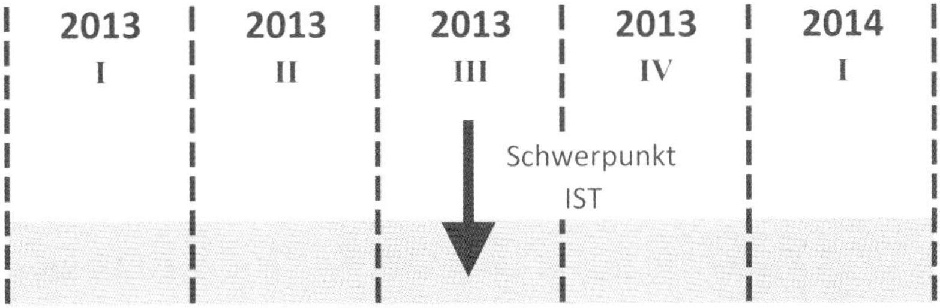

Abb. 138: IST-Schwerpunkt

▶ **Beispiel:** *Lineare Verteilung mit Schwerpunktberechnung*

a) Vertragliche Bauzeit von Januar bis Ende Dezember 2013

(12 Monate)

BPI 1. Quartal 2013 = 106,8

BPI 2. Quartal 2013 = 107,4

BPI 3. Quartal 2013 = 107,8

BPI 4. Quartal 2013 = 108,1

$$\text{BPI SOLL} = \frac{106{,}8 + 107{,}4 + 107{,}8 + 108{,}1}{4} = 107{,}525$$

b) Annahme einer Bauzeitverzögerung von 3 Monaten, ergibt eine gesamte Bauzeit von Januar 2013 bis Ende März 2014 (15 Monate)

BPI 1. Quartal 2014 = 108,9

$$\text{BPI IST} = \frac{106{,}8 + 107{,}4 + 107{,}8 + 108{,}1 + 108{,}9}{5} = 107{,}8$$

c) Berechnung der Mehrkosten bei Materialpreissteigerung für Ortbeton

Kalkuliert für Januar bis Dezember 2013 = 1.000.000 €

$$1.000.000\ € \times \frac{107,8}{107,525} = 1.002.557,54\ €$$

Der Schaden wird demzufolge auf **2.557,54 €** geschätzt.

Bei einer nicht linearen Verteilung empfiehlt es sich, die Leistungen treppenartig (siehe Abb. 139) zu ermitteln. Im Grunde ist die Verteilung innerhalb der definierten Zeiträume (hier quartalsweise) ebenfalls linear. Die entstehenden Differenzen entsprechen den entstandenen Mehr- bzw. Minderkosten. Aus Anschaulichkeitsgründen wurde hier die Gesamtmenge in 10 Zehntel geteilt und in SOLL- und IST-Leistung dargestellt. Dies ist selbstverständlich auch mit den exakten geplanten SOLL- und den tatsächlichen IST-Mengen möglich.

Abb. 139: Leistungsverschiebung

Die Summe der Gesamtleistung ist zwar gleich geblieben, durch die entstandene Verschiebung der Leistungszeitpunkte können allerdings Preiserhöhungen entstehen, weil beispielsweise die Preisbindung des Materiallieferanten abgelaufen ist.

▶ **Beispiel:** *Quartalsweise Ermittlung der Leistung*

a) Vertragliche Bauzeit von Januar bis Ende Dezember 2013 (12 Monate)

BPI 1. Quartal 2013 = 106,8

BPI 2. Quartal 2013 = 107,4

BPI 3. Quartal 2013 = 107,8

BPI 4. Quartal 2013 = 108,1

Im Unterschied zum vorhergehenden Beispiel werden die BPI quartalsweise mit den jeweiligen Mengenanteilen aus Abb. 139 multipliziert, um so die Gewichtung der Zeitpunkte zu berücksichtigen.

$$\text{BPI SOLL} = \frac{106{,}8 \times 2 + 107{,}4 \times 4 + 107{,}8 \times 3 + 108{,}1 \times 1}{10} = 107{,}47$$

b) Annahme einer Bauzeitverzögerung von 3 Monaten, ergibt eine gesamte Bauzeit von Januar 2013 bis Ende März 2014 (15 Monate)

BPI 1. Quartal 2014 = 108,9

$$\text{BPI IST} = \frac{106{,}8 \times 1 + 107{,}4 \times 2 + 107{,}8 \times 2 + 108{,}1 \times 3 + 108{,}9 \times 2}{10} = 107{,}93$$

c) Berechnung der Mehrkosten bei Materialpreissteigerung für Ortbeton

Kalkuliert für Januar bis Dezember 2013 = 1.000.000 €

$$1.000.000\ € \times \frac{107{,}93}{107{,}47} = 1.004.280{,}26\ €$$

Der Schaden wird demzufolge auf **4.280,26 €** geschätzt und ist damit wesentlich höher als der zuvor ermittelte Schaden bei linearer Verteilung.

- Mehrkosten durch verlängerte Gefahrtragung vor der Abnahme 263

Während die Gewährleistung des Auftragnehmers gegenüber dem Auftraggeber erst ab Abnahme der Gesamtleistung läuft, beginnt sie für Lieferanten und Nachunternehmer gegenüber dem Auftragnehmer meist bei der Lieferung bzw. bei dem Einbau der Materialien. Der Auftragnehmer hat also für die vorgesehene vertragliche Bauzeit das Gefahrtragungsrisiko voll zu übernehmen.

Erstreckt sich die Bauzeit tatsächlich über einen längeren Zeitraum als vertraglich vereinbart, so muss der Auftragnehmer auch für die verlängerte Ausführungsdauer die Gefahrtragung für Materialien oder fertig gestellte Leistungen bis zur Abnahme tragen. Dies bedeutet, dass bei Behinderungen und Bauzeitverzögerungen ein höheres Gefahrtragungsrisiko für den Unternehmer entsteht, als dies ursprünglich einkalkuliert war. Insbesondere wenn der schleppende Bauablauf bzw. Bauunterbrechungen gegen Ende der tatsächlichen Bauzeit durch verstärkten Einsatz aufgeholt werden soll und gleichzeitig hierbei mehrere Gewerke tätig sind, vergrößert sich das Risiko der unbeabsichtigten Beschädigung oder Zerstörung einer Leistung.

Der Auftragnehmer muss bis zur Abnahme zur Abdeckung des Gefahrtragungsrisikos verschiedene Kosten aufwenden. So hat er die Leistung ständig zu schützen, Beschädigungen oder Zerstörungen zu ersetzen, die Leistungen von Verschmutzungen zu reinigen, bei eingebauten Geräten oder Maschinen diese ständig zu kontrollieren, Witterungsschutz anzubringen usw. Angemessene Mehrkosten hierfür lassen sich nur im Einzelfall, ggf. über Versicherungsbeiträge, ermitteln.

8.5 Allgemeine Geschäftskosten bei einer Verlängerung der Bauzeit

264 In älteren Beiträgen zur Thematik der Allgemeinen Geschäftskosten von Bauer (Bauwirtschaft 1987, S. 334 bis 342, S. 371 bis 382), Drittler (BauR 1999, 825 bis 829), Vygen/Schubert/Lang (4. Aufl., Rn. 309) und Kapellmann/Schiffers (Bd. 1 Einheitspreisvertrag, 4. Aufl., Rn. 1428) werden hauptsächlich einzelne Sichtweisen beleuchtet und keine umfassenden Ausführungen zur Berücksichtigung einer Unterdeckung bei den Allgemeinen Geschäftskosten im Falle einer Bauzeitverlängerung gemacht. In den neueren Veröffentlichungen zu diesen Themen, z. B. von Schubert in Festschrift Kuhne (2000), Lang/Rasch in Festschrift Jagenburg (2002), Drittler, BauR 2008, 1217, Noosten, Die Unterdeckung Allgemeiner Geschäftskosten, S. 129, und Roquette, Viering, Leupertz, Handbuch Bauzeit, Rn. 892 ff., Heilfort (BauR 10/2010, S. 1673–1680), wird diese Thematik grundsätzlicher aufgearbeitet und es werden Lösungsansätze angeboten. Daneben ist festzustellen, dass nicht nur auf das Wesen der Allgemeinen Geschäftskosten, sondern auch auf die Unterdeckungsproblematik, die bereits von Drittler frühzeitig hervorgehoben wurde, abgestellt wird. Ein Konsens wurde bislang aber noch nicht entwickelt.

8.5.1 Die Bestimmung der Allgemeinen Geschäftskosten

265 Allgemeine Geschäftskosten sind, wenn man den gängigen Definitionen (z. B. KLR-Bau, 7. Aufl., S. 46) folgt, Kosten, die dem Unternehmen nicht durch einen bestimmten Bauauftrag, sondern durch den Betrieb als Ganzes entstehen und in ihrem Inhalt durch die Kostenarten definiert sind, die in der baubetrieblichen Kostenrechnung auf den Kostenstellen der „Verwaltung“ erfasst werden.

Sie umfassen daher beispielsweise die Kosten der Geschäftsleitung, der Buchhaltung, Mitarbeiter für Logistik und Organisation, der Rechts- und Versicherungsabteilungen oder auch die Kosten für externe Berater. AGK sind damit Kosten, die allein durch die Aufrechterhaltung des Geschäftsbetriebs eines Bauunternehmens, ohne dass ggf. auch nur ein einziger Bauauftrag abgewickelt sein muss, anfallen. Sie werden also nicht im Rahmen der Angebots- bzw. Auftragskalkulation des einzelnen Bauprojektes, sondern in der Finanz-/Betriebsbuchhaltung des Gesamtunternehmens ermittelt. Somit sind sie nicht baustellen- bzw. projektbezogen, sondern notwendigerweise unternehmensbezogen kalkuliert.

Im Gegensatz zu den Baustellengemeinkosten (BGK) lassen sich die Allgemeinen Geschäftskosten (AGK) keinem bestimmten Bauauftrag zuordnen. Sie können als Bereitschafts-, Fix- oder Verwaltungsgemeinkosten des Gesamtunternehmens angesehen werden, die aufgewendet werden müssen, um unabhängig von einem konkreten Bauauftrag die Funktionsfähigkeit des Unternehmens zu gewährleisten. Eine Abhängigkeit zur tatsächlich erstellten Leistung ist daher nur, und dann auch nur in geringerem Umfang, über einen längeren Zeitraum gegeben. Daher ist es richtig, wenn argumentiert wird, dass Allgemeine Geschäftskosten, die speziell für eine Baustelle anfallen, eigentlich keine „allgemeinen" Geschäftskosten mehr sein können, sondern möglicherweise zusätzliche Baustellengemeinkosten (Kapellmann/Schiffers, 5. Aufl., Rn. 1427), also zusätzliche Direkte Kosten.

Der unternehmensbezogene Zuschlagssatz für Allgemeine Geschäftskosten wird in der Form ermittelt, dass für einen definierten Zeitraum, i. d. R. für ein Kalenderjahr, auf den Erfahrungen des vorherigen Zeitraums basierend die Verwaltungsgemeinkosten einigermaßen zuverlässig abgeschätzt oder einfach in der Höhe der Vorjahreswerte übernommen werden. Diese geplanten Allgemeinen Geschäftskosten werden dann durch die prognostizierte Gesamtbauleistung oder vereinfacht durch die Vorjahresumsatzwerte dividiert und ergeben so den kalkulatorischen Prozentsatz für die Allgemeinen Geschäftskosten. Richtig ist es, wenn in der Literatur darauf hingewiesen wird, dass gerade die Umsatzplanung mit großen Unsicherheiten behaftet ist und die prognostizierten Umsätze in der Realität über- oder unterschritten werden. Deshalb werden oft auch einfach nur die Vorjahreswerte für die Verwaltungsgemeinkosten und Umsätze zu Grunde gelegt. Auch können in einem gewissen, aber sehr engen Rahmen die Hauptanteile der Allgemeinen Geschäftskosten, die hauptsächlich aus zeitabhängigen Personal- und Mietkosten bestehen, langfristig verändert bzw. der tatsächlichen Umsatzentwicklung angepasst werden.

Wie ausgeführt, können die Verwaltungsgemeinkosten nur unternehmensbezogen ermittelt werden, weil sie für ein konkretes Bauprojekt nicht quantifizierbar sind. Im Falle der Erstellung einer Angebotskalkulation müssen die Verwaltungsgemeinkosten als AGK-Ansatz aber in die Kalkulation des Bauprojektes einfließen können. Dies geht dann nur dadurch, dass ein umsatzbezogener Zuschlagssatz gebildet wird (Gesamt AGK/Gesamtumsatz), der dann in der konkreten projektbezogenen Angebotskalkulation angesetzt wird.

Der umsatzbezogene Zuschlagssatz für AGK ist also nur eine Rechenhilfe für die Angebotskalkulation des Bauprojektes und sagt nichts über den Kostencharakter der einzelnen Verwaltungsgemeinkosten aus. Wird der Auftrag wie angeboten ausgeführt, dann hat diese Art der Berechnung der AGK auch keine negativen Folgen. Kommt es aber zu Änderungen der Bauzeit (durch Störungen) bzw. des Umsatzes, dann führt diese nicht verursachungsgerechte Kostenzuordnung später ggf. zu Schwierigkeiten bei einer sachgerechten Abrechnung.

Gerade weil die AGK unabhängig von der Leistung einer konkreten Baumaßnahme anfallen, bleiben sie in der Höhe regelmäßig konstant. Da die AGK jedoch im Rahmen der Kalkulation als Zuschlag und damit als Anteil des Preises (d. h. des Umsatzes) eines Bauvertrages berücksichtigt werden, kann der Auftragnehmer im Falle einer Verschiebung der Bauleistungen für den Zeitraum der Verzögerungen nur einen geringeren Anteil an AGK in Folge eines geringeren Umsatzes erwirtschaften. Dem steht aber gegenüber, dass die AGK kalkulativ für ein Geschäftsjahr erwirtschaftet werden müssen. Für den Behinderungszeitraum, in dem weniger oder gar keine AGK erwirtschaftet werden, lässt sich also eine Unterdeckung feststellen. Der Anspruch auf eine Entschädigung bzw. auf Schadensersatz wird von der Rechtsprechung auch gebilligt (Leinemann/Jacob/Franz, Die Bezahlung der Bauleistung, 5. Aufl., S. 123 f. Rn. 318 ff unter Berufung auf OLG Düsseldorf, BauR 1988, 487 ff).

8.5.2 Die Kalkulation der Allgemeinen Geschäftskosten

266 Das Unternehmen bewertet im Rahmen der Projektkalkulation den Zuschlagssatz für Allgemeine Geschäftskosten. So wird beispielsweise bei Bauvorhaben, die sich über mehrere Jahre erstrecken, die zukünftige Entwicklung des unternehmenseigenen Zuschlagssatzes eingeschätzt oder das Verhältnis von Umsatz zur Bauzeit berücksichtigt und eine Anpassung des Zuschlagssatzes vorgenommen. Es wird also stets der unternehmenseigene Zuschlagssatz überprüft, bevor er in die Angebotskalkulation übernommen wird.

Mit dieser Übernahme wird die Absicht erklärt, einen definierten Deckungsbeitrag durch das angebotene Bauvorhaben erwirtschaften zu wollen. Grundlage hierfür sind die Ausschreibungsunterlagen und die hierin beschriebenen Bauumstände und hier im Besonderen die vorgegebene oder geplante Bauzeit. Es wird vom Unternehmen nur eingeschränkt eine Aussage dazu gemacht, wie diese Kalkulationsannahme fortzuschreiben ist, wenn die Grundlagen der Kalkulation sich verändern sollten. So wird mit dem Ausfüllen der EFB-Preisblätter oder ähnlicher Formblätter erklärt, dass die Allgemeinen Geschäftskosten mittels eines umsatzbezogenen Zuschlagssatzes auf die Herstellkosten erwirtschaftet werden sollen.

Diese (indirekte) Erklärung ergibt sich aber nur deshalb, weil die Formblätter, die der Kalkulationslogik von Opitz folgen, dies so explizit anfragen und eine andere Möglichkeit zur Berücksichtigung der Allgemeinen Geschäftskosten auch selten gegeben ist. Dabei ist festzustellen, dass immer verstärkter gefordert wird, auch die Kosten für die Bauleitung und Geräte (umsatzbezogen) auf die Herstellkosten zu verteilen.

Auch die Deutsche Bahn AG bildet hierbei keine Ausnahme, wenn sie in den Formblättern „Kalkulationsschlussblatt“ bzw. „Gemeinkostendeckung“ zwar eine Unterscheidung zwischen einmaligen, mengen-, zeit- und umsatzabhängigen Baustellengemeinkosten zulässt, aber die Allgemeinen Geschäftskosten neben Wagnis und Gewinn als umsatzabhängige Gemeinkosten (UGK) vorgibt. Will also ein Bieter deutlich machen, dass seine Allgemeinen Geschäftskosten als zeitabhängig angesehen werden sollen, bleibt ihm wohl nur die Möglichkeit, in einem Begleitschreiben zum Angebot dies zu erklären oder zu erläutern. So wird man zumindest dem immer wieder vorgetragenen Argument, dass die Allgemeinen Geschäftskosten doch umsatzabhängig kalkuliert worden seien und daher im Fall einer Bauzeitverlängerung kein Mehrvergütungsanspruch bestehen würde, entgegnen können.

Der Kalkulierende steht also grundsätzlich vor einem Dilemma bei der Berücksichtigung nicht baustellenbezogener Kosten. Die Kostenentstehung bzw. der zukünftige Kostenverlauf ist bekannt, und es könnte zwischen zeit- und umsatzabhängigen Anteilen unterschieden werden. Es fehlt aber für eine verursachungsgerechte Berücksichtigung, z. B. der Allgemeinen Geschäftskosten, das geeignete Kalkulationsschema. Da kein direkter Zusammenhang dieser Kosten zum konkreten Bauvorhaben besteht, wird dieser für den ungestörten Fall konstruiert. Als „Hilfsgröße“ wird daher der Umsatz als Bezugselement gewählt. Diese Vorgehensweise liefert aber nur bei unveränderter Bauzeit das gewünschte und in der Kalkulation vorgesehene Ergebnis. Im Fall eines gestörten Bauablaufs ist aber der zeitvariable Charakter der Allgemeinen Geschäftskosten und nicht das bloße hilfsweise eingeführte Kalkulationselement ausschlaggebend.

Der übliche umsatzorientierte Kalkulationsansatz ist also, wie es Drittler richtigerweise deutlich gemacht hat, eine „Krücke“, weil durch ein Kalkulationsverfahren ein Zusammenhang zwischen (Bereitschafts-)Kosten, die unabhängig von der Bauleistung entstehen, und der Leistung einer Baustelle erzwungen wird.

Festzuhalten ist daher, dass es sich bei dem üblicherweise in der Kalkulation enthaltenen Zuschlagssatz für die Allgemeinen Geschäftskosten lediglich um einen erzwungenen Kalkulationsansatz handelt, der nichts über die Art der berücksichtigten Kosten aussagt. Es wird lediglich erklärt, dass im Auftragsfall davon ausgegangen wird, dass unter der Prämisse, dass sich die Kalkulationsgrundlagen (wie z. B. die Bauzeit) nicht verändern, ein bestimmter Beitrag zur Deckung der Allgemeinen Geschäftskosten erwirtschaftet werden soll. Im Fall eines gestörten Bauablaufs ist hingegen der Charakter der Allgemeinen Geschäftskosten ausschlaggebend.

8.5.3 Der Kostencharakter der Allgemeinen Geschäftskosten

267 Wie bereits erläutert, entstehen die Allgemeinen Geschäftskosten unabhängig von der realisierten Bauaufgabe. Lediglich eine anteilige Deckung dieser Kosten wird mit der Auftragserteilung festgeschrieben.

Eine differenzierte Analyse der Kosteneigenschaften wurde erstmals 2002 von Lang/Rasch in der Festschrift Jagenburg vorgenommen. Hierbei wurde untersucht, in welcher Form die Allgemeinen Geschäftskosten mittel- bzw. langfristig beeinflussbar bzw. abbaubar sind. Es sollte auch eine Aussage zur Ausprägung ihrer Zeitabhängigkeit gewonnen werden.

Zur Abschätzung dieses Anteils wird zunächst auf eine Tabelle von Stiglocher (vgl. Stiglocher, Kosten- und Leistungsansätze für Baupreise) zurückgegriffen, in der eine Abschätzung der prozentualen Anteile der verschiedenen Aufwendungen bei den Allgemeinen Geschäftskosten vorgenommen wird, die dann die Basis für sämtliche Kostenansätze in diesem Standardwerk wird. Diese Tabelle wurde in einem zweiten Schritt um eine Aufteilung dieser prozentualen Anteile in zeitvariable und umsatzabhängige Bestandteile von den Verfassern dieses Beitrages erweitert. Prämisse für diese Beurteilung ist zum einen der Status Quo des Betriebes, also hier speziell bspw. die Betriebsgröße und die allgemeinen Organisationsstrukturen des Auftragnehmers. Zum anderen ist das Verhalten der Kostenanteile im Rahmen einer konkreten Bauzeitverlängerung, also hier speziell eine Leistungserbringung zu ungewissen Terminen, zu berücksichtigen. Diese Ansätze sollten überprüft werden und wurden deshalb einem Großkonzern aus dem Bereich der Haustechnik mit der Bitte, für den Zeitraum 1999/2000 diese zu aktualisieren, übergeben. Die Kostenstruktur erwies sich als gänzlich anders, da in neuerer Zeit keine eigenen Werkstätten mehr vorgehalten werden und der Anteil der EDV-Kosten (CAD, Netzwerk) gestiegen ist. Auch differieren die Kosten der Personalverwaltung. Dies kann bspw. daran liegen, dass die Lohn- und Gehaltsabrechnung dezentralisiert wurde, die Kosten hierfür Eingang in die Lohnnebenkosten gefunden haben oder als Nachunternehmerleistung (DATEV) in den EDV-Kosten enthalten sind. Auch ein neuerer Vergleich für eine kleine Bauunternehmung für das Geschäftsjahr 2009 liefert eine etwas andere Aufteilung. Es wird deutlich, dass hier der Anteil für das nicht gewerbliche Personal entscheidend ist.

Allgemeine Geschäftskosten (AGK)

Bestandteile	**zeitvariabel**	**umsatzvariabel**
Personalkosten / -verwaltung	X	
Löhne für Werkstatt	X	
Mieten / Pachten für Gebäude und Grundstücke	X	
Kosten für Einrichtungen aller Art	X	
EDV-Kosten	X	
Kosten für Werbung und Beratung	X	
Betriebshaftpflicht und sonstige Versicherungen	X	
"Verwaltungs"-Materialien aller Art	X	X
Reise- und Fahrzeugkosten	X	X
Gebühren / Abgaben / Bürgschaften	X	X
Steuern		X

Abb. 140: Bestandteile der Allgemeinen Geschäftskosten

Heilfort (BauR 10/2010, S. 1673–1680) hat für ein mittelständisches Unternehmen eine ähnliche Zusammensetzung der Allgemeinen Geschäftskosten feststellen können. Es wurde hierbei aber zwischen zeitabhängigen, umsatzabhängigen und fixen Bestandteilen unterschieden. An diesem Beispiel konnte festgestellt werden, dass 78% der Allgemeinen Geschäftskosten als zeitabhängig eingeschätzt werden; 17% werden eher als vom Umsatz abhängig gesehen und 5% lassen sich nicht sinnvoll im Zusammenhang zur Zeit oder zum Umsatz setzen.

Festzuhalten ist demnach, dass es einer Unternehmung möglich ist, für bestimmte Zeiträume ihre Allgemeinen Geschäftskosten in obiger Weise aufzugliedern und offen zu legen und somit eine Abschätzung des zeitabhängigen Anteils vornehmen zu können. Der zeitabhängige Anteil der Allgemeinen Geschäftskosten dürfte zwischen 70 und 80% liegen.

Es finden sich jedoch auch Ansichten in der Literatur (Roquette/Viering/Leupertz, Handbuch Bauzeit, S. 284 ff, Rn. 892 ff), die eine Aufteilung der AGK ablehnen und darauf abstellen, dass diese zu 100% zeitbezogen sind und in keinen Zusammenhang mit einem Bauauftrag zu bringen sind. Durch eine Bauzeitverlängerung träte in jedem Fall eine Unterdeckung der AGK ein, und zwar unabhängig davon, ob diese zeitabhängig oder umsatzabhängig wären.

8.5.4 Probleme bei der Berücksichtigung der Allgemeinen Geschäftskosten

268 Es wird im Rahmen der Angebotsphase vom Auftraggeber nicht mit der notwendigen Klarheit hinterfragt und vom Bieter nicht erklärt, in welcher Form die Allgemeinen Geschäftskosten kalkuliert wurden, also entweder umsatzabhängig oder zeitabhängig oder in Form einer Kombination aus beiden grundsätzlichen Möglichkeiten. Es ist also offenbar für beide Parteien nicht von Interesse, in welcher Weise die Allgemeinen Geschäftskosten anfallen bzw. ob und in welcher Höhe sie umsatz- bzw. zeitabhängig entstehen oder als fix angesehen werden können. Könnte man also bereits mit Abgabe des Angebots eine entsprechende Erklärung erhalten, so gäbe es im Fall von Änderungen, also sowohl bei Änderungen der Leistungen als auch der Bauumstände und der Bauzeit keine Abrechnungsprobleme. In einem solchen Fall wäre die Bauzeit oder der Umsatz bzw. eine Kombination hieraus zur Kalkulationsgrundlage der Allgemeinen Geschäftskosten geworden und im Rahmen von Preisfortschreibungen grundsätzlich maßgebend.

269 Momentan spricht aber noch ein nicht zu unterschätzender Umstand gegen eine solche klärende Bekanntgabe. Es kann festgestellt werden, dass die Beteiligten anscheinend gerne Lotterie spielen und daher geneigt sind, sich dem Zufall anzuvertrauen, um im ungünstigen Fall lieber heftig und lange zu streiten. Mit Angebotsabgabe ist nicht bekannt, ob es eher zu Leistungserhöhungen oder zu einer Bauzeitverlängerung kommen wird. In letzter Zeit kann aber festgestellt werden, dass es vermehrt bei Großprojekten zu immer gravierenderen Änderungen des Leistungsumfangs und des Leistungszeitraums kommt. Ob hierfür die immer kürzeren Planungszeiträume, das Vertrauen auf das unbegrenzte Recht einer baubegleitenden Änderung des Bauentwurfs oder eine schlechtere Planungsqualität hierfür ursächlich sind, kann dahingestellt bleiben.

Diese Veränderungen sind letztlich auch die Ursache dafür, dass das Thema der Deckung der Allgemeinen Geschäftskosten in den letzten Jahren so intensiv diskutiert wurde. Keiner der Beteiligten will daher unnötig früh eine Prognose über die Projektentwicklung treffen. Da im Laufe der Bauabwicklung üblicherweise zunächst geänderte und zusätzliche Leistungen anfallen und verpreist werden müssen, erscheint es zunächst vorteilhaft, die Allgemeinen Geschäftskosten umsatzabhängig anzusehen und im Rahmen der Fortschreibung der Preisermittlungsgrundlage als Zuschlag auf die Nachtragsleistungen anzusetzen und somit frühzeitig zusätzliche Deckungsbeiträge zu erwirtschaften. Tatsächlich wird der „Verwaltungsapparat" auch bei einer Umsatzsteigerung stärker beansprucht, z. B. dadurch, dass auch eine gewisse Bauzeitverlängerung als Leistungszeit für die Umsatzsteigerung benötigt wird, so dass die zusätzlich erwirtschafteten Allgemeinen Geschäftskosten gerechtfertigt sind.

Ist es im weiteren Baugeschehen absehbar, dass es zu einer nicht unerheblichen Bauzeitverzögerung kommen wird, die über die reine Bauzeitverlängerung aus der Leistungszeit für die Umsatzsteigerung hinausgeht, sind immer stärker Argumentationen hinsichtlich einer Zeitabhängigkeit der Allgemeinen Geschäftskosten zu vernehmen, die sich dann im Rahmen einer entsprechenden Mehrkostenforderung zur Bauzeitverlängerung in eine Gewissheit hierüber wandeln. Mit dieser Taktik erhofft sich der Unternehmer, sowohl im Fall der Leistungserhöhung als auch bei einer Bauzeitverzögerung zusätzliche Deckungsbeiträge für die Allgemeinen Geschäftskosten zu erwirtschaften.

Der Auftraggeber toleriert diese Vorgehensweise, weil er hofft, im Fall einer Bauzeitverlängerung entsprechend hohe Forderungen aus der Unterdeckung der Allgemeinkosten mit dem Argument des umsatzbezogenen Ansatzes bei den technischen Nachträgen abwehren zu können. Diese Hoffnung ist auch gerechtfertigt, weil durch die AGK-Deckung über die technischen Nachträge quasi auch wieder ein Stück Bauzeitverlängerung mit eingekauft wurde.

Gelingt es also, eine Entscheidung über die Art der kalkulativen Berücksichtigung der Allgemeinen Geschäftskosten bereits mit Angebotsabgabe herbeizuführen, ist die weitere Vorgehensweise eindeutig und damit auch unstrittig.

8.5.5 Berücksichtigung der Allgemeinen Geschäftskosten im Fall von Leistungsänderungen und einer Bauzeitverzögerung

Die Kostenverursacher der Allgemeinen Geschäftskosten sind größtenteils **270** zeitvariabel, wie z. B. die gesamten Gehalts- und Mietkosten. Diese Eigenschaften sind jedoch, wenn man mal akzeptiert, dass es keinen direkten Zusammenhang zwischen dem Anfall der Allgemeinen Geschäftskosten und einem einzelnen Bauvorhaben gibt, nur bedingt relevant. Im Fall einer Bauzeitverlängerung können dann die nicht zeitgerechte Erwirtschaftung des kalkulierten Deckungsbeitrages und/oder eine mögliche Unterdeckung bei der Erwirtschaftung weiterer Allgemeiner Geschäftskosten im Zeitraum der Bauzeitverlängerung zum Problem werden.

In Folge eines gestörten Bauablaufs wird ein Bauvorhaben nicht zum vereinbarten Fertigstellungstermin beendet, sondern in den überwiegenden Fällen wesentlich später. Die Hauptvertragsleistungen werden in solchen Fällen zu anderen Zeitpunkten als geplant erbracht. Dies führt zunächst dazu, dass sich auch der Zeitpunkt, an dem der kalkulierte komplette Deckungsbeitrag erwirtschaftet wird, verschiebt. Es kommt daher zunächst zu einer temporären Unterdeckung der Allgemeinen Geschäftskosten. Nun führen aber auch zusätzliche Kosten aus geänderten und zusätzlichen Leistungen (Nachträge) zu zusätzlichen Deckungsbeiträgen, die ebenfalls zu berücksichtigen sind. Weiterhin wird der Unternehmer durch die Bindung von Baustellenkapazitäten im Bauzeitverlängerungszeitraum möglicherweise gehindert, weitere eigentlich planmäßig vorgesehene Allgemeine Geschäftskosten bei anderen Bauvorhaben zu erlösen. Für den Fall, dass eine Erstattung von Mehrkosten für den Zeitraum der Bauzeitverlängerung erfolgt, werden diese direkten Kosten regelmäßig auch mit einem (kalkulierten) Zuschlagssatz für die Allgemeinen Geschäftskosten beaufschlagt, sodass auch hier ein zusätzlicher Deckungsbeitrag erwirtschaftet werden kann. Da aber die durch zusätzliche und geänderte Leistungen und in Folge der direkten Bauzeitverlängerungskosten erlösten Allgemeinen Geschäftskosten nicht immer der Höhe entsprechen, die in Folge einer vollständig zeitabhängigen Fortschreibung der Allgemeinen Geschäftskosten hätten erwirtschaftet werden können, kommt es bei vielen Bauvorhaben hinsichtlich eines Ausgleichs zu Streitigkeiten.

Die periodische Deckungsberechnung zu den Allgemeinen Geschäftskosten geht aber nur dann auf, wenn zum einen der vorgesehene Jahresumsatz auch realisiert werden kann und zum anderen die tatsächlich anfallenden Allgemeinen Geschäftskosten sich nicht verändern. Es ist daher fast systemimmanent, dass es am Ende der Geschäftsperiode zu einer Unter- oder Überdeckung der Allgemeinen Geschäftskosten kommt, da beide Annahmen sich nur äußerst selten realisieren. Der Differenzbetrag schmälert oder vergrößert dann den unternehmerischen Ansatz von Wagnis und Gewinn.

271 Mit seinem Urteil vom 10.09.2009 hat der BGH (VII ZR 82/08, Rdn. 20) im Zusammenhang mit Zuschlagsfristverlängerungen erneut deutlich gemacht, dass die Kalkulation des Bieters nicht zur Geschäftsgrundlage wird und dieser grundsätzlich das Risiko trägt, dass die gewählten Kalkulationsannahmen ohne Eingriffe des Auftraggebers hinfällig werden können. Daher besteht auch kein Anspruch auf Anpassung der Allgemeinen Geschäftskosten in Folge dieser nicht durch eine Bauzeitverzögerung hervorgerufene Unter-/Überdeckung am Ende der Geschäftsperiode.

Exkurs: Das System der Deckung der unternehmensbezogenen Allgemeinen Geschäftskosten: 272

Die unternehmensbezogenen Allgemeinen Geschäftskosten bestehen, wie bereits oben ausführlich dargelegt, sowohl aus zeitvariablen Kostenelementen (wie z. B. Personalkosten, Mieten, Einrichtungen usw.) als auch aus umsatzvariablen Kostenelementen (wie z. B. „Verwaltungsmaterialien", Reisekosten usw.) unterschiedlicher Größenordnung. Dabei bilden die zeitvariablen Kostenelemente mittelfristig gesehen einen Fixkostenblock, der nicht oder nur schwer veränderbar ist (Kündigungsfristen bei Personal, Mietvertragslaufzeiten bei Anmietungen beachten). Nur die umsatzvariablen Kostenelemente verändern sich in ihrer Höhe mit dem schwankenden Umsatz. Bei normaler Marktlage und außerhalb von Nischenmärkten lassen sich über eine gewisse Akquisitionsflexibilität geringe Schwankungen im Umsatz realisieren, so dass eine Kostendeckung der anfallenden Gemeinkosten möglich ist.

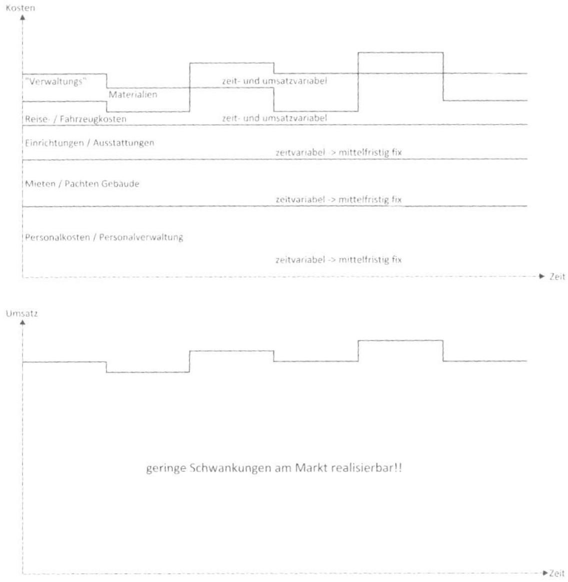

Abb. 141: Kostenanfall der AGK über die Zeit auf Unternehmensebene

Das Unternehmen muss bei jedem Bauauftrag einen Deckungsbeitrag für die projektbezogenen Baustellengemeinkosten und für die unternehmensbezogenen Allgemeinen Geschäftskosten über die Bauleistungen erwirtschaften. Bei einer sachgerechten Kalkulation und Einhaltung der Bauzeit sowie der beauftragten Bauleistung decken die Einzelprojekte jeweils die anfallenden eigenen Baustellengemeinkosten und sie leisten eine anteilige Deckung der im Gesamtunternehmen anfallenden Allgemeinen Geschäftskosten. Im Rahmen ihrer Akquisitionen versuchen die Unternehmen eine möglichst gleichmäßige Auslastung zu erreichen und somit durch die parallelen und nacheinander laufenden Projekte stets die monatlich anfallenden Allgemeinen Geschäftskosten zu decken.

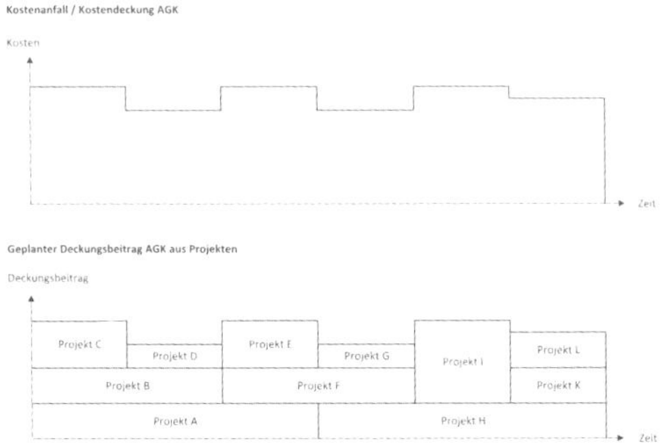

Abb. 142: Geplanter Deckungsbeitrag AGK aus Projekten

Dieses System des gleichmäßigen Kostenanfalls der AGK (hauptsächlich bedingt durch zeitvariable Personal- und Mietkosten) einerseits und der gleichmäßigen Kostendeckung durch die Deckungsbeiträge für AGK durch die Einzelprojekte andererseits wird jedoch durch gestörte und behinderte Bauaktivitäten aus dem Gleichgewicht gebracht.

So führen z. B. durch den Auftraggeber gestörte Projekte bei gleichem Umsatz dazu, dass sich für den Verlängerungszeitraum die Baustellengemeinkosten ohne gleichzeitige automatische Vergütungsanpassung erhöhen und eine Unterdeckung für den an das Gesamtunternehmen abzuführenden Deckungsbeitrag für die AGK entsteht.

Da die zeitvariablen Gemeinkosten, insbesondere auch die AGK, während der gesamten verzögerten Bauzeit in voller Höhe trotzdem anfallen, auch wenn auf der gestörten Baustelle keine oder verringerte Bauleistungen erbracht werden, fehlt somit die zeitanteilige Deckung der AGK, auch wenn der Auftrag zum Schluss in voller vereinbarter Höhe abgerechnet wird.

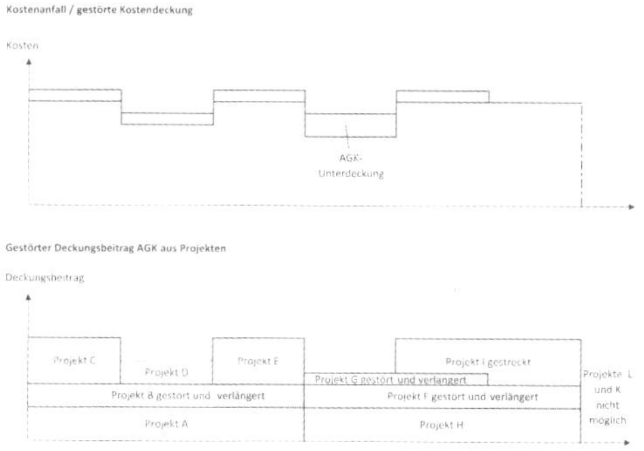

Abb. 143: Gestörte Kostendeckung der AGK über die Zeit auf Unternehmensebene

Also sind in der Folgeperiode (Verzögerungszeitraum) erwirtschaftete (insbesondere zeitvariable) Gemeinkosten kein Ausgleich für die Unterdeckung in der Vorperiode (vertragliche Bauzeit), weil in der Folgeperiode erneute Gemeinkosten anfallen, die nun durch die verspätete Erwirtschaftung von Deckungsbeiträgen abgedeckt werden. Wäre die Baustelle ungestört verlaufen, würden diese Gemeinkosten der Folgeperiode aber schon durch einen Nachfolgeauftrag gedeckt werden. Die Periodenbetrachtung ist nicht auf ein Geschäftsjahr beschränkt, sondern die kleinste Einheit kann z. B. der Monat sein.

Da das Bauführungspersonal und/oder gewerbliche Arbeitskräfte und Kapazitäten (z. B. Maschinen und Geräte) oftmals an der gestörten Baustelle gebunden sind, ist somit während der Störungszeit ein anderweitiger Erlös nicht möglich.

Selbstverständlich sind Effekte aus einer gleichzeitigen Auftragserhöhung durch Nachträge, aus tatsächlichem anteiligen Abzug von Bauführungspersonal, gewerblichen Arbeitskräften und Kapazitäten (also ganzen Kolonnen) und deren Einsatz auf einer echten Ausweich-Baustelle sowie in gravierenden Fällen auch aus Bauzeitunterbrechungen mit der tatsächlichen Möglichkeit der Besetzung einer Ausweich-Baustelle zu berücksichtigen, da hier ggf. ein anderweitiger Erlös von Gemeinkosten stattfindet.

Exkurs: Ergebnisse der Diskussion und Abstimmung des Arbeitskreises I (Bauvertragsrecht) beim 5. Deutschen Baugerichtstag im Hamm (Mai 2014)

Im Arbeitskreis I des 5. Deutschen Baugerichtstags wurde u. a. intensiv über die störungsbedingte Unterdeckung von Gemeinkosten, insbesondere den AGK, und deren spätere Ausgleichbarkeit im Rahmen der verspäteten Abwicklung eines Bauauftrags diskutiert. In zwei Vorträgen mit These und Gegenthese wurde der Problematik der periodenbezogenen Unterdeckung der AGK und deren späteren vermeintlichen Ausgleichbarkeit baubetrieblich **273** auf den Grund gegangen. Hierbei konnte sich mit großer Mehrheit im Plenum (ermittelt durch Abstimmung) die Gegenthese durchsetzen, dass eben periodenbezogene Unterdeckungen der AGK durch die spätere Abwicklung des Bauauftrages nicht ausgeglichen werden, sondern dass hier ein echter Fehlbetrag entsteht.

274 Vereinfacht lassen sich diese unterschiedlichen Fallkonstellationen wie folgt darstellen:

Die prinzipielle Darstellung des Systems der Gemeinkostendeckung zeigt auf, dass im Einzelprojekt ein Gemeinkostenaufwand für die Baustellenführung (Oberbauleitung, Bauleitung, Poliere, Meister usw.) zur Betreuung und Führung der gewerblichen Arbeitskräfte und Nachunternehmer entsteht. Diese erstellen die vertraglich vereinbarten Bauleistungen, die dann abgerechnet werden können. Aus den Vergütungen für die Bauleistungen sind dann die Einzelkosten der Teilleistungen (Löhne, Stoffe, Nachunternehmer usw.) sowie die Gemeinkosten der Baustelle (BGK) auf Projektebene zu decken. Bei korrekter Kalkulation sind in den Vergütungen auch Deckungsbeiträge für die unternehmensbezogenen Kosten der Unternehmensführung und -verwaltung enthalten, die dann quasi an die Unternehmenszentrale abzuführen sind.

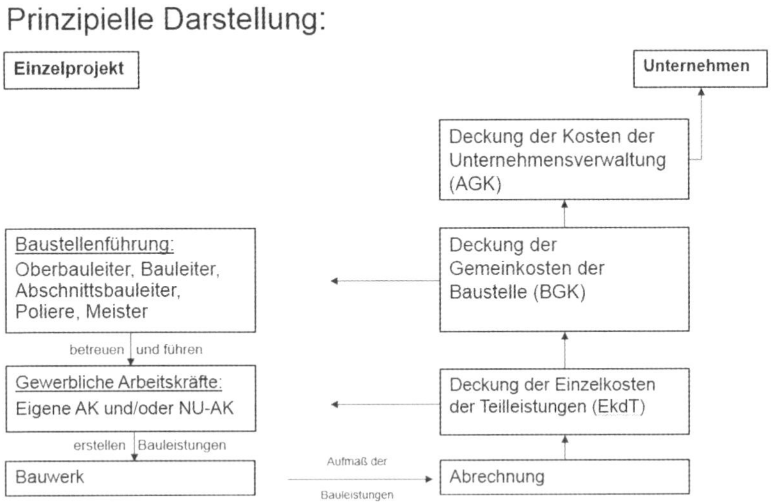

Abb. 144: Prinzipielle Darstellung des Systems der Gemeinkostendeckung

275 Im Normalfall einer Bauabwicklung (hier Fall A) wird nun von einem vertraglich vereinbarten Auftragsumfang (= 100%) und von einer vertraglich vereinbarten Bauzeit (z. B. 1 Jahr) ausgegangen. Sollte die Kalkulation baubetrieblich korrekt und kostendeckend sein, dann führt dies zur vollen Deckung der anfallenden Einzelkosten der Teilleistungen und der Baustellengemeinkosten auf Projektebene. Darüber hinaus leistet das Einzelprojekt dann noch einen Beitrag zur anteiligen Deckung der Gemeinkosten der Unternehmensführung und -verwaltung (AGK) für die vereinbarte Bauzeit A von z. B. einem Jahr.

276

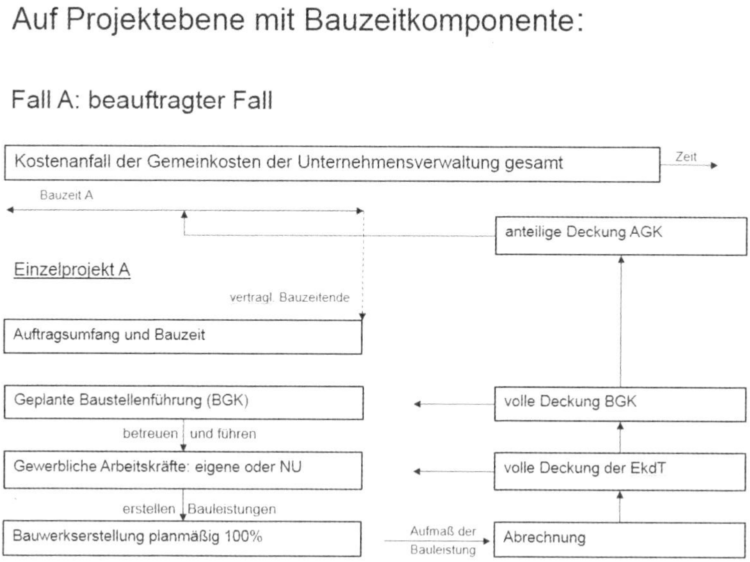

Abb. 145: Darstellung beauftragter Normalfall A auf Projektebene

Schließt sich nach Beendigung des Einzelprojektes A störungsfrei das nächste 277
Einzelprojekt B an, dann werden auch hier die direkten Einzelkosten der Teilleistungen und die Gemeinkosten der Baustelle sowie die anteiligen Gemeinkosten der Unternehmensführung und -verwaltung (AGK) im Anschlusszeitraum gedeckt.

Fall B: nächster Auftrag

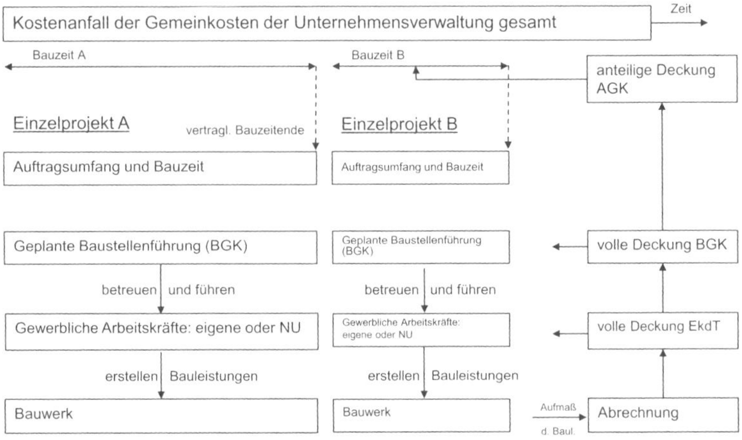

Abb. 146: Darstellung Anschlussprojekt B

Die nachfolgenden Fälle C bis F stellen nun die zu bewertenden Sonderfälle der Praxis dar. Um jedoch die einzelnen Effekte plakativ zeigen zu können, wird jeder Sonderfall einzeln dargestellt, obgleich eine solche reine Ausprägung in der Praxis selten vorkommt.

Fall C: Bauzeitverzögerungen durch Störungen des Auftraggebers

278 Es kommt bei gleichbleibendem Auftragsumfang zu Störungen des Bauablaufs durch den Auftraggeber, z. B. durch Planlieferverzögerungen, so dass der Auftragnehmer eine echte Bauzeitverzögerung von 0,5 Jahren nachweisen kann. Dies führt zu einer verzögerten Bauwerkserstellung, die Baustellenführung kann aber durch die Umstände der Störungen nicht reduziert werden. Ggf. ergeben sich gestreckte Nachunternehmereinsätze, ohne dass hierfür Kosten geltend gemacht werden. Bei Abrechnung der Baumaßnahme am tatsächlichen Bauende ergibt sich bei voller Deckung der Einzelkosten der Teilleistungen jedoch eine Unterdeckung durch die notwendige verlängerte Baustellenführung, so dass der Auftragnehmer einen Anspruch auf die Mehrkosten hieraus hat. Da die Deckung der anteiligen Gemeinkosten der Unternehmensführung und -verwaltung (AGK) durch den Umsatz nur für die Vertragsbauzeit (hier 1 Jahr) gegeben ist, entsteht eine Unterdeckung der AGK für den Zeitraum der Bauzeitverzögerung (hier 0,5 Jahre). In der Realität verläuft die Bauwerkserstellung oftmals kontinuierlich konstant, aber reduziert über den gesamten tatsächlichen Bauzeitraum, so dass es kontinuierlich zur anteiligen Unterdeckung der AGK kommt. Rechnerisch entspricht dies jedoch dann letztendlich dem Kostenanfall im Zeitraum der Bauzeitverzögerung.

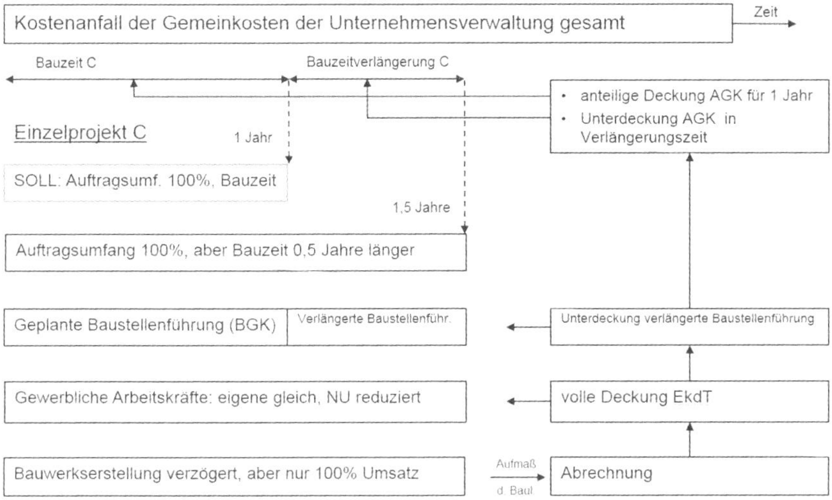

Abb. 147: Darstellung Bauzeitverzögerung durch Störungen des Auftraggebers

Völlig anders verhält es sich dagegen im nächsten Fall D, wenn die längere Bauzeit vollständig durch Auftragserhöhung bewirkt wird. In diesem idealisierten Fall erhöht sich der Auftragsumfang auf 150% und die Bauzeit steigt linear dazu auf 1,5 Jahre an. Die Baustellenführung und die gewerblichen Arbeitskräfte/Nachunternehmer sind dadurch 0,5 Jahre länger, aber voll produktiv auf der Baustelle tätig. Durch die Vergütung der erstellten Bauleistungen werden die Einzelkosten der Teilleistungen und die Baustellengemeinkosten in voller notwendiger Höhe erwirtschaftet. Auch die Deckung der anteiligen Gemeinkosten der Unternehmensführung und -verwaltung (AGK) erfolgt ausreichend für den ursprünglichen Vertragszeitraum und die durch die Auftragserhöhung bewirkte Bauzeitverlängerung.

279 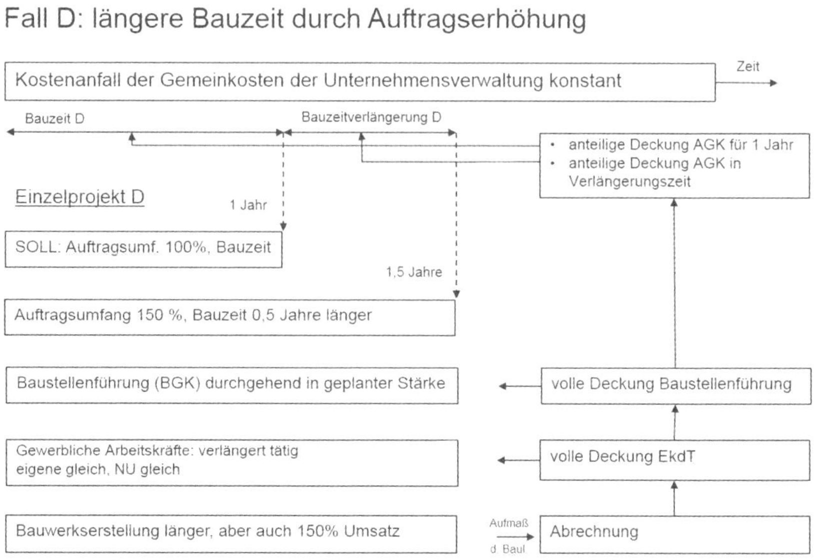

Abb. 148: Darstellung „Längere Bauzeit durch Auftragserhöhung"

280 Zugegebenermaßen ist auch der nächste Fall stark idealisiert und vereinfacht aufgebaut, um die entsprechenden Wirkungen deutlich aufzeigen zu können. So kommt es in diesem Fall zu einer echten Bauzeitunterbrechung von 0,5 Jahren durch den Auftraggeber. Dem Auftragnehmer ist es jedoch kurzfristig gelungen, eine echte Ausweich-Baustelle zu akquirieren, so dass die Baustellenführung und die gewerblichen Arbeitskräfte/Nachunternehmer die ursprüngliche Baustelle E verlassen und an anderer Stelle produktiv arbeiten konnten. Für die ursprüngliche Baustelle E können somit alle Einzelkosten der Teilleistungen und Baustellengemeinkosten aus der Abrechnung voll gedeckt werden. Da die Ausweich-Baustelle entsprechende Deckungsbeiträge für die Deckung der anteiligen Gemeinkosten der Unternehmensführung und -verwaltung (AGK) erbracht hat, wird die Lücke in der Unternehmensfinanzierung für den Zeitraum der Bauzeitunterbrechung geschlossen, so dass insgesamt keine Unterdeckung entsteht.

281

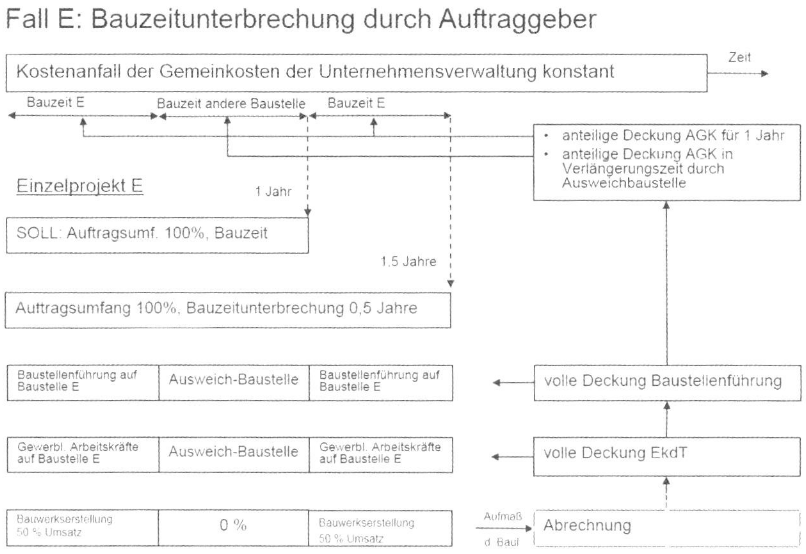

Abb. 149: Darstellung Bauzeitunterbrechung durch den Auftraggeber

Der letzte Fall F soll nun einen in der Praxis oft vorkommenden realistischen Fall schildern, nämlich die vom Auftraggeber verursachte Bauzeitverzögerung (ggf. mit kleinen Unterbrechungen) bei gleichzeitiger Auftragserhöhung. Hier kommt es zu Störungen des Bauablaufes und auch zu Auftragserhöhungen durch Nachträge, so dass der Auftragnehmer nun in umfangreichen Nachweisen darlegen muss, wie sich hieraus seine vertragliche Bauzeit weiterentwickelt hat. Bei der Abrechnung dieser Baumaßnahme F kann sich dann später herausstellen, dass die Einzelkosten der Teilleistungen voll gedeckt werden (z. B. wenn die Auftrags-Kalkulation kostendeckend war und die Kalkulation der Nachtragsleistungen hieraus entwickelt wurde), die Baustellengemeinkosten jedoch trotz der Nachträge noch eine Unterdeckung vorweisen, die der Auftragnehmer als Mehrkosten geltend machen kann. Auch im Bereich der Deckung der anteiligen Gemeinkosten der Unternehmensführung und -verwaltung (AGK) erfolgt eine teilweise anteilige Deckung durch die Nachtragsvergütung, andererseits entsteht ggf. eine teilweise Unterdeckung dieser Kosten, da die Bauzeitverzögerung nicht ausreichend berücksichtigt wurde. 282

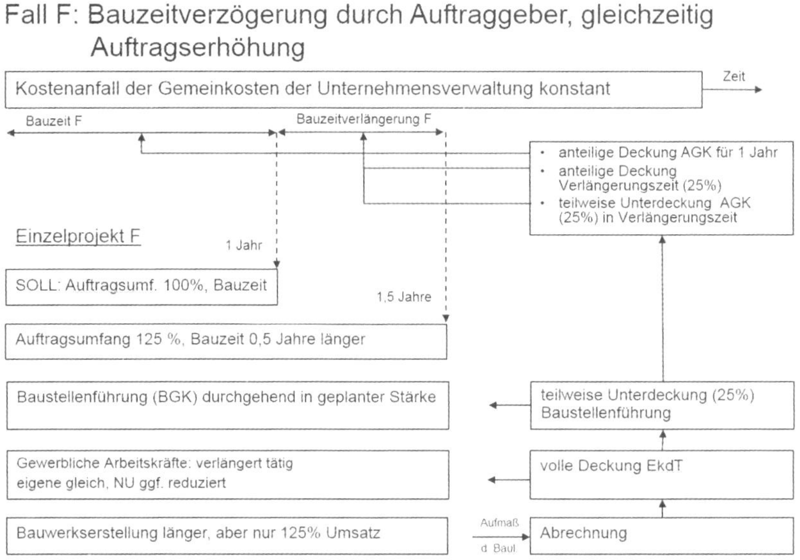

Abb. 150: Darstellung realistischer Fall: Bauzeitverzögerung bei gleichzeitiger Auftragserhöhung

8.5.6 Entwicklung einer Methodik zur Berücksichtigung der AGK im Falle von Leistungsänderungen und Bauzeitveränderungen

283 Vor dem Hintergrund der oben dargestellten Fallbeispiele erscheint es notwendig, eine baubetriebliche Methodik zur Bestimmung der Allgemeinen Geschäftskosten zu entwickeln, die eine Vielzahl der vorgetragenen Besonderheiten und Situationen interessengerecht berücksichtigt. Die von Baurechtlern angedachten Zuschlags- oder Unterdeckungsberechnungen (so z. B. im Handbuch Bauzeit, Rn. 901 ff.), die je nach Anspruchsgrundlage (§ 2 oder § 6 VOB/B) zu gänzlich anderen Ergebnissen führen, sind letztlich unbefriedigend. Noch verwirrender wird es, wenn – nach Althaus/Bartsch, Teil 4, Rn. 271 – der Auftragnehmer bei einer Anspruchsgrundlage nach § 642 BGB „regelmäßig einen Ausgleich für die zeitbezogene Unterdeckung seiner ursprünglich kalkulierten und hypothetisch ohne die Behinderung erzielten Allgemeinen Geschäftskosten" gewährt bekommen soll. Baubetrieblich ist jedenfalls im Fall einer Bauzeitverlängerung der ersparte Anteil der fortgeschriebenen Allgemeinen Geschäftskosten, also der umsatzvariable Anteil, zu berücksichtigen. Auch dürfen die zusätzlich über die Realisierung von geänderten und zusätzlichen Leistungen sowie Mengenmehrungen erwirtschafteten oder in

Folge von Teilkündigungen oder der Aufstockung von Kapazitäten nicht erwirtschafteten Allgemeinen Geschäftskosten nicht unberücksichtigt bleiben.

Ausgangssituation 284

Für ein Bauvorhaben, dessen Dauer mit T1 in den Vertragsunterlagen angegeben und dessen Ausführung vom Auftragnehmer auch so eingeschätzt wurde, soll ein Zuschlag in Höhe von 10% für die Allgemeinen Geschäftskosten vereinbart worden sein. Hiervon sollen 75% als zeitvariabel und 25% als umsatzabhängig angesehen werden können. Die vertragliche Bausumme und somit der geplante Umsatz soll 1,0 Mio. Euro betragen. Die grafische Darstellung dieser Situation zeigt nachfolgende Abbildung.

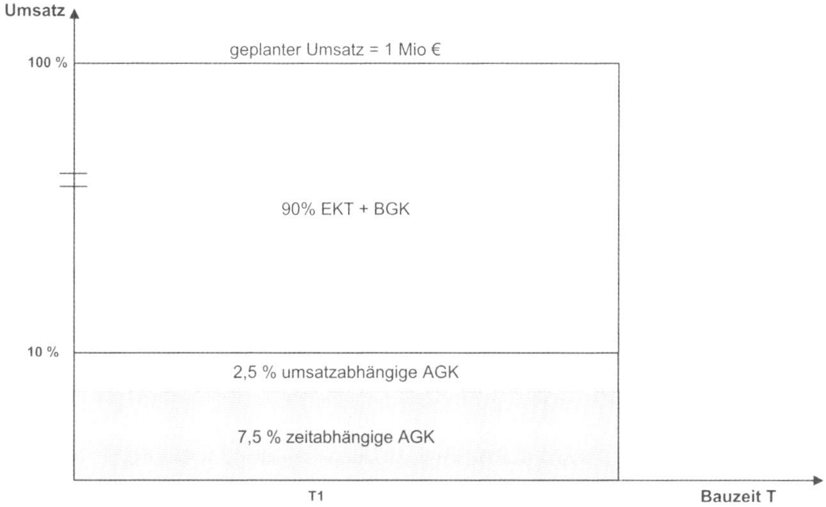

Abb. 151: Kalkulativ berücksichtigte Allgemeine Geschäftskosten

Fall 1: Geänderte und zusätzliche Leistungen 285

Es soll in Folge von Leistungsänderungen und zusätzlichen Leistungen zu einer Erhöhung der Abrechnungssumme um 20% (= 200.000 €) gekommen sein. Die Bauzeit soll hiervon nicht betroffen sein.

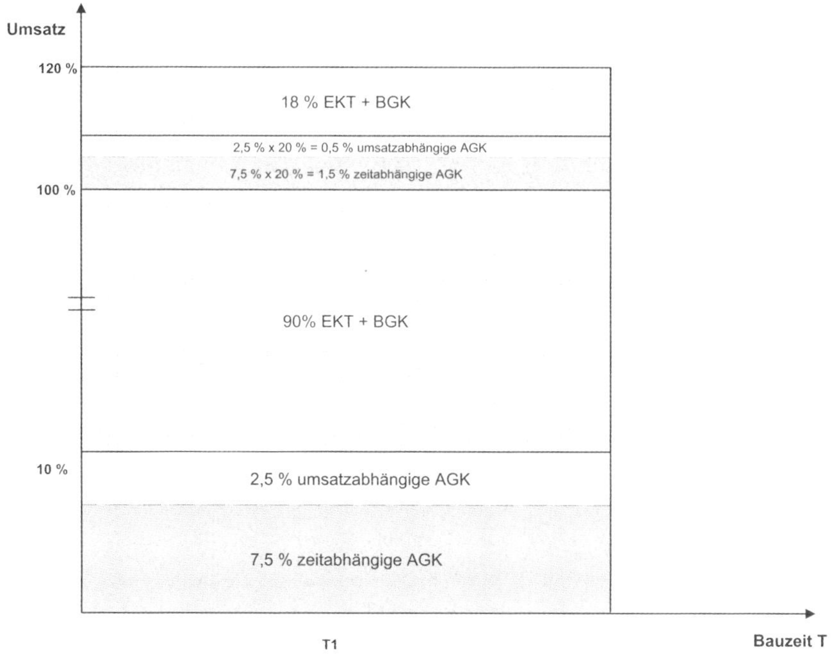

Abb. 152: Entwicklung der Allgemeinen Geschäftskosten im Fall von Leistungsänderungen und zusätzlichen Leistungen

Für diesen Fall ist dem Auftragnehmer der gesamte Deckungsbeitrag für die Umsatzerhöhung zuzusprechen. Eine Unterscheidung in umsatz- und zeitabhängige Kostenanteile ist nicht angezeigt. Für die Abwicklung des erhöhten Umsatzes wird die Kostenstelle „Verwaltung" in ähnlicher Weise in Anspruch genommen wie bei der Abwicklung des ursprünglichen Hauptauftrages. Es sind z. B. zusätzlich ein Angebot zu erstellen, Verhandlungen auf der Ebene der Geschäftsführung zu führen, eine Abrechnung durchzuführen, die Buchhaltung für die zusätzlich anfallenden Lohnstunden vorzunehmen, die Material- und Gerätedisposition im Bauhof zu organisieren, die EDV-Anlage zu nutzen sowie Arbeitsvorbereitungen und weitere Hilfestellungen für die Baustelle bereitzustellen. Entscheidend jedenfalls ist, dass es sich um zusätzliche Aufwendungen handelt, die eben in der Form nicht kalkuliert wurden und auch gar nicht kalkuliert werden konnten. Diese Mehrarbeiten und -kosten sind auch tatsächlich angefallen. Folgt man nun der Argumentation von Kapellmann/Schiffers (5. Aufl., Rn. 1427) – und dies erscheint sachgerecht –, so sind die entstandenen Kosten durch die Befassung mit den vom Auftraggeber angeordneten zusätzlichen und geänderten Leistungen gar keine Allgemeine Geschäftskosten, da sie nunmehr ganz konkret für eine Baustelle erbracht werden müssen. Es kann an dieser Stelle unerörtert bleiben, ob es sich möglicherweise um zusätzliche Baustellengemeinkosten handelt.

Grundsätzlich sind dies zusätzliche Kosten, die als Mehrkosten der geänderten Leistung (§ 2 Abs. 5 VOB/B) oder als besondere Kosten der geforderten Leistung (§ 2 Abs. 6 VOB/B) auf der Grundlage der Preisermittlung zu bestimmen sind. Der in der Auftragskalkulation vorgesehene Prozentsatz für die Inanspruchnahme der Leistungen des Gemeinkostenapparates kann daher zunächst vollständig – weil Teil der Preisermittlungsgrundlage – übernommen werden. An dieser Stelle soll nicht das Problem der Behandlung eines fixen Anteils innerhalb der Allgemeinen Geschäftskosten erörtert werden. Hier könnte man wohl die Auffassung vertreten, dass dieser Anteil bereits mit Erreichen der ursprünglichen Auftragssumme erwirtschaftet wurde und die hierdurch abgedeckten Leistungsteile auch nicht baustellenbezogen zugeordnet werden können (z. B. Werbungs- und Repräsentationskosten sowie allgemeine Anteile der Rechts- und Beratungskosten oder der allgemeinen Reisekosten). Auch wären möglicherweise die gesamten Kosten für die vergeblichen Angebotsbearbeitungen aus dem kalkulativen Ansatz zu eliminieren. 286

Zusammenfassend lässt sich folgendes Zwischenfazit formulieren: 287

Die kalkulative Abschätzung, dass für die Erbringung einer Bauleistung die Kostenstelle „Verwaltung" mit dem abgeschätzten Prozentsatz für die Allgemeinen Geschäftskosten in Anspruch genommen wird, ist auch bei der Preisermittlung für geänderte und zusätzliche Leistungen fortzuschreiben und als direkte Kosten in der Nachtragskalkulation aufzunehmen. Als Minderkosten können bspw. die fixen Anteile der Allgemeinen Geschäftskosten oder der Anteil für nicht notwendige Angebotserstellungen angesetzt werden. Als Mehrkosten können u. U. erhöhte Aufwendungen für die Nachtragserstellung, also Nachtragsbegründung und Nachtragskalkulation als Fortschreibung der Auftragskalkulation, sofern nicht durch das Baustellenpersonal erbracht, geltend gemacht werden. Um eine nicht sachgerechte Aufgliederung der Allgemeinen Geschäftskosten zu verhindern, sollte der Prozentsatz für die Bereitstellung der Allgemeinen Geschäftskosten des Gesamtauftrags als Äquivalent auch für die Abwicklung weiterer Leistungen verstanden werden.

Fall 2: Bauzeitverlängerung 288

Es soll ohne Leistungsänderungen und zusätzliche Leistungen zu einer ausschließlich vom Auftraggeber zu vertretenden Verlängerung der vorgesehenen Bauzeit gekommen sein. Die Bauzeit soll sich verdoppelt (T1 = T2) haben. Es wird daher innerhalb der ursprünglichen Ausführungsdauer nur 50% des geplanten Umsatzes erbracht.

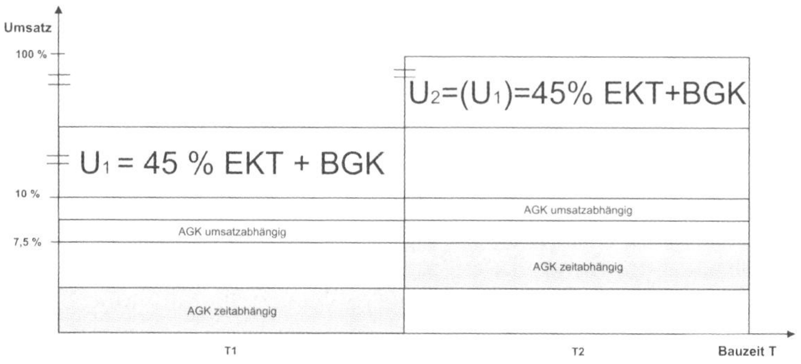

Abb. 153: Entwicklung der Allgemeinen Geschäftskosten im Fall einer Bauzeitverlängerung

Es konnte daher zum Zeitpunkt der geplanten Fertigstellung die Hälfte der vorgesehenen Allgemeinen Geschäftskosten nicht erwirtschaftet werden. Diese Hälfte ist also zunächst als Unterdeckung zu verzeichnen.

Mit der Abgabe seines Angebotes hat der Auftragnehmer erklärt, dass er einen klar definierten Deckungsbeitrag für die Allgemeinen Geschäftskosten erwirtschaften will, und zwar unter eindeutig beschriebenen Umständen, nämlich mit den für die Abwicklung der Hauptvertragsleistungen vorgesehenen Produktionskapazitäten und innerhalb der von ihm vorgesehenen Ausführungsfrist und damit mindestens innerhalb der vereinbarten Vertragsfrist. Wie bereits beschrieben, geschieht dies zwangsweise durch einen Zuschlag auf die Herstellkosten. Kommt es nun dazu, dass sich die Bauumstände ändern, also z. B. die Ausführungsdauer sich verlängert, stimmt die Preisermittlungsgrundlage nicht mehr und dem Auftragnehmer steht daher grundsätzlich ein Anspruch auf Anpassung zu.

Im Urt. des BGH v. 11.05.2009 (vgl. BGH, Urt. v. 10.09.2009, VII ZR 11/08, Rn. 10, 37,48) wird nämlich die Ausführungsfrist anders als die Kalkulation als Geschäftsgrundlage angesehen und die besondere Bedeutung der Termine hervorgehoben.

Tatsächlich entsteht eine Unterdeckung der Allgemeinen Geschäftskosten, wenn sich die Bauzeit aus vom Auftraggeber verursachten Gründen verlängert, da der Erlös für die Allgemeinen Geschäftskosten aus der Vertragsleistung konstant bleibt. Diese Verluste werden sogar noch verstärkt, weil im Zeitraum der Bauzeitverlängerung nicht zusätzliche Aufträge hereingenommen werden können, da sowohl das aufsichtführende als auch das ausführende Personal an der gestörten Baustelle gebunden ist.

Es ist zunächst davon auszugehen, dass durch die Bauzeitverlängerung für die Kostenstelle „Verwaltung" kein Mehraufwand entstanden ist. Die Kosten hierfür fallen monatlich (unverändert) an. Die oftmals festzustellende stärkere Inanspruchnahme der Geschäftsleitung, der Buchhaltung/Controlling sowie der Kalkulationsabteilung und der Arbeitsvorbereitung stellen wiederum zusätzliche Baustellengemeinkosten dar.

Es kann aber auf Grund der Bauzeitverlängerung und der damit einhergehenden verringerten Leistungserbringung der Beitrag zur Deckung der Allgemeinen Geschäftskosten nicht mehr im kalkulierten Umfang erwirtschaftet werden. Die entstandene Deckungslücke für den ursprünglichen Ausführungszeitraum wird auch nicht durch die anschließende Leistungserbringung gedeckt. Der Grund liegt in der Bindung der erforderlichen Ressourcen. In der Auftragskalkulation war nämlich auch vorgesehen, mit klar definierten Produktionskapazitäten, also mit dem Bauleitungspersonal, den gewerblichen Mitarbeitern, den Geräten und durch Einsatz von Materialien und Nachunternehmer den Deckungsbeitrag in der vorgesehenen Bauzeit zu erwirtschaften. Legt man die notwendigen Kausalitätsbetrachtungen zugrunde, so ist zu erkennen, dass die Bauzeitverlängerung auf jeden Fall ursächlich für die entstandene Unterdeckung im vorgesehenen Ausführungszeitraum ist. Ohne die Störung wären nämlich im vorgesehenen Zeitraum die kalkulierten Allgemeinen Geschäftskosten erwirtschaftet worden. Die von Seiten der Auftraggeber oft erhobenen Einwendungen, dass der kalkulierte Betrag doch vollständig, wenngleich in einer späteren Periode, erzielt wird, sind nicht unbedingt zutreffend. Deckungsbeiträge, die nicht erwirtschaftet werden konnten, sind nach der reinen Theorie der Unterdeckungsberechnung endgültig verloren, da den später erwirtschafteten Deckungsbeiträgen neue Kosten des Gemeinkostenapparates gegenüberstehen (vgl. Roquette in Handbuch Bauzeit, Rn. 917). Baubetrieblich interessanter ist aber die Begründung, dass die Ressourcen bzw. Produktionsfaktoren nicht für die Bearbeitung neuer Aufträge zur Verfügung stehen. Sollte es also möglich sein, mit den kalkulierten Ressourcen wahre Ersatz- oder Füllaufträge während der verlängerten Bauzeit auszuführen, wären die hierdurch erlangten Allgemeinen Geschäftskosten zu berücksichtigen und in Abzug zu bringen.

In besonders massiven Fällen einer Bauablaufstörung kann auch eine Aufstockung des baustellengebundenen Bauleitungspersonals erforderlich sein. Dies zusätzlich eingesetzte Personal steht dann für andere Projekte nicht zur Verfügung, d. h. die eingetretene Unterdeckung der AGK beschränkt sich nicht nur auf das Bauvorhaben, sondern eine Firma bzw. Niederlassung ist durch geringeren Umsatz zusätzlich noch stärker von einer Unterdeckung der Allgemeinen Geschäftskosten betroffen.

Grundsätzlich ist auch zu bejahen, dass auf Grund der verspäteten Erwirtschaftung ein Zinsanspruch auf Grund einer Vorfinanzierung besteht.

289 Darstellung an einem Beispiel:

Löst man sich einmal von baurechtlichen Überlegungen zur Unterdeckungsberechnung und folgt rein kalkulatorischen/baubetrieblichen Kriterien, so wird man postulieren müssen, dass am Ende des Bauvorhabens sämtliche umsatzabhängig kalkulierten Kosten erwirtschaftet wurden. Nur der Anteil (im obigen Beispiel: 75%) der als zeitabhängig angesehenen Kosten ist als Mehrkosten angefallen und über die Dauer der Bauzeitverlängerung fortzuschreiben. Die grundsätzliche Form einer solchen Mehrkostenberechnung soll nachfolgend anhand eines Beispiels verdeutlicht werden.

Nachfolgende Abbildung 154 zeigt nochmals die Ausgangssituation der Allgemeinen Geschäftskosten aus der Kalkulation. 10% des Umsatzes sind AGK (= 100.000 €). Hiervon sind 75% als zeitabhängig (75.000 €) und 25% als umsatzabhängig (25.000 €) kalkuliert.

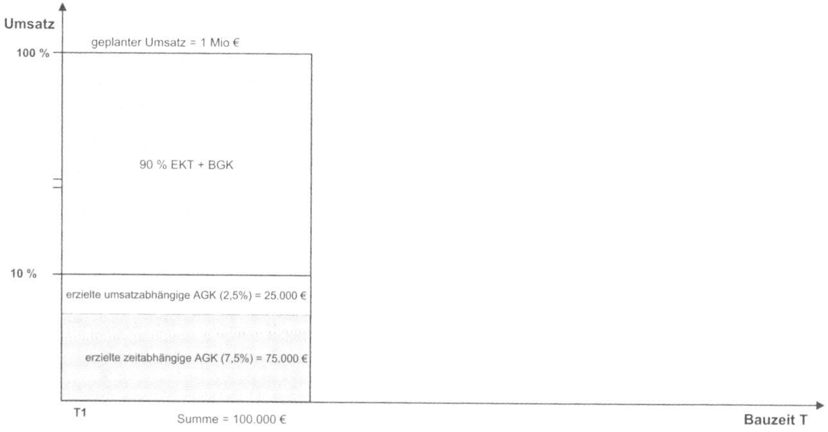

Abb. 154: Ausgangssituation AGK aus der Kalkulation

Im Beispiel soll sich nun die Bauzeit auf Grund vom Auftraggeber zu vertretenden Gründen verdreifacht haben (T1 = T2 = T3). Dabei soll in T1 jedoch nur 70% des ursprünglich geplanten Umsatzes erzielt werden (700.000 €). Die übrigen 30% des geplanten Umsatzes werden erst in der Zeit T2 + T3 erzielt (300.000 €). Leistungsänderungen oder zusätzliche Leistungen kommen nicht zum Tragen bzw. führen zu keiner Beeinflussung des Umsatzes. Aus diesen Angaben lassen sich für die jeweiligen Zeitabschnitte die zeitabhängigen und umsatzabhängigen erzielten Allgemeinen Geschäftskosten aus den angegebenen Umsätzen bestimmen. Nachfolgende Abbildung 155 zeigt das rechnerische und das grafische Ergebnis.

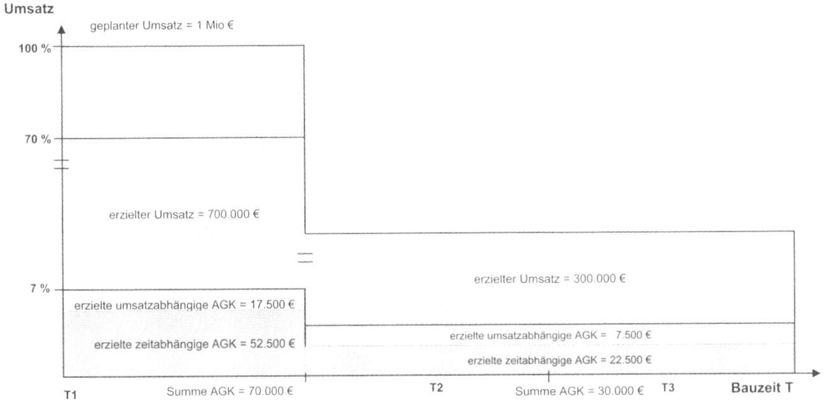

Abb. 155: Deckung der AGK im Falle der Bauzeitverlängerung

In der nachfolgenden Berechnung wird zunächst der Fehlbetrag ermittelt, der sich aus der bisherigen Unterdeckungstheorie ergeben hätte.

Es wird deutlich, dass ohne Berücksichtigung der Kostenbestandteile der Allgemeinen Geschäftskosten, also nach der reinen Unterdeckungsberechnung, ein Fehlbetrag von 200.000 € (= 30.000 € + 170.000 €) anfallen würde. Die AGK wären zu 100% für die Bauzeitverlängerung von T2 + T3 (= 2 × T1) fortgeschrieben worden und würden somit eine Unterdeckung von 2 × 100.000 € = 200.000 € verursachen.

Unter Einbeziehung der Eigenschaften der Allgemeinen Geschäftskosten, d h. die Verteilung zwischen zeitabhängigen und umsatzabhängigen AGK, würde sich lediglich ein Betrag in Höhe von 150.000 € (= 22.500 € + 127.500 €) ergeben. Rechnerisch wäre hier lediglich der zeitabhängige Anteil der AGK über die Bauzeitverlängerung fortgeschrieben worden. Dieser beträgt 2 x 75.000 € = 150.000 €. Insgesamt betrüge der Anspruch aus den zeitabhängigen AGK somit 225.000 €. Die umsatzabhängigen AGK bleiben auf Grund des unveränderten Umsatzes mit insgesamt 25.000 € erhalten. Insgesamt hätte der AN somit einen Anspruch auf 75.000 € + 150.000 € + 25.000 € = 250.000 € für AGK. Von diesen wären die über die Bauzeit durch den (unveränderten) Umsatz erwirtschafteten (unveränderten) AGK abzuziehen. Der Fehlbetrag bzw. die Unterdeckung der AGK ergäbe sich somit zu 250.000 € – 100.000 € = 150.000 € (siehe Abb. 156).

Der Unterschied zu der reinen Unterdeckungsberechnung liegt also in der Höhe der umsatzabhängigen Gemeinkosten, die im Falle der Berücksichtigung der Umsatzabhängigkeit vollständig in Höhe von 50.000 €, wenngleich über einen längeren Zeitraum im Projekt, also so wie kalkulativ angenommen, erwirtschaftet worden wären. Hierauf wird nachfolgend noch vertiefter eingegangen.

Berechnung nach Unterdeckungstheorie

Unterdeckung in T_1			Unterdeckung in T_2 und T_3		
umsatzabh. AGK	=	7.500 €	umsatzabh. AGK	=	42.500 €
zeitabh. AGK	=	22.500 €	zeitabh. AGK	=	127.500 €
	∑=	30.000 €		∑=	170.000 €

200.000 € **Unterdeckung**, die noch auszugleichen wäre

Berechnung nach Lang

umsatzabh. AGK		
Soll:	25.000 €	
Ist:	[illegible]	in T1 erwirtschaftet
	[illegible]	in T2 und T 3 erwirtschaftet
∑=	0 €	**keine Unterdeckung** ✔

	zeitabh. AGK für T_1	zeitabh. AGK für T_2 und T_3	
Soll:	75.000 €	150.000 €	
Ist:	[illegible]		in T1 erwirtschaftet
		[illegible]	in T2 und T 3 erwirtschaftet
	22.500 €	127.500 €	

150.000 € **Unterdeckung**, die noch auszugleichen wäre

Abb. 156: Unterdeckungsberechnung für eine Bauzeitverlängerung

290 Fall 3: Bauzeitverlängerung und geänderte sowie zusätzliche Leistungen

Es soll zu einer ausschließlich vom Auftraggeber zu vertretenden Verlängerung der vorgesehenen Bauzeit gekommen sein. Gleichzeitig waren Leistungsänderungen und zusätzliche Leistungen in nicht geringem Umfang zu realisieren. Die Bauzeit soll sich verdreifacht (T1 = T2 = T3) haben. Es wird daher innerhalb der ursprünglichen Ausführungsdauer 70% der ursprünglich vorgesehenen Leistung (100% = 1,0 Mio. €) erbracht. 30% der ursprünglich vorgesehenen Leistung werden in der Zeit T2 + T3 (= 2 × T1) erbracht. Die zusätzlichen Leistungen, die einen Umsatz von 200.000 € beziffern, werden zu gleichen Anteilen, d. h. jeweils zu einem Drittel (≈ 66.666 €), in jeder Zeitperiode erbracht.

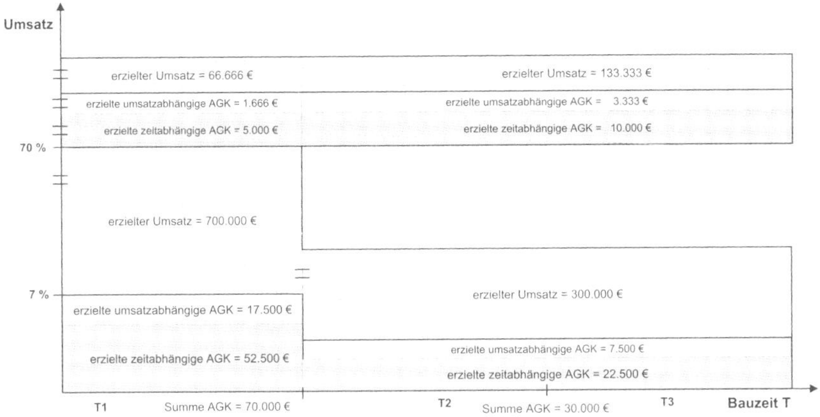

Abb. 157: Entwicklung der Allgemeinen Geschäftskosten im Fall von Leistungsänderungen und zusätzlichen Leistungen und einer Bauzeitverlängerung

Es ist festzustellen, dass auf Grund der Bauzeitverlängerung und der damit einhergehenden verringerten Leistungserbringung der Beitrag zur Deckung nicht mehr im kalkulierten Umfang erwirtschaftet werden kann. Die entstandene Deckungslücke wird aber möglicherweise durch die Leistungserbringung für geänderte und zusätzliche Leistungen gedeckt. Für die kalkulierte (monatliche) Erwirtschaftung der Allgemeinen Geschäftskosten waren bestimmte Kapazitäten und Ressourcen vorgesehen, die nunmehr zunächst auf Grund der reduzierten Leistungserbringung nicht mehr voll ausgelastet, aber dauerhaft vorgehalten werden müssen.

Akzeptiert man, dass die Beaufschlagung der geänderten und zusätzlichen Leistungen mit dem vollen kalkulativen Zuschlagssatz für die Allgemeinen Geschäftskosten ein Äquivalent für die Inanspruchnahme des Gemeinkostenapparates darstellt (vgl. Teil B Rdn. 297), so wird man eine Ausgleichsrechnung vornehmen müssen. Die Begründung hierfür liegt darin, dass der kalkulierten periodischen Inanspruchnahme der Kostenstelle „Verwaltung" (z. B. über zeitabhängige Allgemeine Geschäftskosten pro Zeiteinheit) in Folge der Bauzeitverlängerung eine tatsächlich geringe Inanspruchnahme gegenübersteht. Beispielhaft können hierfür die im Umfang reduzierteren Abschlagsrechnungen, die Lohnabrechnung für weniger Personal oder die geringere Materialdisposition angeführt werden. Gleichzeitig wird diese Lücke anteilig durch die zusätzliche Inanspruchnahme bei der Abwicklung der geänderten und zusätzlichen Leistungen gefüllt. Die Ermittlung einer möglichen Unterdeckung sähe in diesem Fall wie folgt aus:

Abb. 158: Unter- bzw. Überdeckungsberechnung nach Lang/Rasch

Bei den umsatzabhängigen Allgemeinen Geschäftskosten ist eine Überdeckung festzustellen, die konsequenterweise dadurch entsteht, dass auch die Nachtragsleistungen mit dem Zuschlag für die umsatzabhängigen Allgemeinen Geschäftskosten beaufschlagt werden. Diese Überdeckung bleibt dem Auftragnehmer in jedem Fall erhalten und wird auch nicht in eine Ausgleichsrechnung einbezogen.

Bei den zeitabhängigen Allgemeinen Geschäftskosten ist eine Unterdeckung festzustellen, die geringer ausfällt als im vorherigen Beispiel. Dies ergibt sich dadurch, dass die über die Nachtragsleistungen mit dem Zuschlag für die zeitabhängigen Allgemeinen Geschäftskosten erwirtschafteten Beträge in einer Ausgleichsrechnung Berücksichtigung finden. Diese Unterdeckung ist dem Auftragnehmer in jedem Fall zu erstatten. Sollte sich bei einer ähnlichen Berechnung, nämlich dann, wenn die Bauzeitverlängerung wenig gravierend und der in Folge von zusätzlichen und geänderten Leistungen zusätzliche Umsatz sehr hoch ist, ergeben, dass eine Überdeckung vorliegt, so bleibt diese dem Auftragnehmer in jedem Fall erhalten. Dies ergibt sich, weil in diesem Fall die Kostenstelle „Verwaltung" wie kalkuliert und durch einen Anteil der Nachtragsleistungen sogar noch verstärkt in Anspruch genommen wird. Dieser überschießende Anteil wird durch die Überdeckung monetär ausgeglichen.

8.5.7 Ausgleichsberechnung

291 Es ist richtig, wenn konsequenterweise gefordert wird, dass eine Ausgleichsberechnung hinsichtlich der Auswirkungen sämtlicher, den Umsatz und die Bauzeit beeinflussender Umstände vorgenommen wird. Es sind daher neben den Deckungen wegen Mengenveränderungen über 110% und unter 90%, wegen zusätzlicher und geänderter Leistungen auch entfallene Positionen (Teilkündigungen, Eigenvornahmen oder Folgen von geänderten Leistungen) in die bislang nur grob skizzierte Ausgleichsberechnung mit aufzunehmen.

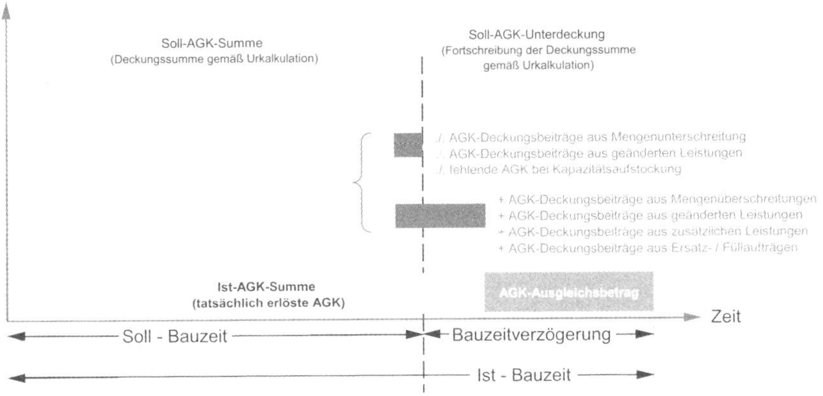

Abb. 159: Ausgleichsberechnung

Bislang wurde nur die Gesamtdeckung der AGK betrachtet. Weitergehende Veröffentlichungen wollen zusätzlich noch den Erlösverlauf der AGK-Deckung über die Bauzeit berücksichtigen. Hierdurch wären bspw. mögliche zusätzliche Vorfinanzierungskosten (Noosten, Die Unterdeckung Allgemeiner Geschäftskosten, S. 129) bei Bauablaufstörungen abzuleiten.

8.5.8 Berechnungsbeispiel für die Ermittlung der Unterdeckung der AGK im Falle einer Bauzeitveränderung und gleichzeitig zusätzlichen bzw. geänderten Leistungen

Berechnungsbeispiel für die Ermittlung der Unterdeckung der AGK im Falle einer Bauzeitverlängerung und zusätzlicher bzw. geänderter Leistungen 292

Auf Basis des bereits erläuterten Beispiel-Bauvorhabens mit einer Bauzeit T1 und einem geplanten Umsatz bzw. einer Bausumme von 1,0 Mio. Euro soll im Folgenden eine tabellarische Darstellungsmöglichkeit für die Ermittlung der AGKs im Falle einer Bauzeitverlängerung und einer Erhöhung der Bausumme durch zusätzliche Leistungen aufgezeigt werden.

In 5 Schritten werden zunächst die Grunddaten und die Berechnungsschritte erläutert. Die dazugehörige Berechnungstabelle zeigt dann die daran anschließende Abbildung.

Schritt 1:

In einem ersten Schritt werden die Eingangswerte für die Berechnung festgelegt:

- AGK-Anteil vom Umsatz: 10%
- Vertragliche Bauzeit (T1 = ca. 1/2 Jahr) 125 AT
- Ermittelte Bauzeitverlängerung (T2 + T3 = 2 × T1 = 1,0 Jahre) 250 AT
- Gesamtbauzeit (T1 + T2 + T3 = 3 × T1 = 1,5 Jahre) 375 AT
- Geplanter Umsatz gemäß EFB 1.000.000 €
- Tatsächlicher Umsatz gemäß Abrechnung 1.200.000 €

Mit diesen Eingangswerten werden die nachfolgenden Berechnungen aufgestellt.

Schritt 2:

Gemäß den bisherigen Ausführungen zu den Allgemeinen Geschäftskosten wurde aufgezeigt, dass der größte Anteil der Allgemeinen Geschäftskosten als zeitabhängig anzusehen ist. Im vorliegenden Fallbeispiel wurde folgende Verteilung zu Grunde gelegt:

- Zeitabhängige AGK 75%
- Umsatzabhängige AGK 25%

Aus diesen Prozentwerten lassen sich die für die ursprünglich geplante Bauzeit und Bausumme kalkulierten zeitabhängigen und umsatzabhängigen AGK berechnen.

Schritt 3:

In diesem Schritt werden ausschließlich die zeitabhängigen AGK betrachtet und entsprechend der veränderten Bauzeit fortgeschrieben.

Aus der ursprünglich geplanten Bauzeit von 125 AT und den innerhalb dieser Zeit geplanten AGK lässt sich zunächst ein kalkulativer zeitabhängiger AGK-Wert pro Arbeitstag bestimmen. Aus der in der terminplanerischen Betrachtung ermittelten Bauzeitverlängerung von 250 AT, was in einer Gesamtbauzeit von 375 AT mündet, sowie unter Berücksichtigung des Tageswertes lässt sich der zeitabhängige Gesamtanspruch auf AGK errechnen. Die Differenz zwischen dem so ermittelten Wert und dem geplanten zeitabhängigen Wert ergibt den zusätzlichen Anspruch bzw. beschreibt die Unterdeckung der AGK über die gesamte Ausführungszeit.

Schritt 4:

In diesem Schritt werden ausschließlich die umsatzabhängigen AGK betrachtet und entsprechend der veränderten Bauzeit fortgeschrieben.

Aus der ursprünglich geplanten Auftragssumme und den daraus geplanten AGK lässt sich zunächst ein kalkulativer umsatzabhängiger AGK-Wert pro 1 Euro Umsatz bestimmen. Aus der bereits bekannten Nachtragssumme, die zusammen mit der geplanten Bausumme die tatsächliche Gesamtbausumme ergibt, lässt sich der umsatzabhängige Gesamtanspruch auf AGK errechnen. Die Differenz zwischen dem so ermittelten Wert und dem geplanten zeitabhängigen Wert ergibt den zusätzlichen Vergütungsanspruch, der dem Auftragnehmer erhalten bleibt.

Schritt 5:

In diesem Schritt werden die tatsächlich über die Gesamtbausumme erwirtschafteten Allgemeinen Geschäftskosten ermittelt.

Gemäß den obigen Angaben beträgt der AGK-Anteil 10% vom Umsatz bzw. der Bausumme. Aus dem AGK-Anteil von 10% und aus der tatsächlichen Bausumme (Umsatz) lassen sich somit die tatsächlich erwirtschafteten Allgemeinen Geschäftskosten ermitteln. Sie beinhalten die vollständigen Anteile für die zeitabhängigen und für die umsatzabhängigen AGK.

Die in Schritt 3 und Schritt 4 ermittelten Vergütungsforderungen für die zeitabhängigen und umsatzabhängigen AGK sind den bereits aus der tatsächlichen Bausumme erwirtschafteten AGK gegenüberzustellen und als Ausgleich heranzuziehen. Die tatsächlich erwirtschafteten AGK werden dementsprechend als Negativwert ausgewiesen.

Tabellarische Zusammenfassung der Berechnung:

Nachfolgende tabellarische Aufstellung zeigt zusammenhängend die oben dargelegten Berechnungsschritte (Schritt 1 bis Schritt 5) und liefert die Restforderung der auf Grund der verlängerten Bauzeit unterdeckten Allgemeinen Geschäftskosten. Hierbei werden die auf Grund einer Erhöhung der Bausumme erwirtschafteten AGK bereits berücksichtigt.

Berechnung des Anspruchs auf Allgemeine Geschäftskosten aus der Bauzeitverlängerung			
1. Eingangswerte für die Berechnung:			
Prozentualer Zuschlag für AGK bezogen auf den Preisen (Umsatz)	10,00%		
Vertragliche Bauzeit	125,00 AT		
Bauzeitverlängerung	250,00 AT		
Tatsächlich nachgewiesene Bauzeit	375,00 AT		
Geplanter Umsatz	1.000.000,00 €		
Tatsächlicher Umsatz	1.200.000,00 €		
2. Geplante Allgemeine Geschäftskosten			
Verteilung der AGK	100,00%	100.000,00 €	
Zeitabhängige AGK	75,00%	75.000,00 €	
Umsatzabhängige AGK	25,00%	25.000,00 €	
3. Fortschreibung der zeitabhängigen AGK			
Zeitabhängige AGK in der geplanten Bauzeit	125,00 AT	75.000,00 €	
Zeitabhängige AGK pro Arbeitstag	1,00 AT	600,00 €	
Zeitabhängige AGK für die tatsächliche Bauzeit	375,00 AT	225.000,00 €	
Mehrforderung zeitabhängiger AGK (Differenz aus tatsächlicher und geplanter Bauzeit)		**150.000,00 €**	
Forderung für zeitabhängige AGK (gesamt)			**225.000,00 €**
4. Fortschreibung und Ausgleichsberechnung der umsatzabhängigen AGK			
Umsatzabhängige AGK bezogen auf die ursprüngliche Auftragssumme	1.000.000,00 €	25.000,00 €	
Umsatzabhängige AGK bezogen auf 1 Euro Umsatz	1,00 €	0,03 €	
Umsatzabhängige AGK bezogen auf die tatsächliche Bausumme	1.200.000,00 €	30.000,00 €	
Mehrforderung umsatzabhängiger AGK (Differenz aus tatsächlicher und ursprünglicher Bausumme)		**5.000,00 €**	
Forderung für umsatzabhängige AGK (gesamt)			**30.000,00 €**
5. Tatsächliche erwirtschaftete Allgemeine Geschäftskosten (gesamt)			
Tatsächliche Bausumme	100,00%	1.200.000,00 €	
Erwirtschaftete zeit- und umsatzabhängige AGK aus der tatsächlichen Bausumme	10,00%	120.000,00 €	
Als zeitabhängige AGK erwirtschaftet	75,00%	90.000,00 €	
Als umsatzabhängige AGK erwirtschaftet	25,00%	30.000,00 €	
Abzug der insgesamt erwirtschafteten AGK			-120.000,00 €
Restforderung AGK (Gesamtforderung - erwirtschafteter AGKs)			**135.000,00 €**

Abb. 160: Beispiel Tabelle

8.6 Aufbau und Handhabung der Bauablauf-Kosten-Zuordnung

8.6.1 Wahl und Begründung der Vorgehensweise

293 Für die hier anstehende Problematik erscheint es sinnvoll, auf die Lösungsmethode der **Simulation** zurückzugreifen.

Die Simulation ist eine Arbeitsweise, die mit Modellen zielgerichtet experimentiert und diese variiert, wobei sowohl **deterministische** als auch **stochastische** Eingangsgrößen berücksichtigt werden können. Dies trägt den Besonderheiten des Bauwesens Rechnung, da Vorgangsdauern und Randbedingungen nur wahrscheinlichkeitsbehaftete Werte sein können. Für die bei der Simulation entstandenen Bauabläufe wird eine **vergleichende Kostenbewertung** durchgeführt, die bei unterschiedlichen Bauzeiten mit unterschiedlichen Kapazitätseinsätzen, Einteilungen in Fertigungsabschnitten oder täglichen Arbeitszeiten die tatsächliche Höhe der Gesamtkosten bestimmt.

Besonderen Wert wird hier auf eine **wirklichkeitsnahe Simulation** des Bauablaufes gelegt. So müssen baubetriebliche Effekte, die auftreten können und entsprechende Auswirkungen auf die Vorgänge haben, erfasst und im Bauablauf bzw. in den vergleichenden Kostenbewertungen berücksichtigt werden. Solche Effekte sind z. B. die beschriebenen **bautypischen Minderleistungen**, die mit Hilfe der ermittelten Kennzahlen bei der Simulation von Bauabläufen einfließen können. **294**

Die Simulation des Bauablaufes greift auf bekannte Hilfsmittel der Baubetriebslehre zurück. Für die Bauablaufplanung und Bauablaufdarstellung wird ein **Netzplan** nach MPM auf der Grundlage der DIN 69900 verwendet. Diese Netzplanmethode wird hier sinnvoll modifiziert, indem Vorgänge, die zeitvariable Gemeinkosten verursachen, als zusätzliche Netzplanaktivitäten eingeführt werden. Die vergleichende Kostenbewertung benutzt als Basis eine **Arbeitskalkulation**, die den Einfluss der Kostenarten und Kostencharaktere transparent macht. Dadurch wird eine verursachungsgerechte **Kostenzuordnung** zu den Vorgängen des Netzplanes ermöglicht. Auf Grund einer eingetretenen Bauverzögerung wird im Rahmen der Simulation das Netzplanmodell zielgerichtet und wirklichkeitsnah modifiziert. Durch eine automatische Kostenzuordnung für das modifizierte Netzplanmodell lassen sich die neuen Gesamtkosten leicht bestimmen. Die Mehrkosten auf Grund der Bauverzögerung ergeben sich als Differenz der Kostenbewertung zweier Terminplanvarianten. **295**

Weiterhin besteht die Möglichkeit der Anwendung der Simulation zum systematischen **Optimieren** und **Steuern** von Bauabläufen. Dazu werden mögliche und sinnvolle Netzplanmodelle aufgestellt und für diese eine vergleichende Kostenbewertung durchgeführt. So lässt sich leicht das wirtschaftlich sinnvollste Modell bestimmen.

Die theoretischen Grundlagen einer Bauablauf-Kosten-Zuordnung sind ausführlich in Lang „Ein Verfahren zur Bewertung von Bauablaufstörungen und zur Projektsteuerung" dargelegt.

8.6.2 Aufbau der Bauablauf-Kosten-Zuordnung

Die **Bauablauf-Kosten-Zuordnung** soll Beziehungen zwischen dem Bauablauf, dargestellt in Form eines Netz- oder Balkenplanes, und den verschiedenen Kostenarten herstellen. Dazu muss der Bauablauf möglichst realitätsnah mit den herkömmlichen Aufwandswerten und mit Hilfe der **Minderleistungskennzahlen**, z. B. im Fall von winterlicher Witterung oder auf Grund des Ein- **296** arbeitungseffektes, vorgeplant werden. Durch die Zuordnung aller Kosten zu diesem Bauablauf können Änderungen bzw. Störungen des geplanten Bauablaufes kostenmäßig erfasst werden. Ziel des Verfahrens ist es, **Verzögerungszeiten** und **Mehrkosten** bei gestörten Bauabläufen aufzuzeigen und die Wirtschaftlichkeit von Steuerungsmaßnahmen zu beurteilen.

297 Ein großer Teil der für die Zuordnung notwendigen Arbeiten fällt bei jeder ordentlichen **Projektabwicklung** an. So sind die Termin- und Kostenplanungen bzw. Kostenerfassungen Standardelemente einer guten Arbeitsvorbereitung und werden als vorhanden vorausgesetzt. Ein Zusatzaufwand entsteht nur durch einige spezielle, systematische Vorarbeiten, die zur Erweiterung und Vereinfachung der Verknüpfungsmechanismen dienen.

Hier seien noch einmal die vorhandenen Standardelemente der **Arbeitsvorbereitung** aufgezeigt:

1. Bauablaufplanung

298 Von einer Bauablaufplanung werden Vollständigkeit, Zuverlässigkeit, einfache Handhabung sowie minimale Planungskosten verlangt.

Dabei muss die Planung folgende **Aussagen** machen:

- Anfangs-, Zwischen- und Endtermine
- Dringlichkeiten und Abhängigkeiten der einzelnen Vorgänge
- Verantwortungsbereiche
- Kapazitäten

299 Diese Terminplanung kann sowohl als Netz- als auch als Balkenplanung erfolgen. Die **Netzplantechnik** hat ihre sinnvolle Einsatzmöglichkeit bei der Detailplanung von komplizierteren Projektabläufen. Der Terminplaner ist bei der Erstellung des Netzplanes gezwungen, den Bauablauf genau zu gliedern und zu durchdenken und die Vorgänge eindeutig und ausführlich zu beschreiben. Nach Oeser/Schubert (Oeser/Schubert, Das Aufstellen von Netzplänen für die Baupraxis nach dem Prinzip von MPM, Werner-Verlag) ist der **Vorgangsknotennetzplan** (VKN) mit der Metra-Potenzial-Methode (MPM) im Bauwesen am sinnvollsten anzuwenden und wird deshalb auch hier eingesetzt. Die DIN zur Netzplantechnik (DIN 69900) definiert die verschiedenen Elemente, wie z. B. Vorgang, Anordnungsbeziehung usw., eines Netzplanes.

300 Neue EDV-Programme erlauben die Darstellung der zuvor eingegebenen Abhängigkeiten und Anordnungsbeziehungen durch Pfeile im Balkenplan. Dadurch wird das Verständnis des Betrachters für die komplexen Strukturen eines Bauablaufes erheblich gefördert und fast mit dem bei Anwendung eines Netzplanes vergleichbar.

2. Kostenplanung und Kostenkontrolle

Nach der Auftragserteilung beginnt die Phase der **Arbeitsvorbereitung**. In ihr soll u. a. die Basis für Wirtschaftlichkeitskontrollen der Bauausführung in Form einer Arbeitskalkulation geschaffen werden. Die **Arbeitskalkulation** wird von der Angebotskalkulation abgeleitet, verarbeitet aber noch weitere Erkenntnisse. 301

Sie ist eine **Plan-Kosten-Rechnung**, die mit möglichst realistischen Ansätzen die zukünftige Entwicklung der Kosten aufzeigen soll. Voraussetzung dafür ist eine genaue technische Planung der Leistung mit Festlegung der Bauverfahren, Baugeräte, Kapazitäten usw. Erst mit dieser Grundlage können die in der Angebotskalkulation getroffenen Annahmen kontrolliert und nötigenfalls korrigiert werden. 302

Ein Verfahren zur Kostenkontrolle ist der **SOLL-IST-Vergleich**, den man in Bezug auf die Lohnstunden oder die Kosten durchführen kann. Der Lohnstunden-SOLL-IST-Vergleich baut auf die Daten der Arbeitskalkulation (SOLL) und einer gezielten Berichterstattung auf. Die Zuordnung der Lohnstunden zu den Tätigkeiten der Teilleistungen kann z. B. über den **Bauarbeitsschlüssel** (BAS) erfolgen. Gemäß dieser Verteilung müssen die IST-Stunden durch den Polier festgehalten werden. 303

In ähnlicher Art kann auch ein Kosten-SOLL-IST-Vergleich gemacht werden. Die SOLL-Kosten ergeben sich aus der geleisteten Menge, multipliziert mit den Kosten je Einheit lt. Arbeitskalkulation. Die IST-Kosten erhält man durch Zwischenabschluss der Konten zum Stichtag.

Probleme ergeben sich bei dem SOLL-IST-Vergleich durch die **Leistungsabgrenzung** und die **Leistungserfassung**. Deshalb muss schon in der Arbeitskalkulation darauf geachtet werden, dass alle Positionen gegeneinander zweifelsfrei abzugrenzen sind.

8.6.3 Spezielle systematische Vorarbeiten für die Bauablauf-Kosten-Zuordnung

1. Aufarbeiten des Leistungsverzeichnisses und Erstellen der Arbeitskalkulation

Da die Leistungspositionen im Zuge der Arbeitskalkulation in Arbeitspositionen und diese dann bei der Bauablaufplanung in Vorgänge umgegliedert werden müssen, sollte schon bei der **Aufarbeitung des LVs** darauf geachtet werden, eindeutige Leistungsabgrenzungen zu schaffen. 304

Man unterscheidet drei Fälle bei der Überführung der Leistungspositionen bzw. Arbeitspositionen in die Vorgänge:

- Ein Vorgang enthält mehrere Leistungs- oder Arbeitspositionen. Dabei wird die Dauer des Vorganges von der Leitposition bestimmt.
- Eine Leistungsposition teilt sich auf mehrere Vorgänge auf.
- Eine Leistungsposition entspricht einem Vorgang.

Mit Hilfe der Grundlagendaten aus der Arbeitskalkulation ist die Bestimmung der Kosten eines Vorganges und deren zeitlicher Verlauf möglich.

305 Neben der Höhe der Kosten ist auch ihre **zeitliche Verteilung** über die Dauer eines Vorganges von Bedeutung. Der einfachste Fall ist die lineare Verteilung der Kosten, wie z. B. der Lohnkosten. Es ist aber auch denkbar, dass die Kosten nur am Anfang oder Ende eines Vorganges anfallen, wie z. B. die Stoffkosten für Beton beim Herstellen einer Decke. Um später bei der Zuordnung der Kosten zu den Vorgängen und anschließendem Aufsummieren der Vorgangskosten möglichst realistische **Kostenverläufe** zu erhalten, muss die Art der Verteilung in der Arbeitskalkulation vermerkt werden.

2. Erstellen des Netzplanes

306 Bei der Erstellung des Netzplanes sind vom Arbeitsvorbereiter einige zusätzliche Vorgänge als **Kostenträger** für zeitvariable Gemeinkosten in die Ablaufplanung einzugliedern, wie z. B. Vorhaltung der Baustelleneinrichtung, des Baukranes oder der Bauleitung.

Diese Vorgänge sind mit Anordnungsbeziehungen für ihren Anfang und ihr Ende in den normalen Netzplan eingebunden, aber in der Dauer nicht festgelegt und damit variabel. Bei Störungen des Bauablaufes ändern sich deshalb ihre Dauern automatisch mit.

In den meisten Fällen werden sich die Kosten dieser Vorgänge linear über ihre Dauer verteilen, es sind jedoch auch andere Verläufe denkbar und möglich.

8.6.4 Zuordnung der Kosten zum Bauablauf

307 Die Zuordnung der Kosten zu den Vorgängen des Bauablaufes ist in erster Linie ein **Austausch von Daten** der Arbeitskalkulation und des Netzplanes. Dazu wird eine Veränderung der Datenstruktur notwendig, da die bisher üblichen Informationen nicht ausreichend sind. Die meisten modernen EDV-Terminplanungssysteme haben hier Schnittstellen geschaffen, sodass den Terminplanungsvorgängen Kapazitäten oder auch direkt Kostenarten zugeordnet werden können. Da dies von EDV-Programm zu EDV-Programm unterschiedlich realisiert wird, muss man sich in den jeweiligen Handbüchern kundig machen.

308 Für die praktische Handhabung der **Bauablauf-Kosten-Zuordnung** ist es notwendig, den Verlauf der Kostenarten für bestimmte Vorgänge in Form von

Kostenverlaufskurven zu ermitteln. Liegen auf Grund der Arbeitsvorbereitung alle oben aufgeführten Daten vor, so muss nun ausgewählt werden, von welchen Vorgängen man die Kosten benötigt. Man kann z. B. die Vorgänge eines Bauabschnittes oder eines bestimmten zeitlichen Abschnittes aussuchen oder eine andere beliebige Einteilung treffen. Eine zweite Wahlmöglichkeit besteht bezüglich der Kostenarten, die dargestellt werden sollen.

Änderung von Kostenansätzen

Ändern sich die Kostenansätze in der Arbeitskalkulation, so müssen die neuen 309
Sätze ermittelt und in der Arbeitskalkulation aktualisiert werden. Die geänderten Daten sind dann in den jeweiligen betroffenen **Netzplanvorgängen** zu übernehmen und für die Neuberechnung der Kostenverlaufskurven heranzuziehen.

Verlängerung der Dauer eines Vorganges

Die Ursachen für die Verlängerung der Dauer von Vorgängen können z. B. in Bauablaufstörungen (Behinderungen) liegen. Es wird vorausgesetzt, dass die Kosten je Netzplaneinheit trotz der Verlängerung konstant bleiben, da sich weder die Kapazität an Arbeitskräften noch an Geräten ändert. Die zeitlichen Auswirkungen der Änderung der Vorgangsdauer im Netzplan werden durch die übliche Netzplanneuberechnung festgestellt. Der so modifizierte Netzplan lässt nun die erneute Ermittlung der Kostenkurven in gewohnter Weise zu, allerdings nun auch unter Berücksichtigung der Kosten für den Zeitraum der Verlängerung der Vorgangsdauer.

8.6.5 Die Ermittlung der Mehrkosten aus Bauverzögerungen

Alle maßgebenden Behinderungen und Störungen müssen in den Netzplan 310
eingearbeitet und dieser mit Hilfe des in Kap. 6 dargestellten 9-stufigen Verfahrens neu berechnet werden. Dadurch ist die **Ursächlichkeit** zwischen der Behinderung und den Auswirkungen ausreichend nachgewiesen und alle **mittelbaren** Folgen sind bedacht.

Neben den Änderungen des Bauablaufes können eventuell auch Kostenänderungen nötig sein, z. B. auf Grund von Kostenerhöhungen, Bauverfahrensänderungen oder sonstigen behinderungsbedingten Sonderkosten.

Die Kostenmodifizierung wird direkt in der Terminplanung vorgenommen. 311
Neben der direkten Änderung der Kosten ist es weiterhin möglich, durch die Einfügung zusätzlicher Vorgänge mit festen Zuordnungen in den Terminplan eine Berücksichtigung von Mehrkosten zu erreichen. Dies ist z. B. dann angebracht, wenn eine Behinderung das Aufstellen eines weiteren Kranes

notwendig macht, der mit seiner Vorhaltezeit und mit seinen Vorhaltekosten in den Netzplan integriert werden kann.

Auf Grund des modifizierten Terminplanes (Netzplan) und der geänderten Arbeitskalkulation kann nun eine neue verzögerungsbedingte **Bauablauf-Kosten-Zuordnung** durchgeführt werden. Diese Zuordnung ist natürlich auch zeitlich auf den Zeitraum ab der Störung und/oder örtlich auf bestimmte Bauteile oder Bauabschnitte zu beschränken. Dadurch wird es machbar, die Mehrkosten nur für einzelne Verzögerungen zu ermitteln. Diese Kostenzuordnung ermöglicht die Konstruktion der **modifizierten** Kostenverlaufs- und Kostensummenkurven für alle Kostenarten, wobei die Ursächlichkeit zwischen Behinderung und Kostenverlauf automatisch durch den Terminplan nachgewiesen ist.

312 **Der Schaden** in Form von Mehrkosten (z. B. nach § 6 Abs. 6 VOB/B) wird nun als **Differenz** zwischen den ursprünglichen, vertragsgemäßen und den neuen, störungsmodifizierten Kostenkurven berechnet. Damit erfüllt die Schadensersatzforderung die Bedingungen der **Differenzentheorie** der Schadensermittlungen des BGB (s. zu dieser Theorie Teil A Rdn. 768). Hat ein Vertragspartner alle Folgen der Behinderungen zu vertreten, so genügt es, die Endsummen der Kostenkurven zu vergleichen. Bei differenzierter Verschuldensfrage müssen die einzelnen Kostenverlaufskurven herangezogen und in den Störungs- und Verzögerungszeiträumen gegenübergestellt werden.

313 Eine **nachträgliche** Behandlung der Verzögerungsprobleme, z. B. im Rahmen von gerichtlichen Auseinandersetzungen, ist möglich, wenn genügend **aussagekräftige** Daten zur Verfügung stehen. Die Genauigkeit der Mehrkostenermittlung lässt sich durch die Verfeinerung der Termin- und Kostenplanung stetig steigern. Der übliche, bei einer ordentlichen Arbeitsvorbereitung betriebene Aufwand sollte jedoch genügen, um die Kosten im Rahmen einer richterlichen Schätzung nach § 287 Zivilprozessordnung ausreichend genau zu bestimmen (s. dazu Teil A Rdn. 805 ff.).

9 Berechnung eines Entschädigungsanspruches nach § 642 BGB

9.1 Einführung

Bislang liegen lediglich durch Gerichte (u. a. BGH v. 21.03.2002, VII ZR 224/00) **314** formulierte rechtliche Anforderungen zum Nachweis der terminlichen Folgen von Störungen des Bauablaufs vor. Es wird auch für den Entschädigungsfall eine „konkrete ablaufbezogene Untersuchung" gefordert (s. dazu Teil A Rdn. 853 ff.). Das in Teil B Kap. 6.1 vorgestellte mehrstufige Nachweisverfahren unter Berücksichtigung des tatsächlichen Bauablaufs stellt eine hierfür erprobte und zwischenzeitig auch anerkannte Vorgehensweise dar (vgl. Teil B Rdn. 169).

Mit dem Urt. des BGH v. 21.10.1999 (VII ZR 185/98) einhergehend, in dem festgestellt wurde, dass § 642 BGB eine Alternative zu Ansprüchen nach § 6 Abs. 6 VOB/B darstellen könnte, ist vermehrt festzustellen, dass sich Schadenersatzansprüche reduziert haben. Die bislang notwendige Darlegung der Verschuldensfrage kann nämlich in Fällen der Entschädigungsforderungen unterbleiben.

Falsch ist es aber, wenn häufig formuliert wird, dass es zwischen einer Ermittlung des Entschädigungsanspruches und einer Mehrkostenermittlung nach § 2 Abs. 5 VOB/B keine Unterschiede gäbe (s. dazu Teil A Rdn. 435 ff.). So ist bei einem Entschädigungsanspruch auf die Dauer des Verzuges bzw. auf die Dauer der Folgen des Verzuges, also auf tatsächliche Dauern von Bauablaufstörungen, abzustellen. Bei Nachtragsangeboten zu § 2 Abs. 5 bzw. 6 VOB/B kommt es bei der Bestimmung der zeitlichen Komponente **zunächst** nur auf die zeitlichen Angaben und kalkulativen Einschätzungen des Auftragnehmers, die den Preisermittlungsgrundlagen entnommen werden können, an. Eine Orientierung an den tatsächlichen Gegebenheiten ist in der VOB/B weder für die zeitlichen noch für die monetären Auswirkungen, die aus der Wahrnehmung des Änderungsrechts durch den Auftraggeber nach § 1 VOB/B resultieren, vorgesehen. Erst bei der Abrechnung wird man die tatsächliche Dauer (z. B. für die Vorhaltung von Geräten und Einrichtungen oder der Bauzeitverlängerung) berücksichtigen.

Wie nachfolgend noch dargelegt wird, besteht zumindest bei der Behandlung der kalkulativen Elemente „Wagnis und Gewinn" ein deutlicher Unterschied. Auch existieren differierende Auffassungen bei der Bewertung der ersparten Kosten in einer Entschädigungsberechnung bzw. der Minderkosten bei einem Vergütungsanspruch. Hier rankt sich die Diskussion um die Frage, ob die tatsächlichen Ersparnisse oder maximal die kalkulierten Kosten angesetzt werden können.

Es ist daher grundsätzlich zu empfehlen, dass in einem **ersten Schritt** die Anspruchsgrundlage definiert und festgelegt wird (Teil A Rdn. 441). Der in der Praxis festzustellende frühzeitige Verzicht auf eine Unterscheidung zwischen Entschädigungs- und Vergütungsanspruch bei der Ermittlung des monetären Anspruchs, da zumindest immer ein vergütungsähnlicher Anspruch vorliegen wird, ist abzulehnen. Es ist vielmehr notwendig, in einem **zweiten Schritt** die Dauer des Verzuges in Abhängigkeit zur Anspruchsgrundlage zu bestimmen, um dann in einem **dritten Schritt** passend zur Anspruchsgrundlage die zugehörigen monetären Ansprüche zu ermitteln.

315 Gemäß § 642 Abs. 2 BGB kann ein Auftragnehmer, sofern die rechtlichen Voraussetzungen hierfür erfüllt sind, eine angemessene Entschädigung fordern. Dort heißt es:

„Die Höhe der Entschädigung bestimmt sich einerseits nach der Dauer des Verzugs und der Höhe der vereinbarten Vergütung, andererseits nach demjenigen, was der Unternehmer in Folge des Verzugs an Aufwendungen erspart oder durch anderweitige Verwendung seiner Arbeitskraft erwerben kann."

Als wesentliche Bestandteile der Entschädigungsberechnung werden somit die **„Dauer des Verzugs"**, die **„vereinbarte Vergütung"**, die **„ersparten Aufwendungen"** und der **„anderweitige Erwerb"** festgelegt.

Grundgedanke dieser Bestimmung ist, dass ein Auftragnehmer, dessen zeitliche Disposition durchkreuzt wird, – zusätzlich zur vereinbarten Vergütung – dafür entschädigt wird, dass er Arbeitskraft, Geräte und Kapital bereithält. Ihm soll ein Ausgleich für finanzielle Nachteile gewährt werden, die für das „Bereithalten wirtschaftlicher Kraft", insbesondere in Form zeitabhängiger Vorhaltekosten, entstehen (OLG Köln v. 14.08.2003, 12 U 114/02). Es sind also, ohne auf die baurechtlichen Besonderheiten eingehen zu wollen, die Nachteile des Auftragnehmers zu berücksichtigen, die nicht notgedrungen aus dem zeitlich exakten Annahmeverzugszeitraum resultieren müssen. Nach § 642 Abs. 2 BGB bestimmt sich die Höhe der Entschädigung nämlich „nach der Dauer des Verzuges" und nicht nach der Dauer des Annahmeverzuges. Es ist vielmehr auf die konkreten Auswirkungen des Annahmeverzugs abzustellen.

Weitergehende Ansprüche

316 Da sich wegen des Annahmeverzugs des Auftraggebers i. d. R. die Ausführungsdauer verschiebt, sind die kausal darauf zurückzuführenden Kostensteigerungen, z. B. wegen Lohnerhöhung, Materialpreiserhöhung und Kostenerhöhung für Nachunternehmer, ebenfalls zu berücksichtigen.

Es sei aber darauf hingewiesen, dass auch juristische und baubetriebliche Auffassungen existieren, die eine solche weitergehende Auslegung verneinen und daher einen anderen Anspruch, möglicherweise auch nach § 6 Abs. 6 VOB/B, sehen. Es ist aber verstärkter festzustellen, dass Gerichte bereit sind, auch Kosten zu entschädigen, die nach Beendigung des Annahmeverzuges angefallen sind, weil der Auftragnehmer in andere Vertragsumstände geraten ist. Bis zu einer endgültigen Entscheidung erscheint eine formale Trennung in die Entschädigung für den eigentlichen Zeitraum des Annahmeverzuges und der Mehrkosten nach Beendigung des Annahmeverzuges in Folge einer Verschiebung in andere Vertrags- und Bauumstände sinnvoll.

Die grundsätzliche Vorgehensweise zur Bestimmung des Entschädigungs- 317
anspruchs hat sich an den Vorgaben des Gesetzestextes zu orientieren. Seine verschiedenen Bestandteile werden nachfolgend ausführlich erläutert und an einem Beispiel visualisiert.

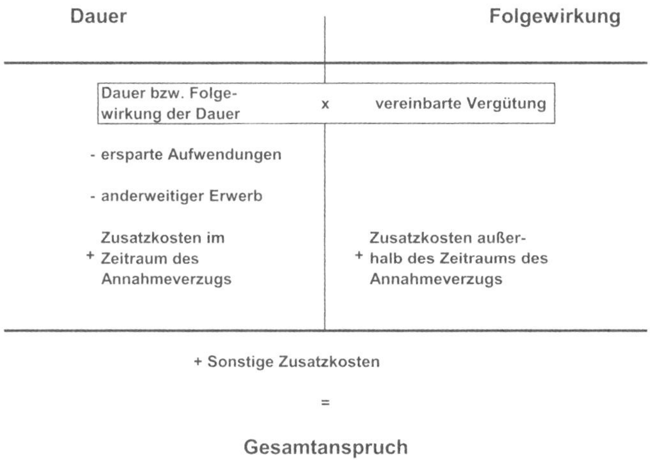

Abb. 161: Grundsätzliche Vorgehensweise zur Bestimmung einer Entschädigung nach § 642 BGB

Diese Vorgehensweise ist im Allgemeinen getrennt für **jedes Kalkulationselement** (Kostenart, Zuschlag, Element der Gemeinkosten) durchzuführen. Es wird bereits an dieser Stelle deutlich, dass ein Entschädigungsanspruch auch die Mehr- und Minderkosten analog einer Mehrkostenberechnung nach § 2 Abs. 5 zu berücksichtigen hat.

Umsatzsteuer

318 Der eigentliche Entschädigungsanspruch unterliegt als vergütungsgleicher Anspruch der Umsatzsteuer (vgl. auch Teil A Rdn. 857 und Kapellmann/Schiffers, Bd. 1, 5. Aufl., Rn. 1650). Mit seinem Urt. v. 22.11.2007 (VII ZR 83/05, BauR 2008, 506) zu Entschädigungsansprüchen bei einer freien Kündigung hat der BGH aber abweichend von dieser Einschätzung entschieden, dass der auf die nicht erbrachten Leistungen entfallende Vergütungsanteil Entschädigungscharakter hat und daher als Bemessungsgrundlage für die Umsatzsteuer ausscheiden würde. Hieraus ließe sich folgern, dass bei Entschädigungsansprüchen grundsätzlich keine Umsatzsteuer zu berechnen wäre.

Versteht man den Entschädigungsanspruch – und dies scheint sachgerecht und baubetrieblich gegeben – im Fall eines Annahmeverzuges als „Vergütung" für die Aufrechterhaltung seiner Leistungsbereitschaft während des Annahmeverzuges, so ist für die Leistung die Umsatzsteuer zu entrichten. Mit der Einschätzung des BGH v. 24.01.2008 (VII ZR 280/05), nach der einer nach § 642 BGB zu zahlenden Entschädigung eine steuerbare Leistung zugrunde liegt, scheint derzeit entschieden zu sein, dass die Umsatzsteuer in Ansatz zu bringen ist.

9.2 Anspruchsvoraussetzungen und Bestandteile

9.2.1 Mögliche Anspruchsgrundlagen

319 Um überhaupt zu einem Entschädigungsanspruch zu gelangen, muss zunächst eine Obliegenheitsverletzung vorliegen. Eine Obliegenheit bezeichnet im Schuldverhältnis Pflichten minderen Grades, die vom Gläubiger nicht eingeklagt werden können und bei deren Verletzung sich der Schuldner auch nicht schadenersatzpflichtig macht (vgl. Teil A Rdn. 830 f.). Auch zu Recht werden Auffassungen vertreten, dass für den Fall, dass der Besteller Mitwirkungshandlungen, die sich aus einer echten Rechtspflicht ergeben, nicht oder verspätet wahrnimmt, die Rechtsfolgen hieraus sich mit dem Instrument des Schuldnerverzuges befriedigen lassen, also i. d. R. durch Schadenersatz. Es ist somit grundsätzlich wie folgt zu unterscheiden.

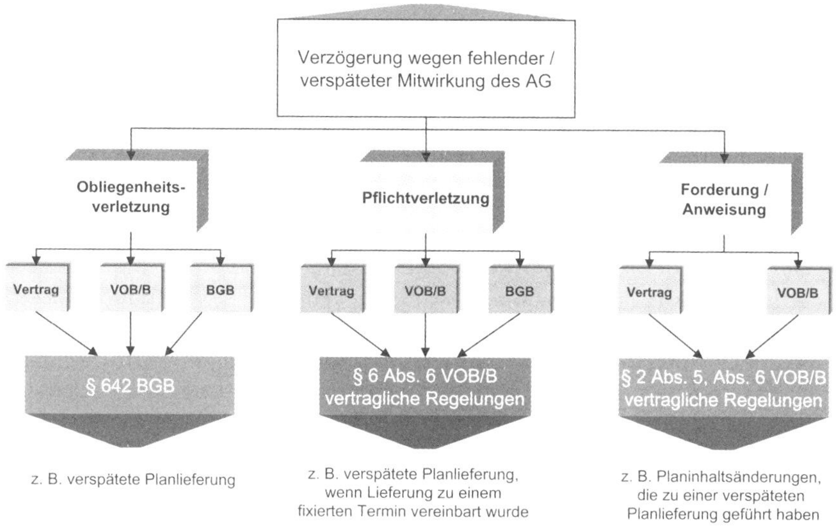

Abb. 162: Mögliche Anspruchsgrundlagen bei einer verspäteten Planlieferung

Den obigen Ausführungen folgend ist im Rahmen der Abrechnung zwischen den geltend gemachten Ansprüchen nach 642 BGB, § 6 Abs. 6 VOB/B oder § 2 Abs. 5 VOB/B zu differenzieren.

9.2.2 Anspruchsvoraussetzungen

Für einen Entschädigungsanspruch müssen folgende Voraussetzungen erfüllt sein: 320

- **Unterlassung einer notwendigen Mitwirkungshandlung** durch den Besteller
  Der Unternehmer kann eine angemessene Entschädigung verlangen, wenn der Besteller eine Mitwirkungshandlung, die für die Herstellung des Werks erforderlich ist, unterlässt und dadurch in Verzug der Annahme kommt (Teil A Rdn. 832 ff.). Wie einem BGH-Urt. (VII ZR 185/98 v. 21.10.1999) zu entnehmen ist, sind Mitwirkungshandlungen in einem weiten Sinn zu verstehen.

  ▸ **Beispiel:**

  Mitwirkungshandlungen sind Handlungen oder Unterlassungen von Handlungen, von denen der Beginn oder die Durchführung der Werkleistung abhängig ist, wie z. B.:

  - Bereitstellung behördlicher Genehmigungen
  - Beistellung ausführungsreifer Planunterlagen

- Entscheidungen/Bemusterungen
- Zurverfügungstellung Baugrundstück
- Bereitstellung Vorunternehmerleistungen

Das Wetter kann der Auftraggeber nicht beeinflussen. Die Bereitstellung eines bestimmten Wetters ist deshalb keine Mitwirkungshandlung (Teil A Rdn. 840).

- **Annahmeverzug** des Bestellers
  Der Verzug der Annahme setzt voraus, dass der Schuldner
  - leisten darf (also bspw. die notwendigen Freigaben und Erlaubnisse eingeholt wurden),
  - zur Leistung bereit ist (also bspw. sich die notwendigen Kapazitäten auf der Baustelle befinden oder kurzfristig bereitgestellt werden könnten),
  - seine Leistung wie geschuldet anbietet (also bspw. das vorhandene Personal dem Besteller zur Verfügung stellt – s. dazu auch Teil A Rdn. 832 ff.).

  Beispiel:

  Wenn im Bauvertrag keine detaillierte Regelung zur Bauzeit oder keine Einzelfristen vereinbart sind, ist einerseits der Auftragnehmer in seiner Leistungserstellung nicht gebunden, aber andererseits ist dann auch der Auftraggeber mit der Erbringung seiner Mitwirkungspflichten nicht mehr datumsmäßig festgelegt. Ein Annahmeverzug setzt aber die Mitwirkungsverpflichtung zu einem verbindlichen Zeitpunkt voraus. Daher ist es sinnvoll, hierfür gemeinsame Terminvorgaben zu schaffen und diese auch nachzuhalten.

- **Behinderungsanzeige**
  Eine Behinderungsanzeige ist bei einem VOB-Vertrag nach § 6 Abs. 6 S. 2 VOB/B Voraussetzung für ein ordnungsgemäßes Angebot (mögl. Ausnahme: Offenkundigkeit – s. dazu Teil A Rdn. 842)

  Beispiel:

  Der Auftragnehmer ist gehalten – gerade, wenn keine oder wenige Zwischentermine vereinbart wurden – mit ausreichendem zeitlichen Vorlauf auf die notwendigen Mitwirkungshandlungen hinzuwirken. Genau diese Überlegungen stimmen mit den Grundsätzen zur Behinderungsanzeige nach § 6 Abs. 1 VOB/B überein. Daher hat der BGH (VII ZR 185/98) schon frühzeitig auf die Notwendigkeit einer ordnungsgemäßen Behinderungsanzeige bei Ansprüchen nach § 642 BGB hingewiesen.

- **Kausalität**
  Ähnlich wie bei Schadenersatz- oder Vergütungsansprüchen in Folge eines gestörten Bauablaufs ist zur Darlegung der haftungsbegründenden Kausa-

lität eine bauablaufbezogene Darstellung zu den Behinderungen und deren Auswirkungen zwingend erforderlich (OLG München, v. 20.11.2007 – 9 U 2741/07 und BGH, v. 09.10.2008 – VII ZR 222/07; s. auch ausführlich Teil A Rdn. 853 ff. m. w. N.). Es ist also zunächst der vertraglich vereinbarte Bauablauf darzulegen, dann die genaue Behinderung und daraufhin deren konkrete Auswirkungen auf die Leistungserbringung.

9.2.3 Dauer des Verzuges

Es stellt sich die Frage, ob auf, wie es die Formulierung im § 642 Abs. 2 BGB 321
vorsieht, die **Dauer des Verzuges** oder aber auf die **Dauer der Folgen des Verzuges** (= Dauer des Verzuges + Sekundärverzögerungen) abgestellt werden muss. In der älteren baurechtlichen Literatur wird nicht selten die Auffassung vertreten, dass die Dauer des Verzuges der Zeitraum des Annahmeverzuges und somit des Behinderungszeitraums sei. Nach dem Wortlaut des Gesetzes soll die Dauer des Annahmeverzuges jedoch lediglich eine Richtgröße sein (Rechtsanwältin Boldt in einem Vortrag bei den Freiburger Baurechtstagen, 2005). Der Gesetzgeber hätte auch formulieren können, dass eine Entschädigung „während" der Dauer des Verzuges (ähnlich in § 300 BGB) oder „für" den Verzugszeitraum zu gewähren ist. Da aber nicht jeder Annahmeverzug bzw. die Verletzung von Mitwirkungspflichten des Auftraggebers zwingend zu einer Behinderung des Gesamtbauablaufs oder einzelner Teilvorgänge führen muss, wird baubetrieblich die Formulierung in § 642 BGB dahingehend verstanden, dass die Dauer des Verzuges mit den Folgewirkungen des Annahmeverzuges gleichzusetzen ist (Kumlehn/Freiboth, S. 59). Grundgedanke jeder Entschädigungsregelung ist es, dass der Schuldner für Nachteile, die ihm durch die unterbliebene Annahme seiner Leistung entstehen, angemessen entschädigt werden soll. Es ist daher auf die Nachteile des Auftragnehmers abzustellen. Diese müssen aber nicht in dem Zeitraum angefallen sein, der exakt dem Annahmezeitraum entspricht. Die Ausführungen in § 6 Abs. 4 VOB/B zeigen, dass auch hier vom eigentlichen Behinderungszeitraum abweichende Zeitabschnitte zu berücksichtigen sind. Auch Pause/Vogel (in Kniffka u. a., (ibr-online-Kommentar Bauvertragsrecht 2010, § 642 Rn. 53–54) vertreten die Auffassung, dass für die Berechnung des Entschädigungsanspruches nicht die Vorhaltung der Leistungen während des Annahmeverzuges entscheidend sei, sondern die Bewertung der geänderten Vertragsumstände nach Beendigung des Annahmeverzuges. Daher wird auch vertreten, dass der Auftragnehmer für sämtliche durch den Annahmeverzug entstandenen Mehrkosten zu entschädigen und somit auf die **Dauer der Folgen des Verzuges** abzustellen sei. Die Ermittlung der Dauer des Verzuges unterliegt somit den gleichen Anforderungen wie die Schadens- oder Mehrkostenberechnung für gestörte Bauabläufe nach § 6 Abs. 6 VOB/B bzw. § 2 Abs. 5 VOB/B. Im Urt.

v. 09.10.2008 hat der BGH (VII ZR 222/07 vom 09.10.2008) auch für einen Anspruch nach § 642 BGB wegen Behinderung bestätigt, dass der Auftragnehmer zunächst den bauvertraglich vereinbarten Bauablauf darzulegen hat und dann die genauen Behinderungen und deren konkrete Auswirkungen auf seine Leistungen aufzeigen muss. Lediglich in begrenzten Einzelfällen wird bei unstreitig fehlenden Vorleistungen auf eine bauablaufbezogene Darstellung verzichtet werden können, insbesondere wenn nur nicht gedeckte, zeitabhängige Baustellengemeinkosten geltend gemacht werden (vgl. BGH-Beschl. v. 27.11.2008, VII ZR 78/08 vom 27.11.2008 bzw. KG, Urt. v. 12.02.2008 – 21 U 155/06). Es ist also stets auf die tatsächliche Dauer von Bauablaufstörungen abzustellen.

9.3 Angemessene Entschädigung

322 Im Anschluss an die Ermittlung der Dauer des Verzugs sind die Entschädigungsansprüche für die bei einem Bauvorhaben gestörten Leistungen zu bestimmen. Sowohl die baubetriebliche Literatur als auch die Rechtsprechung haben noch keine befriedigenden Antworten auf die Frage, wie eine angemessene Entschädigung zu ermitteln ist, geliefert.

Es existieren bislang folgende Modelle, die den Begriff der angemessenen Entschädigung beschreiben bzw. die Berechnungsmethodik hierfür vorgegeben:

- Schadenersatz
  - Schadenersatzanspruch eigener Art
  - Schadenersatzähnlicher Anspruch
  - Verschuldensunabhängiger Entschädigungsanspruch
- Vergütung nach § 2 Abs. 5 VOB/B
  - Vergütungsähnlicher Anspruch
  - Anspruch mit vergütungsgleichem Charakter
  - Berechnung von „unten“
- Angemessene Preise
  - Richterliche Schätzung
  - Berechnung von „oben“
  - Anspruch eigener Art

9.4 Eigenes Abrechnungsmodell als Anspruch eigener Art

323 Da sich – wie bereits gezeigt – aus den Formulierungen im § 642 BGB keine eindeutige Abrechnungsvorschrift ableiten lässt, basiert das nachfolgende Abrechnungsmodell auf einer engen Orientierung am eigentlichen Text.

Die nachfolgenden Erläuterungen der Berechnungsmethodik gehen von zwei Grundüberlegungen aus:

1.) Die eigentliche Leistung, die durch den Annahmeverzug nicht fristgerecht erstellt werden kann, wird später vollständig nachgeholt. Der Unternehmer erhält also die volle Vergütung für die ursprüngliche Leistung lediglich später.
2.) Der Unternehmer soll über den Entschädigungsanspruch einen Ausgleich der verzugsbedingten Nachteile (z. B. Vorhaltung von Personal, Geräten und monetären Mitteln sowie Verwaltungsmehraufwand) erhalten.

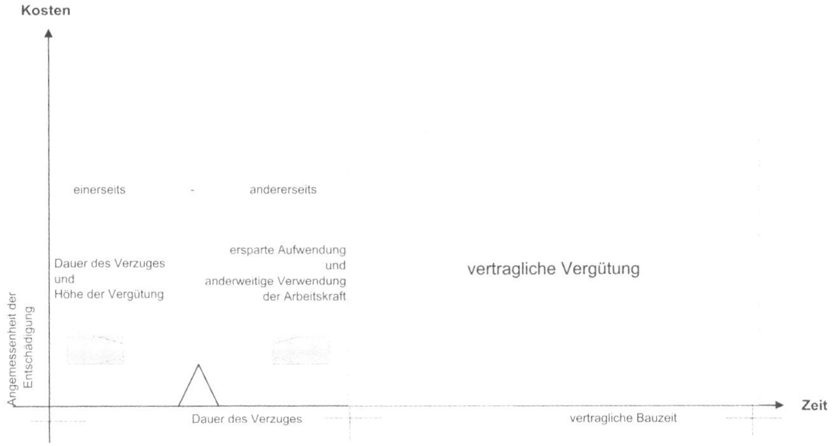

Abb. 163: Grundlagen eines Entschädigungsanspruches

Ob nun wegen der Einzigartigkeit des Begriffspaars „einerseits – andererseits" im § 642 des BGB geschlossen werden kann, dass sich hieraus eine gesetzliche Anordnung zur richterlichen Festsetzung einer angemessenen Entschädigung zu ergeben habe (Glöckner, Freiburger Baurechtstage 2013), bleibt zweifelhaft. Die Begründung, dass durch die gewählte Formulierung im § 642 BGB eben nur orientierungsweise von der vereinbarten Vergütung und ersparten Aufwendungen auszugehen ist und auch bewusst von ähnlichen, aber eindeutig formulierten Vorgaben einer Berechnung (so § 649 BGB für den Kündigungsfall, für den klar geregelt wurde, dass der Unternehmer die vereinbarte Vergütung verlangen kann; er muss sich jedoch dasjenige anrechnen lassen, was er in Folge der Aufhebung des Vertrages an Aufwendungen erspart oder durch anderweitige Verwendung seiner Arbeitskraft erwirbt oder zu erwerben böswillig unterlässt.) im Falle einer Kündigung abgewichen wurde, vermag letztlich nicht zu überzeugen.

Es ist eher anzunehmen, dass der historische Gesetzgeber das folgende Modell verfolgt hat:

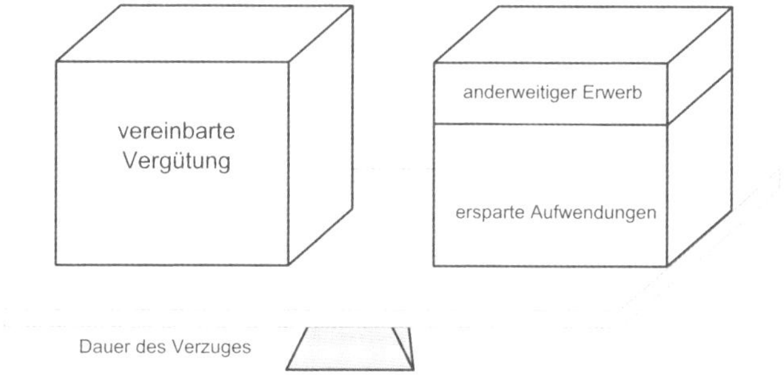

Abb. 164: Entschädigungsmodell, das dem § 642 BGB zu Grunde liegt

Der Gesetzgeber bringt zum Ausdruck, dass er auf der einen Seite (einerseits) die Dauer des Verzuges und die vereinbarte Vergütung sieht. Das Produkt dieser beiden Faktoren beschreibt den Wert der Leistungen, die im Zeitraum des Annahmeverzuges erbracht worden wären und somit zur Abrechnung angestanden hätten. Diese Einschätzung wurde auch in einem Urt. des OLG Hamburg v. 29.03.2012, 13 U 26/07 i. V. mit BGH v. 06.02.2014 VII 124/12 (Nichtzulassungsbeschwerde) geteilt, da gesehen wird, dass der Entschädigungsanspruch gegebenenfalls neben dem Anspruch auf Vergütung besteht und auf einen Ausgleich der verzugsbedingten Nachteile (z. B. Gerätestillstandskosten, Verwaltungsmehraufwand etc.) gerichtet ist. Die angemessene Vergütung ergibt sich somit als Differenz zwischen der vereinbarten Vergütung, die im Zeitraum des Verzuges erbracht worden wäre, und der Summe aus der Vergütung für die tatsächlich erbrachten Leistungen, den ersparten Aufwendungen und dem anderweitigen Erwerb.

Der historische Gesetzgeber ging möglicherweise davon aus, dass im Falle eines Annahmeverzuges die Baustelle vollständig stillstehen würde. Auf den heutigen Baustellen, denen eine parallele Tätigkeit mehrerer Gewerke inne ist, kann nicht in jedem Fall davon ausgegangen werden, dass ein kompletter Stillstand sämtlicher Arbeiten eintritt.

Daher wird man auch die im Zeitraum des Annahmeverzugs tatsächlich erbrachten Leistungen berücksichtigen und in Abzug bringen müssen. Dies erscheint auch sinnvoll, da die Erbringung dieser Leistungen möglicherweise unter anderen Bauumständen möglich war. Die hierfür anfallenden Mehr- und Minderkosten wären wohl kalkulativ oder als tatsächliche Aufwendungen bei den sonstigen zusätzlichen Kosten im Verzugszeitraum ansetzbar (vgl. Teil B Rdn. 241).

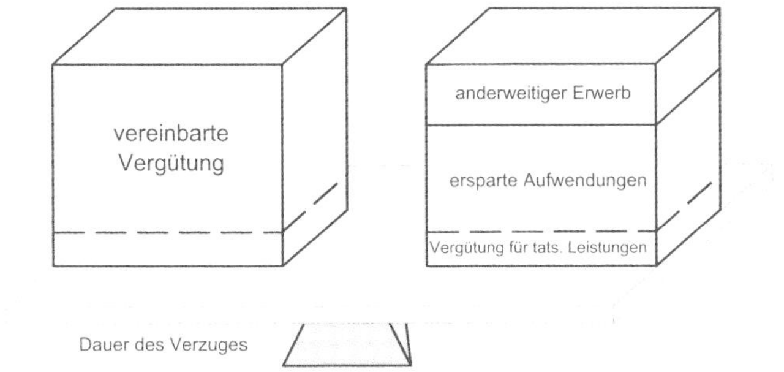

Abb. 165: Ergänztes Entschädigungsmodell das dem § 642 BGB zu Grunde zu liegen hat

Durch die Bestimmung der vereinbarten Vergütung wären in Kombination mit der Auftragskalkulation sämtliche vom Annahmeverzug betroffenen Teilleistungen beschrieben.

Auch könnten dann die Beträge für die Einzelkosten der Teilleistungen (EKT, vgl. Teil B Rdn. 229) und für die Gemeinkosten wie Baustellengemeinkosten (BGK) und Allgemeine Geschäftskosten (AGK) sowie für Wagnis und Gewinn (WuG) bestimmt werden. Diese Kenngrößen dienen dann später dazu, zu überprüfen, ob Leistungen beim anderweitigen Erwerb oder bei den ersparten Aufwendungen dem Grunde nach richtig in Ansatz gebracht wurden. So wäre bspw. zu erkennen, welche Leistungen ein Nachunternehmer hätte ausführen wollen. Diese Leistungen (nicht Vergütung) wären mit denen, für die ein Nachunternehmer möglicherweise nicht ersparte Kosten geltend macht, abzugleichen.

	Einzelkosten d. Teilleistung EKT				Gemeinkosten GK		
	Lohn	Material	Geräte	NU	BGK	AGK	WuG
Pos. 1							
Pos. 2							
Pos. ...							
Pos. ...							
	∑ Lohn	∑ Material	∑ Geräte	∑ NU	∑ BGK	∑ AGK	∑ WuG

Wert der Leistung im Zeitraum des Annahmeverzugs zu erbringenden Leistung

Abb. 166: Wert der Leistungen, die im Zeitraum des Annahmeverzuges erbracht worden wären

Etwas schwieriger gestaltet sich die Bestimmung der vereinbarten Vergütung bei einem Pauschalvertrag. Hier ist aber analog zu einer Kündigungsthematik darzulegen, welche Kosten für die Bauleistungen, die vom Annahmeverzug betroffen sind, kalkuliert wurden, indem entsprechende Leistungs- und Vergütungspositionen gebildet werden, die sich in das Preisniveau der Pauschale einfügen. Der tatsächliche Leistungsstand bei Eintritt des Annahmeverzugs und der geplante Leistungsfortschritt für die Dauer des Annahmeverzuges werden hierbei entscheidende Bedeutung gewinnen.

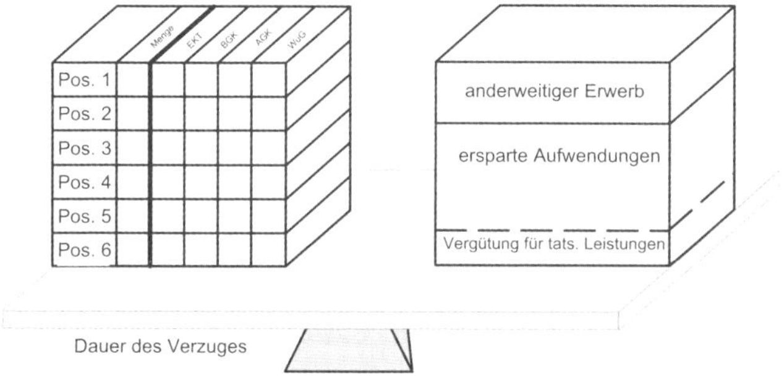

Abb. 167: Detailliertes Entschädigungsmodell das dem § 642 BGB zu Grunde zu liegen hat

Auf der anderen Seite (andererseits) sieht der historische Gesetzgeber den anderweitigen Erwerb und die ersparten Aufwendungen. Damit das Gleichgewicht (einerseits – andererseits) gewahrt ist, muss davon ausgegangen werden, dass die Aufwendungen vollständig entweder erspart oder in Folge anderweitigen Erwerbs kompensiert wurden. In diesen Fällen ist nämlich kein Entschädigungsanspruch gegeben.

Eine angemessene Entschädigung ergibt sich erst dann, wenn dieses Gleichgewicht nicht mehr stimmt; der Auftragnehmer also vorträgt, dass entweder der anderweitige Erwerb nicht der entsprechenden vertraglichen Vergütung entspricht und/oder eben nicht sämtliche Aufwendungen erspart sind.

324 Will der Auftragnehmer nun eine Entschädigung erhalten, müsste er die Höhe des anderweitigen Erwerbs und die ersparten Aufwendungen unter Beweis stellen.

Er selbst hat daher ein Interesse, Tatsachen vorzutragen, die ihm einen Anspruch sichern. Er wird somit angehalten, Nachweise vorzulegen, die er bei einer anderen Anspruchsgrundlage nicht gerne offenbart, nämlich z. B. die Höhe des anderweitigen Erwerbs. Um die Annahme, dass sämtliche Aufwendungen, für die kein anderweitiger Erwerb stattgefunden hat, erspart wurden, zu entkräften, wird der Auftragnehmer Nachweise erbringen, dass er eben nicht alles erspart hat. Hierfür existieren nämlich konkrete Belege wie beispielsweise Forderungen der Nachunternehmer, Aufstellungen über nicht eingesetztes Personal oder stillgestandene Geräte.

Diese gewünschte Entlastung gegenüber der Grundannahme, dass sämtliche Aufwendungen entfallen sind, versetzt erst den Auftraggeber in die Lage, den Entschädigungsanspruch prüfen zu können. Auch dies erscheint im Sinne des historischen Gesetzgebers als gewünscht, da derjenige, der behauptet, auch die hierfür notwendigen Nachweise vorzulegen hat. Gemäß diesem Ansatz ist es auch nicht zwingend, dass die Höhe der Entschädigung durch die vereinbarte Vergütung begrenzt wird.

▶ **Beispiel:**

Der Auftraggeber ist nicht in der Lage, die Ausführungsunterlagen frühzeitig (6 Wochen vor Ausführungsbeginn) zur Verfügung zu stellen, so dass der Auftragnehmer seinerseits auch die Schal- und Bewehrungspläne nicht anfertigen kann, die für die Bodenplatte notwendig wären. Erst zum ursprünglich geplanten Start der Arbeiten an der Bodenplatte übergibt der Auftraggeber die notwendigen Unterlagen. Der Wert der im Annahmezeitraum vereinbarten Leistung entspricht einer anteiligen Vergütung für die Schal- und Bewehrungspläne der Bodenplatte, also ca. 1.000 €. Die nicht ersparten Aufwendungen für die Aufrechterhaltung der Leistungsbereitschaft, also z. B. nur die Vorhaltung von Geräten für einen Zeitraum von 6 Wochen, übersteigen den Wert der vereinbarten Leistungen um ein Vielfaches.

Obiger Ansatz weicht entscheidend von der in der Praxis häufig festzustellenden Vorgehensweise ab, nach der die

- volle vertraglich vereinbarte Vergütung (EKT und Zuschläge)
- abzgl. ersparte Aufwendungen
- abzgl. anderweitigen Erwerb
- abzgl. projektspez. Wagnis

den Entschädigungsanspruch ergeben soll.

Hiernach hat der Auftragnehmer kein Interesse, zu den ersparten Aufwendungen und dem anderweitigen Erwerb vorzutragen, da dies seinen Entschädigungsanspruch schmälern würde. Er überlässt es auch dem Auftraggeber, hierzu Einwendungen zu erheben. Eine solche Methodik ist abzulehnen.

Es bleibt noch zu klären, in welcher Form der Nachweis der nicht ersparten Aufwendungen zu führen ist. 325

Anders als beispielsweise bei einer Kündigung ist davon auszugehen, dass die nicht ausgeführten Leistungen nach dem Annahmeverzug vollständig nachgeholt werden. Der Auftragnehmer erhält also – wenn auch etwas später –

die volle Vergütung. Somit realisieren sich sämtliche Kalkulationsrisiken. Die Vor- und Nachteile einer nicht adäquaten Kalkulation bzw. Preisbildung hat der Auftragnehmer also einmal zu vertreten.

Es ist dann verständlich, dass ihm in Folge einer Obliegenheitsverletzung die Auswirkungen z. B. einer Unterwertkalkulation nicht ein zweites Mal zugemutet werden sollen. Andererseits wird er auch nicht ein zweites Mal von einer Überwertkalkulation profitieren dürfen. Dies harmoniert auch mit dem Gedanken, dass ein Auftragnehmer in Folge von Leistungsstörungen grundsätzlich nicht besser gestellt werden darf als bei der Durchführung des Vertrags.

326 Häufig wird die Meinung vertreten, dass die Entschädigungskosten, die im Zeitraum des Annahmeverzugs oder auf Grund des Annahmeverzugs entstanden sind, rein kalkulativ, also auf Basis der Preisermittlungsgrundlagen und somit hauptsächlich auf Grundlage der Urkalkulation zu bestimmen sind. Diese Einschätzung beruht möglicherweise auf einem frühen Urt. des OLG Karlsruhe v. 27.02.2007 (8 U 47/06). In dem heißt es, dass „sich die Höhe der Entschädigung einerseits nach der Dauer des Verzuges und der Höhe der vereinbarten Vergütung" ergebe und „die Entschädigung ... daher aus der Urkalkulation herzuleiten" sei. Hierbei wurden aber die baubetrieblichen Begriffe „Vergütung" und „Urkalkulation" fälschlicherweise in einen engen Zusammenhang gebracht. Die Höhe der vereinbarten Vergütung entspricht nämlich dem Produkt aus geleisteter bzw. nicht geleisteter Mengen mit deren Einheitspreis. Es bedarf hierfür nicht des Zurückgriffs auf die Urkalkulation, in der die Herleitung der Einheitspreise dargestellt wird.

Der historische Gesetzgeber hat im ersten Entwurf zum BGB (1888) ein „Anspruch auf angemessene Vergütung" gewähren wollen, der sich einerseits nach der Dauer des Verzuges und dem Maße der vereinbarten Gegenleistung, andererseits nach demjenigen bemessen sollte, was der Unternehmer in Folge des Verzuges an Aufwendungen ersparte und durch anderweitige Verwertung seines Arbeitsvermögens erwerben könnte. Erst im dritten Entwurf (1896) zum BGB wurde vom „Anspruch auf angemessene Entschädigung" gesprochen. Der Begriff der „vereinbarten Gegenleistung" wurde durch „vereinbarte Vergütung" ersetzt. Es wird somit deutlich, dass die zu bestimmende angemessene Entschädigung sich teilweise aus der vereinbarten Vergütung zu ergeben hat.

Es wird daher davon auszugehen sein, dass Berechnungen nach Maßgabe eines Vergütungsanspruches ausscheiden, da inhaltlich eine Entschädigung eben keine Vergütung ist und der historische Gesetzgeber durch seine Begriffswahl auch anders bestimmt hat.

Andere Überlegungen verfolgen den Ansatz einer Schadensberechnung oder lehnen sich an diesen an.

Das OLG Dresden war in seiner Entscheidung v. 06.01.2012 (1 U 13/10) der Auffassung, dass der Auftragnehmer im Rahmen des § 642 BGB als auch im Rahmen des § 6 Abs. 6 VOB/B den ihm konkret entstandenen Schaden nachweisen müsse. Hierzu sei eine vergleichende Darstellung zwischen der Vermögenssituation ohne Verzug und der tatsächlichen Vermögenssituation in Folge des Verzugs erforderlich. Hierbei wird aber verkannt, dass im § 642 BGB gerade sehr deutlich die Vermögenssituation ohne Verzug definiert wird, nämlich aus „einerseits" der „Dauer des Verzugs" und der „vereinbarten Vergütung". Es wird also ganz bewusst auf die Bestimmung der hypothetischen Vermögenslage des Auftragnehmers, die sich eingestellt hätte, wenn der Annahmeverzug nicht eingetreten wäre, verzichtet. 327

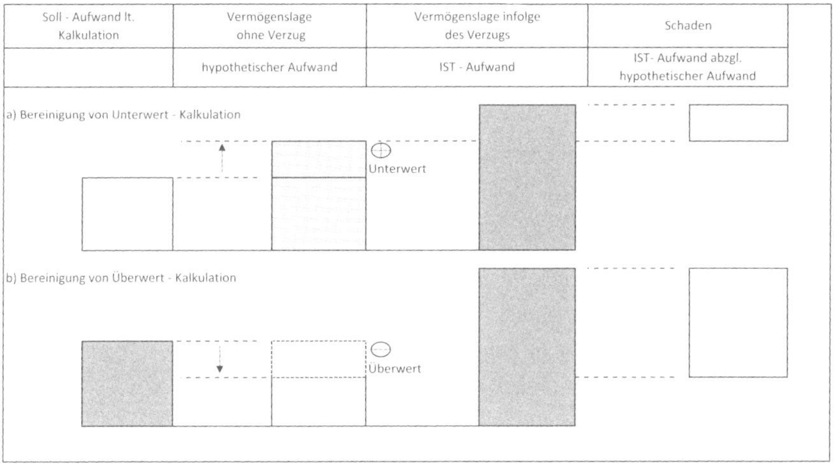

Abb. 168: Grundlagen der Schadensermittlung

Es ist auf eine Bereinigung der kalkulativen Ansätze um zu niedrig bzw. zu hoch angesetzte Werte zu verzichten.

Es wird daher davon auszugehen sein, dass Berechnungen nach Maßgabe eines Schadenersatzanspruches ausscheiden, da inhaltlich eine Entschädigung eben kein Schadenersatz ist (s. auch Teil A Rdn. 853).

Es wird von Diehr (ZfbR 2011, 627–633) argumentiert, dass die Preisbildung zur Zeit der Verabschiedung des BGB nicht auf Grund einer tiefgegliederten Kalkulation erfolgte, sondern aus den Erfahrungen zuvor abgerechneter Bauvorhaben mittels einer einfachen Verpreisung geschehen sei. Dadurch sei ein vertragliches Preisniveau im Bereich marktüblicher Preise zustande gekom- 328 men. Im Rahmen der Entschädigungsberechnung sei das vertragliche Preisniveau, das sich aus dem Abgleich zum ortsüblichen Marktpreis ergibt, der Maßstab der „vereinbarten Vergütung". Entschädigt werde deshalb nur der tatsächlich erforderliche, durch den Annahmeverzug adäquat-kausale Mehraufwand.

Es wird also versucht, eine an sich klare Formulierung, nämlich „vereinbarte Vergütung" über Überlegungen zur Ortsüblichkeit zu verändern, um dann einen tatsächlichen Mehraufwand in Ansatz zu bringen. Die abstrakten Ausführungen von Diehr gehen auch davon aus, dass Unternehmer immer nur schon einmal ausgeführte Leistungen anbieten, bei denen sie ausreichende Erfahrungen mit der Preisgestaltung haben, um so eine Ortsüblichkeit zu begründen. Vor dem Hintergrund, dass Bauwerke i. d. R. einmalig sind und somit auch Erfahrungen sich nur bedingt übertragen lassen, kann obige Argumentation nicht überzeugen.

Überträgt man nun diese Überlegungen nur auf die nicht ersparten Aufwendungen, erhält man ein plausibles Abrechnungsmodell, das auch noch mit anderen Regelungen des BGB harmonieren würde. Es ist einmal davon auszugehen, dass die zusätzliche Leistung in Form der Vorhaltung von Personal, Gerät und Kapital nicht Gegenstand der ursprünglichen Vereinbarung und damit der Auftragskalkulation gewesen ist und auch nicht die Folge eines vertraglichen Leistungsbestimmungsrechts des Auftraggebers ist. Bei einem BGB-Vertrag wäre hierfür eine übliche Vergütung gem. § 632 BGB für die Ausführung von zusätzlichen und geänderten Leistungen zu gewähren. Folgerichtig müsste auch für die Vorhaltung von Personal, Gerät und Kapital während des Annahmeverzugs die übliche Vergütung geschuldet sein.

Unter der üblichen Vergütung im Sinne des § 632 BGB wird zumeist die Vergütung verstanden, die für die nach Art, Güte und Umfang gleiche Leistung nach allgemeiner Auffassung der beteiligten Kreise am Ort der Leistungserbringung für die Leistung gezahlt wird.

Die Bestimmung der üblichen Vergütung ist in der Praxis aber oftmals allein aus dem Umstand schwierig und zeitaufwändig, dass dem Gericht der Zugang zu den entsprechenden Teilmärkten fehlt, und so oft Sachverständige zur Preisermittlung herangezogen werden müssen. Daher wäre es angezeigt, wenn man zunächst die tatsächlichen Kosten heranzieht und diese nur in Zweifelsfällen einer Überprüfung nach den Kriterien der Üblichkeit unterzieht.

Es ist also bei den ersparten Aufwendungen und bei dem anderweitigen Erwerb richtigerweise allein auf tatsächliche Kosten abzustellen.

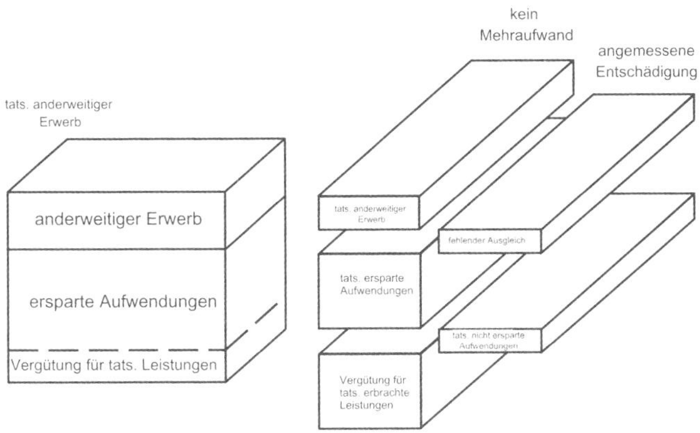

Abb. 169: Bestimmung des Entschädigungsanspruchs

Zusammenfassend ergibt sich somit folgendes **Abrechnungsmodell für einen Entschädigungsanspruch nach § 642 BGB**: 329

Schritt 1: Bestimmung der vereinbarten Vergütung für die Dauer des Annahmeverzugs

Schritt 2: Bestimmung der vereinbarten Vergütung für die tatsächlich während des Annahmeverzuges erbrachten Leistungen – optional –

Schritt 3: Nachweis des tatsächlichen anderweitigen Erwerbs

Schritt 4: Bestimmung der vereinbarten Vergütung für die Leistungen, für die ein anderweitiger Erwerb erzielt wurde

Schritt 5: Ermittlung der Differenz aus Schritt 4 und 3 als fehlender Ausgleich beim anderweitigen Erwerb (fehlender Ausgleich)

Schritt 6: Bestimmung der tatsächlich nicht ersparten Aufwendungen (auch beim fehlenden Ausgleich des anderweitigen Erwerbs), die aber kausal auf den Annahmeverzug zurückzuführen sind;

Die angemessene Entschädigung ist somit die Summe aus dem fehlenden Ausgleich beim anderweitigen Erwerb (Schritt 5) und den nachgewiesenen tatsächlich nicht ersparten Aufwendungen (Schritt 6).

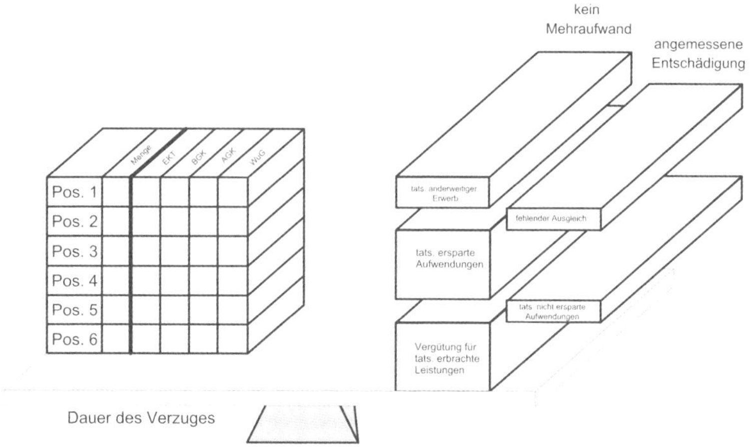

Abb. 170: Vorschlag für ein konkretes Abrechnungsmodell

9.4.1 Vereinbarte Vergütung

330 Für die Leistungen, die ursprünglich für den Zeitraum vorgesehen waren, der nunmehr die Phase des Verzuges darstellt, ist die vereinbarte Vergütung zu bestimmen. Dies geschieht ausschließlich nach den vertraglich vereinbarten Einheitspreisen und den vorgesehenen Ausführungsmengen. Im Hinblick darauf, dass in weiteren Bearbeitungsschritten die ersparten Aufwendungen in Abzug zu bringen sind, erscheint eine Aufgliederung des vertraglichen Einheitspreises in die Hauptkostenarten (Lohn, Geräte, NU-Leistungen u. a.) und in die Zuschläge (für Baustellengemeinkosten, Allgemeine Geschäftskosten und Wagnis und Gewinn) sinnvoll und notwendig.

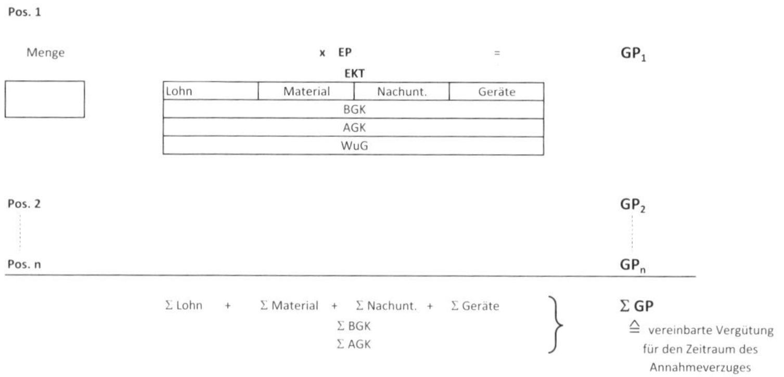

Abb. 171: Ermittlung der vereinbarten Vergütung

Die vorgesehene Ausführungsmenge ist anhand der Bauablaufplanung in Verbindung mit der Kapazitätsplanung und anderer Planungs- und Kalkulationsunterlagen zu bestimmen und letztlich auch unter Beweis zu stellen, da diese eine wesentliche Größe des Entschädigungsanspruches definiert.

▶ **Beispiel Baugrubenaushub (stark vereinfacht)**

Es sei ein Baugrubenaushub von 6.400 m³ in sehr begrenztem Baufeld vorgesehen gewesen. Als Ausführungsdauer stand ein Zeitraum von nur 2 Wochen zur Verfügung. Somit war vorgesehen, dass 3.200 m³ pro Woche auszuheben waren. Mit einem gewissen Nachlauf sollte dann noch die Sauberkeitsschicht (1.200 m²) inkl. Planie und Verdichtung der Baugrubensohle erfolgen.

Der Auftraggeber hat die von ihm vorgesehene und durch einen anderen Unternehmer zu erbringende Rampe in die Baugrube nicht rechtzeitig realisiert, so dass der eigentliche Aushub erst eine Woche verspätet beginnen konnte.

Der Auftragnehmer ermittelt die für den Zeitraum des Annahmeverzugs vorgesehene Vergütung wie folgt:

3.200 m³ × 12,00 €/m³ = 38.400,00 € (Aushub, NU-Leistung)
500 m² × 7,20 €/m² = 3.750,00 € (Sauberkeitsschicht, Eigenleistung)

42.150,00 €

Der Einheitspreis für den Aushub setzt sich aus 10,00 €/m³ (EKT) für Nachunternehmerkosten und 2,00 €/m³ (≙ 20% auf EKT) für Zuschläge zusammen. Der Einheitspreis für die Eigenleistungen soll sich aus Lohnkosten von 4,00 €/m² (= 0,1 h/m² × 40,00 €/h), Material- und Gerätekosten von 2,00 €/m² und Zuschlägen in Höhe von 1,20 €/m² (≙ 20% auf EKT) ergeben haben.

9.4.2 Vergütung tatsächlich erbrachter Leistungen

Für den Fall eines vollkommenen Stillstands der Arbeiten während des Annahmeverzugs ist keine Berechnung vorzunehmen. Dies gilt auch, wenn man die Formulierung „einerseits nach der Dauer des Verzuges und der Höhe der Vergütung" dahingehend verstehen will, dass dies nur für die Leistungen zu gelten hat, die vom Annahmeverzug betroffen sind. 331

Versteht man die Formulierung aber in einem grundsätzlichen Kontext, also sämtliche Leistungen während des Annahmeverzuges, so wird man aus systematischen Gründen auch die tatsächlichen, im Annahmezeitraum erbrachten Leistungen berücksichtigen und wertmäßig in Ansatz bringen müssen.

Es erscheint hilfreich, ist aber nicht zwingend erforderlich, die Ausführungsmengen von (Teil-)Leistungen, die im Zeitraum des Annahmeverzuges erbracht wurden, gesondert zu betrachten. Sollte sich nämlich herausstellen, dass diese Leistungen unter geänderten Bauumständen erbracht wurden und daher bei den Zusatzkosten im Zeitraum des Annahmeverzuges (vgl. Teil B Rdn. 341) eine Rolle spielen könnten, ist eine separate Behandlung angezeigt.

▸ **Beispiel Baugrubenaushub (Fortführung)**

Dem Auftragnehmer war es möglich, eine Aushubmenge von 400 m^3 ohne Nutzung der Rampe, aber unter erschwerten Bauumständen vom Rand der Baugrube aus zu erbringen.

Der Auftragnehmer erhält somit eine vorgesehene Vergütung von:

$$400\ m^3 \times 12{,}00\ €/m^3 = 4.800{,}00\ €\ \text{(Aushub)}$$

9.4.3 Ersparte Aufwendungen

332 Kernpunkt der Bestimmung einer Entschädigung ist die Definition der ersparten Aufwendungen. Diese sind sämtliche Aufwendungen, die der Auftragnehmer erspart hat, weil sie nicht angefallen sind, oder die er durch anderweitige Verwendung seiner Arbeitskraft erspart hat.

Ersparte Aufwendungen können nur solche sein, die in einem ursächlichen Zusammenhang mit einer Behinderung stehen; sie müssen dadurch erspart sein, dass der Auftragnehmer in der Durchführung seiner Leistung behindert war.

Die häufig genutzte Argumentation, dass die von der Rechtsprechung zum § 649 BGB (Kündigung durch Besteller) entwickelten Grundsätze auch auf den § 642 BGB anwendbar seien, ist nicht zwingend, da bei einer Kündigung gerade die eigentliche Leistung nicht ausgeführt wird und die Thematik der Kalkulationsansätze anders zu bewerten ist (s. dazu Teil A Rdn. 845 f.). Baubetrieblich ist eine Anlehnung an Kündigungsgesichtspunkte bei der Bestimmung einer Entschädigung störend. Für § 649 BGB (Kündigung) ist anerkannt, dass nur sog. echte Füllaufträge zu berücksichtigen sind. Es kommt jedenfalls immer darauf an, ob der Schuldner auf Grund der Nichterfüllung des Vertrags durch die frei gewordenen Leistungen Einnahmen erzielt hat oder hätte erzielen können. Unter echten Füllaufträgen sind solche Aufträge zu verstehen, die der Unternehmer erst in Folge der Kündigung des Vertrags hat annehmen und ausführen können. Die Vergütung aus einem Auftrag, der dem Unternehmer bereits erteilt war und den er neben dem gekündigten Auftrag ohne Veränderung der Betriebsstruktur (z. B. Personalaufstockung) hätte ausführen können, ist nicht anzurechnen.

Am nachfolgenden Beispiel soll aufgezeigt werden, dass eine Anlehnung an 333
die Grundsätze der Kündigungsabrechnung nicht sinnvoll ist.

Beispiel:

Der Auftragnehmer hat geplant, nach dem Auftrag 1 (Dauer vom 01.03.XX bis zum 31.03.XX) einen annähernd gleich großen Auftrag 2 auszuführen, nämlich im Zeitraum vom 01.04.XX bis 30.04.XX.

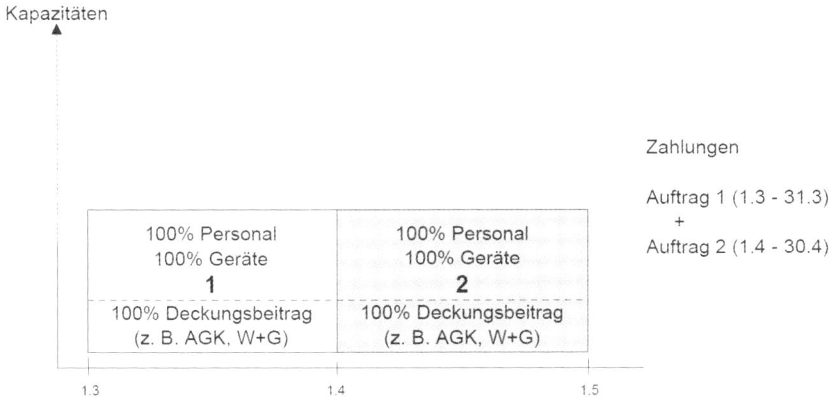

Abb. 172: Geplante, ungestörte Auftragsabfolge

Dem Auftragnehmer ist es gelungen, den Auftrag 2 vorzuziehen und den Auftrag 1 nach Ende des Annahmeverzuges am 31.03.XX zu beginnen.

Abb. 173: Tatsächliche Auftragsabfolge

Bei einer Anlehnung an die Grundsätze der Kündigungsabrechnung würde dem Auftragnehmer ein Entschädigungsanspruch in Höhe der vollen Auftragssumme zustehen, da der Auftrag 2 nicht als Füllauftrag angesehen werden kann. Ein solches Ergebnis ist aber unzulässig, da der BGH bereits entschieden hat, dass ein Unternehmer bei der freien Kündigung nicht besser gestellt werden darf als bei Durchführung des Vertrags (Teil A Rdn. 846).

Es zeigt sich, dass es bei § 642 BGB für die Frage des anderweitigen Erwerbs nicht darauf ankommen kann, ob ein echter Füllauftrag vorliegt. Es kann nur darauf ankommen, ob der Unternehmer die durch den Annahmeverzug frei gewordenen Kapazitäten anderweitig einsetzen kann oder ob dies nicht möglich ist. Kann er Personal, Gerät oder Kapital während des Annahmeverzugs einsetzen und hierdurch Einnahmen erzielen, hängt die Anrechnung als anderweitiger Erwerb nicht davon ab, ob es sich um einen echten Füllauftrag handelt. Die Höhe der Anrechnung kann sich nur an dem tatsächlichen Erwerb orientieren.

334 Die BGH-Entscheidung zur freien Kündigung und der geforderten Nicht-Besserstellung des Unternehmers, auf die bereits hingewiesen wurde, ist auf den Annahmeverzug gar nicht übertragbar, wie das folgende Beispiel verdeutlicht.

▶ **Beispiel:**

Der Auftragnehmer hat geplant, einen Auftrag 1 (Dauer vom 01.03.XX bis zum 31.03.XX) auszuführen. Die Auftragslage ist zum Jahresbeginn schwierig und bis zum 01.03.XX (Beginn des Annahmeverzugs) ist es ihm noch nicht gelungen, seinen Betrieb ab dem 01.04.XX auszulasten. Wie sich später zeigen soll, gelingt ihm dies aber problemlos für den Zeitraum ab 01.05.XX.

Abb. 174: Geplante, ungestörte Auftragsabfolge

Der Auftragnehmer erbringt die Leistung im Zeitraum vom 01.04. bis 30.04.XX.

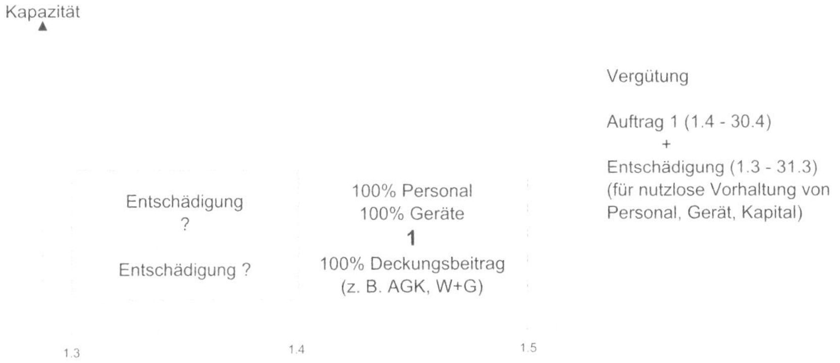

Abb. 175: Tatsächliche Auftragsabfolge

In diesem Fall wäre dem Unternehmer eine Entschädigung zuzusprechen, da er sein Personal und seine Geräte vergeblich vorgehalten hat und ihm durch die Ausführung der ursprünglichen Leistungen im April XX die Möglichkeit genommen wurde, einen zusätzlichen Auftrag für diesen Zeitraum zu erhalten. Ob es ihm überhaupt gelungen wäre, soll hier keine Rolle spielen.

In welcher Höhe sich die ersparten Aufwendungen bewegen, wird nachfolgend untersucht. 335

Beispiel:

Der Auftragnehmer hat geplant, nach dem Auftrag 1 (Dauer vom 01.03.XX bis zum 31.03.XX) einen annähernd halb so großen Auftrag 2 auszuführen, nämlich im Zeitraum vom 01.04.XX bis 30.04.XX.

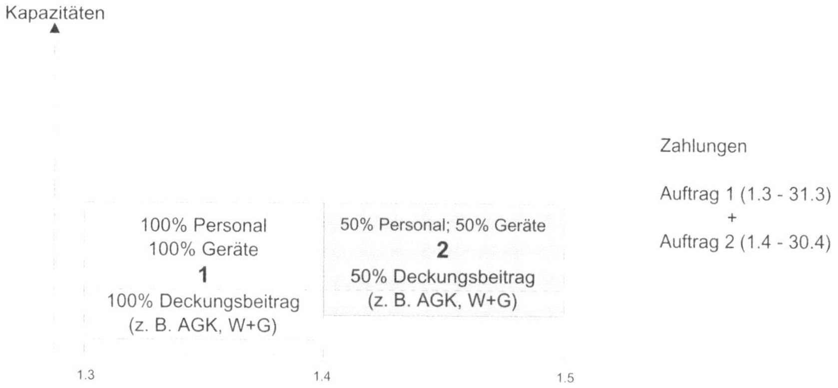

Abb. 176: Geplante, ungestörte Auftragsabfolge

Dem Auftragnehmer ist es gelungen, den Auftrag 2 vorzuziehen und den Auftrag 1 nach Ende des Annahmeverzuges am 31.03.XX zu beginnen.

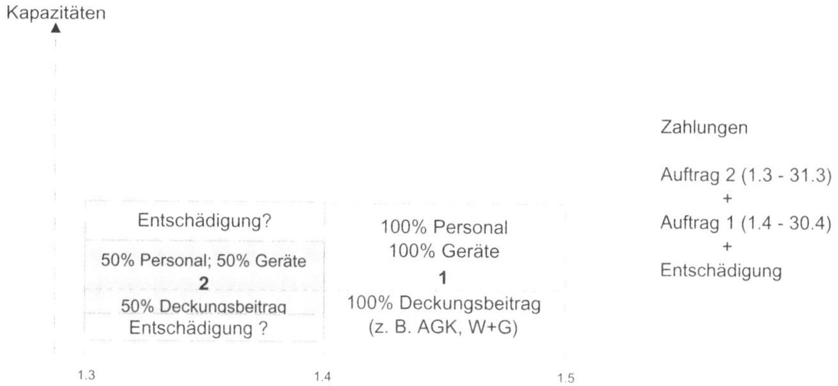

Abb. 177: Tatsächliche Auftragsabfolge

Erkennbar kann eine Entschädigung für die nutzlose Vorhaltung von Personal, Geräte und Kapital gewährt werden, weil die vollen Kapazitäten für die Abwicklung des verschobenen Auftrags nutzlos vorgehalten werden mussten. Es ist also auch falsch, wenn postuliert wird, dass es nicht darauf ankommen würde, wie hoch ein anderweitiger Erwerb sei, sondern dass es ausschließlich darauf ankäme, ob überhaupt ein anderweitiger Erwerb während des Annahmeverzugs gegeben sei. Wenn dem so wäre, könnte der Schuldner möglicherweise sogar eine Pflicht oder Obliegenheit für den Unternehmer ableiten, nicht kostendeckende Aufträge anzunehmen, um so Entschädigungsansprüchen gänzlich zu entgehen.

Anders als bei der Bestimmung von Kosten im Rahmen einer Kündigung wird man daher bei der Entschädigungsberechnung nicht auf ersparte Aufwendungen, die kalkulatorisch ermittelt werden, zurückgreifen können, sondern auf tatsächlich entstandene Aufwendungen.

Dies vor allem, weil der Unternehmer einen angemessenen Ausgleich der verzugsbedingten Nachteile (z. B. Vorhaltung von Personal, Geräten und monetären Mitteln sowie Verwaltungsmehraufwand) erhalten soll. Würde man aber auf die Kalkulation abstellen, würden sich Fehler/Ungenauigkeiten in der Kalkulation fortschreiben. Hätte der Unternehmer in seiner Kalkulation den Preis einer Nachunternehmerleistung zu hoch bewertet, würde ihm dieser Vorteil zum zweiten Mal zu Gute kommen.

▶ Beispiel Baugrubenaushub (Fortführung)

Der Auftragnehmer war im Rahmen seiner Kalkulation davon ausgegangen, dass die Aushubleistungen für 10,00 €/m³ von noch zu bindenden Nachunternehmern erbracht werden würden. Tatsächlich konnte er einen Preis von 7,00 €/m³ verhandeln, so dass ein „Vergabegewinn" von 3,00 €/m³ und somit von 19.200,00 € (= 6.400 m³ × 3,00 €/m³) erzielt wurde.

Bei Berücksichtigung der kalkulativen Ansätze bei der Entschädigungsberechnung würde dieser „Vergabegewinn" ein zweites Mal zum Tragen kommen. Die vereinbarte Vergütung für den Zeitraum des Annahmeverzuges beträgt 42.150,00 €, davon sind 38.400 € den Aushubleistungen zuzuordnen. Die nicht ersparten Aufwendungen beim Aushub wären 28.000,00 € (= 3.200 m³ – 400 m³) × 10,00 €/m³), da der Nachunternehmer Forderungen für die Nichtausführung von 2.800 m³ im Zeitraum des Annahmeverzuges nachweislich gestellt hat. Es fallen somit keine ersparten Aufwendungen im Bereich der EKT an. Die Entschädigung für die Aushubleistungen betrüge somit 28.000,00 € (= 28.000,00 € – 0 €) zzgl. Entschädigung im Bereich der Gemeinkosten, die hier nicht weiter behandelt werden sollen.

Bei Berücksichtigung der tatsächlichen Aufwendungen würden ersparte Kosten von 19.600,00 € (= 2.800 m³ × 7,00 €/m³) zu berücksichtigen sein und zu einem Entschädigungsanspruch 8.400,00 € (= 28.000,00 € – 19.600,00 €) im Bereich der EKT führen.
Der Auftragnehmer hätte also bei der kalkulatorischen Berücksichtigung

der ersparten bzw. der nicht ersparten Kosten seinen Vergabegewinn zumindest anteilig ein weiteres Mal „bezahlt" bekommen.

Die Vor- oder Nachteile, die sich aus der Kalkulation der Kosten gegenüber der tatsächlichen Situation ergeben, also die sog. Vergabegewinn oder -verluste, realisieren sich für den Auftragnehmer bei der Abrechnung der (später) ausgeführten Leistungen.

Üblicherweise ist von Kalkulationen auszugehen, die die bei der Realisierung anfallenden Kosten richtig abgebildet haben. Daher ist bei der Bestimmung der ersparten Kosten zunächst von den vollen Ersparnissen ausgehen. Erst wenn vom Auftragnehmer abweichende Nachweise zu den tatsächlichen Aufwendungen (also den nicht ersparten Kosten) vorlegt werden, sind diese zu berücksichtigen.
Die ursprüngliche Kalkulation sollte also nur dann zur Bestimmung der ersparten Aufwendungen dienen, wenn keine Anhaltspunkte für eine andere Entwicklung der Kosten vorliegen.

Gesondert betrachtet werden muss die Beurteilung der Gemeinkosten bzw. der in der Vergütung enthaltenen Zuschläge. Bei der Bestimmung der vereinbarten Vergütung wurden bereits die kalkulierten Anteile für Baustellengemeinkosten und Allgemeine Geschäftskosten sowie Wagnis und Gewinn separiert.

Es lässt sich weder aus dem Gesetzestext noch auf Grund baubetrieblicher Überlegungen erkennen, dass der Auftragnehmer für diese Kosten keinen Ausgleich erhalten sollte. So hat auch das OLG Köln v. 14.08.2003, 12 U 114/02 entschieden, dass Verwaltungskosten, die der Unternehmer wegen des Annahmeverzuges unnütz aufgewendet hat, abgegolten werden. Das OLG Hamburg sieht in seinem Urt. v. 29.03.2012 13 U 26/07 einen Ausgleich der verzugsbedingten Nachteile (z. B. Gerätestillstandskosten, Verwaltungsmehraufwand) – soweit durch Verzug bedingt – für notwendig. Analog zur Vorgehensweise bei den Einzelkosten der Teilleistungen sind auch für diese Posten die ersparten Aufwendungen und letztlich auch der Erwerb durch anderweitige Verwendung der erfassten Kapazitäten zu ermitteln und in Abzug zu bringen.

336 Bei den **Baustellengemeinkosten** wird man zunächst ermitteln müssen, welche Kosten für die Vorhaltung primär der Baustelleneinrichtung während des Zeitraums des Annahmeverzugs aufgewendet wurden. Es wird sich hierbei hauptsächlich um die Kosten für die Bauleitung, also Gehaltskosten, und die Kosten für Vorhaltegeräte sowie Materialkosten (Verbrauchsstoffe) handeln. Die vergebliche Vorhaltung von Leistungsgeräten hingegen wird bei den Einzelkosten der Teilleistungen (EKT) zu beachten sein.

Anschließend wird zu klären sein, ob die Baustellengemeinkosten innerhalb von LV-Positionen oder in Form einer Umlage auf LV-Positionen erfasst wurden. Der Auftragnehmer wird, wenn er nicht ersparte Aufwendungen ermitteln will, seine Kalkulation zu den Baustellengemeinkosten offenlegen müssen. Aus diesen Unterlagen ist nämlich zu erkennen, welche einzelnen Gemeinkostenansätze an welcher Stelle bedacht wurden. Auf die Höhe der Kalkulationsansätze wird es aber nicht ankommen, da die Auswirkungen von unzutreffenden Kalkulationsansätzen, wie bereits weiter oben erläutert, zu behandeln sind. Es sind die tatsächlichen Aufwendungen maßgebend. Wichtig für den Auftraggeber ist es aber, beurteilen zu können, ob die angeführten tatsächlichen Kosten auch an der richtigen Stelle verrechnet werden, um so Doppelberechnungen ausschließen zu können.

▶ **Beispiel:**

Der Auftragnehmer fordert für seinen Polier, den er für die Dauer des Annahmeverzuges nicht anderweitig einsetzen konnte, Unterbringungskosten. Er führt diese Kosten als nicht ersparte Aufwendungen bei den Baustellengemeinkosten an. Bei der Prüfung der Mittellohnberechnung stellt sich aber heraus, dass diese Kosten Eingang in den Mittellohn gefunden haben. Da dem Auftragnehmer aber bereits eine Entschädigung für Personalkosten zu gestanden wurde, da auch das gewerbliche Personal nicht anderweitig zum Einsatz kam, könnte eine Doppelabrechnung vorliegen. Es ist also zu hinterfragen, welche Aufwendungen bei den Lohnkosten als erspart angegeben wurden.

Bei einer Kalkulation mit vorbestimmten Zuschlägen wird es ebenfalls nur darauf ankommen, eine Doppelberechnung ausschließen zu können.

In der Praxis ist häufig festzustellen, dass Auftragnehmer eine Vielzahl von Nachweisen vorlegen können, für die nicht erkennbar ist, wo diese Aufwendungen eigentlich in der Kalkulation berücksichtigt wurden. Dieser Nachweis ist aber, wenn man der obigen Methodik folgen will, auch nicht notwendig, da lediglich aufgezeigt werden muss, dass sie tatsächlich entstanden sind, in ursächlichem Zusammenhang mit einer Behinderung stehen und festgestellt sein muss, dass der Auftragnehmer nicht an anderer Stelle bereits eine Entschädigung hierfür erhalten hat. Die Fehler, Vorteile und Ungenauigkeiten in der Kalkulation realisieren sich – nur einmal – bei der Abrechnung der erbrachten Leistungen. Ansonsten hat der Besteller auf Grund der von ihm zu vertretenden Obliegenheitsverletzung für einen angemessenen Ausgleich der Aufwendungen zu sorgen.

Nach den üblichen Kalkulationsgrundsätzen enthält die Vergütung auch An- **337**
teile zur Deckung der **Allgemeinen Geschäftskosten**. Somit besteht zunächst ein grundsätzlicher Anspruch auf Erstattung dieser Aufwendungen sofern

nicht durch ersparte Aufwendungen oder anderweitigem Erwerb ein Ausgleich geschaffen wurde.

Die von Althaus/Bartsch (vgl. Althaus/Heindl, 2. Aufl., Teil 4, Rn. 271) vertretene Auffassung, der § 642 BGB sei die einzige Anspruchsgrundlage, die dem Auftragnehmer einen Ausgleich für die zeitbezogene Unterdeckung der ursprünglich kalkulierten und hypothetisch ohne die Behinderung erzielten Allgemeinen Geschäftskosten gewähren würde, ist eingeschränkt zu teilen. Die Höhe des Entschädigungsanspruchs ist sicherlich abhängig von der Dauer des Verzuges, aber eben auch von dem in diesem Zeitraum eigentlich vorgesehenen Leistungsumfang. Die Formulierung im § 642 BGB geht von der Höhe der vereinbarten Vergütung aus.

▶ **Beispiel:**

Sollte der Nachunternehmer die für den Aushub vorgesehenen Kapazitäten kurzfristig bei einem anderen Bauvorhaben einsetzen können, werden auf dieser Baustelle auch zusätzliche Allgemeine Geschäftskosten erwirtschaftet.

Es kann in seltenen Fällen dazu kommen, dass der prozentuale Ansatz für die Allgemeinen Geschäftskosten zwischen dem vom Annahmeverzug betroffenen Bauvorhaben und dem, bei dem ein anderer Erwerb erzielt wird, differiert. Dies könnte dadurch bedingt sein, dass die Verträge in anderen Geschäftsperioden abgeschlossen wurden. Oftmals bietet der Auftragnehmer auch günstiger an, um überhaupt Ersatzaufträge akquirieren zu können. Daher wird auf Ansätze für Wagnis und Gewinn und die Allgemeinen Geschäftskosten verzichtet. In solchen Fällen wird man auch diese Differenz bei der Erwirtschaftung der Allgemeinen Geschäftskosten bei der Entschädigungsberechnung berücksichtigen müssen.

338 Gemäß einem in Fachkreisen stark kritisierten Urt. des BGH v. 21.10.1999 (VII ZR 185/98) sollen entgangener **Gewinn und Wagnis** nicht zu einer Entschädigung nach § 642 BGB gehören. Mit Blick auf den Fall einer freien Kündigung wird entgegengehalten, dass dem Auftragnehmer bei § 642 die Deckungsanteile, die ihm in Folge des Annahmeverzuges entgangen sind, in voller Höhe erhalten bleiben sollen.
Folgt man der bislang skizzierten Abrechnungsvorschrift, wird schnell klar, dass die kalkulierten Beträge für Wagnis und Gewinn vollständig, wenn auch um die Dauer des Annahmeverzugs später, erwirtschaftet werden. Es besteht daher gar keine Veranlassung, auf die Entschädigungskosten einen zusätzlichen Wagniszuschlag zu gewähren (s. dazu auch ausführlich Teil A Rdn. 847 ff.). Das einzige zusätzliche Wagnis besteht in der etwas späteren Bauwerksrealisierung. Da aber die Möglichkeit besteht, die sich hierdurch realisierten Wagnisse bei den verzugsbedingten Zusatzkosten außerhalb

des Zeitraums des Verzuges zu fordern (z. B. Mehrkosten aus geänderten Witterungseinflüssen oder verlängerte Zurverfügungstellung von Bürgschaften), bedarf es keines kalkulatorischen Ansatzes. Dies kann auch für das oftmals vom Auftragnehmer vorgetragene Argument der verlängerten Gefahrtragung bis zur Abnahme gelten.

9.4.4 Erwerb durch anderweitige Verwendung

Ebenfalls anzurechnen ist der Erwerb, der durch eine anderweitige Verwen- 339
dung der Arbeitskraft erzielt werden konnte (anderweitiger Erwerb). Mit der Erwirtschaftung anderweitigen Erwerbs kommt der Auftragnehmer letztlich einer Pflicht zur Minderung der Entschädigung nach. Es wird aber anders als in § 649 oder § 326 BGB nicht davon gesprochen, dass er sich auch das anrechnen lassen muss, was er böswillig zu erwerben unterlassen hat. Es wird also wiederum nur auf den tatsächlichen anderweitigen Erwerb abgestellt.

Wie die ersparten Aufwendungen beeinflusst auch der anderweitige Erwerb die Höhe der Entschädigung. Daher ist zu beachten, dass durch den anderweitigen Einsatz der Produktionsmittel auch tatsächlich ein Erwerb erwirtschaftet wird und die Produktionsmittel nicht nur an anderer Stelle ohne zusätzlichen Nutzen eingesetzt werden. Es muss sich also um den Werklohn aus Verträgen handeln, die ohne den Annahmeverzug nicht abgeschlossen und erfüllt hätten werden können.

Soweit bei anderen Aufträgen bzw. Arbeiten nur Teile der ursprünglich kalkulierten Kosten gedeckt werden, ergibt sich aus dem Saldo der vereinbarten Vergütung und des anderweitigen Erwerbs eine Differenz, die vom Auftraggeber zu entschädigen ist. Nicht entschieden ist in diesem Zusammenhang die Fragestellung, ob ein Auftragnehmer verpflichtet ist, Aufträge anzunehmen, die nicht einmal die Selbstkosten decken und somit nur im Interesse des sich im Annahmeverzug befindenden Auftraggebers sind.

Werden bei anderen Aufträgen die auf der gestörten Baustelle ursprünglich kalkulierten Kosten in voller Höhe gedeckt oder sogar ein zusätzlicher Gewinn erwirtschaftet, beträgt die vom Auftraggeber zu zahlende Entschädigung gleich Null. Eine Verrechnung zusätzlicher Gewinne ist regelmäßig nicht geboten, da anderenfalls der Auftraggeber durch seine verspätete oder unterlassene Mitwirkungshandlung aus dem anderweitigen Einsatz von Kapazitäten bei anderen Aufträgen einen unberechtigten Vorteil erlangen würde.

9.4.5 Nachweis- und Beweislast

340 Auf das in diesem Zusammenhang bestehende Informationsdefizit des Auftraggebers hat der BGH in einem Urt. v. 11.02.1999 (VII ZR 399/97 v. 11.02.1999) hingewiesen. Es wird die Vorlage einer prüffähigen Berechnung gefordert, damit der Auftraggeber in die Lage versetzt wird, prüfen zu können, ob der Auftragnehmer die ersparten Kosten und sicherlich auch den Erwerb durch anderweitige Verwendung der Kapazitäten auf Grundlage der dem Hauptvertrag zugrunde liegenden Preisermittlung zutreffend berücksichtigt hat (s. dazu ausführlich Teil A Rdn. 853 ff.). Erfüllt der Auftragnehmer diese Nachweispflicht, ist es Sache des Auftraggebers darzulegen und zu beweisen, dass andere Ersparnisse bzw. Erwerbe erfolgten. Dies scheitert für den Auftraggeber oftmals an dem hierzu fehlenden umfassenden Einblick in die Auftrags- und Unternehmenssituation des Auftragnehmers.

9.4.6 Verzugsbedingte Zusatzkosten im Zeitraum des Verzuges

341 Zusätzliche Kosten können durch Maßnahmen zur Verringerung der Auswirkungen des (Annahme-) Verzuges entstehen, also beispielsweise durch einen Verwaltungsmehraufwand (aber Abgrenzung zur Berücksichtigung der Allgemeinen Geschäftskosten notwendig) oder auch Transportkosten für Personal oder Geräte, um einen anderweitigen Erwerb auf einer anderen Baustelle realisieren zu können.

▶ **Beispiel (Fortführung)**

Dem Auftragnehmer war es möglich, eine Aushubmenge von 400 m^3 ohne Nutzung der Rampe aber unter erschwerten Bauumständen vom Rand der Baugrube aus zu erbringen. Diese Erschwernisse wurden zwischen den Vertragspartnern mit 10% abgeschätzt.

Da der Auftragnehmer für die Aushubleistung bereits über die Abrechnung der erbrachten Leistungen eine Vergütung erhalten kann, sind nur die Kosten für die Erschwernisse an dieser Stelle zu erfassen.

EKT: 400 m^3 × 12,00 €/m^3 × 10%	= 528,00 €
GK: 528,00 € × 20% (Zuschlag)	= 63,36 €
	= 591,36 €

Diese Maßnahme war sicherlich sinnvoll, da ansonsten durch den Stillstand der Kapazitäten vom Nachunternehmer Forderungen in Höhe von 2.800 € (= 400 m^3 × 7,00 €/m^3) erhoben worden wären.

In Folge dieser Zusatzkosten muss daher die Höhe der Entschädigung nicht zwangsweise auf die vereinbarte Vergütung im Zeitraum des Annahmeverzugs begrenzt sein.

9.4.7 Verzugsbedingte Zusatzkosten außerhalb des Zeitraums des Verzuges

Die zeitliche Verschiebung der weiteren Bauausführung kann dazu führen, 342
dass bspw. Mehrkosten auf Grund höherer Material- und Lohnkosten zum Zeitpunkt der tatsächlichen, nun aber späteren Leistungserbringung anfallen oder ein erhöhter Aufwand auf Grund einer Verschiebung von Tätigkeiten in eine ungünstige Jahreszeit entsteht. Der Entschädigungsanspruch erstreckt sich auch über diese zusätzlichen Kosten, da der Werklohnanspruch des Auftragnehmers nicht durch den Annahmeverzug des Auftraggebers geschmälert werden darf. Der Nachweis und die Bewertung schwankender Material- oder Lohnkosten führen allerdings zwangsläufig zu einer Reihe von Problemen, angefangen von der Einschätzung zur Üblichkeit eines höheren Materialpreises bis hin zur Dokumentation des Zusammenhangs zwischen Kapazität, Kosten und Zeit.

Das OLG Köln hat in seinem Urt. v. 14.08.2003 (12 U 114/02) zu **Beschleunigungskosten** in Form von Überstundenzuschlägen zur Reduzierung der Folgen eines Annahmeverzuges die Auffassung vertreten, dass „Mehrarbeit, die nach Beendigung des Annahmeverzuges zum schnelleren Abschluss der Arbeiten anfällt", gerade nicht nach der Systematik des § 642 BGB erfasst wird. Das OLG Düsseldorf (BauR 1983, S. 473, 475) hat hingegen ohne Begründung in einem Urteil Mehrkosten wegen erhöhter Material- und Personalkosten anerkannt.

Folgt man den Ausführungen von Kniffka (ibr-online-Kommentar Bauvertragsrecht, Stand 03.06.2008, § 642 Rn. 54), so ist die vereinbarte Vergütung als Bewertungsmaßstab für die Ermittlung zusätzlicher Kosten, die erst in Folge des Annahmeverzugs erforderlich wurden, anzusehen (vgl. auch Freiboth, S. 57 f., Schilder, S. 174). Aus diesem Grund ist die Höhe der Entschädigung auch nicht auf den vereinbarten Vertragspreis für die Dauer des Verzugs begrenzt. Ähnlich wie bei zusätzlichen Leistungen soll für die Bewertung zusätzlicher Leistungen, die in Folge einer unterlassenen Mitwirkungshandlung und einem nachfolgenden Annahmeverzug entstehen, das Preisniveau der vertraglich vereinbarten Leistung maßgebend sein. Entsprechende **Material- oder Lohnkostenänderungen** sind demzufolge mit Hilfe geeigneter Preisniveaufaktoren anzupassen. Die Systematik der Berechnung soll aus der Vergütungsberechnung für eine zusätzliche Leistung übernommen werden. Der Auftraggeber würde auch keinen unangemessenen Nachteil erleiden, da bei einer von vornherein für einen späteren Zeitpunkt geplanten Bauausführung die Kostensteigerungen ja auch kalkulatorisch berücksichtigt worden wären.

Dies ist auch die Begründung dafür, dass für diese Leistungen die kalkulativen Zuschläge, also auch Wagnis und Gewinn, erhalten bleiben.

Weitere verzugsbedingte Zusatzkosten können unter anderem durch eine Verschiebung der Vertragsleistung in ungünstigere **Witterungsperioden** entstehen. Neben einer reinen Verlängerung der Bauzeit können beispielsweise auch witterungsbedingte Minderleistungen oder zusätzliche Winterbaumaßnahmen anfallen.

Gegen diese vorgeschlagene Methodik spricht aber wieder der Gedanke, dass das eigentliche Werk vollständig erstellt wird und die Kalkulationsrisiken vom Auftragnehmer nur einmal zu tragen sind. Nachfolgendes Beispiel soll anhand einer Berechnung der Lohnsteigerungskosten die Problematik erläutern.

▶ **Beispiel:**

Geplant war von Auftragnehmer folgender Einsatz seines Personals. Diese Verteilung soll auch mit der übereinstimmen, die sich bei Analyse des Bauablaufplans ergeben hätte. Nach dem 1.4. XX, ab dem üblicherweise im Bauwesen die tariflichen Lohnerhöhungen greifen, sollen noch 16 Mannmonate zu leisten sein. Die Lohnerhöhungskosten sollen im Verrechnungslohn anteilig Berücksichtigung gefunden haben.

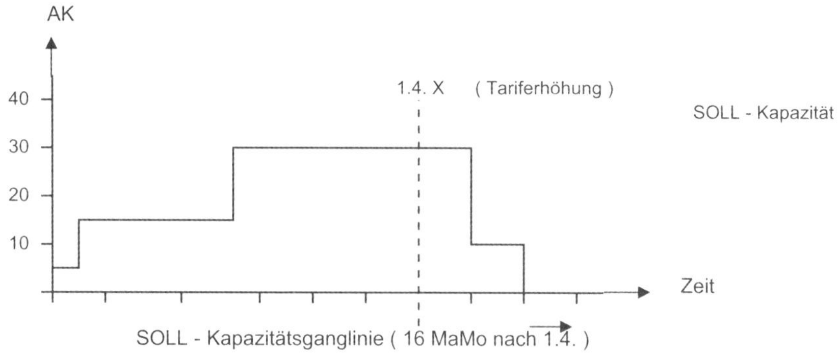

Abb. 178: Soll-Kapazitätsganglinie (16 MaMo nach dem 1.4.XX)

Nach dem 3-monatigen Annahmeverzug würde die störungsmodifizierte $Soll_{mod}$-Kapazitätsganglinie wie folgt aussehen. Das Bauende ist um 3 Monate verspätet. Nach dem 1.4.XX würden nunmehr 34 Mannmonate zu leisten sein.

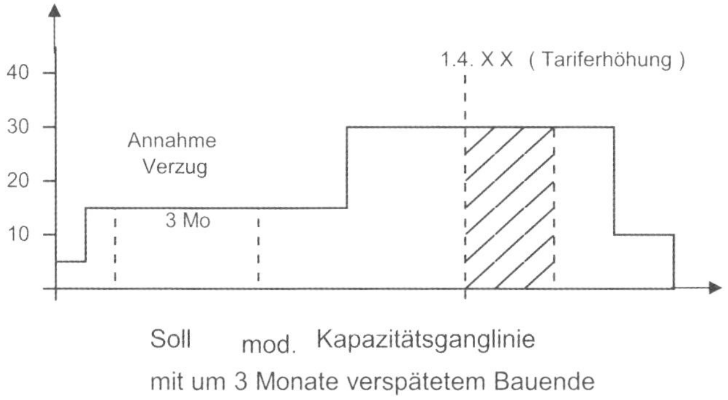

Abb. 179: Soll-Kapazitätsganglinie (34 MaMo nach dem 1.4.XX)

Tatsächlich hat der Auftragnehmer aber eine größere Belegschaft auf die Baustelle gebracht und somit erreicht, dass sich der Fertigstellungstermin nur um einen Monat verschoben hat. Tatsächlich wurden nur 31 Mannmonate nach dem 1.4.XX geleistet.

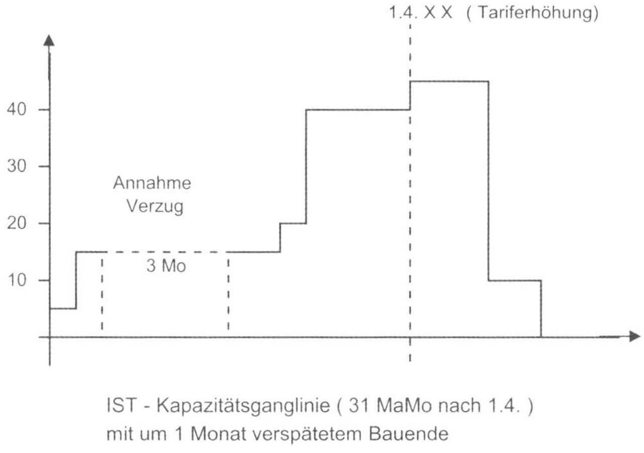

Abb. 180: Ist-Kapazitätsganglinie (31 MaMo nach dem 1.4.XX)

Würde man eine rein kalkulative Ermittlung der Mehrkosten analog einer Berechnung nach § 2 Abs. 5 bzw. Abs. 6 VOB/B zulassen, würde möglicherweise eine Berechnung auf Basis von 18 Mannmonaten (= 34 MaMo – 16 MaMo) multipliziert mit einen kalkulierten Stundenverrechnungssatz und 178 h/Mo multipliziert mit der tariflichen Lohnerhöhung erfolgen. Korrekt wäre zunächst auch bei einer Berechnung nach § 2 Abs. 5 bzw. 6 VOB/B der Ansatz der tatsächlichen Menge, also 15 Mannmonate (= 31 MaMo – 16 MaMo).

Die Nutzung des kalkulierten Stundenverrechnungssatzes führt wiederum dazu, dass der Auftragnehmer die Risiken bzw. Vorteile seiner Kalkulation ein weiteres Mal erfährt. Hier erscheint der Ansatz der tatsächlichen Lohnkosten pro Stunde angemessen und richtig, zumal auch die tarifliche Lohnerhöhung in tatsächlicher Höhe und nicht in dem Umfang, wie sie für die kalkulierten 16 Mannmonate in den Verrechnungslohn Eingang gefunden hat, in Ansatz gebracht wird. Es verbleibt dann nur noch die Frage, wie die Anzahl der Lohnstunden zu bestimmen ist. Bislang wurde davon ausgegangen, dass – möglicherweise wie auch kalkuliert –178 h/Monat zu erbringen sind. Tatsächlich könnte es sein, dass erheblich mehr Stunden als kalkuliert erbracht wurden. Diesen Kalkulationsmangel trägt primär der Auftragnehmer. Warum er aber auch im Fall eines Annahmeverzuges durch den Auftraggeber auch noch zusätzlich das Risiko der Lohnsteigerung tragen soll, ist nicht verständlich. Also auch hier sind die tatsächlich geleisteten Stunden in Ansatz zu bringen.

9.4.8 Sonstige verzugsbedingte Zusatzkosten

343 Da die von der Rechtsprechung geforderte Darlegung der Voraussetzung des § 642 BGB nicht vom Auftragnehmer selber zu bewerkstelligen ist, darf er sich der Hilfe eines Rechtsanwaltes bedienen. Auch **Sachverständigenkosten** können als ersatzfähige Kosten des Auftragnehmers, welche zum Nachweis der Auswirkungen der Behinderung auf den Bauablauf entstanden sind, geltend gemacht werden. In seinem Beschl. v. 04.03.2008 bejaht der BGH (VII ZR 72/06 vom 04.03.2008) allgemein die Erstattungsfähigkeit von Gutachterkosten, wenn die Tätigkeit des Sachverständigen in unmittelbarer Beziehung zu dem sich konkret abzeichnenden Rechtsstreit steht. Ähnlich sieht es das LG Karlsruhe v. 13.01.2006 13 O 133/03, das die angefallenen Kosten für die Einholung eines vorgerichtlichen baubetrieblichen Gutachtens im Rahmen des § 642 BGB ersatzfähig einstufte, da das Gutachten zur zweckentsprechenden Rechtsverfolgung notwendig war.

Als Begründung, warum die Kosten für die baubetriebliche Aufstellung des Entschädigungsanspruches abzulehnen seien, wird angeführt, dass ein Entschädigungsanspruch eben keinen Schadenersatz beinhaltet. Ist man aber bereit, den Entschädigungsanspruch auch außerhalb des reinen Verzugszeitraums wirken zu lassen, so sind analog zum Schadenersatzanspruch sämtliche Kosten für die Feststellung der Ursachen und der zeitlichen wie auch monetären Auswirkungen des Annahmeverzuges zu erstatten.

Ein Anspruch auf Erstattung ergibt sich auch nach § 91 ZPO, wenn baubetriebliche Gutachten zur Rechtsverfolgung notwendig sind, weil bspw. ein Unternehmer/Nachunternehmer wegen fehlender Sachkenntnisse nicht zu einem sachgerechten Vortrag in der Lage ist (OLG Bamberg v. 27.3.2006, **3 W 43/06**).

Die Erstattungsfähigkeit von **Kosten für Mitarbeiter des Auftragnehmers**, die bei der Aufstellung des Entschädigungsanspruches hinzugezogen wurden, ist nach obiger Begründung gegeben. Nicht erstattungsfähig dürften im Rahmen einer üblichen **Mühewaltung** dagegen die Aufwendungen sein, die durch Verhandlungen über die Ansprüche oder prozessbegleitende Abstimmungs- und Informationstätigkeiten entstanden sind.

Es ist also festzustellen, dass, ähnlich wie bei der Vergütungsberechnung, auch bei der Berechnung eines Entschädigungsanspruches noch nicht sämtliche Detailfragen abschließend geklärt sind. Dies darf aber nicht dazu führen, dass auf eine geordnete Entschädigungsberechnung verzichtet wird.

9.5 Geschlossenes Beispiel

Bei einer Linienbaustelle (Verlegung eines Steinzeug-Kanals) taucht bei der Markierung 1.200 m ein Hindernis in Form eines alten Versorgungsschachtes auf. Hier wurde der Versorger vom Auftraggeber beauftragt, den Schacht zu beseitigen. Dies ist jedoch zum erforderlichen Zeitpunkt nicht geschehen, weshalb hier die Ausführung behindert wird. 344

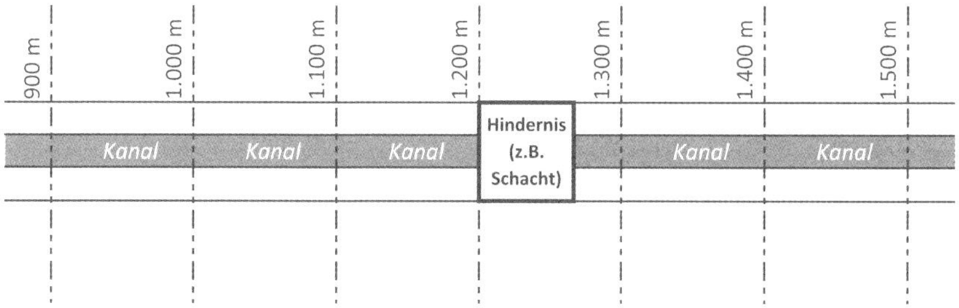

Abb. 181: Ansicht Verlegestrecke Steinzeug-Kanal

Der Arbeitstakt sieht folgendermaßen aus:

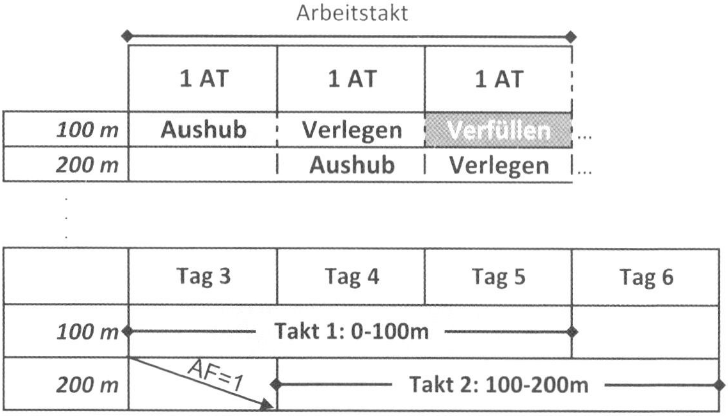

Abb. 182: Arbeitstakt Kanalarbeiten

Jede Teilleistung benötigt 1 Arbeitstag (AT) zur Fertigung der vorgesehenen Taktstrecke (hier 100 m) und springt demzufolge am nächsten Tag unmittelbar zur nächsten Teilstrecke. Der Arbeitstakt *„Aushub – Verlegen – Verfüllen"* dauert somit 3 Arbeitstage (AT) pro 100 m und ist mit dem nächsten Takt durch die Anfangsfolge AF=1 verbunden.

Die Beseitigung des Hindernisses beginnt unmittelbar nach Tag 13.

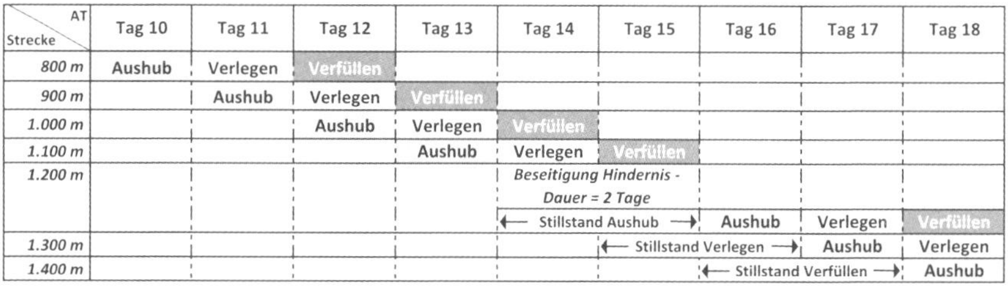

Abb. 183: Bauzeitveränderung in Folge nicht rechtzeitiger Beseitigung des Hindernisses

Die Beseitigung des Hindernisses dauert 2 AT. Die Dauer des Annahmeverzuges beträgt daher ebenfalls 2 AT. An diesem Beispiel wird deutlich, dass die Behinderungen auch noch an den zwei darauffolgenden Tagen bestehen, da die Verlegekolonne erst am 17. Tag einsetzbar ist, weil erst dann die notwendigen Vorleistungen beim Aushub erbracht sind. Die Verfüllkolonne kann aus analogen Gründen erst ab dem 18. Tag zum Einsatz kommen. Eine

Beschränkung des Entschädigungsanspruches auf die Dauer des Verzugs führt zu einer sicherlich vom historischen Gesetzgeber nicht gewollten unvollständigen Entschädigung des Auftragnehmers für den Stillstand seines Personals und der Geräte.

Folgend soll exemplarisch die Berechnung des Entschädigungsanspruches am 14. Tag aufgezeigt werden.

Kalkulierte Kosten für Aushubkolonne (14. Tag)

Lohn:	2 Arbeitskräfte, je 1 AT	
	Baggerfahrer	300,00 €
	Helfer	200,00 €
Gerät:	Bagger, 1 AT	600,00 €
NU:	LKW + Fahrer, $^1/_2$ AT; 700 €/AT	350,00 €
	Anmerkung: Der Einsatz des LKWs war für einen halben Tag für die Aushubkolonnen (Abtransport Aushub) und den anderen halben Tag für die Verfüll-Kolonne (Antransport Sand und Verfüllmaterial) vorgesehen.	
Material:	–	
BGK:	erkennbar nur 1 Bauleiter mit 30%	157,14 €
	(11.000 € × 30%)/21 AT	
AGK:	8% vom Umsatz	128,57 €
Summe laut Kalkulation 14. Tag		**1.735,71 €**

Tatsächliche Kosten für Aushubkolonne (14. Tag)

ersparte Kosten: (EKT)	Helfer wurde auf anderem innerstädtischen Bauvorhaben eingesetzt; zu gleichen Konditionen wie kalkuliert	***0,00 €***
nicht ersparte Kosten: (EKT)	LKW + Fahrer Rechnung NU über 1.600 € für 2 Tage Stillstand (= 800 €/AT)	***400,00 €***
	Rechnungsbetrag ist höher als in der Kalkulation vorgesehen	
	Anteilige Berücksichtigung von $^1/_2$ AT als tatsächliche Kosten	

	→ ***(1.600 € × 0,5)/2 AT***	
	Anmerkung: die restlichen Kosten werden bei der Entschädigungsberechnung für den 15. bis 17. Tag berücksichtigt	
Anderweitiger Erwerb: (EKT)	Bagger und Fahrer konnten für Aushubarbeiten am Schacht des anderen Versorgungsunternehmens eingesetzt werden *Abrechnung: 450,– €*	
Fehlende Deckung: (EKT)	Differenz der kalkulierten Kosten (Bagger + Fahrer) abzüglich Abrechnung von 450,– € → ***(600,00 € + 300,00 €) – 450,00 €***	***450,00 €***
BGK:	Bauleitung war gemäß Nachweis an den zwei Tagen der Bauzeitverlängerung 7 h damit befasst, das eigene Personal und Gerät sinnvoll einzusetzen und mit dem Auftraggeber für eine umgehende Hindernisbeseitigung zu sorgen 7 h/(2 × 8 h) = 41,2% Aus Lohnbuchhaltung geht hervor: Lohnkosten: 6.500 €/Monat + 90% Nebenkosten = **12.350 €** → ***(12.350 € × 41,2%)/21 AT*** *Tatsächliche Lohnkosten konnten aus der Buchhaltung entnommen werden (Problem: Datenschutz!).*	***242,30 €***
Kalkulation AGK:	Umsatzbezogen und/oder andere tatsächliche und zusätzliche AGK → ***hier: 8% vom Umsatz***	***87,36 €***

Entschädigungsanspruch für 14. Tag **1.179,36 €**

Die Teilleistungen „*Verlegen*" und „*Verfüllen*" sind am ersten Störungstag (Tag 14) noch nicht betroffen, da sie noch in den vorhergehenden Taktstrecken arbeiten können.

Die folgende Abb. zeigt, welche Teilleistungen an den Tagen 14 bis 17 stillstehen. Daraus kann anschließend die Berechnung des Entschädigungsanspruches (analog zur Berechnung des 14.Tages) erfolgen.

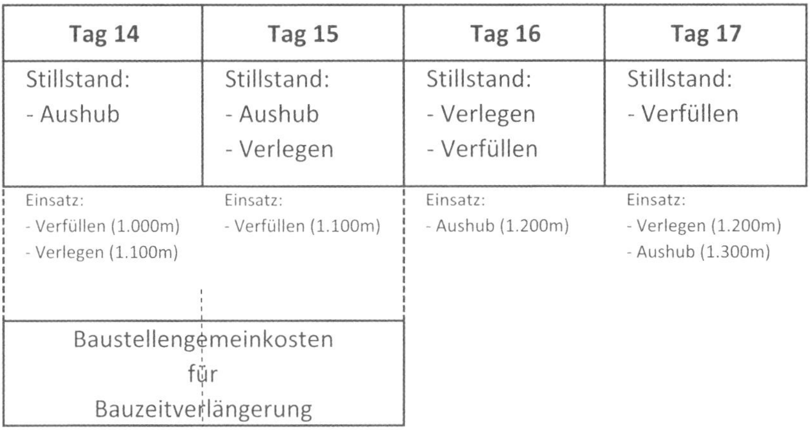

Abb. 184: Entschädigungsanspruch nach Einsatztagen

9.6 Zusammenfassung

Es wird zunächst von einem Gleichgewicht zwischen einerseits der vereinbar- **345**
ten Vergütung für die Leistungen, die im Zeitraum des Annahmeverzugs hätten erbracht werden sollen, und anderseits den ersparten Aufwendungen und einem anderweitigen Erwerb ausgegangen. Eine angemessene Entschädigung ergibt sich erst dann, wenn dieses Gleichgewicht nicht mehr stimmt; der Auftragnehmer also vorträgt, dass entweder der anderweitige Erwerb nicht der entsprechenden vertraglichen Vergütung entspricht und/oder eben nicht sämtliche Aufwendungen erspart sind. Will er eine Entschädigung erhalten, so hat er die Höhe des anderweitigen Erwerbs und die ersparten Aufwendungen unter Beweis zu stellen. Zuvor ist aber noch darzulegen, wie sich der Wert der vereinbarten Leistungen, die im Zeitraum des Annahmeverzugs hätten erbracht werden sollen, zusammensetzt. Nur so ist beim anderweitigen Erwerb der Anteil zu bestimmen, der durch den anderweitigen Erwerb nicht abgedeckt ist. In einem zweiten Nachweisschritt ist dann nämlich zu beurteilen, welche Aufwendungen hiervon noch erspart wurden. Für die ersparten Aufwendungen gilt zunächst der grundsätzliche Ansatz, dass sämtliche Aufwendungen entfallen sind, sofern nicht durch entsprechende Nachweise das Gegenteil aufgezeigt werden kann. Es sind daher ge-

rade die nicht ersparten Aufwendungen erstattungsfähig. Die Höhe der Entschädigung wird nicht durch die vereinbarte Vergütung begrenzt.

Beim Nachweis zur Höhe des Entschädigungsanspruches, also bei den ersparten Aufwendungen und dem anderweitigem Erwerb, ist allein auf tatsächliche Kosten abzustellen. Dies zum einen, da Vergütung und Schadenersatz aus methodischen Überlegungen ausscheiden müssen, und zum anderen tatsächliche Kosten einer üblichen Vergütung, wie sie im Sinne des § 632 BGB wohl zu gewähren wäre, am nächsten kommen und einer schnellen Würdigung durch die Parteien und dem Gericht zugänglich sind. Nur in Zweifelsfällen sind die tatsächlichen Kosten einer Überprüfung nach den Kriterien der Üblichkeit zu unterziehen.

Vereinfachend entspräche der Entschädigungsanspruch den nachgewiesenen nicht ersparten tatsächlichen Aufwendungen.

Neben dem eigentlichen Entschädigungsanspruch wird man wohl auch zusätzliche verzugsbedingte Zusatzkosten für den Zeitraum und auch außerhalb des Zeitraums des Annahmeverzuges zulassen müssen. Auch diese sind konkret über tatsächlich entstandene Aufwendungen nachzuweisen.

10 Mehrvergütung in Folge eines verzögerten Vergabeverfahrens

10.1 Anwendungsgrundsätze entsprechend der BGH-Urteile vom 11.05.2009 und 10.09.2009

Grundsätzlich hat der BGH mit seinem Urteil vom 11.05.2009 (VII ZR 11/08) und 10.09.2009 (VII ZR 152/08) klargestellt, dass das Risiko einer verspäteten Auftragserteilung der öffentliche Auftraggeber trägt. Die ausführlichen Begründungen zeigen auch, dass wohl sämtliche Zeitverzögerungen in Vergabeverfahren, also nicht nur Verzögerungen auf Grund eines Nachprüfverfahrens, sondern auch längere Zeiten für die Wertung von Angeboten, bei öffentlicher und beschränkter Ausschreibung zulasten des Auftraggebers gehen. Bei anderen Vergabeverfahren, also Verhandlungsverfahren oder Wettbewerblicher Dialog, gilt dies dagegen nicht. 346

Mit einer Erklärung, der Verlängerung der Zuschlagsfrist zuzustimmen, wird das **ursprüngliche Vertragsangebot inhaltlich konserviert und die Zuschlagsfrist für das Angebot verlängert** (vgl. BGH, Urt. v. 10.09.2009, VII ZR 82/08, Rn. 15). Der Vertrag kommt durch Zuschlag auf das **unveränderte Angebot** zustande, auch wenn die zeitlichen Vertragsvorgaben bereits überholt sind. Mit einer Zustimmung einer Zuschlagsfristverlängerung erfolgt keine Vereinbarung, was vertraglich zu gelten hat, wenn die Ausführungsfristen der Ausschreibung und des Angebotes nicht mehr würden eingehalten werden können (s. dazu ausführlich Teil A Rdn. 391 ff.). Im Rahmen einer ergänzenden Vertragsauslegung sind **nach Vertragsabschluss die Bauzeit und die Vergütung anzupassen** (Teil A Rdn. 591 ff.). Ein Bieter verliert seinen Mehrvergütungsanspruch nicht, wenn er keinen Mehrvergütungsvorbehalt bei Abgabe seiner Erklärung zur Verlängerung der Zuschlagsfrist geäußert hat. Schädlich sind hingegen Erklärungen zu Fristen, Einschränkungen von Bindungen oder zur Höhe von Mehrvergütungsansprüchen im Sinne eines Angebotes, die regelmäßig zu einem Bieterausschluss führen. Es darf eben nicht das Angebot geändert bzw. ein Abrücken von der Bindung an das Ursprungsangebot erklärt werden, da dies wie die Vorlage eines „neuen" Angebotes zu werten ist und daher zu einem Ausschluss im Vergabeverfahren führen wird.

Es ist nun zu prüfen, ob sich durch die verspätete Beauftragung die ursprünglich vorgesehenen **Ausführungsfristen verändert** haben. Es kann in den meisten Fällen davon ausgegangen werden, dass die vereinbarten (ursprünglichen) Fristen nicht beibehalten werden können, da sie aus den tatsächlichen Gründen bereits gegenstandslos sind. Die geplante Dauer des Vergabeverfahrens bestimmt üblicherweise die Dauer der Zuschlagsfristen der Bieter. Bei Einleitung eines Nachprüfverfahrens wird zunächst von der hierfür gesetzlich 347 vorgesehenen Regeldauer von fünf Wochen auszugehen sein. Faktisch wird diese Dauer aber von den Vergabekammern nur selten eingehalten. Es wird vielmehr von der ihnen eingeräumten Befugnis zur Verlängerung der Entscheidungsfrist Gebrauch gemacht. Eine abschließende verbindliche Erklärung zur Länge des Vergabeverfahrens wird nicht abgegeben.

Da im Vertrag aber Regelungen zur zeitlichen Durchführung enthalten sind, spricht dies nicht für den Willen der Parteien, einen ersatzlosen Wegfall von Fristen akzeptieren zu wollen. Es ist daher eine **nachträgliche Einigung** über **neue Ausführungsfristen** und hieraus **resultierender Mehrkosten** herbeizuführen. Ein Einvernehmen hinsichtlich eines neuen Baubeginns ohne Einigung über die Folgen dieser Änderung sowohl in terminlicher Hinsicht auf das Bauende als auch auf die Vergütung schließt nicht die durch die Zuschlagsfristverlängerung entstandene Lücke des Vertrages (vgl. BGH, Urt. v. 26.11.2009, VII ZR 131/08). Diese Regelungslücke ist durch ergänzende Vertragsauslegung zu schließen (Teil A Rdn. 394, 593).

Ist hingegen festzustellen, dass nur die Zuschlagsfrist und nicht die Ausführungsfrist verändert wurde, so gibt es keine zu füllende Regelungslücke; die vertraglich geschuldete Leistung wurde nicht verändert. Kommt es nun in Folge der Verschiebung des Zuschlags zu einer Änderung der Kalkulationsgrundlage eines Bieters, ohne dass die Ausführungsfristen verändert werden, kommt eben eine Preisanpassung nach den Grundsätzen der ergänzenden Vertragsauslegung nicht in Betracht (vgl. BGH, Urt. v. 10.09.2009, VII ZR 82/08, Rn. 20). Die Kalkulation eines Bieters wird nicht Geschäftsgrundlage. Er muss also die Zuschlagsfristverlängerung verweigern, wenn er seine Preise nicht halten kann.

Es besteht also nur für die Fälle, in denen keine nachträgliche Einigung zu Terminen, Fristen und Vergütung zustande gekommen ist, eine vornehmlich baubetrieblich zu füllende **Regelungslücke.**

10.2 Leitsätze zum Füllen der Regelungslücken

10.2.1 Bauzeit

348 Dem Urteil vom 11.05.2009 (VII ZR 11/08, Rn. 10, 37, 48) ist zu entnehmen, dass

- sich die Ausführungsfrist für die vorgesehene Leistung als Geschäftsgrundlage darstellt.
- ein Zuschlag auch dann zu den ausgeschriebenen Fristen und Termine erfolgt, wenn diese nicht mehr eingehalten werden können.
- die Bauzeit unter Berücksichtigung der Umstände des Einzelfalls anzupassen ist. Besonderheiten, wie etwa Bauerschwernisse oder -erleichterungen

durch jahreszeitliche Verschiebungen sind unter Berücksichtigung der schutzwürdigen Interessen beider Parteien zu beachten. Die Grundsätze des vereinbarten § 6 Abs. 3 und 4 VOB/B sind sinngemäß anzuwenden.

Wie es im Urteil vom 10.09.2009 (VII ZR 152/08, Rn. 21, 22, 27) heißt, ist

- mit der Zustimmung zu der erbetenen Verlängerung der Zuschlagsfrist keine Änderung des Angebotes verbunden. Das ursprüngliche Angebot wird vielmehr inhaltlich konserviert.
- es ist auch unbeachtlich, ob zu erkennen war, dass der für die Ausführung vorgesehene späteste Termin zum Zeitpunkt der Zuschlagsfristverlängerung bereits abgelaufen war.
- der Vertrag ergänzend auszulegen, wenn die Parteien keine Vereinbarung im Hinblick auf den bei der Erteilung des Zuschlags bereits erfolgten Ablaufs des spätestens Termins zur Ausführungsaufnahme getroffen haben. Dabei ist darauf abzustellen, was die Parteien bei einer angemessenen Abwägung ihrer Interessen nach Treu und Glauben als redliche Vertragspartner für den von ihnen nicht geregelten Fall vereinbart hätten.
- die Bauzeit unter Berücksichtigung der Umstände des Einzelfalls anzupassen.
- auch sog. variable Beginnklauseln (z. B. „12 Tage nach Zuschlagserteilung") schützen den Auftraggeber nicht vor einem Anpassungsanspruch. Es wird die grundsätzliche Bedeutung des Zeitfaktors für die Kalkulation hervorgehoben.

Einem weiteren Urteil vom 10.09.2009 (VII ZR 82/08, Rn. 20, 24, 25, 28) ist zu entnehmen, dass

- eine verlängerte Zuschlagsfrist bei gleichbleibenden Ausführungsfristen nicht zu einem Anspruch auf Vergütungsanpassung führt. Eine Verschiebung von Ausführungsfristen durch die Vergabeverzögerung ist Anspruchsvoraussetzung, da die Kalkulation anders als die Ausführungsfristen nicht Geschäftsgrundlage ist.
- der Bieter vor Abgabe der Zustimmung zur Zuschlagsfristverlängerung prüfen muss, ob sich seine Kalkulationsgrundlagen geändert haben und bei Festhalten am Angebot noch eine kostendeckende Ausführung möglich ist.

Im Urteil vom 22.07.2010 (VII ZR 213/08, Rn. 20, 22) ist festgehalten, dass

- der Zuschlag auf das unveränderte Angebot mit den wegen Zeitablaufs bereits obsolet gewordenen Fristen und Terminen die einzige Möglichkeit sei, das mit dem Vergabeverfahren avisierte Ziel eines Vertragsabschlusses, zu erreichen.
- Verhandlungen oder Konkretisierungen zu neuen Ausführungsterminen oder -fristen keine Annahmen unter Abänderungen darstellen, da dies

zu einem Widerspruch zu der erklärten Zuschlagsfristverlängerung führen würde und der Bieter faktisch nicht mehr gebunden wäre.
- es dem Auftraggeber bis zur Erklärung des Zuschlags grundsätzlich nicht gestattet ist, mit den Bietern über Änderungen der Angebote und Preise zu verhandeln.

Aus dem Urteil vom 25.11.2010 (VII ZR 201/08, Rn. 20, 22) ergibt sich, dass

- ein Zuschlag auch dann nicht als modifiziertes Angebot auszulegen ist, wenn er zusammen mit einem Hinweis auf die neue Bauzeit erfolgt, da davon auszugehen ist, dass der öffentliche Auftraggeber wegen des strikten Nachverhandlungsverbotes das Angebot unverändert durch Zuschlag anzunehmen hat.

Aus dem Urteil vom 06.09.2012 (VII ZR 193/10) ergibt sich, dass

- ein Vertrag zu geänderten Konditionen zu Stande kommt, wenn der Auftraggeber seinen vom Angebot abweichenden Willen im Zuschlagschreiben klar und unzweideutig zum Ausdruck bringt; er also eine neue Bauzeit vorgibt und/oder den Leistungsumfang nicht unerheblich ändert. Es ist also besonders dann Aufmerksamkeit geboten, wenn vom Auftragnehmer keine Empfangs- sondern eine „**Annahmebestätigung**" erbeten wird. Eine vorbehaltlose Abgabe dieser Annahmebestätigung führt zum Verlust jeglicher Mehrkostenansprüche in Folge der verzögerten Vergabe.

10.2.2 Mehrkosten

349 Es können alle Mehrkosten geltend gemacht werden, die seit der Angebotsabgabe entstanden und auf den Ablauf der ursprünglichen Zuschlagsfrist zurückzuführen sind. Dabei ist aber darauf zu achten, dass nur diejenigen Mehrkosten, die ursächlich auf die Verschiebung der Bauzeit zurückzuführen sind, zu berücksichtigen sind (vgl. BGH, Urt. v. 10.09.2009, VII ZR 152/08, Rn. 11). Es wird weiterhin durch den BGH klargestellt, dass nicht erst schwerwiegende Veränderungen der Preisgrundlagen zu einer Anpassung der Vergütung führen, da § 313 BGB mit seiner Zumutbarkeitsschwelle nicht anwendbar sei. Die aus dem Urteil vom 11.05.2009 herauszulesende Auffassung, dass die Mehrkosten methodisch nach § 2 Abs. 5 VOB/B vorkalkulatorisch und unter Verwendung von Preisindizes, also ohne jegliche Berücksichtigung der tatsächlichen Kosten, zu ermitteln sind, wird vom BGH mit dem Urteil vom 10.09.2009 (vgl. BGH, Urt. v. 10.09.2009, VII ZR 152/08, Rn. 42) abgeändert. Es bleibt aber dabei, dass es keiner Preisanpassung auf der Grundlage einer ergänzenden Vertragsauslegung bedarf, da die Vertragsparteien mit Einbeziehung der VOB/B eine angemessene Regelung bei einer durch den Auftraggeber veranlassten Änderung der Grundlagen des Preises vereinbart haben. Es wird

aber ergänzend hervorgehoben, dass eine Berechnung der Mehrvergütung eben wegen der Besonderheiten des Falles **nur in Anlehnung** an die Grundsätze des § 2 Abs. 5 VOB/B erfolgen kann. Ohne nachvollziehbare Begründung ist der Vergütungsanspruch nunmehr im rechtlichen Ausgangspunkt aus der Differenz zwischen den Kosten, die bei der Ausführung der Bauleistung tatsächlich angefallen sind und den Kosten, die bei Erbringung der Bauleistung in dem nach der Ausschreibung vorgesehenen Zeitraum hätten aufgewendet werden müssen (vgl. BGH, Urt. v. 10.09.2009, VII ZR 152/08, Rn. 42), zu bestimmen (s. auch Teil A Rdn. 591 ff.).

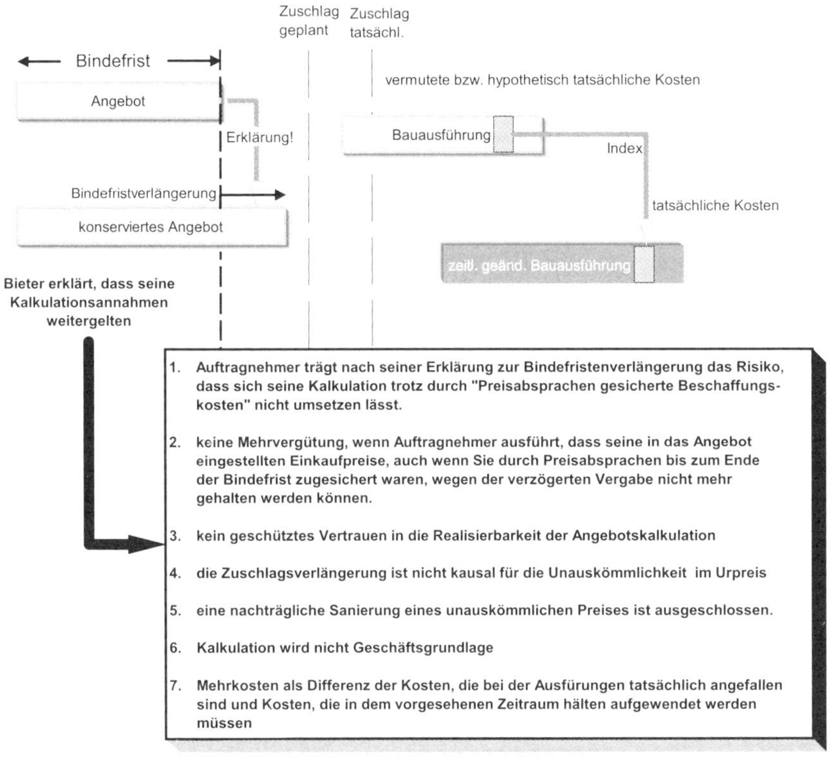

Abb. 185: Folgen der Erklärung zur Zuschlagsfristverlängerung

Es wird auch ausgeführt, dass in **der Angebotskalkulation angesetzte Beschaffungskosten keine Rolle zu spielen haben**. Die Begründung hierzu liegt in der im Urteil vom 10.09.2009 (vgl. BGH, Urt. v. 10.09.2009, VII ZR 82/08, Rn. 20) bereits dargelegten Auffassung des Gerichtes, dass die **Kalkulation** des Bieters **nicht** zur **Geschäftsgrundlage** wird und dieser grundsätzlich das Risiko trägt, dass die gewählten Kalkulationsannahmen in Folge der Verzögerung des Vergabeverfahrens hinfällig werden und er Material und Fremdleistungen zu höheren Preisen einkaufen muss. Dieses Risiko bleibt grundsätzlich beim Bieter, auch wenn sich durch die Vergabeverzögerung zugleich die Bauzeit verschiebt (vgl. BGH, Urt. v. 10.09.2009, VII ZR 152/08, Rn. 43; s. dazu auch Teil A Rdn. 599). Es wird also eine schadenersatzähnliche Ermittlung von Mehrkosten, nämlich durch Ermittlung einer Differenz zwischen tatsächlichen Kosten der veränderten, nämlich verschobenen Ausführungszeit und hypothetischen Kosten der ursprünglichen, in den Ausschreibungsunterlagen vorgesehenen Bauzeit, gefordert. Mit der Bezugnahme auf die hypothetischen Kosten zum ursprünglich vorgesehenen Ausführungszeitraum soll richtigerweise verhindert werden, dass unauskömmliche Kalkulationspreise mittels einer Differenzbetrachtung geheilt werden können.

350 Es wird aber auch deutlich hervorgehoben, dass für den Fall, dass schlüssig dargelegt werden kann, dass bei geplantem Bauablauf – der Üblichkeit entsprechend oder auf Grund besonderer Umstände im **konkreten Einzelfall** – Baustoffe, Material und/oder Nachunternehmerleistungen zu einem früheren Zeitpunkt oder zu anderen Preisen hätten eingekauft werden können, dies maßgebend sein soll (vgl. BGH, Urt. v. 10.09.2009, VII ZR 152/08, Rn. 44). Für einen solchen Fall wären demnach die Preise für Leistungen und Lieferungen in der ursprünglichen Ausführungsphase anhand **abgeschlossener Vereinbarungen** mit Lieferanten oder Nachunternehmern nachzuweisen. Die Begründung hierfür liegt darin, dass der Bieter eben **kein Kalkulationsrisiko** eingegangen ist. Die zugesicherten Preise hängen gerade nicht vom Ablauf einer Zuschlagsfrist ab, sondern orientieren sich an den geplanten Ausführungsfristen.

Mit dem Urteil vom 03.03.2012 (VII ZR 201/09) hat der BGH aber seine bisherige strikte Position zur Nichtberücksichtigung von Nachunternehmerangeboten gelockert. Dem Auftragnehmer steht wohl weiterhin keine Mehrvergütung zu, wenn er lediglich ausführt, dass seine in das Angebot eingestellten Einkaufspreise wegen der verzögerten Vergabe nicht mehr gehalten werden könnten. Es besteht kein geschütztes Vertrauen in die Realisierbarkeit der Angebotskalkulation. Der BGH betont nunmehr aber, dass einem Bieter ein Mehrvergütungsanspruch zusteht, der sich aus der Differenz zwischen den tatsächlichen Nachunternehmerkosten und denjenigen Kosten ergibt, die bei der Ausführung der Nachunternehmerleistungen zu den Konditionen eines anderen Nachunternehmers im ursprünglichen Zeitfenster angefallen wären (Teil A Rdn. 599). Voraussetzung hierfür ist aber ein verbindliches Angebot des ursprünglich vorgesehenen Nachunternehmers mit einer Bindefrist, die länger sein muss, als die Zuschlagfrist in der Ausschreibung. Es muss also für den Bieter nach Auftragserteilung die Möglichkeit bestanden haben, das Angebot des Nachunternehmers wirksam anzunehmen. In einem solchen Fall hat nämlich für den Bieter auch kein Kalkulationsrisiko mehr bestanden.

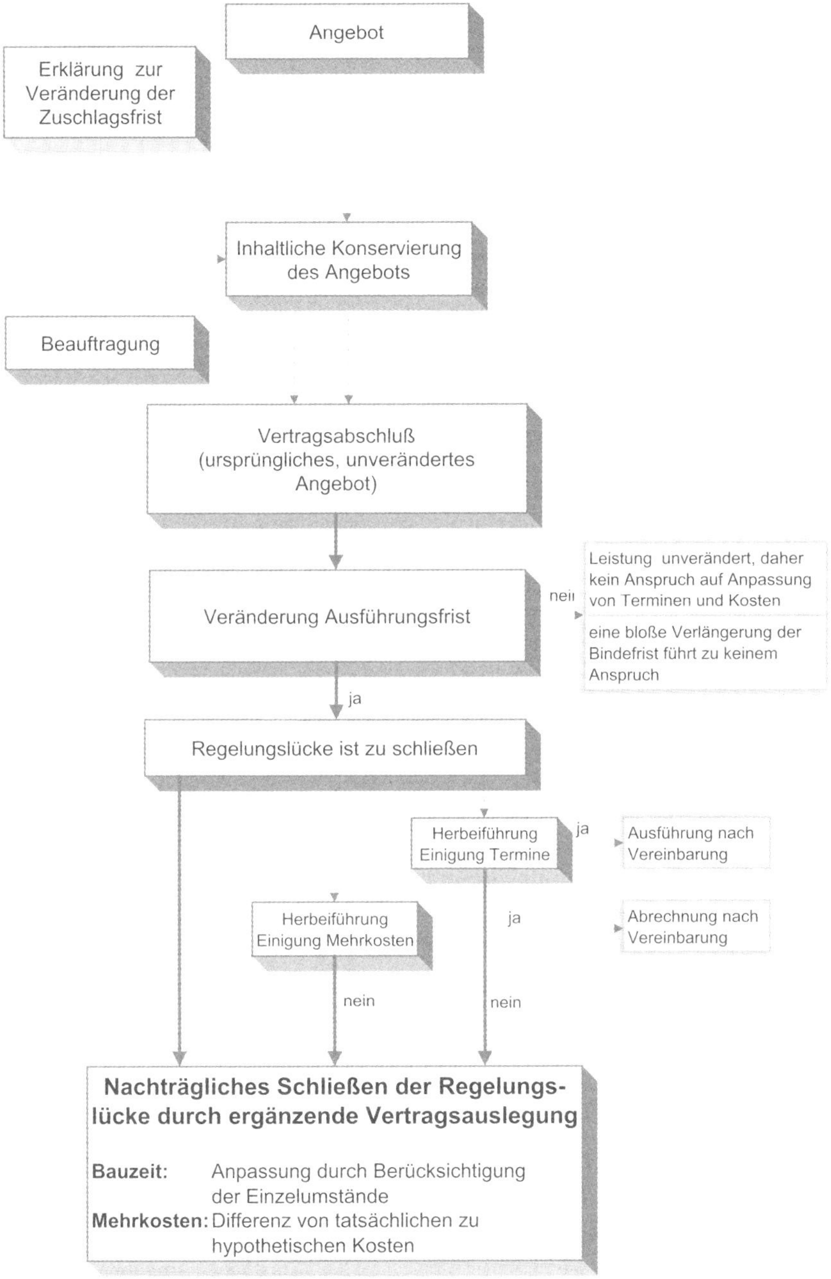

Abb. 186: Grundsätzliche Vorgehensweise

10.3 Notwendige Auslegungen der BGH-Urteile zum Begriff der tatsächlichen Kosten und baubetriebliche Erweiterungen

351 Bei vertiefter Auseinandersetzung mit den verschiedenen Urteilen des BGH fällt schnell auf, dass diese lediglich den einfachsten Fall der Mehrkostenermittlung aus Vergabeverzögerungen zum Gegenstand hatten. Für andere, in der Praxis häufiger vorkommende Fälle wird die Ermittlung der Mehrkosten noch entscheidend verändert werden müssen. Es muss Konsens darüber erzielt werden, in welcher Form bei gänzlich gestörten Bauabläufen die „tatsächlichen Kosten" zu definieren sind. Schnell einsichtig dürfte sein, dass in solchen Fallsituationen die tatsächlichen Kosten eben nur anteilig adäquat kausal durch die Vergabeverzögerungen beeinflusst wurden. Einen anderen Teil werden die nicht unüblichen Bauverzögerungen durch geänderte oder zusätzliche Leistungen, Mengenerhöhungen, geänderte Bauumstände, Planlieferverzüge und anderer Behinderung hierzu beigetragen haben.

Wie sich bereits bei Auseinandersetzungen zur Auslegung der Urteile andeutet, werden zur Handhabung der Vorgehensweise noch klarstellende Erläuterungen notwendig werden. So wird noch zu entscheiden sein, in welcher Form „die Preise, die bei der Erbringung der Bauleistungen bei Einhaltung der ursprünglich vorgesehenen Bauzeit hätte zahlen müssen" zu bestimmen sind und ob und wenn ja, in welcher Form diese hypothetischen Preise einen Bezug zur Kalkulation des Auftragnehmers haben müssen.

Die durch die Urteile des BGH vorgegebene Art und Weise der Mehrkostenermittlung, nämlich der Bestimmung der Differenz zwischen den Kosten, die bei der Ausführung der Bauleistung tatsächlich angefallen sind und den Kosten, die bei Erbringung der Bauleistung in dem nach der Ausschreibung vorgesehenen Zeitraum hätten aufgewendet werden müssen, berücksichtigt nicht den Fall, dass die tatsächlich angefallenen Kosten möglicherweise noch durch weitere Bauablaufstörungen, die ihre Ursache nicht im Vergabeprozess haben, beeinflusst sein können.

Gleichzeitig wird aber richtigerweise gefordert, dass nur diejenigen Mehrkosten, die ursächlich auf die Verschiebung der Bauzeit in Folge der Vergabeverzögerungen zurückzuführen sind, maßgeblich sind (vgl. BGH, Urt. v. 10.09.2009, VII ZR 152/08, Rn. 42, 58). Daher ist eine Vorgehensweise zu entwickeln, die beiden Forderungen gerecht wird.

352 Das nachfolgende **Beispiel** für eine Teilleistung, die durch Nachunternehmer ausgeführt wurde, mag die Problematik verdeutlichen.

Ein ursprünglich nach der Ausschreibung vorgesehener Bauablauf soll eine Ausführung von Leistungen vom 01. April bis zum 18. Dezember 2009 vorgesehen haben. In Folge eines Nachprüfverfahrens war es dem

Auftraggeber erst möglich, die Beauftragung nicht wie vorgesehen Mitte März, sondern Mitte April auszusprechen. Nach Verhandlung mit dem Auftragnehmer wurde vereinbart, dass der Baubeginn zum 04. Mai 2009 erfolgen sollte. Dieser Starttermin wurde vom Auftragnehmer auch eingehalten. Es war daher davon auszugehen, dass die Arbeiten zum 20. Januar 2010 hätten abgeschlossen werden können. Es wurde vom Auftragnehmer aber eingewendet, dass sein Betrieb in der Zeit vom 22.12.2009 bis 11.01.2010 (Dauer: 8 AT) die übliche Weihnachtspause einlegen würde und daher die Fertigstellung erst am 03.02.2010 möglich sei. Im späteren Bauablauf musste die Bauausführung an 6 Tagen auf Grund extremer Witterung eingestellt werden (18.01–20.01. und 09.02.-11.02.2010). Während der Bauausführung hat sich in Folge von Kapazitätsproblemen, deren Ursache nicht in der verzögerten Vergabe liegen soll, die Ausführungsdauer verlängert. Diese vom Auftragnehmer zu vertretende Bauablaufstörung (Dauer 7 AT) und eine weitere vom Auftraggeber zu vertretene Bauablaufstörung (Dauer 20 AT) führten nun dazu, dass das Bauvorhaben erst am 22.03.2010 abgeschlossen werden konnte. Der Auftragnehmer entschied dann auch, die Nachunternehmerleistungen zur Dacheindeckung erst am 23.02.2010, also 10 AT vor Ausführungsbeginn, zu vergeben.

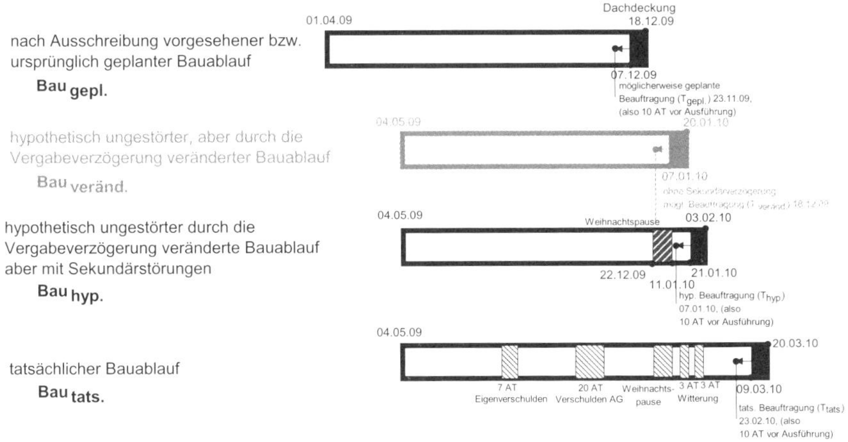

Abb. 187: Visualisierung der verschiedenen Bauabläufe

Aus diesem Beispiel ergeben sich bestimmte Prinzipien, die für die Bestim- **353**
mung der monetären Folgen der Zuschlagsfristverlängerung grundlegend sind:

- es können nur in wenigen Fällen die tatsächlichen Kosten den Kosten gegenübergestellt werden, die bei der Erbringung der Bauleistung in dem nach der Ausschreibung vorgesehenen Zeitraum hätten aufgewendet werden müssen, da oftmals noch anderen Störungen den tatsächlichen Bauablauf bestimmt haben.
- es muss ein hypothetisch ungestörter Bauablauf entwickelt werden, der ausschließlich die Auswirkungen des gestörten Vergabeverfahrens wiedergibt.
- der hypothetisch ungestörte Bauablauf ist nur in den seltensten Fällen der um die reine Dauer der Vergabeverzögerung verschobene Vertragsbauablauf, da eine Vielzahl von Sekundärstörungen zu berücksichtigen sein könnte.
- für jeden Auftrag an einen Nachunternehmer bzw. exponierte Eigenleistungen und Materiallieferungen werden Einzelberechnungen anzustellen sein, da die tatsächlichen Kosten möglicherweise verschieden durch die Sekundärstörungen und die weiteren Bauablaufstörungen beeinflusst wurden
- die tatsächlichen Kosten sind auf den Zeitpunkt der Beauftragung im hypothetisch ungestörten Bauablauf zu transferieren.

10.3.1 Grundlagen der Mehrkostenberechnung

354 Würde man nun die Kosten, die bei der Ausführung der Bauleistung tatsächlich angefallen sind, mit den Kosten, die bei Erbringung der Bauleistung in dem nach der Ausschreibung vorgesehenen Zeitraum hätten aufgewendet werden müssen, vergleichen, so gäbe die Differenz nicht die korrekten Mehrkosten wieder. Diese ergeben sich nämlich erst dann, wenn man den tatsächlichen Bauablauf um die Bauablaufstörungen (= D_{BAST}) bereinigt, die nicht mit dem verzögerten Vergabeverfahren zusammenhängen, also einen **hypothetisch ungestörten Bauablauf auf Basis des gestörten Vergabeverfahrens** entwickeln würde.

$$T_{hyp.} = T_{tats.} - D_{BAST}$$

Hätte der Auftragnehmer den Auftrag in obigem Beispiel an den Nachunternehmer am 07.01.2010, wie es im hypothetischen Bauablauf wahrscheinlich gewesen wäre, vergeben, wären möglicherweise geringere „tatsächliche" Kosten entstanden. Aus diesem Grund ist zunächst eine **Transformation** der tatsächlichen Kosten auf Kosten, wie sie im hypothetischen und nur durch die Vergabeverzögerungen und durch die damit einhergehenden Sekundärverzögerungen geänderten Bauablauf entstanden wären, notwendig. Danach sind dann die gesuchten Mehr-/Minderkosten aus der Vergabeverzögerung als Differenz zwischen den Kosten im hypothetischen und im ursprünglich geplanten Bauablaufs zu ermitteln.

Auf diese Weise können auch Einwendungen von Auftraggebern berücksichtigt bzw. vorweggenommen werden, wenn Differenzen zwischen den tatsächlichen und ursprünglich geplanten Detailbauabläufen oder Umstellungen des Bauablaufs gesehen werden, die sich ohne erkennbare Bauablaufstörungen ergeben haben. Da mit dem Urt. v. 11.05.2009 (vgl. BGH, Urt. v. 10.09.2009, VII ZR 11/08, Rn. 10, 37,48) festgestellt wurde, dass sich die Ausführungsfrist für die vorgesehene Leistung als Geschäftsgrundlage darstellt, ist diese Argumentation als richtig anzusehen, wenn man die konkreten Vorgaben des BGH zur Ermittlung der Mehr-/Minderkosten richtigerweise in ganz engem Zusammenhang mit dem ebenfalls geforderten Kausalitätsnachweis sieht. Ähnlich ist bei den zeitlichen Auswirkungen von Mengenänderungen sowie geänderten und zusätzlichen Leistungen zu verfahren. Bevor aber eine aufwendige Darstellung eines hypothetisch ungestörten Bauablaufs vorgenommen wird, sollte geprüft werden, ob hierdurch nicht lediglich eine Scheingenauigkeit erzeugt wird. Die möglicherweise zu nutzenden Indexwerte (vgl. Teil B Rdn. 368) werden nämlich immer nur für einen ganzen Monat ggf. auch nur quartalsweise vorliegen. 355

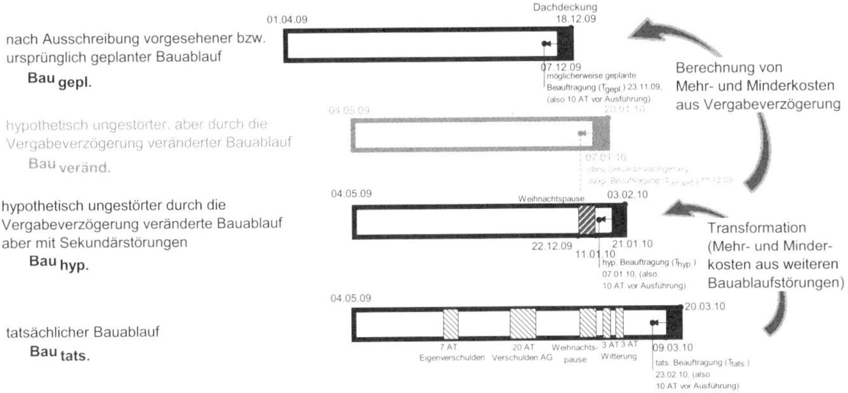

Abb. 188: Schema der Transformation und Bestimmung der Mehr-/Minderkosten aus den Vergabeverzögerungen beim Vorliegen von Sekundärverzögerungen aus der verspäteten Vergabeentscheidung und/oder Bauablaufstörungen

Je nach Anzahl der Sekundärverzögerungen (vgl. Teil B Rdn. 361) als direkte Folge der verspäteten Vergabeentscheidung und anderer Bauablaufstörungen kann es auch sinnvoll sein, auf eine Transformation zu verzichten und den hypothetischen Bauablauf in wenigen Schritten aus dem geplanten Bauablauf zu entwickeln. Dies wird immer dann angezeigt sein, wenn der einfache Fall vorliegt, dass nur die reine Verzögerung der Vergabeentscheidung und sich hieraus ergebende Sekundärverzögerungen (= $D_{Vergabeverz.}$)und keine Bauablaufstörungen zu berücksichtigen sind. In einem solchen Fall ist zunächst der vertraglich vorgesehene Bauablauf um die Dauer der Vergabeverzögerung zu verschieben. In einem weiteren Schritt wird diesem hypothetisch ungestörten Bauablauf auf Basis des gestörten Vergabeverfahrens dann der tatsächliche Bauablauf gegenübergestellt. Es dürften dann keine wesentlichen Differenzen festzustellen sein. So können dann die beiden Zeitlagen, die für die Mehrkostenberechnung notwendig sind, also im obigen Beispiel der Termin der tatsächlichen Beauftragung der Dachdeckerarbeiten und dessen Lage im ursprünglich geplanten Bauablauf, bestimmt werden.

$$T_{hyp.} = T_{gepl.} + D_{Vergabeverz.}$$

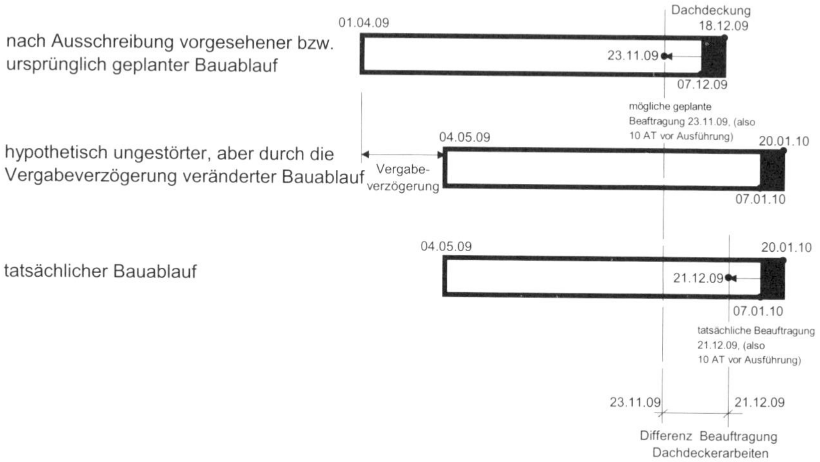

Abb. 189: Vereinfachtes Schema der Bestimmung der Mehr-/Minderkosten aus den Vergabeverzögerungen beim Vorliegen von ***keinen*** *Sekundärverzögerungen aus der verspäteten Vergabeentscheidung und/oder* ***keinen*** *Bauablaufstörungen*

356 Die Mehr-/Minderkostenermittlung kann daher in fünf Schritten ablaufen:

(1) Erarbeitung eines hypothetischen Bauablaufs, der sich unter Berücksichtigung sämtlicher Auswirkungen aus der verzögerten Vergabeentscheidung eingestellt hätte

(2) Darstellung des tatsächlichen Bauablaufs

(3) Abgleich zwischen hypothetischen und tatsächlichen Bauablauf in Bezug auf die Beauftragung bzw. Auslösung von Teilleistungen

Fall a) beide Bauabläufe/Zeitpunkte sind identisch; es liegen keine weiteren Bauablaufstörungen vor dann weiter mit (5), also der reinen Mehr-/Minderkostenermittlung

Fall b) beide Bauabläufe/Zeitpunkte sind nicht identisch; es liegen weitere Bauablaufstörungen vor
dann weiter mit (4), also der Transformation und anschließender Mehr-/Minderkostenermittlung

(4) Tatsächliche Kosten sind (z. B. unter Nutzung von Preisindizes) auf den Zeitpunkt im hypothetischen Bauablauf zu transformieren (genaue Vorgehensweise und Berechnung unter Teil B Rdn. 369). Die Differenz stellt die Mehr-/Minderkosten in Folge der Bauablaufstörungen, die nicht im Zusammenhang mit den Vergabeverzögerungen eingetreten sind, dar.

(5) Bestimmung der Mehr- und Minderkosten in Folge der Vergabeverzögerung aus der Differenz der Kosten im hypothetischen und im geplanten Bauablauf. Hierzu sind die Kosten, die bei Erbringung der Bauleistung in dem nach der Ausschreibung vorgesehenen Zeitraum hätten aufgewendet werden müssen (z. B. unter Nutzung entsprechender Preisindizes), aus den hypothetischen Kosten zu entwickeln. Für den Fall, dass keine weiteren Störungen (vgl. Schritt (3), Fall a)) vorliegen, können direkt (z. B. mithilfe der entsprechenden Preisindizes) die Mehr- und Minderkosten aus den tatsächlichen Kosten ermittelt werden.

10.3.2 Erarbeitung eines hypothetischen ungestörten Bauablaufs auf Basis des gestörten Vergabeverfahrens

Grundsätzlich wird man zwischen fünf prinzipiell verschiedenen Bereichen **357**
bzw. Phasen unterscheiden müssen, aus denen möglicherweise Anpassungen des geplanten Bauablaufs in Folge der Änderung der Zuschlags- bzw. Ausführungsfristen resultieren könnten.

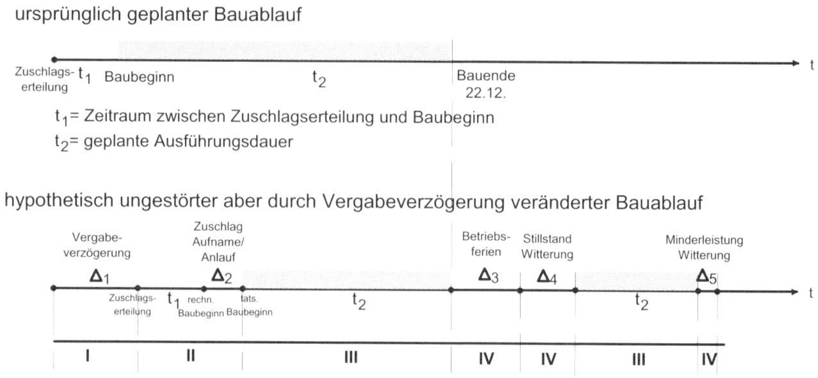

Abb. 190: Bereiche möglicher Anpassung des geplanten zum hypothetischen Bauablauf

I. Phase der Zuschlagsfristverlängerung (Primärstörung)

358 Wie bereits ausgeführt, trägt der Bieter das Risiko, dass die gewählten Kalkulationsannahmen in Folge der Verzögerung des Vergabeverfahrens hinfällig werden könnten. Ohne Veränderung der Ausführungsfristen besteht keine Regelungslücke, die durch eine ergänzende Vertragsauslegung geschlossen werden müsste. Führen die veränderten Zuschlagsfristen und die Vergabe jedoch zu geänderten Ausführungsfristen, so ist diese Phase natürlich einzubeziehen. Ein Anspruch aus § 2 Abs. 5 VOB/B für eine verlängerte Vorhaltung von bspw. Geräten, um den vorgesehenen Baubeginn gewährleisten zu können, besteht nicht. Die Vorhaltekosten während der Zuschlagsfrist werden nicht als Baustellengemeinkosten oder als Allgemeinen Geschäftskosten dem konkreten Bauvorhaben zugeordnet und berühren daher auch nicht die Grundlagen der Vertragspreise. Ein Anspruch besteht aber möglicherweise aus den Grundsätzen der culpa in contrahendo, wenn aus anderen Gründen als der Durchführung eines Nachprüfungsverfahrens sich die Zuschlagserteilung verzögert.

II. Mobilisations-/Anlaufphase (Sekundärstörung)

359 Da die Grundsätze nach § 6 Abs. 4 sinngemäß angewendet werden sollen (vgl. BGH, Urt. v. 10.09.2009, VII ZR 152/08, Rn. 27), wird, zumindest wenn das Datum der Beauftragung vorab nicht zuverlässig bekannt ist, nicht mehr innerhalb der ursprünglichen, in den Ausschreibungsunterlagen vorgesehenen Frist mit den Leistungen begonnen werden können. Deshalb ist in solchen Fällen eine angemessene Fristverlängerung, d. h. eine zusätzliche Dispositionszeit über die basierend auf § 5 Abs. 2 VOB/B in den Verdingungs-

unterlagen möglicherweise geregelte Mobilisationszeit von 12 Werktagen nach Auftragserteilung zu gewähren, deren monetäre Auswirkungen (**Mobilisationsmehrkosten**) dann wiederum kalkulativ nach Maßgabe des § 2 Abs. 5 VOB/B zu bewerten sind.

III. Phase der eigentlichen zeitlichen Ausführung

Ungestörte Phasen des ursprünglich geplanten Bauablaufs sind unverändert **360**
beizubehalten.

IV. Besondere Umstände z. B. Verschiebung in andere Witterungsperioden; Betriebsurlaube oder witterungsbedingte Minderleistungen (Sekundärstörung)

Wie dem Urteil vom 10.09.2009 zu entnehmen ist, ist die Bauzeit unter Berück- **361**
sichtigung der Umstände des Einzelfalls anzupassen. Es sind daher sämtliche Erschwernisse aber auch Erleichterungen in Folge Ausführungen von Leistungen in anderen Witterungsperioden aber auch anderer Unterbrechungszeiten, wie z. B. die üblichen Winterpausen oder Betriebsurlaube, einzubeziehen. Es wird daher eine angemessene Fristverlängerung bzw. -verkürzung einzuräumen sein, deren monetäre Auswirkungen dann wiederum nach Maßgabe des § 2 Abs. 5 VOB/B und der höchstrichterlichen Rechtsprechung zu bewerten sind.

V. Singuläre Ereignisse oder Ursachen für eine Anpassung des geplanten Bauablaufs und hieraus resultierende Mehr- und Minderkosten in Folge der Änderung der Zuschlags- und Ausführungsfristen (Sekundärstörung)

Zusätzlich sind aber auch noch singuläre Ereignisse oder Ursachen zu unter- **362**
suchen, auf Grund derer weitere Anpassungen des ursprünglich geplanten Bauablaufs vorgenommen werden müssen und mögliche Mehrkosten aus einer Änderung der Zuschlags- bzw. Ausführungsfristen entstanden sein könnten. Häufig werden von den Auftragnehmern nachfolgende Fälle angeführt:

- **Entfall örtlicher Dispositionsmöglichkeiten** **363**
  Gerade im Erdbau kann es dazu kommen, dass vorgesehene Bezugs- oder Verwertungsstellen nur noch anteilsmäßig oder gar nicht mehr zur Verfügung stehen. Dies kann möglicherweise zu anderen Fahrstrecken führen. Die dadurch entstehenden geänderten Kosten werden vom Auftraggeber zu tragen sein bzw. ihm zugutekommen.

364 - **Austausch von Nachunternehmer- durch Eigenleistungen oder anderer Nachunternehmerleistungen**
Auch in einem solchen Fall wird der Auftraggeber die Folgen zu tragen haben, wenn plausibel dargelegt werden kann, dass z. B. der vertraglich gebundene Nachunternehmer auf Grund der Verschiebung der Ausführungsfristen nicht mehr zur Verfügung stand und diese Leistungen entweder selber übernommen oder an einen anderen Nachunternehmer vergeben werden mussten. Sollte sich jedoch der Nachunternehmer auf den Ablauf der Zuschlagsfrist berufen, sind entsprechende Mehrkosten- und Bauzeitanpassungsansprüche abzulehnen.

365 - **Aufrechterhaltung einer umgehenden Leistungsbereitschaft**
Da nach der Beauftragung eine Vereinbarung zu geänderten Ausführungsterminen gefordert wird oder bei einem Scheitern von Verhandlungen die Ausführungstermine den Umständen des Einzelfalls anzupassen sind, wird zunächst davon ausgegangen werden können, dass der Bieter im Normalfall (d. h. keine ungewöhnliche Baustelleneinrichtung und Baugeräte) gehalten ist, innerhalb der vorgesehenen vertraglichen Fristen (z. B. 2 Wochen nach VOB/B) nach der Beauftragung mit der Ausführung beginnen zu können. Bei ungewöhnlichen Baustellenverhältnissen (z. B. schwierige Baustelleneinrichtung, seltener Baugeräteeinsatz) sollte der Auftragnehmer prüfen, ob er die Kapazitäten unproduktiv vorhalten kann, um einen späteren Baubeginn zeitnah zu ermöglichen. Anders wird der Fall zu beurteilen sein, wenn ein nicht umgehender Baubeginn zu erheblichen monetären Folgen führt, die Bereitschaftskosten demgegenüber gering sind oder der Auftraggeber bereits seine Vorstellungen zum neuen Bauablauf-so genau wie es das Vergabeverfahren noch zulässt – geäußert hat. Ähnlich wäre der Fall auch, wenn für die Baustelle eine absolute Engpasskapazität an Geräten, Einrichtungen oder Personal (z. B. Tunnelbohrmaschine) benötigt wird. Besteht also der Auftraggeber auf eine sofortige oder kurzfristige und damit nicht angemessene Mobilisationszeit, steht dem Auftragnehmer eine entsprechende Mehrvergütung bei gleichzeitiger Verkürzung der Anlaufphase zu.

10.3.3 Darstellung des tatsächlichen Bauablaufs

366 Anhand der Bautagesberichte und anderer Dokumentationen ist der tatsächliche Bauablauf darzulegen (Teil A Rdn. 599). Anders als beim Nachweis des gestörten Bauablaufs (vgl. Teil B Rdn. 165 ff.) genügt es, den tatsächlichen Bauablauf nur grob aufzuzeigen. Von zentraler Bedeutung ist letztlich nur der Vergleich des Zeitpunkts der tatsächlichen Beauftragung/Auslösung von Teilleistungen. Im hypothetischen ungestörten Bauablauf ist dann der analoge Zeitpunkt der Beauftragung von Interesse, der z. B. durch Übertra-

gung des tatsächlichen Zeitraums zwischen Beauftragung und Leistungsbeginn gefunden werden kann.

In diesem Zusammenhang ist auch noch der Vorwurf einer zu späten Beauftragung von Teilleistungen zu erörtern. Bauherren tragen derweilen vor, dass die Auftragsvergaben zu spät oder – wenn es angezeigt ist – zu früh erfolgt und so „unnötige" Kosten entstanden seien. Mit dem Hinweis auf ein Beschaffungsrisiko, das beim Auftragnehmer gesehen wird, werden dann sämtliche Mehrkosten verweigert. Hiergegen wird man aber zu Recht einwenden müssen, dass der BGH ganz eindeutig auf die tatsächlich anfallenden Kosten abgehoben hat und daher der tatsächliche Beauftragungszeitraum maßgebend ist (Teil A Rdn. 591 ff.). Weiterhin ist eine solche nachträgliche Bewertung einer Situation einfach nicht zulässig. Nur die Ex-ante-Beurteilung, also die Beurteilung aus Sicht des Auftragnehmers zum Zeitpunkt der Beauftragung von Leistungen ist maßgebend. Geht man weiterhin von einer Wirtschaftlichkeitsvermutung im Handeln des Auftragnehmers aus, so müssen gravierende Einwendungen vonseiten des Auftraggebers vorgetragen werden, um die Richtigkeit des tatsächlichen Beauftragungszeitpunktes zu erschüttern. Ein pauschaler Hinweis auf ein Beschaffungsrisiko reicht bei Weitem nicht aus.

10.3.4 Transformation der tatsächliche Kosten auf den Zeitpunkt im hypothetischen Bauablauf aus Vergabeverzögerungen

Noch nicht abschließend ist geklärt, welcher Betrag der tatsächlichen Kosten 367
für die Mehr-/Minderkostenberechnung genutzt werden kann. Einerseits wird argumentiert, dass nur der (tatsächliche) Preis, der dem ursprünglich zum Zeitpunkt der Vergabe geforderten Leistungsvolumen entspricht, gemeint sein kann. Anderseits wird zu Recht vorgetragen, dass die tatsächlichen Kosten sämtlicher erbrachter Leistungen, also auch der Mehr-/Minderkosten aus § 2 VOB/B, in Ansatz zu bringen sind. Diese Auffassung erscheint vor dem Hintergrund, dass das Preisniveau für zusätzliche und geänderte Leistungen nicht auf der Basis des ursprünglichen Angebotes festgeschrieben werden darf, zumal ja sämtliche ursprünglich ausgeschriebenen Hauptvertragsleistungen in Folge der Verschiebung der Ausführungstermine durch die Vergabeverzögerungen angepasst werden sollen, als zwingend. Natürlich besteht auch die Möglichkeit, in jedem der (technischen) Nachträge eine entsprechende Anpassung der Vergütung bzw. der Preisermittlungsgrundlagen in Folge der verspäteten Ausführung der Leistungen zu fordern. Es werden dann aber die Mehr-/Minderkosten aus der Wahrnehmung von Änderungsmöglichkeiten mit denen aus der Vergabeverzögerung vermischt, was nicht selten zu einer unklaren Ermittlung der monetären Auswirkungen führt. Eine Doppelabrechnung muss aber grundsätzlich ausgeschlossen sein. Wenn nachfolgend von der

(Teil-)Abrechnungssumme mit tatsächlichen Preisen $A_{tats.}$ (nachfolgend vereinfachend: Abrechnungssumme) gesprochen wird, ist also die tatsächliche Abrechnungssumme für sämtliche Hauptvertragsleistungen und sonstiger Leistungen, für die eine Vergütung nach § 2 VOB/B zu zahlen ist, gemeint. Schadenersatzforderungen oder Vergütungen/Entschädigungen für vom Auftraggeber zu vertretende Ausführungsverzögerungen sind aber nicht zu betrachten. Die Abrechnungssumme ist dann entsprechend zu mindern.

Anhand von Preisindizes ist die Abrechnungssumme $A_{tats.B}$ einer Teilleistung B vom tatsächlichen Beauftragungsdatum $T_{tats.B}$ – denn zu diesem Zeitpunkt wurde das Preisniveau für sämtliche Leistungen dieser Teilleistung B festgelegt – auf einen Wert zu transformieren, der sich eingestellt hätte, wenn es keine weiteren Bauablaufstörungen gegeben hätte und damit eine Beauftragung zu einem anderen, oftmals früheren Zeitpunkt hätte erfolgen können. Hierfür subtrahiert man vom tatsächlichen Beauftragungsdatum die Dauer D_{BAST} der weiteren Bauablaufstörungen ohne zwischen den Verursachern zu unterscheiden und erhält so den Zeitpunkt der Beauftragung der Leistung im hypothetischen Bauablauf $T_{hyp.B}$. Es kann auch einfacher sein, diesen Zeitpunkt im hypothetischen Bauablauf direkt zu bestimmen. Dies wird bei einem rechenbaren und entsprechend detaillierten hypothetischen Bauablauf, der sich aus einem Bauzeitenplan für den ursprünglichen Bauablauf einfach entwickeln lässt, auch gelingen. D. h. je geringer die notwendigen Anpassungen aus den Auswirkungen der verspäteten Vergabe, desto leichter lässt sich der hypothetisch ungestörte Bauablauf auf Basis des gestörten Vergabeverfahrens direkt aus dem ursprünglich geplanten Bauablauf entwickeln.

$$T_{hyp.B} = T_{tats.B} - D_{BAST}$$

Für diese beiden Zeitpunkte werden dann die der Teilleistung zugehörigen Preisindexwerte $I_{tats.B}$ und $I_{hyp.B}$. bestimmt. I. d. R. wird man hierzu die vom Statistischen Bundesamt bzw. den Landesbetrieben für Statistik/Statistischen Landesämtern erhobenen Indexwerte nutzen. Für die Preisveränderungen von Material und Geräte wird man die **Erzeugerpreisindizes gewerblicher Produkte** und für Komplettleistungen/Fremdleistungen die **Messzahlen für Bauleistungen** zugrunde legen können. Diese werden jedoch nur für die Quartalsberichte im Februar, Mai, August und November erhoben.

Es gilt dann für die Abrechnungssumme mit tatsächlichen Preisen ($A_{hyp.B}$) im hypothetischen Bauablauf

$$A_{hyp.B} = A_{tats.B} \times I_{hyp.B}/I_{tats.B}$$

bzw. für die Mehr- oder Minderkosten aus den weiteren Bauablaufstörungen

$$M_{tats.B - hyp.B} = A_{tats.B} \times (1 - I_{hyp.B}/I_{tats.B}).$$

Die hier angewendete Methodik der Nutzung von Baupreisindizes erscheint vor dem Hintergrund der Notwendigkeit zur Bestimmung von einer Vielzahl von theoretischen Preisen als geeignet. Gegen eine solche Vorgehensweise wird – manchmal nicht zu Unrecht – eingewendet, dass die Preisindizes lediglich den Fall einer allgemeinen Preissteigerung erfassen und Sonderfaktoren (z. B. lokale Märkte und besondere Produkte) nicht berücksichtigt werden. In solchen Fällen kann ein Ausweichen auf Preisindizes der einzelnen Bundesländer angezeigt sein. Natürlich ist es auch möglich, anhand von Preislisten z. B. für Materiallieferungen die Preisentwicklung aufzuzeigen. Ebenfalls können die Ergebnisse von Tarifverhandlungen geeignet sein, die Preissteigerung bei den Kostenarten Lohn und Nachunternehmer darzulegen. Es sind somit sämtliche Nachweise, die Anhaltspunkte zu den Einkaufs- bzw. Marktpreisen, die der Auftragnehmer ohne die Verzögerung hätte zahlen müssen, liefern, anwendbar. Dagegen hat der **kalkulierte Einkaufspreis keine Bedeutung**. Ein Vergleich zwischen kalkuliertem und tatsächlich gezahltem Preis berücksichtigt eben nicht, dass der Auftragnehmer das Risiko trägt, dass die Beschaffungskosten auch bei einem vertragsgemäßen Bauablauf von den kalkulierten Kosten abgewichen wären (vgl. BGH, Urt. v. 10.09.2009, VII ZR 82/08, Rn. 20). 368

10.3.5 Berechnung der Mehr- und Minderkosten unter Nutzung von Preisindizes als Differenz der Kosten im hypothetischen und geplanten Bauablauf

Nachdem nun die Abrechnungssumme auf einen Wert transformiert wurde, der sich ergeben hätte, wenn die Beauftragung der zugehörigen Leistungen zu einem Zeitpunkt erfolgt wäre, der nicht durch die weiteren Störungen beeinflusst wurde, können die Mehr- oder Minderkosten aus den Vergabeverzögerungen berechnet werden. Hierbei sind aber zwei grundlegende Situationen zu unterscheiden. 369

(1) Es lagen konkrete vertragliche Vereinbarungen vor
Für den Fall, dass nachgewiesen werden kann, dass der Bieter bereits in der Angebotsphase vertragliche Vereinbarung eingegangen ist, die sich nicht an Zuschlagsfristen, sondern Ausführungsfristen orientieren (vgl. Teil B Rdn. 349), liegt kein Kalkulationsrisiko vor. Die Mehr- und Minderkosten ergeben sich dann durch die Differenz zwischen den ursprünglichen, vereinbarten Kosten $A_{gepl.B}$ und der Abrechnungssumme $A_{hyp.B}$ im hypothetischen Bauablauf. Diese Überlegungen können auch auf Preislisten von Lieferanten und die über Tarif- oder Hausverträge vereinbarten Lohnkosten übertragen werden. **Es ist aber unbedingt darauf zu achten, dass die in der Abrechnungssumme enthaltenen Veränderungen gegenüber dem ursprünglichen Auftrag (Mengenveränderungen, geän-**

derte und zusätzliche Leistungen) entsprechend berücksichtigt und bewertet, also auf das Niveau des ursprünglichen Vertrags angepasst, werden.

$$M_{hyp.B - gepl.B} = A_{hyp.B} - A_{gepl.B}$$

Die Vorlage beider Preisvereinbarungen für $T_{gepl.}$ Und $T_{tats.}$ und den Nachweis der Gleichartigkeit wird der Auftraggeber erwarten können.

(2) Es lagen keine vertraglichen Vereinbarungen vor
Das eigentliche Kernproblem bei der Berechnung der Mehrkosten wegen geänderter Ausführungsfristen als Folge einer Zuschlagsfristverlängerung und verspäteter Beauftragung stellen diejenigen Kostenelemente dar, für die zum Angebotszeitpunkt noch keine vertraglichen Vereinbarungen existierten und die keinen konkreten Bezug zum ursprünglichen Bauablauf haben.
Für diesen Fall – und dies wurde bereits weiter oben unter Wertung der höchstrichterlichen Rechtsprechung dargelegt – werden die Mehrkosten aus der Differenz zwischen den Kosten, die bei der Ausführung der Bauleistung tatsächlich angefallen sind und den Kosten, die bei Erbringung der Bauleistung in dem nach der Ausschreibung vorgesehenen Zeitraum hätten aufgewendet werden müssen, zu bestimmen sein.
Konkret bedeutet dies zunächst, dass die Mehrkosten aus der Differenz zwischen den Kosten $A_{hyp.B}$, die bei der Ausführung der Bauleistung im hypothetischen ungestörten Bauablauf angefallen wären und den Kosten $A_{gepl,B}$, die im ursprünglich geplanten Bauablauf, also in dem nach der Ausschreibung vorgesehenen Zeitraum hätten aufgewendet werden müssen, zu bestimmen sind. Es erfolgt daher eine zweite Indizierung der tatsächlichen Abrechnungssumme. Hierbei ist aber zu berücksichtigen, dass die Beauftragungen nicht sämtlicher Teilleistungen gleichermaßen von allen Auswirkungen der Vergabeverzögerung betroffen sind.
So wird man bei Teilleistungen, die zu Beginn der Bauausführung erbracht werden, wohl nur den reinen Zeitraum der Vergabeverzögerung und möglicherweise einen Zuschlag für das Anlaufen der Baustelle zu berücksichtigen haben.

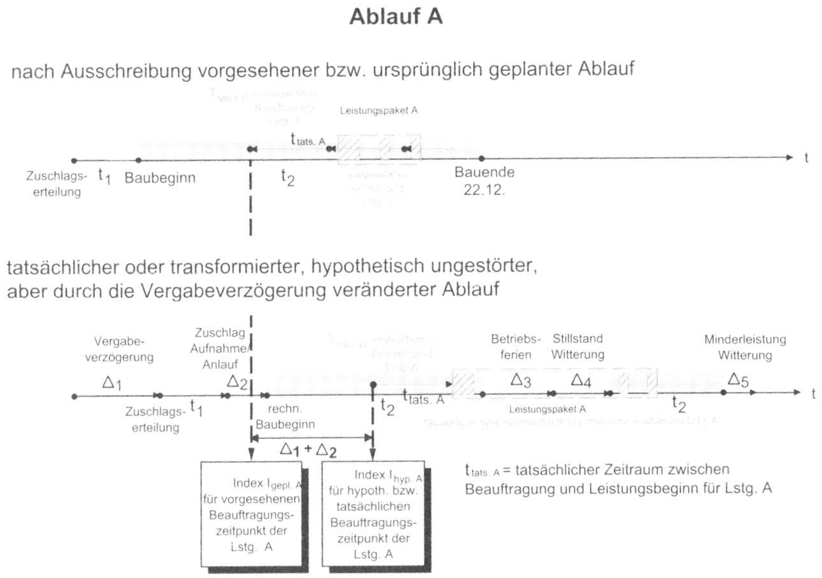

Abb. 191: Beispielhafte Vorgehensweise für die Teilleistung A

Bei Teilleistungen, die am Ende der Bauzeit angefallen sind, werden die Sekundärauswirkungen wie eine Winterpause, die Auswirkungen einer Ausführung in geänderten Witterungsphasen oder die beschriebenen singulären Ereignisse bei einer rechnerischen Bestimmung des Zeitpunktes der ursprünglich vorgesehenen Beauftragung aus dem ermittelten hypothetischen Beauftragungstermin einzubeziehen sein. Dies wird sich dann anbieten, wenn keine weiteren Bauablaufstörungen festzustellen waren und daher nur aus dem tatsächlichen der ursprünglich vorgesehene Beauftragungstermin rechnerisch zu bestimmen wäre. Sobald aber rechenbare und ausreichend detaillierte Terminpläne für den geplanten und den hypothetischen Bauablauf vorliegen, ist es einfacher, diese zu nutzen. 370

Ablauf B

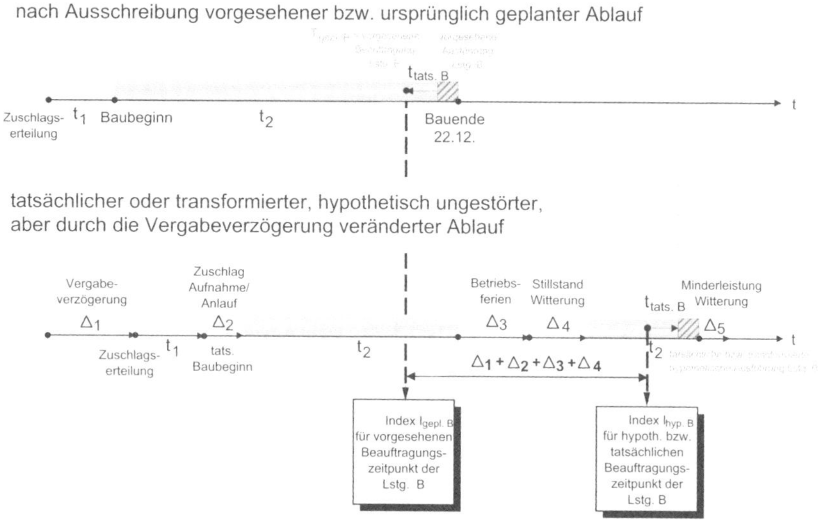

Abb. 192: Beispielhafte Vorgehensweise für die Teilleistung B

Es gilt dann für die Abrechnungssumme $A_{gepl.B}$ im ursprünglich geplanten Bauablauf

$$A_{gepl.B} = A_{hyp.B} \times I_{gepl.B}/I_{hyp.B}$$

bzw.

$$A_{gepl.B} = A_{tats.B} \times I_{gepl.B}/I_{tats.B}$$

bzw. für die Mehr- oder Minderkosten aus den Vergabestörungen

$$M_{hyp.B-gepl.B} = A_{hyp.B} - A_{gepl.B}$$
$$= A_{tats.B} \times I_{hyp.B}/I_{tats.B} - A_{tats.B} \times I_{gepl.B}/I_{tats.B}$$
$$M_{hyp.B-gepl.B} = A_{tats.B} \times (I_{hyp.B} - I_{gepl.B})/I_{tats.B}$$

Für den Fall, dass auf eine Transformation verzichtet werden kann, weil keine zusätzlichen Bauablaufstörungen eingetreten sind, gilt $I_{hyp.B} = I_{tats.B}$ und damit vereinfacht sich obige Formel zu

$$M_{tats.B-gepl.B} = A_{tats.B} \times (1 - I_{gepl.B}/I_{tats.B}).$$

Als Nachweise wird der Auftraggeber die Vorlage der tatsächlichen Abrechnungssumme, die Herleitung der Zeitpunkte für die Indexermittlung und die eigentliche Indexermittlung erwarten.

Mit der dargelegten Vorgehensweise wird also über Indizes eine Anpassung der tatsächlichen Kosten auf ein Niveau erreicht, das dem ursprünglichen Ausführungszeitraum gerecht wird.

10.3.6 Zum Begriff der vermutlichen bzw. hypothetisch tatsächlichen Kosten

Es ist nunmehr zu klären, ob diese aus einem hypothetischen Bauablauf ermit- 371
telten Kosten aber auch diejenigen sind, die der Auftragnehmer ohne die Vergabeverzögerungen hätte zahlen müssen. Hierzu wird vonseiten der Bauherrschaft des Öfteren gefordert, dass ein konkreter Vortrag zu den kalkulierten Kosten notwendig sei. Es müsse ausgeschlossen sein, dass nicht durch mathematische Rückrechnung losgelöst vom Vertragsniveau versucht werden soll, eine Unterwertkalkulation zu heilen. Zunächst ist hierzu klarzustellen, dass eben kein Kalkulationsfehler beseitigt wird.

▶ **Beispiel:**

Ein kleines Beispiel mag dies erläutern. Für eine Teilleistung sei ein Preis von 1.100 € kalkuliert gewesen. Ein angemessener Preis zum Zeitpunkt der Angebotserstellung mag 2.100 € gewesen sein. Die tatsächlichen Kosten sollen 2.200 € betragen haben. Über die Indexberechnung ergeben sich Mehrkosten in Höhe von 100 €. Die Unterwertkalkulation von 1.000 € wird also nicht geheilt, sondern bleibt erhalten. Möglicherweise wären aber die Mehrkosten von 100 € im Verhältnis der tatsächlichen zu den kalkulierten Kosten, also um den Faktor 1.100 €/2.200 €, zu reduzieren. Wie würde es sich aber dann in einem umgekehrten Fall verhalten, nämlich, wenn der Auftragnehmer einen „guten Preis" von 3.000 € kalkuliert hätte. In diesem Fall müsste dann auch eine analoge Anpassung erfolgen.

Aber gerade über diesen Weg würde man wieder dahin gelangen, dass die Kalkulation wieder zur „Geschäftsgrundlage" gemacht wird. Der BGH hat mit der Formulierung „Kosten, die bei der Erbringung der Bauleistung in dem nach der Ausschreibung vorgesehenen Zeitraum hätte aufwenden müssen" eben nicht kalkulative Kosten gemeint, da es dann hätte heißen müssen „... hätte nach seiner Kalkulation aufwenden müssen" oder „kalkulative Kosten, die bei der Erbringung der Bauleistung in dem nach der Ausschreibung vorgesehenen Zeitraum vorgesehen waren". Mit dem Begriff „hätte aufwenden müssen" sind daher wohl eher hypothetische tatsächliche, also mutmaßliche Kosten gemeint, eben genau die, die sich aus der Indexberechnung ergeben.

Wie bereits die Ausführungen zum Vorwurf einer Unterwertkalkulation (Teil 372
B Rdn. 371) und des Beschaffungsrisikos (Teil B Rdn. 349 und 369) aufgezeigt haben, erscheint es notwendig, die Entscheidungen des BGH im Zusammen-

hang mit den Leitgedanken zum Schadenersatz zu verbinden. Der § 249 BGB als Grundlage jeder Schadensberechnung und auch § 6 Abs. 6 VOB/B gehen von einer Differenztheorie aus, die aus einer Gegenüberstellung zweier Vermögenslagen, von denen eine zwangsläufig hypothetisch sein muss, aus. Es wird eine tatsächlich eingetretene Vermögenslage mit derjenigen verglichen, die ohne die Behinderungen eingetreten wäre. Nicht herangezogen wird jedoch die Lage des Auftragnehmers, die bei Kenntnis der Bauablaufstörung bei Vertragsabschluss eingetreten wäre; ein Bezug zur Urkalkulation wird nicht zugelassen. Die Schadensermittlung hat daher weitgehend exakt und wirklichkeitsnah und nicht kalkulationsnah zu erfolgen. Es wird inzwischen auch akzeptiert, dass der Unterschied in der Berechnungsgrundlage für den Auftragnehmer im Einzelfall günstiger oder auch ungünstiger sein kann. Eine Schadensberechnung ist eben eine normierte Art und Weise einer Schätzung gemäß § 287 ZPO.

In dieser Form sind auch die Entscheidungen des BGH zur Vergabeverzögerung zu verstehen (Teil A Rdn. 593). Es ist analog zur Schadenermittlung eine Art und Weise der Schätzung vorgegeben, die eben keine Bezugnahme zu kalkulativen Annahmen erfordert. Ein Abstellen auf die kalkulativen Einkaufspreise, die der Auftragnehmer in die Kalkulation eingerechnet hat, ist nicht zulässig. Maßgebend sind vielmehr die Kosten, die der Auftragnehmer bei Einhaltung der geplanten Bauzeit hätte zahlen müssen. Diese entsprechen i. d. R. den Marktpreisen zum Zeitpunkt des Einkaufs der Leistungen oder Lieferungen bzw. bei Eigenleistungen zum Zeitpunkt des Erbringens der Leistungen. Die obige Indexberechnung stellt daher ein geeignetes Instrument für eine gesicherte Abschätzung der vermutlichen Marktpreise dar.

Der BGH hat in seinem Urteil vom 10.09.2009 eine Preisfortschreibung unter Berücksichtigung des (kalkulativen) Preisniveaus gerade nicht vorgesehen. Er hat auch nicht auf kalkulierte oder kalkulativ fortgeschriebene, sondern auf die zum Zeitpunkt der ursprünglichen Bauzeit aufzuwendenden (hypothetischen) Kosten abgestellt und die Thematik des Preisniveaus gar nicht erwähnt. Es wurde aber deutlich darauf hingewiesen, dass die (hypothetischen) Kosten, die der Auftragnehmer bei Einhaltung der geplanten Bauzeit hätte tragen müssen, nicht den in der Angebotskalkulation angesetzten Beschaffungskosten entsprechen müssen. Hieraus ergibt sich wohl die beabsichtigte Nähe zur Schadensschätzung bzw. -ermittlung.

11 Minderleistungen im gestörten Bauablauf[1)]

Bei Störungen des Bauablaufes werden von der örtlichen Bauleitung oft behinderungsbedingte Minderleistungen der Arbeitskräfte festgestellt. Deshalb wurde eine systematische Untersuchung der verschiedenen **Minderleistungsursachen** und deren Folgen auf den Bauablauf durchgeführt. Dazu wurden sieben voneinander unabhängige Ursachen für Minderleistungen definiert, die einzeln erfass- und nachweisbar sind (s. allerdings auch zu rechtlichen Voraussetzungen der Darlegung darauf gerichteter Ansprüche Teil A Rdn. 800 ff.). 373

Um eine Abschätzung der Größenordnung von **Minderleistungsverlustzeiten** zu ermöglichen, wurde eine praktikable Bewertungsmethode in Form von baubetrieblich fundierten **Minderleistungskennzahlen** für die wichtigsten Tätigkeiten geschaffen. Zu diesem Zweck erfolgte eine kritische Auswertung der vorhandenen Literatur und teilweise auch eigene Messungen mit einer anschließenden systematischen Aufbereitung der Daten, z. T. in **Tabellenform.**

Diese Kennzahlen sind die Grundlage einer realistischen Bewertung von Tätigkeitsdauern bei der Ermittlung von Verzögerungsschäden oder bei der Steuerung und Optimierung von Bauabläufen.

Bei der konkreten Ermittlung von Minderleistungsverlustzeiten muss man sich einer weiteren methodischen Hilfe bedienen. So ist es ungünstig, die Minderleistung pauschal für die gesamte Baustelle und für verschiedene Ursachen gleichzeitig zu ermitteln, weil hier der Fehler sehr groß sein kann. Wesentlich verbessern lässt sich die Bestimmung der Minderleistungen durch **unterteilte Ermittlungen.** Dazu kann man die Tätigkeiten in örtliche oder zeitliche Abschnitte untergliedern, die eine Untersuchung zulassen. Der Fehler einer pauschalen Beurteilung geht dann nicht in voller Höhe ein, weil sich die Ungenauigkeiten der Teilermittlungen teilweise ausgleichen. Der **Fehlerausgleich** ist umso günstiger, je größer die Anzahl der addierten Abschnitte ist. Der Gesamtfehler ergibt sich dann zu: 374

$$F = f/\sqrt{n}$$

F = Gesamtfehler in %

f = durchschnittliche Einzelfehler in %

n = Anzahl der Abschnitte

Wird der geplante Bauablauf gestört, so bedeutet dies meist, dass die Kapazitäten an Arbeitskräften und Geräten nicht in der geplanten Reihenfolge oder Größe eingesetzt werden können. Die Arbeitsvorbereitung der Bau- 375

1) Aus Lang, Ein Verfahren zur Bewertung von Bauablaufstörungen, a. a. O.

unternehmung wird dann außer Kraft gesetzt bzw. muss abgeändert werden. Folgen hieraus können die zuvor erwähnten Minderleistungen sein. Die konkreten Gründe für diese Minderleistungen sind im Folgenden zu suchen:

- Es entstehen Leerlauf und Fehlzeiten durch **Improvisation** bei den Tätigkeiten;
- Es treten verstärkt ablaufbedingte und störungsbedingte **Wartezeiten** auf;
- es fallen zusätzliche Transport-, Wege- und Informationszeiten an;
- es treten **Erschwernisse** auf, die bis zum Stillstand der Arbeiten (Ausfallzeiten) führen können;
- es werden eventuell **Umbau- und Rüstzeiten** notwendig.

Durch diese zusätzlichen Zeiten erhöht sich der Stundenverbrauch pro Einheit, d. h. hierdurch sinkt die erbrachte Leistung je Zeiteinheit.

Die im Rahmen der oben genannten Untersuchung an der Technischen Universität Darmstadt (vormals **Technischen Hochschule Darmstadt**) geschaffenen Kennzahlen geben die Verlustzeiten in Form von prozentualen Anteilen an der Normalzeit an. Im Einzelnen wurden folgende Minderleistungen untersucht:

11.1 Minderleistungen aus Witterungsgründen

376 Störungen und Behinderungen können die Bauarbeiten so verschieben, dass es aus **Witterungsgründen** zu sogenannten **Sekundärverzögerungen** kommen kann. Dies ist dann der Fall, wenn die Arbeiten normalerweise im Herbst abgeschlossen worden wären, durch eine Verzögerung jedoch noch über den Winter laufen müssen. Selbst wenn die Ausführung über den Winter geplant war, z. B. bei größeren Bauvorhaben über 2 bis 3 Jahre, führt eine Verschiebung von **witterungsempfindlichen Arbeiten** in die Winterzeit zu entsprechenden zusätzlichen Verzögerungen. Solche Verzögerungen, auch wenn sie aus normaler Witterung resultieren, hat der Verursacher der Behinderung zu vertreten.

In den Wintermonaten mit ungünstiger Witterung kommt es zum Absinken der **Arbeitsproduktivität** der Belegschaft. Die Ursachen hierfür lassen sich auf die objektiven Erschwernisse durch schlechte Witterung, wie z. B. niedrige Lufttemperatur, schlechte Lichtverhältnisse, Niederschläge und Wind, aber auch auf das subjektive Empfinden der Arbeitskräfte zurückführen. Wer einmal im Winter auf einer Baustelle gearbeitet hat, kann dieses Unbehagen und die daraus entstehenden Bedürfnisse der Arbeiter gut verstehen und wird darin einen wichtigen Grund für die verminderte Leistung sehen.

Während die **Unfallhäufigkeit** in den Wintermonaten keine Erhöhung aufweist, zeigen die **Krankenstandszahlen** eine ausgeprägte Schwankung. In Untersuchungen wurde dazu festgestellt, dass im Spätherbst und Winter ein um ca. 10% höherer Krankenstand gegenüber dem Mittelwert vorhanden ist. 377

Neben dem Absinken der Leistungen der Arbeitskräfte ergeben sich bei der Ausführung im Winter noch zusätzliche Arbeiten, die bei bestimmten Tätigkeiten anfallen und die Ausführungszeiten verlängern. Dies äußert sich insbesondere in einem zusätzlichen Arbeitseinsatz beim Räumen der Arbeitsplätze und Stofflager und beim Ingangsetzen von Geräten. Auch das Aufbauen, Vorhalten und Abbauen von Winterbaueinrichtungen sowie ein erhöhter Verbrauch von Bau- und Betriebsstoffen führt zu erheblichen Mehrkosten.

Die Grenzwerte der Witterung, ab denen Winterschutzmaßnahmen notwendig werden, sind in den einschlägigen **Arbeits- und Unfallschutzvorschriften** festgelegt. Es gibt jedoch keine Regelung der unteren Grenze, bis zu der ununterbrochen gearbeitet werden darf, da dies sehr individuell von den getroffenen Schutzmaßnahmen abhängt. 378

Für die Beurteilung der Witterungsverhältnisse ist das Wetteramt zuständig, in dessen Bereich die Baustelle liegt. Hier kann man alle maßgebenden **Witterungsdaten**, wie z.B. momentane Witterungserscheinungen oder Zehn-Jahres-Mittelwerte, erfahren.

Um das Maß einer Behinderung durch ungünstige Witterung abschätzen zu können, ist es notwendig, die Witterungselemente zu kennen, die die Leistung der Belegschaft beeinflussen. Dies sind insbesondere die Lufttemperatur (Tagesminimum bzw. Tagesmaximum), die Niederschlagsmenge in mm pro 24 Stunden, die Windstärke in Beaufort, die Schneehöhe bzw. Neuschneehöhe in cm und die Bodenfrosttiefe in cm. Der deutsche Wetterdienst hat mithilfe dieser Witterungsdaten eine **Definition der Witterungsbehinderung** von Bauarbeiten in Schlechtwetterzeiten gegeben. Diese Definition in Form einer Tabelle erscheint sehr gut geeignet, die Beeinflussung der Arbeitsleistung abzuschätzen. Deshalb sei sie hier aufgeführt (Teil B, Abb. 193).

Behinderungsstufen an Schlechtwettertagen
nach Intensitäten der Witterungserscheinungen

Wetterelemente	A sehr erschwert	B erschwert	C ungünstig
Lufttemperatur *und/oder*	Tagesmaximum < 0.0 °C und Tagesminimum <= -7.0 °C	Tagesmaximum < 0.0 °C und Tagesminimum >= -6.9 °C <= -4.0 °C *oder* Tagesmaximum >= 0.0 °C und Tagesminimum <= -7.0 °C	Tagesmaximum < 0.0 °C und Tagesminimum >= -3.9 °C < 0.0 °C *oder* Tagesmaximum >= 0.0 °C und Tagesminimum >= -6.9 °C <= -4.0 °C
24-stündige Niederschlagshöhe (7 Uhr des Haupttages bis 7 Uhr MEZ des Folgetages) *und/oder*	>= 30.0 mm	>= 20.0 mm <= 29.9 mm	
Niederschlagsdauer in der Zeit von 7 bis 14 Uhr MEZ und Niederschlagshöhe in dieser Zeit *und/oder*	Niederschlagsdauer >= 3 Stunden und Niederschlagshöhe >= 4.0 mm *oder ohne Rucksicht auf die Dauer* Niederschlagshöhe >= 15.0 mm	Niederschlagsdauer >= 3 Stunden und Niederschlagshöhe >= 3.0 mm <= 3.9 mm *oder ohne Rücksicht auf die Dauer* Niederschlagshöhe >= 10.0 mm <= 14.9 mm	Niederschlagsdauer >= 3 Stunden und Niederschlagshöhe >= 1.0 mm <= 2.9 mm *oder ohne Rücksicht auf die Dauer* Niederschlagshöhe >= 5.0 mm <= 9.9 mm
Schneedeckenhöhe um 7 Uhr MEZ *und/oder*	>= 40 cm	>= 30 cm <= 39 cm	>= 10 cm <= 29 cm
Neuschneehöhe um 7 Uhr MEZ	>= 20 cm	>= 10 cm <= 19 cm	>= 5 cm <= 9 cm

Die Kriterien wurden vom DWD in Zusammenarbeit mit der Bauindustrie festgelegt.

Abb. 193: Wetterelemente und Behinderung der Bauarbeiten in der Schlechtwetterzeit (aus Wetterdaten DWD)

379 Um witterungsbedingte Minderleistungen berechnen zu können, müssen die entsprechenden Witterungsdaten des Winters vorliegen oder im Voraus abgeschätzt werden. Zur Vereinfachung wird die Beurteilung des Grades der Behinderung der Bauarbeiten über die Größen Frost- bzw. Eistage vorgenommen, da hier die Lufttemperatur der ausschlaggebende Witterungswert ist. Die Anzahl der Frost- bzw. Eistage kann man vom zuständigen Wetteramt erfahren bzw. selbst auf der Baustelle messen. Der Deutsche Wetterdienst liefert diese Daten in Form automatisch erstellte Berichte, sog. WESTE (Wetterdaten und -statistiken express), sehr zeitnah.

Deutscher Wetterdienst

Abteilung Klima- und Umweltberatung

Schlechtwettertage

Januar 2011 - Messstation Heidelberg

Tag	1	2	3	4	5	6	7	8	9	10	11	12	13	14	15	16
Behinderungsstufe A, B oder C	C			B	C				C				A			
Tagesmaximum der Lufttemperatur in °C	1.0	2.4	1.9	-1.5	2.7	10.3	11.8	14.6	13.0	2.9	7.6	7.3	12.0	12.7	10.9	11.4
Tagesminimum der Lufttemperatur in °C	-0.8	-1.1	-3.9	-6.6	-5.3	1.5	8.5	9.4	1.7	-1.3	1.7	5.3	7.3	10.5	8.0	3.1
Tagessumme der Niederschlagshöhe in mm	0.4	1.1	0.0	0.0	3.2	3.2	10.7	0.9	7.0	0.0	1.3	16.4	15.5	1.3	0.0	0.0
Gesamtschneehöhe in cm 7 Uhr MEZ	10	6	7	6	6	4	0	0	0	0	0	0	0	0	0	0
Neuschneehöhe in cm 7 Uhr MEZ	0	0	1	0	0	0	0	0	0	0	0	0	0	0	0	0

Tag	17	18	19	20	21	22	23	24	25	26	27	28	29	30	31
Behinderungsstufe A, B oder C						C	C			C			C	C	B
Tagesmaximum der Lufttemperatur in °C	10.2	12.0	5.9	3.6	1.7	3.0	0.6	1.9	3.2	2.9	3.8	1.9	1.9	2.1	-2.6
Tagesminimum der Lufttemperatur in °C	2.3	5.8	0.6	0.0	-1.3	-4.2	-5.2	0.1	1.1	0.9	-0.6	-0.8	-4.3	-6.1	-6.6
Tagessumme der Niederschlagshöhe in mm	0.3	7.8	1.9	0.0	0.0	0.0	0.0	0.6	4.9	2.7	0.0	0.0	0.0	0.0	0.0
Gesamtschneehöhe in cm 7 Uhr MEZ	0	0	0	0	0	0	0	0	0	0	0	0	0	0	0
Neuschneehöhe in cm 7 Uhr MEZ	0	0	0	0	0	0	0	0	0	0	0	0	0	0	0

Behinderungsstufe A (Bautätigkeit sehr erschwert)
Behinderungsstufe B (Bautätigkeit erschwert)
Behinderungsstufe C (Bautätigkeit ungünstig)

Die Behinderungsstufen werden auf der Grundlage der o.a. Wetterelemente und zusätzlicher Auswertungen zu Niederschlagsdauer und -höhe im Zeitraum von 07 bis 14 Uhr MEZ bestimmt (siehe Anlage mit den Kriterien für Schlechtwettertage)

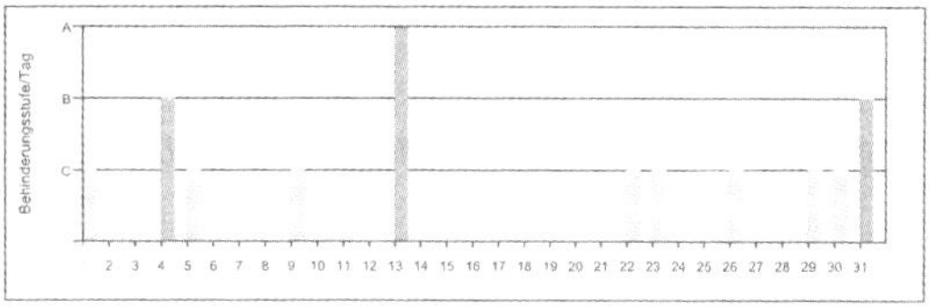

Messstation	Heidelberg 49.4° n Br., 8.7° ö L 110.0 m über NN
Angaben des Auftraggebers	
Ort	Ludwigshafen am Rhein 49.5° n Br., 8.4° ö L

Abb. 194: Darstellung Schlechtwettertage aus WESTE des DWD

Soll eine Berechnung der Minderleistung aus Witterungsgründen im Vorhinein oder überschlägig durchgeführt werden, so kann man dazu die entsprechenden Witterungswerte für einen **Normalwinter** nehmen. Für die von der Weltorganisation für Meteorologie (WHO) als neue klimatologische Bezugsperiode vorgegebene Zeitspanne 1961 bis 1990 existieren bei den Wetterämtern monatliche Witterungsberichte (veröffentlicht in „Klimadaten von Deutschland, Zeitraum 1961–1990", Selbstverlag des Deutschen Wetterdienstes). Die nächste Bezugsperiode des WHO geht nach Recherchen der Autoren dann von 1991 bis 2020 und wird voraussichtlich erst in 2021 veröffentlicht. Selbstverständlich kann man auch andere Bezugsperioden selbst definieren (darf sie dann aber nicht „Normalwinter" nennen) und die entsprechenden Witterungswerte der Witterungsberichte des Deutschen Wetterdienstes auswerten. Hierbei sollte man aber ausreichend lange (z. B. 20 Jahre) Perioden aus der jüngsten Vergangenheit wählen.

380 Bei der Zusammenstellung der prozentualen witterungsbedingten Minderleistungen als Ergebnis einer Auswertung der Literatur werden die möglichen **Schutzmaßnahmen** einbezogen. So wird unterschieden zwischen Vollschutz, Teilschutz mit provisorischen Schutzmaßnahmen und Einzelschutz. In den beiden ersten Kategorien sind dann Arbeiten in Gebäuden oder Hallen (Vollschutz) bzw. Arbeiten, bei denen einzelne Bauteile z. B. durch ein ggf. beheizbares Zelt o. ä. geschützt werden (Teilschutz), bewertet.

Bei Tätigkeiten unter freiem Himmel spielen dann natürlich eine der Witterung entsprechende Schutzkleidung (gefütterte Jacken, wasserdichte Hosen usw.) in Kombination mit der winterlich angepassten Schutzausrüstung (Helm mit Mützeneinlage, Ohrschützer, gefütterte Handschuhe, Sicherheitsstiefel usw.) die Hauptrollen für den Einzelschutz. Ggf. sieht man auf einzelnen Baustellen hierbei auch Individuallösungen, z. B. ein großer sonnenschirmartiger Regenschutz oder provisorische Stellwände als grober Windschutz.

Auch die Stärke der Witterungserscheinungen haben einen Einfluss auf den Grad der **Leistungsminderungen** des Arbeitnehmers, weshalb in der Tabelle (s. Teil B, Abb. 195) Von-Bis-Werte angegeben sind. Es erschien sinnvoll, diese Werte in Verbindung mit der Lufttemperatur zu ermitteln, da diese nach der Definition der Witterungsbehinderungen einen großen Einfluss hat. Deswegen sind die Von-Bis- Werte auf die Frost- bzw. Eistage bezogen, d. h., liegt nur ein Frosttag vor, gilt der erste Wert, bei einem Eistag jedoch der zweite. Es ist zu bedenken, dass diese Werte weiterhin Mittelwerte sind, bei extremen Witterungserscheinungen kann im konkreten Fall nach oben oder unten nach eigenem Ermessen abgewichen werden.

	Minderleistung in % der Normalleistung für					
Tätigkeiten	Vollschutz: geschl. Gebäude oder Halle		Teilschutz: Schutz einzelner Bauteile		Einzelschutz: des Arbeitsplatzes im Freien	
	Frosttage	Eistage	Frosttage	Eistage	Frosttage	Eistage
Baustelle einrichten	-		-		4 -	8
Be- und Entladen	2 -	4	2 -	4	4 -	8
Erdarbeiten (von Hand)	-		3 -	7	8 -	15
Transportarbeiten	2 -	4	4 -	6	6 -	10
Betonarbeiten	2 -	4	5 -	8	10 -	16
Schaltungsarbeiten	4 -	8	10 -	18	20 -	30
Bewehrungsarbeiten	6 -	10	12 -	24	20 -	35
Maurerarbeiten	5 -	8	8 -	12	16 -	22
Putzarbeiten	6 -	10	-		-	
Malerarbeiten	6 -	10	-		-	
Dachdeckerarbeiten	-		-		15 -	25
Installation	4 -	6	8 -	10	12 -	15
Fertigteilmontage	-		-		5 -	10

Abb. 195: Minderleistungskennzahlen in% der Normalleistung (aus Lang, a. a. O.)

Frost- und Eistage sind folgendermaßen definiert:

Temperaturminimum < 0 °C = Frosttag

Temperaturmaximum < 0 °C = Eistag

Da die Temperaturen in 2 m über dem Boden gemessen werden, zählt ein Tag mit Bodenfrost nicht zwangsläufig als Frosttag.

Die einzelnen **witterungsbedingten Minderleistungen** berechnen sich nach folgender Gleichung: 381

$$w = m \times f \times a \times tw/t$$

mit m = prozentuale witterungsbedingte Minderleistung einer Tätigkeit (s. Teil B, Abb. 195)
f = Anteil der Tage mit Witterungserscheinungen, die das Arbeiten erschweren, bezogen auf die Gesamtzahl der Wintertage
a = Anzahl der Lohnstunden dieser Teilleistung
tw = Ausführungszeit der Teilleistung, die in den Winter fällt
t = Gesamtausführungszeit dieser Teilleistung
w = Minderleistung an einer Teilleistung in Lohnstunden

Die gesamten **Minderleistungskosten** der Baustelle berechnen sich dann zu:

$$M = \sum_{1}^{n} w \times ML$$

Mit ML = Mittelohn (APSL)
n = Anzahl der von Minderleistung betroffenen Bauteile
M = Gesamtminderleistungskosten
w = witterungsbedingte Minderleistungen

▶ Ein **Beispiel** soll die Vorgehensweise verdeutlichen: 382

Voraussetzung:

- Die Baustelle liegt in Frankfurt/Main und es besteht Teilschutz.
- Gesucht ist die Minderleistung für Schalarbeiten.
- t = 10 Monate
- tw = 5 Monate (November bis März) ≅ 150 Wintertage
- a = 10 000 Stunden

Berechnung:

Witterungswerte (Auskunft des DWD, von einer in der Nähe der Baustelle liegenden Wetterstation):

Anzahl der Frosttage: 74	f_1 (74 von 150) = 0,50
Anzahl der Eistage: 17	f_2 (17 von 150) = 0,11

Aus der Minderleistungstabelle (Teil B, Abb. 195) ergibt sich für Schalarbeiten/Teilschutz:

m_1 = 10%	für Frosttage
m_2 = 18%	für Eistage

Berechnung:

$w = (m_1 \times f_1 + m_2 \times f_2) \times a \times tw/t$

$w = (0{,}10 \times 0{,}50 + 0{,}18 \times 0{,}11) \times 10\,000$ Std. × 5 Mon./10 Mon.

w = 349 Stunden

Die Kosten hierfür würden betragen:

M = 349 Std. × 38,50 €/Std. = 13.436,50 €

11.2 Minderleistungen durch den Verlust des Einarbeitungseffektes

383 Bei mehrfacher **Wiederholung** eines gleichen oder ähnlichen Fertigungsabschnittes werden die Ausführungszeiten je Abschnitt kürzer. Diese Besonderheit nennt man Einarbeitungs- oder Serieneffekt. Es ist jedoch zwischen **Einübung** und **Einarbeitung** zu unterscheiden. Die Einübung ist das Entwickeln von Fertigkeiten, z. B. an einem Schalungssystem. Die Einarbeitung ist das **Überwinden** des Anlaufwiderstandes bei einer bestimmten Tätigkeit auf der Baustelle. Dieser Widerstand kommt durch die technischen, insbesondere geometrischen und organisatorischen **Bauwerksrandbedingungen** zustande. Neben der Verkürzung der Ausführungszeiten ergeben sich für die Arbeitskräfte außerdem auch eine Verringerung der Anstrengung und eine Verbesserung der Arbeitsqualität, die leistungsfördernd wirkt.

Im Folgenden wird deshalb vorausgesetzt, dass die Arbeitsgruppe auf einem Arbeitssystem eingeübt ist und die Verkürzung der Ausführungszeiten durch die Einarbeitung auf der speziellen Baustelle zustande kommt.

384 Der **Einarbeitungseffekt** wirkt sich jedoch nur bei gleichen Arbeiten unter konstanten Arbeitsbedingungen aus. Da der Arbeitsprozess im Bauwesen im Allgemeinen wenig arbeitsteilig, auf Gruppenarbeit abgestimmt und von der menschlichen **Leistungsfähigkeit** und **Einsatzbereitschaft** abhängig ist, ergeben sich folgende spezielle Einflüsse:

- Anzahl der Wiederholung der Arbeitszyklen
- Eignung und Geschicklichkeit der Arbeitskräfte
- Zusammensetzung der Arbeitskolonnen
- Schwierigkeitsgrad der Arbeiten
- Intensität der Arbeitsvorbereitung
- Örtliche Gegebenheiten und Witterungseinflüsse
- Art der Entlohnung, z. B. Leistungslohn

Untersuchungen an üblichen Hochbauten ergaben, dass der Einarbeitungseffekt bei Schalarbeiten sehr groß ist. Bei Maurer- und Betonarbeiten ist er wesentlich geringer, bei Bewehrungsarbeiten ist kaum noch ein Effekt feststellbar. Ausgehend von einem sehr hohen Anfangswert, der leicht beim zwei- bis dreifachen des Normalwertes liegt, ergeben sich bei einem typischen Verlauf der Einarbeitungskurve schnell Zeitgewinne. Nach 4–5 Ausführungen wird die Kurve flacher und strebt gegen den Normalwert (s. Teil B, Abb. 196).

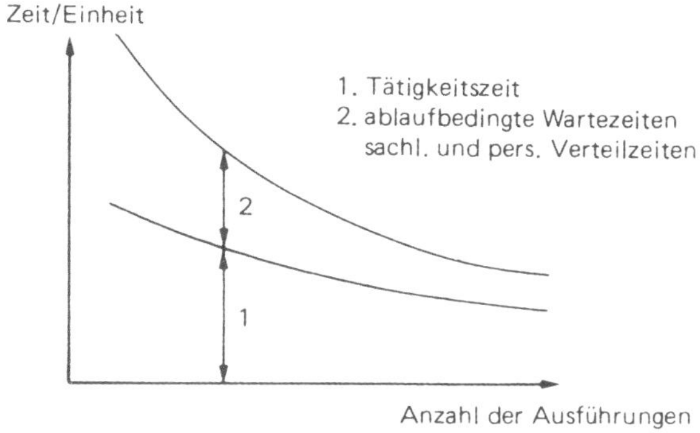

Abb. 196: Verminderung der Tätigkeitszeiten, Warte- und Verteilzeiten

Der Grund für diese sehr hohen **Einarbeitungsgewinne** ist eine Verminderung der Verlustzeiten, wie ablauf- und störungsbedingte Wartezeiten, sachliche und persönliche Verteilzeiten. Die reinen Tätigkeitszeiten verkürzen sich dagegen nur wenig. 385

Störungen des Bauablaufes, z. B. in Form von Planlieferverzug, Planänderungen mit Wartezeiten oder Arbeitsunterbrechungen, behindern die Einarbeitung. Je nach Schwere und Länge der Störung der Tätigkeit tritt der Fall ein, dass die Einarbeitung von Arbeitskräften ganz oder teilweise wieder von vorne beginnen muss. Die Einarbeitungskurve bekommt dann einen Sprung.

Um die mit einem solchen Sprung der Einarbeitungskurve verbundenen Minderleistungen zu erfassen, ist es erforderlich, alle wesentlichen Gesichtspunkte und Randbedingungen einer Baustelle zu berücksichtigen. Deshalb erfolgt der Aufbau des nachfolgenden **Kennzahlensystems** systematisch unter Berücksichtigung folgender Besonderheiten: 386

- **Zeitpunkt und Länge der Störung:**
Es wird unterschieden, ob eine Störung noch während der Einarbeitungsphase eintritt oder ob die Störung nach der Einarbeitung zustande kommt und somit wieder eine volle Einarbeitung notwendig wird. Dies ist auch abhängig von der Dauer der Unterbrechung, die dabei einfließen muss.

- **Zusammensetzung und Lernfähigkeit der Arbeitskolonne:**

387 Weiterhin beeinflusst die **Zusammensetzung** und **Lernfähigkeit** der Arbeitskolonne erheblich die Einarbeitungsdauer und die Größe des Einarbeitungsgewinnes. Eine gut ausgebildete, motivierte und leistungsbereite Kolonne erreicht entsprechend günstige Einarbeitungswerte. Für die Lernfähigkeit wird ein Faktor auf Grund mehrerer Untersuchungen von Körner (Körner: Beitrag zum Problem der Einarbeitung. Bauingenieur 1982) festgelegt, der von 0,81 bei sehr guten bis 1,22 bei sehr schlechten Arbeitskolonnen reicht.

- **Schwierigkeitsgrad der Tätigkeiten:**

Um den Schwierigkeitsgrad einer Tätigkeit mit in die Einarbeitung einfließen lassen zu können, wurden drei **Kategorien** gebildet, die unterschiedliche Schwierigkeitsgrade aufweisen.

Kategorie 1:

Bauten mit geringem Aufwand, wie z. B. Wohn- und Hochbauten mit geometrisch einfachen Formen, gleichbleibenden Geschosshöhen, gleichbleibenden Betonquerschnitten und gleichbleibenden Schalungselementen.

Kategorie 2:

Bauten mit normalem bis hohem Aufwand, wie z. B. Hoch-, Industrie- und Stahlbetonskelettbauten mit veränderlicher Geschosshöhe, veränderlichem Betonquerschnitt und veränderlichen Schalungen.

Kategorie 3:

Bauten mit sehr hohem Aufwand, wie z. B. U-Bahn- und Unterführungsbauten, Brückenbauten, Rundbehälter, Turmtragwerke usw.

388 Der durch eine erneute Einarbeitung verursachte Mehraufwand bedeutet eine Minderleistung für diese Tätigkeit, da sich die Ausführungszeiten verlängern. Dieser reine **Mehraufwand** lässt sich wie folgt berechnen:

$$We = Wo \times A \times f1 \times \sum_{1}^{n} [(f_{ei} - 1) \times f_{st}]$$

mit:

We = Mehraufwand durch Einarbeitung
Wo = Grundaufwand oder Basiswert aus den ARH-Tafeln oder sonstigen Tabellen bzw. aus der Kalkulation
A = Schalfläche oder Mauer- bzw. Betonkubatur eines Abschnittes
f1 = Lernfähigkeit der Kolonne von 0,81 bis 1,22
n = Anzahl der Ausführungen mit Einarbeitung

f_{ei} = Einarbeitung des Einsatzes i, unter Berücksichtigung des Schwierigkeitsgrades (aus den Tabellen herauslesen)

f_{st} = Einfluss der Länge der Störung (entweder 1,0 bei voller Wiedereinarbeitung oder 0,4 bis 0,6 bei teilweiser Wiedereinarbeitung)

Für die Anwendung der oben genannten Aufwandsfunktionen bedarf es **389** noch der Bestimmung des Faktors f_{ei} für die Einarbeitung. Dazu wurden brauchbare **Literaturhinweise** und eigene Messungen untersucht und ausgewertet. Die Untersuchung umfasste bei Vorlage ausreichender Daten und deren Nachvollziehbarkeit eine **Fehlerbetrachtung** sowie die Berücksichtigung der Messbedingungen und der angewendeten wissenschaftlichen Verfahren. Das Ergebnis dieser Untersuchung sind die nachfolgenden **Tabellen der Einarbeitungsbeiwerte** f_{ei}, getrennt nach Schal-, Beton- und Maurerarbeiten (aus Lang, a. a. O.).

Die Einstellung in drei Schwierigkeitskategorien findet hierbei ihre Anwendung. Allerdings werden für die Schaltätigkeiten der Kategorie 3, Bauten mit sehr hohem Aufwand, keine Einarbeitungskennzahlen festgelegt, da diese Tätigkeiten sehr individuell sind.

Tabelle der Einarbeitungskennzahlen f_{ei} **390**

Schalarbeiten

1. Seiten- und Fugenschalung

Für Fundamente und Platten, d = 0,25 m bis 1,50 m, mit Universal-Schalung

	1	2	3	4	5
Kat.1	1,39	1,18	1,09	1,03	1,00
Kat.2	1,55	1,30	1,20	1,13	1,08

2. Schachtschalung

Mit Schachtquerschnitten von 4,00 bis 10 m^2, Schusshöhe bis 3,25 m, mit GF-Umsetzschalung (z. B. Kletterschalung)

	1	2	3	4	5	6
Kat.1+2	1,52	1,27	1,15	1,09	1,05	1,00

3. Stützenschalung

a) Universalschalung mit Sperrholzbelag d = 21 mm Abwicklung 1,00–3,60 m, Höhe bis 3,25 m

	1	2	3	4	5
Kat.1+2	1,25	1,10	1,05	1,02	1,00

b) Vorgefertigte Schalung mit Sperrholzbelag d = 21 mm Abwicklung 1,20–4,00 m, Höhe bis 3,25 m

	1	2	3	4	5
Kat.1+2	1,60	1,24	1,12	1,05	1,00

4. Wandschalungen

Einschließlich Unterzugs-, Überzugs- und Brüstungsschalung bis Höhen von 3,25 m

a) Konventionell mit Universal- oder Standard-Schalung

	1	2	3	4	5	6
Kat.1	1,45	1,25	1,12	1,06	1,00	1,00
Kat.2	1,50	1,38	1,29	1,18	1,08	1,00

b) Spezial-Schalung, z. B. vertikale GF-Umsetzschalung mit 15 m²

	1	2	3	4	5	6	7	8	9	10
Kat.1	1,92	1,60	1,44	1,28	1,20	1,12	1,07	1,04	1,02	1,00
Kat.2	2,15	1,71	1,53	1,40	1,32	1,23	1,16	1,10	1,05	1,00

5. Deckenschalung bis 3,25 m Höhe

a) Konventionell mit Universal- oder Standard-Schalung

	1	2	3	4	5
Kat.1	1,27	1,16	1,10	1,05	1,03
Kat.2	1,50	1,25	1,14	1,07	1,03

b) Spezialschalung, z. B. horizontale GF-Umsetzschalung

	1	2	3	4	5	6	7	8	9	10	11
Kat.1	1,75	1,50	1,38	1,30	1,24	1,18	1,14	1,10	1,05	1,02	1,00
Kat.2	2,00	1,74	1,60	1,51	1,44	1,36	1,27	1,21	1,16	1,12	1,09

6. Raum- und Tunnelschaltung (hier sehr lange Einarbeitung)

	1	2	3	4	5	6	7	8	9	10	12
Kat.2	2,00	1,92	1,85	1,78	1,73	1,68	1,65	1,61	1,58	1,55	1,48
	14	16	18	20	22	24	26	28	30	40	50
Kat.2	1,45	1,39	1,36	1,32	1,28	1,25	1,21	1,18	1,15	1,08	1,00

Maurerarbeiten[2)]

Für die Tätigkeiten Mauern und Betonieren sind die Kategorien sinngemäß **391**
wie beim Schalen anzuwenden (nur für 1. Einsatz, wenn i = 1)

Steinsorte*	Kategorie 1 geringer Auf- wand	Kategorie 2 normaler Auf- wand	Kategorie 3 hoher Aufwand
NF-5DF d = 17,5–36,0 cm	1,05	1,075	1,10
HBL 2–4 d = 17,5–30,0 cm	1,06	1,09	1,12
GS d = 17,5–30,0 cm	1,05	1,075	1,10
NF+Wandplatte d = 11,5–17,5 cm	1,06	1,08	1,10

2) Bezeichnung siehe auch ARH-Tafeln.

Betonarbeiten

(nur für ersten Einsatz, wenn i = 1)

	Kategorie1 geringer Aufwand	Kategorie2 normaler Aufwand	Kategorie3 hoher Aufwand
nur erster Einsatz	1,00	1,10	1,18

392 Ein **Anwendungsbeispiel** soll die Handhabung verdeutlichen. Gesucht wird der Mehraufwand für das Schalen eine Wand nach einer längeren Unterbrechung.

Schalmethode: Universalschalung bis 3,25 m Höhe

Bauwerkskategorie: 2 (komplizierter Industriebau)

f1 : 1,00 (für Schadensermittlung)
fst : 1,00 für volle Wiedereinarbeitung
Wo : 0,85 Std./m², z. B. aus ARH-Tabellen
A : 80 m² Schalfläche je Abschnitt
We = 0,85 Std./m² × 80 m² × 1,0 × [(0,50 + 0,38 + 0,29 + 0,18 + 0,08) × 1,00]
We = 0,85 × Std./m² × 80 m² × 1,43
We = 97,24 Stunden

11.3 Minderleistungen durch häufiges Umsetzen des Arbeitsplatzes

393 Die Ursachen für das unplanmäßige Umsetzen des Arbeitsplatzes können vielfältig sein. Grundsätzlich haben sie aber alle als Folge die Unmöglichkeit des Weiterarbeitens an der bisherigen Stelle. Dies kann z. B. dann der Fall sein, wenn entsprechende Vorleistungen oder Ausführungspläne fehlen oder wenn Material und Genehmigungen nicht vorhanden sind.

Bei einer guten **Arbeitsvorbereitung** wurde der optimale Baufortschritt auch örtlich geplant und festgelegt. Dies geschah zum Zwecke der Nutzung von gemeinsamen Einrichtungen oder Lagerplätzen durch verschiedene Kolonnen und zur Optimierung von Transportstrecken. Tritt nun eine der vorgenannten Behinderungen auf, sodass ein Umsetzen der Arbeitsplätze erforderlich wird, so hat dies zur Folge, dass die entsprechenden Rand- und Hilfsstunden steigen.

Im Einzelnen können die Auswirkungen so aussehen:

- Erhöhung des Rüstzeitenanteils durch Umrüstung,
- unwirtschaftlicher Materialtransport, weil das vorhandene Material umgesetzt werden muss,

- unnötiger, lohnintensiver Umbau von Arbeitsplatzeinrichtungen, Werkzeugen und Geräten,
- Ergreifen von zusätzlichen Sicherungsmaßnahmen am neuen Arbeitsplatz.

Dies alles führt zu einem höheren **Aufwand je Leistungseinheit.** Für die Baustelle bedeutet dies eine Minderleistung, da in der gleichen Zeit weniger hergestellt wird. Zusätzlich entstehen weitere Kosten aus der Wertminderung von Gerüsten und Geräten wegen der Abnutzung durch den Umbau. Diese Auswirkungen umfassen nur den zusätzlich anfallenden Aufwand und nicht die Tätigkeiten, die bei der Erbringung der Leistungen sowieso angefallen wären. 394

Im Allgemeinen sind in den **Arbeitszeitrichtwerten** entsprechende Zeiten für die notwendigen Vorarbeiten enthalten. So setzen die ARH-Tabellen (in: Arbeitszeit-Richtwerte Hochbau, ZTV-Verlag) voraus, dass die Betriebsmittel, Baustoffe und Bauhilfsstoffe in einer Entfernung von maximal 30,00 m bereitgestellt werden. Außerdem sind in den Werten die Zeiten enthalten, in denen sich die Arbeitskräfte über die technische Ausführung informieren (Planlesen) und in denen Betriebsmittel und Geräte befördert, aufgestellt oder umgesetzt sowie Arbeitsgerüste transportiert oder auf- und abgebaut werden. Zusätzlich ist für einige Tätigkeiten eine Rüstzeit angegeben, wie z. B. für das Betonieren, die unabhängig von der Leistungsmenge ist. Sie umfasst nur das Betriebsfertigmachen, das Reinigen und das Außerbetriebnehmen der Mischanlage und Transportgefäße bzw. Geräte. Alle durch Störungen über den normalen Ablauf hinausgehenden Arbeiten bedeuten einen Mehraufwand und tragen somit zur Minderleistung der Baustelle bei.

Auch wird die Bedeutung der **Rand- und Hilfsstunden** oftmals unterschätzt. 395
So wurde festgestellt, dass sie bei Schalarbeiten 30–50%, bei Betonierarbeiten 10–20% und bei Bewehrungsarbeiten 5–15% der reinen Tätigkeitszeit ausmachen.

Auf Grund der sehr unterschiedlichen Auswirkungen von Behinderungen durch Umsetzen des Arbeitsplatzes erscheint es nicht sinnvoll, hier Kennzahlen zu bilden. Die Fehlerquelle wäre dabei zu groß, weil es entscheidend auf die verschiedenen Randbedingungen der Baustelle ankommt. Deshalb soll hier die Vorgehensweise bei der Berechnung in Form von **Checklisten** aufgezeigt werden. Für die exakte Berechnung können die Werte aus der einschlägigen Literatur oder aus betriebseigenen Aufwandswertetabellen entnommen werden. So hat z. B. Plümecke (Plümecke, Preisermittlung für Bauarbeiten) für fast alle Umsetzarbeiten Arbeitszeitrichtwerte aufgeführt, sodass man mithilfe dieser Literaturstelle das Maß für die eingetretene Minderleistung berechnen kann. Vielfach wird es jedoch unumgänglich sein, den

Mehraufwand durch Zeitmessungen oder Stundenprotokolle konkret festzustellen.

396 Um differenzierte Checklisten erstellen zu können, muss das Ausmaß der Auswirkungen der Behinderungen durch Umsetzen in Standardgruppen eingeteilt werden:

Gruppe 1: Behinderung durch Umsetzen mit geringen Auswirkungen

Dies bedeutet, dass nur innerhalb eines Bauteiles oder Bauabschnittes geringfügig umdisponiert werden muss. Dabei ist es notwendig, Kleingeräte, Werkzeuge und Materialien über eine kurze Strecke umzusetzen. Die Baustelleneinrichtung kann aber weiter wie bisher genutzt werden. Die Mehraufwendungen lassen sich leicht anhand der Checkliste bestimmen, eventuell sogar pauschal als Stunden- oder Prozentzahl.

Gruppe 2: Behinderung durch Umsetzen mit hohen Auswirkungen

Hier erfolgt ein Umsetzen in ein anderes, entfernt liegendes Bauteil. Dazu müssen Werkzeuge und Kleingeräte, aber auch normale Geräte und Gerüste abgebaut, transportiert und wieder aufgebaut werden. Das entsprechende Material wird mit einem **Zwischentransport** zum neuen Arbeitsplatz gebracht. Trotzdem sind hier noch die gleichen Vorrichteplätze und sonstigen Baustelleneinrichtungselemente zu benutzen wie vorher. Aber die Auswirkungen sind insgesamt so vielfältig, dass eine pauschale Erfassung nicht infrage kommt. Hier müssen die Mehraufwendungen auf Grund der Checkliste im Voraus kalkuliert oder durch Zeitmessungen festgestellt werden.

Gruppe 3: Behinderung durch Umsetzen mit sehr hohen Auswirkungen

Durch die Behinderung müssen sehr gravierende Umsetzungen vorgenommen werden. Dazu ist eine **Änderung** der Arbeitsvorbereitung und der Baustelleneinrichtung notwendig. Arbeitswerkzeuge, Geräte und Gerüste müssen abgebaut, transportiert und neu aufgestellt werden. Es werden weitere Geräte oder Gerüste notwendig, die erst besorgt werden müssen. Das Baumaterial muss vollständig umgelagert werden. Vorrichteplätze sind umzubauen. Krane und Aufzüge müssen auf den neuen Arbeitsplatz abgestimmt werden, d. h., entweder sind Gleise zu verlängern oder das Gerät ist umzusetzen. Da hier die Vielfalt der Auswirkungen noch größer ist, muss systematisch anhand der Checkliste vorgegangen werden. Eigene Zeitmessungen dienen zur Feststellung des zusätzlichen Zeitbedarfs.

397 **Checkliste** zur Beurteilung der Auswirkungen von Behinderungen durch Umsetzen des Arbeitsplatzes:

Die Checkliste ist systematisch nacheinander für die drei Gruppen aufgebaut, d. h. es wird jeweils mit zunehmender Höhe der Auswirkungen ergänzt. Dabei stellt sich immer die Frage nach dem Zeitbedarf, nach den Material- oder sonstigen Kosten jeder Maßnahme. Durch Aufaddieren der einzelnen Werte erhält man die zusätzliche Gesamtauswirkung, die als Minderleistungen bzw. als Mehrkosten in eine Schadens-/Entschädigungs-/Mehrkostenberechnung eingeht.

Gruppe 1: 398

- Umsetzen innerhalb des Bauteils oder des Bauabschnittes?
- Transportentfernung unter 30 m?
- Kleingeräte und Werkzeuge umsetzen? Zeitbedarf?
- Baumaterial umlagern? Entfernung? Zeitbedarf?

Zusätzlich für Gruppe 2:

- Umsetzen in anderes Bauteil oder anderen Bauabschnitt?
- Transportentfernung in Meter?
- Gerüste und Geräte umbauen? Transportentfernung? Zeitbedarf?
- Gesamtes Baumaterial umlagern? Transportentfernung? Zeitbedarf?
- Umbau von Großgeräten (Bagger, Ramme usw.)? Transportentfernung? Rüstzeit?

Zusätzlich für Gruppe 3:

- Änderung der Arbeitsvorbereitung nötig? Umfang der Änderung? Zeitbedarf?
- Änderung der Baustelleneinrichtung? Zeitbedarf und Kosten?
- Zusätzliche Werkzeuge, Gerüste oder Geräte nötig? Zeitbedarf und Kosten?
- Vorrichte- und Lagerplätze umbauen? Zeitbedarf?
- Hebewerkzeuge (Kran, Aufzug, Autokran) umbauen? Zeitbedarf und Kosten?

▶ **Anwendungsbeispiel:** 399

Umsetzen der Arbeitsplätze in ein anderes Bauteil wegen fehlender, bauseits zu stellender Pläne. Die Arbeitsplätze sind später wieder zum Weiterarbeiten an die alte Stelle zurückzusetzen. Standardgruppe 2:

Folgende zusätzliche Arbeiten sind auszuführen:

- Transportentfernung 70 m
- Kleingeräte und Werkzeuge umsetzen: 2 × 1% × 1 300 € = 26 €
- Baumaterial umlagern über 70 m: Zeitbedarf = 6 Stunden
- 100 m² Stahlrohrgerüst als Maurergerüst umbauen und transportieren (nach Plümecke):

Transport:	= 5 Stunden
100 m^2 × 0,02 t/m^2 × 2,5 Std./t	
kompl. Umbau:	
100 m^2 × 0,18 Std./m^2	= 18 Stunden
Wertminderung:	
2% × 3 400,00 €	= 68,00 €
• Zusammenstellung: Lohn 29 Std. × 38,50 € = 1.116,50 €	= 94,00 €
Sonstige Kosten	
• **Endsumme**	**= 1.210,50 €**

11.4 Minderleistungen aus Änderungen der optimalen Abschnittsgröße

400 Die Arbeitsvorbereitung hat die Aufgabe, einen wirtschaftlichen Ablauf der Ausführungen zu planen. Dazu strebt sie, ähnlich wie in der stationären Industrie üblich, eine **Takt- und Fließfertigung** an. Hierfür muss die Bauleistung in Fertigungsabschnitte unterteilt werden, in denen von den gleichen Arbeitskräften immer wieder die gleichen Arbeitsvorgänge auszuführen sind. Dadurch erhalten die Arbeitsvorgänge einen festgelegten **Fertigungsrhythmus**.

Die **Taktplanung** besteht aus einer Taktfolgeplanung, d. h. Einteilung des Gesamtbauwerkes in Fertigungsabschnitte und einer Taktzeitplanung. Die Taktzeit ist der zeitliche Abstand zwischen demselben Arbeitsvorgang in zwei aufeinanderfolgenden Fertigungsabschnitten. Sie berücksichtigt die **Leistungsfähigkeit** des teuersten Betriebsmittels, die Größe der Arbeitsgruppe und die Anzahl der Arbeitsplätze bzw. Schalungsätze. Die Vorteile einer solchen Taktfertigung sind kurze Bauzeiten durch Minimierung der Folgezeiten einzelner Tätigkeiten bis zur kritischen Annäherung. Außerdem werden die Produktionsfaktoren kontinuierlich eingesetzt und durch die repetitiven Arbeitsvorgänge werden der Lernprozess und damit der Einarbeitungseffekt ausgenutzt.

401 Die Wahl der **Fertigungsabschnittsgrößen** erfolgt nach reinen Kostengesichtspunkten durch eine vergleichende Kostenbewertung, in der die verschiedenen Abschnittsgrößen und Kapazitätseinsätze variiert werden. Im Rahmen seiner Dissertation hat Krampert (Krampert: Der Einfluss von Arbeitseinsatz und Arbeitstakt auf die Kosten von Hochbauten in Ortbeton. TH Darmstadt) an der Technischen Universität Darmstadt (ehemals Technischen Hochschule Darmstadt) dazu ein **systematisches Verfahren** entwickelt, mithilfe dessen man die optimale Fertigungsabschnittsgröße bei Schalarbeiten ermitteln kann. Dazu hat Krampert Modellgleichungen für die Bauzeit und die Baukosten aufgestellt.

Bei Änderung der **optimalen Abschnittsgröße** ergeben sich folgende Zusatzleistungen und Zusatzkosten: 402

- Änderung der Stundenansätze für das Ein- und Ausschalen in Folge der Einarbeitung
- Änderung der Stoffkosten für die Schalungssätze
- Änderung des Rüstzeitenanteils bei Beton-, Bewehrungs- und Montagearbeiten
- Änderung der Lohn- und Stoffkosten für Schalung und Bewehrung der Arbeitsfugen und Ränder

Dies wirkt sich natürlich auch erheblich auf die Ausführungszeit aus, sodass neben den Mehrkosten auch noch eine Minderleistung, z. B. beim Schalen einer Decke, entsteht.

Wird der Bauablauf, z. B. durch fehlende Pläne, Baumaterialien, Genehmi- 403
gungen oder Vorleistungen, **behindert**, wird es zumeist notwendig, die Fertigungsabschnittsgrößen zu ändern. Es entstehen dann entweder kleine und unpraktische oder aber unwirtschaftlich große Abschnitte. Der Verursacher der Behinderung wird sich darauf berufen, dass der Auftragnehmer trotzdem in den meisten Fällen weiterbauen kann. Dies mag zwar richtig sein, der Auftragnehmer hat aber daraus **wirtschaftliche Nachteile**, die einen Schaden/Mehrkosten für ihn darstellen.

Bei der Ermittlung dieses **Schadens/Mehrkosten** darf man sich nicht nur darauf beschränken, die Änderung des Aufwandswertes zu ermitteln, sondern man muss zusätzlich noch die Änderung der Fugenordnung, der Stoffkosten und der Gemeinkosten einfließen lassen. Aus diesem Grund wird das systematische Verfahren von Krampert als Grundlage benutzt, um entsprechende Kennzahlen bei Änderungen der Abschnittsgrößen zu ermitteln.

Dazu wurden 170 verschiedene Variationen aus Kramperts Arbeit untersucht, 404
bewertet und die Ergebnisse in Tabellenform zusammengestellt (s. Teil B, Abb. 197). Es hat sich herausgestellt, dass eine Unterteilung eines Regelgeschosses mit Rechteckform für die Schalarbeiten der Decke in drei Fertigungsabschnitte am günstigsten ist. Deshalb werden die Änderungswerte in der Tabelle auf diese optimale Einteilung bezogen. Die Tabellenwerte sind in Prozenten vom Ausgangswert mit drei Abschnitten angegeben, jeweils mit positiven oder negativen Vorzeichen. Um jedoch entsprechend **differenzierte Aussagen** machen zu können, wurden drei verschiedene Änderungsgrößen in der Tabelle berücksichtigt.

So werden die Änderung der **Lohnstunden**, die Änderung der **Sonstigen Kos-** 405
ten und die **Änderung der Dauer** der Arbeiten im Regelgeschoss getrennt aufgeführt. Die Berechnung der Mehr- und Minderleistungen bzw. Mehr- und

Minderkosten kann relativ leicht erfolgen, wenn der Ausgangswert für die optimale Abschnittseinteilung bekannt bzw. kalkuliert ist.

Abschnitte je Geschoss	1	2	3	4	5	6	7
Änderungen	in %						
Änderungen der Lohnstunden	– 15	– 7,7	0	2,1	4,7	7,9	11
Änderungen der sonst. Kosten	– 37,7	– 18,6	0	1,6	5,5	10,6	16,2
Änderung der Dauer der Arbeit im Regelgeschoss	104	22	0	– 1,75	– 2,8	– 2,8	– 5,6

Abb. 197: Tabelle mit Änderungswerten (ermittelt aus Krampert, a. a. O.)

11.5 Minderleistungen wegen nicht optimaler Kolonnenbesetzung

406 Die Festlegung der optimalen Stärke und Zusammensetzung einer **Arbeitskolonne** richtet sich nach Art und Umfang der zu erbringenden Leistung und nach dem **Platzbedarf** des einzelnen Arbeiters. Es darf nicht zu gegenseitigen Behinderungen der Arbeitskräfte kommen, deshalb müssen Abstände untereinander eingehalten werden. Eine **kontinuierliche** Leistungserbringung mit minimalen Wartezeiten und ablaufbedingten Unterbrechungen ist anzustreben. Der höchste Leistungsdurchschnitt wird aber nur dann erreicht, wenn neben der Anzahl der Fach- und Hilfsarbeiter in einer Kolonne auch ihr zahlenmäßiges Verhältnis untereinander genau auf die Gesamtleistung abgestimmt ist.

407 Das menschliche Leistungsvermögen hängt neben der **Disposition** des Menschen, d. h. der Tagesrhythmik und des körperlichen Befindens, auch von seinen **Antrieben** ab. Zu den Antrieben zählt die Solidarität, das Streben nach Anerkennung und Verdienst. Deshalb bilden sich Gruppen, die ein übereinstimmendes Auftreten und Verhalten zeigen. Solche informale Gruppen haben meist gemeinsame Interessen, gleiche Altersstufen oder Ausbildungen oder gleiche Herkunft. Je größer der Zusammenhalt innerhalb der Gruppe, desto größer ist auch ihre Leistung. Sie üben einen gewissen Druck auf die verschiedenen Mitglieder zur Erreichung der Leistungsziele aus. Dem Arbeitgeber kommen solche **Gruppeneffekte** gelegen, da er den Arbeitsauftrag nach Art und Menge auf mehrere Gruppen verteilen muss. Eine Einteilung innerhalb der Gruppe erfolgt meist durch die Gruppe selbst, sodass eine gegenseitige Aushilfe und ein Arbeiten „Hand-in-Hand" gewährleistet ist.

Kommt es zu Behinderungen oder Störungen, z. B. durch Planlieferschwierigkeiten, so wird meist eine Veränderung des geplanten Bauablaufs notwendig. Dies hat zur Folge, dass die **Kolonnenbesetzungen** nicht mehr richtig abgestimmt sind. So fehlen für die Ausweicharbeiten eventuell die richtigen Kolonnen nach Stärke und Qualifikation, es sind während der Störung zu viel und nach der Störung zu wenig Arbeitskräfte vorhanden, und es müssen Arbeiter von der Baustelle abgezogen und später wieder zugeführt werden. 408

Die Folgen der nicht optimalen Kolonnenbesetzungen, hervorgerufen durch Behinderungen, sind **leistungsmindernd**. Konkret lassen sich folgende Auswirkungen zeigen:

- Erhöhung der ablaufbedingten Wartezeiten und persönlichen Verteilzeiten,
- gegenseitige Behinderung, wenn zu viele Arbeitskräfte an derselben Stelle arbeiten,
- geringere Auslastung der Arbeitskräfte, wenn momentan zu wenig Arbeit vorhanden ist,
- Unter- oder Überforderung bei falscher Zusammensetzung der Arbeitsgruppe,
- schlechtere Zusammenarbeit, wenn ein eingespieltes Team auseinandergerissen oder unzweckmäßig erweitert wird,
- geringere Leistung, wenn mit Überstunden fehlende Leistungen nachgeholt werden müssen.

Die angesprochenen Auswirkungen der nicht optimalen Kolonnenbesetzungen sind sehr schwierig zu erfassen. Zum einen gibt es sehr wenig Untersuchungen und Messungen auf diesem Gebiet, zum anderen ist ein großer Teil der Probleme psychologisch bedingt. Lediglich eine **Verlustquellenforschung** nach REFA (REFA in der Baupraxis, ZTV-Verlag) mit Messungen und Auswertungen an einem konkreten Projekt kann im Einzelfall die tatsächlichen Minderleistungen belegen. Bei nicht optimalen Kolonnenbesetzungen werden sich die entsprechenden Warte- und Verteilzeiten überproportional erhöhen, was die Leistungsminderung verursacht. 409

Aus diesem Grunde erscheint es sinnvoll, baubetriebliche Kennzahlen für ein entsprechendes Näherungsverfahren zu bilden. Dazu ist es jedoch notwendig, die Abhängigkeit der Leistungen auf die beiden wesentlichen Aspekte zu reduzieren.

Erster Aspekt:

Abhängigkeit der Leistung von der Anzahl der Arbeiter

410 Untersuchungen im Rahmen diverser Dissertationen haben eine Abhängigkeit der Leistung von der Kolonnenstärke ergeben. Die optimale Kolonnenstärke kann nach baubetrieblichen Gesichtspunkten, insbesondere auch durch Erfahrungswerte, von der Arbeitsvorbereitung ermittelt werden. Dabei wird ein benötigter Arbeitsplatzbedarf pro Arbeiter zugrunde gelegt. Bei einer Erhöhung der Kolonnenstärke tritt eine Leistungsminderung durch die gegenseitige Behinderung auf. Dies lässt sich vereinfacht folgendermaßen darstellen (Teil B, Abb. 198):

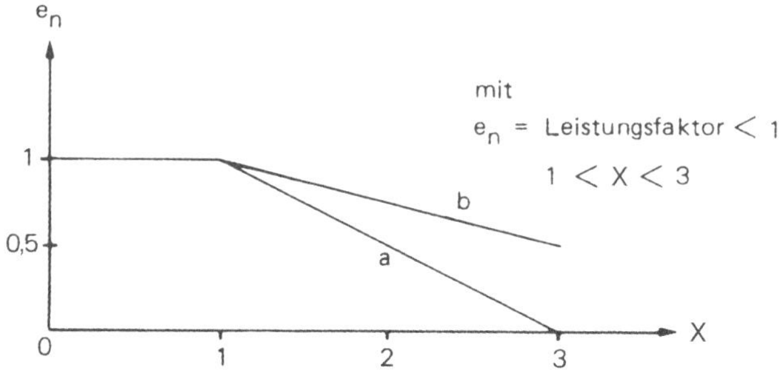

Abb. 198: Leistungsfaktoren bei übergroßen Kolonnen (aus Lang, a. a. O.)

411 So kann die gegenseitige Behinderung bei einer Verdoppelung der Kolonnenstärke (X = 2) für eine Tätigkeit dazu führen, dass noch 75% der Leistung erbracht wird, bei einer anderen nur noch 50% (Gerade a). Der Bereich zwischen X = 2 und X = 3 wird in der Praxis jedoch wenig Bedeutung haben. Formelmäßig lassen sich die beiden Gruppen so beschreiben:

Gerade a: $e_n = 1{,}5 - 0{,}5 \times X$

Gerade b: $e_n = 1{,}25 - 0{,}25 \times X$

Die Gesamtleistung einer Baustelle verändert sich durch diese Minderleistung ebenfalls und lässt sich wie folgt berechnen:

$$\overline{e_n} = \sum t_n \times e_n$$

Darin sind:

$\overline{e_n}$ = Gesamtleistung (< 100%) mit nicht optimalen Kolonnenstärken

t_n = Prozentualer Stundenaufwand einer Tätigkeit mit nicht optimaler Kolonnenstärke, bezogen auf den Gesamtaufwand

e_n = Leistungsfaktor nach Teil B, Abb. 198: Leistungsfaktoren bei übergroßen Kolonnen

Die Minderleistung selbst erhält man aus:

$$\overline{m} = \sum t_n \times (1 - e_n)$$

mit $\overline{m}$ = Minderleistung in % des Gesamtaufwandes.

Dieser Wert m kann sowohl in die weitere Bauablaufplanung als auch in die Kostenberechnung eingehen.

Zweiter Aspekt:

Abhängigkeit der Leistung von der täglichen Arbeitszeit

Muss verlorengegangene Bauzeit durch **Überstunden** aufgeholt werden, so ergibt sich in der Überstundenzeit eine Leistungsminderung. Es ist während der 8 Normalstunden eine relativ ausgeglichene Leistungskurve zu erwarten, erst danach kommt es zum **Abfall der Leistung**. Dies liegt einerseits an der Leistungsdisposition des Menschen über den 24-Stunden-Tag, andererseits an der sich einstellenden Ermüdung und Erschöpfung. **412**

Die Neigung der Leistungsabfallkurve entspricht in den ersten Überstunden einer idealisierten Leistungskurve, die von der 8. bis zur 16. Stunde von 1 auf 0 abfällt (s. Teil B, Abb. 199).

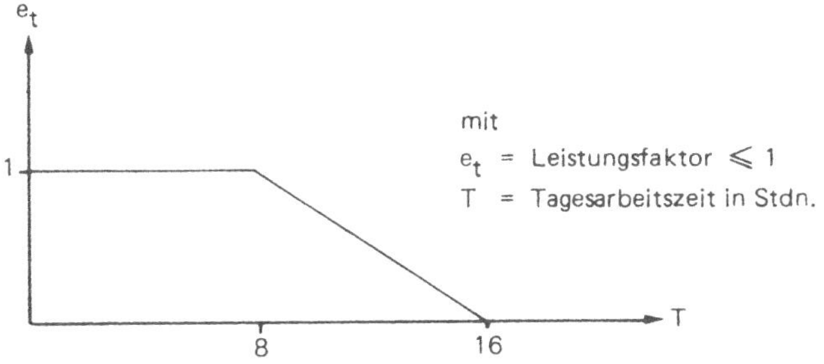

Abb. 199: Idealisierte Leistungskurve bei Überstunden (aus Lang, a. a. O.)

Der Leistungswert e_t lässt sich folgendermaßen berechnen:

$$e_t = 2 - T/8$$

mit: e_t = Leistungsfaktor bzw. Leistungsendwert für T > 8 Stunden.

Die Gesamtleistung des Tages erhält man in Form von Stundenvergleichswerten mit 100% Leistung.

$$\overline{e_t} = 12 - 16\,(1 - T/16)^2$$

Der Minderleistungsfaktor für diesen Tag beträgt dann:

$$\overline{m} = 1 - \overline{e_t}\,/\,T$$

413 ▶ Anwendungsbeispiele:

Erhöhung der optimalen Kolonnenstärke für Fall Gerade a (siehe Teil B, Abb. 198):

$x_1 = 1{,}4;\ x_2 = 1{,}5;\ x_3 = 1{,}2;$

$e_{n1} = 1{,}5 - 0{,}5 \times 1{,}4 = 0{,}80$

$e_{n2} = 1{,}5 - 0{,}5 \times 1{,}5 = 0{,}75$

$e_{n3} = 1{,}5 - 0{,}5 \times 1{,}2 = 0{,}90$

$t_1 = 30\%;\ t_2 = 50\%;\ t_3 = 20\%;$

Minderleistung: $\overline{m} = 0{,}30\,(1 - 0{,}8) + 0{,}50\,(1 - 0{,}75) + 0{,}20\,(1 - 0{,}90)$

$\overline{m} = 0{,}205 = 20{,}5\%$

Tägliche Arbeitszeit: T = 10,5 Std.

$\overline{e_1} = 12 - 16\,(1 - 10{,}5/16)^2 = 10{,}10$ Std.

$\overline{m} = 1 - 10{,}10/10{,}5$

$\overline{m} = 3{,}7\%$

11.6 Minderleistungen bei einem nicht kontinuierlichen Arbeitsfluss

414 Ein wirtschaftlicher Erfolg kann bei einer Baumaßnahme nur dann eintreten, wenn eine **langfristige Planung** unter Verzicht auf Improvisation existiert und ein kontinuierliches Bauen verwirklicht wird. Durch den besten Arbeitsfluss und Arbeitsrhythmus werden versteckte **Leistungsreserven** mobilisiert, die zur Leistungssteigerung beitragen.

Ein nicht kontinuierlicher Arbeitsablauf kann vielerlei Gründe haben. Je nach Ursache des unterbrochenen Arbeitsflusses kann es zu Überschneidungen mit den zuvor erläuterten Minderleistungen kommen. Deshalb werden in diesem Absatz nur die Aspekte eines nicht kontinuierlichen Arbeitsablaufes angesprochen, die von den bereits behandelten Themen unabhängig sind. Hierzu zählen die Probleme, keine **Übersicht** über die kommenden Arbeiten bzw. keine klaren **Arbeitsziele** zu haben, sowie die Arbeiten improvisieren zu müssen. Solche Probleme werden hervorgerufen durch fehlende oder verspätete, schleppende Planlieferung, durch widersprüchliche Anweisungen, durch Änderungswünsche während der Ausführung oder durch momentane Koordinationsschwierigkeiten mit anderen am Bau beteiligten Unternehmen.

Eine gute Leistung der Arbeitskraft wird gehemmt, wenn Tätigkeiten ausgeführt werden, deren Sinn nicht erkennbar ist, wenn die Übersicht über geleistete oder noch zu leistende Arbeiten fehlt, wenn kurzfristige, einschneidende Veränderungen eintreten und wenn ständig ungeplant gearbeitet werden muss. Der Arbeitsfluss und der **Arbeitswille** werden entscheidend gestört. Ein typisches Beispiel hierfür ist die **Demotivation** einer Bewehrungskolonne, die bei falscher Lagerung des gelieferten Stahles stundenlang nach den richtigen Positionen suchen muss. **415**

Häufige Arbeitsunterbrechungen z. B. wegen fehlender oder schleppender Planlieferung ohne weitere Perspektive auf einen kontinuierlichen Ablauf, verleiten die Arbeitskräfte zum Bummeln und langsamen Arbeiten, man gönnt sich öfter als notwendig Ruhepausen und zieht die Arbeiten bis zum Feierabend hin. Da eine kosten- und arbeitssparende Arbeitsvorbereitung nicht mehr möglich ist, müssen viele sinnlose Zusatzleistungen und improvisierte Arbeiten ausgeführt werden, die etliche unnötige Transport- und Ladearbeiten erfordern.

Da die gezeigten Auswirkungen hauptsächlich auf psychologische Ursachen zurückzuführen sind, ist eine Messung der damit verbundenen Minderleistung praktisch nicht möglich. Deshalb wird hier eine **baubetriebliche Abschätzung** der Folgen eines nicht kontinuierlichen Arbeitsflusses vorgenommen. Aus diesem Grunde werden die Vorgänge so weit zerlegt, bis eine Beurteilung der Auswirkung ohne beachtliche Fehler möglich ist. **416**

Nach REFA (REFA in der Baupraxis, ZTV-Verlag) gliedert sich die Ausführungszeit je Einheit in die Grundzeit t_g, die Erholungszeit t_{er} und die Verteilzeit t_v. Langjährige Messungen am Bau haben ergeben, dass die Erholzeiten ca. 10% von t_g und die Verteilzeiten ca. 25% von t_g betragen. Die Ausführungszeit je Einheit t_e beträgt also:

$$t_e = 100\%\ t_g + 10\%\ t_g + 25\%\ t_g = 135\%\ t_g$$

Setzt man voraus, dass man alle Ursachen der Minderleistungen aus nicht kontinuierlichem Arbeitsfluss vereinfacht auf das Fehlen von Unterlagen und Anweisungen reduzieren kann, so hat man hierdurch einen Parameter für das **Maß der Minderleistung** gefunden. Je kürzer die **Reichweite** der vorhandenen Unterlagen und Anweisungen ist, desto größer sind die zu erwartenden Folgen. Es werden sich jedoch nur die Erholungs- und Verteilzeiten erhöhen, die Grundzeit bleibt konstant.

417 Um verschiedene Behinderungen differenziert betrachten zu können, wird der Parameter „Reichweite der vorhandenen Unterlagen und Anweisungen" im zu erwartenden zeitlichen Rahmen variiert. Dazu wurden drei Stufen gebildet, für die unterschiedliche Änderungen der Erholungs- und Verteilzeiten angegeben werden können.

Stufe 1:

Reichweite nur 1 Tag

Hierbei werden sehr große Auswirkungen zu erwarten sein:

Erholungszeit:	$2 \times 10\%\ t_g$	=	$20\%\ t_g$
Verteilzeit:	$2 \times 25\%\ t_g$	=	$50\%\ t_g$
Grundzeit:		=	$100\%\ t_g$
			$170\%\ t_g$
Minderleistungsfaktor:	$m_1 = (170\%–135\%)/135\%$		
	$m_1 = 26\%$		

Stufe 2:

Reichweite 2–3 Tage

Erholungszeit:	$1{,}40 \times 10\%\ t_g$	=	$14{,}00\%\ t_g$
Verteilzeit:	$1{,}60 \times 25\%\ t_g$	=	$40{,}00\%\ t_g$
Grundzeit:		=	$100{,}00\%\ t_g$
			$154{,}00\%\ t_g$
Minderleistungsfaktor:	$m_2 = (154\% - 135\%)/135\%$		
	$m_2 = 14\%$		

Stufe 3:

Reichweite bis 1 Woche

Erholungszeit:	$1{,}20 \times 10\%\ t_g$	=	$12{,}00\%\ t_g$

Verteilzeit:	$1{,}25 \times 25\%\ t_g$	$= 31{,}25\%\ t_g$
Grundzeit:		$= 100{,}00\%\ t_g$
		$143{,}25\%\ t_g$
Minderleistungsfaktor:	$m_3 = (143\% - 135\%)/135\%$	
	$m_3 = 6\%$	

Die Minderleistungen bestimmter Tätigkeiten lassen sich wie folgt berechnen: 418

$$M = \sum_{1}^{n} q_i \times m_i \times t_{ei}$$

mit M = Gesamtminderleistung

q_i = Ausführungsmenge oder Einheiten

1 bis n = betroffene Tätigkeiten

▸ *Anwendungsbeispiel:*

Bei folgenden Tätigkeiten ist die Reichweite gegeben:

Schalen:	$1180\ m^2$ Decke,	$t_e = 0{,}55$ Std./m^2
Reichweite	2–3 Tage	
Bewehren:	10 t für Decke,	$t_e = 14$ Std./t
Reichweite	1 Tag	
Minderleistung:	$M_s = 1180\ m^2 \times 0{,}14 \times 0{,}55$ Std./m^2	= 90,9 Std.
	$M_b = 10\ t \times 0{,}26 \times 14$ Std./t	= 36,4 Std.
	$M = M_s + M_b$	= 127,3 Std.

11.7 Zusatz- und Minderleistungen bei Stilllegung und Wiederaufnahme der Bauarbeiten

Das Ausmaß einer Behinderung ist oftmals nicht abzuschätzen, da es vom Verursacher meist nicht angezeigt wird und sich vielfach schleichend einstellt. 419
Der Bauverlauf kann dabei so ins Stocken geraten, dass eine Unterbrechung der Bauarbeiten notwendig wird. Ist die Entscheidung der Bauunternehmung zur vorübergehenden Stilllegung der Baustelle gefallen, so werden verschiedene Zusatzarbeiten erforderlich. Diese dienen in erster Linie zur **Siche-**

rung der vorhandenen Bausubstanz sowie zur **Beseitigung von Gefahren**, die von der Baustelle ausgehen. Der Unternehmer muss im Rahmen seiner **Schadensminderungspflicht** versuchen, die durch die Stilllegung frei gewordenen Kapazitäten innerhalb seiner Unternehmung sinnvoll umzusetzen. Zu den Kapazitäten zählen sowohl die Arbeitskräfte als auch Geräte, Gerüste und Baumaterialien

420 Ist die Behinderung endgültig beseitigt, so muss der Betrieb auf der Baustelle wieder aufgenommen werden. Selbstverständlich kann der Unternehmer die dazwischen geschobenen anderweitigen Bautätigkeiten nicht sofort unterbrechen. Das Wiederanlaufen der Baumaßnahme nach der Behinderung erfordert jedoch eine **Neuorganisation** des Bauablaufes durch den Bauleiter. So müssen die abgezogenen Arbeitskräfte und Geräte wieder zugeführt werden, und die Bauführer und Poliere müssen die entsprechenden Kolonnen neu einweisen. Dabei sind **Dispositionsverluste** durch zusätzliche Wegestunden, Warte- oder Leerlaufzeiten kaum zu vermeiden. Der Vorlauf, der bei bestimmten Tätigkeitsfolgen, wie z. B. Schalen – Bewehren – Betonieren, notwendig ist, verursacht unumgängliche ablaufbedingte Wartezeiten. Zusätzlich gibt es eine Vielzahl von sonstigen **Anlaufschwierigkeiten** ohne direkte Behinderung, z. B. mit den Arbeitskräften, mit der Anlieferung des Baumaterials, mit der Auslastung von Geräten und vieles mehr. Diese Umstände führen zu entsprechenden zusätzlichen Leistungen oder Minderleistungen bei der Ausführung der Vertragsleistung. Die Höhe der Zusatz- und Minderleistungen bei **Stilllegung** und **Wiederaufnahme** der Bauarbeiten ist aber immer abhängig vom konkreten Einzelfall. Besonderen Einfluss haben die Dauer der Unterbrechung sowie das Ausmaß des Abzuges von Personal und Gerät. Trotzdem lassen sich die Schadensgrößen nicht pauschal ermitteln, z. B. in Abhängigkeit von einer prozentualen Unterbrechungszeit oder in Abhängigkeit von einem prozentualen Abzug des Personals und der Geräte. Zur Ermittlung der verschiedenen Zusatz- und Minderleistungen wurde eine Checkliste aufgestellt, die entsprechend dem Anfall von Zusatz- und Minderleistungen gegliedert ist:

1. Stilllegung der Bauarbeiten,
2. Wiederanlaufen der Bauarbeiten.

421 Die Berechnung der Größen (Aufwandswerte usw.) erfolgt mit den üblichen, bekannten Hilfsmitteln (ARH-Tabellen, Zeitaufwandstafeln). Die **Checkliste** ist in Form einer stichwortartigen Aufzählung zusammengestellt:

Checkliste Stilllegung:

- Aufräumarbeiten, Beseitigung von Bauschutt
- **Schutzmaßnahmen** gegen Witterungseinflüsse (Schnee, Frost, Regen, Überschwemmung)

- Schutzvorkehrungen gegen Diebstahl und mutwillige Zerstörung
- **Absicherung** der Baustelle gegen Unfallgefahren unbeteiligter Dritter (z. B. Bauzaun, Gefahrenhinweise, Absperrungen)
- zusätzliche Lade- und Transportarbeiten für Baumaschinen, Geräte, Werkzeuge, Gerüste, Schalungen, Betonpumpen usw.
- zusätzliche Lade- und Transportarbeiten für Personaleinrichtungen, wie Tagesunterkünfte oder sanitäre Einrichtungen
- Maßnahmen zur Aufrechterhaltung der Baustelle:
  - bautechnischer Art, z. B. Grundwasserabsenkungen
  - Heizung oder Lüftung bestimmter Bauteile
  - Abdeckungen von Betonflächen oder Baumaterialien
- Lagerung von sehr empfindlichen Baustoffen, wie z. B. Spannstahl, Einbauteile usw.
- **Entsorgung** vorhandener Rohrleitungen, z. B. Wasserleitungen im Winter
- Wartung und Pflege von Geräten und sonstigen Baustelleneinrichtungen, insbesondere wetterfest machen
- Wartung von Baustraßen und Lagerflächen
- Abbau von außerordentlichen Verkehrseinrichtungen (Umleitungen, Absperrungen, Signalanlagen)
- tägliche Kontrollen aller Sicherheitsvorkehrungen

Checkliste Wiederanlaufen: 422

- zusätzlicher Aufwand für die Neuorganisation (Arbeitsvorbereitung usw.) oder die **Neueinweisung** der Arbeitskräfte durch Bauführer und Poliere
- Lade- und Transportarbeiten für alle während der Stilllegung abgezogenen Geräte und Einrichtungen
- zusätzliche Wegestunden für Beschaffungen aller Art
- Ablauf- und störungsbedingte Warte- und Leerlaufzeiten durch:
  - notwendige Vorlaufzeiten
  - fehlende Arbeitsvoraussetzungen (z. B. fehlendes Gerät)
  - Nachschachtungen bei Erdarbeiten, die während der Stillliegezeit, zerstört wurden, wie z. B. Böschungen, Gräben, Baugruben
  - Wiederaufbau von außerordentlichen Verkehrseinrichtungen
- sonstige besondere Anlaufschwierigkeiten (mit Personal, Anlieferung der Baustoffe, Auslastung der Geräte usw.)

▶ Beispiel Stilllegung und Wiederanlaufen

Beim Stilllegen und bei der Wiederaufnahme der Mauerwerksarbeiten kommt es zu Minder- und Zusatzleistungen (6 Mann-Kolonne, 8 Std. pro Tag):

Stilllegung Mauerwerksarbeiten (laut Checkliste)

–	Abbau Mischanlage, Bauaufzug und Silo (laut Urkalkulation)	= 73,0 Std

–	Transport Maurergerät und Container	
	7,1 t × 0,8 Std/t	= 5,5 Std
	7,1 t × 50,00 €/t	= 355,00 €
–	Sicherungsmaßnahmen für Mauerwerksteine und Mörtel	
	gegen Witterungseinflüsse und Diebstahl	
	(laut Eintrag Bautagebuch)	= 12 Std
–	Aufräumarbeiten (laut Bautagebuch)	= 6 Std
Summe:	Verzögerung von Vorgang 21 (Mauerwerk EG)	
		= 96,5 Std. = 2 AT
	Mehrkosten von Vorgang 21	= 355,00 €
	plus 96,5 Std. × 38,50 €/Std.	= 3.715,25 €
	Gesamt	= 4.070,25 €

Wiederanlaufen Mauerwerksarbeiten (laut Checkliste)

–	Aufbau Mauergerät laut Urkalkulation	= 99 Std
–	Transport Mauergerät und Container	
	7,1 t × 0,8 Std/t	= 5,5 Std
	7,1 t × 50,00 €/t	= 355,00 €
–	Sicherungsmaßnahmen beseitigen laut Bautagebuch	= 10 Std
Summe:	Verzögerung von Vorgang 22 (Mauerwerk 1. OG)	
		= 114,5 Std. = 2,4 AT
	Mehrkosten von Vorgang 22	= 355,00 €
	plus 114,5 Std. × 38,50 €/Std.	= 4.408,25 €
	Gesamt	= 4.763,25 €

12 Nachtragsangebote aufstellen, prüfen und verhandeln

Zu dem Thema Nachtragsangebote erstellen, prüfen, verhandeln und beauftragen gibt es in der Baupraxis leider noch eine Vielzahl von **streitigen** Auseinandersetzungen. Hierbei bemängeln die Auftragnehmer, dass sie durch die schleppende Prüfung und Beauftragung der Auftraggeber erhebliche Leistungen vorfinanzieren müssen und somit an die Grenzen ihrer **Liquidität** kommen. Andererseits wenden die Auftraggeber dagegen ein, dass oftmals die Nachtragsangebote **nicht prüfbar** seien und die Mehrkosten **völlig überzogen** kalkuliert wären. 423

Insofern ist es an dieser Stelle wichtig, nochmals auf die **Rechtsprechung des BGH** hinzuweisen, der in einem Bauvertrag nach der VOB/B eine erhebliche **Kooperationspflicht** beider Parteien im Fall von Nachtragsleistungen sieht (s. dazu z. B. BGH – VII ZR 393/98 v. 28.10.1999). Insofern wird auch dem Charakter des Bauvertrages mit der Vertragsbedingung VOB/B Rechnung getragen, indem man ja bekanntlich als Auftraggeber **nach Vertragsschluss** Änderungen des Bauentwurfes und zusätzliche Leistungen anordnen kann. Die VOB/B sieht zwar hierfür als Gegengewicht eine **Vergütungsverpflichtung** nach § 2 Abs. 5 und 6 VOB/B vor, allerdings ist hier nicht näher geregelt, wie das genaue Prozedere abgewickelt werden soll.

Dies ist aus baubetrieblicher Sicht auch kaum möglich, da eine große Vielfalt von Änderungsmöglichkeiten in der praktischen Bauabwicklung liegt, so dass nicht für jeden Fall das richtige Prozedere vorher schriftlich festgelegt sein kann. Insofern gibt die Kooperationsverpflichtung des BGH den Parteien die Aufgabe, das Thema **sachgerecht und angemessen** zu behandeln. Dies bedeutet insbesondere, dass beide Seiten ihre Verpflichtungen, die nachfolgend noch näher auszuführen sind, in angemessenen Zeiten und unter Wahrung der gegenseitigen Interessen durchzuführen haben (s. auch Teil A Rdn. 677 ff.). Daneben ist der geschlossene Werkvertrag die Basis für eine mögliche Anspruchsstellung und Einigung. Hierzu gehört jedoch, dass beide Parteien nicht stur auf ihren Standpunkten beharren, sondern sich die Argumente des anderen im Rahmen von Besprechungen und Verhandlungen anhören müssen, um dann gegebenenfalls eine Einigung herbeizuführen.

Wesentlich für die Erfüllung der **Kooperationsverpflichtung** im Rahmen eines Bauvertrages ist also die Achtung der vertraglichen Rechte des Vertragspartners. So muss der Auftragnehmer bei einem geschlossenen VOB/B-Vertrag akzeptieren, dass der Auftraggeber auch im Nachhinein noch Leistungsänderungen und Zusatzleistungen anordnen darf. Hierbei sollte jedoch im Rahmen der Kooperationsverpflichtung stets für Klarheit gesorgt werden, d. h. der Auftraggeber sollte eindeutige Anordnungen (am besten in schriftlicher 424

Form) aussprechen und hier für entsprechende Sicherheit beim Vertragspartner sorgen. Die oftmals geübte Praxis, durch mündliche Anweisungen auf der Baustelle, die sich später leider nicht mehr beweisen lassen, die Bauleistung zu ändern, ohne dass der Vertragspartner hier eine Chance der Sicherung seiner rechtlichen Anspruchsgrundlagen hat, spricht hier gegen ein kooperatives Verhalten. Insofern sollten beide Parteien durchaus schon an dieser Stelle Sorge dafür tragen, dass hier eindeutige und rechtssichere Verhältnisse entstehen.

Andererseits entstehen durch nachträgliche Leistungsänderungen und Zusatzleistungen entsprechende Vergütungsansprüche, die jedoch nicht völlig frei formuliert und kalkuliert werden können, sondern die beim VOB/B-Vertrag den entsprechenden Vertragsgrundlagen unterliegen. Insofern muss ein Auftragnehmer im Rahmen seiner Kooperationsverpflichtung akzeptieren, dass er bei der Kalkulation von Nachtragsansprüchen an die **Preisermittlungsgrundlage** des Hauptvertrages gebunden ist und sollte somit seine Nachtragskalkulation entsprechend transparent und nachweisbar aufbauen (Teil A Rdn. 652 ff.).

Hierbei ist zu berücksichtigen, dass ein Auftragnehmer schon im eigenen Interesse Nachtragsforderungen möglichst frühzeitig formulieren sollte, damit er einerseits natürlich schnell seine berechtigte Vergütung erhält, dass andererseits aber auch der Auftraggeber sich frühzeitig auf die **veränderte Finanzierungssituation** einstellen kann.

425 Ein besonderes Problem stellt in der Praxis die Dauer der Nachtragsaufstellung, Nachtragsprüfung und Nachtragsverhandlung dar, da dies oftmals über Jahre geht. Insofern ist sicherlich im Rahmen der Kooperationsverpflichtung beider Parteien ein angemessener Zeitraum für alle Handlungen beider Parteien anzustreben. Dies bedeutet einerseits, dass der Auftragnehmer in einer angemessenen Zeit seine Nachtragsansprüche formuliert und einreicht, andererseits muss der Auftraggeber dann diese Ansprüche in einer angemessenen Zeit prüfen und dann gegebenenfalls zu einer Verhandlung zur Aufklärung und Einigung einladen, um hier das Prozedere mit einer Beauftragung zum Abschluss zu bringen (s. Teil A Rdn. 673, 677).

Sollte trotz eingesetzten baubetrieblichen Sachverstands keine Einigung erzielbar sein, gibt es die Möglichkeit, zur Hilfestellung im Rahmen eines Einigungsprozesses entsprechende Mediatoren, Adjudikatoren, Schlichter oder Schiedsrichter einzusetzen. Dies wäre immer dann zu bevorzugen, wenn man zeitnah, d. h. baubegleitend, zu praktikablen und sachgerechten Ergebnissen kommen will.

Der grundsätzliche Ablauf einer Nachtragsbearbeitung wird im Teil B, Abb. 200, grob dargestellt:

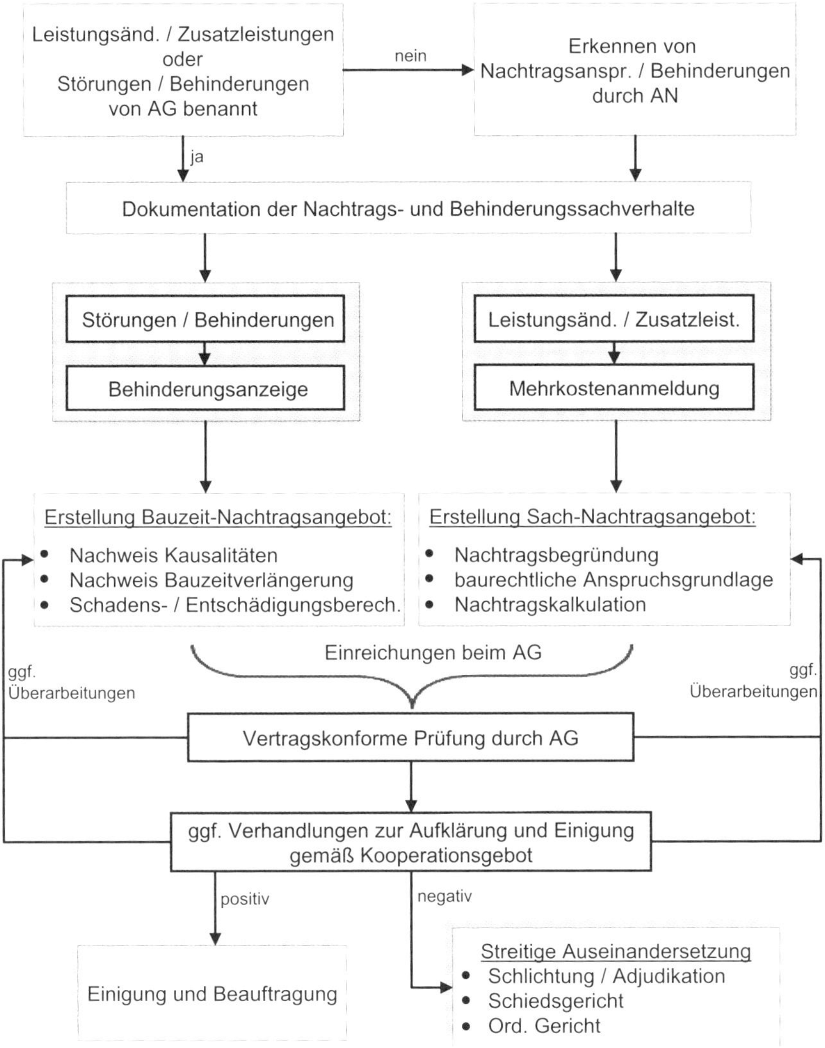

Abb. 200: Flussdiagramm Nachtragsbearbeitung

Bei großen und komplexen Bauvorhaben, bei denen auch eine Vielzahl von Nachträgen von Nachunternehmer zu verwalten ist, müssen vom General- über- bzw. -unternehmer auch Funktionen als Auftraggeber wahrgenommen werden. Hierfür ist ein effektives und funktionierendes **Nachtragsmanagement** aufzubauen.

Dieses könnte beispielsweise aus einer

Vertragsanalyse

(vorvertragl.) Schriftwechselanalyse

Nachtragsverfolgung

bestehen.

Da bei Großprojekten, die häufig auf Basis einer funktionalen Leistungsbeschreibung vergeben werden, ein vertragsgerechtes Verhalten im Vordergrund stehen muss, kommt der Analyse des umfangreichen Vertragswerkes und des vorvertraglichen Schriftwechsels eine große Bedeutung zu. Nur durch die Zuordnung von Vertragsinhalten zu Schlüsselbegriffen und/oder Stichworten bei gleichzeitiger Definition der Rangigkeit der Unterlagen ist ein umfassender und vollständiger Überblick über die verschiedenen Vereinbarungen möglich.

Gleichzeitig wird das Aufstellen von Nachträgen durch die Vertragsanalyse (siehe Teil B, Abb. 205) entscheiden unterstützt, da in kurzer Zeit das vereinbarte Leistungs-Soll vollständig ermittelt werden kann.

12.1 Preisermittlungsgrundlage

426 Leitgedanken der VOB/B

Die VOB/B kennt für Mehrmengen, geänderte oder zusätzliche Leistungen vom BGB (z. B. § 632 Abs. 2, übliche Vergütung) abweichende Regelungen zur Vergütung. Dem mit der Vereinbarung der VOB/B eingeräumten einseitigen und notwendigen Leistungsbestimmungsrecht des Auftraggebers stehen Vergütungsregelungen gegenüber, die nicht mehr dem Preiswettbewerb unterliegen, sondern auf die ursprüngliche Beauftragungssituation zurück greifen. Nur so ist überhaupt einer Gefahr wechselseitiger Drohgebärde und Einschüchterungsversuche über Bau- bzw. Zahlungseinstellungen zu begegnen.

Fundamental ist demnach das Prinzip der Anknüpfung an die vertraglichen Grundlagen des Preises, wie die verschiedenen Formulierungen in der VOB erkennen lassen.

§ 9 Abs. 9 VOB/A

"Sind wesentliche Änderungen der **Preisermittlungsgrundlagen** zu erwarten, ... so kann eine angemessene Änderung der Vergütung in den Verdingungsunterlagen vorgesehen werden."

§ 2 Abs. 5 VOB/B

"Werden durch Änderung des Bauentwurfs oder andere Anordnungen des Auftraggebers die **Grundlagen des Preises** für eine im Vertrag vorgesehene Leistung geändert, so ist ein neuer Preis unter Berücksichtigung der Mehr- oder Minderkosten zu vereinbaren."

§ 2 Abs. 6 Nr. 2 VOB/B

"Die Vergütung bestimmt sich nach den **Grundlagen der Preisermittlung** für die vertragliche Leistung und den besonderen Kosten der geforderten Leisstung."

§ 2 Abs. 7 Nr. 1 VOB/B

"..... Für die Bemessung des Ausgleichs ist von den **Grundlagen der Preisermittlung** auszugehen."

Abb. 201: Begriffe zur vertraglichen Grundlage der Preise

427 Unterschiedliche Begrifflichkeiten

Bedeuten nun die unterschiedlichen Begriffe auch andere Grundlagen oder wurden sie möglicherweise nur gewählt, um sprachliche Wiederholungen zu vermeiden?

Leitgedanke der VOB ist, dass Bauleistungen so vergeben werden sollen, dass die Vergütung nach Leistung bemessen wird, und zwar in der Regel zu Einheitspreisen für technisch und wirtschaftlich einheitliche Teilleistungen, deren Menge anzugeben ist, also in Form eines Einheitspreisvertrages (vgl. VOB/A § 4 Abs. 1 Nr. 1). Es wird also auf Teilleistungen abgestellt. Da es aber – in der Praxis nicht ganz unüblich – vorkommt, dass eine Teilleistung geändert ausgeführt werden muss (z. B. dickere Wände in Stahlbeton) und gleichzeitig an anderer Stelle zusätzliche notwendige Bauteile modifiziert (z. B. als WU-Beton) auszuführen sind, kann es nur eine Grundlage für die Neubestimmung der Preise je Teilleistung, eben die Preisermittlungsgrundlage, geben. Eine **inhaltliche** Unterscheidung zwischen Preisermittlungsgrundlage, Grundlage des Preises oder Grundlagen der Preisermittlung erscheint daher zunächst nicht notwendig.

Preisermittlungsgrundlage (§ 9 VOB/A) Grundlagen des Preises (§ 2 Abs. 5 VOB/B) Grundlagen der Preisermittlung (§ 2 Abs. 6 / § 2 Abs. 7 VOB/B)

=

Preisermittlungsgrundlage für alle Vergütungsansprüche nach § 2 VOB/B gleich und bezieht sich auf die unveränderten Teilleistungen und deren Vergütung. Es gibt nur eine Preisermittlungsgrundlage für jede Teilleistung, die eine Änderung erfahren kann.

Abb. 202: Entbehrliche Unterscheidung der Begrifflichkeiten

Dennoch wird in der VOB/B richtigerweise **sprachlich** differenziert. Im Fall einer geänderten Leistung kann, da bereits ein Preis für die zu ändernde (ursprüngliche) Leistung vereinbart wurde, gerade auf die Grundlagen dieses Preises zurückgegriffen werden. Bei zusätzlichen Leistungen oder bei Veränderungen von Leistungen einer Pauschalsumme wird man nicht von einem konkreten Preis ausgehen, sondern eben nur die Grundlagen der Preisbildung (z. B. Mittellohn, Zuschlagsätze und die geplante Art der Leistungserbringung als Eigen- oder Fremdleistung) berücksichtigen können.

Versuch einer Definition anhand der Literatur 428

In der baurechtlichen aber auch baubetrieblichen Literatur existiert keine einheitliche Definition zur Preisermittlungsgrundlage, wenngleich in jeder Publikation zu Nachträgen oder Nachtragsmanagement sowie den Kommentaren zur VOB/B dieser zentrale Begriff genutzt wird.

Zunächst sollen einige baurechtliche Definitionen hervorgehoben werden:

Heiermann/Riedel/Rusam (Handkommentar zur VOB, 2008, B § 2 Rn. 149):

> „Die überwiegende Meinung in der Literatur ... geht davon aus, dass der Begriff ‚Preisgrundlage' alle Kostenfaktoren umfasst, die im weitesten Sinne Bestandteil der Preisberechnung sind und die auf die Kosten des AN bei der Ausführung der Leistung wirksam werden. Die Elemente der ‚Grundlagen des Preises' sind gem. dem baubetrieblichen Kalkulationsschema positionsbezogen, auftragsbezogen oder firmenbezogen."

Nicklisch/Weick (VOB Teil B; 2001, § 2 Rn. 62):

> „Der Begriff ‚Grundlagen des Preises' ist umstritten. ... Auszugehen ist davon, dass die VOB neben diesem Begriff den der ‚Grundlagen der Preisermittlung' verwendet und dass beide Begriffe nicht identisch sind. Der Begriff ‚Grundlagen des Preises' umfasst alle tatsächlichen Umstände und rechtlichen Voraussetzungen, die auf den ursprünglichen Preis einer Position oder Einzelleistung Einfluss haben, und zwar sowohl allgemeine Faktoren (z. B. Stundenlöhne, Materialpreise, Betriebssteuern) als auch besondere Umstände der konkreten Bauleistung (z. B. Bodenverhältnisse, Materialverbrauch, spezielle Erleichterungen und Erschwerungen, Zufahrtswege, Sonderwagnisse)."

Kapellmann/Schiffers (Einheitspreisvertrag, 2011, Rn. 1000):

> „Unter ‚Grundlagen des Preises' sind Methodik der Preisermittlung und alle einzelnen Kostenelemente, die Bestandteil der Preisermittlung seitens des Auftragnehmers (also seiner Kalkulation) sind, zu verstehen, also Sollkosten, nicht Istkosten. Zu den Kalkulationselementen gehören alle die Kalkulation ‚im Einzelnen beeinflussenden Umstände'."

Ingenstau/Korbion (VOB-Kommentar 2010, § 2 Abs. 6, Rn. 26):

> „Der Hinweis auf die Preisermittlungsgrundlagen für die vertragliche Leistung nimmt Bezug auf die Merkmale, die bei der Preisfestsetzung für die im Vertrag genannten Leistungen wesentlich sind. Es ist deswegen auf die Grundlagen der früheren Preisermittlung zurückzugreifen, weil die neu zu bewertende zusätzliche Leistung i. d. R. sachlich, zeitlich und auch räumlich mit der bisherigen Vertragsleistung in Verbindung steht."

Obwohl erkennbar ist, dass alle Autoren mehr oder weniger Ähnliches meinen, ist die Vielfalt der Begrifflichkeiten, wie „Methodik der Preisermittlung", „Merkmale von Leistungen", „tatsächlichen Umstände und rechtlichen Voraussetzungen", „Kostenfaktoren, die Bestandteil der Preisberechnung sind und die auf die Kosten des AN bei der Ausführung der Leistung wirksam werden" doch eher verunsichernd als klärend.

429 Festgehalten werden kann zunächst, dass die Preisermittlungsgrundlage irgendwo zwischen vertraglichen Leistungsanforderungen und -beschreibungen und deren Vergütung anzusiedeln sein wird.

Eine ausdrückliche Definition zur Preisermittlungsgrundlage liefert Sienz (in Ingenstau/Korbion, VOB/A § 9 Rn. 118), nach der der Begriff der Preisermittlungsgrundlage im weitesten Sinne zu verstehen sein soll.

> „Er umfasst alles, was im Einzelfall Gegenstand der Preisberechnung (Kalkulation) ist und auf die eigenen Kosten des Auftragnehmers Einfluss ausübt. Hierzu gehören zunächst die vom Auftraggeber gemachten Angaben über Einzelheiten der Leistungsanforderungen, wie sie in der Leistungsbeschreibung oder den sonstigen Leistungsangaben nach § 7 VOB/A enthalten sind bzw. enthalten sein müssen. Hinzu kommen alle Faktoren, die unter Zugrundelegung der Leistungsanforderungen des Auftraggebers für den späteren Auftragnehmer bei der Preisberechnung eine Rolle spielen, weil sie diese beeinflussen."

Eine rein baubetriebliche Definition, die aber nicht überzeugen kann, bietet Ágk-Ackermann. Er unterscheidet zwischen Preis- und Preisermittlungsgrundlagen. Letztere sollen die Darstellungen der Preise in Form einer Kalkulation und in einem netzplantechnischem Modell sein.

430 Es erscheint daher sinnvoll, zunächst zwischen einer Qualifizierung und einer Quantifizierung der Preisermittlungsgrundlagen zu unterscheiden.

*Eine **Qualifizierung der Preisermittlungsgrundlagen** findet anhand der vertraglichen Leistungsanforderungen und sämtlicher Faktoren, die für die Preisfindung eine Rolle spielen, statt.*

Es sind sämtliche Eingangsgrößen, auf deren Grundlage der Bieter zu kalkulieren hat, gemeint. Somit sind also nicht nur die Leistungsbeschreibungen und sonstigen vertraglichen Vereinbarungen sondern auch sämtliche Randbedingungen und Umstände, auch wenn sie nicht explizit formuliert wurden, zu berücksichtigen.

*Eine **Quantifizierung der Preisermittlungsgrundlagen** entspricht der Entwicklung von der Preisfindung zur Auftragskalkulation.*

Der Bieter wird ausgehend von den vertraglichen Leistungsanforderungen und sämtlichen Faktoren, die für die Preisfindung eine Rolle spielen, eine monetäre Bewertung in Form einer Kalkulation, die i. d. R. die Anforderungen an die Preisbildung nach § 2 Ziff. 1 (Angemessenheit) und § 4 Ziff. 1 (Einheitspreisvertrag) VOB/A erfüllen, vornehmen. Sämtliche hierzu abgegebenen bzw. vorhandenen Erläuterungen gehören zu den Preisermittlungsgrundlagen.

Schottke, der zwar den Begriff der Preisermittlungsgrundlage anders, nämlich lediglich als Eingangsgröße, auf deren Grundlage kalkuliert wird, definiert, führt richtigerweise noch ein weiteres Kriterium, nämlich den Empfängerhorizont des Kalkulators, ein. Hiernach soll der Inhalt der Preisermittlungsgrundlage abhängig vom objektiven Empfängerhorizont des Bieters sein. Dieser „beinhaltet die Erkenntniserforderlichkeiten bzgl. der Randbedingungen der konkreten gemäß Vertrag zu erbringenden geschuldeten Soll-Leistung, die der Bieter bei der Preisfindung objektiv haben und berücksichtigen muss".

Vereinfacht bestehen die Preisermittlungsgrundlagen daher aus einer Form der Qualifizierung der Preisermittlungsgrundlagen, dem objektiven Empfängerhorizont des Bieters und einer Form der Quantifizierung der Preisermittlungsgrundlagen. 431

Die Gesamtheit der Preisermittlungsgrundlagen lässt sich auch etwas konkreter darstellen. 432

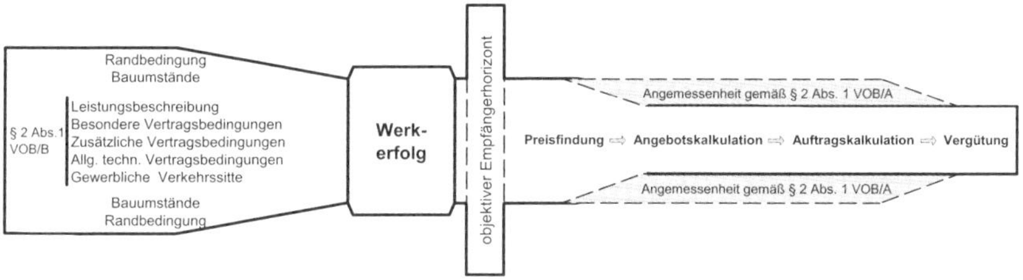

Abb. 203: Darstellung der Preisermittlungsgrundlage

Änderungen an den Preisermittlungsgrundlagen, die zu Veränderungen bzw. Anpassungen auf der Vergütungsseite führen können, sollen nachfolgend aufgezeigt werden: 433

Im Fall von Änderungen der Leistungen nach § 2 Abs. 5 VOB/B (Analoges gilt auch bei möglichen Ansprüchen nach § 2 Abs. 3, Abs. 6 und Abs. 7 VOB/B) ist also zunächst zu prüfen, welche Ansatzpunkte für die Preisermittlung vom Auftragnehmer überhaupt berücksichtigt bzw. unrichtigerweise nicht berücksichtigt wurden.

Etwas missverständlich heißt es aber bei Ingenstau/Korbion (§ 2 Abs. 5, Rn. 5), dass beim Einheitspreisvertrag bereits eine Änderung der genannten Umstände im Rahmen eines Leistungsteils, der nach Vertrag zu einer Position zusammengefasst ist, genügen würde, um § 2 Abs. 5 VOB/B zur Anwendung kommen zu lassen. Es ist sicherlich richtig, wenn daraufhin eine Prüfung eines möglichen Anspruches nach § 2 Abs. 5 VOB/B beginnen kann. Eine monetäre Veränderung ergibt sich aber nach dem Wortlaut von § 2 Abs. 5 VOB/B erst, wenn auch noch eine weitere Bedingung erfüllt ist. Die Änderung hätte, wenn sie denn vorvertraglich bekannt gewesen wäre, zu einer anderen Preisfindung führen müssen. Es genügt daher nicht, wenn lediglich Veränderungen auf einer Seite bewirkt werden; es muss vielmehr die Balance vollständig gestört sein.

434 So lässt sich beispielweise auch der nachfolgend beschriebene konkrete Fall lösen:

Beispiel:

Aus den Ausschreibungsunterlagen war zu entnehmen gewesen, dass von einer Ortsdurchfahrt für Erdmassentransporte ausgegangen werden konnte. In Verhandlungen zwischen dem Auftraggeber und den betroffenen Gemeinden wurde nach Vertragsabschluss eine andere Straßenführung für die Erdmassentransport festgelegt und dem Auftragnehmer mitgeteilt. Diese Anordnung nach § 2 Abs. 5 VOB/B nahm der Auftragnehmer zum Anlass, einen Nachtrag zur längeren Wegstrecke zu stellen. Strittig wurde daraufhin die Frage diskutiert, ob ein Anspruch auf Anpassung des Einheitspreises überhaupt bestehen würde, da aus den Unterlagen hervorging, dass der Auftragnehmer diese neue Strecke bereits seiner Angebotskalkulation zugrunde gelegt hatte. Aus den Kalkulationsunterlagen ergab sich nämlich zweifelsfrei, dass der Erdbauunternehmer bereits eine Ortsumfahrung, nämlich die später angeordnete, vorgesehen hatte. Die Berücksichtigung der Ortsumfahrung kann auch als Kalkulationsirrtum angesehen werden, da nach der Ausschreibung eine andere Leistung zu kalkulieren und anzubieten war. Hätte der Auftragnehmer in der Angebotsphase über weiter gehende Informationen zur Straßennutzung gehabt, hätte er diese in einem Nebenangebot berücksichtigen oder zumindest eine Aufklärung über die Grundlagen der Preisermittlung (VOB/A § 17 Abs. 7) erbitten müssen.

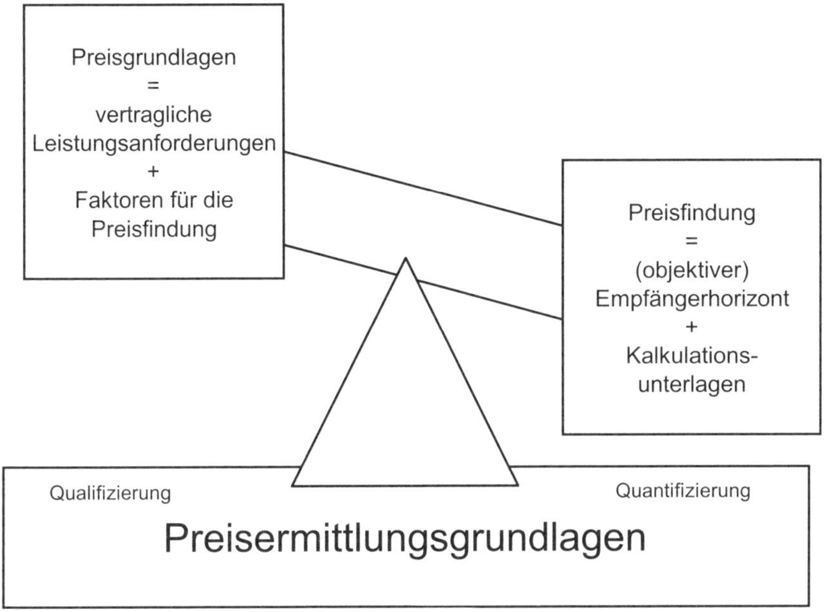

Abb. 204: Preisermittlungsgrundlage, auf Grund falscher Quantifizierung

Der Anspruch auf Preisanpassung war daher abzulehnen, da die (kalkulativen) Grundlagen des Preises auf Grund des vorausgegangenen Kalkulationsirrtums gerade nicht geändert wurden.

Interessant wird es, wenn man im obigen Beispiel die Situation ändert. Der **435** Auftragnehmer soll (irrtümlich) nicht die vorgesehene und ausgeschriebene Ortsumfahrung, sondern die Ortsdurchfahrt kalkuliert haben. Dem Auftraggeber gelingt es zu erreichen, dass die Erdmassentransporte durch das Gemeindegebiet möglich sind. Er gibt (im Vertrauen auf eine Anpassung des vereinbarten Einheitspreises nach unten) eine entsprechende Änderungsanordnung bezüglich der Streckenführung. Ergibt sich nun aus den Kalkulationsunterlagen, dass der Erdbauunternehmer (nur) die Ortsdurchfahrt kalkuliert hat, wäre ein Anspruch des Auftragnehmers auf Anpassung der Vergütung abzulehnen, da auch in diesem Fall die (kalkulativen) Grundlagen des Preises gerade nicht geändert wurden.

Zu gleichen Ergebnissen gelangt man übrigens auch, wenn man in beiden Fällen das Kriterium des objektiven Empfängerhorizontes anlegen und daraufhin entsprechende Korrekturen an den Einheitspreisen zulassen würde. Der Bieter hätte im obigen Fall die Ortsumfahrung kalkulieren und einen anderen, nämlich einen um die Mehrkosten der Ortsumfahrung höheren Einheitspreis anbieten müssen. Die Änderungsanordnung führt dann dazu, dass eine Anpassung des (höheren) Einheitspreises vorgenommen werden müsste. Die Folge wäre der Entfall der Mehrkosten für die Ortsumfahrung. Es würde sich also wieder der ursprünglich angebotene Einheitspreis einstellen. Dem Auftraggeber stände im Ergebnis also kein Anspruch auf Reduzierung des vereinbarten Einheitspreises zu.

436 Ähnliche Überlegungen wird man für die Fälle anstellen müssen, in denen ein Auftraggeber anordnet, erkennbar nicht benötigte zweckgebundene Puffer (vgl. Teil B Rdn. 140). zu nutzen, um zusätzliche Leistungen auszuführen, die zu einem Anspruch des Auftragnehmers auf zusätzliche Ausführungsdauer führen könnten. Da der Auftragnehmer die zu erwartenden zeitabhängigen Kosten bis zum Ende des von ihm vorgesehenen Puffers bereits kalkuliert hat, können keine Mehrkosten für eine Bauzeitverlängerung aus der Ausführung der zusätzlichen Leistungen gefordert werden.

437 **Zusammenfassung**

Die in der VOB genutzten Begriffe zu den Preisermittlungsgrundlagen und zur Grundlage des Preises sind für eine widerspruchslose Definition und Abgrenzung nicht geeignet. Ein Anspruch aus § 2 Abs. 5 VOB/B muss nach einer Anordnung des Auftraggebers zum Bauentwurf oder dem Treffen einer anderen Anordnung zwei Voraussetzungen erfüllen.

- *Es muss tatsächlich eine Änderung bei den vertraglichen Leistungsanforderungen und/oder bei den Faktoren zur Preisfindung vorliegen*
  und gleichzeitig
- *muss eine Veränderung im Preisfindungsgeflecht stattfinden.*

12.2 Sinnvoller Aufbau eines Nachtrages

12.2.1 Nachtragsbegründung

438 Wie schon weiter oben ausgeführt, sollten im Rahmen der Kooperationsverpflichtungen beider Parteien die Nachtragsleistungen eindeutig und zweifelsfrei, am besten schriftlich, angeordnet werden. Oftmals ist es dem Auftraggeber bzw. seinen Erfüllungsgehilfen (Planer, Bauüberwachung usw.) jedoch nicht so bewusst, ob eine Planänderung schon eine vergütbare Bauentwurfsänderung oder nur eine Konkretisierung der ausgeschriebenen Leistung ist. Insofern unterbleibt in der Praxis in vielen Fällen eine explizite Anordnung und die Leistungsänderungen bzw. Zusatzleistungen werden quasi „schleichend" in den Bauprozess eingebracht.

Es liegt nun an der Bauleitung des Auftragnehmers solche veränderten/zusätzlichen Leistungen zu erkennen, zu bewerten und eine Nachtragsforderung hierzu zu stellen.

In diesen Fällen ist es für die Darstellung einer nachweisbaren und damit ausreichenden Nachtragsbegründung zunächst einmal erforderlich, die dokumentarisch erfasste Nachtragsleistung den entsprechenden Positionen des Leistungsverzeichnisses **gegenüberzustellen.** Aus den Ergebnissen dieses Vergleiches kann dann entschieden werden, ob es sich um eine Mengenänderung gemäß § 2 Abs. 3 VOB/B, eine Leistungsänderung gemäß § 2 Abs. 5 VOB/B oder eine zusätzliche Leistung nach § 2 Abs. 6 VOB/B handelt.

Im Zuge dieser Gegenüberstellung muss der im Vertrag geforderte SOLL-Zustand mit dem tatsächlichen IST-Zustand der Ausführung verglichen werden. Hierbei ist der SOLL-Zustand als Komponente im Leistungsverzeichnis usw. selbst festgeschrieben.

Vertragsleistung (BAU-SOLL):

Daten laut. Ausschreibung und Vertrag:

Nachweise:

- Leistungen gemäß LV/Leistungsbeschreibung
- Leistungen gemäß Vertragsplänen
- Leistungen Vertragstext/Vorbemerkungen
- Leistungen gemäß Bodengutachten usw.

Der IST-Sachverhalt dagegen muss während der Ausführung mit den bereits genannten **dokumentativen Mitteln** aufgezeigt werden.

Tatsächlich ausgeführte geänderte/zusätzliche Leistung (BAU-IST):

Nachweise:

- Leistungen gemäß NA-Leistungsverzeichnis (Positionsbeschreibung)
- Leistungen gemäß Ausführungsplanung (Planungsausschnitte), Bestandspläne, Fotodokumentation, Bautagebuch, Schriftverkehr, Besprechungsprotokolle, Aktenvermerke, Zeugen

Die Gegenüberstellung der maßgebenden Merkmale von Ausschreibung und Ausführung kann sich z. B. auf folgende Bereiche beziehen:

- Vergleich der Qualität von Baustoffen, Einbauteilen oder Betonoberflächen,
- Vergleich zwischen ausgeschriebenen und ausgeführten Aussparungen,
- Mischungsverhältnis bei Mischpositionen (z. B. Ausschreibung: 70% Bkl. 3, 30% Fels; Ausführung: 50% Bkl. 3, 50% Fels).

439 Im nächsten Schritt müssen die festgestellten Unterschiede zwischen Ausschreibung und Ausführung aufgezeigt und die damit verbundenen Erschwernisse oder Mehrleistungen beschrieben werden. Hierbei sollten im Rahmen einer baubetrieblichen Begründung die Ursachen der Veränderungen benannt und bewertet werden.

Als **Hilfsmittel** dafür können z. B. dienen:

- Zeichnungen oder Skizzen,
- Aufwandswerte (ARH-Tabellen),
- Qualitätsstandard nach VOB/C oder anderen Baunormen.

Darüber hinaus kann es auch durch fehlerhafte oder unvollständige Formulierung des Leistungsverzeichnisses zu notwendigen Nachforderungen kommen. Diese können z. B. begründet sein in:

- falschen Materialangaben,
- fehlenden Aussparungen an Wänden,
- nicht berücksichtigter Anschlussbewehrung für Anbauten,
- falscher oder ungenügender Angabe der Bodenklasse usw.

440 Oftmals werden bei der Ausführung der Bauleistungen auch **besondere Leistungen** verlangt, die nach der VOB/C oder der ortsüblichen Verkehrssitte nicht über den Einheitspreis abgedeckt sind (s. dazu Teil A Rdn. 196 ff.). Dazu einige Beispiele (Erdarbeiten):

- Beseitigung von hochstämmigen Alleebäumen im Zuge einer Straßenverbreiterung,
- Wasserhaltung bei zu hohem Grundwasserstand,
- Vorhalten von Leitplanken, Schrammborden, Markierungen usw. bei Straßenbaumaßnahmen.

Aus den o. g. Punkten können dann die maßgebenden Änderungen der Ausführung hergeleitet und begründet, sowie die **Auswirkungen** auf die geplante Bauzeit ermittelt werden. Dabei ist auch aufzuzeigen, inwieweit Änderungen bei einer Position sich auf andere Positionen und damit die Gesamtbauzeit auswirken können. Folgende Nachweisunterlagen könnten hierbei nützlich sein:

- Ausführungspläne und Detailskizzen
- Auszüge Baugenehmigung mit Auflagen
- Auflagen Prüfingenieur und statische Berechnungen
- Schriftverkehr, Besprechungsprotokolle, Aktenvermerke usw.

441 Bei der Nachtragsbegründung ist es auch von außerordentlicher Bedeutung, dass aufgezeigt wird, auf welcher **Rechtsgrundlage** der geschlossene Vertrag basiert.

Handelt es sich um einen **BGB-Vertrag,** d. h. einen Werkvertrag nach den §§ 631 bis 651 BGB, dann können Änderungen des Vertrages nur mit beiderseitigem Einverständnis durchgeführt werden (Teil A Rdn. 165). Bei einem Bauvertrag nach **VOB/B** kann der Bauherr nach § 1 Abs. 3 und 4 einseitige Änderungswünsche des Bauentwurfes einbringen oder Zusatzleistungen anordnen. Dem Auftragnehmer stehen dabei Vergütungsansprüche zu.

Insofern ist dem Auftragnehmer die Anfertigung einer Vertragsanalyse (eigentlich schon bei der Angebotserstellung, spätestens aber bei Ausführungsbeginn) dringend anzuraten, da hierdurch entsprechende anspruchsbegründende Vertragspassage identifiziert und benannt werden können.

Auswahl Vertragsregelungen nach Stichworten

Projekt: Bauvorhaben Musterhausen Projekt-Nr.: 2001-21

Schlüssel	*Rang*	*Vertragsbestandteil*	*Quelle/Ort*	
		Inhalt		
		Änderung Ausführungsfrist		
Ausführungsfristen	*2*	*Schreiben*	*S.: 1; Ziff.:*	*7. Abs.*
		Verschiebungen der Bauzeit um 1 Jahr D. h. vom 31.12.2001 bis zum 31.12.2002 (Beginn des Probebetriebes). Dies ist Bestandteil unseres Angebots. Insoweit ist der von Ihnen genannte Fertigstellungstermin 31.12.2002 maßgebend für den Beginn des Probebetriebes und gilt nicht für Restleistungen, z. B. im Zusammenhang mit der Begrünung oder sonstigen Rückbauaktivitäten.		
Ausführungsfristen	*6*	*Allgemeines LP*	*S.: D-36; Ziff.:*	
		Vortriebszeit Die Vortriebszeit wird vom AN dokumentiert. Falls eine Veränderung der Vortriebszeit den kritischen Weg zum Gesamtherstellungstermin beeinflusst, plant der AN Beschleunigungsmaßnahmen. Er verpflichtet sich, diese durchzuführen, falls es hierzu vom AG aufgefordert wird. Die Vergütung regelt sich nach Teil C, Titel 111 „Besondere Vertragsbedingungen", Punkt 2.3		
Termine und Fristen	*2*	*Schreiben*	*S.: 1; Ziff.:*	*2. Abs.*
		Anspruch auf Verlängerung Ändern sich die Termine der Planfeststellungsbeschlüsse bzw. des Planfeststellungsbeschlusses (im folgenden „Planfeststellungsbeschlüsse"), die im übrigen inhaltlich – wie in den Verdingungsunterlagen vorgesehen – ergehen, um nicht mehr als 2 Monate gegenüber der Prognose Stand 22.05.01, so hat der AN keinen Anspruch auf Verlängerung der Ausführungsfrist und/oder gesonderte Vergütung.		

Abb. 205: Auszug aus einer Vertragsanalyse

Die Benennung der baurechtlichen Anspruchsgrundlagen könnte z. B. wie folgt aussehen:

Baurechtliche Anspruchsgrundlage

Zusätzliche Leistung / Leistungsänderung / Anordnung (nicht Zutreffendes streichen)

gem. VOB/B § 2 Abs.: 3 ☐ (Änderung der Leistungsmenge)
Abs.: 4 ☐ (Übernahme von vertraglichen Leistungen durch AG)
Abs.: 5 ☐ (Änderung des Bauentwurfs, Leistungsänderung, sonstige Anordnung)
Abs.: 6 ☐ (Zusätzliche, im Vertrag nicht vorgesehene Leistung)
Abs.: 8 ☐ (nicht beauftragte, aber notwendige Leistung)

Anordnung: mündlich ☐ schriftlich ☐ am: ....
durch: ....

Vergütungsanspruch: angekündigt mit Schreiben vom: ....

Abb. 206: Benennung baurechtliche Anspruchsgrundlagen

12.2.2 Nachtragskalkulation

Für die Nachtragskalkulation ist grundsätzlich zu unterscheiden, ob es sich bei **442**
dem vorliegenden Nachtrag um eine Mengenänderung (§ 2 Abs. 3 VOB/B), eine Leistungsänderung (§ 2 Abs. 5 VOB/B) oder eine Zusatzleistung (§ 2 Abs. 6 VOB/B) handelt.

Die VOB-gemäße Nachtragskalkulation ist im Allgemeinen wie folgt durchzuführen:

Das System der Nachtragskalkulation gemäß VOB/B

1. Zutreffende, ursprüngliche Leistungsposition, die von Leistungsänderung betroffen ist, im Vertrag identifizieren.

2. Ursprüngliche Vertragsposition aufgliedern in Kostenbestandteile.

3. Prüfung der EKdT, ob sich **durch Leistungsänderung** eine Kostenveränderung ergibt.

4. Solche Kostenveränderungen der EKdT in Form von Mehr- und Minderkosten einzeln bewerten und kalkulieren. Beibehaltung der nicht durch Leistungsänderung betroffenen Kostenbestandteile.

5. Die EKdT der geänderten Kosten aufaddieren.

6. Zuschlagssätze aus Auftragskalkulation aufschlagen.

7. Nachtragspreise bilden.

Abb. 207: Die VOB-gemäße Nachtragskalkulation

Leistungsänderungen nach § 2 Abs. 5 VOB/B

Bei der Nachtragsberechnung für Leistungsänderungen gem. § 2 Abs. 5 VOB/B müssen als Basis die **Grundlagen des Preises** für die im Vertrag vorgesehene Leistung herangezogen werden (s. Teil A Rdn. 444 ff.).

Als **Grundlage** der Kalkulation sind anzusehen:

- Aufwandswerte für Lohnstunden (z. B. 1,2 Std./m² Schalung),
- Materialkostenansätze (z. B. 60,00 €/m³ Beton),
- sonstige Vereinbarungen (z. B. Nachlässe).

Aus den Ansätzen der Preisermittlungsgrundlage können nun die neuen, durch die Leistungsänderung verursachten Preise gebildet werden. Es ist dabei möglich, z. B. folgende vergütungsfähige Mehrkosten (Minderkosten) zu berechnen:

- Mehrkosten auf Grund von **Erschwernissen oder Arbeitsbehinderungen** (Beispiel: statt einer rechteckigen Stützenform wird eine runde gewählt),
- Mehr- und Minderkosten aus **Personal- und Gerätekapazitätsbereitstellung** (Beispiel: es müssen teurere Geräte als kalkuliert eingesetzt werden, oder es sind spezielle teurere Fachleute für ein geänderte Leistung erforderlich),
- Kosten aus **Minderleistungen** (Beispiel: Kosten durch Verlust des Einarbeitungseffektes, häufiges Umsetzen des Arbeitsplatzes, Änderung der Abfolge der Arbeiten, Minderleistungen durch Witterungseinflüsse).

Aus der Summe der errechneten Mehrkosten und nach Abzug der Leistungseinsparungen errechnet sich die Gesamtnachtragssumme. Bei einer Nachtragsberechnung nach § 2 Abs. 5 zählt auch der in der Preisermittlungsgrundlage (als prozentualer Ansatz) eingerechnete Gewinn zu den vergütungsfähigen Mehrkosten.

Nachtragsberechnung bei Mengenänderungen gemäß § 2 Abs. 3 VOB/B

Für Mengenänderungen gemäß § 2 Abs. 3 VOB/B müssen die der **ursprünglichen Kalkulation** zugrunde gelegten Leistungsansätze (Lohn- und Materialansätze) beibehalten werden. Nicht vergessen werden dürfen Kosten, die auf Grund der Mengenmehrung, z. B. für das Anliefern und Vorhalten zusätzlicher Geräte (Bagger, Kran) entstanden sind. 443

Falls gegenüber der ausgeschriebenen Menge tatsächlich eine geringere ausgeführt wurde, kann es zu einer **Unterdeckung der Gemeinkosten** kommen. Wenn sich trotz der geringeren Menge die Ausführungsdauer der Gesamtbaumaßnahme nicht ändert, sind die Gemeinkosten, die in gleicher Höhe anfallen, mit einem höheren Umlagefaktor auf die Einheitspreise umzuschlagen. Dieser Sachverhalt soll durch das folgende Beispiel erläutert werden.

▶ **Beispiel:** 444

Bei einer Baumaßnahme sollten 87 m³ Kellergeschosswände in Beton ausgeführt werden. Die Mengenermittlung ergab, dass dafür 8,5 m² Schalung je m³ Beton erforderlich waren.

Der kalkulierte Einheitspreis ergab sich durch folgende Rechnung:

Einzelkosten der Teilleistung:

Lohn: 7,9 Std./m³ × 22,00 €/Std.	= 173,80 €/m³
Material:	95,90 €/m³
Gemeinkostenumlage:	
Lohn: 7,9 Std./m³ × (32,50 €/Std. – 22,00 €/Std.)	= 82,95 €/m³
Material: 95,90 €/m³ × 10%	= 9,59 €/m³

Dadurch errechnete sich folgender Einheitspreis:

173,80 €/m³ + 95,90 €/m³
+ 82,95 €/m³ + 9,59 €/m³ = 362,24 €/m³

Während der Bauausführung stellte sich heraus, dass anstatt der ursprünglich geplanten und kalkulierten 87 m³ KG-Wände tatsächlich nur 65 m³ ausgeführt werden sollten. Dadurch kam es zu einer Unterdeckung der Gemeinkosten. Zunächst muss gemäß § 2 Abs. 3 geprüft werden, ob die Mindermenge auch tatsächlich 10% beträgt. Falls dies der Fall ist, kann die Berechnung des neuen Einheitspreises erfolgen.

87 m³ – 65 m³ = 22 m³ > 10%

Es fehlen an Gemeinkosten:
22 m³ × (82,95 €/m³ + 9,59 €/m³) = 2 035,88 €

Dadurch errechnet sich ein Zuschlag auf die 65 m³ von:
2 035,88 €: 65 m³ = 31,32 €/m³

Der neue Einheitspreis muss also betragen:

362,24 €/m³ + 31,32 €/m³ = 393,56 €/m³

Zusatzleistungen gemäß § 2 Abs. 6 VOB/B

445 Eine Zusatzleistung gemäß § 2 Abs. 6 VOB/B muss vom Auftragnehmer nur dann erbracht werden, wenn diese **in engem technischen Zusammenhang** mit der Vertragsleistung steht. Auch hier bildet die Grundlage der Preisermittlung, ähnlich wie bei Leistungsänderungen gemäß § 2 Abs. 5 VOB/B, die Grundlage für die Ermittlung der zusätzlich zu vergütenden Kosten.

Falls die geforderte Zusatzleistung nicht unmittelbar mit der vertraglichen Leistung in Verbindung steht, kann der Auftragnehmer selbst entscheiden, ob er sie überhaupt ausführen möchte. Hierbei besteht die Möglichkeit, völlig **neue Preise** oder einen **neuen Vertrag** über diese Leistungen zu vereinbaren.

12.2.3 Auswirkungen auf den Bauablauf und Vorbehalte

446 Nicht vergessen werden sollten die Auswirkungen einer Leistungsänderung auf den gesamten Bauablauf und die Bauzeit. Sofern nachgewiesen werden kann, dass die Leistungsänderungen auch zu einer Verlängerung der Bauzeit führen, sind der Anspruch auf eine entsprechende Bauzeitverlängerung sowie die Kosten hierfür in das Nachtragsangebot aufzunehmen (Teil A Rdn. 672). Der Auftraggeber hat einen Anspruch, sämtliche Bauzeitfolgen und Mehrkosten, die seine Änderungen hervorrufen, zu erfahren; denn

nur so wird er in die Lage versetzt, beurteilen zu können, ob er die Änderung auch tatsächlich realisiert haben will.

Es stellt sich hierbei jedoch die Frage, ob diese Auswirkungen zum Zeitpunkt der Einreichung des Nachtragsangebotes ausreichend sicher abgeschätzt werden können. Ist dies nicht möglich, so sollte ein entsprechender **Vorbehalt** hinsichtlich des Anspruchs auf eine Bauzeitverlängerung (spricht Verschiebung des Fertigstellungstermins) sowie der noch fehlenden Mehrkosten für diese Bauzeitverlängerung aufgenommen werden.

Weiterhin sind sämtliche anderen Auswirkungen auf den Bauablauf (z. B. Umstellung von Abläufen, Stillstände von Teilleistungen, betroffene Folgegewerke, notwendige neue Nachunternehmer usw.) durch die angeordneten Änderungen kalkulativ zu berücksichtigen (Teil A Rdn. 672).

Zu den weiteren Vorbehalten, die im Nachtragsangebot aufzunehmen sind, gehören Liefer- und Bereitstellungsverpflichtungen des Auftraggebers, bauseits zu erbringende Vorleistungen und Einholung von Genehmigungen durch den AG sowie noch nicht erfasste Leistungen oder Teilleistungen oder weitere Voraussetzungen zur fristgerechten Leistungserbringung.

Das Inhaltsverzeichnis eines Musternachtragsangebotes, das alle vorgenannten Punkte enthält, ist im Teil B, Abb. 208 dargestellt.

12.2.4 Nachtragsangebot

Die Baupraxis zeigt, dass Nachträge dem Auftraggeber **oft verspätet,** zum Teil 447
auch erst mit der Schlussrechnung vorgelegt werden. Dies kann folgende Nachteile haben:

- Der Nachtrag ist oft nicht mehr **nachprüfbar,** da bestimmte Leistungen am Bauende nicht mehr sichtbar sind (z. B. verputzte Mauerwerks-Teile, zugeschalte oder abgedeckte Lüftungseinrichtungen usw.).
- Dem Auftraggeber wird die Möglichkeit genommen, durch eine eventuelle Umstellung oder Neuordnung der Leistung weitere, im Bauverlauf auftretende Mehrkosten abzuwenden.
- Es können Schwierigkeiten bei dem Bauherrn erwachsen, die nachträglich benötigten Mittel bereitzustellen, da z. B. eine Baumaßnahme haushaltsmäßig bereits abgeschlossen wurde.
- Für den Auftragnehmer entstehen zusätzliche Kapitalbereitstellungskosten (Zinsen), die nicht vergütet werden.

Nach § 2 Abs. 5 **soll** die Nachtragsvereinbarung **vor der Ausführung** getrof- 448
fen werden. Dies bedeutet, dass der neue Preis möglichst vor Beginn der Ausführung vereinbart werden sollte, dies ist aber **nicht zwingend** (Teil A

Rdn. 606). Lediglich bei zusätzlichen Leistungen nach § 2 Abs. 6 muss der Auftragnehmer dem Auftraggeber den **Anspruch** auf eine zusätzliche Vergütung ankündigen, bevor er mit deren Ausführung beginnt. Unterlässt er die Ankündigung, gefährdet er seinen Vergütungsanspruch, weil die Ankündigung als echte Anspruchsvoraussetzung angesehen wird. Ausnahmen hiervon werden von den Gerichten aber durchaus in offensichtlichen Fällen gemacht, z. B. auch bei gewerblichen Auftraggebern.

Falls der Auftragnehmer das Nachtragsangebot rechtzeitig bzw. zum frühestmöglichen Zeitpunkt beim Auftraggeber einreicht, sollte er dieses Angebot mit einer **Bindefrist** versehen (Teil A Rdn. 672). Dies ist erforderlich, da Nachtragsangebote oft nur sehr verspätet und erst nach langer Prüfung zwischen Auftraggeber und Auftragnehmer vereinbart werden. Dadurch könnte es passieren, dass Nachunternehmer und/oder Materiallieferanten des Auftragnehmers sich nicht mehr an ihre Angebote gebunden fühlen, weil deren Bindefristen abgelaufen sind, und höhere Preise fordern, ohne dass der Auftragnehmer diese weitergeben könnte.

12.3 Nachtragsverfolgung

449 Bei größeren Baumaßnahmen mit einer mehrjährigen Bauzeit, einem erheblichen Nachtragspotential und mehreren Beteiligten ist es unumgänglich eine systematische und funktionierende Nachtragsverfolgung aufzubauen. Dies ist i. d. R. nur unter Nutzung der elektronischen Datenverarbeitung möglich. Die üblicherweise genutzten händischen Nachtragslisten sind hierfür nur wenig geeignet.

In Folge der Vielzahl von Beteiligten und der Notwendigkeit, etwaige Vertragsabweichungen rechtzeitig zu verfolgen und zu bewerten, sind nicht nur die Nachträge an den Bauherrn zu verwalten, sondern in einer Vorphase müssen auch sämtliche Abweichung, die zu Nachträgen oder Behinderungen führen könnten, erkannt, dokumentiert, aufbereitet und bewertet werden.

Ziel sollte es sein, einzelne **Vorgänge zu verwalten.** Weiterhin muss es einerseits möglich sein, den jeweiligen Verfahrensstand zu verfolgen und andererseits aber auch die notwendigen Bearbeitungsschritte unter Zuordnung von Verantwortlichkeiten und Terminen festzulegen.

Das hierfür nötige Instrumentarium wird somit zu einem **Steuerungsinstrument,** das erst eine effektive Arbeit ermöglicht.

ARGE Irgendwer

Muster-Nachtrag Nr. XX
(interne Nr.:31)

Sammelleitung
Bauw.- Nr. B 13a

Inhaltsverzeichnis

1. Einleitung und Veranlassung

2. Sachverhaltsdarstellung und Nachtragsbegründung für die Positionen 001 bis 006

2.1 Vertragsleistung
2.1.1 Grundsätzliches
2.1.2 Spezielles Leistungsprogramm
2.1.3 Allgemeines Leistungsprogramm
2.1.4 Bauwerksverzeichnis
2.1.5 Lagepläne
2.1.6 Allgemeine Vertragsbedingungen
2.1.7 Zusammenfassung
2.1.8 Belege

2.2 Tatsächlich auszuführende/ausgeführte Leistung
2.2.1 Bauwerksverzeichnis
2.2.2 Lagepläne Strecke
2.2.3 Zusammenfassung
2.2.4 Belege

2.3 Ursache der Leistungsänderung
2.3.1 Beschreibung
2.3.2 Belege

2.4 Höhe der Nachtragsforderung
2.4.1 Nachtragsangebot – Leistungsverzeichnis
2.4.2 Grundlagen der Preisermittlung
2.4.3 Mengenermittlung

2.5 Auswirkungen auf den Bauablauf

2.6 Vorbehalte

3. Anlagen

Abb. 208: Inhaltsverzeichnis eines Musternachtragsangebotes

Neben den administrativen Aufgaben sollte es ein weiteres Ziel dieses Hilfsmittels sein, dem Projektcontrolling Zahlen zur Verfügung zu stellen, um die weitere Entwicklung des Auftragswertes verfolgen zu können.

Ziele der Nachtragsverfolgung sind:

- Erfassen von Abweichungen, Nachtragsforderungen
- Überblick über Bearbeitungsprozesse/Vorgänge schaffen
- Verfassen von Nachtragsangeboten
- Erfassen von internen Nachtragsangeboten
- Dokumentation der Bearbeitungsschritte
- Protokolle der Kontakte, Protokolle von Jour-Fixen
- Datenexport an das Projektcontrolling

Um einen kleinen Einblick in ein solches umfangreiches Steuerungsinstrumentarium zu geben, wird nachfolgend eine Eingabemaske (siehe Teil B, Abb. 209), die eine Aufgabenverteilung als Ergebnis einer Besprechung im Rahmen der Erarbeitung eines umfangreichen Nachtrags festhält, präsentiert.

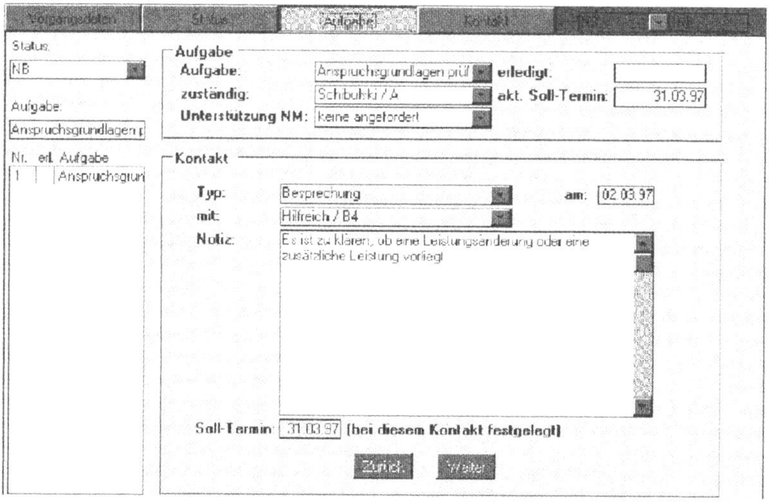

Abb. 209: Eingabemaske „Aufgabenverteilung bei der Nachtragserstellung" (Quelle: LHR GmbH & Co. KG, Heppenheim)

Es ist zu erkennen, dass jedem Nachtragsvorgang ein Status der Bearbeitung zugeordnet wird und dass die Aufgaben und zugehörigen Termine verwaltet werden.

Projekt: Gutbau — *Projekt-Nr.: 2000123*

Vorgangsliste Typ 1

Vorgang	Bauwerk / Vorgangsbeschreibung	AN	Status	Wert	Wahrscheinlichkeit	
Gruppe AND	Vermessungsbüro Andersmess					
		NF	**Nachtragsforderungen**			
AND / 3	9 / 91 / 90190 Fäll - und Rodungsarbeiten	VER 0000	NT	25.000 €	100,00%	(25.000 €)
AND / 4	9 / 91 / 90190 Geländeaufnahme im Bereich A	VER 0000	NT	14.000 €	100,00%	(14.000 €)
AND / 5	31 / 10 / 90190 Geländeaufnahme im Bereich B	VER 9004	NT	4.200 €	100,00%	(4.200 €)
strittige Nachträge		**Summe**	**NT**	**43.200 €**		**(43.200 €)**
AND / 1	31 / 10 / 90190 Vermessungsarbeiten u. Baugrube	VER 9004	NX	0 €	100,00%	(0 €)
AND / 2	31 / 10 / 90190 Vermessung Transformation DB	VER 9004	NX	0 €	100,00%	(0 €)
entfallende Nachträge		**Summe**	**NX**	**0 €**		**(0 €)**
		IF	**Interne Nachtragsforderungen**			
AND / 6	9 / 92 / 90190 Absteckung der Grunderwerbsgrenzen	VER 0000	IX	276.000 €	100,00%	(276.000 €)
AND / 7	9 / 90 / 90190 Urgelände, Kernbohrungspkte., Grunderwerbsgr.	VER 0000	IX	19.600 €	100,00%	(19.600 €)
entfallene interne Nachträge		**Summe**	**IX**	**295.000 €**		**(295.000 €)**

Abb. 210: Beispiel einer Nachtragsliste für einen Nachunternehmer (Quelle: LHR GmbH & Co.KG, Heppenheim)

Auch die Nachtragslisten (siehe Teil B, Abb. 210) müssen nach den Beteiligten selektierbar sein. Weiterhin sollte unterschieden werden können zwischen Nachträgen von Nachunternehmern, die an den Auftraggeber weitergeleitet werden können, den sog. externen Nachträgen, und den sog. internen Nachträgen, bei denen dies nicht möglich ist. Zusätzlich ist es sinnvoll, bei den externen Nachträgen zwischen beauftragten und strittigen Nachträgen und Nachtragsforderungen, die erst noch in der internen Bearbeitung bzw. gerade erst entdeckt bzw. angekündigt wurden, zu unterscheiden.

12.4 Verhandlungen über Nachträge und Schadensersatzforderungen

12.4.1 Allgemeines

Die Grundlage für jede mündliche Verhandlung über Forderungen eines Auf- **450**
tragnehmers aus Sach-Nachträgen oder aus Bauzeit-Nachträgen in Form

eines Schadensersatzes ist der schriftlich formulierte **Nachtrag** bzw. die schriftliche **Schadensersatzforderung.** Die schriftliche Nachtragsausarbeitung muss eine Nachtragsbegründung, eine Nachtragskalkulation und das entsprechende Nachtragsangebot enthalten. Die einzelnen Teile der Nachtragsausarbeitung sind den Erfordernissen entsprechend ausführlich, vollständig und unter Nennung und Beifügung aller Nachweise zu erstellen.

451 Die Erfahrung zeigt, dass die Auftraggeber meist erst nach Prüfung des schriftlichen Nachtrages bereit sind, in mündliche Verhandlungen oder Besprechungen einzutreten bzw. mündliche Erläuterungen entgegenzunehmen. Sollte der Auftraggeber weder eine mündliche Verhandlung bzw. Erläuterung wünschen, noch den Nachtrag auf Grund des schriftlichen Angebotes direkt beauftragen, so müsste der Auftragnehmer selbst einen **Erläuterungstermin** vorschlagen und evtl. rechtlich relevante **Fristen** setzen. Ist in den Vertragsbedingungen des Auftraggebers (z. B. besondere Vertragsbedingungen oder zusätzliche Vertragsbedingungen) geregelt, dass eine Nachtragsleistung erst nach schriftlicher Beauftragung ausgeführt werden darf, so hat der Auftragnehmer hierdurch die Möglichkeit, den Auftraggeber zu umgehenden Verhandlungen zu zwingen. Erfolgt keine Einigung mit nachfolgender **Beauftragung** des Nachtrages, so kann sich der Auftragnehmer unter Berufung auf die Vertragsbedingungen **weigern,** die Nachtragsleistungen auszuführen. Allerdings gibt es oft in solchen Verträgen noch die Klausel, dass in solchen Fällen der Auftraggeber einseitig die Ausführung der Leistung anordnen kann, auch wenn eine vollständige Beauftragung, also auch der finanziellen Bedingungen, noch nicht erfolgt ist.

12.4.2 Verhandlungsvorbereitungen

452 Die nachfolgend dargestellte Verhandlungsvorbereitung ist aus Sicht eines Auftragnehmers, der eine Nachtragforderung durchsetzen möchte, formuliert. Selbstverständlich lassen sich diese Vorbereitungen genauso gut auch durch den Auftraggeber betreiben, man muss dann nur die Zielsetzung um 180 Grad drehen (d. h. statt Nachtragsforderung durchsetzen heißt es dann Nachtragsforderung prüfen und abwehren).

Wie bei jeder Verhandlung bzw. Besprechung ist eine gründliche Vorbereitung wichtig und nach Erfahrungen des Verfassers die Basis jeden Verhandlungserfolges. Zur Vorbereitung wird empfohlen, einen entsprechenden **Besprechungsplan** aufzustellen. Dazu müssen folgende Vorarbeiten geleistet werden.

Allgemeine Vorbereitung:

- Welche Themen bzw. welche Nachträge sollen behandelt werden? Hierbei ist einzuschätzen, auf welche Sachverhalte man gut vorbereitet ist, sodass die Verhandlung mit Erfolgsaussichten geführt werden kann. Nicht vorbereitete Themen sollten bewusst ausgespart werden, da ansonsten evtl. gerechtfertigte Vergütungsansprüche leichtfertig verloren gehen. 453
- Welche **Zielsetzung** hat die Verhandlung?
  Hierbei ist zu klären, ob die Verhandlung auf einer sachlichen Detailebene geführt werden soll oder ob es wünschenswert ist, zunächst eine Grobabstimmung herbeizuführen. Dementsprechend ist auch der Zeitbedarf für die Besprechung vorauszukalkulieren.
- **Wer** sollte an der Besprechung teilnehmen?
  Auf Grund der Zielsetzung der Verhandlungen ist zu klären, ob auch die Sachbearbeiterebene mit ihren Wissensträgern oder ob nur Führungspersonal (Oberbauleiter, Geschäftsführer usw.) teilnehmen soll. Oftmals ist die gesunde Mischung aus beiden Anteilen am erfolgreichsten, es sei denn, es gibt erhebliche emotionale Spannungen zwischen den Beteiligten auf der Baustellenebene.
- **Welche Unterlagen und Nachweise** werden im Laufe der Verhandlung benötigt?
  Zur Unterstützung der eigenen Argumentation werden oftmals Unterlagen und Nachweise benötigt, die entsprechend aufgearbeitet und aufbereitet werden müssen. Es ist zu empfehlen, diese Unterlagen speziell für die Besprechung in einem Ordner (heutzutage eher in einem EDV-Ordner) zusammenzustellen und fachlich zu ordnen, damit sie im Bedarfsfall während der Besprechung schnell und sicher aufgefunden werden können. Ein gutes Argument wird verstärkt, wenn man sofort die dazugehörigen Nachweise auf den Tisch legen kann und nicht auf einen späteren Zeitpunkt (nach längerem Suchen) verweisen muss.

Spezielle Vorbereitung:

Die spezielle Vorbereitung dient in erster Linie zur Aufbereitung der Themen und Sachverhalte und sollte am besten **schriftlich** erfolgen. Hierzu ist die Erstellung eines speziellen Formblattes zu empfehlen. Für jeden Besprechungspunkt bzw. Sachverhalt sind folgende 4 Aspekte zu klären und zu erarbeiten: 454

- Besprechungspunkt:
  Hier ist der Nachtragssachverhalt bzw. die Nachtragsproblematik kurz aufzuführen.
- Eigene Argumente:
  Hier ist einzutragen, welche Argumente für die Berechtigung (für Auftraggeber: für die Abwehr) der Nachtragsforderung sprechen. Die Argumente

sollten systematisch und logisch aufeinander aufgebaut sein, sodass eine abgeschlossene Argumentationskette entsteht.

- Wahrscheinliche Gegenargumente:
  Wo liegen die Schwachpunkte dieser Nachtragsbegründung bzw. Nachtragskalkulation, welche baubetrieblichen und baurechtlichen Probleme sind vorhanden, gibt es eigene formale rechtliche Versäumnisse?
- Entgegnung zu den Gegenargumenten:
  Hier sollte man sich besonders gut vorbereiten, da diese Phase der Besprechung entscheidend sein kann. Eventuell sollte man sich die besten Argumente aus der eigenen Argumentationskette aufheben, um diese hier abschließend anzubringen.

Zu jedem Punkt sollten die entsprechenden Unterlagen und Nachweise zugeordnet sein, damit man schnell auf sie **zurückgreifen** kann. Zumindest die allgemeine Vorbereitung sollte in schriftlicher Form allen Teilnehmern der Besprechung aus eigenem Haus rechtzeitig vor der Besprechung zugänglich gemacht werden. Eine gewisse Rollenverteilung, die sich manchmal auch aus Kompetenzgründen ergibt, ist zu empfehlen und vor der Verhandlung abzusprechen.

12.4.3 Genauigkeit der Kostennachweise

455 Im Teil B der VOB sind die **Grundsätze der Nachtragskalkulation** genau geregelt. Da die neuen Preise auf der Grundlage der Preisermittlung gebildet werden müssen, ergibt sich die Regelung: Guter Preis bleibt guter Preis, schlechter Preis bleibt schlechter Preis (s. Teil A Rdn. 652).

Aus diesen Gründen kann bei einer Nachtragskalkulation weder vom Auftraggeber noch vom Auftragnehmer verlangt werden, die neuen Preise als Selbstkostenpreise zu kalkulieren. Vielmehr sind die **kalkulatorischen Kosten** für die geänderte oder zusätzliche Leistung zu ermitteln. Dies soll nach dem Motto geschehen: Was hätte der Auftragnehmer kalkulieren können und müssen, wenn er die geänderte oder zusätzliche Leistung und die geänderten Randbedingungen (z. B. Bauzeit) gekannt hätte.

Insofern sind Nachtragspreise reine **Kalkulationspreise,** die nicht unbedingt kostendeckend sein müssen und mit den wirklichen Kosten der Unternehmung übereinstimmen. Da dies jedoch einmal zum Vorteil, aber auch zum Nachteil einer jeden Partei sein kann, ist die Regelung der VOB insgesamt **ausgewogen** (s. Teil A Rdn. 607 ff.)

456 Lediglich bei **Schadensersatzforderungen** sind strengere Anforderungen an die Kostennachweise zu stellen. Die VOB geht von den nachweislich entstandenen Schadenskosten aus, die jede Partei speziell nachweisen muss (Teil A

Rdn. 792 ff.). Da dieser konkrete Nachweis in der Baupraxis oftmals nicht möglich ist, ist vor Gericht eine **Schadensschätzung nach § 287 ZPO** möglich (Teil A Rdn. 805 f.). Die Parteien sollten eine Schadensersatzforderung deshalb nicht nur unter dem strengen Gesichtspunkt der konkreten Schadensermittlung sehen, sondern vielmehr prüfen, ob die Berechnung den Anforderungen einer Schadensschätzung standhält und damit Grundlage einer gerichtlichen Entscheidung sein könnte. Auch unter diesem Gesichtspunkt ist aber weiterhin abzulehnen, dass fiktive Schadenskosten, die gar nicht angefallen sein können, mit in die Schadensermittlung aufgenommen werden.

12.4.4 Verhandlungsführung

Die VOB geht bei der Behandlung von Nachträgen im Rahmen der gegenseitigen Kooperationsverpflichtung von der Verhandlungsbereitschaft und dem **Einigungswillen** beider Parteien aus. So müssen die Nachträge nicht unbedingt vor Ausführung beauftragt bzw. preislich festgelegt sein. Die Nachtragsleistung selbst ergibt sich oftmals aus geänderten Ausführungsplänen oder Anordnungen des Bauherren bzw. seines Erfüllungsgehilfen auf der Baustelle. **457**

Sollten sich die beiden Parteien nicht einigen können, so muss der neue Nachtragspreis im Streitfalle von einer **Schiedsstelle** (Gutachter), von einem **Schiedsgericht** oder einem **ordentlichen Gericht** ermittelt werden. Da dies meistens ein langwieriges Verfahren voraussetzt, wird beiden Vertragsparteien empfohlen, angesichts der kalkulatorischen Berechnung von Nachtragskosten eine gewisse **Kompromissbereitschaft** zu zeigen. Beide Parteien müssen sich stets vor Augen halten, dass Rechtsstreitigkeiten immer mit hohen Gerichts- und Anwaltskosten verbunden sind, die dann die unterlegene Seite zusätzlich belasten. **458**

13 Beispiele für Nachtragsausarbeitungen

13.1 Nachtragsausarbeitung auf Grund einer geänderten Leistung nach § 2 Abs. 5 VOB/B – Geänderte Tiefgründung; Sachverhaltsdarstellung und Nachtragsbegründung

13.1.1 Vertragsleistung (BAU-SOLL)

459 **Daten laut Ausschreibung:**

Daten des Leistungsverzeichnisses

Langtext: Positionen 0.2.001 bis 0.2.006 (Tiefgründung)
Positionen 0.3.011 bis 0.3.013 (Betonstahl)
Kurztext: Positionen 0.2.001 bis 0.2.006
Zugehörige Ausschreibungspläne

460 Entsprechend der Leistungsbeschreibung/der Ausschreibungspläne vom Oktober 1995 waren von dem Auftraggeber (AG) für die Tiefgründung der Widerlager Großbohrpfähle mit einem DU von 75–100 cm und Einzellängen von 6 m bis 10 m bzw. 10 m bis 15 m und einer lotrechten Neigung vorgesehen.

13.1.2 Tatsächlich ausgeführte Leistungen/notwendige Daten (BAU-IST)

461 Entgegen der Ausschreibung mussten im Bereich des südlichen Widerlagers die Bohrpfähle geneigt und mit Einzellängen von 16,0 m (> 15 m) ausgeführt werden. Gleichzeitig musste auf Grund der für die geänderte Bohrpfahllänge notwendigen größeren Gerätekonfiguration der Bohransatzpunkt des Pfahles Achse 3 verschoben werden. Nach Auswertung der Bohrprotokolle hatten sich zusätzlich noch die Anteile der festen Sandsteinschichten innerhalb der Bohrprofile erhöht.

13.1.3 Schriftwechsel zwischen dem Auftraggeber und Auftragnehmer

462 Zur Kalkulation standen dem Auftragnehmer (AN) u. a. auch der Langtext (Ausschreibungsdaten) für die Tiefgründung (Stand Oktober 1995), insbesondere der

Position 0.2.005 Ortbeton-Großbohrpfähle, Pfahl-DU über 75 bis 100 cm, Pfahllänge 10 bis 15 m, Neigung lotrecht

zur Verfügung.

Die Bauarbeiten wurden am 12.01.1996 an den AN vergeben und der Baubeginn auf den 01.03.1996 festgelegt.

Nach Prüfung der am 02.02.1996 übergebenen Ausführungspläne stellte der AN fest, dass sich die Voraussetzungen für den Verwaltungsentwurf grundlegend geändert hatten. In der Ausführungsplanung wichen die Höhenangaben für die Gründungshorizonte von dem Verwaltungsentwurf ab. Die jetzt erforderliche Bohrpfahllänge betrug 16,00 m.

Bereich Widerlager NORD

Pfahl Nr.:	Bohransatz-punkt	Gründungs-ordinate	Bohrpfahl-länge	Oberkante des tragf. Sandsteins	Einbinde-tiefe
Pos. 0.2.003 Flügel/Stützwand					
15 bis 18	102,00 m ü.NN	89,50 m ü.NN	12,50 m	97,2 m ü.NN	7,70 m
19 bis 25	104,00 m ü.NN	95,00 m ü.NN	9,00 m	97,2 m ü.NN	2,20 m
Pos. 0.2.005 Widerlager					
1 bis 14	102,00 m ü.NN	89,50 m ü.NN	12,50 m	97,2 m ü.NN	7,70 m

Bereich Widerlager SÜD

Pfahl Nr.:	Bohransatz-punkt	Gründungs-ordinate	Bohrpfahl-länge	Oberkante des tragf. Sandsteins	Einbinde-tiefe
Pos. 0.2.003 Flügel/Stützwand					
1 bis 3	102,00 m ü.NN	94 m ü.NN	8,00 m	93,6 m ü.NN	0,00 m
Pos. 0.2.005 Widerlager					
4 bis 17	102,00 m ü.NN	86,00 m ü.NN	16,00 m	93,6 m ü.NN	7,60 m

Der AN reichte vor der Ausführung der Arbeiten am 14.02.1996 mit der Anmeldung Nr. 1 die erste Ankündigung von Mehrkosten beim AG ein.

Die angekündigten Mehrkosten begründet der AN mit:

- Erhöhtem Planungsaufwand durch fehlende bzw. nicht aussagekräftige Entwurfsunterlagen.
- Veränderte Pfahlanordnung und Pfahllänge in Folge Prüfbericht Nr. 10 – 1/96.
- Veränderte Widerlager- und Flügelausbildung in Folge der nach der Ausführungsplanung für Pfähle und Widerlager festgestellten Grundstücksgrenzen.

- Durch die Erhöhung der Einzelpfahllänge auf 16,00 m war der Einsatz einer Verrohrungsmaschine erforderlich.
- Die Ausführung von geneigten Bohrpfählen führte zu erhöhtem Ausführungsaufwand.
- Vorzeitiger Abbruch der südlichen alten Widerlager erforderlich.
- Die zugewiesene Baustelleneinrichtungsfläche konnte nicht bezogen werden, da die Grundstücksgrenzen noch nicht geklärt waren.

Auf Grund der Problematik konnten die Gründungsarbeiten erst ab dem 11.03.1996 durch den AN begonnen werden.

Eine Aufstellung/Gegenüberstellung der Mehr-/Minderkosten übergab der AN am 21.06.1996 dem AG. Diese schloss einschließlich den bis dahin eingetretenen Stillstandskosten mit netto 366.635,00 € (Gesamtkosten).

(Anmerkung: Alle Geldbeträge wurden in EURO umgerechnet.)

13.1.4 Baubetriebliche und baurechtliche Anspruchsgrundlage

463 Unter Berücksichtigung der in Abschnitt 12.1.3 chronologisch dargestellten Entwicklung der Tiefgründung handelt es sich bei dem vorliegenden Sachverhalt um eine nachträgliche Änderung des Bauentwurfs nach VOB/B § 2 Abs. 5. Entsprechend ist ein neuer Preis unter Berücksichtigung der Mehr- und Minderkosten zu vereinbaren.

Der AN hatte diese Mehrkosten fristgerecht nach Bekanntwerden der Änderungen und vor der Ausführung am 14.02.1996 beim AG angemeldet.

Die Änderung der ausgeschriebenen Leistung resultierte hauptsächlich durch nachfolgend aufgeführte Ursachen:

- erhöhter Planungsaufwand durch fehlende bzw. nicht aussagekräftige Entwurfsunterlagen (nachträgliche Änderung der Gründungshorizonte und Grundstücksgrenzen)
- in Folge Prüfbericht Nr. 10 – 4/96 veränderte Pfahlanordnung und Pfahllänge
- höhere Sandsteinschichten als im Bodengutachten angegeben
- Veränderte Widerlager- und Flügelausbildung in Folge der nach der Ausführungsplanung für Pfähle und Widerlager festgestellten Grundstücksgrenzen
- Die zugewiesene Baustelleneinrichtungsfläche konnte nicht bezogen werden, da die Grundstücksgrenzen noch nicht geklärt waren.
- Durchörtern von Hindernissen

Folgen der Ursachen:

- Durch die Erhöhung der Einzelpfahllängen auf 16,00 m war der Einsatz einer Verrohrungsmaschine erforderlich
- Die Ausführung von geneigten Bohrpfählen führt zu erhöhtem Ausführungsaufwand
- Stillstände der Bohrgeräte und Mannschaften durch verspäteten Baubeginn
- Änderung des Mischpreises der Angebotskalkulation durch höhere Sandsteinschichten

13.1.5 Zusammenstellung der Mehrkosten für die Tiefgründung

Siehe Tabelle nächste Seite. **464**

Hinweis:

Die einzelnen Kostenpositionen der nachfolgenden Tabelle für die Mehrkosten der Leistungsänderungen sind durch Detailkalkulationen hinterlegt. Hierzu wurden auf Kalkulationsformblättern die Einzelaufwendungen und Aufwandsansätze nachprüfbar dargestellt. Nachfolgend sind alle Geldbeträge in EURO umgerechnet.

Gesamtzusammenstellung:

Netto-Mehrkostensumme	90.653,15 €
zzgl. gesetzliche Mehrwertsteuer	

13.1.6 Ergänzende Hinweise zu den Nachtragsleistungen

Die angebotenen Nachtragsleistungen enthalten nur technische Ausführungskosten. Die aus den Nachtragsleistungen resultierende Bauzeitverlängerung sowie die Mehrkosten hieraus sind in diesem Nachtragsangebot nicht enthalten. Sofern der AN hier Ansprüche gelten macht, werden diese durch eine explizite Ausarbeitung nachgewiesen. **465**

Terminliche Auswirkungen:

nein: ☐
ja: ☒ Vergütungsanspruch gemäß VOB/B § 2 Abs. 5: ja

	Angebot / Auftrag			Abrechnung (Nachtrag)			Mehrkosten
	Menge	Preis	Betrag	Menge	Preis	Betrag	Betrag
Mehrkostenermittlung Pos. 0.2.001							
Einsatz Bohrpfahlgerät		26.500,00 €			26.500,00 €		
Einsatz Verrohrungsmaschine					11.527,00 €		
Begleitfahrzeuge					2.351,00 €		
Mehrkosten Antransport					5.268,00 €		
Mehrkosten Aufbau					2.854,00 €		
Geräteeinsatz für Ortbetonpfähle	1,00	26.500,00 €	**26.500,00 €**	1,00	48.500,00 €	**48.500,00 €**	**22.000,00 €**
Mehrkostenermittlung Pos. 0.2.002							
Transport		4.500,00 €			4.500,00 €		
Mehrkosten für großräumige Umfahrung					5.685,00 €		
Begleitfahrzeuge					2.351,00 €		
Vergrößerung der Aufstandsflächen					7.564,00 €		
Geräte für Ortbetonpfähle umsetzen	1,00	4.500,00 €	**4.500,00 €**	1,00	20.100,00 €	**20.100,00 €**	**15.600,00 €**
Mehrkostenermittlung Pos. 0.2.005							
Bohrkosten		475,00 €			475,00 €		
Mehraufwand durch Verrohrungsmaschine					140,00 €		
Mehraufwand Bohrgutbeseitigung					42,90 €		
Ortbeton-Großbohrpfähle Widerlagerbereich, L > 10 bis 15 m ==> jetzt bis 16,00 m	84,00	475,00 €	**39.900,00 €**	**114,00**	657,90 €	**75.000,60 €**	35.100,60 €
Zulagen zu Pos. 0.2.005							
Zulage für Herstellen geneigter Pfähle				114,00	144,50 €	**16.473,00 €**	**16.473,00 €**
Zulage für Durchörtern v. Hindern.				1,00	439,55 €	**439,55 €**	**439,55 €**
Kostenermittlung für Kolonnenstillstand							
(gem. detaillierter Einzelkalkulation)				1,00	1.040,00 €	**1.040,00 €**	**1.040,00 €**
Summe netto:			70.900,00 €			161.553,15 €	**90.653,15 €**

Abb. 211: Zusammenstellung der Mehrkosten

13.2 Nachtragsausarbeitung auf Grund einer zusätzlichen Leistung nach § 2 Abs. 6 VOB/B – Hangsicherung und Beschleunigungsmaßnahmen

13.2.1 Beschreibung der Baumaßnahme

466 In den neuen Bundesländern wurde von 1994 bis 1995 von einer privaten Investitionsgesellschaft (INVEST) ein größeres Baugebiet mit ca. 500 Wohneinheiten erschlossen. Das Gelände zog sich von ca. 170 m ü. NN. auf ca. 200 m ü. NN. Die schlüsselfertig herzustellenden Reihenhäuser, Mehrfamilienhäuser und Geschosswohnungen waren 2- bis 3-geschossig und hatten ein Untergeschoss. Unter den Geschosswohnungen befanden sich zwei voneinander unabhängige Tiefgaragen mit ca. 50 bzw. 100 Stellplätzen.

Entsprechend einem der Entwurfsplanung zugrunde liegenden ingenieurgeologischen Gutachten konnten die Baugruben mit Böschungen hergestellt werden. Auch war nicht mit Grundwasser zu rechnen.

Die Gründung erfolgte bei manchen Gebäuden mit bis zu 10 m langen Bohrpfählen, auf die dann die Streifenfundamente aufgesetzt wurden. In manchen Bereichen konnten die Gebäude auf Stahlbetonplatten bzw. reinen Streifenfundamenten gegründet werden.

Zur Konstruktion der Wände, Decken und Dächer sowie bei den Ausbauleistungen wurden herkömmliche Baumaterialien eingesetzt, sodass hier keine nennenswerten Schwierigkeiten bei der Ausführung auftraten.

Die Leistungen zur schlüsselfertigen Herstellung der gesamten Wohnbebauung waren in einer öffentlichen Ausschreibung ursprünglich als Einheitspreisvertrag gem. VOB/A ausgeschrieben und von den Bietern auch so angeboten worden.

Den Zuschlag für die schlüsselfertige Herstellung der kompletten Baumaßnahme erhielt eine Arbeitsgemeinschaft (ARGE), bestehend aus mehreren ortsansässigen Bauunternehmungen. Die Vergabesumme wurde in einer Vergabeverhandlung auf der Grundlage der vorhandenen Ausschreibungsunterlagen mit einem Nachlass von 6% auf ca. 41 Mio. € pauschaliert.

Anmerkung: Nachfolgend sind alle Geldbeträge in Euro umgerechnet!

13.2.2 Gründe und Ursachen für die geänderten und zusätzlichen Bauleistungen

Im Verlaufe der Erdarbeiten für die Geschossbauten und die Tiefgarage **467**
rutschten Teile der Böschung zu dem hangaufwärts liegenden Mehrfamilienhaus ab. Bei diesem Mehrfamilienhaus waren bis zu diesem Zeitpunkt bereits die Bohrpfähle und die Bodenplatte hergestellt. Durch die abgerutschten Erdmassen wurden Teile der Bohrpfähle des Mehrfamilienhauses freigelegt. Die Arbeiten für das Mehrfamilienhaus wurden daraufhin von dem Prüfingenieur eingestellt.

Erst nach einem durch die ARGE im Bereich der Böschungsrutschung erstellten Verbau und der Sanierung des abgerutschten Hanges sowie des freigelegten Bohrpfahles konnte die ARGE die Arbeiten bei dem Mehrfamilienhaus nach ca. 3 Monaten wieder aufnehmen.

Als Folge des Stillstandes verzögerte sich der vertraglich festgelegte Fertigstellungstermin. Die ARGE musste zur fristgerechten Fertigstellung des Mehrfamilienhauses Beschleunigungsmaßnahmen ergreifen, die sie der INVEST vor Ausrührung der Arbeiten in einem separaten Nachtrag angeboten hatte.

Die Leistungen für die Hangsicherung und die notwendigen Beschleunigungsmaßnahmen waren nicht in den Ausschreibungsunterlagen enthalten und stellten somit zusätzliche Leistungen entsprechend VOB/B § 2 Abs. 6 dar.

13.2.3 Anmeldung und Nachweis der zusätzlichen Leistungen

468 Der Vergütungsanspruch für die zu erbringenden zusätzlichen Leistungen hatte die ARGE gemäß VOB/B § 2 Abs. 6 vor der Ausführung bei der INVEST angemeldet.

Erst nach genauer Kenntnis der notwendigen Verbaumaßnahmen und deren Kosten wurde ein entsprechendes Nachtragsangebot erstellt.

13.2.4 Beispiel eines Nachtragsangebotes

469 ***Muster: NACHTRAGSANGEBOT NR. 1***

Erstellt im Auftrag von:	*ARGE „WOBAU“*
	Straße . . ., 00000 Ort
Projektbezeichnung:	*Wohnbebauung „Beispiel“, Ort*
Auftraggeber:	*INVEST Bauentwicklung GmbH,*
	Straße . . . . . ., 00000 Ort
Projekt Nr.:	*1234*
Auftrag Nr.:	*1465 – Hol vom 19.12.1993*
Bauabschnitt:	*Nachtragsinhalt:*
Mehrfamilienhaus/Tiefgarage	*zusätzliche Verbauarbeiten*

a) Sachverhaltsdarstellung und Nachtragsbegründung

Daten laut Ausschreibung:

Daten des Leistungsverzeichnisses vom Oktober 1993

Baugrube von Mehrfamilienhaus – Ohne Verbauarbeiten –

Zugehörige Ausschreibungspläne:

***Tiefgarage:** – AP TG 1 – 001–34*

***Mehrfamilienhaus:** – AP M. F. H. 013.*

***Freiflächengestaltungskonzept:** – L. A. G. – 1.2.-9000*

***Ausschreibungsdetail:** – I/047/I019–003.DWG; M = 1: 5*

b) Tatsächlich ausgeführte Leistungen/notwendige Daten

Entsprechend dem Ausschreibungsdetail I/047/019/I019–003.DWG; M = 1: 5 waren die Böschung der Baugruben generell mit einem Böschungswinkel β = 60° auszuführen.

Im Verlaufe der Erdarbeiten für die Geschossbauten und die Tiefgarage rutschten Teile der Böschung zu dem Mehrfamilienhaus ab, wodurch die Ar-

beiten für die Tiefgarage 1 behindert waren. Die Arbeiten für das Mehrfamilienhaus wurden von dem Prüfingenieur am 19.7.1994 für ca. 3 Monate eingestellt.

Erst nach einem durch die ARGE erstellten Verbau im Bereich der Böschungsrutschung konnte die ARGE die Arbeiten bei dem Mehrfamilienhaus wieder aufnehmen.

Die Leistungen für die Hangsicherung waren nicht in den Ausschreibungsunterlagen vom 28.10.1993 enthalten und stellen somit zusätzliche Leistungen entsprechend VOB/B § 2 Abs. 6 dar.

c) Bisheriger Schriftwechsel zwischen der INVEST und der ARGE

Bereits in der Besprechung am 19.03.1994 hatte die ARGE darauf hingewiesen, dass in Folge des Baugrubenaushubes für das Mehrfamilienhaus Standsicherheitsprobleme entstehen könnten. Aus diesem Grunde wurde festgelegt, dass durch die ARGE eine Probeschachtung durchgeführt wird. Das ingenieurgeologische Büro ABC sollte die Standfestigkeitsüberprüfung der entstehenden Baugrubenwand fachtechnisch beurteilen.

Das von der INVEST beauftragte Büro ABC stellte weiterhin fest, dass aus der hangseitigen Böschung Wasser austrat. Des Weiteren sei die gemäß den Ausschreibungsplänen mit einer Neigung von 60° angelegte Böschung zu steil und müsste auf eine Neigung von 45° reduziert werden.

Auf Grund der in der Baugrube der Tiefgarage vorgefunden geologischen Verhältnisse schlug die ABC vor, für das zu errichtende Mehrfamilienhaus einen erneuten Standsicherheitsnachweis durchzuführen und auf der Grundlage bisheriger Recherchen zu überprüfen.

Am 12.06.1994 ordnete der Prüfingenieur die Sicherung des Hangbereiches an. Nachdem daraufhin nochmals unterhalb des Mehrfamilienhauses Baugrund nachgebrochen war und die Eckbohrpfähle freigelegt wurden, stellte der Prüfingenieur die Arbeiten am Mehrfamilienhaus bis zur Klärung der Sicherungsmaßnahmen am 18.06.1994 ein. Zur weiteren Beurteilung waren dem Prüfingenieur in Abstimmung mit der INVEST noch Geländeschnitte der Einbruchbereiche mit eingezeichneter Bebauung vorzulegen.

Am 02.07.1994 teilte der Prüfingenieur der ARGE mit, dass nach erfolgter Hangsicherung unterhalb des Mehrfamilienhauses vonseiten des Prüfingenieurs keine Bedenken gegen einen Weiterbau am bezeichneten Bauwerk bestehen.

In einem Schreiben an die INVEST vom 03.07.1994 kündigte die ARGE für die zusätzlichen Verbauarbeiten unterhalb des Mehrfamilienhauses Mehrkosten gemäß VOB/B § 2 Abs. 6 an. Gleichzeitig teilte sie den nach Rücksprache mit dem Statiker festgelegten neuen Bauablauf für die Tiefgarage und das Mehr-

familienhaus mit. Demnach sollte die Tiefgarage zur Gewährleistung der Schubsicherung zuerst fertig gestellt werden. Dann seien die Arbeitsräume zu verfüllen und das Gelände südlich der Tiefgarage zu profilieren. Erst nach diesen Arbeitsschritten konnte der freigelegte Bohrpfahl des Mehrfamilienhauses saniert und die Arbeiten bei dem Mehrfamilienhaus ab OK der vorhandenen Bodenplatte weitergeführt werden.

Unter Berücksichtigung dieser Vorgehensweise konnten die Arbeiten für das Mehrfamilienhaus voraussichtlich erst am 28.02.1995 fertig gestellt werden.

Nach Überprüfung der örtlichen Situation und vorbehaltlich der Zustimmung des Prüfingenieurs wurde deshalb als temporäre Maßnahme zur Termineinhaltung die Ausführung eines zusätzlichen Berliner Verbaus erforderlich. Die Mehrkosten für die Verbauarbeiten waren von der ARGE mit ca. 80.000,00 € angesetzt.

In dem Nachtragsangebot Nr. 1 vom 01.08.1994 der ARGE hatte diese alle bekannten Auflagen und Erkenntnisse eingearbeitet und die reinen Verbauleistungen M3/1 zu TG1 mit insgesamt 202.346,40 € netto angeboten. Die Hinterfüllung des Verbaus und die Hangsicherung waren nicht enthalten und würden gesondert angeboten.

Mit dem Schreiben vom 14.08.1994 meldete die ARGE auf Grund der Einstellung der Bauarbeiten, den geänderten Bodenverhältnissen und den notwendigen Verbaumaßnahmen sowie des neuen Böschungsaufbaues Behinderungen der Bauarbeiten für das Mehrfamilienhaus an. Durch die Hangsicherungsmaßnahmen und notwendigen Verbauarbeiten hatten sich die Arbeiten für das Mehrfamilienhaus verzögert. Entsprechend den von der ARGE genannten neuen Terminen konnte die Fertigstellung frühestens am 14.01.1995, also nach der vertraglich vereinbarten Fertigstellung am 31.12.1994, erfolgen. Die Einhaltung der Fertigstellung am 15.02.1995 setzte jedoch beschleunigende Maßnahmen der ARGE voraus, die in dem Schreiben detailliert aufgeführt wurden.

Die Bestätigung der neuen Terminfolge vom 27.08.1994 erfolgte in der Besprechung am 12.09.1994 durch die INVEST.

Am 19.11.1994 präzisierte die ARGE die am 24.08.1994 angemeldeten Mehrkosten zur Beschleunigung in Höhe von 36.462,15 € netto.

d) Baubetriebliche und baurechtliche Anspruchsgrundlage

Aus den der Ausschreibung zugrunde liegenden Planunterlagen und Leistungsbeschreibungen war zu entnehmen, dass die Böschung der einzelnen Baugruben entsprechend den geologischen Verhältnissen im gesamten Baustellenbereich mit einer Neigung von 60° angelegt werden konnten. Gleichzeitig musste die ARGE annehmen, dass alle für die Planung und Ausschrei-

bung einer solchen umfangreichen Baumaßnahme erforderlichen Untersuchungen und Erhebungen durchgeführt und in die Ausschreibungsunterlagen eingearbeitet wurden.

Die ARGE hatte die ihr gemäß dem Generalunternehmervertrag (GU-Vertrag) obliegenden Pflichten der Prüfung von Ausführungsunterlagen und der schriftlichen Anmeldung von Bedenken bereits in der Besprechung am 19.03.1994 erfüllt, in der sie die INVEST auf die zu erwartenden Standsicherheitsprobleme bei den Erdarbeiten für das Mehrfamilienhaus hingewiesen hatte.

Auch ist nach den weiteren Veranlassungen der INVEST, wie z. B. die Standfestigkeitsüberprüfung und das Baugrundgutachten durch die ABC vom Mai 1994 und Juni 1994, darauf zu schließen, dass diese Bereiche in dem von der INVEST bei der Objekt-Kurzbeschreibung erwähnten ingenieurgeologischen Gutachten nicht behandelt waren.

Somit konnten die geologischen Schwierigkeiten und die daraus resultierenden Probleme bei der Tiefgarage und dem Mehrfamilienhaus weder von der INVEST noch von der ARGE vorhergesehen werden.

Entsprechend der Rechtsprechung obliegen dem Prüfingenieur die hoheitsrechtlichen Aufgaben der Baugenehmigungsbehörden zur Gefahrenabwehr. Eine solche Person oder Behörde kann im Verlaufe der Ausführung eines Bauvorhabens auf Grund der örtlichen Gegebenheiten oder neuen genehmigungsrelevanten Erkenntnissen eine bisher erteilte Genehmigung ändern oder ggf. widerrufen. Sofern dies noch vor der Abnahme geschieht, ist der Auftraggeber verpflichtet, die Verwendung anderer Baustoffe oder Bauteile oder Bauverfahren anzuordnen und eine veränderte oder zusätzliche Vergütung zu zahlen, sofern die Voraussetzungen der VOB/B § 2 Abs. 5 bzw. 6 gegeben sind und die Anzeigepflicht gegenüber dem Auftraggeber erfüllt ist.

Die angeordneten Sicherungsmaßnahmen und die von der ARGE daraufhin ausgeführten Verbauarbeiten waren auf Grund der von INVEST geforderten termingerechten Fertigstellung des Mehrfamilienhauses notwendig. Eine Sanierung der Böschung ohne den Verbau hätte eine Änderung des Bauablaufes und einen Bauzeitenverzug für das Mehrfamilienhaus zur Folge gehabt.

Auf Grund der Tatsache, dass weder vonseiten der INVEST noch von der ABC Widersprüche gegen die getroffenen Verbaumaßnahmen erfolgten, ist anzunehmen, dass auch die Auftraggeberseite diese Maßnahmen als notwendig und zur Termineinhaltung als unumgänglich betrachtete.

Dieses entspricht dann einer Änderung des Bauentwurfes nach VOB/B § 1 Abs. 3. Wie sich aus VOB/B § 2 Abs. 5 Satz 1 ergibt, ist es aber nicht unbedingt Voraussetzung, dass die Änderung des Bauentwurfes auf die Eigeninitiative des Auftraggebers zurückgehen muss. Eine solche Änderung kann auch von dritter Seite, wie zum Beispiel der Baugenehmigungsbehörde, veranlasst werden, sie ist jedoch auch dann der Bereitstellungspflicht (Mitwirkungspflicht) des Auftraggebers zuzurechnen. Hier liegt der anordnende Eingriff des Auftraggebers darin, dass er in Kenntnis der von dritter Seite gestellten Forderung den Auftragnehmer die veränderte Ausführung herstellen lässt. Dabei ist vor allem zu beachten, dass eine Anordnung in dem hier richtig zu verstehenden rechtlichen Sinne nicht unbedingt ausdrücklich erfolgen muss, sie vielmehr nach den Umständen des Einzelfalls auch dann allerdings deutlich dem Willen entsprechend konkludent oder stillschweigend erklärt werden kann (vgl. Ingenstau/Korbion; VOB-Kommentar Teile A und B; 12. Auflage; § 2, 5, Rn. 268).

Gleiches gilt für eine vom Prüfingenieur geforderte Änderung von Ausführungsplänen.

Bei dem vorliegenden Sachverhalt handelt es sich um eine im Vertrag nicht vorgesehene Leistung nach VOB/B § 2 Abs. 6, die von der ARGE fristgerecht vor der Ausführung als temporäre Maßnahme zur termingerechten Fertigstellung des Mehrfamilienhauses bei der INVEST angemeldet wurde. Die ARGE hat entsprechend den vorhergehenden Ausführungen einen Anspruch auf Vergütung der Leistungen.

e) Zusammenstellung der Nachtragsleistungen „Verbau Mehrfamilienhaus"

Die in der Anlage beigefügte Nachtragskalkulation erfolgte auf der Grundlage der Kalkulation zum Hauptangebot.

Dieses Nachtragsangebot Nr. 1 umfasst die Positionen:

Position	***Positionstext***	***Menge***	***Einheit***	***Einheitspreis***	***Positionspreis***
NA1.1	*Erstellen einer Statik*	*1*	*psch*	*5.500,–*	*5.500,00 €*
NA1.2	*Baustelle einrichten und räumen*	*1*	*psch*	*25.000,–*	*25.500,00 €*
NA1.3	*Gerüst für Ankerarbeiten*	*1*	*psch*	*11.000,–*	*11.000,00 €*
NA1.4	*Rückverankerten Berliner Verbau herst.*	*34,00*	*m*	*3.500,–*	*119.000,00 €*
NA1.5	*Bohrebene herstellen und unterhalten*	*280,00*	*m^2*	*31,–*	*8.680,00 €*
NA1.6	*Bohrgut beseitigen*	*1*	*psch*	*1.800,–*	*1.800,00 €*

Herstellkosten *171.480,00 €*

Zuschläge für W+G, AGK und BGK=18%	*30.866,40 €*
Nachtragssumme (Netto)	*202.346,50 €*
./. Nachlass gem. Hauptvertrag=6% von 202.346,– € =	*12.140,78 €*
***NACHTRAGSSUMME** Netto*	*190.205,62 €*
zuzüglich gesetzliche Mehrwertsteuer	

f) Ergänzende Hinweise zur Nachtragsposition

Terminliche Auswirkungen:

nein: ☐
ja: ☒ *Vergütungsanspruch gemäß VOB/B § 2 Abs. 5: ja*

g) Anlagen zu den Nachtrags-Positionsdaten

– Stammdatenblatt Urkalkulation 1 Seite

– Preisermittlung zu Nachtrag 13 Seiten

– Berechnungsgrundlagen für Bauzeitverlängerung 1 Seite

Dieses Nachtragsangebot Nr. 1 umfasst mit Anlagen insgesamt X Seiten.

Ort, den 18. Oktober 1995

Anlage 1 **zu Nachtrag Nr.: 1** **vom: 02.09.1994**

Stammdatenblatt der Ur-Kalkulation

Allgemeine Daten der Ur-Kalkulation

Mittellohn: ***14,20 €***
Verrechnungslohn: *14,20 €/Std. + 185% =* ***36,54 €/Std.***

Zuschlagssätze:

Zuschläge für BGK, AGK, W + G

SOKO: 15% ***Geräte: 10%*** ***Fremdleistungen: 15%***

Einzelzuschläge:

Wagnis+Gewinn: 3%
AGK: 8%
BGK: 7%

Gesamtzuschlag auf Herstellkosten = 18%

Nachlass auf Nachtragssumme = 6%

Anlage 2 zu Nachtrag Nr.: 1 vom: 02.09.1994

Nachweis der Einzelpositionen

Position NA1.1 Erstellen Statik für temporären Verbau

1 psch	*4.782,61 €*	
zzgl. 15% Zuschlag	*717,39 €*	
	5.500,00 €	***5.500,00 €***

Position NA1.2 Baustellen einrichten und räumen

An- und Abtransport von Bohrgeräten und Bohrrohren

1 psch *25.000,00 €* ***25.000,00 €***

Position NA1.3 Gerüst für Ankerarbeiten

Auf- und Abbau der Gerüstkonstruktion für die Ankerarbeiten, sowie Umsetzen derselben als fix- und fertige Arbeit inkl. Vorhaltung

1 psch *11.000,00 €* ***11.000,00 €***

Position NA1.4 Rückverankerten Berliner Verbau herstellen

Herstellen eines rückverankerten Verbaus

H = 4,00 m, ohne Rückbau mit folgenden Einzelleistungen.

- *Abteufen von lotrechten Bohrungen in der statisch erforderlichen Länge, unverrohrt Einbindetiefe der Träger = 3,00 m*
- *Einbau der statisch erforderlichen 2 U300, Ringraumverfüllung mit B5, H = 1,50 m, Trägerabstand = 1,70 m, 34 m/1,70 = 20 Felder = 21 Träger, 21 Träger × 3,00 m = 63,00 lfdm Bohren: 63,00 lfdm × 222,82 €/lfdm* *14.038,07 €*

Material: 21 × (3 m + 4 m) × 182,00 €/m + 15% *30.767,10 €*

- *Einbau der Holzausfachung 34,00 m × 4,00 m × 2,1 Std./m² × 36,54 €/Std.* *10.435,38 €*
  Material: 34,00 m × 4,00 m × 13,50 €/m² + 15% = *2.111,40 €*
- *Einbau der temporären Injektionsanker im Fels* *41.610,74 €*
  mit 350 kg Z45 LA ca. 23 m; LY = 5,00 m im Fels psch
- *Ladebeihilfe, Gestellung von Autokran 7.239,21 € + 15%* *8.325,09 €*

107.287,78 €

107.287,78 €/34,00 m = 3.155,52 €/lfdm

34,00 lfdm × 3.155,52 €/lfdm = ***107.287,78 €***

Position NA1.5 Bohrebene herstellen und unterhalten

Unterhaltung und Stabilisierung der

Bohrebene mit Recyclingmaterial

Recyclingmaterial d = 30 cm

Material:

0,30 m³/m² × 18,00 €/m³ × 15%	*6,21 €*
Einbau = 0,256 Std./m² × 36,54 €	*9,35 €*
	Summe = *15,56 €*
280,00m² × 15,56 €/m²	***4.356,80 €***

Position NA1.6 Bohrgut beseitigen

Einsatz von Radlader und LKW,

teilweise Handarbeit erforderlich

1 psch	*900,00 €*	***900,00 €***
Anlage 3	**zu Nachtrag Nr.: 1**	**vom: 02.09.1994**

Berechnungsgrundlagen für Bauzeitverlängerung

Aufwandswerte für Verbauarbeiten:

Erfahrungswert bei rückverankerten Verbauarbeiten H = 4,00 m:

aus vergleichbarer Maßnahme:

ca. 51 lfdm bzw. 225 m² in 15 AT

Tagesleistung:	*225 m²/15 AT = 15 m²/AT*
Aufwandswert pro m²:	*15 AT/225 m² = 0,067 AT/m²*

voraussichtliche Bauzeitverlängerung durch Leistungen von Nachtrag Nr. 1:

auszuführende Verbaufläche: ca. 34 lfdm; H = 4,00 m

Zeitbedarf:

34,00 lfdm × 4,00 m × 0,067 AT/m²	*= 9,11 AT*
zzgl. Nacharbeiten und Bohrgutbeseitigung	*= 1,00 AT*
Summe der Arbeitstage für die Leistungserbringung ca.	***10,00 AT***

13.3 Nachtragsausarbeitung auf Grund Leistungsänderungen wegen abweichender Gebirgsverhältnisse

13.3.1 Vertragssoll

470 Bei dem folgenden Projekt handelt es sich um einen Tunnel in bergmännischer Bauweise. Die erzielbare Vortriebsleistung hängt stark von den Ausbruchsklassen und damit der Abschlagslänge und dem Umfang der einzubauenden Sicherungsmittel ab.

Die Ausschreibung sieht in Abhängigkeit von der Gebirgsstruktur 5 **Ausbruchklassen** (AKL) vor, die mit den Buchstaben **A bis E** bezeichnet sind. Die Klasse A bezeichnet das standfesteste Gebirge mit den größten Abschlagslängen und den wenigsten Sicherungsmitteln. Am anderen Ende der Skala liegt die Ausbruchklasse E für entfestigtes Gebirge mit dem höchsten Sicherungsaufwand.

In der Ausschreibung ist über Abschlagslängen und Anzahl der einzubauenden Sicherungsmittel die Leistung für jede AKL beschrieben. Gleichzeitig ist die voraussichtliche Verteilung der Ausbruchklassen auf die gesamte Vortriebsstrecke in den Tabellen angegeben.

Es wird deutlich, dass für 57% der Strecke keine Voraussicherung und keine temporäre Sicherung der Ortsbrust zu erwarten war. Diese Daten bildeten den Ansatz für die Annahme einer Vortriebszeit von 20 Wochen.

13.3.2 Nachtragsbegründung

13.3.2.1 Geänderte Leistung aus geänderten Anteilen der Ausbruchklassen

471 Im Zuge der Ausführung stellt sich heraus, dass eine andere Verteilung der Ausbruchklassen die Realität richtiger beschreibt. Die Ausbruchklasse A fällt nicht an. Die Ausbruchklasse B verringert sich um ca. 29%, stattdessen ist eine massive Zunahme in der AKL E um das 2,5fache zu beobachten. Wenn sich die Ausbruchklassen gegenüber der Planung verschärfen, sinkt die Vortriebsleistung, und die erforderliche Bauzeit steigt.

13.3.2.2 Zusätzliche Sicherungsmittel

472 In der AKL B waren 1.797 Stück Spieße einzubauen, obwohl gemäß Ausschreibung für diese Ausbruchklasse keine Spieße vorgesehen waren.

Der Auftragnehmer hat den Sachverhalt angezeigt und den Anspruch für eine zusätzliche Vergütung angekündigt.

13.3.2.3 Längere Spieße

Es wurden nicht nur mehr Spieße, sondern auch entgegen den Ausschreibungsplänen längere Spieße eingebaut. Der Aufwand für die Spieße hängt von ihrer Länge ab. Je länger der Spieß, desto länger der Zeitbedarf für das Bohren und damit für einen Abschlag. Je weniger Abschläge pro Tag, desto geringer die Vortriebsleistung. Der Auftragnehmer konnte in seiner Kalkulation von 3 m langen Spießen ausgehen. Auf Grund der geänderten Gebirgsverhältnisse musste auch die Ankerlänge erhöht werden. Im Tunnel stieg die erforderliche Bohrleistung um 93%, weil statt 12.323 m insgesamt 23.827 m zu bohren waren. 473

13.3.2.4 Mehraufwand Einpressgut

Jeder Bogen ist mit Ankern, die radial ins Gebirge laufen, zu sichern. 474

Die Ausschreibung sieht für einen geologisch bedingten Mehrverbrauch an Zement, der die 25% überschreitet, eine Bedarfsposition von 5 000 kg „Mehraufwand Einpressgut" bei SN-Ankern bzw. Injektionsbohrankern vor. Die Abrechnung soll nach Lieferscheinen erfolgen.

Auf Grund des weniger standfesten Gebirges ist bei jedem Anker der Aufwand an Einpressgut gestiegen. Es zeigt sich, dass für den Vortrieb die Menge der Bedarfsposition um ca. das 70-fache überschritten wird.

Die Folgen dieser Mengenänderung sind unter dem Gesichtspunkt zu bewerten, dass die Mehrmengen durch eine andere als die erwartete Gebirgsstruktur verursacht werden. Damit kommt als Sachverhalt eine Leistungsänderung in Betracht, deren Folgen nach § 2 Abs. 5 oder Abs. 6 VOB/B zu bewerten sind.

13.3.3 Berechnung der Bauzeitverzögerung

Die geplante Bauzeit basierte auf den Kalkulationsansätzen und war laut Vertrag mit 20 Wochen vorgesehen. 475

13.3.3.1 Verminderte Vortriebsleistung

Die einzelnen Vortriebsleistungen basieren auf einem Vortriebsdrittel von 4 Mann. Die verringerte Vortriebsleistung auf Grund der **zusätzlichen und längeren Spieße** wird nachfolgend ermittelt. 476

Die Tabelle 1 (Teil B, Abb. 212) gibt unterschieden nach Stationierung die gemäß Aufmaß eingebaute Zahl Spieße (siehe Spalte 6 bis 8) an. Für jeden Gebirgstyp wird die Anzahl der eingebauten Bögen ausgewiesen (13). So kann für jeden Teilabschnitt die nach Kalkulation erforderliche Spießlänge (14) (Anzahl Bögen × Solllänge Spieße) und die tatsächliche Spießlänge (15) berechnet werden. Aus der Differenz folgt die pro Abschnitt erforderliche Mehrung (16). Bewertet man die Mehrlängen mit dem kalkulierten Aufwandswert (17) von 0,085 h/m, so ergibt sich die absolute Aufwandserhöhung (18). Die Division dieses Wertes durch die kalkulierte Mannzahl des Vortriebsdrittel (4 Mann) und die Zahl der Bögen (13) ergibt die zeitliche Verlängerung eines Abschlages. Die modifizierte Soll-Leistung (21) wird nach der Formel

$$\text{mod. Soll-Leistung} = \frac{\text{kalk. Vortriebsleistung} \times \text{tägl. Vortriebszeit}}{(\text{Anzahl Abschläge} \times \text{Dauer Abschlag}) + \text{tägl Vortriebszeit}}$$

ermittelt.

In Abhängigkeit von der Abschnittslänge ist je Ausbruchklasse ein Mittelwert gebildet. Dieser wird der kalkulierten Vortriebsleistung (20) gegenübergestellt, sodass die Minderung (22) der Leistung als Differenz ablesbar ist.

Weiterhin wurde durch die **zusätzlichen Verpressmengen** bei den Ankern die Vortriebsleistung vermindert. Diese Berechnung wird nachfolgend durchgeführt (s. a. Teil B, Abb. 213).

Aus der Zahl der Abschläge pro Tag (9) und der zugehörigen Ankerlänge je Abschlag (10) lässt sich die gesamte Ankerlänge je Abschnitt (11) bestimmen. Aus dem Aufmaß ergibt sich ein Mörtelmehrverbrauch (14) je m Anker. Wird dieser Verbrauch mit dem Aufwandswert der Kalkulation (13) multipliziert und auf den kalkulierten spezifischen Mörtelverbrauch (12) bezogen, lässt sich der Zeitbedarf für das zusätzliche Vermörteln pro m Anker (15) berechnen. Wird dieser Wert mit der Ankerlänge eines Abschlages (10) multipliziert und durch Stärke des Vortriebsdrittel geteilt, erhält man die zeitliche Verlängerung eines Abschlages (16).

Die modifizierte Vortriebsleistung (18) ergibt sich dann aus der kalkulierten Vortriebsleistung (17) multipliziert mit dem Quotienten aus täglicher Vortriebszeit durch die Summe von kalkulierter Vortriebszeit und der täglichen Zeitmehrung aus Mehraufwand.

$$\text{mod. Soll-Leistung} = \frac{\text{kalk. Vortriebsleistung} \times \text{tägl. Vortriebszeit}}{(\text{Anzahl Abschläge} \times \text{Dauer Abschlag}) + \text{tägl Vortriebszeit}}$$

Spießerhöhung Tabelle 1

AKL		Tunnel			Spieße IST				Bögen			Spießlänge/ Abschnitt			Zeitmehrung			Leistung je Tag		
		IST - Längen Station		[m]	L=3m [St.]	L=4 m [St.]	L=5m [St.]	Σ [St.]	von	bis	Anzahl	Soll [m]	Ist [m]	Mehrung [m]	Aufwand [h/m]	[h]	Abschlag [h]	Kalk [m/d]	Mod.Soll [m/d]	Minderg. [m/d]
(1)	(2)	(3)	(4)	(5)	(6)	(7)	(8)	(9)	(11)	(12)	(13)=(12)-(11)	(14)	(15)=(6)*3+(7)*4+(8)*	(16)=(15)-(14)	(17)	(18)=(16)*(17)	(19)=(18)/(13) x A)	(20)	(21)	(22)=(20)-(21)
A				0,0	0															
				0,0																
				0,0				0												
B	Nord	1.596 -	1.554	42,2	478				5	30	26	0	1.434	1.434	0,085	121,89	1,17	5,45	4,31	
	Nord	1.554 -	1.425	129,4	952	367			31	116	86	0	4.324	4.324	0,085	367,54	1,07	5,45	4,39	
				171,6				1.797							gewichtetes Mittel:			5,45	4,37	1,08
C	Süd	1.265 -	1.246	19,4	126	157			189	203	15	360	1.006	646	0,085	54,91	0,92	4,25	3,60	
				19,4				283							gewichtetes Mittel:			4,25	3,60	0,65
D	Nord	1.425 -	1.359	65,7		51	585		117	170	54	2.025	3.129	1.104	0,085	93,84	0,43	3,60	3,33	
	Süd	1.246 -	1.201	44,9		172	225		204	240	37	1.388	1.813	426	0,085	36,17	0,24	3,60	3,44	
				110,6				1.033							gewichtetes Mittel:			3,60	3,37	0,23
E	Nord	1.359 -	1.297	62,3		615	381		171	210	40	3.000	4.365	1.365	0,085	116,11	0,73	3,00	2,66	
	Süd	1.201 -	1.144	57,3		1.319			241	287	47	3.525	5.276	1.751	0,085	148,92	0,79	3,00	2,63	
S	Süd Rest	1.144 -	1.120	23,6		620			288	314	27	2.025	2.480	455	0,085	38,76	0,36	3,00	2,82	
				143,2				2.315							gewichtetes Mittel:			3,00	2,67	0,33
			Σ	444,8	1.556	3.301	1.191	5.428												

AKL	Soll-Länge/ Abschlag	Vortrieb	Abschläge
	[m]	[m/d]	[St.]
A	0,00	5,90	3,27
B	0,00	5,45	3,63
C	24,00	4,25	3,14
D	37,50	3,60	3,00
E	75,00	3,00	2,85
F	75,00	2,40	2,66
Σ		*3,60*	*3,00*

Kolonnenstärke:	4	Mann	A
Aufwandswert	0,085	h/m	B
Vortriebszeit	16	h/d	C

Mod. Soll-Leistung = (kalkulierte Vortriebsleistung*VZ) / ((Anzahl Abschläge * Dauer Abschlag) + VZ)

mit VZ = Vortriebszeit

Abb. 212: Tabelle 1 Spießerhöhung …

Mörtelmehrmengen Tabelle 2

AKL		Tunnel: IST - Längen Station		Tunnel	Bögen: von	Bögen: bis	Bögen: Anzahl	Kalkulation: Abschlag pro Tag	Kalkulation: IST - Ankerlänge /Abschlag	Kalkulation: Ankerlänge /Tag	Kalkulation: kalkul. Spezif. Mörtelverbrauch	Kalkulation: Aufwand Mörteln je m Ankerlänge	Mehrung: Mehrverbrauch Mörtel	Mehrung: Zeitbedarf zusätzl. Mörteln	Mehrung: Verlängerung Dauer Abschlag	Leistung je Tag: kalkul. Vortriebsleistung	Leistung je Tag: modif. Soll-Leistung	Leistung je Tag: Minderung Vortriebsleistung
				[m]				[Stk./d]	[m/Stk.]	[m/d]	[l/m]	[h/m]	[l/m]	[h/m]	[h]	[m/d]	[m/d]	[m/d]
(1)	(2)	(3)	(4)	(5)	(6)	(7)	(8)= (7)-(6)	(9)	(10)	(11)= (9)*(10)	(12)	(13)	(14)	(15)= (13) * (14) /(12)	(19)= (18) / ((13) x A)	(20)	(21)	(22) = (20)-(21)
A				0,0				3,27	32	105	2,04	0,068	0,000			5,90		
				0,0				3,27	32	105	2,04	0,068	0,000			5,90		
				0,0														
B	Nord	1.596 -	1.554	42,2	5	30	26	3,63	32	116	2,04	0,068	2,000	0,067	0,53	5,45	4,86	
	Nord	1.554 -	1.425	129,4	31	116	86	3,63	32	116	2,04	0,068	2,500	0,083	0,67	5,45	4,73	
				171,6										gewichtetes Mittel:			**4,77**	0,68
C	Süd	1.265 -	1.246	19,4	189	203	15	3,14	40	600	2,04	0,068	6,000	0,200	2,00	4,25	3,05	
				19,4										gewichtetes Mittel:			**3,05**	1,20
D	Nord	1.425 -	1.359	65,7	117	170	54	3,00	40	2.160	2,04	0,068	5,644	0,188	1,88	3,60	2,66	
	Süd	1.246 -	1.201	44,9	204	240	37	3,00	40	1.480	2,04	0,068	6,000	0,200	2,00	3,60	2,62	
				110,6										gewichtetes Mittel:			**2,64**	0,96
E	Nord	1.359 -	1.297	62,3	171	210	40	2,85	56	2.240	2,04	0,068	5,644	0,188	2,63	3,00	2,04	
	Süd	1.201 -	1.144	57,3	241	287	47	2,85	56	2.632	2,04	0,068	6,000	0,200	2,80	3,00	2,00	
	Süd Rest	1.144 -	1.120	23,6	288	314	27	2,85	150	4.056	2,04	0,068	23,220	0,774	29,07	3,00	0,49	
				143,2										gewichtetes Mittel:			**1,77**	1,23
			Σ	**444,8**														

Abb. 213: Tabelle 2 Mörtelmehrmengen . . .

Die Minderung (19) lässt sich aus der Differenz von Soll zu modifiziertem Soll ermitteln.

Die einzelnen Minderungen sind je Ausbruchklasse und Minderungsgrund zusammengefasst.

Es zeigt sich, dass sich die Bauzeit auf Grund der Änderungen von 20,3 Wochen auf 40,0 Wochen nahezu verdoppelt hätte (Teil B, Abb. 214). Tatsächlich wurde der Vortrieb jedoch nach 35 Wochen abgeschlossen. Auf Anordnung des Bauherren arbeitete der Unternehmer auch am Wochenende. Es handelt sich also um eine Beschleunigungsmaßnahme. Die maßgebliche Bauzeitverzögerung beträgt 14,7 Wochen.

Projekt: Tunnel Anlage:

	TUNNELBAUZEIT SOLL / Modifiziertem SOLL								
	Kalkulation				Leistungsminderung				
AKL	Prognose	Kalk. Vortriebs-leistung	Bauzeit SOLL	IST-Längen	Höhere Vermörtelung	zus. Spieße	längere Spieße	Mod. Soll Vortriebslst	Bauzeit mod. SOLL
	[m]	[m/Tag]	[Tag]	[m]	[m/Tag]	[m/Tag]	[m/Tag]	[m/Tag]	[Tag]
(1)	(2)	(3)	(4)=(2)/(3)	(5)	(6)	(7)	(8)	(9)=(3-6-7-8)	(10)= (5) /(9)
A	16,0	5,90	2,7	0,0	0,00			5,90	0,0
B	240,5	5,45	44,1	171,6	0,68	1,08		3,69	46,5
C	32,0	4,25	7,5	19,4	1,20		0,65	2,40	8,1
D	120,3	3,60	33,4	110,6	0,96		0,23	2,41	45,9
E	41,2	3,00	13,7	143,2	1,23		0,33	1,44	99,4
			101,5						199,9
AT/Woche			5						5
Dauer	Wochen		20,3						40,0

Abb. 214: Tunnelbauzeit

13.3.4 Nachtragskalkulation

13.3.4.1 Grundlage der Urkalkulation

Die Daten der Urkalkulation bilden die Ausgangsbasis für die detaillierte Be- **477**
rechnung von Mörtelmehrverbrauch und Lohnmehrverbrauch in den einzelnen Positionen des Leistungsverzeichnisses. Die EKT-Kosten dieser Mehraufwendungen sind direkt in die neuen Einheitspreise der Leistungspositionen eingeflossen. Hier soll dargestellt werden, welchen Einfluss die Bauzeitverlängerung auf die Baustellengemeinkosten hat.

13.3.4.2 Zusätzliche Baustellengemeinkosten als Verzögerungskosten

478 Im vorherigen Abschnitt wurde die maßgebliche Bauzeitverzögerung zu 14,7 Wochen bestimmt. Dies entspricht bei einer mittleren Zahl von 4,3 Wochen pro Monat einer Verlängerung von 3,4 Monaten. Durch Heranziehen der Kalkulationsansätze in Verbindung mit den Geräte- und Gemeinkosten, die auf der Basis der Urkalkulation zusammengestellt wurden, werden die Nachtragskosten aus Bauzeitverlängerung bestimmt.

- Bauleitungskosten

Es sind als Polierkosten die Personalkosten von 21.000,00 €/Mon. für die Bauzeitverlängerung anzusetzen.

21.000,00 €/Mon. × 3,4 Mon. = 71.400,00 €

Ein Beitrag von **71.400,00** € ist für die Poliere geltend zu machen.

Der nur für einen Teil der Bauzeit kalkulierte Abrechner ist unter dem Blickwinkel der erheblichen Mehrmengen voll im Verlängerungszeitraum anzusetzen. Für die Mehrkosten der **Bauleitung** gilt deshalb:

51.436,00 €/Mon. × 3,4 Monate = **174.882,40** €

Es stellt sich jedoch heraus, dass die unvorhersehbaren Verzögerungen und Unwägbarkeiten beim Vortrieb den Koordinations- und Lenkungsaufwand des Tunnelbauleiters überproportional beanspruchten, sodass als **Verstärkung** ein **zweiter Schichtingenieur** eingestellt werden musste. Mit abgedeckt wurde dadurch der zusätzliche Zeitbedarf für die nicht kalkulierte Wochenendarbeit. Die geschah in der Person von Herrn Meier, der ab März im Vortrieb bis zu dessen Abschluss Ende August beschäftigt war. Entsprechend den Kalkulationsansätzen werden deshalb für 6 Monate:

6 Monate × 7.250,00 € = 43.500,00 €

zusätzlich **43.500,00** € geltend gemacht.

- Mehrkosten unproduktive Löhne

Die unproduktiven Löhne sind ebenfalls in der Position „Baustelleneinrichtung" ausgewiesen. Diese kalkulierten Löhne der Baustelle betragen im Zeitraum des Vortriebs

4,5 Mann × 200 h/Mon. × 30,00 €/h = 27.000,00 €/Mon.

Das bedeutet bezogen auf die maßgebliche Bauzeitverzögerung von 3,4 Monaten, dass

3,4 Monate × 27.000,00 €/Mon. = **91.800,00** €

für den längeren Zeitraum kalkulatorisch aus unproduktiven Löhnen berücksichtigt worden wären, die deshalb im Nachtrag zu vergüten sind.

- Tunnelbaugeräte

Ein Blick in die Geräteliste zeigt, dass die Geräte für 5 Monate kalkuliert worden sind.

Gruppe	Bezeichnung	Kosten
1	Partnergerät	269.214,00 €
2	Arge-Gerät	109.510,00 €
3	Miet-Gerät	87.500,00 €
Summe Tunnelbaugeräte		466.224,00 €

Für die gesamte Vortriebszeit wurde ein Beitrag von 466.224,00 € in Ansatz gebracht. Verteilt auf die Zeit von 5 Monaten ergeben sich laufende Kosten pro Monat von

466.224,00 €/5 Monate = 93.245,00 €/Monat.

Dieser Betrag ist auch für die Bauzeitverlängerung anzusetzen, sodass

3,4 Monate × 93.245,00 €/Monate = **317.032,00** €

geltend zu machen sind.

- Allgemeines Gerät

Die nicht tunnelbauspezifischen Geräte sind in einer weiteren Geräteliste enthalten. Es handelt sich um Unterkünfte und Geräte, die im Allgemeinen auch für 5 Monate kalkuliert sind. Sie weist Kosten für Miete, Reparatur und Betrieb in Höhe von 37.448,00 € aus. Auch diese Kosten sind zeitabhängig für 5 Monate kalkuliert, sodass ein Betrag von

37.448,00 €/5 Monate = 7.490,00 €/Monat

für die Bauzeitverlängerung anzusetzen ist. Es sind also Kosten von

3,4 Monate × 7.490,00 €/Monat = **25.465,00** €

für die verlängerte Vorhaltung des allgemeinen Gerätes geltend zu machen.

- Erhöhte Abschreibung und Miete wegen Wochenendarbeit

Die Baustellengemeinkosten sind für eine 5-Tagewoche kalkuliert. Dementsprechend wurden die monatlichen Kosten für Miete, Vorhaltung, Reparatur, Energie etc. für 20 AT im Monat gerechnet. Tatsächlich arbeitete der Auftragnehmer jedoch 7 Tage in der Woche. Die Belastung und der Verschleiß der Geräte war also höher, weil innerhalb eines Monates nicht nur zwanzig Tage, sondern dreißig Tage gearbeitet wurde. Diese Auswirkung auf die Kosten, die sich firmenintern z. B. auch in höheren Gerätemieten nachweisen lässt, wurde bisher nicht berücksichtigt.

Nr.	Bezeichnung	Monatskosten [€/Monat]	Tageskosten [€/AT]
1	Tunnelbaugerät	93.245,00	4.662,25
2	Allgemeines Gerät	7.490,00	374,50
3		4.007,00	200,35
			5.237,10

Die Höhe dieser Kosten lässt sich als Kalkulationswert von 2 AT je Wochenende darstellen. Um diesen Zeitraum hätte sich sonst für jedes durchgearbeitete Wochenende die Vortriebszeit verlängert. In der Tabelle sind die Kosten für die Geräte auf Basis der Kalkulation pro Tag bei 20 AT im Monat angegeben. Es ist mit Kosten von 5.237,10 €/AT zu kalkulieren. Bei 35 Wochen Vortrieb wurde von der Arge nach ihren Angaben an 20 Wochenenden durchgearbeitet. Demnach sind in der Vortriebszeit 40 Arbeitstage mehr angefallen als in den monatlichen kalkulierten Gerätekosten enthalten sind. Deshalb sind

40 AT × 5.237,10 €/AT = **209.484,00 €**

zusätzlich zu den oben berechneten Kosten aus Bauzeitverlängerung als Aufwendungen aus quasi versteckter Bauzeitverlängerung geltend zu machen.

In der Summe können aus der Leistungsänderung auf der Basis der Urkalkulation für erhöhte Gemeinkosten geltend gemacht werden:

Bezeichnung	**Betrag**
Gehalt Polier =	71.400,00 €
Gehalt Bauleitung =	174.882,40 €
Gehalt zus. Schichtingenieur =	43.500,00 €
Hilfslöhne =	91.800,00 €
allg. Gerät =	25.465,00 €
Tunnelbaugerät =	317.032,00 €
Beschleunigung =	209.484,00 €
Zwischensumme =	933.563,40 €
+ Allgemeine Geschäftskosten 8,7% =	81.220,02 €
Endsumme =	**1.014.783,42 €**

Zuzüglich gesetzliche Mehrwertsteuer

Randnummern-Synopse

Teil A

Rdn. 6. Aufl.	Rdn. 7. Aufl.
1–15	1–15
16	245–246
17	16
18–23	18–23
24	25
25	26
26	27
27	28
28	29
29	30
30	31
31	32
32	33
33	34
34/35	35
36–53	36–53
54	56
55	57
56	58
57	59
58	60
59	61
60	62
61	63
62/63	64
64/65	65
66–73	66–73

Rdn. 6. Aufl.	Rdn. 7. Aufl.
74	74/75
75	76
76	77–82
77	83
78/79	84
80/81	85/86
82	94
83	entfallen
84	96
85	97
86	98
87	99
88	100
89	101
90	102
91	103
92	104
93	105
94	106
95	107
96	110
97	111
98	112
99	113
100	114
101	119
102	120

Rdn. 6. Aufl.	Rdn. 7. Aufl.
103	121
104	122
105	123
106	124
107	125
108	126
109	127–132
110	133
111	134
112	135
113	136
114	137
115	143
116	144
117	145
118	146
119	147
120	148, 175–178
121	183–188
122	191–192
123	193
124	149
125	150
126	151
127	152
128	153

Rdn. 6. Aufl.	Rdn. 7. Aufl.
129	154
130	155
131	156
132	157
133	158
134	159
135	160
136	161
137	162
138	163
139	164
140	165
141	167
142	168
143	169
144	170
145	171
146	172
147	173
148	174
149	214
150	215
151	216
152	225
153	226
154	228
155	217
156	218
157	219

Rdn. 6. Aufl.	Rdn. 7. Aufl.
158	220
159	222
160	223
161	224
162	227
163	229
164	230
165	231
166	232
167	233
168	234
169	235
170	236
171	237
172	238
173	239
174	240
175	242–244
176	247
177	248
178	249
179	250
180	251–252
181	253
182	254
183	255
184	256
185	257
186	258

Rdn. 6. Aufl.	Rdn. 7. Aufl.
187	259
188	260
189	261
190	262
191	263
192	264
193	265
194	266
195	267
196	268
197	269
198	270
199	271
200	272
201	274
202	275
203	276
204	277
205	278
206	279
207	280–281
208	282
209	283
210	284
211	285
212	286
213	287
214	288
215	289

Rdn. 6. Aufl.	Rdn. 7. Aufl.
216	290
217	291
218	292–293
219	294
220	295
221	296–297
222	298
223	299
224	300
225	301
226	302
227	303
228	304
229	305
230	306
231	307
232	308
233	309
234	310
235	311
236	312–313
237	314
238	315
239	316
240	317
241	318
242	319
243	320
244	321–322

Rdn. 6. Aufl.	Rdn. 7. Aufl.
245	323
246	324
247	325
248	326
249	327
250	328
251	329
252	330
253	331
254	332
255	333
256	334
257	335
258	336
259	337–338
260	339
261	340
262/263	341–344
264	345
265	346
266	348
267	349
268	350
269	351
270	352
271	354
272	355
273	356
274	357

Rdn. 6. Aufl.	Rdn. 7. Aufl.
275	358
276	359
277	360
278	361
279	362
280	363
281	364
282	365
283	366
284	367
285	368
286	369
287	370
288	371
289	372
290	373
291	374
292	375
293	376–377
294	378
295	379
296	380
297	381
298	382
299	383
300	384
301	385
302	386
303	387

Rdn. 6. Aufl.	Rdn. 7. Aufl.
304	388–389
305	390
306	391
307	392
308	393
309	394
310	395–396
311	397
312	398
313	399
314	401
315	402–403
316	405
317	408
318	409
319	410
320	411
321	412
322	413
323	414
324	416
325	417
326	418
327	419
328	422
329	423
330	424
331	425
332	426

Rdn. 6. Aufl.	Rdn. 7. Aufl.
333	427
334	428
335	429
336	430
337	431
338	432
339	433
340	434
341	435
342	436
343	437
344	438
345	439
346	440
347	441–442
348	443
349	444
350	445
351	446
352	447
353	448
354	449
355	450
356	451
357	452
358	453
359	454
360	455–457
361	458

Rdn. 6. Aufl.	Rdn. 7. Aufl.
362	459
363	460
364	461
365	462
366	463
367	464
368	465
369	466
370	467
371	468
372	469
373	470
374	472
375	473
376	474
377	475
378	476
379	477
380	478
381	479
382	480
383	481
384–387	482–493
388–408	494–525 (neu gefasst)
409	526
410	527
411	528
412	529

Rdn. 6. Aufl.	Rdn. 7. Aufl.
413	530
414	531
415	532
416	533
417	534
418	535
419	536
420	537
421	538
422	539
423	540
424	541
425	542
426	543
427	544
428	545
429	546
430	547
431	548
432	549
433	550
434	551
435	552
436	553
437	554
438	555
439	556
440	557
441	558

Rdn. 6. Aufl.	Rdn. 7. Aufl.
442	559
443	560
444	561
445	562
446	563
447	564
448	565
449	566
450	567
451	568
452	569
453	570
454	571
455	572
456	573
457	574
458	575
459	576
460	577
461	578
462	579
463	580
464	581
465	582
466	583
467	584
468	585
469	586
470	587

Rdn. 6. Aufl.	Rdn. 7. Aufl.
471	588
472	589–590
473	591
474	592
475	593
476	594
477	595–598
478–479	599
480	600
481	601–602
482	603
483	604
484	605
485	606
486	607
487	617
488	618
489	619
490	620
491	621–622
492	624
493	625
494	627
495	629
496	632–638
497	639
498	640
499	641
500	642

Rdn. 6. Aufl.	Rdn. 7. Aufl.
501	643
502	654
503	644
504	645
505	646
506	647/648
507	650
508	652
509	658
510	659
511	660
512	661
513	662/663
514	665
515	668
516	669
517	670
518	671
519	672
520	Entfallen
521	673
522	674
523	675
524	676
525	677
526	679
527	680
528	682

Rdn. 6. Aufl.	Rdn. 7. Aufl.
529–535	683–689 (neu gefasst)
536	690
537	691
538	692
539	693
540	694
541	695
542	696
543	697
544	698
545	699
546	700
547	701
548	702
549	703
550	704
551	705
552	706
553	707
554	708
555	709
556	710
557	711
558	712
559	713
560	714
561	715
562	716

Rdn. 6. Aufl.	Rdn. 7. Aufl.
563	717
564	718
565	719
566	720
567	721
568	722
569	723
570	724
571	725
572	726
573	727/728
574	729
575/576	727/730
577	731
578	732
579	733
580	734
581	735
582	736
583	737
584	738
585	739
586	740
587	741
588	742
589	743
590	744
591	745
592	746

Rdn. 6. Aufl.	Rdn. 7. Aufl.
593	747
594	748
595	749
596	750
597	751
598/599	752
600	753
601	754
602	755
603	756
604	757
605	758
606	759
607	760
608	761
609	762
610	763
611	764
612	765
613	766
614	767
615	768
616	769
617	770
618	771
619	772
620	773
621	774
622	775

Rdn. 6. Aufl.	Rdn. 7. Aufl.
623	776
624	777
625	778
626	779
627	780
628	781
629	782
630	783
631	784
632	785
633	entfallen
634	786
635	787
636	788
637	789
638	790
639	791
640	792
641	793
642	794
643	795
644/645	796
646	797
647	798
648	799
649	800
650	801
651	802
652	803

Rdn. 6. Aufl.	Rdn. 7. Aufl.
653	804
654	805
655	806
656	807
657	808
658	809
659	810
660	811
661	812
662	813
663	814
664	815
665	816
666	817
667	818
668	819
669	820
670	821
671	822
672	823
673	824
674	825
675	826
676	827
677	828
678	829
679	830/831
680	832
681	833

Rdn. 6. Aufl.	Rdn. 7. Aufl.
682	834
683	835
684	836
685	837
686	838
687	839
688	840
689	841
690	842
691	843
692	844

Rdn. 6. Aufl.	Rdn. 7. Aufl.
693	845
694	847
695	848
696	852
697	853
698	855/856
699	857
700	858
701	859
702	860
703	861

Rdn. 6. Aufl.	Rdn. 7. Aufl.
704	862
705	864
706	865
707	867
708	868
709	869
710	870
711	871
712	872
713	873

Teil B

Der Zusatz „Ä" hinter einer Randnummer bedeutet, dass hier der Text der Vorauflage nicht nur verschoben wurde, sondern auch ergänzt/geändert.

Rdn. 6. Aufl.	Rdn. 7. Aufl.
1	1
2	2
3	3
4	4
5	5
6	6
7	7
8	8
9	9
10	10
11	11
12	12
13	13

Rdn. 6. Aufl.	Rdn. 7. Aufl.
14	14
15	15
16	16 Ä
—	17 Ä
17	30–32 Ä
18	33 Ä
19	34 Ä
20	35 Ä
21	36 Ä
22	37–38 Ä
23	39 Ä
—	40 Ä
24	entfallen

Rdn. 6. Aufl.	Rdn. 7. Aufl.
25	41 Ä
26	18 Ä
27	19 Ä
28	20 Ä
29	21 Ä
30	22 Ä
31	23 Ä
32	24 Ä
33	25 Ä
34	26 Ä
35	27 Ä
36	28 Ä
37	entfallen

Rdn. 6. Aufl.	Rdn. 7. Aufl.
38	29 Ä
39	entfallen
40	entfallen
41	42 Ä
42	43 Ä
—	44 Ä
—	45 Ä
—	46 Ä
—	47 Ä
43	48 Ä
44	49–50 Ä
45–78	entfallen
—	51–106 Ä
79	107
80	108 Ä
81	109 Ä
82–84	entfallen
85	88 Ä
86	110
87	111 Ä
88	112 Ä
89	113 Ä
90	114
91	115 Ä
—	116–118 Ä
92	119
93	120
94	121
95	122 Ä

Rdn. 6. Aufl.	Rdn. 7. Aufl.
96	123
97	124
98	125
99	126
100	127
101	128
102	129
103	130
104	131
105	132
106	133
107	134
108	135
109	136
110	137
111	138
112	139
113	140
114	141
115	142
116	143
117	144
118	145
119	146
120	147
121	148
122	149
123	150
124	151

Rdn. 6. Aufl.	Rdn. 7. Aufl.
125	152
126–128	entfallen
—	153–154 Ä
129	155
130	156
131	157
132	158
133	159
134	160
135	161
136	162
137	163
138	164
139	165
140	166
141	167
142	168
143	169
144	170
145	171
146	172
147	173
148	174
149	175
150	176
151	177
152	178
153	179
154	180

Rdn. 6. Aufl.	Rdn. 7. Aufl.
155	181
156	182
157	183
158	184
159	185
160	186
161	187
162	188–189 Ä
163	190
164	191
165	192
166	193
167	194
168	195
169	196
170	197
171	198
172	199
173	200
174	201
175	202
176	203 Ä
177	204
178	205
179	206
180	207
181	208 Ä
182	209
183	210–211

Rdn. 6. Aufl.	Rdn. 7. Aufl.
184	212
185	213 Ä
186	214 Ä
187	215
188	216
189	217
190	218
191	219
192	220 Ä
193	221 Ä
194	222+225–227 Ä
195	228
196	229
197	228 Ä
198–216	entfallen
—	229–251 Ä
217	253 Ä
218	254 Ä
219	255 Ä
220	252 Ä
221	entfallen
222	256 Ä
223	257 Ä
224	258 Ä
225	259 Ä
226	260 Ä
227–228	261 Ä
229	262 Ä

Rdn. 6. Aufl.	Rdn. 7. Aufl.
230	263 Ä
231–269	entfallen
—	264 Ä
270	265 Ä
271	266 Ä
272	267 Ä
273	268
274	269 Ä
275	270
276	271
277	entfallen
—	272–283 Ä
278	284 Ä
279	285 Ä
280	286
281	287 Ä
282	288 Ä
283	289 Ä
284	290 Ä
285	291 Ä
—	292 Ä
286	293
287	294
288	295
289	296
290	297
291	298
292	299
293	300

Rdn. 6. Aufl.	Rdn. 7. Aufl.
294	301
295	302
296	303
297	304
298	305
299	306
300	307
301	308
302	309
303	310
304	311
305	312
306	313
307	373
308	374
309	375
310	376
311	377
312	378
313	379
314	380 Ä
315	381
316	382
317	383
318	384
319	385
320	386
321	387
322	388

Rdn. 6. Aufl.	Rdn. 7. Aufl.
323	389
324	390
325	391
326	392
327	393
328	394
329	395
330	396
331	397
332	398
333	399
334	400
335	401
336	402
337	403
338	404
339	405
340	406
341	407
342	408
343	409
344	410
345	411
346	412
347	413
348	414
349	415
350	416
351	417

Rdn. 6. Aufl.	Rdn. 7. Aufl.
352	418
353	419
354	420
355	421
356	422
357	314 Ä
358	315
359	316
360	317 Ä
361	318 Ä
362	entfallen
—	319–320 Ä
363	321 Ä
—	322–329 Ä
364	330 Ä
—	331 Ä
365	332–338 Ä
366	339 Ä
367	340
368	341 Ä
369	342 Ä
370	343 Ä
371–391	entfallen
—	344–345 Ä
392	346
393	347
394	348 Ä
395	349
396	350 Ä

Rdn. 6. Aufl.	Rdn. 7. Aufl.
397	351
398	352
399	353
400	354
401	355
402	356
403	357
404	358
405	359
406	360
407	361
408	362
409	363
410	364
411	365
412	366
413	367
414	368
415	369
416	370
417	371
418	372
419	423
420	424
421	425
422	426
423	427
424	428
425	429

Rdn. 6. Aufl.	Rdn. 7. Aufl.
426	430
427	431
428	432
429	433
430	434
431	435
432	436
433	437
434	438 Ä
435	439
436	440 Ä
437	441 Ä
438	442 Ä
439	443 Ä
440	444
441	445
442	446 Ä
443	447
444	448
445	449
446	450 Ä
447	451 Ä
448	452 Ä
449	453
450	454
451	455
452	456
453	457
454	458

Rdn. 6. Aufl.	Rdn. 7. Aufl.
455	459
456	460
457	461
458	462
459	463
460	464
461	465
462	466
463	467
464	468
465	469
466	470
467	471
468	472
469	473
470	474
471	475
472	476
473	477
474	478

Stichwortverzeichnis